L'UNIVERS.

HISTOIRE ET DESCRIPTION

DE TOUS LES PEUPLES.

SUITE DE

L'ESPAGNE,

ILES BALÉARES ET PITHYUSES,

SARDAIGNE ET CORSE.

PARIS.
TYPOGRAPHIE DE FIRMIN DIDOT FRÈRES,
RUE JACOB, N° 56.

ESPAGNE,

DEPUIS L'EXPULSION DES MAURES JUSQU'A L'ANNÉE 1847,

PAR M. JOSEPH LAVALLÉE,

MEMBRE DE LA SOCIÉTÉ ARCHÉOLOGIQUE DE MADRID.

ILES BALÉARES ET PITHYUSES,

PAR M. FRÉDÉRIC LACROIX.

SARDAIGNE,

PAR M. LE PRÉSIDENT DE GRÉGORY.

CORSE,

PAR M. FRIESS DE COLONNA.

PARIS,

FIRMIN DIDOT FRÈRES, ÉDITEURS,

IMPRIMEURS DE L'INSTITUT DE FRANCE,

RUE JACOB, 56.

M DCCC XLVII.

SUITE
DE L'ESPAGNE.

SUITE DU RÈGNE DE FERDINAND ET D'ISA-
BELLE. — EXPULSION DES JUIFS. — DÉCOU-
VERTE DU NOUVEAU MONDE. — RESTITUTION DU
ROUSSILLON. — GUERRE DE NAPLES. — MA-
RIAGES DES ENFANTS DES ROIS CATHOLIQUES.
— NOUVELLE GUERRE DE NAPLES. — MORT
D'ISABELLE. — FERDINAND ÉPOUSE GERMAINE
DE FOIX. — IL S'EMPARE DE LA NAVARRE.
— MORT DE FERDINAND LE CATHOLIQUE.

En écrivant la préface de son histoire d'Espagne, Mariana avait annoncé
l'intention de terminer son récit à la
prise de Grenade. En effet, cette guerre
de huit cents ans, que les Espagnols
ont soutenue pour délivrer leur patrie
du joug des mahométans, est si pleine
d'intérêt, elle forme tellement une période à part, qu'après avoir raconté
l'expulsion des Maures, tout historien
doit être tenté de s'arrêter. Jusqu'à
cet instant l'Espagne avait vu toutes
ses forces absorbées par cette lutte à
laquelle le reste de l'Europe n'avait
pris aucune part. Elle s'était trouvée
en quelque sorte isolée des autres nations; ce n'était que passagèrement et
à de rares intervalles qu'elle s'était
mêlée à leurs disputes. Mais, dès qu'elle
fut débarrassée de l'adversaire qui l'a-
vait exclusivement occupée, elle vint
se jeter au milieu des autres peuples;
elle ne demeura plus étrangère à leurs
querelles; elle prit parti dans toutes
leurs guerres. Son histoire perd donc
le caractère qui lui était propre. Jusqu'à présent l'Espagne avait été seul
acteur du drame. Maintenant d'autres
personnages vont paraître sur la scène.
Son histoire n'est plus à elle seule; elle
lui devient commune avec d'autres
nations. C'est en quelque sorte une
ère nouvelle qui commence.

Lors de la prise de Grenade, l'Espagne n'était pas arrivée au dernier
degré de grandeur qu'elle devait atteindre, et cependant elle renfermait
déjà des éléments de dissolution. Elle
n'avait pas encore acquis toute sa puissance, et déjà le germe de sa décadence
commençait à se développer. L'inquisition, l'intolérance religieuse, ces bourreaux de tout ce qui est progrès et liberté, occupaient une large place dans
ses institutions et s'appliquaient à tarir
les sources de la prospérité publique.
L'expulsion des juifs, qui suivit de peu
de jours la reddition de l'Alhambra, fut
un des événements qui devaient avoir
pour l'avenir de l'Espagne les conséquences les plus funestes. Le succès
que les chrétiens venaient de remporter sur les infidèles avait exaspéré les
passions religieuses. L'inquisiteur Torquemada, dont le fanatisme absurde ne
connaissait pas de bornes, demandait
que les nombreux Israélites qui vivaient
dans les États de Ferdinand fussent contraints à recevoir le baptême, ou qu'ils
fussent chassés du royaume. Il portait contre eux ces accusations que le
fanatisme invente et que la sottise répète. Il disait que les juifs dérobaient
des enfants chrétiens pour les crucifier.
Il leur imputait les mêmes crimes que
les païens avaient imputés aux premiers chrétiens, dans les plus mauvais
jours de la persécution. De son côté,
Ferdinand, qui voyait ses finances épuisées par les dépenses énormes que la
guerre de Grenade avait entraînées,
prêtait à ces accusations une oreille
facile; car il pensait qu'en expulsant
les juifs il pourrait les dépouiller des
immenses richesses qu'ils avaient amassées par l'usure ou par le commerce. Les juifs, avertis du péril dont
ils étaient menacés, firent offrir au roi
la somme de 32,000 ducats s'il consentait à les laisser pratiquer tranquillement leur religion. Ferdinand hésitait.
Torquemada en fut prévenu; et, soit
qu'il n'ait été inspiré que par son fanatisme, soit qu'il ait joué une odieuse
comédie, pour exciter les esprits et ren-

1re *Livraison.* (ESPAGNE.)

dre plus facile la mesure qu'il sollicitait, il se présenta devant les rois Ferdinand et Isabelle ; et, leur tendant un crucifix qu'il portait à la main, il leur adressa ces paroles : « Judas a vendu le Christ « pour trente deniers ; vous voulez à « votre tour le vendre pour trente-deux « mille pièces d'argent. Le voici ! pre- « nez-le et livrez-le aux juifs. » Cette allocution n'avait pas le mérite d'être neuve. Elle était la parodie d'un des mots spirituels qui échappaient souvent à Alphonse V [1]. Au reste, le grand inquisiteur s'embarrassait peu d'être plagiaire, pourvu qu'il arrivât à son but ; et ses paroles eurent l'effet qu'il en attendait. Le 31 mars 1492, Ferdinand rendit une ordonnance qui enjoignit à tous les juifs de sortir de ses États avant le 31 juillet. Ce fut seulement un délai de quatre mois, qui leur fut laissé pour quitter leur patrie.

On les autorisa à emporter tous leurs biens ; mais cette permission ne fut qu'un acte d'hypocrisie, pour déguiser la honteuse spoliation qu'on n'osait pas avouer ; car on ne leur laissa pas un délai suffisant pour réaliser leur fortune. D'ailleurs il ne leur était permis de faire sortir du royaume ni or, ni bijoux, ni aucune des denrées dont les lois prohibaient l'exportation, et la liste des prohibitions était considérable : on ne pouvait exporter ni les blés, ni les armes, ni les chevaux ; les laines payaient à la sortie un droit considérable ; en sorte que la permission donnée à ces infortunés d'emporter leurs richesses était une amère dérision. Aussi André Bernaldez raconte-t-il dans son Histoire des rois catholiques, qu'il a vu donner par des juifs une maison pour un âne, et une vigne pour un peu de drap. Quelques-uns de ces malheureux, pour ne pas être obligés de quitter leur pays, reçurent le baptême ; mais l'inquisition leur prouva bientôt que leur conversion n'était pas sincère. La plupart d'entre eux furent condamnés comme relaps et leurs biens furent confisqués. Au dire des historiens contemporains, il sortit d'Espagne en cette circonstance plus de huit cent mille âmes qui allèrent porter à l'étranger leur industrie et les débris de leur fortune. Malgré la défense qui leur en avait été faite, ils parvinrent à emporter une grande quantité d'or cachée dans les bâts et dans les selles de leurs montures, dans d'autres endroits secrets et jusque dans leurs propres intestins. Aussi, plusieurs de ceux qui s'étaient réfugiés sur les côtes d'Afrique furent-ils égorgés par les Maures, qui cherchaient de l'or dans leurs entrailles.

C'est ainsi que l'intolérance des moines et l'avarice du souverain concouraient à dépeupler le royaume. Si à ce nombre de huit cent mille Israélites qui furent chassés d'Espagne, vous joignez celui des infortunés que l'inquisition a fait périr ; si vous y ajoutez dix-sept mille familles maures qui furent contraintes de s'expatrier pour échapper à la persécution, car, malgré les capitulations qui leur promettaient le libre exercice de leur religion, les Maures furent forcés de quitter l'Espagne, vous trouverez que Ferdinand et Isabelle, sans honneur pour eux-mêmes, sans avantage pour l'État, appauvrirent le pays de plus d'un million d'habitants. Les émigrations pour le nouveau monde, qui commencèrent sous leur règne, furent encore une cause de dépopulation ; mais au moins celle-ci ne fut pas sans compensation. La découverte et la conquête de l'Amérique forment un des plus glorieux épisodes de ce règne.

Christophe Colomb, né en 1441, dans l'État de Gênes, s'étant adonné à l'étude de la cosmographie, jugea que notre hémisphère ne pouvait pas former le monde entier. Il pensa qu'en naviguant vers le couchant on rencontrerait nécessairement des terres qui devaient servir de contre-poids à l'ancien continent. Il disait d'ailleurs que, puisque la terre était ronde, si l'on ne trouvait pas un second hémisphère en allant dans la direction de l'ouest, on ferait le tour du globe ; qu'on arriverait ainsi aux rives qui forment la partie orientale de notre continent ; qu'on

---

[1] Un marchand bon chrétien, mais issu de parents israélites, voulait vendre au roi Alphonse V une précieuse image de saint Jean. Il en demandait cinq cents écus d'or. » Par Notre-Dame, lui dit ce prince, vous entendez mieux les affaires que vos aïeux. Vous demandez cinq cents écus pour un disciple, tandis que les Juifs ont livré son maître, Notre-Seigneur Jésus-Christ pour trente deniers. » ANTONIUS PANORMITÆ.

ESPAGNE. ESPAÑA.

Charles V.
Armure avec laquelle il est entré à Tunis.
(Armería real de Madrid.)
Carlos V. Armadura con que entró en Túnez.

trouverait cette terre de Cypangu, décrite par Marco-Paulo; qu'on découvrirait la ville aux toits d'or. Ces discours, où quelques rêveries se trouvaient mêlées à beaucoup de vérités, firent regarder Christophe Colomb comme un visionnaire. On se moqua de lui, quand il proposa à la seigneurie de Gênes d'aller découvrir un nouveau monde. Rebuté dans son pays, Christophe Colomb vint offrir ses services à Ferdinand et à Isabelle; mais les rois catholiques, engagés dans la guerre de Grenade, n'avaient pas le loisir de s'occuper d'une expédition maritime dont tout le monde regardait le succès comme au moins incertain. Christophe Colomb alla successivement offrir ses services au Portugal et à l'Angleterre. Ses projets furent considérés comme une extravagance, et ses offres furent repoussées. Il se détermina donc à revenir en Andalousie. Quand la ville de Grenade se fut rendue aux rois catholiques, Christophe Colomb leur présenta de nouveau sa demande. Il fut encore refusé. Il songeait à se retirer; mais il fut retenu par un religieux du couvent de la Ravida, auquel il avait expliqué ses projets. Ce moine promit de parler à la reine, dont il avait l'honneur d'être connu. Il tint parole, et sut si bien faire valoir les raisons que Colomb alléguait en faveur de son entreprise, qu'Isabelle résolut d'en hasarder les frais. Mais elle manquait d'argent, et pour se procurer la somme de 17,000 ducats que devait coûter l'armement jugé nécessaire, elle était sur le point d'engager ses bijoux, lorsque don Luiz de Saint-Angel, qui était attaché à sa personne, lui fournit les fonds dont elle avait besoin. Christophe Colomb se rendit à Palos de Moguer, petit port situé sur la côte occidentale de l'Espagne, à l'embouchure du rio Tinto. Les préparatifs furent promptement achevés, et il en partit le 3 août 1492. On lui avait donné pour accomplir ce dangereux voyage trois caravelles, qui n'étaient pas même pontées et dont on ne voudrait pas aujourd'hui pour caboter. Celle de ces caravelles qui portait Christophe Colomb était nommée la *Santa-Maria*. C'était la seule qui eût un château, c'est-à-dire une proue élevée, comme on en construisait alors. Il n'y avait dans ces navires que cet endroit qui fût abrité; tout le reste était découvert, et les vivres même n'étaient pas garantis. C'est avec ces faibles ressources que Christophe Colomb entreprit ce hasardeux voyage. Il gagna d'abord les Canaries; puis de là, faisant voile à l'ouest, il navigua pendant trente-cinq jours, et dans la nuit du 11 au 12 octobre, il découvrit la première des Lucayes, à laquelle il donna le nom de San-Salvador. Pendant cette courte traversée, ses équipages ne cessèrent de murmurer; et il lui fallut toute l'énergie dont il était doué pour mettre à fin son entreprise. Il découvrit aussi Espanola, que nous avons appelée Saint-Domingue, du nom de sa capitale. Un des bâtiments qui lui avaient été confiés périt dans la traversée. Les deux autres, malgré les affreuses tempêtes dont ils furent tourmentés à leur retour, entrèrent à Palos de Moguer, au commencement d'avril 1493. Christophe Colomb partit aussitôt pour Barcelone, où se trouvaient les rois catholiques. Il conduisait avec lui plusieurs Indiens, qu'il avait enlevés, et il apportait l'or et les objets curieux qu'il avait recueillis. Ferdinand et Isabelle le reçurent comme il le méritait. Ils voulurent qu'il se couvrît en leur présence; qu'il leur parlât assis. Ils le créèrent amiral du nouveau monde et duc de Veraguas. Ils l'anoblirent lui, sa famille et toute sa postérité, et le renvoyèrent, la même année, à la tête d'une flotte de dix-sept vaisseaux, pour continuer ses découvertes, et pour prendre possession des pays dont il avait enrichi la couronne. Christophe Colomb employa plusieurs années à faire ce second voyage. Le récit de ses découvertes appartient à l'histoire du nouveau monde, et ce n'est pas le lieu de s'en occuper ici; mais il est impossible de passer sous silence l'ingratitude avec laquelle ce grand homme fut récompensé. Des envieux profitèrent de son absence pour le calomnier. Ils l'accusèrent de vouloir se faire souverain des pays qu'il avait découverts. Des juges, envoyés pour surveiller sa conduite, le firent arrêter, le firent charger de chaînes et le ramenèrent en Espagne. Quatre années se passèrent avant qu'il eût obtenu justice. Enfin son innocence fut proclamée. On le renvoya encore dans son nouveau monde. C'est dans cette dernière expédition qu'il atteignit le continent. De retour en Espagne, il mourut à Valladolid en 1506. Il n'avait pas oublié à ses derniers moments l'injustice avec laquelle il avait été traité. Aussi, ordonna-t-il par son testament qu'on renfermât dans son cercueil les fers dont il avait été chargé. Il demanda aussi que sa dépouille mortelle fût portée à Española. Ses dernières volontés furent accomplies; et ses ossements ont reposé pendant longtemps dans la cathédrale de Saint-Domingue. Lorsque les Espagnols cédèrent cette ville à la France, ils enlevèrent les ossements de Christophe Colomb, et les portèrent dans l'île de Cuba, où ils sont encore ensevelis, près du maître-autel, dans la cathédrale de la Havane.

Pendant que Christophe Colomb augmentait les États de Ferdinand d'une immense étendue de terre, ce prince, sans recourir à la voie des armes et sans épuiser ses finances, recouvrait deux provinces que son père avait aliénées pendant ses discussions avec le prince de Viane. Il y avait déjà trente ans que don Juan II avait remis à Louis XI le Roussillon et la Cerdagne, comme garantie du payement d'une somme de 200,000 écus d'or. Ferdinand, débarrassé de la guerre de Grenade, fit demander la restitution de ces deux provinces. Charles VIII était en mésintelligence avec l'empereur Frédéric. Il venait de renvoyer la fille de ce souverain, à laquelle il avait été fiancé; il avait épousé Anne de Bretagne, et par ce mariage il avait également mécontenté l'empereur et l'Angleterre. Il avait donc intérêt à s'assurer l'alliance du roi d'Espagne. Charles se proposait d'ailleurs de réclamer le royaume de Naples, en vertu des droits de la maison d'Anjou ; et ce projet lui rendait l'amitié de l'Espagne encore plus nécessaire. On négocia ; et, le 19 janvier 1492, il intervint un traité par lequel Ferdinand et Isabelle s'engagèrent à ne jamais marier leurs enfants avec les souverains d'Autriche ou d'Angleterre ni avec les descendants de ces princes, ni avec aucun autre ennemi déclaré du roi de France. Ils firent avec Charles VIII alliance contre tous leurs ennemis, quels qu'ils fussent. En considération de cette alliance Charles VIII, sans exiger le payement des 200,000 écus qui étaient dus à la France, remit à Ferdinand le Roussillon et la Cerdagne, qu'il se réservait de reprendre dans le cas où le traité serait enfreint [1].

Charles VIII exécuta ces conventions, malgré les représentations de son conseil et malgré les réclamations des habitants de Perpignan, qui voulaient rester Français. Il espérait assurer ainsi le succès de l'expédition qu'il allait tenter en Italie, où il était appelé par Ludovic Sforce, duc de Milan, par une partie des seigneurs napolitains qui étaient demeurés dévoués à la maison d'Anjou, et par le pape lui-même.

Le fils naturel d'Alphonse V régnait encore à Naples, accablé d'années, et chargé de la haine de ses sujets. En apprenant que ses ambassadeurs avaient été renvoyés de France et que la résolution de Charles VIII était inébranlable, il fut frappé d'une attaque d'apoplexie, et il mourut le 25 janvier 1494, laissant pour héritier son fils Alphonse. Le pape, qui déjà se repentait d'avoir appelé le roi de France en Italie, s'empressa de donner à Alphonse l'investiture du royaume de Naples. Néanmoins, Charles VIII, qui avait rassemblé son armée, franchit les Alpes, et il arriva jusqu'à Rome sans rompre une lance. Ce fut là surtout qu'il commença à se convaincre du mauvais vouloir de ceux qu'il avait considérés comme ses alliés. Il fut sur le point d'assiéger le pape dans le château Saint-Ange. Deux fois il fit préparer son artillerie; il ne fallut pas moins que cette menace pour empêcher le saint-père de se montrer ouvertement hostile et pour le contraindre à conclure avec le roi de France un nouveau traité d'alliance.

Jusqu'alors le royaume de Naples était resté tranquille; mais, quand on vit Charles VIII arrivé à Rome, les populations commencèrent à s'agiter, et l'Abruzze se souleva en faveur de la

[1] Le texte entier de ce traité se trouve dans le premier volume de la collection publiée par Frédéric Léonard; Paris, 8 vol. in-4°, 1643.

ESPAGNE. ESPAÑA.

France. Alphonse, qui était haï de ses sujets autant que l'avait été son père, ne vit d'autre remède que d'abdiquer la couronne en faveur de son fils Ferdinand, jeune prince qui avait su mériter l'amour des Napolitains.

Le roi d'Espagne avait bien reçu de Charles VIII la Cerdagne et le Roussillon pour prix de l'alliance qu'il lui avait promise. Il avait consenti à ce qu'il entreprît la conquête de Naples; car il n'avait pas pensé que ce prince pût faire en Italie des progrès aussi rapides; mais, en voyant les Français arrivés jusqu'à Rome, il réfléchit que s'ils se rendaient maîtres de Naples, ils deviendraient pour la Sicile de dangereux voisins. Il prit donc la résolution de faire tous ses efforts pour leur susciter autant d'embarras que cela serait en son pouvoir. Il commença par leur envoyer comme ambassadeurs Antonio de Fonseca et Juan de Albion. Lorsque ceux-ci arrivèrent à Rome, le roi de France venait de sortir de cette ville. Ils se hâtèrent de le rejoindre; et ce prince leur donna audience à Vélitri, le 29 janvier 1495. Antonio de Fonseca exposa que Ferdinand le Catholique ayant un droit personnel sur le royaume de Naples, Charles VIII ne devait pas trouver mauvais que l'Espagne s'opposât à son entreprise. Le roi répondit qu'en vertu du traité par lequel il avait rendu le Roussillon et la Cerdagne, Ferdinand s'était engagé par serment à ne point s'opposer à la conquête du royaume de Naples. Il eût été difficile de repousser cet argument par quelque bonne raison: aussi, Antonio de Fonseca ne l'essayat-il pas. Mais il tenait à la main l'original du traité de Barcelone; il le lacéra en présence du roi, comme si, pour dégager son maître de la parole jurée, il suffisait de joindre l'impudence à la mauvaise foi. Au reste, cette protestation du roi d'Espagne n'arrêta pas un instant la marche de l'armée française. Ce fut en vain que Ferdinand de Naples essaya de défendre ses États; lâchement abandonné par ses soldats, il fut obligé de fuir et de se réfugier à Ischia. Charles VIII entra à Naples, le 22 février; et bientôt il fut maître de tout le royaume, à l'exception de quelques villes et de quelques ports qui lui parurent de trop peu d'importance pour qu'il en pressât vivement la conquête.

Cependant, le roi de Castille ne s'était pas borné à de simples protestations. Il avait fait équiper une flotte à Alicante, et il en avait donné le commandement au comte de Trivento. Il avait aussi mis Gonzalve de Cordoue à la tête de cinq cents lances qui devaient aider le roi de Naples à se défendre; mais la conquête avait été faite si rapidement, qu'elle était achevée avant que ses secours fussent arrivés. Au reste, les Français ne la conservèrent que peu de temps.

Ferdinand le Catholique parvint à former, sous le nom de *sainte ligue*, une coalition entre l'empereur, le pape, le duc de Milan et la république de Venise. Le but avoué de ces puissances était de défendre l'Italie contre les attaques des Turcs; le but secret était de remettre sur le trône Ferdinand de Naples, de barrer le chemin à Charles VIII, lorsqu'il voudrait retourner en France, de manière à s'emparer de sa personne, pour forcer de cette manière les Français à abandonner tout ce qu'ils avaient conquis. Cette affaire fut conduite avec tant de secret que Comines, ambassadeur du roi de France auprès de la république de Venise, n'en eut connaissance que peu d'instants avant que le doge lui-même la lui eût publiquement annoncée. Les coalisés assemblaient des troupes pour réaliser leur projet. En de semblables circonstances, il n'eût pas été prudent à Charles VIII d'attendre que ses ennemis fussent en mesure de lui couper la retraite. Il confia au comte de Montpensier le gouvernement du royaume de Naples: il lui laissa la plus grande partie de son armée, et il reprit la route de France, à la tête d'environ neuf mille hommes. Les coalisés avaient réuni une armée, qui, suivant Guicciardin, n'était que de vingt mille hommes, mais qui s'élevait à plus de trente-cinq mille, d'après ce que rapporte Comines. Ils attendaient Charles VIII dans les plaines de la Lombardie. Ce prince les rencontra près de Fornoue, le 6 juillet 1495; et il se fraya un chemin vers la France, en remportant sur eux une victoire.

Pendant ce temps, Ferdinand de Naples, avec le secours des Espagnols que Gonzalve de Cordoue lui avait amenés, attaquait les Français, commandés par le comte de Montpensier. Ceux-ci se défendirent avec courage; mais, trahis par les Napolitains, ne recevant aucun secours de France, et accablés par le nombre, ils se virent successivement enlever toutes les villes, toutes les positions qu'ils occupaient; et le roi détrôné reconquit entièrement son royaume.

L'Italie ne fut pas le seul théâtre de la guerre. Ferdinand le Catholique fit encore faire des courses dans le Languedoc; mais il ne tarda pas à s'en repentir; Albon de Saint-André, qui commandait dans ce pays, non-seulement contraignit les Espagnols à la retraite, mais encore il alla attaquer la ville de Salses, place du Roussillon, et il s'en rendit maître en dix heures de temps. Quoiqu'il n'ait pas conservé cette ville, la vigueur avec laquelle il avait agi ôta aux Espagnols l'envie de faire la guerre de ce côté. On entama des négociations; le roi catholique fit demander une trêve, qui fut renouvelée à plusieurs reprises, et qui durait encore quand le roi Charles VIII mourut, frappé d'une attaque d'apoplexie, le 7 avril 1498. Louis XII, qui lui succéda sur le trône de France, convertit cette trêve en une paix définitive.

On ne reproduisit en aucune manière, à cette occasion, la principale clause du traité par lequel Charles VIII avait restitué le Roussillon. Les rois catholiques s'étaient engagés à cette époque à ne marier aucun de leurs enfants à un ennemi déclaré de la France; mais cette disposition n'avait pas été respectée par eux plus qu'ils n'avaient respecté les autres. Pour resserrer l'alliance qu'ils avaient contractée avec l'empereur Maximilien, en formant la sainte ligue, un double mariage avait été convenu, entre l'archiduc Philippe, et doña Juana, leur seconde fille; entre Marguerite, fille de l'empereur, et don Juan, leur fils, prince des Asturies et présomptif héritier de la monarchie espagnole. Mais on eût dit que le ciel voulait punir sur les enfants la mauvaise foi de leur père. Toutes ces unions furent malheureuses. Le prince des Asturies épousa la princesse Marguerite, le 4 août 1497; mais bientôt, atteint d'une fièvre violente, il mourut soixante jours après son mariage; et sa veuve, qu'il avait laissée enceinte, accoucha d'un enfant mort.

Les rois catholiques furent accablés de douleur par la mort de don Juan; il était le seul héritier mâle auquel ils pussent transmettre leur couronne, et leurs autres enfants étaient des filles.

Doña Isabelle, qui était l'aînée, avait déjà été mariée à l'infant don Alonzo, fils unique du roi don Juan de Portugal; mais, au bout de neuf mois de mariage, l'infant don Alonzo était mort d'une chute de cheval. Il y avait six années qu'elle était veuve, lorsque don Manuel, qui avait succédé à don Juan sur le trône de Portugal, demanda sa main. Ces nouvelles noces furent célébrées sous de funestes auspices. Elles suivirent de peu de jours la mort du prince des Asturies. Isabelle et son nouveau mari furent proclamés, par les cortès, héritiers présomptifs de la monarchie espagnole. Mais le 23 août de l'année suivante (1498) doña Isabelle mourut en mettant au monde un enfant, qu'on appela don Miguel : ce prince n'accomplit pas sa deuxième année.

On reconnut alors pour héritière de la couronne, la seconde fille des rois catholiques : c'était doña Juana, mariée à l'archiduc Philippe. Cette princesse eut plusieurs enfants. Le 15 novembre 1498, elle mit au monde une fille, à laquelle on donna le nom de Léonor; deux années plus tard, le 24 février 1500, elle accoucha d'un fils, qu'on nomma Charles, en mémoire du duc de Bourgogne, son aïeul. Le 15 août 1501, elle mit au jour une fille, qu'on nomma Isabelle. Enfin, le 10 mars 1503, elle donna naissance à l'infant Ferdinand, qui fut empereur et roi de Hongrie. Cette dernière couche eut pour Juana des suites funestes; et, si elle ne lui coûta pas la vie, elle altéra sa raison.

Doña Marie, troisième fille des rois catholiques, remplaça, sur le trône de Portugal, Isabelle, sa sœur aînée. Elle épousa le roi don Manuel, à la fin de l'année 1500. Elle fut le seul des enfants de Ferdinand dont le mariage ne sembla pas frappé de la malédiction céleste.

Quant à Catherine, la quatrième et la dernière fille de Ferdinand, mariée le 14 novembre 1501, à Arthur, prince de Galles, elle perdit son mari au bout de cinq mois. Elle épousa en secondes noces Henri VIII, qui, plus tard, fit annuler son mariage, afin de s'unir à Anne de Boulen, dont il était épris.

Toutes ces alliances avec l'Autriche, avec l'Angleterre, avaient été contractées dans une pensée hostile à la France[1].

La paix qui fut faite avec Louis XII sembla un instant avoir fait disparaître tout motif d'inimitié entre les deux pays. Cependant, la bonne intelligence fut de courte durée. Louis XII était petit-fils de Valentine Visconti. Il avait, du chef de cette princesse, des droits incontestables au duché de Milan. C'était justice, d'ailleurs, de punir Ludovic Sforce, qui, après avoir usurpé le duché de Milan, avait appelé Charles VIII en Italie, l'avait ensuite trahi pour s'allier à l'empereur, au roi d'Espagne, à la république de Venise, et qui avait ainsi été cause de la malheureuse issue de cette expédition. Louis XII envahit le Milanais ; et, le duc Ludovic étant tombé entre ses mains, il le fit enfermer dans le château de Loches, où ce prince mourut vers l'année 1510. Ferdinand le Catholique, voyant le roi de France maître du Milanais et de l'État de Gênes, craignit que l'envie ne lui vînt de tenter la conquête de Naples. Déjà le fils d'Alphonse II ne régnait plus sur ce pays. A peine avait-il achevé de reconquérir sa couronne, avec le secours des Espagnols, qu'il était tombé malade des suites de ses fatigues, et il était mort de la dyssenterie, le 7 octobre 1496, à Monte di Somma. Il avait eu pour successeur Frédéric son oncle.

Le roi catholique fit représenter à Louis XII que Frédéric n'avait aucun droit réel à la couronne de Naples ; qu'Alphonse le Magnanime n'avait pu la transmettre à son fils naturel, qui, par l'illégitimité de sa naissance, en était indigne ; que les descendants de ce bâtard, c'est-à-dire Alphonse II, Ferdinand et Frédéric, ne pouvaient avoir plus de droit qu'il n'en avait eu lui-même ; que la couronne de Naples ne pouvait appartenir qu'au roi catholique en qualité d'héritier légitime d'Alphonse V, son oncle, ou bien au roi de France, comme représentant le duc d'Anjou, adopté par la reine Jeanne ; que le débat ne pouvait s'établir qu'entre ces deux prétendants ; que, pour trancher toute difficulté, il lui proposait de partager le royaume de Naples.

Cet arrangement fut accepté par Louis XII, et il fut convenu que le roi d'Espagne aurait pour sa part la Calabre et la Pouille. Celle du roi de France devait se former de la capitale avec le reste du royaume et le titre de roi de Naples et de Jérusalem. Jusqu'à ce que l'armée fût arrivée dans les environs de Rome, ce traité resta secret, et Frédéric, qui n'était pas en état de résister aux attaques du roi de France, avait réclamé l'assistance de Ferdinand le Catholique ; il avait même reçu des troupes espagnoles dans quelques villes de la Calabre et de la Pouille. Quand les ambassadeurs de France et d'Espagne eurent publié, à Rome, la convention arrêtée entre leurs souverains, cela seul suffit pour faire abandonner Frédéric de tous ses sujets. La résistance ne lui parut pas possible ; il fit au profit de Louis XII l'abandon de ses droits sur la moitié du royaume de Naples, et il se retira en France, où le roi lui assigna quelques domaines. Les Français exécutèrent les conditions du partage avec tant de bonne foi, qu'ils aidèrent Gonzalve de Cordoue à se mettre en possession de la portion attribuée à l'Espagne. Mais, quand on en vint à régler les limites

---

[1] On lit dans Ascargorta, livre 10 : « Louis XII, successeur de Charles VIII, envahit avec succès le Piémont et le Monferrat ; il s'empara en peu de temps de toute la Lombardie et de l'État de Gênes, et fit craindre au roi catholique qu'il ne voulût se rendre maître également de la Calabre, de la Sicile et de la Sardaigne. Pour l'en empêcher, Ferdinand fit une ligue avec l'empereur Maximilien Ier. Le lien qui servit à resserrer cette ligue fut le mariage de doña Juana, princesse de Castille, qui ensuite avec l'archiduc Philippe hérita du trône d'Espagne. »

Il y a dans cette manière d'exposer les faits plusieurs inexactitudes : la sainte ligue ne fut pas formée contre Louis XII, mais contre Charles VIII.

Le mariage de doña Juana et de l'archiduc Philippe fut convenu par un traité passé en mars 1495, et il fut contracté le 19 octobre 1496, c'est-à-dire deux ans avant l'avénement de Louis XII. Il ne fut donc pas le lien d'une coalition formée contre ce roi.

de chaque lot, il s'éleva des difficultés. Chacun des partageants prétendait avoir droit à la possession de la Capitanate et de la Basilicate. Pour la première de ces deux provinces le droit pouvait être douteux; mais pour la seconde les prétentions du roi de France paraissent avoir été parfaitement fondées. Néanmoins Ferdinand ne voulut rien entendre, et Gonzalve commença la guerre en attaquant un poste français qui se trouvait à Tripalda.

Dans les premiers temps les affaires ne tournèrent pas comme Ferdinand l'avait espéré. Les Français se rendirent maîtres presque en totalité des provinces en litige, et les Espagnols se virent réduits aux dernières extrémités; mais le roi catholique sut bien forcer la fortune à se montrer plus favorable. L'archiduc Philippe était venu en Espagne, afin d'assister aux cortès où il devait être reconnu conjointement avec l'infante doña Juana pour héritier présomptif de la couronne. Après cette cérémonie, il voulut passer par la France, pour retourner en Allemagne; et il proposa de servir de médiateur afin de rétablir la paix entre la France et l'Espagne.

Ferdinand n'y consentit qu'en restreignant les pouvoirs du négociateur dans des limites très-étroites. En même temps il écrivit à Gonzalve de Cordoue de n'obtempérer en aucune manière aux ordres qu'il pourrait recevoir de l'archiduc et de regarder comme non avenus tous les traités de paix que ce prince pourrait consentir. Enfin il s'occupa de faire passer beaucoup de troupes en Italie.

Cependant l'archiduc, étant arrivé à Lyon, convint, avec Louis XII, d'une paix avantageuse pour la couronne d'Espagne. Louis XII envoya le traité au général de l'armée française, et l'archiduc l'adressa à Gonzalve. Les exprès qui les leur portaient leur transmirent l'ordre de cesser toute hostilité. Gonzalve répondit que, dans l'état actuel des choses, il ne pouvait obéir aux instructions de l'archiduc, sans avoir reçu auparavant des ordres directs de son souverain. Tout étrange que dût paraître cette réponse, les Français ne s'en inquiétèrent pas, et la paix paraissait tellement avantageuse à l'Espagne, qu'il ne put venir à personne dans l'idée que Ferdinand voulût la violer. Louis XII fit suspendre le départ des troupes qui étaient sur le point de s'embarquer pour l'Italie; il fit rétrograder celles qui déjà étaient en route; Gonzalve de Cordoue, au contraire, rassembla ses forces. Il tira chaque jour de nouveaux secours de Sicile; et bientôt il eut assez de force pour chasser les Français du royaume de Naples. La mauvaise foi de Ferdinand avait préparé ce succès; la prudence et les hauts faits de Gonzalve firent le reste. Les détails de cette guerre ne sauraient trouver place ici; mais il faut dire que les talents que Gonzalve y déploya l'ont placé au rang des généraux les plus illustres; son nom est une des gloires de l'Espagne, et, quoiqu'on puisse reprocher à Gonzalve d'avoir manqué souvent de bonne foi, ses adversaires eux-mêmes l'ont surnommé le grand capitaine.

On fit aussi la guerre dans le Roussillon sans succès de part ni d'autre; et Ferdinand, qui n'avait rien à gagner de ce côté, fit proposer une trêve qui lui fut accordée. On convint qu'elle durerait trois années et qu'elle ne concernerait que les frontières des Pyrénées; cet arrangement fut conclu le 30 mars 1504. Le roi de France eût désiré signer une paix définitive; mais les pretentions de son adversaire étaient tellement exagérées, qu'il ne fut pas possible de s'entendre. Il résolut donc de se tourner d'un autre côté, afin de briser la ligue qui avait été formée contre lui. L'archiduc Philippe était justement irrité de ce que son beau-père se fût servi de lui pour tromper Louis XII. Il regardait comme un déshonneur d'avoir été l'instrument, même involontaire, de la perfidie qui avait assuré le royaume de Naples aux armes espagnoles. Le roi de France profita de cette mésintelligence, qui divisait le roi d'Espagne et l'archiduc, pour conclure avec ce dernier prince et avec l'empereur un traité particulier. Cette convention, signée à Blois, le 22 septembre 1504, est de la plus grande importance; car, plus tard elle servit de base aux prétentions que Charles V fit valoir sur le Milanais et sur le duché de Bourgogne. Voici quelles en étaient les principales clauses : Il était convenu que Charles de Luxembourg, fils de l'archiduc et de doña Juana, et petit-fils du roi des Romains, épouserait Claude de France, fille aînée de Louis XII ;

Que l'empereur donnerait à Louis XII, l'investiture du duché de Milan pour lui et pour ses hoirs mâles, et à leur défaut pour sa fille aînée et pour le duc de Luxembourg ;

Que le duché de Bourgogne, les comtés d'Aussonne, d'Auxerre, de Mâconnais et de Bar-sur-Seine, avec les duchés de Milan, de Bretagne, de Gênes, les comtés d'Ast et de Blois, et tous les biens patrimoniaux du roi, formeraient la dot de la princesse ;

Que dans le cas où le mariage ne s'effectuerait pas par la volonté du roi, les duchés de Milan, de Bourgogne et d'Ast, demeureraient au fils de l'archiduc.

Ce traité, fait sans le concours du roi d'Espagne, blessa vivement ce souverain et augmenta la mésintelligence qui existait entre lui et son gendre. Aussi, quand la reine Isabelle se sentit atteinte de la maladie qui la conduisit au tombeau, on fit de vaines instances pour déterminer l'archiduc à passer en Espagne. Il se méfiait de son beau-père, et ne voulait pas aller se livrer à un prince ambitieux et capable de tout. Ce n'était peut-être pas sans raison qu'il redoutait le sort de l'infortuné don Carlos de Viane. Il motiva son refus de passer en Espagne sur la guerre qu'il faisait contre le duc de Gueldre, et il resta dans les Pays-Bas. Cependant, la maladie de la reine Isabelle faisait tous les jours de nouveaux progrès. Enfin, cette pieuse princesse mourut le 26 novembre 1504. Cet événement remplit ses sujets de douleur ; car Isabelle fut une des reines les plus sages qui aient jamais porté la couronne. Elle avait les talents et les qualités de Ferdinand, sans en avoir la duplicité.

Isabelle, avant de mourir, fit un testament. Elle institua pour héritière universelle de ses royaumes doña Juana, sa fille ; et comme la folie de cette princesse la rendait incapable de diriger elle-même le gouvernement de l'État, elle ordonna que Ferdinand conserverait la régence jusqu'à ce que son petit-fils Charles de Luxembourg eût atteint l'âge de vingt ans.

Ces dispositions n'étaient pas de nature à calmer l'irritation qui existait déjà entre Philippe et Ferdinand. L'archiduc regardait comme une grave injustice la clause qui lui enlevait l'administration du royaume. Il commença donc à rassembler des troupes en Flandre, afin de se présenter en Espagne, à la tête d'une puissante armée. Ferdinand, de son côté, se mit en état de défense, et chercha à se faire des alliés. Il demanda au roi de France la main de sa nièce Germaine de Foix, promettant d'assurer la couronne de Naples aux enfants qu'il aurait de cette princesse. Louis XII, qui avait pour sa nièce la plus vive tendresse, consentit volontiers à ce mariage. Il donna pour dot à Germaine de Foix les droits qu'il avait à la moitié du royaume de Naples et renonça au titre qu'il portait de roi de Naples et de Jérusalem.

Ce mariage fut un coup très-sensible pour l'archiduc. Il perdait un allié qui pouvait lui être fort utile, et Ferdinand, n'ayant que cinquante-trois ans, était encore en âge d'avoir des enfants [1]. Si sa femme lui eût donné un fils, les royaumes d'Aragon, de Naples et de Grenade eussent été perdus pour l'archiduc Philippe, dont toutes les espérances à cet égard se seraient trouvées déçues. Ce prince crut que c'était un motif nouveau pour se hâter de passer en Espagne, où il comptait sur de nombreux partisans. Cependant, Maximilien, plus prudent ou plus timide, désapprouvait une résolution qui pouvait causer des maux incalculables. Il offrit de servir de médiateur ; et Philippe consentit à ce que la difficulté fût tranchée d'une manière amiable. Un accommodement fut conclu à Salamanque. Il fut convenu que l'administration du royaume serait partagée entre doña Juana, qui en était propriétaire, Philippe son mari et Ferdinand, qui en resterait gouverneur perpétuel. Charles de Luxembourg fut reconnu pour présomptif héritier de la

[1] Ferdinand eut en effet un fils de sa femme Germaine de Foix. Mais ce jeune prince, auquel on donna le nom de D. Juan, vécut seulement quelques jours.

couronne. Enfin, aux termes de ce traité, les revenus de la Castille et du nouveau monde devaient être partagés par moitié entre le roi catholique et ses enfants. Dès que cet arrangement fut terminé, l'archiduc s'embarqua pour passer en Espagne; mais sa flotte, battue par la tempête, fut jetée en Angleterre, où il resta trois mois. Après ce temps, il débarqua à la Corogne, et ne fut pas plutôt à terre qu'une foule de seigneurs mécontents s'empressèrent d'accourir auprès de lui. Comme il les trouva mieux disposés en sa faveur qu'il ne l'avait pensé, et qu'il avait l'espoir de réunir bientôt autour de lui la plus grande partie de la noblesse castillane, il déclara qu'il n'exécuterait pas la convention de Salamanque. Ferdinand, de son côté, fit de vains efforts pour arrêter les progrès de Philippe : il essaya de gagner les Castillans par des grâces et par des promesses; mais ces tentatives lui réussirent mal; presque toutes les personnes et même les prélats qui l'accompagnaient l'abandonnèrent pour passer du côté de son gendre, en sorte que l'archiduc s'avançait, à la tête d'une réunion nombreuse de seigneurs espagnols et flamands armés en guerre, tandis que Ferdinand n'avait avec lui que peu de monde. La première entrevue des deux souverains eut lieu dans une maison de campagne, nommée *Remesal*. Cette conférence ne produisit pas le résultat que Ferdinand en attendait. L'archiduc ne voulut rien relâcher de ses prétentions, et Ferdinand, forcé de céder à la nécessité, souscrivit, le 27 juin 1506, un arrangement par lequel il abandonna à ses enfants le gouvernement de la Castille. Il se réservait la moitié des revenus de l'Amérique et vingt-cinq mille ducats sur les rentes des maîtrises, dont l'administration lui était conservée. Cette convention fut immédiatement exécutée. Mais le gouvernement de Philippe ne tarda pas à exciter des plaintes. On reprocha à ce prince de ne s'occuper que de ses plaisirs, de se laisser gouverner par des favoris et de dépouiller les Castillans des emplois qu'ils occupaient pour en investir des Flamands. Enfin il laissa entrevoir l'intention de porter un œil sévère sur les abus de l'inquisition. Mais il n'eut pas le temps d'accomplir de grandes réformes. Il s'était rendu à Tudèle pour faire un traité d'alliance avec le roi de Navarre. A son retour à Burgos, il fut pris de la fièvre et il mourut, après six jours de maladie, le 25 septembre 1506, neuf mois seulement après son entrée en Espagne. C'est ainsi que périt de la manière la plus inopinée ce prince, qui n'était encore âgé que de vingt-neuf ans et qui, par sa grâce et par ses manières aimables, avait mérité le surnom de Philippe le Beau. Il laissait sa veuve enceinte d'une princesse qu'elle mit au jour, le 14 juin 1507, et à laquelle on donna le nom de Catherine. Bien des personnes attribuèrent cette fin prématurée à un empoisonnement; d'autres soutiennent qu'elle fut causée par les débauches auxquelles Philippe se livrait; d'autres, enfin, prétendent que ce roi mourut pour s'être trop échauffé en jouant à la paume. Au milieu de ces allégations différentes, où est la vérité? Cette perte enleva à l'infortunée Juana le peu de raison qu'elle avait encore; il lui resta seulement quelques instants lucides, trop rares pour qu'elle pût s'occuper du gouvernement. Elle était tout entière à la mémoire de son mari, et elle ne voulait pas se séparer de son cadavre, qu'elle portait toujours avec elle.

Dans des circonstances aussi critiques, il fallait prendre des mesures pour assurer le gouvernement de l'État jusqu'à ce que le prince Charles eût atteint sa vingtième année. Tous les grands étaient d'accord sur ce point; mais ils différaient sur le parti qu'il fallait adopter. Ceux qui voulaient sincèrement la tranquillité publique proposaient de rappeler le roi catholique : mais un grand nombre de personnes craignaient que Ferdinand ne cherchât à se venger de l'abandon injurieux où presque tout le monde l'avait laissé. Les uns voulaient qu'on fît un conseil de régence dont les membres seraient choisis par les cortès; les autres songeaient à confier le gouvernement à Maximilien, d'autres au roi d'Angleterre. L'archevêque de Tolède, Ximenez de Cisneros, se mit à la tête du parti qui voulait confier le gouvernement de la Castille à Ferdinand le Catholique; et malgré la vive résistance qu'il rencontra, il sut le faire prévaloir. Pour prix de cet important service, il reçut le chapeau de cardinal, que Ferdinand lui rapporta en revenant d'Italie, où les affaires du royaume de Naples avaient nécessité sa présence. Dès que le roi fut de retour en Espagne, il rétablit la tranquillité, calma les esprits et rendit aux lois toute leur puissance.

Non content d'avoir détruit en Espagne la puissance des musulmans, il alla porter la guerre sur les côtes d'Afrique, où les Espagnols firent d'importantes conquêtes. Enfin, aux couronnes d'Aragon, de Castille, de Naples et de Sicile qu'il portait déjà il ajouta une couronne nouvelle. Pour bien se rendre compte des événements qui ont amené la réunion de la Navarre à la monarchie espagnole, il faut se rappeler quelle était alors la position des puissances européennes. Le pape Jules II, né au village d'Abbezale, près Savone, dans les États de Gênes, souffrait impatiemment que son pays natal fût soumis à la domination française. Il eût voulu chasser tous les étrangers qui se disputaient la souveraineté de l'Italie. Il eût voulu exterminer à la fois les Espagnols, les Français et les Impériaux; mais, sentant bien que les forces de l'Italie étaient insuffisantes pour une semblable tâche, il cherchait à les détruire l'un par l'autre. Il les brouillait ou les raccommodait l'un avec l'autre, suivant ses intérêts; ce fut en grande partie le caractère turbulent de ce pontife qui causa toutes les guerres de cette époque. La république de Venise avait profité de la sainte ligue formée contre Charles VIII, pour s'emparer de quelques ports de la Pouille, de quelques villes dépendantes du saint-siége, du duché de Milan ou des domaines de l'Empire. Le pape voulait avant tout dépouiller les Vénitiens des conquêtes qu'ils avaient faites sur le patrimoine de Saint-Pierre. Il parvint à se liguer contre eux avec la France, l'Espagne et l'empereur. Cette coalition, fameuse dans les annales de l'Italie, reçut le nom de *ligue de Cambrai*. Une armée, envoyée par Louis XII, battit les forces vénitiennes. Tous les alliés profitèrent de cette victoire que les armes françaises avaient seules remportée. Les Espagnols recouvrèrent ceux des ports du royaume de Naples que les Vénitiens avaient usurpés. Les terres du domaine de Saint-Pierre furent rendues au pape. Quand Jules eut ainsi atteint le premier but qu'il s'était proposé, il songea à détruire en Italie la puissance des Français; et, n'osant attaquer sans motif ceux avec lesquels il venait de jurer amitié, il commença par s'en prendre au duc de Ferrare, qui était leur allié. Louis XII refusa d'abandonner le duc à la vengeance du pape. Ce fut pour Jules un motif suffisant de rupture. Il attira dans son parti l'empereur, la république de Venise, l'Espagne et l'Angleterre. Cette nouvelle coalition avait pour but de chasser les Français d'Italie; et, de même que celle dirigée contre Charles VIII, elle prit le nom de *sainte ligue*. Mais l'armée des coalisés fut battue par les Français, auprès de Ravenne, le 11 avril 1512. Au reste, le pape ne s'était pas contenté d'employer contre ses adversaires les armes temporelles. Il avait fulminé l'excommunication contre Louis XII, et il avait mis le royaume de France en interdit. Louis XII, de son côté, en avait appelé au futur concile; il avait fait convoquer, par les cardinaux dévoués à la France, un concile général qui s'était réuni à Pise. Jules II proclama ce concile schismatique. Il déclara tous ceux qui s'y rendraient ou qui le soutiendraient ennemis de Dieu et fauteurs d'hérésie. La France, en ce moment, se trouvait abandonnée de presque tous ses alliés; cependant, le roi de Navarre lui était resté fidèle.

Quand, en 1479, la reine Léonore de Navarre avait senti la mort s'approcher, elle avait mis par son testament la couronne de Navarre sous la protection de la France, parce qu'elle se méfiait de la perfidie de Ferdinand, son frère consanguin. Elle eut pour successeur François Phébus, son petit-fils. Il était à peine sur le trône, que Ferdinand et Isabelle firent de pressantes démarches auprès de Madeleine, sa mère, pour qu'il épousât une de leurs filles. Madeleine, pour ne pas être contrainte de céder à leurs obsessions, se retira dans les domaines qu'elle possédait en

France. Le 30 janvier 1483, elle était à peine arrivée à Pau, que François Phébus mourut. Il n'était âgé que de quinze ans, et n'avait pas encore accompli la quatrième année de son règne. On pensa qu'il avait été empoisonné; mais l'intérêt que Ferdinand avait à se défaire d'un prince qui repoussait son alliance fut peut-être le seul motif qui fit croire à l'existence de ce crime, dont les historiens ne rapportent aucune preuve. Après la mort de François Phébus, sa sœur Catherine hérita de la couronne de Navarre. Isabelle et Ferdinand s'empressèrent de faire demander la main de Catherine pour don Juan, leur fils; mais la reine mère répondit qu'elle ne pouvait prendre aucune résolution sans avoir consulté le roi de France. Le 14 juin de l'année suivante, la reine Catherine fut mariée à Jean d'Albret, comte de Périgord. En 1512, lorsque Jules II réunit presque toute l'Europe contre la France, Catherine et Jean d'Albret refusèrent d'entrer dans la coalition. Le roi catholique leur fit demander qu'au moins ils livrassent un passage par la Navarre aux troupes espagnoles qu'il voulait envoyer en Guyenne, où le roi d'Angleterre devait porter la guerre. Jean d'Albret répondit qu'il désirait garder une stricte neutralité. Alors Ferdinand fit rassembler des troupes nombreuses dans l'Alava, sous le prétexte de les faire passer en Guyenne par les ports de la Guipuscoa. Le 8 juin, une flotte anglaise de quatre-vingts voiles vint aborder au Passage et mit à terre une armée anglaise, commandée par le duc d'Orset. Ferdinand, au lieu d'employer ces troupes en Guyenne, ainsi que cela était convenu avec le roi d'Angleterre, profita de leur présence pour envahir la Navarre. L'armée espagnole, sous la conduite du duc d'Albe, s'empara de Pampelune. Cette capitale se rendit, sans faire la moindre résistance; et son exemple fut suivi par toutes les villes de la Navarre, à l'exception de Tudèle, d'Estella et de la Vallée d'Escua.

A l'approche du danger, la reine Catherine et ses enfants s'étaient retirés en Béarn. Jean d'Albret s'était d'abord enfermé à Pampelune, avec l'intention de s'y défendre; mais, trahi par la faction des Beaumont, qui faisait cause commune avec les Castillans, il fut obligé de se réfugier de l'autre côté des Pyrénées. Au mois d'octobre, il revint, à la tête d'une armée française, assiéger Pampelune; mais il ne put se rendre maître de cette capitale, il fut obligé de repasser les Pyrénées, et la Navarre entière resta au pouvoir des Castillans. Quant aux Anglais, ils se retirèrent furieux d'avoir été pris pour dupes, et d'avoir fait un coûteux armement pour venir assister à la conquête que Ferdinand avait faite de ce royaume. Beaucoup d'historiens espagnols [1] s'attachent à justifier, en cette circonstance, la conduite de Ferdinand. Ils trouvent tout naturel que ce prince ait détrôné sa petite-nièce, qui n'avait fait contre lui aucun acte d'hostilité. Il me semble cependant qu'il suffit d'exposer les faits pour que la conscience de tout homme de bien les qualifie.

La conquête de la Navarre fut la dernière action d'une grande importance qui ait signalé le règne de Ferdinand le Catholique. Trois ans plus tard, le 23 janvier 1516, ce prince remit son âme à Dieu.

Les jugements les plus opposés ont été portés sur ce roi. En général, les écrivains, pour baser leur opinion à son égard, ont consulté leurs propres passions plus souvent que la vérité des faits. Ainsi, les auteurs espagnols, cédant presque tous à un sentiment de fierté nationale, ne veulent pas s'avouer à eux-mêmes que la mauvaise foi de Ferdinand a servi à l'agrandisse-

---

[1] Au reste, ce n'est qu'en dénaturant les faits, qu'en oubliant les dates que ces panégyristes de l'usurpation savent écrire l'histoire.
Voici, par exemple, un passage d'Ascargorta, livre X, dernier alinéa : « Si Ferdinand le Catho« lique avait sollicité pour son fils aîné la « main de Catherine de Navarre, ce n'était pas, « *comme le pensent quelques auteurs étran-* « *gers*, pour joindre à ses vastes domaines « cette riche portion de la Péninsule, mais « pour garantir de ce côté ses frontières contre « les invasions des Français, qui lui dispu-« taient *alors* (*entonces*) ses droits au royaume « de Naples. »
Voici les dates : c'est en 1483 que Ferdinand a fait demander la main de Catherine; c'est en 1484 que cette princesse a épousé Jean d'Albret. Or, il n'était pas question à cette époque de la guerre de Naples, qui n'a commencé que onze ans plus tard, c'est-à-dire en 1495.

ESPAGNE.   ESPAÑA

Chapelle du Connétable, à la Cathédrale de Burgos
Capilla del Condestable en la Catedral de Burgos

ment de leur pays. Ils inventent les sophismes les plus extravagants pour justifier toutes les actions de ce roi. Les auteurs étrangers, au contraire, se laissent souvent aller à un sentiment de jalousie. Ils vont jusqu'à nier les grandes qualités dont ce prince était doué. Cependant, il a su faire la guerre avec courage et avec bonheur. Ce dont il faut surtout le louer, c'est qu'il a su rétablir l'ordre et la tranquillité dans des États bouleversés depuis tant d'années par les discordes civiles; il a rendu la force aux lois; il a institué une milice chargée de poursuivre le vol et le brigandage; aux royaumes qu'il avait reçus de ses aïeux il a joint les royaumes de Grenade, de Naples et de Navarre. Il a fait aussi des conquêtes en Afrique. C'est sous son règne que le nouveau monde a été découvert; enfin, quand on pense aux grands événements qui s'accomplirent de son temps, on oublie involontairement ce qu'il y avait dans son caractère de perfidie et de cruauté.

RÈGNE DE CHARLES V. — MORT DE XIMENEZ DE CISNEROS. — LA GERMANIA DE VALENCE ET LES COMUNEROS DE CASTILLE. — LETTRE DE DON JUAN DE PADILLA. — GUERRES EN FRANCE, EN ITALIE ET EN ALLEMAGNE. — CONQUÊTE DE TUNIS. — TENTATIVE CONTRE ALGER. — ABDICATION DE CHARLES V.

A peine connut-on en Flandre la maladie du roi Ferdinand, que le conseil de l'archiduc Charles envoya en Espagne, avec des instructions secrètes, Adrien Boyens, qui était précepteur de ce jeune prince; afin qu'il déjouât par sa présence toutes les intrigues qui auraient pu porter préjudice aux intérêts de son élève. Aussitôt que Ferdinand fut mort, Adrien essaya de s'emparer du pouvoir pour gouverner l'Espagne, au nom de Charles, jusqu'à ce que celui-ci fût venu prendre lui-même les rênes de l'État. Cependant, cette prétention n'était pas entièrement fondée; car Charles n'avait pas encore atteint la majorité de vingt ans, fixée par le testament d'Isabelle; et, d'un autre côté, Ferdinand avait, par son acte de dernière volonté, laissé le gouvernement de l'Espagne au cardinal Ximenez de Cisneros, jusqu'à ce que Charles fût en âge de gouverner par lui-même. Ces discussions donnèrent lieu à quelques troubles. Mais la sagesse d'Adrien et de Ximenez les eut bientôt apaisés; ces deux ministres, malgré la différence de leurs caractères, convinrent de gouverner en commun. Cet arrangement ne satisfit pas tout le monde. Il y eut des grands qui voulurent s'opposer à la régence du cardinal, et qui exigèrent qu'il leur justifiât des pouvoirs en vertu desquels il gouvernait la monarchie. Ximenez essaya de les contenter en leur montrant le testament de Ferdinand; et, comme ils répondaient que cela n'était point suffisant; que Ferdinand, simple gouverneur de la Castille, n'avait pu déléguer un pouvoir qu'il n'exerçait lui-même qu'à un titre précaire, le cardinal fit approcher les grands d'une des fenêtres de son palais, et leur montrant deux mille hommes de vieilles troupes rangés en bataille et soutenus par une nombreuse artillerie : « Voilà encore, leur dit-il, les pouvoirs en vertu desquels je gouvernerai l'Espagne jusqu'à l'arrivée du roi. »

De son côté, Charles, voulant assurer la tranquillité des Pays-Bas, avant de se rendre dans la péninsule, avait envoyé M. de Chièvres comme ambassadeur à François Ier; et par un traité, signé à Noyon le 13 août 1516, il fut convenu que Charles épouserait Louise, fille aînée du roi de France; qu'il payerait à ce souverain cent mille écus pour le désintéresser de ses droits au royaume de Naples; enfin, que, dans l'espace de six mois, il rendrait la Navarre à Henri, fils de Jean d'Albret. Ce fut seulement une année après la signature de cette convention que Charles s'embarqua pour l'Espagne. Il aborda le 19 septembre à Villaviciosa, port des Asturies; et, après s'être reposé quelques jours dans cette ville des fatigues de la mer, il se mit en route pour Burgos. En allant au-devant de lui, le cardinal Ximenez mourut dans la ville de Roa. Bien des auteurs prétendent qu'il mourut empoisonné. Le poison, disent-ils, lui fut donné dans un pâté de truites par des personnes intéressées à ce que le jeune roi ne reçût pas ses conseils salutaires. Mais les historiens n'allèguent aucune preuve, et il n'est pas besoin de recourir à la supposition d'un crime pour expliquer la mort d'un vieillard de quatre-vingt et un ans. Ximenez de Cisneros est un des plus grands hommes dont l'Espagne puisse se glorifier. Ministre d'Isabelle et de Ferdinand, il n'usa jamais de l'autorité qui lui fut confiée que dans l'intérêt du pays. Sa modération et sa modestie ne le mirent pas à l'abri des attaques de l'envie; mais il méprisait les calomnies et les libelles dirigés contre lui. Il répondit à quelques personnes, qui l'excitaient à en tirer vengeance : « Laissons-les parler, puisqu'ils nous laissent faire. Si ce qu'ils disent est mensonger, il faut en rire; si cela est vrai, tâchons de nous corriger. » Issu d'une famille obscure, il s'éleva par son mérite seul aux plus hautes dignités. Il fut confesseur d'Isabelle, archevêque de Tolède, cardinal et ministre. Doté d'immenses revenus, il sut les administrer avec tant d'économie, qu'il put avec ses épargnes lever une armée, à la tête de laquelle il conquit la ville d'Oran.

Il fonda et il dota richement l'université d'Alcala de Hénarez. Voulant empêcher que le rite mozzarabe ne se perdît entièrement, il fonda dans la chapelle de Tolède un chapitre de chanoines, auxquels il imposa l'obligation d'officier selon ce rite. Versé dans la connaissance des langues orientales, il consacra des sommes énormes à l'acquisition de précieux manuscrits hébreux, grecs, latins et chaldaïques de la Bible, et c'est à ses soins qu'est due la première Bible polyglotte.

Personne ne fut plus simple que Ximenez de Cisneros dans sa vie privée. Au temps de sa plus grande élévation, il alla visiter ses parents, qui étaient dans une position modeste. Il les combla de bienfaits; mais il ne voulut pas les tirer de l'humble condition dans laquelle ils étaient nés. Étant arrivé à la porte d'une paysanne, qui était sa proche parente, il la surprit au moment où elle était occupée à pétrir le pain de sa famille. Cette femme voulait changer de vêtement et mettre un costume plus convenable pour le recevoir. « Non! non, lui dit-il; ce costume et cette occupation vous siéent à merveille. Ne vous embarrassez que de votre pain, de peur qu'il ne se perde. »

Après la mort de Ximenez, Charles se rendit d'abord à Burgos et ensuite à Valladolid, où les cortès de Castille étaient convoquées. Ce ne fut pas sans peine qu'il s'y fit reconnaître comme roi. Cette assemblée, fidèle aux anciens usages de la monarchie, voulait maintenir les droits de la reine Jeanne; il n'obtint son consentement qu'à la condition expresse que le nom de sa mère précéderait le sien sur tous les actes, et qu'elle rentrerait dans tous ses droits, si jamais elle venait à recouvrer l'usage de la raison. Avant de prêter le serment, les députés voulurent exiger que le jeune roi jurât d'observer et de maintenir les fueros et les libertés du royaume. Ils réclamèrent surtout l'exécution d'un règlement, fait en 1511, dans les cortès de Burgos, qui défendait de donner aucun emploi à des étrangers. Mota, évêque de Burgos, qui présidait les cortès, et qui parlait au nom du roi, promit que ce prince confirmerait les priviléges de la nation. Charles fut donc proclamé roi, le 7 février 1518; et il obtint, en même temps, des cortès un don gratuit de 600,000 ducats, payables en trois ans. Mais il ne tarda guère à manquer à la parole donnée en son nom. Il éleva un étranger à la dignité de chancelier de Castille. Guillaume de Croy, neveu de Chièvres, bien qu'il n'eût pas même l'âge canonique, fut aussi nommé archevêque de Tolède. Enfin, la rapacité des Flamands, qui formaient la cour de ce prince, augmenta encore le mécontentement général. On se plaignait de ce qu'ils faisaient sortir tout le numéraire du royaume. Chièvres, qui, par ses exactions, avait ramassé des sommes immenses, les avait fait passer dans les Pays-Bas; et la monnaie d'or était devenue si rare que, quand on en trouvait une pièce, on lui disait :

Doblon de a dos nora buena estedes, pues con vos no topó Xebres.

« Petit doublon, soyez le bien-venu, puisque Chièvres ne vous a pas encore trouvé. »

Au mois de mai, Charles passa en Aragon, où il éprouva, relativement à sa reconnaissance comme roi, les mêmes difficultés qui lui avaient été faites en

ESPAGNE.   ESPAÑA.

Abside de l'Eglise de Boscelte.
Boveda de la Iglesia de Bosolto.

Castille. Il ne fut proclamé à Saragosse que le 22 septembre. Il rencontra encore les mêmes objections, lorsqu'il se rendit en Catalogne, au commencement de l'année suivante. Il ne fut reconnu comte de Barcelone que le 13 avril. Il était en cette ville, quand il reçut la nouvelle de la mort de Maximilien, son aïeul. Les sommes énormes qu'il avait tirées des Espagnols lui servirent à acheter le suffrage du corps germanique. Il fut proclamé empereur, sous le nom de Charles V, le 28 juin 1519; et le duc de Bavière vint, en qualité d'ambassadeur des électeurs, lui apporter, en Catalogne, la nouvelle officielle de sa nomination. A partir de ce moment, Charles crut devoir changer le titre qui jusque-là lui avait été donné. Il prit celui de Majesté, que les autres souverains ont bientôt adopté, puis il se prépara à passer en Allemagne, pour aller y recevoir la couronne impériale. Cependant, il n'avait pas encore visité tous ses royaumes de la Péninsule; et les troubles qui commençaient à se manifester à Valence y eussent rendu sa présence nécessaire. Sous le prétexte de se tenir en garde contre les tentatives des Maures, qui, disait-on, étaient restés en relation avec les musulmans d'Afrique, les corps de métiers de Valence avaient formé une association armée que, dans leur dialecte, ils avaient appelée *Germania*. Ce nom répond au mot espagnol *Hermandad*, c'est-à-dire fraternité. Les associés se donnaient le nom de *Germanats* ou fraternisants. Ils avaient pour but réel, en faisant cette confédération, de se défendre mutuellement contre les violences et les vexations des nobles et des ecclésiastiques. Ils avaient élu trente d'entre eux, qu'ils avaient chargés du soin de veiller à leurs intérêts communs et de faire rendre la justice. Pendant que ces éléments de discorde fermentaient à Valence, le roi, qui était pressé de se rendre en Allemagne, envoya demander en cette ville que les trois bras du royaume lui fissent le serment accoutumé, en le dispensant d'assister aux cortès. Les trois bras s'assemblèrent; et, après avoir longtemps conféré, ils décidèrent qu'il n'était pas possible de condescendre aux désirs du roi, parce que cela était contraire aux lois du royaume. Néanmoins, le roi, persistant dans sa résolution de se rendre en Allemagne le plus promptement possible, jura sur le livre des Évangiles d'observer les lois et privilèges des Valenciens. Il chargea son précepteur Adrien, qu'il avait fait nommer cardinal, d'aller présider en son nom les cortès de Valence, d'y présenter aux députés le livre sur lequel le serment avait été prêté par lui et de leur en répéter les termes. Mais le bras noble et le bras ecclésiastique ne voulurent pas se contenter de cet accommodement. Ils refusèrent de laisser enfreindre leurs privilèges. Le roi fut si mécontent de cette obstination des cortès de Valence, qu'il rendit à la confédération des Germanats le privilège qu'il lui avait retiré de se maintenir en armes et de se nommer des syndics. Avant de partir pour l'Allemagne, Charles était dans la nécessité de réunir les cortès de Castille et de Léon. Les dons gratuits qui lui avaient été accordés étaient déjà dépensés. Probablement une grande partie de ces subsides avaient servi à acheter les suffrages du corps germanique; de nouvelles sommes lui étaient nécessaires pour faire face aux frais de son voyage et de son couronnement. Il convoqua donc les cortès de Castille et de Léon dans la ville de Saint-Jacques de Compostelle. Le choix de cette ville fut un nouveau sujet de mécontentement, jamais les cortès n'y avaient été réunies. Aussi, les députés de Tolède, de Salamanque et de quelques autres cités allèrent-ils à Valladolid au-devant du roi, pour lui faire des représentations; mais il refusa de les recevoir, et il leur fit dire qu'il les entendrait à Tordesillas, où il se rendait pour prendre congé de sa mère. Dès que cette réponse fut connue, le bruit se répandit que Charles voulait emmener avec lui la reine Jeanne en Allemagne. Le peuple de Valladolid se souleva. Au son de la cloche d'alarme de la paroisse San-Miguel, plus de cinq mille hommes se réunirent sur la place publique en criant: *Vive le roi D. Carlos! périssent ses mauvais conseillers!* Ils étaient déterminés à mettre à mort M. de Chièvres et les autres Flamands; mais le premier parvint à s'échapper, et les autres pressèrent le roi de sortir de la ville. Le roi monta aussitôt à cheval ; il trouva à la porte de la ville un peloton de séditieux qui voulurent le retenir ; mais sa garde lui ayant ouvert un passage au milieu d'eux, il sortit et se rendit à Tordesillas. Après son départ, l'émeute de Valladolid s'apaisa ; ce qui permit au roi de continuer promptement son voyage. Après être resté un jour seulement avec sa mère, il se remit en route pour Santiago de Compostelle, où les cortès furent ouvertes, le 1er avril 1520. On tint inutilement beaucoup de séances, parce que les députés de Tolède, de Salamanque, de Séville, de Cordoue, de Toro, de Çamora, d'Avila et d'autres cités, refusèrent d'accorder le subside qui était l'objet principal de cette assemblée. Charles, vivement irrité de ce refus, transporta les cortès à la Corogne ; et si les circonstances le lui eussent permis, il aurait prouvé son ressentiment, en punissant les députés ; mais il se contenta pour le moment d'exiler le représentant de Tolède, qui avait montré le plus de fermeté. A cet acte de tyrannie, Tolède se souleva. Cette ville prit les armes pour la défense de ses fueros et de ses priviléges. Un des principaux habitants, nommé Juan de Padilla, qui avait pour femme Maria Pacheco, fille du comte de Tendilla, fut choisi pour chef par les révoltés. Ce fut inutilement que Charles voulut faire arrêter les personnes qui se trouvaient à la tête de ce mouvement ; ses ordres ne servirent qu'à exaspérer la multitude. Non-seulement le peuple empêcha l'arrestation, mais encore il aurait mis à mort le corrégidor et le grand alguazil, s'ils ne s'étaient dérobés par la fuite à la vengeance populaire. On donna le nom de *Comuneros* aux mécontents, parce qu'ils défendaient les priviléges de la commune. Réunis au nombre de plus de vingt mille, ils s'emparèrent de l'alcazar, des portes de la ville, et ils chassèrent de Tolède les officiers du roi.

Les cortès de la Corogne furent fermées au commencement de mai, et, malgré l'opposition d'un grand nombre de cités, le roi Charles obtint un subside de deux cents millions de maravédis, payable en trois ans. Les députés présentèrent au roi un mémoire contenant les demandes des villes. Ils insistèrent surtout pour que le roi revînt promptement en Espagne et pour qu'il se mariât. Ils demandèrent qu'à son retour il n'amenât avec lui aucun étranger ni pour le gouvernement politique ni pour le gouvernement militaire ; qu'il réglât sa maison avec économie, comme l'avaient fait les rois catholiques ; enfin, que le gouvernement de la monarchie fût confié uniquement à des Espagnols.

Charles ne tint aucun compte de ces réclamations, et, avant de partir pour l'Allemagne, il nomma pour gouverneur du royaume le cardinal Adrien, auquel il adjoignit le président et les conseillers de la chancellerie de Valladolid ; le vice-roi de Valence, don Diégo de Mendoza ; le justicier d'Aragon, don Juan de Lanuza. Il confia le commandement général de l'armée à Antonio de Fonseca. Les représentations qu'on put faire au roi sur le choix de ces gouverneurs ne furent pas écoutées, et il mit à la voile le 20 mai 1520.

La nouvelle du départ du roi et la condescendance que les cortès avaient montrée à l'égard de ses dernières demandes, en lui accordant un subside, firent éclater partout le feu de l'insurrection. Le premier mouvement eut lieu à Ségovie. Un des deux députés de cette ville qui avait voté le subside, Rodrigo de Tordesillas, fut pendu par la populace entre les cadavres de deux alguazils qu'elle avait attachés la veille au gibet.

A Çamora, les députés de la ville auraient éprouvé le même traitement, si le comte d'Albe n'était parvenu à les faire échapper. A Valladolid, ils furent aussi obligés de se soustraire par la fuite à la vengeance populaire. La révolte se communiqua de proche en proche avec une telle rapidité, qu'en un instant les villes de Burgos, d'Avila, de Madrid, de Guadalaxara, de Cuenca, de Medina del Campo, de Sigüenza, de Jaen, de Baeza, d'Alcala, de Léon, en un mot, presque toutes les villes du royaume embrassèrent le parti des comuneros. Les gouverneurs que Charles avait laissés pour administrer le royaume, surpris par la violence de ce soulèvement, pensèrent qu'ils en arrêteraient les progrès en punissant avec vigueur quelques-uns des séditieux. Ils chargèrent Ronquillo, *alcade de casalycorte,* d'aller à Ségovie et de frapper d'un châtiment sévère toutes les personnes qui avaient pris part aux excès commis dans cette ville. Ce magistrat, ayant rassemblé quelques troupes, s'avança vers Ségovie. Il n'avait pas assez de forces pour s'en rendre maître. Les habitants avaient fermé les portes, et s'étaient préparés à une résistance désespérée. Il se borna à s'établir dans le voisinage et à couper les vivres aux assiégés.

Ceux-ci envoyèrent demander des secours aux comuneros des autres villes. Des députés des communes de Tolède, d'Avila, de Salamanque, de Toro, de Camora et de Léon, s'assemblèrent à Avila, et formèrent une assemblée ou, comme on dit en Espagne, une *junte* pour s'occuper des affaires du pays. Les membres qui la composaient jurèrent, dans le chapitre de la cathédrale, sur la croix et les Évangiles qu'ils n'avaient d'autre vue que de défendre le royaume et d'y rétablir le bon ordre. On choisit pour commander les troupes des comuneros don Juan de Padilla, qui s'était distingué dans toutes les occasions comme un des plus zélés patriotes. Il avait pour concurrent don Pedro Lasso de la Vega; celui-ci se vengea plus tard de n'avoir pu l'emporter sur son rival. Les troupes de Tolède, réunies à celles de Ségovie, chassèrent Ronquillo de la position qu'il avait choisie; elles lui tuèrent quelques hommes, lui firent quelques prisonniers, lui enlevèrent une grande partie de son bagage et prirent sa caisse militaire, où se trouvaient deux millions en argent [1].

Cependant le cardinal, persistant dans la volonté de réduire par la force les habitants de Ségovie, donna l'ordre à Antonio de Fonseca de réunir autant de monde qu'il le pourrait pour les assiéger, et d'aller chercher l'artillerie qui était conservée à Medina del Campo. A l'approche de Fonseca, les habitants de cette ville prirent les armes. Ils refusèrent de laisser enlever les canons, et résistèrent avec avantage aux troupes qui voulaient s'en emparer de vive force. Alors, Fonseca fit mettre le feu aux maisons, espérant que les bourgeois quitteraient le combat pour aller éteindre l'incendie. Cette conduite atroce augmenta, au contraire, leur courage; ils chargèrent les troupes de Fonseca avec une nouvelle furie et les obligèrent à se retirer; mais ce succès leur coûta cher, car la ville presque tout entière fut réduite en cendres. Elle était alors une des plus considérables du royaume; on y tenait, chaque année, quatre foires, célèbres dans toute l'Espagne; c'était le marché pour les soieries de Burgos et de Tolède et pour les étoffes de laine de Ségovie, qui, à cette époque, étaient déjà célèbres. Les ravages de l'incendie furent épouvantables. Neuf cents maisons furent réduites en cendres; quelques femmes et quelques enfants périrent dans les flammes, et la plupart des habitants furent entièrement ruinés. Le jour même on apprit à Valladolid l'incendie de Medina. Le peuple en devint furieux. Il sonna la cloche d'alarme de la paroisse de San-Miguel, et courut incendier la maison de Pedro Portello, député de la ville qui avait voté le don gratuit, et celle de Fonseca, qu'ils réduisirent en cendres. Le régent, effrayé de l'effet que ses ordres avaient produit, protesta que c'était contre sa volonté que l'on avait agi. Pour le prouver, il rappela Fonseca; mais ce général ne voulut pas venir se livrer aux comuneros; il passa en Portugal et de là en Flandre, où, dit-on, il fut très-mal reçu par l'empereur.

En apprenant ce qui s'était passé à Médina, un grand nombre de villes qui n'avaient pas encore embrassé le parti des *comuneros* se soulevèrent, et envoyèrent des députés à la junte d'Avila, qui alors se trouva formée des représentants des villes de Tolède, de Madrid, de Guadalaxara, de Soria, de Murcie, de Cuenca, de Ségovie, d'Avila, de Salamanque, de Toro, de Camora, de Léon, de Valladolid, de Burgos et de Ciudad-Rodrigo.

Ce qui manquait surtout aux comuneros, c'était un chef, dont le nom

---

[1] Probablement deux millions de maravédis. Le maravédis valant un centime un quart, cette somme représente 25,000 francs de notre monnaie.

pût légitimer tout ce qu'ils avaient fait. Padilla s'empara de Tordesillas, où était la reine Jeanne, sous la garde du marquis de Denia. La junte d'Avila se transporta à Tordesillas; la reine, qui était dans un instant lucide, approuva tous les actes des comuneros. Ceux-ci, de leur côté, répandirent le bruit que la reine avait recouvré la raison, qu'elle réclamait l'exercice de ses droits, et ils n'agirent plus qu'au nom de la reine. Ils décrétèrent l'arrestation du président et des conseillers de la chancellerie de Valladolid, et ils prirent des mesures pour que cette arrestation eût lieu. Mais ces magistrats reçurent avis du danger qui les menaçait, et purent prendre la fuite à l'aide de différents déguisements. Le cardinal lui-même, ne se trouvant plus en sûreté à Valladolid, fut obligé de se déguiser pour sortir de la ville et pour se réfugier à Rioseco. Jusqu'à ce moment les affaires des comuneros avaient été prospères; mais cette assemblée renfermait les éléments de ruine qui se trouvent presque toujours dans les réunions populaires. L'envie ne tarda pas à diviser les différents chefs de ce parti et, d'un autre côté, la junte de Tordesillas ne fut pas assez prudente pour s'apercevoir qu'en demandant la réforme de tous les abus, elle allait s'attirer de nombreux et de redoutables ennemis. Tant que les comuneros avaient parlé seulement de défendre contre l'autorité royale les priviléges de la commune, les nobles et le clergé s'en étaient peu émus; mais, quand la junte réclama l'annulation de toutes les aliénations du domaine royal qui avaient été faites en faveur de la noblesse, quand elle réclama l'interdiction de prêcher aucune indulgence dans tout le royaume, avant que le but en eût été examiné et reconnu légal par les cortès, elle souleva contre elle et la noblesse et le clergé. Charles, averti par le cardinal de l'état désastreux où se trouvait le pays, avait donné une demi-satisfaction à l'opinion publique en associant au cardinal, pour gouverner les affaires, l'almirante de Castille don Fadrique Enriquez et le connétable don Iñigo de Velasco. Burgos déposa les armes, et plusieurs villes imitèrent son exemple. Les nobles de Castille et de Léon rassemblèrent des troupes dans leurs domaines, et bientôt ils purent opposer aux comuneros une armée de plus de dix mille hommes. Celle des bourgeois était encore plus nombreuse, mais elle n'était plus commandée par Padilla. On avait nommé à sa place don Pedro Giron, fils aîné du comte d'Ureña. Ce seigneur, pensant qu'il y avait plus à gagner à se réconcilier avec le roi qu'à rester dans le parti des communes, convint avec le connétable de lui livrer la reine. En effet, il se mit en marche avec son armée sous prétexte d'aller attaquer Villalpando, où il n'avait que faire. Il laissa Tordesillas presque sans défense, et les troupes royales coururent s'en emparer. Les comuneros rendirent alors le commandement à Juan de Padilla. Ce chef s'empara de Torrelobaton, ville qui appartenait en propre à l'almirante. Mais, sachant qu'il allait être attaqué dans ce poste désavantageux par toutes les forces des royalistes, il prit la résolution de se retirer à Toro, où il lui était plus facile d'opposer une défense vigoureuse. Les royalistes étaient instruits de toutes les démarches et de tous les projets des comuneros par don Pedro de Laso, qui se vengeait par cette infâme trahison de ce qu'on lui avait préféré un autre général. Attaqué dans sa marche auprès de Villalar, Padilla vit bien qu'il était perdu. A l'approche de l'armée ennemie, trois bannières et trois cents lances l'abandonnèrent. Pour comble de malheur il survint une pluie violente qui donnait dans le visage de ses soldats et les empêchait d'avancer. Le désordre devint général, et les soldats se mirent à fuir. Ils arrachèrent de leurs habits les croix rouges, qui étaient la marque des communes, pour les remplacer par des croix blanches, qui étaient le signe des royalistes. Padilla, voyant que tout était perdu, saisit sa lance, leva sa visière et se jeta au milieu des ennemis, en criant : *Saint Jacques et liberté*. Mais une large blessure qu'il reçut à la cuisse le renversa à terre, et il fut obligé de se rendre. Les régents tinrent conseil pendant la nuit, et décidèrent que Padilla et les principaux chefs tombés au pouvoir des vainqueurs seraient suppliciés. Prévenu de cette décision, Padilla demanda un confesseur ; et, après avoir rempli ses devoirs religieux, il écrivit à la ville de Tolède et à sa femme les deux lettres suivantes [1].

Lettre de don Juan de Padilla à la ville de Tolède.

« A toi, couronne d'Espagne et lumière du monde, libre depuis le temps des Goths ; à toi, qui en n'épargnant pas ton sang pour verser celui de l'ennemi, as conquis la liberté pour toi et pour les autres villes, je m'empresse de faire savoir que moi, Juan de Padilla, ton fils légitime, je vais rafraîchir de mon sang le souvenir de tes anciennes victoires. Si le destin n'a pas permis que mes exploits fussent placés parmi ceux qui te rendent illustre, la faute en est à ma mauvaise fortune, et non à ma bonne volonté. Je te prie d'accepter mon sacrifice comme une bonne mère, puisque Dieu ne m'avait pas donné plus à risquer que ce que je perds pour toi. Je tiens plus au souvenir que je te laisse de moi qu'à ma vie. La fortune est changeante ; mais je vois avec joie que c'est moi, le moindre de tes enfants, qui souffrirai la mort pour toi. Tu en as nourri dans ton sein d'autres qui me vengeront. Bien des langues te raconteront mes derniers instants : quant à moi, je les ignore encore en ce moment. Je sais seulement qu'ils sont proches, et ma mort te prouvera ma bonne volonté. Je te recommande mon âme, comme à la patronne de la chrétienté. Je ne parle pas de mon corps, puisqu'il n'est plus à moi. Je ne puis t'écrire davantage ; car dans ce moment j'ai le couteau sur la gorge, et je crains plus ton mécontentement que la mort qui me menace. »

Lettre de don Juan de Padilla à sa femme:

« Madame, si votre douleur ne m'affligeait pas plus que ma mort, je me regarderais comme très-heureux ; car comme tout le monde doit mourir, je rends grâce à Dieu de ce qu'il me fait mourir à son service, et pleuré de bien des gens. Il faudrait plus de temps que je n'en ai pour écrire des consolations ; je ne demande pas qu'on retarde le moment où je dois recevoir la couronne qui m'attend, et mes ennemis ne me l'accorderaient pas. Pleurez votre perte, madame, mais ne pleurez pas ma mort ; car elle est trop honorable pour être pleurée. Je vous lègue mon âme, qui est la seule chose qui me reste. Traitez-la comme ce qui vous a le plus aimée. Je n'écris pas à mon père Pedro Lopez, parce que je ne l'ose pas ; car, quoique j'aie hérité de son courage, en osant risquer ma vie je n'ai point hérité de sa bonne fortune. Je n'en écrirai pas plus long pour ne pas faire attendre le bourreau, et pour qu'on ne croie point que j'allonge ma lettre pour allonger mes jours. Mon domestique Lossa, qui sera spectateur de ma mort et à qui j'ai confié mes plus secrètes pensées, vous dira ce que je ne puis écrire ; je termine dans l'attente de l'instrument de vos chagrins et de ma délivrance. »

Après avoir écrit ces lettres, Padilla se prépara à marcher au supplice. Ainsi que Bravo, commandant des troupes de Ségovie, il fut placé sur une mule, et un crieur les précédait en répétant : « Voici la justice que le roi et en son nom les régents et le connétable font exécuter contre les gentilshommes traîtres et rebelles. » « Tu mens ! s'écria Bravo en entendant ces paroles. Nous n'avons pas été traîtres. Nous avons défendu le bien public et la liberté. » L'alcade Cornejo le frappa rudement de sa baguette. Comme Juan Bravo se mettait en défense, Padilla l'arrêta, en lui disant : Bravo, nous avons combattu hier comme des hommes ; mourons aujourd'hui comme des chrétiens. Padilla tomba sous la hache du bourreau, et avec lui périrent toutes les anciennes libertés de la Castille. Valladolid, effrayé par la déroute des comuneros, implora le pardon des vainqueurs. Une amnistie générale lui fut accordée. On n'en excepta que

---

[1] Le texte de ces deux lettres se trouve dans Sandoval. J'emprunte la traduction qu'en a donnée M. Ternaux-Compans, dans son excellente histoire des comuneros. Pour tout ce qui a trait à la révolte des communes, j'ai suivi les détails contenus dans cet ouvrage ; car il est impossible de trouver un meilleur guide.

dix-huit personnes. Ségovie, Salamanque, Médina del Campo et les autres villes suivirent l'exemple de Valladolid. Tolède, au contraire, loin de se laisser intimider par le supplice de Padilla, en reçut un nouvel élan. Ceux des habitants qui favorisaient le parti des royalistes ouvrirent les portes de la ville au marquis de Villena. Mais la veuve de Padilla, la vaillante Maria de Pacheco, se renferma dans l'alcazar; et non-seulement elle put s'y maintenir, elle parvint encore à chasser les royalistes de Tolède. Alors la ville fut assiégée par l'armée de la noblesse; mais les comuneros, animés par Maria de Pacheco, se défendirent avec la plus grande intrépidité. Ils manquaient de vivres et de munitions; mais ils allaient en chercher dans le camp même des assiégeants, où ils se précipitaient avec cette furie que donne le désespoir. Ces combats, dont ils sortirent souvent vainqueurs, se répétaient chaque jour; mais, dans une de ces rencontres, on leur tua seize cents hommes; et cette perte épuisa leurs moyens de défense. La ville capitula, et par l'intervention du clergé elle obtint une amnistie. Tout le monde déposa les armes, à l'exception de Maria Pacheco. Cette héroïne, qui n'espérait ni ne demandait de pardon, se renferma dans l'alcazar. On l'y assiégea, mais elle se défendit pendant trois mois. On parvint à forcer cette citadelle; cependant Maria ne se rendit pas encore; elle se retrancha dans sa maison. Enfin, quand toute défense fut devenue impossible, elle s'échappa déguisée en paysanne, et avec son fils elle se rendit en Portugal auprès de l'archevêque de Braga son parent. Son fils y mourut bientôt, et elle-même ne tarda pas à succomber.

Pendant que l'Espagne était agitée de ces discordes intestines, Henri d'Albret essaya de recouvrer le royaume de ses pères. François Ier, ayant inutilement demandé plusieurs fois que la Navarre fût rendue à ce prince, ainsi que cela avait été convenu par le traité de Noyon, crut que les circonstances étaient favorables. Une armée française entra en Navarre. Elle se présenta devant Pampelune, qui, se trouvant sans défense, lui ouvrit ses portes. La citadelle voulut faire quelque résistance, mais elle fut bientôt forcée de capituler. Ce fut dans cette circonstance qu'Ignace de Loyola fut blessé à la jambe d'un éclat de pierre. Pendant qu'il était retenu par sa blessure, on lui donna quelques livres de dévotion. Cette lecture détermina sa vocation religieuse, et il fonda plus tard la compagnie de Jésus. Toute la Navarre suivit l'exemple de Pampelune; mais l'armée française, au lieu de s'y établir solidement comme elle l'aurait dû, voulut entrer en Castille pour donner secours aux mécontents. Elle alla mettre le siége devant Logroño. La ville se défendit courageusement, et l'armée de la noblesse castillane étant venue au secours de la place, les Français furent défaits dans les plaines d'Esquiros, le 30 juin 1521. La garnison française de Pampelune abandonna la ville, et la Navarre fut perdue aussi rapidement qu'elle avait été conquise.

A cette époque le siége de Saint-Pierre étant venu à vaquer par la mort de Léon X, l'empereur Charles V parvint à faire tomber les votes du conclave sur le cardinal Adrien, son ancien précepteur. Ce prélat ne porta la tiare que pendant une année, mais Charles V profita du règne de ce pape, qui lui devait tout, pour obtenir du saint-siège que la couronne d'Espagne conserverait l'administration perpétuelle des maîtrises des ordres militaires. Il fit aussi confirmer le droit qu'avait le roi catholique de présenter à tous les évêchés qui viendraient à vaquer dans son royaume.

La guerre de Navarre était heureusement terminée, la révolte des communes était apaisée, quand Charles V revint en Espagne au commencement du mois de juillet 1522. Sa modération et sa clémence contribuèrent à pacifier le pays. La *Germania* cependant existait encore. Cette association, qui s'était répandue dans presque toutes les villes du royaume de Valence, les avait remplies de désordres, de crimes et de brigandages. Malgré les excès de toute espèce auxquels ils s'étaient livrés, les *Germanats* avaient paru moins redoutables que les *Comuneros*, aussi les avait-on combattus avec moins de vigueur. Ils étaient encore maîtres de Xativa et de plusieurs autres villes. On envoya contre eux des forces auxquelles ils ne purent résister. Ils furent battus en plusieurs rencontres; et l'association de la *Germania* fut entièrement détruite.

Débarrassé de la guerre de Navarre et de ces agitations intestines, Charles V se vit bientôt engagé dans une lutte plus longue et plus sanglante. Le nombre de ses États, l'étendue de sa puissance excitaient la défiance et l'envie de toute l'Europe. Le moindre prétexte devait nécessairement amener la guerre. Une difficulté entre un seigneur, nommé d'Aimeries, et les héritiers du prince de Chimay, relativement à la possession de la ville d'Hierge dans les Ardennes, fut la première étincelle qui enflamma cet incendie. Robert Lamarck, duc de Bouillon, avait pris le fait et cause des mineurs de Chimay. Il entra sur les terres de l'empereur, qui se montrait favorable aux prétentions du seigneur d'Aimeries. Les troupes impériales, à leur tour, ne se bornèrent pas à dévaster la souveraineté de Robert de Lamarck; elles firent le siège de Mézières, et la guerre entre la France et Charles V se trouva commencée sur les bords de la Meuse. Elle éclata aussi en Italie, où François Ier essaya de reconquérir le Milanais. De son côté, Charles V fit une invasion en Provence, et ses troupes allèrent mettre le siège devant Marseille, le 19 août 1524; mais les Marseillais se défendirent avec tant de courage que les Espagnols furent obligés de se retirer. Cependant François Ier avait rassemblé une nombreuse armée; il s'avançait pour faire lever le siège, quand il apprit que les ennemis s'étaient retirés. Alors il se jeta en Italie, Milan lui ouvrit ses portes. Il n'en fut pas de même de Pavie, qui était défendue par don Antonio de Leyva. François Ier, à la tête de son armée, alla mettre le siège devant cette ville. Il y avait près de quatre mois que le siège durait, quand l'armée française fut attaquée dans ses lignes par le marquis de Pesquaire et par le connétable de Bourbon, qui commandaient les troupes de l'empereur. L'armée française fut entièrement défaite; François Ier, après avoir tué plusieurs ennemis de sa main, fut lui-même fait prisonnier. Henri d'Albret tomba aussi entre les mains des vainqueurs; mais il parvint à gagner les soldats qui le gardaient et à repasser les Alpes. Le roi de France fut conduit à Madrid, et d'abord il refusa de souscrire aux conditions que Charles V voulait lui imposer pour prix de sa rançon. Ensuite, ennuyé de sa captivité, il promit tout ce qu'on demanda. Par un traité signé à Madrid le 14 janvier 1526, il déclara renoncer à toutes ses prétentions sur les États de Gênes, de Milan, de Naples et sur les Pays-Bas. Il s'engagea à restituer la Bourgogne à l'empereur, qui soutenait y avoir droit comme petit-fils de Charles le Téméraire. Il donna en otage ses deux fils aînés; mais à peine fut-il en liberté qu'il protesta contre les engagements qu'on lui avait arrachés par la contrainte. Il répondit aux ambassadeurs de l'empereur qui demandaient la ratification du traité de Madrid, que ce traité ne concernait pas seulement sa personne, mais encore toute la France, et qu'il ne pouvait rien faire à cet égard sans consulter les états généraux du royaume.

Pendant la durée des négociations pour le rachat du roi de France, les souverains italiens, effrayés de l'accroissement qu'avait pris la puissance espagnole, firent ensemble une ligue qu'ils appelèrent la *ligue de la liberté italienne*, ou bien la *Clémentine*, parce que le pape Clément VII en était l'âme. La république de Venise, le duc de Milan, Florence et presque tous les princes italiens entrèrent dans cette confédération, ainsi que les rois de France et d'Angleterre. Le connétable de Bourbon, à la tête des troupes impériales, marcha droit à Rome, décidé à prendre d'assaut cette capitale du monde chrétien. Il marcha l'un des premiers pour escalader les murailles, mais il fut tué d'un coup de mousquet. Sa mort n'arrêta pas ses soldats, qui, après avoir escaladé les remparts, livrèrent la ville au pillage et la saccagèrent pendant sept jours. Le pape avec quelques cardinaux se réfugia dans le château Saint-Ange. Il s'y défendit pendant un mois; mais enfin, manquant de vivres, de munitions et d'argent, il se rendit, le 6 juin 1527. Il prit l'engagement de payer quatre cent mille ducats, de livrer aux Impériaux Civita Vecchia, Parme, Plaisance, Modène, et de rester six mois prisonnier entre les mains des Espagnols, afin que, pendant ce temps, les conditions du traité pussent être accomplies. Mais, avant que ces conventions eussent été exécutées, le pape parvint à s'évader à l'aide d'un déguisement, et il se réfugia à Orvieto, place forte qui était défendue par les troupes de la ligue.

En apprenant la nouvelle du sac de Rome, Charles V feignit d'être vivement affecté. Il ordonna de suspendre les réjouissances publiques qu'on célébrait à Valladolid pour l'heureux accouchement de l'impératrice doña Isabelle. Elle venait de mettre au monde son fils aîné, le prince Philippe II. Mais sans doute, ces démonstrations de l'empereur n'avaient rien de bien sincère; car lorsqu'il feignait de déplorer la captivité de Clément VII, il eût suffi d'un ordre de sa part pour la faire cesser. Le roi de France, sous le prétexte de délivrer le saint-père, entra en Italie, à la tête d'une armée nombreuse. Il obtint d'abord de grands avantages, il s'empara de Gênes et de Pavie, et alla mettre le siége devant Naples. La flotte française, commandée par Filippini Doria, remporta une victoire complète sur celle des Espagnols; et la garnison, réduite aux dernières extrémités, ne pouvait espérer d'être secourue. La reddition de la ville paraissait assurée, quand la trahison vint changer la face des choses. André Doria, mécontent de ce que le roi de France avait enlevé à Gênes le trafic exclusif du sel pour le transporter à Savone, et séduit par les offres avantageuses qui lui étaient faites de la part de l'empereur, donna l'ordre à Filippini Doria, son neveu et lieutenant, d'abandonner le parti des Français et d'introduire dans Naples des secours d'hommes, de vivres et de munitions. Cette défection et les maladies qui se répandirent dans le camp français forcèrent de lever le siége. Toutes les conquêtes que François Ier avait faites lui furent enlevées en peu de temps. Enfin ce prince, fatigué de lutter contre un adversaire dont les armes étaient constamment heureuses, fit demander la paix, qui fut signée à Cambrai, le 5 août 1529. Le roi de France s'engagea à payer pour la rançon de ses deux fils aînés, qu'il avait donnés en otage, deux millions d'écus d'or au soleil; il promit également de retirer ses troupes d'Italie et de renoncer à toutes ses prétentions sur ce pays. Cette paix fut commune au roi d'Angleterre, à tous les princes et à toutes les républiques de l'Italie, à l'exception de Florence, qui, dans le principe, se refusa avec obstination à tout arrangement, mais qui, en définitive, fut obligée de se mettre à la discrétion du vainqueur. Charles V passa aussitôt à Bologne, où il reçut des mains du pape la couronne impériale. Il se rendit ensuite en Allemagne, et il fit couronner comme roi des Romains son frère l'infant Ferdinand, qui réunissait déjà aux Etats héréditaires de la maison d'Autriche, les royaumes de Bohême et de Hongrie.

De retour en Espagne, l'empereur s'occupa de préparer la guerre contre le corsaire Chéredin Barberousse, qui, après avoir désolé les côtes de la Méditerranée, s'était emparé du royaume de Tunis et en avait chassé Muley Hascen, vassal du roi d'Espagne. Charles V prit sous sa protection le prince détrôné. Il se présenta devant la Goulette avec une flotte de quatre cents voiles, et il emporta de vive force cette citadelle qui défend l'entrée du port de Tunis, quoiqu'elle passât alors pour inexpugnable. Il chassa Barberousse de Tunis, et rendit à Muley Hascen la couronne qu'il avait perdue.

Le règne de Charles V présente une suite continuelle de guerres. La mort de François Sforce, duc de Milan, fut un nouveau motif qui vint troubler encore la paix de l'Italie. Le roi de France fit revivre ses prétentions sur le Milanais, et son armée obtint de brillants succès dans le Piémont. De son côté, Charles V entra en Provence à la tête de plus de quarante mille hommes; il se rendit maître de plusieurs places, et alla une seconde fois assiéger Marseille. Dans le camp impérial on se croyait tellement certain du succès, qu'on se partagea d'avance les dépouilles du royaume de France. Mais l'événement vint démentir toutes ces bravades. L'armée française, sans s'exposer aux chances d'une bataille, harcelait sans relâche les assiégeants; elle leur coupait les vivres; et comme on avait eu soin d'enlever tous les grains et tous les fourrages, les hommes et les chevaux souffraient également. La dyssenterie ne tarda pas à désoler l'armée espagnole, dont la moitié périt par les maladies. Charles V fut obligé de lever le siége, le 10 septembre 1536, et de se retirer à Nice. Il abandonna dans sa marche précipitée une partie de ses malades et des bagages de l'armée. C'est dans cette retraite que fut tué le célèbre Garcilaso de la Vega y Guzman. Ce poëte ne se bornait pas au culte des muses; il suivait aussi la carrière des armes. Étant encore très-jeune, il avait accompagné Charles V dans ses principales expéditions. Il avait assisté au siége de la Goulette et avait été blessé à la prise de Tunis. Lorsqu'en se retirant l'armée impériale fut arrivée près de Fréjus, Garcilaso de la Vega fut chargé d'attaquer une tour défendue par cinquante paysans français. Il monta le premier à l'assaut, et fut atteint à la tête d'un coup de pierre. Cette blessure était mortelle, il expira après vingt et un jours de souffrances. L'empereur, irrité, fit pendre les cinquante prisonniers, comme si, dit un auteur espagnol, une atrocité pouvait réparer un malheur. L'intervention du pape Paul III détermina Charles V et François Ier à convenir d'une trêve de dix années, qui fut signée à Nice, le 18 juin 1538.

Une lutte si longue et si acharnée avait nécessairement entraîné d'immenses dépenses; le trésor était épuisé. Il fallut recourir à de nouveaux impôts. Quelques villes refusèrent de se soumettre à ces charges nouvelles. Gand se révolta et prit les armes, pour ne point payer les sommes qu'on lui demandait. On craignait un soulèvement de tous les Pays-Bas. La présence de l'empereur pouvait seule empêcher la sédition de se propager. Comme en de pareilles circonstances, il faut avant tout se presser, Charles V, se confiant à la bonne foi de François Ier, lui fit demander la permission de traverser la France. Sa demande lui fut accordée sans la moindre difficulté. Il fut reçu à Paris avec les plus grands témoignages d'affection et de cordialité. François Ier le reçut dans son propre palais, et le traita avec une généreuse magnificence. On engagea François Ier à saisir l'occasion qui se présentait et à retenir l'empereur prisonnier, jusqu'à ce que ce prince lui eût rendu le Milanais. Mais le roi de France ne voulut pas violer les lois de l'hospitalité. Charles sortit librement de France, et sa présence dans les Pays-Bas suffit pour y apaiser les révoltes. A voir cette conduite généreuse, on aurait dû croire que la réconciliation entre les deux rivaux serait sincère et durable. Cependant une année s'était à peine écoulée, que la trêve était rompue. Deux ambassadeurs que le roi de France envoyait auprès de la république de Venise et de la Sublime Porte furent assassinés, à l'embouchure du Tésin, par la garnison espagnole de Pavie. Les assassins avaient pour but de s'emparer de papiers importants dont ils supposaient que les ambassadeurs étaient chargés. Mais ceux-ci les avaient laissés entre les mains de Langey, lieutenant général, qui commandait en Piémont. Le marquis del Vasto, gouverneur espagnol du Milanais, protesta en vain qu'il était étranger à ce crime, et que des bandits déterminés par le seul appât du pillage avaient attaqué les ambassadeurs pour les dépouiller de l'argent qu'ils portaient. On n'ajouta pas foi à ses dénégations, et François Ier, justement irrité, fit demander à Charles V raison de cette violation du droit des gens. Au reste, l'empereur s'embarrassa peu de la colère du roi de France; car il ne le croyait pas en ce moment en état de faire la guerre. Il se disposa donc lui-même à une autre entreprise. Il réunit une flotte de près de soixante-dix galères et de près de trois cents bâtiments à voiles de différentes forces pour aller attaquer Alger, qui était défendu par un lieutenant de Barberousse. Mais l'armée espagnole fut à peine à terre qu'une horrible tempête dissipa la flotte et fit périr une partie des bâtiments. Privé par ce désastre de vivres et de munitions, l'empereur fut forcé de se rembarquer, non sans avoir auparavant éprouvé des pertes douloureuses. Le roi de France saisit cette occasion pour tirer vengeance de l'assassinat de ses ambassadeurs. Ses armées envahirent à la fois le Piémont, le Brabant, le Luxembourg et le Roussillon. Le dauphin assiégea Perpignan, à la tête d'une armée de quarante-quatre mille hommes; mais la place se défendit avec tant de courage, qu'il fallut lever le siége. Les armes françaises furent plus heureuses dans le Luxembourg, dans le Brabant et surtout dans le Piémont, où le comte d'Enghien gagna la célèbre bataille de Cérisoles. Mais l'empereur, ayant détaché le roi d'Angleterre de l'alliance de la France, se jeta sur la Champagne : il fut arrêté sept semaines par la courageuse défense de la petite ville de Saint-Dizier. Déjà il manquait de vivres et de fourrages, et ne pouvant subsister longtemps dans ce pays, ruiné par son armée et par celle du dauphin, il aurait été bientôt forcé de se retirer, s'il ne fût parvenu à surprendre Épernay et Château-Thierry, où se trouvaient des magasins bien approvisionnés. Mais comme l'armée du dauphin était postée à la Ferté-sous-Jouarre, il n'osa pas continuer sa marche sur Paris. Il se jeta dans le Soissonnais, espérant y faire subsister plus facilement son armée. Il désirait la paix aussi ardemment que François Ier lui-même, et, comme le dit alors Luiggi Alamani, gentilhomme florentin qui était au service de France, « la paix se fera, parce que l'un la veut et que l'autre en a besoin. » Il accueillit les premières ouvertures qui lui furent faites, et la paix fut conclue à Crépy en Valois, le 18 septembre 1544. On convint de se rendre réciproquement tout ce qui avait été pris de part et d'autre depuis la trêve de Nice. L'empereur s'engagea à donner sa fille Marie pour femme au duc d'Orléans, second fils du roi, et promit de lui constituer pour dot tous les Pays-Bas avec les comtés de Bourgogne et de Charolais; mais, le duc d'Orléans étant mort le 22 janvier suivant, cette seconde partie du traité ne fut pas exécutée.

L'empereur, débarrassé de la guerre avec la France, tourna ses armes contre les princes protestants d'Allemagne. Ils avaient fait une ligue redoutable et avaient réuni une armée de plus de cent mille hommes. Néanmoins, il parvint à les vaincre; l'électeur de Saxe fut pris à la suite d'une bataille qu'il avait perdue; le landgrave de Hesse, autre chef de cette ligue, fut forcé de venir se mettre lui-même à la discrétion de l'empereur, qui le retint prisonnier, malgré la promesse qu'il lui avait faite de respecter sa vie et sa liberté et de lui laisser une partie de ses États. Les membres du corps germanique, qui avaient engagé le landgrave à venir se remettre entre les mains de l'empereur et qui s'étaient rendus garants que la liberté ne lui serait pas ôtée, furent vivement irrités de la conduite de Charles V; mais ils attendirent que l'occasion se présentât d'en tirer vengeance. Cette captivité dura cinq années. Pendant ce temps, le roi François Ier était mort (en 1547), et avait été remplacé sur le trône par Henri II, son fils. Les Impériaux ayant voulu enlever le duché de Parme à Octave Farnèse, que le roi de France protégeait, la guerre s'était rallumée en Italie, et le maréchal de Brissac avait obtenu sur les Espagnols de nombreux avantages. C'est dans ces circonstances que Maurice de Saxe, qui avait succédé à l'électeur prisonnier, l'électeur de Brandebourg, le duc de Deux-Ponts, le marquis de Bade et d'autres princes allemands formèrent une ligue contre l'empereur. Le roi Henri II fit partie de cette confédération, et il fut convenu qu'il prendrait en main la défense de la liberté germanique; qu'il fournirait aux confédérés quarante mille écus d'or; enfin, qu'il se rendrait maître des quatre villes impériales qui n'étaient pas de la langue germanique, savoir, Cambrai, Toul, Metz et Verdun.

Ces villes ouvrirent presque sans difficultés leurs portes à l'armée française. Henri II s'empara aussi de la Lorraine, dont la duchesse était nièce de l'empereur. Les princes allemands, de leur côté, avaient rassemblé une nombreuse armée, et ils s'avançaient vers Inspruck, enlevant dans leur marche toutes les villes qui leur résistaient. L'empereur, qui n'avait pas de troupes en Allemagne, fut obligé de prendre la fuite, et, ne pouvant résister par la force, il eut recours aux négociations; par un traité signé à Passau, le 20 juillet 1552, il fut convenu qu'il y aurait une entière liberté de conscience dans tous les domaines des princes d'Allemagne; que le landgrave de

Hesse serait relâché et que ses États lui seraient rendus; mais on ne décida rien à l'égard du roi de France.

Cependant l'empereur, rassuré par le traité de Passau et par les troupes qui lui venaient d'Espagne et d'Italie, essaya de reprendre les villes dont Henri II s'était emparé. A la tête d'une armée de cent vingt-six mille hommes, il alla faire le siége de Metz. La défense vigoureuse du duc de Guise, la rigueur de la saison et les maladies qui désolèrent le camp des assiégeants, firent périr à peu près le quart de l'armée impériale, et le 10 janvier 1553 elle fut forcée de lever le siége, qui durait depuis quatre-vingt-quatre jours. Ce revers fut encore plus sensible à l'empereur que celui qu'il avait essuyé devant Marseille. Il commença à regarder la couronne avec dégoût. L'année suivante, son armée ayant encore été mise en déroute par les Français auprès de Renty, dans l'Artois, il reçut la nouvelle de cette défaite en homme désabusé des gloires de ce monde. « On voit bien, dit-il, que la fortune est une courtisane, qui n'aime que les jeunes gens et qui fait les barbes grises. » Néanmoins, avant de renoncer au pouvoir, il voulut agrandir encore par une alliance les États qui dépendaient de la couronne d'Espagne. Le mariage de doña Juana avec Philippe le Beau avait ajouté les Pays-Bas aux royaumes laissés par Ferdinand le Catholique. Charles V voulut y joindre encore l'Angleterre. Édouard VI était mort, laissant pour héritière Marie, sa sœur consanguine, fille de Henri VIII et de Catherine d'Aragon. L'empereur demanda pour son fils Philippe II la main de cette reine. Elle avait déjà trente-neuf ans. Philippe, né le 21 mai 1527, n'en avait encore que vingt-six. Il avait été marié en premières noces à Maria, infante de Portugal; mais il y avait déjà neuf années que cette princesse était morte, en donnant le jour à l'infant don Carlos. Charles V abdiqua en faveur de son fils les royaumes de Naples et de Sicile, afin que ce prince ne fût inférieur ni en titre, ni en puissance, à la reine qu'il épousait. Le mariage fut célébré en Angleterre, le 25 juillet 1554. Une année s'était à peine écoulée, que, le 25 octobre 1555, Charles V, fatigué des affaires, accablé d'infirmités, se démit encore en faveur de Philippe de la souveraineté des Pays-Bas. Cette cérémonie se fit avec beaucoup de pompe, mais Charles V en voulut mettre encore davantage lorsque, deux mois plus tard, c'est-à-dire le 6 janvier 1556, il lui abandonna tous ses autres royaumes. Après avoir fait cette renonciation, l'empereur s'embarqua pour l'Espagne, et se retira dans le couvent de Saint-Just, auprès de Placencia. Il mourut dans ce monastère, le 21 septembre 1558.

L'impératrice Isabelle lui avait donné trois fils, nommés Philippe, Ferdinand et Juan; mais ces deux derniers moururent peu de mois après leur naissance. Elle avait aussi mis au monde deux filles, doña Maria et doña Juana, qui survécurent à leur mère. Enfin, Charles V avait payé son tribut aux faiblesses humaines. Il avait eu hors de mariage une fille nommée Marguerite. Cette infante fut mariée, en 1536, à Côme de Médicis, duc de Toscane, et après la mort de ce prince, à Octave Farnèse. Il eut aussi d'une Allemande un fils nommé don Juan; ce jeune prince jusqu'à la mort de son père fut élevé par Luis de Guixada sans connaître son illustre origine.

RÈGNE DE PHILIPPE II. — BATAILLE DE SAINT-QUENTIN. — MORT DE LA REINE MARIE. — PAIX DE CATEAU-CAMBRESIS. — MARIAGE DE PHILIPPE AVEC ÉLISABETH, FILLE DE HENRI II. — TROUBLES DES PAYS-BAS. — SUPPLICE DES COMTES D'EGMONT ET DE HORN. — MORT DE L'INFANT DON CARLOS. — RÉVOLTE DES MAURISQUES. — GUERRE CONTRE LES TURCS. — BATAILLE DE LÉPANTE. — LE PORTUGAL EST JOINT A L'ESPAGNE. — DÉFAITE DE LA FLOTTE INVINCIBLE. — ABOLITION DES LIBERTÉS DE L'ARAGON. — EFFORTS DE PHILIPPE POUR FAIRE RECONNAITRE SA FILLE REINE DE FRANCE. — IL ÉCHOUE DANS SON ENTREPRISE. — IL ABANDONNE A SA FILLE ET A L'ARCHIDUC, SON GENDRE, CE QUI LUI RESTE DES PAYS-BAS. — SA MORT.

Philippe, en héritant des États de son père, avait hérité aussi de la guerre contre les Français. La reine d'Angleterre, qui avait à cœur de voir le règne de son mari commencer d'une manière pacifique, parvint à conclure une trêve entre les deux couronnes. Cette négociation fut terminée à l'abbaye de Vauxelles;

près Cambrai, le 5 février 1556. Elle était faite pour cinq années entières; mais à peine dura-t-elle douze mois. Le pape Paul IV travaillait à chasser les Espagnols de l'Italie, et le roi de France, au mépris du traité qui venait d'être signé, lui avait envoyé de puissants secours. La guerre recommença donc avec une nouvelle fureur en France et au delà des Alpes. Le duc d'Albe, vice-roi de Naples, qui commandait les troupes espagnoles, s'empara du port d'Ostie et s'avança jusqu'à la vue de Rome. Cette capitale du monde chrétien aurait probablement éprouvé le même sort qu'au temps de Charles V, si le pape ne s'était empressé de solliciter la paix, qui lui fut généreusement accordée.

En Picardie, l'armée des Espagnols et des Anglais ne fut pas moins heureuse. Commandée par Emmanuel-Philibert, duc de Savoie, elle alla mettre le siège devant Saint-Quentin, place forte des bords de la Somme, où s'était jeté l'amiral de Coligny. Le connétable de Montmorency, chargé de secourir la ville, s'avança à la tête de toute l'armée française; puis, après avoir jeté quelques troupes dans un marais, d'où elles gagnèrent Saint-Quentin, il voulut se retirer; mais il fut attaqué dans sa retraite et fut complétement battu. Un grand nombre d'officiers français restèrent sur le champ de bataille; un plus grand nombre encore furent faits prisonniers. Tous les bagages tombèrent entre les mains des vainqueurs, ainsi que l'artillerie, à l'exception de quelques pièces que le brave Bourdillon parvint à conduire à la Fère. Philippe, en apprenant la défaite des Français, éprouva la joie la plus vive; et, plus tard, pour en perpétuer le souvenir, il fit élever, à sept lieues de Madrid, le superbe couvent de l'Escurial, qu'il plaça sous l'invocation de saint Laurent, parce que la bataille a été donnée le 10 août, jour où l'on célèbre la fête de ce martyr. Philippe, qui lors de cette bataille n'était pas au camp, s'y rendit quatre jours après la victoire. Le siége de Saint-Quentin fut pressé avec toute la vigueur possible; mais la place se défendit avec obstination, et ce fut seulement dix-sept jours après la bataille que les Espagnols purent s'en rendre maîtres. La ville fut emportée d'assaut et la plus grande partie de la garnison fut passée au fil de l'épée. Les auteurs espagnols pensent que, si l'armée victorieuse avait marché immédiatement vers Paris, où tout le monde était dans la consternation, elle s'en serait emparée sans éprouver de résistance. Quand Charles V, retiré dans son couvent, apprit les détails de la bataille, il demanda si Philippe était à Paris. Néanmoins les généraux espagnols, appréciant peut-être leurs ressources et les difficultés qu'ils auraient à surmonter, mieux que ne le font tous ces historiens, ne jugèrent pas à propos de marcher en avant, sans s'être rendus maîtres des principales villes de la Picardie. Les garnisons de toutes ces places fortes auraient pu se joindre aux débris de l'armée vaincue, que le duc de Nevers rassemblait sous les murs de Laon. Ils auraient pu tomber sur les derrières des Espagnols. Aussi, les généraux de Philippe, craignant une résistance que la présence de Henri II à Paris rendait certaine, n'osèrent pas s'avancer, à quarante lieues de leurs frontières, dans un pays ennemi, où ils n'auraient eu aucun magasin pour faire subsister leur armée, aucune place pour s'abriter en cas de revers. Ils se contentèrent de s'emparer encore de Ham, du Catelet, et de surprendre Noyon. Au reste, l'expérience a prouvé que la cause de la France était loin d'être désespérée. La bataille de Saint-Quentin avait été livrée le 10 août 1557, jour de la fête de saint Laurent. Cinq mois s'étaient à peine écoulés, que les Français avaient réuni une armée formidable, et qu'au cœur de l'hiver, ils reprenaient en huit jours aux Anglais les villes de Calais et de Guines. Au commencement du printemps suivant (1558), ils assiégèrent et prirent Thionville. Un autre corps d'armée, sous les ordres du maréchal de Thermes, prit Dunkerque et Bergues-Saint-Vinok; mais cette expédition se termina par une défaite. Le comte d'Egmont attaqua les Français auprès de Gravelines. Le maréchal de Thermes avait rangé son armée sur le rivage de la mer; et, quoique les troupes espagnoles fussent supérieures en nombre, il leur résistait avec avantage. Mais des vaisseaux anglais, attirés par le bruit de la bataille, vinrent s'embosser près du rivage. Leur artillerie jeta le désordre dans les rangs des Français, qui furent entièrement défaits. Ces vicissitudes de fortune déterminèrent les rois de France et d'Espagne à songer sérieusement à la paix. On convint d'abord d'une trêve; mais il se présentait de graves difficultés pour arriver à un arrangement définitif. Les Anglais voulaient avant tout que Calais leur fût rendu, et le roi de France était fermement décidé à conserver cette place. Dans ces entrefaites, la reine Marie vint à mourir, au mois de novembre de l'année 1558. Philippe II ne conservait aucune autorité en Angleterre, et rien ne l'engageait à ménager les intérêts de ce royaume. La ville de Calais fut laissée à la France, et la paix fut signée à Cateau-Cambresis, le 3 avril 1559. Pour la rendre plus durable, on stipula que le duc de Savoie épouserait Marguerite, sœur du roi de France, et que Philippe II recevrait pour femme Élisabeth, fille de Henri II, qui, dans le principe, avait été promise à l'infant don Carlos. A l'occasion de cette paix, et pour célébrer les noces du duc de Savoie, Henri II fit annoncer un pas d'armes qui devait durer trois jours. A la fin de la deuxième journée, le roi de France, en luttant avec Montgomeri, fut atteint par un éclat de lance qui lui entra fort avant dans l'œil droit. Il mourut de cette blessure, après dix jours de souffrances, le 10 juillet 1559. Cette mort n'empêcha pas que le traité de Cateau-Cambresis ne fût exécuté. Philippe, qui n'était pas retourné en Espagne depuis que la couronne lui avait été abandonnée, se rendit en ce pays, où la jeune Élisabeth lui fut amenée. Avant de quitter la Flandre, il prit des mesures dans le but d'assurer la bonne administration de ces provinces. Il en confia le gouvernement à Marguerite, duchesse de Parme, fille naturelle de Charles V. Ce choix mécontenta la noblesse flamande, qui aurait préféré Christierne, duchesse-douairière de Lorraine. Le prince d'Orange, Guillaume de Nassau, fut surtout blessé de ce choix; car il avait espéré obtenir pour épouse la fille de madame de Lorraine; mais le roi d'Espagne s'étant opposé à cette union, le prince d'Orange se maria à la fille de l'électeur de Saxe, qui avait embrassé la secte de Luther. Les doctrines de ce réformateur commençaient à se répandre dans les Pays-Bas. La gouvernante et le cardinal Granvelle, son ministre, cherchaient en vain à arrêter les progrès rapides que faisaient les sectaires. Ils publièrent contre eux les édits les plus sévères; ils employèrent les mesures les plus rigoureuses. Ils essayèrent même d'introduire l'inquisition en Flandre; mais ils éprouvèrent de la part de la noblesse une vive résistance. Le seigneur de Brederode et le comte Louis de Nassau, accompagnés d'un grand nombre de personnes les plus importantes du pays, allèrent trouver la gouvernante. Ils lui présentèrent un mémoire où ils demandaient que la rigueur des édits royaux fût mitigée et que toute espèce d'inquisition disparût des Pays-Bas. Le peuple suivit ce premier élan donné par la noblesse; il prit les armes, et Philippe II, pour réprimer la révolte, qui était devenue générale, envoya dans les Pays-Bas une armée, sous le commandement de don Ferdinand Alvarez de Tolède, duc d'Albe. A l'approche de ce chef, dont la cruauté était connue, un grand nombre de religionnaires se réfugièrent en Allemagne. Les autres prirent en apparence le parti de la soumission.

A peine arrivé à Bruxelles, le duc d'Albe y convoqua tous les gouverneurs des provinces et fit arrêter, au sortir du conseil, les comtes de Horn et d'Egmont, qui avaient commis l'imprudence d'assister à cette assemblée. Il fit aussi sommer à son de trompe le prince d'Orange de venir rendre compte de sa conduite; mais ce seigneur, ainsi que Louis de Nassau, son frère, s'étaient prudemment retirés dans les États des princes protestants. Le duc d'Albe s'était imaginé qu'il pourrait étouffer la révolte et l'hérésie, en répandant la terreur de tous les côtés. Il institua un tribunal de douze juges, chargés de faire le procès des rebelles. Ce conseil fit mettre à mort tant de monde, que le peuple ne le désignait plus que sous le nom du *conseil de sang*. Beaucoup de bourgeois ou de nobles s'enfuirent en France ou en Angleterre. Quelques malheureux abandonnèrent leurs maisons, et se retirèrent, avec leurs familles, dans les bois, d'où ils sortaient de nuit, comme des furieux, pour massacrer les Espagnols qu'ils rencontraient. Pendant ce temps, le prince d'Orange et son frère s'occupaient à rassembler des troupes. Le comte Louis de Nassau entra dans la Frise, à la tête d'une armée ; et cette première tentative fut signalée par un succès. Le comte d'Aremberg, envoyé contre lui par le duc d'Albe, fut vaincu et tué dans la déroute. Le duc, ému par le danger où le mettait cette victoire, résolut d'aller en personne combattre Louis de Nassau, mais avant de partir il fit exécuter les arrêts de mort prononcés contre plus de trente seigneurs flamands, et il fit décapiter, sur la place publique de Bruxelles, les comtes de Horn et d'Egmont. Ensuite ayant conduit son armée en Frise, il força le camp de Louis de Nassau, et mit en une déroute complète l'armée de ce général, qui fut obligé de se réfugier de nouveau en Allemagne. Après cette victoire, le duc d'Albe ramena en toute hâte ses troupes dans le Brabant, pour s'opposer au prince d'Orange, qui s'avançait à la tête de trente-cinq mille hommes. Il ne voulut pas lui livrer bataille ; et, sachant que ce général manquait de vivres et d'argent, il se contenta de le harceler et de le fatiguer par des contre-marches. Les deux armées, toujours en présence, parcoururent ainsi le Brabant, la province de Namur et le Hainaut. A la fin de cette promenade, le prince d'Orange se trouva sans armée ; une grande partie de ses soldats avaient déserté, parce qu'ils manquaient de vivres ; les autres étaient morts dans des escarmouches ; et il fut obligé de se réfugier en France, à la tête de trois mille hommes, nus et mourants de faim. C'étaient les restes des forces avec lesquelles il était entré en Flandre. Le général espagnol, couvert de gloire, retourna à Bruxelles. Il avait, dit Grégoire Leti, étouffé jusqu'aux murmures. Mais, pour assurer d'une manière plus certaine la soumission des Flamands, il voulut élever de tous les côtés des citadelles. Il manquait d'argent pour entreprendre ces travaux et pour solder ses troupes. Il prétendit imposer, sur toutes les marchandises vendues un impôt d'un dixième, semblable à l'*alcavala*, qui se percevait en Espagne. Les Flamands trouvèrent intolérable d'être opprimés et de payer encore les instruments de leur servitude. Un nouveau soulèvement éclata. La Zélande d'abord, puis la Hollande s'insurgèrent, ainsi que plusieurs villes situées près des frontières de France. Louis de Nassau s'empara de Mons. Le duc d'Albe courut aussitôt mettre le siége devant cette ville. Le prince d'Orange s'avança pour secourir la place, mais il ne put y parvenir; et le massacre de la Saint-Barthélemy ayant privé les religionnaires flamands des secours qu'ils attendaient de la part des calvinistes de France, le prince d'Orange fut obligé de se retirer, repoussé plutôt que vaincu. Il se réfugia dans les provinces de Zélande et de Hollande, où la révolte se trouva concentrée. Ces contrées sont défendues par la mer et par de larges courants d'eau. Une flotte eût été nécessaire pour les attaquer; mais le duc d'Albe n'avait ni flotte ni argent. Elles furent le noyau où vinrent se rattacher les autres Provinces-Unies, que, dès ce moment, on peut regarder comme à jamais perdues pour la monarchie espagnole. Elles s'étaient soulevées d'abord pour défendre leurs priviléges violés; elles combattirent ensuite pour conserver la liberté qu'elles avaient conquise.

Le duc d'Albe demandait, depuis quelque temps, la permission de retourner en Espagne. Le duc de Médina-Céli fut envoyé pour lui succéder dans l'administration des Pays-Bas. Mais ce général, en voyant l'irritation des populations et l'état désespéré des affaires, refusa le commandement qui lui était offert; et le gouvernement fut confié en 1573 à don Louis de Zuñiga y Requesens, grand commandeur de Castille.

Ce ne fut pas seulement en Flandre et dans les provinces bataves que ces luttes firent des victimes; peut-être faut-il compter l'infant don Carlos au nombre des infortunés dont elles causèrent la mort. Dans les premiers temps du soulèvement, et lorsque Marguerite de Parme gouvernait encore les Pays-Bas, les seigneurs mécontents avaient envoyé deux ambassadeurs en Espagne pour exposer leurs griefs au roi : c'étaient

le marquis de Berghe et le frère du comte de Horn, Florent de Montmorency, seigneur de Montigny. Cette ambassade fut assez mal reçue par Philippe et par ses ministres; mais elle trouva un accueil plus favorable auprès du prince des Asturies, don Carlos. Les mécontents sollicitaient secrètement le fils de Philippe de passer en Flandre et de s'emparer du gouvernement des Pays-Bas. Ils promettaient que ces provinces n'hésiteraient pas à reconnaître son autorité. Ces démarches étant venues à la connaissance de Philippe II, il fit emprisonner le seigneur de Montigny dans l'alcazar de Ségovie, et plus tard il le fit supplicier. Mais don Carlos conserva l'impression qu'il avait reçue, et il se montra désormais le partisan avoué des Flamands, contre lesquels son père ne prenait que des mesures rigoureuses. Au reste, ce n'était pas par humanité qu'il s'intéressait à leur cause, et tout sentiment généreux semblait étranger à l'âme de ce jeune prince. Lorsque Charles V, après son abdication, était revenu en Espagne, il avait désiré connaître son petit-fils, dont il avait presque toujours vécu séparé; mais il avait porté sur l'héritier de la monarchie un triste jugement. « Il me semble, avait-
« il dit, que Philippe, mon fils, est mal
« pourvu en enfant; les traits, l'air et
« le naturel de don Carlos, dans cette
« première jeunesse, ne me plaisent pas;
« je n'en augure rien de bon pour l'a-
« venir. Je ne sais ce qui arrivera lors-
« qu'il sera parvenu à un âge plus
« avancé[1] » Ce prince, étant encore enfant, s'amusait à égorger lui-même les lapins qu'on lui apportait de la chasse. Il se plaisait à les voir palpiter et mourir.

Philippe II, espérant corriger le caractère cruel et emporté de son fils, l'avait envoyé pour étudier à l'Université d'Alcala de Hénarez, et il lui avait donné pour compagnons don Juan d'Autriche et Alexandre Farnèse, qui étaient à peu près de son âge. Don Carlos profita peu des leçons et des bons exemples qu'il recevait. Il n'apprit rien; et une chute qu'il fit à l'âge de dix-sept ans dans l'escalier de son palais, vint affaiblir encore

[1] Gregorio Leti, Vie de Philippe II; première partie, livre X.

ses facultés mentales. En tombant, il se blessa à la tête, et il s'y amassa une si grande quantité d'humeur, que, pour l'en débarrasser, il fallut lui ouvrir le crâne. Cette opération sauva la vie du prince; mais il resta sujet à des douleurs dans le cerveau, qui ne lui permettaient pas de se livrer avec attention à l'étude et qui lui causaient quelquefois un certain désordre dans les idées. Il ne pouvait supporter la contradiction. Il frappait les domestiques ou les gentilshommes qui n'obéissaient pas assez vite à ses premiers ordres. Quelquefois ses actes de fureur ressemblaient à la folie; et l'on rapporte qu'un cordonnier lui ayant apporté des bottes trop étroites, il entra en fureur; il ordonna de les couper par morceaux, de les faire cuire, et il contraignit ce malheureux artisan à les manger.

Quand don Carlos apprit, en 1567, que son père venait de nommer le duc d'Albe gouverneur de la Flandre, il s'abandonna à toute la violence de son caractère. Ce général, étant venu prendre congé de lui, prononça quelques paroles pour l'apaiser; mais ces excuses ne firent que l'irriter davantage. Il tira son poignard, se jeta sur le duc pour l'en frapper. « Je vous empêche-
« rai bien, lui dit-il, d'aller en Flan-
« dre; je vous percerai le cœur avant
« que vous partiez. » Le duc d'Albe évita le coup qui lui était porté. Il saisit le prince à bras-le-corps, de manière à l'empêcher de faire aucun mouvement, et il poussa des cris pour qu'on vînt à son secours.

Don Carlos, déterminé à se rendre en Flandre, fit emprunter l'argent qui lui était nécessaire pour une semblable entreprise. Il écrivit à presque tous les grands d'Espagne, pour leur demander leur appui dans un projet qu'il avait formé. Il fit aussi connaître ses intentions à don Juan d'Autriche, qu'il désirait avoir pour compagnon de sa tentative. Don Juan promit tout ce que le prince lui demanda; mais il ne l'eut pas plutôt quitté, qu'il s'empressa d'aller donner avis à Philippe des confidences qu'il avait reçues. Don Carlos voulait partir dans la nuit du samedi 17 janvier 1568. Mais le roi, qui en ce moment était absent, ayant été averti par don Juan, arriva inopinément à Madrid; sa présence empêcha le départ du prince. La nuit suivante, Philippe présida lui-même à l'arrestation de son fils. Voici comment ces faits sont rapportés par l'huissier même de la chambre de don Carlos :

« Il y avait, dit-il, plusieurs jours
« que le prince, mon maître, ne pouvait
« goûter un moment de repos : il di-
« sait continuellement qu'il voulait
« tuer un homme qu'il haïssait. Il fit
« part de ce dessein à don Juan d'Autri-
« che, à qui il cacha le nom de la per-
« sonne à qui il en voulait. Le roi alla
« à l'Escurial, d'où il envoya chercher
« don Juan. On ignore quel fut le su-
« jet de leur entretien; on croit seule-
« ment qu'il roula sur les sinistres pro-
« jets du prince. Don Juan découvrit
« sans doute ce qu'il savait. Aussitôt
« le roi envoya chercher en poste le
« docteur Velasco; il causa avec lui de
« ses projets et des ouvrages de l'Escu-
« rial, donna des ordres, et ajouta
« qu'il n'y reviendrait pas de si tôt. Sur
« ces entrefaites, arriva le jour du ju-
« bilé, que toute la cour était dans l'u-
« sage de gagner aux fêtes de Noël; le
« prince alla le soir du samedi au cou-
« vent de Saint-Jérôme. J'étais de garde
« auprès de sa personne; Son Altesse
« Royale, s'étant confessée dans ce cou-
« vent, ne put obtenir l'absolution, à
« cause des mauvais desseins qu'elle
« avait. Elle s'adressa à un autre con-
« fesseur, qui la refusa aussi; le prince
« lui dit : Décidez-vous plus vite; le
« moine lui répondit: Que Votre Altesse
« fasse consulter ce cas par des sa-
« vants. Il était huit heures du soir; le
« prince envoya chercher dans sa voi-
« ture les théologiens du couvent d'A-
« tocha. Il en vint quatorze, deux à
« deux; il nous envoya à Madrid cher-
« cher deux moines encore, l'un au-
« gustin, et l'autre mathurin; il disputa
« avec eux tous, et s'obstina à être ab-
« sous, en répétant toujours qu'il en
« voudrait à un homme jusqu'à ce qu'il
« l'eût tué. Tous ces religieux ayant
« dit que ce que le prince demandait
« était impossible, il imagina un autre
« moyen, et voulut qu'on lui donnât une
« hostie non consacrée, afin que la
« cour crût qu'il avait rempli les mêmes
« devoirs que les autres membres de la
« famille royale. Cette proposition jeta
« tous les religieux dans la plus grande
« consternation; il se traita, dans cette
« conférence, beaucoup d'autres points
« d'une extrême délicatesse, qu'il ne
« m'est pas permis de répéter. Tout
« allait très-mal : le prieur du couvent
« d'Atocha prit le prince à part, et cher-
« cha adroitement à lui faire dire quel
« était le rang de l'individu qu'il vou-
« lait tuer; il répondit que c'était un
« homme d'une très-haute qualité, et
« il s'en tenait là. Enfin, le prieur le
« trompa en lui disant : Seigneur, dites
« quel homme c'est; il sera peut-être
« possible de vous donner l'absolution,
« suivant le genre de satisfaction que
« Votre Altesse se propose de tirer. Le
« prince dit alors que c'était au roi son
« père qu'il en voulait, et qu'il enten-
« dait avoir sa vie. Le prieur lui dit
« alors avec calme : Votre Altesse veut-
« elle tuer seule le roi son père, ou
« bien se servir de quelqu'un? Le prince
« tint si fortement à son projet, qu'il
« n'obtint pas l'absolution, et ne put
« gagner le jubilé. Cette scène finit à
« deux heures du matin; tous les reli-
« gieux se retirèrent, accablés de tris-
« tesse, et son confesseur plus que les
« autres. Le lendemain, j'accompagnai
« le prince à son retour au palais, et
« l'on envoya à l'Escurial informer le
« roi de tout ce qui venait d'arriver.

« Le monarque se transporta à Ma-
« drid le samedi. Le lendemain, il alla,
« accompagné de son frère et des prin-
« ces, entendre la messe en public. Don
« Juan, malade de chagrin, fut voir don
« Carlos ce jour-là. Celui-ci fit fermer
« les portes, et lui demanda quel avait
« été le sujet de sa conversation avec le
« roi son père. Don Juan lui répondit
« qu'il avait été question des *galères* [1].
« Le prince le questionna beaucoup pour
« savoir quelque chose de plus. Lors-
« qu'il vit que son oncle ne lui en disait
« pas davantage, il tira l'épée; don
« Juan recula jusqu'à la porte, et, la
« trouvant fermée, il se mit en garde,
« en disant : Que Votre Altesse s'arrête.
« Ceux qui étaient dehors l'ayant en-

[1] On armait en ce moment des galères, dont le commandement devait être confié à don Juan.

« tendu, ouvrirent les portes : don Juan
« se retira dans son hôtel. Le prince, se
« sentant indisposé, se coucha jusqu'à
« six heures du soir; alors il se leva, et
« mit une robe de chambre : comme il
« était encore à jeun à huit heures, il se
« fit porter un chapon bouilli; à neuf
« heures et demie il se remit au lit : j'étais
« encore de service ce jour-là, et je sou-
« pai au palais. A onze heures du soir,
« je vis le roi qui descendait de l'esca-
« lier; il était accompagné du duc de
« Feria, du grand prieur, du lieutenant
« général des gardes et de douze de ces
« derniers : ce monarque était armé par-
« dessus ses habits, et avait la tête cou-
« verte d'un casque; il s'achemina vers
« la porte où j'étais; il me fut ordonné
« de la fermer et de ne l'ouvrir à qui que
« ce fût. Tous les personnages étaient
« déjà entrés dans la chambre du prince
« quand il cria : Qui est là? Les officiers
« s'étaient approchés de son lit et s'é-
« taient emparés de son épée et de sa
« dague; le duc de Feria avait pris aussi
« une arquebuse chargée de deux balles.
« Le prince ayant jeté des cris et s'étant
« répandu en menaces, on lui répondit :
« Le conseil d'État est ici. Il voulut se
« saisir de ses armes et en faire usage,
« et il sautait déjà de son lit, lorsque le
« roi entra; son fils lui dit alors : Qu'est-
« ce que Votre Majesté veut de moi?
« — Vous allez le savoir, lui répondit le
« monarque. On condamna bientôt les
« portes et les fenêtres : le roi dit à don
« Carlos de rester tranquille dans cette
« chambre jusqu'à ce qu'il lui envoyât des
« ordres ultérieurs. Il appela ensuite le
« duc de Feria, et lui dit : « Je vous charge
« de la personne du prince, afin que vous
« en preniez soin et que vous le gardiez. »
« S'adressant ensuite à Louis Quijada, au
« comte de Lerma et à don Rodrigo de
« Mendoza, il leur dit : « Je vous charge
« de servir et de contenter le prince; ne
« faites rien de ce qu'il vous comman-
« dera, sans que j'en sois auparavant
« averti. J'ordonne que tout le monde
« le garde fidèlement, sous peine d'être
« déclaré traître. » A ces mots, le prince
« commença à jeter les hauts cris, en
« disant, Votre Majesté ferait mieux de
« me tuer que de me tenir prisonnier :
« c'est un grand scandale pour le royau-
« me : si elle ne le fait, je saurai bien

« me tuer moi-même. Le roi lui répon-
« dit qu'il se gardât bien de le faire,
« parce que de telles actions n'apparte-
« naient qu'à des fous. Le prince lui ré-
« pliqua : Votre Majesté me traite si mal
« qu'elle me forcera d'en venir à cette
« extrémité, non comme fou, mais
« comme désespéré. Il y eut encore d'au-
« tres choses dites de part et d'autre et
« rien de terminé, parce que ni le temps
« ni le lieu ne le permettaient. »

Dès les premiers jours de sa captivité,
don Carlos s'était abandonné au désespoir. Son sang, allumé par la colère
et par le défaut d'exercice, s'échauffa au
point que rien ne pouvait le calmer : il
faisait un usage continuel d'eau glacée;
et, dans l'espoir d'obtenir un peu de
fraîcheur, il faisait mettre de la glace
dans son lit. Au mois de juin, il refusa
toute nourriture, et ne prit pendant onze
jours que de l'eau glacée ; puis, changeant
tout à coup de régime, il se mit à manger
plus que son estomac ne pouvait le supporter. Ces excès eurent bientôt détruit
le peu de forces qui lui restaient. Il fut
atteint de la dyssenterie, et il mourut
dans sa prison, le 24 juillet 1568. Le roi
ordonna qu'on fît à ce malheureux prince
de magnifiques obsèques.

C'est une opinion assez généralement
admise, que la mort de don Carlos ne fut
pas entièrement naturelle et qu'il fut empoisonné. Ce qui paraît certain, c'est que
le 20 juillet le docteur Olivarez fit prendre une médecine au malade. Quelle était
la nature de ce breuvage? on ne saurait
le dire; mais voici ce qu'on lit dans un
auteur contemporain[1] : « Cette médecine
« ne fut suivie d'aucun bon résultat; et,
« la maladie paraissant mortelle, le mé-
« decin annonça au malade qu'il était ur-
« gent qu'il se disposât à mourir en bon
« chrétien et à recevoir les sacrements. »
Quant à ce que beaucoup d'historiens
ont écrit de la part que l'inquisition aurait prise dans cette affaire, ou d'un prétendu jugement qui aurait été rendu
contre don Carlos, ce sont autant d'erreurs ; et Llorente l'a parfaitement démontré dans son histoire de l'inquisition[2]. Quant à la supposition d'une intrigue amoureuse entre don Carlos et
sa belle-mère, il faut la laisser aux

[1] Luis Cabrera, **Histoire de Philippe II.**
[2] Ch. XXXI.

romanciers. La mort malheureuse de la reine, qui suivit de peu de jours celle de don Carlos, est la seule circonstance qui ait donné quelque semblant de vérité à toutes ces fables. Il ne restait plus à Philippe II d'enfants de son mariage avec doña Maria de Portugal. Il n'en avait jamais eu de Marie d'Angleterre, sa seconde femme. Élisabeth, qu'il avait épousée le 24 juin 1559, lorsqu'elle n'avait encore que treize ans et quelques mois, lui avait déjà donné deux filles, Isabelle-Claire-Eugénie, née le 12 août 1566, et Catherine, venue au monde le 10 octobre 1567. Une troisième grossesse faisait espérer au roi la naissance d'un fils, lorsque la reine mourut, le 23 octobre 1568, des suites d'une fausse couche. Cependant, Philippe, voulant donner un héritier à la monarchie, fit choix d'une quatrième épouse. Il jeta les yeux sur Anne d'Autriche, sa nièce, fille de sa sœur Marie et de l'empereur Maximilien. Il épousa cette jeune princesse, qu'on avait eu la pensée d'unir à l'infant don Carlos, et le sort voulut que deux fois Philippe prît pour femmes les princesses qui avaient été fiancées à son fils.

Une des causes qui avaient amené le soulèvement des Pays-Bas, l'intolérance religieuse, occasionna également une révolte dans le royaume de Grenade. Quand Isabelle et Ferdinand avaient soumis les Maures, ils s'étaient engagés à laisser aux vaincus leurs lois, leurs usages et le libre exercice de leur religion. Mais on avait bientôt trouvé des prétextes pour violer ces promesses. Les inquisiteurs revendiquèrent comme appartenant à l'Église tous ceux qui descendaient d'anciens chrétiens, devenus musulmans, et qu'on nommait *Elchés*. Ils prétendirent les contraindre à recevoir le baptême. Ces musulmans, ayant refusé de changer de religion, furent cruellement tourmentés par l'inquisition. Cette persécution occasionna de violentes émeutes sous les règnes de Ferdinand et de Charles V. Les Espagnols avaient profité de ces révoltes pour rompre la capitulation, et ils n'avaient plus laissé aux Maures que l'alternative ou de quitter le royaume en acquittant une rançon, ou de se faire chrétiens. Le plus grand nombre de ces infortunés, trop pauvres pour payer la somme qu'on exigeait, se déterminèrent à recevoir le baptême. On donna le nom de *Maurisques* à ces musulmans ainsi convertis par force. Quant aux Maures qui, avant cette époque, avaient volontairement embrassé le christianisme, qui étaient restés dans les lieux occupés par les chrétiens, qui avaient combattu avec eux et sous leurs bannières, on les appelait *Mudejares*. Pour ceux-là leur religion était sincère, on n'en doutait pas; mais ceux qui n'avaient été convertis que par l'épée n'étaient, disait-on, chrétiens que d'apparence; au fond du cœur ils étaient restés musulmans; ils faisaient, dans leurs demeures, les prières enseignées par le prophète; ils observaient en secret les pratiques de l'islamisme. L'inquisition ne leur laissait pas de relâche; aussi, un nombre immense d'infortunés, se voyant menacés par cet horrible tribunal, prenaient la fuite; et, de même que les malfaiteurs, avec lesquels ils étaient obligés de s'associer, ils se retiraient dans les montagnes, d'où ils ne descendaient plus que pour se livrer à des actes de brigandage. Tous ces gens vivaient en hostilité permanente contre la société; et quelle qu'eût été d'ailleurs la cause de leur fuite, ils recevaient le nom de *Monfis*, qui, dans la langue des Maures, répond à notre mot de bandits. Chaque jour le nombre de ces fugitifs devenait plus considérable. Chaque jour aussi les plaintes de l'inquisition devenaient plus ardentes; et Philippe II, désirant extirper dans ses États jusqu'aux derniers germes du mahométisme, rendit contre les Maurisques les ordonnances les plus oppressives. Il était prescrit à tous les descendants des Maures d'apprendre en trois années la langue castillane. Passé ce temps, il leur était défendu de converser en arabe, de lire ou de garder des livres écrits en cette langue, sous quelque prétexte que ce fût. Ces ordonnances prescrivaient aux Maurisques de s'habiller comme les chrétiens. Il était interdit à leurs femmes de se voiler le visage, lorsqu'elles sortiraient de leurs maisons. Leurs chants nationaux, leurs danses, les cérémonies en usage chez leurs ancêtres étaient prohibés. Les portes de leurs maisons devaient rester ouvertes les vendredis et les jours des fêtes mahométanes. Enfin, ils devaient quitter leurs noms et surnoms maures pour prendre des noms chrétiens. Quand cette ordonnance fut publiée, au commencement de l'année 1567, Philippe avait à soutenir la guerre contre les religionnaires des Pays-Bas. La plus grande partie de ses forces était engagée dans cette lutte; et le moment parut bien choisi aux Maurisques pour tenter une révolte. Après avoir adressé de vaines réclamations, afin d'obtenir la révocation de l'ordonnance, ils commencèrent à comploter. Il leur était défendu de tenir des assemblées. Ils demandèrent la permission d'élever pour les Maurisques un hôpital en l'honneur de la Sainte-Résurrection[1]; et, sous le prétexte de solliciter la charité de leurs compatriotes, ils envoyèrent des émissaires dans tous les villages des Alpuxarras. La révolte fut organisée. Il fut convenu qu'elle éclaterait dans la nuit qui précéderait le jour de Noël (1568). Par suite de cette conjuration, à l'instant indiqué, dix mille Maurisques s'étaient mis en route pour venir surprendre Grenade; mais il tomba tant de neige dans la montagne, que ces troupes ne purent pas arriver à temps. Cependant, Aben-Farax, à la tête de cent quatre-vingts Maurisques seulement, pénétra dans l'Albaicin. Il tenta de faire soulever les musulmans qui habitaient ce quartier; mais ceux-ci, voyant le révoltés en si petit nombre, n'osèrent pas bouger. Aben-Farax fut obligé de se retirer; et le marquis de Mondejar, gouverneur de Grenade, averti par cette tentative, prit des mesures pour rendre à l'avenir une semblable surprise à peu près impossible. Ce premier contre-temps n'empêcha pas les Maurisques des montagnes de se soulever et de se choisir un roi. Au sommet des Alpuxarras, non loin d'Ugijar, dans le village de Valor, vivait une famille dont on faisait remonter l'origine aux anciens émirs de Cordoue. A raison du lieu qu'ils habitaient, on les avait nommés de Valor, ou les Valoris. Ce fut dans cette famille que les Maurisques élurent leur roi. Un alfaqui donna lecture de quelques anciennes prophéties, qui annonçaient la délivrance des Maures du royaume de Grenade. Elles prédisaient qu'ils devraient leur liberté à un jeune homme de race royale qui aurait été baptisé, et qui serait hérétique, selon leur loi; car il aurait en public professé la foi des chrétiens. L'alfaqui démontra que toutes ces indications se rapportaient à Ferdinand de Valor; et qu'en considérant le cours du temps et la marche des étoiles, on reconnaissait que l'instant de la délivrance était arrivé. On mit donc à Ferdinand un vêtement de pourpre, on lui ceignit le cou et les épaules d'une écharpe de couleur; ensuite on étendit à terre quatre bannières dirigées vers les quatre points cardinaux. Le nouveau roi s'accroupit au centre de cette croix, et le visage tourné vers l'Orient, il fit sa prière, que les musulmans appellent *cala*. Il jura de vivre et de mourir en la foi de Mahomet. Il fit serment de combattre pour protéger la religion musulmane et pour défendre son royaume et ses sujets. Ensuite il se leva: alors Aben-Farax, pour montrer que les Maurisques reconnaissaient la souveraineté du nouveau roi, se prosterna devant lui, et baisa la terre où il avait posé le pied. Cela fait, les assistants prirent Ferdinand sur leurs épaules, et l'élevèrent en criant: Qu'Allah protège Mohamed ben-Ommyah, roi de Grenade et de Cordoue.

La plus grande partie des Alpuxarras, des Albuñuelas et des Salarès se soulevèrent; Orgiba, Poqueyra, Jubiles, Laroles, Andarax, Dalia et une foule de villages embrassèrent le parti de la révolte, et massacrèrent les chrétiens. Le marquis de Mondejar commença la guerre contre les insurgés. Il remporta contre eux quelques avantages; mais, comme il voulait surtout apaiser la rébellion en employant la douceur, on trouva qu'il n'agissait pas avec assez d'énergie. Ce fut à don Juan d'Autriche que Philippe II confia la mission d'exterminer les rebelles. Une des premières mesures que prit le nouveau général fut de déporter en masse tous les Maurisques de la ville de Grenade: on craignait qu'ils ne tramassent quelques complots avec les émissaires de Ben-Ommyah. On disait qu'ils servaient d'espions aux révoltés et qu'ils

[1] *La Sainte-Résurrection*, suivant Diego de Mendoza. *La Sainte-Trinité*, suivant Ferreras.

les avertissaient de tous les mouvements des chrétiens. Pour éviter la possibilité d'une trahison, Philippe ordonna que toute cette population fût transportée dans la Castille ou dans d'autres parties éloignées du royaume. Cet ordre fut exécuté avec une excessive barbarie : on convoqua les Maurisques dans leurs paroisses, sans leur dire le motif de cette réunion ; quand ils furent assemblés, on leur annonça qu'ils allaient abandonner leur patrie. Ils furent tous arrêtés, attachés en chaîne, la corde au cou, et, sans plus de forme ni de délai, traînés dans l'intérieur de l'Espagne. Ce fut un triste spectacle de voir ces infortunés de tout âge, la tête baissée, les mains en croix, le visage baigné de larmes, accablés de douleur, qu'on arrachait de leurs maisons, de leur patrie, et qui ne savaient dans quelle contrée on allait les conduire. Tous ceux qui purent échapper à cette horrible exécution, se jetèrent dans les montagnes, et allèrent augmenter le nombre des Monfis de Ben-Ommyah. Les insurgés, dont les rangs s'étaient renforcés de tous ces fugitifs, et qui avaient reçu en même temps des renforts d'Affique, remportèrent quelques avantages sur les troupes chrétiennes ; mais la discorde se mit parmi leurs capitaines. Plusieurs d'entre eux, mécontents du roi, s'emparèrent de sa personne, et le firent étrangler. Ils élurent pour lui succéder un chef nommé Aben-Aboo. Ce nouveau roi continua la guerre, d'abord avec succès ; mais on envoya à don Juan des forces imposantes : il poursuivit les insurgés avec activité ; il gagna sur eux plusieurs victoires. Tous les Maurisques, dont il obtenait la soumission, étaient enlevés et conduits dans le centre de l'Espagne ; de cette manière, en peu de temps, les Alpuxarras se trouvèrent dépeuplées. Il ne restait que quelques bandes, forcées de se cacher dans les rochers et dans les cavernes. Néanmoins, Aben-Aboo ne voulait pas déposer les armes ; et sans doute il aurait pu se défendre encore pendant longtemps, s'il n'eût provoqué la haine de plusieurs de ses compagnons d'armes. Un des principaux insurgés, nommé Seniz, avait fait construire une barque, afin de pouvoir, en cas de désastre, se réfugier en Afrique. Aben-Aboo, l'ayant appris, donna l'ordre de brûler cet esquif. Seniz en fut vivement irrité ; et, le hasard l'ayant mis en rapport avec des émissaires de don Juan, il demanda qu'on lui assurât un pardon entier pour lui et pour tous ceux qui l'accompagneraient ; et, à cette condition, il s'engagea à livrer Aben-Aboo mort ou vivant. Pour accomplir sa promesse, il assomma Aben-Aboo d'un coup de crosse de fusil ; ensuite il lui ouvrit le corps, en retira les entrailles ; et, pour empêcher que le cadavre ne se corrompît, il le couvrit de sel, il le bourra de paille ; et, l'ayant revêtu des habits qu'il portait habituellement, il l'attacha sur un mulet de manière à ce qu'il s'y tînt comme s'il eût été encore en vie. Dans cet état, il le conduisit à Grenade. Il marchait suivi de tous les insurgés qui voulurent profiter du pardon promis par don Juan d'Autriche. Il fut reçu au bruit des salves que tirait l'artillerie de l'Alhambra. Il alla remettre au duc d'Arcos le corps, le cimeterre et le fusil d'Aben-Aboo. « J'ai fait, dit-il en les lui présentant, comme le bon berger, qui ne « pouvant ramener la brebis à son maître, en rapporte au moins la toison. »

La tête d'Aben-Aboo fut clouée dans une cage, au-dessus de la porte de Grenade qui conduit aux Alpuxarras. Tous les Maurisques firent leur soumission : ils furent dispersés dans l'intérieur de l'Espagne. Il ne resta plus dans le royaume de Grenade que des Mudejares et des chrétiens vieux. Ce pays, si florissant sous l'administration des Maures, devint désert et stérile ; c'est ainsi que Philippe II dévastait volontairement ses États, et qu'il ruinait à jamais ses plus riches provinces.

Pendant cette guerre, qui n'avait pas duré moins de deux années, don Juan d'Autriche avait montré de grands talents comme capitaine et comme administrateur : aussi, lui défèra-t-on le commandement de la flotte qu'on rassemblait pour combattre les Turcs. Les escadres de Sélim II ne cessaient de ravager les côtes de la Sicile, de l'Italie, et même de l'Espagne. En dernier lieu, le Grand Seigneur avait entrepris la conquête de l'île de Chypre qui appartenait aux Vénitiens : il avait déjà enlevé aux chrétiens la ville de Nicosie et celle de Famagouste. Afin de mettre un terme aux progrès des musulmans, la république de Venise fit une ligue avec le pape Pie V et avec le roi d'Espagne. Les confédérés armèrent une flotte de plus de deux cents voiles : on en déféra le commandement à don Juan d'Autriche. Ce jeune capitaine rencontra la flotte des Turcs, forte de trois cents voiles, dans le golfe de Lépante, auprès de Céphalonie, le 7 octobre 1571. Après une lutte acharnée, il remporta la victoire. Aly, qui commandait les Turcs, fut tué; sa capitane tomba au pouvoir des chrétiens. Il y eut trente galères turques coulées à fond; vingt-cinq furent brûlées, et les chrétiens en prirent cent trente. On porte à trente mille le nombre des Turcs qui perdirent la vie. On fit dix mille esclaves, et l'on délivra quinze mille chrétiens qui ramaient sur les galères ennemies.

Les historiens reprochent aux confédérés de n'avoir pas su profiter de leur victoire, et de s'être retirés à Corfou, au lieu de faire voile pour Constantinople, dont ils auraient pu s'emparer. On ne fait pas attention que sept mille chrétiens étaient morts dans la bataille; qu'il y avait sur la flotte de don Juan un grand nombre de blessés, dont plus de mille étaient mortellement frappés; qu'enfin, les bâtiments, dans une lutte aussi acharnée, avaient éprouvé de nombreuses avaries. La flotte avait donc besoin de se réparer et de se renforcer. La nouvelle de cette victoire fut reçue en Espagne et en Italie par des acclamations de joie générales. Philippe II, soit par modération, soit par jalousie de la gloire de son frère, reçut d'un air impassible les félicitations qui lui furent adressées. « Monsieur, répondit-il à l'ambassadeur de Venise, « ce n'est pas à don Juan, mais à Dieu, « qui dirige, selon son bon plaisir, le « succès des armes chrétiennes contre « les infidèles, qu'il faut donner l'honneur et la gloire d'un aussi mémorable événement. » Il dit au nonce du pape : « Don Juan a beaucoup risqué; « il est sorti victorieux ; mais il aurait « pu perdre la bataille. » Pie V reçut bien différemment la nouvelle de cette victoire; et, dans l'élan de sa joie, en entendant le récit du combat, il répéta ces paroles de l'Évangéliste : « Il y eut « un homme envoyé de Dieu, et cet « homme se nommait Jean. »

L'année suivante, les confédérés ne purent tomber d'accord sur les opérations qu'ils devraient entreprendre; et toute la saison favorable s'écoula sans qu'ils eussent rien fait de profitable. Les Vénitiens abandonnèrent bientôt la ligue, et firent la paix avec les Turcs. Cette défection imprévue n'empêcha pas les Espagnols de s'emparer de Tunis. Don Juan d'Autriche, à la tête de deux cents voiles et de vingt-deux mille hommes de débarquement, se présenta, en 1573, devant le fort de la Goulette ; et il s'en empara sans éprouver presque de résistance. Il prit de même Tunis, que sa garnison avait abandonné, et il remit le royaume à Muley-Hamet, fils de Muley-Hacem, avec qui Charles V avait usé d'une semblable générosité. Pour assurer la sûreté de la place, don Juan ordonna d'élever un fort entre Tunis et la Goulette; puis il se retira en Sicile. L'année suivante, avant qu'on eût achevé les fortifications qu'il avait prescrit de construire, les beys d'Alger et de Tripoli, soutenus par une formidable escadre turque et par cinquante mille hommes de débarquement, vinrent assiéger cette place. La défense courageuse de don Pedro de Porto Carrero ne put empêcher qu'ils ne se rendissent bientôt maîtres de la Goulette : Tunis résista plus longtemps; ils ne purent s'en emparer qu'après un mois de combats, après que toutes les défenses de la place eurent été ruinées, et lorsque la garnison se trouva réduite à trente hommes seulement.

Ces revers, que les armes espagnoles venaient d'essuyer en Afrique, ne furent pas les seuls qui affligèrent l'orgueil de Philippe II. Don Luiz de Requesens y Zuniga avait, en 1573, succédé au duc d'Albe dans le gouvernement des Pays-Bas; son administration n'avait pas été plus heureuse que celle de son prédécesseur. Il avait, à la vérité, remporté quelques victoires contre les religionnaires ; mais n'ayant pas d'argent pour payer ses troupes, il les vit plusieurs fois se mutiner; et leur indiscipline lui avait fait perdre tous les avantages que leur valeur lui avait obtenus. Les fatigues qu'il se donna pour apaiser un nouveau soulèvement de ses soldats, le chagrin qu'il éprouva du mauvais succès de ses entreprises, le conduisirent en peu de jours au tombeau. Il mourut le 5 mars 1576. Il fut remplacé dans le commandement par don Juan d'Autriche. Philippe II, jaloux de la gloire que son frère avait acquise, et toujours rempli de méfiance contre les chefs qu'il employait, avait placé en qualité de secrétaire auprès de don Juan un nommé Escovedo. C'était un espion que le roi avait prétendu mettre auprès de ce jeune prince; mais Escovedo, loin de remplir le but qu'on s'était proposé, fit germer, dit-on, dans l'esprit de don Juan les projets les plus ambitieux : il entretint des correspondances secrètes avec le duc de Guise et avec la cour de Rome. Ces intrigues parurent si dangereuses pour la tranquillité de l'État, que le marquis de los Velez, consulté sur ce point, répondit : Si on me demandait quelle personne il importe le plus de faire périr, ou de Juan Escovedo ou de quelque autre personne des plus dangereuses, eussé-je l'hostie dans la bouche, je dirais que c'est Juan Escovedo[1]. Un procès contre un semblable coupable aurait présenté les plus grands inconvénients. Philippe II jugea qu'il fallait le faire périr par le poison ou par un assassinat : Antonio Perez, ministre du roi, fut chargé de faire exécuter ce crime. S'il faut en croire quelques auteurs contemporains, il accepta cette commission avec d'autant plus d'empressement, qu'il avait contre Escovedo des motifs personnels de vengeance; et il avait lui-même excité le roi à prendre cette détermination. Escovedo, que don Juan avait envoyé à Madrid, y fut assassiné vers la fin de mars 1578.

Don Juan éprouva un grand chagrin de la mort d'Escovedo, et lui-même ne survécut que peu de mois à son confident. Les fatigues qu'il supporta pour soutenir la guerre dans les Pays-Bas, les inquiétudes dont il était accablé, lui causèrent une fièvre violente dont il mourut dans les premiers jours du mois d'octobre 1578. On crut généralement que le poison n'avait pas été étranger à cette mort prématurée. Néanmoins Philippe II en témoigna une douleur profonde ; mais on peut croire que son chagrin ne fut pas plus sincère que celui qu'il montra la même année en apprenant la défaite de dom Sébastien de Portugal. Ce prince infortuné avait porté la guerre en Afrique ; il fut vaincu à la bataille d'Alcazar-Kébir, et mourut dans le combat. Il laissait pour héritier du trône le cardinal dom Enrique son oncle, qui était âgé de soixante-dix ans. Ce prince ne régna qu'environ dix-huit mois, et mourut le dernier jour de janvier 1580, sans avoir désigné celui des prétendants à la couronne qui serait appelé à lui succéder. Philippe II était, par sa mère, le plus proche parent du dernier roi ; il avait d'ailleurs pour appuyer ses droits une puissante armée, commandée par le duc d'Albe. Il envahit le Portugal, et ce royaume fut réuni à la couronne d'Espagne[1].

Le prieur Antoine de Crato, bâtard de l'infant dom Luiz, deuxième fils du roi Emmanuel, tenta d'inutiles efforts pour disputer la couronne. Il fut vaincu, et ne put résister à la puissance de Philippe II, bien qu'il eût reçu des secours de la France et de l'Angleterre. Cette dernière puissance ne cessait de provoquer par ses agressions la colère du roi d'Espagne. Depuis que les Provinces-Unies s'étaient soulevées, l'Angleterre leur avait constamment prêté son appui. Les sommes énormes que les Espagnols tiraient du nouveau monde étaient une des principales sources de la puissance de Philippe II ; les corsaires anglais commencèrent à attaquer les flottes espagnoles, à intercepter l'arrivée des galions. Le célèbre amiral François Drake vint incendier une flotte dans la rade même de Cadix. Il alla aussi le premier porter dans les colo-

---

[1] Relaciones de Antonio Perez. Mémorial del hecho de su causa parte 2ª.

[1] Quoique le récit de la bataille d'Alcazar-Kébir et la réunion du Portugal à l'Espagne présentent le plus grand intérêt, je n'ai pas dû les rapporter ici ; ils auraient fait double emploi avec les détails qui se trouvent dans une autre partie de cette collection, dans l'excellente histoire de Portugal qu'a écrite M. Ferdinand Denis.

nies espagnoles de l'Amérique les ravages et la désolation. Philippe II, pour se venger de ces insultes, fit construire, en 1588, à Lisbonne, une flotte considérable. Elle se composait de bâtiments plus élevés que tous ceux qu'on avait vus jusqu'à ce jour; elle était armée d'une nombreuse artillerie, et portait vingt mille hommes de débarquement : aussi, les Espagnols, dans leur présomption, l'avaient-ils appelée la flotte *Invincible*. L'événement ne répondit pas au nom superbe qu'elle avait reçu; à peine eut-elle doublé le cap Finistère, qu'elle fut battue par la tempête. On eût dit que c'était un présage de la funeste destinée qui l'attendait. Elle se réfugia dans les ports des Asturies et de la Biscaye; et, après s'y être réparée, elle reprit la mer, et se rendit sur les côtes de la Hollande, où elle fut assaillie par de nouveaux coups de vent. Les bâtiments, dispersés par la tempête, et n'ayant pas un port ami où ils pussent trouver un refuge, furent attaqués par les flottes de l'Angleterre et de la Hollande, qui, composées de vaisseaux plus légers et meilleurs voiliers, ne combattaient qu'avec avantage. Pour éviter une entière destruction, la flotte invincible fut obligée de se jeter dans la mer du Nord et de doubler l'extrémité septentrionale de l'Écosse. Les débris de cet immense armement regagnèrent les ports de l'Espagne dans l'état le plus lamentable. Tout le monde fut dans la consternation en apprenant un semblable désastre. Philippe seul conserva son caractère impassible. Il répondit à ceux qui déploraient le malheur de ses vaisseaux : « Je « les avais envoyés pour combattre les « Anglais et non pas les tempêtes. » Élisabeth, enorgueillie par cette victoire, fit désoler les côtes de la Galice par une flotte de soixante-dix voiles. Sept ans plus tard, en 1596, les Anglais vinrent attaquer Cadix; ils détruisirent la flotte espagnole, s'emparèrent de la ville, et retournèrent en Angleterre, après avoir fait un immense butin.

Pendant qu'à l'extérieur les armes de Philippe éprouvaient ces désastres, à l'intérieur, son royaume était agité par les troubles les plus graves; et l'un de ces événements qui décident de l'avenir des peuples s'accomplissait en Aragon. Parmi les ministres auxquels Philippe avait donné sa confiance, Antonio Perez occupait un des premiers rangs. C'était lui que le roi chargeait des affaires les plus importantes; c'était à lui qu'il avait confié le soin de faire périr Escovedo. Au reste, ses fonctions ne s'étaient pas bornées à des actes politiques, et il avait servi d'intermédiaire entre Philippe et la princesse d'Éboli. On dit même que, non content du rôle de confident, il avait osé être dans cette intrigue le rival et le rival heureux de son maître[1]. On dit que Philippe, averti que sa maîtresse et son confident le trompaient, résolut d'en tirer vengeance. Les fils d'Escovedo accusèrent hautement de l'assassinat de leur père Antonio Perez et la princesse d'Éboli. Mais ils manquaient de preuves, et le ministre de Philippe II n'était pas de ces hommes dont on peut facilement se défaire. Perez connaissait tous les secrets de Philippe; il avait entre les mains des papiers dont la publication pouvait compromettre l'honneur du roi et les intérêts de la monarchie. On usa d'abord de ménagements avec lui; on parla d'arrangement, de transaction : le père Chavez, confesseur du roi, s'entremit dans cette négociation. Antonio Perez fut emprisonné, puis relâché; mais, quand bien des années se furent écoulées, Philippe pensa que les faits étaient assez éloignés pour que les révé-

[1] Les amours d'Antonio Perez avec la princesse d'Eboli ont été révoqués en doute par beaucoup d'auteurs. Cependant ils sont excessivement probables ; en effet, on ne peut donner aucune autre raison de l'acharnement avec lequel Philippe II a persécuté son ancien ministre. Le savant M. Mignet vient de publier la vie d'Antonio Perez. Il a puisé dans les archives du ministère des affaires étrangères et dans les papiers de Simancas une foule de documents curieux qui jusqu'à ce jour étaient restés inédits. Il cite notamment les dépositions reçues dans le cours de l'instruction criminelle ; et les témoins se sont clairement expliqués sur la nature des relations qui existaient entre Perez et la princesse d'Eboli. Mais doit-on considérer comme une preuve irrécusable cette procédure dirigée par Philippe contre un malheureux qu'il voulait perdre? cette enquête reçue par des juges ennemis déclarés de l'accusé? ces déclarations faites par des gens dont plusieurs ont été convaincus de faux témoignage?
Ne disons donc pas que les faits sont prouvés, et contentons-nous de dire qu'ils sont probables.

lations de son secrétaire présentassent moins d'inconvénients, il le laissa accuser une seconde fois du meurtre d'Escovedo. Perez fut de nouveau incarcéré; il fut traité d'abord avec douceur; mais quand le père Diego Chavez, confesseur du roi, et les autres personnes qu'il employait, furent arrivés par l'adresse, aussi bien que par la violence, à se faire remettre les papiers qu'Antonio Perez avait entre les mains, on crut que ce malheureux ministre était entièrement désarmé; on le traita avec la dernière rigueur, et il fut appliqué à la torture. Alors il se décida à dire toute la vérité. Il déclara que c'était, en effet, lui qui avait fait assassiner Escovedo; mais il ajouta qu'en commettant ce crime, il avait agi par ordre du roi. Il avait eu la précaution de conserver plusieurs lettres de Philippe II; il produisit des billets écrits de la main de ce prince, qui ne pouvaient laisser aucun doute sur la vérité de ce qu'il avançait. En effet, dans un de ces billets, on trouve ce passage : « Ne prenez nul souci de « tout ce qu'ils font et de tout ce qu'ils « disent; je ne vous ferai pas défaut, « et la passion ne pourra rien faire con-« tre vous. » Et plus bas, le roi ajoute: « Il faut surtout avoir soin de ne pas « laisser entendre que cette mort a eu « lieu par mon ordre[1]. »

Philippe, persuadé que toutes ses lettres lui avaient été remises par Antonio Perez, ne s'attendait pas à voir produire de semblables preuves; sa colère redoubla, et le prisonnier devait tout redouter de sa part; aussi ne voulut-il pas attendre l'effet de sa vengeance. Il parvint à s'évader de la prison; et quoique brisé par la torture, il courut la poste jusqu'en Aragon. Il invoqua les priviléges de ce royaume, où il était né, et il demanda à être jugé par le tribunal suprême de la Manifestation. Pour sa défense, il produisit un mémoire où tous les faits de sa cause sont expliqués. Pour prouver la véracité de ses allégations, il y joignit en original plusieurs lettres émanées de la main du roi lui-même. Cependant Philippe prétendait que l'accusé fût reconduit en Castille; car c'était là qu'il voulait le faire condamner; mais le *Justicia* répondit que les *fueros* de l'Aragon ne permettaient pas qu'un Aragonais fût remis à un tribunal étranger, lorsqu'il avait saisi de sa cause les magistrats de son pays. Il refusa donc de livrer la personne d'Antonio Perez, et il retint devant sa juridiction suprême l'instruction du procès. Philippe II voulut alors avoir recours à l'inquisition. Don Diego de Mendoça, marquis d'Almenara, qui suivait à Saragosse cette affaire dans l'intérêt du roi, suborna des témoins, qui accusèrent Antonio Perez d'hérésie. Les agents de l'inquisition vinrent demander que l'accusé leur fût remis. Ils le tirèrent malgré ses protestations, de la prison de la Manifestation, et le conduisirent à l'Aljaferia. C'était l'ancien palais des rois maures; il servait aux inquisiteurs de tribunal et de prison. Il y avait, dans la manière dont l'accusé était enlevé à la juridiction ordinaire du pays, une violation manifeste des fueros de l'Aragon; aussi, le peuple se souleva-t-il pour maintenir ses priviléges. On courut investir la maison du marquis d'Almenara. On s'empara de sa personne, on l'accabla d'injures, de coups et de blessures dont il mourut quelques jours après qu'il eut été renfermé dans la prison. L'irritation des esprits était si vive, les Aragonais étaient tellement exaspérés contre ce seigneur, que, pour pouvoir porter son corps en Castille, il fallut le cacher dans une peau de bœuf; car, dit Antonio Perez dans ses mémoires, si le peuple avait senti son cadavre, il l'aurait mis en pièces. Pendant qu'on attaquait la maison du marquis d'Almenara, une autre partie du peuple alla investir l'Aljaferia et menaça de l'incendier, si Antonio Perez n'était pas reconduit dans la prison de la Manifestation. Il fallut que les inquisiteurs cédassent; et, pour cette fois, ils lâchèrent leur proie, non sans espoir de la ressaisir. Quelques jours plus tard, le 24 septembre 1591, les inquisiteurs, ayant rassemblé une assez grande quantité d'hommes de guerre, vinrent encore enlever Antonio Perez de la prison de la Manifestation. A la vue de cette nouvelle violation de leurs droits, les habitants de Saragosse couru-

---
[1] Relaciones de Antonio Perez. Genève, 1644, page 66.

rent aux armes, attaquèrent les soldats, les mirent en fuite et coupèrent les jarrets aux mules du carrosse où l'on conduisait Perez, qui fut mis en liberté.

Depuis longtemps les rois d'Espagne attendaient, avec impatience, un prétexte pour abolir la constitution et les priviléges de l'Aragon. Isabelle la Catholique avait dit un jour : « Mon plus « grand désir est que les Aragonais « se révoltent pour avoir une occasion « de détruire leurs fueros. »

Philippe II ne laissa pas échapper celle qui se présentait. Il fit rassembler sur la frontière de l'Aragon une armée de dix mille fantassins et de deux mille chevaux. C'étaient, disait-on, des troupes que don Alonzo de Vargas devait conduire en France au secours des ligueurs. Un des fueros aragonais défend au roi d'introduire en Aragon des troupes étrangères; aussi, dès qu'on sut qu'une armée se réunissait sur la frontière, les Aragonais, de leur côté, prirent les armes. Le *justicia* procéda juridiquement contre les violateurs des fueros. Il prononça une sentence de mort contre Alonzo de Vargas et contre l'armée qu'il commandait, pour le cas où il entrerait dans le royaume d'Aragon. Quatre huissiers furent chargés d'aller lui notifier cette décision. Ils le trouvèrent sur l'extrême frontière et lui intimèrent la défense dont ils étaient porteurs. Don Alonzo fit peu de cas de cette déclaration. Il s'avança vers Saragosse. Les troupes des Aragonais, mal conduites et mal disciplinées, ne purent arrêter sa marche. Il entra dans la capitale, où il fit mettre à mort les principaux chefs de l'insurrection. Juan de la Nuça, *justicia* d'Aragon, eut la tête tranchée sur la place publique, et les libertés de l'Aragon périrent avec lui, de même que, sous le règne précédent, celles de la Castille étaient mortes avec le malheureux Padilla.

Quant à Antonio Perez, il sortit de Saragosse deux jours avant l'arrivée de Vargas. Il se retira en France. L'acharnement avec lequel Philippe le poursuivit encore en ce pays prouve qu'il voulait à tout prix se défaire d'un homme qui avait été l'exécuteur de ses crimes et qui restait le dépositaire de ses secrets. Il tenta plusieurs fois de le faire assassiner [1].

Mais Antonio Perez trouva une protection efficace auprès de Henri IV, qui faisait alors la guerre à Philippe. La France, à cette époque, n'avait pas une frontière qui ne touchât aux possessions espagnoles : au nord c'étaient les Pays-Bas, à l'est c'était la Franche-Comté; au pied des Alpes nous trouvions encore les Espagnols comme nous les trouvions au pied des Pyrénées. La France était en quelque sorte une enclave au milieu des domaines de la maison d'Autriche. Aussi Philippe, dans l'espoir de s'emparer de cette proie magnifique, ne cessa-t-il pas de fomenter en France des troubles et des rébellions. Pendant nos malheureuses guerres de religion, il s'était déclaré le protecteur de la ligue. Lorsqu'en 1590 Henri IV tenait Paris assiégé, le duc de Parme, Alexandre Farnèse, qui avait succédé à don Juan d'Autriche dans le gouvernement des Pays-Bas, fut chargé par Philippe II de venir au secours des assiégés. A la tête de quatorze mille fantassins et de trois mille chevaux, il marcha vers Paris, et força Henri IV de lever le siége; et, après avoir jeté dans cette ville des hommes et des vivres, il se retira, sans livrer bataille, quoique le roi de France fît tous ses efforts pour l'y engager. Deux années plus tard, en 1592, le duc de Parme entra encore en France, et fit lever le siége de la ville de Rouen que Henri IV tenait étroitement serrée. Pendant ce temps, Mendoza et Ibarra, les représentants du roi catholique, prodiguaient les trésors de l'Espagne pour acheter des partisans. Le projet de Philippe était de mettre sur le trône de France sa fille l'infante Isabelle-Claire-Eugénie, qu'il avait eue de son mariage avec la fille de Henri II. Cette prétention ne fut pas plutôt hautement avouée par lui, qu'elle indisposa Mayenne et les autres chefs de la li-

---

[1] Gaspar Burcès fut condamné à Bordeaux, pour avoir tenté d'empoisonner Antonio Perez. Il fut gracié sur la demande de celui-ci (*Relaciones de Antonio Perez*, p. 174). Rodrigo de Mur, seigneur de Pinilla, fut aussi condamné à mort à Paris, pour une tentative d'assassinat exécutée contre Antonio Perez; et il fut supplicié (*Mémoires de l'Étoile*. 19 janvier 1596).

gue. S'il fallait qu'ils reconnussent un souverain, ils aimaient mieux obéir à un prince français qu'à un étranger. Ils songèrent donc à faire leur paix avec Henri IV. Celui-ci, de son côté, pour mettre un terme à la guerre civile, abjura le calvinisme; et, dès qu'il eut été réconcilié avec l'Église, presque tous les Français reconnurent son autorité, les uns par amour pour lui, les autres par haine des prétentions espagnoles. Philippe n'en continua pas moins à donner des secours aux débris de la ligue. Cependant, il finit par se lasser de dépenser ainsi des sommes immenses dont il ne tirait aucun profit. Il sentait d'ailleurs sa fin s'approcher, et ne voulait pas laisser à son fils, qui avait à peine vingt ans, un ennemi aussi redoutable que le roi de France. Il conclut donc la paix avec ce monarque. Ce traité, signé à Vervins, le 2 mai 1598, ne laissait plus à Philippe II l'espoir de faire asseoir sa fille sur le trône de France. Il voulut au moins lui assurer une souveraineté. L'archiduc Ernest avait succédé au duc de Parme dans le gouvernement des Pays-Bas; mais il était mort au bout de peu de temps, et il avait été remplacé par l'archiduc Albert, qui était cardinal. Ce fut lui qui, après avoir obtenu les dispenses nécessaires, fut choisi pour époux de l'infante. Philippe donna en dot à sa fille le comté de Bourgogne et ce qui restait des Pays-Bas. Ainsi cette province, dont la conservation avait, depuis trente-neuf ans, coûté à l'Espagne tant d'hommes et tant d'argent, fut distraite de la monarchie. Philippe maria aussi le seul fils qui lui restât à Marguerite d'Autriche.

Ce fut le dernier acte important de son règne. Bientôt, accablé par la maladie, couvert d'ulcères, il expira à l'Escurial, après de longues souffrances, le 13 septembre 1598.

Les auteurs espagnols considèrent le règne de Philippe II comme une des époques les plus glorieuses de la monarchie. En effet, sous le fils de Charles V, l'Espagne avait atteint le plus haut degré de puissance où elle se soit jamais élevée. Elle embrassait toute la péninsule ibérique, les Baléares, les Pityuses, la Sicile, la Sardaigne, Naples et presque toute l'Italie; le Roussillon, la Franche-Comté, les Pays-Bas, une grande partie de la côte septentrionale de l'Afrique, les deux Amériques, les Açores, les Canaries, les Philippines; c'était sans exagération qu'on disait à cette époque : Quand l'Espagne se meut, le monde tremble. Cependant, si l'on contemple d'un œil calme et sans prévention les événements de ce règne, on s'aperçoit bientôt qu'au milieu de tout ce développement de force et de grandeur, il devait se trouver des causes de dissolution et d'affaiblissement. Presque toutes les entreprises de Philippe II ont échoué. Il a voulu étouffer dans les Pays-Bas l'esprit de réforme et de liberté; mais après trente-neuf ans d'une lutte acharnée, les Pays-Bas ont été séparés de la monarchie. Il n'a su obtenir la tranquillité dans le royaume de Grenade qu'en le ruinant et en en faisant un désert. La guerre contre les Turcs a couvert son pavillon de gloire; mais il n'en a tiré aucun profit. La victoire même de Lépante lui a coûté des sommes énormes et ne lui a rapporté qu'un honneur stérile. Il a conquis Tunis; mais il en a été chassé l'année suivante. Il a rassemblé contre l'Angleterre la flotte la plus redoutable qui soit sortie des ports de la Péninsule; mais cette flotte, qu'on avait surnommée l'Invincible, a été détruite. Il n'a cessé d'exciter en France les troubles et la rébellion; il a dépensé des sommes énormes pour soutenir la ligue; il voulait faire monter sa fille sur le trône de saint Louis; mais tous ses efforts n'ont abouti qu'à une paix désavantageuse. De tous les princes de son temps il était celui dont les revenus étaient les plus considérables. La quantité de métaux précieux que l'Espagne tirait chaque année du nouveau monde ne s'élevait pas à moins de onze millions de piastres [1]. Eh bien, malgré ces immenses ressources, il vit souvent ses finances dans un tel état de pénurie qu'il ne pouvait payer ses troupes et que plus d'une fois elles se mutinèrent, parce qu'elles ne recevaient

[1] 57,200,000 livres : mais, en tenant compte de la dépréciation du numéraire, cette somme représenterait 171,600,000 fr. de notre époque.

pas leur solde. Comment donc cette monarchie, si grande et si puissante, a-t-elle tout à coup éprouvé tant de revers ? Sans doute c'est que les causes qui avaient fait sa prospérité n'existaient plus ; c'est que la sagesse et la modération, qui avaient autrefois présidé à ses conseils, s'étaient retirées. C'est que les anciennes constitutions nationales avaient été détruites ; c'est que le despotisme avait été substitué à une monarchie tempérée par des institutions libérales. Don Juan II avait, en Aragon et en Catalogne, commencé la lutte contre les franchises du pays. Ferdinand le Catholique l'avait continuée avec plus de succès, et l'inquisition lui avait servi à la fois à pressurer son peuple et à détruire ceux de ses sujets qui lui paraissaient trop puissants. Charles V avait mis plus de franchise dans ses attaques. Vainqueur dans la guerre des *Comuneros* et dans celle des *Germanats*, il avait anéanti toutes les libertés de la Castille et du royaume de Valence. Philippe II avait suivi le même système de destruction contre les institutions qui pouvaient entraver son pouvoir. En Flandre, il échoua dans son entreprise ; il s'efforça en vain d'anéantir les priviléges du pays ; la Flandre se souleva ; et, après une lutte sanglante et prolongée, elle fut séparée de la monarchie. En Aragon, au contraire, ce prince parvint à étouffer les derniers restes de la liberté espagnole. Alors, le pouvoir despotique resta sans contre-poids dans la Péninsule, et c'est ce qui a perdu la monarchie ; car, dit Montesquieu, « comme les démocraties se perdent, lorsque le peuple dépouille le sénat, les magistrats et les juges de leurs fonctions ; les monarchies se corrompent lorsqu'on ôte peu à peu les prérogatives des corps ou les priviléges des villes. »

Après l'abolition des libertés publiques, il n'y eut plus en Espagne d'autre règle que la volonté du prince. Le souverain fut maître d'entreprendre tout ce qu'il voulut. Non-seulement le pouvoir modérateur des cortès, qui avait souvent arrêté l'ambition des rois, ne conservait plus aucune autorité, il n'était même plus consulté. Les dix-sept dernières années du règne de Charles V s'écoulèrent sans que les cortès fussent assemblées une seule fois. Sous Philippe, on les réunit seulement pour leur faire prêter serment au roi et aux infants, qui furent successivement proclamés héritiers de la couronne. Une seule fois on les convoqua pour s'occuper des affaires de l'État. Ce fut en juin 1590. Le trésor était vide ; et Philippe II se détermina à demander un subside aux représentants de la nation ; mais soit par crainte, soit par indifférence, les électeurs ne se rendirent pas aux assemblées où les députés devaient être nommés. Il fallut que les choix fussent faits par le conseil municipal de chaque ville. Philippe II, resté maître absolu de l'Espagne, put concevoir les desseins les plus gigantesques ; il put tout oser ; mais ses ressources ne répondaient pas à la grandeur de ses entreprises. Aussi, Alexandre Farnèse, appréciant à leur juste valeur tous ces vastes projets, ne put-il s'empêcher de laisser échapper ces paroles. » Sa « Majesté embrasse trop. Dieu veuil- « le que tout aille bien [1]. Antonio Perez disait aussi : « Je crains beaucoup, si les hommes ne se modèrent pas et s'ils continuent à se faire Dieu sur la terre, que Dieu ne se fatigue des monarchies, ne les bouleverse, et ne donne une autre forme au monde [2]. » Philippe II embrassait trop. A sa couronne il voulait joindre les couronnes de France et d'Angleterre. Ce fut cette chimère qu'il poursuivit pendant tout son règne. Croyant toujours l'atteindre, il prodigua les richesses et le sang de ses sujets. Il amena par sa politique envahissante et oppressive la décadence de la monarchie et ne laissa à son successeur que des États épuisés d'hommes et d'argent.

RÈGNE DE PHILIPPE III. — TRÊVE AVEC LA HOLLANDE. — EXPULSION DES MAURISQUES. — RÈGNE DE PHILIPPE IV. — SOULÈVEMENT DE LA CATALOGNE. — LE PORTUGAL SE SÉPARE DE LA MONARCHIE.

La dette, que les désastres du règne précédent avaient léguée au nouveau

---

[1] Gregorio Leti. Vie de Philippe II. Partie deuxième, livre XVI.
[2] Vie d'Antonio Perez, par M. Miguet, p. 208.

roi, s'élevait à cent quarante millions de ducats[1]. Toutes les affaires du pays étaient dans l'état le plus déplorable. Pour ramener la prospérité dans la Péninsule, il eût fallu un prince d'une profonde sagesse, qui eût allié la modération à la fermeté, qui eût joint l'esprit d'ordre à l'amour du bien public. Philippe III n'était doué d'aucune de ces qualités. Agé seulement de vingt et un ans, lorsqu'il monta sur le trône, il n'avait aucune expérience des affaires. Il était doux; et certainement ses intentions étaient bonnes; mais son caractère indolent et faible le rendait incapable de supporter le poids du gouvernement. Il fut obligé de s'abandonner à des favoris. Il n'eut ni un esprit assez éclairé pour voir qu'on faisait le mal, ni une volonté assez énergique pour empêcher qu'on l'accomplît. Il donna d'abord toute sa confiance au duc de Lerme; et ce ministre eut à son tour des confidents. Il partagea le soin des affaires avec un homme ambitieux et obscur, un nommé Rodrigo Calderon, qui avait été son page. Ces favoris, bien plus occupés de leur propre fortune que des intérêts de l'État, continuèrent le système ruineux de politique qu'ils trouvèrent établi. L'Espagne, malgré son épuisement, malgré le malheur des circonstances, n'abandonna rien de ses prétentions. Le duc de Lerme fit préparer une flotte de cinquante vaisseaux pour porter la guerre en Angleterre; mais cette flotte, à peine sortie du port, fut dispersée par la tempête, sans avoir rencontré l'ennemi (1599). Ce revers ne le découragea pas. L'Irlande s'étant soulevée contre Élisabeth, don Juan de Aguilar fut chargé de conduire six mille hommes au secours des révoltés; mais quand les Espagnols arrivèrent, les Irlandais avaient déjà été vaincus (1602). L'armée du comte de Aguilar fut obligée d'abandonner l'Irlande, et quelques années plus tard (en 1604), après la mort de la reine Élisabeth, l'Espagne fit la paix avec l'Angleterre.

Pendant que Philippe III employait de ce côté une partie de ses forces, il envoyait aussi une flotte pour réduire Alger; mais une tempête brisa contre la côte d'Afrique une partie de ses vaisseaux; et les debris de ce malheureux armement furent obligés de regagner les ports de la Sicile. Il semblait qu'on s'appliquât à copier en petit tout ce qu'on avait fait sous Philippe II.

Le fils de Charles V avait anéanti les libertés de l'Aragon; sous Philippe III on s'en prit aux libertés de la Biscaye. Les trois provinces qui forment cette seigneurie conservaient encore leurs fueros. Elles ne pouvaient être arbitrairement soumises à l'impôt; ce qu'elles payaient au roi était toujours considéré comme un don volontaire. Le duc de Lerme, sans tenir compte de ces franchises qu'il voulait abolir, fit publier une ordonnance pour soumettre la seigneurie à des impôts arbitraires. Les Basques réclamèrent avec énergie, et leurs députés réunis, le 12 mai 1601, sous l'arbre de Guernica[1], rédigèrent cette remontrance :

« Ayant appris qu'en récompense
« des nombreux et loyaux services que
« cette seigneurie a rendus à la
« couronne, Votre Majesté veut empiéter
« sur nos droits, en ordonnant que nous acquittions certains
« impôts auxquels les Castillans sont
« soumis, nous avons convoqué une assemblée à Guernica, et nous avons résolu, conformément à nos fueros que
« les rois vos prédécesseurs nous ont
« accordés et que l'on veut révoquer
« aujourd'hui avec tant de rigueur, de
« nous adresser humblement à vous,
« et de vous supplier d'annuler l'ordonnance qui nous concerne. Ce que
« nous demandons est juste; et, si l'on
« ne fait droit à notre prière, nous
« prendrons les armes pour défendre
« notre bien-aimée patrie; dussions-
« nous voir brûler nos maisons et nos
« campagnes, mourir nos femmes et
« nos enfants; dussions-nous chercher
« ensuite un autre seigneur pour nous
« protéger et nous défendre. »

Le ton ferme de cette remontrance

---

[1] 1,156,600,000 francs.

[1] Guernica est un bourg, situé à trois lieues au sud de Bermeo. Les juntes générales de la seigneurie de Biscaye y tenaient leurs assemblées, sous un arbre qui portait le nom d'arbre de Guernica. Les archives étaient conservées dans un ermitage voisin, mais hors du territoire du bourg.

effraya Philippe III ; on rapporta l'ordonnance ; on renonça à la perception de l'impôt. Le trésor cependant était dans la plus grande détresse. Quelle que fût, au reste, la pénurie où se trouvait l'Espagne, elle n'en persista pas moins dans le système qui avait détruit ses finances.

A Rome, à Gênes, à Venise, elle continua à solder la bienveillance des principaux seigneurs. Elle payait des pensions au duc d'Urbino, aux Orsini, aux Césarini, aux Gaëtani, à une foule de cardinaux ; et, comme dit Montesquieu, « elle ne se maintint dans l'I-« talie qu'à force de l'enrichir et de se « ruiner ; car ceux qui auraient voulu « se défaire du roi d'Espagne n'étaient « pas pour cela d'humeur à renoncer à « son argent. »

En Flandre, l'Espagne continua la guerre désastreuse qui avait dévoré les trésors de Philippe II. Ce prince, avant de mourir, avait donné les Pays-Bas en dot à sa fille ; mais en même temps il avait stipulé que ces domaines feraient retour à la couronne d'Espagne, si l'infante Claire-Eugénie venait à mourir sans laisser d'enfants. Aussi, les provinces bataves, qui avaient conquis leur liberté, refusèrent-elles de reconnaître l'autorité des nouveaux souverains que l'Espagne leur envoyait. Elles disaient que l'archiduc Albert, de quelque titre qu'on l'eût décoré, n'était en réalité qu'un gouverneur espagnol ; qu'il avait des troupes espagnoles et qu'il recevait des ordres du cabinet de Madrid. Elles disaient qu'en vain on cherchait, au moyen d'un mariage, qu'on savait devoir être stérile, à les faire rentrer sous le joug de l'Espagne ; que c'était un piége grossier et qu'elles ne s'y laisseraient pas prendre. La guerre continua donc ; et tout le fardeau en fut supporté par l'Espagne. Les flottes hollandaises lui enlevèrent les Moluques, désolèrent ses colonies dans les Indes et dans l'Amérique. Chaque jour les Provinces-Unies s'enrichissaient de ses dépouilles, tandis que la partie des Pays-Bas soumise à l'archiduc souffrait la plus horrible misère. La paix lui était devenue indispensable ; mais les Hollandais refusèrent d'accorder même une simple suspension d'armes, avant que leur indépendance eût été reconnue. On négocia pendant plus de deux années. Enfin, un traité fut signé à Anvers en 1609. On y convint d'une trêve de douze années ; mais, avant tout, il y fut reconnu que les sept provinces de Gueldre, de Frise, de Hollande, de Zélande, d'Utrecht, d'Over-Yssel et de Groninghen, étaient libres, et que ni le roi d'Espagne ni l'archiduc n'avaient rien à y prétendre. Elles furent à jamais perdues pour la monarchie.

A l'égard de la France, le cabinet de Madrid continua également la politique de Philippe II. Il travailla sans relâche à y tramer des conspirations. Henri IV se trouva entouré de tous les côtés par les intrigues de l'Espagne. Les délibérations les plus secrètes de son conseil étaient livrées au duc de Lerme par Nicolas Lhoste, employé principal de Villeroy. Le chiffre secret de Henri IV avait été vendu par le premier commis d'un de ses ministres. Sa maîtresse elle-même, la marquise de Verneuil, était en correspondance avec Philippe III. Un gentilhomme, nommé Louis Meyrargues, qui allait entrer en fonctions comme premier magistrat de Marseille, avait aussi été gagné ; il s'était engagé à livrer cette ville aux Espagnols ; mais ce complot fut découvert, avant qu'il pût être mis à exécution, et Meyrargues fut condamné à mort comme coupable de haute trahison. Henri IV, pour se débarrasser de toutes ces intrigues, s'apprêtait à faire la guerre à l'Espagne. Il avait conclu une alliance avec le duc de Savoie, Charles-Emmanuel, et avait pris l'engagement de lui fournir un corps de seize mille hommes pour l'aider à enlever le Milanais à la maison d'Autriche. Tout était préparé pour la guerre, quand Henri IV mourut assassiné.

Marie de Médicis, ainsi que les conseillers auxquels elle donnait sa confiance, le duc d'Épernon, le maréchal d'Ancre et Léonore Galigaï étaient dans les intérêts de l'Espagne ; aussi, l'on s'empressa de cimenter une double alliance, à laquelle Henri IV s'était toujours montré contraire. On conclut le mariage de Louis XIII avec Anne d'Autriche, fille de Philippe III, et celui d'Élisabeth de France avec le prince des Asturies.

Le duc de Savoie, délaissé par la France, se trouva seul exposé à la colère de l'Espagne, qui ne tarda pas à lui chercher querelle relativement à la succession du duché de Montferrat. Charles-Emmanuel prétendait avoir droit à cet État comme héritier du duc François, son beau-frère. La propriété lui en était contestée par le duc de Mantoue, dont les Espagnols embrassèrent la défense. La guerre éclata, et d'abord la fortune fut peu favorable au duc de Savoie. Mais, après la mort du maréchal d'Ancre, qui avait toujours fait prévaloir l'influence espagnole, les Français passèrent les Alpes, et leur intervention en faveur de Charles-Emmanuel eut pour résultat de ramener la paix. Il fut convenu que de part et d'autre on se rendrait les prisonniers, ainsi que les places qui avaient été prises; néanmoins, le Montferrat fut adjugé au duc de Mantoue.

A cette époque, le marquis de Bedmar, qui était ambassadeur d'Espagne à Venise, trama contre cette république un des complots les plus hardis dont l'histoire ait gardé le souvenir. Quinze cents hommes de vieilles troupes, choisis dans la garnison de Milan, devaient être introduits secrètement dans la ville de Venise. Le marquis de Bedmar s'était chargé de leur procurer des armes. Il avait aussi gagné les officiers des régiments étrangers qui étaient au service de la république. Le feu devait être mis à l'arsenal, et les conjurés, profitant du tumulte, devaient massacrer les sénateurs et s'emparer de la ville au nom du roi d'Espagne. Un des conjurés trahit le secret. On arrêta les agents du marquis de Bedmar. Plus de cinq cents furent noyés dans les lagunes, et le sénat de Venise, content d'avoir échappé au danger, n'osa pas accuser l'Espagne de cet odieux attentat.

A l'intérieur du royaume, de même qu'au dehors, le duc de Lerme continua la politique adoptée par le roi précédent. Sous Philippe II, on avait persécuté les Maurisques; sous Philippe III, on résolut de les expulser entièrement de l'Espagne. Lors de la guerre des Alpuxarres, on avait enlevé ceux qui habitaient le royaume de Grenade, on les avait disséminés dans diverses parties de la Péninsule. Cependant, malgré leur isolement, malgré les conditions défavorables dans lesquelles ces infortunés se trouvaient placés, ceux d'entre eux qui avaient survécu à cette cruelle déportation excitaient par leur prospérité la jalousie des vieux chrétiens. Le chiffre de leur population allait sans cesse en s'accroissant; car ils ne quittaient pas leur pays pour aller chercher fortune en Italie ou en Amérique, et il n'y avait parmi eux ni moines ni monastères. Un recensement fait, en 1563, dans le royaume de Valence seulement, y avait porté le nombre des familles maurisques à 19,801. Quarante années plus tard, en 1602, il ne s'élevait pas à moins de 30,000. Cet accroissement était surtout remarquable lorsque le nombre des chrétiens vieux diminuait rapidement par suite de la guerre ou des émigrations dans le nouveau monde. On disait que si l'on n'y mettait ordre, les Maurisques seraient bientôt en état de se rendre maîtres du pays. Sobres, laborieux, économes, ils faisaient consister toute leur ambition à entasser de l'argent, et ils retenaient entre leurs mains la plus grande partie du numéraire qui existait dans la Péninsule. Dans tous les états ils fournissaient les meilleurs ouvriers. A l'habitude du travail, ils alliaient l'amour du lucre, l'esprit d'ordre et même l'avarice. Ils gagnaient beaucoup et ils dépensaient peu; aussi, dit un auteur contemporain, quand un réal avait été touché par l'un d'eux, il était condamné à une prison perpétuelle. Voilà les populations industrieuses qu'on voulait dépouiller de leurs richesses et qu'on allait chasser du royaume. Il fallait trouver un prétexte pour cet acte d'iniquité. On supposa que les Maurisques étaient en correspondance avec les Maures de Barbarie; qu'ils avaient écrit au roi de Maroc pour l'engager à passer en Espagne. Ils avaient, disait-on, promis de se soulever à son approche pour lui faciliter la conquête du pays. Cette accusation servit à motiver un édit rendu contre eux, le 11 septembre 1609. Cette ordonnance enjoignait à tous ces malheureux de se rendre sous le délai de trois jours dans l'endroit qui leur serait indiqué, pour être conduits de là au lieu de l'embarcation et pour être transportés sur les côtes d'Afrique : ces trois jours passés, il était permis à toute personne de les arrêter, s'ils étaient trouvés hors de l'endroit qui leur aurait été désigné, ou même de les tuer en cas de résistance. En prononçant un bannissement général, l'ordonnance apportait cependant à cette mesure quelques rares exceptions. Celui qui pouvait prouver par une attestation de son curé qu'il remplissait exactement depuis longtemps et avec sincérité ses devoirs de bon chrétien, pouvait obtenir la permission de rester dans le pays. Les seigneurs dont ils étaient les vassaux étaient autorisés à en désigner, par chaque cent, six qui demeureraient en Espagne pour enseigner à la population chrétienne la culture et l'exploitation de la canne à sucre, la conservation des grains, l'entretien des canaux, et enfin une foule d'industries dans lesquelles ils excellaient et dont eux seuls connaissaient les procédés. Dans le royaume de Valence, où ils étaient nombreux, où l'on pouvait craindre qu'ils ne tentassent de se soulever, on leur accorda la permission d'emporter tout ce qu'ils pourraient porter sur eux. Dans l'Andalousie, dans les deux Castilles, dans les royaumes de Grenade et de Murcie, il leur fut défendu, sous peine de mort, de faire sortir du royaume ni or ni argent. En Catalogne, on déclara leurs biens confisqués pour garantie des dettes qu'ils avaient pu contracter envers des chrétiens vieux. Ces dispositions furent exécutées avec la plus excessive cruauté. Trente-deux de ces infortunés, sur lesquels on saisit de l'argent et des bijoux, furent pendus à Burgos. Malgré ces actes de rigueur, les Maurisques parvinrent à emporter une grande quantité de numéraire. On comprit à Madrid qu'il n'était pas possible d'exécuter à la lettre l'édit qui dépouillait ces infortunés. Une nouvelle ordonnance leur permit de disposer de leur or et de leur argent, à condition qu'ils en remettraient moitié aux commissaires royaux. Mais il n'entra qu'une petite partie de cet argent dans le trésor de l'État. Sur les sommes que cette spoliation produisit le duc de Lerme se fit donner 250,000 ducats. Le duc d'Uceda, son fils, en reçut 100,000, le comte de Lemos 100,000, la comtesse de Lemos, fille du duc de Lerme, 50,000 [1].

Cette ordonnance fut tenue secrète jusqu'au moment de l'exécution. On prit d'avance des mesures pour que les infortunés qu'on frappait avec tant de barbarie ne pussent avoir même la pensée de se défendre. Plus de soixante galères armées vinrent mouiller au Grao de Valence et dans les divers ports de Catalogne et d'Andalousie. Les milices du pays furent mises sous les armes; enfin on avait fait venir des troupes d'Italie. Quand l'ordonnance fut publiée à Valence, le 22 septembre 1609, elle remplit les Maurisques de douleur et d'épouvante ; leur première pensée fut de résister ; mais ils étaient sans armes, séparés les uns des autres et entourés de forces redoutables. Ils prirent le parti de la soumission : ils exposaient en vente leurs outils, leurs meubles et leurs bestiaux, et ils les abandonnaient pour le prix qu'on leur en offrait. Le plus beau cheval se donnait pour 20 ducats. Une chèvre se payait à peine un réal. Quant à leurs récoltes, quant à leurs maisons, ils ne pouvaient pas les vendre, et la peine de mort était prononcée contre eux s'ils les détruisaient. Ils s'exposaient à la même peine s'ils cachaient une partie de leurs biens ; car tout ce qu'ils ne pouvaient pas emporter était confisqué au profit de leurs seigneurs. On n'avait donné que trois jours pour l'exécution de cet édit de bannissement, mais il fut impossible de se renfermer dans un délai aussi court. Le nombre des Maurisques était trop considérable pour qu'on pût les embarquer tous en même temps. On entreprit donc un premier voyage, et l'on élève à quarante mille le nombre des infortunés qui firent partie de cette expédition. A peine furent-ils montés sur les bâtiments qu'ils se virent en butte à des exactions et à des rapines de tout genre. Ils devaient être transportés gratuitement au terme de leur navigation ; mais beaucoup de capitaines exigèrent qu'ils payassent le prix du trajet, et comme il s'en trouvait parmi eux un grand nombre qui ne

[1] En tout 500,000 ducats, c'est-à-dire 4,130,000 francs.

possédaient pas la somme qu'on exigeait, on contraignit les riches à payer pour ceux qui n'avaient pas le moyen d'acquitter le passage. On ne se fit aucun scrupule de dépouiller ces malheureux proscrits par tous les moyens possibles. Les galériens qui ramaient sur la flotte, dit un auteur contemporain, déployèrent surtout une merveilleuse dextérité pour faire disparaître leur bagage. Quand ils furent débarqués et qu'ils eurent vu l'âpreté du sol africain, l'aridité des collines, la stérilité des campagnes, ils se mirent à pleurer amèrement en songeant au beau pays de Valence. Ce n'était pas là, cependant, le terme de leurs infortunes : les Maures, au lieu de les accueillir comme des frères, leur reprochèrent le temps qu'ils avaient vécu sous la loi de Jésus-Christ. Ils les appelèrent apostats, et ils en massacrèrent le plus grand nombre pour leur enlever les débris de leur fortune. Il y eut aussi de ces bannis qu'on ne transporta même pas jusqu'en Afrique : les capitaines qui s'étaient chargés de les y conduire, les jetèrent à la mer pour s'emparer de leurs richesses. Un patron catalan, nommé Riera, et le Napolitain Giovani Battista, dénoncés par un de leurs complices au viguier de Barcelone, furent punis pour cet horrible crime; mais sans doute ils ne furent pas les seuls qui s'en rendirent coupables, et la mer rejeta tant de cadavres sur ses bords que les Provençaux, par une cruelle dérision, donnèrent aux sardines le nom de *Grenadines*, et pendant quelque temps ils s'abstinrent d'en manger en disant qu'elles n'étaient repues que de chair humaine.

Quand les infortunés qui étaient restés en Espagne connurent le traitement qui les attendait à bord des navires et le sort qui leur était réservé en Afrique, le désespoir s'empara d'eux. Ils prirent la résolution de se défendre. Dans l'intérieur du pays, ceux de Muela furent les premiers qui se soulevèrent. Ils choisirent pour roi Vincente Turigi, et sous son commandement ils se mirent à piller les églises et à massacrer les chrétiens. Ceux du bord de la mer prirent pour chef un meunier de Guadalest, appelé Mellini Saquien. Mais ils manquaient d'armes et de munitions, en sorte qu'ils furent bientôt vaincus et dispersés. Turigi fut pris avec sa famille et fut pendu. Les chrétiens coururent dans les montagnes à la chasse des Maurisques comme on va à la chasse des bêtes fauves; car, dit un auteur contemporain, qui a eu le courage de faire imprimer le panégyrique de cette atroce exécution, Sa Majesté payait tant par chaque tête de Maurisque qu'on ramenait morte ou vivante [1]. Ceux qui ne périrent pas en se défendant furent tous déportés; ceux de l'Aragon et de la Castille obtinrent la permission de sortir par les ports des Pyrénées, et ils trouvèrent en France cette hospitalité généreuse qu'on n'y refuse jamais à l'infortune.

Il est impossible de dire d'une manière précise le chiffre de la population que cette mesure fit perdre à l'Espagne; mais il sortit cent quarante mille Maurisques du seul royaume de Valence. Les trois quarts des villages de la Catalogne restèrent déserts, la Sierra Morena perdit presque tous ses habitants et cessa d'être cultivée. L'agriculture fut ruinée en Espagne. Une foule d'industries que les Maurisques avaient fait prospérer, ne tardèrent pas à dépérir; les procédés dont ils faisaient usage furent perdus; les bras manquèrent aux manufactures, qui commencèrent à languir et qui bientôt tombèrent entièrement. Tous ces événements désastreux pour l'Espagne se passèrent sous l'administration de don Francisco de Roxas y Sandoval, duc de Lerme. Ce favori voulant assurer la durée de son pouvoir, avait fait choix de personnes qui lui étaient dévouées pour entourer le roi. Son fils, le duc de Uceda, jeune homme d'un caractère adroit et insinuant, avait été placé par lui auprès de Philippe III. Son neveu, le comte de Lemos, avait été attaché à la personne du prince des Asturies, afin que montant sur l'horizon en même temps que le nouveau soleil, il pût affermir et perpétuer l'influence et le crédit de son oncle. Enfin, pour ne pas négliger le plus important, le ministre avait donné au roi un confesseur dont il se croyait sûr. En fermant ainsi toutes

---

[1] *Fonseca*, Justa expulsion de los Moriscos. Livre V, ch. IX.

les avenues il s'était pour longtemps assuré du pouvoir : non content des honneurs dont il était comblé, il ambitionna aussi les plus hautes dignités de l'Église. Après la mort de sa femme, il était entré dans l'état ecclésiastique et le pape Paul V lui avait envoyé le chapeau de cardinal. Cependant sa puissance devait avoir un terme. Ce fut, dit-on, son propre fils, le duc de Uceda, qui fut l'artisan de sa perte. Il fit connaître au roi les accusations portées par le public contre le duc de Lerme, et ce ministre reçut, en 1618, l'ordre de quitter la cour. Le comte de Lemos fut enveloppé dans sa disgrâce; mais la colère publique se déchaîna surtout contre son confident Rodrigo Calderon, qu'il avait fait marquis de Siete Iglesias et comte de la Oliva. Les grandes richesses que ce parvenu avait amassées, aussi bien que son caractère altier, lui avaient attiré d'innombrables ennemis. Il fut accusé des crimes les plus odieux, arrêté et mis en jugement ; mais ce fut seulement sous le règne suivant qu'il fut déclaré coupable d'assassinat et qu'il fut puni du dernier supplice.

Le duc de Uceda remplaça son père dans l'administration du royaume; mais il ne jouit pas longtemps de la faveur de Philippe III. Trois années plus tard, le dernier jour de mars 1621, ce prince mourut victime de l'étiquette ridicule que la maison de Bourgogne avait apportée en Espagne.

« Sa maladie lui commença, dit Bas-
« sompierre, dès le premier vendredi
« de carême, lorsque, étant sur les dé-
« pêches, le jour étant froid, on avoit mis
« un violent brasier au lieu où il étoit,
« dont la réverbération lui donnoit si fort
« au visage que les gouttes de sueur en
« dégouttoient; et de son naturel il ne
« trouvoit jamais rien à redire, ni ne
« s'en plaignoit. Le marquis de Pobar,
« de qui j'ai appris ceci, me dit que,
« voyant comme ce brasier l'incommo-
« doit, il dit au duc d'Albe, gentilhomme
« de sa chambre comme lui, qu'il fît
« retirer ce brasier qui enflammait la
« joue du roi. Mais, comme ils sont très-
« ponctuels en leurs charges, il dit que
« c'étoit au sommelier du corps, le duc
« d'Uceda; sur cela le marquis de Pobar
« l'envoya chercher en sa chambre;
« mais, par malheur, il était allé voir son
« bâtiment, de sorte que le roi, avant
« que l'on eût fait venir le duc d'Uceda,
« fut tellement grillé que le lendemain
« son tempérament chaud lui causa une
« fièvre, cette fièvre un érysipèle, et
« cet érysipèle, tantôt s'apaisant tantôt
« s'enflammant, dégénéra enfin en pour-
« pre qui le tua. »[1]

Philippe IV n'avait que seize ans lorsqu'il monta sur le trône. Trop jeune et surtout trop occupé de ses plaisirs pour gouverner par lui-même, il se laissa conduire par Gaspard de Guzman comte-duc d'Olivarez, comme son père avait été conduit par le duc de Lerme et par le duc de Uceda. L'avénement du jeune roi et le choix de son favori fut donc seulement un changement de personne, mais rien ne fut changé à la ligne de conduite suivie sous les règnes précédents. Loin de chercher à vivre en bonne intelligence avec les nations voisines, ainsi que l'affaiblissement du royaume et l'épuisement de finances devaient le conseiller, le nouveau ministre, homme d'un caractère dur et violent, ne sut garder aucun ménagement et se jeta à corps perdu dans des intrigues dangereuses et dans des guerres acharnées. Il ne cessa d'entretenir des troubles en France, et même de fomenter des discordes entre les membres de la famille royale. Anne d'Autriche était espagnole de cœur aussi bien que de naissance. Marie de Médicis, et Gaston d'Orléans étaient soumis à

---

[1] Philippe III avait eu sept enfants de son mariage avec Marguerite d'Autriche. L'aînée était Anne d'Autriche, née le 22 septembre 1601, mariée à Louis XIII, roi de France. Ensuite venait don Domingo Victor de la Cruz, né le 8 avril 1605, qui succéda à son père, sous le nom de Philippe IV ; puis doña Maria, née le 18 août 1606 : cette infante fut fiancée en 1626 et mariée en 1630 à Ferdinand III, roi de Hongrie et plus tard empereur.

Don Carlos, né le 14 septembre 1607, mort le 16 juillet 1632. Don Ferdinand, né le 7 mai 1609, cardinal-infant; il fut nommé, en 1632, gouverneur des Pays-Bas, en remplacement de sa tante Isabelle-Claire-Eugénie, qui était veuve de l'archiduc Albert. Cette princesse mourut le 1er décembre de l'année suivante (1633), à l'âge de soixante-dix-sept ans.

Doña Margarita, née le 5 mai 1610. Cette infante se fit religieuse, sous le nom de sœur Margarita de la Cruz. Elle mourut le 5 juillet 1633. Le dernier de ces enfants fut don Alonzo, né le 22 septembre 1611. Il ne vécut pas une année.

l'influence du cabinet de Madrid ; tous deux quittèrent la France pour se réfugier dans les Pays-Bas, et ils firent des traités avec le gouvernement espagnol. Enfin tous ceux qui étaient mécontents de l'administration du cardinal de Richelieu trouvaient un appui assuré auprès du duc d'Olivarez. Les huguenots eux-mêmes reçurent des secours du roi catholique. Un traité intervint entre ce souverain et Clausel, agent du duc de Rohan, chef des protestants français. Cet acte leur promettait un subside annuel de 300,000 ducats. Toutes ces intrigues, tous ces mauvais procédés expliquent et motivent la persistance avec laquelle Richelieu s'attacha pendant toute sa vie à combattre la puissance de la maison d'Autriche; néanmoins ce ne fut pas contre la France que les armes du nouveau roi portèrent leurs premiers coups. La trêve d'Anvers, qui avait été conclue avec les Hollandais pour douze années, était expirée le 9 avril 1621, c'est-à-dire neuf jours après l'avénement de Philippe IV au trône. Le duc d'Olivarez fit recommencer la guerre, qui fut continuée avec des fortunes diverses jusqu'à la paix de Munster, conclue en 1648. La guerre ne tarda pas non plus à se rallumer dans les autres parties de la Flandre. L'archiduc Albert était mort, la première année du règne de Philippe IV, sans laisser de postérité. Par conséquent, la souveraineté des Pays-Bas, qui avait été donnée en dot à l'infante Isabelle-Claire-Eugénie, fit retour à la couronne d'Espagne. Mais les seigeurs flamands se refusèrent à reconnaître la veuve de l'archiduc comme gouvernante au nom de Philippe. Ils tentèrent de former une république à l'imitation de celle des provinces bataves. Ils ne réussirent pas dans cette entreprise. Le général Espinola parvint à les réduire, et la prudence de l'infante contribua davantage encore à les soumettre. En toutes les circonstances elle témoigna le respect le plus sincère pour les anciennes institutions et pour les priviléges des Flamands. Par la sagesse de cette conduite, elle rétablit pour quelque temps dans son gouvernement l'influence et la domination espagnoles.

L'affaire de la Valteline fut aussi un des premiers embarras légués au nouveau roi par son prédécesseur. Cette petite province, située entre le Tyrol et la Lombardie, s'était soulevée contre le gouvernement des Grisons, dont elle dépendait. Elle s'était placée sous la protection de l'Espagne, et cette puissance n'avait pas laissé échapper une occasion si favorable d'acquérir une communication facile entre ses États d'Allemagne et d'Italie. Le duc de Feria, gouverneur de Milan, avait occupé la Valteline, et pour s'en assurer la possession, il y avait fait construire plusieurs forts. Un semblable établissement ne pouvait manquer de donner de l'ombrage à la république de Venise et au duc de Savoie; ces deux États s'unirent à la France pour demander que la Valteline fût évacuée et qu'elle fût rendue aux Grisons. Le pape lui-même, interprète des plaintes de l'Italie, avait écrit à Philippe III, et ce prince, la veille même de sa mort, avait consigné dans son testament la disposition suivante : « D'autant que, le 27 mars de
« la présente année, je reçus une lettre
« de la main de Sa Sainteté Gré-
« goire XV, par laquelle il m'exhortait
« et enchargeoit qu'en sa considération
« et pour l'amour de lui, ayant égard
« au bien public, j'avisasse de pacifier
« l'affaire de la Valteline, et ôter toute
« occasion de scandale qui en pourroit
« arriver, j'ordonne au sérénissime
« prince mon très-cher et très-aimé
« fils de recevoir en ceci le conseil pa-
« ternel de Sa Sainteté dans la forme
« susdite, puisque ma principale inten-
« tion n'a été que pour le bien public
« et sûreté des catholiques de cette
« vallée, dont Sa Sainteté prend soin
« comme père universel, et que je veux
« que ce même écrit soit tenu pour
« clause spéciale de mon testament. »
Pour exécuter les dernières volontés de Philippe III, un traité fut signé à Madrid, le 25 avril 1621, par deux commissaires du nouveau roi et par les ambassadeurs de France Fargis et de Bassompierre. Il fut convenu que Sa Majesté Catholique retirerait ses troupes de la Valteline et que les forts seraient détruits. Néanmoins ce traité ne fut pas exécuté, et, l'année suivante, le roi d'Espagne obtint que Fargis signât un nouvel arrangement. On y stipulait

que les forts de la Valteline seraient mis en séquestre entre les mains du pape, jusqu'à ce que les difficultés élevées entre la France et l'Espagne relativement à l'exécution du traité de Madrid eussent été levées. Louis XIII ne voulut pas ratifier cette concession arrachée à son ambassadeur. Il s'empressa de désavouer de Fargis. Les forts de la Valteline n'en furent pas moins remis entre les mains du pape. C'est en cet état que le cardinal de Richelieu trouva cette affaire lorsqu'il fut chargé du ministère. Il ne voulut pas souffrir cette dérogation au premier traité; il la regardait comme honteuse pour la France, et comme préjudiciable à ses intérêts. D'accord avec la république de Venise et avec le duc de Savoie, il envoya dans la Valteline, sous le commandement du marquis de Cœuvres, une armée qui chassa les garnisons mises par le pape; mais les Espagnols s'étant avancés au secours des troupes du saint-siége, la lutte devint moins inégale, et, après deux années de guerre, un traité fut conclu en 1626, à Monçon. On convint que la Valteline resterait au pouvoir des Grisons, sous la double garantie de l'Espagne et de la France.

Le cardinal de Richelieu ne fut pas entièrement satisfait des clauses accessoires de cette convention; mais il avait hâte de conclure la paix; car aussitôt que Louis XIII avait été engagé dans une guerre étrangère, les huguenots de France, qui avaient pour chefs les ducs de Rohan et de Soubise, avaient pris les armes, et le cardinal avait résolu de les mettre dans l'impossibilité de troubler à l'avenir la paix du royaume. Il attaqua la Rochelle, et se rendit maître de cette place après onze mois de siége. Cette expédition était à peine terminée que de nouvelles contestations s'élevèrent entre la France et l'Espagne. Vincent II, duc de Mantoue et marquis de Montferrat, mourut dans les derniers jours de 1627. Il avait par son testament institué pour son héritier Charles de Gonzague, duc de Nevers, qui était son parent au troisième degré. Ce prince était dévoué aux intérêts de la France, et par conséquent il était suspect à Philippe IV, qui s'empressa de soutenir les prétentions élevées par le duc de Guastalla. Celui-ci, bien qu'il ne fût héritier du duc de Mantoue qu'au huitième degré, voulut s'emparer de la succession. Il fut aidé dans cette entreprise par les troupes espagnoles. Mais Louis XIII conduisit lui-même en Italie l'armée victorieuse qui venait de réduire la Rochelle. Il força le pas de Suse, contraignit les Espagnols à lever le siége de Casal, et finit par assurer à Charles de Gonzague l'héritage du duc de Mantoue.

Cette lutte ne fut en quelque sorte que le prélude d'une guerre plus longue et plus sanglante. Le 8 février 1635, un traité d'alliance fut conclu entre Louis XIII et le prince d'Orange. Par cette convention les deux puissances s'engagèrent à faire la guerre à l'Espagne, si Philippe IV ne leur donnait pas satisfaction relativement aux différents griefs dont elles avaient à se plaindre. Cet acte contenait aussi un partage entre les parties contractantes de la Flandre, qu'elles espéraient conquérir. On n'attendait qu'un prétexte pour éclater. Les Espagnols ne tardèrent pas à le donner. L'électeur de Trèves avait irrité la maison d'Autriche en se plaçant sous la protection de Louis XIII. En mars 1635, les troupes espagnoles surprirent la capitale de l'électorat, en chassèrent la garnison française et enlevèrent l'électeur, qui fut conduit à Bruxelles. Les réclamations du roi de France pour qu'il fût remis en liberté étant restées sans résultat, Richelieu saisit cette occasion et déclara la guerre.

L'armée française rencontra auprès d'Avein, dans le pays de Liége, les Espagnols, commandés par le prince Thomas de Savoie, et remporta sur eux une victoire signalée. Ensuite elle alla auprès de Maestricht se joindre aux troupes du prince d'Orange. Mais les Hollandais commençaient à redouter la puissance des alliés qu'ils s'étaient donnés. Ils firent la guerre avec mollesse, et leur inertie paralysa l'ardeur des Français. Par des proclamations répandues de tous les côtés on avait déclaré que la seule intention de la France et de la Hollande était de rendre aux Pays-Bas leur liberté et leur

4ᵉ *Livraison.* (ESPAGNE.)

indépendance. On avait espéré que les Flamands se soulèveraient; mais ils restèrent fidèles à l'Espagne, parce qu'alors on respectait leurs priviléges comme on eût dû les respecter en tous les temps. Les avantages des Français en Flandre pour cette campagne se bornèrent donc à la victoire d'Avein. Ils eurent plus de succès dans la Valteline; le duc de Rohan chassa les Impériaux qui occupaient cette vallée, et, malgré tous leurs efforts, il s'y maintint à la tête d'une poignée de monde.

Dans le Milanais, au contraire, la fortune se montra favorable à Philippe IV. Le maréchal de Créqui assiégea inutilement la ville de Valence. La flotte du roi catholique, commandée par le marquis de Santa-Cruz, s'empara aussi des îles Sainte-Marguerite, et Saint-Honorat sur les côtes de Provence.

L'année suivante (1636) fut glorieuse pour les Espagnols. Le cardinal de Richelieu avait dégarni nos frontières du nord, pour porter toute la force des armes françaises dans la Franche-Comté et dans l'Italie; le cardinal infant profita de cette faute pour pénétrer dans la Picardie à la tête de trente mille hommes. Il prit la Capelle, le Catelet, Corbie, Noyon; il traversa la Somme; des détachements de son armée s'avancèrent jusque sur les bords de l'Oise, et l'alarme se répandit jusqu'à Paris; mais ce succès fut de peu de durée. Louis XIII eut le temps de rassembler, sous les murs de Compiègne, une armée aussi nombreuse que celle des Espagnols. Il contraignit le cardinal infant à repasser la Somme et à se retirer en Flandre. Il reprit Corbie. Pendant ce temps la guerre se fit en Italie avec quelques avantages pour l'Espagne. Il en fut de même au pied des Pyrénées. L'amirante de Castille traversa ces montagnes à Saint-Jean de Luz et ravagea une partie de la Guyenne.

En 1637, les Français reprirent partout l'offensive. Ils recouvrèrent les îles de Lerins. Ils attaquèrent les Espagnols qui avaient formé le siége de Leucate, forcèrent leurs retranchements, leur tuèrent deux mille hommes, leur enlevèrent trente-sept pièces de canon et les contraignirent à quitter le Languedoc.

Sur la frontière des Pyrénées, le prince de Condé fit le siége de Fontarabie. Il incendia douze vaisseaux qui apportaient un secours de vivres et de munitions. Néanmoins l'amirante de Castille et le vice-roi de Navarre l'attaquèrent avec des forces supérieures et le forcèrent à se retirer. Pour se venger de ce revers, il alla prendre Salses en Roussillon. Au nord et à l'est, les Français enlevèrent Yvoi, la Capelle, Landrecies, Damvillers, Hesdin, Arras, Gravelines, Courtrai, Dunkerque. Enfin, on se battait sur toutes les frontières de France, et cette guerre, qui ne dura pas moins de vingt-cinq années, acheva d'épuiser la population et les finances de l'Espagne.

La Catalogne était une des provinces qui avaient le plus souffert. Elle avait supporté presque tout le poids de la guerre qui se faisait dans le Roussillon. Le fréquent passage et le séjour des troupes, les désordres auxquels elles manquaient rarement de se livrer avaient indisposé les habitants. Comme le trésor était vide, on voulut forcer les Catalans à entretenir les troupes qui étaient cantonnées chez eux et à fournir des vivres et des fourrages à celles qui faisaient le siége de Salses dont les Français s'étaient emparés. Le comte de Santa-Coloma, qui les commandait, reçut du premier ministre la lettre suivante :

« Non-seulement vous doutez du succès du siége entrepris, mais vous délibérez même si vous le lèverez : ce serait, à mon avis, le plus grand déshonneur qui pût arriver à la monarchie... Je me contenterai de vous dire, à propos de la disette des vivres et des fourrages qui commence dans le camp, que si vous, le premier, tous les officiers de Sa Majesté dans la principauté, la noblesse et les communautés, n'obligez les peuples à porter sur leurs épaules tout le blé, toute l'orge et toute la paille qui se trouveront, vous manquerez les uns et les autres à ce que vous devez à Dieu, à votre roi, au sang qui coule dans vos veines et à votre propre conservation. Si la nécessité d'une juste défense et l'intérêt de la religion permettent quelquefois la vente des calices et des vases sacrés, pourquoi ne ferait-on pas des choses moins extraordinaires dans une occasion si pressante. Il est constant que partout où les Français mettent le pied, la secte de Calvin entre avec eux. Puisque l'État et la religion sont également menacés, je dois parler sans déguisement. Si l'on peut réussir sans donner aucune atteinte aux priviléges de la province, il faut les ménager; mais s'ils peuvent apporter seulement une heure de retardement aux affaires du roi, celui qui les allègue se déclare ennemi de Dieu, du roi, de son propre sang et de la patrie.

« Ne souffrez donc pas qu'il y ait un seul homme dans la province capable de travailler qui n'aille à la guerre, ni aucune femme qui ne serve à porter sur ses épaules de la paille et du foin et tout ce qui sera nécessaire pour la cavalerie et pour l'armée. C'est en cela que consiste le salut de tous. Il n'est pas temps de prier, mais de commander et de se faire obéir. Les Catalans sont naturellement légers, tantôt ils veulent, tantôt ils ne veulent pas; faites-leur entendre que le salut du peuple et celui de l'armée passe avant toutes les lois et tous les priviléges. Ayez soin que les soldats soient bien logés et qu'ils aient de bons lits; et si l'on en manque, prenez hardiment ceux des gentilshommes les plus qualifiés de la province. Il vaut mieux les réduire à coucher sur la terre que de laisser souffrir les soldats. »

Quelques jours plus tard Philippe IV écrivit à son tour au vice-roi de Catalogne : « Il m'a semblé bon de vous dire que la province ne peut pas s'acquitter plus mal de son devoir qu'elle ne le fait au regard des assistances qu'elle doit donner. Ce défaut vient de l'impunité. Si on avait puni de mort quelques-uns des fuyards de la province, la désertion n'aurait pas été si grande. En cas que vous trouviez dans les magistrats de la résistance ou de la mollesse pour l'exécution de mes ordres, mon intention est que vous procédiez contre ceux qui ne vous seconderont pas dans cette occasion où il s'agit de mon plus grand service. Faites arrêter, si bon vous semble, quelques-uns des magistrats, ôtez-leur l'administration des deniers publics, qui seront employés aux besoins de l'armée, et confisquez les biens de deux ou trois des plus coupables, afin de donner de la terreur à la province. Il est bon qu'il y ait quelque châtiment exemplaire. » Ces ordres furent exécutés avec la plus grande sévérité. Lorsque le comte de Santa-Coloma eut repris la ville de Salses, il mit son armée en cantonnement en Catalogne, où les troupes commirent des excès inouïs.

Philippe IV et le duc d'Olivarez s'étaient abusés lorsqu'ils avaient pensé que ces violences inspireraient la terreur aux Catalans. Ils connaissaient mal le caractère de ces populations laborieuses, mais dures et vindicatives. Ils n'avaient pas compris combien elles étaient attachées à leurs anciennes institutions. L'exemple de la Castille et de l'Aragon qui, après avoir perdu leurs fueros, s'étaient appauvris en peu de temps, rendait encore plus chers aux Catalans des priviléges qu'ils regardaient, avec raison, comme la garantie de leur prospérité. La partie de cette province qui s'étend le long de la Méditerranée, les vallées de l'Ebre, de la Ségré, étaient admirablement cultivées; mais il y avait aussi une partie du pays qui était couverte de bois et de montagnes, où se retiraient ceux qui se mettaient en hostilité avec la société, soit qu'ils eussent déjà commis quelque infraction aux lois, soit qu'ils eussent quelque vengeance à exercer [1]. « Ils nommaient ce bannissement volontaire *andar en trabajo*, aller à la peine. Dans les bois, ils se divisaient en *quadrilles* ou compagnies, sous des capitaines qui les faisaient vivre de brigandage. Ces chefs s'accoutumaient ainsi à la petite guerre; souvent ils passaient dans les armées, et y obtenaient les grades les plus élevés. Il y avait alors peu de Catalans qui n'eussent demeuré quelque temps *al trabajo* : ils n'y attachaient aucune honte, et ils étaient assurés de la sympathie comme de l'assistance de leurs parents et de leurs amis. Ils portaient tous, en bandoulière, une courte arquebuse; point d'épée, point de chapeau; mais un bonnet dont la couleur indiquait la quadrille dans laquelle ils s'étaient rangés; ils avaient pour chaussure des alpargatas; une large cape de serge blan-

[1] Melo.

che leur servait de tente et de lit aussi bien que de manteau ; ils avaient plusieurs pains secs, enfilés à la corde qui leur servait de ceinture et à laquelle pendait une gourde pleine d'eau ; car ils ne buvaient presque jamais de vin. C'est dans cet équipage qu'ils habitaient les bois, qu'ils pillaient les voyageurs et les officiers du roi, et qu'ils étaient reçus en bons voisins par les villageois de la plaine. »

C'est au milieu de ces hommes redoutables que l'armée vint prendre ses cantonnements. Elle y vécut comme en pays conquis, et les soldats mirent le feu à plusieurs villages qui refusaient de payer les contributions. Les églises furent pillées ou incendiées, et celle du bourg de Rio de Arenas fut réduite en cendres avant que l'on pût transporter ailleurs les hosties consacrées. Une sentence d'excommunication fut lancée, par l'évêque de Girone, contre les soldats qui avaient commis ce sacrilège. Les villageois vinrent invoquer la protection des magistrats pour avoir justice des violences qui avaient été commises par les soldats; ces plaintes devinrent si nombreuses et si vives que le vice-roi défendit aux juges et aux avocats de Barcelone de recevoir aucune accusation contre les militaires. Cet acte arbitraire ayant soulevé les réclamations de la députation de Catalogne, le vice-roi fit arrêter Tamarit, député de la noblesse au tribunal souverain de la province, et le chanoine Pablo Claris, député du clergé. Il fit également emprisonner deux conseillers, Francisco de Vergos et Leonardo Scura. Ces violations des priviléges de la Catalogne portèrent au dernier degré l'irritation des habitants ; enfin l'insurrection éclata.

« Le mois de juin venait de commencer [1]. C'est l'usage antique de la province que dans ce mois descendent des montagnes sur Barcelone des bandes de moissonneurs, gens pour la plupart violents et hardis, qui vivent librement le reste de l'année sans occupation et sans habitation certaines. Ils portent le désordre et l'inquiétude partout où ils sont reçus ; mais il paraît que le moment de la moisson venu on ne peut pas se passer d'eux. Cette année, les hommes de sens craignaient particulièrement leur arrivée, pensant bien que les circonstances présentes favoriseraient leur audace, au grand dommage de la paix publique. Ils entraient habituellement à Barcelone la veille de la fête du corps du Seigneur. Il en arriva plus tôt cette année, et leur nombre plus grand qu'à l'ordinaire donna de plus en plus à penser à ceux qui se défiaient de leurs projets. Le vice-roi, averti de cette nouveauté, essaya de détourner le danger. Il fit dire à la municipalité qu'il lui paraissait convenable, à la veille d'un jour si sacré, que l'entrée de la ville fût interdite aux moissonneurs, de peur que leur nombre n'encourageât le peuple, qui s'agitait déjà, à tenter quelque mauvais coup.

« Mais les conseillers de Barcelone (ainsi se nomment les magistrats municipaux, qui sont au nombre de cinq), satisfaits en secret de l'irritation du peuple, et espérant que de ce tumulte sortirait la voix qui appellerait un remède aux malheurs publics, s'excusèrent sur ce que les moissonneurs étaient hommes connus nécessaires pour la récolte. Ce serait, disaient-ils, une grande cause de trouble et de tristesse que de fermer les portes de la ville. On ne savait d'ailleurs si la multitude consentirait à obéir à l'ordre d'un simple héraut. Ils essayaient ainsi de faire peur au vice-roi, pour qu'il adoucît la dureté de ses manières ; d'un autre côté, ils cherchaient à se ménager une justification, quoi qu'il arrivât. Santa-Coloma leur répondit impérieusement, en insistant sur le péril qui les attendait s'ils continuaient à recevoir de tels hommes ; mais les magistrats lui répondirent, à leur tour, qu'ils n'osaient pas montrer à leurs concitoyens une telle méfiance ; qu'on voyait déjà les effets de semblables soupçons ; qu'ils faisaient armer quelques compagnies de la milice pour maintenir la tranquillité ; que dans tous les cas, si leur faiblesse était insuffisante, ils auraient recours à son autorité ; car c'était à lui d'agir comme gouverneur de la province, tandis que les conseillers de la ville n'avaient que des avis à donner. Ces raisons arrêtèrent le vice-roi ; il ne crut pas convenable

[1] Melo. Traduction de M. Léonce de Lavergne.

de prier, ne pouvant se faire obéir, et il craignit de montrer aux magistrats qu'ils étaient assez puissants pour avoir peut-être son sort dans les mains.

« Cependant arriva le jour où l'Église catholique célèbre la fête du Saint-Sacrement de l'autel ; c'était, cette année-là, le 7 juin. L'affluence des moissonneurs qui entraient en ville dura toute la matinée. Il en vint près de deux mille qui, réunis à ceux des jours précédents, formaient un total de plus de deux mille cinq cents hommes, dont plusieurs avaient d'affreux antécédents. Beaucoup avaient ajouté, dit-on, des armes nouvelles à leurs armes ordinaires, comme s'ils avaient été convoqués pour quelque grand dessein. Ils se repandaient en entrant dans toute la ville ; on les voyait se réunir par groupes bruyants dans les rues et sur les places. Dans chacun de ces groupes, il n'était question que des querelles du roi et de la province, de la violence du vice-roi, de l'emprisonnement des députés et des conseillers, des tentatives de la Castille et de la licence des soldats. Puis, frémissant de colère, ils marchaient en silence çà et là, leur fureur comprimée ne cherchant qu'une occasion pour éclater. Dans leur impatience, s'ils rencontraient quelque Castillan, ils le regardaient avec moquerie et insulte, quel que fût son rang, pour l'amener à un éclat. Enfin il n'y avait aucune de leurs démonstrations qui ne présageât une catastrophe.

« En ce temps-là se trouvaient à Barcelone, attendant la nouvelle de la campagne, un grand nombre de capitaines et d'officiers de l'armée, et d'autres serviteurs du roi catholique que la guerre de France avait appelés en Catalogne. Ils étaient vus en général avec déplaisir par les habitants. Les plus attachés au roi, avertis par le passé, mesuraient leurs démarches ; les libres allures de la soldatesque étaient suspendues. Déjà plusieurs personnes de rang et de qualité avaient reçu des affronts que l'ombre de la nuit, ou la crainte avait tenus cachés. Les symptômes d'une rupture devenaient de plus en plus nombreux. Il y eut des maîtres de maison qui, s'apitoyant sur leurs hôtes, leur conseillèrent bien à l'avance de se retirer en Castille ; d'autres qui, dans l'emportement de leur rage, les menaçaient, à la moindre occasion, du jour de la vengeance publique. Ces avertissements décidèrent un grand nombre d'entre eux, que leur emploi obligeait à accompagner le vice-roi, à se dire malades et dans l'impossibilité de le suivre ; d'autres, dédaignant ou ignorant le danger, allèrent au-devant.

« L'émeute s'était bientôt déclarée sur tous les points ; bourgeois et campagnards couraient en désordre. Les Castillans, terrifiés, se cachaient dans les lieux secrets, ou se confiaient à la fidélité suspecte des habitants, qu'ils tâchaient d'émouvoir, ceux-ci par la pitié, ceux-là par l'adresse. La force publique accourut pour comprimer les premiers mouvements, en cherchant à reconnaître et à saisir les auteurs du tumulte. Cette mesure, généralement mal accueillie, donna un nouvel aliment à la fureur populaire, comme des gouttes d'eau jetées sur une fournaise ne font qu'aviver le feu.

« On remarquait parmi les séditieux un moissonneur, homme féroce et terrible. Un officier subalterne de la justice le reconnut et essaya de l'arrêter. Il s'ensuivit une rixe ; le paysan fut blessé ; ses compagnons accoururent en foule à son secours. Chaque parti fit de grands efforts, mais l'avantage resta aux montagnards. Quelques soldats de la milice préposés à la garde du palais du vice-roi se dirigèrent vers le tumulte, que leur présence grossit au lieu de le calmer. L'air retentit de cris furieux. Les uns criaient vengeance ; d'autres, plus ambitieux, appelaient la liberté de la patrie. Ici c'était : *Vivent la Catalogne et les Catalans !* là : *Meure le mauvais gouvernement de Philippe !* Formidables furent ces premières clameurs à l'oreille de ceux qu'elles menaçaient. Presque tous ceux qui ne les proféraient pas les écoutaient avec terreur, et n'auraient jamais voulu les entendre. L'incertitude, l'épouvante, le danger, la confusion, étaient égaux partout. Tous attendaient la mort par instant ; car une populace irritée ne s'arrête guère que dans le sang. De leur côté, les rebelles s'excitaient mutuellement au carnage ; l'un criait quand l'autre frappait, et celui-ci s'animait encore à la voix de celui-là. Ils apostrophaient les Espagnols des noms les plus infâmes et les cherchaient partout avec acharnement. Celui qui en découvrait un et qui le tuait était réputé par les siens vaillant, fidèle et heureux. La milice avait pris les armes sous le prétexte de rétablir la tranquillité, soit par l'ordre du vice-roi, soit par l'ordre de la municipalité; mais, au lieu de réprimer le désordre, elle ne fit que l'accroître.

« Plusieurs bandes de paysans, renforcées d'un grand nombre d'habitants de la ville, s'étaient portées sur le palais du comte de Santa-Coloma, pour le cerner. Les députés de la *générale* et les conseillers de la ville accoururent aussitôt. Cette précaution, loin d'être utile au vice-roi, augmenta son embarras. Là fut ouvert l'avis qu'il ferait bien de quitter Barcelone en toute hâte, vu que les choses n'étaient déjà plus au point où il fût possible d'y porter remède. Pour le déterminer, on lui cita l'exemple de don Hugo de Moncada, qui, dans une circonstance analogue, s'était retiré de Palerme à Messine. Deux galères génoises, à l'ancre près du môle, offraient encore une espérance de salut. Santa-Coloma écoutait ces propositions, mais avec l'esprit si troublé que sa raison ne pouvait déjà plus distinguer le faux du vrai. Peu à peu il se remit; il congédia d'abord presque tous ceux qui l'accompagnaient, soit qu'il n'osât pas leur dire autrement de songer à sauver leur vie, soit qu'il ne voulût pas avoir de si nombreux témoins dans le cas où il serait contraint de se retirer. Puis il rejeta le conseil qu'on lui donnait comme ayant de grands dangers, soit pour Barcelone, soit pour toute la province. Jugeant que la fuite était indigne de sa position, il sacrifia intérieurement sa vie à la dignité du mandat royal, et se disposa à attendre fermement à son poste toutes les chances de sa fortune.

« De la conduite des magistrats dans cette affaire, je n'en veux rien dire. Tantôt la crainte, tantôt le calcul les portait à agir ou à s'effacer, suivant leurs convenances. On donne pour certain qu'ils ne purent jamais croire que le peuple en viendrait à de telles extrémités, n'ayant guère tenu compte de ses premières démonstrations. De son côté, le misérable vice-roi continuait à s'agiter comme le naufragé qui travaille encore à atteindre le rivage. Il tournait et retournait dans son esprit le mal et le remède : dernier effort de son activité qui devait être le dernier acte de sa vie. Renfermé dans son cabinet, il donnait des ordres par écrit et de vive voix; mais on n'obéissait déjà plus ni à ses écrits ni à ses paroles. Les fonctionnaires royaux ne cherchaient qu'à se faire oublier, et ne pouvaient lui servir en rien; quant aux fonctionnaires provinciaux, ils ne voulaient ni commander, ni encore moins obéir. Pour dernière ressource, il voulut céder aux réclamations du peuple, et lui remettre la direction des affaires publiques; mais le peuple ne voulait déjà plus recevoir de lui aucune concession, car nul ne consent à devoir à un autre ce qu'il peut prendre par lui-même. Il ne put seulement pas réussir à faire connaître sa résolution aux autres; la révolte avait tellement désorganisé l'administration qu'aucun de ses ressorts ne fonctionnait plus, comme il arrive au corps humain dans les maladies.

« A ce nouveau désappointement, il reconnut combien sa présence était inutile, et ne songea plus qu'à sauver ses jours. Peut-être n'y avait-il de moyen de calmer les mutins que de leur donner satisfaction en quittant la ville. Il l'essaya, mais sans succès. Ceux qui occupaient l'arsenal (la atarazana) et le boulevard de la mer avaient forcé, à coups de canon, une des galères à s'éloigner; d'ailleurs pour se rendre jusqu'au port il fallait passer sous la bouche des arquebuses. Il rentra donc, suivi d'un petit groupe, au moment où les séditieux forçaient les portes. Ceux qui gardaient le palais se mêlèrent aux assaillants, ou ne firent aucun effort pour les arrêter. En même temps, courait dans la ville une rumeur confuse d'armes et de cris. Chaque maison offrait une scène d'horreur : on incendiait les unes, on ruinait les autres; aucune n'était respectée par la fureur populaire. La sainteté des temples était oubliée; les asiles sacrés des cloîtres n'arrêtaient pas l'audace des assassins. Il suffisait d'être Castillan pour être mis en pièces, sans autre examen. Les habitants eux-mêmes étaient assaillis au moindre soupçon; quiconque ouvrait sa porte aux victimes ou la fermait aux furieux était puni de sa pitié comme d'un crime. Les prisons furent forcées ; les criminels en sortirent non-seulement pour être libres, mais pour commander.

« En entendant les cris de ceux qui le cherchaient, le comte comprit que sa dernière heure était arrivée. Déposant alors les devoirs du grand, il céda aux instincts de l'homme. Dans son trouble il revint à son premier projet d'embarquement. Il sortit une seconde fois pour se rendre au rivage; mais comme il n'y avait pas de temps à perdre, et que l'accablement retardait sa marche, il ordonna à son fils de prendre les devants avec sa faible suite, pour rejoindre le canot de la galère qui se tenait à portée, non sans péril, et de l'y attendre. Ne comptant pas sur sa fortune, il voulait assurer au moins la vie de son fils. Le jeune homme obéit et atteignit l'embarcation ; mais il lui fut impossible de la retenir près du rivage, tant on redoublait d'efforts du côté de la ville pour la couler. Il naviguera donc vers la galère, qui attendait hors du feu de la batterie. Le comte s'arrêta, et regarda le canot s'éloigner avec des larmes bien pardonnables, chez un homme qui se sépare à la fois de son fils et de son espérance : sûr de sa perte, il revint d'un pas chancelant par le rivage qui fait face aux coteaux de Saint-Bertrand, sur la route de Montjuich.

« Cependant son palais était envahi et sa disparition connue de tous; on le cherchait avec fureur de tous les côtés, comme si sa mort devait être le couronnement de cette journée. Ceux de l'arsenal ne le perdaient pas de vue. Tous les yeux étant fixés sur lui, il vit bien qu'il ne pouvait échapper à ceux qui le suivaient. La chaleur du jour était grande, plus grande l'angoisse, certain le péril, vif et profond le sentiment de sa honte. L'arrêt avait été prononcé par un tribunal infaillible. Il tomba par terre en proie à un évanouissement mortel. C'est dans cet état qu'il fut trouvé par quelques-uns de ceux qui le cherchaient, et tué de cinq blessures à la poitrine. »

Le duc de Segorbe et de Cardone fut nommé vice-roi pour remplacer le comte de Santa-Coloma. Il était aimé en Catalogne, et peut-être fût-il parvenu par sa douceur et par son esprit conciliant à rétablir la tranquillité; mais une maladie l'enleva avant qu'il eût pu accomplir cette pacification. Toutes les villes suivirent l'exemple de Barcelone, et la province entière se mit en insurrection. A l'instigation de Richelieu, les Catalans s'érigèrent en république sous la protection de Louis XIII. Cependant le marquis de Los-Velez, nommé par Philippe IV vice-roi de Catalogne, entra dans cette principauté à la tête d'une armée nombreuse. Il s'empara de Tortose et Cambrils. Il incendiait les villes qui osaient lui résister, et il traitait les garnisons avec la plus horrible cruauté. Il faisait pendre aux créneaux les officiers qui se défendaient. Lorsque la garnison de Cambrils avait demandé à capituler, il avait répondu qu'il ne pouvait faire grâce à des rebelles sans commettre un sacrilège. Ces atrocités produisirent un effet opposé à celui que la cour de Madrid en attendait. La fureur des Catalans s'en accrut. La ville de Barcelone, assiégée par le marquis de Los-Velez, se défendit avec tout l'acharnement que donne le désespoir ; mais les habitants, persuadés qu'ils ne pouvaient sans le secours d'un puissant protecteur lutter contre toutes les forces de la monarchie espagnole, résolurent de dissoudre leur république naissante et d'offrir au roi de France la seigneurie de la Catalogne avec le titre de comte de Barcelone. Les généraux français qui commandaient dans le Languedoc n'attendirent pas que ces offres eussent été officiellement acceptées, pour envoyer des secours aux Barcelonais ; à l'aide de ces auxiliaires les assiégés parvinrent à chasser l'armée du marquis de Los-Velez, et le forcèrent à se retirer laissant sous les murs de la place deux mille hommes morts ou blessés. Le roi de France fut seul nommé comme souverain dans les prières publiques que firent les habitants pour célébrer la levée du siége. Cependant Louis XIII ne signa que neuf mois plus tard (le 18 septembre 1641) l'acte par lequel il accepta la souveraineté de la Catalogne. En même temps il fit serment de respecter les *fueros* de cette province.

Une armée française s'empara de Salses, de Perpignan et de toutes les autres places de la Cerdagne et du Roussillon;

des troupes et des munitions furent envoyées aux Catalans, qui se trouvèrent ainsi en état de résister à tous les efforts de l'Espagne. La guerre se fit avec des succès divers, il y eut des siéges obstinés, de valeureuses défenses, des rencontres sanglantes; mais nulle bataille rangée ne vint décider du sort de cette lutte, qui dura jusqu'en 1659.

L'insurrection de Catalogne amena une autre révolution qui eut pour l'Espagne des conséquences encore plus funestes. En 1640, le comte-duc, ayant enjoint au duc de Bragance et aux principaux chefs de la noblesse portugaise de venir à Madrid pour y voter de nouveaux subsides et pour prendre part à l'expédition que le roi se proposait de diriger en personne contre la Catalogne, ces ordres portèrent au dernier point le mécontentement des Portugais, qui ne supportaient qu'avec impatience le joug de l'Espagne. Ils se soulevèrent et proclamèrent le duc de Bragance roi de Portugal, sous le titre de Jean IV [1].

Philippe IV, occupé tout entier des plaisirs ruineux par lesquels le comte-duc s'appliquait à le distraire, ignorait encore cette révolution, quand toute l'Europe en était instruite. Il fallait cependant la lui faire connaître. Mais aucun de ses courtisans n'osait l'en instruire. Enfin, le duc d'Olivarez, l'abordant le sourire sur les lèvres, lui dit : « Votre Majesté vient de gagner douze millions. — Et comment? répondit le roi. — Oui! reprit le ministre, la tête a tourné au duc de Bragance. Il a eu la folie de se faire couronner roi de Portugal. Voilà tous ses biens confisqués de droit. — Eh bien, repartit, sans s'émouvoir, l'indolent monarque, il faudra y mettre ordre. » Néanmoins cet événement acheva de perdre le duc d'Olivarez, déjà discrédité par sa mauvaise administration. On attribuait à son caractère dur et inflexible les malheurs de la monarchie; tout le monde désirait sa chute. Le roi, quelque attaché qu'il fût à son favori, ne put se dispenser de l'éloigner de la cour; mais ce fut là que se borna la disgrâce de ce ministre, et ce fut la seule peine qu'il eut à subir pour tous les maux qu'il avait causés au pays.

Pendant que l'Espagne se trouvait engagée dans les guerres de Catalogne et de Portugal, la mort enleva Richelieu et Louis XIII. La minorité du jeune roi qui venait de monter sur le trône de France paraissait offrir aux Espagnols une occasion favorable de réparer leurs désastres. Ils la saisirent avec empressement. Ils pénétrèrent en Champagne et assiégèrent la ville de Rocroy. Mais le grand Condé les attaqua, les tailla en pièces; et les vieilles bandes espagnoles qui, depuis le règne de Ferdinand le Catholique, passaient pour la meilleure infanterie du monde, furent entièrement anéanties. L'Espagne, affaiblie par ces défaites, se décida enfin, en 1648, à faire la paix avec les Provinces-Unies, dont elle reconnut l'indépendance. A la même époque, on termina les négociations du congrès de Westphalie, où depuis quatre années on travaillait à asseoir les bases de la paix, et l'on signa, dans la ville de Munster, le fameux traité qui mit un terme aux contestations de la France et de l'Empire germanique. Philippe IV refusa de prendre part à cet arrangement, quoiqu'il restât seul pour soutenir la guerre ; il ne voulut point se soumettre aux conditions qu'on prétendait lui imposer. Au reste, les révoltes qui troublèrent les premières années du règne de Louis XIV permirent à l'Espagne de lui résister quelque temps avec avantage.

En Catalogne, la guerre durait depuis onze ans, lorsque Barcelone fut prise par le marquis de Mortara et par le fils naturel de Philippe IV. Ce jeune prince, de même que le bâtard de Charles V, portait le nom de don Juan d'Autriche; et lui aussi se rendit célèbre par ses talents militaires. Il réussit à chasser les Français de la Catalogne; mais ceux-ci y rentrèrent l'année suivante, et restèrent maîtres de Roses, de Puycerda, de Vique, de Solsone et de plusieurs autres places importantes.

La France et surtout l'Espagne avaient besoin de la paix. Mazarin, pour en faciliter la conclusion, avait fait proposer un mariage entre le roi de France et la fille de Philippe IV. Mais ce dernier prince avait repoussé bien loin un semblable arrangement; car à cette époque,

---

[1] On trouve dans le savant travail de M. Ferdinand Denis les détails les plus curieux sur cette révolution.

n'avait pas de fils, et il ne voulait pas que les couronnes de France et d'Espagne pussent se trouver réunies sur la même tête. La reine sa femme, Élisabeth, fille de Henri IV, était morte le 6 octobre 1644. Elle avait eu cinq filles, dont une seule, doña Maria-Theresa-Bibiana, lui a survécu. Elle avait aussi mis au jour don Balthasar Carlos; mais ce prince était mort deux ans après sa mère. Philippe IV, désirant obtenir un héritier de sa couronne, épousa, en 1647, l'archiduchesse Marianne. Le 20 novembre 1657, cette princesse étant accouchée de l'infant don Philippe Prosper, les motifs qui avaient fait repousser la pensée d'un mariage entre Louis XIV et l'infante Marie-Thérèse n'existaient plus. De nouvelles négociations furent engagées. Elles eurent lieu dans l'île des Faisans, située au milieu de la Bidassoa, qui sert de limite entre les deux royaumes. Après trois mois de discussions on signa la convention fameuse connue sous le nom de traité des Pyrénées. Les plénipotentiaires mirent fin aux nombreux différends qui s'étaient élevés entre les deux couronnes. Aussi le traité ne contient-il pas moins de cent vingt-quatre articles. Les plus importants sont le trente-troisième, qui arrête et accorde le mariage entre le roi de France et l'infante Marie-Thérèse; et le quarante-deuxième, qui prend les Pyrénées pour ligne séparative des deux États. Cette dernière stipulation ayant présenté quelques difficultés dans l'application, et les commissaires n'ayant pu tomber d'accord sur ce qu'il fallait entendre par la ligne des Pyrénées, une nouvelle capitulation explicative de l'article quarante-deux intervint le 13 mai de l'année suivante. Il fut convenu que le roi de France demeurerait en possession des comté et viguerie de Roussillon et de Conflans, ainsi que de toutes les places, villes et bourgs qui en dépendent de quelque côté des Pyrénées qu'ils soient situés; et que le principat de Catalogne et la viguerie de Cerdagne avec tous les lieux qui en dépendent resteraient au roi catholique, à l'exception toutefois de la vallée de Carol, qui appartiendrait à la France. Une amnistie fut stipulée en faveur des Catalans, et le traité leur assura la conservation de leurs biens, de leurs emplois, de leurs honneurs et de leurs priviléges.

Le mariage fut célébré au mois de juin 1660, après que l'infante Marie-Thérèse eut fait en public, pour elle et pour ses descendants, une renonciation solennelle à tous les droits que sa naissance lui donnait à la couronne d'Espagne. Mais tout le monde reconnaissait déjà l'inutilité de cette vaine cérémonie; et Philippe IV lui-même laissa échapper ces paroles : *Esto es una patarata*.

Dès que Philippe IV se vit débarrassé de tous ses ennemis, il put concentrer toutes ses forces contre le Portugal. Dom Juan IV était mort en 1656, et sa veuve, doña Loisa de Guzman, femme du plus grand mérite, chargée de la tutelle de son fils Alphonse VI, gouvernait l'État avec autant de prudence que de succès. En voyant les préparatifs que faisait la Castille, elle crut qu'il valait mieux obtenir un arrangement honnête que de courir les chances incertaines et toujours funestes de la guerre. Mais Philippe IV fut inexorable, et la guerre prit une nouvelle activité. Don Juan d'Autriche, après bien des combats, parvint à se rendre maître d'Evora, d'Estremoz et de quelques autres places. Au reste, ces avantages furent largement compensés par les victoires que les Portugais remportèrent; et les Espagnols ayant mis le siége devant Ciudad Rodrigo, la garnison, réduite aux dernières extrémités, fit un effort désespéré : elle força les lignes des assiégeants, leur tua plus de douze cents hommes et les contraignit à la retraite. Une intrigue de cour acheva de ruiner les affaires de l'Espagne. L'influence que don Juan d'Autriche avait conquise par ses victoires en Catalogne, en Flandre et en Portugal, semblait chaque jour plus redoutable à la reine Marianne. Elle pensait que, dans le cas où le roi viendrait à mourir, don Juan pourrait avec succès lui disputer la régence, pendant la minorité du prince des Asturies. Elle était donc intéressée à détruire le crédit et la renommée de ce général. Peu scrupuleuse sur le choix des moyens, elle employa toute son influence pour empêcher qu'on ne fournît à don Juan les secours en hommes, en argent, en vivres et en munitions, sans lesquels il était impossible qu'il ne reçût pas la loi de l'ennemi. Don Juan se plaignit en vain de l'abandon où on le laissait, ses plaintes ne parvinrent pas jusqu'aux oreilles du roi. Enfin, voyant que ses réclamations ne produisaient aucun effet, il se démit du commandement qui lui avait été confié, se retira à Consuegra; et le commandement de l'armée passa au marquis de Caracena.

Les Portugais ne laissèrent pas échapper une occasion aussi favorable de porter un coup décisif. Une armée de gens affamés, à demi nus et mal armés, était un faible obstacle à opposer à des hommes qui étaient accoutumés à vaincre et qui combattaient pour leur patrie et pour leur liberté. Néanmoins, les troupes espagnoles, attaquées près de Villaviciosa par l'armée portugaise, opposèrent une noble résistance, et n'abandonnèrent le champ de bataille qu'après avoir perdu plus de quatre mille hommes. Cette mémorable bataille affermit la couronne de Portugal sur la tête de la maison de Bragance. Lorsque Philippe IV reçut la dépêche qui lui annonçait la fatale nouvelle, il la laissa tomber en disant : « Dieu le veut ! »

Les révolutions de Catalogne et de Portugal ne furent pas les seules qui désolèrent le règne de Philippe IV. En Sicile, un chaudronnier de Palerme se mit à la tête des mécontents; et, suivi d'une multitude effrénée, il s'abandonna aux plus grandes atrocités. La Sicile entière, à l'exception de Messine, imita les fureurs de la populace de Palerme. Le même rôle fut joué à Naples par un pêcheur d'Amalfi, nommé Thomas Aniello, ou, par abréviation, Mas-Aniello. Maître absolu de la ville, ce chef des révoltés fit commettre des cruautés inouïes ; mais il fut bientôt, à son tour, victime de la fureur de la populace. Les Napolitains voulurent alors s'ériger en république, sous la protection de la France. Ils offrirent la présidence au duc de Guise qui, descendant des anciens princes de la maison d'Anjou, se croyait quelques droits au trône de Naples. Le duc accepta, sans réfléchir aux difficultés de l'entreprise dans laquelle il se jetait. Il arriva presque seul à Naples, où il fut reçu avec joie par le peuple. Il lui vint ensuite quelques secours de France. Mais il ne put empêcher le duc d'Arcos et don Juan d'Autriche, aidés par la noblesse napolitaine, de comprimer la sédition. Le duc de Guise tomba lui-même entre les mains des Espagnols, et il resta jusqu'en 1652 dans l'alcazar de Ségovie.

Philippe IV, accablé de douleur, en songeant à tous les désastres qui avaient affligé son règne, ne put surmonter le chagrin que lui avait causé la défaite de Villaviciosa. « Le roi catholique, écrivit l'archevêque d'Embrun, ambassadeur de France à Madrid, a ressenti beaucoup de déplaisir de cette méchante nouvelle, que l'on dit lui avoir causé d'abord quelque indisposition. Il ne laissa pas toutefois, le jour de la Saint-Jean, de se trouver par raison d'État à une promenade fort solennelle du Prado-Viejo, près du Retiro, ou à peine il put faire un tour du cours, dans son extrême faiblesse. »

Depuis ce moment, il ne cessa de s'affaiblir. Le 15 septembre, il reçut l'extrême-onction, il prit congé de la reine, donna sa bénédiction à ses enfants, et dit à son jeune et faible héritier : « Dieu veuille que vous soyez plus heureux que moi ! » Il expira, le 17 septembre 1665, trois mois après la dernière défaite de ses soldats.

Il ne restait à Philippe IV de sa première femme qu'une seule fille, l'infante Marie-Thérèse, qui avait épousé le roi de France. Il avait eu plusieurs enfants de sa seconde femme ; mais il n'existait plus que l'infante Marguerite, qui fut mariée à l'empereur Léopold, et le prince des Asturies don Carlos, qui n'était âgé que de trois ans, dix mois et onze jours.

RÈGNE DE CHARLES II. — RÉGENCE DE LA REINE MARIANNE D'AUTRICHE. — PAIX AVEC LE PORTUGAL. — GUERRE CONTRE LA FRANCE. — PAIX D'AIX-LA-CHAPELLE. — LA REINE EST CONTRAINTE DE RENVOYER LE JÉSUITE NITHARD, SON CONFESSEUR ET SON PREMIER MINISTRE. — RAVAGES DES FLIBUSTIERS. — NOUVELLE GUERRE CONTRE LA FRANCE. — SOULÈVEMENT DE MESSINE. — PAIX DE NIMÈGUE. — MAJORITÉ DE CHARLES II. — ADMINISTRATION ET MORT DE DON JUAN D'AUTRICHE. — LIGUE D'AUGSBOURG. — GUERRE CONTRE LA FRANCE. — PAIX DE RYSWICK. — TESTAMENT ET MORT DE CHARLES II.

Les gens qui souffrent espèrent toujours que le changement apportera quelque soulagement à leur misère; aussi, les Espagnols accueillirent-ils l'avénement de Charles II comme devant porter remède à tous leurs maux. Cependant, il s'en fallait de beaucoup que ce prince fût capable de réparer les désastres de la monarchie. Il n'avait pas accompli sa quatrième année, et il était bien plus faible que ne le sont les enfants de son âge. Soit qu'on prît des précautions excessives, soit qu'il fût trop débile pour supporter une autre nourriture, il n'avait encore reçu pour aliment que le lait de sa nourrice. Il pouvait à peine se tenir debout; et déjà il avait atteint sa cinquième année, que sa gouvernante était encore obligée de le porter dans les bras. S'il faisait quelques pas, il saisissait aussitôt par la main, afin de s'appuyer. Il était continuellement malade; et telle était sa faiblesse, qu'à chaque instant les médecins désespéraient de sa vie.

Le testament de Philippe IV avait confié à la reine Marianne d'Autriche la tutelle du jeune prince et le gouvernement de l'État, pendant tout le temps de sa minorité. Il avait institué un conseil de régence, composé de six membres, ayant seulement voix consultative. C'étaient le vice-président de Castille, le vice-chancelier d'Aragon, l'inquisiteur général, l'archevêque de Tolède, le marquis d'Ayetona, comme représentant la grandesse d'Espagne, et le comte Peñaranda, membre du conseil d'État. La reine avait obtenu du roi qu'il n'y fît pas entrer don Juan d'Autriche, qu'elle regardait comme un rival dangereux. Cette omission parut à tout le monde une criante injustice. Il semblait que les services rendus par lui à l'État, aussi bien que les liens du sang qui l'unissaient au jeune roi, devaient naturellement lui assurer une place dans le conseil. On vit avec peine qu'il n'y fût pas appelé. Le mécontentement s'accrut quand on vit en quelles personnes la reine mettait sa confiance. Cette princesse, peu habile, mais très-obstinée, était dévouée à l'Allemagne, où elle était née. Elle avait pour confesseur le jésuite Évérard Nithard; ce religieux, qui était en correspondance avec la cour de Vienne, exerçait un empire absolu sur l'esprit de sa pénitente; la reine ne se borna pas à lui confier la direction de sa conscience; elle lui livra l'administration de l'État; elle l'éleva à la dignité d'inquisiteur général; ce qui le rendit, de droit, membre de la junte de gouvernement. Mais ce favori n'avait aucune des qualités nécessaires pour tirer la monarchie de la détresse où elle était arrivée. L'Espagne était sans flotte et sans armée; elle était obligée de s'adresser aux Génois et aux Anglais pour maintenir ses communications avec ses colonies. Il n'y avait pas vingt mille hommes de troupes dans la Péninsule; et cependant la guerre contre le Portugal continuait. La reine et le père Nithard eussent bien consenti à reconnaître la souveraineté de la maison de Bragance et à signer la paix, mais l'orgueil national n'était pas encore résigné à avaler un morceau si amer. Les conseils de Castille, d'Aragon, de Flandre, les ordres de Saint-Jacques, d'Alcantara et de Calatrava, consultés par la reine, votèrent pour la continuation de la guerre, et la guerre continua; mais, deux années plus tard, il fallut bien se résoudre à reconnaître l'indépendance du Portugal. La paix fut signée le 13 février 1668. On restitua de part et d'autre toutes les places conquises, à l'exception de Ceuta, qui resta aux Espagnols. « Cet arrangement, dit le continuateur de Marianna, n'aurait pas eu lieu si, à cette époque, le roi de France ne se fût préparé à envahir les Pays-Bas. La puissance espagnole, ayant deux ennemis à combattre, fut forcée de s'accommoder avec celui qui était le plus proche, afin de réunir toutes ses forces contre le plus redoutable. »

Louis XIV prétendait que l'acte par lequel Marie-Thérèse, sa femme, avait renoncé à ses droits à la couronne d'Espagne, ne devait produire aucun effet. Mais indépendamment des droits de Marie-Thérèse à la couronne, qui étaient purement éventuels, et qui ne pouvaient être invoqués tant que Charles II vivrait, il soutenait qu'une coutume des Pays-Bas attribuait immédiatement ces provinces à Marie-Thérèse. Aux termes de cette loi, l'époux qui se remariait, lorsqu'il lui restait des enfants de sa première femme, perdait par ce fait seul la propriété de tous ses biens patrimoniaux. Ces biens étaient à l'instant même *dévolus* aux enfants du premier lit. L'époux ne pouvait plus les aliéner. Il n'en conservait que l'usufruit, et il devait à sa mort les rendre à ses enfants du premier lit. Si cette coutume eût dû régler la succession du souverain, comme elle réglait les intérêts des simples particuliers, il eût été évident que Marie-Thérèse, seul enfant qui fût resté à Philippe IV de son premier mariage, aurait seule eu droit à la possession des provinces régies par cette coutume. A l'appui de ce droit, un peu contestable, Louis XIV invoqua le plus irrésistible des arguments, celui de la force. Il entra dans les Pays-Bas; en peu de mois il se rendit maître de Charleroi, d'Armentières, de Bergues-Saint-Vinox, de Furne, d'Ath, de Tournai, de Douai, de Courtrai, d'Oudenarde et de Lille. L'Espagne était dans l'impossibilité de résister; mais la Suède, la Hollande et l'Angleterre, effrayées des progrès de Louis XIV, formèrent une triple alliance et proposèrent leur médiation. Ces trois puissances, afin qu'on eût le temps de traiter, demandèrent qu'il y eût entre les parties une suspension d'armes. Le roi de France offrit une trêve de trois mois; mais le gouverneur des Pays-Bas, le marquis de Castel Rodrigo, ne voulut pas l'accepter, et il déclara qu'il se contenterait de la suspension d'armes que l'hiver imposerait aux troupes françaises. Louis XIV répondit à cet accès de la fierté castillane, en faisant, au cœur de l'hiver, la conquête de la Franche-Comté. Le prince de Condé s'empara en peu de jours de Besançon, de Salins, de Dôle, et la province tout entière fut subjuguée en moins de trois semaines. Cette conquête nouvelle engagea les puissances unies à renouveler leurs offres de médiation. Louis XIV les accepta, et la paix fut signée à Aix-la-Chapelle, le 2 mai 1668. La France restitua la Franche-Comté; mais elle conserva toutes les conquêtes qu'elle avait faites en Flandre.

Tandis que la guerre contre la France faisait perdre à l'Espagne une partie des Pays-Bas, l'intérieur du royaume était troublé par des intrigues et par des divisions intestines. Don Juan d'Autriche était aimé par le peuple, et le crédit dont il jouissait portait ombrage au père Nithard. Ce ministre n'avait rien tant à cœur que d'éloigner ce prince. Il le regardait comme le seul obstacle qui pût entraver la marche de son pouvoir arbitraire, et pour s'en débarrasser il lui fit offrir le gouvernement des Pays-Bas; mais don Juan, devinant l'intention de son ennemi, et craignant une trahison semblable à celle dont il avait été victime en Portugal, refusa obstinément l'emploi qu'on voulait lui confier. On regarda sa réponse comme une insulte, et on lui intima l'ordre de se rendre à Consuegra. Ce n'était pas encore assez pour la haine du père Nithard; et, dans le but de perdre entièrement son ennemi, il eut recours au tribunal de l'inquisition. Il trouva des gens qui, au mois de novembre 1668, accusèrent don Juan d'Autriche d'être luthérien, d'être ennemi de l'état ecclésiastique et des ordres religieux, et particulièrement des jésuites. A cette dénonciation il joignit lui-même la copie d'une lettre écrite par ce prince à la régente le 21 du mois précédent. Il en fit qualifier plusieurs propositions par des théologiens. « Elles furent, dit Llorente, présentées dans l'ordre suivant : 1° J'aurais dû tuer le père Nitard pour le bien de l'État et pour le mien; 2° cela m'a été conseillé par plusieurs théologiens respectables, qui m'ont pressé de le faire comme étant une action permise; 3° je n'ai pas voulu l'exécuter, pour ne pas avoir part à sa damnation éternelle; car il est probable que le jésuite serait alors en état de péché mortel. Les censeurs que l'inquisiteur général chargea de ce travail, qualifièrent la première proposition d'erronée et d'hérétique; la seconde, de téméraire et d'insultante; la troisième de téméraire, de scandaleuse et d'offensante. » L'arrestation de don Juan fut ordonnée; mais ce prince quitta Consuegra en toute hâte. Il se réfugia dans une forteresse de l'Aragon. Là il fit démentir publiquement l'accusation portée contre lui, et pour réparation de l'insulte qui lui avait été faite, il exigea que le père

Nithard fût éloigné des affaires. Ses réclamations n'ayant produit aucun effet, il se mit en marche pour Madrid, accompagné d'une escorte de sept cents hommes; et, à la tête de cette troupe qui s'avançait en ordre de bataille, il arriva à Torrejon, à trois lieues de Madrid. Le peuple, aussi bien que l'armée, était favorable à don Juan. La reine, consternée, s'empressa d'envoyer au-devant de lui le nonce du pape, pour lui notifier un bref du saint-père, qui lui enjoignait de s'accorder avec la reine. Don Juan se montra très-modéré dans ses prétentions. Presque partout on l'avait accueilli aux cris de *vive le roi don Juan!* Il n'avait qu'à se présenter pour s'emparer de Madrid. Il lui eût été facile de reléguer la régente dans un couvent et de prendre la direction des affaires; il aurait même pu se faire proclamer roi, tant il avait pour lui la faveur populaire. Il se contenta d'exiger que le jésuite Nithard fût exilé. La reine fut forcée de se soumettre à la nécessité; néanmoins, désirant congédier son ministre bien-aimé de la manière la plus honorable, elle rendit un décret excessivement flatteur pour sa personne; et elle l'envoya à Rome, en qualité d'ambassadeur extraordinaire. Don Juan se fit donner ensuite la vice-royauté de l'Aragon, de la Catalogne, de Valence et des Baléares; il établit sa résidence à Saragosse; et de cette manière, l'Espagne se trouva divisée entre deux cours rivales. L'éloignement du père Nithard ne fut pour la nation qu'un bien faible avantage. Ce favori fut bientôt remplacé par don Fernand de Valenzuela. Ce gentilhomme, exclu de la maison du duc de l'infantado, où il avait servi, en qualité de simple page, fit une fortune rapide. Il fut élevé à la grandesse. Il sut bientôt se rendre l'arbitre absolu de la volonté de la régente; et il conserva le pouvoir jusqu'à la majorité du roi.

La paix d'Aix-la-Chapelle avait, du côté des Pays-Bas, rendu la tranquillité à l'Espagne. Mais un nouveau fléau désolait ses colonies d'Amérique. Des aventuriers, connus sous le nom de *boucaniers* ou de *flibustiers*, s'étaient établis dans l'île de la Tortue, voisine de Saint-Domingue. Ces pirates, montés sur de simples barques, attaquaient les bâtiments les plus considérables et parvenaient à s'en emparer. Rien ne résistait à leur furie : nul pavillon n'était à couvert de leurs insultes; mais ils avaient surtout juré à l'Espagne une haine implacable; et, lorsqu'il s'agissait de nuire aux Espagnols, ils semblaient plus que des hommes. Sous le commandement d'un Anglais, nommé Morgan, ils attaquèrent, en 1669, Porto-Bello, place forte, défendue par une bonne garnison, et où d'immenses richesses étaient en dépôt. Quoiqu'ils ne fussent guère que six cents, ils enlevèrent la citadelle d'assaut; et la ville ne se racheta du pillage qu'en leur payant une contribution d'un million de duros. Leur audace s'accrut à un point inouï; mais, manquant de principes, de prudence et de gouvernement, se livrant à tous les excès imaginables, ils auraient dû être bientôt dissipés, si l'Espagne avait pu sortir de la torpeur dans laquelle elle était engourdie.

Quatre ans ne s'étaient pas écoulés depuis la paix d'Aix-la-Chapelle, quand l'Espagne se vit de nouveau entraînée dans une guerre aussi funeste que la précédente. Louis XIV, irrité de ce que la triple alliance eût arrêté le cours de ses conquêtes, ne pouvait oublier que les Hollandais avaient été les auteurs de cette ligue, eux qui avaient si souvent reçu les secours de la France. Il avait pris la résolution de se venger de leur ingratitude et de faire la conquête de leur pays. Une intrigue habilement conduite isola la Hollande de l'Angleterre et de la Suède. Les Hollandais, pour détourner l'orage prêt à fondre sur eux, cherchèrent de nouveaux alliés. Il leur fut facile d'intéresser à leur cause l'Espagne, qui craignait pour les Pays-Bas, l'empereur d'Allemagne, l'électeur de Brandebourg, les princes de l'Empire, et finalement le Danemark, qui tous redoutaient également l'agrandissement de la France. Mais cette coalition, quelque puissante qu'elle fût, n'arrêta pas Louis XIV : il traversa le Rhin à Tholuis. En moins de trois mois il fut maître des provinces d'Utrecht, d'Over-Issel, de Gueldre, et de plus de quarante places fortes. Il s'empara avec le même succès, dans les Pays-Bas de Maëstricht, de Liége, de Limburg, de Condé, de Valenciennes, de Cambray, de Gand, de Saint-Omer, d'Ypres et d'Arras. Il fit de nouveau la conquête de la Franche-Comté, qui depuis est restée à la France; enfin, il remporta les victoires fameuses de Senef et de Cassel.

Pendant cette guerre, la ville de Messine, dont on avait violé les priviléges, se souleva contre les Espagnols. Elle implora la protection de Louis XIV et lui offrit la souveraineté de la Sicile. Le chevalier de Valbelle, envoyé au secours des insurgés, traversa toute la flotte espagnole et apporta aux habitants de Messine des vivres et des munitions. Duquesne et le maréchal de Vivonne arrivèrent, l'année suivante, avec une nouvelle escadre de douze vaisseaux, et ils contraignirent la flotte espagnole à la retraite. Ruyter vint à son tour attaquer les Français. Il leur livra bataille près des îles Lipari, et les combattit une seconde fois en vue du mont Etna. Dans ces deux rencontres, la victoire fut indécise; mais Ruyter mourut à Syracuse, des blessures qu'il avait reçues dans la dernière de ces affaires, et la mort de ce grand homme fut pour la France un avantage plus important que la victoire la plus signalée. Duquesne et le maréchal de Vivonne ne tardèrent pas à en donner la preuve : ils poussèrent leurs brûlots jusque dans le port de Palerme, où la flotte des Hollandais était entrée pour réparer ses avaries; ils en incendièrent la plus grande partie. Malgré ces succès, les Français, en voyant le caractère inconstant des Siciliens, en considérant les haines implacables qui les divisaient, ne pensèrent pas qu'il fût de leur intérêt de se maintenir dans un pays agité par tant de factions. Ils quittèrent la Sicile, abandonnant les Messinois à la vengeance des Espagnols. Le marquis de Las Navas, chargé par la cour de Madrid de châtier les révoltés, fit mourir sur l'échafaud le plus grand nombre de ceux qui s'étaient déclarés contre l'Espagne. Les priviléges de Messine furent abolis, et la charte originale qui les consacrait fut brûlée sur la place publique par la main du bourreau.

Il y avait huit années que la guerre durait, quand, le 17 septembre 1678, on signa la paix de Nimègue. La France rendit aux Espagnols les villes de Charleroi, d'Ath, de Binch, d'Oudenarde et de Courtrai, qu'ils avaient cédées par le traité d'Aix-la-Chapelle; mais elle conserva toute la Franche-Comté, ainsi que les villes de Valenciennes, de Condé, de Cambrai, d'Aires, de Saint-Omer, d'Ypres et de Maubeuge.

Il est à remarquer que le traité de Nimègue ne contient aucune stipulation relative à la Catalogne; et cependant, depuis 1672, cette province avait été le théâtre de la guerre. On s'en tint aux conventions du traité des Pyrénées, qui fut expressément maintenu dans tous les points auxquels ne dérogeaient pas les traités d'Aix-la-Chapelle et de Nimègue.

Le roi atteignit sa majorité pendant la révolte de Messine. Don Juan d'Autriche, au lieu de s'embarquer sur la flotte de Ruyter, pour aller en Sicile prendre le commandement des troupes espagnoles comme il en avait reçu l'ordre, s'empressa d'accourir à Madrid. Il espérait succéder à la régente dans l'exercice de l'autorité; mais il se vit trompé dans son attente, et il fut obligé de retourner à Saragosse : il y resta une année. Il rassembla ses partisans, et se mit de nouveau en route pour Madrid, où il était appelé par le vœu général. Il convint avec ses amis que si les ordres du roi lui prescrivaient de retourner en Aragon, *on les respecterait, mais qu'on n'y obéirait pas.* Lorsqu'on sut à Madrid que don Juan était en route pour se rendre à la cour, le peuple se prononça si vivement en sa faveur que la reine en fut troublée. Charles II, par une lettre en date du 27 octobre 1676, engagea son frère à venir partager avec lui le poids des affaires. La reine elle-même lui écrivit, pour le presser de se hâter. Don Juan fut nommé premier ministre et président de tous les conseils de l'État. La reine fut éloignée des affaires. Valenzuela, dépouillé de tous ses emplois et de tous les honneurs qui lui avaient été prodigués, avait été se cacher dans le couvent de l'Escurial; mais on l'arracha de cette retraite, et il fut déporté aux Philippines. Le nouveau ministre s'occupa des réformes qui lui parurent le plus urgentes. Il publia des lois somptuaires; il supprima le conseil des Indes, qui absorbait inutilement des sommes immenses; mais il resta trop peu de temps à la tête des affaires pour avoir pu rétablir l'ordre dans l'administration;

il mourut au mois de septembre 1679. La reine fut rappelée à la cour et chargée des affaires, dans les circonstances les plus critiques. Les traités de Munster, d'Aix-la-Chapelle et de Nimègue présentaient quelques lacunes : on y avait indiqué les États dont la souveraineté était abandonnée à la France, mais on n'en avait pas déterminé les limites. Louis XIV, pour réparer cette omission, institua dans les parlements des chambres chargées de rechercher les domaines qui pouvaient avoir été séparés de ces provinces, et il prétendit imposer à l'Europe les décisions de ces commissions qui avaient reçu le nom de *Chambres de réunion*. En 1680, le parlement de Metz prononça la réunion à la France de tous les fiefs démembrés des Trois-Évêchés. Les Chambres de réunion ayant aussi décidé que le comté d'Alost et le vieux bourg de Gand feraient partie des domaines cédés, Louis XIV fit demander que l'Espagne les lui remît. La cour de Madrid répondit qu'il n'avait aucun droit à la possession des villes réclamées; qu'il ne les occupait même pas au moment où il avait signé la paix de Nimègue. Aussitôt Louis XIV fit investir Luxembourg. Cependant ayant appris que les Turcs faisaient de grands préparatifs contre la Hongrie, il ordonna la levée du blocus, pour laisser à la maison d'Autriche la liberté d'employer toutes ses forces contre les infidèles. Mais, l'année suivante, l'Espagne ayant persévéré dans ses refus, il s'empara de Courtray et de Dixmude. Il fit offrir de rendre ces deux places si on lui donnait en échange Luxembourg ou bien Pampelune et Fontarabie. A ces injustes provocations, l'Espagne répondit par une déclaration de guerre; mais elle n'avait pas des forces suffisantes pour résister à son redoutable adversaire. Les Pays-Bas furent dévastés par les troupes françaises, qui ne se retirèrent qu'après avoir frappé le pays d'énormes contributions et après avoir rasé les fortifications de Courtray et de Dixmude.

Il n'était pas possible que l'Europe restât longtemps tranquille spectatrice de l'agrandissement de la France. En 1687, à l'instigation de Guillaume de Nassau, prince d'Orange, fut formée la fameuse ligue d'Augsbourg, composée de l'empereur, des princes d'Allemagne et du roi de Suède. Ces puissances coalisées avaient pour but de détrôner le roi d'Angleterre, et de mettre à sa place Guillaume de Nassau; elles voulaient avec leurs forces réunies attaquer et abattre la France, la dépouiller de toutes ses conquêtes et les restituer à leurs anciens possesseurs. L'Espagne n'hésita pas à entrer dans cette coalition : elle espérait recouvrer les belles provinces qu'elle avait été obligée de céder à Louis XIV; mais tout ne réussit pas comme les confédérés s'en étaient flattés. Si Louis XIV ne put pas les empêcher de détrôner le roi d'Angleterre, il leur prouva qu'il ne leur serait pas si facile de mettre à exécution le reste de leurs projets. En Flandre il remporta les victoires de Fleurus, de Leuse, de Steinkerque; en Catalogne, celles du Ter et de Barcelone; en Italie, celles de Staffarda et de Marsailles. Il prit Urgel, Belver, Roses, Palamos, Girone, Hostalrich et Barcelone, Luxembourg, Mons, Charleroi et Namur. Enfin, au bout de huit années d'une guerre acharnée, les confédérés, voyant que tous leurs efforts étaient infructueux, qu'ils ne servaient qu'à procurer à la France une nouvelle gloire et un accroissement de pouvoir, commencèrent à se fatiguer. De son côté, Louis XIV avait offert de rendre la plus grande partie des conquêtes qu'il avait faites pendant cette dernière guerre. Il se contentait de la gloire d'avoir rendu vains tous les efforts de l'Europe conjurée contre lui. Il avait d'ailleurs ses vues sur la succession d'Espagne, et il désirait conclure la paix avant la mort de Charles II. Ce prince avait été marié en premières noces à Marie-Louise de Bourbon, fille aînée du duc d'Orléans. Après la mort de cette princesse, il avait épousé Marianne de Neubourg, fille du comte électeur palatin du Rhin; il n'avait d'enfants d'aucun de ces deux mariages; et les infirmités précoces dont il était atteint ne permettaient pas d'espérer qu'il pût laisser de descendants. Louis XIV voulut se montrer généreux envers un prince dont il convoitait l'héritage, et, par un traité de paix signé à Ryswick, le 20 septembre 1697, il lui remit toutes les places, villes et domaines qu'il avait conquis depuis la paix de Nimègue.

Le roi de la Grande-Bretagne ne s'abusa pas sur le véritable motif de ces généreuses restitutions, et, dans la crainte que la couronne d'Espagne, en passant sur la tête d'un prince français, ne rompît l'équilibre si vanté de l'Europe, il parvint à faire signer par la France, l'Angleterre et les Provinces-Unies, un partage anticipé de la succession de Charles II. On y attribuait la couronne d'Espagne avec les Indes et les Pays-Bas au fils de l'électeur de Bavière, comme représentant l'impératrice Marguerite, seconde sœur du roi d'Espagne. Le dauphin devait avoir la province de Guipuscoa et les royaumes de Naples et de Sicile avec tous les États que l'Espagne possédait en Italie, à l'exception du duché de Milan, qui était attribué au second fils de l'empereur Léopold. La mort inopinée du prince électoral de Bavière vint anéantir cette combinaison ; mais aussitôt on rédigea un nouveau projet de partage : on y attribuait à l'archiduc d'Autriche, second fils de Léopold, l'Espagne et les Indes. On ajoutait la Lorraine aux États destinés au dauphin par le premier partage. Enfin on donnait le Milanais au duc de Lorraine, en échange de ses États. L'empereur, qui prétendait avoir la succession tout entière, protesta contre ce partage. Le roi de France avait les mêmes prétentions ; mais il ne réclama pas, et il feignit d'être satisfait de la part qui lui était offerte ; cependant il négociait à Madrid pour se faire attribuer tout l'héritage de Charles II. De son côté, le roi catholique ne put voir sans indignation que les cours étrangères prétendissent partager sa succession de son vivant, et lorsqu'il pouvait encore déclarer sa dernière volonté. Il chargea ses ambassadeurs d'exprimer hautement ses plaintes ; et, pour empêcher que la monarchie espagnole ne fût démembrée après sa mort, il se détermina à faire choix d'un héritier. Désirant, avant tout, faire ce qui était juste et ce qui pouvait être avantageux au pays, il demanda le conseil des jurisconsultes et des théologiens ; mais les personnes qu'il consulta répondirent différemment, suivant les intérêts qui les faisaient mouvoir. La diversité de ces avis augmenta l'irrésolution de Charles II. Les sympathies de ce prince étaient pour la maison d'Autriche, dont il était issu. Il était entretenu dans ces idées par la reine, par l'amirante de Castille, par le marquis de Melgar et par le comte d'Oropeza. Ces derniers seigneurs exerçaient sur l'esprit du roi l'influence la plus absolue. Charles II n'agissait, ne voyait que par eux ; aussi, le peuple répétait qu'ils avaient employé la magie pour l'ensorceler. Le cardinal Porto-Carrero et l'inquisiteur général Roccaberti, qui favorisaient le parti de la maison de Bourbon, travaillèrent à répandre cette croyance superstitieuse, qui remplit de trouble et de défiance l'âme de ce malheureux souverain. Les infirmités dont il était atteint achevèrent d'accréditer l'opinion qu'on lui avait jeté un sort. Enfin, son confesseur, Fray Froylan Diaz, croyant de bonne foi tous ces mensonges, faisait exorciser le roi par un capucin allemand, dont les prières et les anathèmes terrifiaient le malade et augmentaient sa pusillanimité naturelle. Le peuple, mécontent, demanda qu'on écartât de la cour ceux qui, disait-on, avaient jeté le sort. Le roi obéit au vœu populaire. La maison d'Autriche vit éloigner de cette manière ses plus chauds partisans. Charles II, dont la conscience était tourmentée par la diversité des avis qu'il recevait, résolut de consulter le pape lui-même sur une affaire aussi difficile et aussi importante. Il forma aussi une réunion de conseillers, prudents et intègres, pour examiner quel devait être son héritier, suivant les lois de la monarchie. Le résultat de leur délibération fut favorable aux prétentions de Louis XIV. Ils répondirent que la couronne d'Espagne devait revenir aux descendants de Marie-Thérèse, sa sœur aînée, de préférence aux enfants de Marguerite, sa seconde sœur, qui avait été mariée à l'empereur Léopold. Quant à la renonciation à la couronne d'Espagne, que Marie-Thérèse avait faite en épousant Louis XIV, ils furent d'avis qu'il n'y avait pas lieu de s'y arrêter ; d'abord, parce qu'elle était irrégulière, qu'elle n'était pas consentie librement, et qu'elle n'avait pas été approuvée par les cortès ; enfin, parce que le motif qui avait fait exiger cette renonciation, avait été la crainte de voir les couronnes de France et d'Espagne réunies sur la même tête ; que cet inconvénient pouvait être facilement évité, puisque Marie-Thérèse avait laissé plusieurs petits-fils, dont l'un pouvait régner en France et l'autre en Espagne. Innocent II fut du même avis, et il répondit que les descendants de la sœur aînée devaient être préférés à ceux de la sœur puînée. A ces considérations, il s'en joignait encore une bien puissante : c'est que Louis XIV était seul en état d'empêcher que la monarchie ne fût morcelée. Après tant de consultations en faveur de la maison de Bourbon, il semble que Charles II ne devait plus hésiter. Cependant, le 9 septembre, il écrivit encore à son ambassadeur à Vienne d'engager l'archiduc à venir promptement en Espagne. Mais l'archiduc ne vint pas. Le roi s'affaiblissait chaque jour. Enfin, sentant que sa dernière heure s'approchait, il craignit d'avoir à répondre devant Dieu du sang qui serait versé, s'il laissait indécis le droit à sa succession. Il fit donc appeler le secrétaire des dépêches, Ubila, et lui dicta ses dernières volontés. Il nomma pour son héritier Philippe, duc d'Anjou, second fils du dauphin. Dans le cas où ce prince viendrait à mourir, ou bien à hériter de la couronne de France, il lui substitua le duc de Berry, son plus jeune frère, et à défaut de celui-ci le deuxième fils de l'empereur ; en dernier lieu, le duc de Savoie, de manière à ce que la couronne d'Espagne ne pût pas être réunie sur la même tête avec la couronne de France, ou avec la couronne impériale. Quand on lui fit la lecture de cet acte, ses yeux se remplirent de pleurs, et il, répondit tristement : *C'est Dieu seul qui donne les royaumes, parce qu'ils lui appartiennent.* Après qu'il eut signé ce testament, il se rendit à l'Escurial. Il voulut voir le lieu destiné à sa sépulture. Il fit ouvrir les tombes de ses ancêtres, et il baisa leurs os. Le cercueil de Marie-Louise d'Orléans, sa première femme, qu'il avait tendrement aimée, fut aussi ouvert. En la voyant, il se mit à fondre en larmes. Il voulut l'embrasser. On ne pouvait le déterminer à s'éloigner de ses restes. Quand il fallut qu'il la quittât, il lui adressa encore un triste adieu, et lui promit de venir lui tenir compagnie avant la fin de l'année. Il fut exact au rendez-vous : il ne fit plus que languir. On l'entendit souvent répéter avec amertume : *Déjà nous ne sommes plus rien.* Enfin, il mourut le Ier novembre 1700, et avec lui s'éteignit la branche aînée de la maison d'Autriche, qui régnait sur l'Espagne depuis deux siècles.

Quand la maison d'Autriche est montée sur le trône des rois catholiques, la monarchie espagnole était déjà la plus puissante et la plus riche du monde. Elle comprenait toute la Péninsule ibérique à l'exception du Portugal ; elle était maîtresse de Naples, de la Sicile et du nouveau monde. Le roi d'Espagne pouvait dire avec vérité, que le soleil ne se couchait jamais sur ses États. La maison d'Autriche vint joindre à ces nombreux domaines les Pays-Bas et la Franche-Comté. Enfin, sous Philippe II, le Portugal et toutes les conquêtes que les Portugais avaient faites en Afrique et en Asie furent ajoutés à cette puissance déjà si redoutable.

Deux siècles entiers ne s'étaient pas écoulés, qu'il restait à peine des vestiges de toute cette grandeur. Sous Charles II, l'Espagne n'avait plus ni armée ni marine : elle était, à cet égard, arrivée à un tel point de décadence, que, pour le transport des tabacs de la Havane et pour le courrier des Canaries, elle était forcée de recourir aux Anglais. Pour le service du nouveau monde, elle était réduite à emprunter des vaisseaux et des équipages aux Génois [1].

Par quels malheurs, par quelles fautes l'Espagne a-t-elle été amenée à ce point de décadence ? « Tous les rois de la « maison d'Autriche, dit M. Charles « Weiss, pratiquèrent à l'extérieur une « politique envahissante ; à l'intérieur une

---

[1] M. Mignet (*Négociations relatives à la succession d'Espagne*, p. 29). Si on veut avoir une idée bien nette de l'abaissement où se trouvait alors l'Espagne, il faut lire l'introduction que M. Mignet a placée en tête de la grande collection des documents relatifs à la succession d'Espagne. Ces pages éloquentes contiennent le tableau le plus exact, le résumé le plus fidèle de l'état de décadence où était tombée la monarchie de Charles V.
On peut lire aussi l'*Espagne depuis Philippe II jusqu'à l'avénement des Bourbons*, par M. *Ch. Weiss.* C'est un livre excellent, où l'on trouve surtout une foule de documents statistiques du plus haut intérêt et de la plus scrupuleuse exactitude.

« politique oppressive, qui toutes deux
« précipitèrent la monarchie dans un abî-
« me de calamités, et consommèrent enfin
« sa ruine, après une longue agonie. »
« Sans aucun doute, a dit aussi M. Mi-
« gnet, ce qui a perdu l'Espagne, c'est
« cet ambitieux orgueil, c'est ce vaste
« esprit d'entreprises, qui se sont empa-
« rés d'elle, et l'ont jetée hors de ses
« frontières naturelles, quand elle a dé-
« bordé de toutes parts, et par terre et
« par mer, sur l'Europe et sur l'Améri-
« que. »

Cela est vrai. Cet esprit d'envahissement et de conquête a contribué à la perte de l'Espagne ; mais il ne l'a pas causée : il a été l'instrument de sa ruine et n'en a pas été le motif. Raconter les guerres que la monarchie a soutenues, les désastres qu'elle a éprouvés, lorsqu'elle s'efforçait d'étendre sa domination, c'est dire comment et non pourquoi elle est tombée.

Cette ambition et ce désir d'agrandissement sont dans l'esprit de tous les hommes. Au temps de Charles V, de Philippe II, toutes les nations en étaient possédées. Est-ce que l'Angleterre ne couvait pas des yeux l'Écosse, la Guyenne, la Bretagne et la Normandie ? Est-ce que la France n'ambitionnait pas la Lorraine et les Trois-Évêchés, la Corse et le Piémont, Naples et le Milanais ? Est-ce qu'en bonne conscience Charles VIII, Louis XII et François Ier étaient moins ambitieux que Ferdinand, que Charles V et que Philippe II ? Pourquoi donc cette soif de conquêtes, qui n'a causé en France que des malheurs réparables, a-t-elle été pour l'Espagne un élément de décadence ?

Est-ce que dans cette période de deux siècles l'Espagne a manqué de bons capitaines ? Au contraire, elle peut se vanter d'avoir mis à la tête de ses armées d'aussi grands hommes de guerre qu'aucun autre pays du monde. Elle cite avec orgueil Gonzalve de Cordoue, Philibert-Emmanuel, don Juan d'Autriche, le duc d'Albe, le prince de Parme. Est-ce que les ressources pécuniaires lui ont manqué ? Elle avait plus de revenus qu'aucun autre pays. Elle tirait d'Amérique des métaux précieux en si grande quantité, que du commencement à la fin du seizième siècle la puissance du numé-

raire a diminué des quatre cinquièmes [1].

Est-ce qu'elle n'a pas eu des hommes de génie en tous les genres, est-ce qu'elle a manqué de poëtes, de littérateurs ? Cette époque a produit des noms glorieux ; « Mais, dit M. Charles Weiss, « ce qui était arrivé pour la littérature « en Italie arriva également pour celle « de l'Espagne ; elles déclinèrent l'une et « l'autre environ cinquante ans *après* « *que les deux pays eurent perdu leurs* « *libertés.* »

Pourquoi chez un peuple qui réunissait tant d'éléments de grandeur et de durée, cette soif des conquêtes a-t-elle été une cause de ruine, quand elle ne produisait pas les mêmes résultats chez d'autres nations ? C'est que la vieille constitution de la monarchie avait été détruite ; c'est qu'il n'y avait plus en Espagne aucun pouvoir qui pût refréner chez le souverain l'amour immodéré de la domination. Quand En Jayme le Conquérant voulut s'emparer de Valence, les Aragonais, ne croyant pas que cette entreprise fût encore profitable au pays, refusèrent de s'y associer. Il fallut que le roi fît cette guerre en partie à ses propres dépens et à la tête de troupes levées en France. Mais les princes de la maison d'Autriche, en recevant la couronne, trouvèrent la lutte contre les constitutions du pays commencée déjà par don Juan II et par Ferdinand le Catholique. Ils la poursuivirent avec acharnement. L'ambition de Charles V ne se borna pas à vouloir acquérir des domaines : il voulut aussi comprimer la pensée ; il se déclara l'ennemi de toute liberté religieuse ou politique. La guerre qu'il fit aux communeros anéantit les libertés de la Castille.

Son successeur suivit la même marche.

« Au moment où l'Europe subissait tout entière une crise régénératrice, écrit M. Adolphe Guéroult, Philippe II se fit contre l'esprit moderne le champion de tous les vieux pouvoirs ; le champion de l'autorité antique contre la liberté nouvelle, de l'ignorance contre l'esprit d'examen. Ce fut dans cette lutte qu'il employa et dissipa les immenses richesses de l'Espagne [2]. »

---

[1] Mémoires de l'Académie de l'Histoire de Madrid (t. VI, p. 293.)
[2] Lettres sur l'Espagne, p. 62.

La guerre désastreuse des Pays-Bas eut lieu, parce que Philippe essaya de violer les priviléges des Flamands. Le procès d'Antonio Pérez servit de prétexte pour faire disparaître les libertés de l'Aragon. Ainsi les princes de la maison d'Autriche détruisirent successivement toutes les vieilles institutions, sans rien créer pour les remplacer. Débarrassé du contrôle des cortès et de l'entrave des fueros, le souverain put s'abandonner à tous ses projets d'envahissement et de domination. L'examen des ordres du roi était devenu en Espagne un acte factieux; les représentations étaient considérées comme un crime de lèse-majesté. La monarchie put alors marcher droit à sa perte. Voilà quelle est la cause première de la décadence de ce pays. Au reste, cette cause n'avait pas échappé à l'œil pénétrant des agents de Louis XIV; et M. de Rébenac, ambassadeur en Espagne, l'avait signalée aussi clairement qu'il était permis de le faire, en écrivant à un souverain qui avait dit : L'État, c'est moi. « Si on exa-« mine de près le gouvernement de cette « monarchie, écrivait le comte de Ré-« benac, on trouvera que le désordre y « est excessif; mais que, dans l'état où « sont les choses, on ne peut presque y « apporter de changement sans s'expo-« ser à des inconvénients plus à craindre « que le mal même; et il faudroit une « *révolution entière* avant d'établir un « ordre parfait dans cet État. Cette *ré-« volution* ne peut se trouver qu'en « *changeant la forme de gouvernement;* « et les gens éclairés conviennent que « celui de la maison d'Autriche les con-« duit inévitablement à une ruine en-« tière[1]. »

Qu'on y fasse bien attention; ce n'est pas un changement de personne que demande M. de Rébenac; c'est une révolution complète. Il faut, dit-il, changer la forme du gouvernement. La maison d'Autriche avait établi en Espagne le despotisme le plus absolu. Si on ne voulait pas se laisser entraîner à une ruine inévitable, il fallait changer; et comme je l'ai déjà dit, en invoquant l'autorité de Montesquieu, le pouvoir despotique était resté sans contre-poids dans la Péninsule; c'est ce qui a perdu la monarchie[1].

[1] Mémoires du comte de Rébenac sur son ambassade du 20 mai 1689. Manuscrits français de la Bibliothèque du roi, supplément français, n° 63, f° 225.

ÉTAT DES LETTRES ET DES BEAUX-ARTS DANS LA PÉNINSULE IBÉRIQUE JUSQU'A L'AVÉNEMENT DE LA MAISON DE BOURBON.

Chez tous les peuples, les premières chroniques ont été des chants populaires qui transmettaient d'âge en âge la mémoire des hauts faits et des belles actions. Presque toutes les nations ont oublié ces compositions primitives, tandis que l'Espagne est assez heureuse pour avoir conservé les siennes. Elle chante encore ses *Romances* à l'expression naïve, mâle et quelquefois sublime. La cause de cette différence est facile à saisir. Presque partout la langue a considérablement changé. Chez nous, par exemple, il est peu de personnes capables d'entendre le français qu'on parlait au temps de saint Louis. En Espagne, au contraire, depuis le treizième siècle la langue n'a presque pas varié. Sans doute des locutions ont pu vieillir; quelques tournures de phrase ont passé de mode, l'idiome a pris plus de souplesse; il s'est dépouillé de ce qu'il avait de trop rude; mais au fond il est resté ce qu'il était au temps d'Alphonse le Noble. Il n'est pas un Espagnol qui ne puisse comprendre le *fuero real* publié en 1212 par ce prince et par la reine Léonor. Dès la fin du treizième siècle le castillan était en Espagne la seule langue en usage pour les transactions civiles et pour les actes de l'autorité. Alphonse le Savant l'employa pour rédiger *las siete partidas*, et il prescrivit qu'à l'avenir tous les contrats et toutes les lois fussent écrits en

[1] En présentant ici sur les causes de la décadence de l'Espagne des considérations, qui peut-être ne paraîtront pas à tout le monde également bien fondées, je dois en assumer sur moi la responsabilité tout entière, et je suis obligé de rappeler une observation que j'ai insérée déjà à la fin de la page 403 du précédent volume. M. Adolphe Guéroult, qui devait être mon collaborateur et mon guide, et dont l'esprit plein de tact et de justesse devait me venir en aide dans de semblables appréciations, a quitté la France avant d'avoir pu prendre part au travail que nous devions faire en commun. Privé de son concours, j'ai commis sans doute bien des erreurs que son talent eût rectifiées. Il ne serait donc pas juste de lui imputer les fautes que renferme cet ouvrage.
JOSEPH LAVALLÉE.

castillan. Ce souverain, qui venait de faire un code pour les tribunaux de son pays, voulut être aussi le législateur du Parnasse : il modifia la forme du vers employé par les poëtes qui l'avaient précédé; il y opéra une réduction de quelques pieds; il le laissa mieux pondéré pour une langue qui n'a pas de syllabes muettes. Son vers, quoiqu'il fût encore un peu lourd, est resté en usage pour la haute poésie jusqu'au seizième siècle, où Boscan a fait prévaloir l'endécasyllabe italien.

Parmi les descendants de saint Ferdinand, Alphonse X ne fut pas le seul qui se livra au culte des Muses. L'infant don Juan Manuel, ce tuteur ambitieux et turbulent d'Alphonse le Vengeur, fut un écrivain distingué, et l'on trouve dans ses livres la sagesse et la modération qu'il n'apporta pas toujours dans sa conduite. Son apologue du *comte Lucanor* est un des meilleurs ouvrages qu'ait produits le quatorzième siècle. L'auteur suppose que le comte Lucanor est dirigé par un ministre qu'il consulte en toute circonstance et dont il reçoit les plus sages conseils sous forme d'apologues. Ces récits, remplis de verve et de naïveté, se distinguent par leur caractère moral. On n'y trouve rien de vague ni de déclamatoire; et, parmi les sentences nombreuses qu'on y rencontre, il en est beaucoup qui méritent d'être retenues. Dans cet ouvrage il faut louer à la fois la sage philosophie de l'auteur et la forme dont il a revêtu sa pensée. « Partout, dit Bouterwek, on « y reconnaît l'homme du grand monde « qui a bien vu et bien observé la nature « humaine. » Ainsi, dès le quatorzième siècle, les lettres étaient honorées en Espagne; elles y étaient cultivées avec succès, et si elles n'ont pas fait des progrès plus rapides, on en trouve facilement la cause dans les discordes qui déchirèrent ce pays jusqu'au règne de Ferdinand et d'Isabelle. Cependant, même au milieu de ces agitations sanglantes, les lettres ne cessèrent jamais d'être en honneur. Pédro Lopez de Ayala, qui portait à Najara l'étendard de don Enrique, lui qui fut pris à Aljubarrota, lorsqu'il combattait au premier rang, ne se borna pas à être un brave guerrier; il a écrit l'histoire des quatre rois sous lesquels il a vécu. Son récit est rapide, énergique et d'une admirable lucidité. Il est simple surtout, et ce n'est pas un faible mérite pour l'époque où il vivait. C'était le temps des cours d'amour et du gai savoir, c'est le temps où Jean II d'Aragon envoyait une ambassade pour qu'on cherchât en France et pour qu'on fît venir à sa cour les meilleurs troubadours de ce royaume. « En France « comme en Espagne, dit un de nos « critiques les plus judicieux, la galan- « terie s'associait à l'honneur et à la « religion; ces trois mots réunis peu- « vent résumer l'esprit du moyen âge. « Plus ardent néanmoins que le Fran- « çais, l'Espagnol laisse déjà déborder « sur tous ses sentiments le feu de la « passion; chez lui l'hyperbole du lan- « gage est la mesure naturelle de l'exal- « tation de la pensée; dévot pointilleux, « romanesque, il exagère presque égale- « ment les trois cultes auxquels il s'est « voué [1]. »

La poésie était alors remplie de subtilités, c'était un mélange confus d'amour, de mysticisme et de chevalerie; mais, au milieu de cette exagération d'expression et de pensée, on rencontre encore souvent la grâce et la naïveté. En 1449, Juan Alonzo de Baena, l'un des secrétaires de don Juan II de Castille, présenta à son maître un recueil de poésies des meilleurs auteurs espagnols. Ce *cancionero* contient des vers de cinquante-cinq poëtes différents, et plusieurs des pièces dont il est composé renferment des beautés véritables. Cependant il s'en fallait que la littérature espagnole eût alors tout l'éclat dont elle devait briller plus tard; mais l'impulsion était déjà donnée, et quand l'imprimerie vint propager les connaissances qui avaient été jusque-là le privilége exclusif de quelques gens studieux, l'Espagne se trouva prête à suivre le mouvement que cette merveilleuse découverte allait amener dans les lettres et dans les sciences. Il y avait vingt-deux ans que Guttemberg avait commencé à faire usage de caractères mobiles, lorsque l'imprimerie fut introduite dans la Péninsule. Le premier livre imprimé dans ce pays est un recueil

[1] Histoire comparée des littératures espagnole et française. Par M. Adolphe de Puibusque; Paris, 1844.

ESPAGNE.

de vers en l'honneur de l'immaculée Conception. Il est sorti, en 1474, des presses de Valence, les premières qui aient été établies en Espagne. En 1475, parurent dans la même ville un petit Traité sur la grammaire et une édition de Salluste. En cette même année, des imprimeurs s'établirent à Barcelone et à Saragosse; en 1476, à Séville; en 1480, à Salamanque et à Burgos.

C'est à cette époque qu'Antoine de Lebrixa, après avoir résidé dix années en Italie, revint dans son pays natal pour y répandre le goût de la littérature classique. Les cours qu'il fit dans les universités de Séville, de Salamanque et d'Alcala, atteignirent le but qu'il s'était proposé. Antoine de Lebrixa, contemporain et ami de Ximénès de Cisneros, a entrepris de raconter les grands événements qui se sont accomplis sous ses yeux. Il a écrit en latin deux décades du règne de Ferdinand et d'Isabelle. Fernando del Pulgar, qui ne le cède en rien à Antoine de Lebrixa, a écrit aussi l'histoire de cette époque; mais dans tous ses ouvrages il s'est servi de l'idiome national. Fernand del Pulgar ne s'est pas borné à rapporter les événements dont il avait été témoin; il a raconté la vie des grands hommes illustres de son pays, et il a mérité d'être surnommé le Plutarque espagnol.

Le règne de Ferdinand a vu paraître encore un livre remarquable par son titre, par le talent incontestable avec lequel il a été exécuté, par l'influence qu'il a exercée, et surtout par l'immense succès qu'il a obtenu. A l'époque à peu près où Ferdinand achevait la conquête de Grenade, le bachelier Fernando de Rojas faisait paraître *la Célestine, tragicomédie de Calixte et Mélibée*. Le titre seul de tragi-comédie était alors une excessive nouveauté, car la comédie moderne n'existait pas. Aussi des critiques espagnols citent-ils la Célestine comme la source première d'où découle leur théâtre; mais, en réalité, la Célestine n'est aucunement une comédie; elle ne pourrait être représentée sur aucune scène. Le récit est dialogué; c'est en cela seulement que ce livre présente quelque analogie avec une œuvre théâtrale. Cet ouvrage a obtenu un succès immense. Il en existe vingt-huit éditions espagnoles; deux traductions italiennes, une allemande et six françaises [1]. Cependant il a été jugé par les critiques d'une manière bien diverse : les uns ont vanté la Célestine comme une œuvre de morale; les autres n'y ont vu qu'une composition infâme. Alejo de Venegas, se plaignant des maux causés par une semblable lecture, dit qu'il faut écrire *Scelestina* [2] plutôt que Celestina.

Voici quel est le sujet de l'ouvrage : Calixte ne pouvant se faire aimer par Mélibée, jeune fille d'une grande beauté, a recours pour la séduire à Célestine, qui, après avoir été courtisane, s'est faite entremetteuse. Les artifices que cette misérable emploie pour vaincre la chaste résistance de Mélibée, la fin malheureuse des amants et de ceux qui les aident, forment le nœud et le dénoûment de la fable. Le bachelier de Rojas a, dit-il, écrit son ouvrage pour prémunir les jeunes gens contre les dangers de l'amour. C'est pour leur inspirer l'horreur du vice qu'il a fait la peinture de la dépravation et du libertinage. Au milieu de ces récits de débauche, l'auteur a semé, dit-il, deux mille maximes de sagesse. Il ne faut donc pas douter de ses bonnes intentions; mais la nudité de ses tableaux n'en est pas moins d'un cynisme repoussant. Cependant on ne peut s'empêcher d'admirer, dans cet ouvrage, la diction de l'auteur, pure, élégante, naturelle, harmonieuse. Le caractère des personnages est toujours bien tracé, bien soutenu. L'esprit, les saillies, la verve, sont répandus à profusion dans ce livre, et, sous le point de vue de l'art, mais sous ce point de vue seulement, il est un excellent modèle.

Cependant ses nombreux imitateurs ont pensé que la Célestine devait aussi une partie de son succès à ce qu'elle a d'impudique. Pour réussir comme le bachelier de Rojas, ils ont, dans leurs imitations, exagéré les vices de cet ouvrage. Le scandale en est venu au point

---

[1] La dernière, qui remonte seulement à 1841, est due à la plume élégante de M. Germond de Lavigne. Le traducteur, avec un talent qu'on ne saurait assez louer, a su faire passer dans notre langue l'esprit, la grâce et les beautés de son modèle, tout en en voilant les défauts.

[2] *Scelesta*, profanée.

que l'Église s'en est alarmée, et un anathème a frappé tout ce qui portait en Espagne le nom de comédie. Ce fut là un des premiers obstacles qu'à sa naissance le théâtre eut à surmonter. Néanmoins l'élan dans la voie du progrès était donné, et les princes de la maison d'Autriche, en montant sur le trône de Castille, trouvèrent la littérature de ce pays toute préparée à la renaissance que le seizième siècle allait apporter. « Lorsque les splendeurs de la poésie italienne vinrent frapper les regards de l'Espagne, dit M. de Puibusque, elles ne l'éblouirent pas; c'était la lumière attendue, la révélation pressentie. »

Il en était de même des arts; l'Espagne n'était pas restée en arrière des autres nations de l'Europe. Ses monnaies, frappées au temps d'Alphonse le Savant [1], celles de Enrique de Trastamare [2], prouvent les progrès que la gravure avait faits dans la Péninsule. L'architecture y avait aussi produit des merveilles. On a vu que les monuments mauresques forment une richesse propre à l'Espagne. Mais à côté des magnificences de Grenade et de Cordoue, il est encore possible de citer des édifices d'un autre genre. A la fin du moyen âge l'architecture ogivale était seule en faveur dans la plus grande partie de l'Europe chrétienne; aussi lui attribua-t-on un caractère plus spécialement religieux. Il semblait que ses formes se confondissent nécessairement avec des idées de christianisme; et elle fut adoptée par les Espagnols pour les édifices consacrés au culte divin. Souvent chez eux cette architecture dut s'enrichir des détails du style mauresque. Les ruines du couvent des Carmélites, qu'on voit encore auprès de Burgos [3], présentent peut-être un exemple de ces emprunts; au moins dans l'espèce de rosace qui surmonte la porte, à la partie supérieure, on peut reconnaître une réminiscence de cette ogive particulière aux édifices des Maures. Au lieu de se rétrécir à partir de sa base, elle va d'abord en s'élargissant, pour se rétrécir ensuite comme celle qui décore la façade de la *Casa del carbon* [4].

[1] 4° de la planche 80.
[2] 6° de la planche 80.
[3] Pl. 61.
[4] Pl. 41.

C'est au treizième siècle que sont dus les monuments les plus purs du style ogival. C'est à cette époque précisément que saint Ferdinand a commencé la cathédrale de Burgos. Cette église est une des plus magnifiques constructions de ce genre qui existent maintenant en Europe. Elle est fort élevée, et on l'aperçoit d'une très-grande distance. Cependant, elle est placée dans un creux, sur le côté de la montagne, et cette situation est désavantageuse pour son effet général. Des deux côtés de sa façade principale [1] s'élèvent deux flèches fort élégantes et fort légères. Elle est surchargée d'ornements de la plus grande délicatesse. On y trouve une profusion de statues dont plusieurs sont remarquables, surtout pour l'époque où elles ont été sculptées. Santiago, le patron de cette église, est placé sur son cheval de bataille au milieu des clochetons qui entourent une des flèches. Les arcades, les piliers, les créneaux sont exécutés de la manière la plus précieuse. Sous quelque point de vue qu'on la considère, il faut admirer le luxe des tourelles dont elle est surmontée, des sculptures dont elle est enrichie [2]. On doit pourtant le dire avec regret, les réparations faites à cet édifice en ont quelquefois altéré le caractère. Ainsi sous le portail de la façade principale on a ajouté un fronton grec. Ces restaurations ont eu lieu pendant la première moitié du seizième siècle. Quand les princes allemands arrivèrent en Espagne, le goût qui dominait encore pour l'architecture était le style ogival; pour la peinture c'était l'école allemande des Van Eyck. Aussi au commencement du seizième siècle, la plupart des peintres espagnols s'appliquèrent-ils à imiter Albert Durer. On retrouve ce caractère d'une manière bien prononcée chez Gallegos, chez Vincent Joanez, chez Alonzo Sanchez Coello, que l'on a surnommé le Portugais, parce qu'il passa une grande partie de sa vie à la cour de Lisbonne [3].

Mais déjà en Italie une ère nouvelle avait commencé pour les arts. Léonard de Vinci, Michel-Ange, Raphaël, Bra-

[1] Pl. 61.
[2] Pl. 63.
[3] Il est né à Benifayro dans le royaume de Valence.

mante, Sébastien del Piombo, avaient abandonné la voie suivie par leurs prédécesseurs. Nourris des chefs-d'œuvre de l'antiquité, ils s'efforçaient de faire revivre le siècle de Périclès. Déjà cette lumière de la renaissance commençait à poindre en Espagne. Des Espagnols, Becerra, Berruguete avaient reçu des leçons de Michel-Ange, et tous les deux, peintres, sculpteurs et architectes, comme l'était leur maître, travaillaient à propager dans leur pays l'influence italienne. Ce n'était pas sans résistance qu'une semblable révolution pouvait s'effectuer. On était accoutumé aux capricieux ornements du genre ogival, aux enroulements de l'arabesque ; on ne pouvait accepter tout à coup la sévérité des monuments antiques. Il fallait une transition. On sacrifia un peu de la pureté des lignes pour avoir quelque chose de contourné, qui se rapprochât de l'ogive. On vit paraître ce style intermédiaire, qui caractérise la renaissance. Les innovateurs, croyant avoir tout concilié par cette espèce de transaction, appliquèrent partout leur découverte. Il fallait réparer cette belle cathédrale élevée par saint Ferdinand, il fallait y construire un escalier pour monter au grand orgue, on dessina un escalier du genre *renaissance*. Il est beau [1], on ne peut s'empêcher d'en convenir. Mais ne forme-t-il pas un véritable anachronisme placé dans une église du treizième siècle ?

La cathédrale de Malaga [2] présente encore un exemple de cette lutte du gothique contre le style romain. « Les trois nefs de la cathédrale de Malaga, dit M. le comte de Raczynski dans son Histoire des arts en Portugal, sont dans le style de Bramante jusqu'au sommet des colonnes. Sur les voûtes les ornements, sans être gothiques, ont quelque chose qui rappelle ce genre d'architecture. » Cette église a été commencée en 1528 ; elle était déjà fort avancée en 1558 ; car on trouve en quelques endroits de ce monument les armes de Philippe II et celles de la reine Marie d'Angleterre. Or le mariage de ces deux souverains n'ayant duré que quatre années, du 25 juillet 1554 au 17 novembre 1558, leurs armes apposées ensemble sur ce bâtiment peuvent équivaloir à une date.

Cette cathédrale est vaste et sa masse est fort imposante. La façade principale a deux corps d'architecture, ornés chacun de huit colonnes de marbre. Elle est flanquée de deux tours, et l'on doit regretter que celle du nord seulement soit achevée, car elle est fort élégante et produit le meilleur effet.

Dans la chapelle royale de la cathédrale de Grenade on voit le tombeau de Ferdinand le Catholique [1]. Si l'histoire ne nous apprenait pas d'une manière précise l'époque à laquelle ce monument a été construit, il suffirait certainement pour la déterminer de jeter un coup d'œil sur les ornements qui le surchargent. Il serait impossible de ne pas reconnaître à quelle période artistique il appartient. Au reste, tous les détails de sculpture dont il est enrichi sont du meilleur goût, et il peut être cité comme un des plus beaux monuments de cette époque.

Le maître-autel de la cathédrale de Séville [2] a aussi été construit vers le commencement du seizième siècle ; mais il faut avouer qu'il fait peu d'honneur au goût des artistes qui l'ont imaginé. Rien n'est plus lourd que ces ornements contournés sans motif et sans grâce. L'auteur fait serpenter ses profils de la manière la plus baroque. Il a décoré le maître-autel d'une foule de petites niches superposées. Chacune renferme un tableau en relief. Ces reliefs sont sculptés en bois de cèdre et rehaussés de peinture et de dorure. A cette époque, dit Céan Bermudez, pour bien des gens, le talent principal des artistes consistait dans la dorure et dans les ornements en peinture qu'ils ajoutaient aux reliefs. En 1508, le chapitre de Séville fit appeler Alexis Fernandez, et, content de la preuve qu'il fournit de son savoir, le reçut pour travailler au grand maître-autel, à la confection duquel il resta employé jusqu'en 1525. Arfian et Antoine Ruiz concoururent aussi, en 1551, à l'achèvement de cet ouvrage.

Les lettres et les beaux-arts marchaient en Espagne du même pas, et cet anta-

[1] Pl. 52.
[2] Pl. 62.

[1] Pl. 50.
[2] Pl. 55.

gonisme, qui existait en architecture entre les anciennes traditions et le genre nouveau, se manifesta également pour la poésie, entre les écrivains qui voulaient conserver à la littérature sa vieille physionomie espagnole, et ceux qui voulaient importer le genre italien. Plusieurs essais pour assouplir l'ancien rhythme avaient été inutilement tentés. Juan Boscan Almogaver, poëte, né à Barcelone, s'appliqua à imiter Pétrarque. Il étudia soigneusement le jeu de tous les mètres poétiques et ne prit à l'Italie que ceux qui lui parurent susceptibles de se plier au génie de la langue castillane. Il ne se borna pas à faire une poétique; il travailla à créer des modèles qui ne sont pas dénués de tout mérite. Il fit adopter l'endécasyllabe par les talents les plus distingués de l'Espagne. Les écrivains partisans de cette réforme reçurent le nom de *pétrarquistes*. Ceux, au contraire, qui voulaient maintenir l'ancien rhythme, qui persistaient à écrire en *coplas*, c'est-à-dire en courtes strophes, comme celles dont les *romanceros* sont composés, prirent le nom de *copleros*. Christoval de Castillejo, leur chef, fit pleuvoir sur les novateurs une grêle de sarcasmes. Dans ses épigrammes agiles, rapides, mordantes, il se moqua surtout des *pieds de plomb* de la poésie nouvelle. Le coup était bien adressé, et cette critique frappait juste, en parlant des œuvres de Boscan. Ce poëte était encore mal rompu à la facture de cette nouvelle versification, et il n'avait pas assez de talent pour en vaincre les difficultés; mais le reproche cessa d'être mérité quand Garcilasso de la Vega fut venu se ranger sous la bannière des *pétrarquistes*. Il trouva les améliorations que Boscan avait cherchées. Ses élégies remplies de grâce et de fraîcheur lui ont mérité le surnom du *roi de la douce plainte* (*Rey del blando llanto*). Ce fut lui qui eut l'honneur de faire pencher la balance. Une foule d'écrivains de mérite, qui étaient restés indécis entre les deux partis, se prononcèrent pour celui que Garcilasso avait embrassé. Ainsi la nouvelle manière fut adoptée par Hernando de Acuña qui traduisit en vers espagnols les Héroïdes d'Ovide, et les quatre premiers chants du Roland amoureux de Boyardo. Un autre écrivain, qui n'est pas moins célèbre, don Diego Hurtado de Mendoza, vint aussi prêter à cette réforme littéraire l'appui de son talent. Hurtado de Mendoza, fils du deuxième comte de Tendilla, marquis de Mondejar, prit du service dans l'armée d'Italie. Il fut successivement gouverneur de Sienne, ambassadeur de Charles V à Venise, à Rome et au concile de Trente. Au milieu des graves occupations que ses fonctions lui imposaient, il savait trouver du temps pour cultiver les Muses. Il existe de lui beaucoup de poésies. Il a écrit aussi le roman de *Lazarille de Tormes*. Plus tard, à l'avénement de Philippe II, Hurtado de Mendoza fut écarté des affaires. Alors il s'occupa uniquement des lettres. Il consacra sa fortune à rassembler des manuscrits précieux. Il était versé dans les littératures latine, grecque, hébraïque, arabe; et, quand don Juan d'Autriche vint exterminer les Maurisques, Hurtado profita des circonstances pour ramasser une immense quantité de livres arabes, que le fanatisme absurde des inquisiteurs aurait abandonnés aux flammes. Sa bibliothèque, léguée par lui à Philippe II, forme encore la partie la plus intéressante de la collection de l'Escurial. Enfin, témoin de la guerre des Maurisques, Hurtado en écrivit le récit. C'est là son dernier ouvrage et son plus beau titre de gloire.

Il est une branche de la littérature que Charles V avait trouvée tout à fait dans l'enfance, c'est la comédie. A l'époque à peu près où paraissait la Célestine [1], Juan de la Encina composa et fit jouer des églogues. Il figura lui-même plus d'une fois au nombre des acteurs.

Vingt-cinq ans plus tard en 1517, Torrès Naharro fit imprimer, à Rome, un recueil de comédies qu'il avait déjà fait représenter. Quelques critiques prétendent que dans ces pièces il a imité les auteurs italiens, d'autres soutiennent, au contraire, qu'il leur a servi de modèle. Ce qui est probable, c'est que Torrès Naharro a fait quelques emprunts aux Italiens, qui l'ont imité à leur tour.

[1] La première édition de la Célestine est celle imprimée en 1500 à Salamanque. Mais il est certain que cet ouvrage a commencé à être connu en 1492, soit qu'il ait existé une édition dont aucun exemplaire n'est venu jusqu'à nous, soit que ce livre ait commencé à circuler en manuscrit.

Soit que le préjugé défavorable dont la Célestine et ses imitateurs avaient entouré toute œuvre théâtrale rejaillît jusque sur le livre de Naharro, soit que cet ouvrage contînt des attaques contre le gouvernement pontifical, il fut défendu, et l'auteur fut obligé de s'enfuir de Rome. Les comédies de Torrès Naharro sont les premières qui aient été divisées en cinq journées. A côté de ce poëte, qui tentait de soumettre la scène à une influence italienne, qui essayait pour le théâtre ce que Boscan avait fait pour le rhythme poétique, un autre parti s'était formé : c'était celui des gens qui voulaient faire revivre la comédie latine. Le nom de parti des *érudits* lui fut donné. Il eut pour chef don Francisco de Villalobos, qui avait été médecin de Ferdinand et d'Isabelle et qui avait conservé le même office auprès de Charles V. Villalobos traduisit, en 1515, l'Amphitryon de Plaute; et, quoique sa traduction ne reproduise pas toujours avec exactitude le sens de l'original, elle ne manque ni d'élégance, ni de correction. Fernand Perez de Oliva et Simon Abril suivirent la même route. Mais la plus grande partie des Espagnols n'entendait rien aux fables grecques ou romaines. Ce que le peuple voulait, c'était une scène nationale, un théâtre espagnol; aussi, les érudits échouèrent dans leur entreprise.

Enfin, un simple artisan de Séville, un batteur d'or, Lope de Rueda fut celui qui trouva le chemin que l'on avait inutilement cherché. Il se fit auteur et acteur. Aux grands applaudissements du public, il composa les pièces et les joua avec quelques-uns de ses camarades.

« Lope de Rueda, dit M. Adolphe de
« Puibusque [1], était observateur et
« peintre. Il avait toute l'originalité d'un
« esprit qui n'a rien appris par les livres,
« et toute la raison que la philosophie
« peut donner. Sorti des derniers rangs
« du peuple, sa seule ambition était
« d'amuser la multitude. Il se mit donc
« à traduire sur la scène les divers per-
« sonnages qu'il avait vus passer devant
« sa boutique, des étudiants, des bache-
« liers, des licenciés, des docteurs, des
« alguazils; il y ajouta quelques bohé-
« miens et quelques voleurs dont la re-
« nommée était descendue des monta-
« gnes pour courir les rues de Séville;
« mais il aima mieux s'en tenir aux coups
« de bâton que de faire jouer les cou-
« teaux : il se garda aussi de rendre ses
« maris trop crédules ou ses niais trop
« spirituels; en toute chose il sut rester
« dans une juste mesure...... Toutes ses
« intrigues, lors même qu'elles man-
« quent de vraisemblance, sont intéres-
« santes, parce qu'elles mettent en jeu
« les passions et les caractères avec un
« rare naturel; on est d'ailleurs captivé
« par le charme du dialogue et la grâce
« des détails... »

Ainsi, au temps de Charles V, Lope de Rueda avait trouvé la véritable comédie espagnole. Il restait sans doute bien des progrès à faire; le théâtre était encore jeune; mais il était débarrassé de ses langes. Boscan et Garcilasso avaient armé la poésie de mètres plus souples; sous la plume d'écrivains exercés la langue était devenue un instrument plus harmonieux et plus docile. Des améliorations analogues avaient eu lieu pour les beaux-arts. Le genre gothique avait cédé la place au style de Michel-Ange et de Raphaël. Tout marchait vers le bien; tout était préparé pour cette époque des trois Philippe qui fut pour l'Espagne l'âge d'or des beaux-arts et de la littérature.

Il serait beaucoup trop long de nommer tous les écrivains célèbres qui ont illustré le règne de Philippe II. Leur liste seule dépasserait les bornes de cet ouvrage, et je dois me restreindre à citer les plus notables, ceux qui par leur talent ont exercé une grande influence sur la littérature de leur pays. Il faut mentionner en commençant George de Monte-Mayor. Son roman de la Diane a été le modèle du genre pastoral. Malgré un peu d'afféterie, défaut que ce genre de compositions semble ne pouvoir pas éviter, l'ouvrage de George de Monte-Mayor est rempli de charme. On y trouve des vers délicieux et d'intéressantes nouvelles. Il n'est peut-être pas un des épisodes de ce roman qui n'ait donné naissance à une foule d'imitations et qui n'ait été reproduit sur la scène; mais en général cet auteur a porté malheur à ceux qui l'ont copié; presque tous n'ont pris de lui que ses défauts. A la fin du

[1] 1er vol., p. 218.

quatrième livre de sa Diane, George de Monte-Mayor raconte une aventure chevaleresque arrivée quelques années avant que Ferdinand le Catholique montât sur le trône d'Aragon. Rodrigo Narvaez [1] était alcayde d'Alora. Cette ville se trouvant sur l'extrême frontière des Maures, le brave alcayde et sa garnison s'occupaient sans relâche à faire des incursions dans le pays ennemi. Un soir qu'ils étaient en embuscade, ils entendirent un guerrier qui venait en chantant des vers arabes. « C'est à Grenade, disait-il, que je suis né. J'ai passé mes premières années à Cartame, je demeure sur la frontière d'Alora, mais c'est à Coyn que sont mes amours. »

Les Espagnols l'attaquèrent, et il se défendit avec courage; mais sa résistance fut inutile, il fallut qu'il se rendît au vaillant alcayde d'Alora. En se voyant au pouvoir des chrétiens, le prisonnier poussa des soupirs et ne put s'empêcher de laisser couler quelques larmes.

Étonné de voir pleurer un homme qui venait de combattre avec tant d'intrépidité, Narvaez lui demanda la cause de son affliction. « Je suis du sang des Abencerrages, répondit le captif, et mon nom est Abindarraez. Ce qui m'arrache des larmes, ce ne sont ni les blessures que j'ai reçues, ni la perte de ma liberté; mais je me rendais auprès de la dame que je sers. J'allais trouver la fille de l'alcayde de Coyn, la jolie Xarifa. Je devais ce soir m'unir à elle, et j'allais recevoir les premiers gages de son amour. Ne me demandez donc plus pourquoi je verse des larmes.

— Et si je vous laissais continuer votre route, promettriez-vous de revenir vous mettre entre mes mains?

— Si vous êtes assez généreux pour agir avec moi de cette manière, reprit l'Abencerrage, vous m'aurez donné plus que la vie. Mais quelle garantie voulez-vous que je vous laisse pour vous assurer que je remplirai les conditions que vous allez m'imposer?

— Narvaez appela ses compagnons. Señores, leur dit-il, je me rends garant de ce prisonnier. Je reste envers vous caution du paiement de sa rançon... Il prit ensuite la main droite de l'Abencerrage et lui dit : Vous promettez sur votre foi de chevalier de venir dans trois jours vous rendre prisonnier à ma forteresse d'Alora? — Je le promets, répondit Abindarraez.

— Eh bien, maintenant allez, et que Dieu vous soit en aide! »

Abindarraez fut bientôt auprès de la belle Xarifa. « Qu'avez-vous? lui dit-elle; d'où vient votre tristesse? ne vous ai-je pas donné tout ce que vous désiriez? » Alors l'Abencerrage lui conta comment il avait été fait prisonnier. « A Dieu ne plaise que je reste libre quand vous êtes captif, dit à son tour Xarifa ; emmenez-moi sur la croupe de votre cheval, car je veux partager en tout votre fortune. » Ils allèrent ainsi tous les deux se remettre entre les mains de l'alcayde d'Alora. On rapporte que Narvaez, touché du dévouement de la jeune femme et de la loyauté de son captif, les renvoya sans rançon. Cette aventure, qui, assure-t-on, n'est pas imaginaire, est racontée par George de Monte-Mayor avec une grâce qui aurait dû décourager les imitateurs. Néanmoins on en retrouve partout des copies plus ou moins défigurées : ainsi elle est racontée dans le Romancero mauresque [1].

Le même sujet a fourni à Lope de Vega une comédie intitulée : *El Remedio en la desdicha*, Le Remède dans l'infortune.

L'éditeur de Conde, à la suite de l'Histoire des Arabes, a placé cette aventure sous le titre d'anecdote curieuse; et M. Viardot l'a scrupuleusement traduite. Mais toutes ces copies paraissent bien pâles à côté de l'original. C'est, en général, le sort de toutes les imitations. Il faut avouer cependant que Gil Polo, dans sa Diane amoureuse, s'est montré le digne émule de George de Monte-Mayor.

Puisque nous parlons d'aventures chevaleresques, n'oublions pas les Guerres civiles de Grenade publiées par Gines Perez de Hita, sous le pseudonyme d'Aben-Hamin ; car, par une singulière fatalité, malgré le mérite de cet ouvrage, presque tous les auteurs qui se sont occupés de la littérature espagnole ont omis de le mentionner [2].

---

[1] C'était un des ancêtres du général Narvaez qui est aujourd'hui ministre de la guerre.

[1] Romancero Castellano, publié par M. Depping, 2ᵉ vol., p 230.

[2] Il n'en est parlé ni dans Bouterweck, ni dans l'Essai sur la Littérature espagnole (1810), par M. *Malmontet*, attribué souvent par erreur

Ce livre raconte les aventures imaginaires de la cour de Boabdil, le massacre des Abencerrages et la prise de Grenade. Soit que Perez ait été l'inventeur de ces contes, soit qu'il n'ait fait que recueillir les traditions qui existaient déjà de son temps, il a composé son livre avec tant d'art que ces fables ont acquis en Espagne parmi le peuple toute l'autorité de la vérité. Il s'est même trouvé des gens graves qui les ont acceptées pour une histoire sérieuse. De nos jours l'éditeur du *Romancero castillan* ne nomme Perez de Hita que l'*historien* des guerres civiles de Grenade. Cependant Nicolas Antonio, dans sa Bibliothèque espagnole, ne s'y était pas laissé prendre. Il appelle cet ouvrage un badinage poétique; néanmoins il ne peut s'empêcher d'ajouter que ce livre plaît beaucoup aux personnes oisives. En effet, il en est peu qui aient été lus avec autant d'empressement. Les Guerres civiles de Grenade ont été imprimées à Saragosse en 1595. Dès 1598, il en paraissait à Alcala de Hénarez une seconde partie. Il est vrai que cette continuation est loin de valoir le commencement; néanmoins on réimprima les deux parties à Alcala en 1664. La première parut aussi à Paris en 1606, avec des notes marginales par le père Fortan; depuis cette époque, les éditions de la première partie se sont succédé avec rapidité, et maintenant on en compterait peut-être plus de vingt. Mis en français presque aussitôt qu'il a été écrit, ce roman a été traduit une seconde fois en 1809 par M. Sané. Certainement un livre, dont le succès n'est pas épuisé après une épreuve de trois siècles, sort de la classe des romans ordinaires, et il ne méritait pas que les critiques le laissassent dans l'oubli. Peut-être aussi la vogue même dont a joui cet ouvrage a-t-elle contribué à faire naître la mauvaise humeur de plus d'un écrivain de cette époque. Le départ de Malique Alabez qui va combattre Manuel Ponce de Léon, commence par ces vers :

Ensilleys me el potro rucio
del alcayde de los Velez.

à M. le Couteulx de Canteleu, ni dans l'Espagne poétique par Juan Maria de *Moury*, 1826, ni dans l'Histoire comparée des Littératures espagnole et française, par M. *Adolphe de Puibusque*

« Sellez le cheval gris que m'a donné l'alcayde de los Velez. »
Un poëte, fatigué d'entendre le peuple chanter cette pièce de vers, a commencé une épigramme de cette manière :

Lleve el diablo el potro rucio
del alcayde de los Velez!

« Que le diable emporte le cheval gris
« de l'alcayde de los Velez! »
Gongorra a fait aussi une parodie du départ de Malique Alabez. Faria e Sousa parle de Perez de Hita avec dédain. « Voyez, dit-il, ce Perez de Hita qui est si lu et qui mérite si peu de l'être. » Il ne faut pas prendre au pied de la lettre les paroles de cet auteur. Les Guerres civiles de Grenade sont d'un bout à l'autre empreintes d'une teinte chevaleresque, et Walter Scott [1], dont le bon goût en matière de romans ne saurait être révoqué en doute, disait à propos d'une traduction anglaise qu'on lui présentait, que ce livre méritait bien qu'on apprît l'espagnol afin de pouvoir le lire dans l'original; et il ajouta que s'il eût connu plus tôt Gines de Hita, cela eût éveillé chez lui le désir de placer en Espagne la scène de quelques-uns de ses romans.

Gines Perez de Hita fut le contemporain de Cervantès, et quoique la premiere partie de don Quichotte n'ait paru qu'en 1605, lorsqu'il existait déjà trois éditions des Guerres civiles de Grenade, Cervantès, qui fait si gracieusement la guerre à tous les romans chevaleresques, n'a pas parlé de celui-ci. Il n'a fait aucune allusion aux aventures qui s'y trouvent racontées. C'est une retenue qu'il n'a pas eue à l'égard de Monte-Mayor. Quand don Quichotte, roué de coups par des marchands, est recueilli par un laboureur de son village, il le prend d'abord pour le marquis de Mantoue et ensuite pour Rodrigo Narvaez. Aussi, interrogé par le laboureur sur les douleurs qu'il ressent, il lui répond les paroles que l'Abencerrage captif adresse à l'alcayde d'Alora. Il les répète telles qu'il les avait lues dans la Diane.

L'admirable roman de don Quichotte, ce chef-d'œuvre que toutes les nations envient à la littérature espagnole, n'eut

[1] Chroniques chevaleresques du Portugal et de l'Espagne, par M. Ferdinand Denis.

d'abord que peu de succès. Cervantès ne jouit pas de son vivant de la popularité que ses œuvres ont acquise par la suite. La nature même de son ouvrage explique pourquoi il a d'abord été mal accueilli par les Espagnols. C'est que ce livre, si plein de raison, contient d'un bout à l'autre la satire d'un travers national. Au temps de Philippe II, il n'était pas de peuple qui fût plus enclin à l'exagération que le peuple espagnol. Il portait tout à l'extrême; il mettait de l'emphase partout. Une ville en Espagne n'était pas seulement une ville : c'était une héroïque cité. Le moindre officier y était appelé un brillant guerrier, un invincible capitaine. Tout y prenait en paroles des dimensions immenses.

Cet esprit d'exagération avait été porté par les Espagnols dans les sentiments chevaleresques comme dans toute autre chose. C'est donc en Espagne que Don Quichotte devait être écrit; car la satire ne peut naître que là où l'abus existe. Par la même raison Cervantès, en frondant un ridicule, qui alors était presque général chez ses compatriotes, devait rencontrer des lecteurs peu bienveillants. Ceux qui comprenaient sa pensée et qui se sentaient atteints par ses railleries ne riaient que du bout des lèvres : ceux qui ne la comprenaient pas, accusaient l'auteur d'avoir jeté le ridicule sur des sentiments généreux. Ils ne voyaient pas que Cervantès n'en a ridiculisé que l'exagération. La morale de ce roman, c'est que les meilleurs principes deviennent une folie quand ils sont poussés jusqu'à leurs conséquences extrêmes. Don Quichotte, c'est la guerre faite à l'emphase, aux grands mots vides de sens. En un mot, c'est la guerre faite à toute espèce d'exagération. Cervantès avait trop de raison pour l'Espagne de son époque, c'est pour cela que son mérite demeura méconnu et que son existence fut constamment malheureuse. Né en 1547, à Alcala de Hénarez, ce grand homme suivit d'abord la carrière des armes, il assista à la bataille de Lépante, où il perdit la main gauche. Malgré sa blessure, il resta dans les troupes que l'Espagne entretenait en Sicile et y servit jusqu'en 1575. Dans le courant de cette année, lorsqu'il retournait en Espagne, il fut pris par un corsaire algérien et ne fut racheté qu'après cinq ans de captivité. De retour dans sa patrie, Cervantès s'adonna à la littérature. Sa Galatée n'obtint aucun succès. Il composa un grand nombre de pièces de théâtre qui ne lui procurèrent aucune renommée. Il fit enfin paraître Don Quichotte ainsi que des Nouvelles remplies de grâce et de naturel; mais il ne fut pas compris de ses contemporains. Deux hommes seulement dans la Péninsule, le comte de Lemos et l'archevêque de Tolède, don Bernardo de Sandoval, encouragèrent ses travaux; encore faut-il avouer que leur protection timide et la parcimonie de leurs secours laissèrent mourir dans l'indigence le plus grand écrivain que l'Espagne ait vu naître.

De même que Cervantès, Alonzo de Ercilla y Zuñiga fut guerrier aussi bien que poète. Attaché à la cour, dès le règne de Charles V, il était page de Philippe II, quand la guerre éclata entre les Espagnols et les Indiens Araucans, qui peuplent la partie méridionale du Chili. Alonzo de Ercilla s'embarqua pour aller combattre cette nation sauvage. Cette expédition, qui dura plusieurs années, forme le sujet de son poëme : « Je ne chante, dit Alonzo de « Ercilla, ni les dames ni l'amour, ni « les galanteries des chevaliers ; ma voix « ne célèbre ni les sacrifices ni les tour- « ments des tendres affections, mais la « valeur, les combats, les prouesses de « ces Espagnols intrépides dont l'épée « courba sous le joug le front indompté « des Araucans. » Presque tout ce poëme a été écrit à l'instant même où les faits avaient eu lieu. La journée se passait à combattre, et Alonzo employait une partie de la nuit à composer ses vers. On dit même que souvent il manquait de papier ou de parchemin, et c'était sur de petits morceaux de cuir qu'il inscrivait ses pensées.

On comprend qu'un ouvrage composé ainsi de passages écrits sous l'impression du moment doit briller davantage par le fini des détails que par le plan général. C'est un bulletin en vers plutôt qu'une épopée. Souvent l'intérêt s'égare et la courageuse résistance des Indiens excite notre sympathie autant que la valeur des conquérants. L'absence de plan, le manque d'unité, voilà le défaut de l'Araucania. Néanmoins, ce poëme contient de grandes beautés ; et si l'on veut mettre à part le Tasse et le Camoëns, il ne reste plus, parmi les modernes, de poëte épique auquel Ercilla ne puisse disputer la première place.

Lope Félix de Véga Carpio fut aussi une des gloires littéraires du règne de Philippe II. Après avoir été le secrétaire du duc d'Albe, Lope de Véga, à la suite d'un duel où il blessa grièvement son adversaire, fut obligé de quitter sa maison. A la même époque, il perdit sa femme, et rien ne l'attachant plus au monde, il prit le parti de courir les aventures. Il s'embarqua sur la flotte *invincible*; mais le désastre de cette expédition fit sur son esprit une impression si vive, qu'il renonça à la carrière des armes, et il s'adonna tout entier à la poésie. Il n'est pas d'auteur qui ait été plus heureusement doué que Lope de Véga. Il possédait à la fois l'imagination qui invente et le génie qui met en œuvre. La facilité avec laquelle il écrivait tient du prodige. C'est par centaines qu'il faut compter ses comédies; et leur nombre ne s'élève pas à moins de dix-huit cents. Il y faut ajouter environ quatre cents *autosacramentales*. On y doit joindre aussi plusieurs poëmes : Circé, la Jérusalem conquise, les Triomphes de la Beauté; La Beauté d'Angélique; l'Arcadie; la Dragontéa; la Guerre des Chats; et enfin une multitude innombrable de poésies légères. Cette excessive fécondité ne laissait pas à Lope le temps de travailler ses ouvrages; il les improvisait sans s'inquiéter ni du développement qu'il donnerait à sa pensée ni de la manière dont il dénouerait son intrigue; mais la grâce de son style, le talent avec lequel il sait peindre font oublier ses imperfections. Lope sacrifie souvent une pièce entière pour arriver à quelques situations dramatiques; et l'on a dit de lui avec raison : C'est le poëte qui a fait le plus de bonnes scènes et le plus de mauvaises pièces. Au reste, Lope de Véga ne se faisait pas lui-même illusion sur ses défauts. « J'ai quelquefois écrit « selon les principes, dit-il dans son « Nouvel Art dramatique ; mais, dès « que je vois le peuple courir en foule à « des ouvrages monstrueux, pleins d'ap-

« paritions magiques et de tableaux sur-« naturels, et les femmelettes se pas-« sionner pour ces absurdités, je reviens « à mes habitudes barbares. J'enferme « sous de triples verrous tous les pré-« ceptes ; j'éloigne de mon cabinet Plaute « et Térence, de peur d'entendre leurs « cris, et je compose suivant la mé-« thode indiquée par ceux qui veulent « enlever les applaudissements de la « multitude. »

C'est à la multitude que Lope voulait plaire et non pas aux érudits. Or la multitude trouvait bon tout ce qui était capable de l'émouvoir, et les fables les plus extraordinaires étaient celles qui lui plaisaient davantage. Elle acceptait les incidents les plus bizarres, les plus invraisemblables, pourvu que les acteurs eussent une physionomie, une tournure espagnole : « Aussi, dit M. Ternaux « Compans [1], tous les personnages des « pièces espagnoles sont Espagnols. Ro-« mains, Grecs, Hébreux, Chinois, tous « ont l'air de sortir du Prado ou de la « porte du Soleil; tous ont lu Amadis « et la Somme de saint Thomas. Ils « traitent l'amour en théologiens et la « théologie en héros de romans.

« Coriolan est un chevalier d'Alcan-« tara, Jesabel une duègne de Séville, et « Appius Claudius un oydor au conseil « des Indes. Au premier abord il est « difficile de ne pas trouver cette mas-« carade parfaitement ridicule ; mais « appelez Coriolan don Pedro et Jésa-« bel Elvire, et vous serez frappé de la « vérité des caractères et de la manière « dont ils sont tracés. »

Malgré ses défauts, Lope de Véga a fait l'admiration de ses contemporains; dès qu'il paraissait, on se le montrait comme un prodige de la nature, comme le phénix des esprits. Il n'est peut-être pas une de ses pièces où l'on ne rencontre des traces de la précipitation avec laquelle il travaillait, et cependant parmi les auteurs qui, après lui, ont illustré la scène, on aurait de la peine à en signaler un qui n'ait pas trouvé quelque emprunt à lui faire.

Parmi les auteurs contemporains de Philippe II, je veux en citer encore un, car il a jeté sur cette époque un double

[1] Coup d'œil sur le Théâtre en Espagne, inséré dans la Revue française et étrangère.

lustre et comme poëte et surtout comme peintre. Don Pablo de Cespédès avait étudié longtemps la peinture à Rome. Les fresques dont il a enrichi l'église d'Araceli, celles de la Trinità-del-Monte et la chapelle de l'Annonciata le firent surnommer, dans Rome même, le Raphaël espagnol. Cespédès ne se borna pas à cultiver la peinture : il en fut encore l'historien et le poëte. Il écrivit un traité de perspective ainsi qu'une dissertation intitulée : *Comparaison de la peinture et de la sculpture anciennes et modernes;* enfin il composa un poëme, dont on doit la conservation aux soins de Pacheco. C'est un petit chef-d'œuvre de versification. Il est impossible de rendre avec plus d'exactitude les détails techniques.

Sous Philippe II, la peinture fit, dans les États de ce prince, des progrès rapides. Plus d'un artiste espagnol devint célèbre; et à la tête de ceux qui se signalèrent à cette époque, il faut nommer Cespédès, Fernandez Navarrète surnommé le Muet, Moralès le Divin, Ribalta et Luiz de Vargas. Toutefois aucun de ces artistes n'avait une manière qui fût propre à l'Espagne. Ils avaient tous étudié en Italie; ils s'étaient pénétrés des qualités des maîtres italiens. Navarrète imitait le Titien. Ribalta avait travaillé pour s'approprier la manière de Sébastien del Piombo. Quant aux tableaux de Luiz de Vargas, ils vous font penser aux ouvrages de Jules Romain. Toutes ces œuvres étaient de la peinture italienne. Il y avait des artistes espagnols d'un grand mérite; mais, au temps de Philippe II, il n'y avait pas encore une école qui eût un caractère national. Quelques peintres imitaient aussi la manière des Flamands. Les tableaux de Pantoja de la Cruz présentent une grande analogie avec ceux d'Antoine Moor d'Utrecht.

En parlant de Pantoja, il ne faut pas oublier une anecdote qui peut faire le pendant de la fameuse histoire des raisins de Zeuxis. Velez de Arciniega, dans son *Traité des animaux utiles à la médecine* rapporte qu'un très-bel aigle barbu ayant été pris auprès du Prado, on s'empressa de l'apporter au palais, et que Philippe II ordonna que le portrait en fût peint par Pantoja. Cet artiste mit tant d'art et tant de vérité dans son travail que l'aigle en apercevant le tableau, crut que c'était un aigle véritable. Il s'élança avec impétuosité pour le combattre; on ne put pas le retenir, et il mit la toile en pièces.

Sous le règne de Philippe II l'architecture n'a pas reçu moins d'encouragements que les autres arts. C'est par les soins de ce prince que l'Escurial a été construit. Voulant rendre grâce à Dieu de la victoire que l'armée espagnole avait remportée auprès de Saint-Quentin, il avait fait vœu d'élever un monastère et de le placer sous l'invocation de saint Laurent, parce qu'on célèbre la fête de ce martyr le 10 août, jour où la bataille a été livrée. Le choix de l'emplacement où le monument s'élève fut, dit-on, déterminé par plusieurs considérations : cette contrée aride et déserte située à mi-côte de la Sierra de Guadarrama, plaisait, assure-t-on, au caractère sombre et farouche de Philippe II. Ensuite les rochers auxquels l'édifice est adossé sont formés presque entièrement d'une pierre de taille grise appelée *berroqueña*. Ils ont fourni tous les matériaux nécessaires.

C'est en 1562 que les travaux ont commencé sous la direction de Juan Bautista Manegro, de Tolède, qui en a fourni le plan et les dessins. Cet architecte étant mort en 1567, l'édifice a été continué par son élève Juan de Perrera Bustamante.

Tout, à l'Escurial, rappelle le martyr de saint Laurent. Non-seulement on en voit l'instrument sur les portes, sur les fenêtres, sur les autels, sur les rituels, sur les habits sacerdotaux [1]; « mais
« encore par une pieuse galanterie l'ar-
« chitecte a donné à l'édifice lui-même
« la forme du gril sur lequel saint Laurent a été brûlé [2]. Extérieurement
« le bâtiment forme un carré long [3];
« une tour placée à chaque angle figure
« les pieds du gril ; la galerie intérieure
« principale, où est située l'église, en
« forme le manche, et une multitude
« de galeries transversales qui se cou-

[1]. Lettres sur l'Espagne, par M. Adolphe Guéroult, p. 266.
[2] P. 65.
[3] La façade principale a environ 207 mètres de largeur et 16 mètres 79 c. d'élévation jusqu'à la corniche. Les tours qui forment les quatre angles ont environ 58 mètres 50 c. de hauteur.

« pent à angle droit en représentent les
« barreaux. La bizarrerie de ce plan ne
« nuit pas à l'effet. Ce n'est guère qu'en
« montant sur le dôme qui couronne
« l'église qu'on peut se rendre compte
« de l'ensemble de la construction;
« mais au dehors, les quatre faces de
« l'édifice conçues dans un goût sévère,
« uni, presque sans ornement, présen-
« tent, indépendamment de leurs pro-
« portions grandioses, un accord de
« bon goût avec la destination austère
« du monument. C'est bien un cloître,
« un lieu de retraite, de silence et de
« méditation. Soit que l'œil se dirige
« vers la montagne grise et nue comme
« les côtes de la Provence, soit qu'il
« embrasse la plaine immense et déserte
« au bout de laquelle Madrid ne paraît
« plus qu'un point blanc, soit qu'il se
« reporte vers les murailles du couvent
« toutes en granit massif de couleur
« grise, rien ne fait diversion aux
« pensées de recueillement et d'austé-
« rité. C'est, dit-on, le plus beau et le
« plus vaste couvent qui soit au monde.
« Le côté septentrional est réservé pour
« les appartements royaux, le reste ap-
« partient à Dieu et aux moines. L'é-
« glise, en forme de croix grecque, est
« vaste et construite comme le reste,
« dans un goût parfait et d'une simpli-
« cité admirable; quatre énormes pi-
« liers carrés de plus de vingt pieds sur
« chaque face supportent la double
« voûte surmontée, au point de jonction,
« par une coupole hardie. »

On monte par une vingtaine de marches au maître-autel, qui est orné de
trois ordres d'architecture placés au-
dessus les uns des autres. On n'a rien
épargné pour sa décoration. Son taber-
nacle réunit la richesse et l'élégance;
mais ce qu'il y a de véritablement beau,
ce sont les deux tombeaux qui l'accom-
pagnent. On voit d'un côté celui de Charles V, de l'autre celui de Philippe II. Ces
deux souverains sont à genoux. Ils oc-
cupent le devant d'une espèce de chambre
ouverte du côté de l'autel et revêtue intérieurement de marbre noir. Au-dessous même du sanctuaire est le caveau
consacré à la sépulture de la famille
royale; il est appelé le Panthéon. L'idée
de ce monument fut donnée par Charles
V, l'exécution en fut projetée par Philippe II; elle fut commencée par Philippe III et achevée par Philippe IV. On
y descend par un escalier entièrement
revêtu de marbre; et sur la porte on lit
cette inscription:

Locus sacer mortalitatis exuviis
catholicorum regum
a restauratore vitæ, cujus aræ max.
austriacâ adhuc pietate subjacent
optatam diem expectantium.

Quam posthumam sedem sibi et suis
Carolus Cesarum max. in votis habuit,
Philippus II regum prudentiss. elegit,
Philippus III verè pius inchoavit,
Philippus IV,
clementiâ, constantiâ, religione, magn.
auxit, ornavit, absolvit,
anno Dom. MDCLIV.

Saint-Laurent de l'Escurial a des ad-
mirateurs enthousiastes et les Espagnols
l'ont appelé la huitième merveille. Tout
le monde cependant ne partage pas cette
admiration. « La décoration extérieure
« de cette énorme masse de bâtiments,
« dit Swinburne, est extrêmement
« simple et bien vilaine à mes yeux. Ces
« tours hautes et étroites, les petites
« fenêtres et les toits qui s'abaissent
« trop rapidement, prouvent certaine-
« ment un mauvais goût d'architecture;
« mais les dômes ainsi que l'immense
« étendue de sa façade en font un objet
« grand et merveilleux. » Ce dont on
est surtout frappé quand on voit l'Escurial, c'est de sa grandeur, et un voyageur a parfaitement exprimé ce sentiment lorsqu'il a dit: C'est une montagne
de granit construite à mains d'hommes,
qui est adossée à une montagne naturelle dont le voisinage ne l'écrase pas [1].

Au reste, l'architecture des monuments
élevés sous les princes de la maison
d'Autriche n'a pas toujours eu cet aspect simple et sévère. La façade du couvent de la Vierge à Cadix est pleine d'é-
légance; je dirai presque de coquette-
rie [2]. Sous Philippe II, les arts, la
littérature avaient pris d'immenses développements; mais les mêmes causes
qui entraînèrent rapidement la monarchie à sa ruine, furent pour les lettres

---

[1] Lettres sur l'Espagne, par M. A. Guéroult.
[2] Pl. 64.

et pour le bon goût des éléments de décadence. Néanmoins, Philippe III et Philippe IV virent encore fleurir les arts et la poésie. Durant leurs règnes, le théâtre et la peinture brillèrent de l'éclat le plus vif; et, semblables à ces arbres vigoureux, qui se couvrent encore de feuillage, lors même qu'ils ont été déracinés, ils survécurent pendant quelques années à la prospérité publique. Cependant, déjà dès le temps de Philippe II, le goût avait commencé à se pervertir. Une école s'était formée, qui, à l'imitation de Gongora, ne voulait rien dire d'une manière naturelle. Rien de ce qui est clair, rien de ce qui est simple ne convenait aux novateurs, et le besoin de l'inversion était tel chez Gongora qu'il en voulut mettre jusque dans son nom. Il était fils de Francisco Argote et de Léonor de Gongora ; mais, contrairement à l'usage espagnol, il plaça le nom de sa mère le premier. Il lui fallait partout du bel esprit et du faux brillant. Sous le prétexte de rendre à la langue sa richesse première, il donna aux mots des acceptions inusitées et bouleversa les phrases par des inversions grecques ou latines.

« Au talent incontestable qu'il avait de découvrir la nullité de la pensée par les artifices du style, et de donner à la singularité un faux air d'originalité, il joignait une obscurité que tous les esprits à la suite prenaient pour de la profondeur. Ce n'était pas, à leurs yeux, un de ces poëtes vulgaires, qui s'expriment si simplement qu'un enfant pourrait les comprendre : non, il fallait le deviner; et la difficulté de chaque énigme réservait à l'amour-propre du lecteur la satisfaction d'une découverte [1] ».

Ce mauvais goût se répandit avec la même rapidité qu'une maladie contagieuse. Les femmes et les donneurs de sérénades se déclarèrent pour le pathos à la mode. L'engouement pour ce nouveau genre était si ardent, que les meilleurs esprits n'osèrent pas s'opposer aux progrès du mal. Lope de Véga, qui, pour flatter ses spectateurs avait sacrifié des règles qu'il reconnaissait bonnes et raisonnables, n'était certainement pas d'humeur à lutter contre l'entraînement

[1] M. Adolphe de Puibusque, Histoire comparée des Littératures espagnole et française.

général, ni à se faire contre tous le champion du bon goût. Il se borna à ne pas suivre la route tracée par Gongora ; mais il ne chercha par à détromper ceux qui s'y engageaient. Quévédo lui-même, cet impitoyable railleur, lui qui avait des sarcasmes pour tous les abus et pour toutes les folies, osa à peine attaquer les Gongoristes ; et, lorsqu'il le fit, il eut soin d'entourer ses critiques d'une foule de louanges. Au reste, Quévédo lui-même n'est pas à l'abri de tout reproche, et ses traits satiriques ne sont pas toujours du goût le plus pur. Tout ce qu'il écrit est plein de verve ; mais, pourvu qu'il raille, peu lui importe que ses saillies soient assaisonnées de sel attique, ou bien qu'elles approchent du burlesque. Les épigrammes, les bons mots s'échappent de sa plume, comme les étincelles qui jaillissent du fer rouge frappé par le forgeron ; elles vous éblouissent, et l'œil ne peut ni les suivre ni les compter.

Les Songes de Quévédo sont des satires très-amusantes. Elles ont surtout cela de particulier que l'auteur veut bien faire rire, mais il ne veut pas blesser. Il raille les vices en général ; il n'attaque pas les personnes. Le seul reproche qu'on puisse lui adresser, est qu'il a trop souvent pris un ton sentencieux, c'est qu'il a joué trop souvent avec les mots. Il fait véritablement abus de son esprit. Aussi, ses imitateurs qui n'avaient ni sa gaieté, ni sa verve intarissable, n'ont, suivant l'usage, copié que ses défauts. Il a servi de chef à cette école froide et de mauvais goût qu'on a nommée *los equivoquistas* et *los sentenciosos*. Ainsi, lui-même a sans le vouloir, contribué à la ruine de la littérature.

« En définitive, dit M. de Puibus-« que, il en fut de la décadence littéraire « comme de la décadence politique : les « malheurs et les mauvais ouvrages arri-« vèrent à la fois. Le théâtre seul ne sui-« vit pas une marche rétrograde. Soute-« nu par Calderón, il projeta jusqu'au « seuil du dix-huitième siècle les rayons « mourants de la poésie nationale. »

Calderón fut le roi des poëtes espagnols. S'il n'eut pas la prodigieuse fécondité de Lope de Véga, ses ouvrages ont plus de force et plus d'élévation. Parmi les cent douze comédies que renferme le recueil publié à Madrid en 1763, plusieurs sont des chefs-d'œuvre qui ont été imités sur les scènes étrangères. Ainsi, la *Dama duende*, la Dame follet, a fourni le sujet de plusieurs pièces françaises. L'Alcalde de Zalaméa a été traduit presque littéralement. Le grand Corneille a tiré sa tragédie d'Héraclius de la pièce de Caldéron intitulée *Todo es verdad, todo es mentira*; *Tout est vérité, tout est mensonge.*

Mais lorsque je dis que beaucoup de pièces de Caldéron sont des chefs-d'œuvres, je n'entends pas les juger du point de vue où nous sommes placés en France. Il ne faut pas demander à Caldéron des comédies écrites d'après les règles de la poétique grecque. L'ancien théâtre espagnol ne s'astreint à aucune des trois unités. Les drames n'y sont pas divisés comme les nôtres en actes, mais bien en journées; et souvent le poëte suppose qu'un espace de temps assez long s'est écoulé dans l'intervalle d'une journée à l'autre. Les distances ne l'arrêtent pas davantage, et si la première journée se passe à Madrid, pendant la seconde les personnages peuvent se trouver à Naples ou en Allemagne. En général, les auteurs dramatiques de cette époque ne s'embarrassent ni des invraisemblances ni des anachronismes.

Montalvan commence sa comédie des Templiers par une décharge de mousqueterie. Caldéron, dans une de ses plus jolies pièces, a choisi pour principaux personnages de son intrigue don Pedro le Catholique et Marie de Montpellier, qui vivaient au douzième siècle. Il y fait aussi paraître un bouffon nommé Chocolate; et celui-ci raconte qu'on vient de le menacer en lui présentant un pistolet [1]. Si le poëte espagnol est embarrassé pour faire connaître aux spectateurs quelque détail nécessaire au développement de son intrigue, il saute par-dessus la difficulté. Une actrice vient sans plus de façons causer avec les assistants. « Je suis dans un notable embarras, dit un des personnages de Caldéron. Il faut que je paraisse seule et je dois faire un monologue ou réciter un sonnet. Lequel des deux choisirai-je? je préfère le monologue! Maintenant donc, mon discours, puisque nous voilà seuls, vous et moi, parlons clairement : Ma maîtresse, constante autant que belle, aime don Vincent. Elle est aimée du roi don Pedro, etc. » Et la soubrette expose ainsi le sujet de la pièce [1].

Il ne faut pas chercher dans les drames espagnols l'observation des règles telles que nous les entendons. Ces pièces n'ont rien de tout cela, et leur mérite consiste dans une fable bien intriguée dont l'intérêt ne languit que rarement, dans un style brillant, dans des caractères bien soutenus; et Caldéron possédant ces qualités à un plus haut degré qu'aucun de ceux qui ont écrit pour la scène espagnole, ses compatriotes le considèrent comme le plus grand de leurs poëtes.

Indépendamment de ses comédies profanes, cet auteur a écrit encore une grande quantité de drames religieux, que les Espagnols appellent *autos sacramentales*. Ce sont des sujets tirés le plus souvent de l'histoire sainte et dont les personnages représentent quelquefois des êtres abstraits, comme la Grâce, la Foi, le Péché, la Mort. Caldéron a su donner à ce genre de composition un intérêt vif et soutenu. On y retrouve les mêmes qualités et les mêmes défauts que dans ses autres comédies.

Né en 1601, Caldéron est mort octogénaire. Il avait été précédé dans la tombe, d'une année seulement, par don Antonio de Solis y Ribadeneira, qui, après avoir consacré une partie de sa vie à la poésie, s'est ensuite adonné aux travaux plus sérieux de l'histoire. Il a écrit la conquête du Mexique, et c'est un des ouvrages les plus estimés de la littérature espagnole. Le seul reproche qu'on puisse adresser à cet historien, c'est de n'avoir pas oublié qu'il avait écrit des vers, et d'avoir donné à son sujet et surtout à son style une couleur trop poétique. Après la mort de ces deux hommes célèbres il ne resta plus personne en Espagne qui sût écrire avec goût, et les dernières années de Charles II furent pour la littérature une époque de décadence complète.

---

[1] Hallè me
en fin de dos abrazado
y en el pecho un pistolete.
Gustos y disgustos no son mas que imaginacion, troisième journée.

[1] *Gustos y disgustos...* première journée.

La peinture suivit la même progression. Sous Philippe II, elle était italienne ou flamande. Ribera, qui vécut du temps de Philippe III, était bien Espagnol par la naissance, mais son pinceau était italien. Élève du Caravagge, il s'appliqua surtout à reproduire la manière de ce grand maître. Ce fut Herrera le Vieux, qui, le premier parmi les Espagnols, se fit un genre à lui. On doit le considérer comme étant en réalité le fondateur de l'école nationale. En même temps que lui vécut Pachéco, et il faut citer celui-ci, car il fut le maître et le beau-père de Velazquez de Silva.

Le règne de Philippe IV vit fleurir les plus grands peintres espagnols : Velasquez de Silva, Zurbaran, Murillo et Alonzo Cano.

Velasquez étudia sous Pacheco; mais il s'appliqua surtout à copier la nature. C'est ainsi que cet artiste célèbre est parvenu à mettre tant de vérité dans ses ouvrages. Il réunit un coloris frais, brillant et naturel, au dessin le plus correct, et la critique n'aurait rien à lui reprocher, s'il n'avait quelquefois exagéré dans ses ouvrages la dureté des contours.

Zurbaran excelle surtout dans la peinture des draperies; ses moines sont d'une merveilleuse beauté; ses étoffes sont souples et ses plis admirablement refouillés. Il y a dans la plupart de ses ouvrages un caractère grave et religieux dont sont frappées les personnes même les plus étrangères aux beaux-arts. Il est à regretter que le même sentiment ne se retrouve pas dans les images de saintes que Zurbaran a retracées : elles sont trop mondaines, et leur grâce est presque de l'afféterie; mais les riches étoffes dont il les a revêtues sont toutes imitées avec une rare perfection.

Les vierges de Murillo sont d'une pureté toute divine; mais le pinceau de cet artiste a souvent quelque chose de flou, de trop moelleux. Les demi-teintes ont quelquefois une apparence grise et cotonneuse; mais d'autres fois aussi, car Murillo n'est pas toujours le même, son coloris prend toute la puissance des maîtres de l'école vénitienne; ainsi dans la *Vierge à la ceinture*, exposée au Musée sous le n° 156, les chairs ont tant de fraîcheur et de transparence, qu'on croirait voir le sang couler sous la peau. Les portraits qu'il a peints sont remplis de vie, de vérité et de vigueur, et c'est à juste titre que Murillo est considéré comme le premier des peintres espagnols. Cependant, j'ai peut-être tort de l'avouer, les ouvrages d'Alonzo Cano me font en général plus de plaisir. Sans doute, quelques-uns des tableaux de Murillo sont préférables à ceux d'Alonzo; mais il y a dans toutes les œuvres de celui-ci un charme auquel je ne sais pas résister; on y trouve une suavité qui l'a fait surnommer l'Albane espagnol.

Après la mort de ces artistes illustres, le goût de la bonne peinture s'est bientôt perdu en Espagne. Charles II a fait en vain tous ses efforts pour la faire renaître. Son frère, don Juan d'Autriche, encourageait aussi les arts, et même il peignait sur porcelaine. Carreño disait que si don Juan ne fût pas né sous la pourpre, il eût, avec son talent, pu vivre comme un prince. Charles II aimait à visiter Carreño dans son atelier, et un jour qu'il s'amusait à le regarder peindre, « De quel ordre es-tu ? lui dit-il. — Sire, je suis votre serviteur. — Pourquoi n'en portes-tu pas les marques ? » Et aussitôt il lui fit donner une riche décoration de Saint-Jacques.

Ces efforts pour ranimer une flamme qui s'éteignait demeurèrent impuissants. Carreño de Miranda mourut en 1685. Il y avait trois ans que Murillo n'existait plus, et l'on pouvait à peine compter en Espagne quelques artistes de talent. Ce n'était pas la protection qui manquait aux beaux-arts; mais, sous Charles II, il n'y avait plus de séve en Espagne, et le pays ne pouvait plus produire. Cette impuissance n'existait pas seulement pour les lettres, pour les arts, pour la politique : elle s'étendait au commerce et à l'industrie. L'Espagne avait été de tout temps renommée pour la fabrication des armes; on conserve à l'*Armeria real* les armures de Ferdinand le Catholique [1], de Charles V [2] et de don Juan d'Autriche [3]. Ce sont des chefs-d'œuvre de ciselure; mais au temps de Charles II, c'est à peine si l'on fabriquait des armes à Tolède. Tout dépé-

[1] Pl. 49.
[2] Pl. 59.
[3] Pl. 60.

AVÉNEMENT DE LA MAISON DE BOURBON AU TRÔNE D'ESPAGNE. — RÈGNE DE PHILIPPE V. — LIGUE FORMÉE PAR L'ANGLETERRE, LA HOLLANDE ET L'AUTRICHE POUR DÉTRÔNER PHILIPPE V. — LA SAVOIE ET LE PORTUGAL ENTRENT DANS LA LIGUE. — LES ANGLAIS S'EMPARENT DE GIBRALTAR. — LA CATALOGNE ET L'ARAGON SE DÉCLARENT POUR L'ARCHIDUC. — SIÉGE DE BARCELONE PAR PHILIPPE V. — PHILIPPE ABANDONNE MADRID, QUI EST OCCUPÉ PAR LES PARTISANS DE L'ARCHIDUC. — CEUX-CI SONT A LEUR TOUR FORCÉS D'ABANDONNER LA CAPITALE. — BATAILLE D'ALMANSA. — BATAILLE D'ALMENARA. — BATAILLE DE SARAGOSSE. — PHILIPPE ABANDONNE UNE SECONDE FOIS MADRID, DONT L'ARCHIDUC SE REND MAITRE. — L'ARCHIDUC QUITTE A SON TOUR LA CAPITALE. — PRISE DE STANHOPE A BRIHUEGA. — BATAILLE DE VILLAVICIOSA. — PAIX D'UTRECHT ET DE BADE. — PHILIPPE V SOUMET LA CATALOGNE. — SON SECOND MARIAGE. — ALBERONI EST ÉLEVÉ AU MINISTÈRE.

Les dernières volontés de Charles II avaient été tenues secrètes. L'ambassadeur de Léopold les ignorait encore; mais il était persuadé que l'archiduc était désigné pour héritier de la couronne d'Espagne. Aussi, attendait-il avec confiance que les grands et les présidents des conseils, renfermés dans l'appartement du roi, pour entendre la lecture de son testament, vinssent lui présenter leurs félicitations. En voyant le duc d'Abrantès s'avancer vers lui, les bras ouverts pour l'embrasser, il s'empressa de l'assurer que l'empereur serait instruit de son zèle. Mais le duc le désabusa promptement. « Je viens, lui dit-il, prendre « congé de la maison d'Autriche. » Quand le peuple connut le successeur choisi par Charles II, la joie fut presque universelle. On craignit seulement que Louis XIV ne refusât ce legs, et qu'il ne trouvât plus avantageux de s'en tenir aux dispositions du dernier traité de partage. Pour détourner ce malheur, on fit à Madrid des prières publiques, et l'on adressa au roi de France les instances les plus pressantes. Après quelques jours d'hésitation, Louis XIV accepta pour son petit-fils le trône qui lui était offert, et le duc d'Anjou, proclamé roi d'Espagne, sous le nom de Philippe V, partit de Versailles le 4 octobre 1700, afin de se rendre au vœu du peuple qui l'appelait.

Quand Philippe le Beau et quand Charles V étaient montés sur le trône, ils avaient amené avec eux une foule de seigneurs flamands et autrichiens, auxquels ils avaient prodigué les places et les faveurs. Cette invasion des favoris étrangers avait été un des principaux griefs de la nation contre la dynastie autrichienne. Le nouveau roi ne commit pas la même faute. Il entra seul en Espagne; et, à l'exception du duc d'Harcourt, qui devait résider auprès de lui en qualité d'ambassadeur de Louis XIV, aucun Français ne l'accompagna.

Cette attention de Philippe V à ménager les susceptibilités de la nation, les grâces dont il était doué, et son affabilité naturelle, lui gagnèrent bientôt le cœur de presque tous les Espagnols. Cependant la maison d'Autriche comptait encore bien des partisans, et bientôt le petit-fils de Louis XIV, malgré les droits que lui donnait sa naissance, malgré la justice du testament de Charles II, malgré les vœux de la majorité, fut contraint de défendre par les armes la couronne qui lui avait été léguée. L'Europe entière voyait avec jalousie un Bourbon monter sur le trône de Charles V. Cependant, ni la Hollande ni l'Angleterre n'étaient alors en mesure de commencer la guerre. Ces deux puissances n'hésitèrent donc pas à reconnaître le nouveau souverain. Le pape Clément XI, don Pedro II de Portugal, Frédéric IV de Danemark et l'électeur de Bavière suivirent cet exemple. L'empereur Léopold, au contraire, ne voulant pas renoncer aux droits qu'il prétendait avoir à la couronne d'Espagne, prit aussitôt les armes, et la guerre commença en Italie. Philippe V, pour assurer au parti espagnol la prépondérance dans ce pays, épousa Marie-Louise-Gabrielle, seconde fille de Victor-Amédée, duc de Savoie. Le traité d'alliance fut la principale dot de cette princesse. Son père s'engagea à fournir quinze mille vieux soldats dont la France payerait l'entretien. Le commandement général des armées réunies de France et d'Espagne fut déféré à ce prince, au moins en apparence; car, en réalité, la conduite de la guerre était confiée au maréchal de

Catinat. Le duc de Savoie, qui était mécontent de ne pas exercer une entière autorité, et qui, d'ailleurs, voulait maintenir en Italie l'équilibre entre l'empereur et la maison de Bourbon, entrava par tous ses efforts les opérations de ce général. Le prince Eugène de Savoie, qui commandait les troupes impériales sut habilement profiter de ces dispositions; et il remporta plusieurs avantages sur les troupes des deux couronnes. Le maréchal de Villeroi, envoyé au secours de Catinat, attaqua imprudemment auprès de Chiari les retranchements du prince Eugène, et une perte de trois mille hommes fut le résultat de sa confiance présomptueuse. Quelques mois plus tard, après que le maréchal de Catinat fut retourné en France, Villeroi se laissa surprendre dans Crémone, où il fut fait prisonnier. Pour réparer ces échecs, on envoya le duc de Vendôme en Italie, et Philippe V voulut aller partager les dangers et la gloire des braves qui défendaient ses États. Il passa d'abord à Naples, où les partisans de la maison d'Autriche avaient excité quelques troubles. Sa présence et la clémence avec laquelle il traita les révoltés éteignit promptement les dernières étincelles de l'insurrection. Son arrivée à l'armée fut signalée par des succès; M. de Vendôme enleva en peu de jours aux Impériaux tout le duché de Modène. Cette heureuse expédition fut suivie de la bataille de Luzara (15 août 1702), et quoique les deux partis se soient attribué l'honneur de la victoire, il est certain que l'avantage resta aux troupes de Philippe V, puisque le prince Eugène ne put les empêcher de prendre, sous ses yeux, la place de Luzara, où il avait une grande partie de ses magasins. Le duc de Vendôme fit aussi assiéger la ville de Guastalla, et il s'en rendit maître. Pendant que cette glorieuse campagne assurait à Philippe la possession de ses États d'Italie, une flotte ennemie venait attaquer Cadix. Dès le mois de septembre de l'année précédente, une alliance avait été conclue à la Haye entre la maison d'Autriche, le roi d'Angleterre et la Hollande. Le but de cette ligue était de dépouiller le duc d'Anjou de la couronne d'Espagne. Mais Guillaume mourut avant d'avoir pu prendre part lui-même à l'exécution de cette convention. Ce prince était d'une faible santé; une chute de cheval qu'il fit à la chasse, le 4 mars 1702, détermina une maladie dont il mourut quinze jours plus tard. Anne Stuart lui succéda sur le trône d'Angleterre. Cette princesse, le jour même de son couronnement (le 4 mai 1702), déclara la guerre à la France et à Philippe V. Elle s'empressa de renouveler l'alliance conclue avec Léopold et avec la Hollande. On fit seulement quelques changements aux articles dont on était convenu. Les Anglais se réservèrent pour eux, dans la monarchie espagnole, l'île de Minorque, Gibraltar, Ceuta, et presque le tiers des Indes, dont l'autre tiers fut promis aux Hollandais. Le Milanais devait être incorporé aux États héréditaires de la maison d'Autriche; on laissait le reste de la monarchie espagnole à l'archiduc, et la ligue le proclama roi, sous le nom de Charles III. Il s'en fallait beaucoup que l'Espagne fût préparée à soutenir une semblable lutte. Voici comment un auteur contemporain a décrit l'état déplorable où se trouvait la monarchie [1] : « On ne prit « aucun soin de fortifier les places et d'y « tenir des garnisons; on devait regar- « der celles d'Andalousie, de Valence « et de Catalogne, comme les clefs du « royaume; et cependant l'indolence ne « daignait pas plus y jeter les yeux que « s'il n'eût pas été question de se les « disputer. Les murs de toutes les for- « teresses tombaient en ruine. Les brè- « ches que le duc de Vendôme venait de « faire à Barcelone [2] étaient encore « ouvertes; et de Roses à Cadix il n'y « avait ni château ni fort non-seulement « qui eût une garnison, mais même « dont l'artillerie fût montée. On voyait « la même négligence dans les ports de « Biscaye et de Galice; les magasins « étaient sans munitions; les arsenaux « et les ateliers étaient vides; on avait « oublié l'art de construire les vaisseaux; « le roi n'avait que ceux qui faisaient « le commerce des Indes et quelques « galions. Six galères, consumées par le « temps et par l'inaction, étaient à l'an-

---

[1] Don Vincente Bacallar y Sanna, marquis de Saint-Philippe.
[2] Pendant la guerre de Catalogne qui avait précédé la paix de Ryswick.

« cre à Carthagène. Tels étaient les
« forces de l'Espagne et les préparatifs
« d'une guerre inévitable, qui, suivant
« les apparences, allait être opiniâtre et
« sanglante. Les États que la mer sépa-
« rait du continent n'étaient pas en
« meilleur ordre; il y avait à peine dans
« tout le royaume de Naples six compa-
« gnies complètes de soldats, auxquels
« une longue oisiveté n'avait que trop
« donné le temps d'oublier la guerre et de
« négliger la discipline militaire. Cinq
« cents hommes défendaient la Sicile;
« à peine en comptait-on deux cents
« en Sardaigne; encore moins à Mayor-
« que, peu aux Canaries et aucun dans
« les Indes. On pensait que les milices
« du pays pourraient suppléer dans les
« occasions; mais elles n'avaient aucune
« habitude de la guerre, tout se bornait
« à avoir inscrit leurs noms dans un re-
« gistre; et on avait imposé aux labou-
« reurs et aux pâtres l'obligation d'a-
« voir chez eux un fusil. On comptait huit
« mille hommes en Flandre et six mille à
« Milan. Le total des troupes à la solde
« d'une si vaste monarchie ne passait
« pas vingt mille hommes, et ses forces
« maritimes consistaient seulement en
« treize galères: on en payait six à Gê-
« nes au duc de Tursis, et une à Étienne
« Doria. C'est à un état si déplorable
« que les princes autrichiens avaient ré-
« duit les forces de l'Espagne. »

La garnison de Cadix ne montait pas à trois cents hommes, et le marquis de Villadarias, chargé de la défense de l'Andalousie, ne pouvait disposer que de cent cinquante hommes d'infanterie, de trente cavaliers, et des paysans qui consentiraient à prendre les armes. Au contraire, les flottes combinées de Hollande et d'Angleterre s'élevaient à cent soixante voiles. Elles portaient douze mille hommes de débarquement. Malgré cette immense disproportion entre les forces de l'attaque et celles de la défense, les Anglais échouèrent dans leur entreprise. Ils avaient espéré qu'à leur approche une partie de l'Andalousie embrasserait le parti de l'archiduc. Dès qu'ils furent arrivés dans la baie de Cadix, ils essayèrent, par leurs promesses, de déterminer les habitants à se soulever en faveur de Charles d'Autriche; mais ces tentatives de séduction étant restées sans effet, les coalisés mirent à terre un grand nombre de troupes. Ils s'emparèrent de Rota, que le gouverneur leur rendit sans essayer de se défendre. Ils prirent ensuite Port-Sainte-Marie, qu'ils saccagèrent de la plus horrible manière. Enfin ils commencèrent le siège du fort de Matagorda, qui défend l'entrée du port de Cadix; mais ils rencontrèrent une résistance énergique. Le marquis de Villadarias, à la tête des milices qu'il avait réunies, attaquait chaque nuit et détruisait leurs tranchées. Enfin, après avoir essuyé des pertes assez considérables, ils furent obligés de se rembarquer. Le gouverneur de Rota avait été le seul Espagnol qui eût embrassé le parti de Charles d'Autriche, et il expia bientôt sa trahison. Après le départ des ennemis, il tomba entre les mains de Villadarias, qui le fit pendre.

Les coalisés se dédommagèrent de l'échec qu'ils venaient d'éprouver, en frappant le commerce espagnol d'un terrible désastre. Les galions d'Amérique revenaient en Europe, escortés par une escadre française de vingt-trois vaisseaux. L'amiral de Château-Renaud, qui la commandait, ayant appris que les flottes coalisées croisaient devant Cadix, avait proposé de conduire les galions dans un port de France, où ils auraient été en sûreté; mais les Espagnols protestèrent contre cette résolution. Ils exigèrent qu'on entrât dans un port de la Galice, et ils forcèrent l'amiral de choisir celui de Vigo. La flotte anglaise était encore éloignée. On aurait eu le temps de débarquer les marchandises dont les galions étaient chargés et de les mettre en sûreté; mais une de ces stupides rivalités de villes et de provinces, qui ont toujours été et qui malheureusement seront encore longtemps une des plaies de l'Espagne, fut cause de la perte de toutes ces richesses. Les commerçants de Cadix prétendirent qu'aux termes de leurs priviléges les marchandises venant de l'Inde ne pouvaient être débarquées autre part que dans leur port: ils demandèrent au conseil des Indes, à Madrid, que ces bâtiments restassent en séquestre, avec leurs cargaisons, jusqu'à ce que les ennemis de la nation se fussent éloignés de leurs côtes. Avant que le conseil des Indes eût rendu sa décision, les Anglais se présentèrent, le 22 octobre 1702. Ils entrèrent dans la rade de Vigo, qui n'était défendue par aucune fortification. M. de Château-Renaud combattit avec courage ; mais ses forces étaient de beaucoup inférieures à celles des ennemis ; et, pour que ses vaisseaux ne tombassent pas entre leurs mains, il fut forcé d'y mettre lui-même le feu. L'or et l'argent dont était chargée la flotte, et quelques marchandises seulement, avaient été portés à terre. Tout le reste périt dans les flammes, ou devint la proie des Anglais, qui firent un immense butin.

Ces fâcheuses nouvelles forcèrent Philippe à repasser en Espagne, et son retour ne put empêcher les intrigues ourdies par les partisans de la maison d'Autriche. L'amirante don Thomas Enriquez de Cabreras, qui descendait des anciens rois de Castille, s'était montré sous Charles II un des adversaires les plus ardents de la maison de Bourbon. L'avénement de Philippe V l'avait rendu plus circonspect dans l'expression de ses sentiments; mais il ne les avait pas changés. Nommé ambassadeur auprès de Louis XIV, au lieu de se rendre en France, il se réfugia à la cour de Portugal, qui devint un foyer permanent de conspirations et un rendez-vous pour tous les mécontents. Enfin, le roi de Portugal, tenté par l'espoir d'agrandir son royaume aux dépens de l'Estrémadure et de la Galice, embrassa le parti de l'archiduc d'Autriche et signa, le 16 mai 1703, un traité avec l'Angleterre, la Hollande et l'empereur. A la même époque, le duc Victor-Amédée déserta la cause de son gendre. L'espoir d'ajouter à son duché le Montferrat et une partie du Milanais, lui fit abandonner la cause de la maison de Bourbon. Il signa, le 28 octobre, le traité par lequel il se déclara pour l'archiduc. Pendant que la diplomatie préparait ces défections, on se battait en Italie et en Allemagne. La guerre n'avait pas encore désolé l'Espagne ; mais elle ne devait pas tarder à y porter ses ravages. Au commencement de 1704, une flotte puissante de vaisseaux anglais et hollandais amena l'archiduc Charles à Lisbonne. Ce prince s'était flatté que les Espagnols, en apprenant son arrivée, s'empresseraient de venir reconnaître son autorité par pure affection pour la maison d'Autriche. L'événement ne répondit pas à son attente. Il trouva seulement à Lisbonne l'amirante, le comte de la Corzana et quelques autres mécontents. L'amirante lui présenta aussi quelques prisonniers espagnols qu'on avait faits en Galice, afin qu'il reçût ce premier hommage de ses sujets. La crainte obligea ces malheureux à baiser la main du prince; mais un enfant de dix ans qui était avec eux refusa obstinément de lui rendre cet honneur. « Celui-là, dit-il, « n'est pas le roi, et, dût-on me tuer, on ne « me forcera pas à baiser la main d'un au- « tre que du roi légitime qui est à Madrid. »

Les Anglais avaient débarqué avec l'Archiduc huit mille hommes de bonnes troupes. Malgré ce renfort, l'armée portugaise était encore inférieure à celle de Philippe, qui avait reçu un secours de troupes françaises, commandées par le maréchal de Berwick. L'année fut heureuse pour les Espagnols; ils prirent aux Portugais Salvatierra, Segura Peña-Garcia, Idaña, Montesanto, Portalègre, Castel-Blanco, et plusieurs autres places. Dans presque toutes les rencontres, le roi paya de sa personne et s'exposa, comme s'il n'eût été qu'un simple officier. On le vit souvent rester dans la tranchée, où il dîna debout; ce fut un tambour qui lui servit de table. D'un autre côté, le marquis de Villadarias, qui commandait une seconde division de l'armée, pénétra au cœur du Portugal, où il mit tout à feu et à sang. Il prit d'assaut Castel-David; il s'empara de Marvan et soumit tout le pays voisin. Quelques rencontres où les troupes portugaises abandonnèrent la victoire aux Espagnols complétèrent la gloire de cette campagne, qui dura seulement trois mois. L'excès des chaleurs força de suspendre les hostilités. Philippe V étant retourné à Madrid, le roi de Portugal et l'Archiduc voulurent profiter de son absence pour pénétrer dans le royaume de Léon, du côté de Ciudad-Rodrigo ; mais ils ne purent obtenir aucun avantage; et le maréchal de Berwick, qui n'avait en ce moment à leur opposer que des forces inférieures, ayant marché à leur rencontre, ils n'osèrent pas l'attendre et se retirèrent honteusement. Cependant un événement funeste vint empoisonner la joie de ces succès. Les fortifications de Gibraltar étaient dans l'état le plus délabré. La garnison, commandée par Diégo de Salinas, se composait uniquement de quatre-vingts fantassins et de trente cavaliers. La flotte anglaise, après avoir fait une tentative inutile pour s'emparer de Barcelone, se présenta devant Gibraltar, le 1er août 1704, et fit à l'instant au gouverneur sommation de se rendre. Sur son refus, la place fut attaquée. Le lendemain, l'artillerie des vaisseaux ayant ruiné toutes les fortifications du môle, les Anglais s'en emparèrent, et la garnison fut obligée de capituler. Le duc de Darmstadt, qui commandait pour l'empereur et pour l'Archiduc, voulut arborer aussitôt sur les remparts l'étendard impérial; mais les Anglais s'y opposèrent. Ils y élevèrent leur propre drapeau, et prirent possession de la ville au nom de la reine d'Angleterre. Venus comme alliés d'un prétendant à la couronne d'Espagne, ils commencèrent par s'approprier cette position importante que depuis ils ont conservée. Les Espagnols cherchèrent en vain à la recouvrer. Villadarias en fit le siége; mais il ne put empêcher que la place fût secourue. Possesseurs de Gibraltar, les Anglais tentèrent aussi de se rendre maîtres de l'autre côté du détroit. Ils allèrent attaquer Ceuta; mais, comme les Maures tenaient cette ville bloquée depuis beaucoup d'années, elle était à l'abri d'un coup de main. Ils essayèrent de séduire le marquis de Gironela, qui en était gouverneur. Ce brave capitaine repoussa les offres brillantes qu'on lui faisait au nom de l'Archiduc, et sa généreuse résistance contraignit les ennemis à abandonner cette entreprise. Ils remirent à la voile, et rentrèrent dans la Méditerranée. Ils y furent attaqués, près de Malaga, par la flotte française, que commandait le comte de Toulouse. Après treize heures de combat, la nuit et le changement de vent séparèrent les deux armées, sans que la victoire se fût déclarée pour aucun des deux partis. Tels sont les principaux événements arrivés en Espagne, dans le courant de l'année 1704. En Italie, M. de Vendôme battit en plusieurs rencontres les troupes du duc de Savoie. Il s'empara des villes de Verceil, de Suze, et commença le siége de Vérua. Mais, en Allemagne, la fortune se déclara pour les Impériaux; et l'armée française, commandée par les maréchaux de Tallard et de Marsin, fut défaite par Marlborough dans les plaines d'Hochstet. L'année 1705 fut encore plus favorable aux ennemis de Philippe V. La nécessité d'employer une partie de ses forces au siége de Gibraltar ne lui permit pas d'avoir sur la frontière du Portugal une armée aussi nombreuse que celle des coalisés. Les généraux Galloway, Fagel et le marquis das Minas, qui commandaient les troupes d'Angleterre, de Hollande et de Portugal, reprirent la ville de Salvatierra. Ils assiégèrent aussi Valencia de Alcantara. Le gouverneur de cette place était le marquis de Villafuerte, qui se défendit avec courage; il soutint cinq assauts sur la brèche, et ne se rendit que lorsque les blessures qu'il avait reçues l'eurent mis dans l'impossibilité de combattre. La garnison, réduite à cent douze hommes, fut obligée de se rendre prisonnière de guerre; et on la fit partir pour Lisbonne, sous la conduite d'une escorte de trente chevaux. Dans la route, les Espagnols se voyant gardés avec négligence, attaquèrent à l'improviste les Portugais, pendant que ceux-ci prenaient leur repas; ils les désarmèrent, leur lièrent les pieds et les poings, et se sauvèrent sur leurs chevaux.

Les coalisés, après s'être rendus maîtres de Valencia de Alcantara, allèrent assiéger Albuquerque. Cette ville ne résista pas plus de sept jours. Ils auraient pu s'avancer ensuite dans la Galice ou dans l'Estrémadure; mais le défaut d'accord entre les généraux mit obstacle à leurs progrès. Déjà les Portugais commençaient à se repentir d'avoir embrassé le parti de l'Archiduc; la conduite des Anglais à Gibraltar avait fait comprendre à don Pédro que cette guerre se faisait bien moins dans l'intérêt de Charles d'Autriche que dans celui de l'Angleterre. Aussi, les Portugais s'efforcèrent-ils d'entraver, par leur inertie, toutes les opérations de la campagne. On ne s'entendait pas sur le plan qu'on devait suivre. Le prince de Darmstadt entretenait des intelligences en Catalogne, où il avait été gouverneur; par conséquent, il voulait que l'Archiduc commençât par débarquer à Barcelone; il promettait que bientôt il aurait soulevé la principauté tout entière en sa faveur.

L'amirante, au contraire, voulait que Charles d'Autriche entrât en Castille par l'Andalousie, ou par l'Estrémadure. Jamais, disait-il, les Castillans ne consentiront à se soumettre à un roi qui aura d'abord été proclamé en Catalogne ou en Aragon. Cette opinion était peut-être la plus raisonnable; mais elle ne prévalut pas. Pour accommoder tout le monde, on convint de tenter à la fois les deux entreprises. L'Archiduc s'embarqua sur la flotte anglaise avec le prince de Darmstadt, le comte de Péterborough et de nouvelles troupes que la reine d'Angleterre venait de lui envoyer. Les autres forces auxiliaires et les Portugais devaient continuer la guerre en Estrémadure. L'amirante se rendit à Estrémos, où l'armée se rassemblait. Mais désespéré d'exercer si peu d'influence dans les conseils d'un prince pour lequel il avait sacrifié sa fortune et son honneur, il ne put résister à son chagrin; il fut frappé d'une attaque d'apoplexie, et il mourut le 29 juin. Le siège de Badajoz fut entrepris par les troupes coalisées; mais, pendant tous ces conseils et toutes ces tergiversations, la ville avait été mise en état de faire une vigoureuse défense, et le maréchal de Tessé étant venu la secourir à la tête de 6,000 Français, les assiégeants furent obligés de se retirer précipitamment et de jeter dans la Guadiana une partie de leur artillerie.

S'il existait peu d'accord dans les conseils de Charles d'Autriche, il faut avouer que la division s'était également glissée à la cour de Philippe V. Ce prince n'avait pas entièrement persévéré dans la sage résolution qu'il avait prise, en montant sur le trône, de ne s'entourer que d'Espagnols. On avait donné la surintendance de la maison de la reine à une dame française, à Marie-Anne de la Trimouille, veuve du prince des Ursins. Les seigneurs espagnols se plaignaient de ce qu'elle n'usait qu'en faveur des Français de l'influence que lui donnait sa place de *Camerera-mayor*. Afin de rétablir les finances que Charles II avait laissées dans le plus grand désordre, on avait aussi eu recours à un Français, à M. Orry, homme d'un caractère intègre, qui portait jusqu'à la rudesse et jusqu'à la dureté l'esprit d'ordre et d'économie. Les réformes tentées par ce ministre blessèrent beaucoup d'intérêts. Pour faire face aux frais de la guerre, auxquels les ressources ordinaires ne pouvaient suffire, il voulut établir un nouvel impôt; il essaya d'introduire en Espagne la capitation. Cette tentative rencontra tant de résistance, qu'il fallut y renoncer; mais ces exigences fiscales, aussi bien que les intrigues de la cour, répandaient le mécontentement dans les esprits. Chez bien des gens, déjà l'aigreur avait pris la place des sentiments d'affection que le caractère de Philippe V avait d'abord inspirés. C'est dans ces circonstances que la flotte de Charles d'Autriche se présenta sur les côtes de la Méditerranée. A Alicante elle fut reçue à coups de canon; mais à Denia elle obtint plus de succès. On mit à terre un Valencien, nommé Basset, que l'Archiduc revêtit du titre de vice-roi. Cet homme, en promettant la suppression de tous les impôts, parvint bientôt à faire soulever la populace de Denia et de Vico. Ces commencements de sédition eussent été facilement réprimés, si deux mille Anglais qu'on débarqua ne fussent venus se joindre aux rebelles. Rendue plus hardie par ce secours, la révolte ne tarda pas à envahir une grande partie du royaume de Valence. Pendant que de ce côté la rébellion faisait des progrès rapides, l'Archiduc se rendit en Catalogne, et sa flotte alla jeter l'ancre devant Barcelone. Les habitants étaient divisés en deux factions; l'une voulait rester fidèle au roi que la nation avait reconnu; l'autre était dévouée aux princes autrichiens. Cette dernière, composée de la partie la plus nombreuse et la plus turbulente de la population, ne répugnait à aucun moyen pour faciliter à l'Archiduc l'accès de la ville. A peine la flotte se fut-elle présentée devant le port que cette faction se déclara hautement. Elle fit venir aux portes de Barcelone une multitude de bandits qui bloquèrent la ville, de manière à n'y laisser entrer ni vivres ni aucune espèce de secours. Les autres partisans de l'Archiduc se répandirent dans la province, pour soulever les populations par des promesses exagérées; et l'insurrection se répandit de proche en proche avec une célérité effrayante.

Bientôt, la capitale de la principauté se trouva réduite à la situation la plus déplorable. Elle manquait d'armes, de vivres, de munitions. La garnison n'était pas assez nombreuse pour contenir en même temps les ennemis du dedans et pour faire face à ceux du dehors. Aussi, les troupes de l'Archiduc débarquèrent sans rencontrer la moindre résistance, et elles commencèrent le siége de Barcelone. Elles tentèrent de s'emparer par surprise du fort de Mont-Joui ; mais cette entreprise échoua ; et le prince de Darmstadt, qui la dirigeait, y perdit la vie. Cependant cette citadelle ne résista pas longtemps. Trois jours plus tard, une bombe étant tombée sur un magasin à poudre, l'explosion détruisit une partie des fortifications. Le gouverneur, plusieurs officiers et plus de cinquante soldats furent écrasés sous les décombres. La garnison n'eut d'autre ressource que de se rendre. Elle était réduite à trois cents hommes, qui furent faits prisonniers de guerre. La prise de Mont-Joui devait accélérer celle de Barcelone. Le siége fut pressé avec activité ; et le 3 octobre, la brèche était praticable. Cependant don Velasco, gouverneur de la province, déterminé à se défendre jusqu'à la dernière extrémité, avait fait construire des retranchements en arrière de la brèche ; mais la fermentation était si grande dans la ville, et même parmi les troupes de la garnison, qu'il avait à craindre une révolte générale, et qu'il fut forcé de capituler. Le traité fut signé le 9 octobre. La garnison obtint les honneurs de la guerre. Les personnes qui voulurent rester fidèles à Philippe V eurent la liberté de quitter Barcelone et d'emporter tous leurs biens. Un grand nombre des plus nobles familles de la Catalogne profitèrent de cette permission et se retirèrent à Madrid. Tarragone ne tarda pas à suivre l'exemple de Barcelone. Quant aux villes de Girone, de Tortose, de Figuières et de Lérida, elles se rendirent sans combattre. En peu de temps, toute la principauté, à l'exception de Rosas et de Cervera, eut proclamé Charles d'Autriche pour roi. La révolte ne s'arrêta pas en Catalogne ; elle passa en Aragon ; elle y fit des progrès rapides, et bientôt il n'y resta plus à Philippe que la ville de Jaca. Ce prince, attaqué vivement du côté de l'Estrémadure par le marquis das Minas et par Galloway, dépouillé des trois provinces de Valence, de Catalogne, d'Aragon, et voyant que le mécontentement et les murmures avaient remplacé l'enthousiasme et les acclamations avec lesquels il avait été reçu, prit le seul parti qui pût sauver sa couronne : il se mit lui-même à la tête de son armée ; il s'avança pour reconquérir les provinces qu'on lui avait enlevées ; et dans les premiers jours du mois d'avril 1706, il commença le siége de Barcelone, où l'Archiduc s'était renfermé. Une flotte française de vingt-sept vaisseaux privait les assiégés des communications qu'ils auraient pu avoir du côté de la mer. Malgré la résistance acharnée des partisans de l'Archiduc, Philippe s'empara de Mont-Joui et réduisit la ville aux dernières extrémités. Les défenseurs de Barcelone, vivement pressés par terre et par mer, menacés de l'assaut et désespérant d'être secourus, tentaient en vain quelque sorties et se précipitaient en furieux dans le camp des assiégeants, pour y chercher la mort ou la victoire ; mais ils étaient constamment repoussés. Presque toutes les défenses de la place étaient ruinées, et l'on s'attendait à chaque instant à la voir capituler. L'Archiduc s'y était enfermé ; et, s'il fût tombé entre les mains de Philippe, c'eût été le terme des maux qui déchiraient l'Espagne ; mais une escadre anglaise vint secourir la ville. La flotte française, moins forte et moins nombreuse, fut obligée de se retirer. Cet abandon changea totalement la position des parties. L'armée de Philippe se vit dans la nécessité de lever le siége et de se retirer en Roussillon. Elle fut harcelée, pendant toute la route, jusqu'à la frontière de France, par les paysans insurgés et par les miquelets. De là Philippe V retourna à Madrid ; et l'Archiduc, encouragé par cette heureuse délivrance, sortit de Barcelone, pénétra en Aragon, s'empara de Saragosse, qui était presque sans défense. A la faveur de cette diversion, les Portugais, réunis aux troupes de Hollande et d'Angleterre, pénétrèrent en Castille. Déjà maîtres d'Alcantara, de Ciudad-Rodrigo et de Salamanque, ils marchaient sur Madrid, sans rien trouver qui pût les retenir.

Philippe se voyait en danger d'être cerné dans sa capitale par l'armée portugaise qui s'approchait en traversant l'Estrémadure et le royaume de Léon, tandis que l'Archiduc s'avançait du côté de l'Èbre. Il transporta le siége du gouvernement à Burgos. La reine et tous les tribunaux se rendirent en cette ville; et le roi se tint à Sopetran, où se trouvait campée la plus grande partie de ses troupes. A peine fut-il sorti de Madrid que les Portugais arrivèrent devant cette ville. L'archiduc Charles y fut proclamé roi. Les confédérés pensaient que l'occupation de Madrid suffisait pour assurer la couronne à l'Archiduc. Ils se conduisirent avec autant d'imprudence et de légèreté que si la lutte eût été entièrement achevée. Il n'en était rien cependant. Les Castillans se disaient que, si Charles d'Autriche parvenait à s'affermir sur le trône, toute l'influence serait assurée aux Portugais, qu'ils méprisaient, et aux Anglais, qu'ils détestaient. La haine que ces étrangers inspiraient était générale, et les courtisanes elles-mêmes se signalèrent en cette circonstance par un dévouement digne de leur infâme métier. Toutes celles qui se sentaient atteintes du venin, fruit de la débauche, se rendirent au camp des alliés, sur les bords du Maçanarès. En peu de jours les hôpitaux furent remplis de soldats malades, et il en périt plus de six mille.

Néanmoins, la position de Philippe était excessivement critique. Il n'avait que peu de troupes, et les secours qu'il attendait de France tardaient à arriver. Aussi, conseillait-on à ce prince de repasser les Pyrénées, ou bien de se réfugier à Mexico, en transportant dans cette dernière ville le siége de la monarchie catholique. Philippe repoussa ces conseils pusillanimes. Il répondit qu'il n'abandonnerait jamais les sujets qui lui avaient donné tant de marques de dévouement; et il promit, sur sa parole royale, de mourir à la tête du dernier escadron qui lui resterait. Ces généreuses résolutions ranimèrent le courage de ses partisans. Les lenteurs et l'inaction des alliés lui laissèrent le temps de réorganiser son armée. On lui ramena de France les troupes qui avaient fait le siége de Barcelone. Il put rentrer à Madrid et y rappeler sa cour, tandis que les confédérés, dans l'impossibilité de se maintenir au milieu de populations qui se montraient si hostiles, furent obligés de se retirer vers le royaume de Valence. C'est alors que le comte de Péterborough, désespérant de la cause de l'Archiduc, écrivit à Londres, que l'Europe entière, conjurée contre le duc d'Anjou, ne parviendrait pas à le dépouiller de la couronne d'Espagne. La fortune commençait à redevenir favorable à Philippe V. Les Navarrais repoussèrent les irruptions des Aragonais, qui soutenaient le parti de l'Archiduc. Les habitants de Salamanque résistèrent à une seconde invasion des Portugais et les contraignirent à se retirer avec beaucoup de perte. Les Canaries ne se montrèrent pas moins fidèles : elles repoussèrent courageusement une escadre anglaise qui se présenta devant Ténériffe et qui somma inutilement cette île de se rendre. Il n'en fut pas de même à Mayorque. Les habitants se soulevèrent contre le comte de Cerbellon, qui était vice-roi : ils le forcèrent à se rendre; et bientôt les Anglais furent maîtres de toutes les Baléares.

Les disgrâces qui, pendant le commencement de cette année 1706, avaient accablé en Espagne le parti de Philippe V, s'étaient également étendues à l'Italie et aux Pays-Bas. En Flandre, les Impériaux gagnèrent la célèbre bataille de Ramillies, et se rendirent maîtres de Bruxelles, de Louvain, de Bruges, de Gand, d'Ostende, en un mot, de tout ce que la France et l'Espagne y possédaient. En Italie, le maréchal de Vendôme mit en déroute les Allemands, auprès de Calcinato; il força le prince Eugène à se retirer dans le Trentin, pour y attendre des secours; mais ce maréchal ayant été remplacé par le duc d'Orléans, les Français furent défaits devant Turin. Les bagages, les munitions, la caisse militaire tombèrent au pouvoir des ennemis, qui se rendirent maîtres de tout le Piémont, du Milanais et plus tard de l'État de Modène, du Mantouan, même du royaume de Naples; et la glorieuse victoire que l'Espagne et la France remportèrent à Castillon ne les dédommagea pas de toutes ces pertes.

Cependant, la fortune qui, à la fin de

cette année, avait commencé à se montrer favorable aux armes de Philippe V conserva le même caractère pendant toute l'année 1707. L'armée des confédérés qui, depuis sa retraite, se tenait cantonnée dans les villages de la Manche, limitrophes du royaume de Valence et de Murcie, informée que Louis XIV envoyait à son petit-fils des secours considérables, résolut de forcer le maréchal de Berwick à une action décisive avant l'arrivé de ces renforts. Les armées se rencontrèrent auprès de la ville d'Almanza, dans le royaume de Murcie : elles s'attaquèrent avec courage. Après une lutte sanglante et acharnée, les Espagnols restèrent maître de la victoire. Des bataillons entiers de Portugais, d'Anglais et de Hollandais se virent forcés à rendre les armes. La perte des confédérés, suivant les relations contemporaines, s'éleva à environ dix-huit mille hommes tués, blessés ou pris. Toute l'artillerie, les munitions, les bagages et un grand nombre de fourgons, chargés de vivres, restèrent au pouvoir du vainqueur. C'est à cette victoire que Philippe V dut sa couronne; et ce prince le reconnut lui-même, en élevant une pyramide sur le champ de bataille d'Almanza. Cet heureux événement entraîna la réduction de Requena, de Valence, d'Alcira, d'Alcoy. Au contraire, Jativa, se fiant à ses remparts, voulut se défendre; mais la ville fut emportée de vive force; et les vainqueurs, irrités, la livrèrent aux flammes et au pillage. Après la soumission du royaume de Valence, l'armée victorieuse passa dans l'Aragon, qui ne tarda pas à rentrer entièrement sous l'obéissance de Philippe V. Enfin elle pénétra en Catalogne et soumit, dans le courant de 1708, les villes importantes de Tortose, de Lérida, de Puiycerda et toute la Cerdagne. A la même époque, les Espagnols remportèrent sur les Portugais, dans les environs d'Évora, la bataille de Gudina, et ils leur enlevèrent Moura, Serpa, Ciudad-Rodrigo. Les affaires des confédérés étaient dans l'état le plus déplorable. Leurs forces étaient réduites à cinq ou six mille hommes. Il ne paraissait pas possible qu'ils résistassent longtemps aux armes victorieuses de Philippe. Mais, l'année suivante, en 1709, les affaires changèrent encore de face. L'Archiduc reçut de puissants renforts. Il recouvra Tortose, et les triomphes des coalisés dans les Pays-Bas réduisirent l'Espagne à la situation la plus critique.

Le prince Eugène, profitant du peu d'accord qui existait entre les généraux français, les vainquit près d'Oudenarde. Il remporta ensuite la victoire de Malplaquet; et il semblait que rien ne pouvait plus l'arrêter jusqu'à Paris. Douay, Béthune, Saint-Venant, Aire, toutes les barrières de la France tombaient les unes après les autres au pouvoir des alliés. Louis XIV se vit dans la nécessité de retirer d'Espagne, pour la défense de ses propres États, les troupes auxiliaires qu'il y avait envoyées. Au contraire, Staremberg, qui commandait l'armée de Charles d'Autriche, reçut d'Angleterre de puissants renforts, attaqua Philippe V auprès d'Almenara, et le mit en déroute. Ce prince fut forcé de se retirer à Lérida avec les débris de son armée; mais, ne pouvant se maintenir dans cette position, faute de vivres, il se replia sur l'Aragon. Cette retraite, ou plutôt cette fuite, augmenta le découragement de l'armée. On y disait hautement que Louis XIV, accablé par ses disgrâces, cessait de soutenir son petit-fils; que ce prince lui-même n'attendait qu'une occasion favorable pour abandonner un trône qu'il ne pouvait plus conserver. La désertion se mit parmi ses troupes; enfin le roi, ne voyant d'autre moyen pour faire taire ces bruits et pour arrêter les progrès de l'Archiduc, prit la résolution de livrer bataille. Il attendit l'ennemi auprès de Saragosse; mais son armée, démoralisée, marcha au combat sans avoir foi ni en son courage, ni en sa fortune : elle fut complétement battue. La victoire fut peu sanglante; car le nombre de morts ne s'éleva pas à quatre cents; mais on fit beaucoup de prisonniers. Après que la bataille fut perdue, le roi se retira à Madrid; et, ne s'y trouvant pas encore en sûreté, il abandonna, pour la seconde fois, cette capitale. Il transporta la cour et les tribunaux à Valladolid; et lui-même il se mit à la tête des restes de son armée, dont le maréchal de Vendôme vint prendre le commandement. En ces tristes circonstances le roi reçut de ses sujets les plus grandes preuves de constance et de dévouement. Les provinces qui étaient restées fidèles firent des efforts incroyables pour le soutenir sur le trône. Celle de Soria entretint seule, pendant plusieurs mois, les débris de son armée. L'arrivée du maréchal de Vendôme rendit le courage à ses partisans; et ses forces, qui avaient été dissipées plutôt que détruites, se réorganisèrent promptement.

Cependant, l'Archiduc, après avoir saccagé une partie de la Nouvelle-Castille, entra en triomphateur à Madrid; mais il trouva les rues de cette ville désertes. Toutes les fenêtres restèrent fermées sur son passage. Les seules acclamations qui l'accueillirent furent celles de quelques enfants, ou de quelques individus de la plus infime populace dont on avait salarié les manifestations. Charles put rester persuadé que ni les écrits qu'il faisait publier, ni la force des armes, ne parviendraient à faire aimer par les Castillans la domination autrichienne. Il fut forcé de comprendre que, s'il était maître de la ville, le cœur des habitants appartenait à Philippe V. Les villages voisins refusaient de fournir des vivres aux alliés, et donnaient, à chaque instant, les preuves les moins équivoques de l'impatience avec laquelle ils supportaient leur présence. La population tout entière était soulevée contre les étrangers, non-seulement par l'amour qu'elle portait à Philippe V, mais encore par le fanatisme religieux. Les Castillans n'ignoraient pas les impiétés commises par les Anglais. Ils avaient horreur de ces hérétiques; et, pour augmenter encore dans le peuple l'exagération de ces sentiments, on avait inventé des miracles. On disait qu'à Tartanedo les hosties, profanées par les Anglais, avaient taché de sang le linge dans lequel elles étaient enveloppées. On ne négligeait aucun moyen d'exciter la fureur du peuple contre les étrangers.

L'armée confédérée, campée aux portes de Madrid, s'abandonnait à l'ivresse, à la débauche et aux autres vices inséparables de l'oisiveté. Les hôpitaux furent bientôt remplis de malades, et l'Archiduc y perdit plus de soldats qu'il n'en avait laissé sur le champ de bataille. Enfin, la subsistance de ses troupes n'était point assurée. Ses convois étaient arrêtés ou détruits par les lieutenants de Philippe qui, maîtres de tous les passages, venaient enlever des chariots de vivres aux portes mêmes de Madrid. Ainsi harcelé de tous les côtés, au cœur d'un pays qui ne lui offrait aucune ressource, l'Archiduc reçut encore la nouvelle que le duc de Noailles se disposait à pénétrer en Catalogne, à la tête de quinze mille Français, de manière à lui ôter toute possibilité de retraite. Cela était à craindre; car une grande partie des passages était déjà occupée par les garnisons espagnoles que Philippe avait laissées dans ce pays. Il se détermina donc à quitter Madrid, le 9 octobre 1710. A peine la ville fut-elle délivrée des étrangers, que Philippe V y fut de nouveau proclamé; et les démonstrations de joie furent si bruyantes, que de son camp l'Archiduc entendait le son des cloches et des acclamations. A la tête de huit cents cavaliers, il prit la route de Barcelone, tandis que son armée se portait sur Tolède, dans le but d'y attendre une division portugaise. Mais le maréchal de Vendôme avait occupé les ponts d'Almaraz, d'Alcantara et de l'Archevêque, sur le Tage. En s'emparant de ces positions, il avait déconcerté les plans de Staremberg, et l'avait privé de toute communication avec le Portugal. Staremberg feignit de s'établir à Tolède, dans l'espoir que le maréchal de Vendôme ferait quelques mouvements; mais, le voyant inébranlable, et n'ayant pas de vivres pour subsister sur les bords du Tage, il se détermina à se replier sur l'Aragon. Les confédérés, pour rendre leur mouvement plus facile, avaient divisé leur armée en deux corps. Celui qui marchait en avant était composé d'Allemands et de Portugais; Staremberg le commandait en personne. L'autre, qui suivait à quelque distance, était formé d'Anglais et de Hollandais; il avait pour chef le général Stanhope. Cette division s'étant arrêtée à Brihuega, ville située sur la rive droite du Tajuña, le maréchal de Vendôme fit occuper Torija, pour couper la retraite à Stanhope, et il se plaça de manière à l'isoler de Staremberg. Il fit ensuite attaquer Brihuega, où les ennemis s'étaient retranchés. Cette affaire fut une des plus sanglantes de cette guerre, et le combat dura jusqu'à deux heures du matin. Les Anglais défendirent le terrain pied à pied. Néanmoins, il fallut qu'ils cédassent; et cinq mille hommes, avec leur général Stanhope, furent obligés de se rendre prisonniers (9 décembre 1710).

Staremberg, ne croyant pas qu'en un seul jour il fût possible de forcer un corps de plus de six mille hommes retranché dans une ville, revint sur ses pas pour secourir Stanhope. Il n'était plus qu'à quelques lieues, quand les Anglais furent forcés de capituler. Le lendemain, Staremberg continua à s'avancer, en tirant de temps en temps des coups de canon, pour prévenir, s'il en était encore temps, les Anglais de son approche. Le maréchal de Vendôme l'attendit dans les plaines de Villaviciosa. Staremberg, en arrivant, trouva l'armée de Philippe V rangée en bataille. En voyant l'étendue que présentait le front des Espagnols, il aurait voulu se retirer; mais on ne lui en laissa pas la liberté. Il fut bientôt attaqué; ses deux ailes furent enfoncées par la cavalerie espagnole. Au centre, le combat dura jusqu'à la nuit; enfin, il parvint à fuir à la faveur de l'obscurité, en abandonnant son artillerie et tous ses bagages. Après cette bataille, son armée se trouva réduite à six mille hommes; le reste avait péri ou était tombé entre les mains des vainqueurs. Philippe V, qui, depuis trois jours, ne s'était pas déshabillé, passa la nuit sur le champ de bataille. On raconte qu'après cette journée, le roi ne sachant où se coucher, le maréchal de Vendôme lui dit : « Je vais vous faire donner le « plus beau lit sur lequel jamais roi ait « dormi; » et il fit faire un matelas des étendards et des drapeaux pris sur les vaincus. Le marquis de Saint-Philippe, auteur contemporain, dit seulement que le roi coucha sur le champ de bataille, n'ayant pour abri que son carrosse.

Le général allemand prit la route de l'Aragon avec les débris de son armée; il publiait partout, sur son chemin, qu'il avait remporté une victoire complète sur les troupes de Philippe, et qu'il avait entièrement soumis la Castille; mais ces nouvelles paraissaient peu en harmonie avec la précipitation et avec le désordre de sa marche. Néanmoins, elles produisirent l'effet qu'il en attendait : elles empêchèrent qu'on ne l'arrêtât dans sa route : on lui laissa le passage libre; c'était ce qu'il désirait.

Philippe poursuivit de près l'armée vaincue. Il entra en triomphateur dans Saragosse. Il régla l'organisation des tribunaux de l'Aragon, de même qu'il l'avait fait antérieurement pour les tribunaux de Valence; il les assujettit aux lois de Castille; et, pour punir la province de sa rébellion, il abolit le peu qui restait de ses anciens priviléges.

Staremberg fut forcé de se retirer en Catalogne; et, comme ses forces étaient trop réduites pour qu'il osât les compromettre par quelque entreprise importante, il resta tranquille spectateur des progrès du duc de Noailles, qui, entré dans cette province à la tête de quinze mille Français, s'empara de vive force, au cœur de l'hiver, de la ville de Girone, pénétra dans les plaines de Vique, de Venasque et dans la vallée d'Aran. Bientôt Philippe fut maître de presque toute la Catalogne; et il ne resta plus, pour ainsi dire, à l'archiduc Charles que Barcelone et Tarragone. Les confédérés ne pouvaient espérer de rétablir leurs affaires en Espagne : ils pouvaient encore moins espérer d'arracher à Philippe une couronne qu'il défendait avec tant de courage et avec tant de gloire. Ils commencèrent à se dégoûter de la guerre, et la mort de l'empereur Joseph Ier (17 avril 1711) acheva de déconcerter la ligue. Il ne laissait pas d'enfant et tous ses droits passèrent à l'archiduc Charles, son frère, qui fut bientôt élu empereur. L'Angleterre et la Hollande, en se coalisant contre Philippe, avaient eu pour but d'empêcher que la maison de Bourbon ne réunît à la couronne de France celle d'Espagne, d'Amérique, de Lombardie, de Naples et de Sicile. Mais que devenait l'équilibre européen, pour lequel on combattait depuis tant d'années, si tous ces États se trouvaient joints, avec l'empire d'Allemagne, entre les mains du même prince? Il est évident qu'on eût de cette manière reconstitué la puissance de Charles V, qui avait inspiré de si justes défiances à l'Europe tout entière. Il était nécessaire de changer de système et de mettre un terme aux calamités qui désolaient l'Europe, en conciliant, autant que possible, par une paix équitable, les intérêts et la sécurité des différentes puissances. L'Angleterre fut la première à entrer dans des voies de conciliation. Les négociations durèrent assez longtemps. Enfin, par cinq traités séparés, signés à Utrecht, le 11 avril 1713, Louis XIV fit la paix avec l'Angleterre, le duc de Savoie, le roi de Portugal, le roi de Prusse et les États généraux des Provinces-Unies. Il fut expressément stipulé par ces traités que les couronnes de France et d'Espagne ne pourraient jamais être réunies sur la même tête; qu'aucune province des Pays-Bas espagnols ne pourrait jamais, à aucun titre, être cédée ni transportée à la France; enfin, la Gueldre espagnole fut abandonnée au roi de Prusse. La paix entre l'Espagne et l'Angleterre présentait plus de difficultés. Il fallut quelques mois de plus pour la conclure : elle fut également signée à Utrecht; mais seulement le 13 juillet 1713. La principale clause de ce traité est que jamais les couronnes de France et d'Espagne ne pourront être réunies. Ensuite l'Espagne abandonna à l'Angleterre l'île de Minorque et la ville de Gibraltar. « Mais, est-il dit dans le traité, afin de prévenir les abus et les fraudes qui se pourraient commettre par le transport des marchandises, le roi catholique veut et entend que ladite propriété soit cédée à la Grande-Bretagne, sans aucune juridiction territoriale et sans aucune communication ouverte par terre avec les pays d'alentour... La garnison peut seulement tirer par terre des provisions des villes voisines; mais ces provisions ne peuvent être achetées qu'argent comptant; et, au cas qu'on transportât des marchandises de Gibraltar, soit pour faire un échange avec lesdites provisions, soit sous quelque autre prétexte, elles seront confisquées... » Enfin, par l'art. 12 du même traité, l'Angleterre, qui n'était pas, comme aujourd'hui, animée de sentiments négrophiles, se réservait, pendant trente années, le droit exclusif de fournir les esclaves noirs dont auraient besoin les colonies espagnoles.

Par le même acte, l'Espagne céda au duc de Savoie le royaume de Sicile; mais elle se réservait le droit de retour sur ce royaume à défaut d'héritier mâle de la maison de Savoie.

Les Portugais furent compris dans la paix générale; mais le seul avantage qu'ils en obtinrent fut la restitution des places qui leur avaient été enlevées.

L'empereur seul n'avait pas adhéré à toutes ces conventions; mais il fut contraint par les succès de Villars à demander la paix. Elle fut signée à Bade l'année suivante (le 7 septembre 1714), mais seulement entre la France et l'empereur. Par ce traité les Pays-Bas espagnols, à l'exception de la Gueldre, déjà cédée au roi de Prusse, furent abandonnés à l'empereur. Le roi de France s'engagea à ne point troubler l'empereur dans la possession du royaume de Naples, du duché de Milan et de l'île de Sardaigne. De son côté, l'empereur s'obligea à respecter la neutralité de tous les princes d'Italie. Il est à remarquer que l'empereur, ne voulant pas se dépouiller d'un titre que les princes de la maison d'Autriche portaient depuis si longtemps, prit encore dans ce traité la qualité de roi de Castille, de Léon et d'Aragon; « Mais, est-il dit dans un article séparé, comme quelques-uns des titres que Sa Majesté impériale emploie ne peuvent être reconnus par Sa Majesté très-chrétienne, il a été convenu, par cet article, signé avant le traité, que ces titres ne seront jamais censés donner aucun droit, ou porter aucun préjudice à l'une ou à l'autre des parties contractantes. »

Il n'intervint pas de traité entre le roi d'Espagne et l'empereur Charles VI; mais l'empereur, tout en refusant d'adhérer aux traités d'Utrecht, ou de renoncer à ses prétentions sur la couronne d'Espagne, avait retiré presque toutes ses troupes de la Péninsule. Philippe, pour rester tranquille possesseur de ses États, n'avait plus à recouvrer que celles des îles Baléares qui n'avaient pas été cédées aux Anglais, et la Catalogne. Il est vrai que cette dernière province, quoique réduite à ses propres forces, persistait dans sa rébellion. Les exhortations du roi, qui aurait voulu épargner le sang de ses sujets, ne purent calmer les Catalans. Abandonnés par l'empereur, ils s'érigèrent en république indépendante, et ils poussèrent la folie jusqu'à réclamer le secours de la Turquie. Les refus qui accueillirent leurs propositions ne les empêchèrent pas de persévérer dans une résistance insensée. Enfin, l'armée castillane pénétra en Catalogne; Solsone, Manresa, Hostalrich tombèrent en son pouvoir. Les autres villes du principat se virent, en peu de temps, contraintes à reconnaître l'autorité de Philippe V. Barcelone refusa seule de se rendre. Cette capitale fut bloquée par terre et par mer. Le maréchal de Berwick, envoyé par Louis XIV avec une armée de 15,000 Français, fit ouvrir la tranchée, le 15 mai 1714. Les assiégés se défendirent pendant quatre mois avec opiniâtreté. Quand la brèche fut praticable (le 11 septembre 1714), ils soutinrent l'assaut, avec un courage digne d'une meilleure cause. Chassés des remparts, ils se retranchèrent dans les rues et s'y battirent, pendant trente heures encore, après que la brèche eut été emportée. Enfin, forcés de reconnaître l'impuissance de leurs efforts, ils se rendirent à discrétion. Philippe traita les vaincus avec clémence. Il accorda un pardon général. Quelques-uns des chefs de la rébellion payèrent seulement, par la perte de leur liberté, l'obstination de leur défense. Cependant le roi, pour punir la Catalogne de son obstination, abolit ses antiques priviléges, comme il avait aboli ceux des royaumes de Valence et d'Aragon. L'année suivante, 1715, le roi recouvra les îles de Mayorque, d'Iviça et de Formentera, les seules qui ne se fussent pas encore soumises.

Rétabli de cette manière dans la possession de l'Espagne entière, Philippe mit tous ses soins à faire le bonheur de ses sujets et à réparer les maux que la guerre avait causés. Cependant, son excessive déférence pour la princesse des Ursins, *Camerera Mayor* de la reine, l'influence que cette femme ambitieuse était parvenue à exercer sur les affaires de l'État, eût sans doute fait avorter toutes ces bonnes dispositions, si un accident imprévu n'était venu mettre un terme à ses intrigues et à sa domination. La reine Marie-Louise-Gabrielle était morte, le 14 février 1714. Philippe, encore jeune et d'une santé vigoureuse, voulut chercher dans une seconde union un lien dont la douceur l'aidât à supporter le poids de la couronne. Parmi les différentes princesses qui lui avaient été proposées par Louis XIV, il choisit Isabelle Farnèse, fille du duc de Parme et de Plaisance. Ce mariage fut préparé, dit-on, par les intrigues et par l'adresse d'Albéroni, prélat italien, que le duc de Vendôme avait amené en Espagne, et qui était resté dans ce pays en qualité d'agent du duc de Parme. Au reste, la princesse Isabelle était une des femmes les plus accomplies de son époque. Elle ne tarda pas à donner des preuves de l'énergie de son caractère et de sa présence d'esprit. Elle avait été avertie de l'influence qu'exerçait la princesse des Ursins et de la nécessité qu'il y avait de l'éloigner de la cour. Aussi, la favorite, qui était venue à sa rencontre jusqu'à Xadraque, à quinze lieues environ de Madrid, lui ayant adressé quelques observations peu convenables, la jeune reine ordonna, à haute voix, au commandant des gardes du corps, qui l'escortait, de faire retirer cette folle, de la mettre dans un carrosse et de la conduire hors des terres d'Espagne. On lui obéit sur-le-champ; et la princesse des Ursins fut conduite comme une prisonnière à la frontière d'Espagne. L'arrivée de la reine, et plus encore le départ de la princesse des Ursins, remplirent la cour de joie. On éloigna des affaires toutes les créatures de la favorite; et Albéroni, soutenu par la nouvelle reine, fut bientôt élevé au ministère. Cet homme avait toute la capacité nécessaire pour rétablir l'ordre dans les finances et dans l'administration; mais, au lieu de se borner à ces utiles travaux, il voulut ôter à l'empereur ce que les traités d'Utrecht et de Bade lui assuraient; et sa turbulente ambition ne tarda pas à rallumer la guerre.

LES ESPAGNOLS ENVAHISSENT LA SARDAIGNE. — DESCENTE EN SICILE. — TRAITÉ DE LONDRES. — CONSPIRATION DE CELLAMARE. — GUERRE AVEC LA FRANCE. — CHUTE D'ALBÉRONI. — PHILIPPE V ADHÈRE AU TRAITÉ DE LONDRES. — CONGRÈS DE CAMBRAI. — ABDICATION DE PHILIPPE V EN FAVEUR DE SON FILS DON LUIS. — MORT DE DON LUIS — PHILIPPE V REMONTE SUR LE TRÔNE. — NÉGOCIATION, MINISTÈRE ET DIS-

GRACE DE RIPERDA. — DON CARLOS EST MIS EN POSSESSION DU DUCHÉ DE PARME. — GUERRE NOUVELLE PROVOQUÉE PAR L'ÉLECTION DU ROI DE POLOGNE. — CONQUÊTE DE NAPLES PAR L'INFANT DON CARLOS. — IL REÇOIT LA COURONNE DES DEUX-SICILES. — MORT DE PHILIPPE.

A peine les traités d'Utrecht et de Bade eurent-ils pacifié l'Europe, que Louis XIV fut enlevé à la France (1er septembre 1715) avant d'avoir pu réparer les maux qui avaient désolé les dernières années de son règne. « Soulagez vos peuples le plus tôt que vous le pourrez, et faites ce que j'ai eu le malheur de ne pouvoir pas faire, » avait-il dit, avant de mourir, à son successeur. Le prince à qui ces recommandations étaient adressées, n'avait encore que cinq ans, lorsqu'il monta sur le trône. La régence fut déférée au duc d'Orléans, qui se trouvait le premier prince du sang, au moyen des renonciations faites par Philippe V, lorsqu'il avait reçu la couronne d'Espagne, renonciations qu'il venait de renouveler à l'occasion des traités d'Utrecht. Néanmoins, Philippe V prétendit que la possession d'un sceptre étranger ne devait pas le priver en France d'un droit qu'il tenait de sa naissance. Il se plaignit amèrement de ce que la régence ne lui eût pas été confiée. Albéroni s'appliqua encore à fomenter ce mécontentement. Toutefois, ce prélat ambitieux se garda bien, dans le principe, de laisser apercevoir ses dispositions turbulentes. Il désirait, avant tout, obtenir le chapeau de cardinal. Il eût craint que ses projets sur l'Italie n'alarmassent le pape. Il s'appliqua à gagner les bonnes grâces du saint-père, en lui promettant le secours de l'Espagne pour repousser les Turcs qui menaçaient les États pontificaux. Il envoya, en effet, une flotte dont l'approche contraignit à la retraite les musulmans, qui assiégeaient Corfou, en sorte que Clément XI, séduit par ces apparences, éleva, en 1717, Albéroni à la dignité de cardinal. Tout le monde, il est vrai, n'avait pas la même sécurité que le pape, relativement aux intentions de l'Espagne; et pour se prémunir contre les projets qu'elle cachait encore, une triple alliance fut conclue, le 4 janvier 1717, entre la France, l'Angleterre et la Hollande. Par ce traité, ces trois puissances se rendirent garantes de l'exécution des traités d'Utrecht : cette démonstration n'arrêta pas Albéroni. A peine eut-il obtenu l'objet de ses désirs qu'une puissante escadre, équipée dans les ports de la Péninsule, et portant une armée de plus de 8,000 hommes, aborda en Sardaigne. En moins de deux mois Philippe eut reconquis cette portion de ses États, dont l'empereur avait été mis en possession.

Le succès de cette première entreprise engagea le ministre espagnol à mettre à exécution la seconde partie de son plan. Il essaya de s'emparer de la Sicile, sous le prétexte que le duc de Savoie était sur le point de céder cette île à la maison d'Autriche, moyennant une indemnité qui lui serait donnée en Lombardie, ce qui détruisait l'équilibre bien ou mal établi par les traités d'Utrecht. En cette circonstance, Albéroni fit connaître à l'Europe les prodigieuses ressources de la monarchie espagnole. Quand tout le monde, après une guerre aussi longue et aussi ruineuse, la croyait épuisée, anéantie, incapable du moindre effort, on fut surpris de voir sortir de ses ports une expédition de trente vaisseaux parfaitement équipés. Cet armement répandit l'alarme parmi les puissances garantes des traités d'Utrecht; mais, ni leurs représentations ni leurs menaces ne purent arrêter l'Espagne. Une armée de trente mille hommes débarqua en Sicile, le 1er juillet 1718. Cette agression détermina la France, l'Angleterre et l'empereur à conclure une nouvelle alliance. Par ce traité, signé à Londres, le 2 août, la maison d'Autriche renonce à ses droits sur l'Espagne, à condition que, de son côté, Philippe renoncera à toutes ses prétentions sur les provinces d'Italie et de Flandre, qui avaient appartenu à la monarchie espagnole. Le cabinet de Madrid repoussa ces conditions avec hauteur. Ses troupes étaient déjà maîtresses de Palerme et d'une grande partie de la Sicile, et sans doute elles auraient fait des progrès encore plus rapides, si une flotte anglaise n'eût attaqué et détruit l'escadre espagnole.

Albéroni s'était flatté que le régent ne se déterminerait jamais à prendre parti contre un petit-fils de Louis XIV ; que la guerre une fois allumée, la France se laisserait entraîner malgré elle, et qu'elle soutiendrait la cause de l'Espagne. Mais il eût fallu pour cela violer ouvertement les engagements pris par les traités d'Utrecht et de Bade. Je sais bien que beaucoup d'écrivains ont blâmé le régent de ne l'avoir pas fait ; cependant, sa conduite, en cette circonstance, a été à la fois prudente et loyale. Eût-il fallu, avec des finances épuisées, avec une dette de deux milliards six cents millions, laissée par Louis XIV, qu'il recommençât la guerre désastreuse de la succession ? Quand il l'eût voulu, est-ce que les conventions existantes n'étaient pas là pour l'arrêter ? Est-ce qu'il n'y a pas pour les peuples, de même que pour les honnêtes gens, une bonne foi qui défend de manquer à la parole donnée ? Le régent s'unit donc avec l'Angleterre et avec l'empereur pour assurer l'exécution des traités signés par Louis XIV. Albéroni, pour s'en venger, conçut l'idée de le dépouiller de la régence et de la faire remettre à Philippe V. Il régnait déjà beaucoup d'agitation en Bretagne, et Albéroni y faisait filer des troupes déguisées en fauxsauniers. Une conspiration, ourdie à Paris par le prince de Cellamare, ambassadeur d'Espagne, était au moment d'éclater. Les conjurés avaient le projet d'enlever le régent et de le conduire dans une citadelle d'Espagne ; ils devaient ensuite assembler les états généraux, faire casser l'arrêt du parlement qui lui avait déféré la régence et le transférer au roi d'Espagne. Par ce moyen, Albéroni, autrefois simple clerc sonneur à la cathédrale de Plaisance, devenait le premier ministre de France et d'Espagne, et se flattait de régler les destinées de l'Europe entière. Des papiers dérobés par une courtisane, dans un lieu de débauche, à l'abbé Porto-Carrero, l'un des conjurés, firent connaître les détails de ce complot. Le prince de Cellamare et les principaux conjurés furent arrêtés ; ce qui fit avorter cette entreprise.

Ce n'était pas seulement l'Italie et la France que le ministre espagnol voulait bouleverser ; il prétendait renverser le roi d'Angleterre et soutenait le parti du prétendant Jacques III, qui était connu sous le nom du chevalier de Saint-Georges. Il négociait en même temps avec le czar Pierre le Grand et avec le roi de Suède, Charles XII. Il voulait rallumer la guerre dans le nord de l'Europe, afin que l'empereur, occupé à défendre ses États d'Allemagne, lui présentât moins de résistance en Sicile et en Italie. Charles XII avait accepté avec empressement l'alliance que lui avait offerte Albéroni ; mais, dans la nuit du 11 au 12 décembre 1718, ce prince fut tué d'un coup de fauconneau, au moment où il inspectait les travaux du siége de Frédérichshall, en Norwége. Cette mort inattendue vint déranger les combinaisons d'Albéroni, sans que ce ministre abandonnât cependant aucun de ses projets. Il continua par ses libelles et par ses intrigues à exciter la mésintelligence entre la France et l'Espagne. Enfin le régent se détermina à déclarer la guerre. Les Français, sous les ordres du maréchal de Berwick, pénétrèrent en Navarre, s'emparèrent de Fontarabie, de Saint Sébastien ; et ils auraient pu se rendre maîtres de la Biscaye et de toute la Navarre, s'ils n'avaient pas préféré porter leurs armes du côté de la Catalogne.

Une flotte espagnole, armée pour opérer une descente en Écosse, fut dissipée et détruite par la tempête. Les Anglais, au contraire, insultèrent les côtes de Galice ; une de leurs escadres s'empara du port de Vigo. En Sicile, les affaires n'étaient pas plus prospères. Quoique les Espagnols eussent vaincu les Impériaux en plusieurs rencontres, Charles VI, qui était maître du détroit de Messine, faisait continuellement passer des secours en Sicile et il inondait ce royaume de ses troupes, tandis que les Espagnols, privés de leur flotte et n'ayant presque pas de communication avec leur patrie, devaient nécessairement finir par succomber. A la vue d'un semblable résultat, le cardinal Albéroni, regardé d'abord comme un génie bienfaisant, qui avait su réveiller l'Espagne de sa léthargie, ne parut plus qu'un imprudent et qu'un brouillon. Le roi, regrettant d'avoir cédé à ses conseils, lui ôta le pouvoir et lui enjoignit de sortir de Madrid dans huit jours, et des terres d'Espagne dans trois semaines (5 décembre 1719). Aussitôt qu'Albéroni fut renversé, les négociations pour la paix commencèrent; et, par une convention, signée à la Haye le 17 février 1720, Philippe V accepta le traité de Londres. Il restitua la Sardaigne, qui fut donnée au duc de Savoie, en échange de la Sicile. Cette dernière île fut attribuée à la maison d'Autriche; et la succession aux duchés de Parme et de Plaisance fut assurée à l'infant don Carlos, qui était né à Philippe de son second mariage.

Depuis l'adhésion du roi d'Espagne au traité de Londres, et l'évacuation de la Sardaigne et de la Sicile, on eût pu croire qu'il ne manquait plus rien à la paix. Cependant, lorsqu'on voulut exécuter les clauses de ce traité, on rencontra une foule de difficultés qu'on n'avait pas prévues. L'empereur refusa longtemps à l'infant d'Espagne l'investiture des duchés de Parme et de Plaisance; et lorsque plus tard il se détermina à la donner, il le fit en de tels termes, qu'elle ne put être acceptée par Philippe V. L'empereur prétendait que, lorsque la succession serait ouverte, l'infant se rendît à Vienne et lui prêtât serment de fidélité comme son feudataire. Cela était contraire à l'article 5 du traité de Londres. Philippe réclama avec vivacité auprès des cours qui s'étaient engagées à l'exécution de cette transaction. Pour aplanir ce différend, on ouvrit un congrès à Cambrai, mais les négociations traînèrent en longueur et l'on ne conclut rien. Cependant le duc d'Orléans profita de ces discussions pour unir plus étroitement les cours de Versailles et de Madrid. Il fit proposer un triple mariage. Le fils aîné de Philippe V, le prince des Asturies, don Luis, épousa mademoiselle de Montpensier, fille aînée du duc d'Orléans. Sa quatrième fille, mademoiselle de Beaujolais, fut envoyée en Espagne et fiancée à don Carlos, infant d'Espagne, que Philippe avait eu de son mariage avec Élisabeth Farnèse. Enfin l'infante doña Marie-Anne, âgée seulement de quatre ans, fut demandée en mariage pour Louis XV, qui n'avait alors que onze ans. Elle fut conduite en France, pour y être élevée, en attendant l'époque où cette union pourrait se réaliser. Ces arrangements de famille inspirèrent de la méfiance aux autres cabinets qui voyaient avec crainte l'intimité se rétablir entre les deux branches de la maison de Bourbon. Ils craignaient que, si elles étaient unies, elles ne fissent pencher la balance de leur côté et ne rompissent l'équilibre qu'on avait voulu établir en Europe : aussi montra-t-on beaucoup de mauvaise volonté en ce qui touchait l'affaire du duché de Parme. Les débats du congrès de Cambrai continuèrent sans aboutir à rien. Il y avait trois ans que ces négociations duraient, lorsque Philippe V étonna l'Europe par une résolution à laquelle on était loin de s'attendre. Quoique jeune encore, car il n'avait que trente-neuf ans, et la reine n'en avait que trente et un, le 14 janvier 1724, il renonça à tous ses États, en faveur de don Luis, son fils, prince des Asturies; et il se retira avec la reine au palais de Saint-Ildephonse, ne se réservant, pour son entretien, qu'une pension de six cent mille ducats. Les heureuses qualités du nouveau roi promettaient à l'Espagne un règne fortuné; mais, avant la fin de l'année, le 31 août 1724, don Luis mourut de la petite vérole; et Philippe V, pressé par la reine, par la noblesse, par la nation entière, consentit à quitter sa paisible retraite et à reprendre les rênes du gouvernement.

À cette époque, le roi de France était majeur depuis une année; le duc d'Orléans était mort à la fin de l'année 1723, et le duc de Bourbon, qui lui avait succédé dans la place de premier ministre, n'hésita pas à prendre une résolution dont le roi d'Espagne fut profondément blessé. Il prétendait que l'infante était beaucoup trop jeune pour Louis XV, puisqu'il eût fallu attendre encore dix années pour que le mariage projeté pût s'effectuer. Aussi, le 5 avril 1725, sans prévenir Philippe V, sans adoucir la dureté d'une telle démarche par la plus légère excuse, il fit partir l'infante pour l'Espagne. On chargea seulement l'abbé de Livri-Sanguin de faire connaître au roi et à la reine d'Espagne cette détermination. Philippe V éprouva un juste ressentiment et, par représailles, il renvoya en France les deux filles du duc d'Orléans : la première était veuve du roi don Luis; l'autre, mademoiselle de

Beaujolais, était fiancée à don Carlos.

Au congrès de Cambrai, la France et l'Angleterre s'étaient posées comme médiatrices entre l'empereur et le roi d'Espagne. Mais, après ce qui venait de se passer, il répugnait à ce dernier souverain de s'en rapporter à la médiation de la France, dont il venait de recevoir une injure. Il rappela les plénipotentiaires et envoya secrètement un négociateur à Vienne; ce fut le Hollandais Guillaume Riperda. Ce diplomate, après avoir résidé quelque temps en Espagne en qualité d'ambassadeur des États-Généraux, avait été rendre compte de sa mission, et était revenu en Espagne où il avait embrassé la religion catholique et où il s'était marié. Comme c'était un homme fort intelligent, on lui avait donné la direction des manufactures. Sous le prétexte d'aller choisir en Allemagne de bons ouvriers pour la fabrication des draps, il s'était rendu à Vienne, sans que les ministres des autres puissances pussent deviner le but véritable de ses démarches. Il parvint à faire conclure entre Philippe V et Charles VI un traité qui avait celui de Londres pour base; cependant il en différait en quelques points. A son retour, Riperda, considéré comme un dieu tutélaire qui avait su mettre fin à une inimitié de vingt-cinq années, fut comblé d'honneurs, créé duc et grand d'Espagne. Il fut chargé, en qualité de premier ministre, de toutes les affaires de la marine, de la guerre et des finances. Son aptitude particulière pour la direction des fabriques et des manufactures lui fit également confier l'inspection de toutes les branches de l'industrie nationale. Les progrès, les améliorations qu'on y remarqua bientôt firent présager que l'époque n'était pas loin où l'Espagne sortirait de la dépendance où la tenaient les fabriques étrangères.

Il est à croire qu'un pronostic si flatteur se fût réalisé, si Riperda eût pu conserver longtemps le pouvoir; mais la faveur dont il jouissait, lui attira de nombreux et de puissants ennemis qui surent profiter des occasions de le discréditer auprès du roi et auprès du public. D'un autre côté, il faut avouer que sa capacité n'était pas à la hauteur d'une administration aussi vaste, et que, peu instruit du caractère national, des règles du gouvernement espagnol et de ses relations politiques, il était impossible qu'il ne fît pas quelques fautes capables d'entraîner de graves conséquences. Il fut renvoyé des affaires, éloigné de la cour et emprisonné dans l'alcazar de Ségovie. Comme sa conduite ne présentait rien d'assez grave pour qu'on lui fît son procès, il y resta quelque temps détenu jusqu'à ce qu'une jeune Espagnole parvint à le faire évader. Il passa avec elle en Portugal, et de là en Angleterre. Ensuite il se retira en Hollande; mais, ne s'y trouvant pas en sûreté, parce que l'Espagne le réclamait comme criminel d'État, il sollicita un asile en Russie. Sur ces entrefaites, l'ambassadeur de Maroc, résidant à la Haye, lui offrit un établissement en Afrique. Riperda, voyant que l'Europe ne lui présentait pas une retraite sûre, passa dans la régence; et, après une foule d'aventures qui ne figureraient pas mal dans un roman, il mourut à Tétuan, accablé de chagrins et d'infortunes.

L'arrangement conclu à Vienne, si rapidement et avec tant de secret, surprit les cours médiatrices. En voyant deux puissances si longtemps ennemies se rapprocher tout à coup, elles craignirent que cette conciliation ne cachât quelque projet menaçant pour la tranquillité des autres nations. Afin de contre-balancer l'effet produit par l'étroite union qui se manifestait entre les cours de Madrid et de Vienne, la France et l'Angleterre firent un traité d'alliance défensive avec la Hollande et la Prusse. Presque à la même époque une flotte anglaise alla bloquer Porto-Bello. Les Espagnols, de leur côté, entreprirent le siége de Gibraltar. En un mot, l'Europe se voyait menacée de nouvelles calamités. La sagesse et le caractère pacifique du cardinal Fleury, qui avait remplacé auprès de Louis XV le prince de Bourbon dans les fonctions de premier ministre, sut arrêter la guerre quand elle paraissait le plus inévitable. Enfin, par un traité conclu à Séville, en 1729, il parvint à rétablir la bonne harmonie entre l'Espagne, la France et l'Angleterre.

Par cette convention on accordait au roi catholique la faculté d'introduire six mille hommes de troupes espagnoles dans les villes de Livourne, de Porto-Ferrajo, de Parme et de Plaisance, pour assurer les droits à venir de l'infant don Carlos sur ces États.

La Hollande accéda sans difficulté à ce traité. L'empereur, au contraire, se refusa ouvertement à l'introduction des six mille Espagnols dans les États de Parme et de Toscane; et, pour empêcher qu'elle n'eût lieu, il fit passer en Italie plus de quatre-vingt mille hommes; il renforça ses garnisons et se prépara très-activement à soutenir ses prétentions. La mort d'Antoine Farnèse, dernier prince de cette maison, vint mettre un terme à ces contestations. Le duc don Antoine n'avait pas d'enfants; mais, pensant qu'il laissait enceinte la duchesse sa femme, il avait, par son testament, désigné pour son héritier son fils posthume, et à défaut de celui-ci, l'infant don Carlos, fils de sa nièce Élisabeth Farnèse, reine d'Espagne. Charles VI séquestra aussitôt la succession, déclarant qu'il la restituerait à l'infant don Carlos, si la grossesse de la duchesse ne se vérifiait pas. Bientôt il fut avéré que la duchesse n'était pas enceinte; et, en vertu d'une convention, conclue à Vienne, au mois de septembre 1731, l'infant don Carlos s'embarqua, à Barcelone, sur les escadres combinées d'Espagne et d'Angleterre, qui le conduisirent à Livourne, le mirent en possession du duché de Parme, et le firent reconnaître comme devant succéder au duc de Toscane.

Après tant de secousses, l'Europe commençait à peine à goûter les bienfaits de la paix, quand un événement imprévu vint de nouveau ranimer la discorde. Le roi de Pologne, Frédéric-Auguste, mourut en 1733. Les Polonais élurent pour lui succéder Stanislas Leczinski. En 1704, ce prince avait déjà porté cette couronne; mais il en avait été dépouillé par la Russie. Un seul électeur refusa sa voix au souverain que ses compatriotes venaient de nommer. Il se retira de l'assemblée avec ses troupes, et fit, de son côté, proclamer roi le fils de Frédéric-Auguste. Ce jeune prince fut appuyé par les Russes et par l'empereur Charles VI. Le roi de France, au contraire, était gendre de Stanislas; et, quelque ami de la paix que fût le cardinal Fleury, il ne put se dispenser de prendre parti pour le père de la reine. Cependant, les secours qu'il lui envoya furent impuissants pour le maintenir sur le trône. Mais ce ne fut pas seulement au bord de la Vistule que l'élection du roi de Pologne fit éclater la guerre. La France, la Sardaigne et l'Espagne attaquèrent ensemble Charles VI, et elles lui firent expier le stérile honneur d'avoir imposé un roi à la Pologne.

Trente mille Espagnols entrèrent en Italie, sous la conduite du duc de Montemar et de l'infant don Carlos, duc de Parme, que son père avait nommé généralissime de cette armée. Ils s'emparèrent, sans rencontrer de résistance, de presque tout le royaume de Naples. Cependant sept mille Allemands étaient réunis dans la terre de Bari. Ils devaient, disait-on, y être rejoints bientôt par six mille Croates. Montemar ne crut pas devoir laisser opérer cette jonction. A la tête de quinze mille hommes, il courut vers eux; il les trouva retranchés auprès de Bitonto, les attaqua avec intrépidité, et resta maître du champ de bataille après une lutte qui coûta deux mille hommes aux Impériaux. Les drapeaux, les bagages, l'artillerie, les munitions, tout resta au pouvoir des vainqueurs; et ceux des Allemands qui ne furent pas faits prisonniers ne durent leur salut qu'à la fuite. Cette victoire fut suivie de la soumission des villes de Gaëte, de Cortone, de Capoue, les seules qui restassent à conquérir. Don Carlos fut accueilli partout avec le plus vif enthousiasme; et la joie des Napolitains s'accrut encore quand ils reçurent, quelques jours plus tard, un décret par lequel Philippe V renonçait, en faveur de don Carlos, à tous les droits qui appartenaient à l'Espagne sur le royaume des Deux-Siciles, et par lequel il l'autorisait à prendre la couronne et à se constituer monarque indépendant. Il y avait près de 230 ans que le royaume de Naples en était réduit à ne plus former qu'une province, soumise à une puissance étrangère. Il était abandonné au caprice des vice-rois; aussi, les Napolitains reçurent-ils avec des témoignages de reconnaissance et d'allégresse l'indépendance nouvelle qui leur était octroyée.

La conquête de la Sicile présenta encore moins de difficultés. Une flotte espagnole, qui portait vingt mille hommes de débarquement, se présenta devant Palerme Cette ville, qui était sans défense, proclama immédiatement don Carlos pour roi. Messine suivit l'exemple de Palerme, et l'année suivante (1735), à peine restait-il un seul Allemand dans toute la Sicile.

La Hollande et l'Angleterre, qui jusque-là étaient restées neutres, commencèrent à s'alarmer, en voyant l'accroissement de la maison de Bourbon. Elles menacèrent de prendre la défense de l'empereur, si la guerre continuait. L'Espagne n'était pas disposée à écouter des propositions pacifiques. Elle eût voulu chasser entièrement l'empereur d'Italie; et déjà le duc de Montemar était à la tête d'un corps de vingt mille hommes, et sur le point d'entrer en Lombardie; mais les négociations commencèrent entre les cabinets de Vienne et de Versailles. Il intervint un traité, auquel la cour de Madrid fut forcée d'acquiescer, pour ne pas rester seule et exposée au ressentiment des autres puissances. Par cet arrangement, il fut convenu que Stanislas renoncerait une seconde fois au trône de Pologne, mais qu'il conserverait le titre de roi, avec les honneurs de la souveraineté; qu'il recevrait comme indemnité les duchés de Bar et de Lorraine, et qu'après sa mort ces États seraient dévolus à la couronne de France; que le duc de Lorraine recevrait en échange le duché de Toscane, mais seulement après la mort du grand-duc Jean Gaston, qui en était en possession, et que, jusqu'à la mort de ce prince, la France lui payerait une pension annuelle de trois millions cinq cent mille livres. Au reste, cette pension ne fut servie que pendant peu de temps; car le duc Gaston mourut le 9 juillet 1737. Ce traité ne fut pas moins avantageux à l'Espagne. Naples et la Sicile furent abandonnés à don Carlos, à la charge par lui de renoncer à ses droits sur la Toscane et le Parmesan. Le dernier de ces États et le duché de Plaisance furent rendus à la maison d'Autriche. Enfin, le roi de Sardaigne prit aussi une part dans les dépouilles du vaincu.

On eût dit que Philippe V était destiné à vivre dans un état continuel de guerre. A peine ses contestations avec l'Empire furent-elles terminées que des difficultés s'élevèrent entre l'Espagne et l'Angleterre. On se rappelle qu'aux termes du traité d'Utrecht les Anglais s'étaient réservé la fourniture exclusive des nègres dans les colonies espagnoles, à raison de trente-trois piastres par tête. Pour l'exécution de cette convention, la compagnie anglaise du Sud, qui avait été chargée d'exécuter le marché, et qui avait reçu le nom de compagnie *del asiento de los negros* (du contrat des nègres), jouissait du privilége d'envoyer, chaque année, au Mexique, un navire du port de cinq cents tonneaux, avec des marchandises à bord. Plus tard et de l'aveu des Espagnols, le tonnage de ce bâtiment fut augmenté; puis, sous le prétexte de fournir des rafraîchissements à ce navire, on lui en adjoignit un second qui allait et venait sans cesse des colonies britanniques au navire de permission, dans lequel il transbordait de nouvelles marchandises anglaises, de sorte que le vaisseau était toujours plein et faisait toute l'année un trafic excessivement préjudiciable au commerce espagnol et aux droits du fisc. Les plaintes adressées à l'Angleterre étant restées inutiles, les gardes-côtes espagnols reçurent l'ordre de repousser par la force les contrebandiers anglais. Des collisions eurent lieu. Les négociants de la Jamaïque firent parvenir au parlement anglais le récit des tortures que leurs marins avaient éprouvées dans les ports espagnols. Un patron de bâtiment, nommé Jenkins, se présenta devant la chambre des communes, le nez fendu et les oreilles coupées. Interrogé sur ce qu'il faisait, quand il s'était trouvé entre les mains des barbares qui l'avaient ainsi mutilé, il répondit : « *Je recommandais mon âme à Dieu, et ma vengeance à mon pays.* » La guerre fut déclarée par l'Angleterre à l'Espagne. L'amiral Vernon, à la tête d'une flotte puissante, désola les côtes de l'Amérique et se rendit maître de Porto-Bello. Il essaya de s'emparer aussi de Carthagène des Indes; mais la garnison espagnole, commandée par don Sébastien de Eslaba, repoussa ses attaques avec intrépidité, et le contraignit à abandonner cette entreprise. Les Anglais n'eurent pas une meilleure réussite dans l'île de Cuba. Ils furent forcés de se rembarquer précipitamment, après avoir fait des pertes considérables. Une autre escadre anglaise, qui se présenta devant la Guaira et devant Porto-Cabello, dans la province de Venezuela, fut également obligée de se retirer avec désavantage.

Cette guerre maritime entre l'Espagne et l'Angleterre durait encore, lorsque la mort de l'empereur vint mettre toute l'Europe en feu (20 octobre 1740). Charles VI ne laissait pas de descendant mâle. Mais par un édit qu'il avait rendu en 1735, lors de la paix de Vienne, il avait réglé sa succession et désigné Marie-Thérèse, sa fille, pour son héritière. Quoique cet acte eût été, lors de sa promulgation, approuvé par presque tous les cabinets, dès que l'empereur fut mort, de nombreux compétiteurs se présentèrent pour lui succéder. L'électeur de Bavière et celui de Saxe prétendirent également avoir droit à la couronne. Le roi d'Espagne, Philippe V, qui descendait d'Anne d'Autriche, quatrième femme de Philippe II, et fille de l'empereur Maximilien, pouvait aussi revendiquer tout l'héritage de Charles VI. Mais l'Europe eût été justement alarmée en voyant un Bourbon en possession de tout ce qui avait appartenu à la maison d'Autriche. Cette considération le détermina à modérer ses prétentions. Il se borna à réclamer les provinces que l'empereur possédait en Lombardie, afin d'y établir l'infant don Philippe, second fils qu'il avait eu de son mariage avec Élisabeth Farnèse, de même qu'il avait établi l'aîné, don Carlos, sur le trône des Deux-Siciles.

A la fin de l'année 1741, il envoya en Italie quinze mille Espagnols, sous les ordres de Montemar, qui, depuis la bataille remportée par lui sur les Impériaux, dans la terre de Bari, avait reçu le titre de duc de Bitonto. Ils furent joints à Orbitello par un nombre égal de troupes auxiliaires qu'envoyait le roi de Naples. On avait compté sur l'alliance du roi de Sardaigne, qui réclamait lui-même une partie du Milanais, mais ce prince, qui d'abord s'était montré favorable aux projets de l'Espagne, changea soudainement de politique. Il voyait avec envie don Carlos sur le trône de Sicile. Il aurait craint de se donner un voisin trop puissant en établissant l'infant don Philippe dans le Parmesan et le Milanais. Il jugea qu'il lui serait plus avantageux de se rapprocher de Marie-Thérèse. Il joignit ses troupes à celles de cette princesse; et Montemar ne put empêcher les Austro-Sardes d'occuper les duchés de Modène et de Reggio. On attribua ce mauvais succès au général espagnol : sa conduite fut défigurée par l'envie; et on lui ôta le commandement de l'armée. L'infant don Philippe ne fut pas plus heureux. Il devait pénétrer en Italie par la Savoie, que le roi de Sardaigne avait abandonnée pour couvrir des points plus importants; mais il fallut qu'il se bornât à passer l'hiver dans la capitale de ce duché. Quant au roi de Naples, il avait la prétention de rester neutre; et, quoiqu'il eût envoyé un corps de troupes auxiliaires à l'armée de son père, il n'avait pas pensé que cet acte dût le faire considérer comme puissance belligérante. Néanmoins les Anglais, qui étaient en guerre avec l'Espagne, et qui s'étaient déclarés pour Marie-Thérèse, se présentèrent devant Naples. Leur escadre menaça de bombarder la ville, si le roi n'ordonnait pas à ses troupes de quitter l'armée espagnole. Ils ne lui laissèrent qu'une heure pour se décider. Don Carlos, qui n'était pas préparé à se défendre, fut forcé de céder à la nécessité. Il signa la promesse de rappeler ses soldats.

En 1743, le comte de Gages, successeur de Montemar, franchit le Tanaro, dans l'intention d'attaquer l'armée austro-sarde, et de faciliter, par cette diversion, l'entrée du Piémont à l'infant don Philippe. Les ennemis, prévenus de ce mouvement, attendirent les Espagnols au lieu nommé Campo-Santo. La bataille fut sanglante, et les deux partis s'attribuèrent également la victoire. Mais il est certain que les Espagnols retournèrent à Bologne avec leurs rangs considérablement éclaircis. Leurs compagnies manquaient d'officiers; leurs chars étaient chargés de blessés; leurs équipages étaient en désordre; tout attestait combien le combat avait été désastreux. Le comte de Gages, affaibli par cette action, par la retraite des troupes napolitaines, par la désertion et par les maladies, ne pouvait lutter avec avantage contre un ennemi qui recevait chaque jour de nouveaux renforts. Il batailla, pendant une année entière, se retirant, s'arrêtant, disputant pied à pied le Bolonais, le pays de Ferrare et la Marche d'Ancône, jusqu'à ce qu'enfin le général Lobkowitz, à la tête de trente mille hommes, l'eût pressé au point de le forcer à se réfugier dans le royaume de Naples. Le général espagnol exposa à don Carlos la nécessité qui l'avait contraint à violer la neutralité de ses États. La position de ce souverain était fort embarrassante, il hésita pendant quelque temps sur le parti qu'il aurait à prendre. Enfin convaincu, par les mouvements de l'armée autrichienne, que l'intention de Marie-Thérèse était d'envahir le royaume de Naples, il résolut de la prévenir et de conduire lui-même ses troupes au secours des Espagnols.

A cette époque, il y avait à Toulon seize vaisseaux espagnols, destinés à porter des vivres et des munitions à l'armée de l'infant don Philippe. Mais ils ne pouvaient quitter le port : ils en étaient empêchés par la flotte anglaise, qui était maîtresse de la Méditerranée. Les équipages espagnols étaient peu instruits. On les exerça pendant quatre mois dans le port de Toulon ; et, quand ils eurent acquis assez d'habileté, on fit sortir la flotte. Elle n'était que de douze vaisseaux, les Espagnols n'ayant pas assez de monde pour armer les quatre derniers. Elle fut renforcée par quatorze vaisseaux, quatre frégates et trois brûlots français. Les forces des Anglais étaient de moitié plus nombreuses : ils comptaient quarante-cinq vaisseaux et cinq frégates. Les deux armées navales se rencontrèrent le 22 février 1744 ; on combattit pendant toute la journée ; et, malgré la disproportion des forces, la victoire resta indécise. Cependant, en réalité, l'avantage fut du côté des Espagnols et des Français, puisque l'amiral anglais fut momentanément contraint de s'éloigner, et que les navires espagnols purent porter à l'armée de l'infant don Philippe les munitions dont elle avait le plus grand besoin. Cette bataille fut à la fois glorieuse et profitable pour les armes espagnoles. On ne peut également donner que des éloges à la conduite du roi de Naples. Il réunit ses troupes aux débris de l'armée qu'avait amenée le comte de Gages ; voulant éviter que son pays ne devînt le théâtre de la guerre, il entra dans les États pontificaux et s'y établit, afin de barrer aux Impériaux le chemin du royaume de Naples. Dans ce but, il concentra tout son monde dans les environs de Vellétri, et il établit son quartier général dans cette ville, située sur une éminence, à six lieues de Rome.

Lobkowitz se dirigea également de ce côté, avec l'intention d'en déloger le prince ; mais, en voyant combien sa position était avantageusement choisie, il n'osa pas l'attaquer dans ses retranchements : il se contenta de camper en vue de l'armée espagnole dont il resta séparé par une vallée profonde. Il y eut entre les deux armées de fréquentes escarmouches ; et, quoiqu'elles n'eussent rien de décisif, l'avantage était en réalité pour don Carlos, puisqu'il fermait aux ennemis l'accès de tout le pays qu'il avait derrière lui. Les choses restèrent assez longtemps dans cette position, jusqu'à ce que Lobkowitz essaya de surprendre Vellétri de même que le prince Eugène avait surpris Crémone. Le 11 août 1744, au point du jour, six mille Autrichiens, conduits par le général Brown, attaquèrent Vellétri de différents côtés. Les sentinelles furent égorgées. Tous ceux qui tentèrent de se défendre furent passés au fil de l'épée. Les troupes allemandes inondaient les rues de la ville, et, si leur entreprise eût été achevée aussi heureusement qu'elle était commencée, la guerre eût été terminée ; car ils se fussent rendus maîtres en même temps du royaume de Naples et de son souverain. Mais don Carlos, plus heureux que ne l'avait été Villeroi à Crémone, parvint à s'échapper ; il gagna son camp.

Les Allemands, au lieu de poursuivre les fuyards et de s'établir dans les postes importants, se mirent à piller. Les Espagnols et les Napolitains en profitèrent pour se rallier. Ils tombèrent avec intrépidité sur les agresseurs. En un instant ils semèrent les rues de cadavres, culbutèrent les ennemis et recouvrèrent la ville. Pendant ce temps Lobkowitz attaqua les retranchements des Espagnols; mais l'alarme était donnée. Les Autrichiens furent reçus par un feu meurtrier qui les contraignit bientôt à se retirer. Les pertes que firent les deux partis dans cette circonstance furent assez considérables; mais elles ne changèrent en aucune manière leur position respective. Les deux armées restèrent pendant plus de deux mois en présence l'une de l'autre en s'observant réciproquement sans rien entreprendre d'important. Enfin, Lobkowitz, convaincu qu'il ne lui serait pas possible de pénétrer dans le royaume de Naples, comme il s'en était flatté, se détermina à lever son camp. Don Carlos ne le laissa pas effectuer tranquillement sa retraite : il le poursuivit jusqu'à ce qu'il fût parvenu à le faire sortir des États pontificaux.

Pendant ce temps, l'infant don Philippe, que le roi de Sardaigne avait chassé de la Savoie, s'était de nouveau trouvé à même de prendre l'offensive. Soutenu par vingt mille Français que commandait le prince de Conti, il avait passé le Var, et soumis le comté de Nice; mais pour avancer davantage il fallait forcer des retranchements élevés dans les Alpes. Le prince de Conti se présenta au pas de Villefranche haut de près de deux cents toises et l'une des meilleures barrières du Piémont. Ce poste était défendu par les Piémontais et par des Anglais que l'amiral Mathews avait débarqués. Cette position, réputée inaccessible, fut en un instant couverte de Français et d'Espagnols. L'amiral anglais et ses matelots furent sur le point d'être faits prisonniers. L'armée enleva aussi en plein jour des retranchements élevés au sommet d'un roc escarpé. En vain le roi de Sardaigne lui-même, placé derrière ces fortifications, encourageait ses troupes; ni ses efforts ni la puissante artillerie dont ces remparts étaient garnis ne purent arrêter l'impétuosité des Français; et ce qui est à peine croyable, ce fut par les embrasures mêmes du canon ennemi que les grenadiers entrèrent dans les retranchements. Ils saisissaient pour passer le moment où les pièces, après avoir tiré, reculaient par leur propre mouvement.

Le comte de Gages, témoin de leur intrépidité, écrivit au marquis de la Mina : « Il se présentera quelques occasions où nous ferons aussi bien que les Français; car il n'est pas possible de faire mieux. »

On tourna ensuite les barricades élevées dans la vallée de la Stura. On prit Château-Dauphin et la forteresse de Démont; alors l'armée, maîtresse du passage des Alpes, put librement s'étendre dans les plaines du Piémont. Elle commença le siége de Coni. La garnison tenta plusieurs sorties; mais elle fut toujours forcée de se réfugier promptement derrière ses remparts. Le roi de Sardaigne vint attaquer dans leurs lignes les Français et les Espagnols; son armée était plus nombreuse que celle des assiégeants : cependant il fut vaincu, et il laissa cinq mille hommes sur le champ de bataille. Malgré cette déroute, la ville continua à se défendre. La saison était trop avancée; et le mauvais temps contraignit l'armée de l'infant à lever le siége et à repasser les Alpes.

L'année suivante, la campagne s'ouvrit d'une manière encore plus heureuse. Gênes, qui jusqu'à cette époque avait gardé une stricte neutralité, se vit forcée, pour conserver son indépendance, d'embrasser le parti des Espagnols. Elle leur ouvrit l'entrée de la Lombardie, et l'armée de l'infant don Philippe, commandée par M. le maréchal de Maillebois et par le comte de Gages, attaqua le roi de Sardaigne sur les bords du Tanaro, le battit, et le força à reculer jusque sous les murs de Casal en Piémont. Vers la fin de l'année, l'infant don Philippe se trouva maître du Montferrat, de l'Alexandrin, du Tortonais, du Pavesan, de Parme, de Plaisance, de Milan et de presque tout le Milanais.

La campagne suivante ne fut pas aussi heureuse. Le roi de Prusse ayant conclu à Dresde la paix avec Marie-Thérèse, cette princesse put faire passer en Italie un grand nombre de troupes qui ne lui étaient plus indispensables en Allemagne. Leur arrivée fut cause d'un revirement de fortune. L'armée combinée de France et d'Espagne était étendue outre mesure pour couvrir un territoire trop vaste et tout à fait en disproportion avec ses forces. Le maréchal

de Maillebois écrivit au mois de décembre 1745 : « Je prédis une destruction « totale, si on s'obstine à rester dans le « Milanais. » Ces prudents avertissements furent négligés Les troupes du roi de Sardaigne et celles de Marie-Thérèse inondèrent la Lombardie. Il fallut évacuer précipitamment Milan, Parme, Guastalla, et tout ce que l'infant don Philippe avait conquis pendant la campagne précédente, au prix de tant de dépenses et de tant de sang. La malheureuse bataille de Plaisance vint mettre le comble à ces disgrâces. Le comte de Maillebois n'était pas d'avis qu'on attaquât l'armée impériale; mais le comte de Gages montra des ordres précis de la cour de Madrid. La bataille fut désastreuse. Les Espagnols et les Français, après avoir perdu huit mille hommes, furent forcés de chercher un asile sous les murs de Plaisance. L'infant don Philippe et les débris de son armée se trouvaient resserrés entre le Pô, la Trébie et le Tidone. Ils étaient cernés par les Autrichiens et par les Sardes ; il fallait qu'ils restassent prisonniers ou qu'ils s'ouvrissent un passage l'épée à la main. Ce fut ce dernier parti qu'ils préférèrent. Ils traversèrent le Tidone. Les mesures étaient si bien prises que le roi de Sardaigne et les Autrichiens ne purent les attaquer que lorsqu'ils furent en état de se défendre. Ils combattirent pendant toute la journée sans se laisser entamer, et se retirèrent par Tortone, abandonnant tout le pays à l'ennemi. C'est au milieu de ces désastres que l'infant reçut la nouvelle de la mort de son père. Philippe V fut frappé d'une attaque d'apoplexie entre les bras de la reine, le 11 juillet 1746. La mort de ce roi fut pour les Espagnols un sujet de larmes. Ce prince fut regretté, et il mériterait de l'être; car, malgré les fautes qu'il a commises, on ne peut s'empêcher de reconnaître qu'il a fait de grandes choses. A la mort de Charles II, il n'y avait plus d'armée dans la Péninsule. Philippe V ranima la vertu guerrière des Espagnols, il rétablit la discipline, et ses soldats se montrèrent les dignes successeurs des guerriers d'Alphonse le Magnanime et de Ferdinand le Catholique. A son avénement la marine espagnole n'existait plus ; les magasins étaient vides, les arsenaux étaient épuisés; on manquait de matériaux de construction, d'objets d'équipement; on avait perdu jusqu'à l'art de construire les vaisseaux. Philippe V créa une marine aussi redoutable que l'avait été celle du plus puissant de ses prédécesseurs. Malgré les luttes dont il fut continuellement occupé en Europe, il trouva le moyen de porter la guerre en Afrique, et il recouvra Oran que les Maures avaient enlevé à l'Espagne. L'administration de la justice attira également son attention. Les décrets qui avaient prescrit aux juges de ne pas faire attendre leurs décisions n'étaient pas exécutés; tous les procès traînaient en longueur. Philippe V réforma les tribunaux et tint la main à ce qu'ils instruisissent promptement les affaires. Il s'efforça de faire prospérer le commerce et les manufactures; enfin il accorda aux lettres la protection qu'elles méritent; il fonda l'académie de l'histoire, l'académie espagnole et la bibliothèque de Madrid. Pourquoi donc, malgré ses généreux efforts, ne parvint-il pas à rendre à ce pays toute son ancienne splendeur? C'est qu'il n'existait plus de constitution en Espagne; et quand un peuple manque de ces institutions qui font la vie des Etats, tout le bon vouloir, tout le talent, tout le génie de celui qui gouverne est insuffisant à les suppléer. Le prince peut bien encore personnellement faire ou provoquer de grandes choses; mais le bien qu'il fait n'est que passager. Pour que le bien soit durable, il faut qu'il résulte non des talents du prince, car ces talents peuvent venir à manquer, non de sa bonne volonté, car la volonté des hommes est changeante; il faut que le bien résulte de la force même de la constitution qui ne change pas. Je ne puis ici m'empêcher de répéter ce passage du rapport adressé à Louis XIV par le comte de Rébenac, son ambassadeur : « Si on examine de près le gou-
« vernement de cette monarchie, on
« trouvera que le désordre y est exces-
« sif, mais que dans l'état où sont les cho-
« ses, on ne peut y apporter de change-
« ment sans s'exposer à des inconvénients
« plus à craindre que le mal même,
« et il faudrait une révolution entière
« avant d'établir un ordre parfait dans

« cet État. Cette révolution ne peut se
« trouver qu'en changeant *la forme du*
« *gouvernement*, et les gens éclairés
« conviennent que celui de la maison
« d'Autriche les conduit inévitablement
« à une ruine entière [1]. »

Eh bien ! cette forme de gouvernement que l'ambassadeur de Louis XIV. que les Espagnols éclairés déclaraient incompatible avec la prospérité de l'Espagne, on ne l'a pas changée. Philippe V, au lieu de donner à ses sujets des institutions en harmonie avec le caractère du pays, au lieu de faire revivre celles des libertés de la nation qui pouvaient se concilier avec un pouvoir ferme, avec une administration régulière, s'est simplement substitué au despotisme de la maison d'Autriche. Sous Philippe V, il est vrai, et sous ses fils, l'Espagne s'est en partie relevée de l'état de prostration où elle était tombée sous Charles II ; mais cela était dû au mérite personnel de ces princes, et chacun d'eux, avant de descendre du trône, aurait pu répéter ce qu'Alberoni avait dit en sortant du ministère : « L'Espagne est un cadavre « que j'avais réveillé ; mais, à mon dé-« part, il s'est recouché dans sa tombe. » En effet, le pays qui n'est animé que par le génie du prince ne jouit que d'une vie factice ; le peuple qui n'a ni constitution ni libertés, n'est qu'un corps sans âme.

RÈGNE DE FERDINAND VI. — PAIX D'AIX-LA-CHAPELLE.

Ferdinand VI, fils aîné de Philippe V, monta sans contestation sur le trône de son père. Ce souverain, naturellement porté à la paix, et persuadé que le repos était nécessaire à l'Espagne, mit tous ses soins à procurer ce bienfait au pays. Cependant il ne put l'obtenir tout de suite. La guerre continuait en Italie, et le marquis de la Mina, qui avait pris le commandement à la place du comte de Gages, pensant que l'armée de l'infant don Philippe ne pouvait se maintenir en Italie sans être entièrement détruite, se retira successivement dans les États de Gênes, dans le comté de Nice, et enfin en Provence. Il ne put faire cette marche rétrograde sans laisser à découvert la république de Gênes, qui avait soutenu fidèlement le parti de la maison de Bourbon. Le roi de Sardaigne envahit aussitôt ses frontières, et les Autrichiens s'avancèrent à grands pas vers la capitale. Les Génois, consternés, se virent dans la nécessité d'implorer la miséricorde du vainqueur, et de se soumettre aux conditions les plus cruelles. Les Impériaux, orgueilleux de leurs succès, abusèrent avec une rigueur excessive des droits de la victoire. Leur général Botta Adorno imposa aux habitants une énorme contribution de guerre. Voulant faire servir l'artillerie qui garnissait les remparts de la ville au siége d'Antibes, il prétendit forcer les Génois à traîner eux-mêmes les canons jusqu'au port où ils devaient être embarqués. Le peuple, exaspéré par ces vexations, attaqua les Autrichiens avec tout le courage que donne le désespoir. La multitude furieuse, conduite par le prince Doria, chassa les vainqueurs, leur fit quatre mille prisonniers, et les contraignit à repasser avec précipitation les défilés des Apennins. Le soulèvement de Gênes ne fut pas sans influence sur la guerre qui se faisait en Provence. Les Autrichiens furent forcés d'abandonner tout le pays qu'ils avaient envahi et de repasser le Var. Ils se jetèrent de nouveau dans l'État de Gênes sous le commandement du général Schullembourg et vinrent faire le siége de cette capitale. Mais les Génois ayant reçu des secours du roi de Naples, se défendirent avec succès, et forcèrent les assaillants à se retirer en Piémont.

Enfin, toutes les nations européennes, fatiguées d'une guerre où elles avaient inutilement versé tant de sang et dépensé tant de trésors, convinrent de réunir un congrès à Aix-la-Chapelle. On y régla les conventions de la paix. Marie-Thérèse fut reconnue impératrice d'Allemagne. Les duchés de Parme, de Plaisance et de Guastalla furent abandonnés à l'infant don Philippe. Quant aux difficultés qui existaient entre l'Espagne et l'Angleterre relativement à la fourniture des nègres, elles ne furent pas définitivement tranchées ; et l'*asiento de los negros* ne fut continué que pour quatre ans.

---

[1] *Mémoires du comte de Rébenac sur son ambassade du 20 mai* 1689. Manuscrits français de la Bibliothèque du roi, supplément français, n° 63, f° 224.

Aussitôt que l'Espagne fut délivrée des calamités de la guerre, Ferdinand VI mit tous ses soins à rétablir le commerce, à augmenter la marine, à étendre la navigation, à protéger les manufactures, à percer des chemins publics, à creuser des canaux et à faire fleurir les arts. Il était occupé tout entier de ces utiles travaux, lorsque la guerre se ralluma, en 1756, entre la France et l'Angleterre; mais Ferdinand, persévérant dans son système pacifique, ne voulut pas y prendre part, et il n'employa ses escadres qu'à protéger son commerce.

L'Espagne doit à ce prince le concordat obtenu, en 1753, de la cour de Rome. Ce traité aplanit les difficultés qui existaient entre la couronne et le saint-siége relativement à la collation des prébendes et bénéfices ecclésiastiques. Il établit aussi l'Académie royale de Saint-Ferdinand, destinée à entretenir le culte des beaux-arts. Tels étaient les soins de ce monarque, lorsque, le 27 août 1758, il perdit la reine son épouse. Il y avait vingt-neuf ans qu'il était marié à l'infante Maria-Barbara, de Portugal. La douleur qu'il éprouva de la mort de cette princesse fut si vive, qu'il en contracta une maladie dont il mourut le 10 août 1759.

RÈGNE DE CHARLES III. — CHARLES REND AUX CATALANS UNE PARTIE DE LEURS ANCIENS PRIVILÉGES. — PACTE DE FAMILLE. — GUERRE CONTRE L'ANGLETERRE ET LE PORTUGAL. — FONDATION DES COLONIES DE LA SIERRA MORENA. — PREMIÈRE EXPÉDITION CONTRE ALGER. — GUERRE NOUVELLE CONTRE L'ANGLETERRE. — PRISE DE MAHON. — SIÉGE DE GIBRALTAR. — NOUVELLE EXPÉDITION CONTRE ALGER. — MORT DE CHARLES III.

Ferdinand VI mourut sans laisser d'enfants, et son héritage fut recueilli par son frère don Carlos. Celui-ci, avant de monter sur le trône d'Espagne, devait transmettre à l'un de ses fils la couronne de Naples et de Sicile. L'infant don Philippe, son fils aîné, affligé dès son enfance d'attaques fréquentes d'épilepsie, était réduit à un état complet d'idiotisme, qui le rendait incapable de régner. Le second, Carlos Antonio, devenait prince des Asturies, et était appelé à porter un jour la couronne d'Espagne. Ce fut donc à l'infant Ferdinand, son troisième fils, que don Carlos céda solennellement celle des Deux-Siciles: et lui ceignant l'épée qu'il avait reçue de Philippe V, il prononça ces paroles: « Louis XIV, roi de France, a donné « cette épée à Philippe V, votre aïeul « et mon père; celui-ci me l'a transmise, « et moi, à mon tour, je vous la remets, « afin que vous vous en serviez pour « protéger la religion et pour défendre « vos sujets. » Don Carlos III s'embarqua à Naples pour passer en Espagne. L'escadre sur laquelle il était monté portait aussi son épouse, la reine Marie-Amélie de Walburg, le prince des Asturies et le reste de la famille royale. Elle arriva heureusement à Barcelone, et Charles III y descendit à terre au milieu des cris de joie des Catalans. Il ne s'arrêta que peu de temps dans cette ville; mais il voulut que son passage fut signalé par un acte de clémence. Il rendit aux Catalans une partie des priviléges dont ils avaient joui avant la révolte de 1640 et la guerre de la Succession.

Son premier soin fut de rétablir l'ordre dans les finances. Il publia des décrets pour régler le mode de liquidation et de payement des dettes de Philippe V, son père, ainsi que de celles laissées par les princes de la maison d'Autriche. Une partie des terres les plus fécondes du royaume restaient incultes, parce que les cultivateurs, ruinés par les malheurs des années précédentes, manquaient de blé pour les ensemencer. Il fit venir à ses frais une grande quantité de grain qu'il fit généreusement distribuer dans les campagnes. Il fit tous ses efforts pour améliorer sa marine, afin de reconquérir l'influence que l'Espagne avait exercée au temps de sa prospérité. Malgré ses intentions pacifiques, Charles III ne put éviter de prendre les armes. Depuis 1756, la guerre se continuait avec fureur entre la France et l'Angleterre. De nombreuses disgrâces avaient presque anéanti la marine de Louis XV. Les colonies des Français en Amérique étaient presque toutes tombées entre les mains de leurs ennemis, qui menaçaient également les possessions du roi catholique. Déjà plus d'une fois des vaisseaux espagnols avaient été visités et dépouillés par les Anglais sous les prétextes les plus frivoles, et Charles III, malgré tout le désir qu'il avait de garder la neutralité, fut contraint de se mêler à la lutte pour venger l'honneur de son pavillon. En conséquence, un traité appelé le *pacte de famille* fut signé à Madrid, le 16 août 1761, entre le roi de France, le roi d'Espagne, le roi de Naples et le duc de Parme et de Plaisance. L'Espagne s'efforça de faire entrer le Portugal dans cette alliance; mais cette puissance ayant formellement refusé d'abandonner le parti de la Grande-Bretagne, Charles III lui déclara la guerre. Ses troupes s'emparèrent de Miranda, et pénétrèrent dans la province de Tras-os-Montes. Le cabinet de Lisbonne réclama le secours de l'Angleterre, qui lui envoya dix mille hommes commandés par le comte de la Lippe, guerrier formé à l'école du grand Frédéric. Néanmoins ce général ne put empêcher les Espagnols d'enlever Moncorvo et Almeida, ce qui leur ouvrait le chemin de la capitale.

Ces avantages furent balancés par des désastres dans une autre partie du monde. Les Anglais, sous la conduite de l'amiral Pocock, débarquèrent dans l'île de Cuba et attaquèrent la Havane, qui n'était pas encore préparée à la guerre. Juan de Prado, qui en était gouverneur, se défendit avec courage. Cependant, après vingt-neuf jours de siége, il fut forcé de se rendre et de remettre à l'amiral ennemi les trésors qui étaient accumulés dans cette ville, en attendant une occasion favorable pour les faire passer en Espagne, neuf vaisseaux de ligne de soixante-dix canons et trois frégates. Les malheurs ne s'arrêtèrent pas là. Les Anglais s'emparèrent d'une partie des Philippines ; enfin ils capturèrent un galion sorti du port d'Acapulco chargé d'argent et de denrées dont la valeur montait à trois millions de piastres fortes. Ces revers, loin d'abattre le courage des Espagnols, ne servirent qu'à faire ressortir leur patriotisme. Les nobles de Murcie, de Valence, de Catalogne, de Mayorque, supplièrent le roi de leur confier la défense de leurs provinces. Le roi accueillit avec joie ces manifestations de l'enthousiasme et du courage national ; mais il n'eut pas besoin d'y recourir. Depuis sept ans, la guerre durait entre la France et l'Angleterre, et ces deux puissances avaient également besoin de repos ; car les succès que la Grande-Bretagne avait obtenus sur mer n'avaient pas empêché que son commerce éprouvât des pertes considérables. Aussi des préliminaires de paix signés à Fontainebleau, le 3 novembre 1762, et ratifiés à Paris, le 10 février suivant, mirent fin à cette lutte désastreuse. Par ce traité, Louis XV céda à l'Angleterre l'Acadie, le Canada et le cap Breton ; mais ses autres colonies envahies par les Anglais lui furent rendues. L'île de Cuba fut restituée à l'Espagne qui, de son côté, remit au Portugal toutes les places qu'elle lui avait enlevées. Elle fut encore obligée de céder la Floride à l'Angleterre.

Dès que Charles III se vit en possession de la paix, il essaya de réaliser les plans qu'il avait conçus pour faire fleurir dans son royaume l'agriculture, l'industrie et le commerce. L'expulsion des Morisques, l'administration désastreuse des princes de la maison d'Autriche et les guerres de la Succession avaient converti une partie des campagnes en véritables déserts. Une vaste étendue de terrain située au pied de la Sierra-Morena était inculte et ne servait de retraite qu'aux bandits et aux bêtes féroces. Un ingénieur français, nommé Charles le Maur, construisit une route magnifique au milieu de ces montagnes qui semblaient inaccessibles. Olavidé, à qui on avait confié l'intendance des quatre royaumes d'Andalousie, reçut la mission de faire défricher ces déserts. Il y éleva des villages qu'il peupla d'hommes honnêtes et laborieux attirés de l'étranger ; ces colonies furent bientôt dans l'état le plus prospère. Mais le succès obtenu par Olavidé et le bien qu'il faisait soulevèrent contre lui des haines violentes. Il avait excité surtout le mécontentement du père Romuald, capucin allemand. Ce moine s'était flatté d'exercer sur ces établissements une influence qu'Olavidé ne voulut pas lui laisser prendre. Déçu dans son ambition, le père Romuald se vengea en dénonçant Olavidé à l'inquisition. Il l'accusa de conserver des livres prohibés et d'avoir tenu des discours contraires à la religion. Olavidé fut arrêté. Pendant deux ans, on ignora ce qu'il était devenu, et ses amis avaient renoncé à l'espoir de le revoir. Ce fut seulement le 21 novembre 1778 qu'on fut instruit de sa destinée. Un *Autillo* fut célébré à Madrid dans l'intérieur du palais du saint office; Olavidé y parut vêtu d'un san benito, et portant à la main un cierge de cire verte. Le tribunal de l'inquisition y rendit en public la sentence qui déclarait cet accusé *hérétique formel*. Olavidé interrompit la lecture pour repousser cette qualification ; mais, épuisé par cet effort, il tomba évanoui. Quand il eut repris ses sens, on acheva de prononcer la sentence qui déclarait tous ses biens confisqués, et qui le condamnait à rester pendant huit années enfermé dans un couvent. Les chagrins avaient altéré la santé de cet infortuné; en sorte qu'il ne fut pas possible d'exécuter la condamnation avec une bien grande rigueur. Il obtint la permission d'aller prendre les eaux minérales en Catalogne. Une fois près de la frontière, il trompa la vigilance de ses gardiens, et passa en France, où il fut accueilli comme une victime du fanatisme religieux.

L'état florissant dans lequel don Pablo Olavidé avait laissé les colonies de la Sierra-Morena ne se soutint pas longtemps après sa disgrâce. Les fonds modiques assignés pour leur entretien ne furent pas exactement payés. On se pressa trop de demander des impôts à ces nouveaux colons, pour prouver à la cour que cet établissement pouvait la dédommager de ses avances. Le découragement éloigna une partie des familles allemandes que don Pablo Olavidé y avait appelées. Les colonies se dépeuplèrent. Néanmoins elles semblent encore florissantes quand on les compare à une grande partie du royaume ; et elles montrent tout le bien qu'aurait pu faire une administration éclairée et bienveillante, si l'envie et le fanatisme ne l'en avaient pas empêchée.

Charles III eut le bonheur de conserver la paix jusqu'à l'année 1773. A cette époque, l'empereur de Maroc, oubliant les traités conclus avec l'Espagne, attaqua, à la tête d'une nombreuse armée, la place de Mélilla, située sur la côte d'Afrique. Les connaissances militaires dont les Marocains firent preuve, dans cette circonstance, donnèrent à penser que leurs opérations étaient dirigées par des Européens. Le bruit se répandit même que les Anglais avaient été les instigateurs de cette guerre. En occupant Charles III en Afrique, ils avaient pour but d'empêcher qu'il ne donnât du secours aux colonies anglaises du nouveau monde, qui avaient pris les armes pour secouer le joug de la métropole. Cependant le gouverneur de Mélilla se défendit avec courage et repoussa les assaillants. Les Africains ne furent pas plus heureux dans l'entreprise qu'ils dirigèrent contre le Peñon de las Velez. Cette place, défendue par don Florencio Moreno, repoussa toutes leurs attaques. Ils furent obligés de se retirer après avoir perdu beaucoup de monde et en abandonnant une partie de leur artillerie.

La gloire dont les armes espagnoles venaient de se couvrir en Afrique, fit penser au cabinet que le moment était bien choisi pour châtier l'insolence des Algériens, dont les pirates infestaient la Méditerranée et exerçaient surtout de grands ravages sur les côtes de la Catalogne et de l'Andalousie. L'entreprise était des plus hasardeuses ; car Alger est situé sur une côte exposée à de fréquents orages, qui rendent le blocus d'une grande difficulté. L'expédition malheureuse tentée par Charles V avait prouvé combien une descente présente de dangers. Néanmoins l'entreprise fut résolue. Les ports de la Péninsule, qui jouissaient depuis longtemps de la paix, retentirent d'apprêts guerriers. On recruta des troupes ; et, en peu de temps, on eut parfaitement équipé une flotte de près de quatre cents voiles, sans compter les navires de Malte, de Naples et de Toscane, qui vinrent, comme auxiliaires, prendre part à cette expédition. Cet immense armement, après avoir lutté longtemps contre les ouragans, se présenta devant Alger. On essaya de débarquer ; mais les Algériens s'étaient préparés à une vigoureuse résistance. Ils étaient abondamment pourvus d'armes et de munitions de toute espèce. A peine les troupes chrétiennes eurent-elles mis le pied sur la plage qu'elles furent attaquées par les Maures. Pendant huit heures elles combattirent exposées au feu terrible et bien dirigé des ennemis sans pouvoir gagner un pouce de terrain. Enfin le général, ne voulant pas sacrifier inutilement l'armée entière, donna le signal du rembarquement. Mais cette opération ne put s'effectuer sans faire des pertes douloureuses. Plus de trois mille hommes tués ou blessés restèrent sur la plage; et la flotte fut obligée de regagner les ports espagnols, en attendant des circonstances plus favorables. Charles III ordonna qu'une forte escadre de vaisseaux de ligne, de frégates et de navires d'un moindre rang, croisât le long des côtes de Barbarie, afin d'attaquer et de couler tous les corsaires qui oseraient prendre la mer.

Trois années plus tard, en 1778, éclata la guerre entre la France et l'Angleterre. Cette dernière puissance reprochait à Louis XVI d'avoir favorisé l'insurrection des colonies américaines, qui, le 4 octobre 1776, avaient signé l'acte de confédération et s'étaient donné le titre d'*États-Unis d'Amérique*. Le cabinet de Versailles invoqua le pacte de famille, pour déterminer Charles III à prendre part à la guerre. L'Espagne avait personnellement plus d'un grief contre l'Angleterre. Sous le prétexte qu'on avait accueilli dans les ports espagnols des bâtiments de guerre et de commerce qui naviguaient sous le pavillon des États-Unis, les Anglais avaient visité et pillé des navires espagnols, intercepté les correspondances du nouveau monde, et excité à la révolte les nations indiennes de la Louisiane. Ces agressions déterminèrent Charles III à prendre les armes. D'ailleurs ce prince désirait vivement reconquérir Mahon et Gibraltar que l'Angleterre avait conservés, par suite de la paix d'Utrecht. Ce fut le 16 juin 1779, qu'en exécution du pacte de famille, l'Espagne déclara la guerre à l'Angleterre, et neuf jours plus tard sa flotte se réunit à la flotte française, commandée par les amiraux d'Orvillers, de Guichen et de la Touche-Tréville. Ces flottes coalisées s'élevaient à soixante-six vaisseaux, et ces forces redoutables paraissaient destinées à favoriser une descente en Angleterre; mais elles furent constamment contrariées par les vents. Au mois d'août elles s'approchèrent de Plymouth et répandirent la terreur sur les côtes d'Angleterre; mais les vents contraires les forcèrent à rentrer dans leurs ports. Leurs avantages se bornèrent à la prise du vaisseau anglais *l'Ardent*. L'insurrection des États-Unis avait été la cause première de la guerre; aussi, ce fut dans le nouveau monde que se portèrent les plus grands coups. Les forces de la France, de l'Espagne, des États-Unis et de l'Angleterre y combattirent avec des fortunes diverses; mais ce qui importait avant tout aux Espagnols c'était de recouvrer Minorque et Gibraltar. Depuis le commencement de la guerre, cette ville était étroitement bloquée. Pour empêcher qu'elle ne reçût de secours, le vaillant amiral don Antoine Barcelo croisait dans la Méditerranée, et don Juan de Langara dans l'Océan; mais les courants qui règnent dans le détroit, aussi bien que l'inconstance des vents, permettaient toujours à quelques navires algériens ou à ceux de quelque autre nation ennemie de tromper la surveillance de la croisière et de porter des vivres et des munitions aux assiégés. Néanmoins la pénurie était grande dans la ville, et la famine aurait fini par livrer Gibraltar aux Espagnols, lorsque, le 16 janvier 1780, l'amiral Rodney, à la tête d'une flotte de vingt vaisseaux, vint attaquer celle de Langara, qui n'en avait que onze. Les Espagnols se battirent avec une intrépidité remarquable; mais les forces étaient trop inégales; ils furent vaincus, et ne purent empêcher l'amiral Rodney de faire entrer dans le port de Gibraltar un nombreux convoi de vivres et de munitions. Les Espagnols n'en continuèrent pas moins à tenir Gibraltar bloqué par terre et par mer.

Au mois d'août de l'année suivante, une armée de douze mille Espagnols, commandés par le duc de Crillon, s'empara de Minorque. L'île entière se soumit immédiatement, à l'exception du fort Saint-Philippe, qui fut aussitôt assiégé. Après une défense de près de huit mois, le général Murray, qui défendait la place, n'ayant pu être secouru, fut obligé de capituler. Il se rendit le 4 février 1782, et resta prisonnier de guerre avec toute la garnison; de cette manière Minorque rentra sous la domination espagnole, dont elle avait été séparée pendant soixante-quatorze ans.

Après la conquête de cette île, les forces combinées de France et d'Espagne serrèrent de plus près Gibraltar, dont le blocus durait depuis plus de deux ans.

Le général don Martin Alvarez fut remplacé dans le commandement par le duc de Crillon. Les troupes réunies sous les ordres de ce général au camp de Saint-Roch s'élevaient à plus de 20,000 hommes, tant Espagnols que Français. Le comte d'Artois, qui depuis régna en France sous le nom de Charles X, et le duc de Bourbon, se rendirent au siége comme volontaires.

La montagne sur laquelle est située la ville de Gibraltar forme un promontoire qui s'avance beaucoup dans la mer; elle a environ 4,300 mètres de longueur sur 1,250 de largeur, et tient à l'Espagne par une langue de terre si étroite que sous différents aspects la montagne paraît une île. Elle a plus de 2,400 mètres d'élévation au-dessus du niveau de la mer.

Le nom de Gibraltar, on se le rappelle, vient du mot *Gibel*, qui, en arabe, signifie montagne, et de *Tarik*, nom du général berbère qui fit la conquête de l'Espagne.

Cette place, que la nature a rendue presque inaccessible, a encore été couverte par les Anglais des plus redoutables fortifications; de tous les côtés elle est hérissée de canons. Suivant l'opinion générale, il n'était pas possible de la prendre par les moyens ordinaires. Aussi de toute part on adressait au ministère espagnol les projets les plus bizarres et les plus extravagants. Un de ceux qui lui parvinrent proposait de construire en avant des lignes de Saint-Roch un immense cavalier qui, s'élevant plus haut que Gibraltar, lui eût enlevé son principal moyen de défense. Un autre avait imaginé de remplir les bombes d'une matière si horriblement méphitique qu'en éclatant dans la forteresse, elles auraient, par leurs exhalaisons, mis en fuite ou empoisonné les assiégés. Enfin, un ingénieur français de beaucoup de talent, nommé Darçon, proposa de construire des batteries flottantes recouvertes d'un épais blindage où l'humidité serait entretenue continuellement par un mécanisme fort ingénieux; en sorte que les boulets rouges devaient s'éteindre où ils auraient pénétré. Cette partie du plan fut mal exécutée, soit que la maladresse des calfats ait empêché le jeu des pompes, soit que la précipitation avec laquelle ces prames furent construites n'eût pas permis de mettre dans leur exécution toute la perfection nécessaire. Les préparatifs n'étaient pas entièrement achevés, lorsque, dans la soirée du 12 septembre 1782, le duc de Crillon écrivit à Ventura Moreno, qui avait le commandement de ces navires: *Si vous n'attaquez pas, vous êtes un homme sans honneur*. Piqué par cette lettre, Ventura fit le lendemain sortir les prames; mais il les dirigea dans un ordre contraire à celui qui avait été arrêté. Ces batteries, d'après le plan primitif, devaient être toutes groupées autour du vieux môle, qui paraissait l'endroit le plus faible. Mais soit que l'on eût mal fait les sondages, soit que ces bâtiments eussent un tirant d'eau trop considérable pour prendre la position qu'on avait projetée, on se plaça devant le bastion Royal, où se trouvaient les batteries les plus redoutables, et on disposa les prames de telle façon que sur dix deux seulement purent se placer à la distance convenable de 200 toises. Le feu des huit autres était à peu près perdu. Les deux seules prames qui purent agir d'une manière utile furent *la Talla-Piedra* que montait le prince de Nassau et sur laquelle était Darçon, et *la Pastora*, commandée par Ventura Moreno lui-même.

Dans la position qui avait d'abord été projetée, les prames auraient été secondées par le feu des lignes de Saint-Roch. Les batteries du camp pouvaient atteindre les trois bastions de Montaigu, du Nord et d'Orange, qui défendaient le vieux môle. Mais le bastion Royal, s'avançant davantage vers la pleine mer, se trouvait presque entièrement hors de leur portée. Pour attaquer ce front de la place, le concours de l'artillerie du camp devenait impossible. Les seules prames qui fussent placées pour agir utilement ne portaient que 70 canons et recevaient le feu de 280 pièces des assiégés. Néanmoins elles firent beaucoup de ravages dans le bastion qu'elles attaquaient, mais elles furent aussi très-maltraitées. *La Talla-Piedra* surtout reçut un coup mortel. Un boulet rouge pénétra jusqu'à la partie sèche du bâtiment. L'incendie couva longtemps avant de se déclarer. *La Talla-Piedra* avait ouvert son feu vers dix heures du matin. Le boulet l'atteignit entre trois et cinq heures; mais ce fut seulement dans la nuit que le mal devint irrémédiable. On avait, au reste, négligé toutes les précautions. Il n'y avait point d'ancres de secours derrière les prames pour les touer en cas d'accident. Il n'y avait pas de chaloupes pour recevoir les blessés. L'amiral Guichen, qui commandait les vaisseaux français, fit proposer des secours à Moreno, qui répondit n'en avoir pas besoin. Cependant l'incendie de *la Talla-Piedra* fit dans la nuit de tels progrès qu'il devint impossible de les arrêter. Le feu gagna les poudres; cette prame sauta, et son explosion communiqua l'incendie à la plus voisine, qui était *le San-Juan*. Alors *Ventura*, désespérant d'en sauver aucune et ne voulant pas qu'elles tombassent entre les mains des Anglais, donna par écrit l'ordre de mettre le feu aux huit qui étaient encore intactes. Douze cents hommes périrent dans cette attaque. Un assez grand nombre de prisonniers fut recueilli par les embarcations que les Anglais avaient mises à la mer. Le prince de Nassau, qui était sur *la Talla-Piedra*, eut le bonheur de se sauver à la nage.

La mauvaise réussite de cette attaque ne détermina pas les Espagnols à abandonner leur entreprise. Ils continuèrent à serrer la place, espérant qu'ils parviendraient avec le temps à épuiser les ressources des assiégés; mais, vers le milieu du mois suivant, l'amiral Howe, profitant des tempêtes qui agitaient l'Océan, parvint à ravitailler la place, ensuite il passa dans la Méditerranée. La flotte combinée de France et d'Espagne se mit à sa poursuite; mais il lui échappa, et quelques jours plus tard il repassa tranquillement le détroit. Ces contre-temps causèrent du dépit plutôt que du découragement dans l'armée espagnole. Le comte d'Artois et le duc de Bourbon voyant que les opérations traînaient en longueur, reprirent le chemin de la France. Le siège fut de nouveau converti en blocus; mais le duc de Crillon fit pousser avec activité les travaux de deux mines qui déjà étaient assez avancées. Il espérait qu'elles lui donneraient sa revanche de la journée des batteries flottantes. Malgré les avantages que l'Angleterre avait remportés, il s'en fallait beaucoup qu'elle pût se considérer comme victorieuse. Les escadres commandées par Bougainville, par Guichen, par le comte d'Estaing et par le bailly de Suffren, avaient porté des coups terribles à sa puissance. Tout le monde désirait la paix, et on en signa les préliminaires au commencement de janvier 1783. Les conditions en furent avantageuses aux Espagnols; et s'ils ne parvinrent pas à reconquérir Gibraltar, au moins ils recouvrèrent Minorque et la Floride.

La guerre contre l'Angleterre une fois terminée, Charles III voulut en finir aussi avec les Algériens, qui ne cessaient d'infester les côtes méridionales de l'Espagne. Les négociations qu'il avait tentées auprès de la Porte, afin d'obtenir qu'elle mît un terme aux brigandages de ces pirates, étaient demeurées sans résultat. Il y avait déjà longtemps que les régences africaines ne respectaient plus les ordres de Constantinople. Il prit donc la résolution de châtier ces forbans et de bombarder leur repaire. Cette opération fut confiée à don Antonio Barcelo, qui s'était signalé pendant le blocus de Gibraltar. Cet amiral se présenta devant Alger avec des forces redoutables; mais la mauvaise saison ne lui permit pas de mettre son projet à exécution. Il revint l'année suivante (1784) avec des forces plus considérables, et sa flotte était encore augmentée de quelques navires auxiliaires envoyés par le Portugal et par l'ordre de Malte; mais cette entreprise eut le même résultat que les expéditions précédentes. Lorsque les Espagnols se présentèrent devant Alger, une flotte presque aussi considérable que la leur sortit du port et se présenta en bon ordre et en état d'opposer une vive résistance : au reste, il n'y eut point d'engagement sérieux. La mer était mauvaise, et les troupes de terre qu'on avait embarquées, fatiguées par le roulis, étaient pour la plupart incapables de rendre aucun service. Il fallut se retirer sans avoir atteint le but qu'on se proposait. Cependant les Algériens comprirent qu'ils ne pouvaient résister longtemps à toutes les forces de l'Espagne, et que si quatre expéditions avaient échoué, une cinquième pouvait réussir. Ils acceptèrent la médiation de la Porte et de l'empereur de Maroc; enfin la paix avec cette régence fut signée dans le courant de 1789.

Malgré les guerres qu'il eut à soutenir pendant le cours de son règne, Charles III n'oublia jamais que l'agriculture et le commerce font la véritable force des États. Il s'appliqua à les rendre florissants; il fit percer des routes. On lui doit le canal d'Aragon, qui non-seulement porte la fertilité dans les campagnes de Tudèle et de Saragosse, en facilitant l'irrigation, mais qui est encore destiné à favoriser le commerce, en permettant aux barques de la Méditerranée de remonter jusqu'en Navarre.

C'est au milieu de ces travaux utiles que la mort vint le frapper. Charles III avait joui sans cesse d'une santé robuste. Il la devait sans doute à l'exercice de la chasse auquel il était accoutumé depuis sa jeunesse; mais il avait accompli sa soixante-douzième année, et le chagrin qu'il éprouva de la mort de l'un de ses fils vint aggraver pour lui le poids de l'âge. A la fin de 1788, il fut atteint d'une maladie qui l'enleva en peu de jours. Il mourut le 14 décembre, et fut pleuré par les Espagnols.

RÈGNE DE CHARLES IV. — MINISTÈRE DE FLORIDA BLANCA. — DÉCRET QUI MODIFIE EN ESPAGNE LE DROIT DE SUCCESSION A LA COURONNE. — RÉVOLUTION FRANÇAISE. —MINISTÈRE DU COMTE D'ARANDA. — LOUIS XVI ANNONCE A CHARLES IV SON ADHÉSION A LA CONSTITUTION. — LOUIS XVI EST MIS EN ACCUSATION. — MINISTÈRE DE GODOY. — DÉMARCHES TENTÉES INUTILEMENT POUR SAUVER LOUIS XVI. — MORT DE LOUIS XVI. — GUERRE ENTRE LA FRANCE ET L'ESPAGNE.— PAIX DE BALE. — CONVENTION DE SAINT-ILDEPHONSE.

Charles IV avait déjà quarante ans lorsqu'il monta sur le trône. A beaucoup de franchise, à beaucoup de bonté, il joignait une instruction peu commune. La pureté de ses intentions n'était douteuse pour personne, et son avénement fit espérer aux Espagnols un des règnes les plus heureux de la monarchie. Un des premiers soins de Charles IV fut de modifier le droit de succession à la couronne d'Espagne. Marié encore très-jeune à l'infante Marie-Louise, fille de Philippe, duc de Parme, son oncle, il avait perdu plusieurs enfants mâles. Il ne lui en restait plus que deux : Ferdinand, prince des Asturies, qui, né le 13 octobre 1784, n'avait alors que quatre ans, et don Carlos-Marie-Isidore, âgé seulement de huit mois. La faiblesse de leur constitution donnait peu d'espoir de les conserver. Charles IV ne voulait pas que sa succession passât à Ferdinand son frère, roi de Naples, ou à son neveu don Pédro, fils de l'infant Gabriel. Il désirait que dans le cas où ses fils ne lui survivraient pas, la couronne fût assurée à sa fille aînée dona Carlota, qui avait épousé don Juan, fils de la reine de Portugal. Il réunit, à Madrid, dans son palais, les cortès, qui n'avaient pas été convoquées depuis soixante-cinq ans. Il proposa à cette assemblée d'annuler les dispositions législatives qui, à l'imitation de la loi salique, avaient exclu les femmes du droit de succéder à la couronne. Il demanda qu'on rétablît les anciennes dispositions des constitutions de l'Aragon et de la Castille, qui avaient permis à Pétronille et à Isabelle de régner. Quelques membres combattirent respectueusement cette proposition; mais elle fut approuvée par la majorité. Néanmoins Charles IV ne fit pas promulguer le décret qui rétablissait l'ancien ordre de succession. Il se contenta d'avoir obtenu l'adhésion des représentants de la nation. La santé du prince des Asturies et de l'infant don Carlos se raffermit. Un troisième fils du roi, l'infant don Francisco de Paula, naquit le 10 mai 1794, et le décret demeura dans les archives royales oublié de presque tout le monde.

Les Espagnols virent avec plaisir le nouveau roi donner sa confiance aux hommes que Charles III avait employés. Le comte de Florida Blanca avait été l'un des agents les plus actifs des améliorations commencées sous le règne précédent. Il resta à la tête des affaires. Ce ministre croyait que le pouvoir royal ne doit pas avoir de limite. Sa politique intérieure eut toujours pour but d'accroître l'autorité du souverain. C'est dans ce but qu'il s'était attaché à détruire sans cesse l'influence des grands. Le pouvoir despotique lui paraissait le seul bon, le seul légitime. Imbu de ces doctrines qui dominaient en Espagne depuis trois siècles, il était nécessairement ennemi des idées de liberté et d'égalité qui commençaient à prévaloir en France. Il ne faisait pas un mystère des sentiments de répugnance que lui inspiraient les commencements de la révolution. Aussi une tentative d'assassinat ayant été dirigée contre la personne de ce ministre, on ne manqua pas d'attribuer ce crime aux révolutionnaires. Au reste, quelle que fût l'antipathie de Florida Blanca pour les innovations qui avaient lieu dans la monarchie de Louis XIV, il n'hésita pas à réclamer, en 1790, les secours de la France en vertu du pacte de famille. L'Espagne prétendait avoir droit à la souveraineté de toutes les côtes nord-ouest de l'Amérique septentrionale. En conséquence, elle avait élevé des difficultés relativement aux établissements fondés par les Anglais dans la baie de Nootka. Les Espagnols avaient commencé cette discussion par des actes d'hostilité, et la guerre était sur le point d'éclater. Louis XVI s'empressa d'exécuter la convention qui était invoquée. Il fournit à l'Espagne un secours de douze vaisseaux de ligne et de six frégates; mais cet armement devint inutile, parce qu'une transaction mit fin au différend. L'Espagne fit l'abandon d'une partie de ses prétentions, et reconnut que les Anglais avaient le droit de s'établir sur la côte américaine depuis le cap Mendoza jusqu'à Nootka-Sound.

Cependant la marche de la révolution devenait chaque jour plus menaçante. Le 20 juin 1791 Louis XVI avait essayé de quitter la France; mais, reconnu à Varennes, il avait été ramené à Paris. Cet événement augmenta les sentiments de haine et de frayeur que la révolution inspirait à Florida Blanca. Ce ministre, pour empêcher les principes démagogiques des jacobins de se répandre en Espagne, fit publier, le 20 juillet 1791, une cédule par laquelle tous les étrangers qui voudraient séjourner en Espagne, soit comme domiciliés, soit comme voyageurs, seraient obligés de prêter serment de fidélité à la religion catholique et au roi d'Espagne. Ils devaient renoncer à leur qualité d'étrangers et s'engager à ne point recourir à la protection de leurs ambassadeurs, ministres ou consuls, le tout sous peine des galères, présides, ou d'expulsion absolue des royaumes de Sa Majesté Catholique.

La France ne fut pas seule à réclamer contre cette mesure violente inspirée par la crainte de la propagande révolutionnaire. Plusieurs cabinets étrangers firent également entendre leurs plaintes. Les dispositions rigoureuses de la cédule ne furent pas appliquées. On se borna à exiger le serment des voyageurs dont la présence n'était pas justifiée par un motif connu, et le serment portait seulement qu'on obéirait aux lois du pays et qu'on s'abstiendrait de toute correspondance au dehors qui pût compromettre la tranquillité du royaume ou blesser le gouvernement. Lorsque Louis XVI, après avoir signé la constitution de 91 et après avoir juré de la maintenir, fit notifier aux puissances étrangères la forme nouvelle que venait de recevoir le gouvernement de la France, le cabinet espagnol répondit à cette communication : « que
« le roi catholique attendait les preuves
« positives de l'entière liberté du roi de
« France; et que jusqu'à ce qu'il fût con-
« vaincu que ce monarque était parfaite-
« ment libre lorsqu'il avait accepté la
« constitution, lui roi d'Espagne s'abs-
« tiendrait de répondre à toute dépêche
« venant sous le nom du roi des Fran-
« çais. »

Cette nouvelle manifestation de la haine que le cabinet espagnol portait à la révolution française ne pouvait que rendre plus périlleuse la position de Louis XVI. M. d'Urtubize, chargé d'affaires de France, parvint à s'introduire auprès de Charles IV. Il lui peignit vivement les dangers auxquels on exposait Louis XVI. Charles IV, ébranlé par cette conversation, consulta quelques personnes, qui blâmèrent hautement la conduite de Florida Blanca, et ce ministre reçut l'ordre de se retirer à Chinchilla, village du royaume de Valence, où il était né; la direction des affaires fut remise au comte d'Aranda, qui, sans approuver les excès de la révolution, en adoptait cependant les principes. Ce changement fut accueilli favorablement en France, où les opinions du comte d'Aranda étaient parfaitement connues. Un nouvel ambassadeur, M. Bourgoing, fut envoyé à Madrid. Il était porteur d'une lettre autographe de Louis XVI où ce monarque exprimait d'une manière très-positive son adhésion à la constitution qu'il avait acceptée. Il y insistait sur la nécessité de maintenir la paix générale, sans laquelle il ne pouvait répondre ni de la tranquillité intérieure de la France, ni même de sa couronne. Ce fut au mois de mai 1792 que M. Bourgoing fut admis par la cour d'Espagne comme ministre plénipotentiaire du roi des Français. « J'observerai à cet égard, dit M. Bourgoing dans son Tableau de l'Espagne moderne, que le monarque espagnol et ses entours ne furent pas conséquents dans leur conduite à mon égard. Ils parurent reconnaître librement, spontanément, mon caractère; et à l'accueil qu'ils me firent pendant quatre mois, il était facile de voir combien cette reconnaissance répugnait à leurs principes. C'est au milieu de cette position ambiguë que la nouvelle des événements du 10 août vint me surprendre à Saint-Ildephonse, la veille du jour de Saint-Louis, fête de la reine; je n'en parus pas moins à la cour. C'était un effort de courage; ce fut le dernier. Depuis ce jour, je crus d'autant plus devoir m'en abstenir, que, depuis la déchéance du roi, on avait cessé de me reconnaître pour son représentant. » Néanmoins les relations continuèrent entre le ministère espagnol et l'envoyé français. Tous les rois de l'Europe, effrayés par la révolution, avaient pris les armes. L'Espagne avait aussi fait quelques préparatifs qui semblaient annoncer des vues hostiles. Mais comme Charles IV voulait sincèrement la paix et qu'il espérait sauver Louis XVI, il consentit à s'engager à la neutralité par un acte formel. Ce traité fut, en effet, rédigé en présence de M. Bourgoing et envoyé à Paris, d'où il fut renvoyé à Madrid avec modifications légères. L'Espagne les trouva assez graves pour nécessiter de nouvelles explications. Pendant ce temps le procès de Louis XVI suivait son cours. Les conjonctures devenaient chaque jour plus menaçantes. C'est au milieu de ces embarras que le duc d'Aranda fut éloigné des affaires et que Charles IV choisit pour ministre un jeune homme de vingt-cinq ans. Manuel de Godoy, issu d'une famille noble d'Estrémadure, était entré dans les gardes du corps de Charles III en 1784. En 1791 il fut nommé adjudant général et grand-croix de Charles III. En 1792, il fut créé duc de la Alcudia, lieutenant général et ministre des affaires étrangères. En ce moment d'effervescence, alors que le roi semblait avoir besoin de la sagesse de ses plus vieux conseillers, quelle raison lui fit remettre le soin des affaires à un jeune homme sans expérience et sans antécédents politiques? Peut-être en voyant l'existence de tous les rois menacée par la propagande révolutionnaire, éprouvait-il le désir de s'attacher un conseiller dont il pût espérer un dévouement entier et absolu. Au reste, quelle qu'ait été la cause de l'élévation subite de Godoy, son avénement au ministère ne changea pas d'abord la marche tracée sous le précédent ministère. Le désir le plus ardent de Charles IV était de sauver Louis XVI; et seul parmi tous les souverains, il fit des démarches auprès de la Convention pour détourner le sort qui menaçait l'infortuné roi de France. Des instructions furent adressées à don José Ocariz, qui représentait à Paris le gouvernement espagnol. Des crédits sans limite lui furent ouverts afin d'agir, si cela était possible, sur les membres influents de la Convention et de la Commune. On fit en même temps de vaines tentatives auprès de l'Angleterre pour la déterminer à user de son influence dans le même but. Mais Pitt refusa tout concours à cette démarche généreuse, et l'Espagne fut forcée d'agir seule. Le 26 décembre, don José Ocariz remit une note au ministre des affaires étrangères de France. Il lui adressa en même temps une lettre pour intercéder en faveur de Louis XVI. Le lendemain un rapport conçu en ces termes fut adressé à la Convention :

« Paris, 27 septembre, an Ier de la république.

« Hier soir, je reçus du chargé d'affaires d'Espagne une note relative à la question qui en ce moment occupe la Convention nationale et l'Europe entière. Le devoir de ma place est de transmettre cette lettre à la Convention avec quelques détails concernant l'affaire dont il s'agit. Depuis quelque temps les préparatifs hostiles de l'Espagne et les mesures respectives de précaution prises de notre côté avaient donné lieu à des plaintes réciproques. A la suite de ces plaintes étaient survenues des insinuations de rapprochement, entre autres, l'offre d'un désarmement des deux côtés, moyennant une déclaration claire et formelle de neutralité de la part de l'Espagne durant la guerre actuelle. Ces négociations, commencées il y a trois mois, furent momentanément interrompues lorsque le comte d'Aranda quitta le ministère; mais elles ont été reprises par son successeur, qui se montre également bien disposé. Je serais complétement satisfait de pouvoir annoncer dès à présent que cette affaire est heureusement terminée, si je n'avais des motifs pour croire que la condescendance de la cour de Madrid se rattache en quelque sorte à des conditions faites pour en diminuer le mérite.

« En effet, citoyen président, lorsque je recevais les deux notes dont je remets ci-jointes les copies (la première contenant la neutralité du gouvernement espagnol, et la seconde, le désarmement proposé, ainsi que le mode d'exécution de ce désarmement), je savais déjà que le duc de l'Alcudia n'avait point caché au ministre plénipotentiaire de la république l'un des puissants motifs en vertu desquels le roi d'Espagne s'était déterminé à cette double condescendance; c'était l'espoir manifesté d'influer favorablement sur le sort de l'ex-roi, son cousin.

« J'en ai été pleinement convaincu, comme la Convention nationale pourra s'en convaincre elle-même, par le contenu de la lettre du chevalier Ocariz, resté depuis le 10 août dernier à Paris, en qualité de chargé d'affaires d'Espagne. Quant à cette lettre, je crois devoir m'abstenir de toute observation ultérieure. »

« *Signé*, LEBRUN. »

Voici le texte de ces deux notes et de la lettre de M. Ocariz. Il faut les citer en entier, car ces démarches tentées pour sauver le malheureux Louis XVI honorent tout à la fois le roi qui les a voulues, le ministre qui les a prescrites, et l'agent qui les a exécutées.

Première note. « Le gouvernement de France ayant manifesté à celui d'Espagne son désir de voir assurée d'une manière positive la neutralité qui existe de fait entre les deux nations, Sa Majesté Catholique autorise le soussigné, son premier secrétaire d'État, à déclarer, par cette note, que l'Espagne observera la plus parfaite neutralité relativement à la guerre dans laquelle la France se trouve engagée avec d'autres puissances.

« La présente note sera échangée à Paris contre une note égale du ministre des affaires étrangères contenant les mêmes sûretés de la part de la France.

« Madrid, 17 septembre 1792.

« *Signé*, LE DUC DE L'ALCUDIA. »

Deuxième note. « Sa Majesté Catholique, en conséquence de la neutralité convenue sous la garantie de l'amitié et de la bonne foi de la nation française, éloignera les troupes qui garnissent la frontière des Pyrénées, ne conservant dans les places que l'effectif nécessaire pour le service et les détachements indispensables. Cet éloignement de troupes sera réalisé aussitôt que la France aura remis une note où elle s'engage à prendre la même mesure de son côté. Des commissaires seront nommés de part et d'autre, de commun accord, à l'époque fixée pour exécuter de bonne foi toutes les dispositions convenables.

« Cette note, signée par le premier secrétaire d'État de Sa Majesté Catholique, sera échangée à Paris contre une note égale du ministre des affaires étrangères, où seront stipulées les mêmes sûretés de la part de la France.

« Madrid, 17 septembre 1792.

« *Signé*, LE DUC DE L'ALCUDIA. »

Ces deux notes étaient accompagnées d'une lettre de M. Ocariz. Il en fut donné lecture à la séance de la Convention du 28 décembre 1792. Voici comment elle est conçue :

« Monsieur,

« J'ai reçu avec une grande satisfaction la lettre que vous m'avez fait l'honneur de m'envoyer avec les pièces relatives, 1° à la neutralité de l'Espagne, et 2° à la convention entre l'Espagne et la France, au sujet de l'éloignement réciproque des troupes rassemblées sur la frontière des deux États.

« J'espère que le conseil exécutif, la nation et ses représentants verront dans cette négociation des preuves nouvelles, incontestables, de la franchise et des intentions amicales de Sa Majesté Catholique. Il ne pourra s'élever le moindre doute sur sa volonté ferme et décidée de conserver la paix, la bonne harmonie et une amitié fraternelle entre les deux nations.

« Le sens littéral des expressions employées par Sa Majesté Catholique, sa bonne foi, la manière même dont toute cette négociation a été traitée, doivent nécessairement aux yeux de tout homme impartial ajouter encore à l'opinion que dès longtemps la loyauté espagnole a le droit d'invoquer dans toute l'Europe.

« J'y trouve pour mon compte un motif de plus de me féliciter, comme d'une circonstance heureuse, d'avoir en même temps reçu des ordres particuliers et analogues, dont l'effet sera de resserrer les liens d'amitié entre deux nations qu'une estime mutuelle et l'intérêt commun rapprochent l'une de l'autre; rapprochement qui mérite d'être soigneusement cultivé, afin de conserver les avantages que l'Espagne et la France en retirent chacune de son côté.

« Les dépêches qui contiennent ces ordres avec les instructions qui, d'après ces ordres mêmes, doivent en favoriser l'exécution, m'ont été apportées par un courrier extraordinaire français. Je prends la liberté de vous faire remarquer cette circonstance, comme une preuve de plus de la sincérité avec laquelle veut agir Sa Majesté Catholique sans donner lieu à penser qu'il y ait des instructions secrètes, ni aucune espèce de réserve de sa part.

« La déclaration de neutralité demandée par le ministère français à la cour d'Espagne pourrait être regardée comme un acte surérogatoire, attendu que la neutralité existait déjà réellement de fait, et que nul acte hostile de la part de l'Espagne n'a pu faire présumer l'intention de la rompre. Mais Sa Majesté Catholique n'en a pas moins senti que les événements survenus et la guerre dans laquelle la France se trouve engagée pourraient, sinon justifier, du moins occasionner certaines méfiances qu'il est convenable d'écarter, et que, d'ailleurs, cette déclaration superflue ou nécessaire, donnant toujours un caractère plus authentique à ses intentions de paix déjà manifestées, sert encore à fortifier l'intimité qu'il s'agit de raffermir entre les deux nations.

« Ce que j'ai dit de la bonne foi de Sa Majesté Catholique, et de sa pleine confiance dans la loyauté française, est prouvé sans réplique, par le consentement du roi au rappel dans l'intérieur des troupes extraordinairement envoyées vers les Pyrénées, afin d'y maintenir le bon ordre menacé par certains habitants de ces contrées limitrophes, où la malveillance avait propagé des maximes séditieuses. Sa Majesté Catholique a donné ce consentement d'autant plus généreux qu'elle n'a exigé d'autre condition de la France que celle de retirer pareillement de son côté, les troupes extraordinairement envoyées à sa frontière.

« Bien qu'au premier coup d'œil les clauses de la convention paraissent être parfaitement égales, il est aisé de voir qu'elles n'offrent point de part et d'autre la même sécurité, vu la différence entre les deux gouvernements et leur position respective; car il est incontestable que les troupes françaises pourraient se réunir en plus grand nombre, et dans un moindre espace de temps, que les nôtres. Cette inégalité trouvera sa compensation dans la bonne foi, l'amitié et la confiance mutuelles.

« Mais il existe en ce moment une autre circonstance qui pourrait consolider l'amitié et l'union des deux pays; et il y va de l'intérêt de l'Espagne, de celui de la France, et encore de l'intérêt de l'Europe entière. C'est l'heureux dénoûment à donner à la grande affaire qui occupe la France et fixe les regards de toutes les nations.

« La manière dont sera traité l'infortuné Louis XVI avec sa royale famille, doit montrer à tous les peuples la générosité de la France et la modération de sa politique. Cependant, lorsqu'il s'agit du sort du chef de la maison de Bourbon, le roi d'Espagne ne saurait y rester étranger; et il ne méritera point, en ce cas, le reproche de vouloir s'ingérer dans les affaires d'un État indépendant. La démarche de Sa Majesté Catholique se borne à faire entendre la voix de la nature et de la compassion en faveur de son parent et de son ancien allié. La morale de tous les gouvernements et de tous les pays justifie cette démarche et la rend plausible dans la circonstance donnée.

« Ainsi, sans entrer dans une discussion de principes qui pourrait sembler inopportune de la part d'un étranger, je me contente de présenter, au nom du roi d'Espagne, quelques réflexions, moins comme venant de moi, que comme dictées par l'intérêt de l'humanité, par le sentiment de la justice, et fondées sur le droit des gens.

« Ces hommes seulement, pour qui l'intérêt de l'humanité, la justice et le droit commun n'ont aucune valeur, s'étonneront de l'importance du procès de Louis XVI aux yeux de tous les peuples en général; il est aisé de leur répondre qu'eux-mêmes, par d'autres réflexions qu'ils ont provoquées dans un sens opposé, donnent encore plus d'importance à cette grande cause. Le manque d'observation des premières règles de la justice dans la manière d'y procéder, aurait été blâmé par eux en toute autre poursuite judiciaire; cette violation des règles a été dénoncée avec énergie par une foule de Français, par beaucoup de membres de la Convention qui ont publié leurs opinions et leurs plaintes : ces opinions et ces plaintes ayant retenti dans les pays étrangers, elles y ont vivement affecté les esprits calmes, qui observent de loin et sans passion. L'exemple d'un accusé jugé par ceux qui, de leur propre autorité, se sont faits ses juges, et dont la plupart ont manifesté d'avance une opinion nourrie de préventions et de haines antérieures ; d'un accusé qu'on prétend condamner sans aucune loi préexistante, et pour des délits dont je ne chercherai point à examiner les preuves, mais qui, étant prouvés, ne lui feraient point perdre l'inviolabilité garantie par la constitution de l'État formellement acceptée; un tel exemple, abstraction faite de toute idée de justice, est d'une nature si grave, qu'une nation qui se respecte elle-même doit craindre de le donner aux autres nations dont elle veut être aimée et considérée.

« Il est impossible que le monde ne soit pas épouvanté des violences exercées contre un prince connu, au moins, par la douceur et la bonté de son caractère, un prince que cette même douceur et cette bonté ont fait tomber dans un précipice, où la perversité la mieux constatée n'aurait pas conduit les tyrans les plus cruels.

« Enfin, après tout, si Louis XVI a commis des fautes, n'ont-elles pas été expiées par une chute aussi inattendue, par les peines d'une longue et dure captivité, par ses inquiétudes mortelles sur le sort de ses enfants, de son épouse, de sa sœur, et ce qui est pis encore, par les insultes, par les outrages de certains hommes qui ont cru s'élever à un haut degré d'héroïsme en foulant aux pieds la grandeur déchue ? Ces hommes ont méconnu cette vérité politique : « Que si le changement des institutions peut dispenser un pays de certains égards envers ses anciens souverains, aucune révolution, quelle qu'elle soit, ne doit étouffer dans les âmes bien nées le sentiment dû au malheur et à l'humanité souffrante. »

« L'Espagne sait bien (et c'est pour cela qu'elle veut interposer ses bons offices) que toute la France n'est ni coupable, ni responsable des égarements, des opinions de quelques-uns de ses enfants; que la France est une nation généreuse, et que la plupart de ceux qui la représentent détestent la violence et les rigueurs inutiles; mais il est évident que ceux-ci ne sont pas libres, qu'ils sont comprimés. Si, à la faveur de cette oppression de la pensée générale, les ennemis de l'infortuné Louis XVI se portaient jusqu'aux dernières extrémités contre sa personne, il deviendrait impossible de persuader aux autres nations que la France agit en pleine liberté; on en tirerait cette conséquence qu'il existe en France des hommes plus puissants que le gouvernement et que la France elle-même.

« Dès lors, quelle confiance pourrait-on mettre dans ses protestations, ou dans les traités de paix, d'alliance et de commerce avec elle? L'Europe ne verrait dans un tel état de choses qu'un motif perpétuel d'inquiétudes, elle craindrait chaque jour de nouvelles agitations ; elle se croirait menacée dans ses intérêts généraux, il s'en suivrait le malaise de tous et des soupçons irréconciliables de part et d'autre.

« Une conduite équitable et magnanime envers le royal accusé assurerait, au contraire, le retour de la confiance universelle. La présence même de Louis XVI et de toute sa famille dans le pays, où il jouirait d'un asile sous la foi des traités stipulés à cet effet, serait un témoignage vivant de la générosité de la France et en même temps de sa force. Le monde entier admirerait un peuple modéré après la victoire, animé de passions exaltées, mais nobles, et que le triomphe de ses armes n'empêcherait pas de courber volontairement sa tête devant l'autel de la justice. L'estime commandée par cette conduite à tous les autres peuples amènerait la paix, qui est l'objet du vœu général et dont la France elle-même a besoin au milieu de toute sa gloire. Que cette heureuse espérance soit enfin réalisée!

« Je vous ai exposé, monsieur, les vœux du roi d'Espagne et ceux de la nation espagnole, qui, fidèle à son caractère antique, sait apprécier dignement tous les sentiments généreux. L'Espagne espère que la nation française sera jalouse d'offrir aux siècles à venir un nouvel exemple de la grandeur qui lui est propre.

« Animées de sentiments également honorables pour toutes deux (d'autant plus honorables pour la France qu'en ce moment elle lutte contre les instigations les plus violentes), la nation espagnole et la nation française s'uniront désormais d'une amitié aussi franche que durable; elles ont l'une et l'autre assez de gloire acquise pour aspirer à cette noble alliance fondée sur des vertus pacifiques et rassurantes pour l'humanité.

« C'est d'après ces motifs que Sa Majesté Catholique croit faire une démarche digne de son caractère en adressant au gouvernement français les intercessions les plus vives, les plus pressantes dans l'affaire dont il s'agit : le monde entier nous regarde.

« Je vous supplie de vouloir bien faire agréer à la Convention nationale la prière et la médiation du roi d'Espagne. Si je pouvais, dans ma réponse à Sa Majesté Catholique, lui annoncer que les désirs de son cœur ont été satisfaits, je serais fier d'avoir été l'agent de cette négociation d'honneur et de générosité. Heureux d'avoir servi à la fois ma patrie et la vôtre, je regarderais ce jour comme le plus beau de ma vie, cette consolation comme la plus précieuse à laquelle je puisse aspirer.

« J'ai l'honneur de vous offrir de nouveau ma considération la plus distinguée,

« J. Ocariz. »

Ces démarches ne sauvèrent pas l'infortuné Louis XVI : sa tête tomba sur l'échafaud; elle fut le gage de bataille que la Convention jeta au reste de l'Europe. Les négociations entamées entre l'Espagne et la France furent rompues. Le principal ministre, qui était alors avec la cour à Aranjuez, refusa tout entretien officiel à M. Bourgoing, qui s'efforçait de renouer les négociations. Enfin celui-ci ayant demandé ses passe-ports, ils lui furent envoyés, et il quitta Madrid, le 23 février 1793. Il lui fut facile de se convaincre sur son chemin de la profonde impression produite sur tous les esprits par le supplice de Louis XVI. En arrivant à Valence, il trouva la ville soulevée contre les Français. Tout ce qui tenait à cette nation, par son nom ou par son origine, quelle que fût d'ailleurs son opinion sur la révolution française, était exposé aux fureurs de la populace. Au reste, il faut rendre justice au gouvernement espagnol : il fit tous ses efforts pour réprimer ce mouvement. Don Vitorio Navia, qui commandait dans le royaume de Valence, employa le peu de force armée dont il pouvait disposer pour rétablir l'ordre. Cette insurrection ne coûta la vie à aucun des Français qui habitaient Valence; mais les maisons de plusieurs d'entre eux furent enfoncées; quelques magasins furent pillés.

La Convention, pour commencer la guerre, n'avait attendu ni ces événements, ni même les dernières dépêches de son ambassadeur. Un embargo avait été mis, dans les ports de France, sur tous les vaisseaux espagnols. Enfin, un décret de la Convention, en date du 7 mars 1793, déclara officiellement la guerre. Le 21 du même mois, Charles IV répondit par un manifeste, et les hostilités commencèrent. En Espagne l'irritation contre la France était extrême. Aussi, la guerre y fut-elle approuvée presque d'une voix unanime.

« Tous les bras s'offrirent et toutes

« les bourses s'ouvrirent, dit M. de
« Pradt. L'Espagne dépassa tout ce que,
« à aucune époque de l'histoire moderne,
« on connaît d'offrandes offertes par le
« patriotisme aux gouvernements qui
« ont réclamé son appui. Ainsi, tandis
« que sous l'assemblée constituante la
« France n'avait fourni qu'une somme
« de cinq millions; tandis qu'à l'ouver-
« ture de cette même guerre l'Anglé-
« terre n'élevait ses largesses qu'à la
« somme de 45 millions, l'Espagne of-
« frait en dons volontaires celle de 73
« millions. C'est sûrement le don patrio-
« tique le plus riche qui ait été fait par
« aucun peuple moderne. »

Quelques mois plus tard, le 12 juillet, le cabinet de Madrid conclut un traité d'alliance avec l'Angleterre. Venise, la Suisse, la Suède, le Danemark et la Turquie gardèrent la neutralité; la Russie était encore occupée du partage de la Pologne; mais le reste de l'Europe était confédéré contre la France; et, comme si ce n'était pas assez de ces ennemis étrangers, la guerre civile s'était allumée : Caen, Lyon, Marseille, Bordeaux, la Bretagne, la Vendée avaient pris les armes. Le général Caro passa la Bidasoa et pénétra sur le territoire français. Le général Ricardos, à la tête d'une autre armée, envahit le Roussillon, se rendit maître de Bellegarde et remporta sur le général Dagobert la victoire de Trouillas.

Forcée de faire face à la fois à tant d'ennemis, la France éprouva d'abord partout des revers; mais, puisant une force nouvelle dans la gravité du péril, elle vomit sur les champs de bataille un million d'hommes armés. Les troupes de la coalition furent battues à Hondschoste, à Watignies; Hoche recouvra les lignes de Weissembourg, et contraignit les Prussiens à lever le siége de Landau. Sur toutes les frontières du nord et de l'est les ennemis furent chassés du sol de la république. Le drapeau espagnol fut le seul qui, à cette époque, ne recula pas. Ricardos battit, à l'affaire du Boulou, le général Turreau, successeur de Dagobert; et ce fut seulement l'époque avancée de l'année qui l'empêcha d'assiéger Perpignan, comme il en avait l'intention. Aussi, Barrère, dans le rapport qu'il fit à la convention, au commencement de 1794, sur les événements de la guerre, s'exprima-t-il de cette manière : « Citoyens, vous avez
« appris avec enthousiasme la conquête
« de Toulon, les victoires du Rhin, la
« destruction du monstre sans cesse re-
« naissant de la Vendée; écoutez à pré-
« sent, avec résignation, les revers, les
« pertes que la trahison nous fait éprou-
« ver du côté de Perpignan, aujourd'hui
« menacé par les Espagnols; notre ar-
« mée est battue, en pleine déroute;
« mais le comité de salut public a déjà
« pris les mesures les plus rigoureu-
« ses. »

Le mot de trahison, employé par Barrère dans son rapport, est un de ces artifices en usage à cette époque pour ménager la susceptibilité de l'orgueil national et pour ne pas laisser naître le découragement chez un peuple qui, attaqué par tant d'ennemis à la fois, avait besoin de toute son énergie. Il n'y avait pas eu de trahison; mais le reste du rapport de Barrère était d'une scrupuleuse exactitude. Des mesures avaient été prises par le comité de salut public pour assurer à la France la supériorité dans la lutte contre l'Espagne. Dès l'ouverture de la campagne, l'armée française du Roussillon, renforcée des troupes qui avaient pacifié le midi de la France, reprit l'avantage sur les Espagnols. Dugommier leur enleva Saint-Elme, Port-Vendre, Collioure et mit le siége devant Bellegarde. Plusieurs fois le comte de la Union, qui avait reçu le commandement de l'armée après la mort de Ricardos, essaya, mais sans y parvenir, de secourir les assiégés. Bellegarde fut obligée de capituler le 18 septembre 1794. C'était le dernier point du sol français qui fût encore occupé par les étrangers, et la Convention ordonna de célébrer la prise de cette ville par des réjouissances publiques.

Les armées espagnole et française livrèrent, sur la crête des Pyrénées, une bataille qui dura plusieurs jours. Au commencement de la seconde journée, qui était le 18 novembre, le général d'artillerie Autran de la Torre, qui visitait les batteries espagnoles, étant arrivé à celle de la *Salud*, aperçut, sur la montagne Noire, un peloton de cavalerie qui observait la position espagnole. Quoique la distance fût d'environ 3,000 mètres, il fit lancer sur ce groupe une grenade de huit pouces. Le projectile éclata précisément au milieu des Français et donna la mort au général Dugommier. Le lendemain, 19, les deux armées restèrent dans l'inaction; mais, le 20, le général Pérignon, successeur de Dugommier, renouvela son attaque. Il parvint à tourner les batteries de la gauche des Espagnols, et la victoire se décida pour les Français. Le comte de la Union courut se mettre à la tête des troupes du centre, et s'y fit tuer, en combattant comme un simple soldat.

L'armée vaincue se retira en Catalogne; mais une des clefs de cette province, Figuières, qui renfermait une garnison de plus de 10,000 hommes, qui était armée de plus de 200 bouches à feu de gros calibre, qui contenait 10,000 quintaux de poudre, avec une immense quantité de projectiles et de provisions de bouche, se rendit aux Français, sans tenter la moindre résistance. Le commandant, pour excuser cette lâcheté, prétendit que la place manquait de pierres à fusil.

Pérignon, maître de cette ville importante, envahit tout l'Ampurdan et commença le siége de Rosas. La garnison, composée de 5,000 hommes, n'imita pas celle de Figuières, elle se défendit jusqu'à ce que toutes les fortifications de la place eussent été détruites; et lorsque la résistance devint impossible, elle sortit par mer de la ville et alla rejoindre le reste de l'armée, derrière la Fluvia. Cette rivière fut de ce côté pour les Espagnols une ligne de défense que les Français essayèrent inutilement de franchir.

Du côté des Basses-Pyrénées, les Français, commandés par Muller et ensuite par Moncey, pénétrèrent dans la Guipuscoa. La ville de Saint-Sébastien leur fut livrée par l'alcalde Michelena et par quelques habitants qu'avait séduits le conventionnel Pinet. Il leur avait promis d'ériger leur province en république. Au reste, ils ne tardèrent pas à recevoir le châtiment de leur perfidie. Pleins de confiance dans les promesses qui leur avaient été faites, ils s'étaient réunis à Guetaria en qualité de représentants du pays. Pinet les fit arrêter et juger comme rebelles. Plusieurs d'entre eux furent livrés au bourreau.

Pendant que les armées françaises s'établissaient ainsi en Biscaye et en Catalogne, d'heureux événements s'accomplissaient à Paris. La réaction du 9 thermidor et la chute de Robespierre avaient mis un terme au règne affreux de la terreur, et lorsque le système de la modération fut rétabli, les souverains coalisés consentirent à traiter avec un gouvernement qui présentait des garanties de justice et d'humanité. Le roi de Prusse fut le premier à entrer dans des voies de conciliation. Il abandonna à la république les provinces qu'elle avait conquises, et à ce prix la paix fut conclue, le 5 avril 1795, à Bâle, où l'on ouvrit des négociations pour la pacification générale de l'Europe. Le comité de salut public voulait alors sincèrement rétablir l'ordre et la tranquillité. Aussi, malgré les avantages qu'il avait remportés en Biscaye et en Catalogne, ce fut lui qui fit à l'Espagne les premières ouvertures de rapprochement. Après des discussions qui durèrent plusieurs mois, la paix fut signée à Bâle le 22 juillet 1795. L'Espagne en cette circonstance fut traitée plus favorablement que toutes les autres nations : elle ne perdit en Europe aucune partie de son territoire. Les armées françaises restituèrent les conquêtes qu'elles avaient faites au midi des Pyrénées. Cette restitution eut lieu à peu près gratuitement; Charles IV céda bien à la république la partie espagnole de Saint-Domingue; mais, depuis 1792, Saint-Domingue n'était plus à personne.

La guerre avait été accueillie en Espagne avec un enthousiasme que les succès de la première campagne avaient encore accru. Cependant tous les esprits n'étaient pas également hostiles à la France. Les idées révolutionnaires y avaient fait des prosélytes. Des juntes secrètes s'occupaient de plans démocratiques. On y rêvait l'érection d'une république ibérienne; et, quand les Français s'avancèrent vers l'Èbre, la société secrète de Burgos avait déjà préparé une députation pour aller fraterniser avec eux. Ces menées, quoique secrètes, avaient jeté une vive inquiétude dans le pays : elles avaient augmenté la frayeur de ces gens qui, dans les circonstances difficiles, sont prêts à exagérer le danger et à répandre l'alarme. On avait fait courir le bruit que la cour songeait à se retirer en Amérique. L'archevêque de Tolède avait publié une lettre pastorale dans laquelle il exhortait à recueillir les trésors de l'Église, afin qu'on fût prêt, en cas de nécessité, à abandonner l'Espagne. On comprend l'agitation qu'un semblable mandement dut produire. Aussi le gouvernement donna-t-il aussitôt l'ordre de le supprimer. Dans cette disposition des esprits, un arrangement honorable fut considéré par tout le monde comme un notable bienfait ; et l'on déféra à Godoy, qui l'avait obtenu, le titre de prince de la Paix.

Les mauvais procédés de l'Angleterre envers l'Espagne, son alliée, avaient aussi beaucoup contribué à faire désirer la paix. Le pavillon espagnol avait éprouvé toutes sortes d'avanies de la part de la marine anglaise. Des vaisseaux espagnols, munis de papiers en bonne forme et bien authentiques, avaient été arrêtés, sous le prétexte que des Français avaient un intérêt dans les cargaisons. Bien plus, des effets de marine, achetés directement par le gouvernement espagnol et conduits dans ses ports, sous pavillon hollandais, avaient été confisqués. Les côtes de la Péninsule avaient été infestées de contrebande anglaise, au point que la plupart des manufactures avaient été ruinées. Lors du commencement de la campagne de 1795, l'Angleterre avait refusé d'aider l'Espagne. Tous ces griefs et d'autres encore avaient vivement indisposé les esprits ; et l'irritation qu'ils avaient produite engagea le cabinet de Madrid à chercher d'autres amis. Aussi, le 18 août 1796, un an seulement après la paix de Bâle, un traité signé à Saint-Ildephonse, sans reproduire positivement les dispositions du pacte de famille, établit cependant une étroite alliance entre la France et l'Espagne. Cette convention a exercé une si grande influence sur les affaires de ce dernier pays, qu'on ne saurait se dispenser d'en examiner la teneur : voici comment elle est conçue :

« *Art.* 1ᵉʳ. Alliance offensive et défensive à perpétuité entre Sa Majesté Catholique le roi d'Espagne et la république française.

Art. 2. Les deux puissances contractantes se garantissent mutuellement, et en la forme la plus authentique et absolue, les États, territoires, îles et places qu'elles possèdent ou posséderont ; et, si l'une des deux était menacée ou attaquée, sous quelque prétexte qui ce fût, l'autre s'engage et s'oblige à l'aider de ses bons offices et à la secourir aussitôt qu'elle en sera requise, ainsi qu'il est stipulé dans les articles suivants.

Art. 3. Dans le terme de trois mois, à compter du moment où la demande en aura été faite à l'une des deux puissances, celle-ci mettra à la disposition de l'autre *quinze vaisseaux de ligne, dont trois à trois ponts, et douze de soixante-dix à soixante-douze canons ; six frégates de force correspondante ; quatre corvettes ou bâtiments légers*, tout équipés, armés et pourvus de vivres pour six mois, effets et appareils généralement pour un an. La puissance requise réunira cette force navale dans tel port de ses États qu'aurait indiqué la puissance requérante.

Art. 4. Dans le cas où, pour commencer les hostilités, la puissance requérante jugerait convenable de ne demander que la moitié de cette force due en vertu de l'article précédent, cette même puissance pourrait, à toute époque de la campagne, réclamer l'autre moitié, laquelle sera fournie de la manière et dans les termes convenus, toujours à compter du moment où la réquisition en aura été faite.

Art. 5. La puissance requise tiendra prête également, en vertu de réquisition de la puissance qui demande et dans le terme de trois mois, à compter du jour de la réquisition, une force de *dix-huit mille hommes d'infanterie et six mille de cavalerie, avec un train d'artillerie proportionné ;* cette force devant être employée seulement en Europe ou aux colonies que les puissances contractantes possèdent dans le golfe du Mexique.

Les *art.* 6, 7, 8, 9, 10 et 11 sont relatifs à la manière dont ces forces auxiliaires devront être fournies et entretenues.

Art. 11. Si les secours ci-dessus mentionnés étaient ou devenaient insuffisants, les deux puissances contractantes mettront en mouvement le plus de troupes qu'il leur sera possible, soit de terre, soit de mer, contre l'ennemi de la puissance attaquée, laquelle en usera en les faisant agir avec les siennes ou séparément, mais toujours d'après un plan général et concerté entre les deux puissances.

Art. 12. Les secours stipulés dans les articles ci-dessus seront fournis dans toutes les guerres que les puissances contractantes se verraient obligées de soutenir; même dans le cas où la puissance requise n'y aurait aucun intérêt direct et ne devrait agir que comme purement auxiliaire. »

Les autres articles de cette convention ont trait à des avantages commerciaux stipulés en faveur des deux parties contractantes, et au règlement de leurs frontières respectives que l'article 7 du traité de Bâle n'avait pas assez clairement limitées. Enfin le 18e et avant-dernier article est ainsi conçu :

« *Art.* 18. L'Angleterre étant la seule puissance dont l'Espagne ait reçu des offenses directes, la présente alliance n'aura d'effet que contre elle dans la guerre actuelle; et l'Espagne restera neutre à l'égard des autres puissances qui sont en guerre avec la république. »

Il ne manque pas d'écrivains qui regardent ces griefs contre l'Angleterre comme un prétexte dont on fit usage pour cacher les motifs véritables qui déterminèrent le cabinet de Madrid à conclure le traité de Saint-Ildephonse. Suivant eux, il se laissa entraîner par l'espoir de relever le trône en France et d'y faire monter un prince espagnol. Je ne sais trop ce qu'il faut croire de cette allégation. Peut-être doit-on la ranger au nombre des accusations mensongères qu'on s'est plu à diriger contre le prince de la Paix. A cette époque, le pouvoir de ce jeune ministre ne connaissait plus de limite. Charles IV voulut qu'il fût allié à la famille royale; et il lui fit épouser la comtesse de Chinchon, doña Maria-Theresa de Vallabriga Bourbon, fille de l'infant don Luis. Il n'était pas besoin de ce surcroît d'honneur pour exciter contre lui la haine et l'envie. Quelles qu'aient été les bonnes intentions des hommes qui, en Espagne, ont été à la tête des affaires, ils ont eu à combattre contre l'orgueil insupportable des grands, contre les prétentions exagérées du clergé : ils se sont usés et brisés dans cette lutte de tous les instants. Depuis l'infortuné connétable Alvaro de Luna jusqu'au règne de Charles IV, tous les ministres qui se sont élevés à un haut degré de puissance sont tombés flétris par la haine et par la calomnie. Il n'en faut excepter, je crois, que Ximénès; encore n'est-il pas certain que Ximénès ne soit pas mort empoisonné. Le duc de Lerma, le duc d'Uceda, le comte-duc d'Olivarès, le vice-roi de Naples, duc d'Osuna, Alberoni. Riperda ont tous expié par des infortunes le rang auquel ils étaient montés. On n'a tenu compte que des fautes commises par eux sans se souvenir du bien qu'ils avaient fait. Godoy, arrivé au faîte de la puissance, pouvait-il échapper à cette destinée commune des ministres espagnols? Son caractère fier et présomptueux blessait l'orgueil de la noblesse espagnole; et l'accroissement rapide de sa fortune devint pour le plus grand nombre des courtisans un motif d'envie et de haine. Les tentatives que le jeune ministre essaya pour déraciner les abus, lui suggérèrent d'autres ennemis encore plus redoutables. A cette époque, en Espagne, la plus grande partie de la propriété territoriale se trouvait entre les mains du clergé; une autre partie était érigée en majorats incessibles et insaisissables. La portion de terre qui pouvait être aliénée était donc excessivement restreinte, encore tendait-elle, chaque jour, à diminuer par les dons que faisait au clergé la piété peu éclairée des fidèles. Cette immense quantité de biens de mainmorte était une des plaies les plus vives de l'Espagne; car elle paralysait à la fois l'industrie, le commerce et l'agriculture. Il n'eût pas été possible de détruire tout d'un coup un abus aussi invétéré. Godoy s'attaqua seulement aux fondations connues sous le nom d'*Œuvres pies* : ce sont les donations faites au clergé ou à quelque autre communauté à la charge d'accomplir certains actes de charité. Le gouvernement, avec l'autorisation du pape, s'empara des

OEuvres pies ; mais son but était principalement de faire rentrer dans la circulation cette quantité de biens et de capitaux engloutis par la mainmorte et non pas de spolier les corporations qui en avaient été dotées ; en conséquence, une cédule royale ordonna que l'intérêt des biens ou des capitaux, qui étaient enlevés au clergé et aux corporations, leur serait payé par le gouvernement sur le pied de trois pour cent du capital, et pour sûreté du payement, la ferme du tabac fut spécialement affectée au service de cette rente. Cette opération était une des plus heureuses qu'on pût concevoir. Elle rendait à l'agriculture des terres à peu près improductives dans les mains des corporations ; elle rendait à l'industrie et au commerce des capitaux oisifs ; elle n'avait rien que de légitime, car elle était autorisée par le pape ; elle était patriotique, car elle fournissait au gouvernement les ressources financières dont il avait besoin pour soutenir contre l'Angleterre la guerre dans laquelle il était engagé. Néanmoins cette mesure blessait les susceptibilités plutôt que les intérêts véritables du clergé. Elle fut attaquée avec la violence la plus furieuse ; et, sans doute, c'est là qu'il faut chercher la source première de ces haines implacables, de ces calomnies sans nombre dont ce malheureux ministre a été poursuivi.

En considérant la situation de l'Espagne, le prince de la Paix avait acquis la conviction qu'il était impossible de soutenir le poids de la monarchie sans opérer dans le pays des réformes considérables. Il voulait améliorer l'administration et rétablir le crédit. Une entreprise aussi difficile exigeait le concours des hommes les plus éclairés de l'Espagne. Il fit appeler au ministère d'État don Francisco Saavedra, dont les lumières et la probité étaient généralement appréciées. Le ministère de grâce et de justice fut confié à Gaspar Melchor de Jovellanos, célèbre par son ouvrage sur l'économie politique : *Informe en el expediente de ley agraria*. Melendez, qu'on a surnommé le restaurateur du Parnasse espagnol, reçut la place de fiscal près la chambre des *alcaldes de caza y corte*. Malgré le mérite des hommes illustres qu'il s'était associés, Godoy, forcé de lutter chaque jour contre les difficultés de la situation, n'eut ni le loisir ni les moyens d'accomplir les réformes qu'il avait projetées. Il semble qu'à cette époque la fatalité se plut à lui susciter les inimitiés les plus redoutables. Les Anglais le haïssaient comme l'auteur du traité de Saint-Ildephonse. De son côté, Truguet, ambassadeur du directoire, demandait avec instance que les émigrés réfugiés en Espagne fussent expulsés : il réclamait aussi l'extradition des proscrits qu'une nouvelle commotion politique venait de faire fuir de France. Le directoire, vivement attaqué par un parti composé de membres des deux conseils qu'il accusait d'être favorables au rétablissement de la royauté, et qu'on nommait *Clichiens* parce que leur club se réunissait à Clichy, avait, le 18 fructidor an V (4 septembre 1797), fait entrer des troupes nombreuses dans Paris. Il s'était emparé des enceintes où siégeaient les deux conseils, et il avait condamné à la déportation un grand nombre d'hommes politiques et de journalistes. Ce fut, dit Lacretelle, une demi-terreur. Les déclarations faites par quelques-uns de ces condamnés, et notamment celle de Duverne de Presles, pouvaient faire croire que le cabinet espagnol n'avait pas été étranger aux manœuvres des *clichiens* pour rétablir en France l'autorité royale. Ce motif poussait le directoire à réclamer avec plus d'énergie l'extradition des fugitifs qui avaient trouvé un asile en Espagne. Le prince de la Paix refusa de livrer les victimes d'une réaction politique, et cette noble résistance lui valut l'animadversion des agents français. Il se vit donc en butte en même temps aux attaques du parti de la France et de celui de l'Angleterre Il était sans appui en Espagne où le clergé le maudissait, où la noblesse était envieuse de la faveur qui l'avait élevé. Enfin, les chances de la guerre avaient été malheureuses. La flotte espagnole, battue par les Anglais près du cap Saint-Vincent, s'était retirée à Cadix ; les vainqueurs étaient venus bloquer ce port. Ils avaient même essayé de jeter dans la place quelques bombes, qui, lancées de trop loin, n'avaient produit aucun effet ; mais le commerce espagnol, privé de communication avec l'Amérique, était ruiné par la guerre. Au milieu de tant d'embarras il était impossible que le ministre se maintînt au pouvoir; aussi, le 28 mars 1798, Charles IV rendit un décret ainsi conçu :

« Au prince de la Paix :

« Cédant à vos demandes réitérées, soit verbalement, soit par écrit, d'être exonéré des emplois de *premier secrétaire d'État* et de *major de mes gardes*, je vous exonère des dits emplois. Je nomme par *intérim* don Francisco Saavedra pour le premier et le marquis de Ruchena pour le second, auxquels vous remettrez ce qui appartient à chacun de ces emplois. Je vous conserve à vous les honneurs, appointements, émoluments et entrées à la cour dont vous jouissez aujourd'hui, et je vous assure que je suis extrêmement satisfait des témoignages d'affection, de zèle et d'habileté que vous m'avez donnés dans l'exercice de votre ministère; je vous en serai reconnaissant toute ma vie; et dans toutes les circonstances je vous en donnerai des preuves pour récompenser vos services signalés.

« Aranjuez, le 28 mars 1798.

« CARLOS. »

Cinq mois seulement après la chute de Godoy, Jovellanos fut également éloigné du ministère.

MINISTÈRE DE URQUIJO. — GUERRE CONTRE LES ANGLAIS. — RAVAGE DE LA FIÈVRE JAUNE. — DÉFENSE DE CADIX. — CESSION DE LA LOUISIANE. — PAIX DE LUNÉVILLE. — DÉCLARATION DE GUERRE CONTRE LE PORTUGAL. — TRAITÉ DE SAINT-ILDEPHONSE. — GUERRE CONTRE LE PORTUGAL. — TRAITÉ DE BADAJOZ. — PAIX D'AMIENS.

Urquijo fut appelé au ministère peu de temps après la retraite de Godoy; mais les affaires n'allèrent pas mieux sous la direction de ce nouvel administrateur. La guerre ne fut pas moins malheureuse, et l'Angleterre s'empara de la Trinité. Cependant il se passa dans le cours de cette lutte plus d'un fait glorieux pour les armes espagnoles. La flotte anglaise, commandée par Nelson, tenta inutilement de s'emparer des Canaries; mais elle fut reçue par le feu le plus vif. L'amiral lui-même fut grièvement blessé; et il dut renoncer à la conquête de ces îles, qui sont pour l'Espagne d'une immense importance. Une tentative dirigée contre le Ferrol échoua également; enfin, la conduite du gouverneur de Cadix ne fut pas moins honorable. Un horrible fléau, la fièvre jaune, qui, cette année, fit périr plus de 100,000 hommes en Andalousie, étendait ses ravages sur Cadix, lorsque cette ville fut attaquée par les forces britanniques. L'armée navale, composée de quarante-huit bâtiments de guerre, commandée par l'amiral Keith, vint au commencement d'octobre mouiller au *placer de Rota*. Elle portait 20,000 hommes de débarquement sous les ordres du général Abercrombie. Le gouverneur espagnol, don Thomas de Morla, écrivit à l'amiral Keith pour lui exposer la situation de la ville et de la province désolées par l'épidémie : « Cette calamité contagieuse, di-
« sait-il, menace tout le globe. L'Europe
« y est intéressée. Un ennemi noble et
« généreux nous offrirait des secours.
« Ne vous couvrez pas de honte en com-
« mettant des hostilités qui ne serviront
« qu'à tourmenter notre agonie. Si vous
« persistez dans votre impitoyable pro-
« jet, la garnison et les habitants trou-
« veront peut-être des forces dans leur
« indignation; ils aimeront mieux mou-
« rir en combattant que dans les angois-
« ses de l'affreuse maladie qui nous dé-
« vore. »

Ce langage n'arrêta pas l'amiral Keith: il somma le gouverneur de livrer avant tout les vaisseaux qui étaient dans le port et tous les effets de marine contenus dans les magasins et dans les arsenaux. Cette sommation était accompagnée des plus terribles menaces. Thomas de Morla lui écrivit de nouveau; et sa lettre mérite d'être conservée pour l'honneur de l'Espagne. En voici la teneur : « Messieurs
« les généraux de sa Majesté Britannique,
« en exposant à VV. EE. la triste situation
« des habitants de cette ville, pour vous
« inspirer des sentiments d'humanité,
« il ne me vint point à l'esprit que vous
« pussiez jamais regarder cette démar-
« che comme un acte de faiblesse : ma
« pensée a été bien mal interprétée.
« VV. EE. renouvellent une proposition
« plus déshonorante pour celui qui la
« fait que pour celui auquel on ose l'a-
« dresser. Soyez bien persuadés, mes-
« sieurs, que si vous tentez de réaliser
« vos menaces, vous apprendrez à écrire

« dorénavant avec plus d'égards à des « généraux espagnols. Si les leçons que « vous avez déjà reçues en peu de temps à « *Puerto-Rico*, aux *Canaries* et au *Ferrol*, ne vous suffisent pas, les troupes « que j'ai l'honneur de commander, soit « dans cette ville, soit dans la province, « et tous leurs généreux habitants sauront par de nouveaux efforts se rendre « encore plus dignes du respect et de « l'estime de VV. EE. Votre serviteur, « Thomas de Morla. »

Cette réponse fit faire de sérieuses réflexions à l'ennemi ; et il se retira sans mettre à exécution ses menaces.

Pendant que ces faits s'accomplissaient en Espagne, un nouveau gouvernement s'était établi en France. La puissance consulaire avait succédé au directoire. Ramener l'ordre en France et la paix en Europe, tel fut le but que se proposa Napoléon en arrivant au pouvoir ; mais il ne lui fut possible d'accomplir que le premier de ces projets. La paix qu'il avait demandée à l'Angleterre et à l'Autriche lui fut fièrement refusée. Il fallut de nouveau recourir à la fortune des armes ; et l'épée de Napoléon frappa bientôt celui de ses adversaires que la mer ne mettait pas à l'abri de ses coups. Les Autrichiens furent battus à Marengo (14 juin 1800) ; cette journée suffit pour leur faire perdre le Piémont et la Lombardie. L'Autriche était liée à l'Angleterre par un traité de subsides ; la cour de Vienne s'était engagée à ne pas conclure avec la France une paix séparée. Malgré le désastre qui venait de l'atteindre, elle ne voulut pas traiter isolément. On convint seulement d'un armistice qui devait expirer à la fin de novembre, et des plénipotentiaires se réunirent à Lunéville pour arrêter les conditions d'une paix générale. Le but de l'Angleterre et de l'Autriche était d'amuser la France par ces négociations, et de gagner du temps pour réparer leurs pertes. Napoléon, au contraire, voulait sincèrement la paix : il se mit en mesure de la faire. Le concours de l'Espagne, son alliée, lui était nécessaire. Il envoya donc à Madrid le général Berthier pour s'entendre avec le ministre Urquijo sur la manière dont les intérêts de l'Espagne devraient être réglés dans le traité qui se préparait à Lunéville. Cet ambassadeur avait encore pour mission de demander à l'Espagne la restitution de la Louisiane.

Dans l'origine, cette contrée a été découverte par un navigateur espagnol, qui en a pris fictivement possession au nom du roi d'Espagne ; mais il n'y eut en réalité aucun acte de possession effective. En 1672 et en 1682, des Français explorèrent ce pays ; et, en 1684, Louis XIV y jeta les premiers fondements d'une colonie. Cet établissement, après avoir langui pendant longtemps, commençait à prospérer, lorsqu'en 1763 il fut cédé à l'Espagne. Le gouvernement français avait toujours regretté cette colonie ; et il avait fait plus d'une tentative pour en obtenir la rétrocession. Lors de la paix de Bâle, la république avait réclamé la remise de la Louisiane, et avait offert en compensation à l'Espagne une partie des domaines du saint-siége ; des scrupules religieux avaient empêché l'Espagne d'accepter des terres ecclésiastiques. Le général Berthier était chargé de renouer cette ancienne négociation. Au nom du premier consul, il offrit de donner en Italie un territoire de 1,200,000 âmes à l'infant espagnol qui portait la couronne ducale de Parme. En échange il demandait la rétrocession de la Louisiane et six vaisseaux de guerre tout armés. Ces conditions furent acceptées avec empressement par Charles IV, et un traité qui les consacre fut signé, à Saint-Ildephonse, le 1er octobre 1800, par Berthier, du côté de la France, et par Urquijo, du côté de l'Espagne. Cette négociation et ce traité furent soigneusement tenus secrets, de peur que l'Angleterre n'envahît la Louisiane, et ensuite parce que la Toscane, qu'il était question de donner au duc de Parme, n'était pas entre les mains de la France. A cet égard, Napoléon promettait ce qu'il ne tenait pas encore ; mais il savait que l'occasion n'allait pas lui manquer de s'en saisir. La trêve convenue avec l'Autriche expira le 26 novembre 1800, avant que les plénipotentiaires eussent rien conclu. Les hostilités recommencèrent sur tous les points. L'armée autrichienne fut de nouveau vaincue en Italie ; elle le fut aussi en Allemagne ; et la victoire de Hohenlinden ouvrit à l'armée française la route de Vienne. L'Autriche se vit forcée de conclure la paix, sans le concours de l'Angleterre. Ce traité fut signé à Lunéville le 9 février 1801. Le duc de Parme céda sa petite principauté à la France, et reçut en échange le grand-duché de Toscane. L'article 5 du traité était ainsi conçu :

« Il est, en outre, convenu que S. A. R.
« le grand-duc de Toscane renonce pour
« lui ses successeurs et ayants cause, au
« grand-duché de Toscane et à la par-
« tie de l'île d'Elbe qui en dépend, ainsi
« qu'à toutes provenances et titres ré-
« sultant de ses droits sur lesdits États,
« lesquels seront désormais possédés en
« toute souveraineté et propriété par S.
« A. R. l'infant duc de Parme. Le grand-
« duc recevra, en Allemagne, une indem-
« nité pleine et entière de ses États
« d'Italie; il disposera à sa volonté des
« propriétés et biens particuliers qu'il
« possède en Toscane, etc. »

L'Angleterre avait refusé d'adhérer à la paix de Lunéville; le seul moyen de l'y contraindre était de la frapper dans ses alliés. Naples et le Portugal étaient les seuls qui lui restassent encore sur le continent européen. Murat reçut la mission de marcher sur Naples. En même temps Napoléon envoya son frère Lucien à Madrid, afin qu'il engageât l'Espagne à faire la guerre au Portugal, si cette puissance persistait dans l'alliance anglaise. Cette exigence de la France était douloureuse pour Charles IV, dont la fille avait épousé le régent de Portugal : néanmoins, contraint par la nécessité, et voyant l'inutilité des démarches faites par lui pour engager le Portugal à fermer ses ports à l'ennemi commun, il se détermina à déclarer la guerre par un manifeste publié le 27 février 1801, dix-huit jours seulement après la signature de la paix de Lunéville.

Ce fut peu de temps après cette déclaration que le prince de la Paix reprit la direction des affaires. Il fallait s'entendre avec la France sur deux points d'une haute importance. Il était nécessaire d'expliquer comment la convention de Saint-Ildephonse et l'article V de la paix de Lunéville seraient exécutés. Il fallait convenir de la manière dont la guerre contre le Portugal serait conduite.

Sur le premier point, un traité intervint le 21 mars 1801. Il fut signé pour la France par Lucien Bonaparte; pour l'Espagne par le prince de la Paix.

L'article 1er répétait la cession faite par le duc de Parme au profit de la république française, et l'élection de la nouvelle souveraineté du grand-duché de Toscane.

Le deuxième portait que l'infant, fils du grand-duc de Parme, entrerait immédiatement en possession de la Toscane.

Le troisième érigeait le grand-duché en royaume d'Étrurie.

Par le quatrième la France cédait la principauté de Piombino, pour qu'elle fût jointe à la Toscane.

Le cinquième renouvelait la stipulation du traité de Saint-Ildephonse relative à la cession de la Louisiane.

L'article sixième était ainsi conçu :
« La branche royale, qui va s'établir en
« Toscane, étant de la famille d'Espagne,
« ce royaume est considéré comme pro-
« priété espagnole, et ce sera toujours un
« infant de Castille qui devra y régner.
« Dans le cas où la succession du roi qui
« entre en possession viendrait à man-
« quer, elle sera remplacée par l'un des
« infants de la maison d'Espagne. »

L'article septième imposait aux parties contractantes l'obligation de se concerter pour assurer l'indemnité promise au duc régnant de Parme d'une manière convenable à sa dignité, soit en terres, soit en revenus.

Le dernier article fixait le terme de trois semaines pour l'échange des ratifications.

Ce traité reçut bientôt son exécution. Dans les derniers jours de mai, l'infant quitta l'Espagne et traversa la France sous le titre de comte de Livourne. A Paris il fut accueilli par le premier consul comme un prince souverain; et il quitta cette ville pour aller recevoir des mains de Murat la remise de son royaume.

Une autre affaire plus difficile fut confiée au prince de la Paix. La guerre contre le Portugal était déclarée, mais rien n'était prêt pour la faire. Le trésor était vide aussi bien que les arsenaux. Le crédit était anéanti. L'armée était considérablement réduite; et il fallait la réorganiser : c'étaient là sans doute de graves difficultés, mais ce n'étaient pas celles dont on s'effrayait davantage.

Une armée française s'assemblait au pied des Pyrénées; elle devait concourir avec l'armée espagnole à l'invasion du Portugal; et l'Espagne craignait beaucoup plus ses alliés que ses adversaires. Elle ne voyait qu'avec répugnance sa frontière ouverte à des troupes étrangères. Il fallait leur livrer un passage à travers les provinces, pourvoir à leur subsistance; et si l'armée française occupait une partie du Portugal, il était à craindre que ces charges ne se perpétuassent jusqu'à la paix générale, c'est-à-dire jusqu'à une époque indéfinie. Enfin, Napoléon aurait bien voulu diriger cette guerre à sa fantaisie. Gouvion-Saint-Cyr reçut le titre d'ambassadeur extraordinaire, avec la mission ostensible d'aider l'Espagne de ses lumières et de son expérience; il devait en même temps conseiller Leclerc, général de l'armée auxiliaire. Charles IV, craignant que les Français ne se prévalussent de la haute réputation de Saint-Cyr pour s'arroger le commandement, s'empressa de nommer un généralissime de ses armées de terre et de mer. Ce fut Godoy qui fut revêtu de cette haute dignité militaire; et, s'il n'y montra pas beaucoup de talents stratégiques, au moins il y fit preuve d'une grande activité et d'une excessive adresse. Ce n'était pas pour les intérêts de la Péninsule qu'on se battait. L'Espagne ne faisait la guerre que contre son gré et pour la France. Le Portugal n'agissait que par ordre du cabinet de Saint-James. Godoy conçut donc la pensée de terminer la guerre avant que les troupes françaises fussent arrivées en ligne et avant que le Portugal pût recevoir les secours de l'Angleterre. Le 20 mai, il entra en Portugal; il s'empara d'Olivenza de Jurumenha, battit une partie de l'armée portugaise à Arronchès et à Flor-de-Roza. Il remporta chaque jour de nouveaux avantages; en sorte que la cour de Lisbonne s'empressa de demander la paix et de souscrire à toutes les conditions qui avaient été proposées dans le principe. De son côté, le prince de la Paix se hâta de conclure un traité. Cet acte fut signé à Badajoz, le 6 juillet, lorsque l'armée française était à peine arrivée à Alméida, ville située sur la limite du Portugal et du royaume de Léon. Le but de cet arrangement, fait avec tant de précipitation, fût évidemment de soustraire l'Espagne aux pesantes obligations que lui imposait son alliance avec la France et d'épargner au Portugal les fléaux de l'invasion française. Lucien Bonaparte, séduit ou abusé, prit part à cette négociation et convint qu'il ferait un traité séparé avec le Portugal : cela fut même consigné de la manière suivante dans le préambule du traité :

« Le but que S. M. Catholique se proposait pour le bien général de l'Europe, quand elle a déclaré la guerre au Portugal, est atteint; les puissances belligérantes sont mutuellement d'accord. Il a été résolu de rétablir les relations d'amitié et de bonne harmonie par un traité de paix. Les plénipotentiaires des trois puissances belligérantes sont convenus d'en faire *deux* distincts qui, au fond et en toute chose essentielle, ne soient qu'un seul et même traité, puisque la garantie en est réciproque et ne sera valable pour l'un des deux qu'autant qu'il n'y aura d'infraction d'aucun article de l'autre. »

Par l'article 2 le Portugal s'engage à fermer tous ses ports aux bâtiments de la Grande-Bretagne. Aux termes de l'article 3, le roi d'Espagne conserve et retient en qualité de conquête, pour être unie à perpétuité à ses États la place, d'Olivenza; mais il restitue au Portugal toutes les autres villes dont il s'était emparé.

L'article 9 est ainsi conçu :

« S. M. Catholique s'oblige à garantir et garantit à S. A. R. le prince régent de Portugal la conservation intégrale de ses États et domaines sans exception ni réserve aucune.

Le traité de Badajoz renversait tous les plans du premier consul, qui s'en montra vivement irrité : il donna l'ordre à ses troupes de pénétrer en Portugal; mais bientôt il se détermina lui-même à traiter; et, par une convention signée à Madrid, le 29 septembre 1801, le Portugal s'engagea à payer à la France une contribution de 20 millions de livres tournois et à céder une partie de la Guyane portugaise. Quelques mois plus tard, une paix générale fut conclue à Amiens. L'Espagne perdit par ce traité l'île de la Trinité, dont les Anglais s'étaient emparés, mais elle conserva en compensation la ville d'Olivenza et son territoire.

MARIAGE DU PRINCE DES ASTURIES. — DISSENSIONS DANS LA FAMILLE ROYALE. — RUPTURE DE LA PAIX D'AMIENS. — BATAILLE DE TRAFALGAR. — MORT DE LA PRINCESSE DES ASTURIES. — MANIFESTE DU PRINCE DE LA PAIX. — TRAITÉ DE FONTAINEBLEAU. — COMPLOT ET PROCÈS DE L'ESCURIAL. — INVASION DE LA PÉNINSULE PAR LES FRANÇAIS. — RÉVOLTE D'ARANJUEZ. — ARRESTATION DU PRINCE DE LA PAIX. — ABDICATION ET PROTESTATION DE CHARLES IV. — VOYAGE DE FERDINAND ET DE CHARLES IV A BAYONNE. — JOURNÉE DU 2 MAI. — FERDINAND EST CONTRAINT DE REMETTRE LA COURONNE A SON PÈRE, QUI LA CÈDE A NAPOLÉON. — JOSEPH BONAPARTE EST PROCLAMÉ ROI.

Le choix des hommes auxquels fut confiée la jeunesse du prince des Asturies eut sur les destinées de l'Espagne la plus funeste influence. Dans tous les temps, l'éducation de celui qui doit régner est une chose d'une haute importance; mais cette affaire recevait une gravité nouvelle de la position difficile où se trouvait l'Espagne. Le père Scio fut le premier précepteur de Ferdinand. Il avait été nommé par le ministre Florida Blanca. Mais le prince des Asturies profita peu des leçons de ce maître, et Charles IV, qui était un homme instruit, se plaignait du peu de progrès faits par son fils. Il fut donc question de remplacer ce précepteur. Godoy fit choix d'Escoiquiz, dont tout le monde vantait le savoir et le mérite. Celui-ci, en se voyant chargé de l'éducation du jeune prince, se crut appelé aux plus hautes destinées. Il lui sembla qu'il allait jouer le rôle de Ximenès ou d'Adrien; et, au lieu de se borner à enseigner les lettres et les sciences à son disciple, il s'appliqua exclusivement à faire germer des idées ambitieuses dans la tête de cet enfant. Il lui tardait que Ferdinand pût être initié aux affaires, afin d'y prendre part lui-même. Il demanda que son élève, âgé à peine de treize ans, reçût l'autorisation d'assister aux délibérations du conseil privé. Il essuya un refus; ce qui ne l'empêcha pas de faire encore plusieurs tentatives de même nature: si bien que Charles IV devina les projets ambitieux du précepteur, et qu'il l'éloigna de la cour, en le nommant chanoine dignitaire de Tolède; mais il était trop tard : le mal était fait; ce prêtre, inquiet et avide de pouvoir, avait jeté dans le cœur du jeune prince, avec lequel il conserva sans cesse une correspondance clandestine, un sentiment de méfiance et de haine contre ses propres parents et contre leurs serviteurs. Ferdinand apprit peu de chose, et son père, se désespérant de le voir si peu instruit, eut recours à tous les moyens qu'il put imaginer pour l'engager au travail. Plus tard, à une époque où déjà le prince des Asturies était marié, un officier du régiment suisse de Wimpffen ayant traduit en espagnol la méthode d'éducation de Pestalozzi, on lui donna la mission de recommencer l'éducation du jeune prince d'après ce nouveau système. La nomination de ce précepteur ne produisit aucun résultat utile, et Ferdinand considéra cette marque de la sollicitude paternelle comme une tracasserie que lui suscitait le prince de la Paix.

Ferdinand, né le 14 octobre 1784, allait entrer dans sa dix-neuvième année, lorsqu'il fut marié à Marie-Antoinette de Naples, le 4 octobre 1802. Le même jour, sa sœur, l'infante Isabelle, épousa le prince héréditaire des Deux-Siciles.

La reine Caroline, qui régnait à Naples, avait voué une haine implacable à la révolution française. Elle imputait au favori de Charles IV la bonne intelligence qui existait entre l'Espagne et la république; et à ce titre Godoy lui était odieux. La princesse des Asturies apporta à la cour d'Espagne les inspirations qu'elle avait reçues de sa mère : la haine de la France et l'amour du pouvoir. Elle insista vivement pour que son mari fût appelé au conseil privé; mais Charles IV, averti, par quelques indiscrétions, de l'intérêt passionné que Marie-Antoinette prenait aux affaires politiques, refusa de livrer les secrets de l'État à un jeune prince dont elle était tendrement aimée, et sur qui elle exerçait une entière domination. Ce refus remplit d'amertume le cœur de la princesse. Elle, son mari et le prêtre Escoiquiz se mirent à la tête d'une ligue de mécontents, qui dans le palais même attaquait les mesures prises par le gouvernement. La guerre, qui bientôt éclata de nouveau en Europe, vint fournir un nouvel aliment

9ᵉ *Livraison.* (ESPAGNE.)

aux discordes qui désolaient la famille royale. La paix d'Amiens n'avait duré qu'un an et quarante-sept jours. Le 16 mai 1803, les hostilités recommencèrent. Aux premiers bruits de guerre, l'Espagne s'émut, et le prince de la Paix s'écria, avec cette légèreté qui lui était habituelle : « Tous les ports du continent « doivent être fermés à l'Angleterre ; « le Portugal ne doit pas hésiter ; s'il « tergiverse, l'Espagne saura bien l'y « contraindre; et c'est à Lisbonne qu'elle « ira attaquer l'Angleterre : il faut lui « fermer tous les ports ; c'est la seule « manière de châtier cette puissance ambitieuse, qui veut anéantir toutes les « marines du monde, spolier toutes les « colonies, et usurper l'empire exclusif des mers. Si l'Espagne est requise « de fournir son contingent, elle saura « bien, malgré sa pauvreté, mettre au « service de la France une belle escadre [1]. »

Mais ces velléités belliqueuses ne durèrent pas longtemps : Charles IV ne voulait pas faire la guerre contre le Portugal, où régnait sa fille; et d'ailleurs, les bonnes dispositions en faveur de la France furent considérablement modifiées quand on eut connaissance à Madrid de la vente de la Louisiane. Le premier consul, manquant d'argent pour commencer la guerre et ne se trouvant pas en mesure de défendre la Louisiane contre les attaques de l'Angleterre, la céda aux États-Unis, moyennant quatre-vingts millions, dont vingt millions furent retenus par les États-Unis pour rembourser le prix des navires américains capturés par la France pendant la dernière guerre. Cette vente était une violation flagrante des engagements qu'il avait pris : en effet, il était stipulé dans le traité du 1er octobre 1800 que si les circonstances forçaient la France à se dessaisir de la Louisiane, elle la restituerait à l'Espagne.

Ce manque de foi blessa vivement les Espagnols, et quand Bonaparte réclama des secours de l'Espagne en exécution de l'alliance de Saint-Ildephonse (1796), on lui répondit par des reproches. Le ministre qui dirigeait l'Espagne exprima la volonté de conserver une entière neutralité. Cela n'était pas possible en présence de l'alliance de Saint-Ildephonse. Le nombre des soldats que l'Espagne devait envoyer en cas de guerre s'y trouve stipulé de la manière la plus précise. Au reste, le premier consul n'insistait pas pour que l'Espagne lui fournît un secours en hommes. Ce qu'il voulait, c'était de l'argent. Godoy eût désiré n'en pas donner ; et la résistance qu'il opposait aux volontés de Bonaparte n'était que trop motivée par l'état déplorable où se trouvaient les finances.

Quand Charles IV était monté sur le trône, il avait trouvé l'Espagne pliant sous le faix d'une dette énorme. Les charges dont l'avait grevée la guerre de la succession s'étaient encore accrues, sous Charles III, de toutes les dépenses qu'avaient entraînées les malheureuses expéditions tentées contre Alger, la guerre de 1762 contre le Portugal, et la guerre de 1779 pour l'indépendance de l'Amérique. Le commerce était ruiné, et la banque Saint-Charles était dans un état voisin de la faillite. Pour soutenir la guerre contre la république et ensuite contre l'Angleterre, le gouvernement avait été forcé de recourir à de nombreux emprunts, qui avaient considérablement accru sa dette. Les revenus de l'État étaient insuffisants pour faire face aux dépenses. Ce n'est pas, à vrai dire, qu'à cette époque le pays fût pauvre ; mais presque toutes ses richesses se trouvaient entre les mains du clergé, dont les revenus s'élevaient au double, presque au triple des revenus de l'État. Dans cette pénurie, il n'était pas étonnant que le gouvernement espagnol reculât devant la pensée de s'imposer des charges nouvelles. Cependant Bonaparte n'était pas accoutumé à rencontrer des refus, et quiconque osait résister à sa volonté était à ses yeux un traître, un lâche et un misérable. C'était le langage officiel de cette époque. Plusieurs des agents qu'il employait auraient cru manquer à leur devoir s'ils ne se fussent montrés animés de haine et de colère contre ceux qui résistaient à la volonté consulaire. Voici comment s'exprimait le général Beurnonville, ambassadeur en Espagne : « J'ai essayé

---

[1] Dépêche du général Beurnonville, du 24 mai 1803, conservée au dépôt des archives étrangères et citée par M. Armand Lefèvre, dans son Histoire des cabinets de l'Europe, t. Ier, p. 300.

ESPAÑA
ESPAGNE.

Maître-Autel de la Cathédrale de Séville.
Altar mayor de la Catedral de Sevilla.

« tous les moyens *de rendre Français*
« ce courtisan faux, astucieux et sans ta-
« lents ; je l'ai pris par l'amitié et par la
« fermeté, par les caresses et par les
« menaces : c'est une âme incapable du
« moindre élan de gloire. Tant qu'il res-
« tera au timon des affaires, *la France
« ne retirera aucun avantage de son
« alliance* [1]. » Maintenant que nous
sommes loin de cette époque, maintenant que les faits ont amené toutes leurs
conséquences, lorsque nous examinons
ce langage, nous le trouvons d'une bru-
tale naïveté. Comment ce misérable ministre espagnol ne voulait pas qu'on le
rendît Français! Il ne voulait pas faire passer les intérêts de la France avant ceux de
son pays! Mais, en vérité, ces invectives
sont le plus bel éloge qu'on pût faire de
son patriotisme. Cette violence, le général Beurnonville l'apportait dans ses relations avec le prince de la Paix, et il lui
dit avec l'accent de la colère, « que le premier consul saurait bien se débarrasser d'un *gouvernement infidèle, ingrat
et inutile.* » Il y a cela de singulier que
l'Angleterre se plaignait également de
son côté de ce que Godoy ne voulait
pas se laisser faire Anglais. L'ambassadeur britannique, M. Otham Frère, ne
mettait pas dans ses relations moins de
violence que le général Beurnonville ;
mais Godoy ne voulait devenir ni Français ni Anglais, il voulait rester Espagnol, et il ne cédait pas. Alors le premier
consul écrivit directement au roi une
lettre autographe, pour lui demander
l'exil du prince de la Paix : voici cette
lettre, qui porte la date du 19 septembre
1803 :

« Dans les circonstances aussi pres-
« santes qu'imprévues où se trouve
« l'Europe, je crois avoir un dernier
« devoir à remplir auprès de Votre Ma-
« jesté, en la priant d'ouvrir les yeux
« sur le gouffre ouvert par l'Angleterre
« sous le trône que la famille de Votre
« Majesté occupe depuis cent ans. En
« effet, que Votre Majesté me permette
« de le lui dire, l'Europe entière est af-
« fligée autant qu'indignée de l'espèce
« de *détrônement* dans lequel le prince
« de la Paix se plaît à la représenter à
« tous les gouvernements. Lui seul

[1] Dépêche du général Beurnonville du 7 septembre 1803. (Histoire des Cabinets de l'Europe.)

« gouverne la marine ; il gouverne la
« politique ; il gouverne l'extérieur ; il
« gouverne la cour ; il a des gardes ; il
« a un nom royal ; il est le véritable roi
« d'Espagne. Ses favoris sont dans
« toutes les places ; tout le pouvoir de
« l'État est dans les mains de ses créa-
« tures, et je prévois que, *si je suis
« obligé de soutenir une véritable
« guerre contre ce nouveau roi*, j'au-
« rai la douleur de la faire en même
« temps contre un prince qui, par ses
« qualités personnelles, eût fait le bon-
« heur de ses sujets, s'il eût voulu
« régner lui-même.

« Je ne doute pas que, par suite de
« la même politique, on ne conseille à
« Votre Majesté de réunir des troupes
« pour s'opposer à l'entrée des *corps
« d'armée que je suis obligé d'envoyer
« dans les ports d'Espagne*, afin de
« mettre mes escadres à l'abri des forces
« de leurs ennemis et de la perfidie du
« prince de la Paix.

« *Le résultat de ces rassemblements
« sera la guerre entre les deux États* ;
« et je ne veux pas la faire à Votre
« Majesté. Lorsque le prince de la Paix
« verra la monarchie en danger, il se
« retirera en Angleterre avec ses im-
« menses trésors ; et Votre Majesté
« aura fait le malheur de ses peuples,
« de sa couronne et de sa race, par un
« excès de bonté pour un favori avide,
« sans talent comme sans honneur.

« Que Votre Majesté remonte sur son
« trône ; qu'elle éloigne d'elle un homme
« qui s'est, par degrés, emparé de tout
« le pouvoir, et qui a conservé dans
« son rang les passions basses de son
« caractère, et ne s'est jamais élevé
« à aucun sentiment qui pût l'attacher
« à la gloire de son maître et n'a été
« gouverné que par la soif de l'or.

« Je crois qu'on aura tellement caché
« la vérité à Votre Majesté, que la lettre
« que je lui écris lui sera, pour ainsi
« dire, toute nouvelle ; je n'éprouve pas
« moins de peine à lui dire la vérité ;
« mais je remplis un pénible devoir. »

Cette lettre, dirigée en apparence
uniquement contre le ministre, contenait
cependant la menace de l'occupation des
ports de la Péninsule et même de la
guerre. M. Hermah, secrétaire d'ambassade, fut chargé de la porter à Madrid.

Muni de cette arme redoutable, et beaucoup plus adroit que le général Beurnonville, M. Herman alla trouver Godoy. Il lui communiqua une copie de la lettre de Bonaparte, et il parvint à l'effrayer. Le ministre craignit-il la perte de son rang et de ses honneurs, ou bien eut-il peur de la guerre et de l'occupation dont cette lettre le menaçait? Je ne le sais; mais des instructions furent envoyées au chevalier d'Azara, ambassadeur d'Espagne en France. Un traité fut signé à Paris, le 15 octobre 1803, et Charles IV s'engagea à payer chaque mois à la France un énorme subside. L'Espagne par ce traité obtenait une espèce de neutralité; mais on ne s'était pas fait illusion sur la valeur qu'elle pouvait avoir. Godoy avait dit : « Nous vous donnerons un « certain nombre de piastres; mais « après tout notre neutralité sera illu- « soire. L'Angleterre sera-t-elle dupe « de cet arrangement? non sans doute; « elle agira hostilement contre nous. « Quelle sera alors notre ressource? Il « faudra armer nos flottes et fortifier « nos côtes : ainsi, nos sacrifices « seront en pure perte. Nous payerons « pour la paix et nous aurons la « guerre. » Néanmoins l'Angleterre, dirigée alors par le ministre Addington, avait reconnu la neutralité de l'Espagne. Elle y avait mis seulement ces trois conditions : 1° que l'Espagne ne ferait pas d'armement maritime; 2° quelle ne permettrait pas sur son territoire la vente des navires ou cargaisons pris sur les Anglais; 3° qu'elle garantirait le territoire portugais de toute invasion française. Ces conditions ayant été stipulées par une convention spéciale, l'Espagne devait se croire à l'abri d'une guerre maritime; mais ce calme ne pouvait être de longue durée; car en Espagne, et dans le palais même de Charles IV, il y avait des personnes qui faisaient tout pour amener la guerre. La princesse des Asturies informait la reine de Naples de tous les secrets qu'elle pouvait surprendre, et celle-ci les faisait aussitôt connaître à l'ambassadeur anglais. Elle disait dans toute sa correspondance qu'elle saurait bien parvenir à provoquer une rupture entre l'Espagne et la France. Plusieurs de ces dépêches interceptées par Bonaparte furent envoyées à Charles IV, dont la bonté paternelle ne trouva pas de châtiment pour une semblable trahison. La guerre était imminente, et, comme si ce n'était pas assez des maux qu'elle allait produire, le ciel frappait déjà l'Espagne par d'autres fléaux. Des tremblements de terre jetèrent partout l'épouvante. La fièvre jaune désolait presque toute l'Andalousie. Enfin, la famine vint se joindre à ces calamités; mais ce dernier malheur était l'ouvrage des hommes; car la récolte avait été abondante; des mains perfides avaient accaparé les céréales. La fanègue de froment s'était élevée au prix inouï de quatre cents réaux. Cette disette avait été cruellement préparée par des mécontents, afin de pousser le peuple à des excès; et il ne manquait pas de gens qui répétaient : *On a porté la main sur les biens du clergé. Le ciel venge l'Église.* Néanmoins, cette trame n'eût pas le résultat que les mécontents en attendaient. Le gouvernement fit des sacrifices pour faire apporter des blés de France. Dès que les premières voitures arrivèrent sur les marchés, les blés qu'on avait accaparés sortirent de leurs cachettes, et l'abondance reparut tout à coup.

Tant qu'Addington resta à la tête du gouvernement anglais, l'Espagne put conserver l'espoir de rester neutre; mais, dès le mois de mai de l'année 1804, les affaires s'aggravèrent considérablement. Les troupes françaises, rassemblées au camp de Boulogne, avaient célébré l'avénement de Napoléon à l'empire, et leurs feux de joie, aperçus de l'autre côté de la Manche, avaient jeté l'épouvante jusqu'à Londres. Alors l'Angleterre opposa à Napoléon un homme capable de lutter contre lui : Addington fut remplacé par le célèbre Pitt, et ce ministre signala les premiers temps de son administration par un de ces actes que le droit des gens réprouve et que la morale, aussi bien que l'humanité, considère comme des crimes. Tandis que l'Espagne, confiante en la convention de neutralité qui avait été stipulée, négociait avec l'Angleterre pour lui accorder quelques avantages commerciaux, des ordres partaient secrètement du cabinet de

ESPAGNE. ESPAÑA.

Procession à Sevilla.
Procesión en Sevilla.

Saint-James. « Attaquez, disait-on, le pavillon espagnol sur toutes les mers. Coulez bas tous les navires au-dessus de cent tonneaux; envoyez les autres à Malte. Incendiez les ports et les rades de l'Espagne. » Ces ordres furent exécutés à la lettre. Le 5 octobre, sans déclaration de guerre, en pleine paix, quatre frégates espagnoles qui revenaient de la Plata, chargées de seize millions de piastres, furent attaquées par autant de frégates anglaises, en vue du port de Cadix, à la hauteur du port de Sainte-Marie. Les capitaines espagnols, pris au dépourvu, tentèrent inutilement de se défendre : *la Mercedes* s'enflamma dès les premiers coups de canon, et sauta en l'air. Les trois autres, horriblement maltraitées, amenèrent leur pavillon. Cet acte de piraterie souleva dans tous les esprits une généreuse indignation, et même dans le parlement anglais il s'éleva des voix pour le blâmer.

« Arrêtez un navire, s'écria lord Gren-
« ville, vous pouvez le relâcher; séques-
« trez, saisissez la cargaison, vous pour-
« rez indemniser le propriétaire; détenez,
« emprisonnez l'équipage, les portes du
« cachot peuvent s'ouvrir; mais pour
« un navire incendié, coulé bas, quel re-
« mède? Qui retirera du sein de la mer
« les cadavres de trois cents victimes
« assassinées en pleine paix, et saura les
« rendre à la vie? Les Français nous
« appellent une nation mercantile; ils
« prétendent que la soif de l'or est notre
« unique passion : n'ont-ils pas droit
« d'attribuer cette violence à notre avi-
« dité pour les piastres espagnoles?
« Ah! plutôt avoir payé dix fois la valeur
« de ces piastres et n'avoir pas entaché
« l'honneur anglais d'une telle souil-
« lure. » Cet acte de perfidie ne fut pas le seul dont l'Angleterre se rendit coupable. Les mêmes ordres avaient été expédiés sur toutes les mers; et, le 30 septembre, six jours avant que sir Graham Moore attaquât les frégates de la Plata, près du cap Sainte-Marie, à deux mille lieues de là, sur la côte du Chili, la frégate espagnole *la Estremeña*, occupée d'observations scientifiques et de travaux d'hydrographie, fut tout à coup insultée et criblée de mitraille par un brigantin anglais. Le commandant don Mariano Irazbiribil, pris au dépourvu, sans moyens de défense, mit le feu à son bâtiment et se sauva à Copiapo, emportant les dessins, les papiers et les instruments qu'il put enlever à la hâte.

Des attaques si sauvages devaient allumer dans le cœur de tous les Espagnols la soif d'une légitime vengeance. Cependant, il se trouvait encore dans le Cabinet des gens qui voulaient dévorer cet affront. Cevallos, terrifié, s'écria que l'Espagne était perdue si elle engageait la lutte contre ce redoutable ennemi. Le prince de la Paix, au contraire, repoussa ces conseils timides avec indignation. Il dit que s'il le fallait il monterait à cheval et conduirait à l'empereur une armée au camp de Boulogne. La guerre fut déclarée. Trois mois suffirent pour armer trente vaisseaux. Au milieu de mars, trois escadres se trouvèrent prêtes dans les ports de Cadix, de Carthagène et de la Corogne. On en remit le commandement aux plus braves officiers de la marine espagnole, et elles se joignirent à la flotte française. Malheureusement l'amiral de Villeneuve, à qui fut donné le commandement de ces forces réunies, n'était pas à la hauteur de la mission qui lui était confiée. Par ses lenteurs et ses tergiversations, il fit avorter le projet de débarquement en Angleterre, si laborieusement préparé par l'empereur. Au lieu de se jeter dans la Manche et d'y attaquer l'amiral Cornwallis pour faciliter le passage de la flottille de Boulogne, il se rendit à Cadix et livra bataille à Nelson auprès du cap Trafalgar. Les flottes réunies des Français et des Espagnols se composaient de trente-deux vaisseaux. Les Anglais n'en avaient que vingt-sept; mais leurs bâtiments portaient en général un plus grand nombre de canons que ceux des alliés, en sorte que les forces étaient à peu près égales. L'amiral Villeneuve fit la faute d'éparpiller son armée sur une ligne de plus d'une lieue de longueur. Nelson, au contraire, avait divisé sa flotte en deux colonnes compactes, de manière à pouvoir porter toutes ses forces sur le même point. Il parvint ainsi à rompre la ligne de bataille de Villeneuve; mais il paya chèrement ce succès. *Le Victory*, sur lequel il était monté, attaqué par *le Redoutable*, eut à soutenir une lutte terrible. Les ponts, les tillacs des deux bâtiments étaient balayés par la mitraille et la mousqueterie, et Nelson, frappé d'une balle, tomba sans avoir vu la victoire que ses dispositions avaient préparée. Les Espagnols se battirent avec un courage digne d'un meilleur succès; mais les vaisseaux, éloignés les uns des autres, se trouvèrent attaqués à la fois par des forces supérieures, ou bien retenus par le vent loin du combat; ils ne purent venir prendre part à la lutte que lorsque la victoire était déjà décidée. Villeneuve fut pris sur *le Bucentaure*. L'amiral espagnol Gravina, quoique blessé à mort, n'en continua pas moins de présider aux manœuvres. Il ramena à Cadix cinq vaisseaux français et six espagnols. L'amiral Dumanoir se retira sans combattre avec quatre bâtiments qui n'avaient pas été engagés. Des dix-sept autres bâtiments, treize furent coulés, incendiés, ou vinrent échouer sur les côtes d'Espagne. Les vainqueurs purent en conduire seulement quatre à Gibraltar. Cette victoire leur coûta douze vaisseaux[1]; mais à ce prix ils anéantirent les marines de l'Espagne et de la France. Ce dernier pays pouvait se consoler en songeant aux victoires qu'il remportait sur terre; mais pour l'Espagne, cette défaite était sans compensation. Lorsque l'empereur apprit le désastre de Trafalgar, il avait déjà pris dans Ulm une armée autrichienne; quelques jours plus tard, il battait à Austerlitz les empereurs d'Autriche et de Russie, et de nouveaux triomphes l'attendaient encore en Italie; car, aussitôt que la guerre avait été déclarée, le gouvernement napolitain, entraîné par sa haine pour la France, avait pris de secrets engagements avec l'Angleterre et la Russie. De son côté, Napoléon avait exigé que le roi de Naples se liât par un traité de neutralité. Cette convention avait été signée le 21 septembre 1805 et ratifiée le 19 octobre. Malgré cet engagement, le roi de Naples avait reçu dans ses États une armée russe et anglaise, avait tenté d'envahir la Toscane et de se jeter sur les derrières de Masséna. L'empereur eut connaissance de cette agression des Napolitains, quelques jours avant la bataille d'Austerlitz. Il garda le silence; mais, quand il eut vaincu l'Autriche et la Russie, le jour même où les plénipotentiaires signaient le traité de Presbourg, il publia une proclamation où il reprochait au roi de Naples son manque de foi. Cette pièce se termine par ces paroles : « La dynastie de Naples a « cessé de régner ! Son existence est « incompatible avec le repos de l'Europe « et l'honneur de ma couronne. » Il suffit aux armées françaises de quelques semaines pour réaliser cette menace; et Ferdinand fut obligé de se réfugier en Sicile.

L'Espagne devait nécessairement ressentir le contre-coup de tout ce qui se passait en Italie : c'était la même famille qui régnait à Naples et à Madrid; c'était aussi pour un infant de Castille que le royaume d'Étrurie avait été érigé. Le jeune prince auquel on avait donné cette couronne, créée par le traité de Saint-Ildephonse et par la paix de Lunéville, ne l'avait portée que deux années; il était mort le 27 mai 1803, laissant pour héritier un fils, âgé seulement de quatre ans; c'était cet enfant qui régnait alors à Florence, sous la tutelle de sa mère. L'empereur fit savoir au cabinet de Madrid qu'il était dans l'intention de faire occuper la Toscane par ses troupes, afin qu'elle ne devînt pas un nouveau pied-à-terre d'où les Anglais chercheraient à susciter des troubles en Italie; car autrement il ne pouvait pas répondre de n'être pas forcé de prendre à l'égard de cet État les mesures de rigueur que Naples allait subir. Charles IV fit alors offrir de se charger lui-même de la défense de la Toscane; et cette proposition ayant été acceptée, une division de cinq mille Espagnols commandée par O'farrill passa en Italie. C'est dans ces circonstances que, le 30 mars 1806, Joseph Bonaparte fut proclamé roi de Naples. Charles IV apprit avec douleur le

---

[1] *Le Britannia* de 120 canons, *le Prince* de 110, *le Neptune* et *le Prince de Galles* de 96, coulés dans le combat; *le Donegal* de 80 et *l'Orian* de 74 démâtés, échoués à la côte d'Afrique; *le Tigre* de 80, échoué et coulé bas sur la plage Sainte-Marie; *la Défense* et *le Gibosse* de 74, brulés par les Anglais eux-mêmes après le combat auprès de San-Lucar; *le Spartiate* de 74, coulé après le combat; *le Victory* de 120, démâté, rasé dans le combat; *le Royal-Souverain* de 120, qui disparut; il avait 200,000 livres sterling à bord; *le Spencer* de 74, démâté, traîné à la remorque avec peine jusqu'à Gibraltar.

malheur de Ferdinand, et, lorsqu'on lui notifia l'avénement de Joseph Bonaparte, ne voulut pas reconnaître le nouveau roi. « Il refuse de reconnaître mon frère pour roi de Naples, dit alors Napoléon, eh bien, son successeur le reconnaîtra [1]. »

Charles IV, blessé dans ses affections de famille, menacé lui-même du sort qui venait de frapper le roi de Naples, prêta une oreille plus facile aux puissances qui cherchaient à l'entraîner dans la coalition contre la France. Il négociait avec Strogonoff, qui lui était envoyé par la Russie, et il chargeait Agustin Argüelles d'aller à Londres pour ouvrir des négociations avec l'Angleterre. Enfin, sans attendre le résultat de ces négociations, avant que rien fût prêt pour la guerre, dans un de ces accès d'imprudence qui sont des crimes chez un homme d'État, le prince de la Paix fit publier ce manifeste :

« Dans des circonstances moins critiques que celles où nous vivons, de fidèles Espagnols sont venus en aide à leurs souverains par des dons et des offrandes que les besoins du moment ne réclamaient même point ; mais la générosité du sujet envers son roi pouvait-elle mieux se montrer que par ces actes de prévoyance ? La province d'Andalousie, que la nature a privilégiée pour la production des chevaux propres à la guerre, et la province d'Estrémadure, qui rendit tant de services de ce genre à Philippe V, verront-elles avec indifférence la cavalerie du roi d'Espagne réduite et incomplète comme elle l'est à cause du manque de chevaux ? Non, je ne le crois pas. J'espère, au contraire, qu'ainsi que les aïeux de la génération présente s'empressèrent de fournir des hommes et des chevaux à l'aïeul de notre roi, de même leurs descendants fourniront aujourd'hui des régiments ou des compagnies d'hommes exercés au maniement du cheval, afin qu'ils concourent au service et à la défense de la patrie, tant que dureront les difficul-

[1] Tous les historiens espagnols rapportent ces paroles ; quelques auteurs français, au contraire, prétendent qu'elles n'ont jamais été prononcées et que Charles IV n'a pas hésité à reconnaître Joseph pour roi de Naples : je me borne à rapporter les deux opinions sans décider de quel côté est la vérité.

tés qui nous entourent, et qu'ils retournent ensuite pleins de gloire au sein de leur famille. Chacun se disputera l'honneur de la victoire ; l'un attribuera à son bras le salut de sa famille ; l'autre celui de son chef ou de son parent ou de son ami. Tous enfin s'attribueront le salut de la patrie. Venez, mes chers compatriotes, venez vous ranger sous les bannières du meilleur des souverains ; venez, je vous accueillerai avec reconnaissance ; je vous en promets dès aujourd'hui la récompense, si le Dieu des victoires nous accorde une paix heureuse et durable, unique objet de nos vœux. Non, vous ne céderez ni à la crainte ni à la perfidie ; vos cœurs se fermeront à toute espèce de séduction étrangère : venez ; et, si nous ne sommes pas forcés de croiser nos armes avec celles de nos ennemis, vous n'encourrez pas le danger d'être notés comme suspects d'avoir donné une fausse idée de votre loyauté, de votre honneur, en refusant de répondre à l'appel que je vous fais.

« Mais, si ma voix ne peut réveiller en vous les sentiments de votre gloire, écoutez celle de vos tuteurs, des pères du peuple, auxquels je m'adresse. Songez à ce que vous devez à vous-mêmes, à ce que vous devez à votre honneur et à la religion que nous professons.

« Au palais royal de Saint-Laurent, « le 6 octobre 1806.

« Le prince de la Paix. »

Ce manifeste ampoulé n'avait pas même le mérite de la franchise. Le prince de la Paix y parlait de l'imminence d'une guerre, sans nommer l'ennemi contre lequel on aurait à combattre. Cependant, il était difficile de se méprendre. En effet, ce n'était pas pour une lutte maritime que le ministre espagnol demandait de la cavalerie. De cette manière, la France se trouvait assez clairement désignée. Ce fut au commencement de la campagne de Prusse que l'empereur reçut la proclamation du prince de la Paix. Si le cabinet espagnol avait pensé que des revers attendaient l'armée française sur ce nouveau champ de bataille, il fut promptement détrompé. Quelques jours s'étaient à peine écoulés depuis que cette pièce avait été publiée, lorsque les Français gagnèrent les victoires d'Iéna et d'Auerstedt. Ces deux affaires suffirent pour anéantir l'armée prussienne. Néanmoins, Napoléon, ne regardant pas la lutte comme décidée, tant qu'il n'aurait pas fait la paix avec la Russie, garda le silence sur les démonstrations hostiles du prince de la Paix. Il accueillit les explications que la cour de Madrid s'empressa de lui envoyer; mais il exigea qu'en exécution du traité de Saint-Ildephonse des troupes auxiliaires lui fussent fournies par l'Espagne. Le ministre de Charles IV céda aux exigences de l'empereur. Neuf mille hommes furent joints aux cinq mille qui étaient déjà en Toscane; et cette division, sous le commandement de la Romana, fut envoyée dans le nord de l'Europe.

Dès cette époque, Bonaparte avait pris la résolution d'envahir toute la Péninsule; et, tout en tenant son projet caché, il préparait les moyens d'en assurer l'exécution. Il profita avidement des dissensions qui désolaient la famille royale. Tant que le prince de la Paix avait persisté franchement dans l'alliance française, la faction des mécontents s'était appuyée sur le parti de l'Angleterre; mais lorsque le cabinet, avec une inconcevable légèreté, eut témoigné des intentions hostiles à la France, un revirement en sens contraire s'était opéré dans le système des mécontents; ils avaient cherché leur appui dans le parti français. La princesse des Asturies, qui aurait pu mettre un obstacle à ce changement de politique, était morte depuis quelques mois; Escoiquiz avait conçu le projet de faire demander par Ferdinand la main de mademoiselle Tascher de la Pagerie, nièce de l'impératrice. Le chanoine eut à cet égard des conférences secrètes avec M. de Beauharnais, qui avait remplacé le général Beurnonville à Madrid, et il poussa Ferdinand à écrire en secret à l'empereur, pour lui demander l'honneur de s'allier à la famille impériale.

Pendant que ces intrigues se tramaient dans le palais de Charles IV, l'empereur rassemblait des troupes au pied des Pyrénées, sous le prétexte de préparer l'invasion du Portugal. En même temps on négociait pour régler par un traité la part que l'Espagne prendrait à cette guerre et la manière dont le partage des conquêtes aurait lieu. Mais neuf jours avant que le traité fût conclu, le 18 octobre 1807, l'armée française, commandée par Junot, franchit la Bidassoa. Partout sur son passage elle fut fêtée par les habitants. Le clergé accueillait avec enthousiasme les troupes du héros qui, en France, avait relevé les autels. Les mécontents ne voyaient dans les Français que des auxiliaires pour renverser un ministre qu'ils détestaient.

Le traité de partage du Portugal fut signé à Fontainebleau, le 27 octobre 1807. Aux termes de l'art. 1er, la province entre Duero et Minho devait former un royaume, sous le titre de Lusitanie septentrionale. Elle devait être donnée au roi d'Étrurie, en échange de ses États d'Italie, dont Napoléon avait formé trois départements français. Par l'article 2, la province d'Alentéjo et le royaume des Algarves étaient érigés en souveraineté au profit de Godoy, avec le titre de principauté des Algarves. Le surplus du Portugal devait rester jusqu'à la paix générale en dépôt entre les mains de l'empereur.

Les Français étaient à peine entrés en Espagne, et Junot n'avait pas encore dépassé Vitoria, lorsqu'un événement de la plus haute gravité vint occuper l'attention publique. Depuis quelque temps la correspondance du prince des Asturies avec Escoiquiz et avec les autres mécontents était devenue plus active. On remarqua que le prince recevait des lettres en secret, et qu'il passait une partie des nuits à écrire. La reine fut prévenue de cette circonstance par une dame de sa maison. Charles IV en fut averti, et, par son ordre, on saisit à l'improviste tous les papiers de Ferdinand. Le lendemain, 29 octobre, le prince fut appelé devant le conseil réuni dans la chambre du roi. Il subit un interrogatoire. Ensuite son père, accompagné des ministres et à la tête de ses gardes, le reconduisit à son appartement, lui ordonna de rendre son épée et fit placer des sentinelles pour le garder à vue.

En voyant cette scène lugubre se passer sous les voûtes de l'Escurial, il était impossible de ne pas se rappeler la fin déplorable du fils de Philippe II. Ferdinand, de même que don Carlos était arrêté par son propre père, et une accusation terrible était portée contre lui. On lui reprochait d'avoir voulu attenter à la vie de ses parents pour s'emparer du trône. Le jour même, 29 novembre 1807, Charles IV écrivit à l'empereur la lettre suivante :

« Monsieur mon frère, dans le moment où je ne m'occupais que des moyens de coopérer à la destruction de notre ennemi commun ; quand je croyais que tous les complots de la ci-devant reine de Naples avaient été ensevelis avec sa fille, je vois avec une horreur qui me fait frémir que l'esprit d'intrigue le plus horrible a pénétré jusque dans le sein de mon palais. Hélas ! mon cœur saigne en faisant le récit d'un attentat si affreux ! Mon fils aîné, l'héritier présomptif de mon trône, avait formé le complot horrible de me détrôner ; il s'était porté jusqu'à l'excès d'attenter contre la vie de sa mère. Un attentat si affreux doit être puni avec la rigueur la plus exemplaire des lois. La loi qui l'appelait à la succession doit être révoquée ; un de ses frères sera plus digne de le remplacer et dans mon cœur et sur le trône. Je suis, dans ce moment, à la recherche de ses complices pour approfondir ce plan de la plus noire scélératesse ; et je ne veux pas perdre un seul moment pour en instruire V. M. I. et R., en la priant de m'aider de ses lumières et de ses conseils.

« Sur quoi, je prie Dieu, mon bon frère, qu'il daigne avoir V. M. I. et R. en sa sainte et digne garde.

« D. CARLOS... »

« Saint-Laurent, ce 29 octobre 1807. »

Le lendemain, le décret suivant fut publié :

« Dieu, qui veille sur tous ses enfants, ne permet pas la consommation des faits atroces dirigés contre des victimes innocentes. C'est par le secours de sa toute-puissance que j'ai été sauvé de la plus affreuse catastrophe. Mes peuples, mes sujets, tout le monde connaît ma religion et la régularité de ma conduite ; tous me chérissent et me donnent ces marques de vénération qu'exigent le respect d'un père et l'amour de ses enfants. Je vivais tranquille, au sein de ma famille, dans la confiance de ce bonheur, lorsqu'une main inconnue m'apprend et me dévoile le plan monstrueux et inouï qui se tramait dans mon propre palais contre ma personne. Ma vie, qui a été si souvent en danger, était une charge pour mon successeur, qui, préoccupé, aveuglé, et abjurant tous les principes de foi chrétienne que lui enseignèrent mes soins et mon amour paternel, avait adopté un plan pour me détrôner. J'ai voulu douter de la vérité de ce projet ; mais j'ai surpris mon fils dans mon appartement ; j'ai mis sous ses yeux les chiffres d'intelligence et les correspondances qu'il recevait des malveillants : j'ai appelé à l'examen de cette affaire le gouverneur lui-même du conseil ; je l'ai associé aux autres ministres pour qu'ils prissent avec la plus grande diligence leurs informations. Tout s'est fait. Il en est résulté la connaissance de différents coupables dont l'arrestation a été décrétée. Mon fils a reçu son habitation pour prison. Cette peine est venue accroître celles qui m'affligent. Mais aussi, comme elle est la plus sensible, elle réclame le plus prompt remède. En conséquence, j'ordonne que le résultat en soit publié. Je ne veux pas cacher à mes sujets la connaissance d'un chagrin qui sera diminué lorsqu'il sera accompagné de toutes les preuves acquises avec loyauté. Je vous fais connaître mes intentions pour que vous les rendiez publiques dans la forme convenable. »

« Moi, LE ROI. »

« A San-Lorenzo, le 30 octobre 1807 »

S'il était permis de faire des conjectures lorsqu'on écrit l'histoire, on pourrait supposer que Napoléon n'a pas été tout à fait étranger aux intrigues de l'Escurial ; on pourrait penser qu'il faisait pousser Ferdinand à détrôner son père, afin d'intervenir ensuite comme le vengeur de Charles IV ; qu'il excitait Ferdinand à se rendre indigne de la couronne, afin d'acquérir un prétexte pour la lui enlever : mais on ne saurait porter légèrement une accusation de cette gravité ; et si un complot pour détrôner Charles IV a été réellement formé ; si la politique impériale a été pour quelque chose dans ces menées ténébreuses, au moins la preuve n'en a pas été acquise. Quant aux mécontents, avec lesquels

Ferdinand s'était lié, leur but était de s'emparer du pouvoir à quelque prix que ce fût. Le prince des Asturies pouvait ne pas partager toutes leurs vues; il pouvait n'être pas initié à tous leurs projets; mais il était préparé à recueillir le fruit de leurs complots; par avance il avait disposé des principales charges de l'État. Ainsi, par un décret dont il avait laissé la date en blanc, il avait conféré au duc de l'Infantado le commandement de la Nouvelle-Castille.

Quand Napoléon reçut la lettre de Charles IV, il entra dans une violente colère, soit qu'il fût mécontent de voir une partie de ses plans dérangés par le procès de l'Escurial, soit qu'il eût honte de se trouver à la face de l'Europe mêlé à de semblables intrigues. Il exigea que le nom de l'ambassadeur français ne fût pas prononcé dans cette affaire. Ce fut, au reste, le parti qu'adopta le cabinet espagnol, sans même attendre une réponse de Paris. Dans la crainte que l'empereur ne se trouvât blessé, on étouffa le procès de l'Escurial; d'ailleurs le caractère de Charles IV était naturellement enclin à la clémence; et, Ferdinand lui ayant écrit pour reconnaître ses fautes, le roi pardonna. Un nouveau décret fut publié le 5 novembre. Ce document est si curieux et d'une telle importance, qu'il mérite d'être inséré ici en entier; le voici :

« La voix de la nature désarme le bras de la vengeance, et lorsque l'inadvertance réclame la pitié, un père tendre ne peut s'y refuser.

« Mon fils a déjà déclaré les auteurs du plan horrible que lui avaient fait concevoir les malveillants. Il a tout démontré en forme de droit, et tout a été consigné avec l'exactitude requise par la loi pour de semblables preuves. Son repentir et son étonnement lui ont dicté les remontrances qu'il m'a adressées, et dont voici le texte :

« Sire et mon père,

« Je me suis rendu coupable : car manquant à V. M., j'ai manqué à mon père et à mon roi; mais je m'en repens et je promets à V. M. la plus humble obéissance. Je ne devais rien faire sans le consentement de V. M.; mais j'ai été surpris. J'ai dénoncé les coupables, et je prie V. M. de me pardonner et de permettre de baiser vos pieds à votre fils reconnaissant.

« FERDINAND.

« San-Lorenzo, le 5 novembre 1807. »

« Madame et mère, je me repens bien de la grande faute que j'ai commise contre le roi et la reine mon père et ma mère; aussi, avec la plus grande soumission, je vous en demande pardon, ainsi que de mon opiniâtreté à vous céler la vérité l'autre soir. C'est pourquoi je supplie V. M., du plus profond de mon cœur, de daigner intercéder auprès de mon père, afin qu'il veuille bien permettre d'aller baiser les pieds de S. M. à son fils reconnaissant.

« FERDINAND.

« San-Lorenzo le 5 novembre 1807. »

« En conséquence de ces lettres, et à la prière de la reine mon épouse bien-aimée, je pardonne à mon fils; et il rentrera dans ma grâce dès que sa conduite me donnera des preuves d'un véritable amendement.

« J'ordonne aussi que les mêmes juges qui ont connu de cette cause depuis le commencement la continuent; et je leur permets de s'adjoindre d'autres collègues, s'ils en ont besoin. Je leur enjoins, dès qu'elle sera terminée, de me soumettre le jugement qui devra être conforme à la loi, selon la gravité des délits et la qualité des personnes qui les auront commis.

« Ils devront prendre pour base, dans la rédaction des chefs d'accusation, les réponses données par le prince dans l'interrogatoire qu'il a subi; elles sont paraphées et signées de sa main, ainsi que les papiers écrits aussi de sa main, qui ont été saisis dans ses bureaux.

« Cette décision sera communiquée à mes conseillers et à mes tribunaux, et on la rendra publique, afin que mes peuples connaissent ma pitié et ma justice, et pour soulager l'affliction où ils ont été jetés par mon premier décret; car ils y voyaient le danger de leur souverain et de leur père, qui les aime comme ses propres enfants et dont il est aimé.

« CHARLES.

« San-Lorenzo, le 5 novembre 1807. »

Conformément aux dispositions de ce décret, le procès fut suivi contre les principaux fauteurs du complot de l'Escurial. On mit en cause Escoiquiz, le duc de l'Infantado, le comte d'Orgaz, le marquis d'Ayerbe et quelques personnes de la maison du prince des Asturies. Mais le principal coupable étant écarté, il n'eût pas été juste que les autres fussent condamnés. On prononça leur acquittement. Seulement le roi, de son autorité privée et par voie administrative, envoya en exil Escoiquiz, les ducs de l'Infantado et de San-Carlos. Au reste, cette mesure fut exécutée avec tant de négligence, que le prince des Asturies ne cessa pas d'être en correspondance avec Escoiquiz et avec les autres individus de ce parti. Bientôt Charles IV, cédant à sa bonté habituelle, sembla avoir oublié le complot de l'Escurial ; et lui-même, entraîné par la force des circonstances, écrivit à l'empereur, en lui demandant pour Ferdinand la main d'une princesse du sang impérial. Napoléon, qui se trouvait alors en Italie et qui sans doute n'avait pas encore arrêté d'une manière définitive la marche qu'il voulait suivre à l'égard de l'Espagne, proposa à Lucien de donner sa fille pour épouse au prince des Asturies ; mais les événements se succédèrent avec une telle rapidité que ce projet d'alliance fut abandonné aussitôt que conçu.

L'agitation causée par le complot de l'Escurial n'arrêta pas un seul instant la marche des Français. Junot pénétra en Portugal sans rencontrer de résistance ; et, le 30 décembre, il arrriva à Lisbonne, que le prince régent de Portugal venait d'abandonner. Les Espagnols, de leur côté, sous la conduite du marquis del Socorro et de Francisco Taranco, prirent part à cette invasion, ainsi que cela avait été convenu par le traité de Fontainebleau. Le Portugal était conquis, et l'empereur n'avait plus de prétexte pour envoyer de nouvelles troupes dans la Péninsule. Cependant, à la fin de décembre, une seconde armée de plus de vingt-sept mille hommes, commandée par le général Dupont, pénétra en Espagne; dans les premiers jours de janvier, celle-ci fut suivie par une troisième désignée sous le nom de corps d'observation des côtes de l'Océan et commandée par le maréchal Moncey. A l'autre extrémité des Pyrénées, à Perpignan, des troupes françaises et italiennes se réunissaient sous le nom de division des Pyrénées orientales, et s'avançaient en Catalogne, sous le commandement des généraux Duhesme, Chabran et Lecchi. Il fallait pallier par quelque prétexte toutes ces infractions au traité de Fontainebleau. Deux rapports, adressés à l'empereur par M. de Champagny et insérés dans le *Moniteur* du 24 janvier 1808, exposèrent que les Anglais se préparaient à attaquer les côtes de l'Andalousie, en sorte qu'il y avait nécessité pour l'empereur de veiller sur toute l'étendue de la Péninsule.

S'il avait pu rester quelque illusion dans l'esprit des Espagnols, s'ils avaient pu croire que Napoléon pensait à partager le Portugal, comme cela avait été convenu par le traité de Fontainebleau, une proclamation, publiée par Junot, le Ier février, aurait dû les détromper. Il y était dit que la maison de Bragance avait cessé de régner en Portugal, et que ce royaume serait gouverné en *totalité* par le général en chef de l'armée impériale. Il n'était plus question du royaume de la Lusitanie septentrionale, promise au roi d'Étrurie en échange de ses États, dont l'empereur s'était emparé ; il n'était plus question de la principauté des Algarves, dont on avait leurré la crédule ambition du prince de la Paix ; c'était la totalité du Portugal que l'empereur prétendait conserver pour lui.

Chaque jour des troupes nouvelles entraient en Espagne. Déjà on y comptait plus de cent mille Français, qui, accueillis partout comme des alliés, comme des amis, employèrent la ruse et la violence pour se rendre maîtres des places fortes les plus importantes.

Le général d'Armagnac, reçu avec trois bataillons dans la ville de Pampelune, sollicita du vice-roi, marquis de Vallesantoro, la permission d'introduire dans la citadelle deux bataillons suisses, sous le prétexte qu'il avait des doutes sur leur fidélité. Le vice-roi s'étant excusé de ne pouvoir accéder à une proposition aussi grave sans une autorisation spéciale de son gouvernement, le général français résolut de s'emparer de la forteresse par une trahison. Il choisit pour logement une maison située au bout de l'esplanade, en face de la porte principale de la citadelle, afin de guetter le moment favorable. Pendant la nuit du 15 au 16 février, un certain nombre de grenadiers se rendirent un à un et en armes à sa demeure. Le lendemain matin, des soldats d'élite, guidés par un chef de bataillon vêtu en bourgeois, se rendirent à la citadelle, comme ils y allaient chaque matin pour recevoir leurs rations. Sous le prétexte que leur chef n'était pas encore arrivé, ils s'arrêtèrent à la porte de la citadelle; et, comme il neigeait, ils commencèrent à se lancer des boules de neige, de manière à occuper l'attention des soldats espagnols. Quelques-uns d'entre eux se placèrent sur le pont afin d'empêcher qu'on ne pût le lever; puis, à un signal convenu, d'autres se précipitèrent sur le corps de garde, désarmèrent les sentinelles, s'emparèrent des fusils qui étaient au râtelier et donnèrent libre entrée aux grenadiers réunis chez le général d'Armagnac, qui furent bientôt suivis de tous leurs camarades. Cette action s'exécuta avec tant de célérité, que les Français étaient maîtres de la forteresse avant que la garnison eût songé à se mettre en défense.

Ce fut aussi par une trahison que les Français s'emparèrent de la citadelle de Barcelone. Les troupes du général Duhesme avaient été reçues dans la ville; mais on ne leur avait livré ni Montjouy ni la citadelle. Duhesme prit donc la résolution de s'en emparer, et, pour y parvenir, il publia qu'il venait de recevoir l'ordre de continuer sa marche sur Cadix. Il annonça aussi qu'avant de partir, il passerait la revue de son armée. En effet, ses troupes se réunirent sur l'esplanade de la citadelle. Elles y manœuvrèrent pendant quelques instants, et firent plusieurs simulacres d'attaque et de défense, à la grande satisfaction des Espagnols, qui admiraient la précision de leurs mouvements. Par suite de ces manœuvres, la droite d'un bataillon de vélites se trouva appuyée à la palissade, et le général Lecchi, suivi d'un nombreux état-major, vint se placer sur le pont-levis, comme s'il eût dû y rester pour faire défiler les troupes. Les vélites continuèrent à avancer, et lorsqu'ils furent à la hauteur du pont, déjà encombré de chevaux, ils s'y précipitèrent en culbutant la sentinelle. Ils désarmèrent le poste qui gardait la porte, et pénétrèrent dans l'enceinte principale. Ils furent à l'instant soutenus par quatre autres bataillons, se jetèrent sur les batteries, et, en quelques instants, ils se rendirent maîtres de la citadelle. Ils auraient voulu s'emparer de même de Montjouy; mais cela était plus difficile. Le terrain élevé et entièrement découvert sur lequel cette forteresse est établie la met à l'abri d'une surprise. Quand on vit les Français approcher on leva le pont, et don Mariano Alvarez, qui commandait, refusa d'ouvrir les portes; mais les Français parvinrent à intimider le capitaine général de la province en menaçant d'enlever de force ce qu'on ne leur donnerait pas de bonne volonté. Il n'osa pas prendre sur lui la responsabilité d'une collision dont on ne pouvait prévoir les conséquences, et il donna l'ordre d'ouvrir Montjouy aux étrangers.

A Figuières, le gouverneur de la place ayant permis d'enfermer dans la citadelle deux cents conscrits, qui, disait-on, voulaient déserter, au lieu de conscrits on fit entrer deux cents soldats d'élite. Ceux-ci s'emparèrent des portes et chassèrent de la citadelle le petit nombre d'Espagnols qui en formaient la garnison.

Des actes d'une si audacieuse perfidie jetèrent les plus vives alarmes dans l'esprit de Charles IV et dans celui de ses ministres. L'arrivée d'Isquierdo à Madrid vint accroître leurs inquiétudes. C'était Isquierdo qui avait signé pour l'Espagne le traité de Fontainebleau. Il venait soumettre à l'examen du gouvernement espagnol les vues nouvelles de l'empereur qui lui avaient été verbalement exposées. Bonaparte proposait d'abandonner au roi d'Espagne la totalité du Portugal. Il demandait en échange les provinces situées entre l'Èbre et les Pyrénées. Il insistait aussi pour la conclusion de l'union entre Ferdinand et une princesse du sang impérial. Isquierdo [1] repartit pour Paris avec des instructions

[1] Les notes rédigées par Isquierdo le 24 mars, et arrivées à Madrid seulement après les événements d'Aranjuez, portent encore sur d'autres points. Il y est question d'établir la liberté réciproque de commerce pour les Français et les Espagnols dans toutes leurs colonies; de faire un nouveau traité d'alliance offensive et défensive; *enfin, de régler définitivement la succession au trône d'Espagne.* Quel motif faisait insérer ce dernier article dans les préliminaires des négociations? Bonaparte avait-il l'intention de faire rapporter le décret de Charles IV qui admet les femmes au droit de succéder? son but était-il de mettre les lois espagnoles sur l'hérédité en harmonie avec les dispositions des ti-

ESPAGNE

ESPAÑA

nouvelles, plutôt dans le but de gagner du temps qu'avec l'espoir de détourner le coup dont on se voyait menacé. Aussi, Charles IV, cédant au conseil que lui donnait Godoy, prit la résolution de transporter sa cour à Séville, où il pourrait attendre les événements et où il lui serait plus facile de préparer sa fuite, s'il était forcé de chercher un refuge au delà des mers.

Quelque secret que l'on apportât dans les préparatifs du voyage, le bruit des intentions de la cour se répandit bientôt dans le public, et y produisit une vive effervescence. Plusieurs membres du cabinet se prononcèrent vivement contre le départ. Cependant, les circonstances devenaient chaque jour plus pressantes. Murat, grand-duc de Berg, nommé par l'empereur général en chef des différents corps d'armée qui avaient pénétré en Espagne, approchait de Madrid. Déjà le voisinage des Français ne permettait plus ni retard ni hésitations. Si on voulait fuir, il était temps de le faire; plus tard cela n'aurait plus été possible. La cour résidait en ce moment à Aranjuez, château royal sur le Tage, à quelques lieues de Madrid. On y fit venir une partie des troupes qui étaient en garnison dans la capitale; mais on y vit accourir en même temps une foule de ces individus à figures sinistres qu'on rencontre lors de toutes les agitations populaires. Le bruit circula enfin que le départ aurait lieu dans la nuit du 17 au 18 mars, et l'on assure que le prince des Asturies en avait lui-même prévenu les malveillants, en disant à un garde du corps : *C'est cette nuit qu'a lieu le voyage; mais moi je ne veux pas partir.* Le peuple et une partie des troupes qui improuvaient le voyage étaient disposés à empêcher qu'il ne s'exécutât. Ils se préparaient à manifester leur mécontentement, quand la famille royale se mettrait en route. Mais, avant cet instant, une horrible émeute éclata dans Aranjuez. On n'est pas d'accord sur la manière dont le tumulte commença. Voici comment la reine d'Espagne rend compte des faits dans une lettre écrite le 26 mars 1808 à sa fille la reine d'Étrurie et envoyée le même jour par celle-ci au grand-duc de Berg. « Mon fils était
« à la tête de la conjuration. Les troupes
« étaient gagnées par lui. Il fit sortir une
« de ses lumières à une de ses fenêtres,
« signe qui fit commencer l'explosion.
« Dans ce même instant les gardes et les
« personnes qui étaient à la tête de cette
« révolution firent tirer deux coups de
« fusil. On a prétendu qu'ils ont été
« tirés par la garde du prince de la Paix,
« mais cela n'est point. A l'instant même
« les gardes du corps et l'infanterie es-
« pagnole et wallone se trouvèrent sous
« les armes sans ordre de leurs premiers
« chefs..... Le roi et moi appelâmes
« mon fils pour lui dire que le roi son
« père, se trouvant incommodé de ses
« douleurs, ne pouvait pas paraître à la
« fenêtre, qu'il s'y montrât donc en son
« nom pour tranquilliser le peuple; mais
« il nous répondit qu'il ne le ferait pas;
« car, dès qu'il se présenterait, le feu
« commencerait. » Voici maintenant comment les faits sont rapportés par M. de Torreno : « Tout était sur le qui-vive; le peuple faisait des rondes dans l'obscurité de la nuit ayant à sa tête, caché sous un déguisement et sous le nom du père *Pedro*, le remuant et fougueux comte de Montijo, dont le nom sera presque toujours mêlé aux troubles et aux agitations de la rue. La troupe faisait aussi des patrouilles; et des deux côtés l'on exerçait une surveillance active qui se portait particulièrement sur l'hôtel du prince de la Paix. Entre onze heures et minuit l'on en vit sortir, soigneusement enveloppée dans ses vêtements,

---

tres II, III et IV du sénatus-consulte organique du 28 floréal an XII? Avait-on simplement en vue de rassurer le prince des Asturies contre les craintes que pouvaient lui avoir inspirées les projets d'usurpation attribués par les malveillants à Godoy? Cette dernière explication se trouverait assez en rapport avec ce passage de la dépêche d'Isquierdo : « En parlant de la succession au trône d'Espagne, j'ai dit tout ce que le roi notre seigneur m'avait fait l'honneur de m'ordonner, ainsi que tout ce qui a été nécessaire pour démentir les calomnies inventées par des Espagnols malveillants et racontées ici comme des vérités, jusqu'au point d'avoir perverti l'opinion publique. » Cependant ce dernier motif me semble bien puéril. Il n'était pas besoin d'un traité avec la France pour dire que le prince des Asturies succéderait à son père. Son droit résultait des lois de la monarchie.

Peut-être serait-on plus près de la vérité, si on disait que l'empereur, dont les projets n'étaient pas arrêtés, voulait qu'on multipliât les questions, afin de multiplier les difficultés et de tirer parti des occasions imprévues que ces embarras feraient naître.

doña Josefa Tudo, escortée des gardes d'honneur du généralissime; une patrouille voulut découvrir le visage de la dame : elle résista; ce qui occasionna une légère alerte, et l'un des soldats présents déchargea son fusil en l'air. Suivant quelques personnes, l'officier Tuyols, qui accompagnait doña Josefa, tira pour appeler à son aide; suivant les autres, ce fut le garde Merlo qui fit feu pour avertir les conjurés. Ce qu'il y a de certain, c'est que ceux-ci crurent voir là un signal. A l'instant même, un trompette, aposté exprès, sonna le boute-selle, et la troupe se précipita sur tous les points par où le voyage pouvait s'effectuer. Alors commença un horrible tumulte. » Une foule de gens de toutes les espèces, auxquels étaient mêlés des veneurs de l'infant don Antonio, des domestiques du palais et un grand nombre de soldats de différents corps, attaqua la demeure du prince de la Paix, en força la garde, et se précipita dans l'hôtel, fouillant tous les appartements pour découvrir Godoy. Ce fut inutilement. On ne le trouva pas. On crut qu'il s'était échappé par quelque issue secrète, et le peuple pilla son hôtel, n'y laissant pas un meuble, pas un objet précieux. Le lendemain 18, Charles IV rendit un décret qui ôtait au prince de la Paix les charges de généralissime et de grand amiral. Il s'empressa de donner avis de cette décision à l'empereur. Voici en quels termes il lui écrivit :

« Monsieur mon frère, il y avait longtemps que le prince de la Paix m'adressait des instances réitérées pour obtenir de se démettre des charges de généralissime et d'amiral. Je me suis prêtée à ses désirs, en lui accordant la démission de ces charges ; mais, comme je ne saurais oublier les services qu'il m'a rendus, et notamment celui d'avoir coopéré à mes désirs constants et invariables de maintenir l'alliance et l'amitié intime qui m'unissent à V. M. I. et R., je conserverai à ce prince mon estime.

« Bien persuadé que rien ne sera plus agréable à mes sujets ni plus convenable pour réaliser les desseins importants de notre alliance, que de me charger moi-même du commandement de mes armées de terre et de mer, j'ai pris cette résolution, et je m'empresse d'en faire part à V. M. I. et R., considérant qu'elle verra dans cette communication une nouvelle preuve de mon attachement pour sa personne, et de mes désirs constants de maintenir les rapports intimes qui m'unissent à V. M. I. et R., avec cette fidélité qui me caractérise, et dont votre M. a les preuves les plus éclatantes et les plus répétées.

« La continuation de mes douleurs de rhumatisme, qui m'interdit depuis quelques jours l'usage de la main droite, me prive du plaisir d'écrire de ma main à V. M.

« Je suis avec les sentiments de la plus parfaite estime et de l'attachement le plus sincère,

« DE V. M. I. ET R., le bon frère

« CHARLES.

« A. Aranjuez, le 18 mars 1808. »

Cependant le prince de la Paix ne s'était pas évadé comme on l'avait pensé. Au moment où le tumulte avait éclaté, il était sur le point de se coucher. Il s'enveloppa d'un manteau de molleton, remplit ses poches d'or, s'arma d'une paire de pistolets, et prit un petit pain sur la table où il venait de souper. Il essaya d'abord de sortir par une porte de derrière et de gagner une maison voisine; mais cette porte aussi était gardée; alors il monta dans un grenier et se blottit dans le coin le plus obscur, sous un rouleau de tapis de sparterie. Il passa trente-six heures dans cette position affreuse. Enfin, vaincu par la soif, il fut forcé de sortir de sa retraite. On avait laissé son hôtel à la garde de deux compagnies de Wallons. Il fut aussitôt reconnu par une sentinelle, qui donna l'alarme. Le peuple, averti que Godoy venait d'être découvert, se précipita sur lui. Il l'eût massacré sans l'intervention de quelques gardes du corps qui arrivèrent à temps pour le secourir et qui parvinrent, avec beaucoup de peine, à le conduire jusqu'à leur caserne, où la populace le poursuivit encore. Charles IV et la reine, en apprenant que Godoy venait d'être arrêté et en entendant le danger qui le menaçait, ordonnèrent à Ferdinand d'aller apaiser la multitude. Le prince des Asturies se rendit à la caserne, éloigna la populace, et il dit au prisonnier : *Je te fais grâce de la vie.*

ESPAÑA.
ESPAGNE.

Eglise St Nicolas à Gerona.
Iglesia de San Nicolas en Gerona.

— *Est-ce que vous êtes déjà roi?* répondit Godoy.

— *Pas encore*, reprit Ferdinand, *mais bientôt*. Certainement il y a du courage et de la fierté dans le peu de paroles que le ministre déchu adressait à son persécuteur; et celui qui, dans une position si horrible, tout couvert de contusions et de blessures, encore en face de l'émeute, conservait assez de sang-froid pour demander à Ferdinand s'il avait déjà usurpé le trône de son père, n'était pas un homme lâche et pusillanime, comme l'ont répété tant d'écrivains.

Sans doute on peut adresser à Godoy quelques reproches malheureusement trop fondés. Godoy avait beaucoup de légèreté, il était d'une vanité excessive; peut-être se montra-t-il trop avide de grandeurs et de richesses. Enfin on l'accuse d'avoir rempli auprès de la reine le rôle de Bertrand de la Cueva; mais, si nous admettons ce fait comme prouvé, il faut convenir que la honte en retombe sur la reine plutôt que sur lui. Il eût mieux valu que la source de son pouvoir fût entièrement pure; mais ce qu'il convient surtout de rechercher, c'est l'usage qu'il en a fait; et pendant tout le cours de son administration il s'est montré constamment animé par l'amour de son pays; il n'a pas cessé de protéger les lettres et les beaux-arts; attaqué, calomnié comme personne ne l'avait été avant lui, il n'a tiré vengeance d'aucun de ses ennemis, et l'on ne peut citer de lui aucun acte sanguinaire. Enfin, il existe sur la manière dont on doit apprécier son administration un document d'autant moins récusable qu'il nous est transmis par son ennemi le plus implacable. Sans doute on n'est pas tenu d'accepter pour des vérités incontestables tout ce que le chanoine Escoiquiz a écrit sur ses conversations avec Napoléon. Néanmoins on ne peut douter de sa véracité quand ses paroles contiennent l'éloge du prince de la Paix; or, voici comment il s'exprime: « *Escoiquiz*[1]. Notre jeune roi aurait été un allié fidèle et utile à Votre Majesté; et si elle eût tenté d'exécuter son plan actuel, nous aurions eu assez de forces pour défendre notre pays sinon pour envahir le vôtre; mais ce vil, ce perfide favori... pardonnez,

[1] Mémoires d'Escoiquiz, p. 139.

sire, si je lui donne les épithètes qu'il mérite... *Napoléon* (en interrompant): *Eh! vous donnez là une fausse idée de lui. Il ne s'est pas si mal conduit dans son administration.* » Quelques jours plus tard, l'empereur, racontant la scène qui venait de se passer sous ses yeux entre Charles IV, Ferdinand, Marie-Louise et Godoy, disait encore[1]: « Il n'y a eu parmi ces gens-là qu'un « homme de génie, c'est le prince de la « Paix; il a voulu les conduire en Amé- « rique: c'est là ce qui était grand et « beau! » L'homme auquel Napoléon reconnaissait du génie n'était certainement ni un être vil ni un misérable; mais, ainsi que tous ceux qui exercent l'autorité, il était en butte à la haine du vulgaire. Le peuple le détestait parce qu'il était au pouvoir, et parce qu'il avait supprimé les combats de taureaux; le clergé, parce qu'il avait fait vendre les œuvres pies et qu'il avait empêché les inhumations dans l'intérieur des églises; les grands, parce qu'il les éclipsait par son luxe et par les honneurs qu'il avait obtenus. Tous lui imputaient tous les maux de l'Espagne. Si les Français s'emparaient des places de la Navarre et de la Catalogne, c'était lui, disait-on, qui les leur livrait. Il était poursuivi par une haine aveugle; aussi quelques heures après qu'il eût été découvert, une voiture attelée de six mules s'étant arrêtée à la porte de la caserne des gardes du corps, le bruit se répandit qu'on allait transporter le prisonnier à Grenade. Aussitôt l'émeute recommença, plus furieuse. On rompit les traits des mules, et on mit la voiture en pièces.

Le peuple de Madrid imita les excès auxquels s'étaient livrés les révoltés d'Aranjuez; il pilla l'hôtel de Godoy, ainsi que les maisons de son frère et de plusieurs de ses partisans. Les clameurs de la populace en furie jetèrent l'épouvante dans l'esprit du pauvre Charles IV. Il se trouvait entouré de troupes qui n'obéissaient pas à sa voix, de serviteurs sans courage, sans dévouement; dégoûté du pouvoir, et peut-être aussi, comme il l'a dit plus tard, pour sauver sa vie, qu'il croyait menacée, pour sauver celle de la reine et celle de son favori, il se dé-

[1] Mémoires historiques sur la révolution d'Espagne, par M. de Pradt, p. 131.

termina à déposer la couronne. Voici en quels termes fut rédigé l'acte d'abdication :

« Les infirmités qui m'accablent ne me permettant pas de supporter plus longtemps le poids du gouvernement de mes Etats, et l'intérêt de ma santé exigeant que j'aille jouir, dans un climat plus doux, du calme de la vie privée, j'ai résolu, après les plus sérieuses réflexions, d'abdiquer la couronne en faveur de mon héritier et bien-aimé fils le prince des Asturies. En conséquence, ma royale volonté est qu'on le reconnaisse et qu'on lui obéisse comme au roi et au maître naturel de tous mes États et domaines. Afin que la présente déclaration royale de mon abdication libre et spontanée ressorte à effet et reçoive son exécution légale, vous la communiquerez au conseil et à tous ceux qu'il appartiendra.

« Fait à Aranjuez, le 19 mars 1808. »

« MOI, LE ROI. »

En lisant cet acte et en le rapprochant des circonstances dans lesquelles il a été rédigé, il est impossible de ne pas être frappé de ce qu'il a de contradictoire avec la déclaration que le roi avait faite deux jours auparavant, lorsqu'il avait annoncé l'intention de se charger lui-même de l'administration suprême de l'armée et de la marine. On ne peut pas le considérer comme le résultat d'une volonté libre et réfléchie. Il n'est entouré d'aucune des garanties usitées en pareille circonstance : le roi n'y stipule ni les honneurs qui lui seront rendus, ni les revenus qui lui seront assurés. Il n'y demande ni récompense ni garanties pour les serviteurs qui l'avaient fidèlement servi. Il laisse le prince de la Paix exposé à la rage de ses ennemis. Évidemment, tout y révèle la précipitation et la contrainte. Aussi Charles IV ne tarda-t-il pas à réclamer contre l'abdication arrachée à sa faiblesse, et il signa la protestation suivante :

« Je proteste et déclare que tout ce que j'exprime dans mon décret du 19 mars, où j'abdique la couronne en faveur de mon fils, a été forcé, afin d'éviter de plus grands malheurs et d'empêcher l'effusion du sang de mes sujets bien-aimés, et partant que ledit décret est nul et de nul effet. »

« MOI, LE ROI. »

« Aranjuez, le 21 mars 1808. »

On a dit que cette date n'est pas exacte, et que l'acte de protestation a été signé seulement deux jours plus tard ; mais cela est de fort peu d'importance, et ce qui paraît certain, c'est que dès le moment où il a pu librement élever la voix, Charles IV a réclamé.

En apprenant les événements d'Aranjuez, les Français avaient hâté leur marche sur Madrid ; et le 23 ils étaient entrés dans cette capitale. Ce jour même, Murat, qui les commandait, envoya le général Monthion, son aide de camp, à Aranjuez. Celui-ci fut admis devant Charles IV, et les premières paroles du vieux roi furent pour protester contre les violences auxquelles il avait été en butte. Dans sa lettre adressée par lui le même jour au prince de Berg, le général Monthion s'exprime de cette manière :

« Sa Majesté me dit qu'elle remerciait Votre Altesse Impériale de la part que vous preniez à ses malheurs, d'autant plus grands que c'est un fils qui s'en trouve l'auteur. Le roi me dit que cette révolution avait été machinée ; que de l'argent avait été distribué, et que les principaux personnages étaient son fils et M. Caballero, ministre de la justice ; qu'il avait été forcé d'abdiquer pour sauver la vie de la reine et la sienne ; qu'il savait que sans cet acte ils étaient assassinés pendant la nuit ; que la conduite du prince des Asturies était d'autant plus affreuse, que, s'étant aperçu du désir qu'il avait de régner, et lui approchant de la soixantaine, il était convenu qu'il lui céderait la couronne lors de son mariage avec une princesse française : ce que le roi désirait ardemment. »

Enfin, le même jour 23, Charles IV remit au général Monthion, pour qu'il les fît parvenir à l'empereur, sa protestation et une lettre où l'on remarque ce passage : « Je n'ai déclaré me démettre de la couronne en faveur de mon fils que par la force des circonstances, et lorsque le bruit des armes et les clameurs d'une garde insurgée me faisaient assez connaître qu'il fallait choisir entre la vie et la mort, qui eût été suivie de celle de la reine ; j'ai été forcé d'abdiquer. »

Avant même que ces protestations fussent connues, quelques personnes avaient été frappées de la manière irrégulière dont l'acte d'abdication avait été consenti : lorsqu'on le remit au conseil, afin qu'il en ordonnât la publication, ce corps renvoya l'affaire à ses procureurs généraux pour qu'ils rédigeassent leur rapport. Les ministres du nouveau roi lui en firent un reproche sévère, et l'acte d'abdication fut publié le 20, dans la soirée.

L'avénement de Ferdinand VII causa une allégresse presque générale. La populace s'abandonna aux transports d'une joie frénétique; et comme elle confondait dans le même sentiment l'amour qu'elle portait au nouveau souverain et la haine qu'elle avait vouée au prince de la Paix, on brisa les bustes de Godoy que les communes avaient placés elles-mêmes, à leurs frais, dans les maisons de ville. Ce ne fut pas seulement dans la capitale que ces démonstrations eurent lieu : partout le nom de Godoy fut accablé d'outrages. Les institutions les plus utiles furent saccagées, par le seul motif qu'elles étaient l'ouvrage du favori. Ainsi à San-Lucar de Barrameda, on dévasta un jardin fondé par lui pour acclimater les plantes exotiques les plus utiles. On brisa aussi des bateaux construits pour le sauvetage des naufragés, parce que le prince de la Paix en avait favorisé l'établissement. Le 23, Ferdinand fit transporter Godoy d'Aranjuez à la forteresse de Villaviciosa. Il donna l'ordre d'instruire le procès de ce malheureux ministre, de Diégo de Godoy, son frère, et de plusieurs autres personnes qui n'avaient d'autre tort que d'avoir reçu de lui des grâces et des honneurs. Après avoir ainsi pourvu aux soins de sa vengeance, Ferdinand songea à se rendre à Madrid, où l'appelaient les vœux de son peuple. Le 24, il entra par la porte d'Atocha. Il était à cheval, accompagné d'une escorte peu nombreuse; derrière lui venaient une voiture les infants don Carlos et don Antonio. Il suivit le cours du Prado, la rue d'Alcala et la grande rue, jusqu'au palais. Une foule immense se pressait sur son passage, au point qu'il fut contraint plusieurs fois de ralentir sa marche. Les acclamations, les cris d'allégresse retentissaient de tous les côtés. On n'entendait partout que des bénédictions. Cependant un sujet de contrariété vint se mêler à cette ovation. Murat avait donné l'ordre de faire manœuvrer une partie de ses troupes sur le chemin que devait suivre Ferdinand, soit à dessein et pour lui rappeler la présence des Français, soit plutôt parce que le Prado, étant la plus vaste promenade de Madrid, permettait de donner plus de développement aux exercices militaires. Au reste, quel qu'ait été le motif qui lui avait fait donner cet ordre, les Espagnols furent blessés de voir des troupes étrangères parader sur le passage de leur nouveau roi, et leur mécontentement s'accrut lorsqu'on put connaître la froideur dédaigneuse avec laquelle Ferdinand était traité par Murat et par M. de Beauharnais, le seul ambassadeur qui ne l'eût pas encore reconnu. Si Ferdinand fût arrivé sur le trône par les voies ordinaires de la nature, s'il n'y fût monté qu'à la mort de son père, il eût été pour lui de peu d'importance que l'empereur des Français le reconnût quelques jours plus tôt ou quelques jours plus tard; mais proclamé roi à la suite d'une insurrection populaire, il attachait le plus grand prix à l'adhésion d'un prince qui était alors l'arbitre de l'Europe. Il fit toutes les démarches qu'il pensa devoir complaire à l'empereur. Murat ayant laissé entendre à don Pédro Cevallos, premier secrétaire d'État, que Napoléon désirait posséder l'épée rendue par François Ier, à la bataille de Pavie, Ferdinand VII ordonna que cette épée fût remise au grand-duc de Berg. Il s'était flatté que dans les remercîments qui lui seraient adressés, pourraient se trouver quelques mots qui auraient l'air d'une reconnaissance. On envoya donc en grand appareil l'épée de François Ier sur un plateau d'argent, porté par Carlos Montargis, conservateur en chef de l'Armeria réal. Il était accompagné par le marquis d'Astorga, grand écuyer du roi, par le duc del Parque, capitaine des gardes du corps et par un détachement de la maison militaire. Toute cette flatterie et tout cet appareil furent en pure perte : Murat reçut l'épée, fit une longue réponse, parla beaucoup du roi chevalier; mais il ne prononça pas le nom de Ferdinand. Le lendemain, 5 avril, tous les détails de cette cérémonie furent insérés dans la Gazette de Madrid.

Ferdinand VII avait, dès les premiers jours, écrit à l'empereur pour lui faire part de son avénement et pour lui témoigner de nouveau le désir qu'il avait d'épouser une princesse du sang impérial. Cette lettre était restée sans réponse. Cependant ce silence pouvait jusqu'à un certain point s'expliquer. On annonçait que l'empereur était en route pour venir à Madrid. Il était même arrivé plusieurs voitures chargées et couvertes qui, disait-on, portaient des meubles et des effets à son usage personnel. Ferdinand envoya donc à sa rencontre trois grands d'Espagne pour le complimenter. Ensuite il fit partir son propre frère. Ce fut le 5 avril que don Carlos sortit de Madrid. Il ne pouvait, disait-on, manquer de rencontrer l'empereur avant la fin de la seconde journée ; cependant il alla jusqu'à la frontière, où Bonaparte n'était pas encore arrivé. Ces retards causaient à Ferdinand beaucoup d'impatience et en même temps une vive inquiétude. Il n'ignorait pas qu'une correspondance fort active existait entre le duc de Berg et ses parents. Charles IV et Marie-Louise écrivaient chaque jour pour réclamer la mise en liberté du prince de la Paix ainsi que pour se plaindre de la conduite de leur fils et de ses conseillers. Dans ces lettres, qui ont été publiées depuis, la reine trace avec la plus grande sagacité le caractère des personnes dont Ferdinand était entouré. A cette époque, on pensa que la colère ou la passion avaient dicté ces portraits ; mais les événements sont venus justifier sur tous les points les jugements que Marie-Louise avait portés.

Ferdinand craignait que cette correspondance ne fît naître des préventions contre lui dans l'esprit de l'empereur. Il prit donc le parti d'aller à la rencontre de Napoléon, afin de dissiper par ses prévenances les impressions peu favorables que ce souverain aurait pu concevoir. Il fut affermi dans ce dessein par l'arrivée du général Savary, qui était, disait-il, envoyé par l'empereur, pour demander si Ferdinand conservait envers la France les mêmes sentiments que son père. Il ajoutait que dans ce cas l'empereur ne se mêlerait en rien des affaires intérieures du royaume, et qu'il n'hésiterait pas à le reconnaître à l'instant comme roi d'Espagne. Enfin il lui faisait comprendre que l'empereur serait content de le voir venir à sa rencontre. Des personnes dévouées à Ferdinand lui représentèrent en vain que le voyage auquel on voulait l'entraîner cachait un piége. Il ne tint nul compte des avis qu'on lui donnait. Escoïquiz le poussait au départ avec une présomptueuse confiance. Enfin, le nouveau roi n'ignorait pas que Charles IV était décidé à aller au-devant de l'empereur ; qu'une partie de ses domestiques étaient déjà en route, et que les relais étaient commandés pour le voyage. Il ne voulut pas se laisser devancer, et le 8 avril, par le conseil de Gonsalo O-Farill, l'un de ses ministres, il écrivit à son père : « Il me semble juste que Votre Majesté « me donne pour l'empereur une lettre « où vous le féliciterez de son arrivée « et dans laquelle vous lui témoignerez « que j'ai pour lui les mêmes sentiments « que Votre Majesté lui a montrés. » Ferdinand terminait ce billet en annonçant qu'il partirait le 10, et qu'il avait donné l'ordre de ne fournir les relais commandés pour son père que plus tard et lorsque lui-même serait passé.

Charles IV ne signa pas l'attestation qui lui était demandée par son fils, et le lendemain, 9 avril, la reine Marie-Louise écrivait à Murat : « Nous ne donnerons « pas la lettre qu'on nous demande, à « moins qu'on ne nous y force, comme « à l'abdication contre laquelle le roi fit « la protestation qu'il envoya à Votre Altesse impériale. » Ce refus n'arrêta en aucune manière le départ de Ferdinand. Ce prince, après avoir créé une junte de gouvernement, composée de son oncle Antonio et des ministres, à l'exception de Cevallos, qui devait l'accompagner dans son voyage, sortit de Madrid, le 10 avril. Avec lui partirent Cevallos, Escoïquiz, le duc del Infantado, le duc San-Carlos, le marquis de Musquiz et don Pedro Labrador. Arrivé à Burgos, il n'y trouva pas l'empereur, comme il s'en était flatté. Il continua son voyage jusqu'à Vitoria. Dans cette ville, il s'arrêta pour délibérer. Il écrivit à Napoléon pour se plaindre de ce que les lettres qu'il avait écrites

ESPAÑA.
ESPAGNE.

Combat de Taureaux. (Picadores)
Corrida de Toros (Picadores)

étaient restées sans réponse, et de ce que Murat avait refusé de le traiter en roi. Ce jour même, 14 avril, on apprit que l'empereur venait d'arriver à Bayonne. Le général Savary alla lui porter la lettre de Ferdinand, et quatre jours plus tard, le 18, il revint avec la réponse de l'empereur. Cet écrit très-froid, et dans lequel Napoléon blâme sévèrement l'insurrection d'Aranjuez, aurait dû dessiller les yeux de toute personne moins aveuglée que Ferdinand et que ses conseillers. L'empereur y déclarait qu'avant de reconnaître Ferdinand pour roi, il voulait savoir jusqu'à quel point l'abdication de Charles IV avait été libre et spontanée. En entreprenant son voyage, Ferdinand avait pour but de prévenir l'empereur en sa faveur. Il trouvait ce souverain disposé à s'ériger en juge; il le savait en mesure de faire exécuter sa sentence; il devait donc naturellement s'empresser de courir au-devant de lui pour se le rendre favorable. La lettre sévère de l'empereur, au lieu de le repousser, l'entraîna d'une manière irrésistible jusqu'à Bayonne. Il repoussa tous les avis qui lui furent donnés. Le duc de Mahon, qui était alors capitaine général de la Guipuscoa, s'efforça vainement de le détourner de son périlleux voyage. Il offrit de le faire évader et de le conduire dans la capitale de l'Aragon: Ferdinand, poussé par Escoiquiz, ne voulut rien écouter. Il écrivit le même jour (18) à Napoléon qu'il avait résolu de se mettre en route le 19 pour Irun, afin d'arriver le 20 au château de Marac. Lorsqu'il fut question de partir, le peuple s'ameuta devant l'hôtel où logeait le roi; il supplia ce prince de se rendre aux justes craintes qu'on lui exprimait; on alla jusqu'à couper les traits des mules; mais tout fut inutile. Il s'abandonna à sa destinée avec un inconcevable aveuglement, et lorsqu'il approcha de Bayonne, son arrivée surprit tellement l'empereur, que ce souverain ne put s'empêcher de s'écrier: *Comment!... il vient!.. Mais non, ce n'est pas possible.* On ne laissa pas longtemps Ferdinand dans le doute sur les véritables intentions de l'empereur. Le jour même de son arrivée, Cevallos eut une conférence avec le général Savary, et des propositions lui furent transmises qu'il a plus tard résumées de la manière suivante:

1° L'empereur a décidé que la dynastie des Bourbons ne régnerait plus en Espagne;
2° Le roi doit renoncer pour lui et pour ses enfants, s'il vient à en avoir, à tous ses droits à la couronne;
3° Dans le cas où il accéderait à ceci, on lui donnera la couronne d'Étrurie, pour en jouir ainsi que ses descendants avec la loi salique;
4° L'infant don Carlos fera également la cession de ses droits à la couronne; mais il jouira de ceux à celle d'Étrurie dans le cas où le roi manquerait d'héritiers;
5° Le royaume d'Espagne sera possédé dorénavant par un des frères de l'empereur;
6° L'empereur garantit l'intégrité de l'Espagne ainsi que celle de ses colonies, sans en distraire un seul village;
7° Il garantit pareillement la conservation de la religion, des propriétés, etc.;
8° Si Ferdinand n'accepte pas ces propositions, il n'aura aucun dédommagement, et S. M. I. fera exécuter le traité bon gré malgré;
9° Que si Ferdinand consent, et s'il demande à s'unir avec la nièce de S. M. I, ce mariage sera célébré aussitôt que ce traité sera signé. »

Ces propositions furent examinées par les conseillers qui avaient accompagné Ferdinand VII. Don Pédro Labrador fut chargé de les débattre avec M. de Champagny, ministre des affaires étrangères; mais leurs conférences restèrent sans résultat. Escoiquiz eut aussi avec l'empereur lui-même plusieurs entretiens. Il déploya vainement son éloquence cicéronienne pour le convaincre qu'il devait renoncer à ses projets. Les périodes du chanoine furent en pure perte. L'empereur ne voulut rien céder. De son côté Ferdinand refusa d'accepter les propositions qui lui étaient faites. Il écrivit à M. de Champagny qu'il ne pouvait discuter des questions aussi graves avant d'être rentré dans son royaume, et il lui manifesta l'intention de retourner en Espagne. On laissa sa lettre sans réponse et l'on augmenta le nombre des espions dont il était entouré; car, en réalité, il avait déjà cessé d'être libre. Il voulut envoyer des courriers à Madrid, ces courriers furent arrêtés; et lorsqu'il s'en plaignit, on lui répondit que, l'empereur ne reconnaissant d'autre roi d'Espagne que Charles IV, Ferdinand VII n'avait pas le droit de faire délivrer des passeports à des sujets espagnols; qu'au reste, il était libre de faire partir ses dépêches par l'estafette française, qui était parfaitement sûre. Enfin, le 29 avril, Napoléon fit déclarer à ce prince que puisqu'il avait refusé les arrangements qui lui avaient été proposés, on ne traiterait plus avec lui, mais seulement avec Charles IV, qui ne pouvait tarder à arriver.

En effet, le lendemain du départ de Ferdinand, Murat avait réclamé de la junte la mise en liberté de Godoy. Il avait menacé de le délivrer de force, si on ne le lui remettait pas à l'instant même. Après avoir hésité pendant deux jours, la junte céda enfin; mais le marquis de Castelar, à qui la garde du prisonnier avait été confiée, ne voulut rendre Godoy aux Français qu'après en avoir reçu verbalement l'ordre de l'infant don Antonio lui-même, et après que ce prince lui eut dit que de la remise de Godoy dépendait pour son neveu la conservation de la couronne d'Espagne. Devant cette grave considération, le marquis de Castelar s'inclina. Godoy fut mis en liberté le 20, à onze heures du soir. On lui fit immédiatement prendre la route de Bayonne, où il arriva le 26. Charles IV ne tarda pas à le suivre. Il se mit en route le 25, accompagné de la reine et de la fille du prince de la Paix; et après un voyage de cinq jours il sortit du territoire espagnol.

Le lendemain de son arrivée à Bayonne, Charles IV manda Ferdinand devant lui, et en présence de l'empereur il lui signifia que si le jour suivant, avant six heures du matin, il ne lui avait pas remis la couronne, il le considérerait comme des émigrés lui, ses frères, ceux qui l'avaient suivi, et qu'il les traiterait comme tels. L'empereur approuva ce langage; et lorsque Ferdinand voulut prendre la parole pour se justifier, son père lui imposa durement silence; il l'accusa d'avoir voulu l'assassiner; il l'accabla de reproches, et se leva de son siége pour le frapper. La reine à son tour, adressa à son fils les plus violentes injures, et, dans l'excès de sa colère, elle alla jusqu'à dire qu'il méritait de monter sur l'échafaud. À la suite de cette scène, Ferdinand écrivit à son père : « Je suis prêt à vous remettre la couronne aux conditions suivantes :

« 1° Que Votre Majesté reviendra à Madrid, où je l'accompagnerai et le servirai en fils respectueux;

« 2° Que les cortès seront assemblées à Madrid, et dans le cas que Votre Majesté ait de la répugnance pour une assemblée si nombreuse, on pourra convoquer tous les tribunaux et les députés du royaume;

« 3° Que ma renonciation sera faite et les motifs qui m'y engagent seront déclarés en présence de cette assemblée. Ces motifs sont : l'amour que j'ai pour mes sujets, afin de payer de retour celui qu'ils ont pour moi, en leur procurant la tranquillité et en écartant d'eux les horreurs d'une guerre civile, par le moyen d'une renonciation qui n'a d'autre but que d'engager Votre Majesté à reprendre le sceptre et à gouverner des sujets dignes de son amour;

« 4° Que Votre Majesté n'amènera pas avec elle des personnes qui méritent à juste titre la haine de la nation;

« 5° Que si Votre Majesté persiste dans ce qu'elle a avancé, de ne pas revenir en Espagne, ni ne veut pas régner de nouveau, je gouvernerai en son nom comme son lieutenant; car personne ne peut m'être préféré : j'ai pour moi les lois, le vœu des peuples et l'amour de mes sujets; personne ne peut chercher leur prospérité avec autant de zèle et ne s'y croit aussi intéressé que moi. »

Ce n'était pas une remise conditionnelle de la couronne que Charles IV exigeait de son fils. Il voulait une restitution pure et simple : aussi lui adressa-t-il aussitôt une réponse, qui, à ce que l'on pense, avait été concertée avec l'empereur. Quelques écrivains disent même qu'une partie de cette lettre a été dictée par Napoléon. On y trouve en effet un style et des expressions qui ne sont qu'à lui. Cette pièce est un document historique du plus haut intérêt. Elle mérite qu'on la conserve en entier.

« Mon fils, les conseils perfides des hommes qui vous environnent ont placé l'Espagne dans une situation critique;

ESPANA.
ESPAGNE.

Ruines du Couvent des Carmélites, à Burgos.

elle ne peut plus être sauvée que par l'empereur.

« Depuis la paix de Bâle, j'ai senti que le premier intérêt de mes peuples était de vivre en bonne intelligence avec la France. Il n'y a pas de sacrifice que je n'aie jugé devoir faire pour arriver à ce but important ; même quand la France était en proie à des gouvernements éphémères, j'ai fait taire mes inclinations particulières pour n'écouter que la politique et le bien de mes sujets. Lorsque l'empereur des Français eut rétabli l'ordre en France, de grandes craintes se dissipèrent, et j'eus de nouvelles raisons de rester fidèle à mon système d'alliance.

« Lorsque l'Angleterre déclara la guerre à la France, j'eus le bonheur de rester neutre et de conserver à mes peuples les bienfaits de la paix. L'Angleterre saisit postérieurement quatre de mes frégates, et me fit la guerre même avant de me l'avoir déclarée. Il me fallut repousser la force par la force. Les malheurs de la guerre atteignirent mes sujets.

« L'Espagne environnée de côtes, devant une grande partie de sa prospérité à ses possessions d'outre-mer, souffrit de la guerre plus qu'un autre État. La cessation du commerce et les calamités attachées à cet état de choses se firent sentir à mes sujets. Plusieurs furent assez injustes pour les attribuer à moi et à mes ministres.

« J'eus la consolation, du moins, d'être assuré du côté de la terre, et de n'avoir aucune inquiétude sur l'intégrité de mes provinces, que moi seul de tous les rois de l'Europe j'avais maintenue au milieu des orages de ces derniers temps. Je jouirais encore de cette tranquillité, sans les conseils qui vous ont éloigné du droit chemin. Vous vous êtes laissé aller trop facilement à la haine que votre première femme portait à la France, et bientôt vous avez partagé ses injustes ressentiments contre mes ministres, contre votre mère, contre moi-même.

« J'ai dû me ressouvenir de mes droits de père et de roi ; je vous fis arrêter : je trouvai dans vos papiers la conviction de votre délit ; mais, sur la fin de ma carrière, en proie à la douleur de voir mon fils périr sur l'échafaud, je fus sensible aux larmes de votre mère et je vous pardonnai.

« Cependant, mes sujets étaient agités par les rapports mensongers de la faction à la tête de laquelle vous étiez placé. Dès ce moment je perdis la tranquillité de ma vie, et aux maux de mes sujets je dus joindre ceux que me causaient les dissensions de ma propre famille.

« On calomnia même mes ministres auprès de l'empereur des Français, qui, croyant voir les Espagnes échapper à son alliance, et les esprits agités, même dans ma famille, couvrit sous différents prétextes mes États de ses troupes.

« Lorsqu'elles occupèrent la rive droite de l'Èbre et parurent destinées à maintenir la communication avec le Portugal, je dus espérer qu'il reviendrait aux sentiments d'estime et d'amitié qu'il m'avait toujours montrés. Quand j'appris que ses troupes s'avançaient sur ma capitale, je sentis la nécessité de réunir mon armée autour de moi pour me présenter à mon auguste allié dans l'attitude qui convenait au roi des Espagnes. J'aurais éclairci ses doutes et concilié mes intérêts. J'ordonnai à mes troupes de quitter le Portugal et Madrid, et je les réunis de différents points de la monarchie, non pour abandonner mes sujets, mais pour soutenir dignement la gloire du trône. Ma longue expérience me faisait comprendre d'ailleurs que l'empereur des Français pouvait nourrir des désirs conformes à ses intérêts et à la politique du vaste système du continent, mais qui pouvaient blesser les intérêts de ma maison. Quelle a été votre conduite ? Vous avez mis en rumeur tout mon palais ; vous avez soulevé mes gardes du corps contre moi ; votre père lui-même a été votre prisonnier ; mon premier ministre, que j'avais élevé et adopté dans ma famille, a été traîné sanglant de cachot en cachot ; vous avez flétri mes cheveux blancs ; vous les avez dépouillés d'une couronne portée avec gloire par mes pères, et que j'avais conservée sans tache ; vous vous êtes assis sur mon trône ; vous avez été vous mettre à la disposition du peuple de Madrid, que vos partisans avaient ameuté, et de troupes étrangères qui, au même moment, y faisaient leur entrée.

« La conspiration de l'Escurial était

consommée, les actes de mon administration livrés au mépris public. Vieux, chargé d'infirmités, je n'ai pu supporter ce nouveau malheur. J'ai eu recours à l'empereur des Français, non plus comme un roi à la tête de ses troupes et environné de l'éclat du trône, mais comme un roi malheureux et abandonné. J'ai trouvé protection et refuge au milieu de ses camps : je lui dois la vie, celle de la reine, et de mon premier ministre. Je vous ai suivi à Bayonne. Vous avez conduit les affaires de manière à ce que tout dépend désormais de la médiation de ce grand prince : vouloir recourir à des agitations populaires, arborer l'étendard des factions, c'est ruiner les Espagnes et entraîner dans les plus horribles catastrophes, vous, mon royaume, mes sujets et ma famille; mon cœur s'est ouvert tout entier à l'empereur; il connaît tous les outrages que j'ai reçus et les violences qu'on m'a faites; il m'a déclaré qu'il ne vous reconnaîtrait jamais pour roi, et que l'ennemi de son père ne pouvait inspirer aucune confiance aux étrangers; d'ailleurs, il m'a montré des lettres de vous qui attestent votre haine pour la France.

« Dans cette situation, mes droits et mes obligations se confondent, et je dois épargner le sang de mes sujets, et ne rien faire sur la fin de ma vie qui puisse porter le ravage et l'incendie dans les Espagnes, et les réduire à la plus horrible misère. Ah! certes, si, fidèle à vos devoirs et aux sentiments de la nature, vous aviez repoussé des conseils perfides; si, constamment assis à mes côtés pour ma défense, vous aviez attendu le cours ordinaire de la nature qui devra marquer votre place dans peu d'années, j'eusse pu concilier la politique à l'intérêt de l'Espagne avec l'intérêt de tous. Sans doute, depuis six mois les circonstances ont été critiques; mais quelque critiques qu'elles fussent, j'aurais obtenu et de la fidélité de mes sujets, et des faibles moyens qui me restaient encore, et surtout de cette force morale que j'aurais eue en me présentant dignement à la rencontre de mon allié, auquel je n'avais jamais donné de sujet de plainte, un arrangement qui eût concilié les intérêts de mon peuple et ceux de ma famille. En m'arrachant ma couronne, c'est la vôtre que vous vous avez brisée; vous lui avez ôté ce qu'elle avait d'auguste, ce qui la rendait sacrée à tous les hommes.

« Votre conduite envers moi, vos lettres interceptées ont mis une barrière d'airain entre vous et le trône de l'Espagne. Il n'est ni de votre intérêt, ni de celui des Espagnes, que vous y prétendiez. Gardez-vous d'allumer un feu dont votre ruine totale et le malheur de l'Espagne seraient la suite inévitable. Je suis roi du droit de mes pères. Mon abdication a été le résultat de la force et de la violence. Je n'ai donc rien à recevoir de vous. Je ne puis adhérer à aucune réunion de députés de la nation. C'est encore là une faute des hommes sans expérience qui vous entourent.

« J'ai régné pour le bonheur de mes sujets; je ne veux point leur léguer la guerre civile, les émeutes, les assemblées populaires, les révolutions. Tout doit être fait pour le peuple, et rien par lui. Oublier cette maxime, c'est se rendre coupable de tous les crimes qui dérivent de cet oubli. Toute ma vie je me suis sacrifié pour mes peuples; et ce n'est pas à l'âge où je suis arrivé que je ferai rien de contraire à leur religion, à leur tranquillité, à leur bonheur. J'ai régné pour eux, j'agirai constamment pour eux. Tous mes sacrifices seront oubliés, et, lorsque je serai assuré que la religion d'Espagne, l'intégrité de mes provinces, leur indépendance et leurs priviléges seront maintenus, je descendrai dans le tombeau en vous pardonnant l'amertume de mes dernières années.

« Donné à Bayonne, dans le palais impérial, appelé le Gouvernement, le 2 mai 1808. « Charles. »

Malgré cette lettre, Ferdinand persistait à ne faire qu'une remise conditionnelle de la couronne; et les débats auraient pu durer encore longtemps, lorsqu'on reçut à Bayonne la nouvelle d'une collision déplorable qui avait eu lieu à Madrid, le 2 mai, entre les Français et les Espagnols.

Depuis l'émeute d'Aranjuez, l'Espagne n'avait pas cessé d'être dans un état de fermentation. Le départ de Ferdinand, aussi bien que la présence des troupes étrangères, avait entretenu l'agitation. La mise en liberté de Godoy avait exaspéré les mécontents. Enfin, Murat avait hautement déclaré que l'empereur ne reconnaissait en Espagne d'autre roi que Charles IV. Il avait, d'ailleurs, fait voir à la junte la copie d'une protestation de Charles IV, qu'il avait l'intention de publier. La junte répondit que ce n'était pas le grand-duc, mais bien le vieux roi qui eût dû lui adresser directement cette réclamation; que, lorsqu'elle en serait régulièrement saisie, elle la transmettrait à Ferdinand, de qui elle tenait ses pouvoirs; enfin, elle demandait qu'en attendant on gardât le silence sur la protestation. Murat avait consenti à ne pas la rendre publique; mais il n'avait pas gardé le secret d'une manière bien sévère; et deux Français ayant voulu en faire imprimer une copie, le bruit s'en répandit aussitôt. Cela faillit causer une émeute. La tranquillité fut également troublée à Tolède. Un officier français ayant répété que Napoléon était décidé à faire restituer à Charles IV la couronne dont il avait été dépouillé, le peuple s'ameuta, et dévasta la maison du corrégidor ainsi que celles de plusieurs autres citoyens, parce qu'on leur supposait de l'attachement pour Charles IV et pour Godoy.

Au milieu de ces agitations la position de la junte était excessivement embarrassée. Ferdinand ne lui avait laissé en partant que des pouvoirs très-restreints, qui déjà ne suffisaient plus pour les circonstances; et ses inquiétudes s'accrurent lorsque don Justo-Maria de Ibar-Navarro, émissaire de confiance envoyé de Bayonne par Ferdinand VII, apporta la nouvelle que l'empereur voulait forcer Ferdinand à renoncer à la couronne d'Espagne et à recevoir en échange le royaume d'Étrurie; mais que le roi était décidé à ne rien accepter qui ne fût compatible avec la dignité du trône. Voulant mettre sa responsabilité à l'abri, la junte envoya à Bayonne deux personnes de confiance, pour adresser à Ferdinand les quatre questions suivantes : 1° La junte est-elle autorisée à se substituer, en cas de nécessité, d'autres membres qui se transporteraient en lieu sûr pour agir en liberté, dans le cas où la junte elle-même cesserait d'être libre? 2° La volonté de S. M. est-elle que l'on commence les hostilités? où et comment faut-il agir? 3° Faut-il empêcher l'entrée de nouvelles troupes en Espagne, en fermant les passages de la frontière? 4° S. M. juge-t-elle convenable de convoquer les cortès en vertu d'un décret royal adressé au conseil, et à défaut de celui-ci, car, à l'arrivée du décret, le conseil pourrait ne plus avoir la possibilité d'agir, à quelque cour judiciaire libre de la présence des Français.

La junte n'avait encore reçu aucune réponse de Ferdinand VII, lorsqu'une lettre de Charles IV arriva à Madrid. Ce prince y recommandait de faire partir pour Bayonne la reine d'Étrurie et l'infant don Francisco. Murat ayant communiqué cette dépêche à la junte, celle-ci répondit que la reine d'Étrurie était libre de quitter Madrid quand elle le voudrait, mais qu'on ne laisserait pas partir l'infant don Francisco sans des instructions spéciales de Ferdinand VII. Murat, de son côté, menaçait d'employer la violence pour faire exécuter les ordres qu'il avait reçus. Dans tous les esprits l'irritation était extrême; on n'attendait qu'une occasion pour éclater, et une partie de la population de Madrid était disposée à empêcher le voyage de l'infant don Francisco. Dès le matin du 2 mai, la place située devant le palais se trouva remplie de femmes et d'hommes du peuple, qui virent sans s'émouvoir la reine d'Étrurie monter en voiture. On la considérait comme une princesse étrangère, et l'on ne mit aucun obstacle à son départ. Il restait encore deux voitures destinées, disait-on, aux infants don Antonio et don Francisco. Le mécontentement et la colère du peuple s'accrurent, lorsque les domestiques du palais eurent répandu le bruit que l'infant don Francisco pleurait et ne voulait point partir. Sur ces entrefaites, M. Auguste Lagrange, aide de camp de Murat, se rendit au palais pour connaître la cause du tumulte. Le peuple crut qu'il venait pour enlever l'infant. L'émeute commença. On se jeta sur M. Lagrange, et on l'eût massacré, sans l'intervention d'un officier espagnol et d'une patrouille française qui eurent beaucoup de peine à l'arracher à la fureur du peuple. L'alarme se répandit aussitôt dans toute la ville, et une demi-heure ne s'était pas écoulée, qu'on tirait des coups de fusil dans toutes les rues. Les Français isolés, ceux qui rejoignaient leurs corps furent partout attaqués, et un grand nombre furent assassinés. On n'évalue pas à moins de 500 le nombre des soldats qui périrent dans cette circonstance. Mais l'avantage ne resta pas longtemps aux insurgés. Les Français balayèrent avec leur artillerie les rues d'Alcala et de San-Geronimo. La cavalerie de la garde impériale chargea la foule, et la dissipa. Cependant, dans beaucoup d'endroits, les bourgeois, auxquels s'étaient joints les artilleurs espagnols, opposaient aux Français une résistance désespérée. Azanza et O'Farril, membres de la junte, essayèrent inutilement de rétablir le calme en parcourant les environs du palais; mais leur autorité n'était pas reconnue par les officiers français, et la lutte continuait. Ils allèrent trouver Murat, qui était sorti de la ville, et qui, à la tête d'une partie de ses troupes, avait pris position sur la côte Saint-Vincent. Ils promirent au général de rétablir la tranquillité s'il voulait faire cesser le feu et envoyer avec eux quelques-uns de ses généraux. Le grand-duc y consentit, et désigna le général Harispe pour les accompagner. Ils se rendirent aussitôt ensemble au conseil de Castille, afin que les magistrats qui le composaient les aidassent à calmer l'agitation. Ceux-ci, auxquels se réunirent bientôt les membres des autres conseils, se répandirent dans la ville, et, assistés de quelques officiers français, ils parvinrent à faire cesser le combat. Une grande partie des personnes qui avaient été arrêtées furent relâchées par leur intercession. Cependant il y en eut qui ne furent point mises en liberté; et, soit que le grand-duc pensât nécessaire de déployer une grande sévérité, soit qu'un sentiment de colère l'entraînât à venger sur ces malheureux les soldats qui avaient été assassinés, il remit à une commission militaire le soin de les juger. Ce tribunal, avec une barbarie qu'on ne saurait assez flétrir, condamna presque tous les prisonniers sans formalité de justice et souvent sans les avoir entendus. A la chute du jour, on envoya ces infortunés par pelotons au Prado, où ils furent fusillés.

Il n'est pas possible de déterminer d'une manière bien exacte le nombre des victimes qui périrent dans cette déplorable journée. Le conseil de Castille, dans son manifeste, annonce qu'il y eut 104 personnes tuées, 54 blessées, et 35 qui disparurent, sans qu'on ait su ce qu'elles étaient devenues. Mais cette évaluation était au-dessous de la vérité, et une partie des malheurs était dissimulée, pour calmer la douleur et l'agitation qu'ils avaient produites. Murat, par un calcul tout différent, exagéra le nombre des victimes. Il porta dans ses bulletins la perte des insurgés à plusieurs milliers de morts : il voulait répandre la terreur en Espagne ; mais, suivant l'expression de M. O'Farril, il n'y sema que la haine et la vengeance [1].

Le 3 au matin, l'infant don Francisco sortit de Madrid. Le soir du même jour, le comte de Laforest et M. de Fréville eurent une conférence secrète avec l'infant don Antonio ; et le lendemain matin don Antonio se mit en route pour Bayonne, sans avoir prévenu la junte de sa détermination. Il ne l'avertit de son départ que par ce singulier billet adressé à don Francisco Gil, ministre de la marine :

« Au seigneur Gil : »

« Je fais savoir à la junte, pour sa
« gouverne, que je suis parti pour
« Bayonne, par ordre du roi ; et je re-
« commande à la dite junte de suivre la
« même marche comme si j'étais avec
« elle. Que Dieu nous la donne bonne !
« — Adieu, messieurs, jusqu'à la vallée
« de Josaphat.

« ANTONIO PASCUAL. »

La nouvelle des événements du 2 mai arriva le 5 à Bayonne. Napoléon s'empressa d'en aller donner connaissance aux vieux souverains ; il eut avec eux une longue conversation ; à laquelle on appela Ferdinand. Son père renouvela les accusations qu'il avait portées contre lui. Il lui reprocha d'être cause des malheurs qui venaient d'avoir lieu. Il lui signifia de nouveau que, s'il ne lui remettait pas la couronne sans délai et sans condition, il le ferait traiter comme usurpateur et comme accusé de conspiration contre la vie de ses souverains. Ferdinand se trouva dans un em-

[1] Mémoire de Miguel Azanza et D. Gonzalo O'farril, p. 44.

barras d'autant plus grand, qu'il avait le matin même adressé à Madrid deux actes qui pouvaient gravement le compromettre. Des messagers que la junte avait envoyés à Bayonne un seul, don Évaristo Pérez de Castro, avait pu y parvenir; et Ferdinand, en réponse aux questions présentées par la junte, venait de signer deux décrets. Par le premier il déclarait que, n'étant pas libre et ne pouvant prendre aucune mesure pour le salut de la monarchie, il investissait la junte des pouvoirs les plus étendus, et lui prescrivait de commencer les hostilités lorsqu'on le ferait partir pour le centre de la France; par le second, adressé au conseil de Castille, ou, à son défaut, à une cour quelconque libre de la présence des Français, il ordonnait de convoquer les cortès dans le lieu qu'on croirait le plus avantageux. Ces ordonnances étaient signées et parties pour Madrid, lorsque Ferdinand fut appelé à la conférence qui avait lieu entre Charles IV et Napoléon. Il apprit les événements du 2 mai, et commença à se repentir des dispositions qu'il venait de prendre. Il craignait que l'exécution de ses ordres n'attirât sur lui la colère de Napoléon. Ces appréhensions et les menaces qui lui furent adressées le déterminèrent à céder; et le lendemain il envoya à son père une renonciation telle qu'on la lui avait prescrite. Charles IV n'avait pas attendu cette restitution pour disposer de la couronne : dès le 4 il avait conféré à Murat le titre de lieutenant général du royaume. Cette nomination était accompagnée d'une proclamation terminée par cette réflexion : « Il n'y a de salut et de prospérité possibles pour les Espagnols que dans l'amitié du grand empereur mon allié. »

Le lendemain, le 5 mai, il avait signé un traité par lequel il cédait à l'empereur la couronne d'Espagne.

L'art. Ier est ainsi conçu : « Sa Majesté le roi Charles IV n'ayant eu en vue, pendant toute sa vie, que le bonheur de ses sujets, et constant dans le principe que tous les actes d'un souverain ne doivent être faits que pour arriver à ce but, les circonstances actuelles ne pouvant être qu'une source de dissensions d'autant plus funestes que les factions ont divisé sa propre famille, a résolu de céder, comme il cède par le présent, à Sa Majesté l'empereur Napoléon tous ses droits sur le trône des Espagnes et des Indes, comme le seul qui, au point où en sont arrivées les choses, peut rétablir l'ordre : entendant que ladite cession n'ait lieu qu'afin de faire jouir ses sujets des deux conditions suivantes :

« 1° L'intégrité du royaume sera maintenue. Le prince que Sa Majesté l'empereur Napoléon jugera devoir placer sur le trône d'Espagne sera indépendant, et les limites de l'Espagne ne souffriront aucune altération. 2° La religion catholique, apostolique et romaine, sera la seule en Espagne. Il ne pourra y être toléré aucune religion réformée et encore moins infidèle, suivant l'usage établi jusqu'aujourd'hui. »

Par les autres articles, le château de Compiègne, avec les parcs et forêts qui en dépendent, est mis à la disposition de Charles IV. Une liste civile de trente millions de réaux (huit millions de francs) lui est assurée, et une rente de 400,000 francs est attribuée à tous les infants d'Espagne.

Cet acte ne suffisait pas encore; car Ferdinand, en remettant la couronne à son père, n'avait en aucune manière renoncé au droit qu'il avait, en qualité de prince des Asturies, de succéder à Charles IV quand celui-ci cesserait de régner. Une nouvelle négociation s'ouvrit donc entre Napoléon et Ferdinand. Toute résistance de la part de ce dernier eût été un acte insensé. Il signa donc, le 10 mai, un traité par lequel il renonça à tous ses droits à la couronne des Espagnes et des Indes.

Lorsque la famille de Charles IV fut ainsi dépouillée du trône, l'empereur la fit partir pour le cœur de la France. Le 10, les vieux souverains se mirent en route pour Fontainebleau, et de là pour Compiègne. Le 11, Ferdinand et les infants don Antonio et don Carlos quittèrent Bayonne pour se rendre à Valençay, où ils devaient résider. Mais ils étaient poursuivis par la crainte que les deux décrets adressés par Ferdinand, le 5, à la junte suprême et au conseil de Castille ne fussent exécutés. Déjà cette exécution n'était plus possible. Dès que l'infant Antonio avait eu quitté Madrid, Murat s'était emparé de la présidence de la junte suprême. Mais Ferdinand n'était pas instruit de ce qui s'était passé à Madrid depuis le 2 mai; et pour mettre sa responsabilité à couvert, le 12, étant déjà en route et arrivé à Bordeaux, Ferdinand, conjointement avec les infants don Antonio et don Carlos, adressa une proclamation aux Espagnols, pour les engager à se soumettre au nouveau souverain que l'empereur leur donnerait.

Après avoir expulsé la dynastie qui régnait en Espagne, Napoléon voulut donner à son usurpation une espèce de sanction nationale. Il fit en sorte que les conseils lui adressassent la prière de donner son frère aîné pour roi à l'Espagne. Il fit aussi convoquer à Bayonne un simulacre de cortès; une ordonnance sans date, rendue au nom du grand-duc et de la junte suprême, fut insérée dans la Gazette de Madrid, du 24 mai. Il y fut exposé que Napoléon, voulant réunir, le 15 juin, à Bayonne, une assemblée générale des représentants de la nation pour s'y occuper des intérêts et du bonheur de l'Espagne, la junte avait nommé un certain nombre de députés.

L'ordonnance prescrivait ensuite aux villes et aux corporations, qui avaient droit d'être représentées aux cortès, de procéder à l'élection de leurs mandataires.

Les membres de cette assemblée n'étaient pas encore réunis à Bayonne, lorsque, le 6 juin, Napoléon rendit un décret, par lequel il proclamait son frère Joseph, roi d'Espagne et des Indes. Le lendemain, il fit reconnaître et féliciter le nouveau roi par des députations des grands du royaume, du conseil de Castille, de l'armée et des conseils de l'inquisition, des Indes et des finances. C'est ainsi que fut accompli l'usurpation la plus impudente et la plus inique dont l'histoire de l'Europe puisse fournir l'exemple.

DES BEAUX-ARTS ET DE LA LITTÉRATURE EN ESPAGNE SOUS LES ROIS DE LA MAISON DE BOURBON.

Les dernières années du règne de Charles II avaient été pour l'Espagne un temps de décadence et de décrépitude. Philippe V, en montant sur le trône, trouva la littérature infectée par le faux brillant des imitateurs de Gracian et de Gongorra. La transition dut sembler pénible au petit-fils de Louis XIV. Il sortait d'une cour célèbre par la pureté de son goût encore plus que par son élégance; et si la France avait acquis sur les champs de bataille la prépondérance politique, elle avait aussi conquis dans les lettres une incontestable supériorité. Après avoir vécu longtemps d'emprunts faits à l'Espagne et à l'Italie, la littérature française s'était enfin élancée au premier rang. C'est elle qui fournissait à son tour des modèles aux langues étrangères. Mais ce n'était pas à Philippe V qu'il était permis de franciser l'Espagne. Il ne pouvait pas donner sa patrie pour exemple; avant tout il devait faire oublier qu'il était étranger. Il fallait qu'il se montrât plus Espagnol que les Espagnols eux-mêmes. Aussi avait-il adopté tous les usages du pays. Il avait accepté dans toute sa rigueur le costume national; il avait emprisonné son cou dans une gênante golille, et n'avait pas osé repousser ce carcan incommode. Lorsqu'il voulut s'en débarrasser, il lui fallut avoir recours à la ruse. Il fit circuler un écrit anonyme intitulé: *Decretum Jovis de gonella*, décret de Jupiter concernant la golille: c'est une petite scène où Jupiter consulte les dieux pour savoir s'il faut substituer la cravate à la golille. Le maître du tonnerre, après avoir entendu sur cette question tous les habitants de l'Olympe, décide que la golille donnant au visage beaucoup de gravité, convient parfaitement aux magistrats, mais qu'elle est trop gênante pour les guerriers, dont tous les mouvements doivent être prompts et parfaitement libres. Cette petite farce passa de main en main sans qu'on en soupçonnât l'auteur. Enfin, un jour, la conversation s'étant engagée à la cour sur l'origine de la golille, Philippe se rangea de l'avis de Jupiter, et les grands lui promirent que s'il voulait donner l'exemple ils quitteraient tous cette parure qui leur était à charge. En effet, au bout de quelques semaines, la golille fut généralement abandonnée. Ce prince, qui, pour quitter une partie du costume national, avait eu besoin d'employer des détours, pouvait bien moins encore faire prévaloir dans la littérature une influence étrangère: aussi ne fut-ce point par lui que fut introduit en Espagne le goût des œuvres françaises ; c'est par l'Italie qu'il pénétra. Pendant la guerre de la succession, plusieurs familles s'étaient retirées en Sicile. Don Inacio de Luzan, né à Saragosse, en 1702, n'avait que peu d'années lorsqu'il fut emmené par ses parents à Palerme, où il fit ses études. Il fut reçu docteur en droit et en théologie à l'université de Catane. Il était versé dans les littératures italienne, grecque, latine, française, et fut un des premiers membres de l'académie de Palerme. Après que le calme eut été rétabli en Espagne, il revint à Saragosse. Il y composa une poétique où il développa les principes acceptés par la littérature française, et s'efforça de les faire recevoir en Espagne. Il fit la guerre aux restes du gongorrisme, et parvint à les détruire; en un mot, pour faire prévaloir l'influence française, il joua le rôle que Boscan avait rempli lorsque celui-ci avait fait pénétrer en Espagne la poésie italienne. Il fut le chef d'une école nouvelle. Il eut des disciples qui composèrent des pièces en se soumettant aux trois unités. Montiano fit jouer ses tragédies d'Ataulfe et de Virginie, conformes en tout à la poétique de Luzan; mais si cette nouvelle renaissance produisit des œuvres régulières et estimables, il faut avouer, à regret, qu'on ne lui doit aucun de ces chefs-d'œuvre qui font époque dans la vie littéraire d'une nation. Au reste, les principes que Luzan voulait introduire ne furent pas admis sans une vive opposition. La Huerta soutint la lutte contre les gallicistes; il reprit les armes de Castillejo. Ce fut autour de lui que se rangèrent les partisans de la vieille poésie castillane; la lutte resta quelque temps indécise, et aujourd'hui l'ancien système peut encore compter des partisans.

De même que les lettres, la peinture avait, sous le dernier règne, cédé au mouvement qui entraînait tout vers sa décadence. Les efforts de Philippe V pour rendre aux beaux-arts tout l'éclat dont ils avaient brillé en Espagne, demeurèrent infructueux. Sans doute Bonavia, Luxan, Calleja, les trois frères Gonzalez Velazquez, qui peignaient sous le règne de ce prince, ne manquaient pas de goût;

néanmoins ils n'ont rien laissé qui mérite d'être cité comme exemple pour la postérité. Il faut en dire autant de l'architecture, et l'on ne saurait donner d'éloges au peu de monuments qui restent de cette époque. Le vieux palais de Madrid, dont on faisait remonter la fondation à Alphonse VI, ayant été entièrement détruit en 1734 par un incendie, Philippe V ordonna à Juvara de tracer un nouveau plan. Le projet présenté par cet architecte ne fut pas accepté, parce que, dit-on, la dépense en eût été immense. Peut-être cette considération, si elle eût été seule, n'eût-elle pas arrêté le roi; mais il avait un autre motif: l'ancien édifice était situé sur une hauteur d'où l'on aperçoit au loin la campagne, et d'où l'on découvre en partie le cours du Manzanarès. Philippe V désirait que sa nouvelle demeure fût bâtie dans cet endroit, et le projet de Juvara était trop vaste. Il n'était pas possible de l'exécuter sur cet emplacement. Cet artiste mourut avant d'avoir eu le temps de dessiner un nouveau plan. Sacchetti, son élève, construisit le palais qui existe maintenant [1]. Afin de mettre le monument qu'il élevait à l'abri d'un nouvel incendie, il n'y employa pas de bois; tout y est voûté. Sacrifiant tout à la solidité, il fit un bâtiment lourd et massif, qui, à l'extérieur, a plutôt l'air d'une citadelle que de la demeure paisible d'un souverain. Au reste, ce reproche ne s'adresse pas aux dispositions intérieures. Elles sont en même temps de bon goût et d'une grande magnificence.

Pendant qu'on élevait le palais nouveau, Philippe V habita le *Retiro*, situé aussi sur une hauteur à l'autre extrémité de Madrid. Cette demeure royale fut également habitée par Ferdinand VI. Charles III y passa les premières années de son règne. Il existe au Retiro une petite salle de spectacle. Le derrière de la scène pouvait s'ouvrir sur les jardins, avec lesquels elle est de niveau; ce qui permettait aux hommes à cheval de figurer sur la scène, en sorte qu'on pouvait donner de grands développements aux représentations théâtrales. Sous Ferdinand, ce théâtre retentit des voix les

[1] Planche 66.

plus harmonieuses ; et si le règne de ce prince eût duré plus longtemps, peut-être la protection qu'il accordait à l'art dramatique eût-elle fait naître quelque nouveau Calderon.

Cependant, il faut avouer qu'à cette époque le goût du théâtre semblait absorber toutes les pensées et paralyser tous les autres arts. D'ailleurs, le genre français devint une mode qui fut portée à l'excès. On traduisit en espagnol toutes les pièces de notre scène ; et, encore de nos jours on représente à Madrid et Barcelone les pièces qui obtiennent chez nous quelque succès, même celles empruntées à nos théâtres secondaires.

L'engouement pour ce qui venait de France ne se borna pas à la littérature. Les étoffes de Lyon eurent une telle vogue, qu'on renonça aux tableaux, afin de tapisser les appartements de tentures françaises. Cette manie porta un coup funeste à la peinture. Les tableaux furent relégués dans les greniers. On les vendrait comme des vieilleries, et ils tombèrent à un tel point de discrédit, qu'un étalage permanent de tableaux subsistait dans le faubourg del Rastro, où le prix des sujets d'histoire s'évaluait d'après le nombre des figures représentées grandes ou petites, à raison de 2 fr. par tête. Ce vandalisme fit naître des remords, et Ferdinand VI, pour réveiller le goût de la peinture, créa l'académie des arts, à laquelle il donna son nom.

Sous Charles III, les représentations théâtrales reçurent moins d'encouragement. D'un caractère froid et sérieux, ce prince favorisa surtout les arts muets ; son règne vit la peinture se replacer au premier rang. Bayeu de Subias décora le cloître de la cathédrale de Tolède de peintures admirables. Les chefs-d'œuvre de Mengs enrichirent le palais de Madrid.

C'est à Charles III que sont dus une grande partie des embellissements de Madrid. Il a fait niveler et planter d'arbres la fameuse promenade du Prado, qui n'a pas moins d'une demi-lieue d'étendue et forme environ le tiers de l'enceinte intérieure de la ville, depuis la porte d'Atocha jusqu'à celle des Récolettes. Il a orné cette promenade de fontaines dont quelques-unes sont du meilleur style [1].

La rue d'Alcala croise la promenade du Prado, et va aboutir à un arc de triomphe, dessiné par Sabatini. Quoique peut-être un peu lourde, cette porte est réellement fort belle, et réunit la noblesse à la magnificence [2] ; elle a été construite sous le règne de Charles III.

Il est impossible de parler de Madrid sans dire un mot des ponts de Tolède [3] et de Ségovie, construits sur le Manzanarès. Le lit de cette petite rivière est presque toujours à sec, en sorte qu'on a dit assez gaîment, à propos du pont de Ségovie, construit sous Philippe II : *Voilà un pont magnifique; rien manquerait s'il y avait seulement une rivière.* Au reste, cette plaisanterie pour être spirituelle n'en est pas plus raisonnable. Si le plus souvent le Manzanarès n'est qu'un petit ruisseau, lors des pluies et lors de la fonte des neiges il roule un volume d'eau considérable, et alors c'est à peine si les arches des ponts sont assez larges et assez élevées.

La fin du règne de Charles III fut en Espagne une époque de renaissance et de prospérité. Plusieurs écrivains célèbres furent les contemporains de ce roi. Cadahalso eut assez de délicatesse dans l'esprit pour railler, sans mettre d'amertume dans ses plaisanteries. Son livre des érudits à la violette est une charmante satire. Il y tourne les faux savants en ridicule. Depuis le titre jusqu'à la dernière page du livre, ce n'est qu'un élégant badinage. L'auteur y fait un cours complet de toutes les sciences, divisé en sept leçons pour les sept jours de la semaine, à l'usage de ceux qui prétendent savoir beaucoup en étudiant peu.

Parmi les vers de Cadahalso il est beaucoup de pièces remplies de grâce et de naïveté ; j'en citerai une, parce qu'elle est courte et qu'elle a fourni le sujet d'un joli vaudeville français.

« Fabio prit son livre de notes, où il
« inscrivait chaque jour les actes de
« son importante vie pour ne pas en
« priver la postérité. Il lut ainsi le récit
« de la semaine précédente qu'il avait
« tracé d'une plume fidèle : Lundi, j'ai-

---

[1] Planche 71.
[2] Planche 62.
[3] Planche 68.

ESPAGNE.   ESPAÑA.

Muleteros

« mai, et mardi, je fus le dire ; mercredi, « on me fit espérer ; jeudi, je fus aimé ; « vendredi, vint le dégoût ; samedi, arri- « vèrent les querelles : il fallut nous sé- « parer. Dimanche, j'aimai d'un autre « côté. En vérité, n'est-ce pas bien dé- « penser une semaine? » Cadahalso mourut en combattant; il fut frappé à la tête, de même que Garcilaso. Il était colonel et chevalier de Saint-Jacques. Il fut tué au siége de Gibraltar, le 27 février 1782.

Que dirai-je d'Yriarte? Ses fables sont connues de tout le monde : il est le la Fontaine espagnol.

Nicolas Moratin le père appartient aussi au règne de Charles III. On a de lui trois tragédies : *Hormisinda*, *Lucrèce et Gusman le Bon*. Il a célébré en vers l'intrépidité de Fernand Cortès. Ce chant épique occupe la première place parmi ses poésies. Il a écrit aussi un poëme didactique sur la chasse. Cet ouvrage est intitulé : *Diana o arte de la caza*. Malheureusement il n'a été imprimé qu'une fois. Il est assez rare, et mériterait d'être plus connu, car il contient de véritables beautés. Il est impossible de décrire avec plus de grâce et de précision l'invention des armes, l'éducation de la meute et le caractère des différentes espèces de gibier. Le passage où il raconte la mort de Favila mérite aussi d'être cité.

Jovellanos a vu la fin de Charles III et tout le règne de son successeur. Le livre que cet auteur a publié sur l'économie politique (*Informe de la sociedad economica de Madrid al real y supremo consejo de Castilla en el expediente de ley agraria*) est de tous ses écrits celui qui a obtenu le plus de célébrité ; mais je l'ai trouvé bien au-dessous de sa renommée ; j'y ai rencontré plus de phrases que de raisons, plus de déclamations que de renseignements positifs ou d'idées utiles; et quoique ce soit certainement un ouvrage recommandable, je ne crois pas qu'il mérite tous les éloges que lui prodiguent les Espagnols.

Charles IV et le prince de la Paix favorisèrent de tous leurs efforts le mouvement de renaissance qui avait commencé sous Charles III. Les lettres et les sciences reçurent alors plus d'encouragements qu'à aucune autre époque. La physique se signala par d'importants travaux. Don Francisco Salvà, membre de l'académie des sciences et des arts de Barcelone, inventa le télégraphe électrique, dont on commence à faire usage seulement de nos jours. Les noms de Mélendez, de Joseph Condé, de Moratin le fils sont la gloire de ce règne.

Mélendez, né, le 11 mars 1754, au bourg de Fresno, évêché de Badajoz, fit ses études à Salamanque, et reçut dans cette université le grade de docteur en droit. Il n'avait que vingt-six ans, lorsqu'il fut couronné par l'académie espagnole pour son églogue sur le bonheur de la vie champêtre. Ses poésies, remplies de sentiment, de grâce et de douceur, le firent comparer à Villégas.

Mélendez, ainsi que Jovellanos, fut chargé de fonctions publiques par le prince de la Paix. Il remplit la place de procureur général auprès de la chambre des alcades, de casa y corte.

Mélendez ne fut pas seulement un poëte de talent, il fut aussi un homme de cœur. En Espagne, il osa parler contre l'inquisition, et son ode sur le fanatisme est un de ses plus beaux ouvrages. Quand le prince de la Paix fut tombé une première fois du ministère, Mélendez ne craignit pas d'exprimer ses regrets et de témoigner sa gratitude pour la protection qu'il en avait reçue : son épître sur la calomnie est non-seulement un bon écrit, elle est aussi un acte de courage et de reconnaissance.

Mélendez connut à son tour le malheur, et quand des événements déplorables chassèrent de leur pays tant d'infortunés Espagnols, il vint chercher un asile en France, et mourut à Montpellier, le 24 mai 1817.

Don Joseph Condé consacra sa vie à l'étude de la littérature orientale. Il fut aussi jeté sur la terre étrangère par les tempêtes politiques. Lorsqu'il fut rentré dans son pays natal, il s'occupa de publier son *Histoire de la domination des Arabes en Espagne*. Ce travail, fait pour la plus grande partie avec des documents empruntés aux auteurs arabes, est incontestablement ce qui a été écrit de meilleur sur cette époque. Malheureusement Condé est mort avant d'avoir achevé l'impression de ce beau travail :

il n'a pas eu le temps de surveiller la publication des deux derniers volumes, qui contiennent d'assez nombreuses erreurs de dates.

Don Léandro Fernández Moratin naquit à Madrid en 1760. L'intention de son père avait été de faire de lui un peintre ou un orfèvre. Il déjoua les plans de sa famille en remportant, à l'âge de dix-neuf ans, le second prix de poésie à l'académie espagnole. Il voyagea en France, où il étudia le théâtre. Sa première comédie fut le *Vieillard et la Jeune Femme* (*el Viejo y la Niña*). Elle eut un grand succès, et plaça, dès son début, Moratin au premier rang. Le prince de la Paix lui fit obtenir un bénéfice en Andalousie et une pension sur l'évêché d'Oviedo; ensuite il le fit nommer secrétaire du bureau des interprètes. Ces faveurs, en assurant à Moratin une existence libre et indépendante, lui permirent de se consacrer tout entier à l'art dramatique. Il fit jouer successivement : *le Café*, *le Baron*, *le Oui des jeunes filles*, *la Femme hypocrite*. Les sujets qu'il met en scène n'ont jamais rien d'invraisemblable ni d'exagéré. Les sentiments qu'il exprime sont toujours dans la nature. Moratin avait pris Molière pour guide, et s'il n'est pas parvenu à l'égaler, il est de tous les Espagnols celui qui a le plus approché de cet inimitable modèle.

Après la disgrâce du prince de la Paix, les événements entraînèrent Moratin loin de sa patrie, et il mourut à Paris. Sur la terre d'exil, il se souvint encore de celui qui avait été son bienfaiteur, et il écrivait dans une note de ses poésies détachées : « Le prince de la Paix favorisa « les hommes de lettres qui florissaient « alors. Il les exhortait sans cesse à « écrire. Si nos comédies valent quel- « que chose, c'est à lui, à la préférence « accordée par lui à nos ouvrages, que « nous sommes redevables de nos meil- « leures inspirations. Moratin ne fut pas « son intime ami, ni son conseiller, ni « son valet; mais il fut sa créature; et « s'il existe une philosophie commode « qui enseigne à recevoir les bienfaits et « à ne pas se piquer de reconnaissance, « une philosophie qui, selon les vicissi- « tudes de la fortune, paye avec des in- « jures ou de basses adulations les fa- « veurs reçues et sollicitées, Moratin s'es- « timait assez pour ne pas se déshonorer « par d'aussi lâches procédés. Alors, il « songeait à se rendre agréable à son « protecteur par des moyens honnêtes ; « alors, comme aujourd'hui, il faisait des « vœux pour sa prospérité, et il fait en- « core à présent les mêmes vœux pour lui. « La violence des passions politiques a « pu dépouiller Moratin de tout ce qu'il « devait à la bienveillance du prince de « la Paix; mais cette violence ne peut « faire perdre à l'homme de lettres son « caractère honorable et le sentiment de « ses devoirs : tant qu'il conserve l'un « et l'autre, il est fidèle à la reconnais- « sance. Cette vertu est un insuporta- « ble fardeau pour les méchants, qui s'en « débarrassent à la première occasion « opportune; pour les hommes de bien, « c'est une obligation à laquelle ils ne « cherchent jamais à se soustraire. »

Les encouragements de Charles IV ne s'arrêtèrent pas à la littérature ; il eut voulu faire revivre les beaux jours de Vélasquez, d'Alonzo Cano, de Zurbaron et de Murillo. Il protégea les mêmes élèves que Mengs avait formés, Beraton et Francisco Goya. Désirant montrer combien il avait en honneur l'exercice de la peinture, la première fois qu'il visita comme roi l'académie des beaux-arts, en juillet 1794, il se fit accompagner par la reine, par les infantes, et par le prince de Parme, et il offrit à l'académie plusieurs dessins faits par lui ou par la reine. « Ces essais, dit-il, ont « peu de mérite ; mais le tribut que nous « venons déposer dans ce temple des « arts excitera ceux de mes sujets qui « ont de la fortune, et qui désirent me « plaire, à redoubler d'efforts, à remplir « ces salons de productions plus par- « faites, qui seront l'ouvrage de leurs « enfants, ou des artistes dont ils au- « ront protégé les travaux. »

Les événements qui troublèrent d'une manière si déplorable le règne de Charles IV, empêchèrent le prince d'accomplir tout le bien qu'il avait projeté. Les passions politiques déchaînées à cette époque de lutte et de bouleversement, ont méconnu tout ce qui s'est fait de bon et de noble sous ce malheureux souverain. Mais un jour viendra où l'histoire, plus juste à son égard, lui tiendra compte

ESPAGNE. ESPAÑA.

Prison de l'Inquisition à Cordoue.
Cárcel de la Inquisicion en Córdoba.

de la protection qu'il a accordée aux beaux-arts, et de l'éclat dont les lettres ont brillé sous son règne.

COSTUMES ESPAGNOLS. — DANSES NATIONALES. — PROCESSIONS. — COMBATS DE TAUREAUX.

En Espagne, de même que dans le reste de l'Europe, les anciens usages tendent à s'effacer. Le goût des voyages, la facilité des communications fait disparaître les différences de costume. En général, on est vêtu maintenant à Madrid de même qu'à Paris ; cependant une partie des habitants de quelques provinces conserve encore l'habillement pittoresque qui caractérisait autrefois chaque partie de la monarchie. En Andalousie on trouve ces petits maîtres appelés majos. Les pièces de Beaumarchais ont fait connaître parmi nous ce costume donné par lui à Figaro [1].

Le majo a la tête couverte d'une résille (redezella). C'est un réseau de fil ou de soie quelquefois noire, mais plus souvent d'une couleur éclatante, dans lequel il renferme ses cheveux et qu'il laisse pendre sur ses épaules. Il porte un large chapeau blanc orné d'un ruban de couleur autour de la forme ; un fichu de soie est attaché fort lâche à son cou. Son gilet et son haut-de-chausses sont enrichis d'une grande profusion de boutons de métal. Sa veste est ordinairement d'une couleur tranchante, à grands revers de la couleur du gilet. Enfin, une large ceinture de soie est roulée autour de sa taille.

Le costume de la maja est également rempli de grâce ; mais il est plus facile de le montrer que de le décrire. Parmi les artistes du règne de Charles IV, don Francisco Goya excelle à peindre les scènes populaires de l'Espagne. C'est d'après un de ses meilleurs tableaux qu'ont été copiés les costumes de majas que nous reproduisons [2].

Ces costumes dessinent élégamment la taille, et laissent aux mouvements toute la souplesse et toute la légèreté qu'exigent les danses nationales des Espagnols. Autrefois Martial a accusé les danses de la Bétique d'être lubriques et lascives. De nos jours on a répété la même accusation contre le boléro et contre le fandango ; mais, en vérité, ces reproches ne sont fondés en aucune manière, et les censeurs qui portent ce jugement trop sévère ne connaissent pas ces danses, ou bien ils ne les ont vues qu'avec des yeux prévenus.

Le fandango et le boléro s'exécutent à deux, ordinairement au son de la guitare et des castagnettes. Ce ne sont pas seulement les pieds qui agissent : les bras, la tête et tout le corps prennent les attitudes les plus séduisantes. A l'instant où finit la mesure, le danseur doit s'arrêter dans la posture où il se trouve. S'il est placé d'une manière gracieuse, il est alors bien parado [1] (bien arrêté). Cette phrase est devenue proverbiale. Maintenant bien parado est une expression d'applaudissement, qui ne s'applique plus seulement à la danse, mais encore à tout ce qui peut plaire, à un acte d'adresse aussi bien qu'à une repartie spirituelle.

Les Espagnols aiment leurs danses à la folie ; aussi un voyageur a-t-il écrit que si on entrait inopinément dans un temple ou dans un tribunal, en jouant l'air du fandango, quelque grave que fût le but de la réunion, les assistants oublieraient aussitôt leurs occupations pour se mettre à danser. Dans une petite fable qui est souvent répétée en Espagne, et qui a fourni le sujet d'un charmant vaudeville français, on raconte que le fandango ayant été accusé de blesser les lois de la décence et de la pudeur, la cour de Rome s'était décidée à le condamner. Le conclave était réuni pour lancer l'anathème. Un des cardinaux fit observer que pour décider en connaissance de cause, il eût fallu que le conclave eût vu exécuter le fandango avant de le condamner. On appela donc des danseurs espagnols ; mais ceux-ci mirent tant de réserve et de grâce dans leurs mouvements, que tout le sacré collège se sentit électrisé par leur exemple. En un instant, le pape, les cardinaux se mirent à danser, et le fandango fut déclaré innocent.

Un type moins élégant que le majo, mais qu'on rencontre plus souvent, est

---

[1] Mais il ne faut pas faire comme le dernier éditeur de Beaumarchais, qui, au lieu d'habiller Figaro en majo, dit qu'il est vêtu en major !
[2] Pl. 78.

[1] Pl. 77.

le conducteur de mules (arriero). On fait encore en Espagne presque la totalité des transports et quelques voyages à dos de mulet. Cela tient à la configuration montagneuse du pays et à l'état des voies de communication. Avant Ferdinand VI et Charles III, il n'y avait dans la Péninsule que des routes horribles, où les voitures ne circulaient qu'avec beaucoup de peine. Grâce aux travaux que ces princes ont entrepris, on trouve maintenant un fort beau chemin depuis la Bidassoa [1], qui sert de limite entre la France et l'Espagne, jusqu'à Cadix. Il circule même sur les grandes routes quelques diligences; mais c'est une importation toute nouvelle, et avant le ministère de Florida Blanca, il n'existait pas de voitures publiques dans la Péninsule. Presque tout le monde voyageait alors à dos de mulet. Cette manière est encore usitée par quelques personnes. On peut prendre avec le muletier des arrangements de différente nature. On peut convenir d'un prix à forfait pour toutes les dépenses du trajet; ou bien, lorsqu'on désire marcher à petites journées, afin de s'arrêter quand on le veut, on peut louer les mules à raison d'une somme fixe pour chaque journée de marche ou de séjour. Quant aux pauvres gens, ils ont une manière plus économique de traiter. Ils débattent le prix comme s'ils étaient un ballot de marchandises; c'est en proportion du plus ou moins de pesanteur qu'ils payent leur transport. C'est ce qu'on appelle voyager *por arrobas*.

Les muletiers portent presque toujours une escopette ou bien un tromblon, suspendu à l'arçon de leur selle; car ils prennent l'engagement de conduire le voyageur sain et sauf à sa destination; des armes leur sont donc nécessaires pour le défendre. Ils ne souffriront pas qu'il soit molesté tant qu'il restera sous leur garde. Le muletier auquel vous vous êtes confié se regarderait comme déshonoré s'il vous arrivait malheur pendant que vous êtes sous sa protection. Mais, si vous le quittez pour vous écarter dans la campagne, ou bien si vous souffrez qu'il vous laisse, en prétextant qu'il va prendre un chemin de traverse et que bientôt il vous rejoindra,

[1] Pl. 79.

c'est alors que la route devient dangereuse et que les mauvaises rencontres sont à craindre; car il se regarde comme déchargé pour ce temps-là de toute responsabilité.

Le costume ordinaire du muletier se compose d'un gilet sans manches; d'une culotte large, très-courte et sans jarretières. Ses pieds sont chaussés de ces espèces de sandales faites en tresses de sparte qu'on appelle dans le pays *alpargatas* ou *espartenas*. Quelque fois ils remplacent cette chaussure par des *abarcas* faites en cuir grossièrement préparé. Le muletier n'a pas ordinairement de manteau : il y substitue une pièce d'étoffe de laine rayée, large de deux à trois pieds sur sept de longueur; il la porte le plus souvent sur une épaule d'une façon tout à fait pittoresque [1].

Les couvents, il y a quelques années, inondaient l'Espagne entière de frères mendiants. On ne pouvait pas faire un pas sans en rencontrer qui, tantôt à pied [2], tantôt montés sur un âne ou sur une mule [3], couraient les villes et les campagnes pour exploiter la charité des fidèles. Maintenant ils ont presque complétement disparu. Depuis 1835 les couvents ont été fermés en Espagne.

Les Espagnols aiment en général les cérémonies publiques. Ils déploient le plus grand luxe dans leurs processions. Celle du *Corpus Christi* à Séville est certainement en ce genre un des spectacles les plus riches qu'il soit possible de contempler [4].

S'il est permis de passer du sacré au profane, parlons maintenant des combats de taureaux. Il n'est pas de divertissement pour lequel les Espagnols se montrent plus passionnés. Les Romains étaient contents lorsqu'ils avaient les jeux du cirque et du pain. On a dit des Espagnols qu'il leur suffisait d'avoir des courses de taureaux et pas de pain. Les taureaux, voilà le spectacle populaire cher à tout bon Espagnol! Le corrégidor y préside invariablement; et les *caleseros* (cochers), *mañolas* (grisettes), les *aguadores* (porteurs d'eau), dîneront

[1] Planche 72.
[2] Planche 75.
[3] Planche 76.
[4] Planche 71.

avec une gousse d'ail et du pain, ou même ne dîneront pas du tout, plutôt que de manquer la course. Trois ou quatre jours à l'avance, les murs de Madrid sont placardés de belles affiches, d'une couleur bien éclatante, qui annoncent au peuple son plaisir favori. On y met la liste des taureaux avec la désignation des pâturages d'où ils proviennent et le nom de leur propriétaire, puis enfin le nom des picadores et matadores qui doivent se signaler dans la course. Une seule condition est ajoutée aux promesses de l'affiche : c'est que les courses, devant avoir lieu en plein air, il faut que le temps soit beau ; aussi jamais n'omet-on cette formule devenue proverbe : *si el tiempo lo permite.*

On ne sait à quel peuple attribuer l'invention de ces combats. Dès la plus haute antiquité les Thessaliens avaient l'habitude de lutter à cheval, dans l'arène, contre des taureaux ; et, suivant Pline, ce divertissement fut introduit à Rome par César. La manière dont il avait lieu était tout à fait différente de celle dont on procède maintenant en Espagne. Cependant, il est possible que les courses de taureaux aient été importées dans la Péninsule par les Grecs qui avaient établi des colonies sur les côtes de la Celtibérie, et que le temps ait amené des changements dans la manière de combattre ; peut-être aussi l'origine de ces divertissements est-elle purement espagnole.

Les taureaux contre lesquels les acteurs doivent s'escrimer sont les plus vigoureux qu'on peut rencontrer et surtout les plus farouches. Des hommes à cheval, armés de lances, vont les chercher dans des pâturages écartés, où ces animaux vivent à l'état sauvage. S'ils étaient seuls, il serait à peu près impossible de les diriger ; mais on a soin d'amener des bœufs qui leur donnent l'exemple de la docilité et qui les entraînent à leur suite. Des cavaliers marchent continuellement des deux côtés de ce troupeau ; et, à coups d'aiguillons, ils y font rentrer ceux qui cherchent à s'écarter ; c'est ainsi qu'on parvient à les conduire dans une étable obscure située sous l'amphithéâtre. D'ailleurs, pour prévenir les accidents, et dans la crainte que quelque objet ne les effarouche, on a soin de les faire voyager de nuit. Le plus souvent, c'est dans la nuit même qui précède la course que les taureaux sont amenés. Lorsqu'ils doivent arriver, une foule nombreuse de curieux assiége dès longtemps les portes du cirque afin d'assister à leur entrée et de les voir enserrer dans l'étable qui leur est destinée. C'est là un prologue indispensable de la fête du lendemain. On l'appelle *encierro* (enserrement). Comme on ne paye pas pour y assister, le cirque n'est jamais assez grand pour contenir tous ceux qui voudraient y prendre place. C'est là qu'on juge d'avance le plus ou moins de vigueur que les taureaux montreront dans la lutte, et l'on prédit le nombre des chevaux qu'ils éventreront.

Il y a des places préparées pour les courses de taureaux dans presque toutes les villes importantes d'Espagne. A Madrid, la *plaza de toros* est située à quelques centaines de pas en dehors de la porte d'Alcala. C'est un grand cirque, entouré de gradins en amphithéâtre ; à la partie supérieure est un rang de loges occupées ordinairement par la haute société. Entre l'arène et les gradins inférieurs règne un espace vide de sept à huit pieds de large et séparé du champ de bataille par une palissade assurée de distance en distance par de forts madriers. C'est là le lieu de refuge des toreros. Lorsque le taureau les serre de trop près, ils posent le pied sur un petit rebord ménagé à l'intérieur, et sautent par-dessus la palissade avec une grâce et une agilité merveilleuse.

Il y a une enfin une loge pour les autorités et une loge grillée où se tiennent un chirurgien prêt à panser les blessés et un prêtre avec les saintes huiles, pour donner des secours spirituels aux toreros qui pourraient en avoir besoin.

Le spectacle commence ordinairement par une espèce de promenade autour de la place, où figurent tous les adversaires qui vont lutter contre les taureaux. Ce sont d'abord les toreadores, ou combattants à cheval qu'on appelle aussi *picadores*. Le rôle de *picador,* pour lequel il faut à la fois de l'adresse, du courage et de la vigueur, ne passe pas pour avilissant. Autrefois, les plus grands seigneurs

---
[1] Livre XLV.

ne dédaignaient pas de s'y livrer. Leur costume est fort élégant [1]. Leurs cheveux, enfermés dans une résille de soie, tombent sur leurs épaules. Leur tête est couverte d'un large chapeau blanc orné de rubans. Ils ont une veste et un gilet collant et quelquefois un manteau à manches flottantes. Autrefois ils portaient des culottes de daim et des guêtres blanches. Mais en Espagne, comme en France, le pantalon a remplacé la culotte. Sous ce vêtement, ils sont garantis par une cuirasse de tôle. Leur lance, *garrochon*, est un long bâton nerveux et solide, terminé par un fort aiguillon; et, afin que le fer ne puisse pas blesser profondément, il est enveloppé de corde, de manière à ne laisser passer qu'une pointe d'environ trois centimètres. Leurs chevaux ont les yeux bandés, de peur qu'ils ne s'effrayent à la vue du taureau. Ce sont des victimes dévouées à une mort à peu près certaine; aussi ne choisit-on que des rosses : il serait inutile de sacrifier de bons chevaux.

Ensuite viennent les *toreros*, c'est-à-dire ceux qui combattent à pied : ce sont les *chulos*, *banderilleros* et le *matador*. Ils sont également vêtus en *majos*.

Quinze mille spectateurs, rangés sur les gradins du cirque, attendent le combat avec une bruyante impatience. On répète les conjectures que l'on a formées d'après les circonstances de l'*encierro*; enfin, le magistrat qui préside à la fête, c'est ordinairement le *corregidor*, a donné le signal : les fanfares retentissent; on ouvre la porte. Le taureau, qui sort d'un endroit profondément obscur, est ébloui par l'éclat du jour, effarouché par la vue des spectateurs, par leurs cris et par le bruit des fanfares; il bondit dans l'arène et se jette sur le premier *picador* qu'il aperçoit. Celui-ci marche à sa rencontre, la lance en arrêt : au moment où l'animal s'élance pour donner un coup de corne, le cavalier lui pose la pointe de la lance au défaut du col et de l'épaule. L'animal furieux est arrêté par la douleur et par la résistance que lui oppose le bourrelet formé autour du fer. Il recule ou se détourne et va se précipiter sur un autre *picador*, qui le reçoit de la même manière. Mais si le cavalier a mal pris ses dimensions; s'il se trouve trop en face du taureau; s'il ne le frappe pas à l'endroit sensible; si celui-ci se roidit contre la douleur et s'obstine à avancer, la lance plie, vole en éclats; le taureau enlève le cheval sur ses cornes et le jette sur le flanc. Dans ce danger, le cavalier, si l'on ne venait pas à son secours, serait certainement tué par le taureau, qui s'acharnerait sur ses ennemis terrassés; mais on s'empresse d'accourir. C'est ici que les *chulos* sont nécessaires; ils font voltiger aux yeux de la bête furieuse des voiles de couleur éclatante, de manière à détourner son attention. Alors elle s'attache à la poursuite de l'un d'entre eux. Celui-ci échappe ordinairement en laissant tomber le voile qui a surtout attiré les regards du taureau. C'est contre ce morceau d'étoffe que s'exerce la colère de l'animal trompé. Quelquefois cependant il ne prend pas le change, et le *chulo* n'a d'autre ressource que de s'élancer lestement par-dessus la barrière. Alors, le taureau revient à l'ennemi qu'il a terrassé. Mais on a relevé le *picador*, qui est remonté sur son cheval, si la malheureuse bête n'a pas été tuée sur le coup. Quelquefois ses entrailles lui pendent entre les jambes; eh bien! dans cet état, elle porte encore son cavalier le temps de fournir quelques coups de lance.

« Quand le taureau est bon, c'est un vrai plaisir; il éventre quelquefois cinq ou six chevaux à lui seul, et fait rouler les *picadores* à terre d'une roideur admirable; et alors vous entendriez des battements de mains : *bravo! bravo toro!* Oui, mais le picador n'est-il pas tué? Qui est-ce qui s'occupe de cela? c'est l'affaire du prêtre et du chirurgien; et puis cela n'arrive pas souvent, et personne n'y pense. Il est beau, d'ailleurs, le taureau, quand, après avoir désarçonné deux ou trois fois les picadores, il se promène dans l'arène qu'il a conquise, et où nul n'ose plus l'attaquer; et lorsque, avide de vengeance et ne trouvant pour l'assouvir que les cadavres des chevaux qu'il a tués, il les soulève sur ses cornes, les retourne, les déchire; jamais roi de théâtre au cinquième acte, vainqueur de ses rivaux,

---

[1] Pl. 73.

[1] Lettres sur l'Espagne, par M. Ad. Gueroult.

ESPAÑA.
ESPAGNE.

Taureaux de Guisando. (Monuments Phéniciens)

salué par de frénétiques applaudissements, ne parut plus fier et plus formidable. Cependant, la tragédie n'est pas finie ; sa victoire ne lui vaut qu'une courte trêve. Les cavaliers sortent de l'arène : les *banderilleros* les remplacent. Souple, agile, élégamment vêtu à la manière de Figaro, bas de soie, escarpins, culotte et vestes brodées, le *banderillero* s'avance tenant en main deux espèces de flèches à pointe recourbée. Il court droit au taureau, qui, surpris de tant d'audace, s'avance en galopant à sa rencontre. Déjà l'animal le tient entre ses deux cornes ; mais voilà qu'au moment où il baisse la tête pour le frapper, l'homme lui plante sur le garrot ses deux flèches en hameçon, et par un tour de reins d'une souplesse incroyable, il esquive le coup et s'enfuit ; il faut voir alors le taureau, déchiré par la pointe tenace, s'enlever, bondir en mugissant et secouer avec fureur l'instrument de son supplice. Mais, il n'est pas au bout : un autre se présente et lui enfonce encore deux autres banderillas, puis un troisième, puis un quatrième. Enfin, quand la fureur de l'animal est au comble, la trompette sonne sa mort, et le matador, l'épée d'une main, le drapeau rouge de l'autre, entre dans l'arène. Il s'avance gravement, salue de son épée le corrégidor, la reine, si elle assiste à la fête, et marche au-devant du taureau.

« Il y a ici un moment solennel. Le taureau, déjà fatigué, s'arrête et fait front ; il considère son ennemi et médite son coup.... Le matador ne fait pas un mouvement inutile, il n'avance pas pour reculer ; il se place du premier abord avec une justesse et un coup d'œil incomparable. Songez un peu au jeu que joue cet homme, songez qu'on voit peu de matadores mourir dans leur lit, et que presque tous au contraire finissent sur le champ de bataille. A quoi tient sa vie ? un faux pas de sa part, un faux mouvement du taureau, un caillou qui roulera sous son pied, une erreur de deux pouces dans son calcul, et c'est un homme mort ; et il fera peut-être le tour du cirque, planté sur les cornes du taureau, comme il advint à Romero, en son temps la meilleure lame de l'Espagne. Après une glorieuse carrière, vieillissant déjà, il s'était retiré de l'arène, et vivait honnêtement du fruit de ses exploits, lorsque je ne sais pour quelle solennité Maria Luisa, la femme de Charles IV, la mère de Ferdinand VII, le fit prier de reparaître pour donner plus d'éclat à la course : Non, madame, dit Romero, j'ai échappé à bien des dangers ; maintenant je vieillis, il ne faut pas tenter Dieu. Mais c'était un caprice de femme et de reine, il fallut se rendre, et le roi des matadores périt victime de sa complaisance. On ne sait quel accident trompa son adresse ordinaire ; le taureau l'atteignit, le perça de ses cornes, et, comme s'il eût su quel ennemi il venait de vaincre, il galopa fièrement autour du cirque, montrant aux spectateurs épouvantés son trophée sanglant.

« Le matador tient de la main gauche un drapeau écarlate, qu'il agite devant les yeux de l'animal, et pendant que celui-ci suit la direction du drapeau, l'homme se dérobe à droite et lui plante son épée dans le garrot : c'est bien rare un beau coup d'épée ! on les compte. Quand le coup d'épée est vraiment beau, le taureau tombe comme foudroyé ; car la lame lui a coupé la moelle épinière, ou lui a percé le cœur ; mais c'est une satisfaction qu'on a bien rarement, et le plus souvent le matador est obligé de recommencer plusieurs fois. Un beau coup d'épée est salué de plus d'applaudissements et de bravos que n'en obtint jamais le *Qu'il mourût !* des Horaces, et je croirais volontiers qu'il entre dans cette frénésie quelque chose comme un remercîment au matador d'avoir sauvé au public l'agonie du taureau ; car il est affreux de voir ce noble animal, épuisé, chancelant comme un homme ivre, plier les genoux et tomber et mugir misérablement, en attendant qu'une espèce d'assassin, qu'on nomme le *cachetero*, vienne traîtreusement lui enfoncer derrière la tête le poignard qui doit terminer ses souffrances. Cela fait, une porte s'ouvre ; un train de mules, richement attelées, tire hors du cirque les cadavres des chevaux et du taureau. On jette de la poussière sur les traces sanglantes, et on lâche un autre taureau : on en lâche ainsi jusqu'à huit : on appelle cela une demi-course ; dans le bon temps on en avait seize.

« Le taureau n'est pas toujours brave ; quelquefois il a peur et refuse le combat. Il fuit si obstinément, qu'alors une indicible indignation s'empare de la foule; on le hue, on le siffle, on l'apostrophe, et, pour conclure, on demande les chiens. C'est pour un taureau la dernière ignominie. C'est comme si on le déclarait indigne de lutter contre des hommes. Le corrégidor n'accorde jamais les chiens qu'à toute extrémité, parce que c'est une insulte pour le propriétaire qui a vendu la bête. Alors, ce sont des cris, une fureur sans égale : *Perros*, les chiens, *perros, perros !* Enfin, on lâche les chiens ; ce sont de gros bouledogues, qui arrivent en aboyant. Mais si pacifique que soit le taureau, vous sentez bien qu'il ne voudra pas se laisser insulter impunément par des chiens ; il se fâche donc tout de bon ; et alors commence un spectacle curieux. Il n'est personne qui n'ait vu des faiseurs de tours lancer en l'air et recevoir alternativement cinq oranges qui ne font que monter et redescendre l'une après l'autre. A la place de l'homme supposez le taureau, à la place des oranges mettez les chiens. Le taureau les prend sur ses cornes, les lance à sept à huit pieds en l'air, les reprend, les renvoie, les reprend de nouveau, sans leur faire grand mal, après tout, d'abord, parce que le bouledogue est en général d'un tempérament assez coriace, ensuite son poil est si lisse qu'à l'ordinaire la corne glisse et n'entre pas. Ce spectacle fait beaucoup rire et dure jusqu'à ce qu'un de ces chiens, qui sont braves après tout, ait réussi à saisir le taureau par l'oreille; alors sa seconde oreille a bientôt le même sort; et il a beau secouer ses bouledogues et les faire danser, il est perdu ; il le sent et se couche, résigné à mourir; et un des hommes du cirque l'achève en lui enfonçant honteusement une pointe dans le côté. »

Les choses ne se passent pas toujours avec cette régularité classique. On fait parfois des changements à l'ordonnance habituelle des courses, pour varier les plaisirs des assistants; ainsi, quelquefois, au lieu de garnir simplement les banderoles avec du papier de couleur, on les entoure de pièces d'artifice qui, en brûlant, augmentent la douleur et la furie de la victime. Souvent on met une enveloppe arrondie, une espèce de tampon au bout des cornes du dernier taureau. Alors ses armes ne peuvent plus percer; il est ce qu'on appelle *embolado;* dans cet état, il est abandonné aux amateurs, qui descendent en foule dans l'arène et le tourmentent chacun à sa manière. Enfin, il finit comme les autres taureaux, il tombe sous l'épée du matador.

Après le combat, les taureaux qui ont succombé sont immédiatement dépecés. Les gens du peuple, les femmes surtout, viennent demander un morceau de la chair de tel ou tel taureau qu'on a soin de désigner par son numéro. On emporte le morceau chez soi, et on le mange en famille.

Voilà ce que sont ces fameuses courses de taureaux, dignes restes des époques de barbarie où elles ont été inventées. Elles ne sont plus en harmonie avec l'adoucissement général des mœurs, et quoique les Espagnols se montrent encore passionnés pour ce divertissement, on peut espérer qu'il ne tardera pas à disparaître. Déjà le gouvernement espagnol a tenté, à plusieurs reprises, de prohiber un spectacle qui fait périr chaque année, au détriment de l'agriculture, une grande quantité de chevaux, et qui expose la vie des hommes sans utilité pour le pays. Les courses de taureaux avaient été supprimées sous l'administration du prince de la Paix ; mais le roi Joseph, dans l'espoir de gagner le cœur de la multitude, s'empressa de lui rendre ce spectacle dont elle est avide. Les Français n'étaient entrés à Cordoue que depuis quarante jours, lorsque, le dimanche 4 mars 1810, ils y firent célébrer une course de taureaux. Ils s'appliquèrent à entourer cette fête de tout ce qui pouvait flatter le goût des Espagnols. Les descendants d'un célèbre matador conservaient comme un bien de famille une épée donnée à leur ancêtre par Philippe V. Le gouverneur de Cordoue désira que cette arme fût employée dans la course qui allait avoir lieu. Il la fit demander; et j'ai entre les mains la réponse qui lui fut adressée, le 3 mars 1810, par Manuel Ortiz de Pinedo, alcalde de Lucena :

« J'envoie à Votre Excellence l'épée

ESPAÑA.

Frailes recibiendo limosna

« de toréador (*espada torera*) que le
« roi Philippe V a donnée à Juan Al-
« barez, qui fut habitant de cette ville,
« pour le récompenser de l'adresse dé-
« ployée par lui sous les yeux de S. M.
« en tuant les taureaux qui combat-
« taient dans l'arène, aussitôt que la pi-
« que ou la lance avec laquelle on luttait
« était rompue.

« Ne pouvant pas aller voir les cour-
« ses de taureaux qui auront lieu de-
« main, je vous envoie cette épée. Elle
« a été présentée par un des descendants
« de Juan Albarez, qui la gardaient
« comme une substitution attachée à
« leur maison (*que la conservavan vin-
« cula cum casa*). »

Les courses de taureaux rétablies par Joseph ont, depuis cette époque, continué à être en vigueur. Elles font encore les délices du peuple espagnol, et l'année dernière, lorsque la reine fit un voyage dans le nord de ses États, les Basques ne trouvèrent rien de mieux à lui montrer que ce divertissement sanglant et barbare.

DATE DES PRINCIPAUX ÉVÉNEMENTS ARRIVÉS DEPUIS L'AVÉNEMENT DE JOSEPH BONAPARTE AU TRONE D'ESPAGNE JUSQU'AU RETOUR DE FERDINAND VII. — DE LA CONSTITUTION DE CADIX. — DES GUERRILLEROS.

Le récit des événements qui ont suivi l'usurpation de Bonaparte exigerait seul un ouvrage de longue haleine. Je puis à peine y consacrer quelques pages. Aussi, je n'essayerai pas de raconter tout ce qui s'est passé : je me bornerai à donner la date des faits les plus importants; et si quelquefois j'entre dans plus de détails, ce ne sera que pour faire connaître des circonstances peu connues, ou pour rectifier quelques-unes des erreurs commises par les historiens qui ont parlé de cette époque.

Lorsque la nouvelle des événements du 2 mai et de l'abdication de Ferdinand VII se fut répandue en Espagne, par un mouvement spontané toutes les villes se soulevèrent. Chaque localité, ne prenant conseil que de son courage, déclara aux Français une guerre d'extermination; malheureusement, comme cela a presque toujours lieu dans les commotions populaires, cet élan d'un admirable patriotisme fut souillé par de lâches assassinats. Ce fut du milieu des Asturies, de ce vieux refuge de la liberté espagnole, que partirent les premiers cris d'indépendance. Ce fut le peuple d'Oviédo qui donna l'exemple de la résistance contre l'usurpation étrangère.

Soulèvement des Asturies.

9 *mai* 1808. — Le peuple d'Oviédo se soulève, et la junte déclare qu'il faut désobéir aux ordres envoyés par Murat.

24 *mai*. — A la nouvelle de ce soulèvement, le grand-duc de Berg ayant fait partir pour Oviédo un nouveau commandant nommé la Llave, une révolution éclate dans les Asturies. Les habitants d'Oviédo et les paysans des environs, rassemblés à minuit, au bruit du tocsin, s'emparent de l'arsenal, où se trouvent cent mille fusils.

25 *mai*. — La junte provinciale des Asturies s'assemble, s'empare du pouvoir suprême, nomme pour son président le marquis de Santa-Cruz, et déclare solennellement la guerre à Napoléon.

Soulèvement de Séville.

Avant que le bruit de ces événements eût pu parvenir en Andalousie, Séville se mit en insurrection : ce fut le 26 mai, jour de l'Ascension, que la révolte éclata. Des soldats du régiment d'Olivensa commencèrent le tumulte. Aidés d'un grand concours de peuple, ils s'emparèrent des dépôts d'armes et des magasins de poudre.

Une junte s'organisa, et prit le titre de *junte suprême d'Espagne et des Indes*.

Le lendemain 27, le comte del Aguila, qui remplissait les fonctions de procurador mayor, fut assassiné par la populace.

Soulèvement de Cadix.

A Cadix la révolution ne fut pas entièrement spontanée. La junte de Séville, à peine installée, avait envoyé des émissaires de tous les côtés pour propager le feu de l'insurrection. Le 28 mai, le comte de Téba, qu'elle avait député, ayant ameuté le peuple de Cadix, força Francisco Solano, marquis del Socorro, capitaine général de l'Andalousie, à se déclarer contre les Français. Un des premiers actes de cette multitude furieuse fut de raser la maison de M. Leroi, consul français.

Le lendemain, le marquis del Socorro, ne donnant pas assez vite, au gré des révoltés, l'ordre d'attaquer l'escadre de cinq vaisseaux français et d'une frégate qui se trouvaient dans le port, fut saisi par la populace et assassiné sur la place San-Juan-de-Dios.

9 juin. — L'escadre française, commandée par l'amiral Rosily, est attaquée par les batteries du Trocadero. Après deux jours de défense, elle est forcée de se rendre.

Soulèvement de Santander.

Partout les esprits fermentaient. Il suffisait du plus petit incident pour provoquer la révolte. Le 26 mai, une dispute ayant éclaté à Santander entre un Français et un Espagnol, tous les Français furent arrêtés par les habitants et renfermés au château San-Felipe.

Soulèvement de la Galice.

30 mai. — On faisait courir, en Galice, le bruit que la conscription allait être établie dans cette province; que les Français avaient fait forger des milliers de menottes pour enchaîner les jeunes Galiciens qui seraient enrôlés, et pour les emmener à la frontière. Le mécontentement était extrême; et le 30, jour de la Saint-Ferdinand, le drapeau national n'ayant pas été arboré sur les lieux publics, ainsi qu'on en avait l'usage, le peuple saisit ce prétexte pour commencer la sédition. Le tumulte augmenta. Les révoltés s'emparèrent des arsenaux. Une junte se forma, et toutes les villes de Galice furent bientôt en insurrection.

Soulèvement de Badajos.

30 mai. — Le peuple de Badajos se soulève aux cris de *vive Ferdinand VII!* et *mort aux Français!* Les insurgés massacrent Torre del Fresno, qui était gouverneur de la place.

Soulèvement de Grenade.

29 mai. — La nouvelle du soulèvement de Séville est apportée à Grenade par le lieutenant d'artillerie don José Santiago.

Le *30 mai*, fête de Saint-Ferdinand. — Le peuple proclame le roi Ferdinand VII. et déclare la guerre à Bonaparte.

22 mai. — Carthagène se soulève.

24 mai. — Des émissaires, envoyés de Carthagène, arrivent à Murcie; le peuple, excité par eux, proclame Ferdinand VII.

Soulèvement de Valence.

23 mai. — Dans la matinée du 23, on reçut à Valence la Gazette de Madrid, où étaient publiées les abdications consenties par Ferdinand VII et par Charles IV au profit de Napoléon. Des gens du peuple avaient l'habitude de se réunir pour entendre la lecture de ce journal dans un coin de la place de Las Pasas. Lorsque la personne qui tenait la Gazette fut arrivée à l'article qui rapportait les abdications, elle déchira avec colère le journal, et poussa le cri de *Vive Ferdinand VII, mort aux Français!*

A sa voix le peuple se souleva, choisit pour chef un religieux franciscain, nommé Juan Rico; c'était un homme d'énergie en même temps qu'un éloquent orateur. On nomma le comte de Cervellon général en chef de l'armée qui allait se former. Le comte de la Conquista, capitaine général du royaume de Valence, et les principaux chefs de l'administration n'avaient cédé qu'avec répugnance aux injonctions des insurgés, et ils s'étaient empressés d'écrire à Madrid pour demander qu'on leur envoyât des troupes, afin de rétablir l'ordre.

24 mai. — Le peuple, qui était plein de méfiance, arrêta le courrier qui partait pour Madrid. Il exigea qu'on lût les dépêches en public. Elles furent portées chez le comte de Cervellon. Lorsqu'on fut arrivé à la dépêche dont nous venons de parler, la fille du comte de Cervellon, comprenant que le contenu de ce papier allait compromettre la vie de beaucoup de personnes, le saisit au moment où la lecture allait commencer, et, le déchirant en mille pièces, affronta sans pâlir la colère des insurgés, qui demeurèrent stupéfaits et ne purent s'empêcher d'admirer son audace. Grâce au courage de cette jeune dame, les premiers jours de la révolution de Valence ne furent souillés par aucun assassinat; mais chaque jour les méfiances et l'irritation du peuple augmentaient. La première victime sacrifiée à sa colère fut le baron d'Albalat; il s'était retiré dans une de ses terres, et l'on avait répandu le bruit qu'il s'était rendu à Madrid.

29 *mai*. — Averti de ces bruits, il revenait à Valence pour se justifier ; mais, par une malheureuse coïncidence, il entra dans la ville à l'instant même où le courrier arrivait de Madrid. On y vit la preuve de l'accusation portée contre lui. La populace le saisit. Don Juan Rico accourut en vain pour le sauver : tous ses efforts ne purent arracher cet infortuné seigneur à la furie populaire ; on le poignarda, quoiqu'il le tînt embrassé, et la tête du comte d'Albalat, plantée sur une pique, fut promenée dans toute la ville. Une fois engagée dans cette route sanglante, l'insurrection s'abandonna aux plus déplorables violences.

Le 1er juin, un chanoine de la paroisse de San-Isidro de Madrid, nommé Balthazar Calvo, était arrivé à Valence. Cet homme, qui voulait à tout prix parvenir au pouvoir, gagna promptement une grande influence sur la populace, en excitant ses passions furieuses et en affichant les dehors d'une excessive piété. Il fut bientôt à la tête d'un ramassis de brigands que sa parole avait fanatisés. Pour mettre les négociants français qui habitaient Valence à l'abri de tout danger, la junte les avait fait enfermer dans la citadelle. Le 5 juin, soir de la Pentecôte, Calvo, à la tête de ses complices, surprit la citadelle ; et trois cent trente Français furent lâchement égorgés par cette bande d'assassins.

Dans la matinée du 6, Calvo vint prendre siège au milieu de la junte ; et la populace traîna devant cette assemblée consternée huit malheureux Français qui avaient échappé au massacre de la veille. Elle les égorgea dans la salle même des séances. Les membres de la junte s'enfuirent épouvantés. Heureusement, tout le monde ne manqua pas de courage. La junte, revenue de son effroi, se réunit dans la matinée du 7 et décréta l'arrestation de Calvo ; on ne laissa pas à celui-ci le temps d'être averti : on exécuta sans le moindre retard la résolution qu'on avait prise. Calvo fut surpris et conduit sur un vaisseau qui le transporta à Mayorque, où il resta prisonnier jusqu'à la fin de juin ; alors on le ramena à Valence. Il y fut jugé ; et, une condamnation à mort ayant été prononcée, il subit la peine du garrot dans sa prison, le 3 juillet, à minuit. Le lendemain son cadavre fut exposé publiquement.

Un tribunal de sûreté publique fut créé par la junte, afin de poursuivre les autres coupables Il ne fut pas très-difficile d'en découvrir un assez grand nombre. Le lendemain du massacre des Français, plusieurs des assassins s'étaient présentés à l'hôtel de ville, afin de réclamer une récompense pour leur action patriotique. On leur avait donné à chacun trente réaux, et l'on avait inscrit leurs noms, sous prétexte que cette formalité était nécessaire pour justifier du payement. A l'aide de ce renseignement, il fut possible de trouver la plupart des coupables ; dans l'espace de deux mois on en exécuta près de deux cents ; et cette justice, d'une excessive sévérité, rétablit l'ordre et empêcha de nouveaux massacres.

Soulèvement de Tortose.

4 juin. — Le gouvernement civil et militaire de cette partie de la Catalogne dont Tortose est la capitale avait été confié à Santiago-de-Guzman-y-Villoria. Cet officier pendant la guerre de 93 était encore simple lieutenant-colonel dans un régiment de milices urbaines. Il avait été rapidement élevé au grade de brigadier, qui dans l'armée espagnole répond à celui que nous appelons maréchal de camp. Lorsque le duc Crillon de Mahon avait été nommé commandant général de la Guipuzcoa, Villoria l'avait remplacé dans le commandement de Tortose. C'était à la faveur du prince de la Paix qu'il devait cet avancement extraordinaire, et, dans l'état où se trouvait l'Espagne, un semblable protecteur était pour le protégé un véritable crime. D'ailleurs, Villoria, par son caractère hautain et railleur, s'était rendu odieux au peuple. Quand le bruit des événements de Bayonne fut parvenu à Tortose, les milices urbaines commencèrent à s'organiser : elles se présentèrent chez Villoria, pour qu'il leur fît donner des tambours ; il leur avait offert un petit tambour d'enfant, leur disant qu'il n'en avait pas d'autre. Cette plaisanterie déplacée avait irrité tous les esprits.

Si Tortose n'eût renfermé que sa population habituelle, l'ordre aurait pu ne pas être troublé; mais les habitants de tout le pays, depuis les Pyrénées jusqu'au delà de Tarragone, qui, comprimés par la présence des armées françaises, n'avaient pu encore s'insurger, émigraient en foule pour se soustraire à leur domination. Chaque jour, de nombreux fugitifs affluaient à Tortose; car, avec une imprudence qu'on ne peut expliquer, Villoria avait fait remonter le pont de bateaux ordinairement établi à Amposta, à deux lieues au-dessous de la ville. Il avait aussi donné l'ordre de réunir à Tortose toutes les barques qui se trouvaient sur l'Èbre à plusieurs lieues de distance.

La garnison de Tortose se composait d'un faible détachement du régiment suisse de Wimpffen. Elle était commandée par don Esteban Fleury [1]. Mais elle venait de recevoir le jour même une augmentation inespérée. Le régiment de Wimpffen était chargé de garder une partie des côtes de la Catalogne; il se trouvait disséminé sur une étendue de quarante-sept lieues [2] : un détachement, sous les ordres du colonel Wimpffen, était à Tarragone. Lors de l'entrée des Français dans cette ville, plusieurs officiers se donnèrent rendez-vous hors de la ville. Sous le prétexte de faire des patrouilles, ils conduisirent deux cents hommes à ce rendez-vous, et les amenèrent au commandant Fleury.

Les officiers de garde aux portes lui rendaient exactement compte du nombre de personnes qui entraient ou qui sortaient de Tortose; en sorte qu'il voyait avec crainte s'y entasser ces masses de gens exaltés et sans asile. Il avait même exprimé plusieurs fois ses appréhensions au gouverneur, en lui disant que, loin de supprimer le pont d'Amposta, il aurait fallu, si ce pont n'eût pas existé, faire les plus grands sacrifices pour l'établir. Villoria avait dédaigné ces avis; seulement, dans l'incertitude et pour ne pas assumer sur lui toute la responsabilité de ce qui arriverait, il avait créé une junte, composée de Parte-Arroyo, lieutenant de roi et de cinq des principaux habitants : Raymundo Blanco, Domingo Carlet, Sebastian Caparros, Juan Pablo Ribas, Joaquin Piñol.

Une violente fermentation existait dans la ville. Il était facile de s'apercevoir qu'on tramait quelque complot.

5 *juin*, dimanche de la Pentecôte. — La journée tout entière fut donnée à l'organisation de la garde bourgeoise.

6 *juin*. — La junte de Valence avait annoncé qu'elle enverrait incessamment quatre mille hommes pour concourir à défendre le passage de l'Èbre. On les attendait de jour en jour, et don Esteban Fleury s'était rendu à l'hôtel de Villoria pour s'entendre avec lui sur l'endroit où l'on pourrait caserner les Valenciens. Lorsqu'il arriva, on était à table; le repas était triste. On s'entretenait à voix basse des mouvements des Français. Pour en être instruit avec célérité, on avait, à l'insu du gouverneur, établi une espèce de télégraphe ambulant.

On connaît l'agilité des paysans de la Catalogne et de l'Andalousie. La course est, dans les villages, un des exercices auxquels ils se livrent avec le plus de plaisir. De quart de lieue en quart de lieue on avait placé les meilleurs coureurs d'entre eux. Chacun ayant ainsi une distance de peu d'étendue à parcourir, la franchise sait avec une telle rapidité, qu'une dépêche partie de Tarragone était remise à Tortose en trois heures et souvent moins, malgré la distance de onze lieues [1] qui sépare ces deux villes. On répétait que le général Chabran s'était mis en route. Tous les visages portaient l'empreinte de la tristesse et de l'inquiétude;

---

[1] Étienne Fleury, né en 1759 à Claye en Brie, décédé à Paris le 11 juin 1841, se rattachait par quelque alliance de parenté à M. le vicomte de Polignac, ambassadeur en Suisse. Celui-ci, voulant favoriser l'avancement militaire de son jeune parent, l'avait fait naturaliser Suisse et l'avait fait entrer, en 1783, au service d'Espagne, dans le Ier régiment de Soleure.

Lors des événements de Bayonne, Étienne Fleury commandait la garnison de Tortose. Placé entre l'affection qu'il devait à la France et la foi qu'il avait jurée à son drapeau, il crut que l'honneur lui faisait un devoir d'être fidèle à son serment. Aussi nous le retrouverons à Saragosse, où il fut chargé de défendre la partie de la ville où l'attaque était la plus vive.

Appelé au service de France par un décret impérial du 25 décembre 1813, il fut chargé, en 1814, de la défense d'une des barrières de Paris.

Étienne Fleury était mon grand-oncle maternel, et c'est dans les papiers qu'il m'a laissés que j'ai puisé des documents sur l'insurrection de Tortose et sur la défense de Saragosse.

[2] 29 myriamètres 84 hectom.

[1] 698 hectomètres.

lorsque tout à coup un bruit horrible et d'effrayantes clameurs se firent entendre sous les fenêtres de la galerie où l'on était à table. Les convives, qui étaient environ au nombre de trente, disparurent. Il ne resta avec le gouverneur que sa femme, ses enfants et don Esteban Fleury.

Villoria se mit au balcon pour haranguer le peuple; tandis que don Esteban s'efforçait de rassurer sa femme et de la retenir au fond de la galerie; mais elle ne voulut pas y rester. Elle alla se placer à une fenêtre voisine; et ses petits enfants, qui étaient accourus auprès d'elle, s'efforçaient de la tranquilliser. *No teme, mama*, lui disaient-ils, *no teme, no le mataran*. Ne crains rien, maman, ne crains rien, ils ne le tueront pas.

La rue tout entière était remplie d'une foule si compacte, que si on eût lancé une orange en l'air elle n'eût pas trouvé de place pour tomber à terre. Un poste de garde bourgeoise, rangé immobile sous le portique d'un couvent, en face de la maison, ne pouvait ou ne voulait pas contenir la multitude. En vain Villoria s'efforçait-il d'obtenir le silence, afin de parler; les imprécations et les hurlements étouffaient sa voix. Il était impossible de comprendre quelles étaient les réclamations de ce peuple furieux. Villoria, né en Andalousie, entendait mal le catalan; et d'ailleurs le vacarme était horrible; tout ce que l'oreille pouvait saisir, c'était le mot de traître, ainsi que des paroles de sang et des menaces de mort. Ses paroles augmentèrent encore le tumulte; la fureur du peuple se trouva portée à l'excès.

Enfin, un individu leva sa carabine, visa le gouverneur; l'amorce ne prit pas feu, mais à l'instant, comme si c'eût été un signal convenu, cent coups de fusil partirent à la fois de tous les côtés de la rue; et Villoria, frappé de plusieurs balles, tomba en arrière, la tête dans la galerie, les pieds sur le balcon.

Don Esteban Fleury reçut dans ses bras la señora Villoria, qui s'était évanouie; la remit aux soins d'une cameriste, et, certain qu'elle ne manquerait pas de secours, il s'éloigna de cette scène de désolation. Il se rendit au quartier où ses Suisses étaient casernés, et ne tarda pas à y être suivi par les insurgés. Les Suisses se virent bientôt environnés d'une multitude de gens armés de fusils ou de piques; et cette populace furieuse demanda que les armes de la garnison lui fussent remises. L'honneur ne permettait pas aux soldats de se laisser ainsi désarmer. Cependant don Esteban Fleury se rappelait le sort des Suisses au 10 août. Son cœur se déchirait à la pensée d'exposer tant de braves gens à la possibilité d'un massacre; et à chaque instant l'attitude de la foule, exaspérée par la résistance qu'on lui opposait, devenait plus menaçante. Alors, déterminé à se dévouer, s'il le fallait, pour sauver ses soldats, il proposa aux insurgés de se rendre avec eux à l'hôtel-de-ville, où la junte était réunie. Il avait calculé qu'il entraînerait avec lui le plus grand nombre des insurgés; qu'il procurerait ainsi à sa troupe un instant de répit, dont elle pourrait profiter pour sortir de la ville. Il partit donc; et, comme il l'avait prévu, la plus grande partie de la foule le suivit. Mais à peine fut-on arrivé sur la place d'armes, le long de l'Èbre, qu'on voulut lui faire signer un ordre de remettre les armes. Il fallait, disait-on, que les Suisses rendissent leurs fusils, pour en armer le peuple, qui allait marcher contre les Français. Il refusa avec énergie; et ce ne fut pas une lutte de quelques instants, elle dura six heures. Les insurgés employèrent tous les moyens pour contraindre don Esteban à céder. Ils lui amenèrent le lieutenant de roi Parte-Arroyo, qu'ils avaient nommé gouverneur à la place de Villoria. Ce bon vieillard arriva tout effaré et tout tremblant supplier qu'on rendît les armes. Ce fut en vain; et il était probable que cette longue discussion allait se terminer par un coup d'escopette ou de poignard, quand un incident assez comique vint changer la direction des esprits. Don Esteban Fleury entendit derrière lui plusieurs des insurgés qui se plaignaient de la faim. « Quoi! leur dit-il, vous voulez faire la guerre, et vous avez des chefs qui ne savent pas vous faire vivre même dans une ville amie. Voilà de braves soldats que ceux qui se laissent manquer de vivres! — Ce ne sont pas les vivres qui nous manquent, répondirent-ils;

mais nous n'avons pas d'ustensiles pour les faire cuire. — N'est-ce que cela? reprit-il ; suivez-moi. Entraînés par l'assurance avec laquelle il leur parlait, ils se laissèrent conduire à la porte d'un couvent de capucins, dont les marmites colossales furent descellées, traînées sur la place publique ; et les insurgés se mirent aussitôt à y préparer leurs aliments. En un instant, les dispositions de la multitude furent changées. Que le commandant des Suisses soit notre général ! cria-t-on de toutes parts. Et moitié de force, moitié de bon gré, don Esteban accepta le commandement qu'on lui déférait.

Pendant que les insurgés se choisissaient ainsi un chef, une scène plus sanglante se passait dans une autre partie de Tortose. Villoria n'avait pas été frappé à mort par les coups qui l'avaient renversé. Une balle lui avait fracassé la mâchoire, plusieurs autres l'avaient frappé dans le corps ; mais lorsque le peuple avait envahi son hôtel il respirait encore. Ses assassins bandèrent ses plaies, et le traînèrent jusqu'à l'hôtel de ville, au milieu des huées et des outrages de la populace. Par un respect dérisoire pour la légalité, on exigea qu'il signât un acte par lequel il se démettait entre les mains de la junte de tous les pouvoirs qu'il exerçait ; on lui fit aussi reconnaître par écrit et signer qu'il était traître à la patrie. Sans force et presque sans connaissance, incapable de se défendre ni même de parler, car pour soutenir sa mâchoire brisée on avait été obligé de lui passer sous le menton un mouchoir qui se rattachait sur sa tête, Villoria signa tout ce qu'on voulut. On fit ensuite, à l'insu de la junte, un simulacre de jugement. Sans aucune forme, sur l'heure, sans instruction, sans défenseur, on le jugea et on le condamna à mort. Les mêmes hommes qui avaient été d'abord ses assassins, qui s'étaient ensuite constitués ses accusateurs et ses juges furent aussi ses bourreaux. Ils l'emmenèrent dans le fort. Après lui avoir laissé quelques minutes pour se confesser, ils le fusillèrent. Un nommé Reboull, riche propriétaire, qui n'avait d'autre tort que d'être ami de Villoria et peut-être d'avoir tenté de le justifier, fut entraîné par ces furieux, qui le fusillèrent aussi. La mort de Villoria est une de ces atrocités suites déplorables des mouvements populaires ; elle est d'autant plus odieuse, que la nécessité ne l'exigeait pas. Au reste, qu'on ne juge pas trop sévèrement la multitude coupable des crimes de cette journée, elle les a expiés à force de dévouement pour la patrie. C'est à la tête de ces mêmes hommes que dix semaines plus tard don Esteban Fleury, passant à travers l'armée française, introduisait un convoi dans Saragosse, et concourait à faire lever le premier siége. C'est encore à leur tête que quelques mois plus tard il devait défendre cette même capitale de l'Aragon ; et ils ont été presque tous ensevelis sous les ruines de Saint-François, de Santa-Engracia et du Cozo.

7 juin. — Le lendemain cette masse sans ordre et sans discipline, et qui ne s'élevait pas à moins de six mille hommes, sortit de Tortose, afin de prendre position au col de Balaguer pour empêcher la division Chabran de marcher sur Tortose.

8 juin. — Les insurgés s'avancent jusqu'à Tarragone, et coupent l'aqueduc qui donne de l'eau à la ville.

9 juin. — Chabran abandonne Tarragone pour retourner sur ses pas.

Soulèvement de Saragosse.

24 mai 1808. — Le soulèvement de Saragosse et la défense de cette ville furent certainement le fait le plus saillant de la révolution espagnole. Les annales militaires n'offrent pas un second exemple d'un semblable siége. Les noms de Sagunte, de Numance, de Calagurris sont restés célèbres dans l'histoire ; mais ces villes étaient des places fortes dès longtemps préparées à la défense. Saragosse, au contraire, est une place ouverte, et lors de l'invasion des Français elle n'avait pour toute garnison que vingt soldats d'artillerie et une quarantaine de miquelets. Le capitaine général de l'Aragon était George Juan Guillermi, ancien militaire respectable par ses services dans l'artillerie, mais qui manquait de l'énergie nécessaire dans des circonstances aussi critiques. Le conseil (*acuerdo*), que le capitaine général devait consulter dans toutes les occasions importantes, était composé d'anciens magistrats qui, voyant un gouvernement établi à Madrid leur transmettre des ordres d'une manière régulière, ne pensaient pas qu'on pût lui désobéir en Aragon. Telle n'était pas l'opinion des habitants de Saragosse. La population s'agitait. Elle avait pour principaux chefs Tio Jorge et Tio Marin [1].

Ces deux hommes pouvaient bien mettre en mouvement une partie du peuple, mais ils ne se sentaient pas les qualités nécessaires pour diriger une insurrection et pour jouer le rôle de Juan de la Nuça. Les regards de tout le monde se portaient vers don José Palafox-y-Melcy. Sa famille, originaire de l'Aragon, était une des plus anciennes et des plus vénérées de ce royaume. José Palafox n'était encore qu'un jeune homme sans beaucoup d'expérience; mais il était officier des gardes du corps, et son grade lui donnait dans l'armée le rang de brigadier. Il avait accompagné à Bayonne le roi Ferdinand VII, à la personne duquel il était particulièrement dévoué. Il était parti de cette ville quelques instants avant qu'on y eût reçu la nouvelle des malheurs du 2 mai. Il avait été chargé de porter à la junte de gouvernement l'ordre de commencer la guerre contre les Français; mais peu d'instants après son départ il avait reçu un contre-ordre. Il s'était établi dans une maison de campagne, à Alfranca, à une demi-lieue de Saragosse. Il y était depuis peu de jours avec son frère le marquis de Lazan et avec le colonel Butron, son ami. Le capitaine général, voyant que le nom de Palafox servait de prétexte à l'agitation populaire, fit enjoindre à cet officier de sortir du royaume d'Aragon; mais il n'était plus temps de faire exécuter cet ordre, qui, loin de ramener la tranquillité, ne servit peut-être qu'à faire éclater plus tôt l'insurrection. Le 24 mai au matin, un grand concours de peuple, sous la direction des Tios Jorge et Marin, envahit l'hôtel du capitaine général, désarma sa garde, arrêta le capitaine général lui-même, et le constitua prisonnier à l'Aljaferia. Les insurgés s'emparèrent de l'arsenal, et se distribuèrent les fusils qui s'y trouvaient rassemblés. Ils conférèrent ensuite le commandement au lieutenant général Mori, qui était commandant en second. Le peuple criait : *Mort à Guillermi ! vive Mori !* Mais quelques-uns ajoutaient : Si vous ne vous conduisez pas bien, nous crierons aussi : *Meure Mori !*

Le même jour le peuple arrêta les Français qui se trouvaient à Saragosse; mais on ne les massacra pas, comme à Valence, on se contenta de les enfermer à l'Aljaferia.

Mori, voyant qu'il n'exerçait réellement aucune autorité, qu'il était impuissant pour arrêter les excès de la multitude, songea à se prévaloir de l'influence que Palafox exerçait sur le peuple ; il lui écrivit de venir à Saragosse. En même temps un grand nombre d'habitants de cette ville, guidées par Tio Jorge, se rendit à Alfranca. C'est avec cette escorte que Palafox revint à Saragosse et qu'il se présenta chez le capitaine général. Le lendemain Palafox assista au conseil; il demanda qu'on prît des mesures pour le mettre à l'abri des importunités du peuple. Il ajouta néanmoins qu'il était prêt à sacrifier sa fortune et même sa vie au service de la patrie et du roi. Pendant ce temps le peuple, assemblé sous les fenêtres de l'endroit où l'on délibérait, força la porte, se précipita dans la chambre du conseil, et déclara qu'il fallait *nommer Palafox capitaine général*. Mori commençait à dire *que si son autorité n'était plus utile il abandonnait le commandement*. On ne lui laissa pas le temps d'achever : on cria de toutes parts *Vive Palafox! vive le capitaine général!*

Cette nomination fit cesser à l'instant toutes les convulsions populaires. On ne songea plus qu'à s'organiser pour faire la guerre aux Français. La soumission la plus aveugle remplaça l'insubordination ; et quoique le peuple prît encore quelquefois des déterminations par lui-même, il rendait compte au capitaine général des arrestations qui étaient faites.

Commencement de la guerre.

4 juin 1808. — Ces soulèvements, qui

---

[1] *Tio* signifie littéralement oncle ; mais on appelle ainsi les personnes placées au-dessous de la classe de celles qu'on appelle *senores*. Ce mot répond assez bien à celui de compère.

eurent lieu simultanément dans toutes les parties de la Péninsule, amenèrent promptement des collisions armées entre les Français et les Espagnols. Ce fut en Catalogne qu'eut lieu la première rencontre, où les insurgés remportèrent l'avantage. Une division française de trois mille huit cents hommes, commandée par le général Schwartz, était partie de Barcelone pour se rendre à Saragosse. Les insurgés, prévenus de la route qu'elle devait suivre, l'attendirent, dans un passage difficile, au sortir de Bruch. Les Somatènes, embusqués derrière les buissons, dirigèrent un feu très-meurtrier sur la colonne française, qui, après avoir perdu beaucoup de monde, fut obligée de rétrograder et de rentrer à Barcelone.

5 juin. — Pour se rendre maîtres de tout le pays, les Français avaient jugé convenable d'éparpiller leurs forces et de sillonner le pays par de nombreux détachements. Le 5 juin, une division partit de Madrid, sous le commandement du maréchal Moncey, afin d'aller occuper Valence.

7 juin. — Une autre division partie de Tolède, sous le commandement du général Dupont, était entrée en Andalousie. Le 7 juin, elle fut forcée de combattre pour enlever le pont d'Alcolea, sur le Guadalquivir; elle arriva le même jour devant Cordoue, et quoique cette ville n'eût fait aucune résistance le général Dupont la mit au pillage.

12 juin. — La guerre éclatait presque au même instant dans une autre partie de l'Espagne. Auprès de Valladolid, quelques milliers d'Espagnols, dirigés par le général Cuesta, essayèrent d'arrêter une colonne française que commandait le général Lasalle; mais ils furent mis en déroute.

15 juin. — Pendant que la guerre s'allumait ainsi dans toutes les provinces de l'Espagne, la junte réunie à Bayonne ouvrit ses séances, le 15 juin. Le 20 du même mois un projet de constitution fut présenté à cette assemblée, qui, après avoir délibéré pendant quelques jours, plutôt pour la forme que dans l'espoir d'y apporter quelques modifications importantes, l'adopta le 30 juin.

Cette constitution de Bayonne imposait au roi l'obligation de réunir les cortès au moins tous les trois ans; elle établissait la publicité des débats dans les causes criminelles; elle abolissait la question, et limitait à 20,000 piastres le chiffre le plus élevé que pussent atteindre les majorats. Elle rendait de cette manière à la circulation une grande quantité de biens, qui cessaient d'être inaliénables. Toutes ces dispositions eussent été pour l'Espagne d'immenses bienfaits si elles ne fussent pas venues avec la guerre et avec l'usurpation.

15 juin. — Le jour même de l'ouverture de l'assemblée de Bayonne Murat, dont la santé avait été altérée par l'influence du climat de Madrid, fut obligé d'abandonner le commandement pour aller prendre les eaux de Baréges. Il fut remplacé par le général Savary.

26 juin. — Une division, commandée par le général Vedel, qui s'était mise en marche pour l'Andalousie afin de renforcer le général Dupont, força, dans la Sierra-Morena, le défilé de Despeña Perros, défendu par les insurgés.

27 juin. — De son côté, le général Moncey, qui était parti le 5 juin de Madrid à la tête de forces assez considérables afin d'occuper Valence, arriva devant cette ville après vingt-deux jours de marche. Il trouva toute la population en armes; et dans ce pays d'arrosage, tout coupé de haies et de fossés, les insurgés lui disputèrent vaillamment les approches de la place. Après deux jours de combat il fut obligé de se retirer. C'est ainsi que le peuple de Valence expia, par son courage et son énergie, les crimes dont il avait souillé les premiers moments de sa révolution.

14, 15 et 16 juin. — Une colonne française partie de Barcelone pour se rendre à Saragosse avait, on se le rappelle, été arrêtée par les Somatènes dans le défilé de Bruch. Mais d'autres forces, sous les ordres du général Lefebvre-Desnouettes, descendaient de Pampelune vers la capitale de l'Aragon. Palafox, de son côté, profitant du répit que les Français lui avaient laissé, avait en vingt jours improvisé une armée de dix mille hommes. Il envoya au devant du général Lefebvre quelques troupes, qui, réunies aux habitants de Tudèle, lui disputèrent le passage de l'Èbre.

Chasse au Sanglier, à la Fourchette, (d'après Caltaños)
Caza al Javali, a la Horquilla. (agua Estampa)

ESPAGNE ESPAÑA

Le lendemain, 14, les Français rencontrèrent à Bailen le général Palafox, qui les attendait à la tête de huit mille hommes d'infanterie de nouvelles levées, de deux cents dragons et de huit pièces mal montées. Après un combat court, mais sanglant, les Français culbutèrent les Aragonais, et purent continuer leur marche. Mais le lendemain ils les rencontrèrent encore à Alagon; il fallut de nouveau combattre. Dans cette nouvelle affaire la discipline des troupes impériales eut encore le dessus; les insurgés furent rejetés sur Saragosse, où les Français ne tardèrent pas à arriver [1]. Sans doute Palafox n'avait pas pensé que la ville pût sérieusement se défendre. Le jour même de l'arrivée des Français il était sorti de Saragosse par le faubourg, avec tout ce qui lui restait de forces. Il se retirait vers Longarès, et à peine avait-il laissé à Saragosse trois cents soldats de toutes armes. Rien

[1] Les personnes qui voudront avoir des détails plus étendus sur les deux siéges de Saragosse pourront consulter les ouvrages spéciaux qui en contiennent le récit.

M. Vaughan, Anglais, raconte le premier siége. Son livre peut être considéré comme un roman plutôt que comme un ouvrage sérieux; il y rapporte une foule d'aventures imaginaires. Ces contes ont été répétés par d'autres écrivains; j'aurai bientôt l'occasion d'en réfuter quelques-uns.

M. d'Audebard de Férussac a publié un journal historique du siége de Saragosse; Paris, 1816, in-8°. L'auteur était sous-lieutenant, et assistait au siége. Il raconte avec fidélité ce qu'il a vu; mais de même que tous les Français il a été témoin de ce qui se passait dans le camp des assiégeants; et il commet des erreurs lorsqu'il parle des moyens de défense employés par les assiégés, ou des ressources dont ils pouvaient disposer.

M. le lieutenant général baron de Rogniat a publié un compte rendu fort exact des opérations du siége. L'observation que je viens de faire à propos de l'ouvrage précédent s'applique également à ce livre. Au reste, le travail du général Rogniat contient une fort belle carte de Saragosse et de ses environs, avec l'indication des travaux faits pendant le siége. C'est un document très-exact et très-utile à consulter.

M. le général baron Lejeune vient de publier un récit des siéges de Saragosse. In-8°, Paris, 1840. Ce que l'auteur raconte du premier siége, auquel il n'assistait pas, laisse désirer plus de détails et plus d'exactitude. Le récit du second siége, au contraire, est fort bien traité et rempli d'intérêt. Son livre contient aussi une copie réduite du plan publié par le général Rogniat.

Don Manuel Cavallero, lieutenant-colonel du génie, a publié en espagnol le récit de la défense de Saragosse. Son ouvrage, qui est fort bien fait, quoiqu'il contienne quelques erreurs de détail, a été traduit en français et imprimé à Paris en 1815.

n'était préparé pour la défense; mais quelques gens du peuple se mirent à tirer sur les ennemis qui s'approchaient. Le nombre de ces insurgés s'accrut rapidement; et leur fusillade arrêta la marche des Français, qui hésitèrent dans leur attaque. Ce moment d'arrêt permit de traîner à bras jusqu'au point menacé des canons placés sur la place del Pilar. On crénela le mur d'enceinte, et on établit sur les différentes avenues des épaulements en sacs à terre ou en ballots de laine. C'est ainsi que la célèbre défense de Saragosse, commença, sans qu'on l'eût ni préparée ni prévue. Le général Lefebvre-Desnouettes tenta une attaque contre les portes de Sancho et del Portillo, qui sont à l'ouest de Saragosse; mais il fut repoussé, et, comme sa division était peu nombreuse, il ne crut pas prudent de renouveler une attaque de vive force contre une ville de cinquante mille âmes, qui paraissait bien décidée à se défendre. Il attendit qu'on lui amenât des renforts de Bayonne et de Pampelune.

Le 27 le général Verdier vint prendre le commandement : il arrivait à la tête de trois mille hommes; il amenait aussi trente canons de gros calibre, 12 obusiers et 4 mortiers. De son côté, Palafox, qui avait réuni une division de six mille hommes et de quatre pièces d'artillerie, voyant la résolution que les habitants avaient prise, parvint, le 2 juillet, à rentrer dans Saragosse, à la tête d'une partie de ses forces.

La capitale de l'Aragon s'élève, non, comme le dit Vosgien, sur la rive gauche de l'Èbre, mais bien sur la rive droite, au-dessus de l'endroit où ce fleuve reçoit les eaux du Gallego, de la Huerba et du Xalon. La fertilité de la plaine où cette ville est située lui a fait donner le surnom de *Harta* : on dit *Caragoza la Harta*, Saragosse la rassasiée. Le canal impérial d'Aragon, ouvrage de Ramon Pignatelli, va prendre à Tudèle les eaux de l'Èbre pour servir à l'irrigation de toute la contrée, dont il augmente ainsi la fécondité. Saragosse n'est point fortifiée, et son enceinte consiste en un mur de dix à douze pieds de haut et de trois d'épaisseur; mais elle est défendue au nord par le cours de l'Èbre; au sud et à l'est elle se trouve enveloppée par la Huerba, qui se jette dans l'Èbre, à quelques pas au-dessous de la ville. La Huerba n'est pour ainsi dire qu'un ruisseau : elle est alimentée en grande partie par l'eau qui s'écoule des champs arrosés par le canal; mais par cette raison qu'elle sert à égoutter et à assainir les terres, on en a creusé le lit assez profondément ; on le cure soigneusement à des époques périodiques, et le limon, rejeté sur ses rives, s'est élevé successivement de manière à former une espèce de muraille en terre : c'est un chemin couvert naturel, qui entoure Saragosse au sud et au levant. En avant de la Huerba se trouvait encore le couvent de Saint-Joseph, qui était susceptible de faire quelque défense. A l'ouest seulement il n'y a pas de cours d'eau ; mais l'ancien château des rois maures, l'Aljaferia, qui est flanqué de quatre bastions, s'élève à peu de distance en dehors de la ville. Il fait l'office d'un ouvrage avancé, et protége toute cette partie de la muraille ; c'est de ce côté de la ville et contre les deux entrées les plus rapprochées de l'Èbre, la porte Sancho et la porte del Portillo que les Français dirigèrent d'abord leurs attaques.

Sur la rive gauche s'étend un faubourg qui communique avec la ville par un pont de pierre. Il y avait autrefois un second pont sur l'Èbre ; mais il était en bois, et il a été emporté par les eaux en 1802. C'est dans cette ville, sans bastions et sans remparts, que les Aragonais surent résister aux troupes victorieuses de Napoléon. Tous les habitants capables de porter les armes concoururent à la défense. Les enfants, les femmes, les religieux furent employés à faire des cartouches ou à coudre des gargousses.

Quant à ce que l'on a raconté de moines qui auraient porté le mousquet, il faut laisser de semblables récits aux faiseurs de romans. Sans doute quelques religieux ont pu prendre part à la lutte, mais certainement ils furent en très-petit nombre ; car le colonel don Esteban Fleury, qui pendant le deuxième siége a dirigé la défense du centre, m'a répété que, pour son compte, il n'en a jamais vu. Souvent des moines ont été tués ; mais ce fut lorsqu'ils portaient au milieu du feu le viatique et les consolations de la religion aux blessés et aux mourants. Au reste, je ne nie pas le fait, mais il n'a pu avoir lieu que rarement.

Les Français, qui avaient échoué dans leurs attaques contre les portes de Sancho et del Portillo, tournèrent leurs efforts contre le couvent de Saint-Joseph. Repoussés une première fois avec beaucoup de perte, ils s'en rendirent maîtres après le deuxième assaut. Ils s'emparèrent aussi du Monte-Torrero. C'est une hauteur à quelque distance de la ville ; on en avait confié la défense à douze cents hommes environ de gardes bourgeoises. Mais cette troupe, séparée de la ville et privée de tout appui, se défendit mollement, et se laissa rejeter dans Saragosse. Il n'y avait dans cet événement malheureux aucun tort à imputer au commandant de ce poste ; néanmoins la colère populaire voulut y voir de la trahison ou de la lâcheté : il fut traduit devant un conseil de guerre et fusillé. Malheureusement ce crime n'est pas le seul à reprocher aux énergumènes qui dirigeaient la populace. Ils pensèrent qu'il fallait ranimer par l'aspect des supplices le zèle trop tiède de ceux dont le courage était chancelant : le colonel d'artillerie Pesino fut sans jugement fusillé à la porte Sancho ; le brave San-Genis lui-même fut un instant retenu en prison.

Le 4 juillet. — Maîtres du couvent de Saint-Joseph, qui leur assurait un passage sur la Huerba, les Français établirent une batterie formidable au midi de la ville, en face du couvent de Santa-Engracia, ouvrirent de larges brèches, et donnèrent l'assaut à ce couvent, dont ils se rendirent maîtres. C'est alors qu'ils firent sommer Palafox de capituler ; mais celui-ci leur adressa cette réponse laconique : *Guerra à cuchillo*, guerre aux couteaux.

Les assiégeants, après avoir forcé l'enceinte, se crurent un instant maîtres de la ville ; mais ils furent promptement désabusés. Ils s'avancèrent jusqu'à la rue du Coso ; ils la franchirent même, et s'engagèrent dans les petites rues qui mènent à la tour Neuve. Dans ces passages étroits la fusillade recommença, et ils furent forcés de reculer : une nouvelle ligne de défense s'organisa le long du Coso.

ESPAÑA.
ESPAGNE.

Cathédrale de Malaga.

Suivant Luis Lopes [1], la rue du Coso, qui est une des plus belles de Saragosse, et qui, en y joignant celle du marché Neuf, décrit un arc de cercle dont les deux extrémités vont presque aboutir à l'Èbre, occuperait la place de l'ancienne enceinte de César Auguste. Cette rue, dit-il, s'appelait autrefois le *Foso*. Cela est prouvé par des écritures anciennes, et cela résulte aussi d'une inscription gravée sur la frise de la corniche de pierre qui entoure la croix du Coso; la rue y est appelée *Sacro foso*, le Fossé sacré. Cette voie est extrêmement large; elle forma une limite que les assiégeants ne franchirent plus.

14 — *juillet*. Ce n'était pas seulement en Aragon qu'on se battait. Une armée espagnole occupait le chemin de Madrid. En vain la junte de Bayonne avait reconnu le roi Joseph; il fallait encore que la victoire vînt sanctionner cette proclamation. Le maréchal Bessière gagna contre les généraux espagnols la bataille de Rio-Seco, qui ouvrit à Joseph la route de sa capitale. Ce prince, parti de Bayonne le 3 juillet, arriva à Madrid le 20. Il y fut reconnu roi le 24, avec toutes les cérémonies usitées en pareille circonstance. Au reste, il n'y demeura pas longtemps tranquille: il y avait à peine cinq jours qu'il y était proclamé quand il reçut la nouvelle de la défaite d'une division française qui avait pénétré en Andalousie. Le général Dupont, cerné au pied de la Sierra-Morena par les généraux Reding, Coupigny et Castaños, chercha vainement à s'ouvrir un chemin en leur passant sur le corps. Le 19 juillet, auprès de Baylen, il livra bataille à Reding et à Coupigny [2]. Il ne put parvenir à les faire reculer, et il fut obligé de mettre bas les armes avec toute sa division et avec celle du général Vedel.

Le messager qui apportait la nouvelle de ce désastre arriva à Madrid le 29 juillet. Aussitôt Joseph convoqua un conseil composé des personnes les plus importantes : le général Savary ayant ouvert l'avis de se retirer sur l'Èbre, cette proposition fut adoptée; et le lendemain, 30, Joseph quitta sa capitale.

Pendant ce temps les habitants de Saragosse continuaient à se défendre. Cette glorieuse résistance excitait à la fois la surprise et l'admiration. Aux yeux des gens du peuple, elle avait quelque chose de surnaturel. Ils répétaient que les défenseurs de Saragosse étaient protégés par leur sainte patronne; que la vierge del Pilar détournait les boulets et les bombes lancés contre la ville. Les récits qu'on faisait de leurs combats enflammaient le courage de tous les Espagnols. Il n'était personne qui ne brûlât du désir de concourir à leur délivrance. La junte de Tortose prit la résolution d'envoyer à leur secours un convoi, dont elle confia l'organisation et la conduite au commandant Esteban Fleury [1]. Ce fut à Mora, sur la rive droite de l'Èbre, que se rassemblèrent les forces qu'il était chargé de mener à Saragosse. Elles étaient peu considérables. Il n'avait qu'un bataillon du régiment de Wimpfen. Mais deux mille de ces Catalans qui avaient fait la révolution de Tortose vinrent à Mora le supplier de permettre qu'ils marchassent sous ses ordres; et il faut rendre justice à ces braves gens : par la suite aucun d'eux n'a mérité de reproche; presque tous sont tombés au champ d'honneur. De Saragosse à Mora la distance est d'environ trente lieues d'Aragon (dix-huit myriam. cinquante et un hect.). Mais comme on traînait un grand nombre de chariots le trajet fut long. On suivit d'abord la rive droite de l'Èbre, en s'avançant par Caspe, Chiprana, Sastago et la Zaida; mais, comme on approchait des Français, on passa sur la rive gauche afin de gagner les montagnes, où le convoi avait moins à craindre de la cavalerie ennemie. Ce fut à Pina que l'on traversa l'Èbre, et dans cet endroit le convoi fut renforcé de cent quatre-vingts hommes du régiment d'Estremadure, qui s'étaient échappés de Barcelone pour ne pas servir le nouveau roi. Dans chaque village où l'on passait les habitants venaient ajouter quelques chariots de plomb, de vivres ou de poudre à ceux que l'on conduisait déjà;

---

[1] Trofeos y antigüedades de la imperial ciudad de Caragoza, f° 69.
[2] Coupigny était un émigré français.

J'ai entre les mains l'ordre donné en cette circonstance par la junte de Tortose; il est signé par Parte-Arroyo, Raymundo Blanco, Domingo Carlet, et Sebastian Capparos.

en sorte que cette longue file de voitures, qui s'accroissait à mesure qu'on approchait du but, occupait plus d'une demi-lieue de terrain. La difficulté ne consistait pas à ramasser le convoi, mais bien à le faire entrer dans Saragosse. Voici comment on s'y prit pour tromper la vigilance des assiégeants et pour passer sans coup férir au milieu de leur armée. D. Esteban Fleury avait fait recueillir tout le long de la route des fascines; il en avait fait mettre sur les voitures autant qu'elles en pouvaient porter. Chaque cheval et même chaque homme en était chargé. Le 12 août, au soir, le convoi arriva à Peñaflor, sur la rive gauche du Gallego, à une lieue et demie de la ville assiégée. On se rappelle que Saragosse est située sur la rive droite de l'Èbre; c'est sur cette rive et autour des murailles de la ville que les Français avaient placé la plus grande partie de leurs forces. Sur la rive gauche, le Gallego a son embouchure à quelques pas au-dessous du faubourg, où l'on n'arrive que par deux chaussées: l'une, qui se dirige en montant vers le nord, conduit à Villa-Nueva de Gallego; l'autre incline vers le nord-est, et va traverser le Gallego à un quart de lieue au-dessus de son embouchure; c'est le chemin de Barbastro et de Barcelone. Ces deux routes forment entre elles un angle d'environ 40 degrés. Tout l'espace compris entre ces deux chaussées, et même entre la rive droite du Gallego et la rive gauche de l'Èbre, se compose d'un terrain d'irrigation. Par conséquent il est coupé par des fossés très-profonds et très-nombreux. En 1808 il était aussi couvert d'une grande quantité d'arbres fruitiers. Les Français, afin d'interdire tout accès de ce côté de Saragosse, s'étaient servis des travaux construits pour l'arrosage; ils avaient inondé tout le terrain, qui se trouvait ainsi caché sous plusieurs pieds d'eau. Les deux routes seulement, dont le sol est plus haut que celui de la campagne, n'étaient pas submergées, et formaient deux longues levées au milieu d'un lac immense. Sur chacune de ces routes les assiégeants avaient établi une batterie. Enfin, une partie de leur cavalerie était cantonnée à Villa-Mayor, le premier village sur la route de Barbastro, à moins d'une lieue de Peñaflor.

Le 13, de grand matin, le convoi se mit en route, en marchant au milieu des arbres qui bordent le Gallego. Il traversa la rivière, à gué, au village d'Aula-Dei. Alors il se jeta au milieu des terres inondées, à égale distance des deux chaussées que les assiégeants occupaient. A l'aide des fascines dont on avait eu soin de se munir on faisait un chemin dans tous les endroits où le passage était difficile; on comblait les fossés; puis quand les voitures avaient toutes franchi cet obstacle on arrachait les fascines, et on les faisait passer de main en main jusqu'à la tête du convoi, pour s'en servir de nouveau. Les assiégeants ne tardèrent pas à apercevoir cette énorme colonne de chariots et d'hommes armés qui s'avançaient lentement au milieu de l'inondation. Les batteries construites sur les deux chaussées dirigèrent alors tout leur feu de ce côté; mais ce fut en vain: elles ne tuèrent pas un homme, ne brisèrent pas une roue. Enfin, après un trajet excessivement pénible, don Esteban Fleury put faire entrer dans Saragosse sa longue file de voitures, dont trente étaient chargées de poudre. Il était environ six heures de soir lorsqu'il parvint dans le faubourg. Aussitôt les nouveaux arrivés, impatients de se mesurer avec les assiégeants, coururent spontanément au lieu où l'on se battait; ils passèrent toute la nuit à tirer sur les ennemis, et l'ardeur qu'ils développèrent en cette circonstance fit croire aux Français qu'il était entré dans la ville un nombre de troupes considérable. Déjà Verdier avait appris le désastre de Baylen; il avait même reçu, dit-on, l'ordre d'abandonner le siége; l'arrivée de ce renfort le contraignit à partir. Il encloua sa grosse artillerie, la jeta dans le canal, et se retira dans la journée du 14 [1].

[1] On lit dans M. Torreno : « Ayant marché en toute hâte, et conduite sur des chariots par les habitants des communes de son passage, la division de Valence, aux ordres du maréchal de camp don Felipe Saint-March, accourut précipitamment se jeter dans la ville assiégée. »
Il y a là autant d'erreurs que de mots. Le convoi qui est entré dans Saragosse et qui a contraint Verdier à lever le siége venait de Tortose, et non pas de Valence. Il était composé de Suisses et de Catalans commandés par don Esteban Fleury, et non pas par don Felipe Saint-March. Et si cette action de guerre a quelque mérite, j'en revendique l'honneur pour mon oncle. *Suum cuique.*

· 13 *août* 1808. — Napoléon avait envoyé au fond du Danemark la division espagnole commandée par la Romana. En apprenant les événements qui se passaient dans leur patrie, les soldats espagnols prirent la résolution de s'échapper et d'aller partager la courageuse résistance de leurs compatriotes. Le 13 août, tous les corps espagnols qui avaient pu gagner l'île de Langeland, et qui s'élevaient à neuf mille hommes, s'embarquèrent pour passer en Suède, où des bâtiments de transport vinrent les prendre pour les conduire sur la côte des Asturies.

25 *septembre*. — Je ne sais pas si Joseph commit une faute en abandonnant une première fois sa capitale; mais ce qui est certain, c'est que la retraite des Français permit aux Espagnols d'organiser un gouvernement et de donner de l'ensemble à la défense. Une junte centrale fut formée de membres envoyés au nombre de deux par chacune des juntes de province. Elle fut solennellement installée à Aranjuez le 25 septembre.

5 *novembre* 1808. — Les Français, de leur côté, s'appliquèrent à rassembler leurs forces; ils avaient commis une faute énorme en les éparpillant sur tous les points de la Péninsule. Ce fut la cause de leurs revers; mais quand ils se furent concentrés ils ne tardèrent pas à reprendre l'offensive. Ils furent d'ailleurs renforcés par des troupes nouvelles, qui portèrent leur nombre à deux cent cinquante mille hommes.

5 *novembre*. — L'empereur lui-même, que la victoire n'avait pas encore abandonné, arriva à Vitoria, où était le quartier général.

8 *novembre*. — L'armée française reprit Burgos.

10 *novembre*. — Deux jours plus tard elle livra la bataille d'Espinosa. L'armée de Galice, commandée par le général Blake, et dont faisaient partie les troupes de la Romana, fut battue par les maréchaux Victor et Lefebvre.

Le même jour l'armée d'Estrémadure, forte de dix-huit mille hommes, ayant à sa tête le comte de Belvéder, fut mise en déroute par le général Lagrange et par le maréchal Bessières.

23 *novembre*. — On ne tarda pas non plus à se battre sur les bords de l'Èbre.

Pendant le répit que leur avait donné la retraite des Français, les Aragonais avaient préparé des moyens de résistance. San-Genis avait fait à Saragosse les ouvrages qu'il était possible d'élever en aussi peu de temps. Palafox, aidé par Butron, par don Felipe de Saint-March, et surtout par le baron de Versage [1], avait organisé une armée. Ces forces étaient postées le long de la rivière d'Aragon, qui vient se jeter sur la rive gauche de l'Èbre, à quelques lieues au-dessus de Tudèle. Dans cette position, elle défendait toute la plaine qui se trouve de ce côté de l'Èbre. Sur l'autre rive se tenait l'armée que Castaños avait amenée d'Andalousie. Elle était postée le long de la rivière de Quellès, qui passe à Cascante et qui se jette dans l'Èbre à Tudèle. Une parfaite harmonie ne régnait pas entre les chefs de ces deux armées. Castaños ne considérait l'armée aragonaise que comme une division de ses propres forces. Il prétendait emmener les Aragonais en Andalousie, parce qu'il soutenait qu'on ne pouvait défendre avec succès que les provinces maritimes. Les Aragonais, au contraire, et Palafox n'était que leur interprete, voulaient combattre chez eux. Ils répondaient qu'ils s'étaient organisés pour défendre leurs foyers, et qu'ils ne voulaient pas les abandonner à l'ennemi.

Cependant, comme les Français s'avançaient par la rive droite de l'Èbre, une grande partie des forces aragonaises passa de ce côté du fleuve, et vint camper à Tudèle.

Le 22 novembre, les généraux espagnols tinrent un conseil de guerre; mais ils ne purent tomber d'accord sur leur système de défense, et ils n'avaient pris aucune résolution quand, le 23 au matin, les Français attaquèrent l'armée aragonaise. Les environs de Tudèle sont couverts d'une grande quantité d'oliviers. Les Aragonais, doués d'un admi-

[1] Saint-March et de Versage étaient Français. Ce dernier surtout était un officier d'un grand mérite. Il était depuis longtemps au service de l'Espagne. Il avait commandé une compagnie des gardes walones. Il eut une hanche emportée par un boulet lorsque, pour observer les progrès des assiégeants, il se tenait dans une des petites barraques construites sur le pont de Saragosse. Il mourut quelques jours avant la fin du second siège.

rable instinct pour la guerre de partisans, s'embusquèrent derrière les arbres, derrière les haies, et commencèrent à combattre sans ordre; car les chefs n'avaient arrêté aucun plan de bataille. Le courage et l'obstination des soldats suppléèrent à l'imprévoyance des généraux, et la lutte se prolongea une grande partie de la journée. Quant à l'armée de Castaños, elle était à quatre lieues de là, à Cascante, où elle fut également attaquée et battue par les Français.

Palafox se retira sur Saragosse; mais il avait laissé des postes nombreux à Caparroso, et tout le long de la rivière d'Aragon. Il chargea le colonel don Esteban Fleury d'aller rassembler ces troupes et de les lui ramener. Celui-ci, à la tête d'un régiment qu'il avait organisé depuis le premier siége, et qui portait le nom de Suisses d'Aragon, remplit, non sans peine, cette mission difficile, et rentra dans Saragosse quelques instants avant que les Français eussent investi cette ville.

29 *novembre*. — Sept jours plus tard les Français remportèrent la victoire de Somo-Sierra. Commandés par l'empereur en personne, ils attaquèrent l'armée espagnole, postée dans les montagnes qui séparent la Vieille-Castille de la Nouvelle, à seize lieues environ (101 kilomètres) de Madrid, et la mirent en déroute. Après cette affaire, les Français marchèrent sur Madrid, où l'épouvante était au comble.

1er *décembre*. — La junte générale de gouvernement, effrayée, abandonna Aranjuez, et se retira en toute hâte à Talavera-la-Reina.

3 *décembre*. — L'armée française ne tarda pas à attaquer Madrid, que les habitants voulaient défendre; elle s'empara du Retiro; et le 4 *décembre* Madrid capitula.

1er *janvier* 1809. — Napoléon entra dans Astorga à la tête de quatre-vingt mille hommes, et détacha le maréchal Soult à la poursuite d'une armée anglaise, commandée par le général Moore, qui était venue au secours des insurgés espagnols. Cette armée, sans avoir combattu, se retirait en toute hâte vers la Galice, afin de se rembarquer à la Corogne. Les Anglais, poussés l'épée dans les reins, arrivèrent le 11 en vue de la Corogne, dans un état déplorable de désordre et d'abattement. Les vents contraires n'avaient pas permis aux vaisseaux de doubler le cap Finistère. Cette circonstance donna aux Français le temps d'arriver avant que les Anglais fussent sur leur flotte. La bataille s'engagea le 16 sur les hauteurs qui avoisinent la Corogne. Le général John Moore fut tué, et les Anglais profitèrent de la nuit pour s'embarquer. Le 19, la Corogne capitula.

22 *janvier*. — Joseph Bonaparte fit son entrée solennelle à Madrid; et Napoléon, peu de temps après avoir rétabli son frère sur le trône d'Espagne, reprit la route de France.

Second siége de Saragosse. — Les événements se croisent tellement, ils sont si nombreux, qu'il est impossible de les faire marcher de front. Il faut quelquefois retourner en arrière. Le 20 *décembre*, les Français étaient arrivés en vue de Saragosse. Le 21, sur la rive droite, le maréchal Moncey avait attaqué le *Monte-Torrero*, et s'était emparé de cette position mollement défendue par Saint-March, à la tête de cinq mille hommes.

Le même jour, sur la rive gauche, le général Gazan attaqua le faubourg. De ce côté, la défense était dirigée par Josef Manso. C'était la partie la plus faible de la ville : on en avait confié la défense aux troupes qu'on regardait comme l'élite de la garnison, aux régiments des gardes espagnoles et des Suisses d'Aragon. En avant du faubourg se trouvait une habitation désignée sous le nom de *torre del Obispo*, tour de l'Évêque. Ce n'était pas une fortification, ainsi que le mot de *tour* pourrait le faire croire : on donne en Espagne le nom de *torres* aux maisons de campagne, de même qu'auprès de Marseille on les appelle des *bastides*.

On y avait mis pour garnison cent hommes du régiment suisse d'Aragon. Une compagnie du même régiment occupait le couvent de San-Gregorio, qui formait l'extrémité du faubourg. Enfin, le reste des Suisses, commandés par leur colonel don Esteban Fleury, et les gardes espagnoles défendaient le passage du Gallego; les troupes qui occupaient ce poste combattirent avec la plus

ESPAGNE. ESPAÑA.

Couvent de la Vierge del Carmen à Cadix.
Convento de Nuestra Señora del Carmen, en Cádiz.

grande bravoure[1]; mais enfin elles durent céder aux forces supérieures qui les attaquaient; elles furent contraintes de se replier sur la ville, dont la défense se trouva un instant compromise. L'officier qui commandait à la torre del Obispo perdit la tête, et se rendit à la première sommation que les assaillants lui adressèrent; en sorte que les Français purent s'avancer l'arme au bras jusqu'auprès du faubourg, où les préparatifs de défense n'étaient pas achevés. On avait pensé que la torre del Obispo resisterait quelque temps. Le faubourg était encombré par les équipages de plusieurs régiments qui n'étaient rentrés dans la ville que depuis peu d'instants. Josef Manso fit diriger sur les assaillants un feu de mousqueterie très-vif. Pour arriver au faubourg il fallait qu'ils franchissent un chemin creux; ils n'osèrent pas s'y engager: ils reculèrent. Mais le colonel Fleury m'a répété bien souvent que si en ce moment ils eussent mis dans leur attaque autant d'énergie et de vivacité qu'ils en avaient déployé sur les bords du Gallego, ils auraient probablement emporté le faubourg; ils hésitèrent, et l'occasion ne se représenta plus[2].

[1] Défense de Saragosse par don Manuel Cavallero, p. 91.
[2] M. de Torreno raconte cette affaire à sa manière habituelle, c'est-à-dire que son récit est rempli d'erreurs: « Le général Gazan commença, dit-il, par attaquer les Suisses de l'armée espagnole, qui couvraient le chemin de Villamayor; supérieur en nombre, l'ennemi les obligea à se retirer sur la tour de l'Arzobispo, ou, bien qu'ils se défendissent avec la plus grande bravoure, animés qu'ils étaient par l'exemple de leur chef don *Adriano Walker*, ils resterent pour la majeure partie morts ou prisonniers. » Ce récit est inexact, en ce qui concerne les faits aussi bien qu'en ce qui concerne les personnes. Le colonel des Suissés d'Aragon était don Esteban Fleury; et j'ai entre les mains l'ordre qui lui fut envoyé quelques minutes avant le combat; il est ainsi conçu:
« El comandante de los Suisos marchara immediatamente *a reforsar los presidos de....* (ces derniers mots sont rayés, et on a écrit au-dessus:) *a sostener a las tropas del Gallego y* et l'ordre continue de cette manière:) San-Gregorio, dejando cien hombres en la torre del Obispo para que la defiendan.
« Zaragoza, 21 de diciembre de 1808.
« JOSEF MANSO. »
« Le commandant des Suisses ira immédiatement soutenir les troupes du Gallego et Saint-Grégoire, en laissant cent hommes dans la torre del Obispo pour la défendre.
« Saragosse, 21 de décembre 1808.
« JOSEF MANSO. »

Les Français, n'espérant plus s'emparer de la ville par une attaque de vive force, ouvrirent la tranchée, et firent des approches comme s'ils eussent assiégé une place régulièrement fortifiée. Les Aragonais, de leur côté, prirent la résolution de ne pas se rendre. Dans un conseil de guerre présidé par Palafox, on agita la question de savoir jusqu'à quelle limite il faudrait pousser la resistance. On décida qu'il fallait défendre *hasta la ultima tapia*, jusqu'à la dernière cloison. *Y despues?* Et après? demanda un vieux militaire que plus d'expérience de la guerre rendait moins enthousiaste. *Despues veremos.* Après.. nous verrons, s'écrièrent à la fois plusieurs officiers; et il fut résolu qu'on ne se rendrait pas.

Les Français attaquèrent la ville de deux côtés. Une attaque fut dirigée contre la partie est le long de l'Èbre, l'autre contre le midi, en face de Santa-Engracia. Quand les assiégeants eurent ouvert une brèche dans l'enceinte de la place, quand ils eurent franchi la muraille, alors commença cette guerre *à cuchillo*, cette lutte acharnée de toutes les minutes, de tous les instants, qui a couvert d'une gloire éternelle les défenseurs de cette ville. En ce moment, et lorsque les Français étaient déjà maîtres du couvent de Santa-Engracia, on confia la défense de cette partie de la ville à don Esteban Fleury. Il fallut alors faire le siége de chaque maison, et chacun de ces siéges pourrait fournir la matière d'un long volume. Le premier soin du colonel Fleury, en prenant le commandement de cette partie de la défense, fut d'organiser une compagnie de maçons et de charpentiers qui avaient continuellement des briques et du mortier préparé pour murer les communications, ou pour bâtir des réduits. Les assiégeants perdaient beaucoup de monde lorsqu'ils voulaient emporter une maison de vive force: aussi avaient-ils pris le parti de miner successivement chacun des édifices où les assiégés se défendaient. On a répété dans presque tous les auteurs qui ont parlé du siége de Saragosse que les Espagnols avaient fait des travaux souterrains pour éventer les mines; cela est rapporté dans les écrits les plus consciencieux, même dans celui du général Rogniat. Voici ce

12.

qui peut avoir occasionné cette erreur. Saragosse, bien qu'elle soit située entre deux rivières, l'Èbre et la Huerba, est cependant privée d'eau limpide. En tout temps, l'Èbre charrie du limon qui rend son onde excessivement trouble; et la Huerba n'est guère alimentée que par l'eau qui s'écoule des champs après avoir servi à l'arrosage. Les habitants de Saragosse manquent donc d'eau limpide; et comme l'invention, assez nouvelle, des fontaines à filtrer n'était pas encore parvenue chez eux, ils clarifiaient l'eau de l'Èbre en la laissant reposer. A cet effet, on la mettait dans de grandes jarres placées dans un caveau pratiqué au-dessous du premier étage de caves. On attendait que là elle se fût purifiée. C'était un luxe de pouvoir offrir de l'eau très-ancienne; et il n'était pas rare qu'on en présentât qui comptait plus de dix ans de caveau. Lorsque les assiégeants employèrent la mine pour détruire les maisons dont l'attaque à ciel découvert leur paraissait devoir coûter trop de sang, les Espagnols n'avaient que peu de mineurs à leur opposer; encore les hommes qu'ils auraient pu employer à cette guerre souterraine étaient-ils bien inexpérimentés; mais on profita avec adresse de l'existence de ces caveaux, creusés dans le tuf à une assez grande profondeur, et que généralement ne revêt aucune maçonnerie. On y plaça des sentinelles chargées d'écouter les progrès du mineur français. Indépendamment de leurs armes, on donnait à ces soldats deux grosses pierres, qu'ils frappaient l'une contre l'autre. Cette ruse a presque constamment réussi. Les assiégeants, trompés par le bruit, crurent que l'on contre-minait, et craignant que leurs travaux ne fussent éventés, ils chargèrent souvent leurs fourneaux avant d'être arrivés sous l'endroit qu'ils voulaient faire sauter; ainsi ils n'obtinrent pas le résultat qu'ils s'étaient proposé.

Lorsque les Français étaient parvenus à faire sauter une maison, on leur en disputait encore les décombres. C'est à une attaque de ce genre que fut tué le général Lacoste, qui commandait le génie. « Le premier février[1], à l'atta-

[1] Don Manuel Cavallero, p. 117.

« que du centre, il y eut une affaire ex-
« trêmement vive. Deux mines avaient
« été construites à droite et à gauche
« du couvent de Sainte-Engrâce, et
« après qu'elles eurent sauté, deux co-
« lonnes de Polonais, guidés par le gé-
« néral du génie Lacoste, s'élancèrent
« sur les brèches. Le colonel Fleury et
« quelques Suisses d'Aragon qui occu-
« paient les maisons voisines, firent un
« feu si vif, qu'il fallut toute la valeur
« des troupes polonaises, sous les yeux
« d'un des plus braves généraux de l'ar-
« mée française, pour occuper les ruines
« de deux misérables maisons. Cette
« faible conquête coûta cher aux assié-
« geants, non pas tant par la perte de
« plusieurs de ces vaillants Sarmates,
« qui pouvaient être facilement rempla-
« cés dans un corps nombreux où le
« courage était la qualité de tous, que
« par celle du général Lacoste, homme
« aussi aimable par ses qualités sociales
« que par son activité et ses talents. »

Dans les premiers jours, quand une maison s'écroulait par l'effet de la mine, si le fourneau avait été peu chargé, il restait presque toujours quelques planchers suspendus à la muraille mitoyenne. Les assiégeants s'y logeaient, et ils attaquaient avec plus de facilité la maison voisine. Si au contraire la mine contenait une grande quantité de poudre, les planchers en s'arrachant de l'endroit où ils étaient attachés, entraînaient une partie de la muraille, y faisaient de larges ouvertures; et la maison voisine, ainsi mise à jour, devenait fort difficile à défendre. Pour obvier à cet inconvénient, aussitôt que les Français commençaient le siége d'une maison, le colonel Fleury en faisait enlever le carrelage; il faisait mettre à jour le plancher tout le long de la maison voisine, et faisait scier les poutres et les solives qui s'y rattachaient; il ne leur laissait que quelques lignes de bois; en sorte que lorsqu'une maison sautait par l'effet de la mine, tous les planchers s'écroulaient; et derrière les ruines se trouvait un mur à pic et intact que les maçons crénelaient en un instant et d'où le feu recommençait avant que les assaillants se fussent établis sur les débris de l'édifice qu'ils venaient d'abattre. S'il restait quelques pans de bois qui

ESPAGNE. ESPAÑA.

Ibiza

gênassent la défense, aussitôt les Espagnols l'incendiaient. Un jour, pour détruire une baraque située près du couvent de San-Francisco, le colonel Fleury fit sortir dans la rue des hommes qui portaient un chaudron rempli de résine fondue. A l'aide de balais et de tampons d'étoupe, ils se mirent à enduire la muraille de résine. Le premier Français qui les aperçut se mit à rire de cette opération, dont il ne comprenait pas le but : *Tiens*, dit-il, *voilà des imbéciles qui s'amusent à peindre leur maison*. Les Espagnols continuèrent gravement leur tâche, pendant que les Français riaient à gorge déployée. Quand les Espagnols eurent fini, ils jetèrent une botte de paille au pied du mur; ils y mirent le feu, et l'incendie se propagea en quelques secondes.

Les assiégeants ne se bornèrent pas à la guerre souterraine; ils bombardèrent la ville. Les assiégés, pour être prévenus quand on allumerait un mortier, avaient mis des sentinelles au sommet de la tour Neuve. Pendant le premier siége, la cloche tintait à chaque bombe ou à chaque obus qu'on voyait lancer; pendant le second siége, le nombre de ces projectiles était si considérable, qu'on ne sonna plus que pour les bombes. En quarante-deux jours que dura le second bombardement, il tomba sur la ville seize mille bombes. Eh bien, malgré cet épouvantable feu, malgré une horrible épidémie qui vint décimer les défenseurs, ils ne perdirent ni le courage ni la gaieté. Les femmes elles-mêmes étaient accoutumées au danger, et pendant les jours les plus brûlants du siége, il y eut des réunions, des *tertulias*. Seulement, lorsqu'on entendait la cloche de la tour Neuve, on posait ses cartes sur la table, on faisait le signe de la croix, on recommandait son âme à Dieu; puis on relevait ses cartes et l'on se remettait à jouer.

Le théâtre de Saragosse formait l'angle d'une des rues qui aboutissent sur le Coso. Les Suisses y avaient trouvé des mannequins et des têtes de carton; ils s'amusaient à placer une de ces têtes à l'extrémité d'une perche, et ils l'approchaient de l'une des meurtrières : aussitôt que les assiégeants apercevaient cette figure ils faisaient pleuvoir sur elle une grêle de balles. Alors les soldats allongeaient par la fenêtre la tête et le bâton qui la portait, et ils adressaient aux assiégeants des quolibets et des railleries.

On se battait à tous les instants sans relâche; et l'on n'abandonnait un pied de terrain aux assiégeants que lorsqu'il était entièrement rasé. Ils s'avancèrent ainsi jusqu'à la rue du Coso, et toute la partie de la ville qui existait autrefois entre cette rue et Santa-Engracia, et que défendait mon oncle, fut abattue par le canon et par la mine; il resta peu de chose à faire pour la niveler, et depuis on en a fait une promenade publique.

Le couvent de San-Francisco fut notamment le théâtre d'une défense acharnée; il fut plusieurs fois enlevé et repris.

« L'ennemi [1] s'empara des immenses « souterrains de l'hôpital, et de là diri« gea trois galeries de mines sur Saint« François, à travers la rue Santa-En« gracia. Des paysans et des Suisses, « commandés par le brave colonel « Fleury, parvinrent à les déloger des « caves et à leur faire abandonner leurs « cheminements souterrains. »

« Cependant [2] les mineurs ennemis « étaient parvenus à conduire une ga« lerie de l'hôpital à San-Francisco, « avec plus de succès que la première « fois. Les Espagnols contre-minèrent, « ce qui obligea les premiers à faire « sauter leur fourneau avant d'être ar« rivés sous les murs du couvent; mais, « comme ils le surchargèrent jusqu'à « y mettre trois milliers de poudre, l'ef« fet fut aussi considérable que s'il avait « été placé plus avant. » Le couvent fut enlevé, les Français s'y établirent; mais le soir même le colonel Fleury, après une journée tout entière de combats et de fatigues, se délassait dans une de ces *tertulias* où l'on oubliait par moment les dangers et les horreurs du siége, lorsqu'un des paysans catalans qui, depuis la révolte de Tortose, s'étaient attachés à sa personne, vint lui dire que des terrasses des maisons voisines il était possible de gagner les toits du couvent

---

[1] Cavallero, Relation des deux siéges de Saragosse, p. 123-124.
[2] Cavallero, p. 126.

de San-Francisco. Aussitôt le colonel des Suisses essaya ce trajet difficile. Suivi de quelques hommes seulement, il parvint par les toits du couvent dans les tribunes et sur la corniche du dôme. Les assiégeants étaient occupés à faire un retranchement derrière les portes, lorsque les Espagnols firent pleuvoir sur eux une grêle de grenades. Ne sachant pas d'où leur venait cette attaque imprévue, ils abandonnèrent promptement le poste, qui fut occupé par les Suisses d'Aragon.

Le couvent fut de nouveau attaqué le lendemain. On se disputa avec acharnement les ruines de ce couvent incendié dans le premier siége et détruit par la mine dans le second. L'église du couvent était séparée en deux parties : une partie basse et un chœur plus élevé. Après avoir éprouvé une vive résistance, les assiégeants s'emparèrent de la partie basse ; mais les Espagnols se maintinrent longtemps dans la partie haute. Ce ne fut qu'après un combat à la baïonnette excessivement sanglant qu'on put les en chasser. Ils avaient pratiqué une communication entre cette partie haute et les maisons voisines. En se retirant, ils bouchèrent ce passage par un simple mur de briques posées à plat. Les Français, ne pensant pas qu'il pût n'y avoir entre eux et les assiégés qu'une cloison de quelques doigts d'épaisseur, n'eurent pas la précaution de se fortifier de ce côté. Cependant, toutes les nuits les Espagnols donnaient quelques coups de pioche dans cette fragile séparation. Ils se précipitaient dans le chœur d'en haut, sans qu'on sût comment ils y étaient parvenus ; ils attaquaient les Français endormis, les chassaient de cette partie de l'église, et ne se retiraient qu'au jour, après avoir de nouveau muré leur entrée. Cela dura ainsi pendant plusieurs nuits ; et les assiégeants ne restèrent définitivement maîtres des ruines de San-Francisco que lorsqu'ils eurent fait sauter toutes les maisons voisines.

« Les communications avec le dehors étaient de la plus grande difficulté. Les hommes du pays les plus lestes et les plus habitués aux sentiers détournés, avaient la plus grande peine à éviter les postes français : il n'y avait plus de légumes ; une poule se vendait cinq piastres ; la viande de boucherie manquait totalement.

« Le bombardement durait depuis six semaines ; les ravages de l'épidémie augmentaient avec rapidité. » Dans la crainte de paraître exagérer, je n'ose pas donner le chiffre de ceux qui mouraient chaque jour par la maladie, sans compter ceux qui étaient frappés par les hasards de la guerre. « Les anciens hôpitaux et plusieurs maisons que l'on avait destinées à cet usage, étaient pleins de fiévreux ; on ne pouvait leur donner que de l'eau de riz.[1] Faute de matelas, les moribonds expiraient sur la paille. Le mauvais air et le défaut de médicaments produisaient la gangrène au bout de peu de jours, en sorte que la plus légère blessure entraînait une mort sûre et horrible.

« La terre manquait pour ensevelir les morts : on faisait de grandes fosses dans les rues, dans les cours, et il y avait devant toutes les églises des monceaux de cadavres couverts de draps, et qui souvent déchirés, dispersés par les bombes, offraient le plus horrible spectacle. »

Le courage et l'amour de la patrie n'étaient pas les seuls sentiments qui soutinssent les défenseurs de Saragosse ; quelques habitants étaient mus par des croyances superstitieuses. Ils avaient une foi aveugle en la protection de Notre-Dame *del Pilar*. Un miracle leur eût semblé la chose la plus naturelle du monde. Aussi quand les Français commencèrent à bombarder la ville, la partie de la population qui n'était pas occupée à combattre, les femmes, les enfants, les moines, pendant le temps qu'ils n'employaient pas à faire de la charpie ou à fabriquer de la poudre, allaient se prosterner devant le pilier sacré, près duquel ils se croyaient à l'a-

---

[1] Cavallero, p. 107.

[1] À défaut d'autre boisson, on leur donnait, avec quelque succès, une tisane faite avec une sorte de pommes sauvages qu'on nomme *jingoles* ou *chingoles*. Je ne sais pas si ce mot est castillan. Je ne l'ai trouvé dans aucun dictionnaire. Peut-être est-il propre à l'Aragon ; au reste, lors du siège c'est ainsi qu'on désignait ce fruit à Saragosse.

bri de tout péril. Les gens graves, qui ne partageaient pas les préjugés du vulgaire, savaient bien que de toutes les églises Notre-Dame del Pilar était celle où l'on devait jouir de moins de sécurité. Toutes les autres en effet, couvertes de voûtes élancées et solides, se trouvaient à peu près à l'abri de la bombe; là, au contraire, la toiture de Notre-Dame del Pilar, posée sur de simples charpentes, ne pouvait protéger contre aucun projectile les personnes qui venaient s'y réfugier. Cependant, par une circonstance facile à expliquer, dans le commencement du siége, cette église fut comme respectée par les bombes, et la superstitieuse crédulité des habitants en fut encore augmentée. Située au bord de l'Èbre et presque en face du pont qui réunit la ville au faubourg, elle se trouvait dans l'endroit le plus éloigné des attaques. Le général Gazan, qui commandait la division destinée à opérer sur la rive gauche du fleuve, après avoir été repoussé, le 21 décembre, à l'attaque du faubourg, s'était borné à l'investir. Le général Lacoste avait inutilement insisté pour qu'une attaque régulière fût conduite vers cette partie. Le général Gazan, n'ayant pas reçu l'ordre positif de coopérer aux travaux du siége, crut devoir s'en tenir au blocus. L'arrivée du maréchal Lannes, qui vint prendre le commandement, fit cesser son inaction. Le faubourg résista pendant dix-huit jours; mais lorsqu'il fut emporté, lorsqu'en même temps l'attaque du centre se fut avancée jusques au Coso, Notre-Dame del Pilar se trouva des deux côtés à la portée des bombes, qui ne tardèrent pas à l'atteindre. Leur explosion au milieu d'une foule épaisse de femmes, d'enfants et de prêtres fit un affreux carnage, et jeta dans l'esprit des habitants, qui se crurent abandonnés par leur protectrice, une épouvante et un découragement que n'avaient pu faire naître deux mois de tranchée ouverte, quarante-deux jours de bombardement et les ravages, de la plus affreuse épidémie. C'est le 18 que le faubourg fut emporté; le 20 la ville se rendit. Ce ne fut pas Palafox qui signa la capitulation de la place; atteint par l'épidémie, il avait résigné ses pouvoirs entre les mains de la junte. Le 21, la garnison sortit avec les honneurs de la guerre; elle n'était plus composée que de treize mille hommes, presque tous malades, qui déposèrent les armes à deux cents pas de la porte del Portillo.

« Il avait péri dans la ville pendant le siége cinquante-quatre mille personnes, dont un quart de militaires; la plus grande partie avait succombé à la contagion. Le feu de l'ennemi n'avait pas enlevé six mille hommes [1]. »

M. le général Lejeune a dans son récit du siége de Saragosse tracé une peinture énergique de l'état dans lequel se trouvait Saragosse : « L'administration française, dit-il, dut s'occuper de faire nettoyer la ville et de l'assainir, en allumant de grands feux sur toutes les places pour brûler les morts. Les hommes qui avaient été chargés jusqu'alors de les enterrer avaient eux-mêmes succombé en partie; et ceux qui restaient n'avaient plus la force d'accomplir cette tâche pénible. Les Français qui entrèrent les premiers dans la ville furent saisis d'horreur, de pitié et de tristesse à la vue des objets qui témoignaient à quels excès de misère avaient été réduits les malheureux habitants.

« Toutes les rues étaient barrées de traverses et de fossés et embarrassées par des ruines. Les façades des maisons étaient lézardées ou entr'ouvertes; beaucoup de toits et de planchers démolis par les bombes restaient en l'air faiblement suspendus, et menaçaient d'écraser les passants. Les portes et les fenêtres, dans les quartiers qui avoisinaient le Coso, étaient murées ou barricadées avec des meubles, des ballots de laine ou des sacs à terre. Tous les murs étaient percés par des boulets, et troués par des créneaux; l'intérieur des maisons était encore plus dévasté par les communications pratiquées dans la longueur de chaque îlot; et le quart de la ville à peu près, c'est-à-dire la portion que nous avions conquise, était détruit comme si des siècles ou des tremblements de terre eussent réduit les édifices en poussière. Le sol de cette partie de la ville était bouleversé par des mines dont on retrouvait à chaque pas les vastes excava-

[1] Don Manuel Caballero, p. 149.

tions arrondies en entonnoirs; et partout, sur ce théâtre de désolation, les cendres fumantes et les décombres étaient mêlés aux débris humains à moitié brûlés ou desséchés.

« Plus de six mille morts gisaient dans les rues, dans les fossés des traverses ou entassés de côté et d'autre sur les places et sur les parvis des églises, mais plus particulièrement aux portes de Notre-Dame del Pilar : les familles de ces malheureux les y avaient transportés pour qu'ils pussent recevoir les bénédictions que les prêtres n'avaient plus la force de porter à domicile. »

A quelque parti, à quelque opinion qu'on appartienne, on ne saurait s'empêcher d'admirer la défense de Saragosse; mais ce qu'on ne sait pas assez, c'est que ce ne fut pas la seule action de ce genre où les Espagnols firent preuve d'un courage et d'une persévérance admirables. Sans doute le siége de Girone fut moins extraordinaire que celui de la capitale de l'Aragon; car Girone est une place forte; néanmoins sa défense mérite d'être classée parmi les faits d'armes les plus remarquables. Les Français arrivèrent devant cette ville le 6 mai. Les habitants avaient nommé pour généralissime saint Narcisse, leur patron. Soutenus par l'amour de la patrie et par le fanatisme, ils se défendirent jusqu'à ce qu'ils eussent épuisé tous leurs vivres; et lorsqu'ils capitulèrent, le 11 décembre, après sept mois de résistance, ils en étaient réduits à se nourrir de la chair des animaux les plus immondes. Un chat se vendait trente réaux et une souris même se payait le cinquième de ce prix.

Quand la reddition de la place eut lieu, don Mariano Alvarez, qui l'avait défendue, était atteint d'une fièvre nerveuse et presque mourant; il revint pourtant à la santé; mais on l'emprisonna dans un cachot du château de Figuières, où il expira au bout de peu de jours.

Pendant qu'une partie de l'armée française assiégeait Girone, une autre s'était portée dans la vallée du Tage à la rencontre des forces anglaises amenées par sir Arthur Wellesley, auxquelles s'était jointe l'armée espagnole de Gregorio Cuesta. Elle les rencontra le 27 juillet sur les hauteurs de Talavera-la-Reina, et après deux jours de combat les Français remportèrent une victoire vivement disputée.

Le 11 août ils battirent encore à Almonacid une autre armée espagnole commandée par Venegas. En même temps que l'armée française remportait des victoires pour affermir Joseph sur le trône d'Espagne, ce prince promulguait des règlements pour modifier l'état politique du pays, ou pour frapper les partis qui lui étaient contraires. Le 18 août il supprima, par un décret, tous les ordres de moines mendiants ou rentés. Deux jours plus tard, le 20, un autre décret supprima la grandesse et tous les titres non renouvelés par des dispositions émanées du nouveau gouvernement.

La junte centrale du gouvernement insurrectionnel, qui s'était retirée à Séville, sentant de son côté la nécessité de donner quelque satisfaction aux vœux exprimés par les partisans de l'indépendance nationale, annonça, par un décret du 4 novembre, que les cortès seraient convoquées le 1er janvier 1810, et qu'elles commenceraient leurs travaux le 1er mars; mais ce décret ne fut pas exécuté.

Pendant le reste de l'année, les Français continuèrent à s'avancer, à organiser l'administration du pays où ils s'étaient établis, à préparer de nouveaux progrès. Depuis la désastreuse affaire de Baylen, ils n'étaient pas rentrés en Andalousie. Au commencement de 1823, ils se mirent en mesure d'y pénétrer.

Le 20 janvier ils traversèrent la Sierra-Morena, et arrivèrent à la Carolina.

A leur approche, la junte ne se trouva plus en sûreté à Séville; et trois jours après que les Français eurent franchi la Sierra-Morena le 23 janvier, elle se retira à l'île Léon. Elle y fut bientôt suivie par les débris des troupes espagnoles qui étaient en Andalousie.

Le mouvement de ces dernières fut déterminé par les progrès des Français, qui s'avançaient de toutes parts. Le 28 janvier, sous la conduite du général Sébastiani, ils entrèrent à Grenade. Le 31, commandés par le maréchal Victor, ils arrivèrent devant Séville, et se préparèrent à l'attaquer; mais la ville ayant demandé à capituler, ils y entrèrent le lendemain 1ᵉʳ février.

En présence de tous ces désastres qui frappaient les défenseurs de l'indépendance nationale, les membres de la junte centrale réunis à l'île Léon comprirent enfin qu'ils étaient impuissants pour sauver leur patrie; ils sentirent la nécessité de concentrer l'autorité en moins de mains; en conséquence, le 31 janvier, ils nommèrent une régence composée de cinq membres, et lui transmirent tous les pouvoirs dont ils étaient investis. Les régents choisis par la junte furent l'évêque d'Orense, le général Castaños, le général de marine don Antonio Escaños, don Francisco de Saavedra, conseiller d'État, et don Miguel de Lardizabal.

Si Ferdinand eût été à la tête de ceux qui défendaient sa couronne, sa présence eût donné plus d'ensemble à la résistance, et sa cause eût paru moins désespérée. Aussi, au mois de mars, les Anglais firent-ils une tentative pour faire évader ce prince, qui était retenu à Valençay; mais le baron de Kolly, qui s'était chargé de cette mission, fut arrêté, et emprisonné à Vincennes le 24 mars. Une semblable entreprise ne pouvait réussir, non-seulement à raison des obstacles que présentait la surveillance de la police française, mais encore parce que Ferdinand VII n'eût pas consenti à s'enfuir. Il savait bien que, malgré l'abdication d'Aranjuès, il n'était en réalité que l'héritier présomptif de la couronne. Il ne croyait pas d'ailleurs qu'il fût possible de chasser les Français d'Espagne; puis, à vrai dire, car il faut être équitable avec tout le monde, le droit et la justice étaient bien du côté des Espagnols, qui défendaient l'indépendance de leur pays; mais du côté des Français étaient les pensées d'amélioration et de progrès. Ils s'occupaient à réorganiser cette vieille machine du gouvernement espagnol, dont les rouages, détraqués depuis le règne de Charles V, avaient longtemps cessé de fonctionner. Ainsi le 18 avril, Joseph avait ordonné un dénombrement de la population de l'Espagne, pour faciliter une convocation des cortès, qu'il avait l'intention de réunir dans le cours de l'année.

Au reste, chaque jour voyait tomber quelqu'un des remparts derrière lesquels s'étaient retranchés les partisans de Ferdinand VII. Le 22 avril, les Français se rendirent maîtres du fort de Mata-Gordo, en face de Cadix Le 14 mai ils prirent la ville de Lérida. Le 10 juin la forteresse de Ciudad-Rodrigo se rendit au maréchal Ney. Le 1ᵉʳ janvier 1811 le général Suchet s'empara de la ville de Tortose, après dix-huit jours de siége, treize de tranchée, cinq du feu le plus vif. La ville était défendue par le général Alacha.

Le 19 février le maréchal Soult passe la Guadiana, surprend le général espagnol la Carrera, gagne la bataille de la Gebora et se porte sur Badajoz, en fait le siége, et la ville est forcée de se rendre aux Français le 10 du mois suivant.

Le 5 mars, le maréchal duc de Bellune bat à Chiclana, près de Cadix, une division anglaise de six mille Anglais et de huit mille Espagnols débarqués à Algéciras.

Le 16 mai le maréchal Soult livre aux Anglais et aux Espagnols réunis la bataille de la Albuera, et, comme il arrive souvent, cette affaire, une des plus sanglantes de cette guerre, n'amène aucun résultat : les deux partis s'attribuent également la victoire; mais un mois plus tard, le 16 juin, les Anglais, qui avaient été mettre le siège devant Badajoz, sont attaqués par le maréchal Soult, et forcés à se retirer précipitamment.

Le 28 juin les Français emportent d'assaut la ville de Tarragone. Le général Suchet, qui les commandait, est pour ce fait d'armes nommé maréchal de l'empire.

Le 23 octobre le même général remporte, auprès de Sagonte, une victoire contre les Espagnols. Le lendemain, le fort de Sagonte tombe entre ses mains. Le 9 janvier 1812 la ville et la forteresse de Valence se rendent par capitulation; et pour ce nouveau succès le maréchal Suchet reçoit le titre de duc d'Albuféra.

Enivré de toutes ces victoires, et oubliant qu'il avait promis, à plusieurs reprises, de respecter l'intégrité du territoire espagnol, Napoléon voulut retenir pour lui quelques fleurons de la couronne qu'il avait donnée à Joseph. Par un décret en date du 26 janvier il divisa la Catalogne en quatre départements, comme si elle eût appartenu à la France : 1° le Ter, chef-lieu Girone ; 2° le Mont-Serrat, chef-lieu Barcelone ; 3° les Bouches-de-l'Èbre, chef-lieu Lérida ; 4° la Sègre, chef-lieu Puycerda. Plusieurs commissaires arrivèrent en Catalogne pour procéder à l'exécution de ce décret. De ce nombre étaient M. Treilhard, nommé préfet du Mont-Serrat, et M. Chauvelin, chargé de l'intendance des départements du Mont-Serrat et des Bouches-de-l'Èbre. Ils furent installés, le 15 avril, dans leurs fonctions, par le général Decaen.

Pendant ce temps que faisait la régence espagnole ? Contrainte par l'opinion publique et par les réclamations des juntes provinciales, qui demandaient la réunion des cortès générales, elle rendit, le 17 juin, un décret pour les convoquer ; mais la nomination des députés présentait de grandes difficultés ; ainsi le décret admettait les colonies à participer à la représentation nationale ; cependant il eût fallu bien des mois pour faire passer en Amérique l'ordre de convocation et pour attendre l'arrivée de ses mandataires. Les colons qui se trouvaient accidentellement dans la métropole furent appelés à choisir trente d'entre eux, auxquels le gouvernement confierait, de sa seule autorité, la qualité de représentants des divers territoires américains.

Les difficultés ne s'arrêtaient pas là. Chaque province devait nommer ses députés ; on avait réglé les conditions d'électorat et d'éligibilité ; mais la plus grande partie de l'Espagne était occupée par les Français. Cadix et quelques parties de la Galice purent seules procéder à cette élection ; dans la plupart des localités, on se borna à réunir à la hâte, dans un lieu écarté, quelques habitants qui, secrètement et sans s'astreindre à aucune forme, nommèrent leurs représentants ; dans d'autres, ce simulacre d'élection ne put même avoir lieu, et on décida que les choix seraient faits par ceux des habitants qui avaient abandonné leur province au moment de l'invasion et qui s'étaient réfugiés à Cadix ou dans les autres lieux libres de la présence des ennemis. Ce fut cette assemblée composée d'une façon tout irrégulière qui fut chargée de donner une nouvelle constitution à l'Espagne. Elle se réunit, à Cadix, en une seule chambre. C'était encore une innovation ; car les anciennes cortès se divisaient en plusieurs bras. On cédait en cette circonstance à des tendances toutes démocratiques. On se laissait entraîner par le désir de singer l'Assemblée constituante. Les cortès de Cadix tinrent leur première séance le 24 septembre 1810 ; quoique bien peu de membres eussent encore pu se rendre à leur poste. Un des premiers soins de cette assemblée fut de charger une commission de rédiger un projet de constitution. La commission travailla sans relâche à la tâche qui lui était confiée. Elle était composée d'hommes sages, animés de l'amour du bien public ; mais il ne faut pas perdre de vue la position singulière dans laquelle ils se trouvaient placés. La constitution de Bayonne, tout imparfaite qu'elle était, contenait cependant des principes d'amélioration. L'administration de Joseph, quoique mal assise encore et quoique vacillante, était animée du désir évident d'organiser et de faire du bien. Il fallait donc nécessairement que les cortès de Cadix se montrassent plus libérales que la junte de Bayonne et que le gouvernement de Joseph ; car autrement il eût été à craindre que les Espagnols ne finissent par dire : C'est du côté de Joseph que sont pour le pays les garanties de bien-être, c'est là que nous devons nous attacher. Il fallait donc que les cortès fissent mieux que le gouvernement intrus ; et, si ce gouvernement faisait bien, il fallait qu'elles fissent mieux que bien, c'est-à-dire qu'elles devaient nécessairement se jeter dans les exagérations. Cela était d'autant plus forcé, que Joseph portait une main hardie sur une foule d'abus auxquels les cortès n'osaient pas toucher. Joseph détruisait le monachisme, rendait à la circulation la plupart des biens de mainmorte ; mais les cortès, qui comptaient parmi les défenseurs les plus ardents de l'indépendance les moines et le clergé régulier de l'Espagne, ne voulaient pas s'aliéner des alliés si puissants. Elles étaient donc forcées de respecter tous les abus théocratiques sous lesquels l'Espagne gémissait. Ne pouvant pas faire sérieusement le bien, il fallait au moins qu'elles se donnassent l'apparence des sentiments les plus libéraux. Il fallait qu'elles flattassent les passions de la multitude. Elles étaient forcées de se jeter dans l'exagération des principes démocratiques; et, en effet, les rédacteurs de cette constitution ont cédé à la nécessité de leur position; ils se sont laissés glisser sur la pente où ils étaient placés.

Ce fut le 18 août 1811 que la commission donna lecture de son rapport et du projet de constitution qu'elle avait préparé. Le rapport, ouvrage d'Argüelles, que ses compatriotes ont surnommé le Divin, est un des morceaux les plus éloquents de la langue castillane; mais il ne faut pas se laisser prendre au charme de ces phrases élégantes et pompeuses qui s'écoulent de la bouche de l'orateur et que les Espagnols ont appelées un harmonieux torrent de paroles (un torrente harmonioso de palabras). Il faut chercher au fond des choses; et, malgré tous les artifices du style, on découvre bientôt l'exagération de la pensée. Pour démontrer que les peuples de la péninsule Ibérique ont toujours eu le droit de déposer leur souverain, le rapporteur va chercher des faits dans les temps les plus désastreux de cette histoire turbulente. Il cite l'exemple des Catalans révoltés, qui se donnèrent successivement à plusieurs princes, pour se soustraire à l'autorité de leur roi don Juan II d'Aragon. Mais il ne dit pas que cette tentative des Catalans ne réussit pas, et qu'en 1471 ils rentrèrent sous la domination de don Juan. Il cite encore la comédie odieuse et ridicule jouée, aux portes d'Avila, par les seigneurs coalisés contre don Enrique l'Impuissant. Il considère ces prétentions de sujets factieux comme la preuve manifeste d'un droit incontestable et reconnu de tous; voilà quelles sont les citations historiques invoquées dans ce rapport. Quant aux allégations qu'il renferme, elles manquent également d'exactitude et de véracité. Ce projet, dit le rapporteur, ne fait que remettre en vigueur les anciennes constitutions de la monarchie. Il n'y a rien de vrai dans ces paroles; et, lorsqu'on examine les dispositions de cette loi, on la trouve en opposition flagrante avec tous les anciens usages. Les cortès nouvelles n'avaient qu'une seule chambre : les cortès anciennes se composaient de plusieurs bras. Le nombre de ces bras était même de quatre pour les cortès d'Aragon [1].

Sous l'ancienne monarchie, le mode de représentation aux cortès n'était pas le même pour toutes les parties du territoire. Les villes qui étaient en puissance de seigneur, qui ne se gouvernaient pas par elles-mêmes, étaient représentées aux cortès par les seigneurs dont elles étaient la propriété. Pour les seigneurs qui formaient le bras noble, le droit de siéger aux cortès se transmettait de même que la seigneurie, par voie d'hérédité. Ils tenaient leur droit de leur naissance.

Les villes qui se gouvernaient elles-mêmes, qui étaient formées en communes, celles qui avaient acquis le droit d'être représentées aux cortès, faisaient choix de leurs représentants, dont la réunion formait le bras des communes.

Les intérêts de l'Église étaient représentés par un grand nombre de dignitaires ecclésiastiques. Ceux-ci figuraient aux cortès à raison du rang qu'ils occupaient dans la hiérarchie sacerdotale.

Ainsi, dans la constitution antique, il y avait des représentants de la nation qui siégeaient aux cortès par droit de naissance. D'autres n'y venaient qu'en vertu de l'élection, d'autres y votaient à raison de leur dignité. Dans la constitution de Cadix, il n'y a plus qu'une seule catégorie de représentants de la nation : ce sont ceux qui ont été élus. Je me garde bien de critiquer cette organisation nouvelle. Il est possible qu'elle soit meilleure. C'est un point que je n'examine pas. Ce que je constate, c'est qu'elle diffère entièrement de l'ancienne constitution. Alors, pourquoi donc dire qu'elle est semblable? pourquoi égarer par un mensonge la crédulité populaire? Au reste, cette constitution de Cadix a profondément agité

---

[1] Voyez Ier volume, page 180.

l'Espagne. Elle a été la cause ou le prétexte des troubles qui ont désolé le règne de Ferdinand VII, et dont l'Espagne ressent encore le contre-coup. Il est donc indispensable d'en connaître les principales dispositions, afin que chacun puisse juger par soi-même ce qu'elle a de bon et ce qu'elle contient de mauvais.

CONSTITUTION DE CADIX.

TITRE Ier.

Chap. Ier. — *De la nation espagnole.*

Art. 1er. La nation espagnole est la réunion de tous les Espagnols des deux hémisphères.

2. La nation espagnole est libre et indépendante. Elle n'est, ni ne peut être le patrimoine d'aucune famille ni d'aucune personne.

3. La souveraineté réside essentiellement dans la nation, et par conséquent c'est à la nation qu'appartient le droit d'établir ses lois fondamentales.

4. C'est un devoir pour la nation de conserver et de protéger par des lois sages et justes la liberté civile, la propriété et les autres droits légitimes de tous les individus qui la composent.

Chap. II. — *Des Espagnols.*

5. Sont Espagnols :
1° Tous les hommes libres, nés et domiciliés sur le territoire espagnol ainsi que leurs enfants ;
2° Les étrangers qui auront obtenu des cortès une lettre de naturalisation;
3° Ceux qui, sans avoir obtenu de semblables lettres, sont légalement domiciliés depuis dix années dans quelque localité du territoire espagnol ;
4° Les affranchis, du moment qu'ils acquièrent leur liberté dans les domaines espagnols.

6. L'amour de la patrie est une des principales obligations de tous les Espagnols : c'est aussi un devoir pour eux d'être justes et bienveillants.

7. Tout Espagnol est obligé de demeurer fidèle à la constitution, d'obéir aux lois, de respecter les autorités établies.

8. Tout Espagnol, sans aucune exception, est obligé de contribuer, en proportion de sa fortune, aux dépenses de l'État.

9. Tout Espagnol est également obligé à prendre les armes pour la défense de la patrie, toutes les fois qu'il y est appelé par la loi.

TITRE II.

Chap. Ier. — *Du territoire espagnol.*

10. (Cet article contient l'énonciation de toutes les provinces dont se compose la monarchie espagnole, en Europe, en Afrique, en Amérique et en Asie.)

11. Il sera dressé une division plus convenable du territoire espagnol, par une loi constitutionnelle, aussitôt que les circonstances politiques le permettront.

Chap. II. — *De la religion.*

12. La religion de la nation espagnole est et sera à jamais la religion catholique, apostolique et romaine, qui est la seule véritable. La nation la protége par des lois sages et justes, et prohibe l'exercice de toute autre.

Chap. III. — *Du gouvernement.*

13. L'objet du gouvernement est la félicité de la nation, puisque le but de toute société politique n'est que le bien-être des individus qui la composent.

14. Le gouvernement de la nation espagnole est une monarchie tempérée, héréditaire.

15. Le pouvoir de faire les lois réside dans les cortès avec le roi.

16. Le pouvoir de faire exécuter les lois réside dans le roi.

17. Le pouvoir d'appliquer les lois dans les causes civiles et criminelles réside dans les tribunaux établis par la loi.

Chap. IV. — *Des citoyens espagnols.*

Les articles 18, 19, 20, 21, 22, établissent la manière dont s'acquiert la qualité de citoyen.

23. Le droit d'obtenir les fonctions municipales ou d'élire, dans les cas déterminés par la loi, ceux qui doivent les remplir, n'appartient qu'à ceux qui sont citoyens. L'art. 24 énumère les causes pour lesquelles la qualité de citoyen peut se perdre. Le § 6 de cet article contient une disposition très-libérale que je regrette de ne pas trouver dans la loi française. Elle est ainsi conçue : § 6. À compter de 1830 nul ne pourra commencer à exercer les droits de citoyen s'il ne sait lire et écrire.

TITRE III.

Chap. Ier. — DES CORTÈS. *Du mode de formation des cortès.*

31. Par chaque population de 70,000 âmes, il y aura un député aux cortès.

Les autres articles de ce chapitre premier se bornent à expliquer cette disposition et

Palais de l'Escurial.
Palacio de S. Lorenzo del Escorial.

régler la manière dont elle doit être exécutée.

Chap. II. — *De la nomination des députés aux cortès.*

34. Pour procéder à l'élection des députés aux cortès on tiendra des juntes électorales de paroisse, de partie [1] et de province.

(Il semble en lisant les termes de cet art. 34 que les élections doivent être seulement à trois degrés; mais il n'en est pas ainsi. Les citoyens du premier degré se réunissent dans la junte de paroisse. Il doit être choisi un électeur de paroisse par deux cents habitants ; mais ce ne sont pas les citoyens qui le nomment directement : ils font choix de onze compromissaires pour chaque électeur qui doit être élu ; et ces compromissaires, qui forment le second degré d'élection, nomment, séance tenante, les électeurs de paroisse. Les électeurs de paroisse, qui forment le troisième degré d'élection, se réunissent dans le chef-lieu de chaque partie, pour procéder à l'élection des électeurs de partie, dont le nombre pour chaque partie doit être triple de celui des députés à élire. Enfin les électeurs de partie, qui forment le quatrième degré d'élection, se transportent au chef-lieu de la province, où ils élisent le député, après avoir préalablement entendu une messe solennelle de *Spiritu-Sancto* et un sermon approprié à la circonstance. Les chap. III, IV, ainsi que les treize premiers articles du chap. V, sont employés exclusivement à expliquer les rouages de cette organisation si obscure et si compliquée.)

91. Pour être député aux cortès il faut être citoyen et jouir du plein exercice de ses droits civiques ; il faut être majeur de vingt-cinq ans, être né dans la province, ou bien y être domicilié et y avoir résidé pendant sept ans. Sont éligibles les laïques et les ecclésiastiques qui réunissent ces qualités, qu'ils fassent ou non partie de la junte.

92. Il faut de plus, pour être élu député aux cortès, jouir d'un revenu annuel et suffisant, provenant de biens propres.

95. Les ministres, les conseillers d'État et les employés de la maison du roi ne pourront être élus députés.

96. Ne pourront non plus être élus les étrangers, quand même ils auraient obtenu des cortès des lettres de citoyen.

97. Aucun employé public nommé par le gouvernement ne pourra être élu député aux cortès par la province où il exerce sa charge.

102. Les députés recevront de leurs provinces respectives, à titre d'indemnité, les honoraires dont la quantité sera réglée par le cortès, la seconde année de chaque législature, pour la députation qui doit lui succéder. On allouera en outre aux députés d'outre-mer, pour leurs frais de voyage, d'allée et de retour, la somme qui semblera nécessaire, d'après l'avis de leurs provinces respectives.

Chap. VI. — *De la convocation des cortès.*

104. Les cortès se réuniront tous les ans, dans la capitale du royaume, dans un édifice consacré à cette seule destination.

105. Lorsque les cortès jugeront convenable de se transporter dans un autre lieu, elles auront le droit de le faire, pourvu qu'elles ne s'éloignent pas de plus de douze lieues de la capitale et que cette translation soit consentie par les deux tiers des membres présents.

106. Les sessions des cortès dureront, chaque année, trois mois consécutifs, qui commenceront le 1er mars.

107. Les cortès pourront prolonger leur session d'un autre mois ; mais dans deux cas seulement : premièrement, si le roi le demande ; secondement, si cela est déclaré nécessaire par une résolution des deux tiers des députés.

108. Les députés seront renouvelés en totalité tous les deux ans.

109. Si la guerre ou l'invasion par l'ennemi d'une partie du territoire de la monarchie empêchait les députés, ou quelques-uns des députés d'une ou de plusieurs provinces, de se présenter à temps, ils seront suppléés par les membres sortants des provinces respectives, lesquels tireront au sort entre eux pour compléter le nombre de députés qui manqueront.

110. Les députés ne pourront être réélus qu'après l'intervalle d'une autre députation.

Les art. 111, 112, 113, 114, 115 et 116 déterminent les formes à suivre pour la vérification des pouvoirs des députés.

117. Le 25 février de chaque année, il sera tenu une dernière assemblée préparatoire dans laquelle tous les députés prêteront le serment suivant, en posant la main sur les saints Évangiles : — Jurez-vous de défendre et conserver la religion catholique, apostolique et romaine, sans en admettre aucune autre dans le royaume ? — R. Oui, je le jure. — Jurez-vous de maintenir et faire observer religieusement la constitution politique de la monarchie espagnole sanctionnée par les cortès générales et extraordinaires de la nation en l'année 1812 ? — R. Oui, je le jure. — Jurez-vous d'a-

---

[1] *Partido*, circonscription territoriale qui répond à cette subdivision de notre territoire que nous appelons district ou arrondissement.

gir bien et fidèlement dans les fonctions que la nation vous a confiées, et de n'avoir en vue que le bonheur et la prospérité du pays? — R. Oui, je le jure. — Si ainsi vous le faites, que Dieu vous en récompense; sinon, qu'il vous en demande compte.

Les art. 118, 119, 120, ont trait à l'élection au scrutin secret du président des cortès, des vice-présidents et secrétaires, et à la manière dont il est donné connaissance au roi de la formation du bureau des cortès.

121. Le roi assistera en personne à l'ouverture des cortès; mais, en cas d'empêchement de sa part, les cortès seront ouvertes par le président au jour indiqué, sans qu'aucun motif puisse autoriser le moindre délai. Les mêmes formalités seront observées pour la clôture des cortès.

122. Le roi entrera dans la salle des cortès sans garde, et accompagné seulement par les personnes indiquées pour le cérémonial de l'entrée et de la sortie du roi, ainsi que cela sera déterminé par le règlement intérieur des cortès.

123. Le roi prononcera un discours, dans lequel il proposera aux cortès ce qu'il croira convenable, et auquel le président répondra en termes généraux. Si le roi ne peut assister à l'ouverture des cortès, il enverra son discours au président pour que celui-ci en donne lecture aux cortès.

124. Les cortès ne pourront jamais délibérer en présence du roi.

125. Lorsque les ministres auront quelque proposition à faire aux cortès de la part du roi, ils assisteront aux discussions quand et de la manière qui sera déterminée par les cortès. Ils auront droit d'y prendre la parole; mais ils ne pourront être présents au vote.

126. Les séances des cortès seront publiques; elles ne pourront être tenues à huis clos que dans les cas qui exigent le secret.

127. Dans les discussions des cortès et dans tout ce qui a trait à leur administration et à leur ordre intérieur, on se conformera au règlement établi à cet effet par ces cortès générales et extraordinaires, sans préjudice des modifications que les législatures successives jugeront à même d'y apporter.

128. Les députés seront inviolables, et dans aucun temps ni dans aucune circonstance, ils ne pourront être inquiétés par quelque autorité que ce soit à raison de leurs opinions. Dans les procès criminels qui leur seront intentés, ils ne pourront être jugés que par les cortès formées en tribunal de la manière et dans la forme prescrites par leur règlement d'administration intérieure. Durant les sessions, et un mois après qu'elles seront closes, les députés ne pourront être actionnés civilement ni exécutés pour dettes.

129. Pendant le temps de leur députation, qui sera compté à partir du jour où leur nomination est constatée, les députés ne pourront accepter pour eux, ni solliciter pour autrui, aucun emploi à la nomination du roi, ni aucun avancement qui ne soit d'ordre naturel dans leur carrière respective.

130. Ils ne pourront non plus, pendant le temps de leur députation et un an après le dernier acte de leurs fonctions, obtenir pour eux, ni solliciter pour autrui, aucune pension ou décoration quelconque qui soit à la nomination du roi.

CHAP. VII. — *Des attributions des cortès.*

131. Les attributions des cortès sont :

1° De proposer et de décréter les lois, de les interpréter et d'y déroger en cas de nécessité;

2° De recevoir le serment du roi, celui du prince des Asturies et celui de la régence, comme il est expliqué en son lieu;

3° De résoudre toutes les difficultés de fait ou de droit qui peuvent s'élever relativement à l'ordre de succession à la couronne;

4° D'élire la régence ou le régent du royaume dans les cas prévus par la constitution; de déterminer les limites dans lesquelles la régence ou le régent doivent exercer l'autorité royale;

5° De reconnaître publiquement le prince des Asturies;

6° De nommer un tuteur au roi mineur dans les cas prévus par la constitution;

7° D'approuver avant leur ratification les traités d'alliance offensive, ceux de subsides et les traités de commerce;

8° D'accorder ou de refuser l'entrée du royaume à des troupes étrangères;

9° De décréter la création ou la suppression de places dans les tribunaux établis par la constitution, et aussi la création et suppression des emplois publics;

10° De fixer tous les ans, sur la proposition du roi, les forces de terre et de mer; de déterminer celles qui doivent être tenues sur pied en temps de paix, et leur augmentation en temps de guerre;

11° De faire des ordonnances pour l'armée, pour la flotte, et pour les milices nationales, dans toutes les branches qui les constituent;

12° De fixer les dépenses de l'administration publique;

13° De voter annuellement les contributions et les impôts;

14° En cas de nécessité, de faire des emprunts sur le crédit de la nation;

Montes de Grenade. Sierras de Granada.

15° D'approuver la répartition des contributions entre les provinces;

16° D'examiner et d'approuver les comptes de la gestion des capitaux publics;

17° D'établir les douanes et les tarifs de droits;

18° D'ordonner les mesures convenables pour l'administration, la conservation et l'aliénation des biens nationaux;

19° De déterminer la valeur, le poids, le titre, le type et la dénomination des monnaies;

20° D'adopter le système de poids et mesures qu'elles jugeront le plus commode et le plus exact;

21° D'exciter et de favoriser toute espèce d'industrie, d'écarter les obstacles qui la ralentissent;

22° D'établir un plan général d'instruction publique pour toute la monarchie, et d'approuver celui qui sera suivi pour l'éducation du prince des Asturies;

23° D'approuver les règlements généraux pour la police et pour la salubrité du royaume;

24° De protéger la liberté politique de la presse;

25° De rendre effective la responsabilité des ministres et des autres employés publics;

26° En dernier lieu, il appartient aux cortès de donner ou de refuser leur consentement pour tous les actes et dans toutes les circonstances pour lesquels il est déclaré nécessaire par la constitution.

CHAP. VIII. — *De la confection des lois et de la sanction royale.*

132. Tout député a le droit de proposer aux cortès des projets de loi. Il doit rédiger le projet par écrit et exposer les motifs sur lesquels il se fonde.

Les articles suivants jusqu'au 141 inclusivement déterminent l'examen et le vote des projets de loi.

142. Le droit de sanctionner les lois appartient au roi.

Les articles suivants déterminent la manière dont le roi doit accorder ou refuser la sanction à une loi votée par les cortès.

Si le roi refuse sa sanction, la même loi ne pourra être représentée dans la même session; mais elle pourra être représentée l'année suivante. Lorsqu'un projet de loi aura été adopté pendant trois années de suite, ou par trois législatures successives, encore qu'il y ait eu un intervalle de plusieurs années entre les diverses adoptions, le roi ne peut plus refuser sa sanction.

CHAP. IX.

Ce chapitre détermine la manière dont les lois doivent être promulguées.

CHAP. X. — *De la députation permanente des cortès.*

157. Les cortès, avant de se séparer, éliront une députation qui sera nommée députation permanente des cortès, et composée de sept membres pris dans leur sein, trois des provinces d'Europe, trois des provinces d'outre-mer. Le septième sera tiré au sort entre un député d'Europe et un député d'outre-mer.

158. En même temps les cortès nommeront deux suppléants pour cette députation, l'un d'Europe, l'autre d'outre-mer.

159. La députation permanente durera de la clôture de la session ordinaire jusqu'à l'ouverture de la suivante.

160. Les attributions de cette députation sont:

1° De veiller à l'observation de la constitution et des lois, pour rendre compte aux prochaines cortès des infractions qu'elle aura remarquées;

2° De convoquer les cortès extraordinaires dans les cas prescrits par la constitution;

3° De remplir les fonctions énoncées dans les art. 111 et 112; c'est-à-dire de recevoir et d'enregistrer les noms des nouveaux députés qui arrivent pour les cortès ordinaires; de former le bureau qui doit présider pendant les séances préparatoires qui doivent précéder chaque session; d'appeler les députés suppléants en remplacement des titulaires; et dans le cas où les uns et les autres viendraient à mourir, ou se trouveraient retenus par des obstacles insurmontables, de transmettre à leur province respective les ordres nécessaires pour qu'il soit procédé à une nouvelle nomination.

CHAP. XI. — *Des cortès extraordinaires.*

161. Les cortès extraordinaires se composeront des mêmes députés qui forment les cortès ordinaires pendant les deux années de leur députation.

162. La députation permanente convoquera les cortès extraordinaires et fixera le jour de leur réunion dans les trois cas suivants:

1° Quand la couronne viendra à vaquer;

2° Quand le roi se trouvera, de quelque manière que ce soit, dans l'impossibilité de gouverner, ou bien lorsqu'il voudra abdiquer la couronne en faveur de son successeur. Dans le premier cas, la députation est autorisée à prendre toutes les mesures qu'elle jugera convenables pour s'assurer de l'inhabileté du roi ;

3° Quand, dans des circonstances critiques et pour des affaires difficiles, le roi jugera convenable de les rassembler et qu'il en aura fait part à la députation permanente.

163. Les cortès extraordinaires ne pourront s'occuper que de l'objet pour lequel elles auront été convoquées.

Les art. 164, 165, 166, 167, sont relatifs aux formalités d'ouverture et de clôture des cortès extraordinaires, et à la durée de leur session.

TITRE IV.

DU ROI.

Chap. Ier. *De l'inviolabilité et de l'autorité royale.*

168. La personne du roi est sacrée et inviolable : elle ne peut être sujette à responsabilité.

169. Le roi sera traité de Majesté catholique.

170. La puissance de faire exécuter les lois réside exclusivement dans le roi. Son autorité s'étend à tout ce qui a trait au maintien de l'ordre public à l'intérieur, et la sécurité de l'État à l'extérieur, conformément à la constitution et aux lois.

171. Indépendamment de la prérogative qui appartient au roi de sanctionner les lois et de les promulguer, voici quels sont encore les principaux pouvoirs parmi ceux dont le roi est investi :

1° Rendre les décrets, faire les règlements et instructions qu'il croit nécessaires pour l'exécution des lois ;

2° Veiller à ce que, dans tout le royaume, l'administration de la justice soit prompte et complète ;

3° Déclarer la guerre, faire et ratifier la paix à la charge d'en rendre ensuite aux cortès un compte appuyé de documents ;

4° Nommer, sur la présentation du conseil d'État, les magistrats de tous les tribunaux civils et criminels ;

5° Nommer à tous les emplois civils et militaires ;

6° Présenter, sur la proposition du conseil d'État, à tous les évêchés, à toutes les dignités et à tous les bénéfices ecclésiastiques de patronage royal ;

7° Accorder les honneurs et distinctions de toute espèce conformément aux lois ;

8° Commander les armées et les flottes, et nommer les généraux ;

9° Disposer de la force armée et la répartir de la manière la plus convenable ;

10° Diriger les relations diplomatiques et commerciales avec les puissances étrangères ; nommer les ambassadeurs, ministres et consuls ;

11° Veiller à la fabrication de la monnaie, qui portera son nom et son effigie.

12° Décréter l'emploi des fonds destinés à chaque branche de l'administration publique;

13° Amnistier les coupables, en se conformant aux lois ;

14° Présenter aux cortès les projets de loi ou de réformes qu'il croit utiles au bien de la nation, pour qu'elles en délibèrent dans la forme prescrite;

15° Permettre ou défendre la publication des canons, des conciles ou des bulles pontificales, avec le consentement des cortès, s'ils contiennent des dispositions générales ; après avoir entendu le conseil d'État, si elles ont trait à des affaires particulières ou de gouvernement ; ou bien, s'il est question de points contentieux, d'en renvoyer la connaissance au tribunal suprême de justice, pour qu'il soit décidé conformément aux lois.

16° Il nomme et révoque à son gré les secrétaires d'État et les ministres.

172. Voici quelles sont les bornes de l'autorité royale :

1° Le roi ne peut empêcher, sous aucun prétexte, la réunion des cortès aux époques et dans les cas indiqués par la constitution. Il ne peut ni les suspendre, ni les dissoudre, ni en aucune manière empêcher leurs séances ou leurs délibérations. Les personnes qui lui auront conseillé quelques tentatives de ce genre ou qui l'auront assisté dans son exécution sont déclarées traîtres et seront poursuivies comme telles ;

2° Le roi ne peut s'absenter du royaume sans le consentement des cortès : s'il le fait, son absence sera considérée comme une abdication de la couronne ;

3° Le roi ne peut aliéner, céder, abandonner l'autorité ni aucune des prérogatives royales ; il ne peut en aucune manière la transporter à une autre personne ;

Si, par quelque raison, il voulait abdiquer le trône en faveur de son héritier présomptif, il ne pourra le faire qu'avec le consentement des cortès ;

4° Le roi ne peut aliéner, céder ou échanger aucune province, cité, ville, village, ni aucune partie du territoire espagnol, quelque petite qu'elle soit ;

5° Le roi ne peut faire aucune alliance offensive ni aucun traité spécial de commerce sans l'assentiment des cortès ;

6° Il ne peut davantage s'engager par aucun traité à donner des subsides à une puissance étrangère sans le consentement des cortès ;

7° Le roi ne peut céder ni aliéner les biens nationaux sans le consentement des cortès;

8° Le roi ne peut imposer de lui-même aucune contribution, ni aucun tribut sous quelque nom ou pour quelque objet que ce soit, qui n'ait été préalablement voté par les cortès;

9° Le roi ne peut concéder de privilége exclusif ni à aucune personne ni à aucune corporation;

10° Le roi ne peut prendre la propriété d'aucun particulier, ni d'aucune corporation, ni les troubler dans leur possession et leur jouissance; et si, dans quelque cas, il était nécessaire pour un objet reconnu d'utilité publique de prendre la propriété d'un particulier, il ne pourra le faire sans avoir en même temps indemnisé le propriétaire en lui en rendant la valeur d'après l'appréciation d'hommes de bien;

11° Le roi ne peut priver aucun individu de sa liberté ni lui imposer arbitrairement aucune peine. Le ministre qui aurait signé l'ordre et le juge qui l'aurait exécuté seraient responsables envers la nation et châtiés comme coupables d'attentat contre la liberté individuelle.

Seulement dans le cas où le bien et la sécurité de l'État exigent l'arrestation de quelques personnes, le roi pourra expédier des ordres à cet effet; mais à la condition que dans l'espace de quarante-huit heures le prisonnier sera mis à la disposition du juge ou du tribunal compétent;

12° Le roi, avant de se marier, fera connaître son projet aux cortès, pour obtenir leur assentiment; sans quoi il sera réputé avoir abdiqué la couronne.

173. Le roi lors de son avénement au trône, et, s'il est mineur, au moment où il commencera à gouverner, prêtera devant les cortès le serment dont voici la formule:

« Nous... (ici le nom du roi), par la grâce de Dieu et la constitution de la monarchie espagnole, roi des Espagnes, jure par Dieu et par les saints Évangiles de défendre et conserver la religion catholique, apostolique et romaine, sans en tolérer aucune autre dans le royaume; de maintenir et faire observer la constitution politique et les lois de la monarchie espagnole; de n'avoir d'autre but, dans tout ce que je ferai, que le bien et le bonheur de la nation; de n'aliéner, céder ni démembrer aucune partie du royaume; de ne jamais exiger, soit en nature, soit en argent, soit de quelque autre manière, aucun autre impôt que ceux qui auront été votés par les cortès; de ne jamais prendre à personne sa propriété, et de respecter avant tout la liberté politique de la nation et la liberté personnelle de chaque individu; et si je fais quelque chose de contraire à mon serment en tout ou en partie, on doit me refuser obéissance; bien plus, que tout ce que j'aurais fait en contravention à mon serment soit nul et de nulle valeur; et ainsi Dieu me soit en aide et en défense; sinon, qu'il m'en demande compte. »

CHAP. II. — *De la succession à la couronne.*

174. Le royaume des Espagnes est indivisible. A dater de la promulgation de la constitution, la succession au trône aura lieu à perpétuité par ordre régulier de primogéniture et de représentation entre les descendants légitimes, hommes ou femmes, de la manière qui sera expliquée.

175. Ne peuvent être rois d'Espagne que les enfants légitimes, nés d'un mariage authentique et légitime.

176. Au même degré et dans la même ligne les hommes seront préférés aux femmes, et toujours l'aîné au plus jeune; mais les femmes d'une ligne plus prochaine ou d'un degré plus rapproché doivent être préférées aux hommes d'une ligne ou d'un degré postérieur.

177. Le fils ou la fille du fils aîné du roi, dans le cas où son père viendrait à mourir sans avoir succédé au trône, sera préféré à ses oncles, et succède immédiatement à son aïeul par droit de représentation.

178. Tant que la ligne dans laquelle la succession est établie n'est pas éteinte, la ligne immédiate n'y a aucun droit.

Les art. 179 et 180 établissent le droit de succession dans la famille de Ferdinand VII et dans sa descendance.

181. Les cortès devront exclure de la succession la personne ou les personnes qui seront reconnues incapables de gouverner, ou qui auront mérité par quelque action de perdre la couronne.

182. Si toutes les lignes qui sont ici indiquées venaient à s'éteindre, les cortès feront une nouvelle nomination, de la manière qui leur paraîtra la plus avantageuse pour la nation, en suivant toujours l'ordre et les règles de successions qui viennent d'être établies.

183. Quand la couronne doit échoir ou est échue à une femme, celle-ci ne pourra faire choix d'un mari sans l'assentiment des cortès; et si elle le fait, elle sera réputée avoir abdiqué la couronne.

184. Dans le cas où une femme montera sur le trône, son mari n'exercera aucune autorité dans le royaume, ni aucune part dans le gouvernement.

CHAP. III. — *De la minorité du roi et de la régence.*

184. Le roi est en âge de minorité jusqu'à l'âge de dix-huit ans acomplis.

Les art. 186 à 200 déterminent de quelle manière doit être établie la régence, soit pendant la minorité du roi, soit lorsque le roi sera dans l'impossibilité d'exercer son autorité par quelque cause physique ou morale.

CHAP. IV. — *De la famille royale et de la reconnaissance du prince des Asturies.*

201. Le fils aîné du roi prend le titre de prince des Asturies.

Les articles suivants, 202 à 212, déterminent les titres qui seront donnés aux différents membres de la famille royale. Ils défendent au prince des Asturies de sortir du royaume sans le consentement des cortès, à peine de déchéance. Ils imposent à ce prince l'obligation, lorsqu'il a atteint sa quatorzième année, de prêter, devant les cortès, un serment ainsi conçu :

« Moi (......), prince des Asturies, jure par Dieu et par les saints Évangiles de défendre et maintenir la religion catholique, apostolique et romaine, sans en tolérer aucune autre dans le royaume. J'observerai la constitution politique de la monarchie, et je serai fidèle et obéissant au roi. Ainsi Dieu me soit en aide. »

CHAP. V. — *De la dotation de la famille royale.*

Ce chapitre entier, de l'art. 213 à l'article 221, s'occupe de déterminer la manière dont sera établie la liste civile du roi, et comment des dotations seront allouées aux membres de sa famille.

CHAP. VI. — *Des ministres.* (Secretarios de estado y del despacho.)

222. Il y aura sept ministres : 1° le ministre secrétaire d'État (*c'est-à-dire des relations extérieures* ;) 2° le ministre de gouvernement (*de l'intérieur*) pour la Péninsule et les îles adjacentes; 3° le ministre de gouvernement pour les provinces d'outremer; 4° le ministre de grâce et de justice; 5° le ministre des finances; 6° le ministre de la guerre; 7° le ministre de la marine.

226. Les ministres seront responsables envers les cortès des ordres contraires à la constitution et aux lois, sans que l'autorité royale puisse leur servir d'excuse.

Les autres articles de ce chapitre déterminent les conditions requises pour pouvoir être ministre, ainsi que la marche à suivre dans le cas où les ministres sont poursuivis pour cause de responsabilité.

CHAP. VII. — *Du conseil d'État.*

Ce chapitre s'occupe exclusivement de l'organisation du conseil d'État. Les conseillers d'État ne peuvent être destitués qu'en vertu d'un jugement du tribunal suprême de justice.

TITRE V.

DES TRIBUNAUX ET DE L'ADMINISTRATION DE LA JUSTICE AU CIVIL ET AU CRIMINEL.

CHAP. Ier. — *Des tribunaux.*

242. Le pouvoir d'appliquer la loi tant au civil qu'au criminel appartient exclusivement aux tribunaux.

247. Nul Espagnol ne peut être jugé par commission.

249. Les ecclésiastiques jouiront, à cet égard, du privilége de leur état dans les termes qui sont prescrits ou qui seront prescrits dans la suite par les lois.

250. Les militaires jouiront aussi de leur privilége particulier dans les termes prescrits ou qui seront prescrits à l'avenir par les ordonnances.

252. Les magistrats ne peuvent être destitués de leurs charges, soit temporaires, soit à vie, que pour faits légalement prouvés et établis par jugement. Ils ne peuvent être suspendus que par suite d'une accusation légalement intentée.

Les autres articles, de 241 à 258, expliquent les conditions nécessaires pour pouvoir être juge, ainsi que les prérogatives des magistrats.

259. Il y aura dans la capitale un tribunal appelé tribunal suprême de justice.

Les attributions de ce tribunal, réglées par l'art. 261, sont à peu près les mêmes que celles de la cour de cassation en France. Il juge, en outre, les ministres mis en accusation par les cortès. Il a aussi quelques-unes des attributions réservées chez nous au conseil d'État ; il connaît des affaires contentieuses relatives au patronage du roi. Il connaît aussi des appels comme d'abus.

262. Toutes les causes civiles et criminelles seront jugées définitivement dans le ressort respectif de chaque cour particulière.

263. Les cours de justice connaîtront de toutes les causes civiles des tribunaux inférieurs de leur ressort en seconde et en troisième instance. Elles connaîtront de même des causes criminelles suivant ce qui sera déterminé par les lois; elles connaîtront encore des causes de suspension ou de destitution des juges inférieurs de leur ressort, en suivant le mode déterminé par les lois, après en avoir rendu compte au roi.

ESPAÑA.
ESPAGNE.

S. Pablo del Campo, à Barcelone.

275. Dans toutes les villes il sera établi des alcaldes, et les lois détermineront l'étendue de leurs pouvoirs, tant dans les matières contentieuses que dans les matières administratives.

(Je fais observer qu'il ne faut pas confondre ces alcaldes, qui sont des juges, et que l'on nomme alcaldes mayores, avec les simples alcaldes qui sont des officiers municipaux.)

CHAP. II. — *De l'administration de la justice en matière civile.*

Les art. 280 à 285 établissent pour tout Espagnol le droit de faire décider ses procès par arbitre.

L'alcalde remplit les fonctions de conciliateur ; il est assisté dans ses fonctions par deux hommes de bien, et avec leur concours il juge provisoirement l'affaire, et les parties peuvent rendre ce jugement définitif en y acquiesçant.

Aucun plaideur ne peut être admis devant les tribunaux s'il n'a préalablement tenté le préliminaire de conciliation.

Il peut y avoir dans la même affaire trois décisions définitives, en 1re, 2e et 3e instance.

CHAP. III. — *De l'administration de la justice en matière criminelle.*

Les articles de 286 à 301 déterminent les cas et la manière dont un Espagnol peut être arrêté, et règlent la police des prisons.

302. A commencer de là, le procès continuera de s'instruire publiquement, de la manière et dans les formes réglées par les lois.

303. Il ne sera jamais fait emploi de torture ni de contrainte.

304. Il ne pourra non plus être prononcé de confiscation de biens.

TITRE VI.

DU GOUVERNEMENT INTÉRIEUR DES PROVINCES ET DES VILLES.

CHAP. Ier. — *De l'administration municipale (de los ayuntamientos).*

309. Il y aura, pour le gouvernement intérieur des villes, des conseils municipaux composés de l'alcalde ou des alcaldes, des régidores et du procureur syndic. Ils seront présidés par le chef politique dans le lieu où il y en aura, et en son absence par l'alcalde ou par le premier nommé des alcaldes, s'il y en a plusieurs.

Aux termes des art. 310 et suivants, les fonctions d'alcaldes, de régidores et de procureurs syndics sont électives. Chaque année, au mois de décembre, les citoyens de chaque ville se réuniront pour nommer un certain nombre d'électeurs qui désigneront les officiers municipaux.

Les conseils municipaux sont chargés de veiller à la police et à la salubrité de la ville, de surveiller la perception et l'emploi des fonds communaux, de répartir l'impôt.

CHAP. II. — *Du gouvernement politique des provinces et des députations provinciales.*

324. Le gouvernement politique des provinces sera confié à un chef supérieur nommé par le roi pour chacune d'elles.

325. Dans chaque province, il y aura une députation dite provinciale. Elle aura pour mission de veiller à la prospérité de la province. Elle sera présidée par le chef supérieur.

Les articles suivants déterminent les attributions de cette députation provinciale, dont les membres sont élus par les électeurs de partie le lendemain de l'élection des députés aux cortès.

TITRE VII.

DES CONTRIBUTIONS.

Chapitre unique.

Ce chapitre s'occupe de la manière dont les contributions seront établies et perçues ; il établit les règles de l'administration financière, et décrète qu'il sera établi par une loi spéciale une chambre des comptes, chargée d'examiner les comptes de tous les deniers publics.

TITRE VIII.

DE LA FORCE MILITAIRE.

CHAP. Ier. — *Des troupes permanentes.*

CHAP. II. — *Des milices nationales.*

Ces deux chapitres règlent d'une manière très-sommaire l'organisation de la flotte, de l'armée et des milices nationales.

Le titre suivant (titre IX) parle de l'instruction publique plutôt par acquis de conscience que pour la réglementer. Cependant le dernier des articles qui le composent mérite d'être cité.

371. Chaque Espagnol est libre d'écrire, de faire imprimer et de publier ses idées politiques, sans avoir besoin en aucune manière de licence, de révision ou d'approbation antérieure à la publication, sauf les restrictions et la responsabilité établies par la loi.

Le titre X^e *et dernier* s'occupe des formalités à suivre lorsqu'on jugera nécessaire d'apporter quelque modification à la constitution.

Les cortès en rédigeant cette constitution s'étaient appliquées à ménager le clergé : elles avaient prohibé l'exercice de toute religion autre que la religion catholique, apostolique et romaine. Néanmoins le clergé se montra peu satisfait de la part d'influence et de pouvoir qui lui était attribuée. Les députés, de leur côté, entraînés par les idées philosophiques qui se propageaient dans la Péninsule, ne tardèrent pas à restreindre les concessions faites au parti ecclésiastique : ils prononcèrent la suppression de l'inquisition. Ces mesures produisirent une vive irritation dans l'esprit des prêtres et des moines, qui, à partir de cet instant, devinrent les ennemis les plus acharnés des institutions nouvelles.

Les députés, tout en s'occupant à discuter le projet de constitution soumis à leurs délibérations ne négligeaient pas le gouvernement de l'État. Le 21 janvier 1812 ils nommèrent une nouvelle régence pour remplacer celle qui avait été installée par la junte générale. Les nouveaux gérants furent Joaquin Mosquera y Figueroa, don Juan Marca Villavicencio, don Iñacio Rodriguez de Vivas, et le comte del Abisbal. Enfin le 19 mars, tous les articles du projet de constitution ayant été successivement débattus et adoptés, les députés aux cortès et les membres de la régence prêtèrent serment à la constitution nouvelle, qui fut adoptée avec enthousiasme par le peu d'Espagnols qui résistaient encore à Joseph.

6 *avril.* — Cependant les troupes anglaises, sous la conduite de Wellington, étaient rentrées en Estrémadure; elles avaient mis de nouveau le siège devant Badajoz, et le 6 avril, elles prirent la place d'assaut; les Anglais, qui venaient comme alliés des Espagnols, auraient dû respecter les propriétés, la vie et l'honneur des habitants; ils se livrèrent au contraire à tous les excès imaginables, pillèrent la ville et massacrèrent plus de cent personnes des deux sexes.

Le maréchal Soult, qui accourait au secours des assiégés, n'arriva que le 8 à Villa-Franca, où il apprit que la ville était prise. Ce revers fut promptement suivi d'un plus grand désastre. Wellington, étant passé de l'Estrémadure dans le royaume de Léon, livra, le 22 juillet, bataille à l'armée du maréchal Marmont, dans les environs de Salamanque. Les Français, qui occupaient les hauteurs connues sous le nom des Arapiles, perdirent dans cette affaire deux aigles et onze canons. Après cette victoire, Wellington, profitant de ce que la retraite de Marmont lui laissait le chemin libre, se dirigea sur Ségovie, et de là sur Madrid. Joseph fut obligé de quitter une seconde fois sa capitale. Les Anglais y entrèrent le jour même de son départ, le 11 août. L'occupation de Madrid par l'armée anglo-espagnole eut pour conséquence d'obliger les Français à concentrer leurs forces ; et dans ce but Soult évacua les quatre royaumes d'Andalousie, se retira vers Valence, et, après s'être réuni aux autres troupes que le roi avait amenées, marcha sur Madrid, où il entra le 2 novembre. Il en sortit presque aussitôt pour aller chercher les Anglais, qui se tenaient dans la Vieille-Castille; mais Wellington ne jugea pas à propos de l'attendre : il fut encore une fois rejeté en Portugal. Il aurait alors été possible à Joseph d'occuper de nouveau l'Andalousie, mais les pertes immenses que Napoléon avait souffertes en Russie le contraignirent à tirer d'Espagne une grande partie des meilleures troupes qu'il y avait envoyées. Il ordonna donc au roi Joseph et à ses généraux de se tenir sur la défensive jusqu'au moment où, après avoir battu les Russes et les avoir forcés à faire la paix, il pourrait envoyer de nouveaux renforts pour reprendre l'offensive. Les Anglais profitèrent de cet affaiblissement; ils firent des progrès rapides ; et les Français, dans le but de rassembler encore leurs forces derrière l'Èbre, évacuèrent pour la dernière fois Madrid, le 28 mai 1813.

Ainsi les vicissitudes de cette guerre de la Péninsule peuvent se résumer en trois périodes bien distinctes : d'abord les Français entrent en Espagne comme alliés et sous le prétexte de porter la guerre en Portugal ; ils éparpillent leurs troupes afin d'occuper à la fois tout le pays ; mais les soulèvements qui éclatent de tous les côtés, la rencontre de Bruch, la première défense de Saragosse et la défaite de Baylen les forcent à reculer et à se concentrer au delà de l'Èbre. Joseph abandonne une première fois Madrid.

En second lieu, l'empereur arrive lui-même en Espagne avec des forces im-

ESPAÑA
ESPAGNE

Femmes de Séville.
Mujeres de Sevilla.

menses. Les Français s'avancent en colonnes compactes; ils renversent tout ce qui s'oppose à leur marche; ils culbutent devant eux l'armée anglaise, qui, sans combattre, fuit honteusement pour se rembarquer à la Corogne. Victorieux de tous les côtés, les Français s'appliquent à s'établir d'une manière plus solide dans le pays. Mais la nécessité de mettre partout des garnisons éparpille encore une fois leurs forces. Chaque général, occupé du soin d'organiser la province qu'il commande, s'en considère presque comme le souverain indépendant. Il n'y a plus d'ensemble dans le commandement. Une nouvelle armée anglaise et un nouveau général profitent de cette position : ils attaquent à l'improviste Badajoz et vont livrer bataille à Marmont sur les hauteurs des Arapiles. Ils sont vainqueurs, et s'avancent jusqu'à Madrid. Joseph est une seconde fois contraint à quitter sa capitale.

Alors le maréchal Soult, pour réunir ses forces, évacue l'Andalousie. Il se retire sur Valence, et de là marche vers Madrid, où les Anglais n'osent pas l'attendre. Il les poursuit, les rejette au delà des frontières du Portugal. Pour la seconde fois, l'Espagne est purgée des troupes britanniques. Les Français avaient encore l'offensive, lorsque la désastreuse campagne de Russie vint forcer Napoléon à rappeler d'Espagne une partie de ses troupes. L'armée de Joseph, affaiblie de nouveau par leur départ, est forcée d'abandonner une troisième fois Madrid, qu'elle ne doit plus revoir.

Je suis entré dans peu de détails sur les opérations des troupes réglées : c'est que la véritable guerre n'était pas là; c'est que les ennemis les plus redoutables des Français n'étaient pas ceux qui combattaient en ligne. Si Bonaparte n'avait eu d'autres adversaires que les troupes conduites par Wellington et par les généraux espagnols, il les eût promptement balayés devant lui; mais à côté de ces armées il s'était formé une infinité de bandes irrégulières, qui, disséminées sur toutes les parties de l'Espagne, attaquaient les convois, assassinaient les traînards et les soldats isolés, interceptaient toutes les correspondances et contraignaient les Français à éparpiller leurs forces pour être à la fois partout. Plusieurs historiens ont attribué à la Romana l'invention de ce genre de guerre. Mais en réalité la Romana ne mérite pas cet honneur. C'est la guerre que les Espagnols ont faite aux Maures pendant huit siècles. C'est la guerre qu'ils feront toujours lorsqu'on envahira leur territoire; et le 4 juin 1808 les insurgés de la Catalogne combattaient en partisans contre les Français, dans le défilé de Bruch, lorsque la Romana était encore au fond du Danemark. Les Espagnols nommaient ces corps de partisans des *guerrillas* et ceux qui les composaient des *guerrilleros*. Quant aux généraux français, ils disaient que ces bandes irrégulières n'étaient qu'un ramassis de brigands et de factieux. Cette opinion était injuste; car on trouvait parmi ces hommes un grand nombre d'individus qui n'obéissaient qu'à l'amour de leur pays. Ils ne combattaient que pour son indépendance. Cependant, il ne faut pas, comme l'ont fait les auteurs espagnols, déifier en quelque sorte tous les guerrilleros. Leurs bandes se recrutaient dans toutes les classes de la société. On y trouvait des artisans, des laboureurs; mais elles renfermaient aussi des contrebandiers, des voleurs de grand chemin, qui mettaient au service de la patrie l'expérience et la vigueur acquises dans l'exercice de leur vie criminelle. On y voyait des vagabonds, des moines défroqués, qui, ne pouvant plus subsister d'aumônes arrachées à la charité publique, s'enrôlaient dans ces troupes pour vivre de pillage. On comprend que des bandes ainsi composées étaient disposées à se porter à tous les excès. Aussi, n'est-il pas de supplices qu'elles n'aient fait subir aux prisonniers qui tombaient entre leurs mains. On rencontrait souvent les cadavres de ces malheureuses victimes mutilés de la plus horrible manière. Les soldats français, quelquefois même leurs officiers, exaspérés par ces actes de cruauté, se livraient à de terribles représailles; et la guerre avait pris un caractère inouï de férocité. Néanmoins, quelques chefs de ces bandes acquirent par leurs exploits une juste célébrité.

Don Juan Martin Diaz, surnommé *el Empecinado* [1], fut un de ceux qui firent

---

(1) *El Empecinado* : ce mot signifie Cou-

le plus de mal aux Français. Ce fut lui qui organisa la première guerrilla. L'exploit par lequel il débuta dans cette glorieuse carrière consista à se saisir d'une estafette de l'empereur, qu'il présenta au général anglais Moore.

Encouragé par ce premier succès, il sut bientôt se rendre redoutable. Tandis que presque tous les autres partisans combattaient dans des pays de montagnes, où la retraite est facile, et où il est aisé de cacher sa marche, il avait choisi pour théâtre de ses expéditions des campagnes qui ne présentaient pour ainsi dire aucun abri. C'était aux environs de Madrid, et même jusqu'aux portes de la capitale, qu'il venait faire de hardis coups de main, sans que les généraux qu'on lui opposait pussent jamais parvenir à l'atteindre. Aussitôt qu'il se sentait poursuivi par des forces supérieures il savait disparaître au milieu de ces plaines, bien qu'elles semblassent n'offrir aucune retraite. Cependant l'*Empecinado* ne fut pas à l'abri de tout revers : dans une rencontre qui eut lieu le 7 février 1812, à Rebollar de Sigüenza, il fut battu par le général Gui; il éprouva une perte de 1,200 hommes. Il s'en fallut peu qu'il ne tombât au pouvoir des Français; il ne leur échappa qu'en se laissant rouler au bas d'un précipice. Cet échec fut attribué à la trahison de son second don Saturnino Albuir, surnommé *el Manco* (le manchot). On ne sait jusqu'à quel point cette accusation est fondée ; mais ce qui est certain, c'est que don Saturnino prit bientôt parti pour les Français: il organisa une guerrilla pour combattre celle de son ancien commandant; mais sa bande, réunie sous le nom de *Contra-empecinados*, n'obtint aucun succès. A la première occasion, les hommes qui la composaient désertaient avec les armes qu'on leur avait confiées, et allaient rejoindre les insurgés.

Au reste, il ne faut pas croire que tous les guerrilleros aient été des héros insensibles à la tentation de servir le roi Joseph. Plusieurs, et des plus célèbres, furent en négociation pour se soumet-

vert de poix. C'est un sobriquet donné par les paysans d'une partie de la Vieille-Castille aux habitants du village de Castrillo, où D. Juan Martin est né. Cela vient de ce que les terres de cette localité sont noires et gluantes comme de la poix.

tre; mais soit par trahison, soit par impéritie, Offaril, qui était ministre de la guerre, fit avorter toutes ces tentatives de pacification. Joseph, pour attirer à son parti des officiers espagnols, avait décrété que tous ceux qui entreraient à son service y conserveraient les grades et honneurs dont ils étaient en possession. Il savait bien que partout, et en Espagne plus encore que dans aucun autre pays, on est sensible à l'avantage d'appartenir au gouvernement. Il avait calculé que les officiers nommés par les juntes ne tarderaient pas à se rallier à son parti, afin de voir sanctionner par un gouvernement régulier des grades gagnés au milieu de l'insurrection et des émotions populaires. Ce décret était fort sage mais, lorsqu'il fut question de l'exécuter Offaril ne voulut reconnaître comme légalement acquis que les grades dont les officiers étaient en possession avant l'invasion française. De cette manière tous les chefs de guerrillas, qui le plus souvent, s'étaient eux-mêmes donné leurs grades, ou qui avaient été élus par leurs compagnons d'armes, tous les officiers qui avaient grandi par suite de la guerre contre les Français, aimèrent mieux continuer la lutte que de renoncer à des récompenses justement acquises sur le champ de bataille. Par cette interprétation maladroite ou perfide, Offaril fit au prince qu'il servait bien plus de tort que s'il l'eût ouvertement combattu.

Un autre chef de guerrilleros moins célèbre que l'Empecinado prit aussi les environs de Madrid pour le théâtre de ses exploits. Ce fut Juan Palarea, surnommé *el Medico* (*le médecin*). Né à Murcie, de parents pauvres, Palarea sortit par son intelligence et par son travail de la classe où sa naissance l'avait placé. Il fit d'excellentes études, et embrassa la profession de médecin, qu'il exerçait à Madrid quand les Français envahirent l'Espagne. Alors il courut aux armes. Doué de beaucoup d'activité, connaissant parfaitement le pays et profitant des relations étendues que sa profession lui avait procurées, il organisa une guerrilla et se mit à parcourir avec sa troupe les environs de Madrid et les deux Castilles, où il n'était connu que sous le surnom de *el Medico*. Lorsque les événements forcèrent, à plusieurs reprises, Joseph d'abandonner Madrid, les guerrillas de Palarea et de l'Empecinado furent toujours les premières à profiter de cette retraite. Elles entrèrent dans la capitale longtemps avant que les troupes réglées s'en fussent approchées. Palarea reçut du prince régent d'Angleterre, par les mains de Wellington, un sabre d'honneur, « en « témoignage d'admiration pour sa va- « leur et pour sa constance. »

D. Juan Diaz Porlier, surnommé *el Marquesito* (*le petit marquis*), était né à Carthagène d'Amérique. Il fut élevé par son oncle, le marquis de Bajamar. Il avait commencé par servir dans la marine, et il s'était trouvé au combat de Trafalgar; mais dès que la guerre eut éclaté entre la France et l'Espagne il quitta le service de mer. Il se signala par quelques actions heureuses qui lui valurent le grade de colonel. Il préféra ensuite former une guerrilla, et se maintint dans les Asturies malgré tous les efforts d'une division française commandée par le général Bonnet. Ses succès dans cette partie de la Péninsule lui firent conférer par la régence le titre de capitaine général des Asturies.

Il y avait des guerrillas dans toutes les parties de l'Espagne; et si nous passons des Asturies dans la province voisine, dans la Galice, nous y trouvons don Pablo Morillo. Dans sa jeunesse, don Pablo avait été berger. Mais il avait de bonne heure quitté la vie des champs, et il s'était enrôlé dans la marine. Il se distingua à la journée de Trafalgar. Il était sur un vaisseau dont une bordée ennemie emporta le pavillon. Il se jeta à la mer pour aller le chercher, et le rapporta à son bord. Cette action intrépide attira sur lui l'attention de ses chefs.

En 1808 Morillo prit parti parmi les insurgés de la Galice, et parvint bientôt au commandement de sa guerrilla. En mars 1809 il investit avec sa bande la place de Vigo, qui, n'ayant pour garnison que des employés d'administration et des soldats convalescents, fut promptement réduite aux dernières extrémités. Cependant, le commandant français refusait obstinément de se rendre à un simple chef de partisans. Il ne voulait traiter qu'avec un officier dont le grade fût au moins égal au sien. Morillo n'hésita pas à se nommer lui-même colonel, à en prendre les insignes, et c'est ainsi qu'il entra dans Vigo. Morillo, confirmé par le gouvernement insurrectionnel d'Espagne dans le grade qu'il s'était arrogé, fut bientôt promu à celui de brigadier, puis à celui de maréchal de camp.

En Estrémadure, sur les confins du Portugal, don Julien Sanchez, qui était simple soldat en 1808, se mit à la tête de quelques-uns de ses camarades; sa guerrilla fut d'abord peu nombreuse, mais il reçut des Anglais de l'argent, des armes et des secours de toute espèce, en sorte que sa bande devint bientôt redoutable.

Dans le royaume de Valence un moine franciscain s'était mis à la tête des insurgés; c'était le père Nebot, surnommé *el Frayle*. Né à Castellon de la Plana en 1778, il s'était fait moine; mais lorsque le général Suchet entra dans le royaume de Valence il organisa une guerrilla qui fit beaucoup de mal aux Français; car Nebot unissait à beaucoup d'intelligence et d'activité un caractère cruel et vindicatif. Il ne connaissait ni le droit des gens ni les droits de l'humanité. Il avait coutume de dire que lui, Napoléon et le commandant de Valence, M. de Humfort, étaient trois diables, mais que lui était le pire des trois.

La Catalogne, la Navarre et l'Aragon servirent de théâtre aux exploits des deux Mina. Xavier Mina étudiait à Logroño lorsque les Français entrèrent en Espagne: il prit aussitôt les armes, réunit quelques partisans, se mit à leur tête, et commença à se rendre redoutable aux détachements français. Cependant le sort ne le favorisa pas longtemps; il fut fait prisonnier et conduit en France. Son oncle Espoz, qu'il avait appelé auprès de lui, se mit alors à la tête de la guerrilla. Il acquit bientôt les connaissances nécessaires à un bon général; et parmi les guerriers qui ont pris part à la guerre de la Péninsule, il n'en est pas dont le nom soit plus populaire que celui de don Francisco Espoz-y-Mina. Un des faits d'armes les plus remarquables de ce chef fut l'attaque d'un convoi auprès de Salinas et d'Arlabon. Ce convoi conduisait en France un grand nombre de prisonniers espagnols; et il était protégé par une escorte de deux mille hommes; néanmoins Mina parvint à s'en emparer.

Ses succès furent aussi mêlés de nombreux revers. En 1812 le général Pannetier le surprit à Robrès. Mina se vit cerné dans la maison où il était logé : il en défendit vigoureusement l'entrée, n'ayant pour toute arme que la barre de la porte, jusqu'à ce que quelques-uns de ses compagnons fussent venus le dégager et se fussent dérobés avec lui aux poursuites des assaillants. Il fut encore, la même année, mis, à Sangüeza, dans une déroute complète par les généraux Reille et Caffarelli; mais on ne put l'empêcher de tenir la campagne, même après cette dernière catastrophe.

La Biscaye eut aussi ses guerrilleros. Don Gaspar Jaureguy y Jauregui, né dans la province de Guipuscoa, fut berger jusqu'en 1808; aussi le surnom de *Pastor* lui est-il resté. Lors de l'invasion il se mit à la tête de quelques campagnards, dont le nombre s'accrut rapidement. Il parcourut surtout les gorges de la Biscaye, où il enleva plusieurs convois. Il fut secondé dans l'organisation de sa guerrilla par don Anselmo Acedo. Celui-ci était sergent à l'époque où les Français envahirent l'Espagne. Il reçut le commandement d'un des bataillons que la Biscaye mit sous les ordres du Pastor, dont il devint le conseil et l'ami.

Don Francisco Thomas Longa, né à Malla-Via, en Biscaye, était ouvrier forgeron au village de la Puebla de Arganzon. Une intrigue galante l'ayant forcé à quitter la forge où il travaillait, il embaucha quelques individus, avec lesquels il battit, pendant quelque temps, le pays, jusqu'à ce que sa bande fût assez accrue pour qu'il pût en faire agréer les services à l'autorité.

Il était surtout redoutable pour les petits détachements, ou pour les militaires isolés, qui s'engageaient imprudemment dans les défilés de la Biscaye. Caché dans un ravin, ou protégé par quelque pli de terrain, il dirigeait sur ceux qui passaient à sa portée un feu de mousqueterie qu'il n'interrompait, s'il était forcé à la retraite, que pour se réfugier sur des rochers inaccessibles.

Il faut dire aussi un mot du curé Mérino. Ce prêtre, oubliant que son ministère est un ministère de paix, se mit à la tête d'une bande, qui pendant la guerre de l'indépendance parcourait les campagnes de Burgos. Il fut promu au grade de colonel; et il en portait les insignes sur ses vêtements ecclésiastiques.

Voilà quels furent les plus célèbres guerrilleros; et l'on peut dire que sans eux l'Espagne eût été infailliblement soumise; leurs bandes, d'une excessive mobilité, se trouvaient en force partout où passait quelque détachement isolé, partout où il y avait quelque convoi à surprendre; mais elles disparaissaient aussitôt qu'on se mettait à leur poursuite. Elles interceptaient toute communication entre les divers corps de l'armée française. Elles assuraient, au contraire, les communications des armées anglaise et espagnole; elles éclairaient leur marche, couvraient leurs mouvements. Aussi Wellington ne s'est montré qu'à moitié juste à leur égard lorsqu'il a écrit dans un de ses rapports : « Les guerrillas opèrent avec une grande « activité sur tous les points de l'Espa« gne, et bon nombre de leurs dernières « tentatives contre l'ennemi ont eu un « plein succès. » Pour rendre un entier hommage à la vérité, il aurait pu dire : « Les guerrillas ont préparé, assuré la victoire; les troupes réglées l'ont recueillie. »

L'intention des Français en évacuant Madrid avait été de conserver la ligne de l'Èbre; mais il ne leur fut bientôt plus possible de garder cette position. Ils se retirèrent dans les provinces basques. Le 20 juin 1813 ils s'arrêtèrent à quelque distance de Vittoria. L'armée française était considérablement diminuée. Des corps nombreux en avaient été détachés pour escorter les convois qui rentraient en France, ou afin de poursuivre les guerrilleros, par lesquels on était harcelé. Enfin on était encombré de bagages. Tous les Espagnols qui s'étaient compromis en embrassant la cause du roi Joseph suivaient péniblement l'armée, emmenant avec eux leurs femmes, leurs enfants, et emportant tout ce qu'ils avaient pu mobiliser de leur fortune. Les généraux et même de simples officiers traînaient avec eux le butin qu'ils avaient fait dans cette guerre.

Au contraire l'armée des Anglo-Espagnols, sans compter les troupes de don Pablo Morillo, de Giron et celles des guerrilleros qui s'étaient réunis à elle, s'élevait à plus de soixante-cinq mille hommes. C'est en présence de ces forces que Joseph, ou plutôt le maréchal Jourdan, qui commandait en son nom, commit la faute de s'arrêter dans une position facile à tourner. Il plaça en arrière de son armée l'immense convoi qu'il traînait avec lui, sans veiller à sa sûreté, sans rien faire pour assurer ses derrières. Le 21, au point du jour, l'armée anglo-espagnole attaqua les Français. Bientôt elle parvint sur leurs derrières, et une division anglaise vint occuper le chemin de France. Alors ce ne fut plus une bataille, mais un pillage. Les alliés prirent le parc d'artillerie et toutes les richesses que les Français traînaient à leur suite. Ce fut pitié de voir les femmes, les enfants qui se retiraient avec l'armée obligés de fuir à pied, appelant l'une son mari, l'autre sa mère, qui étaient égarés ou qui étaient restés prisonniers. Tous fuyaient en désordre par la route de Pampelune, que les alliés n'avaient pas occupée ; et au milieu de cette déroute ce fut un grand bonheur que les guerrilleros se fussent pour la plupart réunis à l'armée anglo-espagnole ; car s'ils se fussent trouvés dans les gorges par lesquelles on se retirait, les Français, qui n'avaient pas sauvé un caisson, n'auraient pas trouvé une cartouche pour se défendre ; pas un d'entre eux n'eût revu la France. Les nouveaux preux auraient eu le sort des paladins de Charlemagne ; mais la colère de Dieu avait frappé la France avec assez de sévérité ; elle ne voulut pas l'affliger par cet immense désastre : la route se trouva libre, et Joseph put se retirer en France par le défilé de Roncevaux.

Suchet occupait encore le royaume de Valence ; il venait même de forcer à se rembarquer une expédition de troupes anglaises et siciliennes commandée par le général Murray, qui avait pris terre sur la plage de Salaou. La nouvelle de la défaite de Vitoria et de la retraite du roi Joseph en France le déterminèrent à évacuer Valence et à se retirer sur l'Èbre en laissant des garnisons dans quelques forteresses qu'il lui paraissait important de conserver.

Napoléon, en apprenant la déroute de Vittoria, fut transporté de colère ; et comme il l'attribuait, peut-être avec raison, à l'impéritie de Joseph et de Jourdan, il les priva tous deux du commandement, et nomma pour leur successeur le maréchal Soult, sous le titre de lieutenant de l'empereur en Espagne. Celui-ci fit d'inutiles efforts pour secourir Pampelune et Saint-Sébastien, assiégés par les Anglais et les Espagnols ; il ne put empêcher ces deux villes d'être prises. Dans la dernière les Anglais commirent toutes les horreurs qu'il est possible d'imaginer ; ils massacrèrent les habitants, violèrent les femmes et incendièrent les maisons.

La plus grande partie de l'armée française avait repassé la Bidassoa ; quelques places de la Catalogne restaient seules au pouvoir de l'armée de Suchet, lorsque Bonaparte, forcé par les circonstances malheureuses où il se trouvait, crut devoir rétablir la dynastie des Bourbons sur le trône d'Espagne.

FERDINAND VII FAIT UN TRAITÉ AVEC L'EMPEREUR. — LA RÉGENCE ET LES CORTÈS REFUSENT DE LE RATIFIER. — PROTESTATIONS DU PARTI ANTIRÉFORMISTE. — FERDINAND REFUSE DE JURER LA CONSTITUTION, ET DISSOUT LES CORTÈS ; IL ENTRE A MADRID.

Napoléon, attaqué à la fois par toutes les puissances de l'Europe, essaya de détacher l'Espagne de cette ligue. Il aurait voulu assurer sa frontière des Pyrénées en rendant à Ferdinand VII la liberté et la couronne. Il commença donc par adresser à ce prince, toujours détenu à Valençay, une lettre qui lui fut portée par le comte de Laforêt. Elle était ainsi conçue :

« Mon cousin, les circonstances où
« se trouvent actuellement mon empire
« et ma politique me font désirer d'en
« finir une bonne fois avec les affaires
« d'Espagne. L'Angleterre y fomente
« l'anarchie et le jacobinisme ; elle es-
« saye d'anéantir la monarchie et de dé-
« truire la noblesse pour établir une
« république. Je ne puis m'empêcher de
« regretter extrêmement la destruction
« d'une nation si voisine de mes États,

« et avec laquelle j'ai tant d'intérêts maritimes et communs.

« Je veux donc ôter à l'influence anglaise toute espèce de prétexte, et rétablir les liens d'amitié et de bon voisinage qui ont existé si longtemps entre les deux nations.

« J'envoie à Votre Altesse royale le comte de Laforêt, sous un nom supposé, et Votre Altesse peut avoir confiance à tout ce qu'il lui dira. Je désire que Votre Altesse soit persuadée des sentiments d'affection et d'estime que j'ai pour elle.

« Cette lettre n'étant à autre fin, je prie Dieu, mon cousin, qu'il ait Votre Altesse en sa sainte garde...

« Saint-Cloud, 12 novembre 1813.

« Votre cousin, NAPOLÉON. »

Ferdinand fit d'abord quelques objections contre le traité que lui proposa le comte de Laforêt. Il répondit qu'il lui serait difficile de rien faire sans l'assentiment de la nation espagnole, représentée par la régence. Néanmoins le désir de recouvrer la liberté et de monter sur le trône l'emporta bientôt sur ces scrupules; et le 8 décembre un traité fut conclu entre l'empereur et Ferdinand VII. Voici sommairement quelles en furent les principales dispositions :

A l'avenir il y aura paix et amitié entre Ferdinand VII, reconnu comme roi d'Espagne et des Indes, et sa majesté l'empereur. Toutes les hostilités cesseront. Les places occupées par les Français en Espagne seront remises à Ferdinand VII, qui, de son côté, s'engage à maintenir l'intégrité du territoire espagnol et à en faire sortir l'armée britannique.

Une convention militaire devait être conclue entre un commissaire espagnol et un commissaire français pour que l'évacuation des provinces espagnoles occupées par les Français ou par les Anglais fût faite simultanément.

Tous les prisonniers devaient être respectivement rendus.

Tous les Espagnols qui avaient été attachés au roi Joseph devaient être réintégrés dans leurs honneurs, droits et prérogatives. Tous les biens dont ils avaient été privés devaient leur être rendus.

Sa majesté catholique et l'empereur s'engageaient réciproquement à maintenir l'indépendance de leurs droits maritimes, conformément aux dispositions du traité d'Utrecht. Il devait être conclu un traité de commerce entre la France et l'Espagne.

Enfin Ferdinand s'engageait à faire payer à Charles IV et à la reine une pension annuelle de 30,000,000 de réaux. A la mort de Charles IV, une pension annuelle de 8,000,000 de réaux devait former le douaire de la reine.

Ce traité devait être soumis avant son exécution à la ratification de la régence.

Ferdinand VII chargea le duc de San-Carlos de le porter en Espagne et de le faire ratifier. Puis quelques jours plus tard, craignant que cet envoyé ne tombât malade ou qu'il rencontrât des obstacles en chemin, Ferdinand VII envoya en Espagne avec la même mission don José Palafox. Depuis la capitulation de Saragosse Bonaparte avait retenu ce général prisonnier au château de Vincennes. Il l'avait envoyé à Valençay, seulement depuis que des négociations avaient été ouvertes pour la mise en liberté de Ferdinand.

Le duc de San-Carlos arriva à Madrid le 4 janvier. La régence ne s'y était pas encore rendue. Les cortès extraordinaires qui avaient voté la constitution, après s'être occupées encore de diverses dispositions organiques, avaient clos leur session le 14 septembre 1813; mais la fièvre jaune ayant commencé à sévir à Cadix, la régence eut la pensée de s'éloigner. Le peuple de Cadix murmura en apprenant que les chefs du gouvernement se disposaient à l'abandonner au moment de ce nouveau danger. La régence, effrayée par ces clameurs, demanda à la députation permanente de convoquer de nouveau les cortès extraordinaires, qui le 16 septembre, deux jours seulement après avoir clos leur session, se réunirent de nouveau. On discuta sur l'opportunité qu'il y avait à transporter le siège du gouvernement dans un lieu qui ne fût pas infecté par l'épidémie. On ne décida rien. On laissa aux cortès ordinaires, qui devaient se réunir le 26 septembre, le soin de trancher la question; mais pendant cet ajournement le fléau fit de cruels progrès; vingt membres de l'assemblée périrent victimes de cette imprudente temporisation, et les cortès extraordinaires se séparèrent de nouveau le 20 septembre au milieu de la consternation générale.

Les cortès ordinaires furent constituées à Cadix, le 26 septembre. Elles siégèrent dans cette ville jusqu'au 13 octobre, jour où elles se transportèrent à l'île Léon. La composition de cette assemblée différait de celle des cortès extraordinaires. Il s'en fallait beaucoup que tout le monde fût partisan de la constitution nouvelle. Les moines, le clergé, malgré la part immense qui leur avait été faite, étaient encore mécontents. La noblesse, dont il n'était pas même fait mention dans cette œuvre de désorganisation, regrettait et les droits et les priviléges qu'on lui avait enlevés. Aussi la nouvelle assemblée contenait-elle un parti ennemi des réformes. Tel avait été le résultat des élections. Tel, au reste, devait être nécessairement l'effet de la loi électorale; et voici comment la caractérise un des membres qui avaient voté cette constitution, un de ses plus zélés défenseurs, M. le comte de Toreno [1] :

* « En adoptant un mode d'élection indirecte qui ne passait par rien moins
« que par quatre degrés ou échelons,
« elle favorisait de sourdes manœuvres
« et de déplorables supercheries, plus
« faciles à exercer en cette occasion,
« puisqu'on n'avait exigé des votants
« aucune propriété foncière. Elle donnait ainsi, par une grave erreur, franche et large entrée à la jouissance des
« droits politiques à des gens de peu de
« valeur, au vulgaire, à la populace,
« naturellement fort soumis au caprice et
« à la volonté des classes puissantes et
« privilégiées. »

Mais si cette élection amena dans l'assemblée des cortès des ennemis des nouvelles institutions, elle y conduisit aussi plusieurs des plus éloquents défenseurs d'une sage liberté. Parmi les nouveaux députés on distingua bientôt don Francisco Martinez de la Rosa, aussi remarquable par la beauté de son talent que par la pureté de son caractère. Pendant ce temps, les événements militaires avaient continué à être favorables à la cause espagnole; il était naturel que le siège du gouvernement fût reporté au centre de la monarchie et dans son ancienne capitale. Aussi les cortès décrétèrent-elles que leurs séances seraient suspendues à l'île Léon, le 29 novembre 1813, et qu'elles se rouvriraient à Madrid, le 15 janvier 1814. Les membres du gouvernement se mirent en route, et la régence arriva le 5 janvier à Madrid, où le duc de San-Carlos l'attendait depuis vingt-quatre heures. Celui-ci fit aussitôt connaître la mission dont il était chargé; mais les régents ne l'accueillirent pas avec l'empressement qu'on aurait pu attendre de sujets fidèles et dévoués à leur souverain. Un traité qui n'avait rien de blessant pour l'Espagne, et dont la liberté de Ferdinand VII pouvait dépendre, leur était présenté, et au lieu de s'empresser de donner la ratification qu'on leur demandait, ils répondirent que les cortès extraordinaires, par décret du 11 janvier 1811, avaient décidé « qu'elles ne reconnaîtraient point, et, qu'au contraire
« elles tiendraient pour nul et de nulle
« valeur et effet, tout acte, traité, convention ou transaction de toute espèce
« de nature..., octroyés par le roi tant
« qu'il demeurerait dans l'état d'oppression et de manque de liberté où il se
« trouvait....; car jamais la nation ne
« le considérerait comme libre et ne lui
« prêterait obéissance avant de le voir
« parmi ses fidèles sujets, dans le sein
« des cortès nationales... ou du gouvernement créé par les cortès [1]. » Une expédition authentique de ce décret fut remise au duc de San-Carlos avec une lettre dont voici la teneur : « Sire,
« la régence espagnole, nommée par les
« cortès générales et extraordinaires
« de la nation, a reçu avec le plus grand
« respect la lettre que Votre Majesté a
« bien voulu lui adresser par l'entremise
« du duc de San-Carlos, ainsi que le
« traité de paix et autres documents
« dont le duc était chargé.

« La régence ne peut exprimer convenablement à Votre Majesté la consolation et la joie qu'elle a éprouvée

---

[1] Livre XXIII.

[1] M. de Toréno, livre XXIV.

« en voyant la signature de Votre Majesté, par laquelle elle demeure assurée de la bonne santé dont jouit Votre Majesté en compagnie de ses bien-aimés frères et oncle, les seigneurs infants don Carlos et don Antonio, ainsi que ses nobles sentiments pour son Espagne chérie.

« Toutefois la régence peut encore moins exprimer quels sont ceux du peuple loyal et magnanime qui vous reconnaît pour son roi, ni les sacrifices qu'il a faits, qu'il fait et qu'il fera jusqu'à ce qu'il vous voie placé sur le trône d'amour et de justice qu'il vous a préparé. Elle se borne à manifester à Votre Majesté qu'elle est le roi aimé et désiré de toute la nation.

« La régence, qui au nom de votre Majesté gouverne l'Espagne, se voit néanmoins dans la nécessité de donner connaissance à Votre Majesté du décret que les cortès générales et extraordinaires ont rendu le 1er janvier de l'année 1811, dont l'expédition est ci-jointe.

« La régence, en transmettant à votre majesté ce décret souverain, se dispense de faire la moindre observation à l'égard du traité de paix; mais elle assure à Votre Majesté qu'elle y trouve la preuve la plus authentique que les sacrifices faits par le peuple espagnol pour recouvrer la royale personne de Votre Majesté n'ont pas été infructueux, et elle se félicite avec Votre Majesté de voir déjà prochain le jour où elle aura l'ineffable bonheur de remettre à Votre Majesté l'autorité royale qu'elle conserve à Votre Majesté, en dépôt fidèle tant que durera la captivité de Votre Majesté.

« Que Dieu garde Votre Majesté pendant de longues années pour le bien de la monarchie.

« Madrid, le 8 janvier 1814.

« Sire, aux pieds royaux de Votre Majesté,

« Louis de Bourbon, cardinal d'Escala, archevêque de Tolède, président;

« José Luyando, ministre d'État. »

Quelques jours plus tard une réponse à peu près semblable fut remise à don José Palafox, et les deux envoyés de Ferdinand retournèrent en France, très-mécontents de la manière dont leur mission avait été accueillie. Le duc de San-Carlos surtout, naturellement ennemi de toute innovation, était vivement irrité. Il fit passer dans l'esprit de Ferdinand les opinions défavorables qu'il avait conçues contre la régence, contre les cortès et contre la constitution nouvelle. Ces sentiments durent être facilement partagés par le prince captif. En effet, en refusant de ratifier le traité du 8 septembre, on le plaçait dans un grand embarras. Il pouvait craindre que Napoléon ne continuât à le retenir prisonnier; et cette appréhension venait se mêler au ressentiment que lui inspirait la conduite peu respectueuse des cortès et de la régence. Néanmoins l'empereur, dont les embarras s'accroissaient chaque jour, ne s'arrêta pas à ce refus de ratification. Il rendit Ferdinand à la liberté; et des passe-ports furent remis à ce prince le 7 mars 1814.

La régence et les cortès avaient présumé que telle pourrait être la détermination de Napoléon. Elles n'espéraient pas que Ferdinand consentît facilement à accepter la constitution de Cadix. Elles pensèrent que les seuls moyens qu'elles eussent pour le contraindre à donner son adhésion étaient de déployer beaucoup d'assurance et beaucoup d'audace. Ferdinand avait dû être vivement blessé par le décret du 1er janvier 1811. Elles résolurent d'y ajouter des dispositions encore plus irritantes. Le 2 février après avoir pris l'avis du conseil d'État, elles décrétèrent qu'on ne regarderait le roi comme libre et qu'on ne lui devrait obéissance qu'après qu'il aurait juré, au milieu du congrès national, d'observer la constitution conformément à l'art. 173. Elles ordonnèrent aux généraux commandant sur les frontières de prendre toutes les mesures nécessaires pour faire savoir à la régence, par courriers extraordinaires, tout ce qu'ils apprendraient sur l'arrivée du roi, afin qu'on pût faire les préparatifs pour le recevoir à son entrée sur le territoire espagnol; elles leur prescrivirent de ne laisser entrer aucune force armée avec le roi; et elles déclarèrent que si des troupes quelconques essayaient de franchir les frontières, on devait leur résister et les repousser suivant les lois de la guerre. Elles décidè-

Palais de Madrid.

Palacio en Madrid

rent encore que dans le cas où les troupes qui accompagneraient sa majesté seraient composées de soldats ou d'officiers qui auraient été prisonniers de guerre, les officiers généraux chargés du commandement se conformeraient aux ordonnances existant à cet égard; que le général en chef qui aurait l'honneur d'accompagner le roi lui donnerait une escorte convenable; que nul étranger ne pourrait suivre le roi, pas même comme employé subalterne ou comme domestique; que nul Espagnol de ceux qui avaient accepté des emplois sous Napoléon ou son frère Joseph ne pourrait rentrer en Espagne avec Ferdinand, à quelque titre que ce fût; que la régence tracerait la route que sa majesté suivrait et les honneurs qu'on devait lui rendre; que le président de la régence irait au-devant du roi jusqu'à la frontière; qu'il l'accompagnerait jusqu'à Madrid, et lui remettrait une copie de la constitution pour que sa majesté pût en prendre connaissance et jurer de l'observer avec une parfaite connaissance de cause; que le roi, à son arrivée dans la capitale, irait de suite à la salle des cortès, pour jurer la constitution avec les cérémonies prescrites par les règlements, après quoi sa majesté se rendrait à son palais, suivie de trente députés pour recevoir des mains de la régence le dépôt du pouvoir exécutif; qu'enfin la nation serait pleinement instruite de ces événements par un décret.

Cet acte fut jugé fort diversement. Les uns le préconisèrent comme un acte de courage et de patriotisme; les autres n'y virent qu'une insulte violente et inutile, dirigée contre les droits de la couronne et contre la majesté royale; aussi fut-il l'objet de vives récriminations. Le lendemain du vote, lorsque les cortès s'occupèrent de la discussion d'un manifeste qui devait accompagner ce décret, un député de Séville, nommé don Juan Lopez Reina, se leva et prononça ces paroles : « Lorsque le sei« gneur don Ferdinand naquit, il na« quit avec un droit à la souveraineté « absolue de la nation espagnole; quand, « par l'abdication du seigneur Char« les IV, il obtint la couronne, il resta « en possession et exercice absolus de « roi et seigneur... » Dès qu'on entendit ces paroles, des clameurs et des cris s'élevèrent de toutes parts contre l'orateur pour le rappeler à l'ordre; mais Reina ne se laissa pas intimider, il continua paisiblement : « Or donc, aussi« tôt que le seigneur don Ferdinand VII, « rendu à la nation espagnole, recou« vrera le trône, il est indispensable qu'il « exerce la souveraineté absolue du mo« ment où il touchera la frontière. » Ces derniers mots excitèrent un tumulte difficile à décrire; on voulut porter une accusation contre ce député et le soumettre à un jugement; il fut forcé de se cacher.

Si cette manifestation eût été l'œuvre d'un homme isolé, elle n'eût présenté rien de bien grave; mais Reina était l'organe d'un parti nombreux, qui s'agitait pour détruire ce que les cortès de Cadix avaient fait. Les Espagnols étaient alors divisés en trois opinions bien distinctes. Ceux qui se disaient les libéraux ou les constitutionnels, c'étaient ces gens à tête exaltée qui veulent toujours marcher en avant sans s'inquiéter du but où ils vont; qui, sous le prétexte de sauvegarder la liberté nationale, sont toujours prêts à prendre les mesures les plus oppressives, les plus désorganisatrices, et à saper toute autorité établie. En face de ce parti il s'en élevait un autre qui n'était pas moins violent : c'étaient ces gens auxquels leurs adversaires avaient donné le surnom de *Serviles;* ils étaient ennemis de toute réforme, et, tout en prétendant venger la majesté royale outragée, ils ne songeaient qu'à satisfaire leurs passions avides de réactions sanglantes. Quant à ceux qui aiment la tranquillité publique, ils avaient pour la plupart embrassé le parti du roi Joseph; par conséquent, ils avaient presque tous été forcés de chercher un asile sur la terre étrangère; ils étaient proscrits. Ce parti modéré, où se trouvaient réellement les éléments d'organisation et de stabilité, était également odieux aux deux partis extrêmes. Les constitutionnels et les serviles étaient d'accord pour une seule chose : pour persécuter de toutes les manières ceux qu'on nommait les Joséphins.

C'est dans ces circonstances critiques que Ferdinand VII rentra en Espagne.

Il arriva le 22 mars en Catalogne, et le 24 il traversa le Fluvia, qui servait de limite entre les armées française et espagnole. Le général don Francisco Copons, qui commandait à la frontière, reçut le roi avec les témoignages du plus profond respect, et lui remit, une lettre de la régence. Tous les partis attendaient avec impatience que Ferdinand fit connaître quel système politique il prétendait adopter. Conformément au décret du 2 février, la régence avait prescrit au roi l'itinéraire qu'il devait suivre. Un des premiers actes de Ferdinand fut de s'écarter de la route qu'on lui avait tracée. On voulait qu'il continuât son voyage en suivant le bord de la Méditerranée jusqu'à Valence, et qu'il passât directement de cette ville à Madrid. Ferdinand se rendit à Saragosse, qui l'avait fait supplier d'honorer de sa présence la capitale de l'Aragon.

Dans cette ville et tout le long de son chemin Ferdinand reçut des mémoires, des pétitions par lesquelles on le suppliait d'annuler tout ce qui avait été fait pendant sa captivité, et de régner sur l'Espagne comme avaient régné ses aïeux. La minorité des cortès joignit elle-même sa voix à toutes ces réclamations. Don Bernardo Mozo Rosalès, qui depuis reçut le titre de marquis de Mata Florida, rédigea, sous la date du 12 avril, une protestation pour supplier le roi de détruire la constitution. Cet acte commençait en rappelant une coutume des anciens Perses, ce qui fit donner le surnom de *Perses* aux 69 députés qui l'avaient signé.

De Saragosse Ferdinand se rendit à Valence, où il entra le 16 avril. Ce fut là qu'il rencontra le cardinal don Luis de Bourbon, président de la régence, et don José Luyando, ministre des affaires étrangères. Ce fut aussi dans cette ville que don Bernardo Mozo Rosalès apporta lui-même la fameuse protestation des *Perses*. Enfin la personne qui certainement, plus que toute autre, décida le roi à faire connaître ses intentions, fut le capitaine général de Valence, don Francisco Xavier Élio. Cet officier avait eu quelques démêlés avec les cortès. Il avait conservé un vif ressentiment des paroles offensantes prononcées contre lui et contre son armée par des orateurs de la majorité. Lorsqu'il présenta à Ferdinand l'état-major de l'armée qu'il commandait, il interpella ainsi ses officiers : « Jurez-vous de soutenir « le roi dans la plénitude de ses droits? « — Nous le jurons, répondirent ceux-ci « d'une voix unanime. » A partir de ce moment Ferdinand commença à exercer l'autorité absolue. Le 4 mai il signa le fameux décret de Valence, par lequel il fit connaître le système politique qu'il allait suivre. Dans ce manifeste le roi rappelle d'abord les événements d'Aranjuez, qui l'avaient investi de l'autorité royale, ceux de Bayonne et la violation du droit des gens dont il avait été la victime.

« Dans ce déplorable état de choses, « continue le roi, j'expédiai, le 1er mai « 1808, dans la seule forme possible, « un décret que j'adressai au conseil de « Castille, pour prescrire la convocation « des cortès : malheureusement ce décret ne parvint pas à sa destination.

« Il ne fut pas alors connu, et les pro- « vinces, provoquées à l'insurrection « par l'horrible catastrophe dont Ma- « drid fut le théâtre le 2 mai, pourvu- « rent elles-mêmes à leur gouvernement « au moyen des juntes qu'elles formè- « rent. »

Le roi rappelle ensuite la formation des cortès de Cadix, la manière irrégulière dont ces cortès avaient été constituées. Il examine les vices nombreux de la constitution; il énumère les actes outrageants pour la majesté royale qui ont accompagné sa publication.

« Je n'ai pu, continue le roi, être con- « solé que par les témoignages d'amour « de mes fidèles sujets qui soupiraient « après mon arrivée, dans l'espoir que « ma présence mettrait fin aux maux et « à l'oppression sous lesquels gémis- « saient ceux qui conservaient le souve- « nir de ma personne et désiraient le « vrai bonheur de la patrie. Je vous pro- « mets et je jure à vous, vrais et loyaux « Espagnols, qu'en même temps que je « compatis aux maux que vous avez « soufferts, vous ne serez point trompés « dans vos espérances. Votre souverain « veut régner pour vous. Il fait consis- « ter sa gloire à être souverain d'une « nation héroïque, qui par des exploits « immortels a conquis l'admiration de

ESPAGNE. ESPAÑA.

Pont de Tolède, à Madrid. Puente de Toledo, en Madrid.

« toutes les autres, et a conservé sa li-
« berté et son honneur. Je déteste, j'ab-
« horre le despotisme; il ne peut se
« concilier, ni avec les lumières, ni avec
« la civilisation des nations de l'Eu-
« rope. Les rois ne furent jamais des-
« potes en Espagne; ni les lois ni la
« constitution de ce royaume n'ont ja-
« mais autorisé le despotisme, quoique
« par malheur on y ait vu quelquefois,
« comme partout, des abus de pouvoir
« qu'aucune constitution humaine ne
« pourra jamais empêcher, parce qu'il y
« a des abus dans tout ce qui est hu-
« main; et s'il y en a eu en Espagne,
« ce n'est pas la faute de sa constitu-
« tion, c'est celle des personnes et des
« circonstances.

« Cependant, pour prévenir ces abus
« autant que peut le faire la prudence
« humaine, en conservant l'honneur de
« la royauté et ses droits (car elle en a
« qui lui appartiennent, comme aussi le
« peuple a les siens, qui sont également
« inviolables), je traiterai avec les dé-
« putés de l'Espagne et des Indes, et
« dans des cortès légitimement assem-
« blées, composées des uns et des au-
« tres, aussitôt que j'aurai pu les réunir.
« Après avoir rétabli l'ordre et les sages
« coutumes de la nation établies de son
« consentement par les rois nos augustes
« prédécesseurs, on réglera solidement
« et légitimement tout ce qui pourra
« convenir au bien de mes royaumes, afin
« que mes sujets vivent heureux et tran-
« quilles sous la protection réunie d'une
« seule religion et d'un seul souverain,
« seules bases du bonheur d'un roi et
« d'un royaume qui ont par excellence
« le titre de *catholiques*. On s'occu-
« pera ensuite des meilleures mesures à
« prendre pour la réunion des cortès,
« qui, je l'espère, affermiront les fonde-
« ments de la prospérité de mes sujets
« de l'un et de l'autre hémisphère.

« La liberté, la sûreté individuelle,
« seront garanties par des lois qui, en
« assurant l'ordre et la tranquillité pu-
« blique, laisseront à tous mes sujets la
« jouissance d'une sage liberté, qui dis-
« tingue un gouvernement modéré d'un
« gouvernement despotique. Tous au-
« ront la faculté de communiquer, par
« la voie de la presse, leurs idées et leurs
« pensées en se renfermant dans les
« bornes que la saine raison prescrit à
« tous, afin que cette liberté ne dégénère
« pas en licence; car on ne doit pas rai-
« sonnablement souffrir, dans tout gou-
« vernement civilisé, que l'on manque
« au respect dû à la religion et au gou-
« vernement, ainsi qu'aux égards que les
« hommes se doivent entre eux.

« Pour éviter tout soupçon de dissi-
« pation dans les revenus de l'État, la
« trésorerie séparera les fonds destinés
« à ma personne et à ma famille de ceux
« qui seront assignés pour les dépenses
« de l'administration générale.

« Les bases que je viens de poser suf-
« fisent pour faire connaître mes roya-
« les intentions dans le gouvernement
« dont je vais me charger. Certes ce ne
« sont pas les intentions d'un despote
« ni d'un tyran, mais d'un roi et d'un
« père de ses sujets.

« D'après ces considérations, et de l'a-
« vis unanime de personnes recom-
« mandables par leurs connaissances et
« par leur zèle, ayant égard aux repré-
« sentations qui me sont parvenues des
« différentes parties du royaume sur
« l'extrême répugnance des Espagnols
« à accepter la constitution décrétée par
« les cortès générales et extraordinai-
« res, ainsi que les autres institutions
« politiques nouvellement introduites;
« voulant éviter les malheurs que ces
« institutions ont déjà produits, et qui
« ne pourraient qu'augmenter si je sanc-
« tionnais par mon serment cette cons-
« titution, me conformant aux démons-
« trations générales que je trouve jus-
« tes et bien fondées, de la volonté de
« mes peuples, je déclare que mon in-
« tention royale est, non-seulement de
« ne point jurer ou accepter cette cons-
« titution ni aucun décret des cortès
« générales et extraordinaires et des
« ordinaires actuellement assemblées,
« et expressément les décrets qui atta-
« quent les droits et prérogatives de ma
« souveraineté établis par la constitution
« et les lois qui ont gouverné la nation
« pendant si longtemps; mais de décla-
« rer cette constitution et ses consé-
« quences nulles et de nul effet pour le
« présent et pour l'avenir; que mes su-
« jets, de quelque rang et condition qu'ils
« soient, ne sont point tenus de les exé-
« cuter, et que tous ceux qui cherche-

« raient à les soutenir en contredisant
« mes royales intentions à cet égard,
« soient regardés comme ayant attenté
« aux prérogatives de ma souveraineté
« et au bonheur de la nation.

« Je déclare coupable de lèse-ma-
« jesté, et comme tel punissable de la
« peine de mort, quiconque osera, soit
« par fait, soit par écrit, soit par pa-
« roles, exciter ou engager qui que ce
« soit à l'observation ou exécution des-
« dits décrets et constitution.

« Jusqu'à ce que l'ordre et ce qui exis-
« tait avant l'introduction des nou-
« veautés dans le royaume soient éta-
« blis, et afin que l'administration de
« la justice ne soit pas interrompue,
« ma volonté est que les tribunaux et
« les administrations continuent leurs
« fonctions jusqu'à l'époque où, après
« avoir entendu les cortès que je convo-
« querai, le gouvernement du royaume
« soit établi d'une manière stable.

« Le jour où ce décret sera publié et
« communiqué au président des cortès
« maintenant assemblées, ses sessions
« seront terminées; ses actes et délibé-
« rations qui se trouveront dans ses
« archives seront recueillis par la per-
« sonne chargée de l'exécution de ce
« royal décret; ils seront déposés sous
« le scellé à l'hôtel de ville de Madrid.
« Les livres composant la bibliothèque
« des cortès seront transportés à la bi-
« bliothèque royale. Je déclare quicon-
« que voudra s'opposer à ce décret, de
« quelque manière qu'il le fasse, cou-
« pable de lèse-majesté et comme tel
« punissable de mort. Tout procès in-
« tenté devant un des tribunaux du
« royaume, à raison de quelque infrac-
« tion à la constitution, cessera à dater
« de ce jour; tous les détenus pour la
« même cause seront immédiatement
« mis en liberté. Telle est ma volonté,
« conforme au bien et au bonheur de la
« nation. »

Le lendemain de la publication de ce décret, le 5 mai, Ferdinand se mit en route pour Madrid. Il fut accueilli partout sur son passage avec une allégresse incroyable. Les populations faisaient, dans presque tous les villages, retentir le cri de *Vive Ferdinand, roi absolu!* elles poussaient des vociférations contre les cortès et contre la constitution. En vertu d'un décret voté par les cortès de Cadix, sur la proposition du député Capmany, on avait posé sur les places principales de chaque commune une pierre carrée avec cette inscription : *Place de la Constitution*. Partout Ferdinand trouva ces pierres renversées par le peuple.

Il se passa quelques jours avant que le décret du 4 mai fût connu dans la capitale, et les cortès l'ignoraient encore lorsqu'elles apprirent que le roi approchait de Madrid. Elles s'empressèrent de nommer une députation de six membres pour aller au-devant de lui. Cette commission le rencontra dans la Manche; mais Ferdinand refusa de l'admettre en sa présence. Il fit enjoindre aux personnes qui la composaient d'aller l'attendre à Aranjuès. En même temps il ordonna au cardinal don Luis de Bourbon, président de la régence, et à don José Luyando de se retirer tous deux, le premier dans son diocèse de Tolède, et le second comme officier de marine au département de Carthagène. Ces actes et peut-être aussi la révélation du décret de Valence irritèrent vivement les cortès. Loin de se dissoudre, cette assemblée déclara qu'elle opposerait au besoin une résistance matérielle; mais la résistance était une chimère : des troupes dévouées à Ferdinand s'étaient avancées jusqu'à Madrid, et dans la nuit du 10 au 12 don Francisco Eguia, que le roi avait nommé capitaine général de la Nouvelle-Castille, exécutant les ordres qu'il avait reçus, fit arrêter les membres de la régence et les députés qui s'étaient montrés les plus ardents défenseurs des institutions nouvelles. Quelques autres, pour échapper à la même proscription, furent forcés de prendre la fuite et de se réfugier en pays étranger. On n'épargna pas même ceux qui se trouvaient éloignés de Madrid. Don Isidore Antillon était retenu en Aragon par une grave maladie; on l'arracha de son lit pour le traîner à la prison de Saragosse, et il mourut dans le trajet.

Dans la même nuit du 10 au 11 le général Eguia se transporta chez le président des cortès, et lui déclara que par ordre du roi cette assemblée était dissoute et complétement détruite. Le président, qui avait signé la protestation des *Perses*, n'opposa aucune résistance et ne fit aucune objection. Le lendemain au matin, le décret de Valence fut placardé à tous les coins de rue. La lecture de cet acte excita les transports de la populace, qui brisa la pierre de la constitution, et qui traîna ignominieusement dans les ruisseaux les statues emblématiques dont était décorée la salle des cortès. Deux jours plus tard Ferdinand VII entra à Madrid. Il était escorté par une division commandée par Santiago Whittingham, et composée de six mille hommes d'infanterie, de deux mille cinq cents chevaux et de six pièces d'artillerie. Il fut accueilli avec enthousiasme. La plus grande partie des Espagnols le chérissaient, non-seulement à raison de ses malheurs et de sa longue captivité, mais encore parce qu'ils attendaient de lui la réparation des maux que la nation avait soufferts. On approuva donc en général la mesure qui renversait l'œuvre imparfaite des cortès; mais les gens sensés virent avec douleur les mesures de rigueur et la proscription qui frappaient les principaux chefs de cette assemblée. Sans doute les cortès de Cadix n'ont exercé que peu d'influence sur la délivrance de la Péninsule. Les députés étaient à peu près comme la mouche du coche; ils déclamaient pendant que les guérillas et les troupes réglées versaient leur sang pour la patrie et pour leur roi absent; mais enfin les cortès s'étaient figuré qu'elles étaient le plus ferme appui de l'indépendance nationale, et quelque peu qu'elles aient fait en réalité, cependant elles avaient contribué pour leur part au triomphe commun. Si elles s'étaient laissé entraîner à des exagérations, il ne faut pas oublier combien les circonstances étaient critiques. La nation, abandonnée à elle-même, ne pouvait résister à l'invasion étrangère que par des mesures extraordinaires et par des prodiges d'énergie. Dès lors il n'est pas étonnant que le but ait été dépassé. Il était contre toute raison et contre toute justice de s'en prendre aux hommes de la faute des temps. Si Ferdinand eût été bien conseillé, il se fût entouré de gens modérés; il fût revenu avec des paroles de paix et de conciliation; il eût jeté un voile sur les erreurs et sur les fautes du passé. Sans doute, en suivant cette marche il eût encore rencontré de grandes difficultés; car la plupart des hommes modérés étaient rangés dans la catégorie des *joséphins* ou *afrancesados* : ils étaient également odieux aux absolutistes et aux constitutionnels. Cependant on peut croire qu'une conduite prudente eût ramené à la cause de l'ordre et de la modération les gens de talent et de conscience que la force des événements avait jetés dans les partis extrêmes. Ferdinand eût de cette manière évité les malheurs qui ont agité son règne; mais s'étant abandonné au parti absolutiste, il n'entendit que des paroles de rigueur. Ceux des députés qui avaient été arrêtés furent livrés à des commissions chargées de les condamner plutôt que de les juger. Pour cette fois, néanmoins, on ne prononça pas de condamnation capitale. Henri Wellesley, ambassadeur anglais, qui avait été au-devant de Ferdinand à Valence, avait demandé, au nom de son gouvernement, et avait obtenu que la peine de mort ne fût pas infligée pour délits politiques. La commission, ne pouvant envoyer ses victimes à l'échafaud, en peupla les bagnes. Quelquefois même on sut se passer de ses condamnations. Elle hésitait à prononcer une peine contre Agustin Argüelles, quoique celui-ci eût été rapporteur du projet de constitution. On dit que Ferdinand se fit apporter les pièces de la procédure, sur lesquelles il écrivit de sa main : *A dix ans de présides à Ceuta*. Martinez de la Rosa, un des plus beaux talents et des caractères les plus généreux de l'Espagne moderne, fut également déporté en Afrique. Don José Quintana fut emprisonné dans la citadelle de Pampelune. A la fin de décembre 1814, les chars sur lesquels on transporte en Espagne les forçats vinrent tirer de leurs cachots quarante et un condamnés. Les uns devaient être renfermés dans des places fortes ou dans des couvents; les autres étaient destinés aux présides d'Afrique. Ces derniers arrivèrent à Malaga, lieu destiné pour leur embarquement, et au milieu de leur infortune ils eurent au moins la consolation de rencontrer des gens qui témoignèrent pour eux la plus vive,

14º *Livraison.* (ESPAGNE.

sympathie. Arostegui, gouverneur de cette place, essaya de rompre leurs fers en se mettant en intelligence avec le consul des États-Unis et avec un commodore américain. Celui-ci devait attaquer le vaisseau qui les portait, s'emparer de leurs personnes, et les conduire en sûreté et comme en triomphe en Angleterre, à Gibraltar, aux États-Unis; mais ces infortunés refusèrent d'être délivrés par un semblable moyen; car à leur vie et à leur liberté ils préféraient l'honneur et la gloire de souffrir le martyre pour leurs opinions politiques. Ces proscriptions ne s'arrêtèrent point aux membres des cortès; elles frappèrent tous ceux qui purent être soupçonnés de professer des opinions constitutionnelles. Elles atteignirent même quelques-uns de ceux qui avaient été les défenseurs les plus dévoués et les plus fidèles du trône de Ferdinand. Ainsi trois mois seulement après le retour du roi, *el Marquesito* (Diaz Porlier), ce brave chef de guerrilleros, qui avait combattu avec tant de courage et tant de succès dans la Galice et dans les Asturies, fut mis en arrestation, comme libéral déterminé, et renfermé pour quatre ans dans la forteresse de San-Anton de la Corogne. Ces cruautés causèrent la plus triste sensation, et dans toute l'Europe les hommes de bien, que les passions politiques n'aveuglaient pas, accueillirent avec une clameur d'indignation les mesures de rigueur et d'ingratitude par lesquelles Ferdinand inaugurait son règne.

ADMINISTRATION DE L'ESPAGNE DEPUIS 1814 JUSQU'A 1820. — LA CAMARILLA. — MACANAZ. — OSTOLAZA. — RÉTABLISSEMENT DE L'INQUISITION. — INFLUENCE RUSSE. — EXPÉDITION CONTRE LES COLONIES AMÉRICAINES. — DEUXIÈME ET TROISIÈME MARIAGE DE FERDINAND VII. — DILAPIDATION DES FINANCES. — CONSPIRATION DE MINA. — REPRÉSENTATIONS DE L'EMPECINADO. — CONSPIRATIONS DE PORLIER, DE RICHARD, DE LACY, DE VIDAL.

Les personnes que Ferdinand recevait dans son intimité, celles qui avaient entrée dans les petits appartements du roi, nommés en Espagne *la camarilla* (la petite chambre), exercèrent bientôt sur les affaires de l'État la plus funeste influence. Elles formèrent une réunion de gens tous choisis dans le parti absolutiste; car c'est là que Ferdinand trouvait des hommes selon son cœur, des Escoiquiz, des San-Carlos, et quoique ce petit comité n'affichât pas la prétention de dicter des décrets, de faire des règlements, des plans de conduite, il exerçait sur la marche du gouvernement l'action la plus déplorable, en disposant de tous les emplois, en y soutenant ses créatures et leurs amis, en s'attachant à en chasser tous les honnêtes gens. En effet, les membres de la camarilla regardaient comme leurs adversaires tous ceux qui avaient quelque mérite; et il faut faire cette triste remarque : c'est que le parti absolutiste, bien digne en Espagne du nom de *servile* qu'on lui a infligé, ne renfermait presque aucun Espagnol de talent. Tous ceux qui avaient des idées larges ou des pensées généreuses s'étaient réfugiés dans le parti des *afrancesados* ou dans celui des constitutionnels. Au reste, Ferdinand était d'un caractère excessivement faible; mais par cela même qu'il avait la conscience de cette faiblesse, il craignait d'accorder trop d'influence à un individu : il ne voulait pas qu'on pût dire qu'il avait des favoris. Cette préoccupation de son esprit, aussi bien que l'incapacité des personnes auxquelles on conférait des emplois, fut cause du nombre considérable de ministres qui se succédèrent dans cette période, peut-être dans la multitude d'hommes appelés à gouverner l'Espagne pendant cette période de six années, aurait-on eu peine à en trouver quatre ou cinq qui fussent quelque aptitude pour les départements qui leur furent confiés, et qu'on put juger en général les ministres de Ferdinand, il faudrait en faire connaître simultanément tous leurs actes. Don Pedro Macanaz, qui a contresigné le décret de Valence, fut nommé ministre de grâce et de justice. Il ne reculait devant aucune mesure réactionnaire qu'elle fût, lorsqu'il n'y avait une infraction aux promesses solennellement données. Il avait été convenu, par le traité conclu entre l'empereur et Ferdinand, que tous les Espagnols attachés au parti de Joseph ou employés dans l'armée française conserveraient leurs

ESPAÑA.
ESPAGNE.

Fontaine du Prado, à Madrid.
Fuente del Prado, en Madrid.

ESPAGNE.

biens, leurs emplois, ainsi que les distinctions qu'ils avaient obtenues. Dix-huit jours après que Ferdinand fut rentré à Madrid une circulaire de Macanaz expliqua la manière dont on prétendait exécuter cette promesse. Il choisit le 30 mai, jour même de la fête du roi, pour faire paraître cet acte qui chassait d'Espagne plus de dix mille familles :

« Le roi, informé qu'un grand nombre de ceux qui se sont ouvertement déclarés partisans et fauteurs du gouvernement intrus se disposent à rentrer en Espagne; que quelques-uns se trouvent à Madrid, et que parmi ceux-ci il y en a qui portent les marques distinctives qui sont uniquement destinées aux personnes loyales et de mérite ; sa majesté, pour éviter le juste chagrin que cette conduite inspire aux bons, et les funestes conséquences qui pourraient résulter de permettre indistinctement à ceux qui se trouvent en France et qui ont suivi les drapeaux de l'intrus qui s'intitulait roi, de retourner à leurs emplois, a daigné décider ce qui suit :

« Art. 1er. Les capitaines généraux, commandants, gouverneurs et justices des villes de la frontière, ne permettront l'entrée en Espagne, sous aucun prétexte : 1° à ceux qui ont servi le gouvernement intrus en qualité de conseillers ou de ministres ; 2° à ceux qui ayant été employés précédemment par sa majesté comme ambassadeurs ou ministres, secrétaires d'ambassade ou de ministère, ou consuls, auraient reçu depuis des pouvoirs, nominations ou confirmations dudit gouvernement, ou auraient continué quelqu'une de ces fonctions en son nom ; 3° aux généraux et aux officiers, depuis le capitaine inclusivement jusqu'aux plus hauts grades, qui se seraient enrôlés sous les drapeaux dudit gouvernement ou de quelques-uns des corps de troupes destinés à agir contre la nation, ou qui ont suivi ce parti; 4° à ceux qui ont été employés par l'intrus dans quelqu'une des branches de police, de préfecture, sous-préfecture ou junte criminelle; 5° aux personnes titrées et à tous les prélats ou individus décorés de quelque dignité ecclésiastique qui leur aurait été conférée par ledit gouvernement, ou qui l'ayant été par le gouvernement légitime, auraient suivi le parti de l'intrus et se seraient expatriés à sa suite; et si quelqu'une ou quelques-unes de ces personnes étaient rentrées dans le royaume, ils les en feront sortir, sans leur causer d'autres vexations que celles qui seront nécessaires pour l'exécution de la présente mesure.

« Art. II. Quant aux autres qui ne sont pas compris dans les classes ci-dessus, il leur sera permis d'entrer dans le royaume, mais non de venir à la capitale, ni de s'établir dans les villes qui en soient éloignées de moins de vingt lieues ; et là, et dans toute autre ville où ils fixeront leur résidence, ils se présenteront au commandant, gouverneur, alcalde ou justice, lesquels en donneront avis au gouverneur civil de la province ; et celui-ci au ministère de grâce et de justice, pour faire connaître leurs personnes. Ils demeureront sous la surveillance des susdits chefs, ou, à leur défaut, sous celle de la justice de l'endroit, qui veillera sur leur conduite politique, et en sera responsable.

« Art. III. Aucun de ces individus ne pourra être proposé pour remplir les emplois ou commissions du gouvernement dans l'administration publique, ni dans celle de la justice ; ni les officiers des grades supérieurs à celui de capitaine, ni les cadets, ne pourront rester dans leurs emplois, ni porter l'uniforme; néanmoins, ceux-ci et tous les autres auxquels l'entrée du royaume est permise aux conditions ci-dessus ne pourront être molestés dans l'usage de leur liberté, et ils jouiront de la sûreté personnelle et réelle comme tous les autres, pourvu que leur conduite ne donne pas lieu à ce qu'on agisse contre eux.

« Art. IV. Ceux des catégories ci-dessus qui se trouvent dans la capitale et ne se sont pas expatriés recevront l'ordre par les alcaldes de *casa y corte*, et par les autres juges de la capitale, de sortir immédiatement de Madrid, pour aller habiter des endroits à la distance précitée; mais il faut qu'il soit constant qu'ils appartiennent aux classes susdites.

« Art. V. Ceux qui auraient obtenu antérieurement du roi la croix ou d'autres distinctions politiques, ne pourront les porter, et encore moins ceux qui auraient reçu de semblables distinctions du gouvernement intrus, et qui se disposent à reprendre celles qu'ils portaient précédemment. Ces distinctions sont des récompenses de loyauté et de patriotisme, et ceux dont il est question ne remplissent pas ces conditions.

« Art. VI. Les femmes mariées qui se sont expatriées avec leurs maris, suivront le sort de ces derniers. Le roi use de clémence à l'égard des personnes âgées de moins de vingt ans qui se seraient expatriées à la suite du gouvernement intrus : il leur permet de rentrer dans leurs foyers ; mais elles demeureront sujettes à la surveillance de l'endroit où elles s'établiront.

« Art. VII. Quant aux sergents, caporaux,

soldats et gens de mer qui se sont enrôlés sous les drapeaux de l'intrus, ou qui ont pris parti dans quelques-uns des corps destinés à faire la guerre à la nation, S. M., considérant qu'ils se sont rendus coupables de ce délit plutôt par séduction que par perversité, et peut-être par force, et usant aujourd'hui, jour de sa fête glorieuse, et en mémoire de son heureux retour au trône de ses ancêtres, de sa clémence naturelle, a résolu de leur faire grâce de la peine qu'ils ont méritée, et de leur accorder leur pardon, si, dans le terme d'un mois pour ceux qui sont en Espagne, et de quatre pour ceux qui sont dehors, et s'ils ne sont coupables d'aucun des délits exceptés des pardons généraux, et s'ils se présentent pour jouir de cette grâce devant sa personne royale, ou devant quelque capitaine général ou commandant de province, gouverneur ou justice du royaume; à cet effet, il leur sera donné le document convenable pour justifier leur présentation dans le susdit délai; passé lequel il sera procédé contre eux conformément aux ordonnances, s'ils sont arrêtés sur le territoire espagnol.

« Ce que je vous communique par ordre du roi, à ce que vous n'en ignoriez et pour que vous y teniez la main.

« Que Dieu vous garde beaucoup d'années.
  « Pedro Macanaz.
« Madrid, 30 mai 1814. »

Le signataire de cette liste de proscription était chargé de nommer à tous les emplois de la magistrature et de l'Église. Il ne songea qu'à les vendre au plus offrant, sans faire attention à aucune autre considération que celle de la somme qu'il devait gagner. Ce trafic avait lieu par l'intermédiaire d'une fille nommée Louise Petit, qui, après avoir exercé à Paris l'ignoble métier de courtisane, vivait publiquement avec Macanaz. Voilà quelle était la dispensatrice des emplois et des charges de la monarchie espagnole. La publicité et le scandale de cette conduite devinrent tels, que Ferdinand fut contraint d'y mettre un terme. Un jour il reçut des indications si précises, on lui désigna avec tant d'exactitude le prix moyennant lequel une grâce avait été vendue et même le lieu où l'or était déposé, qu'il voulut se convaincre par lui-même. Accompagné d'un secrétaire nommé Negrete, il se rendit à la pointe du jour chez le ministre; il s'approcha du lit où Macanaz dormait encore, et lui demanda la clef d'une armoire particulière. Il y trouva le paquet d'onces d'or qui avait servi de prix à sa corruption. Il en tira aussi, dit-on, les papiers qu'elle contenait, les mit dans un mouchoir, et les emporta. Le lendemain Macanaz fut envoyé au château San-Anton. Le 25 septembre le journal officiel annonça son emprisonnement, sans en expliquer bien nettement la cause, ce qui donna lieu à beaucoup de suppositions. On prétendit que Macanaz possédait les brouillons des lettres écrites par Ferdinand à Napoléon et à Joseph pendant sa captivité de Valencay, notamment une lettre de félicitations qu'il écrivit à ce dernier à l'occasion de la bataille d'Ocaña. On ajoute que maître de ces papiers il se croyait sûr de l'impunité, quelque faute qu'il pût commettre; on dit qu'il s'était même imprudemment vanté de faire le plus grand tort à Ferdinand s'il voulait les publier. Il est fort difficile de savoir au juste la vérité. Il faut avouer cependant que les termes du décret inséré dans la *Gazette* se prêtent singulièrement aux conjectures qu'il a fait naître. Il y est dit : « Macanaz, cédant à des maximes
« honteuses, a non-seulement commis
« des délits qui méritent un châtiment
« sévère, mais encore il a été infidèle à
« une époque où le roi avait malheu-
« reusement besoin, plus que jamais, de
« l'appui de ses vassaux bien-aimés. »
Ce qu'il y a de certain, c'est que Macanaz resta enfermé dans le château de San-Anton jusqu'à la révolution de 1820.

Ostolaza fut aussi appelé au ministère dans les premiers mois du règne de Ferdinand. Il avait pendant quelque temps partagé à Valençay la captivité de ce prince, dont il était le confesseur; mais il était parvenu à sortir de France et à se rendre à Cadix. Nommé membre des cortès, il s'était mis à la tête du parti antiréformiste. Au retour de Ferdinand, il fut comblé de faveurs, et provoqua de toutes ses forces le rétablissement de l'inquisition. Alors on vit recommencer les persécutions de cet horrible tribunal. Le passage des Français en Espagne y avait propagé l'institution de la franc-maçonnerie. Cette association fut poursuivie comme une secte hérétique. Rétabli sur ses ancien-

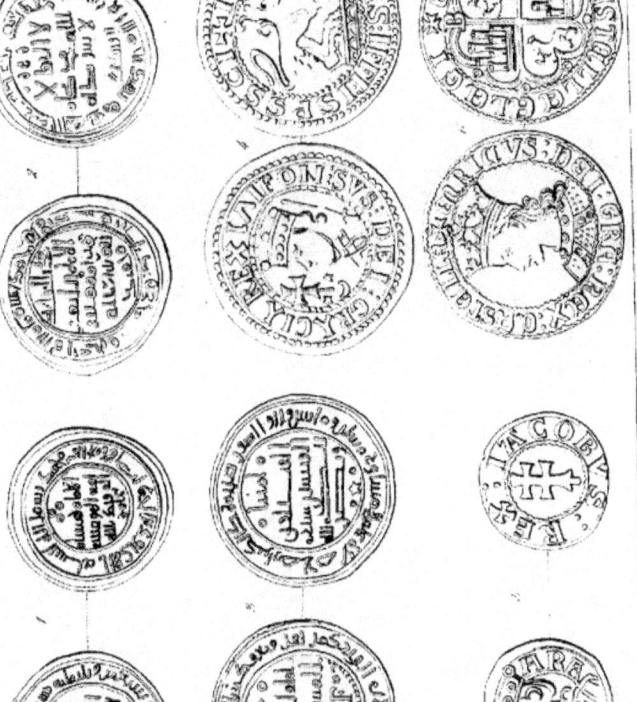

nes bases et avec ses anciens principes, le saint-office fut à cette époque, aussi bien qu'à son origine, un instrument politique encore plus qu'un tribunal religieux. Sous Ferdinand le Catholique, l'inquisition avait servi à persécuter les restes de la maison de Navarre. Sous Ferdinand VII, elle poursuivit avec acharnement tout ce qui professait des opinions libérales. Ces rigueurs furent poussées à un tel excès qu'un des inquisiteurs, le chanoine Riesco, se jeta aux pieds du roi pour le supplier de faire cesser cette confusion de la religion et du pouvoir, et qu'il donna sa démission après avoir averti Ferdinand des maux que cette institution devait appeler sur l'Espagne. Il est vrai de dire cependant que l'inquisition rétablie par Ferdinand VII ne condamna à la mort aucun de ses pénitents, et que même le décret qui la releva ne lui permit pas d'appliquer cette peine; mais pour peu qu'on veuille se rappeler les principes de l'inquisition d'Espagne, on trouvera qu'elle a toujours prétendu ne pas avoir le droit de prononcer la peine capitale. Lorsqu'une personne était hérétique, relapse et impénitente, que suivant les doctrines de ce tribunal elle avait encouru le dernier châtiment, les inquisiteurs prononçaient seulement qu'elle était coupable, et la *relaxaient*, c'est-à-dire qu'ils l'abandonnaient à l'autorité temporelle chargée de prononcer la sentence de mort et de l'exécuter.

Lorsque ce tribunal fut rétabli, Ostolaza présenta à Ferdinand l'adresse la plus louangeuse : « Votre Majesté, « disait-il, est à peine sortie de sa pri- « son, que déjà tous les malheurs de « son règne sont effacés. Le savoir et « le génie sont mis au grand jour et sont « récompensés des plus grands hon- « neurs. La religion surtout, sous la « protection de Votre Majesté, est sor- « tie des ténèbres, comme l'astre lu- « mineux du jour, etc., etc. » Au reste, Ostolaza devint bientôt la victime de ce tribunal. On eût pu lui appliquer cet adage : *Legem quam tulisti patiere*, Souffre la loi que tu as faite. Mais au moins ce fut pour une juste cause, et l'on n'aurait que des grâces à rendre au saint-office s'il n'avait jamais poursuivi que de semblables accusés.

Ferdinand, fatigué des représentations continuelles dont Ostolaza l'accablait, lui avait retiré sa confiance. Mais cet ecclésiastique était resté investi de nombreux bénéfices, qui lui procuraient d'immenses revenus. Il était aussi supérieur d'un hospice où des religieuses élevaient des filles pauvres. Il voulut se faire un sérail de ce couvent : il séduisit plusieurs des jeunes filles qui l'habitaient. Il usait avec les unes de l'imposture et des moyens mystiques, avec les autres il avait recours à la violence. Il exista bientôt des signes évidents de cet infâme abus du sacerdoce. Les plaintes de quelques-unes des victimes, la fuite des autres, éveillèrent l'attention de l'autorité ecclésiastique, et le scandale devint tel, que l'évêque fit mettre Ostolaza en arrestation. Bientôt l'inquisition évoqua l'affaire. On reprochait au prévenu d'avoir enseigné des propositions hérétiques touchant l'innocence de quelques actions que la religion et la morale condamnent. Il fut conduit dans les prisons de l'inquisition de Séville, où il mourut de désespoir.

On ne peut pas reprocher à D. Francisco Ramon Eguia, ministre de la guerre, la cupidité de Macanaz, ou les vices d'Ostolaza; cependant il a fait beaucoup de mal à l'Espagne : c'était un esprit étroit, minutieux, et tout à fait incapable de gouverner un département aussi important que celui qui lui était confié. Il ne connaissait rien en dehors de la routine de son état, et il était tellement entiché des vieux usages, qu'il avait même conservé la queue telle qu'on la portait dans les troupes prussiennes du temps de Frédéric II, ce qui lui avait valu le surnom de *Coletilla*. L'armée cependant avait des droits incontestables à toute la reconnaissance de Ferdinand; aussi lui promit-on les plus grandes faveurs. On nomma une commission d'officiers généraux chargés de la réorganiser. On décréta la construction d'un édifice pour recevoir les soldats invalides. Cette institution ne devait, disait-on, céder en rien à l'hôtel élevé par Louis XIV ; mais tous ces projets n'aboutirent à rien ; et au lieu des récompenses promises à l'armée, on l'accabla d'ordonnances dictées par un esprit de bigoterie, et propres à faire des moines plutôt que des guerriers. On alla jusqu'à réglementer la manière dont ils devraient prendre l'eau bénite en entrant dans l'église. On interdit aux soldats les chants qui avaient accompagné leurs derniers triomphes, et l'on ordonna que tous les soirs ils se réuniraient pour dire le rosaire.

Les officiers qui s'étaient distingués dans la guerre de l'indépendance restèrent négligés dans les provinces, tandis qu'on mettait à la tête de leurs corps des hommes qui n'avaient pris aucune part à la lutte contre les Français. Ainsi on retira à Mina le commandement de la Navarre; et ce chef, mécontent et d'ailleurs attaché sincèrement aux institutions constitutionnelles, crut avoir des motifs assez graves pour lever l'étendard de la révolte. Il traça le plan d'une vaste conspiration. Mais cette entreprise était prématurée : quelques fautes qu'eût déjà commises Ferdinand, son gouvernement n'avait pas encore eu le temps de se discréditer entièrement; néanmoins Mina, impatient des abus et des injustices qui avaient lieu, se mit en rapport avec la plupart des régiments qui avaient été sous ses ordres. Dans la nuit du 25 septembre, il chargea le colonel du 1er régiment de volontaires, qui s'était fourni d'échelles, d'escalader avec son monde la citadelle de Pampelune; mais au moment de l'exécution, les soldats, malgré les offres qu'on leur faisait, refusèrent de prendre part à cette entreprise audacieuse. Rencontrant ainsi dès les premiers pas un obstacle insurmontable, Mina se vit contraint de prendre la fuite et de chercher un refuge en France. Sa tentative avorta; mais l'exemple offert par un des défenseurs les plus illustres de l'indépendance espagnole, dès les premiers jours du règne de Ferdinand, eut de nombreux imitateurs; des conspirations se succédèrent rapidement de 1814 à 1820. Il semblait, au reste, qu'on s'attachât à donner à l'armée de justes sujets de mécontentement, et le peu de ressources dont le trésor pouvait disposer étaient réparties entre les différents corps de l'armée avec une monstrueuse inégalité; quelques corps privilégiés étaient bien vêtus et bien payés : le régiment des gardes du corps, que commandait le duc d'Alazon, était abondamment pourvu de tout ce qui pouvait relever sa splendeur; on prodigua pour le seul entretien de ce corps des sommes qui eussent suffi pour maintenir honorablement une armée assez considérable; mais les autres corps ne recevaient pas de quoi se vêtir. Il y en avait qui ne pouvaient pas sortir de leurs quartiers parce qu'ils étaient absolument nus et sans chaussures. Ils ne recevaient pas même exactement leurs rations. Ils étaient obligés de prendre à crédit chez les fournisseurs les aliments de chaque jour. Les maux qui accablaient la flotte n'étaient pas moindres. Sous cette administration déplorable on a dû à l'armée de mer jusqu'à 70 mois de solde : aussi arriva-t-il plus d'une fois que des officiers furent réduits à vivre d'emprunts ou d'aumônes. Au Ferrol un officier des soldats de marine mourut de faim. Le journal du lieu publia officiellement ce fait, et aucune mesure ne fut prise pour mettre un terme à ces souffrances : seulement, par une ordonnance du 12 février 1816, il fut permis à tous les individus appartenant au département de la marine de se livrer à la pêche, « afin, est-il dit, que par ce moyen ils « puissent se procurer les aliments dont « ils manquent. »

Dans beaucoup de provinces, le seul moyen qu'avaient les employés et les militaires pour obtenir le payement de leurs traitements et de leurs soldes, était d'en céder huit ou dix pour cent à quelques employés de la trésorerie, qui, moyennant cet abandon, se chargeaient d'en faciliter le payement.

Les cortès en se retirant avaient laissé le trésor dans un complet dénûment. La nation, il est vrai, n'était pas entièrement épuisée. La plus grande partie des fonds que les Français avaient levés à titre de contributions avait été par eux dépensée dans le pays même; et comme les sommes tirées par eux des provinces espagnoles n'étaient pas suffisantes pour l'entretien de l'armée et pour le payement des services publics, le trésor de France avait versé à Joseph une puissante subvention, qui était restée en Espagne presque en totalité. Dix mille familles proscrites par le décret du 30 mai avaient à la vérité emporté d'Espagne ce qu'elles avaient pu enlever de leur fortune; mais les richesses accumulées inutilement dans les trésors des églises et des monastères avaient été pillées par les combattants et rendues par eux à la circulation. Ce n'était donc pas le numéraire qui manquait dans ce pays; c'était une bonne assiette de l'impôt, un système raisonnable de finances. Les cortès avaient établi l'impôt direct, le seul qui fût désormais praticable. Mais ni Ferdinand ni la camarilla ne voulaient rien de ce qui venait des cortès : ils s'empressèrent de le supprimer. Cependant la nécessité d'assurer les revenus de l'État se faisait sentir si vivement, qu'on remit enfin le ministère des finances à un homme d'expérience, à Garay. Celui-ci voulut revenir à la contribution directe. Il fut aussitôt signalé comme novateur, chassé de son poste et envoyé en exil.

On eut recours à des taxes arbitraires, qui faisaient des mécontents sans venir utilement au secours du trésor public. On affermait à des individus ou à des compagnies le droit exclusif de vendre les objets de première nécessité, et quiconque les débitait au préjudice de ce monopole était puni comme contrebandier. Ainsi à Xerès la vente du vin était affermée, et le vigneron ne pouvait se défaire de sa récolte qu'en payant au fermier du vin une énorme rétribution. On imposa des droits de douane exorbitants, qui achevèrent de détruire le commerce en rompant toutes les relations avec les pays étrangers; mais ces taxes, ces exactions, ne produisaient que des sommes insuffisantes, promptement épuisées par l'avidité de la camarilla.

« Une seule ressource[1], dit M. le vicomte de Martignac, restait au gouvernement espagnol pour échapper à de si pressants embarras, pour réparer tant de maux et pourvoir à tant de besoins : c'est celle qui depuis longtemps lui avait tenu lieu de toutes les autres, et avait remplacé pour lui ces richesses locales qu'il n'avait jamais su obtenir de l'agriculture, de l'industrie, du commerce, de tout ce qui fait la fortune des autres États. On comprend qu'il s'agit de ses possessions d'outre-mer.

« C'est de ce côté que se tournaient tous les vœux et toutes les espérances, et là, en effet, se trouvaient encore des moyens de salut. Déjà, sans doute, cette portion de la fortune d'Espagne était dangereusement compromise; mais rien n'était désespéré, et cette affaire si importante et si décisive, conduite avec quelque prudence et quelque habileté, pouvait encore avoir une favorable issue. »

Pendant l'invasion des Français les colonies s'étaient séparées de la métropole, et avaient profité de la position désastreuse où se trouvait la Péninsule pour se constituer en États indépendants. Mais un des fruits de cette révolution avait été pour elles l'anarchie et la guerre civile. Peut-être quelques concessions auraient-elles suffi pour ramener sous la domination de l'Espagne ces contrées fatiguées de leurs dissensions intestines; mais Ferdinand voulut être maître absolu en Amérique de même qu'il l'était en Europe. Il ne voulut rien céder, et l'Espagne, dont les ressources étaient épuisées par la lutte qu'elle venait de soutenir sur son propre territoire, dont la marine était anéantie, dont les finances étaient ruinées, dut s'imposer de nouveaux sacrifices pour aller porter la guerre au bout du monde sans aucune chance de succès.

L'organisation des expéditions chargées de conquérir et de pacifier l'Amérique fut confiée à Antonio Ugarte. Cet homme, qui avait été d'abord portefaix, et ensuite agent d'affaires; devait son élévation à la protection de l'ambassadeur russe, M. de Tatischeff. Et il faut le dire avec regret, on trouve ce diplomate mêlé à toutes les intrigues de la *camarilla*. Son influence néfaste a pesé sur l'Espagne de la plus déplorable manière. Ferdinand, en montant sur le trône, avait compris la nécessité de contracter une alliance intime avec quelqu'une des grandes puissances de l'Europe. Les principes constitutionnels du gouvernement anglais lui répugnaient; Louis XVIII et la charte française lui semblaient respirer le jacobinisme. La Prusse se montrait froide et indifférente; quant à la cour de Vienne, elle était presque hostile. Il restait encore bien des ferments de cette haine qui, depuis la

---

[1] *Essai historique sur la révolution d'Espagne*, p. 165.

guerre de la succession a divisé les maisons d'Espagne et d'Habsbourg. Lors du congrès de Vienne, Labrador, plénipotentiaire espagnol, ayant demandé au prince de Metternich que la Toscane fût remise à l'infant Charles-Louis, fils de Louis Ier, le ministre autrichien avait brusquement répondu que l'affaire de Toscane ne pouvait pas faire l'objet d'un arrangement, mais le sujet d'une guerre. L'Espagne avait été forcée de courber la tête ; mais elle n'avait pas oublié cette humiliation. Quant au gouvernement russe, il avait les mêmes principes d'absolutisme que Ferdinand voulait faire prévaloir en Espagne. Ce fut donc de ce côté que se portèrent toutes ses sympathies. M. de Tatischeff sut habilement tirer parti de ces dispositions. La plupart des grands fonctionnaires de l'administration espagnole se dévouèrent à lui. Éguia, ministre de la guerre, était l'instrument aveugle de sa volonté.

L'ambassadeur russe voulut avoir auprès du ministre de la guerre un agent dont il fût sûr : il introduisit dans ses bureaux Antonio Ugarte, pour lequel on créa la fonction de directeur général des expéditions chargées de conquérir l'Amérique. Pour une si grande entreprise l'Espagne manquait de vaisseaux. La Russie proposa de lui en fournir. Trois vaisseaux russes arrivèrent à Cadix; mais on reconnut bientôt qu'ils étaient hors d'état de servir. Peut-être les employés russes furent-ils de meilleure foi qu'on ne le pense en contractant ce marché. Les bois que la Russie tire de son sol et qu'elle emploie à ses constructions maritimes sont en général d'une qualité si inférieure, qu'ils ne résistent pas à l'action corrosive des mers du midi, et l'on a vu des constructions navales qui avaient été faites avec des chênes de Russie se trouver entièrement pourries et vermoulues après une ou deux campagnes. Quoi qu'il en soit, les réclamations contre ce marché furent si vives et si nombreuses que le gouvernement espagnol, pour imposer silence aux clameurs, défendit de *médire* de cette flotte sous peine d'être accusé d'*hérésie*. La Russie, de son côté, fournit à l'Espagne deux frégates en meilleur état.

Morillo, qui avait combattu avec tant de succès dans la Galice et qui s'était fait une renommée de talent et de courage, reçut le commandement de l'expédition dirigée contre les colonies américaines. Pour son début dans cette nouvelle lutte, il s'empara de Carthagène, où les autorités insurgées avaient établi le siége de leur gouvernement. Il battit leurs troupes à Cachiri ; mais bientôt il rencontra dans Bolivar un adversaire digne de lui. Les deux chefs luttèrent avec une rare persévérance. Morillo, tantôt vainqueur, tantôt vaincu, se maintenait avec un courage héroïque. Mais son adversaire avait sur lui l'avantage de réparer ses pertes sur le lieu même ; tandis que Morillo attendait d'Europe des secours, qui souvent ne lui parvenaient pas. Il lutta ainsi pendant cinq années, au bout desquelles il fut obligé d'abandonner le Nouveau-Monde, n'en rapportant que le souvenir de ses efforts superflus et le titre de comte de Carthagène.

La nation voyant avec peine cette guerre lointaine qui lui imposait inutilement d'onéreux sacrifices, c'était une cause de mécontentement à ajouter à celles si nombreuses que l'on avait déjà. On reprochait à Ferdinand de n'avoir accompli aucune des promesses qu'il avait faites par le décret de Valence. Il avait dit : « Cependant, pour prévenir ces
« abus autant que peut le faire la pru-
« dence humaine, en conservant l'hon-
« neur de la royauté et ses droits (car
« elle en a qui lui appartiennent, comme
« aussi le peuple a les siens, qui sont éga-
« lement inviolables), je traiterai avec les
« députés de l'Espagne et des Indes, et
« dans des cortès légitimement assem-
« blées, composées des uns et des au-
« tres. »

Mais les cortès n'avaient pas été réunies.

Il avait dit : « La liberté, la sûreté
« individuelle, seront garanties par des
« lois. »

Et au lieu d'exécuter cette promesse, on avait, sans jugement, prononcé des exils et des proscriptions.

Il avait dit : « Tous auront la faculté
« de communiquer par la voie de la
« presse leurs idées et leurs pensées, en
« se renfermant dans les bornes que la
« saine raison prescrit à tous, afin que

« cette liberté ne dégénère pas en li-
« cence. »

Au lieu de la liberté promise on avait établi la censure.

Il avait dit : « Pour éviter tout soup-
« çon de dissipation dans les revenus de
« l'État, la trésorerie séparera les fonds
« destinés à ma personne et à ma fa-
« mille de ceux qui seront assignés pour
« les dépenses de l'administration gé-
« nérale. »

Presque toutes les ressources de l'État étaient gaspillées par la camarilla et prodiguées à d'obscurs et d'indignes courtisans. Le mécontentement était général; le brave Empecinado s'en fit l'organe. Il présenta un mémoire au roi pour lui exposer les sujets de plainte de l'Espagne et pour demander la réunion des cortès. Sa franchise fut aussitôt punie. Il fut arrêté et envoyé en exil à Valladolid. Le roi, les ministres, étaient sourds aux plaintes et aux réclamations de la nation. Aussi les espérances se tournèrent-elles d'un autre côté, et l'on se prépara à arracher par la force une justice qu'on ne pouvait obtenir par de sages représentations : des conspirations s'organisèrent. La Galice était surtout animée par un esprit d'indépendance qui se manifestait parmi les militaires cantonnés dans cette province. Une insurrection fut organisée. Il ne manquait plus à ce mouvement qu'un chef capable de le diriger. Tous les yeux se tournèrent vers Juan Diaz Porlier, qui était enfermé comme libéral au château de San-Anton. Ce capitaine, dont la santé était altérée par les fatigues de la guerre et par les rigueurs de sa captivité, ayant obtenu la permission d'aller prendre les eaux minérales à Arteyo, profita de cette permission pour accepter le commandement de l'insurrection qu'on lui offrait. Dans la nuit du 18 septembre 1815 il entra à la Corogne, où il fut reçu avec enthousiasme. Il mit en liberté toutes les personnes emprisonnées pour leurs opinions constitutionnelles. Il arrêta le capitaine général et les principaux fonctionnaires; puis il fit proclamer avec la plus grande solennité la constitution de Cadix aux cris de *Vive Ferdinand, roi constitutionnel!*

De nombreux détachements de troupes accoururent de tous les villes voisines se ranger sous ses ordres. La garnison de Santiago et l'école militaire de cette ville n'attendaient que sa présence pour se prononcer en faveur du régime constitutionnel. Il se mit donc en route à la tête de huit cents hommes, et se dirigea vers la capitale de la Galice sans rencontrer nulle part la moindre résistance. Cependant, les chefs du parti royaliste et le clergé de Santiago, qui jouit d'immenses richesses, ne restèrent pas oisifs. Ils achetèrent à force d'or le dévouement des sous-officiers et d'une partie des soldats qui accompagnaient Porlier. Ce chef s'étant arrêté à Ordenès, village à deux lieues de Santiago, et ayant réuni tous les officiers dans un festin, les sous-officiers, restés seuls à la tête des troupes, tinrent un conseil secret, résolurent d'arrêter Porlier et de le livrer aux autorités royalistes. Dirigés par l'un d'eux, nommé Chacon, ils assaillirent l'auberge où Porlier et ses officiers étaient réunis. Ceux-ci eurent le temps de se saisir de leurs épées et opposèrent une vive résistance; mais ils furent accablés par le nombre. On les enchaîna et on les conduisit à la prison de l'inquisition de Santiago. Ils furent ensuite transférés à la Corogne, où l'on fit leur procès. Porlier, qui avait si puissamment contribué à relever le trône de Ferdinand, ce brave chef de guerrilla que les balles françaises avaient épargné dans tant de combats, fut, le 2 octobre 1815, condamné à être dégradé, et pendu comme un malfaiteur. La sentence fut exécutée le lendemain. Ce fut l'unique récompense payée par la gratitude de Ferdinand à l'un de ses plus hardis et de ses plus zélés défenseurs. On dirigea contre les complices de Porlier une longue procédure qui aboutit à une condamnation capitale contre quatorze d'entre eux. Heureusement ils avaient tous trouvé le moyen de se réfugier en Angleterre.

L'issue de ce procès produisit chez les libéraux une violente exaspération. Les opinions constitutionnelles et l'agitation se propagèrent avec une excessive rapidité. Il fallait être aveuglé par les préjugés et par les passions politiques pour ne pas s'apercevoir qu'une crise devenait chaque jour plus menaçante : Escoiquiz lui-même osa faire des représentations au roi ; il lui dit que le germe de l'insurrection ne pourrait jamais être étouffé par des procès criminels, mais seulement par des réformes salutaires et par des mesures de douceur. Ces vérités furent mal accueillies. Escoiquiz, qui avait donné à Ferdinand tant de gages de son dévouement, fut banni de la cour et exilé en Andalousie.

Une conspiration plus dangereuse s'organisa bientôt à Madrid. Elle avait pour chef don Vincente Richard, homme d'une grande énergie, mais qui jusqu'à cette époque ne s'était signalé par aucune action capable de tirer son nom de l'obscurité. Le projet des conspirateurs était dans le principe de s'emparer de la personne du roi et de le contraindre à jurer la constitution de 1812. Les conjurés espéraient que ce plan serait d'une exécution facile. Le roi avait l'habitude de diriger ses promenades sur la route de Madrid à Alcala. A une certaine distance de la ville, il laissait sa voiture et l'escorte nombreuse dont il était toujours accompagné, pour se promener à pied avec la reine et les infantes. Le but ordinaire vers lequel il se dirigeait était un point nommé l'auberge du Saint-Esprit. C'est là que les conjurés devaient s'élancer sur le roi, le faire monter à cheval, et le conduire à Alcala, où se trouvait un régiment dont les dispositions en faveur de la constitution n'étaient pas douteuses ; mais Vincente Richard rencontra dans l'exécution de ce plan des difficultés qui lui parurent insurmontables. Il y renonça, et conçut à la place le projet d'assassiner le roi. Ce fut Richard lui-même qui se chargea de l'exécution de cet attentat. Le roi, lorsqu'il rentrait de la promenade, avait l'habitude de donner une audience publique : c'est ce moment que l'assassin devait choisir. Heureusement le complot fut dénoncé par un des complices. Vincente Richard fut arrêté, porteur du poignard dont il devait se servir. On lui fit promptement son procès, et il fut pendu sur la grande place de Madrid. Ce châtiment était mérité ; mais les conseillers de Ferdinand, qui ne savaient jamais s'arrêter dans de justes limites, ordonnèrent les mesures les plus cruelles et les plus inquisitoriales. On rétablit la torture, cet horrible mode de procédure qui peut forcer l'innocent à s'avouer coupable. L'attentat de Richard avait inspiré l'horreur générale ; aussi son supplice fut-il vu sans beaucoup de pitié. Mais ces cruautés inutiles soulevèrent l'indignation de tout le monde.

L'impulsion était donnée ; les rigueurs ne faisaient qu'irriter les passions au lieu d'arrêter le mouvement, et la tentative qui avait échoué en Galice fut recommencée en Catalogne par le général Lacy.

Don Luis Lacy était né en Andalousie, à Saint-Roch, dans le courant de l'année 1775. Ses parents étaient d'origine irlandaise. Entré fort jeune au service, il parvint bientôt au grade de capitaine, et passa avec son régiment aux Canaries. Une affaire d'honneur le contraignit à quitter son corps. Il revint en Europe, traversa à pied l'Espagne, la France, et se rendit au camp de Boulogne, où il s'engagea comme simple soldat dans le 6ᵉ régiment d'infanterie légère. Napoléon, ayant appris les particularités qui avaient forcé cet officier à s'expatrier, lui rendit son grade de capitaine. En 1808, Lacy était lieutenant-colonel dans l'armée française. Il suivit Murat en Espagne, et il se trouvait à Madrid lors de la funeste journée du 2 mai. A cette époque, il rentra au service de sa patrie ; et parvenu bientôt au grade de général, il fut chargé par la régence de la défense de la Catalogne. Il y fit, jusqu'en 1812, la guerre à l'armée d'invasion ; puis il passa en Galice. Lors du retour de Ferdinand, il avait le commandement militaire de cette province. Mais signalé comme libéral, il fut privé de son emploi et exilé en Catalogne. Au mois de mars 1817 il alla prendre les eaux de Caldétès, près de Barcelone. Il y trouva le général Milans et plusieurs de ses compagnons d'armes qui déploraient comme lui l'état malheureux où les conseillers de Ferdinand avaient réduit l'Espagne. Lacy exerçait une grande influence sur la province, où il avait longtemps combattu, et sur les troupes qui l'occupaient. Il se mit en rapport avec les officiers des différents corps, et organisa une vaste conspiration, dans le but de proclamer la constitution de Cadix. Le complot devait éclater le 5 avril ; mais avant cette époque deux officiers, nommés Appentel et Nantin, révélèrent le plan des conjurés. Don José Guer, lieutenant-colonel du régiment de Tarragone, qui faisait partie de la conspiration, réunit deux compagnies de son régiment, et les conduisit au général Lacy ; mais le colonel, qui ne partageait pas les opinions constitutionnelles, sut retenir les deux autres. Des mesures énergiques furent prises de tous les côtés pour empêcher que la révolte ne fît le moindre progrès. Des émissaires dépêchés par les autorités se glissèrent dans les rangs des deux compagnies qui avaient rejoint Lacy, et déterminèrent assez facilement les soldats à délaisser un complot découvert et désormais sans aucune chance de succès.

Plusieurs des chefs furent assez heureux pour gagner la France. Il n'en fut pas de même de Lacy ; il tomba entre les mains d'un détachement envoyé à sa poursuite : conduit à Barcelone, il fut condamné à mort par un conseil de guerre. Néanmoins on n'osa pas exécuter cette sentence en Catalogne, où tout rappelait les hauts faits accomplis par ce général pendant la guerre contre les Français. On craignait de causer un soulèvement dans les troupes, dont on n'était pas sûr. On espérait que Lacy obtiendrait sa grâce ; car il était généralement aimé, soit à cause de sa gloire militaire, soit à cause de son caractère franc et loyal. Il fut transporté à bord d'un vaisseau qui se rendait à Majorque. Tout le monde, et le condamné lui-même, crut qu'on lui laissait la vie. Arrivé dans l'île, il fut enfermé au château de Belver ; mais le cinquième jour après son débarquement, le 3 juillet 1817, on le fusilla dans les fossés de cette forteresse.

L'inhumanité avec laquelle Lacy fut sacrifié n'étouffa pas le germe des révolutions ; on frappait un des membres de la conspiration, et les autres étaient renfermés dans des prisons, où cependant on leur laissait assez de liberté pour qu'ils entretinssent facilement des relations au dehors ; en sorte que leurs prisons devenaient le foyer d'autant de conspirations. Le gouvernement n'avait ni la force d'être clément ni la force d'être sévère. Il était cruel, violent et faible tout à la fois. Un semblable état de choses devait nécessairement engendrer de nouveaux malheurs. Élio, capitaine général du royaume de Valence, pensa qu'il éviterait les complots en agissant avec une excessive dureté : ce ne fut dans la province gouvernée par lui qu'espionnage, que délations, que mesures arbitraires. Toutes ces vexations n'empêchèrent pas quelques habitants de Valence de tramer une conspiration. Des jeunes gens gagnèrent une partie de la garnison. Leur plan paraissait bien concerté ; mais quelques heures seulement avant le moment où l'exécution devait commencer, un des complices alla trouver Élio, le prévint de ce qui se passait. Ce général se rendit aussitôt, avec une escorte peu nombreuse, au lieu où les conspirateurs étaient assemblés. Ceux-ci se mirent en défense, et ne purent être pris qu'après un combat désespéré dans lequel fut tué le lieutenant-colonel Vidal, leur chef. Douze de ses adhérents furent jugés, condamnés à mort, et exécutés sur les remparts de Valence avec une promptitude et un mépris des formes judiciaires dont on rencontre peu d'exemples dans l'histoire des peuples civilisés. Quelques-uns des condamnés marchèrent au supplice avec un enthousiasme qui ranima l'espoir de leurs partisans. On remarqua surtout le jeune Beltran du Lys, fils d'un commerçant de Valence, qui au moment du supplice s'écria : « *Je meurs content ; car ma mort ne restera pas sans vengeance.* » D'autres complices furent envoyés aux présides. La camarilla approuva la cruauté expéditive d'Élio, et la cour lui adressa des récompenses. Encouragé par ce succès, Élio enleva aux tribunaux ordinaires la suite du procès et la déféra au saint-office. Cent dix-neuf personnes furent arrêtées, livrées à l'inquisition, soumises à d'horribles tortures, et plusieurs en restèrent estropiées.

« Voilà, dit M. de Martignac, où de premières fautes conduisirent malgré lui, et par une pente insensible, un roi qui, dans des temps paisibles et entouré de conseillers prudents et humains, aurait accompli ces royales et paternelles intentions, qu'il avait proclamées librement et avec joie en sortant de sa longue captivité, et dont le cœur et la mémoire seraient ainsi restés purs de tout souvenir douloureux. »

INSURRECTION DE L'ILE LÉON. — LE COMTE DEL ABISBAL. — RIEGO. — QUIROGA. — INSURRECTION DE LA COROGNE, — DE SARAGOSSE, — DE BARCELONE, — DE PAMPELUNE. — MINA RENTRE EN NAVARRE. — INSURRECTION DE CADIX. — DÉFECTION DU COMTE DEL ABISBAL. — DÉCRET DU 3 MARS PAR LEQUEL FERDINAND VII PROMET DES RÉFORMES. — DÉCRET DU 6 QUI PROMET LA RÉUNION DES CORTÈS. — DÉCRET DU 7 MARS PAR LEQUEL FERDINAND VII PROMET DE JURER LA CONSTITUTION DE 1812.

Le gouvernement de Ferdinand VII ne comprenait qu'un seul moyen de restaurer les finances de l'État : c'étaient les galions d'Amérique. Pour réaliser cette ressource, il fallait reconquérir le Nouveau-Monde; il fallait soumettre les colonies insurgées. Les conseillers de Ferdinand ne se laissèrent pas décourager par les revers qu'avaient essuyés Morillo et les autres généraux envoyés en Amérique. On prépara une expédition nouvelle; mais il est difficile de dire le désordre et l'ineptie qui présidèrent à son organisation. On commença par jeter l'inquiétude dans l'esprit des troupes destinées à cette entreprise, en déclarant qu'on accordait l'avancement d'un grade à tous les officiers qui en feraient partie. Cette promesse ne tenta que fort peu de personnes; et par cela même que la récompense était offerte d'une manière si prématurée, on ne la trouvait pas en proportion avec les dangers qu'on allait affronter. Quant aux soldats, à qui l'on ne promettait rien, ils se disaient que les fatigues et les souffrances auxquelles on allait les exposer devaient être excessives; car autrement on n'en eût pas payé le prix d'avance, et l'on eût attendu que chacun méritât par sa conduite de monter à un grade supérieur. Ces réflexions vinrent augmenter encore le mécontentement de l'armée et l'esprit d'insubordination qui régnait dans tous les corps. Les conseillers de Ferdinand, quoiqu'ils ne dussent pas ignorer ces dispositions malveillantes, concentrèrent à Cadix et dans ses environs un nombre considérable de troupes; et telle était l'imprévoyance de l'administration, que cette réunion eut lieu avant que les bâtiments de transport fussent assemblés ni même équipés. Il y eut des corps qui pendant des années entières attendirent au bord de la mer, les vaisseaux qui devaient les conduire en Amérique. Il était impossible que quelques complots ne se tramassent pas au milieu de cette immense réunion d'hommes inoccupés et mécontents. Ce fut vers la moitié de l'année 1819 que les premiers symptômes publics de rébellion éclatèrent dans l'armée expéditionnaire. Peu s'en fallut qu'on ne vît se réaliser alors le mouvement qui eut lieu quelques mois plus tard. Les conjurés avaient d'autant plus d'assurance, qu'ils comptaient parmi eux le chef même de l'expédition.

Henry O'Donnell, à qui le commandement était confié, était né en Andalousie en 1769. Ses parents étaient d'origine irlandaise. Il était entré au service dès l'année 1785. Il s'était distingué pendant la guerre de l'indépendance.

Nommé en 1810 au commandement de la Catalogne, il avait battu le général Schwartz auprès du village de la Bisbal. C'est à l'occasion de cette victoire que les cortès lui avaient déféré le titre de comte de la Bisbal [1].

Peu de mois plus tard, il fut appelé à faire partie de la régence du royaume; et il occupait encore ce poste élevé lorsque son frère José O'Donnell perdit la bataille de Castalla. Des discussions excessivement vives s'étant élevées dans les cortès à l'occasion de cette affaire, le comte del Abisbal se trouva outragé par quelques paroles prononcées dans cette assemblée, et il donna sa démission. Le mécontentement qu'il éprouva à cette occasion le porta à lier des relations intimes avec les principaux chefs du parti antiréformateur. Néanmoins il était assez habile pour ne pas se compromettre, en affichant d'une manière trop ostensible une opinion qui pouvait être chez lui le résultat de la mauvaise humeur plutôt que de la conviction.

[1] O'Donnell, on ne sait pourquoi, signait comte *del Abisbal*. Les écrivains français ont encore dénaturé ce nom en le changeant en celui de l'Abisbal.

ESPAGNE. ESPAÑA.

Porte d'Alcala à Madrid. Puerta de Alcalá en Madrid.

Lors du retour de Ferdinand VII, le comte del Abisbal commandait en Andalousie une division de l'armée espagnole. Ne sachant quelle conduite Ferdinand tiendrait à l'égard des cortès et de la constitution, il avait envoyé, pour complimenter le roi un officier d'un grade élevé, auquel il avait remis deux lettres différentes. Dans l'une, il faisait l'apologie de la constitution et des principes libéraux; dans l'autre, il promettait sans restriction son dévouement au roi absolu. Le messager devait se régler d'après les circonstances, pour donner l'une ou l'autre de ces missives. La commission fut faite avec adresse; et Ferdinand regarda dès cette époque le comte del Abisbal comme un de ses plus zélés serviteurs. C'est à ce général, auquel on ne peut refuser beaucoup de mérite militaire, mais dont la foi politique était mobile et vacillante, que le gouvernement avait confié le commandement des troupes réunies dans les environs de Cadix. Le comte del Abisbal, soit qu'il cédât à l'évidence des maux qui affligeaient le pays, soit qu'il se laissât entraîner par des pensées ambitieuses, était entré dans le complot formé pour rétablir la constitution de 1812. Cependant la méfiance s'éleva bientôt entre lui et les principaux conjurés : ceux-ci le soupçonnèrent de prendre la direction de cette entreprise, afin de s'en approprier exclusivement l'honneur et les profits. De son côté, le comte del Abisbal, voyant qu'on était déterminé à brusquer le dénoûment de manière à compromettre le succès, voulut se donner auprès de l'autorité le mérite d'avoir fait échouer cette tentative. Il donna l'ordre d'arrêter les officiers qui étaient à la tête de la conjuration : O'Daly, Quiroga, Roten, Arco-Agüero, Lopes-Baños, San-Miguel, Ramon-Labra, Velasco et quelques autres, et il courut se jeter aux pieds du roi, qui lui accorda pour récompense la grand'croix de Charles III : cependant sa délation ne le mit pas à l'abri de tous les soupçons. On lui retira le commandement de l'armée expéditionnaire; et sous la date du 6 août il fut promu à d'autres fonctions, par un décret dont la rédaction malicieuse semble presque renfermer une ironie.

« Attendu, y est-il dit, que, par délicatesse et par amour-propre, le lieutenant général comte del Abisbal n'a pas voulu me faire savoir combien il serait dangereux pour sa santé de s'embarquer lorsque la grave blessure qu'il a reçue dans la glorieuse affaire de la Bisbal est encore ouverte ; mais que j'ai été informé de l'état réel de sa santé ; voulant récompenser sa constante loyauté et son amour pour ma personne, je le nomme capitaine général de l'Andalousie, avec la présidence de l'audience et le gouvernement politique et militaire de la place de Séville. »

Le commandement de l'armée expéditionnaire fut donné au comte de Calderon, qui était d'un âge déjà avancé, et qui n'avait ni l'expérience ni le tact nécessaires dans le poste difficile qu'on lui confiait. Des persécutions d'une excessive rigueur commencèrent contre toutes les personnes connues pour leurs principes libéraux. Mais des renseignements sur le rôle que le comte del Abisbal avait joué dans cette affaire ne tardèrent pas à parvenir au gouvernement. On conçut des doutes sur la sincérité du délateur et sur la réalité des faits. A la rigueur extrême qu'on avait déployée succédèrent une mollesse et une inertie tout à fait inattendues. Ce changement rendit le courage aux conjurés, et les projets quelque temps suspendus furent repris avec une nouvelle ardeur.

Une circonstance que l'on aurait pu prévoir vint faciliter leur entreprise. La fièvre jaune s'étant déclarée à Cadix, on cantonna les troupes à peu de lieues de cette place. Ainsi éloignés de la surveillance des généraux, les conjurés eurent plus de liberté pour agir. Ils préparèrent tout pour l'exécution ; et ce fut à Rafael Riego qu'échut le funeste honneur de donner le signal de la révolte. Le 1er janvier 1820 il rassembla au village de las Cabezas-de-San-Juan le bataillon des Asturies, qu'il commandait ; il harangua les soldats, les détermina facilement à prêter serment à la constitution de 1812 comme à la loi fondamentale du royaume. Les habitants des Cabezas prêtèrent le même serment, et changèrent les autorités établies dans leur village. Ensuite Riego, à la tête de sa troupe, prit la route d'Arcos, où était le quartier général de l'armée, afin d'y surprendre le comte de Calderon. Il devait être secondé dans ce mouvement par le bataillon de Séville, cantonné à Villa-Martin. Ce corps se mit en route sous la conduite de son commandant en second, Antonio Muñis; mais il s'égara en route, et le lendemain le bataillon des Asturies arriva seul à Arcos. Riego y surprit le vieux comte Calderon, les généraux Fournas, Salvador, Blanco, et les fit prisonniers, ainsi que l'état-major. Excité par ce premier succès, il courut à Alcala-de-los-Gazules, et délivra Quiroga, qui était emprisonné dans cette place. Le mouvement des Cabezas-de-San-Juan ne fut pas plutôt connu, que la plus grande partie des corps dont se composait l'armée expéditionnaire suivirent l'exemple qui leur était donné; ils proclamèrent la constitution de 1812, et se qualifièrent du titre d'armée nationale.

Quiroga, le plus élevé en grade parmi les officiers qui avaient pris part à ce mouvement, reçut le commandement des insurgés. Antonio Quiroga était né à Betanzos, en 1784, d'une famille très-considérée de la Galice. Après s'être livré à l'étude des mathématiques, il était entré dans la marine; mais il la quitta en 1808, pour prendre du service dans l'armée de terre. Il fut successivement sous-lieutenant et lieutenant dans le régiment de la Victoire, puis capitaine dans celui de l'Union, créé par Morillo. Lors du retour de Ferdinand, il fut nommé lieutenant-colonel, et envoyé comme secrétaire auprès du général la Llave, président du conseil de guerre permanent de la Corogne. Après la tentative de Porlier, il fut expédié en courrier, pour porter à Madrid la nouvelle de l'arrestation de ce général et de ses complices. Ce fut à cette occasion qu'il fut élevé au rang de colonel dans l'armée destinée à soumettre les colonies américaines.

Quant à Riego, sa carrière militaire était encore moins remplie. Rafael del Riego était né en 1783 à Oviedo. Sa famille était noble, mais peu riche. Il entra d'abord dans les gardes du corps, où il servit jusqu'en 1808; il passa alors comme lieutenant dans un des régiments d'infanterie qui s'organisaient dans les Asturies. Il eut le malheur d'être fait prisonnier par les Français dans une des premières rencontres. Il ne recouvra sa liberté qu'à la paix générale. A cette époque il fut nommé capitaine dans le régiment des Asturies. Quand son bataillon fut désigné pour faire partie de l'armée expéditionnaire, Riego fut élevé au grade de commandant, parce qu'on accordait l'avancement d'un grade à tous les officiers qui s'embarquaient pour les expéditions d'outre-mer.

Quiroga, Riego et plusieurs autres officiers, après l'insurrection de las Cabezas, se donnèrent le grade de général, et à la tête de leurs troupes, qui s'élevaient déjà à 5,000 hommes, ils se dirigèrent vers Cadix dans l'intention de s'en rendre maîtres. Cependant la garnison et l'escadre refusèrent de recevoir les insurgés; elles menacèrent de les traiter en rebelles; en sorte que ceux-ci furent contraints de demeurer campés hors de la ville avec les apparences d'une armée assiégeante. Une tentative faite le 24 janvier pour leur ouvrir les portes fut immédiatement réprimée par la garnison, qui chaque jour se montrait plus inaccessible aux promesses des révolutionnaires.

Lorsqu'on apprit à la cour le mouvement des Cabezas-de-San-Juan, les conseillers de Ferdinand furent frappés de terreur. Ils réunirent à la hâte toutes les troupes sur la fidélité desquelles ils crurent pouvoir compter, et en donnèrent le commandement au général Freyre. Cette division, forte de treize mille hommes, s'avança contre les insurgés; en sorte que ceux-ci se trouvèrent bientôt resserrés dans l'isthme qui réunit Cadix à la terre ferme; ils étaient renfermés entre cette ville, dont ils ne pouvaient se rendre maîtres, et l'armée envoyée pour les réduire.

En voyant ces deux armées si voisines l'une de l'autre, on devait s'attendre tous les jours à une affaire décisive. Cependant il n'en fut rien : des deux côtés on s'observa, mais on ne se battit pas; on tâcha de faire des prosélytes en lançant des manifestes et des proclamations. Cette temporisation ne pouvait être que désastreuse pour les insurgés, qui manquaient d'argent et de vivres : néanmoins, ils restèrent retranchés dans l'isthme de Léon avec

ESPAGNE

ESPAÑA

une circonspection capable de glacer le zèle de tous ceux qui, dans le voisinage, auraient eu l'intention de prendre leur parti. Enfin après une longue inaction, le 27 janvier ils se décidèrent à faire une sortie pour réchauffer l'opinion publique, pour attirer à leur parti ceux dont la foi était indécise, enfin pour rassembler des vivres et des fonds. Cette expédition fut confiée à Riego. Il partit à la tête de mille cinq cents hommes des meilleures troupes, et se rendit à Algéciras. Il se mit en communication avec Gibraltar, d'où il reçut quelques secours. Riego resta à Algéciras jusqu'au 7 février : il voulut alors retourner à l'île de Leon; mais il trouva le chemin intercepté par les troupes royalistes, et après quelques jours d'indécision il se détermina à se rendre à Malaga, où il espérait être bien reçu. José O'Donnell, avec des forces assez considérables, fut dépêché à la poursuite de la colonne de Riego; mais il ne parvint à l'attaquer que le 17 février : cette rencontre n'eut rien de décisif, car elle n'empêcha pas Riego, de continuer sa marche sur Malaga. Les insurgés furent reçus dans cette ville, mais ils n'excitèrent pas la sympathie à laquelle ils s'étaient attendus, et, craignant de ne pouvoir se maintenir dans cette ville, ils se remirent en route. A la fin de février Riego fuyait sans aucun plan et sans but déterminé. Le 7 mars ses forces étaient déjà réduites par la désertion à trois cents hommes. Il entra dans Cordoue, et il y fut accueilli avec la même indifférence qu'il avait partout rencontrée. Il y avait dans cette ville un régiment de cavalerie, de nombreux détachements d'infanterie; néanmoins personne ne l'inquiéta. On le laissa se caserner dans le couvent de San-Pablo. Il reçut tous les secours dont il avait besoin; mais personne ne lui donna ni marque d'inimitié ni marque d'affection. Il sortit de Cordoue de grand matin, l'esprit rempli d'incertitude et sans oser tenter aucune entreprise; en sorte que les siens, découragés de son inaction, se dispersèrent peu à peu. Enfin le 11 mars il se trouva presque seul, et courut se cacher dans les montagnes.

Les insurgés qui étaient restés dans l'île n'étaient pas moins abattus. Les chefs étaient obligés de se tenir sans cesse aux avant-gardes pour empêcher la désertion de la troupe inquiète et mécontente. Encore quelques jours, et l'insurrection se fût dissipée presque sans verser de sang; mais l'absolutisme devait rencontrer d'autres adversaires. Le gouvernement, uniquement occupé de la révolte de l'armée expéditionnaire, dégarnissait les autres provinces pour accumuler en Andalousie toutes les troupes dont il pouvait disposer. Son attention tout entière était absorbée par Quiroga et par Riego; mais il laissait sans surveillance le reste du royaume. Cependant le cri parti des Cabezas avait ranimé en Galice les ferments d'insurrection que le supplice de Porlier n'avait pas anéantis. Le 20 février quelques officiers, à la tête d'un petit nombre de soldats, proclamèrent la constitution de 1812, dans le but de faire une diversion en faveur des insurgés de l'île de Léon, mais certainement sans espérer le succès qui les attendait. Ils arrêtèrent le capitaine général, le gouverneur et les autres chefs. Ils nommèrent une junte insurrectionnelle, et en remirent la présidence à don Pedro Agar, l'un des régents de 1814.

La nouvelle de la révolution de la Corogne fut bientôt connue au Ferrol, qui s'empressa de suivre l'exemple donné par la capitale de la province. Il en fut de même à Vigo. Au contraire, le lieutenant général comte de San-Roman, qui était gouverneur de Santiago, se déclara pour l'état de choses existant; il prit le commandement général de la Galice, et fit mettre sous les armes les régiments de milice et quelques vétérans. Néanmoins il n'osa pas attendre les attaques des insurgés, qui, à cette époque, en réunissant toutes leurs forces, auraient eu bien de la peine à conduire cinq cents hommes contre Santiago; il se retira à Orense, à vingt-cinq lieues de la Corogne. Les insurgés entrèrent dans Santiago, et après s'y être arrêtés quelques jours ils prirent la résolution de poursuivre le nouveau capitaine général, et de ne pas s'arrêter sans en être venus aux mains. Ils sentirent bien, ce que les chefs de l'insurrection des *Cabezas* n'avaient pas compris, que des mouvements de cette nature ne peuvent réussir qu'à force d'audace et d'activité, et que le seul moyen de conserver leurs soldats et leurs adhérents était de les entraîner, sans leur laisser le temps de réfléchir. Le comte de San-Roman avait sur eux une grande supériorité numérique. Il avait aussi l'avantage de la position; car il leur fallait traverser le Miño, qui coule sous Orense, et qui à cette époque n'était pas guéable. Toutes ces considérations ne furent pas suffisantes pour déterminer le capitaine général à les attendre. Il se retira en Castille, à Benavente, à quarante lieues d'Orense. De cette manière, une poignée d'insurgés, sans presque tirer un coup de fusil, chassa devant elle des forces cinq fois plus nombreuses que les siennes, et se rendit maîtresse de tout le royaume de Galice, qui forme environ la huitième partie de l'Espagne.

Presque à la même époque une semblable insurrection eut lieu à Saragosse. Mais dans cette ville les autorités ne s'opposèrent pas au vœu de la population, et elles restèrent à la tête de l'administration comme autorités constitutionnelles. La nouvelle de ces événements arriva bientôt à Barcelonne; et aussitôt le peuple et les officiers de la garnison se réunirent devant le palais du capitaine général, et demandèrent à grands cris le rétablissement de la constitution de 1812. Castaños, qui avait le commandement de la Catalogne, commença par refuser; mais, voyant que la résistance était impossible, car il ne pouvait pas compter sur la fidélité des troupes, il accorda ce qu'on demandait, et le 10 mars la constitution de 1812 fut proclamée. On nomma des autorités constitutionnelles. Le commandement de la Catalogne fut ôté à Castaños pour le confier à Villacampa. On remplaça aussi le gouverneur de Barcelonne, celui de la citadelle et celui du château de Monjuich.

Le peuple se porta à la prison de l'inquisition, en brisa les portes, et remit les prisonniers en liberté, sans cependant se porter à aucun excès contre les inquisiteurs; trois jours plus tard la constitution fut proclamée de la manière la plus pacifique à Tarragone, à Girone et à Mataro.

Le même jour, 10 mars, la garnison de Pampelune se souleva, s'empara de la citadelle, pour priver le vice-roi comte d'Ezpeleta de tout moyen de défense, dans le cas où il voudrait essayer de résister; en sorte que le lendemain le comte fut forcé de consentir à ce que la constitution fût proclamée. Peut-être la nouvelle que Mina avait franchi la frontière influa-t-elle sur la décision des troupes. Ce chef s'était réfugié en France à la suite de la tentative de soulèvement qu'il avait inutilement faite en 1814. Pour se soustraire à la surveillance de la police française, qui épiait toutes ses démarches, il feignit d'être gravement malade; puis, lorsqu'on le croyait retenu au lit, il partit tout à coup, et se dirigea vers la frontière d'Espagne. Il fut reconnu à Bayonne, et sur le point d'être arrêté; mais il échappa au commissaire de police qui venait pour le prendre, en lui laissant tous ses équipages, et il gagna rapidement les provinces basques. Sa présence électrisa la population, qui nomma une junte de gouvernement; on ôta le commandement à Ezpeleta pour le confier à Mina.

La ville de Cadix, berceau de la constitution, ne pouvait pas non plus être la dernière à proclamer cette charte, au nom de laquelle la nation entière se soulevait. Le 9 mars, un grand concours de peuple se réunit sur la place San-Antonio, pour demander à grands cris que la constitution fût jurée. Le général Freyre essaya de calmer le tumulte et de persuader aux habitants qu'il fallait attendre les événements avant de prendre une détermination; mais comme ils persistaient à demander que la constitution fût jurée, Freyre leur promit que le lendemain ils seraient satisfaits. Ces paroles firent tout à coup cesser le tumulte; mais le lendemain, dès le point du jour, une multitude de peuple qui pouvait s'élever à six mille personnes se trouva réunie sur le marché San-Antonio, pour attendre l'exécution de la promesse qui lui avait été faite. Sur les onze heures le régiment des Guides arriva tout à coup avec ses armes chargées, et commença à faire feu presque à bout portant sur la multitude. Ensuite la soldatesque se mit à parcourir les rues de la ville et à sabrer les habitants, qui fuyaient épouvantés, sans épargner ni femmes, ni vieillards, ni enfants. Ils entrèrent dans les maisons, se livrant au massacre et au pillage. Il n'y eut aucune espèce d'excès qu'ils ne commissent, et rien ne fut capable de leur inspirer du respect. Les troupes portaient un buste de Ferdinand VII, et parcouraient les carrefours en criant : « Vive le roi absolu ! à bas les constitutionnels ! » La nuit et la fatigue mirent enfin un terme à ce carnage. Les victimes de cet atroce guet-apens furent nombreuses, et Cadix resta plongée dans une muette et sombre terreur.

Le lendemain parut cet ordre du jour signé par le général Campana, pour donner des éloges à ceux qui avaient massacré lâchement tant de personnes innocentes :

« Vive le roi ! vive la religion ! hon-
« neur et gloire à la valeureuse et loyale
« garnison de Cadix ! Au nom du roi, je
« rends vivement grâces aux officiers et
« à tous les membres de la garnison pour
« leur brillante conduite militaire ! »

On trouve aussi ce passage dans le rapport adressé à Madrid au roi Ferdinand, par le général Freyre : « Ce fut « seulement vers le soir de cette grande « journée qu'il fut possible d'arrêter le « zèle des loyaux soldats. »

Tout en racontant ces faits tels que je les trouve dans Münch, dans Curti, dans les auteurs de l'histoire contemporaine de la révolution d'Espagne, je ne puis m'empêcher de craindre qu'ils n'aient été un peu exagérés par l'esprit de parti. Il ne me semble pas probable qu'un général ait pu donner en quelque sorte rendez-vous à la population de Cadix, qu'il ait pu l'appeler à une cérémonie publique, pour la faire massacrer par des soldats dont les armes étaient chargées d'avance. Il n'est pas impossible que les troupes aient été provoquées par quelques actes de violence de la part de la multitude. Cependant il est vrai de dire que ni Miñano, dans son examen critique de la révolution d'Espagne, ni M. de Martignac, ne parlent en aucune manière de cet épisode sanglant de l'histoire contemporaine; et l'on peut, à la rigueur, supposer que s'ils ont gardé le silence sur un fait aussi important, c'est qu'ils ne pouvaient pas justifier le parti absolutiste de l'accusation portée contre lui. Au reste, je n'ai ici révoqué en doute la véracité de personne ; j'ai seulement émis un doute.

Le 12 mars le général Freyre apprit les événements qui s'étaient passés à Madrid et à Ocaña depuis le commencement du mois de mars, et il reçut l'ordre de faire prêter par la troupe serment à la constitution de 1812.

Lorsque la cour avait eu connaissance du soulèvement de la Galice, elle avait été frappée d'épouvante : cependant Ferdinand, tout effrayé qu'il fût, s'abusait encore sur l'esprit dont la nation était animée; il s'abusait encore sur les forces dont il pouvait disposer, et sur la fidélité des hommes qui l'entouraient. Parmi ceux qu'il regardait comme les plus dévoués, se trouvait le comte del Abisbal ; on se rappelait alors qu'il avait été le premier à dénoncer les complots tramés dans l'armée expéditionnaire. Ce qui s'était passé depuis sa délation donnait le plus grand prix au service qu'il avait voulu rendre. Tous les nuages qui s'étaient élevés sur sa conduite étaient dissipés, et on lui donna une mission toute de confiance : on le chargea de parcourir les provinces, de visiter les troupes, et de les ramener à l'obéissance. Le comte se mit en route. Presque aux portes de Madrid, à Ocaña, il rencontra le régiment d'infanterie Impérial-Alexandre. Ce corps était commandé par Alexandre O'Donell, l'un de ses frères. Pendant la guerre de l'indépendance, Alexandre O'Donell avait pris parti pour le roi Joseph. Appelé en France et placé à la tête d'un régiment espagnol, il était parti pour la campagne de Russie, et avait été fait prisonnier. L'empereur Alexandre ayant fait réunir tous les Espagnols qui étaient tombés entre les mains des Russes, en forma un régiment auquel il donna le nom d'*Impérial-Alexandre*. Il fit, dit-on, jurer à ce corps de défendre la constitution votée par les cortès, et en confia le commandement à O'Donell, afin qu'il le ramenât en Espagne.

Le comte del Abisbal fit rassembler la troupe pour la haranguer ; il lui rappela son origine, et le serment qu'elle avait autrefois prêté ; et après avoir vivement représenté aux soldats les avantages d'un régime libéral, il leur fit proclamer la constitution de 1812.

Ces faits se passaient à neuf lieues seulement de Madrid; la nouvelle en parvint dans la capitale au bout de quelques instants. Les partisans de la constitution se réunirent en foule dans le carrefour où viennent aboutir les rues d'Atocha et d'Alcala. Cet endroit, connu sous le nom de *Puerta del Sol* (la Porte du Soleil), sert de lieu de réunion aux curieux, aux oisifs, aux nouvellistes. Il partagea avec le café de la *Fontana de Oro* le triste privilége de servir de point de départ à tous les rassemblements tumultueux de la capitale, de servir de foyer à tous les mouvements populaires.

Le roi crut apaiser l'orage qui grondait, en promettant des concessions et des réformes : le 3 mars il rendit un décret où, après avoir protesté de ses bonnes intentions et de son amour paternel pour ses sujets, il continue en ces termes :

« En conséquence, averti par de si malheureux exemples, j'ai vu avec plaisir que mes sujets, fidèles et tranquilles, attendent avec impatience que je leur procure enfin les avantages et les bienfaits dont leurs vertus les rendent si dignes. Pour mettre à exécution mes intentions paternelles, d'accord avec mon auguste frère l'infant don Carlos et avec la junte qu'il préside, et ayant égard à ce que vous m'avez proposé précédemment, je veux que le conseil d'État s'occupe immédiatement, suivant le but de son institution, d'examiner la forme et la manière dont il était composé autrefois et en dernier lieu, pour me conseiller les moyens les plus propres pour remplir, à l'avenir, ses hautes fonctions. A cet effet, il sera divisé en sections auxiliaires au ministère, et il me proposera toutes les réformes qu'il jugera convenables au bien-être de la nation. Afin de compléter les sections de ce conseil, qui devront être au nombre de sept, savoir, d'état, ecclésiastique, de législation, des finances, de la guerre, de la marine et de l'industrie, vous me proposerez, outre les personnes qui composent actuellement mon conseil d'État, d'autres personnes qui soient connues par leurs lumières dans les différentes parties de l'administration, qui méritent ma confiance et jouissent déjà de la considération publique.

« J'ordonne en outre que vous fassiez connaître à mon conseil royal de Castille, et aux autres tribunaux, qu'ils doivent, selon leurs attributions respectives, me proposer, avec cette saine liberté à laquelle ils seront tenus, tout ce qu'ils jugeront convenable au bonheur de mes peuples dans l'un et l'autre hémisphère, et à l'éclat de ma couronne; prenant en considération les lois fondamentales de la monarchie, et les changements que le temps et les circonstances pourraient exiger au profit de l'État, afin que, donnant la sanction nécessaire aux mesures que l'on jugera utiles, elles deviennent un rempart inébranlable contre toute idée subversive, et qu'elles puissent procurer tous les avantages que l'on doit attendre de la sagesse d'un gouvernement éclairé.

« J'ordonne donc non-seulement, comme il vient d'être dit, que les tribunaux supérieurs proposent ce qu'ils croiront utile, mais aussi que les universités, les corporations, et tout individu quelconque, adressent librement et franchement leurs idées et leurs propositions au conseil d'État, afin que le concours de toutes les lumières produise le bien désiré. Et vous, qui m'avez donné si souvent des preuves éclatantes de votre attachement pour ma personne et de zèle pour l'intérêt général, vous me soumettrez par votre ministère tout ce que mon conseil d'État jugera à propos. »

On regarda comme une déception ce décret, dont les paroles embarrassées décelaient la ruse et la peur, mais qui ne rappelait pas même toutes les promesses du décret de Valence, si impudemment violées. L'agitation ne fit que s'accroître; et après trois jours d'hésitation, le 6 mars Ferdinand rendit un décret qui parut sous le contre-seing du marquis de Mata-Florida, pour annoncer la réunion des cortès.

« Mon conseil royal et d'État, y est-il dit, m'ayant fait connaître combien la convocation des cortès serait convenable au bien de la monarchie, et me conformant à son avis, parce qu'il est d'accord avec les lois fondamentales que j'ai jurées, je veux qu'immédiatement les cortès soient convoquées.

« A cette fin, le conseil prendra les mesures les plus convenables pour que mon désir soit rempli, et que les représentants légitimes du peuple soient entendus, après qu'ils auront été revêtus, conformément aux lois, des pouvoirs nécessaires. De cette manière on conciliera tout ce que le bien commun exige. Les Espagnols doivent être convaincus qu'ils me trouveront prêt à tout ce que pourront exiger l'intérêt de l'État et le bonheur de mon peuple, qui m'a donné tant de preuves de sa loyauté. Dans ce but, le conseil me soumettra tous les doutes qui pourront se présenter. »

Ce n'était pas encore là ce que désiraient les mécontents : ils voulaient la constitution ; et, furieux de voir leur attente trompée, ils lacérèrent le décret qu'on leur jetait comme un leurre. Ils relevèrent la pierre de la constitution, renversée en 1814. A chaque instant la résistance devenait plus impossible. Une partie de la garnison et même de la garde royale demandait que la constitution fût proclamée. Ferdinand comprit enfin qu'il fallait se soumettre à la nécessité, et il rendit le décret suivant, sous la date du 7 mars :

« Pour éviter les délais qui pourraient avoir lieu par suite des incertitudes qu'éprouverait au conseil l'exécution de mon décret d'hier, portant convocation immédiate des cortès, *et la volonté du peuple s'étant généralement prononcée*, je me suis décidé à jurer la constitution promulguée par les cortès générales et extraordinaires de l'an 1812.

« Je vous le fais savoir, et vous vous hâterez de publier les présentes, parafées de ma main royale. »

Malgré la promesse consignée dans ce décret, le roi ne se hâta pas de prêter le serment qu'on exigeait de lui. La journée du 8 se passa sans tumulte ; mais le lendemain le peuple, impatient, se rassembla en grand nombre devant le palais, demandant que le roi jurât la constitution. Comme on ne répondait pas, la multitude força les portes, sans que la garde fît rien pour l'empêcher. La foule montait par l'escalier principal, bien décidée à ne pas s'arrêter qu'elle n'eût trouvé le roi ; mais on lui dit que Ferdinand venait de donner l'ordre d'assembler la municipalité constitutionnelle de 1814. Cette nouvelle suffit pour arrêter le peuple, qui se porta aussitôt à l'hôtel de ville. Les membres de la municipalité, pour le satisfaire, se rendirent immédiatement auprès de Ferdinand, et ce prince prêta entre leurs mains le serment qu'on exigeait.

NOMINATION D'UNE JUNTE D'ÉTAT PROVISOIRE. — PREMIER MINISTÈRE CONSTITUTIONNEL. — MESURES RELATIVES AUX AFRANCESADOS ET AUX PERSES. — ÉMEUTE DES GARDES DU CORPS. — PREMIÈRE SESSION DES CORTÈS. — DISSOLUTION DE L'ARMÉE DE L'ÎLE LÉON. — ARRIVÉE DE RIEGO A MADRID. — SES EXTRAVAGANCES. — EMPRUNT DES CORTÈS. — DÉCRET CONCERNANT LA RÉFORME DES ORDRES MONASTIQUES. — FERDINAND REFUSE DE LE SANCTIONNER. — IL SE RETIRE A L'ESCURIAL. — NOMINATION INCONSTITUTIONNELLE DE CARVAJAL. — LE PEUPLE RAMÈNE FERDINAND A MADRID. — RÉVOLUTIONS DE NAPLES ET DE PORTUGAL. — DISSOLUTION DES GARDES DU CORPS. — OUVERTURE DE LA DEUXIÈME SESSION DES CORTÈS.

Pendant la scène tumultueuse qui s'était passée le 9 mars à la porte du palais une partie du peuple s'était rendue à la secrétairerie, où se tenait la junte d'État chargée de préparer l'expédition des affaires. La multitude demanda que les membres dont elle était composée fussent changés. Il fallut céder à la volonté que le peuple exprimait : une junte provisoire fut élue. On en donna la présidence au cardinal archevêque de Tolède, don Luis de Bourbon. Ballesteros en fut nommé vice-président ; et ce fut en réalité ce général qui fut l'âme et le chef de cette réunion, chargée de surveiller le ministère et de l'aider de ses conseils [1].

Le lendemain de cette nomination, le 10 mars, le roi fit publier un manifeste pour se disculper d'avoir différé si longtemps l'exécution des promesses faites par lui en remontant sur le trône. Cette pièce se termine par ces paroles, qui ne pouvaient manquer d'être remarquées, et de donner lieu à de nombreux commentaires : « *Marchons tous « franchement, et moi le premier, dans « la voie constitutionnelle.* »

[1] Les autres membres furent : don Manuel Abad y Queipo, évêque de Mechoacan ; Manuel Lardizabal ; don Mateo Valdemoros ; don Vicente Sancho ; le comte de Taboada ; don Francisco Crespo de Tejada ; don Bernardo Tarrius, et don Ignacio Pezuela.

La junte parut animée des intentions les plus modérées; elle se montra amie de la tranquillité publique, et ne versa pas une goutte de sang. Les amis de l'ordre purent espérer que le système représentatif s'établirait dans le pays sans nouvelles secousses et sans réactions : une des premières mesures prises par le gouvernement fut une amnistie générale pour tous les condamnés politiques, pour tous ceux que les dissensions civiles avaient jetés sur la terre étrangère. Cette amnistie fut d'abord sans exception, et ce fut seulement dans la suite que l'esprit de parti y ajouta des restrictions injustes. Néanmoins la junte provisoire manqua de tact et de prévoyance dans le choix des ministres qu'elle proposa à la nomination du roi. Elle pensa que les nouvelles institutions ne pouvaient être appliquées plus sagement que par les hommes dont elles étaient l'ouvrage. Elle ne fit pas attention que la plupart de ces hommes avaient été cruellement persécutés pour leurs opinions; que plusieurs languissaient encore dans les présides, et qu'ils auraient de la peine à se dépouiller d'un juste sentiment d'animadversion contre le prince auteur de leurs maux.

Quant à Ferdinand, pouvait-il voir avec confiance ces hommes, dont tous ses courtisans, depuis 1814, lui avaient fait une peinture peu avantageuse? La bonne entente, la parité de vues, la confiance réciproque nécessaire pour la bonne administration du royaume, dans des circonstances aussi difficiles, pouvait-elle exister entre le roi et les conseillers qu'on lui donnait? Aussi Agustin Arguëlles refusa-t-il pendant quelques instants le ministère qu'on lui offrait. Le roi, à ce que l'on rapporte, ne s'abusa pas sur la cause de ce refus; et pour déterminer Argüelles à accepter il lui dit, en prenant à la main le livre de la constitution : « Je l'ai jurée « sans contrainte; je l'exécuterai sans « arrière-pensée. » La première partie au moins de cette allocution était complétement mensongère : aussi ne put-elle dissiper les méfiances des ministres. S'ils eurent assez de force d'âme pour oublier leurs ressentiments personnels, ils ne purent s'empêcher de craindre sans cesse que le roi ne voulût tenter une réaction absolutiste. Ils avaient sans cesse présente à la mémoire la conduite qu'il avait tenue en 1814 : cette préoccupation, à laquelle ils ne purent se soustraire, leur fit adopter une ligne de conduite dangereuse. Elle fut cause d'une foule de maux, et amena en définitive la chute du régime représentatif.

Voici quels membres composèrent le premier ministère constitutionnel : Don Évariste Perez de Castro, né à Valladolid, avait été député au cortès de 1812. En 1819 il avait rempli les fonctions de ministre résident auprès de la ville de Hambourg. Il eut le portefeuille des affaires étrangères.

Don Manuel Garcia Herreros, né à Soria, avait commencé sa carrière par le barreau; il avait ensuite rempli au Mexique un emploi du gouvernement. Il était revenu en Europe au commencement de la guerre de l'indépendance; il occupait un poste élevé dans la magistrature. Membre des cortès de 1812, il s'était signalé parmi les plus fougueux défenseurs de la liberté; au retour de Ferdinand, il avait été envoyé aux présides. Il en sortit pour prendre la direction du ministère de grâce et de justice.

Le trésor fut remis entre les mains de D. José Canga-Argüelles, qui avait fait partie des cortès de 1812, et qui avait déjà rempli sous la régence les fonctions de ministre des finances. Arrêté lors du retour de Ferdinand VII, il avait été renfermé dans le château de Peñiscola, et il n'en sortit que pour prendre place parmi les conseillers de la couronne.

D. Agustin Argüelles avait été, on se le rappelle, rapporteur du projet de constitution. Il sortit des présides pour entrer au ministère de l'intérieur.

D. Pédro-Agustin Giron, marquis de Las-Amarillas, s'était distingué pendant la guerre de l'indépendance, et avait gagné le grade de lieutenant général. On rapporte qu'au retour de Ferdinand il se rendit auprès de ce prince; qu'il ôta les insignes de ses grades, déclarant qu'il ne voulait rien tenir que de son souverain. Cet acte peut donner la mesure de l'adresse de ce courtisan. Absolutiste lorsque la régence succombait, il se trouva libéral quand la constitution eut triomphé. C'était d'ailleurs un homme ferme, ami de l'ordre; et c'est à lui que fut confié le ministère de la guerre.

D. Juan Jabat, officier de marine distingué, avait été choisi pour exécuter, le long des côtes du Bosphore, un voyage scientifique. Il avait rempli cette mission avec talent. Plus tard, il avait été chargé de l'ambassade de Constantinople; il était depuis quelques mois de retour en Espagne, lorsque la révolution le fit appeler au ministère de la marine.

Quant au ministère des affaires d'outre-mer, il fut remis à D. Antonio Porcel.

La période qui s'écoula depuis l'érection du ministère jusqu'au 9 juillet, jour fixé pour l'ouverture des cortès, ne présente que peu de faits dignes d'être rapportés. Les opinions exagérées n'osaient pas encore s'abandonner à toute leur violence; les opinions absolutistes se taisaient entièrement; tout semblait annoncer un avenir paisible. Cependant on peut reprocher au nouveau gouvernement quelques actes isolés d'intolérance politique. L'amnistie donnée dans les premiers jours de la révolution avait été pleine et entière. Les *afrancesados* crurent pouvoir en profiter, ils se hâtèrent de regagner leur patrie; mais on prétendit que la grâce ne s'étendait pas à eux; et comme plusieurs étaient déjà rentrés en Espagne, qu'il eût paru trop rigoureux de les en chasser de nouveau, on leur interdit provisoirement de dépasser les limites des provinces basques. La mesure prise à l'égard des députés désignés sous le nom de *Perses* fut encore plus violente : on fit arrêter tous ceux qui se trouvaient en Espagne. Quoiqu'il y eût parmi eux plusieurs évêques, on ne fit aucune exception en faveur de ceux-ci, et on les retint en prison jusqu'à ce que les cortès eussent statué sur leur sort. C'est ainsi que l'on entendait l'amnistie donnée par le roi.

Enfin l'ouverture des cortès arriva. Elles étaient composées en grande partie d'hommes qui avaient été députés aux cortès extraordinaires de Cadix. Ceux-ci, contents de leur œuvre, regardaient toute demande de changement comme intempestive, comme impolitique, et même comme criminelle. C'étaient en général des gens modérés; car ils avaient été victimes de la réaction de 1814, et ils avaient été instruits à l'école du malheur. Ce fut, dans le principe, à cette opinion que se rattacha le ministère. Mais dans beaucoup d'endroits l'esprit d'exaltation des candidats avait été la seule règle des électeurs. Beaucoup de députés entrèrent dans l'assemblée avec la ferme intention de faire de l'opposition contre tout ce qui ne porterait pas le cachet de leur fanatisme politique. A partir de cette époque s'établit la distinction entre les libéraux de 1812 et les libéraux de 1820. Les premiers étaient les auteurs de la constitution, et ils avaient été persécutés en 1814; les autres avaient conspiré pour le rétablissement du régime constitutionnel. Ils reprochaient aux hommes de 1812 d'avoir manqué d'énergie, de prévoyance; ils les accusaient de vouloir empêcher la révolution de marcher. Quant à eux, peu nombreux lors de l'ouverture de la session, ils virent bientôt leur parti s'accroître en raison des fautes que commit le ministère. Ils trouvaient leur principal appui dans les sociétés démagogiques qui se réunissaient dans les cafés de Lorencini, de San-Sébastien et de la Fontana de Oro; et ces clubs, foyers permanents de désordre, vomissaient chaque jour des pamphlets et des insultes contre les ministres et contre le roi.

Une mesure sage et de bonne administration, prise par le ministère, excita bientôt les réclamations les plus vives du parti exagéré. On avait récompensé par des grades et par des honneurs les chefs de l'insurrection des Cabezas; mais il n'était plus possible de conserver réunie cette armée de l'île Léon, rassemblée pour accomplir des projets auxquels on avait renoncé. Elle devenait complétement inutile, elle était une cause de dépenses considérables. Elle était aussi un embarras pour le gouvernement, dont ce foyer de trouble et d'insubordination menaçait constamment l'existence. Le ministre de la guerre en ordonna la dissolution. Il adressa cet ordre à Riégo, qui, en l'absence de Quiroga, nommé député aux cortès, commandait en chef les troupes cantonnées aux environs de Cadix. La première pensée de Riégo fut la résistance, il conçut même le projet de marcher sur Madrid; mais la fermeté du ministère en imposa aux chefs de l'île Léon. Placés dans l'alternative ou d'obéir ou de se soulever contre le gouvernement, que les cortès soutenaient, ils jugèrent préférable, avant de prendre une résolution, que Riégo se rendît à Madrid pour faire révoquer l'ordre de dissolution.

L'entrée de Riégo dans la capitale eut lieu le 31 août; les membres des sociétés démagogiques le reçurent avec les démonstrations de l'enthousiasme le plus frénétique. On lui fit parcourir en triomphe une partie de la ville; et en supposant que ces témoignages d'admiration fussent sincères, ou bien qu'ils fussent utiles aux vues de ceux qui les prodiguaient, ils devinrent excessivement préjudiciables à celui qui en était l'objet, en lui inspirant un fanatisme politique et un orgueil qui le rendirent ridicule aux yeux de tous les hommes sensés. Il se mit à pérorer en public; et il montra tant de désordre dans ses idées, il laissa voir une telle absence de principes, que les hommes de bonne foi qui l'avaient admiré sans le connaître ne purent s'empêcher de sourire. Il mit le comble à ces extravagances dans la soirée du 3 septembre. Après un banquet tumultueux et désordonné, il se rendit au théâtre, accompagné d'une foule nombreuse; et là il ne se borna pas à faire, selon son habitude, une harangue au public : il entonna l'ignoble chanson du *Tragala perro*, et battit la mesure pour diriger ceux qui la répétaient en chœur. Il est impossible de décrire le désordre auquel cette scène bouffonne donna lieu. Enfin, comme elle déplaisait à une partie des assistants, le chef politique Rubianès voulut imposer silence aux perturbateurs; mais ce fut inutilement. Son autorité fut méconnue, et le tumulte continua jusqu'à ce que la fatigue eût forcé Riégo et les siens à se retirer.

Cette scène, qui dans la soirée du 3 n'avait été que ridicule et turbulente, faillit avoir des suites funestes. Les clubs se réunirent, ils ameutèrent la multitude sur toutes les places, en parlant de Riégo insulté, qu'il fallait venger. On afficha de tous les côtés cette devise, empruntée aux plus mauvais jours de 93 : « *La constitution ou la mort!* » La populace se porta en foule à la demeure du chef politique. Elle enfonça les portes et la visita en entier, afin, disaient ces furieux, de le faire expirer sous les coups de leur vengeance. Mais Rubianès s'était échappé, et avait été demander secours au capitaine général, dont l'activité et l'énergie mirent un terme à cette émeute. Le gouvernement destitua Riégo, qui avait été nommé capitaine général de la Galice, et on le confina à Oviédo, son pays natal.

Riégo ne s'attendait pas à tant de fermeté. Il voulut revenir sur ses pas. Il protesta de son innocence. Il demanda à s'expliquer à la barre des cortès. On refusa de l'entendre; à peine s'éleva-t-il quelques voix pour le défendre. Quiroga lui-même blâma sa conduite, et tout le monde approuva la marche suivie par le ministère. Le club du café Lorencini fut fermé. Mais on dirait qu'après avoir ainsi déployé une louable fermeté, le gouvernement se repentit de ce qu'il avait fait. Toujours préoccupé de la crainte d'une réaction absolutiste, il se reprocha comme une faute d'avoir irrité le parti qui avait fait la révolution, et qui, dans son opinion, pouvait seul la défendre. Il voulut donner une satisfaction aux adversaires qu'il venait de combattre, et le roi accepta la démission du marquis de Las-Amarillas. Le ministère de la guerre fut confié par intérim à Zarco-del-Valle, qui fut bientôt remplacé par don Cayétano-Valdès [1]. A partir de ce moment il n'y eut plus dans l'administration qu'hésitation et que mollesse.

L'affaire des Perses fut une des premières dont les cortès s'occupèrent. On les amnistia, mais on les déclara incapables d'exercer aucun droit civique. On leur laissa néanmoins la faculté de ne pas accepter ces conditions, et de réclamer leur mise en jugement. Un d'entre

(1) Don Cayétano-Valdès, né dans les Asturies, s'est signalé dans la marine par ses connaissances et par son intrépidité. Il a combattu avec gloire à la malheureuse journée de Trafalgar, et il été en 1809 promu au grade de vice-amiral. En 1812 il était gouverneur de Cadix, et il fit publier dans cette ville la constitution des cortès. Au retour de Ferdinand, il fut arrêté, condamné à huit ans de détention dans une forteresse. Il n'en sortit qu'à la révolution de 1820.

eux voulut courir cette chance, et fut condamné aux présides. Le marquis de Mata-Florida fut seul excepté de l'amnistie; mais il avait cherché un refuge à l'étranger, et s'était soustrait par la fuite à l'animosité de ses adversaires politiques.

Les cortès statuèrent aussi sur le sort des *afrancesados*; elles rendirent enfin à ces infortunés le droit de rentrer dans leur patrie.

Le trésor, on l'a déjà vu, était absolument épuisé. Il fallait se procurer des ressources. On fut forcé d'avoir recours à un emprunt patriotique; mais l'appel fait au dévouement des capitalistes espagnols ne fut pas entendu. Il fallut donc s'adresser à des spéculateurs étrangers, qui soumissionnèrent l'emprunt à des conditions excessivement onéreuses. Il fut convenu que les prêteurs seraient admis à verser les anciennes monnaies de France sur le pied de leur première valeur nominale. Par suite de cette stipulation, ils réalisèrent à l'instant un bénéfice immense. Ils payèrent une grande partie de la somme de trois cents millions de réaux qu'ils prêtaient, avec des écus de trois livres qu'ils se procuraient en France moyennant 2 fr. 55 c. C'était le douzième de l'emprunt qui restait entre leurs mains, au détriment du trésor espagnol. Quand les détails de cette négociation furent connus, l'opinion publique se prononça vivement contre les personnes qui s'en étaient mêlées. M. de Toréno, pour y avoir pris part, fut vivement attaqué. On prétendit, sans doute à tort, que l'accroissement considérable de sa fortune n'avait pas d'autre source; mais le peuple se console le plus souvent du mal qu'on lui fait en répétant une plaisanterie: aussi les Espagnols, forcés de recevoir en payement ces écus frustes et rognés, disaient qu'il ne fallait plus les appeler des livres tournois, mais des Torénos.

Il était aussi une foule de réformes que l'esprit du temps avait rendues nécessaires, mais dans lesquelles les cortès n'apportèrent ni le tact ni les ménagements qu'exigeaient de semblables affaires. On supprima la dîme payée au profit du clergé et des seigneurs, sans aucun ménagement, sans aucune indemnité pour les décimateurs qu'on dépouillait; mais on en rétablit la moitié, comme impôt civil, au profit du trésor. On restreignit le chiffre des majorats et des substitutions, sans avoir égard aux droits acquis. On décréta des mesures pour arriver à la réduction successive des couvents et à l'extinction du plus grand nombre des ordres monastiques. Ferdinand VII voyait avec peine toutes ces innovations; il éprouvait une véritable douleur toutes les fois qu'il devait sanctionner une de ces lois. La réforme des ordres monastiques blessait surtout ses croyances et ses affections: aussi fit-il usage du droit que lui conférait l'art. 144 de la constitution, de refuser sa sanction. Les ministres, regardant cette loi comme d'une grande importance, firent auprès du roi d'inutiles efforts pour modifier sa volonté; ils le trouvèrent inébranlable dans son refus. Alors, pour le contraindre à céder, ils eurent recours à un moyen qu'on ne peut s'empêcher de blâmer. Ils s'entendirent avec les chefs du parti exalté, et, par l'entremise de ceux-ci, ils provoquèrent une émeute. La populace vint réclamer à grands cris la sanction de cette loi.

Ferdinand n'avait pas le courage nécessaire pour résister: le 25 octobre il donna son consentement à ce que la loi fût promulguée; mais il ne se laissa pas abuser sur le rôle que les ministres avaient joué dans cette affaire. Aussi, désirant s'éloigner de ses conseillers, qui lui étaient odieux, et cherchant un asile contre les tumultes populaires qui venaient chaque jour effrayer son esprit, il se retira à l'Escurial, où il s'obstina à rester, malgré la saison avancée. Il ne quitta pas même cette résidence pour assister, le 10 novembre, à la clôture des cortès. Afin de se dispenser d'être présent à cette séance, il allégua l'altération de sa santé.

Il y avait six jours seulement que les cortès étaient closes, lorsque Ferdinand voulut remplacer le capitaine général de Madrid par un officier en qui il eût une entière confiance. Il écrivit donc de sa propre main à Vigodet, qui occupait ce poste. Il lui annonçait dans cette lettre qu'il le nommait conseiller d'État, et qu'en même temps il lui substituait dans son emploi le lieutenant général don Jose Carvajal. Ce fut celui-ci qui, porteur de ce message, se transporta chez Vigodet. Mais cette nomination étant faite par le roi lui-même, sans le concours et sans le contre-seing d'un ministre, constituait une violation de la constitution. Les deux généraux désirant donc se conformer à la volonté de Ferdinand, sans compromettre ce prince et sans se compromettre eux-mêmes, allèrent consulter le ministre de la guerre; et celui-ci répondit que cet ordre ne pouvait être exécuté tant qu'il ne serait pas contresigné par un ministre. Pendant cette conférence, les autres ministres furent avertis de ce qui se passait par un secrétaire du capitaine général. Voyant que le roi voulait changer à leur insu l'autorité qui disposait à Madrid de la force armée, ils lui supposèrent les projets les plus hostiles contre la constitution. Ils allèrent donc trouver les membres de la députation permanente, et s'entendirent avec eux pour adresser par écrit des représentations au roi. Cette affaire n'avait pu se passer assez discrètement pour que le public n'en fût pas instruit. Les meneurs des sociétés démagogiques attroupèrent le peuple, en criant que la patrie était en danger. Des groupes nombreux se portèrent à l'endroit où la députation permanente était réunie. Ils demandèrent que la séance fût publique, et il fallut céder à leur exigence.

Vers le soir il arriva un exprès de l'Escurial, porteur de la nomination de Carvajal, contre-signée par le ministre Jabat; mais il était trop tard : des groupes parcouraient les rues de Madrid, en demandant la tête du nouveau capitaine général. Cependant la nuit et une partie du lendemain se passèrent d'une manière assez calme; mais vers le milieu de la journée les rassemblements se formèrent de nouveau, et se transportèrent à la municipalité, demandant à grands cris la réunion des cortès extraordinaires, et le retour du roi à Madrid.

La foule demanda aussi le renvoi de plusieurs des personnes qui entouraient Ferdinand. La députation permanente fit passer au roi un message sévère, pour lui exprimer l'émotion pénible causée par la nomination de Carvajal. La municipalité lui adressa aussi des représentations pressantes, que l'absence de toute forme respectueuse rendait encore plus amères. Ferdinand éloigna de sa personne son confesseur, don Victor Saez, et son grand majordome, le marquis de Miranda. Il promit aussi de revenir à Madrid dès que la tranquillité publique serait rétablie. Pour accomplir cette promesse il quitta l'Escurial le 21. La garnison et la milice avaient pris les armes pour le recevoir. Arrivé au palais, il se mit à son balcon, et les troupes défilèrent devant lui en criant : *Vive la constitution! vive le roi constitutionnel!* Mais, pendant qu'on lui donnait cette marque de respect, une troupe d'individus couverts de haillons, parmi lesquels on distinguait un prêtre, se placèrent au-dessous de sa fenêtre, et ne cessèrent de l'insulter par des chansons indécentes, qui, adressées à un simple particulier et dans un lieu moins respectable, auraient paru dignes de châtiment. Pour rendre ces insultes plus poignantes, ils élevèrent sur leurs épaules un enfant, en lui criant que c'était le fils de Lacy, de ce malheureux général si cruellement fusillé, deux années auparavant, dans les fossés du château de Bellver.

La capitale ne fut pas seule agitée par des émeutes. Logroño, Valladolid, la Corogne, Barcelone et Valence, eurent aussi leurs mouvements populaires : à Cadix les exaltés se mutinèrent, et demandèrent que Riégo fût rappelé de l'exil où il avait été envoyé. Le général Valdès, qui était bien loin d'avoir l'énergie déployée par le marquis de Las-Amarillas, céda aux exigences du parti anarchique : Riégo fut nommé capitaine général de l'Aragon; Lopez-Baños, capitaine général de la Navarre; Arco Agüero eut le commandement de Malaga. Il ne faut pas croire cependant que toutes les imaginations fussent également éprises du régime constitutionnel. Lorsque la révolution de Las Cabézas avait éclaté, les vices et les iniquités de l'administration absolutiste avaient comblé la mesure. On s'était imaginé que les institutions nouvelles allaient guérir tous les maux dont l'Espagne était atteinte : soit dans cette pensée, soit par crainte, les partisans les plus ardents du régime absolu avaient baissé la tête et gardé le silence. Mais les fautes et les excès des anarchistes ne tardèrent pas à dévoiler toutes les imperfections de la constitution de Cadix. Les insultes auxquelles la royauté était journellement en butte excitèrent l'indignation des gens sensés, et ranimèrent le courage de ses défenseurs. Le parti absolutiste s'était réveillé furieux et menaçant. Une bande de royalistes, commandée par un certain Moralès, s'était formée près d'Avila. Des soldats du régiment de cavalerie de Bourbon, en garnison à Talavera, désertèrent même pour aller la rejoindre. Des écrits contre la constitution furent répandus dans le public. Le clergé ne cachait pas sa répugnance pour les institutions nouvelles. Les évêques d'Orihuéla, de Pampelune, de Barcelone; l'archevêque de Valence et beaucoup d'autres, se refusèrent à proclamer dans leurs diocèses les principes constitutionnels. Dans les environs de Burgos, de Victoria, et dans les Asturies, on vit des bandes de royalistes; tout enfin annonçait une explosion prochaine. C'est en ce moment, quand les adversaires de la révolution commençaient en Espagne à se déclarer ouvertement, que la constitution de Cadix fut adoptée par deux nations étrangères, par le royaume de Naples et par le Portugal. En Portugal, la constitution de Cadix ne devait rester en vigueur que jusqu'au moment où l'assemblée constituante aurait pu discuter une autre loi plus conforme aux habitudes et aux besoins de la monarchie lusitanienne. Cette sage réserve ne fut pas imitée par les Napolitains : malgré la différence des pays et des coutumes nationales, ils adoptèrent sans restriction l'œuvre des cortès de 1812. Les grandes puissances du Nord ne s'étaient pas alarmées en voyant un régime constitutionnel s'établir en Espagne et gagner jusqu'au Portugal : leurs intérêts n'y étaient nullement engagés; mais elles ne purent considérer avec la même indifférence les bouleversements qui avaient lieu à Naples. L'Autriche surtout, qui regarde les États italiens comme dépendant de sa souveraineté impériale, fut vivement émue quand une révolution vint changer dans ce pays la forme du gouvernement. Les empereurs de Russie, d'Autriche, et le roi de Prusse, se réunirent à Troppau, où ils prirent la résolution d'étouffer par la force l'insurrection napolitaine. Ce fut seulement au congrès de Laybach, réuni l'année suivante, qu'on arrêta les moyens d'exécution. Il ne parut pas nécessaire de faire de grands préparatifs. Le général Frimont, à la tête de soixante mille Autrichiens, se mit immédiatement en route. Les impériaux passèrent le Pô le 8 février, pénétrèrent dans les Abruzzes; battirent, le 7 mars, à Cività Ducale et à Aquila les Napolitains, commandés par le général Pépé. Le 23, ils entrèrent à Naples, et y rétablirent l'ancienne forme de gouvernement. Pendant que les forces autrichiennes étouffaient ainsi la révolution napolitaine, une insurrection éclata à Turin : on y proclama la constitution de Cadix. Il était impossible de plus mal choisir son temps. Le 2 avril, une division autrichienne jointe aux troupes sardes, qui s'étaient montrées contraires aux nouvelles institutions, mirent, auprès de Novaro, les constitutionnels en déroute. Telle fut l'issue des efforts tentés pour affranchir l'Italie, et ce résultat put, dès ce moment, donner à connaître quel sort était réservé, en Espagne, à la constitution de Cadix. Chaque jour les coryphées du parti exalté semblaient prendre à tâche de la discréditer par leurs excès. Ferdinand ne pouvait sortir de son palais sans être outragé par la populace; et il n'avait ni assez de puissance pour se venger de ces injures, ni assez de force d'âme pour les mépriser, ni assez de résignation pour les dévorer en silence. Il s'en plaignait amèrement; il adressa même à la municipalité des réclamations écrites à l'occasion des clameurs injurieuses proférées sur son passage. Soit que ses plaintes souvent répétées eussent exalté le zèle de quelques jeunes militaires, soit que l'audace des émeutiers fût portée à son comble, une collision ne tarda pas à éclater entre les gardes du corps et la populace. On n'est pas d'accord sur la manière dont les faits se sont passés. Les uns disent que le 5 février le roi sortit, comme il en avait l'habitude, pour aller à la promenade : des gens réunis sur la place du palais firent entendre le cri de *Vive le roi constitutionnel!* Quelques gardes du corps, qui se promenaient enveloppés dans leurs manteaux, se méprirent sur la nature de ces clameurs. Ils tirèrent leurs sabres, et se précipitèrent sur les assistants. Aussitôt le bruit de cette agression se répandit dans la capitale. La garde nationale et la garnison prirent les armes, les rues se remplirent en un instant de groupes nombreux qui vociféraient contre les gardes du corps; ceux-ci, renfermés dans leur quartier, se préparèrent à se défendre; quelques-uns d'entre eux seulement se présentèrent aux autorités, protestant qu'à l'avenir ils ne voulaient plus faire partie d'un corps qui avait commis une semblable faute.

Il y a peut-être beaucoup d'exagération dans ce récit. Chaque personne a vu ou raconté les faits d'une façon diverse, suivant les passions politiques dont elle était animée. Voici donc une manière différente dont les faits ont été présentés : Ferdinand étant sorti, le 5 février, pour aller à la promenade, la populace lui adressa des injures. Quelques gardes du corps, qui ne faisaient pas partie de l'escorte, mais qui se trouvaient présents, furent aussi insultés et menacés. Il leur eût fallu une patience plus qu'humaine pour supporter ces provocations. D'ailleurs ces jeunes officiers étaient isolés, sans chefs, et ne se trouvaient pas retenus en ce moment par les liens de la discipline. Ils tirèrent leurs sabres, et mirent la populace en fuite. Ce fut le commencement d'une horrible émeute.

Enfin, suivant d'autres personnes, les faits se seraient passés différemment. Le roi était sorti pour aller à la promenade, lorsqu'on vint annoncer au quartier des gardes du corps que le roi et son escorte avaient été arrêtés par la populace. Les insultes prodiguées chaque jour à Ferdinand rendaient cette nouvelle assez probable : aussi quelques gardes du corps montèrent-ils à cheval, pour aller tirer le roi et leurs camarades des mains de la multitude. Mais ils apprirent bientôt qu'il n'y avait eu aucune agression. Ils revenaient donc fort mécontents de la démarche inutile qu'ils venaient de faire, lorsqu'ils rencontrèrent sur leur chemin un garde national qui leur adressa quelques paroles inconvenantes. Ils le maltraitèrent. Aussitôt la foule prit parti pour celui-ci. L'infanterie et la cavalerie de la garde nationale, deux compagnies de la garde royale avec deux pièces de canon, et diverses autres troupes de la garnison, entourèrent aussitôt le quartier où les gardes du corps étaient retranchés. Après deux jours d'hésitation, Ferdinand VII pressé par ses ministres, et pour éviter l'effusion du sang, décréta la dissolution des gardes du corps. Ils furent désarmés. Un grand nombre d'entre eux furent arrêtés et conduits en prison; mais sans doute, dans cette affaire, ils étaient exempts de toute faute; car, malgré l'acharnement des partis, on les tint longtemps renfermés sans leur donner de juges. Quant au roi, il déclara que puisqu'on lui ôtait les gardes de sa personne, il s'abstiendrait désormais de sortir; et il persévéra longtemps dans cette résolution.

L'effervescence causée par ces événements n'était pas calmée, lorsque la deuxième session des cortès s'ouvrit le 1er mars. La séance royale, qui passe le plus souvent comme une simple formalité, présenta cette année le plus vif intérêt. Les ministres avaient, suivant l'usage, préparé le discours que Ferdinand devait prononcer. Le roi donna lecture du commencement, sans y faire de notables changements; mais à la fin il ajouta quelques paragraphes pour se plaindre des insultes dont il avait été l'objet, et de la négligence ou de la complicité des ministres, qui laissaient dégrader chaque jour la royauté constitutionnelle. « C'est à dessein, dit le roi, que
« je me suis abstenu de parler de ma
« personne jusqu'à la fin de ce discours,
« afin qu'on ne pensât pas que je la pré-
« fère au bien-être et à la félicité des
« peuples que la divine Providence a
« confiés à mes soins. Cependant je me
« vois, à regret, forcé de faire savoir à
« cette sage assemblée que je n'ignore
« pas les menées de quelques malveil-
« lants. Je sais qu'ils s'efforcent de sé-
« duire les personnes qui ne sont point
« sur leurs gardes, en leur persuadant
« que mon cœur renferme des vues op-
« posées au système qui nous régit. Ils
« n'ont d'autre but que d'inspirer la dé-

« fiance contre la pureté de mes inten-
« tions et la droiture de mes procédés.
« J'ai juré la constitution, et, pour
« ma part, je me suis toujours efforcé
« de l'observer. Plût à Dieu que tout le
« monde eût fait de même! Personne
« n'ignore les insultes, les outrages de
« toute espèce commis contre ma di-
« gnité, contre mon rang, contre ce
« qu'exige la constitution, contre l'or-
« dre, contre le respect qui m'est dû
« comme roi constitutionnel. Je ne
« crains rien pour mon existence et
« pour ma sûreté : Dieu, qui voit mon
« cœur, veille; il a soin de l'une et de
« l'autre. Il en est de même de la plus
« grande et la plus saine partie de la
« nation. Cependant, puisque cette as-
« semblée est principalement chargée
« par la constitution elle-même de gar-
« der l'inviolabilité de la royauté cons-
« titutionnelle, je ne dois pas lui cacher
« aujourd'hui que ces outrages et ces
« insultes ne se seraient pas répétés une
« seconde fois si le pouvoir exécutif
« avait eu toute l'énergie et toute la
« force que la constitution suppose et
« que les cortès désirent. La mollesse
« et le défaut d'activité de beaucoup
« d'autorités ont seuls permis le renou-
« vellement de ces énormes excès ; et
« s'ils continuent, on doit s'attendre à
« voir la nation espagnole affligée de
« maux et de désastres sans nombre.
« J'ai l'assurance que ces malheurs n'ar-
« riveront pas si les cortès, comme je
« dois me le promettre, unies intime-
« ment à leur roi constitutionnel, s'oc-
« cupent sans relâche à remédier aux
« abus, à réunir les partis, à contenir
« les machinations des malveillants, qui
« n'ont d'autre but que la désunion et
« l'anarchie. Travaillons donc d'accord,
« le pouvoir législatif et moi, comme
« je le proteste à la face de la nation, à
« consolider le système que l'on a pro-
« posé et adopté pour son bien et pour
« sa complète félicité. »

Il est impossible de décrire l'étonnement produit par cette sincérité de Ferdinand. Les ministres, qui auraient dû se retirer à l'instant même, furent tellement surpris, qu'ils ne pensèrent pas à donner leur démission ; mais le lendemain parut un décret qui prononçait leur destitution, et qui désignait, pour les remplacer par intérim, les premiers employés de leurs secrétaireries respectives. Voici comment finit ce cabinet, dont les fautes ont préparé la chute du régime constitutionnel, et sous quels tristes auspices commença la seconde session des cortès.

DEUXIÈME MINISTÈRE CONSTITUTIONNEL. — MOUVEMENTS ABSOLUTISTES. — ASSASSINAT DU CHAPELAIN VINUESA. — RIÉGO EST DESTITUÉ. — BATAILLE DES ORFÉVRERIES. — SOCIÉTÉS PATRIOTIQUES : LES FRANCS-MAÇONS, LES COMUNEROS, LES ANILLEROS OU AMIS DE LA CONSTITUTION. — FIÈVRE JAUNE. — DÉVOUEMENT DES MÉDECINS FRANÇAIS. — SOULÈVEMENT DE CADIX, DE SÉVILLE. — RÉCLAMATIONS CONTRE L'ADMINISTRATION. — CHUTE DU DEUXIÈME MINISTÈRE CONSTITUTIONNEL.

Ferdinand VII, débarrassé d'un cabinet qui lui était odieux, et contre lequel il avait de justes sujets de plainte, voulut donner aux cortès une preuve de la confiance qu'il avait en elles. Dans le but de flatter l'opinion publique, il leur adressa un message pour demander qu'on lui indiquât les personnes auxquelles il devait remettre les rênes du gouvernement. On vit, en cette circonstance, combien était puissant dans les cortès le parti des anciens ministres. Les plaintes que le roi avait fait entendre furent l'objet des récriminations les plus vives. On n'alla pas jusqu'à contester au roi le droit de destituer ses ministres ; mais, sur la proposition du député Calatrava, les cortès déclarèrent que le cabinet renvoyé par Ferdinand avait conservé la confiance de la nation. Elles ajoutèrent à ce témoignage de leur approbation l'assignation d'une pension de 60,000 réaux (16,000 f.), que chacun d'eux devait recevoir du trésor national. Enfin, elles répondirent qu'il n'était pas dans leurs attributions de désigner les dépositaires du pouvoir. Ferdinand s'adressa donc au conseil d'État, et, d'après l'avis de ce corps, il nomma les nouveaux ministres.

Le portefeuille des affaires étrangères fut remis à don Eusebio Bardax y Azara, qui, entré de bonne heure dans la carrière diplomatique, avait déjà été en 1812, sous la régence de Cadix, ministre des relations extérieures.

Don Matéo Valdemoros, savant avocat, avait été *alcàde de casa y corte.* En 1814 il se trouvait chef politique de Valence. Ayant osé élever la voix en faveur de la constitution, il avait été destitué, et relégué à Barcelone. Lors de la révolution de 1820 il avait fait partie de la junte provisoire. C'est à lui que Ferdinand VII remit le ministère de l'intérieur.

Don Ramon Feliu était né en Afrique, de parents espagnols. Il avait suivi son père, chargé d'un emploi public, dans le Nouveau-Monde. Élu, en 1812, député du Pérou, il s'était rendu aux cortès pendant le siége de Cadix, et s'était signalé dans leurs discussions. Au retour du roi il avait été relégué à Saragosse ; il s'y trouvait encore lors de l'insurrection des Cabezas, et il avait travaillé de tout son pouvoir au rétablissement du régime constitutionnel. Ferdinand lui remit le ministère des affaires d'outre-mer.

Celui de grâce et de justice fut confié à don Vincente Cano Manuel, ancien avocat, né à Chinchilla, dans le royaume de Murcie. Don Thomas Moréno-Daoiz eut le portefeuille de la guerre, don Antonio Barata celui des finances, et Francisco de Paula Escudero celui de la marine. Au bout de quelques jours, Valdemoros fut forcé, par sa mauvaise santé, de résigner son poste. Feliu reçut alors le ministère de l'intérieur, et fut lui-même remplacé par Pélegrin dans le ministère des affaires d'outre-mer. C'étaient des hommes de talent et d'un caractère irréprochable. Ils jouissaient d'une juste réputation, et avaient l'avantage de ne pas appartenir à la catégorie des hommes proscrits en 1814. Feliu seul avait été exilé à Saragosse. Néanmoins il sut complaire à Ferdinand VII, dont il reçut quelques témoignages d'estime.

Les nouveaux ministres avaient d'immenses difficultés à surmonter. Ils se trouvaient en face d'un parti hostile, et plus redoutable encore par sa violence que par le nombre des individus qui le composaient ; les relations avec l'étranger étaient difficiles et manquaient de franchise. Le trésor était dans l'état de pénurie le plus déplorable, et ses embarras s'accroissaient chaque jour. Les rentrées étaient faibles, et les intérêts de la dette absorbaient toutes les ressources. Les mesures les plus ruineuses concouraient chaque jour à aggraver cette position des finances. Dans l'état de gêne où l'on se trouvait, on venait d'allouer aux précédents ministres des pensions qui, réunies, s'élevaient à 420,000 réaux (112,140 f).

L'obligation où l'on s'était trouvé de récompenser, en leur donnant des emplois, les promoteurs des institutions nouvelles, avait contraint à éloigner de leurs charges tous ceux qu'on regardait comme peu dévoués à la constitution. Mais il eût été d'une souveraine injustice de les dépouiller de leur place sans leur donner au moins le moyen de subsister. Il fallut donc créer une classe particulière de ceux qui cessaient d'être employés. On la nomma la catégorie *de los cesantes,* et on la dota suivant le nombre des personnes et suivant les circonstances. Ce fut une augmentation énorme de dépenses, sans aucun avantage pour le trésor. C'est dans cette situation désespérée que Barata prit l'administration des finances. Il jugea que, sans le secours d'un emprunt il lui serait impossible de faire face aux dépenses. Il ouvrit donc les coffres aux capitalistes nationaux ; il fit un appel à leur patriotisme ; mais il ne parvint pas à réunir le quart de la somme qui lui était nécessaire : aussi, ne se trouvant pas de force à lutter contre les difficultés qu'il rencontrait, il aima mieux se retirer, et fut remplacé au ministère des finances par don Angel Vallejo.

Les mouvements royalistes qui éclatèrent dans toutes les provinces d'Espagne vinrent encore compliquer les embarras de la situation. A Burgos, un chapelier, du nom d'Arija, levait l'étendard de la rébellion. Jéronimo Mérino, ce curé qu'on avait vu pendant la guerre de l'indépendance combattre les Français avec courage, venait aussi de reprendre les armes. Il parcourait la Vieille-Castille, dénonçant aux villageois la constitution comme sacrilége et régicide. Par ce moyen il eut bientôt rassemblé une guerrilla nombreuse et redoutable. A la même époque la ville de Salvatierra, unanimement soulevée, fermait ses portes aux troupes constitutionnelles. Le brigadier Mir était à Séville ; le chef des royalistes Zaldivar, à la tête d'une troupe de forcenés qui se proclamaient les défenseurs de l'autel et du trône, sillonnait toute l'Andalousie, et s'avançait jusqu'aux portes de Cadix. A Tolède, pendant une procession suivie par un grand nombre de fidèles, on entendit proférer les cris de *Vive la religion! vive l'inquisition! vive le chapitre de Tolède! à bas la constitution!* Toutes ces démonstrations absolutistes excitaient au plus haut degré la colère des exaltés. Les chefs de ce parti, qui, parodiant les excès de la révolution française, avaient accepté l'ignoble dénomination de *descamisados*, prirent la résolution de faire un exemple, pour jeter la terreur dans l'esprit des royalistes.

On avait emprisonné un pauvre ecclésiastique nommé don Matthias Vinuesa. On l'accusait d'avoir forgé un plan pour renverser la constitution; cet homme était d'une vie régulière, mais il était sans jugement et sans instruction. Quoiqu'il eût fait ses études à l'université de Tolède, tout son savoir se bornait à quelques connaissances en théologie. Il avait été curé de la paroisse de Tamajon, et n'avait quitté ce village que pour devenir chapelain d'honneur de Ferdinand VII. Il avait cru qu'en cette qualité il était de son devoir de contribuer au rétablissement des droits absolus de son souverain. Il avait donc imaginé un plan de contre-révolution, et il avait eu l'insigne folie de le faire imprimer. Arrêté pour ce fait et mis en jugement, il avait été condamné à dix ans de présides. Ce fut le 4 mai que le résultat de son procès fut rendu public : ce jour même un grand nombre de membres du parti exalté se réunirent le matin à la Puerta del Sol, et, après une longue délibération, ils déclarèrent que la peine prononcée contre le curé de Tamajon n'était pas en proportion avec le crime énorme commis par lui. Ils décidèrent qu'il servirait d'exemple aux serviles; mais comme l'heure de la sieste était arrivée, ils se retirèrent pour dormir, et ajournèrent à quatre heures du soir l'exécution de leur sentence. Ce délai eût permis aux autorités de prendre quelques mesures pour empêcher un crime; mais les chefs de la force publique restèrent immobiles. Ils laissèrent les *descamisados* se réunir à l'heure indiquée, marcher vers la prison, qui n'était gardée que par dix miliciens.

Ceux-ci, après avoir à peine tenté un simulacre de défense, laissèrent le peuple envahir la prison. On enfonça la porte du cachot où Vinuesa était renfermé. Cet infortuné n'eut que le temps de saisir une image de la Vierge, et de se jeter à genoux pour demander grâce. On se précipita sur lui. Un individu armé d'un marteau lui porta le premier coup. Il le frappa sur sa tonsure, et lui brisa le crâne.

Cette victime n'était pas la seule dont les bourreaux de la Puerta del Sol eussent décrété le supplice. Ils se transportèrent à la demeure du juge qui avait prononcé la sentence. Ils voulaient immoler ce magistrat à leur fureur; mais celui-ci, prévenu du danger qui le menaçait, s'était soustrait par la fuite à la colère de ces forcenés.

Une autre bande s'était transportée à la prison de la cour, où était renfermé le partisan Manuel Hernandez, surnommé *el Abuelo*. Pendant la guerre de l'indépendance, el Abuelo avait obtenu le grade de lieutenant-colonel; après le retour de Ferdinand, et jusqu'au rétablissement du régime constitutionnel, il avait vécu dans la retraite; puis, lorsqu'il avait vu les outrages dont les exaltés accablaient le roi, il avait repris les armes pour relever le pouvoir absolu. Il avait réuni une guerrilla, et, en essayant de se maintenir dans les environs de Madrid, il s'était laissé prendre par les troupes constitutionnelles. Il attendait en prison la condamnation qui ne pouvait manquer de l'atteindre. Les hommes de la Puerta del Sol trouvaient que la justice agissait trop lentement, et pour abréger, à leur manière, les délais de la procédure, ils arrivèrent à la prison; mais ils rencontrèrent plus de résistance qu'ils ne s'y étaient attendus. Il n'y avait là pour toute défense qu'un caporal et quatre soldats, avec six gardes nationaux à cheval. Néanmoins le chef de ce faible poste fit bonne contenance; il parvint à repousser les assaillants; et si toutes les autorités de la capitale avaient fait leur devoir comme ce brave caporal, la révolution espagnole n'eût pas été souillée du sang de Vinuesa.

Ces excès frappèrent la ville entière d'une terreur profonde. Il n'était personne qui ne craignît pour sa sûreté; mais si telles étaient les appréhensions des simples particuliers, qu'on juge des angoisses qui devaient agiter la famille royale, et surtout Ferdinand! Ce prince descendit plusieurs fois lui-même sur la place où sa garde était formée en bataille, et il demanda aux officiers si, en cas de besoin, il pouvait compter sur leur défense. Il fit placer de l'artillerie aux abords du palais. La garnison et la milice furent mises sous les armes. Madrid, plongée dans une morne stupeur, avait l'air d'une ville que l'ennemi assiége.

Il se trouva cependant des voix pour justifier le meurtre de Vinuesa; il se trouva des apologistes pour le célébrer. Une espèce de monument fut fondé pour en perpétuer le souvenir. Vinuesa avait péri assommé d'un coup de marteau: ses meurtriers et leurs approbateurs créèrent une sorte d'*ordre du Marteau*. Les insignes en furent fabriqués et distribués; ils consistaient en un petit marteau de fer, dont les nouveaux chevaliers décorèrent leur poitrine.

Le ministère se présenta le lendemain aux cortès, avec un message où le roi réclamait leur assistance pour empêcher le retour de semblables crimes. Ce fut l'occasion d'une vive discussion, où les partis se rejetèrent mutuellement la responsabilité de ces déplorables événements. L'opposition accusa l'autorité d'avoir manqué de fermeté et de prévoyance; le parti modéré accusa les exaltés, les clubs et les sociétés démagogiques d'avoir préparé le crime et de l'avoir exécuté. De part et d'autre ces reproches étaient fondés. Cette délibération se termina par une adresse, où les cortès donnèrent au roi l'assurance de leur zèle pour le maintien de l'ordre. L'administration destitua le capitaine général Villalba et le chef politique, le marquis de Cerralbo, qui furent remplacés par le général Morillo, comte de Carthagène, et par le premier alcade constitutionnel, Jose Sacz de Baranda. Celui-ci remit lui-même bientôt les fonctions de chef politique au général Copons y Navia, qui en 1814 avait été chargé d'aller recevoir le roi à la frontière, et de lui présenter la constitution. L'assassinat de Vinuesa excita si vivement l'indignation des honnêtes gens, que les passions politiques semblèrent un moment se calmer. On put atteindre le 30 juin, époque où se fermait la session, sans que la tranquillité publique fût de nouveau troublée. Jusqu'au mois d'août, nulle émeute sérieuse ne vint troubler le repos de la capitale. Mais dans le courant d'août des esprits turbulents, qui regardaient les assassins de Vinuesa comme des héros, et qui brûlaient du désir de les imiter, prirent la résolution de faire un exemple sur les gardes du corps, retenus prisonniers depuis le 5 février. Ils se transportèrent au couvent de Saint-Martin, où ces militaires étaient renfermés, et tentèrent de forcer la garde: un officier nommé don Estarico, qui commandait le poste, tenta vainement par de bonnes paroles de les détourner de leur projet; mais ils n'écoutèrent aucune représentation, et, furieux de voir qu'on leur résistait, ils commencèrent à jeter des pierres à la garde. Alors don Estarico fit charger les armes, et à la tête de quelques soldats il marcha droit aux émeutiers. Ceux-ci ne l'attendirent pas: ils s'enfuirent précipitamment pour aller chercher du renfort au club de la Fontana de Oro.

Pendant ce temps, le général Morillo, prévenu de ce qui se passait, prit des mesures afin de renforcer le poste de la prison; mais, sans attendre que ses ordres eussent été exécutés, il se dirigea en personne vers le point menacé. Il rencontra en chemin les émeutiers, qui revenaient après avoir recruté quelques centaines de vauriens. Le général, bien qu'il fût seul, leur intima l'ordre de se retirer à l'instant même. Ces paroles ne firent qu'exaspérer la colère des anarchistes, au point que pour sa défense Morillo se vit dans la nécessité de tirer son sabre; mais quand il fit le geste de les en frapper, cela suffit pour mettre de nouveau le rassemblement en fuite, et les individus se sauvèrent comme s'ils eussent été poursuivis par un escadron de cavalerie.

Le lendemain, les groupes qui se rassemblaient ordinairement à la Puerta del Sol et à la Fontana de Oro éclatèrent en plaintes et en menaces contre Morillo. Sa conduite, disait-on, était attentatoire à la dignité du peuple; et il fallait qu'il fût mis en jugement. Le général, instruit des attaques dont il était l'objet, envoya sa démission aux ministres, en déclarant qu'il ne reprendrait le commandement que lorsqu'il aurait été lavé, par le tribunal, des accusations portées contre lui. La conduite de Morillo ne méritait que des éloges, et sa détermination de réclamer lui-même des juges imposa silence à ses ennemis. On lui rendit l'autorité, qui ne pouvait être placée en de meilleures mains.

La capitale était à peine remise de l'émotion causée par ces émeutes, que le gouvernement se vit menacé par un autre danger qui n'était pas moins sérieux. Riégo, capitaine général de l'Aragon, avait accueilli un aventurier français, nommé Cugnet de Montarlot, poursuivi dans sa patrie comme conspirateur. Celui-ci, pour prix de l'hospitalité qu'on lui donnait en Espagne, avait conçu le projet d'y changer la forme de gouvernement, et d'y établir une république. Il prétendait que plusieurs départements feraient cause commune avec l'Espagne; qu'ils n'attendaient qu'un signal pour se soulever; qu'il suffirait pour déterminer ce mouvement de se présenter à la frontière à la tête de quelques troupes, et d'y arborer l'étendard tricolore. On ne sait pas au juste quelle part Riégo pouvait avoir dans l'invention de cette trame; mais la voix publique l'accusait de fomenter lui-même la conspiration. Le peuple de Saragosse, dont certainement les opinions n'étaient pas rétrogrades, mais qui était ennemi de toute trahison, regardait avec méfiance les démarches du capitaine général. Moreda, chef politique de Saragosse, donna au gouvernement avis de ce qui se passait, et reçut les pouvoirs nécessaires pour faire avorter ces projets. Le ministère prononça la destitution de Riégo, ordonna que cet officier se rendrait en résidence à Lerida; et il chargea Moreda de faire exécuter cette décision. Pendant ce temps Riégo était occupé à parcourir la province, dans le but d'exalter les esprits, et peut-être de les préparer au changement qu'il méditait. Riégo, qui se croyait bien supérieur au gouvernement en influence et en pouvoir, eut d'abord l'idée de désobéir. Il marcha droit à Saragosse; mais le chef politique n'était pas homme à se laisser intimider. Il envoya au-devant de Riégo un détachement commandé par un officier dont il était sûr. La rencontre eut lieu à quelque distance de la ville. Riégo revenait, entouré d'une escorte assez nombreuse. L'officier alla au-devant de lui, et lui renouvela l'ordre de se rendre à Lerida. Riégo voulut résister : il porta la main à son épée, puis il consulta du regard ceux qui l'accompagnaient; mais il ne les trouva pas disposés à le soutenir dans une désobéissance que les précautions prises par Moreda rendaient impossible. Alors il se soumit à la nécessité, et se laissa conduire au lieu de son exil.

Riégo était l'idole du parti anarchiste; aussi la colère des sociétés démagogiques fut-elle grande quand elles le virent renverser. Voulant exalter la gloire du héros que le gouvernement abaissait, elles prirent la résolution de célébrer une fête publique en son honneur, et de porter son image en procession. Cette ridicule apothéose cachait, dit-on, un projet plus coupable : à la faveur du trouble et du désordre que cette cérémonie ne pouvait manquer de causer, les anarchistes avaient l'intention de proclamer la république, et d'élire un triumvirat militaire composé des généraux Riégo, Lopes-Baños et Ballesteros. Quelles que fussent au reste leurs intentions, ils en fixèrent l'exécution au 18 septembre.

Le général Copons avait été remplacé dans le gouvernement politique de Madrid par le brigadier San-Martin. C'était un ancien médecin; il avait déployé dans la guerre de l'indépendance un courage que personne ne pouvait révoquer en doute. Il fit preuve en cette circonstance d'une louable énergie. Il commença par publier une ordonnance qui défendait cette cérémonie grotesque, et qui déclarait suspendues jusqu'à nouvel ordre les réunions du club de la Fontana de Oro. Néanmoins les anarchistes n'en persévérèrent pas moins dans leur projet; ils firent peindre un grand tableau, où Riégo était représenté avec le costume qu'il portait lors de la révolte des Cabezas. Il tenait d'une main le livre de la constitution, et renversait de l'autre le Despotisme et l'Ignorance. On remit cette image aux mains qui devaient la porter.

Des mesures vigoureuses avaient été prises pour que force restât à l'autorité. La force armée prit possession de la Puerta del Sol, des environs de la Fontana de Oro; et l'ordre fut donné aux troupes de dissiper le cortége partout où il se présenterait. Cependant les anarchistes n'engageaient pas cette lutte contre l'autorité sans quelques chances de succès. Ils savaient que la garde royale était indécise, et que le régiment de Sagonte leur était favorable. Lorsque le rassemblement arriva à la Puerta del Sol, l'ordre fut donné à la garde royale qui s'y trouvait de s'opposer à son passage; mais cet ordre ne fut pas exécuté. La foule, qui s'en aperçut, s'avança avec plus d'assurance, et poussa un cri de triomphe. De son côté, le régiment de Sagonte s'ébranlait pour se joindre aux factieux. Si ce mouvement eût réussi l'anarchie triomphait.

Morillo avait avec lui la milice, composée de propriétaires, de marchands, presque tous partisans de la révolution, mais, avant tout, adversaires du désordre. C'était la seule force sur laquelle il pût compter dans ces circonstances critiques. Il fit défendre au régiment de Sagonte de sortir de son poste, lui déclarant qu'au moindre mouvement il le ferait charger sans miséricorde par la milice, et qu'il le traiterait en ennemi. Le régiment de Sagonte, intimidé par ces menaces, s'arrêta, et demeura neutre. Libre de toute inquiétude de ce côté, San-Martin, à la tête du deuxième bataillon de la milice, marcha au-devant du rassemblement, et le rencontra dans la rue des Orfévreries. Aussitôt qu'il l'aperçut, il fit croiser la baïonnette, et somma, au nom de la loi, les anarchistes de se dissiper. Comme ils n'obéirent pas, il les fit charger à l'instant même. Quelques-uns furent blessés; et tous, remplis d'épouvante par cette attaque vigoureuse, sur laquelle ils ne comptaient pas, se mirent à fuir de tous les côtés. Le portrait du héros fut renversé dans la boue; les anarchistes ne tentèrent pas de disputer aux vainqueurs cette triste dépouille, et l'on donna par dérision à cette rencontre le nom de bataille *des Orfévreries (de las platerias)*.

C'étaient les sociétés politiques qui avaient préparé cette journée, de même qu'elles avaient été jusqu'à ce jour les instigatrices de tous les désordres. Ces associations eurent sur la marche de la révolution espagnole l'influence la plus déplorable : il n'est donc pas indifférent de connaître quelle était leur organisation, et quels principes les dirigeaient. La plus ancienne de ces sociétés était celle des francs-maçons. On croit que cette association fut introduite en Espagne dans le temps de Charles III. Il semble que la révolution française aurait dû favoriser en Espagne le développement de cette institution; mais la surveillance de l'inquisition et la vigilance du clergé s'opposèrent à ses progrès. C'est à peine si on en trouve quelques vestiges au temps de Charles IV; mais l'invasion française contribua puissamment à propager la franc-maçonnerie. Les officiers français, aussi bien que ceux des forces britanniques, établissaient des loges dans toutes les localités où ils séjournaient. Le nombre des Espagnols qui s'affilièrent à la société fut considérable; et quand Ferdinand revint en Espagne il y avait peu de villes qui ne continssent au moins une loge. La réaction de 1814, l'intolérance du gouvernement, le rétablissement du saint-office, ne purent intimider les francs-maçons. Le nombre des prosélytes s'accrut encore; mais l'objet primitif de leurs délibérations fit place à des discussions sur les affaires de l'État; et cette société, qui dans son origine avait, avant tout, un but charitable et philanthropique, devint un instrument politique. Les francs-maçons ne furent pas étrangers aux événements de 1820. Il est facile de comprendre le bien ou le mal que cette association pouvait faire, selon l'esprit dont elle était animée. Les loges, répandues dans toutes les parties de l'Espagne, recevaient leur impulsion d'un centre commun. Elles louaient ou blâmaient ce qu'on leur disait de louer ou de blâmer. Si quelque autorité leur portait ombrage, mille voix répétaient en même temps les mêmes accusations en mille endroits différents. Si au contraire il était question de soutenir quelqu'un des leurs ou de le faire valoir, de tous les côtés ils allaient répétant ses louanges, et de cette manière ils faussaient l'opinion publique. Ils avaient des affiliés dans les bureaux de tous les ministères, dans les cabinets des gouvernements politiques, dans toutes les parties de l'administration; aussi rien ne se faisait, rien ne se préparait sans que la société en fût informée; et de cette manière les loges recevaient souvent l'ordre d'indisposer les esprits contre un décret qui n'était pas encore rendu, contre une mesure qui n'était encore qu'un projet. Leur puissance était immense. Aussi, lors de leur ministère, Argüelles et Valdès se firent-ils affilier à cette association, dont leurs collègues faisaient déjà partie.

Au reste, il ne tarda pas à se former plusieurs partis parmi les francs-maçons. Les hommes modérés, contents de ce qu'on avait obtenu en 1820, voulaient qu'on s'en tînt à la constitution de Cadix; les esprits exaltés voulaient aller plus loin : ce dissentiment était la source des discussions les plus violentes. Les modérés pensèrent qu'en se retirant, qu'en laissant leurs adversaires sans contradicteurs, ils feraient cesser les discussions; que les loges finiraient par se fermer d'ennui et d'épuisement, ou du moins que l'irritation causée par ces débats s'éteindrait, faute d'aliment. C'était un faux calcul. Restés maîtres du terrain, les exaltés s'occupèrent à faire des prosélytes, à augmenter le nombre des loges, à exercer leur funeste influence, qui n'était plus tempérée par le bon sens des modérés.

Bientôt cette société, quelque violente qu'elle fût, parut trop tiède à quelques esprits emportés. Ils se séparèrent de la franc-maçonnerie, et formèrent une autre association. Ils prirent le nom de chevaliers comuneros, de fils de Padilla; comme s'il pouvait exister quelque analogie entre leurs excès démagogiques et les glorieux efforts des communes espagnoles, qui défendaient leurs dernières libertés contre les empiétements de la maison d'Autriche! Ces dénominations ampoulées n'étaient pas tout ce qu'il y avait de ridicule dans cette association : son but, qui était d'obtenir et de conserver *la liberté du genre humain*, sentait d'une lieue son don Quichote; et Cervantès n'a rien inventé de plus grotesque que les cérémonies imaginées pour l'admission des récipiendaires. Voici, disent les auteurs de l'Histoire contemporaine d'Espagne, quel était le but de cette compagnie :

« La confédération des chevaliers comuneros était la réunion libre et spontanée de tous les enrôlés dans les différentes forteresses du territoire de la confédération, dans les termes et avec les formalités prescrites dans leurs lois et règlements. La confédération avait pour objet d'obtenir et de conserver, par tous les moyens en leur pouvoir, la liberté du genre humain; de soutenir par tous leurs efforts les droits du peuple espagnol contre les abus du pouvoir arbitraire : leur but était aussi de secourir ceux qui se trouvent dans le besoin, principalement s'ils font partie de la société. »

La confédération des comuneros était dirigée par une assemblée suprême. Elle était divisée en *merindades* ou sénéchaussées. La merindad était elle-même subdivisée en communes, en tours, forteresses ou châteaux.

L'assemblée suprême se tenait à Madrid, rue de la Montera. Elle était composée de sept chevaliers comuneros, les plus anciens parmi ceux qui résidaient dans la capitale du royaume, et par les procureurs nommés par les communes. Voici en quels termes étaient conçus les pouvoirs de ces députés : « Nous, les chevaliers comuneros qui composons la *merindad* de ..., réunis en notre château n° ..., pour élire un procureur qui, en exécution de notre constitution, nous représente à la suprême assemblée de la confédération, après l'examen le plus attentif des vertus civiles et morales dont est doué le chevalier ..., nous avons résolu de le nommer, et de fait nous le nommons notre procureur dans ladite assemblée de la confédération; en conséquence, nous nous obligeons solennellement à observer et accomplir tout ce que vous, d'accord avec ledit chevalier comunero, décréterez et observerez, sans y mettre aucune autre li-

16ᵉ *Livraison.* (ESPAGNE.)

mite ou restriction que celles qui résultent de la stricte observance des statuts. — Donné au château n°... » — Ensuite se trouvaient la date, puis les signatures des secrétaires et de l'alcaïde.

Pour faire les enrôlements il fallait rédiger une demande par écrit, où se trouvaient le nom du candidat, son âge, son état, le lieu de sa naissance et de son domicile, ainsi que les revenus ou les appointements qu'il touchait. Cette demande était remise à la commission de police, qui, conformément aux dispositions du règlement, présentait son rapport de la manière suivante : « De l'information faite, ainsi que l'exigent nos statuts, sur les qualités dont est doué le citoyen ..., proposé pour confédéré par le chevalier comunero..., il résulte qu'il est digne d'être admis sous nos bannières. Ainsi nous le croyons, foi de chevaliers comuneros. » Ce rapport était lu en séance ordinaire ; et lorsqu'il était approuvé, on indiquait jour pour que le candidat fût enrôlé, et pour qu'il prêtât serment. Ces premières formalités une fois remplies, l'alcaïde du château, et le chevalier qui avait proposé le candidat, allaient le chercher pour le présenter dans la place d'armes. A la distance convenable pour que celui-ci ne pût prendre connaissance de la situation du château, l'alcaïde lui représentait les graves obligations qu'il allait contracter. Il l'avertissait que ces obligations étaient de telle nature, que s'il y manquait après avoir prêté serment, il en serait, sur sa tête, responsable envers la société. Si le candidat répondait qu'il acceptait ces obligations, on lui bandait les yeux, et il s'approchait du château, conduit par le chevalier qui le proposait. La sentinelle criait « Qui vive ? » et le chevalier conducteur disait : « Un citoyen qui s'est présenté aux ouvrages avancés avec bannière de parlementaire, afin d'être enrôlé. » La sentinelle répondait : « Livrez-le-moi ; je le conduirai au corps de garde de la place d'armes. » Et au même instant on entendait une voix qui ordonnait d'abattre le pont-levis et d'abaisser la herse. Alors on figurait le bruit de cette opération. L'alcaïde et le chevalier conducteur saisissaient ce moment pour s'éloigner du candidat, qui était conduit au corps de garde ; on l'y enfermait seul, après lui avoir découvert les yeux. La sentinelle était masquée, et le corps de garde était décoré d'armures et de faisceaux d'armes ; sur quelques-unes on voyait des traces sanglantes. Enfin on y lisait des inscriptions en l'honneur des vertus civiques. On y trouvait encore une table avec du papier et de l'encre. Après avoir laissé au candidat le temps nécessaire pour qu'il pût réfléchir sur sa position, la sentinelle lui remettait, pour qu'il y répondît, un papier sur lequel se trouvaient les questions suivantes : « Quelles sont les obligations les plus sacrées d'un citoyen envers sa patrie ? — De quel châtiment est digne celui qui ne les remplit pas ? — Quelle récompense mérite celui qui se sacrifie pour leur accomplissement ? » Aussitôt qu'il avait écrit ses réponses, la sentinelle les recevait de lui pour les transmettre à l'alcaïde, qui les présentait au président ; et on en donnait lecture à l'assemblée.

Si les réponses étaient conformes aux principes de la confédération, le président commandait à l'alcaïde d'introduire le candidat dans la place d'armes, après lui avoir bandé les yeux. L'alcaïde allait retrouver celui-ci, lui rappelait de nouveau les graves obligations qu'il allait contracter ; il lui disait que son dévouement pour la liberté devait le décider à mourir plutôt que de se soumettre à la tyrannie. Il ajoutait que s'il ne se sentait pas assez de courage pour exécuter ses promesses, il pouvait encore se retirer ; mais que s'il prêtait serment il deviendrait responsable, sur sa tête, de leur accomplissement. Lorsque le citoyen persévérait dans sa volonté de s'affilier à la société, il était conduit à la place d'armes, et après diverses cérémonies il comparaissait devant l'assemblée, et le président lui disait : « Vous allez contracter de grandes obligations, et des engagements d'honneur qui exigent constance et valeur. La défense des droits et libertés du genre humain, et avant tout du peuple espagnol, voilà le but de notre institution. Pour le succès d'une si glorieuse entreprise, nous promettons de sacrifier jusqu'à notre vie. Réfléchissez sur ce qu'il y a de sacré et de difficile dans ces engagements ; et si vous ne voulez pas vous y assujettir, vous pouvez encore vous retirer sans qu'il en résulte pour vous aucun préjudice, en gardant toutefois un secret inviolable sur tout ce que vous avez vu et entendu.

Si le néophyte répondait qu'il était déterminé à tout, le président lui disait de se préparer à faire un terrible serment, après lequel il ne serait plus libre de se retirer; mais que s'il avait quelque crainte il pouvait encore le faire. Sur sa réponse qu'il était prêt à jurer, le président lui disait: Répétez avec moi: « Je jure à Dieu et sur mon honneur de « garder le secret sur tout ce que j'ai vu « et entendu, et sur tout ce que je ver- « rai par la suite et sur tout ce qui me « sera confié. Je m'engage également à « faire tout ce qui me sera commandé « par la confédération; et si je manque « à cette promesse en tout ou en partie, « je consens qu'on me tue. » — Le président continuait: « Si vous accomplissez ces engagements en homme d'honneur, la société vous aidera : si vous ne les accomplissez pas, elle vous châtiera avec toute la rigueur de la loi. »

Dans le cas où le candidat ne se trouvait pas disposé à prêter le serment, après lui avoir fait jurer de ne rien révéler de ce qu'il avait vu, on le reconduisait au lieu où d'abord on lui avait bandé les yeux. Mais lorsqu'il avait prêté le serment, on lui ôtait le bandeau qui lui couvrait les yeux. Il se trouvait alors au milieu des chevaliers comuneros, qui tous tenaient l'épée nue à la main; et le président lui disait: « Maintenant vous êtes affilié à la société : votre vie répond de l'accomplissement des obligations que vous avez contractées et que vous allez jurer. Approchez-vous, étendez la main sur l'écu de notre chef Padilla; et, avec toute l'ardeur patriotique dont vous êtes capable, prononcez avec moi le serment qui doit rester gravé dans votre cœur, pour que vous n'y manquiez jamais : « Je jure, devant Dieu et devant « cette assemblée de chevaliers comu- « neros, de garder, soit seul, soit avec « l'aide des confédérés, tous nos droits, « usages, coutumes, priviléges et lettres « de sûreté, et de défendre à tout jamais « les droits, libertés et franchises de « tous les peuples. Je jure d'empêcher, « soit seul, soit avec l'aide des confé- « dérés, par tous les moyens qui sont en « mon pouvoir, qu'aucune corporation « ni aucune personne, sans excepter le « roi ni les rois qui lui succéderont, « n'abusent de leur autorité ou ne vio- « lent nos lois : dans ce cas, je jure « d'en tirer une juste vengeance, avec « l'aide de la confédération, et de défendre contre eux, les armes à la main, « tous nos droits et toutes nos libertés. « Je jure d'aider de mon épée, et par tous « les moyens qui sont en mon pouvoir, « la confédération, pour empêcher l'éta- « blissement de toute inquisition géné- « rale ou particulière ; pour s'opposer à « ce qu'aucune corporation ni aucune « personne, sans en excepter le roi ni « les rois qui lui succéderont, n'offen- « sent ou n'inquiètent les citoyens espa- « gnols dans leur personne ou dans « leur bien, ou ne les dépouillent de « leur liberté, de leur avoir et de leurs « propriétés; enfin, pour empêcher que « personne ne soit arrêté ou puni que « dans les formes judiciaires, et après « avoir été convaincu devant le juge « compétent. Je jure de me soumettre « à toutes les décisions que prendra la « confédération, et de les exécuter. Je « jure union éternelle avec tous les con- « fédérés, et je promets de les aider « en toute circonstance de tous mes « moyens, de mes ressources et de mon « épée. Et si quelque homme puissant « ou quelque tyran voulait détruire la « confédération par la force ou par quel- « que autre moyen, je jure, avec l'aide « de la confédération, de défendre tous « nos droits par les armes, et, à l'exem- « ple des illustres comuneros de la ba- « taille de Villalar, de mourir plutôt « que de céder à la tyrannie ou à l'oppression.

« Je jure, si quelque chevalier comu- « nero manquait en tout ou en partie à « son serment, de le tuer aussitôt que « la confédération l'aura déclaré traître. « Et si je manque en tout ou en partie « à ces serments, je me déclare moi- « même traître, et digne d'être condam- « né par la confédération à une mort « ignominieuse. Que les portes et les « herses des tours, forteresses et châ- « teaux, me soient fermées; et, pour « qu'il ne reste pas de mémoire de moi

« après mon supplice, qu'on me brûle, « et qu'on jette mes cendres au vent. »

— Ce serment achevé, le président ajoutait : — « Vous êtes chevalier comunero : pour le prouver, couvrez-vous de l'écu de notre chef Padilla. »

— Le nouveau chevalier exécutait cet ordre, et en même temps tous les autres chevaliers posaient la pointe de leur épée sur l'écu, et le président ajoutait :

— « Cet écu de notre chef Padilla, si vous accomplissez les serments solennels que vous venez de faire, vous mettra à l'abri de tous les coups que la méchanceté pourra diriger contre vous ; au contraire, si vous ne les accomplissez pas, non-seulement ces épées vous abandonneront, mais encore elles vous arracheront l'écu pour que vous soyez à découvert, et vous mettront en pièces pour punir un si horrible crime. »

Cette cérémonie terminée, le nouveau chevalier déposait l'écu. L'alcaïde lui chaussait les éperons, lui ceignait l'épée. Alors tous les chevaliers remettaient la leur dans leur fourreau. L'alcaïde accompagnait le chevalier comunero dans tous les rangs. Chacun lui donnait la main, et le nom de camarade. Il répondait : « Je la reçois, et je ne manquerai jamais à mes devoirs. » Ensuite il le remenait au président, qui, après lui avoir donné le mot d'ordre, le signe et le contre-signe, lui disait d'aller s'asseoir.

En voyant la puissance de ces associations et les maux qu'elles causaient, on imagina de leur opposer une société publique, dont le but fût de réunir et de conserver. Elle prit le nom de *Société des amis de la constitution*. Elle ne s'entoura pas de mystère, elle n'exigea aucun serment de ses membres. Le seul signe de reconnaissance qu'ils étaient convenus de porter était une bague d'une forme particulière, qui fit donner à cette assemblée le nom de Société de l'anneau, et aux membres qui la composaient celui de *anilleros*. C'étaient des hommes honorables et modérés, qui voulaient faire entendre le langage de la raison ; mais le langage de la raison est trop froid pour émouvoir les masses : ce qui les entraîne, c'est l'exaltation des sentiments, c'est l'exagération, c'est l'enthousiasme ; et l'on ne s'enthousiasme pas pour ce qui n'est que raisonnable. Une association politique a peu de chances de succès lorsqu'elle n'a pas d'autre base que la raison. Les amis de la constitution furent de tous les côtés attaqués avec violence ; ils furent accablés de sarcasmes, de calomnies, d'insultes : et comme ils dédaignaient d'avoir recours à pareilles armes, ils ne purent longtemps soutenir la lutte. L'ennui et la fatigue amenèrent bientôt la dissolution de la société, qui ne parvint même pas à fonder un journal organe de ses opinions. Cependant chaque société politique était représentée dans la presse. *L'Écho de Padilla* était la gazette des comuneros ; *El Espectador* (le Spectateur) était publié par les francs-maçons. Puis à côté de ces journaux il y en avait d'autres dont aucune faction n'osait encore adopter le ton et les fureurs, mais dont les sociétés démagogiques ne désapprouvaient pas les principes. C'étaient *la Tercerola* (la Carabine) et *le Zurriago* (le Fouet), qui remplirent à cette époque en Espagne le rôle qu'ont joué chez nous en 93 le *journal de Marat* et le *Père Duchesne*. Dans un pamphlet écrit et publié par le député don Juan Romero Alpuente, on lisait qu'il était indispensable d'égorger en une nuit quatorze ou quinze mille des habitants de Madrid, pour y purifier l'atmosphère politique. Morales, un des rédacteurs du *Zurriago*, pérorant au club de la Fontana de Oro, proféra ces paroles sacriléges : *La guerre civile est un don du ciel* ; et il ajouta qu'elle était le seul moyen par lequel on parviendrait à en finir avec les serviles.

Voilà quelle était l'exaspération des partis quand, le 28 septembre, s'ouvrit la session extraordinaire des cortès, que le roi avait convoquées sur la demande de la députation permanente et des ministres eux-mêmes. Aux termes de la constitution, le but des cortès extraordinaires devait être déterminé d'avance. Le roi précisa donc, dans son discours d'ouverture, les affaires dont les députés auraient à s'occuper. Ce furent la division territoriale du royaume ; un code pénal militaire ; un décret organique de la flotte ; un décret pour l'organisation de la milice active ; les mesures à prendre pour la pacification des colonies américaines; enfin, la réforme des tarifs et l'amélioration des finances. Les cortès se mirent avec dévouement à la tâche qui leur était confiée; mais bientôt les bouleversements intérieurs, et d'autres calamités non moins funestes, vinrent appeler leur attention d'un autre côté.

La fièvre jaune se déclara dans quelques villes de la Catalogne. Deux causes surtout contribuèrent à propager cette horrible maladie: l'obstination du commerce, dont les affaires se trouvaient entravées par des mesures sanitaires, et l'injuste méfiance des révolutionnaires, qui voyaient avec inquiétude les cordons de troupes. Ils niaient l'existence de la contagion, et prétendaient que c'était un prétexte inventé par le gouvernement, afin de rassembler des forces pour leur enlever leur liberté. Le fléau, ainsi abandonné à lui-même, prit bientôt le plus affreux développement; de nombreuses victimes succombèrent, et des troupes furent placées autour de Barcelone, pour interdire toute communication entre la ville et les environs. Aussitôt que l'existence de ce fléau fut bien constatée, le gouvernement français couvrit de troupes la frontière des Pyrénées, pour empêcher qu'il ne pénétrât en France. En même temps il envoya des médecins à Barcelone, afin qu'ils donnassent des soins aux malades, et qu'ils étudiassent la marche de la fièvre jaune. Les docteurs Pariset, François, Audouard, Bally et Mazet, se dévouèrent à cette tâche périlleuse. Ils furent assistés dans leur noble entreprise par ces femmes saintes qui consacrent leur vie au soulagement des malheureux: les sœurs de Sainte-Camille vinrent avec eux s'enfermer dans Barcelone. Une substance nouvelle venait d'être découverte. Pelletier et Caventou avaient trouvé le moyen d'isoler le principe actif du quinquina, et de le cristalliser avec l'acide sulfurique: ce remède énergique, mais d'un prix très-élevé, fut envoyé généreusement par les chimistes qui l'avaient découvert. On fit tout ce que la science et la charité purent imaginer pour atténuer la force du mal. Cependant il mourut beaucoup de monde. Au mois d'août la moitié de la population avait quitté la ville; il y restait environ 60,000 âmes;

16,000 personnes environ ont péri. Les médecins qui s'étaient dévoués si généreusement payèrent un douloureux tribut. Deux jours après son arrivée, le docteur Mazet fut atteint par la fièvre jaune, dont il mourut le 22 octobre. Les docteurs Bally et Pariset furent aussi malades. A la nouvelle de la mort de Mazet, un jeune élève en chirurgie de Perpignan, nommé Jouarry, prit la noble résolution de se jeter dans la ville, et vint seconder les médecins. Eh bien! la fureur de l'épidémie ne calma pas un seul instant les passions politiques. Au moment où elle sévissait avec le plus d'intensité, on s'occupait à Barcelone d'influencer l'élection des députés pour la prochaine session. Le 14 décembre la maladie n'était pas encore entièrement éteinte: déjà des émeutes éclataient, et les anarchistes parcouraient les rues en criant *Mort aux serviles!* Telle est la fureur et l'ingratitude des factions, que les médecins français trouvèrent des détracteurs, même à Barcelone; et les passions politiques ont laissé des traces si profondes dans les esprits, que, de nos jours encore, un écrivain, racontant les événements de cette époque, ne trouve pas un mot de reconnaissance pour le généreux dévouement des Mazet et des Jouarry. L'acte du gouvernement français qui les a envoyés ne fut, dit-il, que le calcul d'une perfide hypocrisie [1]. Ce qui augmentait surtout l'exaspération du parti révolutionnaire, c'était la présence des troupes françaises rassemblées à la frontière. On répétait qu'elles n'étaient pas destinées seulement à garantir la France des atteintes de la contagion, mais qu'elles menaçaient l'Espagne d'une invasion nouvelle.

Les sociétés populaires, entrevoyant le danger qui menaçait leur parti, pensèrent qu'il ne pouvait être sauvé que par un excès de fureur et d'audace. En conséquence, elles expédièrent des instructions pour que des manifestations turbulentes éclatassent à la fois dans toutes les provinces, dans toutes les villes, et pour que de tous les côtés on ré-

---

(1) Histoire contemporaine de la révolution d'Espagne, t. 2, page 101, Ire colonne, édition de Madrid, 1843.

clamât contre la destitution de Riégo. Ces instructions furent exécutées avec une déplorable ponctualité : de tous les côtés, ce ne furent que des émeutes, que des clameurs menaçantes ; à Cadix on exécuta ce qu'on avait inutilement essayé à Madrid : on promena en triomphe le portrait de Riégo ; et les autorités, loin de s'opposer aux désordres qui accompagnèrent cette démonstration, hostile au gouvernement, se joignirent elles-mêmes aux perturbateurs. En recevant la nouvelle de cette conduite, les ministres destituèrent Jaureguy, chef politique de cette ville, et nommèrent pour le remplacer le général baron de Andilla. Alors les anarchistes de Cadix se réunirent sur la place San-Anton, y brûlèrent en public les journaux où leur conduite était blâmée ; puis ils se transportèrent au domicile de Jaureguy, qui avait réuni les autorités municipales ; et là on rédigea, en commun, une représentation au gouvernement conçue dans les termes les plus violents et les plus injurieux. Cette pièce n'ayant pas reçu de l'administration la réponse que les perturbateurs désiraient, ils se confédérèrent avec les habitants de Séville, qui s'étaient également mis en insurrection. A Murcie, à Valence, à la Corogne, il y eut également des troubles, excités dans le même but et avec plus ou moins de succès. En présence de ces violentes agressions, le gouvernement eut recours aux cortès.

Le 25 novembre, le roi adressa au congrès un message pour réclamer ses conseils et sa coopération : cette pièce fut apportée au congrès par tous les ministres réunis. Une commission fut aussitôt nommée pour faire un rapport à la chambre. Le député Calatrava, chargé de faire connaître au congrès les résolutions de la commission, divisa son travail en deux parties : l'une dont il donna lecture dans la séance du 9 novembre, l'autre dont il ne devait donner connaissance que lorsque la première aurait été approuvée.

Il commença par blâmer hautement la révolte de Cadix et de Séville ; un projet d'adresse fut proposé, par lequel le gouvernement fut invité à user de tous les moyens qui étaient en son pouvoir pour soumettre les rebelles. Ces conclusions furent vivement combattues par l'opposition ; enfin elles furent adoptées, après huit heures de discussion.

La seconde partie du rapport ne fut lue qu'à la séance du 12 novembre. Le rapporteur expliqua que la commission avait dû considérer comme son premier devoir de blâmer la révolte ; mais que, ce devoir, une fois accompli, elle avait dû rechercher quelle avait été la cause de ces troubles. Il rappela que la nomination des ministres avait eu lieu dans des circonstances peu favorables, qui n'avaient pas dû lui concilier la sympathie générale. Il examina si la conduite faible et incertaine du ministère n'avait pas contribué à jeter dans le pays des semences d'agitation. Il rappela plusieurs de ses actes, parmi lesquels il ne craignit pas de citer la destitution de Riégo, comme ayant été de nature à inquiéter les amis sincères des nouvelles institutions. Néanmoins il reconnut que là n'était pas la seule cause de l'agitation des esprits. « Des hommes ambi-
« tieux, dit-il en terminant, de peu de
« réputation, qui ne peuvent exister que
« dans le désordre, poussent le peuple
« dans les horreurs de l'anarchie.

« Ce mal en a produit un autre, celui
« que les autorités locales se sont vues
« forcées de se réunir en juntes que
« la constitution ne reconnaît pas.
« Des chefs de corps militaires et de
« milices locales, même des prélats,
« ont assisté à ces réunions, formées
« de personnes qui osent s'appeler les
« délégués du peuple, quand la cons-
« titution n'en reconnaît pas d'autres
« que les députés aux cortès.

« La liberté de la presse a été pro-
« fanée par l'abus scandaleux qui en a
« été fait.

« Tels sont les maux que nous éprou-
« vons. La conclusion en est qu'il faut
« adresser à sa majesté un message dans
« lequel les cortès exposent :

« Combien 1° il est nécessaire, pour
« calmer les craintes et la défiance pu-
« bliques, et pour donner au gouverne-
« ment toute la force dont il a besoin,
« que sa majesté daigne faire dans son
« ministère les réformes que les circons-
« tances exigent impérieusement ;

« 2° Que si sa majesté croit néces-
« saire, pour remédier aux maux et aux
« abus mentionnés ci-dessus, de pren-

« dre quelques mesures législatives, les
« cortès sont prêtes à délibérer sur les
« projets de loi que la prudence de sa
« majesté leur proposera. »

Les ministres, aussi vivement attaqués, se défendirent avec énergie. Néanmoins, après une discussion qui dura trois jours, les conclusions de la commission furent adoptées, avec un amendement proposé par don Jose Calatrava.

Au lieu d'engager le roi à modifier son ministère, ce qui eût été une atteinte aux prérogatives de la couronne, on se borna à dire que le ministère *avait perdu la force morale* nécessaire pour diriger les affaires dans les circonstances difficiles où l'Espagne se trouvait.

Dans des temps ordinaires, une semblable déclaration, mise à la suite des faits exposés à la fin du rapport, eût déjà été une grave inconséquence; mais, faite en présence d'une révolte flagrante, d'une révolte qu'on reconnaissait blâmable, et qu'on n'avait pas étouffée, elle a quelque chose d'inconcevable : c'était justifier les perturbateurs de Séville et de Cadix, c'était donner des forces nouvelles au désordre et à la rébellion ; aussi les effets de cette déclaration des cortès ne tardèrent pas à se faire sentir. Les anarchistes de Cadix signèrent et adressèrent au roi la protestation suivante : « Nous protes-
« tons, avec toute la solennité imagina-
« ble, que nous soutiendrons à tous
« risques et périls, et sans qu'aucun
« obstacle puisse nous faire rétrograder,
« que dès aujourd'hui nous ne recon-
« naissons et n'obéirons en rien et en
« aucune manière aux ordres que pourra
« nous envoyer le gouvernement, tant
« qu'ils seront donnés ou expédiés par
« les ministres actuels, sans que nous
« admettions aucun genre ni aucune
« espèce de composition, transaction
« ni accommodement, qui n'ait pas pour
« base la destitution des ministres. »

Le gouvernement porta ce nouvel attentat à la connaissance des cortès, et cette fois le congrès reconnut la faute qu'il avait commise. Il fit en quelque sorte amende honorable, et décida que les autorités de Cadix devaient être mises en accusation. Cette déclaration, et la fermeté montrée par le ministère, imposèrent aux exaltés. Pour détourner la révolution de la mauvaise direction qu'elle avait suivie jusqu'à ce jour, et pour sauver le régime constitutionnel, il eût peut-être suffi de persister quelque temps dans la même politique. Déjà les révoltés de Cadix, de Séville, de Murcie, rentraient dans le devoir; mais, avant que la nouvelle de leur soumission fût arrivée à Madrid, Féliu, qui était l'âme du ministère, donna sa démission. Trois de ses collègues remirent également leur porte-feuille : ce furent Bardaji, ministre des affaires étrangères, Vallejo, ministre des finances, et d'Estanislas Sanchez Salvador, qui avait remplacé Moreno-Daoiz au ministère de la guerre. Bientôt deux autres, le ministre de la marine et celui de la justice, donnèrent également leur démission. Les amis véritables du régime constitutionnel virent avec douleur la chute de ce ministère, qui avait lutté avec tant de dévouement pour le maintien de la tranquillité publique. Le dernier service rendu par ce ministère fut la présentation de trois projets de loi de la plus grande importance : l'un contenait des dispositions pénales plus sévères et mieux entendues contre les abus de la presse, et des précautions nouvelles pour rendre moins dangereux l'imprudent essai qu'on avait fait de l'application du jury à cette nature de délits.

Le second soumettait à une responsabilité personnelle les auteurs de pétitions séditieuses, et interdisait l'exercice de ce droit aux agents du gouvernement.

Enfin le troisième prohibait les réunions nocturnes des sociétés patriotiques; et ordonnait qu'il n'y serait prononcé que des discours écrits, et préalablement déposés sur le bureau.

Ces projets furent vivement attaqués par l'opposition. Calatrava proposa de les rejeter en masse, sans discussion particulière sur aucun d'eux. Le talent de Martinez de la Rosa, les efforts du comte de Toreno, firent prévaloir la raison. La proposition de Calatrava fut repoussée; les projets de loi furent mis en délibération.

Les *comuneros* et les anarchistes, exaspérés par ce revers, résolurent de s'en venger sur les orateurs qui s'étaient le plus distingués dans la discussion. A l'issue de la séance, la foule se pressa en tumulte autour des députés, et accueillit avec des injures et des menaces ceux qui étaient connus pour la modération de leurs opinions. C'était surtout sur Martinez de la Rosa et sur Toreno que les anarchistes voulaient assouvir leur colère : ils les attendirent inutilement. Alors, avec une fureur que rien ne put arrêter, ils coururent à l'hôtel du comte de Toreno, y pénétrèrent avec d'effroyables menaces; mais le comte s'était mis en sûreté. Ils parcoururent toute la maison, et n'en sortirent que lorsque Morillo arriva, à la tête de la force publique, pour les en chasser. Ils coururent aussitôt chez Martinez de la Rosa, pour y renouveler les mêmes excès ; il fallut encore que la force publique intervînt pour les dissiper. Ces scènes de désordre et de violence produisirent un effet diamétralement opposé à celui que s'en proposaient les perturbateurs. Elle excita dans le congrès une indignation générale ; il ne fut personne qui ne reconnût la nécessité de donner des garanties à l'ordre public. Les députés s'occupèrent de la loi sur la presse, qui fut adoptée à une assez grande majorité. On vota ensuite la loi relative aux pétitions séditieuses.

L'adoption de la loi sur les sociétés politiques était également proposée par la commission; mais on n'eut pas le temps d'en achever la discussion. Aux termes de l'art. 108 de la constitution, les députés ne sont élus que pour deux années. La première législature constitutionnelle était arrivée à son terme, et le 14 février 1822 le roi vint en personne assister à la séance de clôture.

TROISIÈME MINISTÈRE CONSTITUTIONNEL. — OUVERTURE DE LA PREMIÈRE SESSION DE LA DEUXIÈME LÉGISLATURE DES CORTÈS. — INVENTION DES RELIQUES DE PADILLA. — GUERRILLAS ROYALISTES. — LE TRAPPISTE. — ÉMEUTES D'ARANJUEZ, DE VALENCE. — CLÔTURE DE LA SESSION. — ASSASSINAT DE LANDABARU. — RÉVOLTE ET MASSACRE DE LA GARDE ROYALE. — RETRAITE DU MINISTÈRE.

L'époque où les cortès devaient se réunir approchait, et le roi n'avait pas encore choisi les conseillers auxquels il voulait confier les rênes de l'État. Il offrit à Martinez de la Rosa le ministère des relations extérieures et la présidence du conseil. Mais les circonstances étaient assez critiques pour faire reculer les plus intrépides. Les élections s'étaient accomplies dans les conditions les plus effrayantes. Les anarchistes avaient employé tous les moyens d'intimidation pour éloigner les modérés des assemblées électorales. Séville, Cadix, Murcie et presque toute l'Andalousie étaient en rébellion. A Grenade, la populace avait fait invasion dans les colléges pour imposer ses choix. Dans d'autres endroits, on avait mis à la porte de l'assemblée un cercueil, avec un écriteau pour annoncer qu'il servirait, si l'on n'émettait pas un vote conforme au vœu national. C'était en présence de députés sortis de ces assemblées turbulentes, c'était sous le contrôle d'une chambre formée de tout ce qu'il y avait de plus exalté dans la nation, qu'il fallait gouverner l'Espagne, maintenir l'ordre, et calmer l'effervescence publique. Aussi Martinez de la Rosa refusa-t-il d'abord la tâche pénible qu'on voulait lui confier : mais c'est une justice qu'il faut rendre au noble caractère de cet homme d'État, toutes les fois que son pays a eu besoin de ses services, il s'est généreusement dévoué ; et, quelque difficiles qu'aient été les circonstances, ni son admirable talent, ni son courage, ne lui ont jamais fait défaut. Pressé par Ferdinand, il accepta le dangereux honneur de présider le cabinet. Il eut pour collègues à l'intérieur, D. José Maria Moscoso ; à la guerre, D. Louis Balanzat ; à la marine D. Francisco Romarate ; aux affaires d'outre-mer, D. Manuel de la Bodeja ; aux finances, D. Philippe Sierra Pambley ; enfin, au ministère de grâce et de justice, D. Nicolas Gareli. Ce cabinet, quoiqu'il ne renfermât que des hommes honorables et dévoués aux principes constitutionnels, ne pouvait se flatter de satisfaire les nouvelles cortès, qui, disait-on, étaient disposées à examiner, avant tout, si Ferdinand n'était pas incapable de régner. Dans les séances préparatoires qui précèdent l'ouverture de la session, elles se montrèrent hostiles ; et le premier triomphe du parti exalté fut la nomination de Riégo en qualité de président. Néanmoins l'ouverture de la session se passa avec plus de calme qu'on ne l'espérait. Le président répondit au discours de la couronne en des termes assez convenables. Les premières séances furent consacrées à la lecture des mémoires où les ministres rendaient compte de l'état de leurs départements respectifs. Pendant que les cortès préparaient ainsi leurs travaux législatifs, des troubles éclataient en même temps dans plusieurs villes importantes. A Barcelone, on avait élu un lieutenant colonel de la milice nationale; mais le colonel de ce corps ne voulut pas le reconnaître, par la raison que le nouveau chef ne partageait pas ses opinions politiques. Les autorités prirent la défense de l'officier qui avait été élu. Alors le colonel voulut faire décider le différend par les armes, et se mit à la tête de quelques miliciens, disposés comme lui à troubler la tranquillité publique. Heureusement ils trouvèrent dans la garnison et dans le reste de la milice une vive opposition. Il s'en fallut de peu que les places de Barcelone ne vissent couler le sang.

A Murcie, à Lucena, à Orihuela, les habitants étaient chaque jour effrayés par des émeutes. Valence fut le théâtre d'événements encore plus déplorables. La garnison se composait du régiment de Zamora et du 2e régiment d'artillerie. Ces deux corps étaient mal vus de la milice, qui les accusait d'être serviles. Un soir, pendant qu'on battait la retraite, les soldats qui accompagnaient les tambours furent assaillis à coups de pierres. Ils répondirent à cette attaque par des coups de fusils, et deux des agresseurs tombèrent grièvement blessés. Aussitôt les miliciens coururent aux armes; mais l'attitude imposante de l'artillerie, et les dispositions sévères prises immédiatement par le capitaine général comte de Almodavar, imposèrent silence aux exaltés, et les contraignirent à rentrer chez eux.

A l'occasion de ces tristes événements, de vives interpellations furent adressées aux ministres. Les débats furent animés, violents, tumultueux; un des députés alla jusqu'à dire que refuser d'accueillir les réclamations des Valenciens, *c'était autoriser le peuple à se faire lui-même justice avec son poignard*. Il est vrai que ces paroles incendiaires furent repoussées avec des cris d'indignation; et peut-être l'exagération de l'attaque vint-elle en aide à la défense. Moscoso, Gareli, Martinez de la Rosa, donnèrent des explications avec ce calme et avec cette force de vérité qui imposent à la passion. Ils parvinrent à convaincre la majorité; et à partir de ce moment ils exercèrent sur les cortès une influence qui dura jusqu'aux derniers jours de la session. Ce n'est pas que, dans ce court espace de temps, ils n'aient encore eu des luttes pénibles à soutenir. Quelquefois le président de l'assemblée lui-même, oubliant que son rôle devait être l'impartialité, se constituait l'adversaire des ministres. Un jour, l'un d'entre eux ayant dit à la tribune que les principes des exaltés exposaient l'État aux plus grands dangers, Riégo l'interrompit, en disant: *Je vous rappelle à l'ordre: vous m'insultez en parlant ainsi, car c'est moi qui suis le chef des exaltés.* Une autre fois, le ministre invoquait devant les cortès les prérogatives de la couronne; et aussitôt le président lui dit de se servir d'autres expressions, parce que la couronne n'avait pas de prérogatives, mais seulement des devoirs.

Toutes ces discussions ne faisaient qu'entretenir l'irritation des esprits; et les sociétés démagogiques, ces foyers de désordre et d'agitation, employaient tous les moyens, même les fables les plus absurdes, pour recruter des partisans et pour pervertir l'opinion publique. Ainsi les comuneros, dans le but de stimuler la curiosité générale et la ferveur de leurs adhérents, firent annoncer aux cortès, dans la séance du 20 mars, qu'ils avaient retrouvé, auprès de Villalar, les ossements de Bravo de Padilla et de Maldonado. Un brave militaire qui cependant ne manquait pas de jugement, l'Empecinado, voulut bien se prêter à cette ridicule jonglerie. Ce fut lui qui se chargea de diriger les fouilles pour exhumer ces prétendues reliques, et il envoya aux cortès une relation emphatique de son opération.

Après tout, cette fable n'était que ridicule; et plût à Dieu que l'aveuglement des partis n'eût excité que le rire! Mais telle était l'exaspération du plus grand nombre, qu'on ne savait plus juger ni ce qui était vrai ni ce qui était juste; et de tous les côtés la guerre civile prenait un épouvantable développement. La Navarre, les provinces basques fourmillaient de guerrillas royalistes. Presque toutes avaient pour chefs des hommes qui avaient déjà appris la guerre de partisan, en combattant contre les troupes de Bonaparte. C'était Gorostidi, surnommé le Curé. En 1808, ce guerrillero exerçait un emploi subalterne au collége de Bergara. En voyant son pays envahi par les Français, il s'était enrôlé dans la guerrilla du Pastor. Il était parvenu au grade de lieutenant de cavalerie. A la rentrée de Ferdinand VII, il avait quitté les armes pour embrasser l'état ecclésiastique. Depuis longtemps il était curé, lorsque la révolution éclata. Alors il fut un des premiers à s'insurger, pour soutenir les droits du clergé aussi bien que ceux du roi absolu.

C'était encore Juanito, surnommé de *la Rochapea*, parce qu'il était né à Pampelune dans le faubourg qui porte ce nom. Au commencement de la guerre contre les Français, il s'était engagé dans la guerrilla de Mina. Il y était parvenu au grade de capitaine de grenadiers.

Don Santos Ladron, riche propriétaire de la province de Soria, avait aussi servi sous Mina en qualité de lieutenant-colonel. En 1822 les excès de la révolutoin le déterminèrent à reprendre les armes.

Il faut également citer don Vincent Quesada, ancien officier des gardes espagnoles. Fait prisonnier au commencement de la guerre de 1808, et conduit en France, il était parvenu à s'échapper; de retour en Espagne, il avait continué à combattre, et s'était élevé jusqu'aux premiers grades. Ferdinand VII l'avait nommé successivement brigadier, maréchal de camp, et gouverneur de la place de Saint-Ander. Destitué par le premier ministère constitutionnel, et envoyé en disponibilité à Grenade, il s'échappa, gagna la France, et rassembla des troupes sur la frontière, afin de pénétrer en Navarre.

Parmi les guerrilleros qui parcouraient ce royaume aussi bien que les provinces basques, on citait encore Zabala, Villanueva, Erraza, Balda Pinto, Verastegui, Zulaica, Aguirre, Cuevillas, Barrutia, Urquijo, Uranga, Berrit, Cabra, et d'autres.

Il en était de même en Catalogne, où les populations des montagnes étaient généralement portées pour les idées absolutistes, tandis que celles du littoral appartenaient presque toutes au parti exagéré. Thomas Costa, plus connu sous le surnom de Misas, Mosen Anton Coll, Miralles Romagosa Bessières, le baron d'Eroles et le Trappiste, y avaient levé l'étendard de la révolte. Parmi ces chefs de l'insurrection catalane, il en est trois surtout qui méritent une mention particulière.

George Bessières était un aventurier français qui pendant la guerre de 1808, ayant abandonné son drapeau, s'était enrôlé dans le régiment espagnol de Bourbon. Il y était parvenu au grade de capitaine, avec rang de lieutenant-colonel; mais à la paix il avait quitté le service, pour se mêler dans plusieurs entreprises industrielles qui ne réussirent pas. Lors de la révolution des Cabezas, il était dans une extrême détresse. Il afficha les principes les plus démagogiques, dans le but d'exploiter la révolution; mais n'ayant pas obtenu d'emploi, il conçut la pensée de renverser la constitution, pour substituer la république à la monarchie constitutionnelle. La conspiration, dans laquelle il avait entraîné quelques habitants de Barcelone, fut découverte. Il fut jugé, condamné à mort; et déjà il avait été mis en chapelle, lorsque des membres du parti exalté employèrent leur crédit pour faire retarder l'instant de son supplice. Ils obtinrent ensuite que sa peine fût commuée en celle de la détention. Bessières fut renfermé dans la citadelle de Figuières; mais en 1822 il parvint à s'évader, et le républicain de Barcelone se mit à la tête d'une guerrilla levée pour rétablir le pouvoir absolu.

Au début de sa carrière, le baron d'Éroles s'était destiné au barreau. Il faisait son stage à Madrid, lorsque l'invasion des Français le détermina à prendre les armes. Fait prisonnier au siège de Gironne, il fut envoyé en France; mais en 1810 il parvint à repasser en Espagne, et il y obtint un grade supérieur. Quelques actions d'éclat lui valurent le commandement d'une division. En 1814, il fut nommé par Ferdinand capitaine général de la Catalogne. Il abandonna bientôt ce poste, et il vivait dans la retraite. On assure que le baron d'Éroles, en voyant Ferdinand VII prêter serment à la constitution, applaudit au rétablissement du régime constitutionnel; car il pensait que le nouvel ordre de choses assurerait le bonheur et la prospérité de son pays; mais les excès commis par les révolutionnaires vinrent bientôt le désabuser, et il prit les armes pour rétablir le pouvoir absolu.

Quant au Trappiste, voici comment M. de Martignac a tracé son portrait : « Antonio Marañon avait été officier, d'autres disent soldat, dans le régiment de Murcie : qu'importe? Des passions, des malheurs, d'autres disent des fautes graves : qu'importe encore? l'avaient jeté de la caserne dans le couvent, où il était arrivé hardi, enthousiaste, fanatique, mêlant ensemble l'exaltation du cloître et la fougue des camps.

« Je l'ai vu à Madrid en 1823; et quoique son passage fût rapide, le souvenir qu'il m'a laissé ne s'est point affaibli. C'était un homme de quarante-cinq ans environ; sa figure n'avait rien de remarquable, mais il avait l'air sombre, l'œil vif, et le regard assuré. Revêtu de sa robe de moine, portant sur sa poitrine un crucifix, à sa ceinture un sabre et des pistolets, et un fouet à sa main droite, il était monté sur un cheval d'une taille peu élevée, et galopait seul au milieu d'une population qui courait au-devant de lui, et s'agenouillait sur son passage. Il regardait froidement à droite et à gauche, et distribuait les bénédictions qui étaient demandées, avec une sorte de dédain ou plutôt d'indifférence dont je fus frappé...

« Au mois d'avril 1822, le Trappiste avait planté une croix au milieu d'un champ et réuni une bande nombreuse, dans laquelle se trouvaient des moines, des prêtres, des hommes de toutes les professions : électrisée par son exemple, fanatisée par ses discours à la fois mystiques et guerriers, cette bande grossissait chaque jour, et chaque jour s'annonçait plus dévouée et plus résolue. De tous côtés les populations armées se mettaient en marche sous la conduite de leurs curés, aux cris de *Vive la religion! vive le roi absolu!* et se dirigeaient vers le Trappiste en chantant des hymnes religieux. »

A la tête de ces hommes fanatisés, le Trappiste s'était emparé de Cervera. Il y avait établi une espèce de gouvernement, auquel il avait donné le nom de junte apostolique. Le 17 mai, le général Bellido se présenta devant Cervera. Malgré la résistance des soldats du Trappiste, les portes de la ville furent forcées. Alors ceux-ci se retranchèrent dans les maisons, et pour les en chasser Bellido fut forcé de mettre le feu aux quatre coins de la ville. Douze cents insurgés périrent dans cet horrible incendie. Le reste se dispersa dans les montagnes, où la croix du trappiste les eut bientôt réunis.

Misas, qui s'était emparé de Camprodon le 15 avril, fut attaqué deux fois par le brigadier Lloveras, et deux fois contraint à chercher un refuge en France. Bessières éprouva le même sort. Néanmoins tous ces coups portés au parti royaliste n'empêchaient pas que chaque jour il gagnât du terrain. En Aragon, un partisan nommé Trujillo occupa Calatayud, et souleva une partie de la province; un autre, appelé Chafandin, prit dans Castejon un détachement de sapeurs. Heirro enleva par surprise le fort de Méquinenza, et contraignit toute la garnison à mettre bas les armes.

Cette alternative de succès et de revers exaspérait également les deux partis, qui n'attendaient qu'une occasion pour laisser éclater leur colère. Le 30 mai, jour de la Saint-Ferdinand, le roi, qui en ce moment résidait à Aranjuès, et dont c'était la fête, après avoir reçu les hommages des autorités et de ses courtisans, descendit dans les jardins. Il s'y était rassemblé une grande foule d'habitants de Madrid et de paysans de la Manche. Ferdinand fut accueilli par eux aux cris de *Vive le roi absolu!* Une patrouille de gardes nationaux d'Aranjuès accourut aussitôt, et menaça de faire feu sur la foule qui avait fait entendre ces clameurs. Ce fut un horrible tumulte : tout le monde se mit à fuir. Le roi rentra en toute hâte au palais, et envoya les infants ses frères pour calmer l'agitation. Mais un garde national à cheval accourant vers l'infant don Carlos l'aurait percé de son sabre si les personnes qui l'accompagnaient n'eussent pas détourné le coup. Heureusement il n'y eut pas de sang de versé ; le calme se rétablit : mais le même jour, à un autre bout du royaume, éclatèrent des troubles qui eurent de plus funestes résultats. Pour célébrer la fête du roi et pour faire la salve d'usage, un peloton d'artilleurs se rendit à la citadelle de Valence, où le général Élio était emprisonné. En y entrant ils se mirent à crier : *A bas la constitution! vive le roi absolu! vive le général Élio!* La nouvelle de cette révolte se répandit aussitôt dans la ville. La milice, le régiment de Zamora et le reste de la garnison prirent les armes, et entourèrent la citadelle. On proclama la loi martiale, et l'on donna une demi-heure aux révoltés pour délibérer et pour se rendre. Ceux-ci ne voulurent rien écouter, et le feu commença. Mais les artilleurs ne pouvaient faire une bien longue résistance. Leur nombre montait à peine à une centaine ; et le lendemain matin ils succombèrent.

Le premier cri que les vainqueurs poussèrent en entrant à leur tour dans la citadelle fut celui de *Mort à Élio!* Néanmoins ce général ne fut point massacré, comme on pouvait le craindre de la part de gens qui le haïssaient, et qui le croyaient ou le moteur ou le complice de la révolte. On le réserva pour une autre occasion.

Dans la séance des cortès du 3 juin les ministres furent vivement interpellés à l'occasion de ces événements. Cependant, malgré la violence des attaques dirigées contre eux, ils firent encore une fois triompher les principes d'ordre et de modération. Le reste du mois s'écoula sans nouveaux malheurs. Quelques rixes eurent bien lieu à Madrid entre des soldats de la garde royale et des miliciens ; néanmoins tout paraissait calme, et l'on était loin de prévoir la nouvelle catastrophe dont on était menacé. Le dernier jour de la session était arrivé : Ferdinand, conformément à la constitution, avait été prononcer le discours de clôture. Il fut à son retour accueilli par des cris de *Vive le roi constitutionnel!* auxquels répondirent quelques clameurs de *Vive le roi absolu!* Ces derniers mots, dit-on, étaient sortis des rangs de son escorte. Il n'en fallut pas davantage pour que les anarchistes accablassent d'injures la garde royale qui la composait. Ils allèrent même jusqu'à lancer des pierres aux grenadiers. Quelques-uns de ceux-ci, dont la patience était à bout, sortirent des rangs, chargèrent leurs agresseurs à coups de baïonnette ; d'autres firent feu, et plusieurs personnes furent blessées.

Parmi les officiers de la garde royale quelques-uns approuvaient la correction donnée aux émeutiers : ils gardèrent le silence ; quelques-uns, au contraire, qui appartenaient aux sociétés démagogiques, n'avaient de sympathie que pour les anarchistes. Un de ces derniers, don Mamertin Landabaru, connu pour ses idées exaltées et affilié à la congrégation des comuneros, était mal vu de ses camarades, et détesté des soldats. Il blâma vivement la conduite de la garde royale, et châtia du plat de son sabre un grenadier qui avait proféré une parole inconstitutionnelle. Il ne tarda pas à expier l'imprudence de son emportement : le même soir il fut rencontré par trois grenadiers, et assassiné par eux sur les marches mêmes du palais.

Cet assassinat retentit dans toute la capitale comme un signal d'alarme. Les opinions exagérées de Landabaru étaient bien connues ; aussi ne voulut-on pas voir dans sa mort le résultat d'une vengeance particulière : on en fit une affaire politique. Les troupes de la garnison, la milice vinrent s'établir autour du palais ; l'artillerie mit ses pièces en position. Cependant le gouvernement faisait tous ses efforts pour calmer les esprits ; mais ce fut seulement vers le milieu de la nuit qu'il put déterminer les troupes à rentrer dans leurs quartiers, et les miliciens à retourner chacun chez eux.

Le lendemain une ordonnance royale, rendue sur le rapport du ministre de la guerre, enjoignit de poursuivre les assassins de Landabaru avec toute la rigueur de la loi ; il fut accordé à la veuve de cet officier une pension égale à la solde dont il avait joui ; enfin il fut décidé que ses enfants seraient élevés aux frais de l'État. La journée se passa d'une manière assez calme ; mais au milieu de la nuit quatre bataillons de la garde sortirent de leurs quartiers, ayant quelques officiers à leur tête. A onze heures, ils se trouvaient rangés en bataille hors de la ville, dans un endroit appelé le Champ des gardes. Le capitaine général s'empressa d'accourir, pour les déterminer à rentrer dans leurs quartiers. Ce fut inutilement ; et malgré ses exhortations ils se mirent en route pour le Pardo, résidence royale située sur le bord du Mançanarès, à deux lieues environ au nord de Madrid. Plusieurs circonstances avaient probablement contribué à rendre plus vive l'irritation de ce corps. Le bruit avait couru qu'il allait être licencié ; pendant les derniers jours de la session les cortès avaient discuté sur les réformes à introduire dans la garde royale ; la motion avait été faite de la placer dans les mêmes conditions que les autres régiments de l'armée. Se croyant menacée dans son existence, la garde pensa-t-elle que cette rébellion la ferait respecter ? Le ministère parut croire que tel était le motif de sa conduite. Il s'attacha à rassurer les révoltés ; et pour leur offrir une espèce de garantie on donna à Morillo, qui déjà était capitaine général de la Nouvelle-Castille, le titre de colonel de la garde royale.

Les révoltés ne se contentèrent pas de cette satisfaction ; et le 2 juillet le gouvernement reçut de leur part une double proposition signée par le brigadier comte de Mouy, qui était à leur tête. Ils demandaient une garantie plus positive que la nomination de Morillo. Ils voulurent avoir la certitude qu'on n'essayerait pas de leur faire subir l'affront d'un désarmement. Ils ajoutaient, au reste, que si quelqu'un se présentait pour les désarmer, ils étaient bien décidés à résister. Ils demandaient encore qu'il fût permis à quelques-uns d'entre eux de présenter à sa majesté en personne l'expression de leurs sentiments.

Que devaient faire les ministres en cette circonstance ? Fallait-il employer la force ? cela n'était pas possible. Voici comment se composait la garnison de Madrid : le reste de la garde royale, c'est-à-dire les deux bataillons qui n'avaient donné aucun signe de rébellion, et qui faisaient le service du palais. Mais on ne pouvait guère compter sur eux pour réduire les quatre bataillons retirés au Pardo. Il était probable qu'ils ne voudraient pas combattre contre leurs camarades ; il était même à craindre qu'au moment décisif ils ne fissent cause commune avec eux, car on leur connaissait à tous les mêmes sentiments, et ils avaient les mêmes intérêts. Il y avait encore le régiment d'infanterie de don Carlos ; les régiments de cavalerie du Prince et d'Almanza, la milice nationale ; enfin le bataillon sacré, composé en grande partie de militaires en retraite qui, n'ayant pu être incorporés dans les rangs de la milice, s'étaient volontairement organisés, et avaient pris pour commandant le colonel San Miguel. La troupe avait encore pour auxiliaire un corps que la ville ne voyait qu'avec effroi : c'était une bande d'aventuriers entretenue par Beltran du Lis, père de celui qui mourut à Valence comme complice de la conspiration de Vidal. On ne pouvait faire venir des troupes des provinces voisines, elles en étaient dégarnies ; on en avait tiré toutes les forces dont on pouvait disposer pour les envoyer en Catalogne et en Navarre, afin d'éteindre le feu de la sédition, qui chaque jour y faisait de nouveaux progrès. Il eût été imprudent de distraire un seul homme de la province de Cuença, qui était parcourue par les bandes du clerc Athanase, de Laso et de Cuesta. Plus près encore de la capitale, à Siguenza, qui n'en est guère qu'à douze lieues, le régiment provincial s'était soulevé, et avait entraîné tout le pays dans sa révolte.

Le ministre de la guerre avait bien adressé au général Espinosa, qui commandait la Vieille-Castille, l'ordre d'accourir avec les forces dont il pouvait disposer ; mais ces secours devaient se faire longtemps attendre ; et d'ailleurs, quelle que fût l'issue d'un conflit, elle ne pouvait être que désastreuse. Si la garde royale sortait victorieuse de la lutte, c'était l'absolutisme qui triomphait; si les révoltés avaient le dessous, la victoire profitait seulement aux comuneros et au parti exalté : ainsi, d'un côté comme de l'autre, les institutions constitutionnelles se trouvaient également en péril. Les ministres négociaient donc; ils s'efforçaient de gagner du temps et de calmer les passions.

De leur côté, les membres de la municipalité qui appartenaient au parti exalté s'étaient, dès le matin, installés dans l'édifice connu sous le nom de Panaderia, situé au nord de la Plaza-Mayor; et, dans la crainte que les révoltés ne fissent quelque tentative pour s'emparer de Madrid, ils avaient fait battre la générale. Toute la milice, les troupes de la garnison et quelques pièces d'artillerie étaient rangées autour du palais, et le tenaient comme assiégé. La municipalité, après s'être déclarée en permanence, adressa un message aux ministres; elle leur exprima la crainte que la présence des deux bataillons restés au palais ne les empêchât de délibérer ou d'agir avec une entière liberté. Elle les engageait donc à se transporter à la Panaderia, où elle tenait ses séances. Les ministres ne tombèrent pas dans le piége qui leur était tendu. Ils répondirent qu'ils ne tiraient leur autorité que de la puissance royale, et que séparés du roi ils seraient sans aucun pouvoir. La députation permanente des cortès leur adressa un message à peu près semblable, et demanda qu'on publiât la loi martiale, faite pour de semblables circonstances; mais le ministère répondit d'une manière évasive, et la loi ne fut pas publiée.

Cette crise sans exemple dura six jours, pendant lesquels les partis restèrent continuellement en armes. Quelle fut donc la cause de cette longue hésitation? Je ne pense pas qu'il faille attribuer à Ferdinand ou aux personnes qui l'entouraient la révolte des quatre bataillons du Pardo. Ce mouvement fut spontané. Il fut le résultat des insultes dont la garde avait été l'objet de la part des anarchistes, de l'animosité qui existait entre cette troupe et les autres corps de l'armée, et enfin du relâchement de la discipline. Cette révolte prit au dépourvu Ferdinand et ses conseillers intimes. Ils ne l'avaient pas provoquée, au moins d'une manière évidente; mais ils comptèrent bien en tirer parti. Ils espérèrent qu'à l'aide de cette insurrection militaire le roi pourrait ressaisir une partie de l'autorité absolue qu'une insurrection militaire lui avait enlevée; mais ils manquèrent de présence d'esprit pour profiter de l'occasion. Incapables de combiner un plan raisonnable, se souvinrent-ils du projet absurde qu'avait imaginé Vinuesa? On serait tenté de le croire. Le 8 juillet le roi entretint en particulier deux officiers députés par les révoltés du Pardo. Personne ne peut dire ce qui fut convenu dans cette audience; mais le même jour Ferdinand remit au ministre de la guerre l'ordre de réunir au palais, dans la soirée, les fonctionnaires dont le projet de Vinuesa avait prescrit l'arrestation : le conseil d'État, les ministres, et le chef politique de Madrid. Cette convocation extraordinaire, demandée par le roi dans de pareilles circonstances, ne pouvait manquer d'éveiller la méfiance du cabinet. Aussi les ministres répondirent-ils que le conseil d'État était le seul dont, aux termes de la constitution, la couronne eût le droit de se faire assister. La convocation demandée par le roi n'eut pas lieu; et c'est peut-être à cette circonstance qu'il faut attribuer la longue inaction de la garde royale. Les conseillers de Ferdinand attendirent une autre occasion; ils laissèrent les révoltés sans instructions et sans chefs; ils ne placèrent à la tête de cette troupe aucun homme capable de la tirer d'un pas difficile, ou de lui imprimer l'élan nécessaire pour mener à bien ses entreprises; ils la laissèrent se démoraliser. Lorsqu'elle était sortie de Madrid, elle avait été abandonnée par le plus grand nombre de ses officiers, par beaucoup de sergents, et par quelques soldats. Elle se trouvait privée des cadres qui, dans notre système militaire, constituent principalement la solidité des corps; et chaque jour l'indiscipline faisait de nouveaux progrès dans ses rangs.

Le ministre de la guerre avait inutilement donné aux quatre bataillons du Pardo l'ordre de se séparer; il avait inutilement prescrit que deux d'entre eux se rendissent à Tolède, un à Vicalbaro, le dernier à Leganès. Ils n'obéirent pas, mais ils ne firent aucun acte hostile. Ils laissèrent même tranquillement subsister au Pardo la pierre de la constitution.

Le temps se passa en négociations, en messages, en consultations. Le roi interrogea le conseil d'État sur la question de savoir *si, le pacte social se trouvant dissous, il n'était pas autorisé à reprendre les pouvoirs qui lui appartenaient avant la révolution ?* A quoi le conseil d'État répondit que si le pacte social était dissous, ce n'était pas par le fait de la nation ; et que le seul parti que le roi eût à prendre était de sortir, par une prompte résolution, de la position dangereuse et humiliante où il se trouvait.

Enfin, s'il faut en croire M. de Martignac, dans la journée du 6 le bruit se répandit que l'on était tombé d'accord ; qu'on était disposé à s'entendre sur l'établissement de deux chambres, avec une extension convenable donnée au pouvoir royal. Ces bases d'une transaction possible étaient, dit-il, accueillies par tous les amis de l'ordre ; mais dans la journée on reçut la nouvelle que le régiment des carabiniers royaux en garnison à Castro-del-Rio, en Andalousie, s'était soulevé le 26 ; qu'il avait entraîné dans son mouvement le régiment provincial de Cordoue ; qu'ils étaient entrés tous les deux dans la Manche, et qu'ils marchaient sur Madrid au cri de *Vive le roi absolu !*

Les partisans de l'absolutisme, enhardis par le nouveau secours qui leur arrivait, ne voulurent plus entendre parler de transaction. Le soir, lorsque les ministres, après une pénible et laborieuse journée, voulurent sortir du château, on refusa de leur ouvrir les portes. Le chef politique de Madrid, qui était venu pour conférer avec le ministre de l'intérieur, éprouva le même refus ; on les retint, sans leur faire connaître la cause de cette incroyable captivité.

Au milieu de la nuit les quatre bataillons révoltés se mirent en route pour Madrid. Ils y arrivèrent avant le jour, et pénétrèrent dans la ville par la porte du Comte-Duc, sans donner l'éveil à la garnison. Certainement les personnes qui devaient défendre cette barrière étaient d'intelligence avec les gardes. On ne pourrait comprendre en effet qu'elle fût restée sans surveillance, lorsqu'elle est la plus voisine de celle de San-Bernardino, où vient aboutir une des avenues qui mènent au Pardo. Une fois entrés dans Madrid, les gardes se partagèrent en trois colonnes. L'une se porta sur le parc d'artillerie, la seconde sur la Puerta del Sol, et la dernière sur la *Plaza-Mayor*, qui portait alors le nom de place de la Constitution.

Celle de ces colonnes qui se dirigeait vers le parc d'artillerie fut aussi la première engagée. Elle était encore loin de sa destination, lorsqu'elle rencontra quelques détachements du *bataillon sacré*, qui l'accueillirent à coups de fusils. Sans doute on avait annoncé aux gardes qu'ils ne rencontreraient aucune résistance. Ils furent surpris de trouver un combat sur lequel ils n'avaient pas compté. La terreur s'empara d'eux ; et comme ils manquaient de chefs et de sous-officiers pour les maintenir, ils se débandèrent, s'enfuirent dans les rues environnantes, où ils se laissèrent prendre presque sans défense.

La seconde colonne arriva à la Puerta del Sol, et s'y établit en attendant de nouveaux ordres. La troisième arriva sur la *Plaza-Mayor*, où se trouvait la milice, commandée par Morillo, Ballesteros, Alava, Riégo, et plusieurs autres généraux. Les gardes attaquèrent avec courage les troupes qui leur furent opposées, et se maintinrent quelque temps, malgré le feu de deux pièces d'artillerie postées sur la place ; mais lorsqu'ils apprirent que la première colonne était dispersée et prisonnière, le découragement s'empara d'eux ; ils reculèrent, rompirent leurs rangs, et se retirèrent en désordre vers le château.

Aussitôt l'artillerie se transporta à la Puerta del Sol, fit quelques décharges à mitraille. Cette division s'ébranla aussi, et courut chercher un refuge dans la demeure royale.

Quant aux deux bataillons qui étaient restés au château, ils attendaient sous les armes qu'on les conduisît au secours de leurs camarades. On ne leur donna pas d'ordres, et ils ne prirent point part au combat. A six heures du matin, la milice était victorieuse sur tous les points, et le château était cerné comme une place ennemie.

Après ces événements il n'était pas possible que les ministres consentissent à rester au pouvoir. Dès qu'ils furent remis en liberté, ils se retirèrent chacun dans leur demeure privée. De son côté, la députation permante des cortès, voyant le pouvoir abandonné, jugea qu'il lui appartenait de prendre la direction des affaires : elle appela dans son sein deux membres de la municipalité, deux officiers généraux, deux conseillers d'État, et se constitua en junte suprême. Une démarche fut faite au nom du roi en faveur des vaincus. Il demanda une capitulation pour la garde. La junte suprême ordonna que les deux bataillons qui n'avaient pas combattu sortissent avec leurs armes, et se rendissent l'un à Leganès, l'autre à Vicalbaro. Quant aux autres, ils devaient être désarmés. Ceux-ci ne voulurent point accepter ces conditions honteuses. Ils saisirent leurs armes, se précipitèrent hors du château, gagnèrent la porte de Ségovie; mais ils furent poursuivis par le régiment d'Almanza, par l'artillerie et par la cavalerie de la milice. La mitraille porta la mort dans leurs rangs. Ils furent inhumainement sabrés par la cavalerie, et tous ceux qui ne périrent pas par le fer ou par le feu furent fait prisonniers.

Les vainqueurs firent chanter un *Te Deum* sur la place de la Constitution, où le sang espagnol venait d'être versé. Le régiment d'infanterie de don Carlos et la milice restèrent chargés de la garde du château. Quand les miliciens vinrent prendre possession de leurs postes, Ferdinand alla au-devant d'eux, et il trouva des paroles pour les féliciter de leur victoire; et quelques semaines plus tard les cortès extraordinaires rendirent le décret suivant :

« Art. 1er. Les cortès extraordinaires reconnaissent et déclarent que le 7 juillet est un des grands jours qui ont honoré la nation espagnole, et que tous les citoyens qui ont contribué à la victoire ont rendu un service signalé à la patrie.

« Art. 2. Un monument public sera élevé sur la place de la Constitution, avec les noms de ces citoyens.

« Art. 3. Les artistes espagnols présenteront un modèle de monument; le vainqueur obtiendra en prix une médaille d'or, sur laquelle sera gravé : *La liberté au génie!*

« Art. 4. Les noms de tous les braves morts dans l'attaque continueront d'être appelés aux revues, et on répondra : *Il est mort pour les saints droits de la liberté, mais il vit dans la mémoire des honnêtes gens.*

« Art. 5. Des pensions sont accordées aux blessés.

« Art. 6. Le corps municipal de Madrid, la députation provinciale, les chefs de la milice nationale, seront appelés dans le sein des cortès, pour recevoir des remercîments de la bouche du président. »

QUATRIÈME MINISTÈRE CONSTITUTIONNEL. — SUPPLICE DES ASSASSINS DE LANDABARU. — MORT DE GOIFFIEUX. — MORT D'ÉLIO. — PROCÈS DES ANCIENS MINISTRES. — SOCIÉTÉ LANDABARIENNE. — ARMÉE DE LA FOI. — RÉGENCE D'URGEL. — SAC DE CASTELFOLLIT. — SAC DE SAN-LLORENS DE MORUNIS. — CONGRÈS DE VÉRONE. — NOTES DES PUISSANCES ÉTRANGÈRES. — EXPÉDITION DE BESSIÈRES. — ANNONCE AUX CHAMBRES QU'IL [...] EN ESPAGNE. — FERDINAND [...] SES MINISTRES. — IL EST FORCÉ PAR UNE ÉMEUTE DE RÉVOQUER SON DÉCRET. — OUVERTURE DES CORTÈS ORDINAIRES. — LE GOUVERNEMENT ESPAGNOL QUITTE MADRID.

Le repentir est un remède tardif : *È vano il pentirsi poi*, dit un poëte italien. Ferdinand se repentait, il eût voulu revenir sur le passé; il se trouvait sans défenseurs, livré à la merci du parti exalté. Il fit proposer à Martínez de la Rosa de reprendre la direction des affaires ; mais cet homme d'État ne crut pas pouvoir en ces circonstances servir utilement son pays. Il refusa ; et le roi, ne sachant comment composer un cabinet, s'adressa au conseil d'État, le priant de désigner les personnes sur lesquelles pourrait tomber son choix. Le conseil d'État répondit en se plaignant des courtisans, qui abusaient de la confiance du souverain, et *qui avaient causé les tristes événements qui coûtaient tant de sang et tant de larmes à l'Espagne*; mais il refusa de faire aucune proposition pour le remplacement des ministres. Cette crise fut longue et pénible. Pendant un mois entier, Ferdinand chercha vainement à composer un ministère : il ne trouva personne parmi les hommes modérés qui voulût accepter le pouvoir ; enfin, malgré son aversion pour les révolutionnaires, il se vit contraint à demander leur concours. Le parti exalté se divisait en deux factions : celle des francs-maçons et celle des comuneros. Depuis le 7 juillet, toutes deux manœuvraient afin de s'emparer des rênes du gouvernement. Ce furent les francs-maçons qui l'emportèrent, et ils furent assez adroits pour obtenir que le ministère fût composé uniquement d'hommes sortis des loges maçonniques. Enfin, le 6 août le ministère fut constitué. Il se composait de Lopès Baños, un des chefs, ou, comme on disait alors, un des héros de l'île Léon. C'était un de ceux qui s'étaient le plus signalés par leur exaltation. Il reçut le portefeuille de la guerre. Le ministère des affaires extérieures fut confié au colonel don Évariste San-Miguel, qui avait été en 1820 le chef d'état-major de Riego, et qui travaillait d'une manière très-active à la rédaction du journal *El Spectador*. Celui de l'intérieur fut remis à don José Fernandez Gasco, avocat, né à Daganzo près Madrid. Il avait fait partie de la première législature, et s'était montré un des plus véhéments adversaires du parti de la modération. Dans les mêmes rangs avait été choisi don Felipe Benicio Navarro, avocat, né dans le royaume de Valence. On lui donna le portefeuille de la justice.

Don Mariano Ejea eut celui des finances ; don José Manuel Vadillo, commerçant de Cadix, celui des affaires d'outre-mer ; enfin Dionisio Capaz, celui de la marine. Tous ces ministres appartenaient à la même société secrète ; ils professaient les mêmes principes démagogiques ; aussi appela-t-on ce cabinet le ministère des *sept patriotes*. Quant à Ferdinand VII, il eut bientôt ces conseillers en horreur. Toujours en suspens entre la haine qu'il avait pour eux et la crainte qu'ils lui inspiraient, il les a désignés sous le nom du ministère des *sept poignards*.

Dans la supposition que la tentative des quatre bataillons de la garde royale avait été provoquée par les intrigues du palais, on commença par éloigner de la cour toutes les personnes qu'on présuma l'avoir conseillée dans les dernières circonstances; et cette mesure eût mérité que tout le monde l'approuvât si on fût resté dans de justes limites ; mais bientôt on en vint jusqu'à destituer San-Martin, et même le comte de Carthagène, qui avait si puissamment contribué à la victoire du 7 juillet. Le chef politique fut remplacé par le brigadier Palarea, ancien guerrillero, connu pendant la guerre de l'indépendance sous le surnom du Médecin. Le capitaine général eut pour successeur le général Copons-y-Navia.

Le jour même de l'inauguration du nouveau ministère, le 6 août, fut signalé par un acte de rigueur, nous dirions volontiers un acte de justice s'il n'eût pas été accompli avec une précipitation qui a dénaturé son caractère pour lui donner l'apparence d'une vengeance politique. Un conseil de guerre condamna à la peine du garrot Agustin Ruiz Perez, l'un des assassins de Landaburu. Mais cette réparation ne parut pas aux anarchistes une expiation suffisante : une autre victime fut désignée. Ce fut le lieutenant-colonel Théodore Goiffieux.

« Goiffieux était né en France, dit M. de Martignac ; il était brave, loyal, connu et avoué pour tel ; mais son royalisme était exalté comme un fanatisme, et cela aussi était connu. Il faisait partie des deux bataillons de la garde restés au château dans la nuit du 7 juillet, et n'avait pris ainsi aucune part à l'attaque de la capitale ; mais on le soupçonnait, non d'avoir frappé Landaburu, mais d'avoir applaudi à son assassinat.

« Il était parvenu à quitter Madrid en habit bourgeois, et il se dirigeait vers la France. Arrêté près de Buitrago par un détachement de cavalerie, il fut conduit devant le commandant. Un mensonge pouvait le sauver ; il ne sut pas mentir. On lui demanda son nom et sa qualité. Il répondit sans hésiter : Goiffieux, premier lieutenant dans la garde. Conduit à Madrid et traduit devant un conseil de guerre comme ayant fait partie d'une révolte armée, il fut défendu avec courage ; mais les cris des factieux parlèrent plus haut que la voix du défenseur. Il fut condamné à mourir sur l'échafaud, et le général Copons confirma la sentence. »

Goiffieux avait inspiré un intérêt général; mais les démarches qu'on fit pour faire rapporter la sentence demeurèrent inutiles. Les anarchistes, entendant qu'on parlait de clémence, eurent recours à l'émeute et aux clameurs. La sentence fut maintenue, et elle fut exécutée, malgré tout ce que put faire l'ambassadeur de France pour sauver ce malheureux officier.

Cet assassinat juridique ne fut pas le seul qui souilla les commencements de cette administration. Le général Elio était depuis longtemps emprisonné dans la citadelle de Valence. Il avait été épargné jusqu'à ce jour; mais dès que les sept patriotes furent à la tête des affaires, les cris de proscription recommencèrent : on accusa cet officier d'avoir provoqué la folle tentative des artilleurs de Valence. Elio était évidemment innocent de leur révolte; mais on se souvenait trop de la barbarie avec laquelle il avait traité les complices de Vidal. Aussi le rapporteur de son procès conclut à ce qu'il fût étranglé. « Et, dit M. de Martignac, pour appuyer ses conclusions par un emblème significatif, il dessina un marteau en tête de son réquisitoire. Les juges se souvinrent de Vinuesa et du juge de Vinuesa. Cependant tous n'eurent pas le triste courage de pousser à bout cette odieuse procédure. Le comte d'Almodovar, commandant militaire, donna sa démission. Le baron d'Andilla, qui était appelé à le remplacer, se déclara malade, et s'abstint. Valence comptait plusieurs généraux et plusieurs colonels; aucun ne voulut payer si cher l'honneur du commandement. On descendit à un lieutenant-colonel nommé Valterra, qui ne recula point devant cette mission cruelle. » Elio fut condamné, et le lendemain la sentence fut exécutée.

A chaque pas que l'on fait dans cette époque d'anarchie on rencontre quelque crime nouveau ou quelque tentative odieuse. En vertu d'une loi d'exception votée par des cortès extraordinaires que le roi fut contraint de réunir au commencement d'octobre, on instruisit un procès contre les auteurs des événements du 7 juillet, et le procureur fiscal Parédès requit la mise en accusation des ministres et des autorités qui gouvernaient à cette époque. Les anciens ministres, qui savaient bien à quel excès pouvait atteindre la fureur de leurs ennemis, s'enfuirent ou se cachèrent à temps. Garreli, qui était resté chez lui retenu par la maladie, et Moscoso, qui s'était retiré en Galice, tombèrent seuls entre les mains des accusateurs. Morillo, qui avait aussi tenté de se mettre en sûreté, fut pris sur la frontière du Portugal; néanmoins il ne fut pas traduit en jugement; mais San-Martin fut conduit comme un malfaiteur à la prison publique.

Ces persécutions ne pouvaient manquer d'exciter l'indignation des honnêtes gens; il est vrai que cette indignation serait probablement demeurée stérile s'il ne s'était trouvé une faction intéressée à l'exploiter. Les comuneros n'avaient reçu aucune part dans la distribution du pouvoir, et ce fut peut-être par esprit de rivalité qu'ils prirent en main la défense des anciens ministres. Au reste, quelle qu'ait été la cause de leur intervention, elle fut efficace. On déclara nulles et illégales les poursuites du fiscal Parédès, et l'on remit en liberté Moscoso, Garreli et San-Martin.

Du moment où les comuneros s'étaient trouvés capables d'un acte de modération, du moment où ils avaient senti la nécessité de s'arrêter dans la carrière des persécutions, ils avaient été dépassés, et une autre société s'était formée à laquelle les doctrines des Enfants de Padilla, si exaltées qu'elles fussent, ne suffisaient déjà plus. Ses fondateurs imaginèrent de l'appeler Société Landaburienne, en mémoire du malheureux officier massacré par ses soldats à raison de ses opinions démagogiques. Le chef politique Palarea présida la première séance; mais le président ordinaire de la Société fut don Juan Romero Alpuente, un des plus ardents patriotes de cette époque.

Au retour de Ferdinand VII Romero Alpuente exerçait la profession d'avocat. Les opinions avancées qu'il affichait en matière de politique et de religion ne tardèrent pas à attirer sur lui l'attention du saint-office. Il fut arrêté et plongé dans les cachots de l'inquisition. Mis en liberté lors de la révolution de 1820, il fut désigné par le vœu public des habitants de Murcie pour remplir chez eux par intérim les fonctions de chef politique. S'étant rendu dans la capitale, il fut nommé juge de l'audience territoriale de Madrid. Enfin il représenta son pays aux cortès de 1820. Romero Alpuente cherchait à se singulariser par sa toilette négligée, par son langage, et par ses manières étranges. C'était pour lui un besoin de contredire, et l'esprit d'opposition était tellement inné chez lui, qu'au tribunal il ne pouvait s'empêcher de combattre l'avis de ses collègues. A l'entendre il n'y avait pas d'intégrité sur la terre : tous les juges étaient prévaricateurs, tous les gouvernements étaient tyranniques ou corrompus. Au moyen de ces déclamations, il était devenu une des idoles de la populace. Ce qu'on peut dire à sa louange, c'est que la pauvreté dans laquelle il vivait rend témoignage de son incorruptible probité. Au reste, son langage et ses principes semblaient calqués sur ceux de Marat. C'est lui, on se le rappelle, qui disait : « Il faut en une nuit égorger quatorze ou quinze mille habitants de Madrid pour purifier l'atmosphère politique. »

A mesure que les anarchistes s'éloignaient ainsi des voies de la modération et des principes d'une sage liberté, l'insurrection royaliste faisait de nouveaux progrès ; la guerre civile mettait en feu toutes les provinces qui avoisinent la frontière française. C'était surtout en Catalogne qu'elle prenait un immense développement. Les adversaires de la constitution n'étaient plus des troupes éparses courant la campagne à la manière des bandits : c'était un corps nombreux, réuni sous le nom d'*armée de la foi* : car les insurgés, par un mélange sacrilége, confondaient les intérêts politiques et les intérêts de l'autel. La guerre pour eux était presque une croisade. Il leur manquait cependant encore un centre d'opérations, une place forte qui leur servît de magasin et de point d'appui. Romagosa, Miralles, Romanillas et le Trappiste, à la tête d'une division de cinq mille hommes, allèrent mettre le siége devant la Seu d'Urgel. La garnison était faible, elle manquait de vivres ; les assiégeants avaient des intelligences dans la place. Aussi la résistance ne se prolongea pas longtemps : le 21 juin l'assaut fut donné. Le Trappiste y monta le premier, tenant d'une main un crucifix et de l'autre un long fouet, qu'il avait adopté pour signe habituel de son commandement. La garnison ne put résister à l'impétuosité des assaillants. La ville et la citadelle furent emportées. Les vainqueurs trouvèrent dans la place soixante pièces de canon, beaucoup de fusils ; et la gloire de cette journée eût été complète s'ils ne l'eussent pas souillée par un acte inutile de cruauté : ils déshonorèrent leur victoire en massacrant la garnison.

La prise de la Seu d'Urgel fut bientôt suivie de celles de Balaguer et de Castellfollit. Ces avantages successifs permirent aux insurgés de se donner une organisation et un gouvernement. Le 15 août, une junte s'établit à la Seu d'Urgel, sous le titre de *régence suprême d'Espagne pendant la captivité de Ferdinand VII*. Cette régence se composait du marquis de Mataflorida, président, de l'évêque de Tarragone don Iago Créus, et du lieutenant général baron d'Eroles.

Il s'était encore formé d'autres juntes ; il en existait une à Bayonne, composée de l'inquisiteur général, de l'évêque de Pampelune et du général des capucins ; mais aucune, ni pour l'étendue des ressources, ni pour le développement qu'elles avaient donné à l'insurrection, ne pouvait se comparer avec la régence d'Urgel. Aussi tous les officiers royalistes, la junte de Bayonne, celle de Sigüenza, la députation de Biscaye et la plupart des Espagnols réfugiés en France s'empressèrent-ils de la reconnaître. Les royalistes étaient maîtres des places d'Urgel, de Balaguer, de Puigcerda, de Castellfollit, de Mequinenza. Ils tenaient bloquées celles de Sellent, de Cardone et de Figuères. Leurs forces montaient à plus de vingt mille hommes, tous armés, mais à demi nus et en général à peine disciplinés.

Les ministres, déterminés à arrêter, à tout prix, les progrès de leurs ennemis, rassemblèrent en Catalogne vingt-quatre mille hommes des meilleures troupes qui fussent en Espagne. Ils en confièrent la direction aux généraux les plus habiles et les plus dévoués. Espoz-y-Mina fut placé à leur tête. Son chef d'état-major fut don Mariano Zorraquin. Les commandants de ses divisions furent

Milans, Rotten et Manso. La guerre se fit de part et d'autre avec une effroyable cruauté. Le plus souvent on égorgeait les prisonniers, surtout ceux que leur rang ou leur mérite signalait à la vengeance de ces furieux. L'organisation plus complète et plus régulière des troupes constitutionnelles, aussi bien que les manœuvres de leurs généraux, leur assurèrent bientôt de nombreux avantages. Mais ces succès furent accompagnés de massacres et de proscriptions qui en ternissent l'éclat. Les proclamations de cette époque semblent calquées sur celles que publiaient en 93 les plus farouches représentants du peuple. A la fin d'octobre, Mina se rendit maître de Castellfollit. Ceux des habitants qui ne purent s'échapper furent massacrés, et voici le bulletin par lequel Mina rendait compte de cette opération :

La ville n'est plus qu'un désert. Les habitations, les remparts, tout a disparu; et pour rappeler aux autres cités la fin tragique qu'elles doivent attendre de leurs folles entreprises si, prêtant l'oreille à de perfides suggestions, elles osent prendre les armes pour s'allier aux ennemis de notre félicité, sur la partie la plus visible d'un des murs qui sont restés debout, on a tracé cette inscription : *Ici fut Castellfollit. Villes, apprenez par cet exemple à ne pas favoriser les ennemis de la patrie.*

Le bourg de San-Llorens-de-Morunis avait aussi mérité la colère des constitutionnels, et Antonio Rotten, qui commandait une des divisions de l'armée de Mina, reçut l'ordre suivant :

Ordre général.

La quatrième division de l'armée d'opération du septième district militaire (Catalogne) rayera de la grande carte des Espagnes l'endroit appelé San-Llorens-de-Morunis (autrement Piteus), pour le punir de son caractère factieux et de sa rébellion ; à cette fin, cet endroit sera saccagé et livré aux flammes.

Les corps ont droit au pillage dans les maisons des rues suivantes : le bataillon de Murcie, dans les rues des Araignées et de Balldelfrei; celui des Canaries, dans les rues de Segonès et de Sasurès; celui de Cordoue, dans les rues de Serronès et d'Ascarvats ; les volontaires de la constitution (artillerie) dans le faubourg.

La matinée sera employée aujourd'hui à préparer les matières combustibles dans celles où le feu doit être mis quand l'ordre en sera donné.

Cet ordre fut littéralement exécuté, et le lendemain le général chargé de cette mission publia l'édit suivant :

Nous, don Antonio Rotten, chevalier de l'ordre national de Saint-Ferdinand, brigadier, etc., mandons et ordonnons ce qui suit :

Art. 1er. Le lieu qui portait le nom de San-Llorens-de-Morunis (autrement Piteus) a été livré au pillage et incendié par mon ordre, pour punir les habitants de leur rébellion contre la constitution de la monarchie, qu'ils n'ont jamais voulu jurer, et comme ayant encouru les peines prononcées par l'ordonnance de son excellence le général en chef, datée, le 24 octobre dernier, du lieu où fut Castellfollit.

Art. 2. Ce lieu ne pourra être reconstruit sans une autorisation spéciale des cortès.

Art. 3. Aucun des individus qui avaient à San-Llorens leur demeure ou leur domicile ne pourra demeurer dans les districts de Solsone et de Berga sans la permission du gouvernement ou de son excellence le général en chef de l'armée.

Art. 4. Sont exceptées les familles des patriotes ci-après nommés. (Les personnes exceptées étaient au nombre de douze.)

Art. 5. Si quelqu'un des individus ayant été domiciliés ou ayant demeuré au lieu qui fut San-Llorens-de-Morunis enfreint la défense qui leur est faite de fixer leur domicile dans les districts de Solsone ou de Berga, et qu'il y soit rencontré, il sera passé par les armes, à moins qu'il ne prouve qu'il était sorti de San-Llorens avant le 18 du présent mois, époque de l'entrée des troupes nationales, ou qu'il ne se trouve compris dans quelques-unes des exceptions aux règlements en vigueur sur les factieux.

Art. 6. Ceux qui sont sortis de San-Llorens avant le 18 du courant, les sexagénaires, les femmes et les enfants de moins de seize ans, ne pourront non plus fixer leur domicile dans les districts de Solsone ou de Berga, sans la permission du gouvernement ou du général en chef, à peine d'en être expulsés de force. Il est bien entendu que pour sortir desdits territoires il leur est accordé un mois de délai, à compter de la date des présentes.

Art. 7. Pour l'exécution des présentes il en sera donné communication aux corps francs ou réguliers dépendant de la division, aux commissions de vigilance, aux municipalités constitutionnelles des chefs-lieux de district, afin qu'elles les fassent parvenir dans les différentes communes de leur circonscription.

Donné sur les ruines de San-Llorens-de-Morunis, le 20 janvier 1823.

En vérité, en lisant cet édit de bannissement prononcé contre une population tout entière, on se demande si l'on n'a pas commis une erreur de date : on a peine à se figurer que ces horreurs se soient accomplies de nos jours. Ne faut-il pas nous rejeter de deux siècles en arrière ? N'est-il pas question de quelque ordonnance rendue par don Juan d'Autriche contre les populations des Alpuxarras, ou bien de quelque page arrachée au livre de Fonseca, à *la juste expulsion des Morisques*?

Les revers éprouvés par les carlistes en Catalogne; les nouvelles venues de Navarre, où Quesada avait été mis en déroute par le général Espinosa; celle de Castille, où le curé Mérino s'était laissé surprendre auprès de Lerma, et où il avait perdu la plus grande partie des six cents fantassins et des cent chevaux qui composaient ses forces, remplirent d'épouvante la régence d'Urgel. Dans la nuit du 10 au 11 novembre, elle se transporta à Puigcerda, et cette fuite (car ce mouvement ne méritait pas un autre nom) refroidit beaucoup l'enthousiasme des absolutistes catalans. Les pertes qu'on avait éprouvées donnèrent naissance aux plaintes et aux récriminations les plus vives. Les chefs se reprochèrent mutuellement d'en avoir été la cause. On accusa Bessière d'avoir trahi; le Trappiste se retira en France; le baron d'Éroles éprouva de nouveaux désastres; et dans leur retraite sur la Cerdagne, ses divisions furent battues par Rotten et par Milans. Mina reprit Urgel, et la régence ne se trouvant plus en sûreté à Puigcerda se retira le 18 novembre à Llivia; puis en cet endroit, ayant franchi la frontière, elle se retira à Perpignan.

L'armée royaliste fut encore battue par Mina auprès de Bellver, et ses débris, pour échapper à une entière destruction, furent obligés de se réfugier en France. Mais à mesure qu'ils franchissaient la frontière les fugitifs se réorganisaient. Ils recevaient des membres de la régence réfugiés à Perpignan des vêtements, des armes, des secours de toute espèce; et dès qu'ils étaient vêtus, armés et reposés de leurs fatigues, ils rentraient en Catalogne ou en Navarre, et recommençaient la lutte avec un nouvel acharnement.

Les puissances étrangères, attentives aux moindres événements qui se passaient en Espagne, n'avaient pu rester indifférentes aux progrès que faisait chaque jour l'esprit d'anarchie et de désorganisation. Déjà, au congrès de Laybach, elles s'étaient occupées des affaires de la péninsule Ibérique. Mais elles avaient voulu attendre, pour connaître par expérience quelles conséquences amènerait la constitution de 1812. Ces résultats étaient connus. Aussi, craignant de voir propager chez elles les principes démagogiques qui faisaient la base de ces institutions, elles se réunirent au congrès de Vérone; et avant de confier à la France le soin d'intervenir les armes à la main pour rétablir l'ordre dans la Péninsule, elles voulurent tenter encore une fois des voies amiables pour déterminer l'Espagne à modifier sa constitution de manière à la mettre en harmonie avec celles qui gouvernent le reste de l'Europe. La France, l'Autriche, la Prusse et la Russie adressèrent donc à leurs représentants à Madrid des notes destinées à être communiquées au gouvernement espagnol. Ces dépêches étaient assez semblables en la forme : au fond, il existait entre elles d'assez notables différences.

La note de M. le prince de Metternich porte la date du 14 décembre 1822.

La révolution d'Espagne, y est-il dit en commençant, a été jugée par nous dès son origine. Selon les décrets éternels de la Providence, le bien-être ne peut pas plus naître pour les États que pour les individus de l'oubli des premiers devoirs imposés à l'homme dans l'ordre social; ce n'est pas par de coupables illusions, pervertissant l'opinion, égarant la conscience des peuples, que doit commencer l'amélioration de leur sort; et la révolte militaire ne peut jamais former la base d'un gouvernement heureux et durable.

La révolution, considérée sous le seul rapport de l'influence qu'elle a exercée sur le royaume qui l'a subie, serait un événement digne de toute l'attention et de tout l'intérêt des souverains étrangers;..... cependant une juste répugnance à toucher aux affaires intérieures d'un État indépendant déterminerait peut-être ces souverains à ne pas se prononcer sur la situation de l'Espagne, si le mal opéré par sa révolution s'était concentré et pouvait se concentrer dans son intérieur; mais tel n'est pas le cas...

M. le prince de Metternich rappelle ici que les révolutions de Naples et de Piémont ont été la conséquence de la révolution espagnole; que la France et l'Italie entière ont été menacées de semblables mouvements.

Partout, dit-il, la constitution espagnole est devenue le point de réunion et le cri de guerre d'une faction conjurée contre la sûreté des trônes et contre le repos des peuples.

Il rappelle encore la propagande faite par les Espagnols en Italie et les conjurations qui en ont été la suite. Enfin, après avoir longuement protesté de l'attachement de la maison d'Autriche pour l'Espagne, il conclut de cette manière :

Il faut que des rapports de confiance et de franchise se rétablissent entre l'Espagne et les autres gouvernements..... Mais pour arriver à ce but il faut avant tout que son roi soit libre, non-seulement de cette liberté personnelle que tout individu peut réclamer sous le règne des lois, mais de celle dont un souverain doit jouir pour remplir sa haute vocation. Le roi d'Espagne sera libre du moment qu'il aura le pouvoir de faire cesser les malheurs de son peuple, de ramener l'ordre et la paix dans son royaume, de s'entourer d'hommes également dignes de sa confiance par leurs principes et par leurs lumières, de substituer enfin à un régime reconnu impraticable par ceux mêmes que l'égoïsme ou l'orgueil y tiennent encore attachés, un ordre de choses dans lequel les droits du monarque seraient *heureusement combinés avec les vrais intérêts et les vœux légitimes de toutes les classes de la nation...*

La dépêche adressée par M. Bernstorff à M. Schejeler, chargé d'affaires de Prusse, est beaucoup moins modérée que celle de l'Autriche. Elle commence par des éloges pour le caractère espagnol et pour la gloire de cette nation. Elle présente ensuite une peinture très-vive et peu flattée de la révolution espagnole.

Une révolution sortie de la révolte militaire a soudainement rompu tous les liens du devoir, renversé tout ordre légitime et décomposé les éléments de l'édifice social, qui n'a pu tomber sans couvrir le pays entier de ses décombres.

La révolution, c'est-à-dire le déchaînement de toutes les passions contre l'ancien ordre de choses, loin d'être arrêté ou comprimé, a pris un développement aussi rapide qu'effrayant. Le gouvernement, impuissant et paralysé, n'a plus eu aucun moyen ni de faire le bien ni d'empêcher ou d'arrêter le mal. Tous les pouvoirs se trouvent concentrés, cumulés et confondus dans une assemblée unique. Cette assemblée n'a présenté qu'un conflit d'opinions et de vues, et un froissement d'intérêts et de passions, au milieu desquels les propositions et les résolutions les plus disparates se sont constamment croisées, combattues ou neutralisées. L'ascendant des funestes doctrines d'une philosophie désorganisatrice n'a pu qu'augmenter l'égarement général, jusqu'à ce que, selon la pente naturelle des choses, toutes les notions d'une saine politique fussent abandonnées pour de vaines théories, et tous les sentiments de justice et de modération sacrifiés aux rêves d'une fausse liberté. Dès lors, des institutions établies sous le prétexte d'offrir des garanties contre l'abus de l'autorité ne furent plus que des instruments d'injustice et de violence, et un moyen de couvrir ce système tyrannique d'une apparence légale.

Cette note reproche ensuite à la révolution de n'avoir respecté ni la liberté des personnes ni les droits les plus sacrés de la propriété.

Si les déclamations trompeuses qui sortent de la tribune, si les vociférations des clubs et la licence de la presse, y est-il dit, n'avaient pas opprimé l'opinion publique, et étouffé la voix de la partie saine et raisonnable de la nation, il est probable que le pouvoir despotique exercé par une faction aurait cessé depuis longtemps. Mais la mesure de l'injustice est comblée : le mécontentement éclate sur tous les points du royaume ; et des provinces entières sont embrasées par le feu de la guerre civile.

Les conclusions de cette note étaient aussi moins nettes et moins clairement exposées que celles de l'Autriche. Voici comment elles étaient formulées :

Ce n'est pas aux cours étrangères à juger quelles institutions répondent le mieux au caractère, aux mœurs et aux besoins réels de la nation espagnole; mais il leur appartient indubitablement de juger des effets que des expériences de ce genre produisent par rapport à elles, et d'en laisser dépendre leurs déterminations et leur position future envers l'Espagne. Or, le roi notre maître est d'opinion que pour conserver et rasseoir sur des bases solides ses relations avec les puissances étrangères le gouvernement espagnol ne saurait faire moins que d'offrir à ces derniers des preuves non équivoques de la liberté de Sa Majesté Catholique et de sa faculté d'écarter les causes de nos griefs et de nos trop justes inquiétudes à son égard.

La dépêche de M. le comte de Nesselrode au chargé d'affaires de Russie à Madrid était plus violente encore que celle de la Prusse; mais elle ne restait pas dans le vrai; et lorsqu'il existait tant de griefs réels à reprocher à la révolution espagnole, il en créait d'imaginaires, et lui imputait la persistance des colonies américaines dans leur révolte contre la métropole. Enfin la dépêche concluait de cette manière :

> Exprimer le désir de voir cesser une longue tourmente, de soustraire au même joug un monarque malheureux et un des premiers peuples de l'Europe; d'arrêter l'effusion du sang, de *favoriser le rétablissement d'une administration tout à fait sage et nationale*, certes ce n'est point attenter à l'indépendance d'un pays ni établir un droit d'intervention contre lequel une puissance quelconque ait le droit de s'élever.

La note du gouvernement français était beaucoup plus modérée dans la forme. Elle s'abstenait d'entrer dans aucun détail irritant relativement aux accusations dirigées contre la constitution espagnole. Mais au fond elle était plus violente, car elle contenait une menace qui, pour être déguisée sous la politesse des expressions, n'en était pas moins une menace. Au reste, voici cette pièce en entier :

> Monsieur le comte, votre situation politique pouvant se trouver changée par suite des résolutions prises à Vérone, il est de la loyauté française de vous charger de donner connaissance des dispositions du gouvernement de sa majesté très-chrétienne au gouvernement de sa majesté catholique.
>
> Depuis la révolution arrivée en Espagne au mois d'avril 1820, la France, malgré les dangers qu'avait pour elle cette révolution, a mis tous ses soins à resserrer les liens qui unissent les deux rois, et à maintenir les relations qui existent entre les deux peuples.
>
> Mais l'influence sous laquelle s'étaient opérés les changements survenus dans la monarchie espagnole est devenue plus puissante par les résultats mêmes de ces changements, comme il avait été aisé de le prévoir.
>
> Une constitution que le roi Ferdinand n'avait ni reconnue ni acceptée en reprenant la couronne, lui fut depuis imposée par une insurrection militaire. La conséquence naturelle de ce fait a été que chaque Espagnol mécontent s'est cru autorisé à obtenir, par le même moyen, l'établissement d'un ordre de choses plus en harmonie avec ses opinions et ses principes : l'emploi de la force a créé le droit de la force.
>
> De là les mouvements de la garde à Madrid, et l'apparition des corps armés dans diverses parties de l'Espagne. Les provinces limitrophes de la France ont été principalement le théâtre de la guerre civile. De cet état de trouble de la Péninsule est résultée pour la France la nécessité de se mettre à l'abri. Les événements qui ont eu lieu depuis l'établissement d'une armée d'observation aux pieds des Pyrénées ont suffisamment justifié la prévoyance du gouvernement de sa majesté.
>
> Cependant le congrès indiqué dès l'année dernière pour statuer sur les affaires d'Italie se réunissait à Vérone. Partie intégrante de ce congrès, la France a dû s'expliquer sur les armements auxquels elle avait été forcée d'avoir recours, et sur l'usage qu'elle en pourrait faire. Les précautions de la France ont paru justes à ses alliés, et les puissances continentales ont pris la résolution de s'unir à elle, pour l'aider (s'il en était jamais besoin) à maintenir sa dignité et son repos.
>
> La France se serait contentée d'une résolution à la fois si bienveillante et si honorable pour elle; mais l'Autriche, la Prusse et la Russie ont jugé nécessaire d'ajouter à l'acte particulier de l'alliance une manifestation de leurs sentiments. Des notes diplomatiques sont, à cet effet, adressées par ces trois puissances à leurs ministres respectifs à Madrid; ceux-ci les communiqueront au gouvernement espagnol, et suivront dans leur conduite ultérieure les ordres qu'ils auront reçus de leurs cours.
>
> Quant à vous, monsieur le comte, en donnant ces explications au cabinet de Madrid, vous lui direz que le gouvernement du roi est intimement uni avec ses alliés dans la ferme volonté de repousser par tous les moyens les principes et les mouvements révolutionnaires; qu'il se joint également à ses alliés dans les vœux que ceux-ci forment pour que la noble nation espagnole trouve elle-même un remède à ses maux, maux qui sont de nature à inquiéter les gouvernements de l'Europe et à lui imposer des précautions toujours pénibles.
>
> Vous aurez surtout soin de faire connaître que les peuples de la Péninsule, rendus à la tranquillité, trouveront dans leurs voisins des amis loyaux et sincères. En conséquence, vous donnerez au cabinet de Madrid l'assurance que les secours de tous genres dont la France peut disposer en faveur de l'Espagne lui seront toujours offerts pour assurer son bonheur et

accroitre sa prospérité; mais vous lui déclarerez en même temps que la France ne se relâchera en rien des mesures préservatrices qu'elle a prises, tant que l'Espagne continuera à être déchirée par les factions. *Le gouvernement de sa majesté ne balancera pas même à vous rappeler de Madrid et à chercher ses garanties dans des dispositions plus efficaces*, si ses intérêts essentiels continuent à être compromis, et s'il perd l'espoir d'une *amélioration* qu'il se plait à attendre des sentiments qui ont si longtemps uni les Espagnols et les Français dans l'amour de leur roi et d'une sage liberté.

Telles sont, monsieur le comte, les instructions que le roi m'a ordonné de vous transmettre au moment où les notes des cabinets de Vienne, de Berlin et de Saint-Pétersbourg vont être remises à celui de Madrid. Ces instructions vous serviront à faire connaître les dispositions et la détermination du gouvernement français dans cette grave occurrence.

Vous êtes autorisé à communiquer cette dépêche, et à en fournir copie si elle vous est demandée.

Paris, 25 décembre 1822.

On voit que les quatre puissances s'accordaient pour repousser la constitution espagnole, comme imposée au pays par une insurrection militaire. Toutes la regardaient comme vicieuse dans son origine. Elles étaient d'accord que cette constitution devait être détruite; mais elles n'étaient pas d'accord sur ce qu'il faudrait mettre à sa place. L'Autriche demandait pour l'Espagne *un ordre de choses dans lequel les droits du monarque seraient combinés avec les vrais intérêts et les vœux légitimes de toutes les classes de la nation*. C'était assez bien définir une monarchie tempérée.

La Prusse ne se prononçait pas sur les institutions qui pouvaient convenir à l'Espagne; mais elle demandait que ces institutions assurassent la tranquillité publique.

La Russie demandait le *rétablissement d'une administration tout à fait sage et nationale*. Le mot *rétablissement* impliquait nécessairement le retour de ce qui avait été précédemment établi. Ce qu'elle demandait, c'était une restauration de l'absolutisme.

La France menaçait de retirer son chargé d'affaires et de recourir à *des dispositions plus efficaces* si elle perdait l'espoir d'une *amélioration* en rapport avec les sentiments qui ont si longtemps uni les Espagnols et les Français dans l'amour de leurs rois et d'une *liberté judicieuse*. C'était, en termes bien entortillés, demander l'amendement de la constitution.

Il faut signaler cette absence d'unité dans les vues des quatre puissances; on doit la leur reprocher sévèrement. En effet, elle peut être considérée comme la source des désordres qui depuis vingt-quatre ans ont affligé l'Espagne. Car l'intervention, après avoir détruit la constitution de 1812, n'a rien mis à sa place. Elle a laissé la monarchie dans un état de désorganisation dont l'Espagne ressent encore les funestes influences. En présence de cette divergence de demandes il y avait bien certainement matière à négociations. C'était peut-être une voie que les quatre puissances essayaient d'ouvrir pour arriver d'une manière pacifique à quelque amélioration. Dans tous les cas, négocier était ce qu'il y avait de plus sage pour le cabinet espagnol, ne l'eût-il fait que pour gagner du temps. Les sept patriotes n'en jugèrent pas ainsi, et ils repoussèrent avec arrogance les ouvertures qui leur étaient faites. Aussitôt que ces notes eurent été remises au ministre San-Miguel, celui-ci les porta à sa loge maçonnique, dont les membres, accoutumés à improviser des discours, jugèrent qu'ils pourraient aussi facilement rédiger une réponse aux puissances, et la dictèrent en effet sans examen, sans méditation, et comme s'il eût été question d'une affaire de peu d'importance. On ne fit qu'une même note pleine de sécheresse et de roideur, pour la Prusse, la Russie et l'Autriche; mais on employa à l'égard de la France des expressions plus calmes et plus modérées. Voici le premier de ces documents :

Circulaire aux ambassadeurs espagnols.

Le gouvernement de sa majesté catholique vient de recevoir communication d'une note de... à son chargé d'affaires en cette cour, dont j'envoie une copie à votre seigneurie pour sa gouverne. Ce document, plein de faits défigurés, de suppositions injurieuses, d'accusations aussi injustes que calomnieuses, ne peut provoquer une réponse catégorique et formelle sur chacun de ses points. Le gouvernement espagnol, réservant pour une occasion

ESPAGNE.

plus opportune le soin de présenter aux nations d'une manière publique et solennelle ses sentiments, ses principes, ses résolutions, et la justice de la cause de la nation généreuse à la tête de laquelle il se trouve placé, se contente de dire :

Premièrement, que la nation espagnole se trouve gouvernée par une constitution reconnue solennellement par l'empereur de toutes les Russies, en l'année 1812;

Secondement, que les Espagnols amis de leur patrie, qui au commencement de 1820 proclamèrent cette constitution, renversée en 1814 par la force, ne faillirent pas à leur serment; mais qu'ils eurent la gloire, qu'on ne saurait flétrir, d'avoir été les organes du vœu général;

Troisièmement, que le roi constitutionnel des Espagnes est dans le libre exercice des droits que lui donne le code fondamental, et dire le contraire est une invention des ennemis de l'Espagne, qui la calomnient pour la rabaisser;

Quatrièmement, que la nation espagnole ne s'est jamais immiscée en aucune manière ni dans les institutions ni dans le régime intérieur des autres puissances;

Cinquièmement, que le remède des maux qui la peuvent affliger n'intéresse personne plus qu'elle-même;

Sixièmement, que ces maux ne sont pas les conséquences de la constitution, mais bien le fait des ennemis qui veulent la détruire;

Septièmement, que la nation espagnole ne reconnaîtra jamais à aucune puissance le droit d'intervenir ni de s'immiscer dans ses affaires;

Huitièmement, que le gouvernement de sa majesté ne s'écartera pas de la ligne que lui tracent son devoir, l'honneur national et son adhésion invariable au code fondamental juré en 1812.

Votre seigneurie est autorisée à donner de vive voix communication de cet écrit au ministre des relations étrangères, et à lui en laisser copie s'il la demande.

Sa majesté espère que la prudence, le zèle et le patriotisme de votre seigneurie lui suggéreront la conduite ferme et digne du nom espagnol qu'elle doit suivre dans les circonstances actuelles.

Le résumé de cette note, c'est que le gouvernement espagnol n'admettra aucune modification au code fondamental juré en 1812.

C'était fermer la porte à tout arrangement, à toute négociation. La réponse faite à la note de la France était beaucoup plus longue. La forme en était presque affectueuse, mais elle se terminait également par un refus de faire aucun changement à la constitution; en voici les derniers paragraphes :

..... Le gouvernement espagnol reconnaît tout le prix des offres qui lui sont faites par sa majesté très-chrétienne de tout ce qui dépend d'elle pour contribuer à sa félicité; mais il est persuadé que les moyens et les précautions employés par la France ne peuvent produire qu'un résultat opposé.

Les secours que, pour le moment, le gouvernement français devrait donner au gouvernement espagnol sont purement négatifs. Ce serait de dissoudre son armée des Pyrénées; de réfréner les factieux ennemis de l'Espagne réfugiés en France; de témoigner une animadversion marquée et décidée pour ceux qui se plaisent à dénigrer de la manière la plus atroce le gouvernement de sa majesté catholique, les institutions et les cortès d'Espagne : voilà ce qu'exige le droit des gens respecté par les nations civilisées.

Dire, comme le fait la France, qu'elle veut le repos de l'Espagne et son bien-être, et tenir toujours allumés les brandons de discorde qui alimentent les principaux maux dont elle est affligée, c'est tomber dans un abîme de contradiction.

Au reste, quelles que soient les déterminations que le gouvernement de sa majesté très-chrétienne juge opportun de prendre dans ces circonstances, celui de sa majesté catholique suivra tranquillement la route que lui tracent le devoir, la justice de sa cause, le caractère constant et la ferme adhésion aux principes constitutionnels qui caractérisent la nation à la tête de laquelle il se trouve; et, sans entrer pour le moment dans l'analyse des expressions hypothétiques et amphibologiques contenues dans les instructions envoyées à M. le comte de Lagarde, il conclut en disant que le repos, la prospérité et tous les éléments qui peuvent augmenter le bien-être de la nation ne peuvent intéresser personne plus qu'ils ne l'intéressent elle-même.

Adhésion constante à la constitution de 1812; paix avec les autres nations; ne reconnaître à personne le droit d'intervenir dans ses affaires : voilà sa devise et sa règle de conduite aussi bien pour le présent que pour l'avenir.

Après que ces réponses eurent été envoyées, San-Miguel en donna connaissance aux cortès, et leur communiqua les notes des quatre puissances. Les députés approuvèrent sans restriction la conduite du ministère. On déclama contre l'insolence des étrangers; on appela avec enthousiasme la guerre et la vengeance, comme si l'on eût été encore aux temps glorieux de l'insurrection de 1808.

A peine les chargés d'affaires de Prusse, d'Autriche et de Russie eurent-ils connaissance de la réponse de San-Miguel, qu'ils demandèrent leurs passe-ports et sortirent immédiatement de Madrid. Le chargé d'affaires de France, M. le comte de Lagarde, y resta quelques jours de plus; mais il ne tarda pas non plus à les suivre.

Certainement il était impossible de trouver une démarche plus significative et plus menaçante. Elle était de nature à faire réfléchir le cabinet. Cependant il ne s'alarma pas. Les exaltés, préoccupés du souvenir de ce qui s'était passé en 1808, s'étaient figuré qu'à l'approche de l'étranger la nation tout entière se soulèverait comme elle s'était soulevée lors de l'invasion de Bonaparte. Ils s'imaginaient que trente ou quarante mille Espagnols qui avaient pris les armes pour détruire ou pour modifier la constitution changeraient tout à coup de conviction; qu'ils s'uniraient avec leurs adversaires pour repousser les Français, dont le seul but était de renverser ces institutions qu'eux-mêmes avaient tenté de détruire. Les ministres s'étaient imaginé que ces mêmes hommes, animés contre le nouvel ordre de choses d'une haine fanatique, se feraient tout à coup ses défenseurs; qu'ils se retourneraient contre la puissance qui leur venait en aide, et qui les empêchait d'être exterminés par les *descamisados*; en un mot, que, comme la femme du *Médecin malgré lui*, ils diraient aux Français : *Mêlez-vous de vos affaires... Il me plaît d'être battue*. Aucun de ceux qui se qualifiaient de patriotes ne doutaient de cette résistance unanime, mais un événement inattendu vint bientôt troubler leur quiétude. La troupe de Bessières, qu'on croyait entièrement anéantie, reparut en Aragon. On reçut une dépêche par laquelle le capitaine général annonçait que cette guerrilla s'était avancée jusqu'aux portes de Saragosse; qu'elle avait essayé d'attaquer la ville; mais que la garnison et la milice réunies étaient parvenues à la repousser. On n'avait pas d'autre détail sur cette affaire lorsqu'on apprit que Bessières marchait sur Madrid, et qu'il était arrivé sans rencontrer la moindre résistance, jusqu'à Guadalajara, à neuf lieues (environ cinquante-sept kilomètres) de la capitale. On rassembla les forces dont on pouvait disposer. C'étaient la garnison et une partie de la milice. On en confia le commandement à l'un des chefs de l'île Léon, O'Daly, qui était alors capitaine général. Ces forces étaient plus que suffisantes pour détruire la troupe de Bessières; elles furent divisées en deux colonnes, dont la seconde fut placée sous le commandement de l'Empecinado. O'Daly marcha aussitôt à la recherche des ennemis, qui s'étaient repliés sur Brihuega. Le 24 janvier 1823 il les trouva postés près de cette ville, et les attaqua, sans attendre la deuxième colonne, qui était encore à quelques lieues; mais il fut mis dans une déroute complète. Il perdit deux pièces de canon, un grand nombre de prisonniers, et se sauva avec tant de précipitation, qu'il ne prévint pas même l'Empecinado de ce qui s'était passé; en sorte qu'à neuf heures du soir, lorsque celui-ci arriva devant Brihuega, sans savoir ce qu'était devenu O'Daly, il fut attaqué par les royalistes, qui le contraignirent à se retirer précipitamment.

Cette double déroute produisit dans Madrid la plus grande consternation. Le gouvernement donna l'ordre de construire à la hâte quelques fortifications pour défendre la capitale. O'Daly fut destitué, et l'on donna le commandement au comte del Abisbal. Mais celui-ci ne put empêcher Bessières de passer le Tage presque en sa présence et de se fortifier dans Huete. Les royalistes restèrent dans cette ville jusqu'au 10 février : ils ne se retirèrent que lorsque les constitutionnels eurent réuni des forces supérieures. Ils firent lentement leur retraite, et n'éprouvèrent pendant leur marche que des pertes insignifiantes.

L'affaire de Brihuega avait beaucoup diminué la confiance présomptueuse des exaltés. Ils commencèrent à entrevoir le danger dont leur parti était menacé. Ils étaient encore sous l'impression d'épouvante que Bessières leur avait causée, lorsqu'ils se virent menacés d'un péril plus réel. Louis XVIII annonça qu'une armée française allait franchir les Pyrénées. Voici comment il s'exprima, le 28 janvier 1823, dans le discours prononcé à l'ouverture des chambres :

La France devait à l'Europe l'exemple d'une prospérité que les peuples ne peuvent obtenir que du retour à la religion, à la légitimité, à l'ordre, à la vraie liberté : ce salutaire exemple, elle le donne aujourd'hui.

Mais la justice divine permet qu'après avoir longtemps fait éprouver aux autres nations les terribles effets de nos discordes, nous soyons nous-mêmes exposés aux dangers qu'amènent des calamités semblables chez un peuple voisin.

J'ai tout tenté pour garantir la sécurité de mes peuples et préserver l'Espagne elle-même des derniers malheurs. L'aveuglement avec lequel ont été repoussées les représentations faites à Madrid laisse peu d'espoir de conserver la paix.

J'ai ordonné le rappel de mon ministre : cent mille Français, commandés par un prince de ma famille, par celui que mon cœur se plait à nommer mon fils, sont prêts à marcher en invoquant le Dieu de saint Louis, pour conserver le trône d'Espagne à un petit-fils de Henri IV, préserver ce beau royaume de sa ruine, et le réconcilier avec l'Europe.

Nos stations vont être renforcées dans les lieux où notre commerce maritime a besoin de cette protection. Des croisières seront établies partout où nos arrivages pourraient être inquiétés.

Si la guerre est inévitable, je mettrai tous mes soins à en resserrer le cercle, à en borner la durée. Elle ne sera entreprise que pour conquérir la paix que l'état de l'Espagne rendrait impossible. Que Ferdinand VII soit libre de donner à ses peuples les institutions qu'ils ne peuvent tenir que de lui, et qui, en assurant leur repos, dissiperaient les justes inquiétudes de la France. Dès ce moment les hostilités cesseront, j'en prends devant vous, messieurs, le solennel engagement.

En vain les exaltés s'étaient flattés d'épouvanter les puissances étrangères par leurs réponses arrogantes et par leurs bravades ; en vain ils s'étaient flattés qu'on n'oserait pas les attaquer ; il n'était plus possible de se faire illusion : la guerre était imminente, une modification de la constitution pouvait seule la conjurer. En cette circonstance, il faut l'avouer, les royalistes se montrèrent plus conciliants et plus sages que leurs adversaires : quelques membres de la régence d'Urgel admirent la nécessité d'une constitution modifiée. Beaucoup de royalistes comprenaient qu'il était à désirer que Ferdinand gouvernât sous le contrôle d'une assemblée nationale élue par le peuple, mais dont le pouvoir n'eût pas été aussi excessif que celui des cortès actuelles. Quant aux fanatiques des deux partis, ils ne voulaient pas entendre parler de concessions ; et quelques absolutistes, repoussant la pensée de toute transaction, se plaignaient de ce qu'on voulait forcer le roi d'Espagne à introduire la Charte en Espagne, c'est-à-dire à *avaler la ciguë au lieu de l'arsenic*. Le ministère se contenta d'adresser, le 12 février, un message aux cortès. Après y avoir rappelé les notes des quatre puissances et le discours du roi de France, il demanda que l'assemblée prît les mesures nécessaires au salut de l'État. Une commission chargée d'examiner cette communication du gouvernement, se borna à proposer l'adoption des deux articles suivants :

1° Si, après que les cortès extraordinaires auront clos leur session, les circonstances exigent que le gouvernement change le lieu de sa résidence, les cortès l'autorisent à se transporter à l'endroit qu'il désignera, d'accord avec la députation permanente ; et si celle-ci avait cessé ses fonctions, cette désignation sera faite d'accord avec le président et les secrétaires nommés par les cortès ordinaires.

2° Dans ce cas, le gouvernement consultera sur le choix de l'endroit où il croira convenable de se transporter, une junte de militaires accrédités par leur science, leurs connaissances, et par leur adhésion au système constitutionnel.

La discussion de ces propositions fut assez vive ; mais ce n'étaient plus ces déclamations violentes, ces défis, ces provocations auxquelles on s'était abandonné lorsque les ministres avaient, pour la première fois, communiqué aux cortès les notes des quatre puissances. On était en face d'une triste réalité ; on délibérait sous l'impression d'un découragement général. Il fallut bien avouer que la résistance était impossible ; que les places fortes n'étaient pas en état de défense. Le gouvernement avait décrété la formation de cinq armées pour la défense de la Péninsule. Celle de Catalogne devait être commandée par Mina, celle de Navarre, d'Aragon et de Valence par Ballesteros ; celle de la Vieille-Castille, des Asturies et de Galice par le comte de Carthagène ; celle de la Nouvelle-Castille et de l'Estremadure par le comte del Abisbal, et celle de l'Andalousie par Villa-Campa. On avait bien ces généraux, mais les armées n'existaient qu'en projet.

On devait faire des levées de soldats ; mais il n'y avait pas de quoi vêtir les recrues. On manquait de fusils pour les armer ; c'est à peine s'il y avait de la poudre dans les arsenaux. Aussi alla-t-on jusqu'à dire que les Français pouvaient arriver à Madrid avec une simple division de huit ou dix mille hommes ; il y eut même des orateurs qui déterminèrent le temps qu'il leur faudrait pour atteindre la capitale, et qui le limitèrent à cinq journées. Cette affaire fut une des dernières dont s'occupèrent les cortès extraordinaires ; et leur session fut fermée le 19 février. Elle ne pouvait durer davantage ; car, aux termes de la constitution, les cortès ordinaires devaient s'ouvrir le 1er mars.

Le jour même de la clôture le roi fit rédiger par Égea, ministre des finances, un décret prononçant la destitution des autres membres du cabinet. Le motif de cette détermination fut, dit-on, le mécontentement qu'il avait éprouvé lorsqu'on lui avait annoncé qu'il devrait avant peu se résigner à quitter Madrid, et se retirer avec le gouvernement en Andalousie. On pense aussi qu'il voulait, par cette destitution, protester contre le discours porté en son nom aux cortès extraordinaires pour clore la session ; car, retenu par la goutte, il n'avait pu se rendre lui-même à la dernière séance.

Ce fut seulement dans la soirée que les habitants de Madrid eurent connaissance de cette destitution. Aussitôt les membres de la société politique à laquelle appartenaient les ministres prirent la résolution de les maintenir au pouvoir, malgré le droit que la constitution donnait au roi de choisir et de renvoyer ses ministres. C'était la première émeute dirigée contre la personne même de Ferdinand, et toutes les circonstances semblaient concourir à la rendre plus effrayante. Les autorités de Madrid étaient absentes. Le capitaine général comte del Abisbal avec la plus grande partie de la garnison était à la poursuite de Bessières. Le chef politique Palarea était à Colmenar, où il s'était rendu pour arrêter les progrès d'une conspiration qu'on venait de découvrir. La garde du palais se composait de miliciens et de hallebardiers dont la fidélité était fort suspecte. Le roi n'avait aucun secours à attendre de personne, et son inquiétude était extrême, lorsqu'un rassemblement de forcenés déboucha sur la place de l'Armeria, devant l'entrée principale du palais, vociférant avec fureur : *Mort au roi ! mort au tyran !* Ils pénétrèrent dans le palais, sans s'arrêter au simulacre de défense que firent les miliciens. C'eût été de la part du roi une folie de s'obstiner à maintenir le décret de destitution des ministres. Il déclara que, quant à présent, il leur rendait le pouvoir, et l'émeute s'apaisa.

Pendant que les descamisados arrachaient ainsi du roi le maintien de ses ministres, une autre bande des mêmes individus s'était transportée au palais de la députation permanente en criant : *Une régence ! mort au roi !* et sur la place la plus fréquentée de Madrid ils établirent une table, rédigèrent une pétition, pour demander qu'on nommât une régence et qu'on prononçât la déchéance de Ferdinand. Heureusement Ibarra et les autres membres de la municipalité déployèrent en cette circonstance une louable fermeté. Ils enlevèrent de force la table sur laquelle on écrivait, et dissipèrent ce rassemblement tumultueux.

L'ouverture des cortès eut lieu le 1er mars, ainsi que le prescrit la constitution. Le roi, qui était malade, ne put pas assister à la séance. Il envoya son discours écrit. C'était l'œuvre du ministère. Aussi contenait-il d'amères déclamations bien éloignées de la modération et de la dignité qui doivent toujours caractériser le langage de la couronne. En voici quelques passages :

..... Le roi très-chrétien a dit que cent mille Français viendraient régler les affaires domestiques de l'Espagne et corriger les défauts de ses institutions. Depuis quand donne-t-on aux soldats la mission de réformer les lois ? Dans quel code est-il écrit que les invasions militaires peuvent être les précurseurs de la félicité d'une nation ? Il est indigne de la raison de réfuter des erreurs aussi antisociales; et il n'est pas de la dignité du roi constitutionnel des Espagnes de faire l'apologie de la cause nationale devant ceux qui, pour fouler tous les sentiments de pudeur, se couvrent du manteau de la plus détestable hypocrisie. J'espère que l'énergie, la fermeté et la constance des cortès seront la meilleure réponse au discours du monarque très-chrétien; j'espère que la raison et la justice ne seront pas moins vaillantes que le génie de l'oppression et de la servitude. La nation qui capitule avec un ennemi dont la mauvaise foi est aussi évidente est une nation déjà subjuguée; recevoir la loi qu'on veut vous imposer les armes à la main est la plus grande des ignominies.

Le lendemain de l'ouverture, le roi fit savoir aux cortès qu'il avait jugé convenable de destituer les ministres; et il indiqua les successeurs qu'il leur avait donnés. Néanmoins, était-il ajouté, pour ne pas mettre d'entraves à l'expédition des affaires, les ministres révoqués continueront leurs fonctions jusqu'à ce qu'ils aient achevé de rendre compte de l'état de la nation, ainsi que cela était consacré par l'usage et prescrit par l'article 82 du règlement particulier des cortès [1].

Mais les députés qui prétendaient maintenir les sept patriotes au pouvoir, malgré la volonté manifeste du roi, décidèrent qu'il serait sursis à la lecture du compte rendu que les ministres devaient présenter, jusqu'à ce que des affaires plus importantes eussent été expédiées.

Cependant les successeurs désignés par le roi et repoussés par les cortès étaient des hommes connus par leurs opinions libérales et même exaltées. Aux affaires étrangères il avait nommé don Alvaro Florès Estrada, qui pendant la guerre de l'Indépendance s'était réfugié à Cadix, où il présidait un club signalé par ses principes avancés. Au retour de Ferdinand VII, il avait été persécuté et forcé de chercher un asile en Angleterre. Il avait publié pendant son exil plusieurs ouvrages politiques, et notamment en 1818 *Des représentations*, où il demandait que le peuple fût rétabli dans ses antiques droits. La révolution de 1820 lui avait permis de rentrer en Espagne; et il avait fait partie de la première législature constitutionnelle.

Torrijos avait été désigné pour le ministère de la guerre, et il était encore un des proscrits de 1814. Don José Maria Torrijos avait commencé par être page du roi, puis capitaine d'infanterie. Il avait fait la guerre de l'Indépendance, et avait obtenu le rang de brigadier. Mais comme il s'était prononcé pour les principes libéraux, il avait été arrêté, et jeté dans les cachots de l'inquisition de Murcie. Il n'en était sorti qu'en 1820. Depuis cette époque il n'avait pas cessé de servir la cause constitutionnelle; et lorsqu'il avait été désigné par le roi il commandait en Navarre.

Les autres ministres étaient Diaz del Moral, à l'intérieur, et provisoirement aux affaires d'outre-mer; Zorraquin, ministre de grâce et de justice; Romai à la marine, et Calvo de Rozas aux finances.

Ces hommes avaient certainement donné autant de gages de leur amour à la liberté que les ministres actuels, sans en excepter ceux qui avaient pris part à l'insurrection de 1820; ils ne leur étaient pas inférieurs pour l'habitude et la pratique des affaires : mais ceux-ci avaient l'appui des cortès, qui voulaient les soutenir à tout prix. Aussi, dans la séance du 2 mars, un député proposa de déclarer Ferdinand incapable de régner. Les tribunes accueillirent cette motion par des applaudissements; et peut-être les députés n'eussent-ils pas reculé devant ce moyen extrême, si, en suspendant la lecture des mémoires, ils n'eussent trouvé un expédient pour conserver plus sûrement et avec moins d'éclat les ministres destitués dans leurs fonctions. Voilà où la confusion des pouvoirs en était venue. Au reste, ce ne furent ni les avertissements ni les bons conseils qui manquèrent à l'Espagne. Le représentant de l'Angleterre à Madrid, sir William A'court, conseilla au gouvernement d'entrer en arrangement avec les puissances étrangères, et de consentir quelques modifications de la consti-

---

[1] Art. 82 du Règlement. Le jour suivant, les ministres présenteront le compte rendu de l'état dans lequel se trouve la nation, chacun en ce qui concerne le département qui lui est confié; ces exposés seront imprimés, rendus publics et conservés par les cortès, afin que les données qui s'y trouvent contenues puissent servir aux commissions.

tution qui les contenteraient et détourneraient la tempête dont l'Espagne était menacée. Il fit plus, il parla à plusieurs députés influents; enfin il chercha à faire parvenir dans les sociétés patriotiques de salutaires avertissements. Toutes ses démarches furent inutiles, il ne put faire entendre le langage de la raison. Lord Sommerset se rendit à son tour en Espagne, porteur d'un mémoire où Wellington démontrait jusqu'à l'évidence qu'il importait à l'Espagne d'arriver à un arrangement dont la première base devait être la réforme de la constitution. Enfin Wellington adressa sur le même sujet une lettre au général Alava. Rien ne put dissiper l'aveuglement des exaltés; cependant ceux-ci sentaient si bien qu'ils n'avaient aucun moyen de résister à l'invasion de la France, que le premier objet sur lequel les cortès délibérèrent fut le choix de l'endroit où elles se retireraient avec le gouvernement.

Quatre points différents avaient été proposés : la Corogne, Badajos, Cadix et Séville. Ce fut à ce dernier que l'on s'arrêta. Il fut décidé que l'on partirait le plus promptement possible. Cependant, le roi était toujours malade, et il remit au ministre de la justice un certificat signé par cinq médecins attestant qu'il ne pouvait se mettre en route sans courir le danger d'aggraver beaucoup ses souffrances. Néanmoins les cortès lui envoyèrent une députation pour le prier de se préparer à partir avant le 18. Ferdinand, qui était au lit, répondit qu'il serait prêt, si on l'exigeait, à partir le 17, mais qu'il espérait que le congrès lui laisserait jusqu'au 20. Les cortès consentirent à ce retard, en faisant toutefois sonner bien haut la générosité avec laquelle on lui accordait un délai de deux jours. On indiqua l'itinéraire que le roi devait suivre. Le 20 au matin, Ferdinand, qui souffrait encore de la goutte, et qui était extrêmement pâle et abattu, sortit de son palais dans une chaise à porteur. On le transporta jusqu'au lieu où l'attendaient ses voitures, qui devaient se diriger par les promenades extérieures, pour gagner le pont de Tolède. Le roi monta dans la première voiture avec la reine, qui fondait en larmes. Les deux infants don Carlos et don François de Paule avec leurs familles, ainsi que l'infante de Portugal, suivaient dans trois autres voitures; six autres voitures avaient été disposées pour les gens de la cour. L'escorte, forte de deux pièces d'artillerie et de plus de deux mille hommes, était composée en partie de volontaires nationaux de Madrid : d'autres forces plus considérables avaient éclairé la route et repoussé les guérillas qui se trouvaient dans la Manche et dans la Sierra-Morena; car on craignait que les royalistes ne tentassent d'enlever le roi pendant le trajet. Néanmoins aucune tentative de ce genre n'eut lieu, et l'on arriva à Séville le 11 avril.

Pendant ce temps, l'armée française, cantonnée sur la frontière, n'attendait pour la franchir que l'arrivée du généralissime. Elle se composait de cinq corps qui devaient entrer en Espagne par deux points différents. Le quatrième corps formait en quelque sorte une armée séparée. Il était destiné à opérer en Catalogne, sous les ordres du maréchal Moncey, duc de Conegliano. Il se composait de trois divisions commandées par le comte Curial, par le baron de Damas et par le général Donnadieu. Il était réuni dans le département des Pyrénées-Orientales, et fut passé en revue le 30 mars, près de Perpignan, par le duc d'Angoulême. Il avait pour auxiliaire et pour avant-garde un corps de neuf mille Espagnols commandés par le baron d'Éroles. Les quatre autres corps, qui formaient l'armée principale, étaient rassemblés dans le département des Basses-Pyrénées.

Le premier, aux ordres du maréchal Oudinot, duc de Reggio, consistait en quatre divisions commandées par les généraux d'Autichamp, Bourck, Obert; la quatrième, toute de cavalerie, par le vicomte de Castex. Ce corps formait l'avant-garde, et était destiné à marcher sur Madrid.

Le second était commandé par le général comte de Molitor, qui avait sous ses ordres les généraux de division Loverdo, Pamphile-Lacroix et Domont.

Le troisième avait pour commandant le général prince de Hohenlohe; il se composait de deux divisions : celle du général Conchy, celle du général Canuel.

Enfin, le cinquième était confié au lieutenant général comte de Bordesoulle. Il était composé d'une division d'infanterie de la garde royale, sous les ordres du général Bourmont ; d'une division de cavalerie, sous le général Foissac-Latour ; d'une division de cuirassiers, sous le général Roussel d'Hurbal.

L'ensemble des forces qui allaient entrer en Espagne s'élevait à quatre-vingt-onze mille combattants. Dans ce nombre était comprise une division espagnole dont le noyau avait été formé à Bayonne ; partie de ces Espagnols, sous le commandement de Quesada, devait agir dans les provinces basques. Les autres, dirigés par don Carlos O'Donell, par le général d'Espagne et par les autres capitaines de l'armée de la foi, devaient opérer en Navarre ou servir d'avant-garde à l'armée d'invasion. Ces corps espagnols grossirent à mesure qu'on pénétra dans l'intérieur de la Péninsule.

De son côté, le gouvernement espagnol avait décrété la formation de cinq armées ; mais ces troupes n'étaient ni levées ni instruites ; pour la défense de l'Espagne, les ministres patriotes comptaient moins sur la force des armes que sur la propagande révolutionnaire et sur la défection qu'on espérait provoquer dans l'armée d'invasion. A cet effet, on avait organisé à Bilbao un corps composé en grande partie de personnes réfugiées en Espagne à la suite des condamnations prononcées contre elles en France ou en Italie pour des délits politiques. On l'avait nommée la légion française, et on en avait confié le commandement à Caron, ancien chef de bataillon, compromis dans un de ces nombreux complots qui avaient éclaté en France dans le courant des années 1821 et 1822.

Les journaux ont aussi rapporté que, pour faire le pendant de la régence d'Urgel, on avait proclamé à Barcelone une régence de l'empire français au nom de Napoléon II ; mais ces armes peu courtoises ne servirent guère à ceux qui les employaient. Tous les préparatifs de l'armée française étaient achevés à la fin du mois de mars, et le 2 avril le duc d'Angoulême fit publier un ordre du jour ainsi conçu :

Soldats ! la confiance du roi m'a placé à votre tête pour remplir la plus noble mission ; ce n'est pas l'esprit de conquête qui nous a fait prendre les armes ; un motif plus généreux nous anime : nous allons replacer un roi sur son trône, réconcilier son peuple avec lui, et rétablir, dans un pays en proie à l'anarchie, l'ordre nécessaire au bonheur et à la sûreté des deux États.

Soldats ! vous respecterez et ferez respecter la religion, les lois et les propriétés ; et vous me rendrez facile l'accomplissement du devoir qui m'est imposé, de maintenir les lois et la plus exacte discipline.

Le même jour il adressa au peuple espagnol la proclamation suivante :

Espagnols ! le roi de France, en rappelant son ambassadeur de Madrid, avait espéré que le gouvernement espagnol, averti de ses dangers, reviendrait à des sentiments plus modérés et cesserait d'être sourd aux conseils de la bienveillance et de la raison. Deux mois et demi se sont écoulés ; et sa majesté a vainement attendu qu'il s'établît en Espagne un ordre de choses compatible avec la sûreté des États voisins.

Le gouvernement français a supporté, deux années entières, avec une longanimité sans exemple, les provocations les moins méritées. La faction révolutionnaire qui a détruit dans votre pays l'autorité royale, qui tient votre roi captif, qui demande sa déchéance, qui menace sa vie et celle de sa famille, a porté au delà de vos frontières ses coupables efforts. Elle a tout tenté pour corrompre l'armée de sa majesté très-chrétienne et pour exciter des troubles en France, comme elle était parvenue par la contagion de ses doctrines et de ses exemples à opérer les soulèvements de Naples et du Piémont. Trompée dans ses coupables espérances, elle a appelé des traîtres condamnés par nos tribunaux à consommer, sous la protection de la rébellion triomphante, les complots qu'ils avaient formés contre leur patrie.

Il est temps de mettre un terme à l'anarchie qui déchire l'Espagne, qui lui ôte le pouvoir de pacifier ses colonies, qui la sépare de l'Europe, qui a rompu toutes ses relations avec les augustes souverains que les mêmes intentions et les mêmes vœux unissent à sa majesté très-chrétienne, et qui compromet le repos et les intérêts de la France.

Espagnols ! la France n'est point en guerre avec votre patrie. Né du même sang que vos rois, je ne puis désirer que votre indépendance, votre bonheur et votre gloire. Je vais franchir les Pyrénées à la tête de cent mille Français; mais c'est pour m'unir aux Espagnols amis de l'ordre et des lois, pour les aider à délivrer leur roi prisonnier, à relever l'autel et le trône, à arracher les prêtres à la proscription, les propriétaires à la spoliation, le peuple entier à la domination de quelques ambitieux qui, en proclamant la liberté, ne préparent que la ruine de l'Espagne.

Espagnols! tout se fera pour vous et avec vous : les Français ne sont et ne veulent être que vos auxiliaires; votre drapeau flottera seul sur vos cités; les provinces traversées par nos soldats seront administrées au nom de Ferdinand par des autorités espagnoles. La discipline la plus sévère sera observée; tout ce qui sera nécessaire au service de l'armée sera payé avec une religieuse exactitude. Nous ne prétendons ni vous imposer des lois, ni occuper votre pays; nous ne voulons que votre délivrance. Dès que nous l'aurons obtenue, nous rentrerons dans notre patrie, heureux d'avoir préservé un peuple généreux des malheurs qu'enfante une révolution, et que l'expérience nous a trop appris à connaître.

Au quartier général, à Bayonne, le 2 avril 1823.

Par ce manifeste le duc d'Angoulême annonçait qu'il entrait en Espagne pour renverser le pouvoir révolutionnaire, pour rendre la liberté au roi, pour détruire l'anarchie; mais il ne disait rien des institutions du pays. Il ne disait rien de l'établissement d'une constitution modifiée dont le discours de Louis XVIII avait fait concevoir l'espérance aux amis d'une sage liberté. Les doutes que ce langage laissait encore subsister furent promptement éclaircis par une proclamation du gouvernement provisoire de l'Espagne, qui venait de s'organiser à Bayonne de l'aveu du prince français.

Dès le 29 janvier la régence d'Urgel avait annoncé qu'elle allait rentrer en Espagne; mais aussitôt une réunion de généraux royalistes, en tête desquels se trouvait Eguia, avait protesté contre le titre que se donnait la régence d'Urgel et contre la prétention qu'elle affichait de se placer à la tête de tous les royalistes d'Espagne. Ils lui imputèrent le mauvais succès des opérations qui avaient eu lieu l'année précédente en Catalogne. Afin de mettre un terme à cette contestation qui menaçait d'amener une déplorable scission entre les royalistes espagnols, on avait opéré une fusion entre ces deux partis, et l'on avait formé, sous le titre de junte provisoire, une commission composée d'Eguia, du baron d'Éroles, de don Juan-Bautista Erro et de Antonio Gomez Calderon.

Don Juan-Bautista Erro, né en 1774 à Andoain, province de Guipuscoa, avait commencé par être employé à l'établissement des mines de mercure d'Almaden; plus tard il fut attaché aux gardes du corps de Charles IV. Il y servit comme secrétaire, et fut ensuite nommé successivement intendant des finances dans les provinces de Soria, de Ciudad-Réal et de Madrid. Il occupait en 1820 l'intendance de Barcelone, lorsque les persécutions des constitutionnels le forcèrent à chercher un refuge en France; il avait, disait-on, une grande habitude des affaires.

Antonio Gomez Calderon, avocat et fiscal de l'ancien conseil des Indes, avait été député aux cortès de 1814. Il était un des signataires de la fameuse protestation des *Perses*. Cette junte avait été reconnue par le duc d'Angoulême. Le 6 avril, elle publia la proclamation suivante :

Espagnols! votre gouvernement déclare qu'il ne reconnaît pas et regarde comme nuls et non avenus les actes publics ou administratifs ainsi que les mesures du gouvernement érigé par la rébellion. En conséquence, toutes les choses sont remises en l'état légitime où elles se trouvaient avant le 7 mars 1820.

Le jour où cette proclamation parut, le premier corps de l'armée française se rapprocha de la Bidassoa. Dans la soirée les réfugiés français et italiens se montrèrent en grand nombre sur la rive gauche; ils portaient un drapeau tricolore qu'ils déployèrent en face d'un poste du neuvième régiment d'infanterie légère et d'une batterie de campagne; mais les troupes ne répondirent pas à leur appel séditieux. Le lendemain 7, l'armée française commença à se mettre en mouvement, et se disposa à passer la rivière sur le pont de bateaux jeté au pas de Behobie. A ce moment on vit reparaître sur l'autre rive la légion de réfugiés. Ils déployèrent leur drapeau tricolore, et provoquèrent les soldats à la désertion. Le général Valin ayant fait avancer quelques pièces de canon, ils se mirent à crier : *Vive l'artillerie française!* Oui, répondit cet officier, *vive l'artillerie française*, et *vive le roi*. Et aussitôt il commanda le feu. Deux coups de mitraille qui portèrent au milieu des réfugiés suffirent pour y jeter le désordre et l'épouvante. Ils n'attendirent pas une troisième décharge, et se réfugièrent précipitamment dans les montagnes.

Le régiment Impérial-Alexandre, dont les révolutionnaires avaient changé le nom en celui de régiment de la Constitution, et qui était commandé par Alexandre O'Donell, avait été posté en avant d'Irun pour seconder les réfugiés dans le cas où leur tentative obtiendrait quelque succès ; mais en voyant que toutes les provocations étaient inutiles, il avait commencé sa retraite sans attendre qu'ils fussent mis en déroute. Ainsi s'en allèrent en fumée toutes les espérances que le ministère des sept patriotes avait fondées sur la formation de cette légion ; et l'armée française passa sur la rive espagnole sans éprouver la moindre résistance.

LA CONSTITUTION EST ABOLIE EN PORTUGAL. — PROGRÈS DE L'ARMÉE D'INVASION. — LE COMTE DEL ABISBAL EST REMPLACÉ DANS SON COMMANDEMENT PAR LE GÉNÉRAL ZAYAS. — BESSIÈRES ESSAYE DE PÉNÉTRER A MADRID. — ENTRÉE DES FRANÇAIS A MADRID. — PROCLAMATION D'ALCOVENDAS. — RÉGENCE DE MADRID. — MINISTÈRE ROYALISTE NOMMÉ PAR LA RÉGENCE. — CINQUIÈME MINISTÈRE CONSTITUTIONNEL.

Les constitutionnels espagnols avaient compté, pour la défense de leurs nouvelles institutions, sur le concours du Portugal ; mais cette ressource devait pareillement leur manquer. Au commencement du mois de mars de cette année, Manuel Silveira Pinto, comte d'Amarante, se mit à la tête d'une insurrection qui eut lieu dans la province de Tras-os-Montes pour renverser la constitution. Le général portugais don Luiz do Rego marcha aussitôt à la poursuite de ces insurgés, et il les avait contraints de se réfugier sur le territoire espagnol, lorsque la contre-révolution éclata aussi aux portes mêmes de Lisbonne. Le 27 mai, le colonel Sampayo et le régiment qu'il commandait s'étant soulevés contre la constitution, l'infant don Miguel courut se mettre à leur tête. Il entraîna par son exemple le reste de l'armée, et le 5 juin la constitution fut abolie en Portugal. Ces événements furent une nouvelle cause de découragement et de désorganisation pour le gouvernement espagnol, qui marchait rapidement à sa ruine. L'armée française, après avoir franchi la frontière, s'était répandue dans les provinces et faisait chaque jour de nouveaux progrès. Saint-Sébastien et Pampelune étaient bloqués.

Le 9 la junte provisoire, entrée à la suite de l'armée française, fut installée à Oyarzun, petite ville de Guipuscoa, placée sur la route de Bayonne à Burgos, à deux lieues en avant d'Irun.

Le 10 l'armée arriva à Tolosa ; le 11 elle occupa Villa-Réal ; le 17, Vitoria. Déjà Guetaria s'était rendue au général Canuel ; Bilbao, à Quesada ; et Pancorbo, au maréchal duc de Reggio, qui, après avoir franchi l'Èbre, se portait sur Burgos.

Le 18 Logroño fut enlevé de vive force par l'avant-garde du général Obert, malgré une résistance assez vive du brigadier don Juan Sanchez.

Le 26 le général Molitor occupa Saragosse, et força les troupes constitutionnelles à abandonner le siége de Mequinenza, qu'elles voulaient enlever aux royalistes.

Le corps du maréchal Moncey n'était entré en campagne que dix jours après l'armée principale. Le 18 une division avait pénétré en Catalogne par le port du Perthus. Le lendemain, le reste de l'armée avait franchi un autre point de la frontière. Nulle part on n'avait rencontré de résistance, et Mina s'était replié entre Castellfollit et Besalu, sur la rive gauche de la Fluvia. Le premier soin du maréchal fut de relever les ruines de la place de Roses, dont le port pouvait, en tous les temps, assurer la subsistance de l'armée de Catalogne.

Le 2 mai Gironne tomba entre les mains des Français. Le 6 le général Donnadieu prit la ville de Vich. Le 8 le général Pamphile-Lacroix enleva Monzon ; et le 17, le général Donnadieu battit, à Castel-Tersol, les troupes constitutionnelles sorties de Barcelone pour protéger la retraite de Mina.

Pendant ce temps l'armée principale avançait vers la capitale. Le 9 mai le duc d'Angoulême fit son entrée dans Burgos. Le 12, le duc de Reggio se rendit maître de Valladolid. Les Français marchaient sans rencontrer d'obstacles : partout où ils se présentaient, les portes leur étaient ouvertes. Les ministres et les cortès étaient cependant persuadés que le comte del Abisbal disputerait aux Français le passage des montagnes qui séparent la Vieille-Castille de la Castille-Nouvelle, et qu'il ne leur permettrait pas d'arriver à Madrid sans avoir livré bataille; mais sur ce point encore leur attente fut trompée. Quelques jours après l'entrée des Français en Espagne, le comte del Abisbal publia un écrit où il disait que, comme chef d'une division de l'armée, il devait exécuter les ordres du gouvernement à la tête duquel le roi avait mis sa majesté ; qu'il était décidé à le faire, bien qu'intimement pénétré de l'état critique dans lequel l'impéritie des ministres précédents avait placé l'État. Il reprochait au dernier cabinet l'impardonnable imprudence avec laquelle on avait provoqué la guerre sans déployer l'énergie nécessaire pour soutenir la dignité de la nation, et sans proposer aucun moyen de transaction capable de réconcilier les esprits des Espagnols, et d'éviter de cette manière que les étrangers prissent l'audace d'intervenir dans les dissensions domestiques de l'Espagne, et de violer le territoire national. Il répétait que si, comme général, il devait obéir aux ordres du gouvernement, comme citoyen espagnol il pouvait, sans enfreindre les lois, avoir son opinion sur la crise dans laquelle se trouvait le pays, et sur les moyens qu'il faudrait employer pour préserver la patrie de la ruine dont elle était menacée par la discorde, par le fanatisme et par les intérêts des chefs de parti. Il proposait ensuite les moyens qui, à son avis, étaient les plus convenables pour obtenir la paix; il était nécessaire, disait-il, de déclarer à l'armée d'invasion que la nation, d'accord avec le roi, était disposée à faire à la constitution les réformes dont l'expérience avait démontré la nécessité.

Cette manifestation, qui était au moins intempestive, fut considérée par tous les constitutionnels comme une trahison. Le comte del Abisbal, destitué et décrété d'accusation, fut obligé de se cacher jusqu'à l'arrivée des Français. Sa conduite eut, pour l'armée qu'il commandait, un effet désastreux. La discorde s'introduisit dans les corps, et les soldats désertèrent en grand nombre. Soit que Casteldosrius, qui reçut le commandement à sa place, n'inspirât pas assez de confiance aux autorités de Madrid, soit qu'il regardât lui-même la résistance comme une tentative insensée, les projets de défense furent abandonnés, et une députation fut envoyée au-devant des Français jusqu'à Buitrago, où le duc d'Angoulême arriva le 17. Cette députation proposa au généralissime de garder Madrid jusqu'à son arrivée, afin de préserver la ville des excès de la populace, pourvu que, de son côté, il promît de permettre et de favoriser la retraite de la garnison et des personnes qui voudraient se retirer avec elle. Le prince français accueillit avec plaisir cette proposition. Il fut convenu qu'un corps de troupes espagnoles resterait dans Madrid jusqu'au 24, jour fixé pour l'entrée des troupes françaises. Des deux côtés on se reposait sur la foi de cette convention, lorsque Georges Bessières, soit qu'il ignorât l'arrangement, soit que, le connaissant, il voulût acquérir la gloire d'entrer le premier dans la capitale, ou plutôt encore pour satisfaire la soif de vengeance et de rapine dont étaient animés les hommes de sa bande, se présenta le 20 mai aux portes de Madrid; et ses éclaireurs pénétrèrent dans la rue d'Alcala en criant: *Vive le roi absolu! Mort à la constitution!* Le général don José Zayas, qui commandait à Madrid, se mit à la tête de quelques troupes, et chassa les éclaireurs de Bessières, pendant que le reste de la garnison prenait les armes. Il se transporta ensuite à la porte d'Alcala, où il eut une entrevue avec le chef royaliste. Il fit observer à celui-ci que, d'après la convention faite avec le duc d'Angoulême, il ne pouvait laisser prendre possession de la place que par les Français. Il lui enjoignit donc de se retirer. Bessières, de son côté, prétendit qu'on lui livrât les portes de la ville. Il ajoutait que si on ne les lui livrait pas, il entrerait de force. Les deux chefs n'ayant pu tomber d'accord, retournèrent chacun se mettre à la tête de ses troupes. Zayas, avec quelques compagnies d'infanterie, deux escadrons de cavalerie et deux canons, sortit par la route d'Alcala pour aller au-devant des royalistes. Il les rencontra bientôt près de la Venta du Saint-Esprit. Le combat fut très-court. Il suffit de quelques volées de mitraille pour jeter le désordre parmi les troupes de Bessières. Une charge de cavalerie acheva de les mettre en déroute. Une partie de la populace, qui était sortie pour aller au-devant des royalistes, afin de rentrer avec eux et de piller les maisons des principaux habitants, prit aussi part au combat, et plusieurs de ces misérables restèrent sur le champ de bataille. Les Français, instruits de ces événements, hâtèrent les préparatifs de l'occupation et précipitèrent leur marche. Le 23, à quatre heures du matin, le général Latour-Foissac entra dans Madrid avec quelques bataillons qui relevèrent à l'instant les postes constitutionnels; et Zayas se retira sans délai sur Talavera de la Reina.

Les cris de *Vivent nos libérateurs!* furent les premiers que le peuple fit entendre après l'arrivée des Français, et l'on espéra un instant que tout se passerait sans désordre et sans violence; mais bientôt on entendit les cris de *Mort aux constitutionnels!* Plusieurs maisons furent pillées. Heureusement de nouvelles troupes françaises arrivèrent et rétablirent la tranquillité. Le lendemain, lorsque le duc d'Angoulême entra dans la ville, tout était parfaitement calme. Une proclamation du prince généralissime fut aussitôt affichée dans Madrid. Elle était datée de la veille et du village d'Alcovendas. Voici cette pièce, qui fut accueillie avec le plus vif intérêt; car elle devait servir en quelque sorte de règle de conduite et de base au gouvernement qu'on allait établir :

Espagnols! avant que l'armée française franchit les Pyrénées, j'ai déclaré à votre généreuse nation que la France n'était point en guerre avec elle. Je lui ai annoncé que nous venions, comme amis et comme auxiliaires, l'aider à relever ses autels, à délivrer son roi, à rétablir dans son sein la justice, l'ordre et la paix ; j'ai promis respect aux propriétés, sûreté aux personnes, protection aux hommes paisibles. L'Espagne a ajouté foi à mes paroles. Les provinces que j'ai parcourues ont reçu les soldats français comme des frères, et la voix publique vous aura appris s'ils ont justifié cet accueil, et si j'ai tenu mes engagements.

Espagnols! si votre roi était encore dans sa capitale, la noble mission que le roi mon oncle m'a confiée, et que vous connaissez tout entière, serait déjà prête de s'accomplir ; je n'aurais plus, après avoir rendu le monarque à la liberté, qu'à appeler sa paternelle sollicitude sur les maux qu'ont soufferts les peuples, sur le besoin qu'ils ont de repos pour le présent, et de sûreté pour l'avenir.

L'absence de sa majesté m'impose d'autres devoirs. Le commandement de l'armée m'appartient ; mais, quel que soit le lien qui m'attache à votre roi et qui unit la France à l'Espagne, les provinces délivrées par nos soldats ne peuvent ni ne doivent être gouvernées par des étrangers.

Depuis la frontière jusqu'aux portes de Madrid leur administration a été provisoirement confiée à d'honorables Espagnols dont le roi connaît le dévouement et la fidélité, et qui ont acquis dans ces circonstances difficiles de nouveaux droits à sa reconnaissance et à l'estime de la nation.

Le moment est venu d'établir d'une manière solennelle et stable la régence qui doit être chargée d'administrer le pays, d'organiser une armée régulière, et de concerter avec moi les moyens de consommer notre grand ouvrage, la délivrance de votre roi.

Cet établissement offre des difficultés réelles que la franchise et la loyauté ne permettent pas de dissimuler, mais que la nécessité doit vaincre.

Le choix de sa majesté ne peut être connu. Il n'est pas possible, sans prolonger douloureusement les maux qui pèsent sur le roi et sur la nation, d'appeler les provinces à y concourir. Dans ces circonstances difficiles et pour lesquelles le passé n'offre pas d'exemple à suivre, j'ai pensé que le plus convenable, le plus national et le plus agréable au roi était de convoquer l'antique conseil de Castille et le conseil suprême des Indes, dont les hautes et diverses attributions embrassent le royaume et ses possessions d'outre-mer, et de confier à ces grands corps indépendants par leur élévation et par la position politique de ceux qui les composent le soin de désigner eux-mêmes les membres de la régence.

J'ai en conséquence convoqué ces conseils, qui vous feront connaître leurs choix.

Les hommes sur qui se seront réunis leurs suffrages exerceront un pouvoir nécessaire jusqu'au jour désiré où votre roi, heureux et libre, pourra s'occuper du soin de consolider son trône, en assurant à son tour le bonheur qu'il doit à ses sujets.

Espagnols! croyez-en la parole d'un Bourbon : le monarque bienfaisant qui m'a envoyé vers vous ne séparera pas, dans ses vœux, la liberté d'un roi de son sang et les justes espérances d'une nation grande et généreuse, alliée et amie de la France.

Le conseil suprême de Castille et le conseil des Indes répondirent qu'ils ne se croyaient pas autorisés par les lois du royaume à nommer une régence. Ils se bornèrent à proposer une liste des personnes qui leur paraissaient capables d'administrer le royaume pendant la captivité du roi. Elle était ainsi composée : le duc de l'Infantado, président du conseil de Castille ; le duc de Montemar, président du conseil des Indes ; l'évêque d'Osma ; le baron d'Éroles, et don Antonio Gomez Calderon. Le duc d'Angoulême s'empressa de reconnaître pour régents les individus qui lui étaient désignés. Ces choix ne furent pas heureux : il eût fallu à la tête des affaires des hommes calmes et animés de sentiments modérés. Presque tous les membres de la régence étaient connus par l'exagération de leurs principes absolutistes : c'est sous l'influence de ces opinions extrêmes que furent désignés les membres du ministère. Don Antonio de Vargas-y-Laguna fut nommé ministre des affaires étrangères.

Lorsque la révolution des Cabezas eut imposé de nouvelles institutions à l'Espagne, il n'y eut que deux fonctionnaires espagnols qui refusèrent de prêter serment à la constitution : le consul de Marseille, et de Vargas-y-Laguna, qui remplissait alors les fonctions d'ambassadeur auprès du saint-siége. Au lieu de se soumettre au nouveau gouvernement, il éleva la voix pour protester contre l'établissement d'une constitution imposée par la révolte : cette manifestation ne lui avait pas permis de rentrer en Espagne. Il était encore absent, et l'on donna par intérim l'administration de cet important ministère à don Victor Damiano Saez, qui avait été confesseur de Ferdinand VII, mais que les révolutionnaires de Madrid avaient fait exiler à la suite de l'émeute du 16 novembre 1820, causée par la nomination de Carvajal. Le ministère de grâce et de justice fut confié à don José Garcia de la Torre, qui avait été membre du conseil de Castille. On nomma aux finances don Juan-Bautista Erro, l'un des membres de la junte provisoire ; à la guerre, le maréchal de camp don José San-Juan ; à la marine, don Luiz Salazar, conseiller d'État ; et à l'intérieur, don José Aznarez.

La nomination de ce ministère put faire prévoir, dès ce moment, l'esprit de réaction qui présiderait aux actes de la nouvelle administration. Le duc d'Angoulême n'avait pas assez de fermeté pour maîtriser les passions vindicatives des absolutistes espagnols. Les persécutions commencèrent, et c'est alors que les partis changèrent de dénominations. Les absolutistes s'appelèrent les *blancs* ; ils donnèrent la qualification de *noirs* (*negros*) aux constitutionnels et aux modérés. Ces dénominations étaient importées du nouveau monde. Dans la lutte que les colonies américaines soutenaient pour se soustraire à la domination de la métropole, les royalistes, qui se composaient pour la plus grande partie d'Européens, avaient pris le nom de blancs ; les indépendants avaient reçu celui de nègres ou de noirs.

Pendant que les Français établissaient ainsi à Madrid un gouvernement réactionnaire, les révolutionnaires et les cortès qui s'étaient réfugiés à Séville se bornaient à déclamer contre les étrangers qui envahissaient le pays pour étouffer la liberté. On fit dans les cortès la proposition de ne pas respecter les soldats de l'armée comme appartenant à une nation civilisée, mais de les traiter comme des hordes barbares qui venaient saccager l'Espagne. Toute cette violence de langage, toute cette exagération de sentiments patriotiques, ne pouvaient rien pour sauver la constitution ; et les ministres, reconnaissant enfin leur impuissance à tirer le pays de l'abîme où l'avait plongé leur conduite imprévoyante, abandonnèrent successivement leurs ministères. Le roi nomma à la guerre Zorraquin, chef de l'état-major de Mina ; mais cet officier ne put venir prendre la direction du département qui lui était confié : il fut tué, quelques jours plus tard, dans une rencontre qui eut lieu près de la frontière française. Il fut remplacé par don Estanislao Sanchez Salvador, qui en 1821, étant gouverneur de Saragosse, avait contribué par sa fermeté à déjouer les projets de Riégo. Le ministère de grâce et de justice fut donné au député Calatrava, qui eut aussi, par intérim, le ministère de l'intérieur. Lopès Baños fut remplacé à la guerre par Pando, premier employé de cette administration. On confia les finances à Yandola, et la marine à Campuzano.

Cependant la guerre continuait avec activité : les Français s'avançaient de tous les côtés. Dans le royaume de Valence, Ballesteros, qui effectuait sa retraite dans la direction d'Alicante et de Carthagène, était vivement poursuivi par le général Molitor. Le 16 juin il tenta de l'arrêter à Alcira et de lui disputer le passage du Xujar. Mais la redoute placée en tête du pont fut bientôt enlevée par les voltigeurs du 4ᵉ léger, et Ballesteros fut obligé de se retirer précipitamment, abandonnant deux pièces de canon. Partout les populations recevaient les Français à bras ouverts. Des soldats et même des régiments entiers désertaient l'armée de Ballesteros pour passer du côté des troupes royalistes.

Dans l'Andalousie, les généraux Bordesoulle et Bourmont, à la tête de dix-sept mille hommes, marchaient rapidement vers Séville. Le gouvernement constitutionnel ne pouvait leur opposer que les débris de l'armée du comte del Abisbal; mais ces forces n'étaient pas en état d'arrêter les Français un seul instant. Il fallait donc chercher un autre moyen de salut. Un comité, composé du ministre de la guerre, des militaires qui étaient membres des cortès, et de quelques généraux, furent chargés d'examiner quel parti on pourrait prendre; quelques-uns proposèrent de se retirer à Cadix, d'autres à Algéciraz ou même à Gibraltar. Cette question fut également soumise au conseil d'État, et ce corps fut d'avis qu'il fallait chercher un refuge à Cadix; mais un des membres du conseil combattit vivement cette résolution : le prince d'Anglona soutint qu'il fallait envoyer une députation au duc d'Angoulême, et entrer avec lui en conférence et en transaction. Le gouvernement penchait pour cette proposition; mais les exaltés la désapprouvaient hautement. Aussi lorsqu'ils virent qu'il était sérieusement question de l'exécuter, ils ameutèrent la populace, parcoururent les rues de Séville en poussant d'épouvantables clameurs; ils pillèrent les maisons de quelques chanoines. De leur côté, les députés demandèrent, dans la séance du 11 juin, que les ministres fussent appelés dans le sein du congrès, afin d'y faire connaître les mesures qu'ils avaient adoptées pour la sûreté de la famille royale et des cortès. Les ministres répondirent que les conseils avaient été d'avis de se réfugier à Cadix, mais que le roi n'avait encore pris aucune résolution. Alors, sur la proposition du député Galiano, les cortès décidèrent qu'une députation irait exposer au roi combien il était urgent d'abandonner Séville. A cinq heures, les membres qui la composaient sortirent pour se rendre au palais, tandis que les députés restaient en séance. Au bout d'une demi-heure la députation revint, et Cayetano Valdès fit connaître aux cortès la réponse de Ferdinand. Il raconta qu'il avait exposé à sa majesté le message dont il était chargé, mais que le roi lui avait répondu avec le plus grand calme : « Ma conscience et l'amour que « je porte à mes sujets ne me permet- « tent pas de sortir de Séville. Je ne re- « culerais ni devant ce sacrifice ni devant « aucun autre si j'étais simple particu- « lier; mais je suis roi, et ma conscience « me le défend. » J'ai fait observer à sa majesté, continua Valdès, que sa conscience devait être en repos, puisque, si comme homme le roi pouvait se tromper, comme monarque constitutionnel il n'avait aucune responsabilité ni aucune autre conscience que celle de ses conseillers et des représentants de la nation auxquels était confié le salut de la patrie. Mais sa majesté a répliqué : *J'ai dit*, et a tourné le dos. En conséquence, la députation, ayant accompli la mission dont elle avait été chargée, fait savoir aux cortès que sa majesté n'est pas dans l'intention de quitter Séville.

Il avait à peine achevé ces paroles que le député Galiano, émettant la supposition que le roi était saisi d'un accès de démence, fit la proposition suivante :
« Attendu le refus qu'a exprimé sa ma- « jesté de mettre sa royale personne ainsi « que sa famille en sûreté contre l'in-

« vasion ennemie, je demande aux cor-
« tès de décider qu'il y a lieu de dé-
« clarer que sa majesté se trouve dans
« le cas d'empêchement moral signalé
« dans l'art. 187 de la constitution; en
« conséquence, de nommer une régence
« provisoire qui, pour le fait seul de la
« translation, sera investie de toutes
« les attributions du pouvoir exécutif. »

La proposition de Galiano fut approuvée. On nomma pour régents provisoires Valdès, Ciscar et Vigodet, qui, après avoir prêté serment et avoir entendu une allocution du président, se transportèrent au palais, afin de préparer le voyage le plus promptement possible.

Le roi sortit de Séville le 12 juin, à six heures et demie du soir, escorté par les bataillons des volontaires nationaux de Madrid et de Séville, et par le régiment de cavalerie d'Almanza. Quoique la distance qui sépare Séville de Cadix ne soit guère que de vingt lieues d'Espagne (127 kilomètres), on mit trois jours à la franchir, parce qu'il fallut régler la marche des voitures d'après le pas de l'escorte d'infanterie.

Une heure après le départ du roi et des ministres qui l'accompagnaient, les cortès se séparèrent. La ville, abandonnée par les autorités et sans autre force militaire qu'un régiment d'artillerie à pied incomplet, et composé presque entièrement de conscrits, fut livrée au plus épouvantable désordre. Le lendemain matin, 13 juin, la plus grande partie des députés partirent de Séville sur un bateau à vapeur. A peine le bâtiment se fut-il éloigné, qu'on sonna le tocsin. Le bas peuple, les habitants du faubourg de Triana, et les paysans des environs se précipitèrent vers le quai, où étaient amarrées des barques destinées à recevoir les députés et les fonctionnaires qui n'avaient pas trouvé place sur le bateau à vapeur. La populace chassa à coups de fusil les personnes qui s'y trouvaient déjà ou qui se disposaient à y monter. Elle se mit à piller les bagages; et comme elle en voulait aux effets encore plus qu'aux personnes, on n'eut d'abord que peu de malheurs à déplorer. Cependant l'émeute allait toujours grossissant, et les perturbateurs se portèrent à l'ancienne maison de l'inquisition, où ils pensaient trouver des armes.

Elle ne renfermait que quelques barils de poudre; et le feu y ayant pris, la maison sauta. Plus de cent personnes furent ensevelies sous ses ruines. Cette catastrophe calma presque entièrement l'agitation populaire.

Le mode de transport adopté par la plus grande partie des députés était beaucoup plus rapide que la voie de terre suivie par le roi et par les régents : aussi, lorsque ceux-ci arrivèrent à Cadix, ils y avaient été précédés par une partie des cortès. En conséquence, le 15, peu d'instants après leur arrivée, ils rendirent le décret suivant :

La régence provisoire, attendu que sa majesté est arrivée dans cette île Gaditane, attendu qu'il s'y trouve également un nombre de députés suffisant pour se former en cortès et pour délibérer, déclare qu'à partir de ce moment doit cesser entièrement l'exercice des attributions du pouvoir exécutif que les cortès, par leur décret du 11 juin du présent mois, lui avaient confiées jusqu'à ce que ce but fût atteint.

Ainsi, à quatre jours de distance, on déclarait le roi atteint de démence et incapable de gouverner; puis on lui rendait le pouvoir. Il suffit de signaler ces faits : il n'est pas nécessaire de les commenter.

MORILLO CAPITULE AVEC LES FRANÇAIS. — BALLESTEROS RECONNAÎT LA RÉGENCE DE MADRID. — ZAYAS REND GRENADE. — RIEGO ATTAQUE LES TROUPES DE BALLESTEROS. — IL EST BATTU A JAEN, A JODAR, ET CONDUIT EN PRISON PAR LES PAYSANS D'ARQUILLOS. — MESURES RÉACTIONNAIRES DE LA RÉGENCE DE MADRID. — DÉCRET D'ANDUJAR. — PROTESTATION DE LA RÉGENCE. — SUICIDE DE SANCHEZ-SALVADOR. — PRISE DU TROCADERO. — FERDINAND EST MIS EN LIBERTÉ.

La dernière résolution prise à Séville par les cortès, la translation du roi à Cadix, achevèrent de perdre la cause du gouvernement constitutionnel, déjà si compromise. Ces événements provoquèrent les défections : beaucoup de villes, beaucoup de généraux, se refusèrent à reconnaître la régence improvisée que les cortès avaient substituée au pouvoir royal de Ferdinand VII.

En Galice le commandement avait, on se le rappelle, été confié à Morillo, comte de Carthagène. Les forces dont ce général pouvait disposer n'étaient pas très-considérables, et il était loin d'éprouver une ferveur bien vive pour le maintien du gouvernement révolutionnaire. Les persécutions dont il avait été l'objet avaient beaucoup refroidi son enthousiasme. Il se trouvait à Lugo le 26 juin, quand on y apprit les derniers événements de Séville et la nomination de la nouvelle régence. Ces changements n'étaient pas de nature à ranimer le zèle déjà fort tiède de la province et des troupes qu'il commandait. Il réunit un conseil composé de l'évêque de Lugo, du chef politique et de trois individus des députations provinciales d'Orense, de la Corogne et de Vigo. Cette junte résolut de ne reconnaître ni la régence de Séville, qui n'était que l'instrument d'une faction frénétique, ni la régence de Madrid, dont les mesures réactionnaires étaient incompatibles avec les véritables intérêts du pays. Elle prit la résolution d'envoyer un parlementaire au général Bourck, qui s'avançait en Asturie, et de lui proposer un armistice. Morillo offrit de joindre ses forces à celles des Français, et de coopérer avec eux à la délivrance du roi, seul terme possible des maux qui déchiraient l'Espagne. Il demanda que la Galice continuât à être administrée par les autorités actuelles jusqu'au moment où Ferdinand, rétabli dans la plénitude de ses droits, aurait réglé la forme de gouvernement qui conviendrait le mieux à la monarchie ; enfin, il stipula que personne ne serait poursuivi ni molesté pour ses opinions. Il réclama une égale sûreté pour les individus et pour les propriétés : ces propositions furent agréées. Le 10 juillet les troupes françaises commandées par le général Bourck entrèrent dans Lugo, et se réunirent aux forces de Morillo pour achever la pacification de la province. La Corogne, où s'étaient réfugiés la plus grande partie des exaltés, Vigo et Orense, où commandaient les généraux Romai et Rosillo, refusèrent d'obéir aux ordres du comte de Carthagène. Les Français se dirigèrent sur la Corogne ; et le 15, après un engagement très-vif contre les troupes constitutionnelles, ils en commencèrent le siége. Le même jour une brigade française, commandée par le général Hubert, entra au Ferrol sans éprouver de résistance. Le comte de Carthagène occupa Santiago et Pontevedra, chassant de ces villes les troupes qui tenaient encore pour le gouvernement révolutionnaire. Il dispersa une colonne de constitutionnels au pont de San-Payo, et avec l'aide de la brigade française du comte de la Rochejacquelein, qu'on avait mise à ses ordres, il força les ennemis à se replier sur Orense, et le 3 août il entra dans Vigo.

Les Français ne faisaient pas de progrès au siége de la Corogne, parce qu'ils manquaient de grosse artillerie. Ils n'avaient pu tirer du Ferrol que huit canons de fer. Ils manquaient également de munitions. La prise de Vigo leur offrait des ressources suffisantes en tous genres ; mais ils n'avaient pas encore pu en faire usage quand la garnison de la Corogne reconnut l'autorité du comte de Carthagène, et cette place fut occupée le 21 août. En même temps les débris des constitutionnels furent chassés d'Orense. Forcés de quitter la Galice, ils se dirigèrent vers l'Estramadure ; mais avant qu'ils eussent pu traverser le Duero, ils furent atteints, à Gallegos-de-Campo, par le général Marguerye, qui les poursuivait à la tête du 35e de ligne. Ils n'essayèrent pas de se défendre, et rendirent les armes au nombre de près de quinze cents hommes ; les généraux Rosello, Vigo, et le brigadier Palarea, furent au nombre des prisonniers.

De son côté, Ballesteros n'avait pu défendre la ligne du Jucar. Le passage avait été forcé à Alcira ; et il s'était retiré dans les royaumes de Murcie et de Grenade, toujours poursuivi par le comte Molitor. Persuadé que la défense était inutile, qu'elle ne faisait que perpétuer les maux de la guerre, sans gloire et sans utilité pour le pays, il avait envoyé un parlementaire au général français ; mais la capitulation qu'il proposait n'ayant pas paru acceptable, il prit le parti de se jeter dans les montagnes ; on ne lui en laissa pas le temps. Une de ses divisions, composée de six bataillons, fut attaquée par les Français à Campillo-de-Arenas, le 28 juillet, et forcée de se replier, après avoir éprouvé des pertes très-sensibles. Ce revers le rendit moins difficile sur les conditions qu'il demandait, et le 4 août un arrangement fut conclu entre lui et le comte Molitor. Ballesteros et l'armée qui était sous ses ordres reconnurent l'autorité de la régence d'Espagne établie à Madrid en l'absence du roi. Ses troupes furent cantonnées dans des endroits fixés de concert avec le général Molitor. Il fut également stipulé que les généraux, chefs et officiers appartenant à ce corps d'armée, conserveraient leurs grades, emplois, distinctions, et enfin que nul individu appartenant à l'armée ne pourrait être inquiété ni molesté pour ses opinions antérieures à cette convention.

Le général Zayas, qui commandait à Grenade, voulant épargner à cette ville les horreurs d'une prise d'assaut ou les désastres encore plus redoutables d'une occupation par les soldats de la Foi, conclut un arrangement semblable à celui qui avait eu lieu pour Madrid. Il remit lui-même la ville aux Français ; et il se retira à Alhama, où il apprit la capitulation de Ballesteros. Il est à présumer qu'il aurait imité l'exemple de ce général ; mais ses troupes se mutinèrent, et il fut forcé de se retirer avec elles à Malaga. Les représentations qu'il avait adressées au gouvernement avaient irrité contre lui les exaltés, et Riégo lui avait été substitué dans le commandement. Ce dernier vint à Malaga prendre le commandement de cette division, et, poussé par les conseils des révolutionnaires, il fit arrêter Zayas, ainsi que plusieurs autres officiers dont les opinions lui étaient suspectes. Il fit enlever la plus grande partie de l'argenterie des églises, et commit beaucoup d'actes de cette nature qui indisposèrent vivement contre lui les habitants de cette ville ; puis comme une division française s'avançait rapidement sous la conduite du général Loverdo, il chargea dix gros bateaux des personnes qu'il avait arrêtées et de l'argent qu'il avait levé sur le pays. Il les fit partir sous l'escorte d'un brick et d'un bâtiment armé ; puis il abandonna la ville. Aussitôt que les Français furent entrés dans Malaga, ils mirent à la poursuite de ce convoi deux chaloupes canonnières qui ne tardèrent pas à l'atteindre, et qui forcèrent le bâtiment armé et huit bateaux à rentrer dans le port.

Depuis la fin d'août, les troupes du corps de Ballesteros étaient cantonnées dans le royaume de Cordoue à Montilla, à Lucena et à Priégo. Dans l'espoir de ramener ces forces à la cause révolutionnaire, Riégo se dirigea de ce côté ; et le 10 septembre, à la tête de deux mille cinq cents fantassins et de sept à huit cents chevaux, il arriva à Priégo. Un combat de tirailleurs s'engagea aussitôt entre les éclaireurs des deux armées ; et Riégo avait déjà perdu quelques hommes lorsqu'il s'avança en personne pour faire cesser le feu. Il se mit à crier : *Vive l'union!* Ses soldats jetèrent en l'air leurs schakos. On pensa qu'ils demandaient à capituler. On entra en pourparlers ; et les deux généraux se dirigèrent ensemble vers le village. Riégo proposait d'abandonner le commandement de son armée à Ballesteros, pourvu que celui-ci l'employât à combattre les Français. Cette offre ayant été repoussée, l'escorte de Riégo se jeta tout à coup sur la garde de Ballesteros, la désarma, et retint ce général comme prisonnier en son logement. Riégo espérait que, le chef une fois arrêté, ses troupes reviendraient volontiers au parti constitutionnel ; mais sa trahison n'eut pas le résultat qu'il en attendait. Le général Balanzat, qui commandait une des brigades, s'avança avec ses troupes, et contraignit Riégo à relâcher les prisonniers.

Après cette malheureuse tentative, le général révolutionnaire se retira du côté d'Alcaudete, d'où il se rendit à Jaen. Mais dans sa retraite il fut abandonné par beaucoup de soldats et d'officiers, et même par deux escadrons d'Espagne et de Numance, qui ne voulurent pas servir plus longtemps sous ses ordres.

Le 13 Riégo était à Jaen, occupé à recueillir une forte contribution qu'il avait imposée à la ville, quand la division du général Bonnemains survint tout à coup. Les Français attaquèrent à l'instant même les troupes constitutionnelles, et les chassèrent de la ville. Les constitutionnels, ralliés par Riégo sur les hauteurs en arrière de Jaen, y furent de nouveau attaqués. On les culbuta de position en position jusqu'au delà de Mancha-Réal, et ils perdirent plus de cinq cents hommes dans cette journée.

En quittant Mancha-Réal ils prirent la direction de Jodar ; mais le général Latour-Foissac, qui commandait à Andujar, ayant prévu que Riégo pourrait se retirer de ce côté, y avait envoyé le colonel d'Argoult. Il y avait à peine quelques minutes que les troupes de Riégo étaient arrivées à Jodar, lorsqu'elles furent attaquées par les Français. Elles opposèrent peu de résistance, et furent entièrement dissipées. Les fuyards trouvèrent un asile dans les montagnes. Quant au général, abandonné de tout le monde, il se sauva, accompagné seulement de quatre officiers, dont deux étaient Anglais. Il se dirigea vers la Sierra-Morena, et le lendemain de la défaite de Jodar il atteignit Arquillos, petit village situé à deux lieues environ au-dessus du confluent du Guadalen et du Guadalimar. Il était entré avec ses quatre compagnons de route dans une ferme, où il soupait, après s'être annoncé comme appartenant à l'armée de Ballesteros. Trahi par le titre de général, que lui donna imprudemment un de ses camarades, et reconnu par un paysan, il fut arrêté par les habitants d'Arquillos. On le conduisit à la Carolina, où il fut enfermé dans la prison. Le lendemain il fut envoyé à Andujar avec une escorte composée de quarante hommes du 4ᵉ de hussards, et d'une partie des paysans qui l'avaient arrêté. Ces derniers ne le perdaient pas de vue un seul instant. Ils ne se retirèrent qu'après avoir vu se refermer sur lui les portes de la prison. A la Carolina, ils avaient eu beaucoup de peine à se décider à le remettre aux soldats français; et pour être plus sûrs qu'on ne le laisserait pas échapper, un d'eux, appuyant le canon de sa carabine sur la poitrine du prisonnier, allait le tuer, quand l'officier français à qui Riégo avait été confié releva promptement l'arme avec la main. Lorsque Riégo entra dans Andujar, les habitants de la ville et les paysans des environs, qui étaient accourus en foule, l'accueillirent par des clameurs injurieuses, par des menaces et des cris de mort; et ils l'auraient massacré sans la protection de l'escorte française. Dans cette circonstance critique, Riégo dit à l'officier qui l'accompagnait :

« Ce peuple que vous voyez aujour-
« d'hui si acharné contre moi, ce peuple
« qui sans vous m'aurait déjà égorgé,
« l'année dernière me portait ici même
« en triomphe; la ville me força d'accep-
« ter malgré moi un sabre d'honneur;
« toute la nuit que je passai ici les mai-
« sons furent illuminées, le peuple dansa
« sous mes fenêtres et m'assourdit de
« ses cris. »

Quand la nouvelle de l'arrestation de Riégo fut arrivée à Madrid, elle y causa la joie la plus vive; cette même populace qui l'année précédente, précisément à la même époque, voulait promener dans les rues le portrait de Riégo, fit subir à son effigie, sur la plaza Mayor, un ignominieux supplice.

Il faut le dire quoiqu'à regret, ce n'était pas seulement la lie du peuple qui s'abandonnait à ces passions furieuses, le parti absolutiste presque entier était atteint de la même frénésie. La régence, retenue par la modération des Français, avait, pendant quelque temps, dissimulé ses projets de vengeance et de réaction, jusqu'au moment où les événements de Séville et la translation du roi à Cadix lui avaient donné un prétexte pour laisser éclater sa colère, et lui avaient fourni l'occasion, qu'elle attendait impatiemment, de décréter des mesures rigoureuses : elle saisit avec empressement le prétexte qui se présentait; et le 19 elle annonça par une proclamation la conduite qu'elle allait suivre :

La régence du royaume, disait-elle à la fin de cette pièce, en voyant de si énormes attentats, a pris et continuera à prendre des mesures fermes, vigoureuses et énergiques pour châtier ceux qui les ont commis, et pour porter remède à l'étendue des maux causés par les ennemis implacables de Dieu et du monarque. La prudence et la vigueur présideront à toutes ses résolutions. Vous l'aiderez à atteindre le but si noble et si juste qu'elle se propose par votre confiance en votre gouvernement, *qui sera constant à poursuivre* tous ceux qui, par une rage infernale, ont couvert nos cœurs de deuil.

Cette promesse d'intolérance et de persécution ne resta pas longtemps sans effet. Le 23, la régence rendit le décret suivant :

Article 1ᵉʳ. Il sera dressé une liste des membres des cortès actuelles, de ceux de la prétendue régence nommée à Séville, des ministres, des officiers de la milice volontaire de Madrid et de Séville qui ont commandé la translation du roi de cette cité à Cadix, ou qui ont aidé à l'effectuer.

Art. 2. Les biens appartenant aux personnes portées sur ladite liste seront immédiatement séquestrés jusqu'à nouvel ordre.

Art. 3. Tous les députés qui ont pris part à la délibération dans laquelle a été résolue la déchéance du roi, notre seigneur, sont, par le fait seul, déclarés coupables de lèse-majesté, et les tribunaux leur appliqueront, sans autre procédure que la vérification de leur identité, la peine prononcée par les lois pour cette nature de crimes.

Art. 4. Seront exceptés de la disposition précédente, et seront dignement et honorablement récompensés ceux qui contribueront efficacement à la délivrance du roi, notre seigneur, et de sa royale famille.

Art. 5. Les généraux et officiers des troupes de ligne et de la milice qui ont suivi le roi à Cadix restent personnellement responsables de la vie de sa majesté et de la famille royale, et pourront être traduits devant un conseil de guerre, pour être jugés comme complices des violences qui se commettent contre le roi et contre la famille royale lorsque, pouvant les empêcher, ils ne l'auront pas fait.

Art. 6. Des ordres vont être transmis par le moyen le plus prompt et le plus opportun au gouverneur de Ceuta, afin qu'il refuse l'entrée de cette place aux cortès et au gouvernement révolutionnaire, dans le cas où ils tenteraient de s'y retirer; mais il devra apporter le plus grand soin à ce que sa résistance n'expose les personnes royales à aucun danger.

Art. 7. En même temps la régence se concertera avec son altesse royale monseigneur le duc d'Angoulême pour que les mesures les plus strictes de vigilance soient prises sur terre et sur mer, afin d'empêcher que le roi et la famille royale ne puissent être transportés dans les colonies, si par malheur on essayait de les faire embarquer.

Art. 8. Des prières générales seront continuées pendant huit jours pour implorer la clémence divine. Pendant ce temps les théâtres seront fermés et les autres divertissements publics seront interdits.

Art. 9. Il sera donné avis, par courriers extraordinaires, aux principales cours de l'Europe des mesures qui viennent d'être prises.

Ce décret et les proclamations qui l'accompagnèrent furent le signal d'horribles persécutions. Des centaines d'individus qui étaient restés dans les villes soumises à la régence, sur la foi des capitulations et avec la promesse de ne pas être inquiétés, furent arrêtés sous le prétexte qu'ils étaient libéraux et qu'ils devaient servir d'otages pour être sacrifiés si on attentait à la vie de Ferdinand. Insultes, menaces, violences, exactions, rien ne leur fut épargné. A Saragosse, plus de douze cents personnes furent emprisonnées; à Roa, la prison publique fut forcée, et quelques-uns des prisonniers périrent dans d'atroces supplices; à Cordoue, la populace, non contente de traîner en prison des centaines de citoyens respectables aux cris de *Vive le roi!* se donnait le cruel passe-temps de précipiter les constitutionnels dans un bassin plein d'eau. A Madrid, on commit de semblables excès; et la régence, loin de les réprimer, semblait les provoquer par ses écrits et par ses actes.

Le duc d'Angoulême voyait avec chagrin les violences du parti royaliste. Il avait promis que les individus qui se rendraient ne seraient inquiétés ni dans leurs personnes ni dans leurs biens; mais les absolutistes ne tenaient pas compte de ses promesses, et les dispositions les plus précises des capitulations n'étaient pas toujours une garantie contre les persécutions. Il ne voulut pas que la honte de ces manques de foi retombât sur le drapeau français; et pour les empêcher autant que cela était en son pouvoir il rendit une ordonnance dont voici les termes :

Nous, Louis-Antoine d'Artois, fils de France, duc d'Angoulême, commandant en chef l'armée des Pyrénées;

Considérant que l'occupation de l'Espagne par l'armée française sous mes ordres nous met dans l'indispensable obligation de pourvoir à la tranquillité de ce royaume et à la sûreté de nos troupes;

Avons ordonné et ordonnons ce qui suit:

Art. 1er. Les autorités espagnoles ne pourront faire aucune arrestation sans l'autorisation du commandant de nos troupes dans l'arrondissement duquel elles se trouveront.

Art. 2. Les commandants en chef des corps de notre armée feront élargir tous ceux qui ont été arrêtés arbitrairement, et pour des motifs politiques, notamment les miliciens rentrant chez eux. Sont toutefois exceptés ceux qui depuis leur rentrée dans leurs foyers ont donné de justes motifs de plainte.

Art. 3. Les commandants en chef des corps de notre armée sont autorisés à faire arrêter ceux qui contreviendraient au présent ordre.

Art. 4. Tous les journaux et journalistes

sont placés sous la surveillance des commandants de nos troupes.

Art. 5. La présente ordonnance sera imprimée et affichée partout.

Fait à notre quartier général d'Andujar, le 8 août 1823.

Cette ordonnance était sage, et sans doute elle eût épargné bien des maux à l'Espagne si elle eût été exécutée; mais elle fut vivement attaquée par les absolutistes, dont elle décevait les instincts sanguinaires. Or, ce n'était pas seulement en Espagne que s'agitait ce parti ennemi de tout progrès et de toute clémence. Il était puissant aux Tuileries aussi bien qu'à l'Escurial. Il avait été représenté au congrès de Vérone. Les passions absolutistes étaient conformes au vœu, à la pensée, à la politique du cabinet russe. Aussi la régence d'Espagne, bien certaine que sa voix trouverait de l'écho à Paris et à Saint-Pétersbourg, n'hésita pas à protester contre l'exécution de l'ordonnance d'Andujar. Elle le fit en des termes qui excluent toute idée de reconnaissance de sa part pour l'intervention française, sans laquelle son parti eût été écrasé.

Voici comment elle s'exprima :

A son excellence le duc de Reggio.

Excellence,

La régence du royaume vient d'être informée officiellement que, la nuit dernière, trois officiers français se sont présentés à la prison de la ville avec plusieurs gendarmes, et qu'ils ont mis en liberté vingt-deux Espagnols détenus sous la sauvegarde des autorités et de la loi. La régence a appris avec étonnement un événement qui attaque la souveraineté du roi au nom de qui elle gouverne; ne pouvant supporter cette atteinte à sa dignité, elle proteste à la face de l'Europe, dont elle implore l'assistance, contre la violence de cet acte.

En apprenant cette nouvelle, la régence du royaume aurait voulu pouvoir abandonner les rênes de l'État ; mais, pensant à la situation de son souverain, à la nécessité de conserver l'union entre les deux nations et au besoin de maintenir l'ordre public dans l'intérieur, elle se croit obligée de continuer ses fonctions, malgré l'outrage fait à l'autorité dont elle était investie.

La régence du royaume m'ordonne d'avoir l'honneur d'adresser à votre excellence cette protestation en réponse à la communication officielle qu'elle vient de recevoir.

J'ai l'honneur d'être, etc...

Le duc DE L'INFANTADO.

Mardi, 15 août 1823.

Sans doute le duc d'Angoulême eût été en droit d'imposer silence à ce gouvernement ingrat et turbulent, qui n'était à Madrid que parce qu'il l'y avait amené; qui n'existait que parce qu'il l'avait créé; mais il n'avait ni assez d'énergie ni assez de sagesse pour comprimer le parti absolutiste. Les représentants des puissances qui avaient été parties au congrès de Vérone, et qui voulaient le triomphe du droit divin plutôt que le bonheur et la pacification de l'Espagne, joignirent leurs réclamations à celles de la régence. Peut-être aussi les instructions du cabinet français enjoignirent-elles au duc d'Angoulême de céder afin de ne pas accroître le nombre de ses adversaires et de ne pas hérisser de difficultés une entreprise qui avait été jusque-là d'une exécution si aisée. Une explication signée par le comte de Guilleminot, major général de l'armée, vint atténuer considérablement la portée de l'ordonnance d'Andujar. Voici les termes de cette circulaire :

Son altesse royale monseigneur le duc d'Angoulême étant informé que diverses autorités locales ont mal interprété son ordre du 8 août, me charge de vous faire différentes objections sur ce sujet.

En même temps que son altesse royale témoigne le désir de faire cesser toutes les mesures arbitraires, elle reconnaît aussi l'utilité d'assurer le pouvoir des autorités espagnoles, tant municipales que judiciaires, afin de réprimer les délits qui, par leur impunité, compromettaient la tranquillité publique, dont la conservation a été l'objet de cet ordre. Jamais l'intention de son altesse royale ne fut d'arrêter le cours de la justice dans les poursuites pour des délits ordinaires, sur lesquels le magistrat doit conserver toute la plénitude de son autorité.

Les mesures prescrites dans l'ordre du 8 août n'ont d'autre objet que d'assurer les effets de la parole du prince par laquelle il garantit la tranquillité de ceux qui, sur la foi des promesses de son altesse royale, se séparent des rangs de l'ennemi; mais en même temps, l'indulgence pour le passé garantit la sévérité avec laquelle les autres délits seront punis, et conséquemment les commandants français devront non-seulement laisser agir les tribunaux ordinaires, auxquels il appartient de punir, suivant la rigueur des lois, ceux qui à l'avenir se rendront coupables de désordre et de désobéissance aux lois; mais encore ils devront agir, d'accord avec les autorités locales, pour toutes les mesures qui pourront intéresser la conservation de la paix publique.

Quant à la disposition de l'article 4, qui met les journaux sous la surveillance des commandants des troupes françaises, on ne doit pas supposer qu'il ait un autre objet que d'empêcher d'insérer dans les papiers, comme cela arrive fréquemment, des articles qui peuvent aigrir les partis, ou empêcher l'effet des mesures prises par son altesse royale, par des personnalités inconvenantes, soit sur ce qui touche les opérations militaires, soit sur ce qui est relatif à la pacification de l'Espagne et à la liberté de sa majesté chrétienne, objet principal des efforts de son altesse royale.

MM. les commandants français doivent s'entendre avec les autorités espagnoles pour que les articles de ce genre ne soient point insérés dans les journaux; et dans le cas où, contre toute apparence, les autorités ne feraient aucun cas de leurs observations, il est naturel et juste que, travaillant dans l'intérêt des opérations de l'armée, ces commandants s'opposent à de semblables insertions.

Veuillez bien faire connaître aux autorités espagnoles, tant civiles que militaires, qui sont dans votre arrondissement, ainsi qu'aux commandants français sous vos ordres, les explications ci-dessus, lesquelles ne doivent pas laisser de doute sur les véritables intentions de son altesse royale.

Cette lettre du major général de l'armée est postérieure de dix-huit jours au décret d'Andujar. Elle est datée de Port-Sainte-Marie; car dès le 24 juin le corps d'armée du général Bordesoulle était arrivé en vue de Cadix et avait formé le blocus de cette ville. Il s'était ainsi avancé jusqu'à l'extrémité méridionale de la Péninsule sans rencontrer la moindre résistance.

L'approche des Français ne modifia pas la conduite des cortès. Cette assemblée, feignant une sécurité qui ne pouvait être dans le cœur d'aucun de ses membres, s'occupa de lois sans importance actuelle, et ne fit absolument rien d'utile. Le petit nombre de députés dont le jugement n'était pas altéré par la passion, ne pouvaient s'abuser sur l'issue de la crise où l'on se trouvait; mais par cela même leur position devenait chaque jour plus embarrassante. Ils n'osaient abandonner la cause constitutionnelle au moment du danger, dans la crainte de mériter le reproche de lâcheté. Cependant ils étaient mal vus par les exaltés, dont ils essayaient de modérer la fougue révolutionnaire.

Les angoisses de cette position troublèrent l'esprit du général Sanchez-Salvador, qui n'avait pas osé refuser le ministère de la guerre. C'était sur lui que reposait la responsabilité de la défense du pays; aussi, n'osant pas proposer une transaction qui serait regardée par les exaltés comme un acte de faiblesse, et sentant que les efforts pour sauver la cause constitutionnelle ne pouvaient amener aucun résultat, il perdit la tête: la mort lui sembla le seul moyen de sortir d'embarras. Il eut recours au suicide, et se coupa la gorge, après avoir tracé quelques lignes qui furent trouvées à côté de son cadavre. Il disait: « La vie me devient chaque jour plus insupportable, et la conviction de cette vérité m'entraîne à prendre la résolution de terminer mon existence par mes propres mains. La seule consolation que je puisse laisser à mon estimable femme, à mes chers enfants et à mes amis, sur cette terrible détermination, c'est que je descends au tombeau sans avoir jamais commis ni aucun crime ni aucun délit. — Nuit du 17 au 18 juin. »

Ce malheureux officier fut remplacé au ministère de la guerre par Puente, qui lui-même eut bientôt pour successeur don Francisco Fernandez Golfin. Le ministère des affaires étrangères fut confié à Pando, et ensuite à don José Luyando. Salvador Manzanarez eut celui de l'intérieur; Calatrava conserva celui de grâce et de justice, et Yandola celui des finances. Le général Valdès fut nommé gouverneur politique et militaire de Cadix, et le général Burriel fut chargé de la défense de l'île Léon.

Cependant les opérations militaires marchaient rapidement. Le 16 août le duc d'Angoulême arriva à Port-Sainte-Marie. Les troupes qui l'accompagnaient augmentèrent considérablement les forces réunies devant cette ville; et il devint possible de pousser les opérations du siége avec une activité et avec une vigueur qu'elles n'avaient pas eues jusque-là. Néanmoins, avant de tenter une attaque de vive force, le duc d'Angoulême voulut faire connaître ses intentions à Ferdinand; et le lendemain de son arrivée à Port-Sainte-Marie il lui écrivit la lettre suivante, qui fut portée à Cadix par un officier français :

Monsieur mon frère et cousin,

L'Espagne est délivrée du joug révolutionnaire; quelques villes fortifiées servent seules de refuge aux hommes compromis. Le roi mon oncle et seigneur avait pensé (et les événements n'ont rien changé de son sentiment) que votre majesté, rendue à la liberté et usant de clémence, trouverait bon d'accorder une amnistie nécessaire après tant de troubles, et de donner à ses peuples, par la convocation des anciennes cortès du royaume, des garanties d'ordre, de justice et de bonne administration. Tout ce que la France pourrait faire, ainsi que ses alliés, et l'Europe entière, serait fait pour consolider cet acte de votre sagesse; je ne crains pas de m'en porter garant.

J'ai cru devoir rappeler à votre majesté, et par elle à tous ceux qui peuvent prévenir encore les maux qui les menacent, les dispositions du roi mon oncle et seigneur. Si d'ici cinq jours il ne m'est parvenu aucune réponse satisfaisante, et si votre majesté est encore à cette époque privée de sa liberté, j'aurai recours à la force pour la lui rendre. Ceux qui écouteraient leurs passions de préférence à l'intérêt de leur pays répondront seuls du sang qui sera versé.

Le très-affectionné frère, cousin et serviteur,

LOUIS-ANTOINE.

De mon quartier général au Port-Sainte-Marie, ce 17 août 1823.

Les ministres, qui ne pouvaient s'abuser sur la position désespérée de leur parti, qui se sentaient impuissants pour sauver la constitution, auraient dû chercher au moins à profiter des intentions bienveillantes manifestées par le duc d'Angoulême. Peut-être en ce moment n'eût-il pas encore été impossible d'obtenir une transaction garantie par la parole du prince français, de manière à assurer la tranquillité des personnes compromises; peut-être n'eût-il pas encore été trop tard pour stipuler que des institutions libérales seraient données au pays. Au lieu de se rattacher à cette dernière planche de salut, ils firent écrire par Ferdinand cette lettre irritante, qui ne pouvait qu'aggraver la position de leur parti :

Monsieur mon frère et cousin,

J'ai reçu la lettre de votre altesse royale datée du 17 courant : et c'est en vérité une chose très-remarquable que jusqu'à ce jour les intentions de mon frère et oncle le roi de France ne m'aient pas été manifestées, quand depuis six mois ses troupes ont envahi mon royaume, et ont occasionné tant de calamités à mes sujets, qui ont eu à supporter cet envahissement.

Le joug dont votre altesse royale prétend avoir délivré l'Espagne n'a jamais existé, et je n'ai jamais été privé d'aucune autre liberté que de celle dont les opérations de l'armée française m'ont dépouillé.

La meilleure manière de me rendre cette liberté et de laisser le peuple espagnol en possession de la sienne, serait de respecter nos droits comme nous respectons ceux des autres, et il faudrait qu'un pouvoir étranger cessât de s'entremettre, au moyen d'une force armée, dans nos affaires intérieures.

Les sentiments paternels de mon cœur sont, pour ce qui me concerne, la règle la plus sûre et le plus puissant motif pour juger et pour chercher un remède aux besoins de mes sujets. Si de plus fortes garanties pour la conservation de l'ordre et de la justice étaient désirées par eux, c'est avec eux que j'en conviendrais. En attendant, que votre altesse royale me permette de lui dire que le remède qu'elle m'indique est aussi incompatible avec la dignité de ma couronne qu'avec l'état actuel du monde, la situation politique des choses, les droits, les usages, et le bien-être de la nation que je gouverne. Rétablir, après trois siècles d'oubli, une institution aussi variée, aussi changeante, aussi monstrueuse que les anciennes cortès du royaume l'étaient, assemblées dans lesquelles la nation n'était pas réunie et ne possédait pas une véritable représentation, serait la même chose, ou pis encore, que de ressusciter les états généraux en France. De plus, cette mesure, insuffisante pour assurer la tranquillité de l'ordre public, sans procurer aucun avantage à aucune classe dans l'État, ferait renaître les difficultés et les inconvénients qu'on éprouva dans les temps anciens, et dont on s'est toujours souvenu chaque fois qu'il a été question de ce sujet.

Ce n'est pas au roi que doivent être adressés les conseils que son altesse royale a cru devoir lui donner; car il n'est ni juste ni possible qu'on appelle le roi à prévenir des maux qu'il n'a ni causés ni mérités. Cet appel devrait plutôt être adressé à celui qui est l'auteur volontaire de ces maux.

Je désire, ainsi que ma nation, qu'une paix honorable et solide mette un terme aux désastres de la présente guerre, guerre que nous n'avons pas provoquée et qui est aussi nuisible à la France qu'à l'Espagne. J'ai, à ce sujet, des négociations pendantes avec le gouvernement de sa majesté britannique, dont la médiation a également été sollicitée par sa majesté très-chrétienne; je ne saurais me départir de cette base; et je ne crois pas que votre altesse royale doive le faire. Si, malgré ma déclaration présente, on abusait de la force sous le prétexte que votre altesse royale insinue, ceux qui le feront seront responsables du sang répandu; et votre altesse royale le sera particulièrement, devant Dieu et les hommes, de tous les maux quelle peut attirer sur ma personne et sur ma famille royale, ainsi que sur cette cité bien méritante.

Que Dieu garde votre altesse royale, mon frère et cousin, pendant beaucoup d'années.

Cadix, 21 août 1823.

Moi le Roi.

Il n'était pas exact de dire que le gouvernement espagnol avait des négociations pendantes avec le gouvernement anglais. Lors des événements de Séville, l'ambassadeur anglais avait déclaré aux ministres qu'il n'avait aucun pouvoir pour reconnaître la régence nommée par les cortès; et il s'était retiré à Gibraltar; c'est là qu'il reçut de nouvelles communications, qui lui furent adressées par les ministres réfugiés à Cadix. Ceux-ci demandaient que la Grande-Bretagne interposât sa médiation, afin d'obtenir une amnistie générale pour le passé, et la promesse d'une constitution. Ils insistaient en même temps pour que l'ambassadeur anglais s'établît sur un bâtiment de sa nation dans la baie de Cadix, afin, disaient-ils, que la famille royale pût y trouver un refuge en cas de nécessité. L'ambassadeur répondit qu'un bâtiment anglais ne pouvait entrer dans la baie de Cadix sans violer le blocus; et il se borna à envoyer au duc d'Angoulême, par son secrétaire, lord Éliot, les propositions du gouvernement révolutionnaire. Ce prince reçut très-froidement le message, et dit qu'il n'écouterait aucune proposition avant que Ferdinand ne fût entièrement libre. Les opérations du siége furent donc poussées avec une nouvelle activité. Ce fut sur le Trocadéro que furent dirigés les premiers efforts.

« La baie de Cadix, dit M. Bourgoing[1], est si vaste, qu'il y a des places marquées pour les divers bâtiments, suivant leur destination. En face, mais à une certaine distance de la ville, sont mouillés les navires qui viennent des ports d'Europe. Plus à l'est, dans le canal du Trocadéro, sont mouillés et désarmés les vaisseaux du commerce des Indes. Au fond de ce canal est bâti le joli bourg de *Puerto-Réal*, et sur les bords se trouvent les magasins, les arsenaux, les chantiers de la marine marchande. L'entrée du Trocadéro est défendue par deux forts : l'un appelé *Matagordo*, sur le continent; l'autre *Fort-Louis*, bâti par Duguay-Trouin sur un îlot qui se découvre à marée basse. Les feux de ces deux forts se croisent avec ceux des *Puntalès*, fort élevé sur la côte opposée. Ce n'est donc qu'en cinglant à portée de ces batteries qu'on peut passer de la grande baie dans celle au fond de laquelle sont mouillés, à portée de leurs magasins, les vaisseaux désarmés de la marine royale. »

On comprend facilement, après cette description, quelle est l'importance du Trocadéro. Celui qui en est maître peut pénétrer sans difficulté dans la baie où se trouvent tous les arsenaux de la marine militaire; il prend à revers les défenses de l'île Léon; enfin, il peut priver Cadix de toute communication avec la terre ferme : aussi avait-on augmenté les fortifications de cette position au moyen d'une coupure de trente-cinq toises, qui en avait fait une île en face de Puerto-Réal. Sa garnison se composait de dix-sept cents hommes qui presque tous étaient des miliciens, c'est-à-dire les défenseurs les plus exaltés de la constitution. Ils étaient commandés par le brave colonel Grasès, et se proposaient de faire la résistance la plus acharnée. Les travaux de l'attaque furent poussés avec une telle activité, que, malgré le feu des assiégés, la deuxième parallèle fut établie

---

[1] *Tableau de l'Espagne moderne*, vol. III, p. 121.

dès le 24 à vingt toises de la coupure, et cinq batteries de canons, de mortiers et d'obusiers furent montées de manière à battre le Trocadéro dans tous les sens. Le 30 août, dès la pointe du jour, une forte canonnade s'ouvrit dans toutes les batteries. Elle avait pour but de fatiguer et d'intimider la garnison : aussi, quand le feu vint à cesser les assiégés crurent avoir remporté une victoire. Ils se reposèrent dans cette confiance, et toute la nuit on en fit des réjouissances à Cadix. Le 31, à deux heures du matin, l'armée française prit les armes sur toute la ligne.

Quatorze compagnies d'élite, la plupart de la garde et des 34e et 36e régiments de ligne, cent sapeurs et une compagnie d'artilleurs, sous les ordres des généraux Obert, Gougeon et d'Escars, défilèrent par la tranchée dans le plus grand silence, et se formèrent en une colonne à la hauteur de la seconde parallèle, à quarante pas de la coupure. Il leur était ordonné de franchir rapidement le canal et de marcher sans tirer aux retranchements. Ces ordres furent exécutés avec autant de précision que d'intrépidité. La colonne d'attaque, entrée dans la tranchée et arrivée au couronnement de la seconde parallèle, se forma, à la faveur de la nuit, avec tant de silence, que l'ennemi ne s'aperçut qu'il allait être attaqué qu'au moment où la colonne se déploya à quarante pas de la coupure. A l'instant même un feu de mousqueterie et d'artillerie commença du côté des assiégés; mais il n'arrêta pas la marche des soldats français, qui se jetèrent dans la coupure au pas de course, ayant de l'eau jusqu'à la poitrine, et au milieu d'une pluie de balles et de mitraille. Arrivés aux retranchements, ils les escaladèrent; les batteries de leurs fusils avaient été mouillées : ils ne combattirent qu'à la baïonnette. Un grand nombre de soldats espagnols tombèrent sous leurs coups; les autres prirent la fuite; presque tous les artilleurs se firent tuer sur leurs pièces, dont on s'empara; cela fut l'affaire d'une demi-heure. Pendant ce temps on avait jeté un pont sur la coupure; on distribua aux soldats des cartouches neuves pour remplacer les leurs, qui avaient été mouillées; et l'on commença l'attaque du fort Louis. Les assiégés se défendirent obstinément. Cependant, malgré l'artillerie nombreuse dont il était garni, malgré la difficulté d'un terrain coupé par divers cours d'eau de plusieurs pieds de profondeur, la position fut rapidement enlevée. A neuf heures les Français étaient maîtres du Trocadéro; et il ne s'échappa que huit cents hommes de la garnison, les autres furent tués ou faits prisonniers.

La perte du Trocadéro découragea les plus fougueux partisans des cortès. Le 4 septembre, on fit écrire par Ferdinand une lettre dans laquelle il demandait une suspension d'hostilités, afin de traiter d'une paix honorable pour les deux nations. Ce fut le général Alava qui fut chargé de la porter au camp français; mais le duc d'Angoulême répondit, comme il l'avait déjà fait, qu'il n'écouterait aucune proposition avant que le roi ne fût en liberté.

Ferdinand écrivit de nouveau sous la date du 5; il demanda ce qu'il fallait pour qu'il fût réputé libre. Le prince français répondit, le lendemain, qu'il ne considérerait Ferdinand comme libre que lorsque ce prince serait au milieu des troupes françaises à Port-Sainte-Marie, ou bien en tel autre endroit qu'il plairait à sa majesté de désigner. Il ajouta que si le soir même il n'avait pas reçu une réponse satisfaisante il regarderait toute négociation comme rompue.

Le jour suivant Ferdinand écrivit qu'une semblable exigence serait un obstacle à toute espèce d'arrangement; qu'un roi ne pouvait être libre lorsqu'il s'éloignait de ses sujets pour se livrer à la discrétion de troupes étrangères qui avaient envahi son royaume; que, pour éviter l'effusion du sang, il était prêt à traiter avec le duc d'Angoulême, seul et en pleine liberté, soit dans un endroit placé à égale distance des deux armées, soit à bord de quelque bâtiment neutre et sous la foi de son pavillon. En réponse à cette lettre, le général Bordesoulle écrivit au général Valdès que si à huit heures du soir il n'avait pas une réponse satisfaisante, les hostilités recommenceraient. Les embarras des ministres devenaient si pressants, qu'ils crurent devoir convoquer les cortès extraordinaires pour leur rendre compte de l'état des affaires publiques. Le 6 septembre, à six heures du soir, les députés se réunirent au nombre de cent vingt ; ils approuvèrent la conduite des ministres ; ils déclarèrent qu'elle était digne de louange ; mais on ne prit aucune mesure utile. On se borna à prononcer des déclamations furibondes auprès desquelles les discours les plus exaltés prononcés à Séville n'eussent été que des actes de sagesse et de modération. Sur la proposition du ministre de grâce et de justice, les cortès, qui devaient clore leur session extraordinaire le 14, décidèrent que, pour ne pas laisser le gouvernement isolé dans des circonstances aussi critiques, elles ne se dissoudraient pas, mais qu'elles se borneraient à suspendre leurs séances.

Les Français, voyant que les assiégés persistaient à se défendre, poussèrent leurs attaques avec énergie : indépendamment de vingt-sept mille hommes de bonnes troupes qui attaquaient la ville par terre, ils avaient encore réuni dans la baie trois vaisseaux, onze frégates, huit corvettes et quelques forces légères. Le 20 septembre, cette escadre, protégée par les batteries de terre, attaqua le fort de Santi-Petri, qui se rendit après quatre heures de feu. Cette nouvelle perte jeta le plus grand découragement dans l'esprit des troupes et des habitants de Cadix. La position des constitutionnels devenait de jour en jour plus difficile. Il y avait des bataillons qu'on n'osait pas employer à la défense de l'île Léon, parce que les postes entiers désertaient avec les officiers qui les commandaient. Le 23 au matin, une division de quinze bombardes s'étant approchée de la place y jeta, en moins de deux heures, plus de deux cents bombes. Cette attaque produisit une telle émotion dans la ville, que le bataillon de Saint-Martial se souleva en criant : *Vive le roi absolu !* Le général Burriel s'empressa d'accourir à la tête des miliciens, et put contenir cette sédition. Huit grenadiers accusés d'en avoir été les auteurs furent passés par les armes.

Ce châtiment ne fit pas renaître la confiance, et le général chargé de la défense de l'île Léon prévint le gouvernement qu'il ne pouvait en aucune manière compter sur la troupe, et qu'il y avait peu de chose à attendre des officiers ; que les positions occupées par les Français, le petit nombre et le mauvais esprit de la garnison rendaient la défense de l'île impossible, et qu'il pensait nécessaire de se replier sur Cadix.

L'arrivée d'un parlementaire français vint encore accroître l'anxiété des assiégés. Il apportait une lettre datée du 24, par laquelle le comte Guilleminot, major général de l'armée française, déclarait au général Valdès, gouverneur politique et militaire de Cadix, qu'il le rendait responsable de la vie du roi, de celle de tous les membres de la famille royale et de toutes les tentatives qui seraient faites pour les transporter en quelque autre lieu. Il ajoutait que si un semblable attentat avait lieu, les députés, les ministres, les conseillers d'État, les généraux et tous les employés du gouvernement qui se trouveraient à Cadix seraient passés au fil de l'épée. Le général Valdès répondit, le même jour, que la sûreté du roi et de sa famille ne dépendait en aucune façon du plus ou moins de crainte que pouvait inspirer l'épée du prince français, mais seulement de l'amour et de la loyauté sans tache des Espagnols ; que les forces que le duc d'Angoulême commandait pouvaient lui permettre de vaincre les Espagnols, mais qu'elles ne lui donnaient pas le droit de les insulter.

Cependant la résistance avait cessé d'être possible ; les cortès, appelées à prendre une décision, interrogèrent Valdès et Burriel sur les ressources que la défense pouvait encore présenter, et ceux-ci avouèrent ingénument qu'il y avait peu de compte à faire dans les forces qui leur restaient ; il fallut courber la tête. En conséquence, les cortès, à la majorité de soixante voix contre trente, adoptèrent immédiatement une résolution portant que l'autorité absolue serait rendue au roi ; qu'il lui serait envoyé une députation accompagnée des ministres pour annoncer à sa majesté la décision qui venait d'être prise et « pour *supplier* le roi « de se rendre au quartier général fran- « çais afin d'y stipuler les conditions les « plus favorables à son peuple souf- « frant. » Cet acte fut le dernier de la révolution expirante ; la dissolution des cortès fut immédiatement prononcée.

Le roi devait se rendre au quartier général français le 27 ; mais les miliciens de Madrid, réunis à l'île Léon, se révoltèrent sous le prétexte que rien n'avait été stipulé pour les mettre à l'abri des vengeances du parti absolutiste. Ils déclarèrent qu'ils s'opposeraient au départ du roi. Le duc d'Angoulême, mécontent de ce retard, ne voulut pas recevoir le général Alava, envoyé de Cadix pour lui faire savoir ce qui était arrivé; et il donna des ordres pour que le 30 l'attaque recommençât sur tous les points.

Afin de sortir d'embarras, les ministres proposèrent au roi de rassurer par une amnistie les personnes compromises, et de calmer les agitations du pays en promettant des institutions libérales. Ferdinand approuva cet expédient; il corrigea de sa main plusieurs mots sur le projet qui lui était soumis, et le 30 septembre le décret suivant fut publié à Cadix :

Espagnols,

La première affaire d'un roi étant d'assurer la félicité de ses sujets, et celle-ci étant incompatible avec l'incertitude sur le sort futur de la nation ou sur celui des individus qui la composent, je m'empresse de calmer les soucis et les inquiétudes que pourrait produire la crainte de voir régner le despotisme ou de voir dominer l'animosité d'un parti. D'accord avec la nation, j'ai couru jusqu'aux dernières chances de la guerre; mais l'impérieuse loi de la nécessité me contraint à y mettre un terme. Dans ces circonstances critiques, ma voix puissante est seule capable d'éloigner du royaume les vengeances et les persécutions; il faut un gouvernement sage et juste pour réunir toutes les opinions; enfin ma présence dans le camp ennemi peut seule empêcher les maux dont sont menacés cette île Gaditane, ses loyaux et fidèles habitants, et tant d'insignes Espagnols qui s'y trouvent réfugiés. En conséquence, décidé à faire cesser les désastres de la guerre, j'ai pris la résolution de sortir demain de cette ville; mais auparavant je veux publier les sentiments de mon cœur en faisant la manifestation suivante :

1° Je déclare, de ma volonté libre et spontanée, et je promets sous la foi et sûreté de ma parole royale, que si la nécessité exige le changement des institutions politiques qui régissent actuellement la monarchie, j'adopterai un gouvernement qui fasse la félicité complète de la nation, en garantissant la sûreté des personnes, des propriétés, ainsi que la liberté civile des Espagnols.

2° Je promets de la même manière, avec liberté et de mon propre mouvement, un oubli général, complet et absolu de tout ce qui s'est passé sans aucune exception, afin de rétablir ainsi entre tous les Espagnols la tranquillité, la confiance et l'union si nécessaire pour le bien commun que mon cœur paternel désire avant tout.

3° Je promets de la même manière que, malgré les changements qui pourront avoir lieu, les dettes et obligations contractées par la nation et par mon gouvernement, sous le système actuel, seront toujours reconnues comme je les reconnais maintenant.

4° Je promets aussi et j'assure que tous les généraux, chefs, officiers, sergents, et caporaux de l'armée et de la flotte employés sous le régime actuel en quelque point que ce soit de la Péninsule, conserveront leurs grades, emplois, soldes et honneurs. De la même manière conserveront les leurs les autres employés militaires, civils ou ecclésiastiques qui ont suivi le gouvernement et les cortès, et qui dépendent du système actuel. Quant à ceux qui, par raison des réformes qui pourront se faire, se trouveront privés de leurs emplois, ils jouiront au moins de la moitié de la solde qu'ils auraient reçue en activité.

5° Je déclare et j'assure également que les miliciens volontaires de Madrid, de Séville et des autres lieux qui se trouvent dans cette île Gaditane, ainsi que les autres Espagnols qui s'y sont réfugiés et qui ne sont pas obligés d'y rester à raison de leur emploi, sont maîtres, à partir de ce moment, de retourner librement chez eux ou de se transporter en tel lieu du royaume qui leur conviendra, sans qu'il soit permis de les inquiéter ni de les molester en aucun temps, ni pour leur conduite politique ni pour leurs opinions antérieures. Les miliciens qui en auront besoin recevront pour leur retour les mêmes secours de route que les individus de l'armée permanente. Les Espagnols de ladite catégorie et les étrangers qui voudront sortir du royaume pourront le faire avec la même liberté, et obtiendront des passe-ports pour le pays qui leur conviendra.

Cadix, 30 septembre 1823.

Le 1er octobre, à onze heures du matin, le roi et la reine d'Espagne, les infants et les infantes s'embarquèrent au bruit de l'artillerie de Cadix et de toute la côte sur une chaloupe portant le pavillon royal d'Espagne, et suivie d'une multitude innombrable de barques ornées de drapeaux aux armes des deux nations.

Ferdinand était attendu sur le rivage

de Port-Sainte-Marie par le duc d'Angoulême, par le président de la régence de Madrid, accompagné du ministre des affaires étrangères. Le général Ballesteros était aussi accouru pour féliciter le roi. En débarquant, Ferdinand VII se jeta dans les bras du généralissime français, et il lui dit avec attendrissement : « Ah! mon cousin, quel service vous m'avez rendu! »

MESURES RÉACTIONNAIRES DE FERDINAND. — DÉPART PRÉCIPITÉ DU DUC D'ANGOULÊME. — PURIFICATIONS. — CONDAMNATION ET SUPPLICE DE RIÉGO. — COMMISSIONS MILITAIRES. — AMNISTIE. — CONSPIRATION DE VALDÈS. — DÉCRET RELATIF AUX CRIS SÉDITIEUX. — CONSPIRATION CARLISTE. — ORIGINE DU PARTI APOSTOLIQUE. — RÉBELLION ET SUPPLICE DE BESSIÈRES. — SUPPLICE DE L'EMPECINADO. — CONSPIRATION ET MORT DU COLONEL BAZAN.

A la nouvelle de la délivrance de Ferdinand, les armes tombèrent des mains de ceux qui combattaient encore pour le maintien de la constitution. En Catalogne, Mina avait fait des efforts inouïs pour résister au maréchal Moncey ; mais dans quel but aurait-il continué la lutte? Le gouvernement constitutionnel n'existait plus. Le 18 octobre, Lérida se rendit aux Français ; Barcelone capitula le 1er novembre ; Hostalric, Tarragone, suivirent cet exemple. Des capitulations honorables furent accordées aux villes qui ouvraient leurs portes, ainsi qu'à l'armée constitutionnelle et aux officiers qui la commandaient ; cependant Mina ne jugea pas qu'il fût sage de se fier à des conventions qui, après le départ des Français, pourraient être impunément violées. Il savait combien de rancunes, combien de passions haineuses étaient accumulées dans le cœur des absolutistes. Il jugea prudent de quitter l'Espagne ; et, quoique souffrant encore des suites d'une chute de cheval, il s'embarqua sur un bâtiment français qui le transporta en Angleterre. Au reste, il ne fut pas besoin d'une bien grande sagacité pour deviner quelle ligne de conduite serait suivie par Ferdinand et pour prévoir les persécutions auxquelles seraient en butte les défenseurs du régime constitutionnel. Si quelques Espagnols en voyant Ferdinand rendu à la liberté, purent s'imaginer que ce prince userait de clémence,

et qu'il allait donner au pays des garanties de tranquillité, de justice et de bonne administration, leur illusion dut à peine durer quelques heures ; car le jour même de la sortie de Cadix il rendit le décret suivant :

Les événements scandaleux qui précédèrent, accompagnèrent et suivirent l'établissement de la constitution démocratique de Cadix, au mois de mars de 1820, sont bien publics et connus de tous mes sujets. La plus criminelle trahison, la plus honteuse lâcheté, l'insulte la plus horrible à ma personne royale, furent les moyens employés pour changer entièrement le gouvernement paternel de mes royaumes en un code démocratique, origine féconde de désastres et de disgrâces. Mes sujets, accoutumés à vivre sous les lois sages, modérées et adaptées à leurs usages, à leurs bonnes mœurs, qui pendant tant de siècles, avaient rendu leurs ancêtres heureux, ne tardèrent pas à donner des preuves publiques et universelles du mépris, du dégoût et de l'aversion qu'ils éprouvaient pour le nouveau régime constitutionnel. Toutes les classes de l'État reçurent également avec peine des institutions où elles voyaient écrites leur misère et leur infortune.

Gouvernés tyranniquement en vertu et au nom de la constitution, espionnés traîtreusement jusque dans leurs propres demeures, ils ne pouvaient réclamer ni l'ordre ni la justice ; ils ne pouvaient davantage se résigner à des lois établies par la lâcheté et la trahison, soutenues par la violence, source du désordre le plus épouvantable, de l'anarchie la plus désolante, et de la ruine universelle.

La voix publique s'éleva de toutes parts contre la tyrannie de la constitution. Elle s'éleva pour l'abrogation d'un code nul en son origine, illégal en sa confection, injuste en son contenu. Elle s'éleva enfin pour le soutien de la religion de ses pères ; pour la restitution de ses lois fondamentales ; pour la conservation de mes droits légitimes, que j'ai reçus de mes ancêtres, et que mes sujets avaient jurés avec la solennité requise par les lois.

Le cri de la nation ne fut pas stérile. Dans toutes les provinces il se forma des corps armés qui luttèrent contre les soldats de la constitution. Tantôt vaincus, tantôt vainqueurs, ils restèrent toujours fidèles à la cause de la religion et de la monarchie. Malgré les vicissitudes de la guerre, jamais leur enthousiasme pour la défense de droits si sacrés ne s'est refroidi, et mes sujets, préférant la mort à la perte de biens si importants, prouvèrent à l'Europe, par leur fidélité et par leur constance, que si l'Espagne a donné l'être et a renfermé dans son sein quelques enfants dénaturés de la rébellion, la nation entière est religieuse, monarchique et remplie d'amour pour son légitime souverain.

L'Europe entière, connaissant ma captivité et celle de toute ma famille, la malheureuse situation de mes fidèles et loyaux sujets, ainsi que les maximes pernicieuses que répandaient de tous côtés et à tous prix les agents espagnols, se détermina à mettre fin à un état de choses qui était un scandale universel, et qui tendait à bouleverser tous les trônes et toutes les anciennes institutions pour les remplacer par l'irréligion et par l'immoralité.

La France, chargée de cette sainte entreprise, a triomphé en peu de mois des efforts de tous les rebelles du monde réunis, pour la disgrâce de l'Espagne, sur le sol classique de la fidélité et de la loyauté. Mon auguste et bien-aimé cousin le duc d'Angoulême, à la tête d'une vaillante armée, a triomphé dans tous mes domaines, m'a tiré de l'esclavage dans lequel je gémissais, et m'a rendu à l'amour de mes fidèles et constants vassaux.

Replacé sur le trône de saint Ferdinand par la main sage et juste du Tout-Puissant, par les généreuses résolutions de mes puissants alliés, par les efforts de mon bien-aimé cousin le duc d'Angoulême et de sa vaillante armée, je veux porter remède aux plus pressantes nécessités de mes peuples; je veux manifester à tout le monde ma véritable volonté aussitôt que j'ai recouvré ma liberté. En conséquence je décrète ce qui suit:

1° Sont nuls et de nulle valeur tous les actes (de quelque classe et de quelque condition qu'ils soient) émanés du gouvernement appelé constitutionnel, qui a gouverné mon peuple depuis le 7 mars 1820 jusqu'aujourd'hui 1ᵉʳ octobre 1823, déclarant, comme je le déclare, que pendant tout ce laps de temps j'ai manqué de liberté, et que j'ai été contraint à sanctionner les lois et à rendre les ordonnances, décrets et règlements que ledit gouvernement préparait et rendait contre ma volonté.

2° J'approuve tout ce qui a été décrété et ordonné par la junte provisoire du gouvernement et par la régence du royaume, créées l'une à Oyarzun le 9 avril, l'autre à Madrid le 26 mai de la présente année; ce qui continuera à être provisoirement en vigueur jusqu'à ce qu'instruit régulièrement des besoins de mes peuples, je puisse donner les lois et prescrire les mesures les plus opportunes pour leur véritable prospérité et pour leur félicité, objet constant de mes désirs.

Port-Sainte-Marie, 1ᵉʳ octobre 1823.

Ces longues déclamations contre un régime qui n'existait plus ne pouvaient avoir pour effet que d'exciter les passions des absolutistes contre ceux qui avaient été partisans de la constitution. Ce fut un triste désenchantement pour le cabinet français qui avait opéré l'intervention, et il recueillit dès le premier jour le fruit de sa coupable imprévoyance. On s'était bien entendu, au congrès de Vérone, pour détruire la constitution de Cadix et pour rendre la liberté à Ferdinand; mais on ne s'était pas occupé de ce qu'on mettrait à la place des institutions qu'on allait renverser.

Pour déterminer la France à entreprendre cette guerre on lui avait laissé espérer qu'une constitution analogue à la charte serait établie au delà des Pyrénées, et que dans cette similitude entre les institutions des deux nations son propre gouvernement puiserait une force et une consécration nouvelles. Le cabinet français s'était laissé prendre à ce leurre, avec un dévouement tout chevaleresque. Il avait entrepris cette campagne sans exiger aucune garantie de ses alliés, sans demander aucune promesse au prince qu'il allait secourir. Il s'était flatté que Ferdinand éprouverait une vive reconnaissance pour le service que lui rendait la France, et qu'il se laisserait guider par elle dans une voie de modération et de sage liberté; mais Ferdinand n'éprouvait aucun sentiment de gratitude. C'est à peine si, dans son manifeste, il adresse à la France quelques froids remercîments; et loin d'écouter les conseils qu'elle lui donne, il se jette dans les bras de ce parti absolutiste, qui, avec la Russie, demandait le *rétablissement d'une administration tout à fait sage et nationale*. Les espérances de la France furent donc entièrement trompées; elle avait pensé faire l'intervention pour rétablir l'ordre et la modération : la campagne de 1823 ne fit que changer le nom des agents de trouble et de persécution. Les troupes françaises arrachèrent le poignard des mains des exaltés libéraux pour en armer les exaltés royalistes. Ce ne furent plus les volontaires nationaux qui effrayèrent les habitants paisibles par leurs émeutes : « Ce furent [1], dit un au-

---

[1] Miñano, *Examen critico de las revoluciones de España*, 1 vol., p. 302.

teur espagnol, les volontaires royalistes qui héritèrent du droit de troubler les villes, de subjuguer les autorités, d'être intolérants, de fomenter toutes sortes de désordres, et personne ne pourra prétendre que les royalistes aient laissé périmer ce droit. »

La France voulait faire l'intervention dans des idées de progrès, et l'intervention n'a tourné qu'au profit de l'absolutisme, de ce parti aveugle et implacable qui en France appelait l'auteur de la charte *un jacobin,* qui en Espagne ne tarda pas à couvrir le pays d'échafauds. Faite uniquement dans le but de détruire le gouvernement constitutionnel et sans que les puissances se fussent concertées avec Ferdinand sur ce qu'on substituerait à ces institutions, l'intervention devint pour l'Espagne un immense malheur. Ce n'est pas que je veuille, comme un noble pair l'a fait il y a peu de jours, à la tribune, assimiler l'invasion de 1823 à celle de 1808. Je ne dirai pas, comme M. le duc de Broglie [1], que je trouve « *l'intervention de* 1823 « *moins funeste dans ses conséquences,* « *quoique non moins inique dans son* « *principe.* » C'est là une de ces hyperboles que l'entraînement de l'improvisation peut expliquer, mais qu'il ne faut pas accepter pour un jugement réfléchi. Il existe entre ces deux invasions une immense différence. La première est un crime. L'autre n'est qu'une faute. La première est une horrible trahison, la seconde fut une acte de dupe.

En voyant la direction que prenaient les affaires et le peu d'influence que la France exerçait en Espagne, le duc d'Angoulême partit précipitamment sans vouloir entrer dans Cadix, sans s'arrêter à Séville. Il ne voulut pas être le témoin des persécutions et des vengeances qui se préparaient ; il retourna en France sans vouloir même attendre le roi à Madrid.

Ferdinand se mit en route pour la capitale, entouré de gens qui ne respiraient que la vengeance. Ces funestes conseillers exercèrent d'abord leur influence en éloignant des lieux où le roi devait passer tout ce qui avait pris part à la révolution. Une circulaire ministérielle, signée à Xérès de la Frontera, le 4 octobre, s'exprime ainsi :

« Le roi notre seigneur veut que pendant son voyage pour se rendre à la capitale il ne se rencontre ni sur son chemin, ni à cinq lieues de distance, aucun individu qui durant le système constitutionnel ait pris part comme député aux délibérations des deux dernières législatures. Cette défense concerne également les ministres, conseillers d'État, membres du conseil suprême de justice, commandants généraux, chefs politiques, employés supérieurs des ministères, officiers en chef de la milice supprimée des volontaires nationaux. L'entrée de la capitale et des résidences royales leur est pour toujours interdite, et ils devront s'en tenir éloignés au moins de quinze lieues. La volonté de sa majesté est que cette décision souveraine ne soit pas applicable aux individus qui depuis l'entrée de l'armée alliée ont obtenu de la junte provisoire ou de la régence du royaume un nouvel emploi, ou qui auront été replacés dans celui qu'ils tenaient de sa majesté avant le 7 mars 1820 ; mais les uns et les autres devront expressément avoir déjà été purifiés. »

Ce n'est pas à la régence qu'est due l'idée première du système de purification. Cette invention appartient aux cortès. Un décret du 21 septembre 1812 prononçait des peines très-sévères contre les employés espagnols qui avaient pris parti pour les Français, ou même qui étaient restés cachés dans les provinces occupées par les troupes de Joseph. Ce décret les déclarait exclus de tous les emplois publics quels qu'ils fussent ; mais bientôt on trouva cette mesure injuste : on reconnut qu'il était des circonstances où, tout en acceptant des emplois du gouvernement de Joseph, des Espagnols avaient pu rendre des services importants à la cause nationale. Plusieurs décrets successifs, notamment un du 14 novembre 1812 et un autre du 8 avril 1813, vinrent déterminer les formalités que les employés, soit civils soit militaires, devraient remplir, à quelles enquêtes ils devaient se soumettre et dans quelles conditions ils devraient se trouver pour être déclarés purs malgré leur contact avec les Français. En 1814, Ferdinand VII, tout en abolissant les actes des cortès, conserva cependant ces enquêtes et ce qu'elles avaient d'inquisitorial. Les officiers qui avaient eu quelque rapport

---

[1] *Moniteur* du 20 janvier 1847 ; n° 104, 3ᵉ colonne, ligne 32.

avec les Français furent obligés de se soumettre à une purification.

La régence de Madrid, trouvant cet usage établi, en étendit l'application à tous les employés qui avaient conservé leurs fonctions sous le régime de la constitution. Par un décret en date du 27 juin 1823 elle destitua tous les employés nommés depuis le jour où la constitution avait été proclamée; elle rétablit dans leurs places tous ceux qui, étant employés avant la révolution, avaient été privés de leurs emplois comme hostiles au régime constitutionnel. Quant à ceux qui étaient restés en fonction pendant le règne de la constitution, ceux surtout qui avaient reçu de l'avancement ou qui avaient été changés d'emploi, ils furent soumis à l'obligation de se purifier. A cet effet, dit le décret « on s'en rappor- « tera aux enquêtes secrètes sur leur « conduite politique et sur la manière « dont ils ont été qualifiés par l'opinion « publique dans les localités où ils ont « exercé leurs fonctions. Ces informa- « tions devront être prises auprès de « trois personnes au moins dont l'atta- « chement au gouvernement royal et à la « personne sacrée de sa majesté soit « bien marquée. On exigera des infor- « mations individuelles, positives et « précises, sans que les dépositions gé- « nérales ou purement négatives puis- « sent servir, et sans qu'il soit permis « d'admettre les justifications volontai- « res de témoins présentés par les inté- « ressés. » Le tribunal devant lequel la purification devait avoir lieu changeait suivant les grades que les employés occupaient dans la hiérarchie administrative ou militaire. Pour les employés supérieurs, c'était une junte de quatre individus créés à cet effet dans la capitale. Pour les employés subalternes, on instituait dans chaque province une commission de cinq personnes.

Enfin quelques mois plus tard on exigea des militaires que pour être purifiés ils déposassent une confession écrite signée de leur main, où seraient racontés tous les actes de leur vie depuis le commencement de l'année 1820.

L'esprit de vengeance et de persécution était encore attisé par les journaux royalistes, qui semblaient prendre à tâche de dépasser en exaltation et en violence la *Tercerola* et le *Zurriago*. La *Gazette de Madrid* prodiguait à chaque ligne l'insulte et la menace à ses adversaires politiques. Le *Restaurador*, dirigé par un ecclésiastique, Fray Manuel Martinez, prêchait l'extermination et le massacre. Les constitutionnels, justement effrayés, fuyaient en foule. Ils se rendaient à Cadix ou dans les autres ports, afin de passer à Gibraltar, et de là en Angleterre ou dans les colonies. « De- « puis que le roi est sorti de Cadix, « dit *le Restaurador* dans le numéro « du 11 octobre, il est déjà entré dans « cette place quatre cent quatre-vingts « coquins et coquines de la *négrerie*. « Avant il y en avait près de mille : « on ne peut pas marcher dans cette « ville, parce qu'on ne voit autre chose « que cette canaille-là; et comme elle « n'a rien à faire, elle reste toute la « journée dans les rues comme le font « les juifs. »

Heureux au moins ceux qui trouvèrent sur la terre étrangère un asile contre les persécutions et les supplices. Mais tous ne parvinrent pas à s'échapper. Les cachots étaient encombrés d'infortunés qui attendaient leur condamnation dans une déchirante anxiété. Parmi les premières et les plus illustres victimes de cette réaction, il faut nommer l'infortuné Riégo. Il avait été conduit à Madrid, et c'est là qu'il fut traduit en justice. Au reste, il est à remarquer que les poursuites dirigées contre lui n'étaient pas motivées sur ce qu'il avait poussé aux Cabezas le cri de l'insurrection, mais seulement sur ce qu'étant député il avait voté à Séville la déchéance du roi ; aussi l'acte d'accusation rédigé contre Riégo ne relate que d'une manière très-sommaire les actes de révolte qui lui sont reprochés, et il se termine par ces conclusions :

« En conséquence nous requérons con- « tre ledit Riégo, convaincu du crime « de haute trahison et de lèse-majesté, « la peine capitale, la confiscation de « ses biens et l'application entière de ce « que portent lesdites lois; c'est-à-dire « qu'après avoir été attaché au gibet « son cadavre ait la tête tranchée et soit « écartelé. Que sa tête soit portée à las « Cabezas de San-Juan, et les quatre « quartiers de son corps, l'un à Séville,

« l'autre à l'île Léon, le troisième à Malaga, et le dernier dans cette capitale, comme étant les principaux lieux où le criminel Riégo a excité la révolte et consommé sa trahison. Nous requérons en même temps qu'il soit condamné aux dépens. »

Riégo était en quelque sorte la personnification de la révolution. Il ne devait pas espérer de miséricorde : il fut condamné à mort le 5 novembre, et mis aussitôt en chapelle. La veille de la condamnation, le 4, le duc d'Angoulême avait quitté Madrid. Le 7 novembre, à midi, Riégo fut traîné au supplice dans un panier d'osier tiré par un âne. Partout sur son passage la populace l'accabla d'outrages. Enfin il fut attaché au gibet élevé sur la place de la Cebada.

Il faut dire que pas un Français ne fut présent à cette exécution. Si le chef de l'armée d'invasion n'eut pas assez de pouvoir pour empêcher la mort de Riégo, s'il souffrit qu'un homme fait prisonnier lorsqu'il fuyait vaincu par les troupes françaises, fut mis à mort, au moins épargnat-on à nos soldats la honte d'assister à son supplice.

Le nombre des personnes renfermées dans les prisons était si grand, que les tribunaux ordinaires n'auraient jamais pu suffire aux jugements. On voulait des tribunaux plus expéditifs, qui ne fussent pas retenus par l'habitude des formalités judiciaires, et dans ce but on créa des commissions militaires à Madrid et dans tous les chefs-lieux de provinces. Ces commissions furent chargées de juger sommairement les accusations de révolte et de lèse-majesté. Elles répondirent pleinement au but de leur institution : le sang ruissela de tous les côtés.

Cependant le mot d'amnistie avait été prononcé. Les puissances étrangères qui avaient rétabli Ferdinand sur le trône engageaient ce prince à jeter un voile sur le passé. Leurs réclamations étaient vives et pressantes ; aussi, malgré la résistance du parti furieux qui ne voulait ni merci ni miséricorde, le roi se détermina enfin à signer un acte de pardon ; mais il y inséra tant d'exceptions que le nombre des personnes auxquelles il devait profiter se trouva considérablement restreint, et qu'il avait l'air d'une liste de proscription plutôt que d'une œuvre de clémence. Au reste, voici cette pièce; elle suffit pour donner une idée des colères et des vengeances de cette époque désastreuse :

Art. 1er. J'accorde indult et pardon général, avec remises des peines corporelles ou pécuniaires qu'elles ont pu encourir, à toutes les personnes, et à chacune d'elles en particulier, qui depuis le commencement de l'année 1820 jusqu'au 1er octobre 1823, jour où j'ai été réintégré dans la plénitude des droits de ma souveraineté, ont pris part aux troubles, excès et désordres occasionnés dans ce royaume dans le but de soutenir et conserver la prétendue constitution politique de la monarchie, pourvu toutefois qu'elles ne se trouvent pas au nombre des personnes mentionnées dans l'article suivant.

Art. 2. Sont exceptés de cet indult et pardon, et par conséquent devront être entendus, jugés et sentenciés conformément aux lois, les individus compris dans quelqu'une des catégories exprimées ci-après : 1° les auteurs principaux des rébellions militaires des Cabezas, de l'île de Léon, de la Corogne, de Saragosse, Oviédo et Barcelone, où la constitution de Cadix a été publiée avant la réception du décret royal du 7 mars 1820 ; comme aussi les chefs civils et militaires qui continuèrent à commander aux révoltés, ou qui en prirent le commandement dans le but de bouleverser les lois fondamentales du royaume ; 2° les principaux auteurs de la conspiration ourdie à Madrid, au commencement de mars 1820, afin d'arracher par la contrainte et la violence le susdit décret royal du 7 de ce mois, et par conséquent le serment à la soi-disante constitution ; 3° les chefs militaires qui ont pris part à la rébellion d'Ocaña, et particulièrement don Henry O'Donell, comte del Abisbal ; 4° les principaux auteurs du mouvement qui m'a contraint à l'établissement de la soi-disante junte provisoire dont il est question dans le décret du 9 du même mois de mars 1820 et les individus qui en ont fait partie ; 5° les individus qui durant le régime constitutionnel ont signé ou autorisé des représentations ayant pour but de solliciter ma déchéance ou la suspension des augustes fonctions que j'exerçais, ou la nomination de quelque régence pour me remplacer, ou la mise en jugement de ma royale personne ou des princes sérénissimes de ma famille royale, devant les soi-disantes cortès ou devant tout autre tribunal ; comme aussi les juges qui auraient dicté quelques mesures tendant au même but ; 6° les individus qui pendant la durée du régime constitutionnel ont fait dans les sociétés secrètes des propositions tendant au but qui vient d'être indiqué dans l'article précédent, et ceux qui depuis l'abolition dudit régime se sont réunis ou se réunissent en assemblées secrètes dans quelque but que ce soit; 7° les écrivains ou éditeurs de livres ou papiers tendant à combattre et attaquer les dogmes de notre sainte religion catholique, apostolique, romaine; 8° les principaux auteurs des émeutes qui ont eu lieu à Madrid le 16 novembre 1820, et dans la nuit du 19 février 1823, lors desquelles fut violée l'enceinte sacrée du palais royal pour m'empêcher d'exercer la prérogative de nommer et de destituer librement mes ministres; 9° les juges et procureurs fiscaux des causes poursuivies et jugées contre le général Élio et le premier lieutenant des gardes espagnoles don Théodore Goiffieux, victimes de leur insigne loyauté ainsi que de leur amour pour leur souverain et pour leur patrie; 10° les auteurs et exécuteurs des assassinats de l'archidiacre don Mathias Vinuesa et du révérend évêque de Vich, et de ceux commis à Grenade et à la Corogne sur les individus qui se trouvaient emprisonnés dans le château de San-Anton, et de tout autre de même nature; les assassins sont toujours exclus de toutes les amnisties générales et particulières, et à plus forte raison doivent être exclus ceux qui ont commis ces crimes dans le but de provoquer et d'accélérer le mouvement révolutionnaire; 11° les commandants de guerillas formées nouvellement et postérieurement à l'entrée de l'armée française dans la Péninsule, qui ont sollicité et obtenu des patentes pour faire la guerre à l'armée royaliste et à l'armée de mes alliés; 12° les députés aux soi-disantes cortès, qui, dans leur session du 11 juin 1823, ont voté ma déchéance, l'établissement d'une prétendue régence et qui ont ratifié cette coupable résolution en la suivant jusqu'à Cadix; comme aussi les individus qui nommés régents dans ladite session ont accepté et exercé cette charge et celle de commandant de la troupe qui m'a conduit dans ladite place. Sont exceptés de cette catégorie ceux qui après ce scandaleux événement ont contribué efficacement à ma liberté et à celle de ma famille royale, ainsi que la promesse en a été faite solennellement par la régence dans son décret du 23 juin de la même année; 13° les Espagnols européens qui ont pris une part directe et ont contribué efficacement à la conclusion de l'arrangement du traité de Cordova intervenu entre don Juan Odonoju, d'odieuse mémoire, et don Augustin de Iturbide, qui se trouve à la tête de l'insurrection de la Nouvelle-Espagne; 14° ceux qui, après avoir eu une part active dans le gouvernement constitutionnel ou dans les bouleversements et révolutions de la Péninsule, ont passé, depuis l'abolition dudit gouvernement, ou passent en Amérique dans le but d'appuyer et de soutenir l'insurrection de ces domaines, et ceux de la même catégorie qui persistent à y demeurer, quel que soit le motif de leur séjour, après qu'ils ont été requis par les autorités légitimes d'abandonner ce territoire. Sont exceptés de cette catégorie ceux qui, étant nés et domiciliés en Amérique, sont retournés dans leurs foyers pour y vivre comme des habitants pacifiques; 15° les individus de la catégorie précédente qui, réfugiés en pays étranger, ont pris ou prennent part aux trames et conspirations ourdies contre les droits de ma souveraineté, contre ma personne royale ou contre ma famille.

Art. 3. Tous les individus qui ne se trouvent pas compris dans les précédentes exceptions ou dans quelqu'une d'entre elles jouiront du bénéfice de ladite amnistie, et par conséquent jouiront de la liberté civile et de la sûreté individuelle. J'espère que cet acte de ma clémence et de ma bonté les engagera puissamment à faire un retour sur eux-mêmes, à reconnaître leurs égarements, et à se rendre dignes par leur conduite à venir de rentrer en grâce auprès de moi.

Art. 4. En conséquence, les individus qui sont en état d'arrestation pour des excès qui ne se trouvent pas compris dans les exceptions ci-dessus, ou qui ont été arrêtés seulement pour leurs opinions politiques, seront mis en liberté et leurs biens cesseront d'être sous le séquestre, encore qu'ils aient exercé quelque autorité politique, judiciaire, administrative ou municipale, et qu'ils aient eu des charges ou emplois sous le gouvernement soi-disant constitutionnel; en conséquence sont abrogés tous les décrets rendus sur cette matière en tant qu'ils sont contraires aux dispositions du présent.

Art. 5. Néanmoins la conduite des individus qui ont donné des preuves évidentes d'adhésion au régime constitutionnel sera observée et surveillée par les autorités, et si elle est ce que doit être la conduite de vassaux fidèles, ils ne seront inquiétés en aucune manière. Mais si par leurs actions, leurs écrits ou leurs discours tenus en public, ou par tout autre moyen, ils tentaient à l'avenir de troubler l'ordre, ils seront jugés et châtiés avec toute rigueur, comme étant en récidive.

Art. 6. Les procès contre les personnes qui ne se trouvent pas comprises dans le présent décret d'amnistie, seront suivis conformément au droit devant les tribunaux supérieurs des territoires respectifs où ils ont commis leurs attentats.

Art. 7. Le bénéfice de ladite amnistie n'entraîne pas avec elle la réintégration dans les emplois obtenus à mon service royal avant le 7 mars 1820. La conduite politique des employés sera examinée conformément aux règles établies ou à établir sur cette matière. Néanmoins les décisions qui pourront intervenir dans les instructions relatives aux purifications ne pourront être invoquées que pour ce qui a trait aux emplois et aux avantages qui en résultent.

Art. 8. Le présent décret ne peut non plus préjudicier en aucune manière au droit qu'ont les tiers de réclamer d'une manière légitime des réparations et des indemnités à raison des dommages qu'ils ont soufferts; ni au droit qui appartient à mon trésor royal d'exiger des comptes de ceux qui ont manié les deniers publics, et de poursuivre la restitution de ce qui a été soustrait ou dilapidé à ladite époque.

Art. 9. Les individus qui appartiennent aux catégories exclues du bénéfice de la présente amnistie, mais qui se trouvent compris dans quelqu'une des capitulations accordées par les généraux de l'armée de sa majesté très-chrétienne dûment autorisées, ne pourront rester sur le territoire espagnol qu'à la condition expresse de se soumettre à un jugement et aux décisions à intervenir de la manière qui est déterminée pour tous les individus qui appartiennent aux catégories exceptées.

Art. 10. Les autorités civiles et militaires chargées de l'exécution du présent décret seront responsables de tous les empêchements ou de toutes les négligences apportées à l'exécution du présent décret.

Art. 11. Les très-révérends archevêques et les révérends évêques dans leurs diocèses respectifs après la publication de la présente amnistie emploieront toute l'influence de leur ministère pour rétablir l'union et la bonne harmonie entre les Espagnols en les exhortant à sacrifier sur les autels de la religion, et par soumission à leur souverain et à leur patrie, leurs ressentiments et leurs insultes personnels. Ils surveilleront également la conduite de leurs paroissiens et des autres ecclésiastiques domiciliés sur leur territoire, afin de prendre les mesures que leur suggérera leur zèle pastoral pour le bien de l'Église et de l'État.

Ce décret portait la date du 1ᵉʳ mai; cependant il fut rendu public seulement le 20, afin que dans chaque province les intendants de police, à qui on l'avait secrètement envoyé, dressassent la liste des individus compris dans les exceptions, de manière à pouvoir les arrêter en même temps que l'amnistie serait publiée. Cette pièce était précédée d'un long préambule, et se terminait par une exhortation où Ferdinand disait aux Espagnols d'imiter l'exemple de leur roi, qui pardonnait les erreurs, les ingratitudes et les insultes sans autres exceptions que celles exigées impérieusement par le bien public et par la sécurité de l'État. Ces paroles hypocrites ne trompèrent et ne contentèrent personne. Les absolutistes étaient furieux de ce qu'on eût pardonné à quelques victimes. Pour assouvir leur rage il eût fallu se baigner dans le sang de tout ce qui avait donné une adhésion au régime libéral. Ils accusaient hautement le roi d'être faible et sans caractère. De leur côté, les malheureux qui voyaient leurs parents, leurs amis compris dans les nombreuses catégories de proscrits, maudissaient de toutes les forces de leur âme un gouvernement qui semblait ne se complaire que dans les persécutions et dans les vengeances. Tous les esprits étaient mécontents. Aussi l'année ne se passa pas sans qu'une conspiration vînt ébranler le trône encore mal affermi. Au commencement d'août, un capitaine en retraite nommé Pedro Gonzalez Valdez, quelques autres officiers et une poignée de constitutionnels ayant organisé une petite expédition navale, s'emparèrent de Tarifa, au cri de *Vive la constitution!* ils parcoururent une grande partie des côtes de l'Andalousie. Le mécontentement était si général, les ressources du gouvernement étaient si exiguës, que cette tentative frappa la cour d'épouvante, et le gouvernement dut son salut aux troupes françaises qui étaient restées en Espagne pour assurer la tranquillité du pays. Un détachement français, commandé par le colonel comte d'Astorg, sortit de Cadix et alla mettre le siège devant Tarifa, de manière à empêcher que le feu de l'insurrection ne s'étendît. Les insurgés furent chassés de la ville. Le capitaine Valdez fut pris avec trente des siens, et tous furent passés par les armes, à Alméria, en même temps que six individus appartenant à une guerrilla constitutionnelle que Cristobal Lopez Herrera avait levée dans les environs de Jimena.

La cour de Madrid avait été trop effrayée pour ne pas être cruelle. Le zèle des commissions militaires fut stimulé. Du 24 août jusqu'au 12 octobre 112 personnes furent justiciées pour crime de conspiration. Au nombre de ces infortunés on trouve des jeunes gens de dix-huit ans accusés du crime de lèse-majesté, c'est-à-dire d'avoir été francs-maçons ou communéros. Un pauvre savetier nommé Francisco de la Torre, accusé d'avoir conservé chez lui le portrait de Riégo, fut condamné à porter ce tableau pendu à son cou jusqu'à la place de la Cebada, pour l'y voir brûler par la main du bourreau, et à passer dix années aux présides. La fureur de verser le sang était si grande, qu'on n'observait même plus pour l'exécution des condamnés les délais que l'usage et la loi ont consacrés. A peine le jugement était-il prononcé qu'on les conduisait au supplice sans les laisser en chapelle : depuis les règnes de don Pedro le Cruel et de Philippe II on n'avait pas vu en Espagne un semblable délire. Eh bien, tout cela ne suffisait pas encore. On trouvait les tribunaux trop doux et la législation trop bénigne. En conséquence, le 9 octobre Ferdinand rendit ce décret atroce :

Art. 1er. Sont déclarés coupables du crime de lèse-majesté, et comme tels passibles de la peine de mort, tous ceux qui depuis le 1er octobre de l'année dernière (1823) par une révolte armée, ou par des actes de quelque nature que ce soit, se sont déclarés ou par la suite se déclareront ennemis des droits légitimes du trône, ou partisans de la constitution publiée à Cadix au mois de mars 1812.

Art. 2. Est également passible de ladite peine de mort quiconque depuis la même époque a écrit ou écrira des pamphlets ou pasquins dirigés dans ce but.

Art. 3. Quiconque dans des lieux publics proférera des discours contre la souveraineté de sa majesté, ou en faveur de la constitution qui a été abolie, si ces paroles quoique prononcées en public n'ont pas produit d'actes positifs, et n'ont été que l'élan d'une imagination indiscrètement exaltée, sera passible de la peine de quatre à dix ans de présides avec détention suivant les circonstances, suivant les vues que le délinquant se proposait, et selon que ces paroles ont été proférées avec des intentions plus ou moins coupables.

Art. 4. Quiconque embauchera ou tentera d'embaucher d'autres individus dans le but de former une bande, si la tentative s'est manifestée par quelque acte positif tel qu'une remise d'argent, d'armes, de munitions ou de chevaux, sera déclaré coupable de lèse-majesté, et comme tel passible de la peine de mort. S'il n'y a pas eu de manifestation positive, les juges appliqueront une peine extraordinaire.

Art. 5. Quiconque aura provoqué des émeutes et troublé la tranquillité publique, quels que soient d'ailleurs son origine ou le prétexte qu'il allègue, si l'émeute avait pour but de renverser le gouvernement ou de contraindre sa majesté à condescendre à un acte contraire à sa volonté souveraine, sera déclaré coupable de lèse-majesté et passible de la peine de mort. Cependant, si le mouvement a eu pour principe une cause imprévue dont le but ne fût pas aussi punissable, la peine sera celle de deux à quatre ans de présides. La même proportion sera observée à l'égard des complices et des individus qui ont aidé le prévenu principal.

Art. 6. L'ivresse ne pourra pas servir d'excuse pour l'application de la peine, lors même qu'il serait prouvé que le délinquant était coutumier de ce vice, qui l'entraînait habituellement à d'autres excès, non plus que l'ivresse n'est une excuse pour le soldat aux termes de l'ordonnance générale de l'armée.

Art. 7. La valeur des preuves contre l'accusé ou en sa faveur est laissée à l'appréciation prudente et impartiale des juges.

Art. 8. Quiconque aura crié *Mort au roi!* sera coupable de haute trahison et comme tel passible de la peine de mort.

Art. 9. Les francs-maçons, communéros et autres sectaires, qui doivent être considérés comme ennemis de l'autel et des trônes, sont passibles de la peine de mort, et tous leurs biens seront confisqués au profit du fisc royal, comme coupables de lèse-majesté divine et humaine, en exceptant toutefois les individus amnistiés par l'ordonnance royale du 1er août de la présente année [1].

Art. 10. Tous les Espagnols, de quelque qualité et de quelque profession qu'ils soient, demeurent soumis à ces peines et sont justiciables des commissions militaires exécutives en conformité du décret royal du 11 septembre 1820, par lequel sa majesté a trouvé bon de priver les personnes poursuivies pour défection (*infidencia*) [2] ou pour leurs opinions subversives, des juridictions particulières devant lesquelles elles auraient eu le droit d'être jugées à raison de leur qualité, de leur emploi ou de leur carrière.

Art. 11. Quiconque proférera les cris alar-

[1] Décret daté de Sacedon qui avait supprimé toutes les sociétés secrètes.
[2] Les Joséphins ou Afrancesados étaient poursuivis pour crime d'infidencia.

mants et subversifs de *vive Riégo! vive la constitution! mort aux serviles! mort aux tyrans! vive la liberté!* est passible de la peine de mort conformément aux dispositions du décret royal du 4 mars 1814, parce que ces paroles sont attentatoires à l'ordre et peuvent provoquer des rassemblements ayant pour objet de rabaisser la personne sacrée de sa majesté ainsi que ses respectables attributions.

Un gouvernement qui se laisse entraîner par les partis est bientôt dépassé. Les mesures les plus extrêmes ne peuvent plus satisfaire ceux qui les ont provoquées; aussi le décret sanguinaire qui vient d'être rapporté n'empêcha pas les absolutistes d'accuser Ferdinand de mollesse et d'indulgence. Il était impossible, disaient-ils, que les affaires pussent marcher tant qu'il occuperait le trône. En même temps ils faisaient les plus grands éloges de l'infant don Carlos. Ce prince était, suivant eux, d'une piété à toute épreuve; il savait, au milieu du danger, prendre une résolution avec calme et sans précipitation; il était incapable de transiger avec l'esprit du siècle, il se montrait le défenseur opiniâtre des prérogatives et des privilèges du clergé. On répétait hautement ces éloges. On cherchait à influencer les esprits en sa faveur; puis lorsqu'on jugea que les populations étaient suffisamment préparées à un changement, on ne se borna plus à des paroles; et une conspiration éclata en Aragon dans le but de proclamer roi don Carlos à la place de son frère. Néanmoins cette tentative échoua. Un maréchal de camp et plusieurs officiers furent arrêtés. Grimarest, capitaine général de la province, fut destitué. Des poursuites furent commencées; mais la procédure resta ensevelie dans la poudre des greffes. Le roi ne pouvait croire que ces démonstrations fussent sérieuses. Son esprit se refusait à penser que ce parti dans lequel il avait mis sa confiance eût l'intention de le renverser. Il s'imagina qu'il suffirait de quelques concessions pour le ramener, et dans ce but il prit successivement une foule de mesures injustes et rétrogrades. Ainsi, de temps immémorial les villes jouissaient du droit d'élire quelques magistrats municipaux : Ferdinand le leur enleva pour charger les tribunaux de faire la nomination. Une semblable violation des libertés communales eût été dans tous les temps une affaire excessivement grave; mais les motifs sur lesquels le décret était appuyé donnaient à cet acte un caractère encore plus tyrannique.

« J'ai pris cette détermination, dit Ferdinand, *afin de faire à jamais disparaître du sol espagnol jusqu'à la moindre idée que la souveraineté peut résider autre part que dans ma personne royale, et afin que mes peuples sachent bien que je ne consentirai jamais à la plus légère altération des lois fondamentales de cette monarchie.* » Ces concessions faites aux idées d'intolérance et d'oppression ne mirent pas un terme aux menées des absolutistes. L'impunité augmenta l'audace de cette faction, qui, occupée tout entière de faire prévaloir les intérêts du clergé, voulait soumettre le trône à la puissance temporelle de l'Église. Elle reçut la dénomination de parti apostolique, et se recruta parmi les curés et les moines les plus fanatiques, parmi les employés civils et militaires qui dépendaient du clergé, et qui regardaient ces hommes exaltés comme les plus fermes soutiens de la monarchie. Enfin il servit de refuge à toutes ces ambitions turbulentes qui pour s'élever ne craignaient pas d'agiter le pays ou d'ébranler le trône. Georges Bessières, qui avait été successivement conspirateur républicain, puis capitaine de l'armée de la foi, était l'homme d'exécution qu'il leur fallait; aussi dans le courant d'août 1825 il sortit de Jetafe, petite ville située à deux lieues de Madrid, entraînant avec lui une partie du deuxième escadron du régiment de Santiago. Il se dirigea vers Guadalajara, se renforçant dans son trajet de tous les individus qu'il put recruter dans les lieux où il passait. Ce mouvement, disait-il, avait pour but de rendre la liberté au roi. Il se promena ainsi pendant quelques jours dans les environs de Guadalajara et jusqu'à Siguenza; mais il fut harcelé sans relâche par les forces qu'on avait lancées à sa poursuite. Enfin il tomba entre leurs mains; et en vertu des ordres particuliers du roi il fut, ainsi que plusieurs officiers, passé par les armes dans la ville de Molina d'Aragon, le 26 août.

Cette funeste issue n'arrêta pas d'autres conspirateurs, soit carlistes, soit libéraux. Un complot tramé à Grenade par don José Manuel de Moralès, porte-étendard d'un régiment de cavalerie, et un autre organisé à Tortose par trois officiers de la garnison, furent réprimés aussitôt que découverts. Mais plus le gouvernement déployait de rigueur dans la punition de ces tentatives, plus on mettait de persistance à l'attaquer. La cruauté, loin d'intimider, exaspère les passions; et les exécutions qui avaient eu lieu les années précédentes, le supplice du brave Empécinado, qui périt cette année victime de ses opinions, n'arrêtèrent pas le cours des conspirations.

Dans la nuit du 19 février 1826 des constitutionnels, au nombre environ de soixante, débarquèrent auprès de Guardamar, sur la côte du royaume de Murcie, près de l'embouchure du Segura. Au point du jour ils s'emparèrent de cette petite ville; mais le bruit de cette occupation ne fut pas plus tôt répandu, que de tous les côtés on prit les armes. Un corps de deux mille royalistes, fourni par les villes voisines, se joignit à la compagnie de cavalerie d'Orihuela et se dirigea sur Guardamar pour attaquer les insurgés. Avertis du danger qui les menaçait, ceux-ci voulurent se rembarquer; mais le vent était changé, ils ne purent reprendre la mer, et furent contraints de se diriger vers les montagnes voisines, afin d'y chercher un abri. Ils furent inquiétés dans leur route par les royalistes d'Elche, qui tuèrent le lieutenant-colonel don José Selles, un des chefs de cette expédition, et qui les poursuivirent jusqu'à la nuit sans parvenir à les atteindre. Le 22 des forces sorties d'Alicante continuèrent à leur donner la chasse. On en tua cinq, et on en prit vingt-et-un. Du nombre des prisonniers se trouva le colonel Bazan, qui était grièvement blessé, ainsi que son frère. Ils voulurent se donner la mort, pour ne pas tomber vivants entre les mains des royalistes. Le plus jeune des deux Bazan appuya un pistolet sur l'oreille de son frère; mais le coup ne partit pas, non plus que celui qu'il avait tourné contre lui-même. Ils furent emmenés à Alicante, où tous les prisonniers furent fusillés le lendemain, à l'exception de Bazan l'aîné, qui fut exécuté à Orihuela, le 4 mars. Quant au reste des insurgés, il parvint avec beaucoup de peine à échapper aux royalistes. Cette malheureuse entreprise ne fit que donner une nouvelle activité aux persécutions dirigées contre les libéraux. C'était le seul résultat qu'elle put avoir; car les troupes françaises occupaient encore l'Espagne. Elles ne quittèrent la Péninsule que dans le courant de 1828. Essayer en leur présence de faire une révolution libérale avec d'aussi faibles moyens, c'était courir à une perte certaine. C'était du désespoir, et non du patriotisme.

MINISTÈRE DE CALOMARDE. — RÉVOLUTION LIBÉRALE EN PORTUGAL. — MOUVEMENT CARLISTE EN CATALOGNE. — LES DIFFÉRENTS MARIAGES DE FERDINAND VII.

Les années qui suivirent le renversement de la constitution furent, on l'a vu, des époques de trouble et de malheur. Mais il ne serait pas juste de laisser à Ferdinand seul la responsabilité de cette administration déplorable. Il faut nommer au moins ceux de ses ministres qui pendant cette période ont exercé quelque influence sur les destinées du pays. Il en est un surtout dont le nom est resté flétri par l'animadversion publique. Francisco Tadeo Calomarde était sorti des rangs les plus bas de la société : il avait été, dit-on, domestique, faiseur d'alpargatas, procureur. Il était employé du ministère quand une plaisanterie obscène lui concilia la faveur royale; car Ferdinand avait le goût inné de la mauvaise compagnie. On se souvient qu'Antonio Ugarte, un ancien portefaix, avait été le président de la camarilla. Il existait une certaine analogie entre cet homme et le nouveau ministre; aussi Ferdinand donna-t-il sa confiance à Calomarde, comme il l'avait donnée au protégé de Tatischeff. Sans doute il ne faudrait pas reprocher à cet individu la bassesse de son extraction : elle eût au contraire doublé son mérite si ses vertus et son talent se fussent élevés à la hauteur des fonctions qui lui étaient confiées ; mais il n'avait d'autre qualité qu'un aveugle dévouement aux intérêts et aux passions de la monarchie absolue. Il ne songeait qu'à étouffer les arts, les sciences et la liberté. La régence avait fait fermer le collège des cadets de l'artillerie de Ségovie, ceux de Grenade, de Valence, de Santiago, l'académie du corps des ingénieurs d'Alcala d'Hénarès et toutes les autres écoles militaires publiques ou privées, sous le prétexte que les jeunes gens qu'on y élevait étaient imbus des détestables principes de la révolution. Calomarde s'en prit aux universités ; il les supprima ; mais en revanche il institua une école publique de tauromachie.

Il était partisan de toutes les mesures de rigueur ou d'obscurantisme. Il avait été introduit dans le cabinet par Ferdinand pour servir de contre-poids à ceux des ministres qui se sentiraient des idées de modération et de tolérance. Il fut le mauvais génie du conseil. A côté de lui passèrent dans le cabinet des hommes dont quelques-uns étaient honorables. Le marquis de Casa-Irujo remplaça le chanoine Saez au ministère des affaires étrangères ; mais il mourut au bout de peu de temps, et il eut le comte d'Ofalia pour successeur. Zea Bermudez occupa également ce ministère ; mais il n'y resta que peu de temps, Ferdinand le trouva trop libéral. Il céda la place au duc de l'Infantado, et celui-ci à don Manuel Gonzalez Salmon.

Ballesteros eut le ministère des finances. Don José de la Cruz fut placé au ministère de la guerre ; mais ayant voulu faire un règlement pour réduire à l'ordre la milice turbulente et indisciplinée des volontaires royalistes, il fut attaqué avec tant de vivacité par les exaltés absolutistes, que Ferdinand le destitua et le remplaça par don José Aimerich, chef des volontaires royalistes de Madrid, qui sut bientôt se rendre odieux par sa dureté ; celui-ci fut remplacé par don Luiz Maria de Salazar, qui à son tour eut pour successeur le marquis de Zambrano.

Le pays s'inquiétait peu de ces changements de personnes. Ils étaient si fréquents, qu'on y était accoutumé ; et d'ailleurs, comme ils ne modifiaient en rien la confiance que Ferdinand avait placée en Calomarde, et que celui-ci, bien qu'il fût seulement ministre de grâce et de justice, était en réalité l'âme du cabinet, on savait bien qu'il ne fallait espérer avec lui ni changements de système ni amélioration. On était ainsi arrivé aux derniers jours de 1826, et les esprits étaient à peine remis de l'émotion causée par la triste échauffourée de Bazan, quand la révolution de Portugal vint inspirer à la cour de sérieuses alarmes. Le vieux roi Jean VI était mort, laissant don Pedro, son fils aîné, pour héritier ; mais ce prince, préférant l'empire du Brésil, abdiqua la couronne du Portugal en faveur de sa fille dona Maria da Gloria, et donna au pays la charte qui porte son nom. Le contre-coup de ce mouvement se fit vivement sentir en Espagne. Cent quinze hommes, un lieutenant et le porte-étendard d'un régiment de cavalerie qui était en garnison à Olivenza désertèrent avec leurs armes et leurs chevaux, et passèrent en Portugal [1].

La cour, craignant que la contagion révolutionnaire ne se propageât, et voulant autant que possible empêcher les communications avec le Portugal, réunit sur la frontière de ce pays une armée dont elle confia le commandement au général Saarsfield.

Menacé de ce côté par le principe constitutionnel, Ferdinand était attaqué plus vivement encore par le principe contraire. Les apostoliques, unis d'intérêts et d'opinion avec les ultra-royalistes de France, tiraient profit de tous les avantages que ceux-ci remportaient. Louis XVIII était mort ; et Charles X n'avait pas, comme son frère, le talent de contenir ce parti aveugle qui l'entraînait à sa perte, et qui avait déjà imposé à la France la loi du sacrilège. Enhardis par les succès de leurs émules de Paris, les apostoliques ne se bornaient déjà plus à des intrigues clandestines, à de secrets conciliabules : ils demandaient hautement la déchéance du roi. Ils firent circuler un écrit intitulé : « Manifeste « adressé au peuple espagnol par une « fédération de royalistes purs, sur l'état « de la nation et sur la nécessité d'éle- « ver au trône le sérénissime seigneur « infant don Carlos. » Il se terminait de cette manière : « Voilà ce que nous dési- « rons en Jésus-Christ, nous les mem-

---

[1] Je ne suis entré dans aucun détail sur cette révolution, bien que ces événements soient remplis d'intérêt ; mais ils font partie de l'histoire de Portugal : il faut les lire dans le volume que M. Ferdinand Denis a consacré à ce pays. Ils y sont retracés avec trop de verve et trop de talent pour qu'il soit possible d'en parler après ce savant historien.

« bres de cette catholique fédération, « avec la faveur du ciel et la bénédiction « éternelle. Amen. — Madrid, 1er no-« vembre 1826. —Imprimé, publié et ré-« pandu par l'ordre de notre fédération. « — Fr. M. du Saint-Sacrement, secré-« taire. »

Ils ne se bornèrent pas à répandre des écrits séditieux ; lorsqu'ils jugèrent l'opinion publique suffisamment préparée, ils prirent les armes. Au mois de mai 1827 parut en Aragon, dans les environs de Barbastro, une bande commandée par un certain Miguel Nogueras, qui la première poussa le cri de la rébellion. Elle fut mise en déroute par les volontaires royalistes, et Nogueras fut tué. Une autre tentative de soulèvement eut également lieu dans l'Alava. Elle ne réussit pas davantage; mais en Catalogne un mouvement apostolique éclata ; les districts de Manresa, de Vich et de Girone se mirent en pleine insurrection. A la tête de la révolte se placèrent des hommes hardis, entreprenants, sans frein; et parmi eux Bussons et Pep. dels Estanis, la terreur et la désolation des contrées qu'ils parcouraient. Pour motiver leur rébellion, ils alléguaient que le roi n'était pas libre; qu'il était dominé par une faction et dans l'impossibilité de pourvoir au bien de l'État. Mais il n'était personne qui ne comprît que c'était là un prétexte mensonger, et qu'il ne servait qu'à voiler ses projets coupables. Il fallut bien enfin que Ferdinand ouvrît les yeux à l'évidence. Il fut forcé de reconnaître que ce parti dans lequel il avait mis toute sa confiance, auquel il avait donné son amour et toutes ses sympathies, qu'il avait réchauffé dans son sein, renfermait ses plus perfides ennemis. Il prit la résolution d'étouffer la rébellion dès son principe en employant les moyens les plus énergiques. Il envoya en Catalogne le comte d'Espagne à la tête de troupes assez nombreuses, et celui-ci se mit à la recherche des insurgés. Il les poursuivit avec une grande activité ; mais il rencontra dans la configuration du pays, dans le caractère des habitants, dans leur manière de combattre, les mêmes obstacles qui dans les temps de trouble se sont toujours opposés à la pacification de la Catalogne. Le nombre des insurgés s'accrut au point de rendre l'issue de la lutte très-douteuse. En voyant cette résistance, qu'il n'avait pas prévue, Ferdinand, pour la première fois de sa vie, prit une résolution sage et profitable. A la tête d'une simple escorte il passa en Catalogne, à la fin du mois de septembre 1827. Sa présence obtint les bons effets qu'il s'en était promis. A sa voix les insurgés déposèrent les armes. Les plus compromis prirent la fuite pour mettre leur vie en sûreté. Les autres, croyant de bonne foi que le souverain les traiterait comme des enfants égarés, vinrent se remettre entre ses mains. Tous n'y rencontrèrent pas la clémence qu'ils avaient espérée. Calomarde et le comte d'Espagne firent périr un nombre considérable de victimes; mais le secret dont furent accompagnées ces exécutions et les procédures qui les avaient précédées laissa croire que les véritables coupables avaient été épargnés. Néanmoins, les mesures énergiques adoptées contre les insurgés, le désarmement des bataillons royalistes de Vich et de Manresa rétablirent complètement la tranquillité.

Après avoir comprimé cette rébellion apostolique, Ferdinand parcourut avec la reine le royaume de Valence, la Catalogne, l'Aragon, les provinces Basques, la Castille, et le 11 août il revint à Madrid au milieu des acclamations du peuple. Quelques mesures d'une sage administration prises par Ballesteros firent espérer que le gouvernement allait entrer dans une autre voie, et que le pays jouirait enfin de quelques instants de repos. Mais le ciel n'avait pas épuisé les fléaux dont il voulait frapper la malheureuse Espagne. D'horribles tremblements de terre désolèrent les royaumes de Valence et de Murcie. Des villages entiers furent renversés, et de nombreuses victimes périrent englouties sous leurs ruines ; puis au milieu des pénibles émotions que ces désastres avaient fait naître, vint s'ajouter un nouveau motif de douleur et d'inquiétudes : le 17 mai 1829 la reine mourut.

Ferdinand avait déjà été marié trois fois. Le 4 octobre 1802 il avait épousé, en premières noces, Marie-Antoinette de Naples. Le même jour sa sœur Marie-Isabelle avait épousé don Francisco Genaro, prince héréditaire des Deux-Siciles. Après quatre années de mariage la princesse

Marie-Antoinette était morte sans laisser d'héritier. Ferdinand passa dans le veuvage le temps de sa captivité de Valençai et les premières années de son règne. En 1816 il épousa dona Maria-Isabelle-Francisca de Braganza, seconde fille du prince don Juan, régent de Portugal. Son frère, l'infant don Carlos, épousa la troisième fille du même prince, Maria-Francisca d'Assis. Les noces furent célébrées le 28 septembre 1816. Le choix de Ferdinand fut approuvé de tout le monde. La nouvelle reine était d'un caractère doux et bienveillant ; elle protégeait les beaux-arts, puis à toutes ces qualités elle joignait une figure pleine de grâce et le talent de se faire aimer. Le 21 août 1817 elle mit au jour une fille, à qui l'on donna les noms de Marie-Isabelle-Louise ; mais cette enfant vécut peu de mois. Elle mourut le 9 janvier 1818. L'année commencée d'une manière si triste devait avoir une fin encore plus funeste. La reine était enceinte, et elle approchait du terme de sa grossesse. Dans la soirée du 26 décembre, elle était sur son lit, et causait paisiblement avec quelques personnes de sa maison, lorsqu'elle fut prise d'une attaque de nerfs. Tous les moyens employés pour la soulager demeurèrent inutiles : elle mourut après une demi-heure de souffrance. On essaya de sauver au moins l'enfant qu'elle portait. On tenta l'opération césarienne, et l'on tira de son sein une fille qui mourut au bout de quelques minutes.

Le désir de laisser un héritier direct de sa couronne détermina Ferdinand à contracter une nouvelle union. Le 20 octobre 1819, il épousa Marie-Josèphe-Amélie de Saxe, nièce du roi Frédéric-Auguste, et fille du prince Maximilien. Cette union fut encore stérile. La reine tomba malade à Aranjuez, le 30 avril 1829, et dès les premiers moments on considéra sa position comme désespérée. Cette princesse, dont l'âme était d'une douceur angélique, vit avec calme les approches de la mort. Elle expira au bout de dix-sept jours de maladie. Cette mort ranima les espérances du parti apostolique. Le ciel, disaient-ils, réservait évidemment la couronne à don Carlos, puisqu'il frappait de stérilité les épouses de Ferdinand. Mais leur espoir devait être trompé, et Ferdinand contracta un quatrième mariage. Sa sœur Isabelle avait épousé en 1802 l'héritier de la couronne des Deux-Siciles. Elle en avait eu plusieurs filles. L'aînée, Luiza-Carlota, née le 24 octobre 1806, avait, le 11 juin 1819, épousé le plus jeune frère de Ferdinand, l'infant don Francisco de Paula. La seconde était Marie-Christine, née le 27 avril 1806. Ferdinand fit demander sa main ; et le mariage fut célébré le 11 décembre 1829, au grand mécontentement des apostoliques, dont il compromettait les espérances, mais aux applaudissements des populations, qui accueillirent avec amour une reine fille d'une mère espagnole. L'année 1830 s'ouvrit donc au milieu des réjouissances. Jeune, belle, avide de plaisirs, Marie-Christine tira la cour de la tristesse où elle languissait depuis si longtemps : ce fut un changement complet dans les habitudes du palais. On y vit chaque jour des fêtes nouvelles. Une reine qui ne se contentait pas de fêtes religieuses, qui aimait le bal ; une reine qui dansait fut pour les Espagnols une étonnante nouveauté. En voyant Ferdinand, à la voix de sa jeune épouse, secouer la monotonie de sa vie habituelle, les apostoliques devinèrent l'empire qu'elle allait exercer sur son esprit ; et les plus clairvoyants jugèrent que ce n'était pas seulement une reine, mais une révolution qu'on avait inaugurée [1].

PUBLICATION DE LA PRAGMATIQUE SANCTION DE 1789, QUI RÉVOQUE LA LOI SALIQUE. — NAISSANCE DE L'INFANTE DONA MARIA-ISABELLE. — RÉVOLUTION FRANÇAISE DE 1830. — INVASION DES ÉMIGRÉS ESPAGNOLS. — DÉBARQUEMENT, ARRESTATION ET SUPPLICE DE TORRIJOS.

Le nouveau mariage de Ferdinand VII, qui pouvait détruire les droits et les espérances de don Carlos, avait été pour les apostoliques un sujet d'alarme et de mécontentement. La grossesse de la reine ne tarda pas à justifier leurs appréhensions. Cependant, il leur restait encore un espoir : la reine pouvait accoucher d'une fille ; et la loi rendue par Charles IV, d'accord avec les cortès de 1789, pour rendre aux femmes le droit de succéder à la couronne, n'ayant pas

(1) *Une année en Espagne*, par Charles Didier. Paris, 1837.

encore été promulguée, elle pouvait être considérée comme non avenue. Ferdinand ne voulut pas leur laisser cet espoir; et le 29 mars 1830 il fit publier la pragmatique sanction de 1789. Voici les termes de cette loi, qui règle maintenant le droit de succession à la couronne d'Espagne :

Don Ferdinand VII, par la grâce de Dieu roi de Castille et de Léon, aux infants, prélats, ducs, marquis, comtes, ricos-hombres, prieurs, commandeurs des ordres et sous-commandeurs, alcades de Castille, et tous autres juges ou juridictions, ministres et personnes de toutes les villes et bourgs de mes royaumes et seigneuries, tant à présent qu'à l'avenir, savoir faisons que : Dans les cortès réunies à notre palais du Buen-Retiro pendant le cours de l'année 1789 on s'est occupé, sur la proposition de mon auguste père, qui est en gloire[1], de la nécessité et de la convenance de faire observer le mode régulier établi par les lois du royaume et par la coutume immémoriale pour la succession à la couronne d'Espagne par droit de primogéniture, en préférant les hommes aux femmes dans leurs lignes respectives suivant leur rang. Après avoir considéré les biens immenses que pendant plus de sept cents ans l'observation de ce mode de succession a procurés à la monarchie, après avoir aussi examiné les motifs et circonstances particulières qui ont déterminé les changements décrétés par l'acte octroyé en mai 1713, les cortès, sous la date du 30 septembre 1789, ont remis une supplique entre les mains du roi. Dans cet acte elles ont représenté les grands avantages qui ont résulté par le passé, et particulièrement depuis l'union des couronnes de Castille et d'Aragon, de l'ordre d'hérédité prescrit par la loi 2 titre 15 partida seconde; et elles ont demandé que, sans avoir égard aux innovations introduites par ledit acte de 1713, il fût ordonné que pour la succession de la monarchie on garderait et observerait à perpétuité ladite coutume immémoriale, comme elle a toujours été observée et gardée. En conséquence, elles ont réclamé qu'il fût publié une pragmatique sanction, comme loi faite et arrêtée en cortès, afin de constater cette résolution et de déroger audit acte de 1713.

A cette supplique mon auguste père a daigné répondre comme le demandait le royaume, et conformément à l'avis joint à ladite pièce par la junte des assistants aux cortès, par le gouverneur et ministre de ma chambre royale de Castille, « qu'il avait pris une résolution conforme à ladite pétition; » cependant il a ordonné que « pour le moment on tînt cette résolution secrète, parce que cela importait à son service; » et dans le décret dont il est question, il donna l'ordre « à son conseil d'expédier la pragmatique sanction dans la forme accoutumée. » En conséquence, les cortès envoyèrent à la voie réservée copie certifiée de ladite supplique et de tout ce qui s'y rapporte, par l'intermédiaire de son président, le comte de Campomanès, gouverneur du conseil; et l'on publia le tout dans l'assemblée avec la réserve qui avait été prescrite. Les troubles qui ont agité l'Europe à cette époque et ceux auxquels la Péninsule a depuis été en proie n'ont pas permis l'exécution de ces importants desseins, qui exigeaient des jours plus calmes. Enfin, ayant, avec l'aide de la miséricorde divine, heureusement rétabli la paix et le bon ordre dont avaient tant besoin mes peuples bien-aimés; après avoir examiné cette grave affaire, et après avoir entendu l'avis de ministres zélés pour mon service et pour le bien public, par mon décret royal, adressé au même conseil le 26 du présent mois, vu la pétition originale, vu ce qui a été décidé relativement à ladite supplique par mon père chéri, ainsi que le procès-verbal des premiers secrétaires des cortès, lesquelles pièces sont jointes à mon décret, j'ai ordonné de publier immédiatement une loi et pragmatique dans la forme accoutumée.

Ce décret ayant été publié dans mon conseil, on résolut de lui donner son complément en expédiant les présentes avec force de loi et de pragmatique sanction comme faite et promulguée en assemblée de cortès. En conséquence, j'ordonne d'observer, garder et accomplir perpétuellement ce qui est contenu dans la loi seconde, titre quinzième de la deuxième partida, dont la teneur suit :

« Naître le premier est un grand signe d'a-
« mour que Dieu témoigne au fils du roi,
« auquel il donne l'aînesse sur les autres frères
« qui naissent après lui... Le fils aîné a pouvoir
« sur ses frères comme père et seigneur, et
« ils le doivent tenir comme tel. En outre, se-
« lon une antique coutume, quoique les pères,
« ayant communément pitié de leurs autres en-
« fants, ne voulussent pas que l'aîné eût tout,
« mais que chacun eût sa part, cependant,
« malgré tout cela, les hommes sages entendus,
« considérant le bien public, on a reconnu
« que ce partage ne peut se faire sans entraîner
« la ruine de l'État; car, comme l'a dit Notre-
« Seigneur Jésus-Christ : Tout royaume divisé

---

[1] En Espagne on n'écrit jamais dans les actes officiels le nom d'un roi mort sans le faire suivre de ces quatre majuscules sacramentelles (Q. E. E. G) : *Qui est en gloire*, c'est-à-dire dans le Paradis. S'il s'agit du roi régnant, la formule est (Q. D. G.) : *Que Dieu garde*.

« sera détruit, on a établi pour droit qu'a-
« près la mort de son père, le fils aîné eût seul
« la seigneurie du royaume; et ce droit a tou-
« jours été en usage dans tous les pays du
« monde où la seigneurie s'est transmise par
« hérédité, et principalement en Espagne. En
« effet, pour éviter beaucoup de maux qui
« sont arrivés et qui pourraient encore se
« renouveler, on a établi que la seigneurie du
« royaume fût toujours transmise par hérédité
« aux enfants qui venaient en ligne directe,
« et, par conséquent, on établit que s'il n'y
« avait pas de fils aîné la fille ainée héritât
« du royaume; et aussi on ordonna que si le
« fils aîné mourait avant d'hériter, mais en
« laissant un fils ou une fille issu d'une femme
« légitime, que cet enfant hérite du royaume
« de préférence à tout autre. »

En conséquence, je vous mande à tous et à chacun en particulier en vos districts, juridictions et territoires, de garder, accomplir et exécuter, faire garder, accomplir et exécuter cette pragmatique sanction en tout et par tout ce qu'elle contient, ordonne et mande, en prenant à cette occasion toutes les mesures que le cas requiert sans qu'il soit besoin d'autre déclaration que de la présente, qui doit recevoir son exécution à partir du jour où elle sera publiée à Madrid et dans les villes, attendu que cela convient à mon royal service, au bien et utilité publique de mes vassaux; que telle est ma volonté; et je veux qu'on donne aux copies de cet ordre signées de don Valentin de Pinilla, le plus ancien secrétaire de ma chambre et du gouvernement de mon conseil, la même foi et le même crédit qu'à l'original.

Donné au palais, le 29 mars 1830.

MOI LE ROI. »

Ces changements aux lois qui réglaient le droit de succession ne se firent pas sans exciter de vives réclamations, et les apostoliques, à défaut de journaux espagnols dans lesquels ils osassent critiquer cet acte de la toute-puissance royale, remplirent les feuilles étrangères de leurs protestations. La conduite imprudente du gouvernement leur procura bientôt un redoutable adversaire. Depuis longtemps les priviléges et les immunités des provinces basques étaient odieux à la cour de Madrid. Déjà on avait eu la pensée de les abolir; mais les représentations énergiques de leurs députés avaient forcé de renoncer à cette entreprise. Au mois d'avril 1830 il fut question de réunir quinze mille hommes à Burgos, afin de soutenir par les armes l'abolition des fueros. On avait pris la résolution de les anéantir; mais on n'en vint pas à ces extrémités. La Biscaye offrit au roi un don volontaire. Cette transaction empêcha bien la guerre d'éclater, mais elle ne put éteindre le mécontentement des Basques ni calmer les inquiétudes qu'on leur avait inspirées. Menacés dans leurs intérêts, ils devaient naturellement se dévouer au parti qui promettait de maintenir leurs fuéros. Le parti apostolique sut habilement fomenter ces dispositions; et il s'appliqua à confondre ses griefs avec ceux de la Biscaye, en présentant les changements au droit de succession et la réforme projetée des fueros comme le résultat d'un même système et comme des innovations également dangereuses.

Cependant la grossesse de la reine approchait de son terme. Des prières publiques avaient été ordonnées pour demander à Dieu qu'il accordât un fils à Ferdinand; mais ces vœux ne furent pas exaucés; et le 10 octobre la reine mit au jour une princesse, qui fut baptisée sous les noms de Marie-Isabelle-Louise.

Lorsqu'elle vint au monde l'Europe se trouvait dans un de ces moments de crise qui ébranlent jusqu'en leurs fondements les trônes les mieux établis. Le gouvernement français ayant été insulté par le dey d'Alger résolut de tirer vengeance de ce chef de forbans. Une armée française débarqua le 14 juin 1830 sur la plage de Sidi-Ferruch, et contraignit en peu de jours le dey à capituler. Cette victoire augmenta en France l'audace du parti absolutiste, qui était alors au pouvoir; il voulut exploiter à son profit la conquête d'Alger, comme il avait exploité la campagne de 1823. Le 9 juillet le télégraphe ayant apporté à Paris la nouvelle du succès des armes françaises, le ministère, organe du parti absolutiste, crut le moment favorable pour terminer par un coup d'État la lutte qui était engagée entre lui et la majorité des chambres. Des ordonnances royales, en date du 25 juillet, furent rendues pour suspendre la liberté de la presse, pour dissoudre la Chambre des députés, pour établir un nouveau mode d'élection des représentants du pays, enfin pour convoquer les colléges électoraux. Ces actes étaient autant de violations flagrantes de la Charte. Ils provoquèrent une vive résistance. Le peuple s'insurgea. Après trois jours de combat, Charles X fut renversé du trône; et le 7 août les Chambres proclamèrent le duc d'Orléans roi des Français. Le succès que le parti libéral venait d'obtenir en France ranima tout ce qu'il y avait en Europe d'énergie révolutionnaire. La Belgique se mit en insurrection, et se sépara de la Hollande. La Pologne poussa le cri d'indépendance, et voulut secouer le joug de la Russie. Enfin, les émigrés espagnols, qui avaient trouvé un refuge en France ou en Angleterre, se réunirent en comités révolutionnaires dans le but de tenter un coup hardi et de passer la frontière. Le gouvernement espagnol adressa de vives réclamations aux deux cabinets de Paris et de Londres. Ce dernier prit quelques mesures pour empêcher les réfugiés qui se trouvaient en Angleterre de porter la guerre dans leur pays. Mais le gouvernement établi en France ne put ou ne voulut pas arrêter l'entreprise. Le colonel Francisco Valdès pénétra en Navarre à la tête de quinze cents hommes, et s'empara de la ville d'Urdax. Mais, pour repousser cette agression, la province de Guipuscoa mit aussitôt sous les armes ses huit bataillons de milice; l'Alava envoya huit compagnies d'élite; la Biscaye, son bataillon national. Toutes ces provinces s'empressèrent, en outre, de rassembler d'autres forces. Le général Llauder fut mis à leur tête et chargé de combattre les révolutionnaires. Quoique ceux-ci fussent commandés par Lopès-Baños, par Butron, et même par Mina, ils furent mis en pleine déroute. Poursuivis par Llauder, ils furent contraints de se rejeter en France. Mina, traqué, dit-on, comme une bête fauve, passa trente heures dans une fente de rocher pour échapper aux battues dirigées contre lui avec des hommes et des chiens. En Galice, en Catalogne, en Aragon, d'autres bandes révolutionnaires tentèrent également de soulever le pays. Leur entreprise n'eut pas plus de succès. Toutes ces tentatives avaient été dirigées vers le nord de la Péninsule. On pensa que le caractère des habitants de ces provinces avait été le véritable obstacle à leur réussite. On s'imagina que si elles eussent été faites dans les provinces méridionales, elles eussent obtenu de meilleurs résultats. Le 28 février 1831 une petite expédition, commandée par le général Torrijos, débarqua dans les environs d'Algéciras. Il n'avait avec lui que deux cents hommes. Les troupes et les autorités étaient prévenues : aussi, Torrijos, après un engagement assez vif, fut-il forcé de se remettre en mer et de se réfugier à Gibraltar. Ce mauvais succès n'intimida pas d'autres émigrés, déterminés à s'exposer au même danger. Quelques jours plus tard, Antonio Manzanarès, ayant débarqué dans les environs de Jetarès, à la tête d'environ cent cinquante hommes, se dirigea immédiatement vers la Sierra-Verméja, sans doute dans le but de se joindre à une grosse bande d'insurgés qui s'était montrée de ce côté. Mais il fut poursuivi avec tant de célérité par les troupes royalistes, que la plus grande partie des siens l'abandonna. Il fut forcé de renoncer à son entreprise et de songer uniquement à se mettre en sûreté. Ayant rencontré quelques chevriers, il tâcha de leur inspirer de l'intérêt en sa faveur. Il promit à l'un d'entre eux, nommé Juan-Gil, un duro par chaque pain qu'il lui apporterait, et une bonne somme, s'il parvenait à lui procurer une barque. Gil feignit d'accepter ces offres; mais, au lieu de faire ce qui lui était demandé, il courut donner l'alarme dans le village de Igualéja; et il rassembla pour arrêter les fugitifs un grand nombre de paysans armés et de volontaires royalistes. Au reste sa perfidie fut punie comme elle méritait de l'être. Pour surprendre plus facilement le malheureux qu'il voulait livrer, il avait été le rejoindre. Mais celui-ci, en voyant s'approcher des hommes armés, tira son épée, et en perça le traître. A son tour, il fut presque aussitôt massacré par un frère de Juan-Gil. Soixante et un des infortunés qui avaient pris part à l'expédition de Manzanarès tombèrent entre les mains des royalistes, et furent passés par les armes.

A la même époque, des conspirateurs essayèrent de soulever les garnisons de Cadix et de l'île de Léon; n'ayant pu y parvenir, ils s'en vengèrent en assassinant, dans les rues de la ville, le gouverneur de la place et le subdélégué de police. Dans l'île de Léon, ils parvinrent à délivrer tous les forçats de l'arsenal maritime, à faire passer de leur côté le bataillon de marine, ainsi que deux compagnies de ligne qui s'y trouvaient en garnison, et ils poussèrent le cri de liberté le 3 mars. Mais cette révolte ne réussit pas. Les insurgés, ne pouvant se maintenir dans l'île de Léon, prirent la route de Bejer dans le but, sans doute, de se joindre à Manzanares, dont on ignorait encore la déroute. Poursuivis de tous les côtés et entourés par des forces supérieures, ils tentèrent vainement de se défendre. Tous ceux qui ne furent pas tués en combattant furent forcés de se rendre à discrétion. Ces tentatives insensées ranimèrent les persécutions contre les constitutionnels. Les commissions militaires, qui avaient été supprimées, furent rétablies par ordonnance du 19 mars; et de nombreuses victimes furent sacrifiées aux vengeances politiques. Souvent la proscription tomba sur les personnes les plus innocentes et les plus inoffensives; ainsi, on cite un libraire de Madrid, nommé Antonio Miyard, dont le seul crime était d'avoir écrit quelques réflexions sur les derniers événements. Il faut encore rapporter le supplice d'une dame de Grenade, nommée Mariana Pineda, qui fut conduite à la mort parce qu'elle avait entrepris de broder une bannière pour les mécontents. Tant de désastres, tant de sang répandu, n'arrêtèrent pas les conspirateurs, et l'année finit comme elle avait commencé. Depuis son imprudente tentative du mois de février, Torrijos était réfugié à Gibraltar. On lui répéta que l'Andalousie n'avait besoin que d'un chef pour courir aux armes, et pour donner à l'Espagne le signal de la délivrance. Il le crut : le 1er décembre il débarqua à Eranjérola avec cinquante-deux hommes. Les troupes royalistes, commandées par Moréno, gouverneur de Malaga, que sa cruauté a fait surnommer le *Bourreau*, se mirent aussitôt à sa poursuite. Forcé de chercher un asile dans une ferme élevée près de Coyn, il y fut aussitôt assiégé. La résistance n'était pas possible, et il fut obligé de se rendre avec tous ceux qui l'avaient accompagné. Il fut conduit à Malaga, et fusillé le 11 décembre, ainsi que tous les malheureux entraînés par lui dans sa déplorable entreprise. Cette horrible exécution termina dignement cette année de réaction et de meurtres.

NAISSANCE DE L'INFANTE MARIE-LOUISE-FERNANDA. — GRAVE MALADIE DU ROI. — RÉVOCATION DE LA PRAGMATIQUE SANCTION. — DESTITUTION DE CALOMARDE ET DES AUTRES MINISTRES. — LA REINE EST CHARGÉE DU GOUVERNEMENT DU ROYAUME. — AMNISTIE. — RÉTABLISSEMENT DE LA PRAGMATIQUE SANCTION. — DON CARLOS SE RETIRE EN PORTUGAL. — CONVOCATION DES CORTÈS POUR PRÊTER SERMENT A LA PRINCESSE DES ASTURIES. — PROTESTATION DE DON CARLOS. — CORRESPONDANCE ENTRE DON CARLOS ET FERDINAND. — TESTAMENT ET MORT DU ROI.

La secousse produite par la révolution de juillet et par les conspirations des émigrés espagnols avait fait diversion, pendant l'année 1831, aux intrigues qui entouraient le trône. Les apostoliques avaient gardé le silence : ils attendaient avec anxiété le terme de la deuxième grossesse de la reine ; car la naissance d'un prince n'eût pas laissé le moindre prétexte à leurs prétentions chimériques; mais le 30 janvier 1832 la reine mit au monde une seconde fille, à laquelle on donna le nom de Marie-Louise-Fernanda, et les partisans de don Carlos continuèrent leurs manœuvres, avec d'autant plus de vivacité, que le moment approchait d'en recueillir le fruit. Ferdinand était né le 14 octobre 1784. Par conséquent il n'avait encore que quarante-huit ans; mais chez lui les infirmités avaient devancé l'âge. La goutte le tourmentait cruellement. Il avait reçu de son père ce funeste héritage ; mais Charles IV passait rarement un jour sans se livrer à la chasse ou à quelque autre exercice violent. Il avait ainsi prolongé sa carrière et conservé sa vigueur jusqu'à un âge assez avancé. Ferdinand VII n'avait pas de goût pour les exercices qui entretiennent la santé : aussi était-il vieux avant le temps. Un accès de goutte le prit au mois d'août 1832, pendant un voyage qu'il faisait à la Granja; bientôt les accidents de sa maladie devinrent si graves, que les médecins désespérèrent de sa vie. En ces tristes instants, pendant que la mort planait sur le lit de Ferdinand, que tout était trouble et confusion dans la demeure royale, les apostoliques renouvelèrent leurs attaques et leurs machinations : on s'efforça d'alarmer la conscience du mourant. On lui répéta que la guerre civile serait le résultat de la pragmatique sanction ; et qu'il aurait à répondre devant Dieu du sang qui allait être versé. Christine, peut-être occupée de sa douleur, peut-être aussi émue par l'effrayante peinture que faisaient les carlistes des maux qui allaient tomber sur la malheureuse Espagne, laissa le champ libre à leurs machinations. Calomarde, dans l'espoir de se rendre agréable au parti qui allait triompher, prépara une révocation de l'acte du 29 mars. On la soumit à la signature du roi moribond. Tel était déjà l'état d'affaissement dans lequel se trouvait Ferdinand, que quelques instants plus tard on le crut expiré. On faisait déjà des préparatifs pour exposer son corps. L'ambassadeur de France avertit sa cour de la mort du roi. Cette nouvelle fut transmise à Paris par le télégraphe. Elle y fut publiée dans les journaux du 18 septembre. Cependant, et contre toute attente, le roi revint à lui. Au bout de quelques heures un mieux notable se manifesta. Sa figure commença à reprendre de l'animation et de la vie : le nuage qui obscurcissait sa vue et ses idées se dissipa; et il apprit qu'on avait abusé de son état pour lui extorquer la révocation des mesures prises par lui dans le but d'assurer la couronne à sa fille. Pendant la maladie du roi, l'infante Luisa Carlota, sœur aînée de la reine, était en Andalousie ; mais, à la première nouvelle de ce qui se passait, elle franchit rapidement la distance qui la séparait de la cour. Elle arriva au moment où les partisans de don Carlos et ceux de la reine se disputaient autour de ce lit où Ferdinand luttait encore contre la mort. Elle reprocha à la reine la faiblesse avec laquelle elle laissait dépouiller sa fille; elle accusa les ministres de déloyauté. On dit même que, joignant les faits aux paroles, elle frappa vivement Calomarde au visage. Don Carlos et ses amis, qui déjà étendaient la main pour saisir la succession et la couronne de Ferdinand, virent s'évanouir toutes leurs espérances; car il était hors de doute que ce prince allait s'empresser de rétracter un acte contraire à ses intentions, qu'il avait signé sans réflexion, et lorsqu'il n'avait pas la conscience de ce qu'il faisait.

La destitution de tous les ministres fut le premier acte par lequel le roi fit preuve de son retour à la vie.

Le cabinet se composait de Calomarde, ministre de grâce et de justice ; aux affaires étrangères, était le comte de la Alcudia; aux finances, don Luiz Lopès Ballesteros ; à la guerre, le marquis de Zambrano; à la marine, le comte de Salazar : aucun d'entre eux ne fut conservé, et Ferdinand forma le nouveau ministère de la manière suivante : aux affaires étrangères, Zea Bermudez, qui était ambassadeur à Londres ; à la secrétairie de grâce et de justice, José Cafranga, qui fut bientôt remplacé lui-même par Francisco Fernandez del Pino; à la guerre, don Juan Antonio Monet, qui était gouverneur du camp de Gibraltar. Celui-ci eut plus tard pour successeur don José de la Cruz; aux finances, don Victoriano Encima y Piedra, directeur de la caisse d'amortissement; enfin à la marine, don Angel Laborde y Navarro, qui commandait l'escadre de l'île Cuba. Mais ensuite on jugea qu'il était plus convenable de laisser celui-ci à son poste, et on le remplaça au ministère par don Francisco Xavier Ulloa. On changea aussi dans les provinces les autorités dont le dévouement parut douteux ; enfin, par un décret en date du 6 octobre, Ferdinand confia le gouvernement de l'État à la reine, jusqu'à ce qu'il eût entièrement recouvré la santé. Cette résolution annonçait à elle seule un changement complet de politique, et le premier bienfait par lequel Christine voulut signaler son administration fut une amnistie générale. Voici les termes de cet acte, qui porte la date du 7 octobre 1832.

Il n'y a rien de plus naturel que le pardon pour le cœur magnanime et religieux d'un souverain qui aime ses sujets et qui est reconnaissant des vœux fervents adressés par eux pour obtenir de la miséricorde divine sa santé et son rétablissement. Il n'est pas de chose plus douce à l'âme du roi que l'oubli des faiblesses de ceux qui, par imitation plutôt que par malice ou par perversité, se sont éloignés des chemins de la loyauté, de la soumission et du respect auxquels ils étaient obligés et dans lesquels ils se sont toujours distingués.

Quand la bonté innée du roi vient rassembler tous ses enfants sous le manteau glorieux de sa bienfaisance, quand il consent à les faire participer à ses grâces et à ses libéralités, à les ramener au sein de leurs familles, à les délivrer des maux et des privations qu'entraîne l'exil sur une terre étrangère, ce pardon ne doit-il pas faire naître dans leur âme un sentiment profond, cordial et sincère de reconnaissance pour la grandeur et la bonté du prince qui l'accorde? C'est avec joie que je remplis la tâche douce et glorieuse de publier ses intentions généreuses et bienveillantes. Aussi, guidée par des idées et par des espérances si flatteuses, faisant usage des pouvoirs que m'a conférés mon époux cher et bien-aimé, et conformément à sa volonté, j'accorde l'amnistie la plus générale et la plus complète de toutes celles que jusqu'à présent les rois ont accordées à tous ceux qui jusqu'à ce moment ont été poursuivis pour crime d'État, quel que soit le nom sous lequel on les ait désignés ou signalés; j'excepte seulement de cette grâce, et bien à regret, ceux qui ont eu le malheur de voter la déchéance du roi à Séville, et ceux qui ont commandé la force armée contre sa souveraineté.

Vous l'aurez pour entendu, et vous disposerez ce qui est nécessaire pour l'exécution des présentes.

Cette amnistie était non-seulement une œuvre de clémence, c'était en même temps un acte de sagesse. Christine, dont il est impossible de méconnaître les hautes qualités, avait parfaitement jugé sa position et celle de sa fille. Elle ne pouvait attendre ni secours ni appui du parti absolutiste. Il fallait donc qu'elle cherchât ses soutiens d'un autre côté. A peine de retomber dans les embarras de 1822, il lui fallait éviter l'exagération des principes libéraux; elle devait donc s'appuyer sur les hommes modérés qui forment la partie la plus saine et la plus puissante de toutes les sociétés. Mais il fallait rassembler ce parti modéré, dont avant elle, en Espagne, on avait méconnu l'existence. Il fallait pour cela calmer les passions; il fallait éclairer le pays. Elle entra franchement dans cette voie d'amélioration et de progrès. Les mesures éclairées et bienfaisantes se succédèrent promptement. La reine ordonna de rouvrir les universités fermées par Calomarde. Il n'existait que cinq ministères, elle en créa un sixième chargé de l'administration intérieure du pays. Ce ministère a pour but principal de favoriser le développement de l'agriculture, du commerce, de l'industrie, en un mot de toutes les sources de la richesse publique. Aussi lui a-t-on donné le nom de ministère *del Fomento* (qui réchauffe, qui ranime), comme si on eût voulu exprimer qu'il doit être le ministère des améliorations : on en confia la direction au comte de Ofalia.

Les intentions de la reine étaient très-libérales; mais elles rencontrèrent d'immenses difficultés dans l'exécution; elles furent l'objet des attaques les plus passionnées. Le chef du cabinet lui-même, craignant de se laisser entraîner, indiqua dans un long manifeste les limites dans lesquelles la nouvelle administration entendait se circonscrire. Ce document est trop étendu pour être reproduit en entier; mais en voici les principaux passages :

La ligne politique à l'intérieur et à l'étranger que le roi notre seigneur a tracée à son gouvernement avait déjà produit quelques avantages à la monarchie, et avaient inspiré à toute l'Europe une juste confiance dans les principes qui guidaient sa majesté. J'ai adhéré pleinement à ses principes, aussi bien par conviction que par devoir; et il est notoire que je les ai pris constamment pour règle dans l'exercice de mes fonctions, quand une première fois sa majesté daigna m'élever au poste important qu'elle me confie aujourd'hui de nouveau.

Parmi les actes nouveaux du gouvernement il en est un qui a été particulièrement l'objet d'interprétations fausses et exagérées. C'est celui qui rehausse davantage la bonté innée de nos aimés souverains, cette vertu dans l'exercice de laquelle ils se complaisent et à laquelle ils ne mettent d'autres limites que celles exigées par la vindicte publique et par la sécurité de l'État. Vous aurez déjà compris que je fais allusion au décret royal d'amnistie du 15 octobre dernier.

La reine notre souveraine est déterminée à lui donner son plein et entier effet avec une persévérance égale à l'esprit de générosité qui l'a dicté; et en même temps qu'elle trouve la plus douce récompense à essuyer les larmes de ceux auxquels elle ouvre les portes de la patrie, elle ne doute pas qu'ils ne répondent à sa bonté maternelle par leur reconnaissance et par leur loyauté.

ESPAGNE.

Ce n'est pas à cette mesure seulement que se sont adressées de fausses imputations; la censure s'est étendue à d'autres actes dictés par sa majesté dans le but seulement d'assurer à ses sujets l'union, la concorde et la félicité. Quelques personnes, quoique bien intentionnées, ont même poussé l'exagération de leurs craintes jusqu'à dire que la forme et les institutions de la monarchie allaient subir un changement total, que l'Espagne enfin avait fait alliance avec la révolution.

Comme rien n'est plus éloigné de sa pensée royale, la reine notre souveraine ne pouvait se montrer indifférente à cette erreur de l'opinion publique. Sa majesté n'ignore pas que le meilleur gouvernement pour une nation est celui qui s'adapte le mieux à son caractère, à ses usages, à ses coutumes; et l'Espagne, à cet égard, a fait voir, plus d'une fois, de la manière la plus positive, quel est celui qu'elle désire et qui lui convient davantage. Sa religion dans toute sa splendeur; ses rois légitimes dans toute la plénitude de leur autorité; ses antiques lois fondamentales; l'administration intègre de la justice; la tranquillité intérieure qui fait fleurir l'agriculture, le commerce, l'industrie et les arts : voilà les biens que le peuple espagnol désire.

La reine notre souveraine veut lui assurer la jouissance de ses biens; elle se promet de le faire, et tous ses soins tendront constamment à ce but; mais elle ne veut pas exposer le royaume, et jamais elle ne l'exposera aux violentes secousses et aux calamités qu'entraîne après elle l'application de quelques théories que la nation a appris à regarder avec horreur, instruite par le funeste essai qu'elle en a fait en différentes circonstances.....

Le programme de Zea Bermudez n'était certainement pas de nature à contenter les esprits avides de liberté. Ce qu'il promettait à l'Espagne, c'était une bonne administration, et non pas de bonnes institutions. On a parfaitement caractérisé le système de Zea Bermudez en le nommant un *despotisme éclairé* (*dispotismo illustrado*). Néanmoins on pardonnait au ministre ses restrictions en pensant qu'il ne lui avait pas été possible de faire davantage du vivant de Ferdinand. On lui savait gré surtout de la guerre qu'il faisait franchement au parti apostolique.

La révocation de la pragmatique arrachée par Calomarde existait encore de fait. Le roi voulut qu'elle fût rétractée, et qu'il fût procédé en cette circonstance avec toute la solennité possible. Par un décret du 30 décembre, la reine convoqua, pour qu'ils vinssent le lendemain au palais : l'archevêque de Tolède, le président du conseil royal, tous les ministres, les plus anciens membres du conseil d'État présents à Madrid; et de ce nombre se trouvaient le duc del Infantado, ainsi que trois des ministres qui avaient fait parti du précédent cabinet, le comte de Salazar, don Luiz Lopès Ballesteros et le marquis de Zambrano, la députation permanente de la grandesse, le patriarche des Indes, l'évêque auxiliaire de Madrid, et encore une foule de hauts dignitaires de la monarchie. Le lendemain, à l'heure de midi, tous ces grands personnages furent introduits dans la chambre du roi, et en leur présence Ferdinand remit au ministre de grâce et de justice une déclaration écrite en entier de sa main, et lui enjoignit d'en donner lecture à haute voix. Cette pièce est ainsi conçue :

Au moment où j'étais réduit à l'agonie par la cruelle maladie dont la miséricorde divine m'a sauvé d'une manière miraculeuse, mon esprit royal ayant été surpris, j'ai signé un décret pour révoquer la pragmatique sanction du 29 mars 1830, décrétée par mon auguste père, sur la demande des cortès de 1789, afin de rétablir la succession régulière à la couronne d'Espagne. L'état de trouble et d'angoisse où je me trouvais lorsque la vie semblait par instants m'abandonner, suffirait pour indiquer que cet acte n'émane pas de ma volonté, si cela n'était prouvé par sa nature et par ses effets. Comme roi, je ne pourrais détruire les lois fondamentales du royaume, dont j'avais publié le rétablissement; comme père, je ne pourrais de ma libre volonté dépouiller ma descendance de droits si augustes et si légitimes. Des hommes déloyaux ou abusés ont entouré mon lit; et, abusant de l'amour que moi et ma chère épouse portons aux Espagnols, ils ont augmenté son affliction et l'amertume de mon état en alléguant que le royaume entier était opposé à l'exécution de la pragmatique, en alléguant que si elle n'était pas abrogée elle ferait verser des torrents de sang et causerait la désolation universelle. Cette terrible déclaration m'était faite dans un moment où la vérité doit moins que jamais être altérée, par des personnes obligées plus que toute autre à me la faire connaître; et lorsque je n'avais ni le temps ni le pouvoir d'en vérifier l'exactitude, elle porta la consternation dans mon esprit fatigué. Tout ce qui me restait d'intelligence fut concentré dans la seule pensée de conserver la paix à mes sujets. Je fis, autant qu'il dépendait de moi, ainsi que je l'ai dit dans le même décret, ce grand sacrifice à la tranquillité de la nation espagnole.

La perfidie a consommé l'horrible trame commencée par la séduction; on a dressé un procès-verbal, et l'on y a inséré le décret, par une violation perfide du secret que j'avais ordonné de garder sur toute cette affaire, jusqu'au moment où je serais mort.

Instruit maintenant de la fausseté avec laquelle on a calomnié la loyauté de mes Espagnols bien-aimés; certain de leur fidélité à la descendance de leurs rois; bien persuadé qu'il n'est pas en mon pouvoir, et qu'il n'a jamais été dans ma volonté, de déroger à la coutume immémoriale de succession établie par les siècles, sanctionnée par la loi, justifiée par les illustres héroïnes qui m'ont précédé sur le trône, et réclamée par les vœux unanimes du royaume; libre aujourd'hui de l'influence et de la contrainte exercées par ces funestes circonstances, je déclare solennellement, de ma pleine volonté et de mon propre mouvement, que ce décret, signé dans les angoisses de la maladie, m'a été arraché par surprise; qu'il a été l'effet des fausses alarmes dont on avait effrayé mon esprit; qu'il est nul et de nulle valeur, comme opposé aux lois fondamentales de la monarchie et aux obligations que comme père je dois remplir envers mon auguste descendance.

En mon palais de Madrid, le 31 décembre 1832.

Après la lecture de cet acte, le ministre de grâce et de justice le remit au roi. Ferdinand déclara à haute voix que c'était l'expression libre et véritable de sa volonté; puis, en présence de tous les assistants, il y apposa sa signature en toutes lettres, avec son paraphe. Alors, par ordre du roi, le ministre demanda à toutes les personnes présentes si elles avaient bien entendu et bien compris le contenu de cet écrit; toutes ayant répondu affirmativement, il en fut à l'instant dressé acte dont la minute fut déposée dans les archives du ministère de la justice.

Cette déclaration ne fit qu'augmenter la colère des apostoliques sans imposer silence à leurs prétentions. Ferdinand et surtout la reine devinrent l'objet des plus grossières calomnies. De tous les côtés, les carlistes se préparaient à lui faire une guerre à mort. Quelques-uns même, dans leur inquiète impatience, n'attendirent pas la mort du roi. Ainsi l'évêque de Léon, don Joaquin Abarca, avait mis en insurrection les volontaires royalistes de son diocèse. Le gouvernement, pour rétablir l'ordre, fut obligé d'y envoyer une division. On réduisit bientôt les révoltés à se désister de leur entreprise, et l'évêque fut contraint à se cacher. Les milices royalistes de Burgos et de Tolède voulurent aussi faire une manifestation publique en faveur de don Carlos; cependant, on parvint à prévenir ce mouvement en s'emparant des chefs du complot. En Andalousie, en Catalogne, dans le royaume de Valence, des chefs déjà connus, ou d'autres qui devaient acquérir bientôt une funeste célébrité, commençaient à agiter le pays. L'audace des mécontents allait chaque jour en augmentant. Il était impossible de se dissimuler tous les dangers dont la minorité d'Isabelle allait se trouver entourée; on jugea qu'on les rendrait moins pressants et moins graves en éloignant le prince que les apostoliques avaient choisi pour leur chef. Zea Bermudez proposa de l'envoyer en exil; et, par un décret en date du 13 mars, le roi permit à don Carlos et à l'infant don Sébastien d'accompagner avec leurs familles la princesse de la Beïra, qui retournait en Portugal auprès de don Miguel, son frère. Au point extrême où les choses en étaient venues, don Carlos, chef d'un parti qui s'était déclaré en hostilité flagrante contre la reine et contre Ferdinand lui-même, devait se trouver à la cour dans une position excessivement embarrassée; cet éloignement était donc désirable pour lui-même; et le 16 mars 1832, ainsi que le prescrivait le décret, il quitta Madrid; et ce fut pour n'y plus revenir.

Après avoir éloigné de la cour le foyer des intrigues carlistes, Ferdinand voulut donner aux droits héréditaires de sa fille la sanction d'une approbation nationale. Un décret du 4 avril ordonna la réunion des cortès, afin que cette assemblée prêtât serment de fidélité à l'infante doña Maria Isabelle comme princesse des Asturies. Le 20 juin fut le jour indiqué pour la cérémonie. Il n'est pas besoin de dire qu'il n'était pas question dans ce décret de cortès semblables à celles de 1812 ou de 1820; mais bien des trois bras du royaume réunis conformément aux anciens usages de la monarchie.

A cette occasion, Ferdinand écrivit à don Carlos une lettre où, afin de ne pas contraindre les inclinations de son frère chéri, il le laissait libre d'assister à la cérémonie, ou bien de s'en abstenir. Il s'engagea entre les deux frères une correspondance fort intéressante. Ce sont des documents curieux dont il ne faut rien retrancher.

L'infant don Carlos à Sa Majesté.

Mon cher frère de mon cœur, Ferdinand de ma vie, j'ai vu avec le plus grand plaisir, par la lettre que tu m'as écrite le 23, que tu te portes bien ainsi que Christine et tes filles. Quant à nous, grâce à Dieu, nous sommes aussi en bonne santé.

Ce matin, à dix heures, un peu plus ou un peu moins, mon secrétaire Plazaola vint m'avertir qu'il avait reçu une lettre de Cordoba, ton ministre en cette cour, qui me demandait un rendez-vous, afin de me communiquer un ordre royal qui lui avait été transmis. Je lui indiquai l'heure de midi. Il vint à une heure moins quelques minutes; je le fis entrer immédiatement, et il me remit la dépêche, afin que j'en prisse moi-même connaissance. Après l'avoir lue, je lui dis que je te répondrais directement parce que cela convenait ainsi à ma dignité et à mon caractère, et parce que, en même temps que tu es mon roi et seigneur, tu es aussi mon frère, et mon frère si bien-aimé, que pendant toute la vie j'ai eu la satisfaction de t'accompagner dans toutes tes infortunes.

Tu désires savoir si j'ai ou si je n'ai pas l'intention de prêter serment à ta fille comme princesse des Asturies. Que je voudrais pouvoir le faire! Tu dois m'en croire, puisque tu me connais; et je le dis du fond du cœur : le plus grand plaisir que je pourrais avoir serait de jurer le premier, et de ne te causer ni ce mécontentement ni ceux qui doivent en être la suite; mais ma conscience et mon honneur ne me le permettent pas. J'ai des droits légitimes à la couronne dans le cas où je te survivrais, et où tu ne laisserais pas d'enfant mâle; et il ne m'est pas permis de les négliger. Ces droits, Dieu me les a donnés en me faisant naître. Dieu seul peut me les ôter en te donnant un fils, ce que je désire peut-être plus que toi-même. En outre, je défends en même temps la justice du droit de tous ceux qui sont appelés après moi; aussi je me vois dans l'obligation de t'envoyer la déclaration ci-jointe que je fais avec toute formalité pour toi et pour tous les souverains, auxquels j'espère que tu la feras communiquer.

Adieu, mon bien-aimé frère de mon cœur. Toujours sera tout à toi, toujours t'aimera, et te comprendra dans toutes ses prières, ton très-affectueux frère,

M. Carlos.

Voici la protestation qui accompagnait cette lettre :

Sire, moi Carlos Maria Isidro de Bourbon et Bourbon, infant d'Espagne,

Bien convaincu de la légitimité des droits qui m'appellent à la couronne, dans le cas où je survivrais à votre majesté, et où elle ne laisserait pas d'enfant mâle, je dis que ni mon honneur ni ma conscience ne me permettent de jurer ni de reconnaître d'autres droits; en conséquence je fais la présente déclaration. Palais de Ramalhão, 29 avril 1833. Sire, aux pieds royaux de votre majesté, votre très-affectueux frère et vassal,

M. Infant don Carlos.

Le roi à son frère.

Madrid, 6 mai 1833.

Mon bien-aimé frère de ma vie, mon Carlos de mon cœur, j'ai reçu ton estimable lettre du 29 du mois passé, et je me réjouis de voir que tu te portes bien, ainsi que ta femme et tes fils. Nous n'avons point de changement, grâce à Dieu.

J'ai toujours été persuadé de l'affection que tu m'as portée; je crois que tu l'es de même de l'attachement que j'ai pour toi; mais je suis père et roi, et je dois veiller en même temps aux droits de ma fille et à ceux de ma couronne.

Je ne veux en aucune manière violenter ta conscience, et je n'ai pas l'espoir de te dissuader de tes prétendus droits, puisque tu crois que Dieu seul peut y déroger, encore qu'ils soient fondés sur une détermination des hommes. Mais l'amour de frère que je t'ai toujours porté m'engage à t'éviter les désagréments que t'offrirait un pays où tes droits supposés sont méconnus; et mes devoirs de roi m'obligent à éloigner un infant dont les prétentions pourraient fournir aux mécontents un prétexte d'agitation.

Puisque tu ne dois plus revenir en Espagne par des raisons de la plus haute politique et en vertu des lois du royaume qui le disposent expressément, et pour ta propre tranquillité que je désire autant que le bien de mes peuples, je t'accorde la permission de te mettre en route, tout de suite, avec ta famille, pour les États Pontificaux, en me donnant avis du point vers lequel tu te dirigeras et de celui où tu fixeras ta résidence.

Un de mes vaisseaux de guerre se rendra immédiatement à Lisbonne. Il sera disposé pour ta traversée.

L'Espagne est indépendante de toute action et de toute influence étrangère, en ce qui a trait à son régime intérieur; et ce serait faire un acte contraire à la libre et complète souveraineté de mon trône, ce serait violer à son préjudice le principe de non-intervention adopté généralement par les cabinets de l'Europe, que de faire la communication demandée par toi dans ta lettre.

Adieu, mon cher Carlos ; crois que tu as été aimé, que tu l'es encore, que tu le seras toujours par ton affectueux et constant frère,

FERDINAND.

L'infant don Carlos à Sa Majesté.

Mafra, 13 mai 1833.

Mon très-cher frère de mon cœur, mon Ferdinand de ma vie,

Hier à trois heures du soir j'ai reçu ta lettre du 6, qui m'a été remise par Cordoba. Je me réjouis de voir que, grâce à Dieu, vous n'avez pas de changement. Nous jouissons du même avantage par son infinie bonté. Je te remercie beaucoup de toutes les expressions d'attachement que tu m'y adresses; sois persuadé que je sais apprécier à sa juste valeur tout ce qui sort de ton cœur. Me voici également instruit de la sentence qui m'interdit de retourner en Espagne, et de la permission que tu me donnes de me mettre, tout de suite, en route avec ma famille pour les États Pontificaux, en te prévenant du lieu où je me dirigerai et de celui où je fixerai ma résidence. Pour le premier point, je te dirai que je me soumets avec plaisir à la volonté de Dieu ; quant au second, je ne puis m'empêcher de te dire que le sacrifice de ne point rentrer dans ma patrie me paraît suffisant sans y ajouter celui de ne pouvoir vivre librement dans le pays choisi comme le plus convenable pour ma tranquillité, ma santé et mes intérêts : ici nous avons été reçus avec la plus grande considération, nous y sommes très-bien, et nous y pourrions vivre parfaitement en paix et en tranquillité, et tu peux être bien calme sur ce point et bien assuré que comme j'ai su accomplir mes obligations dans les circonstances les plus critiques lorsque je résidais dans le royaume, je saurai les accomplir en quelque point que je me trouve à l'étranger ; car puisque je l'ai fait jusqu'à présent par la grâce de Dieu, j'espère que cette grâce ne peut pas me manquer. Malgré toutes ces réflexions je suis résolu à faire ta volonté et à profiter de la faveur que tu me fais de m'envoyer un vaisseau de guerre disposé pour mon voyage ; mais auparavant j'ai besoin de régler toutes mes affaires et de prendre mes dispositions pour mes intérêts particuliers de Madrid. Je me vois également obligé d'avoir recours à ta bonté en te priant de m'accorder quelques sommes sur mes arriérés. Je ne t'ai rien demandé, et je ne t'eusse rien demandé pour un voyage que je faisais de mon plein gré ; mais ceci change entièrement la position, et je ne pourrai aller en avant si tu ne m'accordes pas ce que je te demande.

Reste le dernier point, qui est celui de notre embarquement à Lisbonne. Comment veux-tu que nous retournions dans un endroit atteint par la contagion et dont nous sommes sortis pour fuir l'épidémie ? Dieu, par son infinie miséricorde, nous a permis d'en sortir sans mal ; mais y retourner serait presque tenter Dieu. Je suis persuadé que tu te rendras à cet égard, et que tu éprouverais la douleur la plus vive et le plus grand chagrin si, pour avoir été en cet endroit, quelqu'un prenait la contagion de manière à infester le vaisseau et à nous faire tous périr.

Adieu, mon cher Ferdinand ; crois que tu es aimé de cœur, comme tu l'as toujours été et comme tu le seras toujours par ton frère le plus affectueux,

M. CARLOS.

Réponse du roi.

Madrid, 20 mai 1833.

Mon très-cher frère de ma vie, mon Carlos de mon cœur, j'ai reçu ta lettre du 13, et je vois avec beaucoup de plaisir que tu te portais bien, ainsi que ta femme et tes fils ; de notre côté, nous continuons, grâce à Dieu, à jouir d'une bonne santé.

Nous allons parler tout à l'heure de l'affaire qui nous occupe. J'ai respecté ta conscience, et je n'ai prononcé ni jugement ni sentence contre ta conduite. La nécessité veut que tu vives hors d'Espagne. C'est une mesure de précaution aussi convenable pour ton repos que pour la tranquillité de mes sujets ; elle est exigée par les plus justes raisons de politique et commandée par les lois du royaume qui ordonnent d'éloigner les parents du roi qui troublent ouvertement la tranquillité publique. Ce n'est point un châtiment que je t'impose, c'est une conséquence forcée de la position dans laquelle tu t'es placé.

Tu dois bien comprendre que l'objet de cette disposition ne serait pas atteint si tu restais dans la Péninsule. Il n'est pas dans mon intention d'accuser ta conduite pour le passé, ni de manifester des craintes pour l'avenir. Je t'ai donné assez de preuves de ma confiance en ta fidélité, malgré les troubles qui plus d'une fois ont agité le pays, et lors desquels on a pris souvent ton nom pour devise.

Vers la fin de l'année dernière, on a affiché et répandu des proclamations pour exciter les Espagnols à se soulever et à te proclamer roi, même de mon vivant; et quoique je sois certain que ces mouvements et ces provocations séditieuses ont été faites sans ton assentiment, encore que tu n'aies pas manifesté publiquement ta désapprobation, il est hors de doute que ta présence ou ton voisinage serait un encouragement pour les turbulents accoutumés à abuser de ton nom. Pour te prouver combien d'inconvénients résultent de ton voisinage, il suffirait de rapporter qu'à l'instant même où moi je recevais ta première lettre, on a, pour exciter les esprits, répandu un grand nombre de copies de cette lettre et de la protestation qui s'y trouvait jointe; certainement ces copies n'ont point été tirées sur l'original que tu m'as envoyé. Si tu n'as pas pu empêcher l'infidélité qui a donné lieu à cette publication, tu peux au moins reconnaître l'urgence d'éloigner de mes sujets toute cause de trouble, quelque innocente qu'elle soit.

Quand je désigne pour ta résidence le beau pays et le climat salubre des États Pontificaux, je m'étonne de te voir préférer le Portugal comme plus convenable à ta tranquillité, puisque ce pays est déchiré par une guerre acharnée qui a lieu sur son propre sol; et comme favorable à ta santé, quand il est affligé d'une cruelle maladie, au point de faire craindre que la contagion ne fasse périr toute ta famille. Dans les domaines du pape, tu peux veiller à tes intérêts aussi bien qu'en Portugal.

Ce ne sont pas des lois nouvelles que je t'impose : jamais les infants d'Espagne n'ont fixé quelque part leur résidence qu'au su et du consentement du roi. Tu n'ignores pas qu'aucun de mes prédécesseurs n'a eu pour ses frères autant de condescendance que j'en ai eu pour toi.

Je ne t'oblige pas non plus à retourner à Lisbonne, puisqu'il paraît que c'est là seulement que tu crains la maladie, quoiqu'elle se propage dans d'autres endroits : tu peux t'embarquer dans quelque lieu de la baie qui te conviendra, sans entrer dans un lieu habité. Tu peux choisir quelque autre lieu des environs qui te paraîtra commode pour l'embarquement. Le vaisseau a les ordres les plus stricts de ne pas communiquer avec la terre, et tu peux être sûr que son équipage n'aura eu aucun contact avec Lisbonne, mais seulement avec les personnes qui t'entourent à Mafra. Le commandant de la frégate a reçu mes ordres; il a des fonds pour faire les préparatifs convenables, afin que tu voyages d'une manière commode et honorable; et si cela ne te suffit pas, ce dont tu auras besoin te sera remis par Cordoba. Je prendrai connaissance et je ferai pourvoir au payement des arriérés dont tu me parles, et en tout cas tu trouveras à ton arrivée tout ce dont tu auras besoin. Tu m'offenserais si tu manquais de confiance en moi.

Rien ne doit donc empêcher ton prompt départ; et j'espère que tu ne tarderas pas davantage à prouver de cette manière, comme je le crois, que ton intention de faire ma volonté est aussi certaine que tu le dis.

Adieu, mon cher Carlos, tu conserves et tu conserveras toujours l'affection de ton frère qui t'aime,

FERDINAND.

L'infant don Carlos à son frère.
Ramalhaõ, 27 mai 1833.

Mon très-cher frère de ma vie, mon Ferdinand de mon cœur, avant-hier 25 j'ai reçu la tienne du 20, et j'ai eu la consolation de voir que tu n'avais pas de changement en ta santé ni en celle de Christine, ni en celle de tes filles. Quant à nous, grâce à Dieu, nous nous portons tous bien.

Je vais répondre de point en point à tout ce que ta lettre contient. Tu dis que tu as respecté ma conscience ; je t'en remercie. Si je n'en faisais pas cas, j'agirais contre elle. Tu dis que tu n'as pas prononcé de sentence contre ma conduite; qu'il en soit ce que tu voudras : le certain est que l'on me charge de tout le poids de la loi, parce que c'est, dis-tu, une conséquence forcée de la position dans laquelle je me suis placé. Ce qui m'a placé dans cette position, c'est la divine Providence plutôt que moi-même.

Ton intention n'est pas d'accuser ma conduite par le passé ni de manifester des craintes pour l'avenir. Moi non plus, ma conscience ne m'accuse pas pour le passé et pour l'avenir, quoique je ne sache pas ce qui peut arriver; néanmoins j'ai une entière confiance qu'elle me dirigera bien, comme elle l'a fait jusqu'à présent, et que je suivrai ses sages conseils. On a élevé contre moi beaucoup d'accusations; mais Dieu, par son infinie miséricorde, a permis que non-seulement on n'a rien prouvé, mais encore que les trames ourdies pour mettre la zizanie entre nous et pour nous diviser se sont dissipées d'elles-mêmes, et ont montré leur fausseté. J'ai seulement un chagrin qui pénètre mon cœur, c'est que j'étais bien tranquille, croyant que tu me connaissais et que tu étais sûr de moi et de mon constant amour, et maintenant je vois qu'il n'en est rien : j'en suis très-peiné. Quant aux proclamations, je n'ai pas désapprouvé en public ces papiers parce que ce n'était pas le cas; et je crois avoir fait grande faveur à leurs auteurs, qui sont tes ennemis comme les miens, et dont l'objet était, comme je te l'ai dit, de rompre ou du moins de relâcher les liens de l'amour qui nous a unis dès nos premières années. Et quant aux copies de ma lettre et de ma déclaration qui ont été répandues en grand nombre au moment où je te l'envoyais, je ne puis empêcher la publication de ces papiers qui devaient nécessairement passer par tant de mains.

Je te donnerai satisfaction et je t'obéirai en tout. Je partirai le plus promptement qu'il me sera possible pour les États Pontificaux ; non à raison de la beauté, des délices et des charmes du pays, qui pour moi est de peu d'intérêt, mais parce que tu le désires, que tu es mon roi et seigneur, à qui j'obéirai tant que cela sera compatible avec ma conscience. Cependant la fête du *Corpus* approche, et je veux la sanctifier, le mieux que je pourrai, à Mafra ; et je ne sais pas pourquoi tu t'étonnes de ce que je préférerais rester en Portugal, lorsque je me suis trouvé si bien de son climat, ainsi que toute ma famille, et lorsqu'il y a tant de différence entre voyager et rester tranquille. Je ne t'ai pas dit que je craignais de périr moi et toute ma famille ; mais seulement que si nous allions à Lisbonne, quelqu'un pourrait gagner la contagion en traversant cette atmosphère pestilentielle; la maladie pourrait se déclarer dans le vaisseau, où nous serions tous exposés à périr. Maintenant, avec la permission que tu nous a donnée de pouvoir nous embarquer en quelque autre point, je compte voir Guruceta, qu'on ne m'a pas encore présenté, pour traiter avec lui. Je te rends grâce pour les ordres stricts que tu as donnés à l'équipage : il est nécessaire qu'il les exécute rigoureusement tant que le bâtiment restera auprès de Belem, où il est ancré.

Les personnes qui m'entourent à Mafra sont les mêmes que partout : ce sont celles de ma maison.

Il me semble que j'ai répondu à tous les points en question, et M. de Gorset me vient à la mémoire. Ne te semble-t-il pas qu'il y a quelque analogie ? Je te dis cela, parce qu'il ne faut pas toujours écrire sérieusement, et que « entre chou et chou vient bien une laitue. »

Adieu, mon cher Ferdinand ; donne de nos nouvelles à Christine, et requis celles de Maria Francisca, et crois que tu es aimé de cœur par ton frère affectueux,

M. CARLOS.

Le roi à son frère.

Madrid, 30 juin 1833.

Mon très-aimé frère Carlos, j'ai reçu en même temps tes deux lettres des 19 et 22 du présent ; et si ta conduite ne le démontrait pas, elles suffiraient pour prouver que tu veux, à l'aide de prétextes, traîner en longueur et éluder l'exécution de mes ordres. Tu ne parles du voyage que pour en peser les difficultés. Si tu te fusses embarqué lorsque je te l'ai prescrit, et lorsque que tu me disais : *Je te satisferai, je t'obéirai en tout*, tu aurais évité la contagion de Cascaes : si même après tes premiers retards tu n'eusses pas fait le voyage de Coïmbre malgré mon expresse défense, tu aurais pu être à bord le 10 ou le 12, délai que je t'avais fixé. Si, dans ce funeste voyage, lorsque tu as trouvé la ville de Caldas infectée, tu avais rétrogradé, comme te prescrivait ta propre sûreté, à défaut de mes ordres positifs, tu ne trouverais pas maintenant le chemin pour ton retour coupé par une ligne de villes où règne la contagion. Rester par sa propre volonté et contre son devoir dans un pays où renaissent et croissent les dangers, c'est les chercher et prendre la responsabilité de leurs conséquences. La contagion ne te poursuivrait pas si tu avais fui devant elle. A qui persuaderas-tu que tu es plus tranquille à deux lieues de l'épidémie, sans savoir si elle commencera dans cet endroit par ta famille, que si tu avais mis la mer entre toi et la maladie?

Tu allègues la difficulté de t'embarquer à Cascaes, point qui avait été désigné antérieurement, avec aussi peu de raison que tu alléguais mon consentement pour voir don Miguel, lorsque je te l'avais défendu. Par ma lettre du 15, je t'ai prévenu que Guruceta, suivant les circonstances, choisirait l'embarcadère le plus salubre et le plus sûr; et dans l'ordre royal qui l'accompagnait et qui t'a été communiqué, j'ai ajouté expressément de chercher quelque autre point de la côte. On n'emploie pas des subterfuges si futiles quand on parle avec sincérité.

Emmène le médecin qui te convient, à la bonne heure ! Je ne le désirais près de nous que parce que j'ignorais tes intentions à son égard. Et je ne te refuserai pas plus cette satisfaction que je ne t'ai refusé aucune de celles qui ont été compatibles avec mon devoir.

Il n'en est pas de même des deux millions que tu sollicites, et j'ai pris connaissance de l'offre que je t'avais faite. La dette que tu réclames est antérieure à l'année 1823, où par règle générale tous les comptes ont été coupés sans satisfaire les arriérés. Par grâce particulière, j'ai accordé aux infants un abonnement mensuel à compte de leurs crédits et jusqu'à leur complète extinction. Tu continues à le recevoir; et pour ne pas exiger en une fois une somme tellement supérieure à celle qui t'est allouée par ce payement privilégié, il n'est pas nécessaire d'une souveraine délicatesse, il suffit d'un sentiment de justice.

La frégate est bien disposée et abondamment pourvue de tout. Trois cent mille réaux sont en outre à ta disposition; cela suffit pour le voyage. A ton arrivée, je te l'ai dit, tu trouveras tout ce qui t'est nécessaire. Là, aussi bien qu'en Portugal, tu peux régler tes affaires. Tu as tort de citer l'opinion publique : car elle comprend et accuse tes délais, et elle les condamnera entièrement quand elle connaîtra les raisons évasives que tu allègues pour désobéir.

Je ne puis souffrir et je ne souffrirai pas que sous des prétextes frivoles tu résistes à mes ordres; je ne souffrirai pas que tu continues à les violer d'une manière scandaleuse à la vue de mes sujets. Je ne permettrai pas que ce pays soit plus longtemps le point de départ d'efforts impuissants pour troubler la tranquillité du royaume, qui heureusement est plus assurée maintenant que jamais. Si tu n'obéis pas, cette lettre sera la dernière; et puisque mes efforts fraternels et une correspondance de près de deux mois n'ont pas suffi pour te déterminer, je procéderai suivant les lois. Si tu ne t'embarques pas immédiatement pour les États Pontificaux, alors j'agirai comme souverain, sans autre considération que celle due à ma couronne et à mes sujets; quelque chagrin que j'éprouve d'ailleurs en voyant inutiles les insinuations amicales, les seules dont aurait voulu user avec toi ton très-affectueux frère,

FERDINAND.

Don Carlos à Sa Majesté.

Coïmbre, 9 juillet 1833.

Mon très-aimé frère Ferdinand de ma vie, j'ai reçu ta lettre du 30 du mois passé, et son contenu m'a causé le chagrin que tu peux comprendre. Il est inutile d'alléguer des raisons quand je n'en ai pas d'autres que celles que je t'ai déjà données, qui à mon avis sont claires, solides et véritables, quoique tu ne les regardes pas comme suffisantes. Maintenant tu dis que je résiste à tes ordres, que je viole tes mandements, au scandale de tes sujets; que tu ne veux pas que ce pays serve plus longtemps de point de départ à des efforts impuissants pour troubler la tranquillité du royaume; que tu te verras obligé à agir comme souverain, si je n'obéis pas à l'instant; et qu'il sera procédé suivant les lois sans autre considération que celle due à la couronne et à tes sujets, puisque tes efforts fraternels n'ont pas réussi à me persuader.

Voilà les charges auxquelles je veux répondre. Moi, ton plus fidèle vassal, ton constant, affectueux et tendre frère, je n'ai jamais été ni désobéissant ni infidèle. Je t'en ai donné des preuves dans tout le cours de ma vie, et particulièrement à cette dernière époque où, en remplissant mon devoir, j'ai rendu des services importants à ta personne. Je crois agir avec droiture, et par cela même j'abhorre les ténèbres. Si je suis désobéissant, si je résiste, si je scandalise et si je mérite un châtiment, qu'on me l'impose; à la bonne heure. Mais si je ne le mérite pas, j'exige une satisfaction publique et notoire. Je demande à être jugé selon les lois et non pas opprimé. Si on examine toute ma conduite dans cette affaire, on n'y trouvera pas d'autre délit que celui d'avoir constamment répété que, convaincu du droit qui réside en moi d'hériter de la couronne, si je te survis et si tu ne laisses pas d'enfant mâle, ni ma conscience ni mon honneur ne me permettent de reconnaître ou de jurer aucun autre droit. Je ne veux pas usurper la couronne et encore moins mettre en pratique des moyens réprouvés par Dieu. Je t'ai déjà exposé ce que je devais faire selon ma conscience, et le tout est resté dans le plus profond silence : je t'ai demandé de le communiquer aux cours étrangères, et tu n'as pas jugé que cela convint à ton honneur; et je me suis vu dans la nécessité d'adresser à tous les souverains, sous la date du 23 mai, une copie de ma déclaration et une simple lettre d'envoi pour la leur faire connaître. De même j'ai adressé d'autres copies accompagnées de lettres et d'envoi aux évêques, grands et députés, présidents ou doyens des conseils, pour qu'ils fussent instruits, comme ils doivent l'être, de mes sentiments, et toutes sont extraites du courrier du 17 : ce sont les seuls moyens qui s'offraient à moi pour défendre mes droits; ce sont ceux que je mets à exécution et qu'on me rend inutiles. On pourra m'accuser quand on voudra; mais il faudra prouver. Qu'on dise que voilà mon crime, et non mon séjour plus ou moins long en Portugal. Il a les mêmes causes; et d'ailleurs des faits positifs, comme le sont les hommes morts du choléra sur la frégate, ne justifient-ils pas mes craintes antérieures et ne prouvent-ils pas que ce n'étaient pas de vains prétextes que je supposais, mais qu'il existait pour moi un danger réel de périr avec toute ma famille? En supposant même qu'il n'y ait aucun inconvénient, comme tu prétends que cela est clair et visible, mon honneur blessé ne me permet pas de sortir d'ici sans qu'on m'ait fait justice; car je suis tranquille et soumis. Je vois le chagrin que je te cause, et j'en suis fâché. Cependant je te dis d'agir en toute liberté; il en arrivera ce qu'il voudra. Je te remercie d'avoir permis à Lord (le médecin dont nous avons déjà parlé) de nous accompagner, puisque mes raisons sur ce point t'ont convaincu; mais si tu en as besoin, je trouverai bon qu'il s'en aille à l'instant et qu'il réponde à ta confiance, comme il a répondu jusqu'à présent à la nôtre.

Il est en effet certain que ma créance est antérieure à l'année 1823; cependant par une grâce spéciale tu l'as exceptée de la règle générale, et tu as ordonné le payement de cent mille réaux par mois, jusqu'à l'entier acquittement. Ainsi je ne demande qu'une avance, et j'espère que tu me l'accorderas.

Adieu, mon Ferdinand de mon cœur, je suis ton frère le plus fidèle et le plus affectueux.

M. CARLOS.

Dernière réponse du roi.

Infant don Carlos, mon très-aimé frère, le 6 du mois de mai, je vous ai donné la permission de passer dans les États Pontificaux. Des raisons de très-haute politique rendaient ce voyage nécessaire. Alors vous avez dit que vous étiez résolu à accomplir ma volonté, et vous me l'avez répété depuis : mais, malgré toutes vos protestations de soumission, vous avez élevé successivement des difficultés ; en en alléguant sans cesse de nouvelles, à mesure que je donnais des ordres pour les surmonter, et en éludant à chaque instant par de nouveaux prétextes l'accomplissement de mes ordres.

J'ai cessé de vous écrire comme je vous l'avais annoncé pour mettre un terme à des discussions qui ne convenaient pas à mon autorité souveraine, et qui étaient prolongées dans le but de l'éluder. A partir de ce moment, je vous ai fait connaître par mon envoyé en Portugal mes intentions sur les nouveaux obstacles. Mes ordres royaux répétés particulièrement les 15 juillet, 11 et 18 du présent mois aplanirent toutes les difficultés à votre embarquement. Le bâtiment, sous quelque pavillon qu'il fût, le port en pays libre ou occupé par les troupes du duc de Bragance et même celui de Vigo en Espagne, tout fut laissé à votre choix. Les diligences, les préparatifs, les frais, restaient tous à ma charge.

Tant de facilités, les manifestations répétées de ma volonté, n'ont abouti qu'à cette réponse que vous vous embarqueriez à Lisbonne (où vous auriez pu le faire à l'instant même) dès que cette ville aurait été reconquise par les troupes du roi don Miguel.

Je ne puis tolérer que l'exécution de mes ordres soit subordonnée à des événements à venir étrangers aux causes qui me les ont dictées; je ne puis tolérer que celui qui doit obéir se permette de soumettre l'exécution de mes ordres à des conditions arbitraires.

Je vous ordonne donc de choisir quelqu'un des moyens d'embarquement qui vous ont été proposés par mon ordre. Pour éviter de nouveaux délais, vous communiquerez votre résolution à don Luiz Fernandez de Cordoba, et en son absence à don Antonio Caballero, qui ont reçu les instructions nécessaires pour la mettre à exécution. Je regarderai toute excuse ou toute difficulté pour retarder votre choix comme une obstination à résister à ma volonté; et je montrerai, comme je le jugerai convenable, qu'un infant d'Espagne n'est pas libre de désobéir à son roi.

Je prie Dieu de vous conserver en sa sainte garde.

Moi, LE ROI.

Madrid, 30 août 1832.

Malgré ces ordres si formels, don Carlos persista à demeurer en Portugal. A chaque lettre qu'il recevait de Ferdinand, il en recevait une autre de don Miguel qui lui offrait son amitié, son appui, et qui l'excitait à la rébellion. Il y avait entre ces deux princes une parfaite analogie de positions. Don Carlos disputait le trône à sa nièce; don Miguel avait dépouillé la sienne et combattait pour conserver l'héritage qu'il lui avait enlevé.

Il n'était pas possible de scinder cette correspondance si pleine d'intérêt; mais elle nous a menés jusqu'aux derniers jours du mois d'août, et il faut maintenant jeter un coup d'œil en arrière : au commencement de l'année, la santé de Ferdinand s'étant améliorée, ce prince reprit la direction des affaires, tout en conservant à Christine une place dans le conseil. Il approuva de la manière la moins équivoque ce qui avait été fait pendant sa maladie, afin d'imposer silence aux bruits répandus par les carlistes, qui prétendaient le roi esclave de la faction révolutionnaire. Ils eussent dit volontiers qu'il était ensorcelé, si cela eût encore été de notre époque. La vérité est que Ferdinand comprenait parfaitement sa position. Sa correspondance avec don Carlos prouve qu'il savait très-bien à quoi s'en tenir sur le dévouement et sur la fidélité du parti apostolique. Cependant il craignait toujours de se laisser entraîner à des expériences dangereuses. Une partie du cabinet eût voulu marcher d'une manière franche dans la voie du progrès et des idées libérales; tandis que Ferdinand et Zea, jugeant que c'étaient là des théories irréalisables, voulaient seulement améliorer l'administration, sans modifier les institutions. Ce dissentiment causa la retraite de Fernandez del Pino, d'Encima y Piedra, et d'Ulloa. Ils furent remplacés, le 22 mars : à la justice, par Juan Gualbert Gonzalez; aux finances, par don Antonio Martinez; don José de la Cruz joignit par intérim le ministère de la marine à celui de la guerre, dont il était chargé.

La grande affaire, la chose importante du moment était la réunion des cortès et le serment qu'elles allaient prêter à la princesse des Asturies. Les fêtes qui accompagnèrent cette cérémonie durèrent plusieurs jours. La *plaza Mayor* fut convertie en un cirque immense où l'on donna trois courses de taureaux. Il y eut des feux d'artifice, de brillantes et coûteuses illuminations. Les théâtres, les parades, les simulacres militaires, les danses publiques, appelaient de tous les côtés l'attention des curieux. On eut là une réminiscence de l'antique magnificence espagnole, et l'on put se croire transporté aux fêtes chevaleresques des plus beaux jours de la monarchie.

La cérémonie de la prestation de serment, *la jura*, comme disent les Espagnols, eut lieu dans l'église San-Jeronimo del Prado, qui avait été décorée avec magnificence de draperies de velours de diverses couleurs, relevées par une incroyable profusion d'ornements d'or. Une estrade couverte de riches tapis était élevée au centre de l'église; et des tribunes étaient disposées pour les infantes, pour le clergé de l'église et pour les personnes invitées. A dix heures, le roi et la reine, ayant entre eux la princesse des Asturies portée par sa nourrice, entrèrent dans l'église précédés d'un nombreux et brillant cortège. Le duc de Frias, en sa qualité de comte d'Oropesa, portait devant eux l'épée royale nue et la pointe en haut; après que la messe eut été célébrée, et que l'on eut chanté le *Veni creator*, un roi d'armes donna lecture à haute voix de la formule d'usage pour préparer l'attention des assistants à écouter la formule du serment. Ensuite le secrétaire du conseil de Castille le plus ancien, ayant à sa gauche le secrétaire de la chambre et les secrétaires des cortès, donna lecture de la lettre du serment, et aussitôt l'infant don Francisco de Paule, appelé par le roi d'armes, après avoir fait une salutation à l'autel, alla s'agenouiller devant le patriarche nommé par le roi pour recevoir le serment des infants; et ayant mis la main sur le crucifix et sur les évangiles, il prêta serment; ensuite il s'agenouilla devant le roi, et plaçant ses deux mains dans celles de Ferdinand, il lui rendit foi et hommage, et donna sa parole d'accomplir la lettre du serment; il baisa la main du roi : mais celui-ci lui jeta les bras au tour du cou et l'embrassa. Il baisa aussi la main de la reine et celle de la princesse des Asturies. Les infants don Francisco de Assis Maria, don Enrique Maria Fernando et Sébastien Gabriel prêtèrent le même serment et rendirent foi et hommage. Pendant qu'ils prêtèrent serment, les ambassadeurs, les prélats, les grands, les députés aux cortès, restèrent debout.

Le roi d'armes appela ensuite le duc de Médina-Celi, nommé par le roi pour recevoir le serment des autres assistants. Ils furent appelés selon l'ordre de préséance; et lorsque le tour des représentants des villes fut arrivé, suivant l'antique usage, les députés de Burgos et de Tolède se présentèrent ensemble pour prêter serment, et le roi dit, selon la coutume : « Que Burgos jure : puis Tolède jurera quand je l'ordonnerai. »

Après la cérémonie achevée, le cortège se retira dans le même ordre qu'il était arrivé.

Cette prestation de serment faite pour consacrer les droits de la princesse des Asturies ne calma pas les craintes que l'on avait conçues d'un mouvement carliste dans les provinces basques. On avait même envoyé un régiment à Bilbao pour prêter main-forte dans le cas où quelques troubles éclateraient à l'occasion de la cérémonie du 20 juin; mais les habitants s'opposèrent à ce que ces forces entrassent dans la ville, en disant qu'aux termes de leurs *fueros* il n'est pas permis d'introduire chez eux de troupes étrangères sans leur aveu. Ce refus, dans d'autres circonstances, eût déjà été une chose assez grave; mais en présence des prétentions de don Carlos, il devenait l'annonce de la rébellion et de la guerre civile.

Les infirmités dont Ferdinand était atteint ne permettaient pas d'espérer qu'il pût vivre longtemps; et quoique sa santé semblât s'être un peu raffermie et que son état ne présentât pas pour le moment de symptômes alarmants, trois mois après la prestation de serment, le 29 septembre 1833, à trois heures moins un quart du soir, ce prince fut frappé d'une attaque d'apoplexie tellement violente, qu'il survécut à peine quelques instants. On prit aussitôt les mesures les plus urgentes pour assurer la tranquillité, et l'on procéda à l'ouverture du testament fait par Ferdinand le 12 juin 1830. En voici les principales dispositions :

Art. 9. Je déclare que je suis marié avec doña Marie Christine de Bourbon, fille de don François 1er, roi des deux Siciles, et de ma sœur doña Marie Isabelle, infante d'Espagne.

Art. 10. Si au moment de ma mort tous ou quelques-uns des enfants qu'il aura plu à Dieu de me donner sont encore en minorité, je veux que ma bien-aimée épouse doña Marie Christine de Bourbon en soit tutrice et curatrice.

Art. 11. Si le fils ou la fille qui devra me succéder n'était pas âgé de dix-huit ans accomplis à l'époque de mon décès, je nomme ma bien-aimée épouse Marie Christine régente et gouvernante (gobernadora) de toute la monarchie, afin que, par elle seule, elle la régisse et la gouverne jusqu'à ce que mondit fils ou fille soit arrivé à l'âge de dix-huit ans accomplis.

Art. 12. Voulant que ma bien-aimée épouse puisse s'aider, pour le gouvernement du royaume, dans le cas ci-dessus, des lumières et de l'expérience de personnes dont la loyauté et l'attachement à ma personne royale et à ma famille me sont bien connus, je veux qu'aussitôt qu'elle se chargera de la régence de ce royaume, elle forme un conseil de gouvernement avec lequel elle aura à s'entendre pour les affaires difficiles, et particulièrement pour les mesures générales qui seront de nature à influer sur le bien de mes sujets; mais sans qu'elle soit pour cela obligée en aucune manière à se conformer à l'avis du conseil.

Art. 13. Ce conseil de gouvernement se composera des personnes suivantes, et suivant l'ordre de leur nomination : Le très-excellent seigneur don Juan Francisco Marco y Catalan, cardinal de la sainte église romaine; le marquis de Santa-Cruz; le duc de Medina-Celi; don Francisco Xavier Castaños; le marquis de las Amarillas, le doyen actuel de mon conseil et chambre de Castille; don José Maria Puig; le ministre du conseil des Indes, don Francisco Xavier Caro. Pour suppléer le défaut par absence, infirmité ou mort de tous ou de quelques-uns des membres de ce conseil de gouvernement, je nomme dans la classe des ecclésiastiques don Thomas Arias, auditeur de la Rota en ce royaume; dans celle des grands le duc del Infantado et le comte d'Espagne; dans celle des généraux don José de la Cruz; et dans celle des magistrats don Nicolas Maria Garelli, et don José Maria Hevia y Noriega de mon conseil royal; lesquels, d'après l'ordre de leur nomination, seront suppléants des premiers; et en cas de mort de quelques-uns de ceux-ci, je veux qu'ils entrent pour les remplacer dans ces importantes fonctions d'après l'ordre dans lequel ils sont nommés. Et ma volonté est que le secrétaire dudit conseil de gouvernement soit don Narciso de Hérédia, comte d'Ofalia; et à son défaut Francisco de Zea Bermudez.

Art. 14. Si avant ou après mon décès, et même après l'installation dudit conseil de gouvernement, quelques-uns des membres que j'ai nommés pour sa composition venaient à manquer, pour quelque cause que ce fût, ma très-aimée épouse, en sa qualité de régente, nommera pour les remplacer les personnes qui mériteront sa confiance et qui auront les qualités nécessaires pour remplir un emploi aussi important.

Art. 15. Si malheureusement ma bien-aimée épouse venait à mourir avant que le fils ou la fille qui me doit succéder à la couronne ait atteint dix-huit ans, je veux et j'ordonne que la régence et gouvernement de la monarchie dont elle était investie en vertu de ma nomination antérieure, et aussi la tutelle et curatelle de mes enfants, passent à un conseil de régence composé des individus nommés dans l'art. 13 du présent testament pour faire partie du conseil de gouvernement.

Art. 16. J'ordonne et prescris que, soit ledit conseil de gouvernement, soit celui de régence, qui, par suite de la mort de ma bien-aimée épouse, pourrait être chargé de la tutelle et de la curatelle de mes enfants mineurs et du gouvernement du royaume en vertu de l'article précédent, décide toutes les affaires à la majorité absolue des voix, de manière que les décisions soient prises conformément aux suffrages exprimés par la moitié plus un des votants.

Art. 17. J'institue et nomme pour mes héritiers uniques et universels les fils ou filles que j'aurai au temps de mon décès, à l'exception du cinquième de tous mes biens que je lègue à ma bien-aimée épouse doña Marie Christine de Bourbon, qui devra être distrait de la masse des biens qui formeront mon hoirie suivant les règles et préférences que prescrivent les lois de ce royaume; ainsi que la dot qu'elle a apportée en mariage et tous les biens qui lui ont été constitués sous ce titre dans les stipulations matrimoniales arrêtées solennellement et signées à Madrid le 5 novembre 1829.

On célébra les obsèques de Ferdinand avec la pompe accoutumée. Après que le cadavre fut resté plusieurs jours exposé sur un lit de parade, on le déposa dans un cercueil de plomb auquel était pratiquée une petite fenêtre hermétiquement fermée par une glace, et recouverte d'un volet de plomb fermant avec deux serrures. Ce premier cercueil fut déposé dans un autre cercueil de bois, doublé d'étoffes précieuses. Lorsque le cercueil fut arrivé à la porte principale du monastère de Saint-Laurent de l'Escurial, qui ne s'ouvre que pour les rois et pour les princes de leur maison, et seulement dans deux circonstances solennelles : la première lors de leur baptême, la seconde lors de leur mort, il y fut reçu par le prieur du monastère, qui lut la lettre par laquelle la reine lui faisait part de la mort du roi Ferdinand de Bourbon et lui annonçait que le corps lui était envoyé pour le déposer dans son tombeau avec la solennité accoutumée.

Après les prières et les cérémonies d'usage, on descendit le cercueil jusqu'à la porte du Panthéon. Il était accompagné des gentilshommes de la chambre, des majordomes de semaine, des gentilshommes de la maison et de la bouche. On déposa le cercueil sur une table disposée à cet effet devant l'autel. Le grand majordome ouvrit les deux serrures de la caisse extérieure dont les clefs étaient dorées et lui avaient été remises lorsque le cercueil avait été fermé au palais de Madrid. Il ouvrit aussi le volet de la petite fenêtre; et à travers la glace, en présence du grand notaire du royaume, on reconnut que le cercueil contenait bien le corps de don Ferdinand de Bourbon, monarque catholique des Espagnes, septième de ce nom, ainsi que le vérifièrent : le patriarche des Indes, qui assistait à cette cérémonie; les gentilshommes de la chambre en exercice, qui se trouvaient de service pour l'enterrement; et ceux qui s'étaient joints volontairement au convoi; les alcades de Casa y Corte; les gentilshommes de la maison et de la bouche, et beaucoup d'autres personnes qui étaient descendues au Panthéon. En leur présence, le grand majordome demanda aux chevaliers Monteros de Espinosa si ce corps était bien celui de don Ferdinand VII de Bourbon; et ceux-ci, après l'avoir regardé, répondirent tous que c'était bien le roi, et ils l'affirmèrent par serment.

Le capitaine des gardes de la personne, qui s'était tenu constamment à la tête du cercueil, s'approcha à son tour, et après avoir fait signe pour demander silence, il dit à haute et intelligible voix avec quelques secondes d'intervalle : *Seigneur!... Seigneur!... Seigneur!...* et personne ne répondant, le capitaine des gardes ajouta : *Puisque sa majesté ne répond pas, le roi est véritablement mort.* Alors il brisa le bâton qu'il tenait comme signe de commandement, et en jeta les morceaux aux pieds de la table. Le grand majordome referma le cercueil, en remit les clefs au prieur, qui reconnut avoir reçu le corps. On mit fin aux décharges de la troupe, et au glas des cloches, qui n'avait pas cessé pendant toute la cérémonie.

Telles furent les dernières démonstrations de respect accordées à Ferdinand. Né en 1784, il n'avait encore que quarante-neuf ans. En comptant son règne à partir des événements d'Aranjuès, il avait porté la couronne pendant vingt-quatre ans, qui ont été pour l'Espagne une suite non interrompue de désastres, de déceptions, de troubles et de misères.

RÈGNE D'ISABELLE II. — RÉGENCE DE LA REINE CHRISTINE. — MANIFESTE. — SOULÈVEMENT DE TALAVERA. — SOULÈVEMENT DES PROVINCES BASQUES. — SUPPLICE DE SANTOS-LADRON. — DÉSARMEMENT DES VOLONTAIRES ROYALISTES. — CHUTE DU MINISTÈRE ZEA.

Le nouveau gouvernement se trouva dès les premiers instants entouré d'ennemis de toute espèce : les partisans de don Carlos étaient nombreux, et d'un autre côté on avait fait en Espagne un si déplorable essai du régime constitutionnel, que Christine osait à peine s'appuyer sur le parti libéral, bien qu'elle comprît que c'était là seulement qu'elle devait trouver des soutiens. Elle craignait de se laisser entraîner : aussi le premier acte d'autorité qu'elle fit en saisissant le pouvoir après la mort de Ferdinand, fut de confirmer tous les ministres dans leurs fonctions; et quelques jours plus tard, le 4 octobre, elle fit connaître par un manifeste la ligne de conduite qu'elle prétendait suivre. Cette pièce, ouvrage de Zea, était une nouvelle édition, abrégée mais fort peu amendée, de la circulaire que ce ministre avait publiée en entrant au pouvoir. Elle avait les mêmes défauts, présentait les mêmes inconvénients. C'était toujours le même système de despotisme éclairé. Au reste, voici les principaux passages de ce curieux document :

...... La religion et la monarchie, premiers éléments de vie pour l'Espagne, seront respectés, protégés, maintenus par moi en toute leur vigueur et en toute leur pureté.... C'est un devoir pour moi de conserver intact le dépôt de l'autorité royale qui m'a été confié. Je maintiendrai religieusement la forme et les lois fondamentales de la monarchie, sans admettre des innovations dangereuses quoique flatteuses dans leur principe. Elles n'ont été que trop éprouvées, pour notre malheur. La meilleure forme de gouvernement pour un pays est celle à laquelle il est accoutumé. Un pouvoir stable, compact, fondé sur des lois antiques, respecté par la coutume, consacré par les siècles, est l'instrument le plus puissant pour faire le bien des peuples; mais on n'obtient pas le bien en affaiblissant l'autorité, en combattant les idées, les habitudes et les institutions établies; en contrariant les intérêts et les espérances actuelles pour créer des ambitions et des exigences nouvelles, en excitant les passions du peuple, en inquiétant les esprits, en plaçant les individus en état de lutte, en mettant la société entière en convulsion. Je transmettrai le sceptre d'Espagne aux mains de la reine, à qui la loi l'a donné, sans affaiblissement, sans diminution, et tel que la loi elle-même le lui a conféré.

Je ne prétends pas cependant laisser stationnaire et sans culture cette précieuse possession qui l'attend. Je connais les maux que la suite de nos calamités a fait peser sur le peuple, je mettrai tous mes soins à les alléger. Je n'ignore pas et je m'efforcerai d'étudier encore mieux les vices que le temps et les hommes ont introduits dans les diverses branches de l'administration publique, et je m'efforcerai de les corriger. Les réformes administratives, les seules qui produisent immédiatement la prospérité et la félicité, seuls biens d'une valeur positive pour le peuple, seront l'objet continuel de mes soins. Je m'appliquerai principalement à diminuer les charges, autant que cela sera compatible avec la sécurité de l'État, les urgences du service et la droite et prompte administration de la justice, avec la sécurité des personnes et des biens, avec la protection due à toutes les sources de la fortune publique.

Pour cette grande entreprise de faire le bonheur de l'Espagne, j'ai besoin du concours unanime, de l'union de volonté et d'efforts de tous les Espagnols, et j'espère qu'ils ne me feront pas défaut. Tous les Espagnols sont également enfants de la patrie, tous sont également intéressés à sa prospérité. Je ne veux pas connaître les opinions passées; je ne veux pas entendre des délations ou des accusations; je ne considère pas comme des services ou comme des actions méritoires des imprudences, des manœuvres obscures, des démonstrations intéressées d'attachement et de fidélité. Le nom de la reine ni le mien ne sont la devise d'un parti, mais la bannière tutélaire de la nation. Mon amour, ma protection et mes soins sont tout entiers à tous les Espagnols......

Ces promesses banales d'améliorations administratives n'étaient certainement pas de nature à contenter les libéraux, et Zea se fût montré bien candide s'il eût espéré gagner le parti apostolique par ses assurances d'absolutisme et d'immobilité. Aussitôt que la mort de Ferdinand fut connue dans les provinces, les partisans de don Carlos commencèrent à s'agiter. Ce fut à Talavera la Reina qu'eut lieu le premier soulèvement. Un administrateur des courriers de cette ville suspendu de son emploi, et poursuivi par la justice à raison de quelque délit, poussa le premier le cri de l'insurrection. Heureusement la masse de la population ne répondit pas à son appel. Il fut forcé de sortir de la ville avec le peu d'adhérents qu'il avait pu réunir. Une fois dans la campagne, ces factieux furent poursuivis par les autorités, qui en arrêtèrent quelques-uns et dissipèrent les autres.

La rébellion trouva le terrain mieux préparé dans les provinces septentrionales du royaume. Les Basques avaient été récemment inquiétés relativement à la conservation de leurs fueros. Ils savaient bien que l'établissement d'un régime constitutionnel aurait pour premier effet de détruire les priviléges dont ils jouissaient. Ils étaient donc naturellement ennemis de toute innovation, et avaient peu d'affection pour le gouvernement établi à Madrid ; aussi se déclarèrent-ils en faveur de don Carlos. Un chef de guérillas de l'armée de la foi, Zabala, qui avait été élevé par Ferdinand VII au grade de brigadier, provoqua le 3 octobre un mouvement carliste à Bilbao. Le 7, Vitoria suivit ce pernicieux exemple. La révolte y fut fomentée par Verasteguy, colonel des volontaires royalistes.

Santos-Ladron avait également soulevé les carlistes de Logroño. A Orduña la révolte fut organisée par Ibarrola y Goiri. Le colonel Eraso, connu par ses opinions absolutistes, avait proclamé don Carlos à Roncevaux. Le commandant des volontaires royalistes de San-Domingo de la Calzada essaya de soulever cette ville ; mais cette entreprise n'ayant pas réussi, il prit le chemin de Najara, où il fut rejoint par quelques volontaires, et se retira avec eux dans les villages voisins.

Les forces que le gouvernement entretenait dans ces provinces se mirent immédiatement à la poursuite des insurgés, et ne tardèrent pas à remporter quelques avantages sur leurs bandes encore mal organisées. Le brigadier Manuel Lorenzo, colonel du régiment de Cordoue (10e de ligne), ayant appris que les factieux commandés par Ladron étaient dans les environs d'Arcos, marcha en toute hâte vers eux, sans donner même à ses troupes le temps de prendre leur repas, et il parvint à les atteindre. Ceux-ci, au nombre d'environ huit cents hommes, attaqués par deux compagnies de chasseurs et par quelques cavaliers, furent culbutés de position en position pendant plus de trois quarts de lieue. Le hasard voulut que les deux chefs Lorenzo et Ladron se trouvassent séparés de leurs soldats. Lorenzo eut l'adresse de tuer au premier choc le cheval de son adversaire. Ensuite il n'eut pas beaucoup de peine à le faire prisonnier ; et les carlistes, privés de leur chef, furent mis en fuite de tous les côtés. Lorenzo aurait voulu sauver la vie de Santos-Ladron ; et au lieu de le faire fusiller sur-le-champ comme le prescrivait un décret rendu contre les factieux pris les armes à la main, il l'envoya à Pampelune afin qu'il y fût jugé par une cour martiale. En rendant compte de sa victoire, Lorenzo insistait pour que Santos-Ladron fût épargné ; il disait que ce chef pouvait faire des communications du plus grand intérêt, et qu'il y aurait quelque avantage à obtenir du prisonnier des renseignements positifs sur les plans du parti carliste. Le vice-roi Antonio de Sola et les juges hésitaient à condamner le prisonnier à mort, ou du moins à faire exécuter la condamnation sans en avoir reçu l'ordre exprès de Madrid ; mais un officier leur fit observer que les termes du décret étaient formels ; qu'en ne les appliquant pas, ils encourraient une grave responsabilité ; qu'au contraire l'idée d'une si heureuse victoire suivie d'un prompt châtiment intimiderait les partisans de don Carlos et arrêterait ceux qui pourraient être tentés de lever à l'avenir l'étendard de la révolte. C'était un faux calcul ; car le sang appelle le sang ; mais cette opinion d'un parti exalté prévalut. Le 15 octobre Ladron et le lieutenant des volontaires royalistes don Luis Irribaren, pris en même temps que lui, furent passés par les armes dans les fossés de la citadelle de Pampelune. Ce supplice produisit un effet entièrement contraire à celui qu'on en attendait : Santos-Ladron était né à Lodosa, sur les confins de la Navarre et de la province de Soria ; il possédait dans ce pays de riches propriétés foncières. Pendant la guerre de l'indépendance il avait servi sous les ordres de Mina en qualité de lieutenant-colonel, et s'était retiré dans ses foyers à la paix de 1814. Il avait repris les armes en 1822 pour la régence d'Urgel. Il avait ensuite été gouverneur de Pampelune. Il avait été envoyé en surveillance à Valladolid, pour avoir pris part aux menées des apostoliques ; mais à la mort de Ferdinand VII il était parvenu à s'échapper de cette ville ; il était revenu en Navarre, et n'avait pas eu beaucoup de peine à déterminer un millier de personnes à proclamer don Carlos. Il exerçait dans le pays une grande influence ; et le lendemain de son supplice près de trois cents jeunes gens sortirent de Pampelune pour aller rejoindre les débris de la faction ralliés par le lieutenant-colonel Iturralde. Ainsi le sang de Ladron ne fit qu'irriter les passions. Sa mort devint le signal d'une longue suite de funestes représailles, et le commencement d'une lutte acharnée. Ce ne furent plus quelques bandes éparses de factieux qu'il fallut poursuivre : on eut à combattre toute la population des provinces vascongades, qui s'était promptement disciplinée au point de disputer la victoire et de rendre longtemps douteuse l'issue de la guerre. Une foule de hardis champions prirent en main la cause de don Carlos et la défense des fueros de la Biscaye. Le plus célèbre de tous, le héros de cette guerre, fut don Thomas Zumala-Carregui. Ce chef était né à Ormaiztegui, petite ville de la province de Guipuzcoa. Ses parents, sans être riches, jouissaient de quelque aisance, et faisaient partie de la première noblesse du pays. Ils eurent quatre fils. L'aîné, don Miguel Antoine Zumala-Carregui, a suivi la carrière du droit. Député aux cortès de 1812, il a pris part à la rédaction de la constitution. Le temps n'a pas altéré ses opinions libérales, et il a été, en 1834, nommé par la reine Christine président de l'audience royale de Burgos. Le second et le quatrième ont embrassé l'état ecclésiastique : tous deux sont curés; l'un d'eux dessert la paroisse même d'Ormaiztegui. Le troisième, don Thomas, né le 29 décembre 1788, manifesta dans ses plus jeunes années une vocation décidée pour la carrière des armes. En 1808 il assista à la première défense de Saragosse ; après que les Français eurent levé le siège, il alla s'enrôler dans la troupe de Gaspard Jauregui. Quand la guerre de l'indépendance fut terminée, Zumala-Carregui fut attaché au capitaine général des provinces basques et chargé de plusieurs missions importantes; ensuite il obtint le commandement d'une compagnie dans l'armée permanente. En 1822 il fut privé de son emploi parce qu'on le regardait comme trop royaliste. Alors il prit parti dans l'armée de la foi, et reçut de Quesada le commandement du 2e bataillon de volontaires de Navarre. Pendant cette campagne il fut à même d'apprécier la régularité avec laquelle le service est fait dans l'armée française, l'ordre avec lequel les corps sont administrés; il s'appliqua à étudier leur organisation; et plus tard, après l'abolition de la constitution, quand il reçut comme lieutenant-colonel le commandement du 1er régiment léger, il mit à profit les observations qu'il avait faites et l'expérience qu'il avait acquise en cette matière. Son régiment fut remarqué pour sa discipline et pour sa bonne administration, en sorte qu'on chargea successivement Zumala-Carregui du commandement de plusieurs corps, afin qu'il y introduisît l'esprit d'ordre et d'organisation dont il était animé. En dernier lieu il était colonel du 14e de ligne et gouverneur du Ferrol; mais le ministère Zea, sachant que Zumala-Carregui était dévoué à don Carlos, ne crut pas devoir lui laisser ce commandement. Privé de son emploi, cet officier vint réclamer à Madrid, et obtint avec beaucoup de peine la permission de se retirer à Pampelune dans la famille de sa femme. Il était dans cette ville quand Ferdinand mourut; et malgré la surveillance particulière dont il était l'objet il s'échappa quelques jours après la catastrophe de Ladron ; il se rendit au camp des insurgés navarrais, dans le val d'Araquil, et s'offrit pour les commander. Iturralde, qui les avait ralliés, eût voulu conserver le premier rang ; mais tout le monde reconnaissant la supériorité de Zumala-Carregui, on le proclama général en chef. Iturralde fut reconnu commandant en second. Un des premiers soins du nouveau chef fut d'organiser un gouvernement qui pût servir de centre à l'insurrection. Une junte fut créée. On la composa d'hommes qui jouissaient dans le pays d'une grande influence. Ses membres furent : Joaquin de Marichalar, don Martin Luiz de Echeveria, don Juan de Echeveria, don Juan Chrysostome de Vidaondo y Mendesueta, et don Benito Dias del Rio.

Dans le commencement sa troupe était peu nombreuse. La moitié de ses hommes étaient sans armes; presque tous étaient nus, et il était impossible qu'ils opposassent une résistance de quelques minutes au plus petit détachement de l'armée de la reine. Aussi d'abord ne firent-ils que fuir : partout les troupes de la reine eurent l'avantage contre les insurgés. Lorenzo reprit Logroño, et parcourut tout le pays, poursuivant partout les factieux, les attaquant chaque fois qu'il pouvait les atteindre. Dans la Guipuzcoa, Frédéric Castaño et Gaspard Jauregui ne déployèrent pas moins d'activité. Cela n'empêcha pas l'insurrection de se propager d'une manière effrayante. Il y avait deux mois que le soulèvement des provinces basques avait commencé, et ce temps avait été suffisant pour rassembler des forces considérables. Plusieurs des hommes les plus importants du pays s'étaient mis à la tête du mouvement : les principaux de ces chefs étaient Valdespina, Zavala, Verastegui, Uranga, Simon de la Torre.

Don José Maria de Orbe y Élio, marquis de Valdespina, issu d'une des plus nobles maisons de la Biscaye, est né le 6 septembre 1776, à Irun. Lorsque la guerre éclata entre l'Espagne et la république française, Valdespina entra dans le premier bataillon des volontaires de la Guipuzcoa : il y obtint bientôt le grade de capitaine. Une blessure qu'il reçut en combattant lui nécessita l'amputation du bras droit. Néanmoins ce malheur ne lui ferma pas la carrière militaire : il fit la guerre de l'indépendance comme colonel du deuxième bataillon de Biscaye. En 1820 il fut arrêté comme ennemi de la constitution, et ne put prendre part à la guerre qui renversa le régime constitutionnel ; mais en 1830, lors de l'invasion de Mina, il eut un commandement dans les troupes chargées de repousser l'agression des réfugiés libéraux. En 1833 il s'empressa de proclamer don Carlos, et le 5 octobre il publia le premier manifeste qui ait paru en faveur de ce prince.

Don José Ignacio de Uranga, né à Aspeitia, le 7 octobre 1788, fit ses premières armes pendant la guerre de l'indépendance. En 1821 il provoqua dans la ville de Salvatierra un soulèvement contre le gouvernement constitutionnel et gagna le grade de colonel dans l'armée de la foi. En 1830 on lui confia le commandement de la colonne chargée de s'opposer à Mina. Il eut le bonheur de rejeter en France ce terrible adversaire, et ce succès lui avait mérité le grade de brigadier. Aussitôt que la mort de Ferdinand VII fut connue il publia une proclamation en faveur de don Carlos, et se mit à la tête des volontaires de l'Alava.

Simon de la Torre est né le 23 octobre 1804. En 1822 il a servi dans l'armée de la foi. Après l'abolition de la constitution il passa comme lieutenant dans le Ier régiment de la garde. Ses opinions carlistes étaient connues. Aussi, en 1832 fut-il mis en disponibilité. Dès que Ferdinand fut mort la Torre s'empressa de réunir un corps de volontaires basques et de proclamer don Carlos.

Le nombre d'hommes que ces chefs avaient mis sous les armes, dans l'Alava, la Guipuzcoa et la Biscaye, ne s'élevait pas à moins de vingt mille, et la Vieille-Castille en avait rassemblé autant sous les ordres de Cuevillas et de Merino. Le gouvernement, effrayé des progrès que faisait l'insurrection, se détermina à envoyer dans les provinces du nord une partie de l'armée d'observation rassemblée sur la frontière du Portugal. Cette armée, dans le principe, avait eu pour mission d'empêcher la révolution portugaise de se propager en Espagne. Ferdinand en avait confié le commandement à Saarsfield, dont les opinions étaient contraires à toute réforme libérale. Aussi, après la mort du roi, ce général hésita, dit-on, pendant cinq jours avant de reconnaître Isabelle ; mais n'ayant pas reçu de don Carlos les ouvertures qu'il en attendait, il se décida à proclamer la reine. Ce fut à cet officier d'un dévouement très-douteux que fut confiée la mission de réprimer l'insurrection des provinces du nord. Une partie seulement de l'armée d'observation lui fut donnée ; l'autre partie, commandée par Rodil, resta sur la frontière de Portugal, en attendant l'occasion de pénétrer dans ce royaume et d'y prêter assistance à la cause libérale.

Saarsfield établit d'abord son quartier général à Burgos, où il resta quelque temps les bras croisés ; et quand il se décida à agir il le fit avec une excessive mollesse. Il concentra ses troupes à Logroño, où se trouvaient déjà celles de Lorenzo. Les insurgés de la Vieille-Castille étaient rassemblés dans l'endroit connu sous le nom de Conchas de Haro, sur la rive droite de l'Èbre, à dix lieues environ au-dessus de Logroño [1]. En voyant des

[1] Dix lieues de Castille de 26 $^1/_2$ au degré, environ 42 kilomètres.

forces imposantes qui se réunissaient si près d'eux, les insurgés de la Castille commencèrent à se débander, pour retourner chacun dans leurs foyers. Sans doute ils n'eussent pas agi de cette manière si leurs chefs leur eussent inspiré une grande confiance; mais ni Cuevillas ni Merino n'étaient capables de commander et de maintenir une armée si nombreuse. Ce dernier a fait avec succès la guerre de partisans à la tête de quelques centaines de cavaliers; mais il paraît que sa capacité ne s'étend pas au delà du rôle de chef de guérillas. Sa bande en général n'excédait pas trois ou quatre cents hommes. Dans quelques circonstances elle se trouva beaucoup plus nombreuse; mais alors Merino éprouva des pertes qui la réduisirent bientôt à ce nombre.

Merino est né vers 1774, au village de Villabiao. Il a commencé par être pâtre, et avait déjà reçu un commencement d'instruction dans un monastère voisin, lorsqu'un vieux prêtre, frappé de l'intelligence de ce jeune homme, entreprit de l'élever jusqu'aux fonctions sacerdotales. En peu de mois Merino fit des progrès si rapides, qu'il fut bientôt en état de recevoir les ordres et qu'il fut nommé curé de son village natal. Voici le portrait qu'en a tracé un officier qui servait, comme Merino, dans le parti de don Carlos [1] :

« Merino est le vrai type des chefs de guérillas. De petite stature, mais d'une constitution de fer, il peut résister aux plus grandes fatigues, étant rompu depuis longtemps à la pratique des exercices et des habitudes de la guerre. Son costume, plus ecclésiastique que militaire, rappelle plutôt le curé que le brigadier général des armées royales. Il porte avec un long habit brun un chapeau rond et un sabre de cavalerie. Le seul objet de luxe qu'il se permet est d'avoir toujours sous lui un bon cheval. En effet il possède deux magnifiques coursiers blancs, qui sont renommés non-seulement par leur excessive vélocité, mais aussi par leur aptitude à grimper jusqu'au sommet des rocs et des montagnes comme des chèvres ; tous deux sont constamment sellés et bridés, et dressés à aller parallèlement et du même train; de sorte que Merino, quand l'un lui paraît fatigué, saute d'une selle sur l'autre sans s'arrêter, lors même qu'ils sont au galop. Il porte toujours à son côté un énorme tromblon, rempli d'une forte charge de poudre et de balles, dont l'explosion est, dit-on, aussi forte que celle d'une pièce d'artillerie. Cette arme lui casserait le bras s'il la tirait de la manière ordinaire; mais il en fait usage en la plaçant sous son bras et en tirant la gachette avec l'autre main.

« Chaque soir, après avoir donné ses ordres à ses hommes, Merino montait à cheval pendant la nuit; et personne, à l'exception de son fidèle serviteur, qui lui était attaché depuis longues années, ne savait où il était allé ; de là était né le bruit qu'il ne dormait pas une seule minute dans les vingt-quatre heures; opinion qui est devenue une espèce d'article de foi chez les Castillans; et, à la vérité, il n'est rien qu'on ne puisse leur faire croire d'un de leurs compatriotes qui, avec ce caractère intrépide et féroce, et tous les excès qu'il a commis, ne fume jamais et ne boit que de l'eau. Cet homme est tout à fait simple et même patriarcal dans ses mœurs et dans toutes ses habitudes ; mais il faut convenir qu'il a trop souvent terni ses succès par des actes de cruauté... Son inévitable arrêt contre les prisonniers a toujours été la mort...

« Zumala rendait justice à Merino comme étant un chef brave et entreprenant. Cependant il dit un jour : ... Si nous « avions tous les hommes que le curé a « perdus, nous pourrions marcher sur « Madrid quand nous voudrions. »

Merino n'était pas capable de maintenir une armée aussi nombreuse que celle réunie sous ses ordres. A l'approche du danger, les insurgés se débandèrent pour retourner chez eux. Soit par calcul, soit involontairement, Saarsfield, en concentrant ses forces à Logroño, avait laissé le chemin de la Castille entièrement libre; en sorte que les fuyards purent se retirer tout à leur aise. Cuevillas et Merino, voyant la diminution de leur armée, rassemblèrent leur cavalerie, qui n'était pas très-nombreuse, et se retirèrent en Castille.

Les volontaires de l'Alava, comman-

---

[1] *Mémoires sur Zumala-Carregui*, par Ch. Fréd. Henningsen, capitaine de lanciers, au service de don Carlos; traduit de l'anglais. Paris, 1836, 2 vol. in-8°.

dés par le brigadier Uranga, suivirent l'exemple des Castillans; et lorsque Saarsfield se mit en marche vers Vitoria, ils lui tirèrent seulement quelques coups de fusil dans les environs de Peña-Cerrada, et lui laissèrent le chemin libre. Verastegui fut obligé d'abandonner précipitamment Vitoria, où les soldats de la reine entrèrent sans éprouver la moindre résistance. Saarsfield se porta ensuite sur Bilbao, et il y entra de même. Les forces carlistes étaient si complétement dissoutes, que beaucoup des personnes compromises ne virent d'autre moyen de salut que de se réfugier en France. Verastegui fut de ce nombre. Zabala et Uranga, restés sans soldats, se jetèrent dans les montagnes, dont ils connaissaient tous les détours. Le marquis de Valdespina, président de la députation de Biscaye, se réfugia auprès de Zumala-Carregui, dont la petite armée s'était avancée jusque dans la vallée de la Borunda. Le gouvernement se vanta d'avoir apaisé la révolte; et il est vrai que sans l'énergie et sans le talent du chef des Navarrais dès ce moment la guerre aurait pu être considérée comme terminée.

Partout les volontaires royalistes s'étaient montrés hostiles au parti de la reine. Partout ils avaient été les instigateurs ou les complices des troubles qui agitaient le pays. Une ordonnance en date du 15 octobre en décréta le désarmement. Le nombre des volontaires royalistes ne s'élevait pas à moins de trois cent mille. Ces corps, formés de ce qu'il y avait de plus turbulent dans la nation, étaient la personnification de l'absolutisme le plus fanatique. Les licencier était donc une entreprise aussi hardie que difficile. Néanmoins elle s'effectua d'abord sans résistance. Mais le 29, le gouvernement ayant ordonné de conduire au parc d'artillerie les pièces gardées dans le quartier de cavalerie des volontaires royalistes de Madrid, cette mesure provoqua de la résistance. Quelques volontaires se réunirent dans leurs quartiers, et commencèrent à tirer de là des coups de fusil sur le poste du régiment d'infanterie de la princesse qui formait la garde de la prison située dans leur voisinage. Au bruit de cette fusillade, un grand nombre de volontaires qui n'attendaient qu'un signal voulurent se rendre à leur quartier; mais heureusement beaucoup d'entre eux furent arrêtés en route par les patrouilles qui circulaient dans les rues environnantes. La plupart rendirent leurs armes sans difficulté. Il n'y en eut qu'un petit nombre qui essayèrent de se défendre. Quant à ceux qui étaient parvenus dans leur quartier, et qui s'y étaient enfermés quoiqu'ils ne fussent guère plus d'une centaine, ils répondirent à coups de fusil aux sommations qui leur furent faites. Mais la résistance n'était pas possible. Le brigadier don Pedro Nolasco Bassa, à la tête de quelques troupes, parvint à forcer leur quartier, et tous ceux qui s'y trouvèrent restèrent prisonniers. Ils furent traduits en jugement quelques jours plus tard, et condamnés aux présides. On eut à regretter dans cette affaire la mort de peu de monde, et l'on se félicita de ce résultat en songeant aux malheurs qui seraient arrivés si les volontaires royalistes, parvenant à réunir toutes leurs forces et faisant usage de l'artillerie qui était encore entre leurs mains, avaient livré une véritable bataille dans les rues de la capitale. Les volontaires de Madrid une fois licenciés, le désarmement de ceux des provinces s'effectua sans beaucoup de difficultés; et si un certain nombre de volontaires royalistes alla grossir les rangs des insurgés, au moins cette milice hostile ne resta pas tout entière sous les armes.

Quelques changements avaient eu lieu dans le cabinet. Les fonctions de ministre n'ayant pas été jugées compatibles avec celles de membre du conseil de régence que remplissait le comte d'Ofalia, il fut remplacé le 21 octobre au ministère de l'intérieur par don Francisco Xavier de Burgos, conseiller honoraire de finances. Le 16 novembre le ministre de la guerre José de la Cruz, qui occupait aussi par interim le ministère de la marine, eut pour successeur dans ce double emploi le maréchal de camp Zarco del Valle. Mais ces changements n'étaient pas de nature à dissiper l'impopularité toujours croissante qui s'attachait au ministère. Peut-être si le droit en vertu duquel Isabelle était montée sur le trône n'eût pas été contesté, si la couronne ne lui eût pas été disputée, le gouvernement eût pu maintenir quelque temps encore les institutions décrépites de la monarchie;

mais il était forcé de chercher un appui auprès du parti libéral; et ce parti se montra d'autant plus exigeant, qu'on avait plus besoin de lui; aussi à mesure que l'insurrection prenait des forces et de la consistance, le parti constitutionnel attaquait avec plus de violence la politique adoptée par Zea Bermudez, et réclamait plus impérieusement des institutions représentatives. Peu de temps après la mort de Ferdinand VII, le marquis de Miraflorez adressa à la reine un mémoire très-circonstancié sur l'état de la nation et sur l'influence funeste exercée par le président du cabinet. Dans cet écrit, il insistait pour la réunion des cortès. Le général Quesada avait aussi lancé un manifeste où il demandait formellement le renvoi de Zea. Ce fut Llauder, capitaine général de la Catalogne, qui porta le dernier coup. Le 26 décembre 1833 il adressa à la reine un long mémoire où la franchise était poussée quelquefois jusqu'à la rudesse. Au reste, on peut juger de l'esprit qui l'animait par quelques passages extraits de son manifeste:

Señora, disait-il,..... pendant longtemps vice-roi de Navarre et capitaine général des provinces basques, j'ai été à même d'apprécier tout ce que les populations et les gouvernements trouvent de bien-être et de stabilité dans une représentation légale telle que l'ont établie nos anciennes lois avec un respect égal pour les droits du trône et les droits de la nation. Elle constitue le seul élément de prospérité et de force d'une monarchie, surtout dans l'état actuel des lumières et de la civilisation. Depuis capitaine général de l'Aragon et enfin de la Catalogne, j'ai pu m'apercevoir que là où le bien-être et la sécurité des provinces dépendent des circonstances, et où le recours à la force est souvent nécessaire, ce moyen s'use bien rapidement quand l'opinion cesse de le soutenir.
Lorsque j'ai eu l'honneur d'être appelé au baise-main de votre auguste fille, Votre Majesté a daigné m'autoriser à lui écrire librement ce que je croirais bon et utile, m'assurant à diverses reprises que tous ses désirs n'avaient pour objet que le bonheur de l'Espagne. J'ai répondu à cette permission en vous adressant ce que j'ai cru susceptible d'éclairer votre religion. Mais des épreuves continues et répétées m'ont fait voir que les sentiments francs et héroïques de Votre Majesté sont réprimés par les conseils de quelques hommes qui, en étudiant l'arbitraire dans les pays étrangers, ont oublié le leur, ses besoins, ses vœux et tout ce qui pourrait concourir au bien-être de l'administration que vous leur avez confiée, et trahissent ainsi les vues généreuses de Votre Majesté.
Telle est, Señora, l'opinion générale que je ne dois pas laisser ignorer à Votre Majesté. Je dois, au contraire, ajouter, dans l'intérêt de votre gouvernement, que le ministère de Zea est devenu impopulaire à tel point, qu'il menace à la fois et la tranquillité publique et le trône même de doña Isabelle II.

Llauder rappelle ensuite les sacrifices de toute nature que l'Espagne a faits pour conserver la couronne à Ferdinand, et les promesses consignées par ce prince dans son décret de Valence:

Les promesses des rois, dit-il en continuant, sont sacrées: leur accomplissement doit être infaillible comme celui des prophéties de la Divinité; c'est pourquoi moi et la nation, qui n'oserions rien demander qui ne fût dû et promis, nous vous rappelons, le cœur plein d'amertume, des déclarations aussi solennelles sorties de la bouche de notre roi au moment de recevoir de nos mains une couronne reconquise par le sang d'un million d'hommes. *L'existence du trône de la reine mineure*, je le répète, *est attachée à l'accomplissement des promesses du feu roi;* car personne ne pourra croire que quinze longues années de minorité puissent s'écouler appuyées sur quelque chose d'aussi fragile qu'un pouvoir sans responsabilité... On dit à Votre Majesté qu'elle n'a pas, comme régente, le droit d'innover; qu'elle doit remettre à sa fille le gouvernement tel qu'elle l'a reçu; ce qui n'est qu'un prétexte pour consacrer l'arbitraire et perpétuer les abus.
Peut-on appeler innovation la convocation des cortès, lorsque la gravité et la complication des affaires publiques réclament impérieusement cette mesure prescrite fondamentalement par les anciennes lois de la monarchie?...
La Navarre a ses lois à elle avec ses cortès et ses députations générales, sans que ses habitants consentent jamais à la plus petite infraction à ces lois protectrices de la sûreté et de la propriété générale. Peut-on supposer au cœur généreux de Votre Majesté l'intention de refuser ces mêmes franchises aux autres provinces de votre royaume?........ Cette situation, si elle se prolonge quelques mois encore, fera plus pour les ennemis du trône de doña Isabelle II que tous les efforts de ce parti, qui n'a d'autre importance que celle qu'on lui donne.

Le ministère Zea a tant fait que la comparaison est fâcheuse et même dangereuse pour lui entre ses actes et les promesses du prétendant, qui offre de libres cortès, avec d'autres avantages et d'autres garanties encore...

Enfin Llauder concluait en suppliant la régente de modifier le ministère et d'ordonner la convocation des cortès.

Zea résista encore une vingtaine de jours aux attaques dirigées contre lui ; mais il y avait trop de vérité dans les plaintes du parti libéral pour qu'il pût se maintenir longtemps au pouvoir. Le 15 janvier 1834 parut un décret par lequel sa démission fut acceptée. Le nouveau cabinet fut composé de don Francisco Martinez de la Rosa, ministre des relations extérieures, de don Nicolas Maria Garelli, ministre de grâce et de justice. Ces deux hommes d'État avaient déjà rempli les mêmes fonctions au commencement de l'année 1822; ils avaient fait partie du troisième cabinet constitutionnel. Don José Vazquez Figueroa eut la marine; don José Aranalde eut, par intérim, le sfinances, et fut bientôt remplacé par don José de Imas, directeur général des rentes; don Francisco Xavier Burgos conserva le ministère de l'intérieur, et Zarco del Valle celui de la guerre. C'était une tâche difficile que celle d'un cabinet formé dans des circonstances si critiques. Il avait pour mission de doter l'Espagne d'un régime représentatif, et toutes les opinions attendaient avec une égale impatience comment il résoudrait ce problème.

DES FUEROS DE LA NAVARRE.

Les fueros de la Navarre et des provinces basques, signalés par Llauder comme exemple du régime représentatif que réclamait la nation, étaient aussi le cri de ralliement de l'insurrection des provinces du nord. La cause de don Carlos eût été assez indifférente à la plus grande partie des Basques et des Navarrais, qui n'eussent vu dans la guerre qu'une querelle de famille. C'eût été, à leurs yeux, un oncle qui voulait dépouiller sa nièce de son héritage. Mais la défense des fueros était pour tous une chose sacrée. Il n'est pas possible de s'occuper des événements de cette époque sans parler des fueros [1]. La constitution de la Navarre reposait sur deux bases principales : d'abord les lois ne pouvaient être faites qu'avec le concours du roi et des trois bras du royaume réunis en cortès. Elles devaient être discutées et votées par les cortès, ensuite elles devaient être sanctionnées par le roi ; enfin elles devaient être publiées. Après qu'elles avaient reçu la sanction du monarque, leur publication pouvait encore être interdite par les cortès du royaume de Navarre. L'origine de ce droit dérivait de la manière même dont la loi était faite. Le décret royal de sanction pouvait accorder seulement en partie ou bien amender le projet, de façon à rendre préjudiciables des dispositions que les cortès avaient votées comme utiles : c'est pour cela qu'on avait donné aux cortès le droit de s'opposer à la promulgation de la loi sanctionnée par le prince. Jusqu'à sa publication, la loi n'était qu'un simple projet et pouvait toujours être retirée; mais dès qu'elle était publiée, elle devenait parfaite : ni le roi ni les cortès ne pouvaient y déroger pour la modifier, pour en suspendre l'effet; de même que, pour la faire, il fallait l'accord des états et de la couronne.

La seconde base de la constitution des Navarrais consistait en ce que le roi ne pouvait exiger aucune contribution, sans qu'elle eût été librement accordée par les cortès; aussi appelait-on ces subsides : *Service ou don volontaire ; servicio o donativo voluntario*. La forme et la quantité en ont beaucoup varié.

La puissance judiciaire établie en Navarre était indépendante du roi. Les Navarrais ne pouvaient être jugés que par leurs propres tribunaux et d'après leurs lois particulières. Tous les procès se terminaient en dernière instance devant le conseil suprême qui résidait à Pampelune. Le roi n'avait ni le droit d'évoquer les causes hors du royaume, ni d'en re-

---

[1] Les personnes qui voudront avoir de plus amples détails sur les fueros pourront consulter : le *Commentaire des fueros de la Navarre*, par Armendariz; le volumineux ouvrage de Llorente sur les provinces basques; une excellente brochure publiée par don José Yangas-y-Miranda, et un extrait des fueros du royaume de Navarre inséré par Zariategui à la suite de son *Histoire de Zumala-Carregui*; Paris, 1 vol. in-8°. 1845.

mettre la décision à des commissions ou à d'autres tribunaux que ceux de la Navarre.

Les juges devaient être natifs de la Navarre, à l'exception de cinq étrangers que le roi avait le droit de faire entrer dans le conseil lorsque lui-même n'était pas Navarrais. En vertu de cette disposition, les rois de Castille, qui se sont toujours regardés comme étrangers, avaient coutume de nommer à ces cinq places, qu'on appelait *les castillanes*. Ce sont : celles du régent du conseil, de deux auditeurs, d'un alcalde de corte, et d'un auditeur de la chambre des comptes ou tribunal des finances.

Cette organisation présentait sans doute des garanties aux justiciables; cependant elle n'était pas sans inconvénients. Les magistrats, pour complaire au gouvernement, dont ils attendaient leur avancement et leur fortune, appliquaient de simples ordonnances royales comme ayant force de loi.

D'un autre côté, le conseil suprême de Navarre, n'ayant pas de supérieur dans le pays, s'arrogeait le droit de faire des arrêts de règlement, qu'il appelait des *actes accordés, autos acordados*; et en s'attribuant ainsi le pouvoir législatif il minait dans sa base la constitution du royaume.

Les fueros ne permettaient au roi de faire ni guerre, ni paix, ni trêve, sans l'assentiment des cortès, et le même fuero détermine quel service militaire les Navarrais devaient au roi. Ils n'étaient tenus de prendre les armes que lorsque l'ennemi entrait dans le royaume et passait les rivières d'Èbre ou d'Aragon. Ce fuero était tombé en désuétude, comme impraticable; cependant, quoique le recrutement eût été introduit dans les pays basques depuis l'année 1770, le gouvernement castillan s'est toujours efforcé d'adoucir ce que cet impôt avait d'illégal, en laissant aux Navarrais la faculté de remplir, par les moyens qu'ils préféreraient, le contingent de soldats qui leur était demandé.

Dans le principe les cortès de Navarre n'étaient composées que de douze sages ou de douze riches hommes. L'ancien droit ne parle d'aucune autre représentation nationale. Plus tard, les mandataires des villes, les chevaliers et les prélats y furent appelés sans distinction d'états. C'est seulement au commencement du quatorzième siècle qu'on trouve les cortès divisées en trois bras. Le premier était celui du clergé, dans lequel entraient les évêques de Pampelune et de Tudèle, le vicaire général de Pampelune quand il était Navarrais, les abbés de sept monastères. Le second était celui de la noblesse, appelé aussi le bras militaire. Il se formait des nobles qui représentaient aux cortès les domaines dont ils étaient seigneurs. Ce droit se transmettait par hérédité, de même que le fief auquel il était attaché. Enfin le dernier se composait des mandataires des cités et bonnes villes, qui, n'ayant pas de seigneur et s'administrant elles-mêmes, sous le patronage du roi, avaient obtenu la prérogative d'être représentées par des mandataires aux assemblées de la nation.

Cette organisation présentait d'assez graves inconvénients. Les biens du clergé étaient dispensés de contribuer aux charges de l'État; et lorsqu'ils y concouraient ce n'était que dans une proportion bien inférieure à ce qu'ils auraient dû payer. Le bras ecclésiastique était donc naturellement porté à repousser toute espèce d'innovation; et il suffisait de l'opposition des sept abbés qui avaient voix aux cortès pour faire rejeter le projet le plus convenable à la prospérité publique : aussi la somme pour laquelle le clergé contribuait dans les *dons volontaires* était la même qu'il y a trois siècles.

En présence de ces faits, on s'explique très-facilement l'enthousiasme avec lequel le clergé des provinces du nord de l'Espagne a embrassé la cause de don Carlos. Sentant bien que les premières réformes introduites dans l'organisation politique auraient pour effet de détruire les priviléges excessifs et la prépondérance dont il jouissait, il a dû soutenir de tous ses efforts un prince qui promettait avant tout de s'opposer à tout changement.

Les seigneurs des anciens fiefs et des châteaux dont la destination était, dans l'origine, de servir de centre d'armement (*de cabo de armeria*) étaient, avant la réunion de la Navarre à la couronne de Castille, dans l'obligation de mettre en campagne, à leurs dépens, un certain nombre d'hommes. En compensation de cette charge, ils étaient exempts de la contribution qui frappait sur les biens immeubles et qu'on appelait l'impôt des quartiers (*cuarteles*). L'obligation qui leur était imposée cessa dès que le système militaire fut modifié et que les troupes furent payées des fonds du trésor public. Cependant ils restèrent exempts de l'impôt des quartiers. On oublia que cette exemption n'était accordée dans son origine qu'à la condition de supporter des charges qui n'existaient plus. Néanmoins dans les cortès de 1817 et de 1818 la noblesse se laissa dépouiller de cette prérogative, qu'elle disait tenir de la constitution (*de fuero*). Le souvenir de ce privilége qu'ils avaient si récemment perdu, la crainte de quelque innovation qui pouvait leur devenir préjudiciable, jetèrent les nobles navarrais dans le parti rétrograde, dont le prétendant était la personnification.

Le bras populaire ne manquait pas non plus de défaut. Des endroits qui ne comptaient que peu d'habitants avaient voix aux cortès, tandis que d'autres dont la population était beaucoup plus nombreuse n'y envoyaient pas de députés. Enfin la représentation d'une cité de deux mille six cents âmes ou d'un village de quatre-vingt-dix habitants était la même. C'est ce qui avait lieu pour Pampelune et pour Villalba. Cependant cet inconvénient n'était pas sans remède ; et, aux termes de la loi 25 des cortès de 1794, le roi pouvait donner voix à telle ville ou à tel particulier qu'il jugeait convenable, pourvu que l'individu nommé remplît d'ailleurs les autres conditions exigées par la loi.

Le bras populaire pouvait gagner beaucoup si une réforme libérale avait lieu ; mais aussi il pouvait beaucoup perdre si le pouvoir royal assujettissait les provinces basques au régime du bon plaisir sous lequel le reste de l'Espagne était courbé. Il craignait donc toute modification dans les institutions. D'ailleurs soumis à l'influence des nobles et du clergé, il se laissait facilement entraîner par eux dans le parti de don Carlos.

Les cortès devaient être réunies tous les deux ans, et au plus tard dans le courant de la troisième année. Il n'appartenait qu'au roi de les convoquer, de les proroger, de les dissoudre, et de désigner le lieu de leur réunion. Quand le roi ne pouvait y assister en personne, il devait donner au vice-roi des pouvoirs absolus et sans restriction pour convoquer et tenir les cortès. Dans ce cas, c'était le vice-roi qui désignait le lieu où les cortès devaient se réunir.

Les personnes qui avaient droit de voter dans les cortès, leurs syndics, leur secrétaire, étaient inviolables pendant la durée de la session et ne pouvaient être ni détenus ni arrêtés pour quelque cause que ce fût.

Le roi ou le vice-roi, après avoir en personne installé les cortès, se retirait, laissant l'assemblée libre de délibérer seule sur les matières qu'elle jugeait devoir examiner.

Les trois bras se réunissaient dans la même salle, bien qu'ils y occupassent des places séparées. Les ecclésiastiques étaient à la droite du trône; les nobles occupaient la gauche. Le centre était laissé aux procureurs des villes. Chaque bras avait son président particulier; mais celui du bras ecclésiastique présidait toute l'assemblée : c'était l'évêque de Pampelune, et après lui les autres ecclésiastiques, suivant la place qu'ils occupaient. Le président du bras noble était le connétable ; le vice-président était le maréchal.

Tout individu pouvait présenter ses idées à l'assemblée. Elles étaient l'objet d'un vote, et on les discutait si elles en valaient la peine. Les projets qui venaient de la part du monarque, bien qu'ils fussent plus respectés que ceux de simples membres, n'avaient cependant sur eux aucun avantage légal. Les trois bras discutaient ensemble, mais ils votaient séparément. Pour l'adoption, il fallait dans chacun des bras la majorité absolue des votes. Si la majorité dans un seul bras était contraire au projet adopté par les deux autres bras; si, suivant l'expression usitée, il y avait *discorde* (*discordia*), on renouvelait le vote à la séance suivante. On le répétait ainsi trois fois de suite ; et si le dissentiment persistait malgré ces trois épreuves, le projet était rejeté et les cortès de cette année ne s'en occupaient plus. Le roi pouvait toujours refuser de sanctionner les projets de loi votés par les cortès. Son refus n'avait pas besoin d'être motivé.

Avant de se séparer les cortès nommaient une députation permanente composée de membres des trois bras et présidée par un ecclésiastique. L'origine de cette députation, qui a donné l'idée de celle instituée par les art. 157, 158, 159 et 160 de la constitution de 1812, ne remontait qu'à la moitié du seizième siècle. Après plusieurs modifications, son organisation a été fixée de la manière suivante : le bras ecclésiastique nommait un membre, qui avait une voix ; le bras de la noblesse en nommait deux, qui chacun avaient une voix ; le bras populaire nommait deux membres, qui n'avaient qu'une voix à eux deux. Enfin la ville de Pampelune en nommait aussi deux, qui n'avaient également qu'une voix ; en sorte qu'il y avait sept députés et seulement cinq voix. Cette députation était chargée de veiller, jusqu'à la réunion des cortès prochaines, à l'exécution des lois. Elle devait, si celles-ci étaient violées, adresser des réclamations convenables au vice-roi, et même au roi.

Cette députation était aussi chargée de l'entretien des bois, de la conservation des archives, des tribunaux et de la surveillance des prisons. Les rentes qu'elle administrait consistaient en ce qu'on appelle le *domaine du royaume* (*vinculo del reino*), c'est-à-dire 60,000 réaux de vellon qu'on perçoit annuellement pour les droits sur l'eau-de-vie et sur les liqueurs. Le droit sur le chocolat, qui se paye sur les matières premières lorsqu'elles sont introduites dans le royaume, produit environ 36,800 réaux de vellon. Enfin le tabac rapporte 87,529 réaux de vellon.

Le commerce du tabac a été libre en Navarre jusqu'en 1642. A cette époque, les cortès décidèrent qu'il serait soumis à une taxe, pourvu que ce revenu fût appliqué au *domaine du royaume*. Les villes de Pampelune, d'Estella, de Sangüesa et de Puente la Reina, qui en avaient déjà affecté le revenu à leurs dépenses municipales, ont refusé de céder leurs rentes et les ont perçues jusqu'à nos jours. Ainsi Pampelune touchait 6,108 réaux, Estella 2,568, Sangüesa 1,242, et Puente la Reina 972.

Les membres de la députation, ses conseillers et secrétaires ne peuvent être recherchés en aucune manière pour les opinions émises par eux à l'occasion de ces fonctions. Cependant la députation devait rendre aux cortès un compte exact de tout ce qu'elle avait fait, tous ses pouvoirs cessaient dès que la représentation nationale était réunie.

Le roi, à son avénement au trône, devait jurer solennellement, en présence des trois bras du royaume, d'observer les fueros ; et c'était seulement après qu'il avait prêté ce serment, que les bras, au nom du royaume, juraient de défendre le roi, sa personne, sa couronne et ses domaines.

Le vice-roi nommé par le roi ne pouvait faire aucun acte d'autorité avant d'avoir prêté serment de respecter les fueros.

Les institutions de la Biscaye présentaient une grande analogie avec celles de la Navarre ; mais les Basques ne reconnaissaient pas de roi ; ils avaient seulement un seigneur.

Sans doute il y avait bien des imperfections dans ces constitutions ; mais elles avaient cependant d'excellents résultats : les revenus étaient judicieusement employés ; les routes, les ponts, étaient entretenus ; et quand on compare l'état où se trouvait l'administration dans le reste de l'Espagne, on comprend que les autres provinces considérassent avec envie ces institutions libérales et que, malgré les défauts qu'on peut y signaler, les Basques et les Navarrais ne voulussent pas les échanger pour le désordre et pour les ruineuses prodigalités du bon plaisir.

LE STATUTO REAL.

La mission du nouveau ministère était de donner une constitution à l'Espagne. Aussi dès les premiers jours de son existence annonça-t-on que, pour s'entourer de toutes les lumières nécessaires à l'accomplissement de cette œuvre difficile, le ministère avait envoyé à Simancas des personnes chargées d'y recueillir les renseignements relatifs à la convocation des anciennes cortès. Un projet rédigé par M. Martinez de la Rosa fut soumis à la délibération du conseil de régence ; et, après trois mois de travail, le 10 avril 1834 on publia le *Statuto real*. Cet acte ne répondit pas à l'attente du pays. Il ne posait aucune limite au pouvoir royal, ne donnait aucune garantie pour la liberté individuelle. Il ne disait rien de l'ordre judiciaire. Il se bornait à établir que les cortès seraient réunies en deux chambres; que les lois ne pourraient être faites que par le souverain avec le concours des cortès; qu'il ne pourrait être perçu d'impôts que ceux qui auraient été préalablement votés par les cortès. On avait craint sans doute les exagérations et la longueur des 384 articles de la constitution de Cadix; mais on était tombé dans un excès contraire, et tout le monde comprendra que la stérile brièveté du *Statuto real* n'ait satisfait personne. Au reste, voici ce document en entier :

STATUT ROYAL.

TITRE Ier.

DE LA CONVOCATION DES CORTÈS GÉNÉRALES DU ROYAUME.

Art. 1. Conformément aux dispositions de la loi 5, titre 15, partida 2, et des lois 1, 2, titre 7, livre 6 de la *Nueva Recopilacion*, sa majesté la reine régente, au nom de son auguste fille, a résolu de convoquer les cortès générales de son royaume.

Art. 2. Les cortès générales se composeront de deux chambres (*estamentos*) : celle des *proceres* du royaume (les grands), et celle des *procuradores* du royaume (les députés).

TITRE II.

Art. 3. La chambre des proceres se composera :
1° Des très-révérends archevêques et des révérends évêques;
2° Des grands d'Espagne;
3° Des titres de Castille;
4° D'un nombre indéterminé d'Espagnols élevés en dignité et illustrés par leurs services dans les différentes carrières, choisis parmi les personnes qui sont ou qui ont été ministres, secrétaires d'État, membres de la chambre des *procuradores*, conseillers d'État, ambassadeurs ou ministres plénipotentiaires, généraux de terre ou de mer, ou membres des tribunaux suprêmes;
5° De propriétaires fonciers, de propriétaires de fabriques, manufactures ou établissements industriels, réunissant à leur mérite personnel et aux autres motifs de considération la jouissance d'un revenu annuel de 60,000 réaux (16,000 francs) et la condition d'avoir été antérieurement membres de la chambre des procuradores;
6° De ceux qui, dans l'enseignement public ou dans la culture des sciences et des lettres, auraient acquis un grand renom et la célébrité, pourvu qu'ils jouissent d'un revenu de 60,000 réaux, provenant soit de leurs biens propres, soit d'un traitement du trésor public.

Art. 4. Il suffira d'être archevêque ou évêque titulaire ou coadjuteur, pour pouvoir être nommé et siéger en cette qualité dans la chambre des proceres.

Art. 5. Tous les grands d'Espagne sont membres nés de la chambre des proceres, et ils y siégent pourvu qu'ils réunissent les conditions suivantes :
1° Être âgé de vingt-cinq ans accomplis;
2° Être en possession de la grandesse et la posséder par un droit propre;
3° Justifier la jouissance d'un revenu de 200,000 réaux (53,400 francs);
4° N'avoir ses biens grevés par aucun genre d'hypothèque;
5° N'être sous la poursuite d'aucun procès criminel;
6° N'être sujet d'aucune autre puissance.

Art. 6. La dignité de procer du royaume est héréditaire pour les grands d'Espagne.

Art. 7. Le roi choisit et nomme les autres proceres, et leur dignité est à vie.

Art. 8. Les titres de Castille qui seraient proceres devront justifier qu'ils ont les conditions suivantes :
1° Être âgé de vingt-cinq ans;
2° Être en possession du titre de Castille, et le posséder par un droit propre;
3° Jouir d'un revenu de 80,000 réaux (23,360 francs);
4° N'avoir ses biens grevés d'aucune hypothèque;
5° N'être sous la poursuite d'aucun procès criminel;
6° N'être sujet d'aucune autre puissance.

Art. 9. Le nombre des proceres du royaume est illimité.

Art. 10. La dignité de procer se perd uniquement par incapacité légale, en vertu de la sentence portant condamnation à une peine infamante.

Art. 11. Un règlement déterminera tout ce qui concerne le régime intérieur et le mode de délibération de la chambre des proceres.

Art. 12. Le roi nommera parmi les proceres, à chaque convocation des cortès, ceux qui devront exercer pendant le temps de la session les charges de président et de vice-président de cette chambre.

TITRE III.

DE LA CHAMBRE DES PROCURADORES DU ROYAUME.

Art. 13. La chambre des *procuradores* se composera de personnes qui seront nommées conformément à la loi des élections.

Art. 14. Pour être éligible aux fonctions de *procurador*, il faut :

1° Être né Espagnol ou fils de parents espagnols ;

2° Avoir trente ans accomplis ;

3° Jouir d'un revenu propre de 12,000 réaux (3,204 francs) ;

4° Être né dans la province où l'on est nommé, ou y résider depuis deux ans, ou y posséder une propriété de ville ou de campagne, ou un revenu foncier qui monte à la moitié du revenu total exigé ci-dessus.

Dans le cas où un même individu serait élu dans deux provinces, il aura le droit d'opter.

Art. 15. Ne pourront être procuradores :

1° Ceux qui se trouveraient sous la poursuite d'un procès criminel ;

2° Ceux qui auraient été condamnés par le tribunal à une peine infamante ;

3° Ceux qui seraient affectés de quelque incapacité physique notoire et continue ;

4° Les négociants déclarés en faillite ou qui auraient suspendu leurs payements

5° Les propriétaires dont les biens sont hypothéqués ;

6° Les débiteurs du trésor public.

Art. 16. Les procuradores entreront en fonctions, en vertu des pouvoirs qui leur auront été expédiés à l'époque de leur élection, et dans les délais que fixera la convocation royale.

Art. 17. La durée des pouvoirs des procuradores sera de trois ans, à moins qu'avant ce terme le roi n'ait dissous les cortès.

Art. 18. Quand on procédera à de nouvelles élections, soit à l'expiration des pouvoirs, soit pour dissolution des cortès, les précédents procuradores pourront être réélus, pourvu qu'ils réunissent toujours les conditions exigées.

TITRE IV.

DE LA RÉUNION DE LA CHAMBRE DES PROCURADORES DU ROYAUME.

Art. 19. Les procuradores se réuniront dans le lieu désigné par la convocation royale.

Art. 20. Le règlement des cortès déterminera le mode et les formes à observer pour la présentation et la vérification des pouvoirs.

Art. 21. Aussitôt que les pouvoirs des procuradores auront été approuvés, ils procéderont à l'élection de cinq d'entre eux, parmi lesquels le roi désignera le président et le vice-président de la chambre.

Art. 22. Les fonctions du président et du vice-président cessent par la dissolution des cortès.

Art. 23. Un règlement déterminera tout ce qui concerne le régime intérieur et le mode de délibération de la chambre des procuradores.

TITRE V.

DISPOSITIONS GÉNÉRALES.

Art. 24. Au roi appartient exclusivement le droit de convoquer, suspendre ou dissoudre les cortès.

Art. 25. Les cortès se réunissent, en vertu d'une convocation royale, dans le lieu indiqué pour ladite convocation.

Art. 26. Le roi procédera à l'ouverture et à la clôture des cortès, soit en personne, soit en déléguant un des ministres secrétaires d'État par un décret spécial contre-signé par le président du conseil des ministres.

Art. 27. En vertu de la loi 5, titre 15, partida 2, les cortès générales du royaume seront convoquées après la mort du roi, pour que son successeur vienne y jurer l'observation des lois et recevoir des cortès le serment d'obéissance et de fidélité.

Art. 28. Les cortès seront également convoquées en vertu de la loi précitée en cas de minorité du prince ou de la princesse qui hériterait de la couronne.

Art. 29. Dans le cas prévu par l'article précédent, les tuteurs du roi mineur jureront devant les cortès de veiller loyalement à la garde du prince, et de ne pas violer les lois de l'État. Ils recevront au nom du roi le serment de fidélité des cortès.

Art. 30. Conformément à la loi 2, titre 7, livre 6 de la *Nueva Recopilacion*, les cortès seront convoquées dans le cas d'un événement grave, dont l'importance, au jugement du roi, exigera qu'elles soient consultées.

Art. 31. Les cortès ne pourront délibérer sur aucun objet qui n'aurait pas été expressément soumis à leur examen en vertu d'un décret royal.

Art. 32. Reste néanmoins confirmé le droit qu'ont toujours exercé les cortès d'adresser des pétitions au roi, ce qui aura lieu selon les formes que déterminera le règlement.

Art. 33. La formation de la loi exige l'approbation des deux chambres et la sanction du roi.

Art. 34. Conformément à la loi 1, titre 7, livre 6 de la *Nueva Recopilacion*, il ne pourra être perçu ni tributs ni contributions d'aucune espèce, sans qu'ils aient été votés par les cortès sur la proposition du roi.

Art. 35. Les contributions ne pourront être imposées que pour le terme de deux années, et avant l'expiration de ce terme elles devront être de nouveau votées par les cortès.

Art. 36. Avant que les cortès votent les contributions il leur sera présenté par les ministres respectifs un rapport où sera exposé l'état de chaque branche de l'administration publique. Le ministre des finances présentera ensuite l'état présumé des dépenses et les moyens d'y faire face.

Art. 37. Le roi pourra suspendre les cortès en vertu d'un décret contre-signé par le président du conseil des ministres; et à la simple lecture de ce décret les deux chambres se sépareront, sans pouvoir ni se réunir plus longtemps ni prendre aucune délibération.

Art. 38. En cas de suspension des cortès, elles ne pourront se réunir qu'en vertu d'une nouvelle convocation.

Art. 39. Au jour désigné par le roi pour une nouvelle réunion des cortès, les mêmes procuradores y viendront siéger, à moins que les trois ans de durée de leurs fonctions ne soient expirées.

Art. 40. Quand le roi dissoudra les cortès, il devra le faire en personne ou par un décret contre-signé par le président du conseil des ministres.

Art. 41. Dans l'un et dans l'autre cas, les deux chambres se sépareront immédiatement.

Art. 42. Dès la prononciation de la dissolution des cortès par le roi la chambre des procuradores ne pourra plus se réunir ni prendre résolution collective qu'en vertu d'une seconde convocation royale.

Art. 43. En cas de dissolution des cortès, les pouvoirs des procuradores expirent de fait. Tout acte ou toute délibération qui aurait lieu postérieurement à la dissolution serait nul de plein droit.

Art. 44. Les cortès, après la dissolution, devront être convoquées dans le terme d'une année.

Art. 45. Toute convocation des cortès comprend la convocation simultanée de l'une et de l'autre chambre.

Art. 46. Une chambre ne pourra être réunie sans que l'autre le soit en même temps.

Art. 47. Chacune des deux chambres tiendra ses séances dans un local séparé.

Art. 48. Les séances des deux chambres seront publiques, excepté pour les cas que déterminera le règlement.

Art. 49. Les *proceres* et les *procuradores* seront inviolables pour les opinions et votes qu'ils auront émis dans l'exercice de leurs fonctions.

Art. 50. Le règlement des cortès déterminera les relations de l'une et de l'autre chambre entre elles et avec le gouvernement.

TRAITÉ DE LA QUADRUPLE ALLIANCE. — LES TROUPES ESPAGNOLES ENTRENT EN PORTUGAL. — CONVENTION D'EVORA-MONTE. — DON MIGUEL ET DON CARLOS SONT FORCÉS DE QUITTER LE PORTUGAL. — DON CARLOS SE REND DANS LES PROVINCES INSURGÉES. — VALDES REMPLACE SAARSFIELD. — IL EST REMPLACÉ PAR QUESADA. — MORT DE LÉOPOLD O'DONNELL.

La présence de don Carlos sur la frontière de Portugal causait de vives inquiétudes au cabinet de Madrid. Il était à craindre que ce prince ne pénétrât en Castille et qu'il ne se dirigeât vers les provinces où sa bannière avait été relevée si courageusement par Zumala-Carregui. Sa présence au milieu de ses partisans eût doublé leur confiance et leur valeur. Une armée commandée par Rodil était à la vérité cantonnée sur la frontière de l'Estrémadure; mais quelle que fût la vigilance de ce général, elle pouvait être mise en défaut. Le gouvernement avait donc le plus grand intérêt à terminer promptement les affaires de Portugal. Il transmit à Rodil l'ordre de passer la frontière, de seconder de tout son pouvoir la cause de doña Maria, et de tâcher en même temps de s'emparer de la personne de don Carlos.

Les puissances qui avaient reconnu la reine d'Espagne ne pouvaient rester spectatrices impassibles des troubles qui agitaient la Péninsule. Elles résolurent d'y mettre un terme, et le 22 avril 1834 un traité fut conclu entre don Pédro, agissant au nom de sa fille, avec l'Angleterre, la France et la reine d'Espagne. Par cette quadruple alliance, don Pedro prit l'engagement d'employer tous les moyens qui seraient en son pouvoir pour faire sortir de Portugal l'infant don Carlos. De son côté, la reine régente d'Espagne s'obligea à faire entrer en Portugal le nombre des troupes espagnoles qui serait jugé nécessaire pour contraindre don Miguel et don Carlos à quitter la Péninsule. L'Angleterre promit le secours d'une force navale. Enfin la France s'engagea, dans le cas où son concours serait jugé nécessaire, à fournir les secours que ses alliés détermineraient d'un commun accord.

Les ratifications de ce traité furent échangées le 30 avril, et quelques mois plus tard, le 18 août, des articles additionnels furent signés : le roi des Français s'engagea à prendre, sur toute la frontière des Pyrénées, des mesures nécessaires pour empêcher l'introduction en Espagne d'armes, de munitions, ou d'équipements militaires destinés aux carlistes. L'Angleterre promit également le secours de sa marine pour empêcher que de semblables secours ne leur fussent portés par mer. L'effet de cette convention ne se fit pas longtemps attendre. Deux mois ne s'étaient pas écoulés que don Miguel, pressé par les troupes combinées de Rodil et de dona Maria, se vit, le 26 mai, obligé de signer à Evora-Monte un traité par lequel il s'engageait à sortir du Portugal dans l'espace de quinze jours. Don Carlos, vivement poursuivi par les troupes espagnoles, avait été sur le point de tomber entre leurs mains. Il ne leur avait échappé qu'avec beaucoup de peine, ses équipages avaient été pris. Lors du traité d'Evora, il était dans cette ville, et il fit tous ses efforts pour empêcher que don Miguel le signât. Il fut d'avis que ce prince devait s'enfermer dans Yelvas à la tête d'une partie de ses troupes, tandis que lui-même, à la tête du reste de l'armée miguéliste, pénétrerait en Andalousie. Il supposait qu'à son approche toutes les populations se soulèveraient en sa faveur. Il comptait marcher sur Madrid à la tête d'un concours immense de partisans ; puis quand il aurait ainsi reconquis sa couronne, il reviendrait donner secours et assistance à don Miguel. Mais celui-ci considéra comme complètement chimériques les espérances de don Carlos, qui de cette manière se vit contraint à se conformer à la nécessité et à s'embarquer pour l'Angleterre sur *le Donegal*. Il entra le 12 juin dans la rade de Portsmouth, et se rendit aussitôt à Londres. Il n'y séjourna que le temps nécessaire pour négocier un emprunt, et le 2 juillet il s'embarqua pour la France ; il traversa ce royaume et gagna la frontière de Biscaye. Il était accompagné par un Français nommé Auguet de Saint-Silvain, et ils voyageaient avec des passe-ports délivrés au nom d'Alphonse Saez, commerçant, et de Thomas Saubot, propriétaire de l'île de la Trinité. Ils arrivèrent en Biscaye le 9 juillet ; mais le gouvernement espagnol se refusa quelque temps à croire à la réalité de la présence de don Carlos dans les provinces insurgées. Après tout, dit Martinez de la Rosa, don Carlos en Navarre ne change rien aux affaires. Ce n'est qu'un factieux de plus. Néanmoins la présence de ce factieux doubla la force et l'audace de ses défenseurs. Lorsque don Carlos arriva, l'insurrection s'était relevée des premiers échecs qu'elle avait éprouvés. Zumala-Carregui avait rassemblé et organisé les débris de l'armée dissipée par Saarsfield. Il avait recueilli dans les provinces basques des fusils et des cartouches. Le général Bruno Villareal lui avait conduit le premier bataillon d'Alava, qu'il commandait et qu'il avait su garder réuni. Le lieutenant-colonel don J. Vicente Amusquivar, resté à la tête de quarante ou cinquante cavaliers, était également venu se ranger sous les ordres de Zumala-Carregui. Don Iñazio Lardizabal, ancien capitaine des gardes espagnoles, qui se trouvait à la tête des volontaires royalistes de Guipuzcoa, parvint à retenir un millier d'hommes, qu'il conduisit également à Zumala-Carregui, et toutes ces forces bien disciplinées formèrent une armée capable non-seulement de résister aux troupes de la reine, mais aussi de leur arracher la victoire. Les limites de cet ouvrage ne permettent pas d'entrer dans le détail de tous les faits de cette guerre. D'ailleurs ce récit continuel de manœuvres et de contre-marches présenterait peu d'intérêt ; mais pour comprendre la durée de cette lutte, il faut connaître le pays où elle avait lieu. Ce n'est qu'un réseau continuel de montagnes et de collines, un véritable labyrinthe de vallées longues, étroites, sinueuses, de profondes excavations, de rocs sauvages et gigantesques [1]. « Souvent il y a plusieurs routes qui conduisent d'une vallée à une autre, et quelquefois, en raison des obstacles naturels du terrain, les distances sont doublées par les détours. Ces distances sont augmentées encore par d'innombrables défilés qui traversent les montagnes et qui sont souvent si étroits, qu'en étendant

---

[1] Henningsen, *Mém. sur. Zumala-Carregui.*

les bras, on touche les rocs des deux côtés ; entre ces rocs se trouve souvent aussi une ravine profonde de plusieurs centaines de pieds, au fond de laquelle mugit un torrent.

« D'un village souvent divisé en hameaux à un autre village, la distance est ordinairement de cinq à douze milles ; mais presque toujours vous rencontrez de formidables défilés et de profonds précipices.

« Dans l'hiver, les marches qui ont été taillées dans le roc vif se remplissent de boue que les pluies y ont amoncelées, et forment de distance en distance des bourbiers qui gênent péniblement le voyageur dans sa marche. Pendant l'été vous retrouvez à ces mêmes places des trous ou des aspérités en sorte qu'à chaque instant le fer des mulets ou des chevaux touche le roc à nu et y glisse. Des hommes qui doivent traverser un tel terrain, particulièrement s'ils ont à porter le bagage des troupes régulières, sont bientôt harassés par la plus courte marche ; tandis que les habitants du pays vont à travers les bois et les ravins courant comme le chamois et le renard, pouvant toujours vous renverser, sans avoir pour eux la crainte du même sort. Puis, dans quelques autres endroits, le pays est tellement couvert, que la troupe qui y pénètre n'a aucune idée, aucun indice de la proximité de l'ennemi, tandis que celui-ci a pour l'avertir ses espions et ses guérillas. Les assiégeants ne peuvent détacher des hommes pour aller à la découverte, parce que, à quelques centaines de pieds du corps principal, ils peuvent toujours être pris ou tués, quelque route qu'ils suivent. Le guérilléro, au contraire, a toujours le temps d'en prendre une autre et même de la quitter s'il est poursuivi, l'ennemi étant bientôt épuisé par cette chasse, sans pouvoir se reposer dans des localités où il est également incommode et périlleux de camper ou de cantonner. »

Ajoutez à ces difficultés naturelles, que les carlistes avaient pour eux le dévouement de presque toutes les populations des campagnes. Partout ils trouvaient un abri et des secours ; les libéraux ne rencontraient que des ennemis. Les carlistes pouvaient transmettre des ordres et des instructions d'une manière beaucoup plus rapide que leurs adversaires. Dans ces chemins étroits et sinueux, il est fort difficile d'expédier des courriers à cheval, tandis que les habitants, accoutumés aux difficultés du pays, traversent le terrain comme une flèche, sans qu'un mauvais pas les arrête. De son côté, l'armée carliste avait aussi à lutter contre des obstacles presque insurmontables. D'abord le manque d'argent, ensuite celui de munitions. Le général Harispe, commandant les troupes françaises établies sur la frontière des Pyrénées, faisait si bonne garde qu'il était presque impossible aux carlistes de se procurer des armes et des munitions. Zumala-Carregui ne pouvait le plus souvent distribuer à ses soldats qu'un nombre insuffisant de cartouches, et il était obligé, faute de munitions, de battre en retraite lorsqu'il tenait déjà la victoire ; ou bien il était forcé de renoncer aux occasions les plus avantageuses. Dans le commencement, ses soldats, moins bien armés et moins bien organisés que ceux de la reine, ne pouvaient pas tenir contre ceux-ci ; mais Zumala-Carregui se gardait bien de livrer des batailles. Il attaquait les détachements isolés quand il avait l'avantage du nombre et de la position ; autrement il se retirait, et l'armée royale s'épuisait à le poursuivre sans pouvoir obtenir contre lui aucun avantage décisif. On attribua ce mauvais succès à la mollesse que Saarsfield mettait à poursuivre les carlistes. Le commandement lui fut retiré. Valdès, qui lui succéda, ne fut pas plus heureux que lui. Au reste, on ne lui laissa pas le temps d'agir utilement. Don Vincente Jenaro Quesada, marquis de Moncayo, qui en 1823 avait fait la guerre en Navarre, connaissait parfaitement le pays. Presque tous les officiers dont l'armée carliste se composait avaient combattu sous ses ordres ; aussi s'exagérant l'ascendant qu'il exercerait sur leur esprit, il demanda et obtint le commandement de l'armée du Nord. Avant de commencer la guerre, il voulut essayer de pacifier le pays par des négociations. Il commença par écrire en ces termes à Zumala-Carregui :

Quartier général d'Estella, 26 février 1834.
Mon estimé Zumala-Carregui, quand je vous ai écrit ma dernière par la main d'Uriz, j'étais

sur le point de sortir de Logroño pour rentrer dans les provinces dont j'avais le commandement ; mais l'avant-veille du jour où je devais me mettre en route, un courrier extraordinaire est venu m'annoncer que j'ai été nommé vice-roi et capitaine général de la Navarre et des provinces Basques. On m'a confié en même temps le commandement de l'armée par suite de la démission qu'a donnée Valdès à raison de sa santé. Mon devoir me force à obéir, et mon affection pour mes anciens compagnons d'armes m'engage à leur présenter l'olivier de la paix avant de les menacer de l'épée. Il me serait bien dur d'en arriver à cette dernière extrémité ; mais j'éprouve une certaine satisfaction à me persuader que vous, aussi bien que mes autres compagnons, céderez à la voix de l'amitié et à celle de la raison. Je veux vous délivrer de la mauvaise position où vous vous trouvez. Je ne veux en aucune manière vous mortifier. Ayez confiance en ma générosité, et ni vous ni vos compagnons n'aurez à vous en repentir.

Vidando et Eraso iront vous voir. Ils vous remettront une lettre de votre frère, qui, vous portant le plus vif intérêt, est venu me voir, comme il vous le dira.

Si vous et vos compagnons êtes disposés à m'écouter et à entendre la raison, soyez bien persuadés de l'affection et de l'intérêt que je conserve pour des hommes qui, à une autre époque, ont été mes compagnons. Si vous voulez que je vous donne une preuve de ma confiance, je me présenterai en personne et seul pour vous entretenir, et je donnerai immédiatement l'ordre aux divisions qui opèrent en Navarre pour qu'elles ne sortent pas de leurs positions, pourvu que de votre côté vous restiez également tranquille ; cependant tout doit avoir lieu très-promptement ; car je ne puis pas me compromettre vis-à-vis du gouvernement et vis-à-vis de la nation.

Je vous souhaite mille félicités. Votre très-affectueux,

VINCENT QUESADA.

Zumala répondit qu'il ne pouvait rien faire sans avoir réuni les principaux chefs de l'armée ainsi que la junte de Navarre. Plusieurs lettres furent échangées, et Quesada ayant reproché à Zumala-Carregui de chercher uniquement à gagner du temps, celui-ci, après avoir consulté la junte qu'il avait réunie, répondit que tous ses officiers aussi bien que lui étaient disposés à vaincre ou à mourir en soutenant les droits sacrés et légitimes du roi don Carlos V de Castille et VIII de Navarre ; qu'il pouvait donc commencer immédiatement les opérations et réclamer le secours de la France.

« Mais soyez bien persuadé, disait-il en
« terminant, que les maux que vous vous
« proposez de causer à ce royaume ne
« serviront qu'à vous donner un odieux
« renom ; et qu'à mesure que vous exer-
« cerez plus de rigueur, en même temps
« le nombre de vos ennemis s'accroîtra. »

Cette réponse porte la date du 7 mars 1834. Aussitôt que le vice-roi l'eut reçue, il commença la guerre, mais sans plus de succès que ses prédécesseurs. La première affaire sérieuse eut lieu le 2 mai. Quesada, qui suivait la route de Vitoria à Pampelune pour conduire dans cette ville un convoi d'argent, de malades et d'effets d'équipement, fut attaqué par les carlistes auprès du village d'Alzazua, dans la vallée de la Borunda. Il aurait peut-être pu continuer à s'avancer par le grand chemin ; mais, craignant d'exposer le convoi qu'il conduisait, il se jeta sur la gauche pour gagner la route de Segura, qui traverse d'abord un bois épais, et qui serpente ensuite entre des montagnes et des précipices. Les carlistes poursuivirent avec vivacité l'arrière-garde de Quesada. La perte des deux côtés fut assez considérable : le capitaine don Léopold O'Donnell, fils unique du comte del Abisbal, tomba entre les mains des carlistes. Il fut entouré par eux au moment où il cherchait à rallier ses soldats. La guerre avait pris un caractère de férocité qui déshonore également les deux partis : on égorgeait froidement les blessés qui restaient sur le champ de bataille ; ni d'un côté ni de l'autre les prisonniers ne devaient espérer de pitié. Le lendemain les carlistes fusillèrent O'Donnel et cinq officiers qui avaient été pris en même temps que lui. Il n'est pas d'expression pour peindre les horreurs commises pendant cette période de massacres et d'assassinats. Quelques scènes de carnage que puisse inventer l'imagination la plus terrible, elles resteront encore bien au-dessous de la réalité.

ÉLECTION DES DÉPUTÉS. — M. DE TORENO ENTRE AU MINISTÈRE. — LE CHOLÉRA DÉSOLE MADRID. — MASSACRE DES MOINES. — RÉUNION DES CORTÈS. — DON CARLOS EST DÉCLARÉ DÉCHU DE TOUT DROIT A LA COURONNE. — PÉTITION DES DÉPUTÉS.

Le statuto réal fut promulgué le 12 juin ; en même temps les cortès générales du royaume furent convoquées pour le 24 juillet. Un décret royal du 29 mai avait déterminé la manière dont l'élection devait avoir lieu. Le premier titre traitait des juntes électorales de district (partido).

Le 20 juin une assemblée électorale devait se réunir au chef-lieu de chaque district. Elle devait se composer de tous les membres de la municipalité, auxquels était adjoint un nombre égal des plus forts contribuables. Cette réunion nommait deux électeurs par chaque district, et la réunion de ces électeurs formait le collége électoral de la province, dont s'occupait le second titre du décret. Ce collége se réunissait au chef-lieu de la province avec les formalités prescrites, et après avoir prêté serment il nommait les députés. Le nombre que chaque collége devait élire était proportionnel au chiffre de la population. L'Alava, Santiago de Cuba, Puerto-Principe, nommaient chacun un député ; Avila, Guadalajara, la Guipuscoa, Huelva, Lerida, Logroño, Palencia, Santander, Ségovie, Soria, la Biscaye, Zamora, la Havane, Puerto-Rico et les îles Philippines en nommaient deux.

Albacete, Almeria, Burgos, Caceres, Castellon de la Plana, Girone, Huesca, la Navarre, Salamanque, Tarragone, Teruel, Valladolid et les îles Baléares, trois.

Ciudad-Real, Jaen, Léon, Murcie et Tolède, quatre.

Badajoz, Cadix, Cordoue, Cuenca, Lugo, Madrid, Orense, Ponte-Vedra et Saragosse, cinq.

Alicante, Barcelone, la Corogne, Grenade, Malaga, Oviedo, Séville et Valence en nommaient six ; ce qui produisait un total de cent quatre-vingt-huit députés.

Le ministère qui présida à ces élections n'était déjà plus celui qui avait signé le *statut royal*.

L'opinion publique avait appelé au pouvoir M. le comte de Toreno. Il avait reçu l'administration des finances en remplacement de don José de Imas. Favier de Burgos avait eu pour successeur à l'intérieur don José Maria de Moscoso d'Altamira. Les jours qui suivirent la nomination de M. de Toreno furent marqués par de déplorables événements. Le choléra-morbus avait parcouru plusieurs provinces de la Péninsule. Partout il avait laissé d'épouvantables traces de son passage. Vers le milieu du mois de juillet le fléau vint fondre sur la capitale, et sévit avec une effrayante intensité. De même que cela avait eu lieu à Paris, l'opinion se répandit, parmi la classe ignorante de la population, que ces morts presque subites n'étaient pas le résultat d'une maladie, mais l'effet du poison. Il y a cela de remarquable que le peuple religieux de Madrid fit porter ses soupçons sur les moines. Il les accusa d'avoir empoisonné l'eau des fontaines. Dans la journée du 17 on arrêta, à la fontaine de la Puerta del Sol, un jeune homme sur lequel on prétendit avoir trouvé quelques paquets de la poudre employée par les empoisonneurs. Cette supposition acheva de soulever les esprits. Des groupes se formèrent de divers côtés. La populace se porta au collége des jésuites, situé dans la rue de Tolède ; elle força les portes, et massacra tous les religieux qui tombèrent entre ses mains. Elle courut ensuite au couvent de Saint-Thomas, à celui de Saint-François, à celui des pères de la Merci ; et les bourreaux y commirent les mêmes crimes. La milice urbaine, rassemblée à la hâte, accourut trop tard pour empêcher ces assassinats ; mais au moins elle empêcha de nouveaux malheurs.

Ce fut sous de si funestes auspices que s'inaugura la représentation nationale. La séance d'ouverture eut lieu le 24 juillet, au palais du Buen-Retiro. Après que la reine Christine eut achevé la lecture du discours d'ouverture, l'archevêque de Sigüenza, patriarche des Indes, accompagné des présidents des deux chambres, s'approcha du trône et reçut le serment de la reine. Le même serment fut ensuite prêté par l'infant don François de Paule, et ensuite par les députés et par les proceres.

Les finances, dont l'état était déplorable, attirèrent d'abord l'attention des chambres. Dans leur séance du 31 août les députés abolirent de nouveau le vœu de Saint-Jacques ; mais la mesure la plus importante votée par eux fut la loi qui déclare don Carlos déchu de tous les droits éventuels qu'il pouvait avoir à la couronne d'Espagne. Elle se réduisait aux termes suivants :

Art. 1er. L'infant don Carlos Maria Isidro de Bourbon et toute sa descendance sont déchus du droit de succéder à la couronne d'Espagne.

Art. 2. L'entrée du territoire espagnol est interdite à l'infant don Carlos Maria Isidro de Bourbon et à toute sa descendance.

Aux termes du statut royal, les cortès n'avaient pas l'initiative des lois ; leur droit se bornait à réclamer du gouvernement les dispositions légales qu'elles jugeaient nécessaires. Voici la plus importante des pétitions adressées à la couronne par la Chambre des députés :

Les députés du royaume demandent à votre majesté de sanctionner comme base de notre droit le projet suivant :

Art. 1er. La loi protège et assure la liberté individuelle.

Art. 2. Tous les Espagnols peuvent publier leurs pensées par la presse sans être soumis à aucune censure préventive, mais en se conformant aux lois qui répriment les abus.

Art. 3. Aucun Espagnol ne peut être poursuivi, pris, arrêté ni éloigné de son domicile, si ce n'est dans les cas prévus par la loi, et dans la forme qu'elle prescrit.

Art. 4. La loi n'a pas d'effet rétroactif, et nul Espagnol ne sera jugé par des commissions, mais seulement par des tribunaux établis conformément à la loi, et antérieurement à la perpétration du délit.

Art. 5. Le domicile d'aucun Espagnol ne peut être violé, si ce n'est dans les cas et avec la forme que la loi détermine ou qu'elle déterminera.

Art. 6. Tous les Espagnols sont égaux devant la loi.

Art. 7. Tous les Espagnols sont également admissibles à tous les emplois de l'État, et tous doivent supporter également les charges du service public.

Art. 8. Tous les Espagnols sont dans l'obligation de payer les contributions votées par les cortès.

Art. 9. La propriété est inviolable ; néanmoins elle est assujettie : 1° à être cédée à l'État quand cela est nécessaire pour quelque objet d'utilité publique et moyennant une indemnité préalable déterminée par l'appréciation de jurés (*buenos hombres*) ; 2° à être saisie par suite des peines légalement imposées ou des condamnations prononcées par sentence légitimement exécutoire. La confiscation de biens est abolie.

Art. 10. L'autorité ou le fonctionnaire public qui portera atteinte à la liberté individuelle, à la sûreté personnelle ou à la propriété, sera responsable conformément aux lois.

Art. 11. Les ministres sont responsables pour les infractions aux lois fondamentales et pour les crimes de trahison.

Art. 12. Il sera institué une garde nationale pour la conservation de l'ordre public et pour la défense des lois. Son organisation sera l'objet d'une loi.

Peut-être le gouvernement eût-il puisé quelque force dans l'adoption de ce programme politique ; mais les ministres craignirent de s'engager dans une voie trop libérale. Plusieurs de ces propositions ne furent pas converties en lois, et les autres furent complétement dénaturées.

SUITE DE LA GUERRE CIVILE. — RODIL SUCCÈDE A QUESADA. — IL EST SUR LE POINT DE PRENDRE DON CARLOS. — MINA SUCCÈDE A RODIL. — AFFAIRE D'ALEGRIA. — ARTILLERIE DES CARLISTES. — DÉMISSION DE MINA. — CHANGEMENTS DANS LE MINISTÈRE. — VALDÈS SUCCÈDE A MINA. — TRAITÉ POUR L'ÉCHANGE DES PRISONNIERS. — NOUVEAUX CHANGEMENTS DANS LE MINISTÈRE. — SIÉGE DE BILBAO. — MORT DE ZUMALA-CARREGUI.

La guerre civile continuait dans les provinces du nord avec le même acharnement. L'influence que le général Quesada s'était flatté d'exercer sur les chefs de l'insurrection et sur les populations de la Navarre s'était réduite à rien ; ses tentatives de conciliation avaient avorté. L'emploi des armes ne lui avait pas été plus profitable ; on songea donc bientôt à lui donner un successeur. Don José Ramon Rodil avait déployé beaucoup d'activité dans la guerre de Portugal. Il avait puissamment contribué à la terminer heureusement. Son zèle pour la cause libérale n'était pas douteux : il fut donc chargé de conduire dans les provinces du nord l'armée qui venait de vaincre en Portugal. Pour se rendre sur les bords de l'Èbre, il fallait qu'elle traversât Madrid. Elle séjourna quelques jours dans la capitale, et fut passée en revue par la reine Christine. Ces troupes, jointes aux régiments qui étaient déjà employés dans les provinces du nord, formaient une force imposante; aussi on ne douta pas que cette fois l'insurrection ne fût enfin étouffée. Rodil arriva avec son armée à Logroño, dans les premiers jours de juillet. Il n'avait pas encore passé l'Èbre, lorsque le bruit se répandit que don Carlos venait d'entrer dans les provinces insurgées. On traita d'abord cette nouvelle d'invention mensongère; cependant il fallut bientôt reconnaître qu'elle était une vérité.

Pour restreindre le territoire où les factieux pouvaient agir et pour assurer sa ligne d'opération, Rodil commença par établir un grand nombre de postes fortifiés. Ce fut une de ses principales préoccupations. Ensuite il pensa que, s'il parvenait à s'emparer de la personne du prétendant, il mettrait fin tout d'un coup aux dépenses et aux ravages de la guerre. Don Carlos et Zumala-Carregui s'étaient séparés. Le général avec son armée était resté en Navarre. Le prétendant, accompagné seulement de quelques hommes, était passé dans les provinces basques. Rodil se mit à sa poursuite comme le chasseur s'attache à la poursuite du gibier. Mais il accabla inutilement ses troupes de marches et de fatigues sans résultat. On n'a pas épargné les reproches et les sarcasmes à ses tentatives infructueuses. Cependant il faut avouer qu'il fut bien près de réussir. Dans la nuit du 24 au 25 septembre, Rodil, Oraa et Lorenzo avaient cerné le prétendant entre les montagnes de Saldias et de Goa; Rodil était tellement certain du succès, qu'il écrivit que tout était fini, et qu'il tenait le prétendant comme dans un sac. Mais au moment où le général cristino expédiait cette dépêche, le prétendant, au milieu de la nuit, sortait de la cabane d'un berger qui l'avait caché pendant quelques heures. Il avait pour guide un paysan navarrais, Juan-Bautista Esain, né dans le village de Larrainzar. Déjà ils entendaient autour d'eux les pas des soldats de la reine; à chaque instant le bruit se rapprochait davantage. Pour comble de malheur, les chemins étaient impraticables, et don Carlos ne pouvait plus avancer. Alors Esain, accoutumé dès son enfance à gravir les montagnes, prit don Carlos sur ses épaules. Chargé de ce fardeau, il poursuivit sa marche à travers les obstacles; sur le bord des précipices, il s'avançait d'un pied sûr. « Roi, ne crains rien, disait-il sans cesse; je te sauverai, » et il allait toujours, jusqu'à ce qu'ayant ainsi porté don Carlos pendant plus de trois quarts d'heure, au milieu des ennemis qu'on entendait toujours à portée de pistolet, ils arrivèrent enfin dans un lieu plus sûr [1].

Il y avait à peine deux mois que Rodil avait passé l'Èbre, lorsque le 22 septembre un décret royal décida que l'armée du Nord serait divisée en deux corps indépendants, l'un destiné à opérer dans la Navarre, l'autre dans les provinces basques. Le commandement du premier fut donné au lieutenant général don Francisco Espoz y Mina; l'autre fut placé sous la conduite du maréchal de camp don Joaquin de Osma.

A la même époque un changement eut également lieu dans le cabinet. Le ministre de la guerre Remon Zarco del Valle fut remplacé par le lieutenant général Manuel Llauder, marquis del Valle de Rivas, qui était, comme on l'a vu, capitaine général de la Catalogne. Quant à Rodil on lui rendit le commandement de la capitainerie générale de l'Estremadure.

On espéra que ces changements feraient prendre un autre tour à la guerre; qu'elle arriverait promptement à sa conclusion. On comptait sur le génie de Mina; car en Espagne il n'était pas dans le parti libéral de nom plus populaire que le sien. On aimait à rappeler la lutte qu'il avait soutenue contre les troupes impériales. Sa campagne de Catalogne contre l'armée d'intervention n'était pas non plus sans quelque gloire, et l'on crut avoir trouvé un général dont la fortune ne pâlirait pas devant l'étoile de Zumala-Carregui. Mais ici les rôles étaient changés : Mina à la tête d'une armée régulière, ayant contre lui presque toutes les populations de la Navarre, se trouvait placé vis-à-vis de Zumala-Carregui dans la même position où les troupes de Bo-

---

[1] *Don Carlos et ses défenseurs*, par M. Isidore Magués; un vol. in-4°; Paris, 1837.

naparte s'étaient trouvées à son égard. Aucune des difficultés qu'avaient rencontrées ses prédécesseurs ne s'aplanirent pour lui. Il avait à combattre un adversaire jeune, actif, qui, fils du pays et chasseur intrépide, connaissait jusqu'au moindre buisson de la Borunda et de l'Araquil. La santé de Mina était délabrée. Lorsqu'il fut nommé général de l'armée de Navarre, il était encore réfugié en France dans le petit village de Cambo, à trois lieues de Bayonne, et il passait la plus grande partie du temps dans son lit, où il était retenu par la maladie. Il était forcé de se faire suivre dans ses marches par deux ânesses dont le lait lui était nécessaire. Il avait fait construire une espèce de capuchon en forme de capote de cabriolet, qui, lorsqu'il montait sur sa mule, couvrait toute sa personne, ne lui laissant de vue que par une petite ouverture placée devant lui. On comprend que les souffrances physiques avaient dû lui enlever beaucoup de cette activité à laquelle jadis il avait dû ses triomphes.

Quant au général Osma, les premiers jours de son commandement furent signalés par un désastre. Zumala, ayant appris qu'une division composée de quelques bataillons du régiment d'Afrique et du régiment de la reine avec deux pièces de canon, commandée par O'Doyle, se trouvait à Alegria, à peu de distance de Vitoria, fit une marche rapide et vint, le 27 octobre au matin, attaquer O'Doyle, qui croyait encore l'armée carliste sur les bords de l'Èbre. Le combat fut désastreux pour les troupes de la reine. Pendant qu'O'Doyle combattait contre Zumala-Carregui, il se vit attaqué sur ses derrières par une colonne de cinq bataillons carlistes commandés par Ituralde, et fut bientôt mis en déroute. Toute sa division fut détruite. Quatre cents hommes seulement se réfugièrent dans quelques maisons du bourg d'Aricta et s'y fortifièrent; mais tout le reste du détachement fut massacré. Les deux pièces de canon et un drapeau tombèrent entre les mains des vainqueurs. O'Doyle, son frère et un capitaine se trouvèrent au nombre des prisonniers, et furent impitoyablement fusillés.

Le lendemain, 28, le général Osma sortit lui-même de Vitoria à la tête de quatre mille hommes et de quatre pièces de canon. Il s'avança pour dégager les quatre cents hommes réfugiés dans Aricta, et fut attaqué par les carlistes. Ceux-ci, fiers de leur victoire de la veille, avaient encore l'avantage du nombre. Osma perdit beaucoup de monde et ne parvint qu'avec bien de la peine à délivrer les hommes qu'il venait secourir. Il fut poursuivi jusqu'aux portes de Vitoria par Zumala-Carregui. Les efforts de sa cavalerie et de son artillerie, qui se comportèrent à merveille, empêchèrent que cet échec ne devînt une déroute complète.

Dans ces deux journées, les carlistes avaient fait un grand nombre de prisonniers. Peut-être y a-t-il un peu d'exagération dans le chiffre de sept cent quatre-vingts que donne Henningzen; mais en réalité il était assez considérable pour causer de l'embarras au vainqueur; aussi ordonna-t-il froidement d'en égorger une partie. Voici comment ce fait est raconté par l'auteur que je viens de citer [1]:

« Dans la nuit du 28, lorsque, après la victoire, nous nous retirions en deux divisions, il survint une de ces circonstances difficiles sans doute à prévenir dans les fureurs d'une guerre civile, mais qui n'en sont pas moins déplorables, et dont le récit glace le sang. Zumala, comme je l'ai dit, durant le jour et dans le fort de l'action, avait ordonné de faire quartier. Déjà la marche pour la retraite avait été ordonnée, et six cents prisonniers ainsi épargnés, renvoyés sur les derrières de l'armée. Plus tard ceux des nôtres qui s'étaient engagés dans la poursuite revinrent, amenant avec eux environ cent quatre-vingts nouveaux prisonniers, qu'ils avaient pris sous les murs de Vitoria, et qui avaient été laissés sous bonne garde dans la montagne. La nuit venue, le capitaine de la compagnie qui en avait été chargé, n'ayant pu rassembler que trente hommes des siens pour garder ces prisonniers, se trouva fort embarrassé pour remplir cette mission dans la petite route rocailleuse qu'il avait à suivre et qui était bordée de chaque côté par des broussailles. Deux de ces prisonniers étaient déjà parvenus à s'échapper; il envoya prendre les ordres de Zumala, en lui faisant dire

---

[1] Henningzen, *Mémoires sur Zumala-Carregui*, 1er vol., p. 365.

qu'avec une troupe qui n'était que de trente hommes il ne pouvait répondre de tous ces prisonniers. « Prenez des cordes et enchaînez-les, » répondit le général. On lui représenta que les villages étaient abandonnés et qu'on en avait cherché en vain. « Alors mettez-les à mort, passez-les par les armes, » répliqua Zumala dans un premier mouvement de colère et d'impatience; et le cavalier d'ordonnance emporta cette réponse. Mais lorsqu'on y eut réfléchi plus mûrement, on envoya immédiatement après cette ordonnance un aide de camp, pour faire dire au capitaine qu'il fît bien attention de ne pas alarmer la division d'Ituralde par des coups de feu qu'occasionnerait l'exécution de cet ordre. Mais le capitaine, qui était un vieux Navarrais de l'école de Mina, aussitôt l'ordre reçu, commanda à un sergent et à seize soldats de mettre la baïonnette au bout du fusil et de charger au milieu de ces malheureux prisonniers, qui furent tous misérablement massacrés. »

Zumala-Carrégui avait pris deux canons à l'affaire d'Alegria; mais il était fort embarrassé pour s'en servir. Il manquait d'artilleurs, et n'avait pas dans son armée un officier capable d'organiser cette arme spéciale, lorsqu'un ancien élève de l'école d'artillerie espagnole, nommé Vincente Reyna, qui à la mort de Ferdinand était lieutenant dans l'artillerie de la garde, vint lui offrir ses services.

L'armée carliste avait, en tout, à cette époque trois pièces de montagne, tellement légères et d'un si petit calibre, qu'on les transportait à dos de mulet : deux avaient appartenu à la division O'Doyle; la troisième avait été trouvée par les insurgés dans la fabrique royale d'Orbayceta. Le reste de leur matériel consistait en une certaine quantité de boulets et de projectiles creux fondus dans la même fabrique et dont ils s'étaient emparés quand elle s'était rendue à eux. Bien que Zumala-Carrégui ne sût pas encore quel parti il pourrait en tirer, il les avait fait enlever et les avait fait conduire en grand secret au fond des montagnes voisines, et en avait fait plusieurs dépôts dans les endroits les plus épais et les plus retirés, de manière à les soustraire aux recherches des cristinos.

Reyna fit la visite de ces dépôts, et il résulta de son examen qu'il y avait des grenades de sept pouces (0^{m}162), quelques bombes de 14 (0^{m}324), des boulets de 12, et 11,000 boulets de 18^r. Pour tirer parti de ces projectiles il fallait des armes. Cette difficulté n'arrêta pas Reyna, et il entreprit de fondre des obusiers. Il fit enlever de tous les villages des environs les braseros, les poêlons, les bassinoires, et tous les ustensiles de cuivre qu'on put trouver. Cependant il ne parvint pas à rassembler une quantité de métal suffisante, et fut forcé de joindre les trois canons de montagne à ce qu'il avait réuni.

Il s'installa dans une forge située au milieu des bois qui avoisinent le village de Labayen. Comme il manquait des instruments les plus indispensables, et qu'il était d'ailleurs fort inexpérimenté dans l'art du fondeur, ce ne fut qu'à force d'essais et de persévérance qu'il parvint à faire deux obusiers et deux mortiers qui, grossiers à l'extérieur, étaient cependant susceptibles de remplir l'objet qu'on se proposait. Quand Zumala-Carrégui se vit en possession d'armes capables de lancer des projectiles creux, il voulut aussi se procurer une pièce de siège. Ayant appris qu'on avait découvert en Biscaye, sur le bord de la mer, un vieux canon de fonte, il le fit examiner; et dès qu'on eut reconnu que cette pièce était du calibre de 12, il donna l'ordre de la conduire en Navarre. A cet effet, on construisit un char; on y plaça le canon, qui fut traîné par six paires de bœufs. Ce fut avec bien de la peine qu'on parvint à le transporter : car toutes les routes praticables pour les voitures étaient occupées par les troupes de la reine, dont les colonnes sillonnaient le pays. Quand les soldats de Zumala-Carrégui virent cet énorme canon si vieux et si couvert de rouille, ils le surnommèrent le Grand-père (el abuelo), et ce nom lui est resté.

Ce fut devant Elisondo que Zumala-Carrégui fit pour la première fois usage de son artillerie. Mais quoiqu'elle eût fait beaucoup de ravage dans la place qu'il attaquait, il ne lui fut pas possible

[1] *Vida y hechos de Zumala-Carregui*, par Zaratiegui; Paris, 1845, un vol. in-8°.

d'atteindre le but qu'il se proposait. Le général Oraa vint à la tête de trois mille hommes faire lever le siége; et Mina lui-même ne tarda pas à pénétrer dans le Bastan avec le reste de ses forces. Les carlistes furent obligés de se retirer, et Reyna enfouit l'artillerie dans le val de Lang. C'est ainsi que Zumala-Carregui procéda constamment. La principale qualité de son armée était une excessive mobilité. La nécessité de traîner de l'artillerie eût entravé sa marche. Aussi lorsqu'il se remettait en route, il enterrait ses canons, et ne venait les reprendre que lorsqu'il en avait besoin pour agir contre quelque poste fortifié.

Mina avait trop d'expérience et connaissait trop bien le pays pour ignorer combien il était difficile de remuer un équipage de siége dans les montagnes, même en employant pour le voiturer les chars à bœufs en usage dans le pays. Il était donc certain que l'artillerie qui avait servi contre Elisondo ne pouvait être bien loin; néanmoins, toutes ses démarches et tous ses efforts pour la découvrir restèrent inutiles; pendant qu'il la cherchait auprès d'Elisondo, Zumala-Carregui avait fait déterrer le *grand-père* et un obusier, et les avait fait conduire devant los Arcos. Il ne put pas se rendre maître de cette ville le premier jour; mais pendant la nuit elle fut abandonnée par les troupes de la reine. Les carlistes y entrèrent le lendemain matin; ils y trouvèrent cinq cents fusils neufs, des munitions et une grande quantité d'effets d'habillement.

Mina resta dans le Bastan jusqu'à la fin de février pour y recevoir un convoi de 1,300,000 francs d'argent, d'armes, de munitions et de dix voitures chargées d'effets qui lui étaient envoyées de France. A peine fut-il de retour à Pampelune, que Zumala-Carregui vint de nouveau remettre le siége devant Elisondo. Mina accourut en toute hâte dans le Bastan bien déterminé cette fois à ne pas en sortir qu'il ne se fût rendu maître de l'artillerie des carlistes. Pensant que plusieurs des habitants de Lecaroz devaient connaître l'endroit où l'artillerie était cachée, puisqu'ils demeurent à peine à une portée de canon d'Elisondo, il fit cerner le village, et fit prendre tous les hommes. Il leur enjoignit de révéler l'endroit où l'artillerie était enfouie. Aucun n'ayant voulu le déclarer, il les fit décimer, et l'on se disposa à passer par les armes ceux qui avaient été désignés par le sort. Ils étaient au nombre de cinq. Deux d'entre eux ayant essayé de s'enfuir tombèrent sous les balles des soldats; un troisième s'étant obstiné à garder le silence fut arquebusé. Les deux autres, voyant que leur tour était arrivé, se décidèrent à faire connaître la direction que l'on avait donnée aux pièces d'artillerie, et ils eurent la vie sauve. En suivant leurs indications, on trouva enfouis dans la forêt de Bertiz deux mortiers et un obusier; ensuite, pour punir les habitants de Lecaroz de l'assistance qu'ils avaient prêtée aux carlistes, Mina fit incendier le village, comme il avait autrefois incendié Castelfollit; et le 14 mars 1835 il publia cette proclamation :

.....Le village de Lecaroz, traître à sa majesté et à la patrie, protecteur avoué des ennemis qui la déchirent, a; jusqu'à ce jour, au mépris des lois, recélé les armes et les munitions des factieux; ses habitants ont pris la fuite à l'approche de nos troupes, ils ont refusé de se conformer aux ordres que je leur avais intimés de faire part aux autorités légitimes des mouvements des ennemis.

Lecaroz a été aujourd'hui livré aux flammes, ses habitants ont été décimés et fusillés sur-le-champ en punition de leur crime : le même sort est réservé à toute population ou à tout individu qui suivra l'exemple de Lecaroz; et par la force des armes je mettrai fin à une rébellion criminelle obstinée et honteuse...

Mina prit, dans cette circonstance, seulement un des deux obusiers fondus par Reyna; car Zumala-Carregui, voyant les forces de la reine occupées au fond du Bastan, avait conduit le *grand-père* et le second obusier devant Echarri-Arenaz dans l'Araquil; il avait attaqué cette place; et après cinq jours de siége, lorsque les carlistes y eurent jeté trois cents bombes, et qu'ils eurent fait par la mine une large brèche à la muraille, la garnison, qui n'avait pas été secourue, se rendit : presque tous les soldats qui la composaient prirent parti dans l'armée carliste.

Sous le commandement de Mina la position des affaires ne fut pas améliorée. Ce général passa la plus grande partie du temps sur un lit de douleur [1]. Enfin, le 8 avril il adressa une lettre au ministre pour offrir sa démission. Il allégua, comme unique motif de sa retraite, les souffrances corporelles qu'il endurait; c'était pour lui, disait-il, un tourment intolérable de ne pouvoir partager à tout moment les fatigues et les dangers de ses compagnons d'armes, et de voir qu'il était forcé de laisser échapper les occasions les plus avantageuses.

Quand Mina se démit du commandement il y avait déjà quelque temps que le ministère avait été modifié. A la suite d'une émeute qui avait eu lieu à Madrid dans le courant de janvier 1835, Llauder avait quitté l'administration de la guerre pour retourner en Catalogne. Il avait été remplacé par don Jeronimo Valdès. Quelques semaines plus tard, don Nicolas Maria Garelli, ministre de grâce et de justice, fut remplacé par don Juan de la Dehesa. Enfin le ministre de l'intérieur José Maria Moscoso de Altamira eut pour successeur don Diego Medrano, qui était gouverneur civil de Madrid.

Le ministre de la guerre Valdès fut chargé du commandement de l'armée du nord. Le système de temporisation adopté par ce général ne rétablit pas les affaires, qui avaient toujours été en empirant sous ses prédécesseurs; néanmoins une amélioration eut lieu en ce que la guerre prit un caractère moins féroce. C'est surtout au ministère anglais que revient l'honneur de ce changement. Lord Elliot fut envoyé en Espagne avec mission d'engager les deux armées à conclure un cartel d'échange. Au moyen de son intercession une convention fut signée par don Jeronimo Valdès et par don Tomas Zumala-Carregui. Il fut arrêté que des deux côtés la vie serait laissée à tous les prisonniers; et qu'on les échangerait deux ou trois fois par mois, et même plus souvent si les circonstances le permettaient ou le rendaient nécessaire. L'échange devait avoir lieu soldat pour soldat, et l'on devait échanger l'un contre l'autre les officiers du même grade. Les points destinés à servir de dépôts pour les prisonniers furent proclamés neutres. Enfin la convention fut déclarée commune à toutes les autres provinces où la guerre pourrait être portée.

Les exaltés blâmèrent vivement ce traité. Ils prétendirent que c'était donner aux défenseurs de don Carlos une importance qu'ils ne méritaient pas. Aveugle comme tout ce qui est exagération, l'opinion progressiste refusait de reconnaître ce qu'il y avait de force et de vitalité dans l'insurrection carliste. A l'entendre, il n'était question que d'une poignée de factieux; et c'était à la mollesse ou à l'incurie des ministres qu'il fallait attribuer tous les échecs qu'on éprouvait. Il faut avouer, d'ailleurs, que le ministère avait eu le tort de ne pas tenir compte des réclamations présentées par les cortès, et une opposition excessivement violente s'était formée contre le cabinet. Le 29 mai la session des cortès fut close. L'opinion publique n'en continua pas moins à poursuivre le président du conseil, qui, abreuvé de dégoûts, entouré de dangers, ne tarda pas à présenter sa démission à la reine régente : un décret du 7 juin nomma le comte de Toreno ministre des affaires étrangères et président du conseil. Six jours plus tard, le 13, les autres ministres furent changés. Le ministère de la guerre fut remis à don Augustin Giron, marquis de las Amarillas; l'intérieur à don Juan Alvarez Guerra; la marine à don Miguel Ricardo de Alava; les finances à don Juan Alvarez Mendizabal, et la justice à don Manuel Garcia Herreros. Au reste ce changement n'eut pas d'influence sur le sort de la guerre. Les affaires continuèrent à aller en empirant. Zumala-Carregui, maître de la campagne, assiégea plusieurs places dont il se rendit maître. Enfin il vint attaquer Bilbao. Ce fut, dit-on, contre son gré que le général carliste se détermina à cette entreprise. Il eût préféré se porter sur Vitoria, dont la reddition lui paraissait plus certaine; mais la pénurie d'argent où se trouvait l'armée carliste était extrême, et l'on espéra que la prise d'une ville aussi opulente que Bilbao procurerait d'immenses ressources à l'armée. Ce fut ce motif qui décida Zumala-Carregui à commencer le siége; mais il exprima plusieurs fois la crainte de ne pas réussir. Son équipage de siége, tiré des places qu'il avait prises, se composait de deux canons de

---

[1] *Memoria justificativa que dirige à sus conciudadanos el general Cordova.* Paris, un vol. grand in-8°, 1837.

douze et d'un de six en fer, de deux canons de quatre en bronze, de deux obusiers et d'un mortier. Mais ces pièces n'étaient accompagnées que de peu de munitions. Il n'y avait que trente-six bombes pour le mortier.

Au moment où les carlistes arrivèrent devant Bilbao, la garnison de cette place s'élevait à quatre mille hommes, sans compter la garde nationale ; la ville était couverte par des ouvrages de campagne très-bien construits ; elle était défendue par quarante pièces de canon dont plus de trente étaient de gros calibre.

Le troisième jour, les batteries élevées par les carlistes auprès de l'église de Notre-Dame de Begoña commencèrent à tirer contre la place ; mais Bilbao répondit avec une supériorité qui fit voir quelle énorme disproportion existait entre les ressources des deux partis : avant la fin de la journée cette inégalité fut encore augmentée. Les deux gros canons des carliste crevèrent, et leur artillerie se trouva réduite à une pièce de six et deux de quatre, tandis que la ville lançait sans relâche des boulets de dix-huit et de vingt-quatre. Un obus pénétra sous le portique de Notre-Dame de Begoña. Il prit d'enfilade les faisceaux d'armes du régiment des guides, réduisit en pièces soixante-seize fusils, et en éclatant tua deux sentinelles. Deux minutes plus tard, à quelques pas de là, un second projectile fit encore plus de ravage.

Zumala n'avait qu'une chance de succès. Il fallait qu'il ouvrît une brèche et qu'il emportât la ville d'assaut ; aussi toute la journée sa faible artillerie fut-elle employée dans ce but ; et vers le soir la brèche se trouva praticable. Il s'occupa aussitôt de former une colonne pour donner l'assaut ; mais en ce moment les munitions manquèrent, en sorte qu'il fallut différer l'attaque jusqu'au lendemain, afin d'en faire venir. Les assiégés profitèrent de ce délai pour boucher la brèche avec des sacs de terre.

Zumala-Carregui ne mangea pas de toute la journée, et ne dormit pas de la nuit. Seulement il trouva un peu de repos après qu'il eut signé une dépêche adressée aux ministres de don Carlos, dans laquelle il disait que la disproportion existant entre ses forces et celles que les assiégés lui opposaient le contraindrait sans doute à lever le siége. Quand il eut vu partir le porteur de cette lettre pour Durango, où était le quartier royal, il se sentit comme soulagé d'un grand poids ; il sortit de la maison qu'il occupait, et se dirigea vers l'endroit où était établie la batterie. C'était le 15 juin 1835. Il était encore très-matin quand l'artillerie de la place ouvrit son feu. Le général, voulant examiner les travaux ou réparations que les assiégés avaient faits pendant la nuit, monta au premier étage d'une maison située près de l'église de Notre-Dame de Begoña, et se plaçant à un balcon qui était entièrement ouvert, mais sans sortir au dehors, il se mit à examiner attentivement la ligne ennemie. En ce moment une balle de fusil entra par la fenêtre et l'atteignit à la partie antérieure et interne de la jambe, à quatre centimètres environ au-dessous du genou. Elle contourna la partie interne du tibia. L'intendant don Domingo Antonio Zabala, l'auditeur don George Lazaro et les autres personnes qui accompagnaient Zumala-Carregui, après avoir fait appeler le chirurgien don Vincente Gonzalez de Grediaga, placèrent le blessé sur un matelas ; le transportèrent à la maison qui lui servait de logement. Après qu'un premier appareil eut été posé sur la blessure, Zumala-Carregui voulut être conduit sans délai à Cegama, par le chemin de Durango. Quarante grenadiers furent chargés de le porter en se relayant de temps en temps. Sa blessure ne paraissait pas très-grave. Il se tenait à moitié couché sur son matelas, et il passa le temps que dura le chemin à fumer ou à causer avec les soldats. En arrivant à Zornosa, village situé à trois lieues de Bilbao, il aperçut le payeur de l'armée, don José Maria Mendigana, qui le suivait, et lui demanda pourquoi il n'était pas resté au siége avec les troupes. Le payeur répondit qu'il venait pour lui offrir ce qui pouvait lui être nécessaire : que don Juan Antonio Zaratiegui le lui avait prescrit, sachant que le général ne devait pas avoir dans sa bourse un seul maravédi. « Cela est vrai, répondit-il ; je n'ai pas un cuarto : donnez-moi trente onces, et retournez tout de suite au siége. »

Les grenadiers qui transportaient Zumala-Carregui, après l'avoir laissé reposer pendant deux heures, le reprirent sur leurs épaules, et continuèrent leur chemin jusqu'à Durango, et ils y arrivèrent à la tombée de la nuit. Don Carlos, qui se trouvait dans cette ville, envoya chercher le médecin qui accompagnait Zumala-Carregui, pour savoir de lui comment le blessé se trouvait. Sur ces entrefaites deux autres médecins arrivèrent, envoyés par les ministres de don Carlos. L'un était don Teodoro Gelos, qui remplissait la charge de chirurgien du quartier royal. L'autre était un jeune volontaire anglais nommé Burgers, attaché à l'escadron des officiers de la légitimité. Ils examinèrent ensemble la blessure, et furent d'avis qu'avant quinze jours le général pourrait monter à cheval.

Le 17 au matin, don Carlos vint rendre visite à Zumala-Carregui, s'assit près de son lit, et se mit à causer avec lui. Il lui reprocha affectueusement de s'être autant exposé.

Zumala-Carregui lui répondit que s'il n'en agissait pas ainsi rien ne pourrait avancer : qu'il était étonné d'avoir vécu si longtemps; mais que dans cette guerre dévorante et inégale, tous ceux qui l'avaient commencée devaient nécessairement périr [1].

Don Carlos insista pour que Zumala-Carregui demeurât à Durango. Il lui représenta que la chaleur et le manque de repos pourraient lui faire beaucoup de mal; néanmoins il ne put le faire changer de résolution. A peine don Carlos fut-il retiré que Zumala-Carregui se remit en route, comme la veille porté par des grenadiers; et le même jour, 17, il arriva à Cegama. Il avait alors auprès de lui Gonzalez Grediaga, médecin; Gelos et Boloquiz, tous deux chirurgiens, et un célèbre guérisseur surnommé *Pétriquillo*, en l'habileté duquel il avait beaucoup de confiance. La rivalité qui existait entre les trois docteurs, et l'antipathie qu'ils devaient naturellement porter tous les trois au guérisseur *Pétriquillo*, ne permettent pas, dans une affaire si délicate, de décider sur qui doit reposer la responsabilité de la catastrophe. Les trois docteurs et Pétriquillo furent d'accord en un seul point : ils assurèrent que la blessure était légère, et que quinze jours, trente au plus, suffiraient pour la guérison. Pourquoi donc l'événement a-t-il si cruellement démenti leur pronostic? Sans doute parce que, pendant que *Pétriquillo* prescrivait des onguents et des frictions, Gonzalez Grediaga, comme docteur en médecine, abreuvait le blessé de tisane; Gelos et Boloquiz, levant l'appareil de sa blessure, cherchaient avec le stylet l'endroit où se cachait la balle et le martyrisaient de toute manière. Ce qui est certain, c'est que la santé de Zumala-Carregui était altérée depuis quelques jours par suite des fatigues et des contrariétés qu'il avait eues à supporter. Il avait appelé, il y avait peu de temps, le docteur Grediaga pour le consulter, et probablement cette disposition à une maladie fut accrue par la blessure et par le voyage entrepris, sous de si tristes auspices, pour le transporter à Cegama. Dès l'instant où il pénétra dans cette ville, Zumala-Carregui se persuada que les douleurs générales qu'il ressentait avaient pour cause la balle qu'il avait dans la jambe; et le 24 juin au matin, Gelos et Boloquiz se déterminèrent à l'extraire. Ils n'y parvinrent qu'en faisant considérablement souffrir le patient. La gloire de l'opération revenait surtout à Gelos, qui avait eu la plus grande part à l'extraction; la balle placée dans un plat courait de maison en maison, et l'on songeait à la porter au quartier du roi, quand les symptômes alarmants qui se manifestèrent sur la personne du blessé, firent passer tous ceux qui l'entouraient d'un état immodéré d'allégresse à la plus grande consternation.

Depuis qu'on avait extrait la balle, il était survenu à Zumala-Carregui un grand tremblement, et lui-même, sentant que sa fin était proche, demanda que l'on fît tout ce qui était convenable et nécessaire. Le premier qui se présenta fut le curé de Cegama, qui reçut sa confession; ensuite comme, au dire des docteurs, il lui restait peu de temps à vivre, on appela le notaire, qui se contenta de demander au général : « Seigneur don Tomas! que laissez-vous, et quelle est votre dernière volonté? » Il répondit : « Je laisse ma femme et trois filles, unique bien que je possède. Je n'ai rien de plus que je puisse laisser. »

---

[1] J'emprunte tous ces détails à l'ouvrage de don Juan Antonio Zaratiegui, un des généraux de l'armée carliste, *Vida y hechos de Zumala-Carregui*; Paris, un vol. in-8°. 1845.

La sainte eucharistie lui fut administrée; et peu d'instants plus tard, sur les dix heures et demie du matin, il expira. C'est ainsi que le héros carliste termina sa carrière, à l'âge de quarante-six ans; dix-neuf mois après avoir commencé ses campagnes.

Les jugements les plus contradictoires ont été portés sur Zumala-Carregui : les carlistes l'ont presque déifié : ses adversaires ont affecté de ne voir en lui qu'un aventurier, qu'un misérable chef de bandits. Il faut se tenir également éloigné de ces exagérations. Les succès de Zumala-Carregui s'expliquent avec facilité : représentant de deux idées profondément enracinées dans les provinces du Nord, le maintien des libertés provinciales et la haine des innovations, il avait pour lui l'affection et le concours des populations. Enfant du pays et chasseur, il connaissait jusqu'aux moindres anfractuosités des montagnes. Ce sont là de puissants éléments de succès. Une guerre heureuse faite pendant dix-huit mois dans des conditions aussi favorables et sur un terrain tout exceptionnel, ne suffit pas pour faire dire que Zumala-Carregui était un grand homme, ou, comme l'a écrit Zaratiegui, un héros... Pour qu'on pût lui décerner ce titre, il eût fallu le voir agir plus longtemps et sur un autre théâtre; mais il est impossible de méconnaître les grandes qualités dont il était doué. Il possédait à un haut degré l'esprit d'ordre et d'organisation : à une activité infatigable il joignait un coup d'œil sûr et rapide, un génie inventif et rempli de ressources, beaucoup d'intrépidité et de sang-froid; enfin il avait une âme grande et désintéressée. Malheureusement ces qualités étaient souillées par un caractère violent, dont ses propres officiers ont eu souvent à souffrir; avec ses adversaires il s'est montré impitoyable et cruel sans nécessité. Et malgré la gloire dont son nom est entouré, ses actes de cruauté ont imprimé à sa mémoire une tache sanglante que tous les panégyriques de ses amis ne parviendront pas à effacer.

FIN DU SIÉGE DE BILBAO. — CORDOBA. — DE L'INTERVENTION DES LÉGIONS AUXILIAIRES FRANÇAISE ET ANGLAISE. — EXPÉDITION DE GUERGUÉ EN CATALOGNE. — SOULÈVEMENT DES PROVINCES. — MINISTÈRE DE MENDIZABAL. — RÉUNION DES CORTÈS. — VOTE DE CONFIANCE. — DISSOLUTION DES CORTÈS. — NOUVELLE RÉUNION. — CHUTE DU MINISTÈRE MENDIZABAL.

La mort de Zumala-Carregui fut un coup funeste porté au parti de don Carlos. Zumala-Carregui était l'âme et la vie de son armée. Quand il vint à manquer, tout fut empreint de langueur et de découragement. Avec ses quatre canons Zumala-Carregui avait ouvert une brèche dès le second jour; mais il n'était plus là, et les assiégeants, malgré un renfort d'artillerie qu'ils avaient reçu, employèrent bien du temps et bien des munitions sans obtenir le même résultat. Cependant chaque jour ils serraient davantage la ville, et Valdès ne se mettait pas en disposition d'aller au secours des assiégés. En vain les généraux qui étaient sous ses ordres lui représentèrent les dangers auxquels il exposait le pays. Il répondit qu'il avait reçu la défense d'engager aucune affaire importante. Néanmoins comme il sentit bien que cette défense même ne mettait pas sa responsabilité à l'abri, il envoya sa démission, et remit le commandement au brigadier Tello, qui dut bientôt le remettre lui-même au général la Hera. Ce chef n'osa pas plus que Valdès prendre sur lui de marcher au secours de Bilbao; mais stimulé par les instances des généraux Espartero et Latré, il réunit un conseil de guerre où l'on prit la résolution de ne rien négliger pour délivrer la ville assiégée. Espartero et Latré s'avancèrent à la tête de leurs divisions. A leur approche les carlistes se retirèrent, et les troupes libératrices entrèrent dans Bilbao, sans coup férir, le 1ᵉʳ juillet 1835.

Le général Cordoba se trouvait en ce moment à Madrid chargé d'une commission du général Valdès. Il s'était signalé plusieurs fois. Il avait donné des preuves d'une rare intrépidité; ses entreprises avaient souvent été heureuses. Ce fut à lui que l'on confia le commandement de l'armée. Persuadé de l'impossibilité de terminer la guerre par les moyens ordinaires, il conçut l'idée de faire en quelque sorte le blocus des provinces insurgées et d'établir une ligne qui s'étendait des Encartaciones de Biscaye aux gorges de Roncevaux. Il établit des forces sur la ligne de Valcarlos à Pampelune, par laquelle les carlistes recevaient de France beaucoup d'objets de première nécessité. Il établit son quartier général à Vitoria, d'où il menaçait constamment les lignes d'Arlaban; il fortifia tous les passages de l'Èbre, et plaça des forces suffisantes dans la vallée de Mena pour protéger Bilbao et toute la frontière de Biscaye. Le plan du général Cordoba se réduisait à un immense siége qui pouvait se resserrer à mesure qu'il recevrait des renforts. Mais un semblable plan exigeait une armée immense. Pour que cette énorme ligne qui n'avait pas moins de trente-quatre myriamètres de développement opposât une barrière insurmontable à l'armée carliste, il eût fallu la garnir partout de troupes nombreuses. Les cortès décrétaient bien des levées; mais ces levées ne produisaient pas le nombre d'hommes qu'on en attendait. On votait une armée de cent mille combattants; mais ce chiffre n'existait que sur le papier, et en définitive on n'en réunit pas plus de 36,000; aussi l'armée, ayant à défendre une si grande étendue de terrain, ne pouvait se trouver partout également en force, et les endroits faibles devaient livrer un passage aux ennemis, ainsi que l'expérience n'a pas tardé à le prouver [1].

Une intervention française eût été certainement le moyen le plus efficace pour pacifier le pays; c'était celui qui souriait le plus au ministère. Mais le parti libéral se divisait alors et se divise encore aujourd'hui en deux fractions bien distinctes. L'une veut, avec la liberté, le maintien de l'ordre et de la tranquillité publique. Elle veut le progrès, mais seulement par des voies légales. C'est l'esprit qui a présidé chez nous à la révolution de juillet. Aussi cette fraction ne dissimule pas ses sympathies pour les idées et pour les secours venus de France. L'autre, regardant pour rien les libertés déjà conquises, impatiente de tout retard, ennemie de tout pouvoir, veut la liberté sans l'ordre, et le mouvement à tout prix, même par l'émeute, même par l'assassinat. Elle se compose de ces hommes qui pérorent à la *Puerta del Sol*; qui voudraient l'agitation des *meetings*, mais sans constables et sans police; de ces hommes qui par leurs exagérations ont perdu la révolution de 1820, et qui perdraient encore la liberté si la liberté était périssable, et si son succès était incertain. Cette fraction du pouvoir libéral recherche ouvertement l'appui de l'Angleterre; et si cette puissance eût été en mesure de faire l'intervention d'une manière utile, l'opposition se serait mise à genoux pour la solliciter du cabinet de Saint-James [1]. Mais les forces anglaises, qui pouvaient aisément répondre de la sûreté des côtes, n'auraient agi qu'avec peine sur le versant des Pyrénées, où se trouvait le foyer principal de la lutte. La France, au contraire, dont la frontière est en contact avec le théâtre de la guerre, était mieux placée pour intervenir. Aussi toutes les fois qu'il était question d'une intervention, c'était de l'intervention française qu'on voulait parler; mais par la même raison, la fraction ardente, turbulente du parti libéral repoussait l'intervention avec toute l'énergie d'un patriotisme enté sur son amour pour la Grande-Bretagne. Elle fit un crime à Llauder pour avoir osé dire qu'il ne fallait pas imprudemment renoncer à ce moyen de sauver la liberté. On aurait pu croire, à entendre les coryphées de l'opposition, que le gouvernement français lui-même demandait avec instance la permission d'intervenir, comme si cette entreprise de pacifier un pays qui renferme dans son sein tant d'éléments de discorde était un délicieux festin de noces, et qu'il n'y eût autre chose à faire qu'à se présenter et à recueillir des applaudissements. Cependant il n'en fut pas ainsi; et quand Martinez de la Rosa, à son avénement au ministère, s'empressa de réclamer l'intervention, le gouvernement français répondit par un refus; mais pour en adoucir la rigueur, il offrit le secours d'une légion

---

[1] *Mémoire justificatif que le général Cordova adresse à ses concitoyens*, page 46. 1 vol. grand in-8°; Paris, 1837.

[1] Miñano, *Examen critico de las revoluciones de España*, p. 69, vol. 2.

enrôlée en France aux frais du gouvernement espagnol. Aussitôt que le comte de Toreno fut arrivé au ministère, sans être arrêté par le refus que son prédécesseur avait éprouvé, il renouvela la même demande. On refusa encore ; mais entre la négative absolue et l'intervention qu'on sollicitait, se trouvait l'expédient d'une légion auxiliaire que le gouvernement français avait suggéré : il fallut bien s'en contenter. Le 17 juin 1835, une note fut insérée au *Moniteur* pour faire savoir que l'intention du roi était d'autoriser les Français qui le demanderaient à entrer au service de la reine d'Espagne, sans perdre aucun de leurs droits politiques et civils. Quelques jours plus tard, le 28 juin, un traité intervint par lequel le gouvernement consentait à laisser passer au service d'Espagne un certain nombre de bataillons tout organisés. L'Angleterre offrit également le secours de soldats anglais ; mais cette légion anglaise fut composée de mercenaires ramassés dans les rues de Londres, comme on ramasse les immondices dont on veut fumer son champ [1]. On en confia le commandement à un membre du parlement. Quelques bons officiers vinrent avec lui pour former ces conscrits. On débarqua cette troupe en partie à Saint-Sébastien, en partie à Santander ; elle commença à apprendre l'exercice derrière les murs de cette place, et parut souffrir sans trop d'impatience le honteux blocus où la tenaient renfermée quatre bataillons carlistes qui occupaient le chemin d'Hernani.

La légion française était bien différente. Elle était à la vérité composée en partie de réfugiés étrangers, de Polonais et d'Italiens ; mais elle renfermait aussi beaucoup de Français qui, en servant la cause constitutionnelle sous un autre drapeau que celui de la France, croyaient encore servir leur patrie. Elle était accoutumée à la guerre, rompue à la discipline sévère de l'armée française, et venait de faire ses preuves en Algérie. Elle avait pour commandant le brave général Bernelle. A peine débarquée sur les côtes de Catalogne, elle sauva la ville de Tarragone, qui sans son arrivée providentielle n'eût pas manqué de tomber entre les mains des carlistes ; car la guerre, renfermée d'abord dans les quatre provinces basques et navarraises, s'était étendue à presque tout le royaume. Il n'y avait pas de province où l'on ne comptât plusieurs bandes de factieux. Celles de la Catalogne étaient nombreuses. Pour dominer la province, il ne leur manquait peut-être qu'un chef supérieur qui eût assez d'ascendant sur leur esprit pour les réunir sous son commandement ; assez d'énergie pour les contraindre à l'obéissance. Les ministres de don Carlos, bien instruits de cet état de choses, envoyèrent de Navarre, et à la tête de plusieurs milliers d'hommes, le général Guergué, qui mit toute la Catalogne en combustion. Dans ces circonstances, ce fut un bienfait de la Providence [1] que l'arrivée de la légion française. Guergué trouva que le moment n'était plus favorable ; que les Catalans n'étaient pas si faciles à organiser que les Basques. Il s'en retourna par le même chemin par lequel il était venu, mais non pas sans avoir éprouvé des pertes sensibles.

L'irritation produite dans les esprits par les tentatives des carlistes se manifesta par les plus déplorables excès. Une patrouille de la milice urbaine de Réus, ayant été surprise par une bande de carlistes, fut impitoyablement massacrée. Le bruit se répandit que le chef de cette bande était un moine. Il n'en fallut pas davantage pour exciter la colère du peuple contre les moines, dont on demandait depuis longtemps la suppression. On attaqua deux couvents qui se trouvaient dans cette ville : l'un de carmes déchaussés, l'autre de dominicains. On les incendia. Les religieux furent presque tous égorgés. Ce ne fut pas sans s'exposer aux plus grands dangers que des hommes courageux parvinrent à sauver quelques-uns de ces infortunés.

A peine la nouvelle de ces événements se fut-elle répandue à Barcelone, que la populace de cette ville résolut d'imiter les massacres de Réus. Dans la soirée du 25 juillet, des cris de *Mort aux moines!* retentirent dans toute la ville. On incen-

---

[1] *Examen critico de las revoluciones de España*, por Miñano ; 2 vol. in-8° ; Paris, 1837, 2ᵉ vol., page 27.

[1] *Examen critico de las revoluciones de España*, 2ᵉ vol., page 29.

dia six couvents, deux de carmes, deux de dominicains, un de minimes et un de trinitaires. Quelques moines furent égorgés, d'autres périrent dans les flammes. Llauder, qui était absent quand le tumulte avait commencé, s'empressa de rentrer dans Barcelone. Sa présence, le concours de la milice qui sentit, un peu tard, la nécessité de s'unir à la troupe, et quelques charges de cavalerie, firent cesser cette scène de trouble. Le peuple, qui abhorrait déjà Llauder, ne lui pardonna pas la fermeté qu'il avait déployée; aussi le général, sachant combien ses jours étaient exposés, sortit de la ville avec toute sa famille sous le prétexte de poursuivre les ennemis, mais en réalité pour se retirer en France. Le général Pedro Bassa, qui après Llauder avait le commandement, entra dans la ville le 4 août à la tête de deux mille hommes. On craignit qu'il n'eût pour mission de poursuivre les auteurs des crimes du 25. Les classes populaires commencèrent à s'agiter; ce fut inutilement qu'on avertit ce brave militaire du danger qui le menaçait : il ne voulut pas quitter la ville; et croyant que les troupes qu'il avait amenées étaient assez nombreuses pour le mettre à l'abri de toute agression, il ne prit aucune mesure. Mais le lendemain de son arrivée le palais fut assailli par le peuple; Bassa fut massacré; son cadavre, précipité du balcon, fut traîné dans la rue et jeté dans une fournaise. Le peuple se porta encore à d'autres excès. Une fabrique de machines à vapeur fut complétement incendiée. Enfin, le 6, pour mettre un terme à cette anarchie, on créa une junte de gouvernement qui, après avoir rétabli la tranquillité, adressa un mémoire à la reine régente pour demander que le gouvernement se hâtât d'exécuter dans les institutions politiques et religieuses les réformes que réclamait depuis longtemps le vœu populaire.

Le 31 juillet, il y eut à Murcie un mouvement semblable à celui de Réus et de Barcelone. On mit le feu aux couvents de Saint-François et de Saint-Dominique, de la Merci et de la Trinité.

Le 6 août, ce fut le tour de Valence, qui créa une junte de gouvernement à l'imitation de celle de Barcelone.

Au milieu de ces agitations, la capitale de l'Aragon ne pouvait rester tranquille. Le 9 juillet, la milice urbaine représenta au capitaine général que les Aragonais désiraient l'établissement d'une junte de gouvernement semblable à celle de Barcelone. Le capitaine général y consentit, et le lendemain la junte fut installée.

Il eût été difficile que Madrid ne ressentît pas le contre-coup de toutes ces émeutes; aussi, dans la soirée du 15 août, quand le détachement de la milice urbaine qui était de service au cirque où avait eu lieu la course de taureaux fut arrivé sur la place du Prado, au lieu de rompre les rangs comme de coutume, il resta quelque temps immobile; puis quelques individus se mirent à crier : *Vive la liberté! A bas les ministres!* On tira en l'air deux coups de fusil, à un court intervalle l'un de l'autre; au second les tambours du 4e bataillon de la milice se répandirent dans la ville en battant la générale. Aussitôt plusieurs miliciens et des bourgeois en armes accoururent sur la plaza Mayor et élevèrent des barricades.

Ils adressèrent ensuite une députation à la reine régente, qui se trouvait à Saint-Ildephonse, et firent répandre cette proclamation :

Concitoyens,

L'objet qui nous a rassemblés est de renverser ce ministère inconsidéré qui environne le trône, qui, par ses conseils, l'entraîne au précipice, et qui réduit notre patrie à l'anarchie la plus épouvantable. Un exposé dans lequel nous présentons ces vérités à sa majesté avec autant d'énergie que de respect sera dans peu d'heures entre ses mains royales.

Concitoyens, nous avons juré de ne pas déposer les armes avant d'obtenir ce que nous réclamons.

..... Concitoyens, vive Isabelle II! Vive la liberté! Vive la reine régente! A bas le ministère!

Madrid, le 16 août.

Malgré ce que cette émeute avait de menaçant, elle se termina plus paisiblement et plus vite qu'on ne pouvait le craindre. Pour toute réponse aux observations des révoltés on reçut un décret royal dont voici les principales dispositions :

La ville de Madrid est déclarée en état de siége...

Tous les employés civils et militaires appartenant à la milice urbaine qui ne se présenteraient pas à leurs postes respectifs immédiatement après la promulgation du présent décret seront par ce fait privés de leurs emplois.

Ces mesures furent très-efficaces. La plus grande partie des officiers de la milice, qui étaient employés dans les bureaux des différentes administrations publiques, ne voulant pas perdre leurs places, se retirèrent prudemment. Des forces imposantes conduites par Quesada vinrent ensuite prendre position aux abords de la plaza Mayor, où les barricades étaient élevées. Le général fit annoncer aux miliciens qu'il leur donnait jusqu'à six heures pour se retirer en défilant deux par deux; mais que ce délai de rigueur expiré il donnerait l'ordre de commencer l'attaque. A six heures il ne resta plus un seul milicien sur la place, et la tranquillité se trouva rétablie dans la capitale; mais il n'en fut pas de même des provinces, où l'anarchie se propagea avec une effrayante rapidité. Le 18, en exécution d'un ordre donné par les autorités de Cadix, les moines de cette ville sortirent de leurs couvents. Le 20, tous les couvents de Salamanque furent fermés. A Malaga, après l'expulsion des moines, on établit une junte de gouvernement qui adressa un mémoire à la reine pour lui présenter les mêmes demandes que la junte de Barcelone, c'est-à-dire le changement du ministère et la réforme des institutions politiques. Grenade ne se contenta pas de suivre l'exemple donné par les autres provinces : dans la nuit du 26 au 27, elle proclama la constitution de 1812 et constitua sa junte. Cordoue fit de même le 29; en sorte qu'à la fin d'août toutes les capitales de provinces s'étaient déclarées indépendantes du gouvernement central. Les juntes de gouvernement, qu'elles avaient créées, exerçaient tous les droits de la souveraineté, percevaient des contributions, contractaient des emprunts, levaient des troupes, disposaient des fonds publics. Le gouvernement central n'était obéi qu'à Madrid et dans les environs.

A ces attaques le ministère répondit par un manifeste en date du 2 septembre, et cette pièce, rédigée dans les termes les plus violents et les plus amers, n'était pas de nature à désarmer les partis ou à calmer les passions. Le 3 un décret royal déclara illégales, comme attentatoires aux lois fondamentales de la monarchie, les juntes qui s'étaient formées dans divers endroits du royaume. Il en ordonna la dissolution, et annonça que toute résistance à cette disposition serait punie des peines que la loi prononce contre la rébellion. Au reste, les juntes parurent s'inquiéter fort peu de ces menaces. Elles répondirent par des proclamations, et presque partout on brûla en public le manifeste du gouvernement et le décret qui l'accompagnait; mais en même temps qu'on adressait cet outrage à l'autorité, par une subtilité qui est bien dans le caractère de la nation espagnole, avant de brûler ces pièces on avait soin d'en couper la signature royale, afin de montrer qu'on ne confondait pas la régente avec son ministre responsable. Au reste, les provinces insurgées ne se bornèrent pas à envoyer des pétitions pour demander à la reine le renvoi des ministres, la réunion de cortès constituantes et d'autres concessions du même genre; les provinces andalouses avaient organisé une armée et marchaient vers la capitale pour imposer la loi au gouvernement. Le général Latré fut envoyé avec une division pour repousser les insurgés; mais, à Manzanarès, les bataillons de la reine et de Cordoue, qui faisaient partie de sa colonne, l'abandonnèrent pour aller grossir les rangs des mécontents. Il fallut bien que le ministère se déterminât à céder. Le 14 le comte de Toreno donna sa démission, et le 15 la *Gazette de Madrid* annonça que le général Alava était nommé président du conseil; que Mendizabal restait ministre des finances, et qu'il était chargé de recomposer le cabinet. Cette concession ne fit pas tomber les armes des mains des insurgés. Leur armée continua à séjourner à Manzanarès, où elle s'était arrêtée. De là elle menaçait constamment la capitale, dont elle n'était éloignée que d'environ trente-trois kilomètres. On vit même quelques-uns de leurs chefs venir pérorer à la *Puerta del Sol*.

La *Gazette de Madrid* du 18 septembre publia l'exposé du programme que le nouveau ministère entendait suivre. Mendizabal y promettait de terminer la guerre civile en six mois, avec les seules forces nationales, et sans secours étranger; de rétablir l'administration, et de restaurer le crédit national sans imposer de nouvelles charges au pays et sans contracter d'emprunt; d'assurer l'ordre et la tranquillité intérieure sans recourir à des mesures exceptionnelles. Et comme cela ne suffisait pas encore pour ramener la tranquillité, Mendizabal s'entendit avec les principaux agitateurs. Il sut imposer silence aux prétentions de quelques juntes, par la seule promesse de l'impunité pour les crimes qui avaient accompagné leur création. Il promit également le silence sur les dilapidations des deniers publics, et la confirmation dans les emplois qu'on s'était arrogé. Ces engagements aplanirent toutes les difficultés. Le 25 septembre, un décret royal accorda une entière amnistie pour tous les faits relatifs à la formation et à l'action des juntes provinciales. Par un autre décret du même jour, Mendizabal fut nommé à la présidence du conseil, que le général Alava n'avait pas acceptée. Après quelques jours d'un pénible enfantement, le cabinet se trouva composé de la manière suivante : Juan Alvarez Mendizabal conserva l'administration des finances, avec la présidence du conseil. Le ministère de l'intérieur, qui au mois de décembre changea encore de nom pour prendre celui de ministère de gouvernement, fut confié à don Martin de los Héros. Don Alvaro Gomez Becerra reçut le ministère de grâce et de justice. Celui de la guerre fut donné au comte d'Almodovar. Il restait deux ministères à pourvoir, celui de la marine et celui des affaires étrangères : Mendizabal en resta chargé par intérim.

Il fallait donner satisfaction à l'opinion générale, qui réclamait la réforme des institutions fondamentales. Dans ce but un décret royal, en date du 27 septembre, ordonna la réunion des cortès, et annonça que la mission de cette assemblée serait de reviser le statut royal, d'accord avec l'autorité de la couronne, pour assurer d'une manière stable et permanente l'entière exécution des lois de la monarchie. L'ouverture des cortès eut lieu le 16 novembre. Il y avait déjà deux mois que le ministère existait. Les juntes avaient presque toutes fait leur soumission. Aussi le gouvernement, délivré du danger dont elles l'avaient menacé, était-il moins empressé de travailler à la réforme de la constitution. Dans son discours d'ouverture, la reine régente, en faisant l'énumération des travaux qui devront occuper les cortès, annonce seulement trois projets de loi : l'un relatif aux élections, l'autre sur la liberté de la presse, et le dernier sur la responsabilité des ministres. Mendizabal, dont le système semble avoir été de tout promettre et de ne rien donner, avait déjà fait un pas en arrière. Néanmoins il faut avouer que, dans le premier moment, on ne remarqua pas cette lacune qui se trouvait dans le discours de la couronne, et l'on se montra généralement satisfait en entendant la reine annoncer qu'elle espérait terminer la guerre civile sans recourir à de nouveaux emprunts et sans augmenter les impôts. Le ministre rencontra seulement de l'opposition dans la chambre des *proceres*, mais il s'assura de la majorité en introduisant dans cette assemblée une promotion de membres dont l'opinion lui était favorable. La chambre des *procuradores* se montra plus facile. Le ministre demanda qu'à titre de vote de confiance, le gouvernement fût autorisé à continuer de recouvrer pendant 1836 les rentes et contributions, et même à faire par voie d'essai, sans altérer ses bases essentielles, les changements qu'il jugera convenables dans le système d'administration. Il demanda que la faculté lui fût donnée de se procurer toutes les ressources et moyens qui seront nécessaires pour subvenir aux besoins de l'armée, afin de pouvoir terminer aussitôt que possible la guerre intérieure, mais sans pouvoir chercher ni puiser ces moyens dans de nouveaux emprunts, ni dans la distraction des biens de l'État qui sont destinés ou seront employés plus tard à la consolidation et à l'amortissement de la dette publique : il renouvela d'ailleurs la promesse de terminer la guerre civile en six mois, sans intervention étrangère, et sans recourir à de nouveaux impôts et sans contracter d'emprunts. Martinez de la Rosa fit vainement observer tout ce qu'il y avait de vague et d'illusoire dans cette promesse, lorsque le ministre ne faisait pas connaître les ressources.

financières dont il prétendait faire usage. Mendizabal répondit : « Vous avez laissé l'Espagne en proie à l'anarchie, j'ai rétabli l'ordre ; vous ne saviez où trouver de l'argent et des soldats, j'ai levé et équipé cent mille hommes. Vous me demandez ce que je veux faire ; voyez ce que j'ai fait et ayez confiance. » La chambre n'exigea pas d'autres éclaircissements ; et dans la séance du 3 janvier 1836 elle accorda le vote de confiance qui lui était demandé.

On ne peut supposer que Mendizabal, en prenant des engagements si précis, et pour une époque si rapprochée, eût uniquement l'intention de tromper l'opinion publique. Il faut croire qu'il comptait sur des ressources chimériques, et que lui-même s'était abusé. Il annonçait avoir détruit l'anarchie ; et au moment où il proférait ces paroles, les troubles les plus déplorables éclataient à Barcelone. La nouvelle que les factieux venaient de mettre à mort des soldats et des miliciens tombés entre leurs mains, l'évasion d'un sergent et d'un lieutenant-colonel carlistes, qui s'étaient échappés de la prison, portèrent l'exaspération publique à un tel point, que le peuple se souleva et arracha de la citadelle et des *Atarazanas* [1] les prisonniers qu'on y tenait renfermés comme partisans de don Carlos. Ces malheureux étaient au nombre de cent quarante, et parmi eux se trouvait don Juan O'Donnell, un des chefs de l'armée carliste, qui avait été pris lors de la retraite de Guergué. Ils furent à l'instant même passés par les armes. Les monstres qui les assassinèrent portèrent la férocité jusqu'à faire rôtir la chair de ces infortunés et à en dévorer [2] des morceaux.

Dès que ce massacre fut connu à Tarragone, le peuple se disposa à en finir de la même manière avec une soixantaine de factieux qui étaient détenus aux présides et avec tous les habitants signalés comme carlistes ; mais le gouverneur civil parvint à sauver les prisonniers en les faisant embarquer sur deux frégates françaises et anglaises qui se trouvaient dans le port. En public Mendizabal appelait ces événements de légères agitations promptement réprimées. En particulier il avouait que les assassinats de Barcelone l'avaient perdu. En effet, si les ressources sur lesquelles il comptait, si son grand secret consistait, comme on le pense, en la vente des biens du clergé et en un plan d'entreprises d'amélioration qu'il aurait concédées à des sociétés étrangères moyennant un certain nombre de millions, ces événements ne lui ont pas laissé l'espoir de réussir. Quel étranger eût voulu placer une piastre seulement en Espagne, où régnaient le désordre et l'anarchie ? Un autre embarras vint encore aggraver les difficultés de sa position. La loi électorale fut amendée et complètement modifiée ; et bien que cette décision ne portât pas atteinte au principe du gouvernement, Mendizabal crut devoir dissoudre les cortès, qui furent de nouveau convoquées pour le 22 mars. Le discours prononcé par la reine fut encore moins satisfaisant que le précédent. On y annonçait la présentation du projet de loi électorale comme le seul moyen légal de reviser les institutions fondamentales du royaume. C'était annoncer que rien ne serait changé au statut royal, et ces paroles produisirent un vif mécontentement. L'opposition prit une force nouvelle. Le terme de six mois fixé par Mendizabal était expiré depuis longtemps, et la guerre continuait avec autant d'acharnement ; rien n'avait été fait : le ministère n'était pas même parvenu à se compléter. Le département des affaires étrangères et celui de la marine étaient encore vacants. Mendizabal aurait vivement désiré fortifier son cabinet par l'adjonction de deux capacités parlementaires : Galiano et Isturiz étaient les hommes qu'il eût voulu adjoindre à son administration. Mais Isturiz avait répondu que s'il acceptait le pouvoir sa première parole serait pour protester qu'il répudiait la responsabilité du vote de confiance et des promesses qui l'avaient provoqué. Après l'ouverture de la session, quand il fallut engager la lutte contre l'opposition, Mendizabal chercha encore à remplir les vides qui existaient dans son administration. Le comte d'Almodovar fut nommé ministre des affaires étrangères. Il fut remplacé à la guerre par le général Rodil ; mais ces changements n'ap-

---

[1] Arsenal de marine de Barcelone.
[2] *Examen critico de las revoluciones de España*, por Miñano, 2ᵉ vol., note de la page 50.

portèrent aucune force nouvelle au cabinet. Enfin un vif dissentiment s'éleva entre la régente et Mendizabal. Celui-ci voulait destituer Cordova, général de l'armée du Nord, Quesada, capitaine général de Madrid, et quelques autres fonctionnaires. La reine ne le voulut pas. Le 15 mai, le ministre offrit sa démission, qui fut acceptée ; c'est ainsi que Mendizabal tomba sans avoir accompli aucune de ses nombreuses promesses.

MINISTÈRE ISTURIZ. — DISSOLUTION DES CORTÈS. — EXPÉDITION DE BATANERO. — EXPÉDITION DE GOMEZ. — TROUBLES DE MALAGA. — RÉVOLUTION DE LA GRANJA.

Don Francisco Xavier Isturiz, membre de la chambre des procuradores, fut chargé de composer un cabinet. Isturiz conserva pour lui le ministère des affaires étrangères avec la présidence du conseil ; don Angel de Saavedra, duc de Rivas, eut celui de l'intérieur ; don Manuel Barrio Ayuso, celui de grâce et de justice ; don Santiago Mendez Vigo fut placé à la guerre ; Antonio Alcala Galiano à la marine ; don Félix d'Olhaberriague y Blanco aux finances. Bien que les nouveaux ministres eussent tous donné des preuves de leurs opinions libérales, et que leur programme fût parfaitement approprié aux circonstances, ils furent reçus dans l'assemblée élective plutôt comme des intrus que comme les délégués de la couronne. Ils promettaient de suivre la voie du progrès, mais sans s'écarter de ce que prescrit la légalité, sans permettre les commotions populaires, et en réprimant au contraire les désordres et les attentats qui avaient déjà causé tant de mal à la chose publique. Ils ajoutaient qu'ils feraient tous leurs efforts pour qu'il fût donné le plus d'extension possible au traité de la quadruple alliance. Des promesses de cette nature ne pouvaient convenir à une assemblée dont les membres étaient pour la plupart sortis de l'émeute et des mouvements populaires. Lors de la première séance, à laquelle assistèrent les membres du nouveau cabinet, on donna lecture d'une protestation signée par quarante-six députés. Il y était dit : 1° que les pouvoirs extraordinaires accordés au gouvernement pendant la législature antérieure, aux termes du vote de confiance, avaient cessé à l'ouverture de la présente session ; 2° que si les cortès étaient prorogées ou dissoutes avant le vote du budget, il ne serait permis de percevoir aucun impôt ; 3° que tous les emprunts ou toutes les anticipations de crédit, de quelque nature qu'ils fussent, qui pourraient être contractés sans l'autorisation des cortès étaient d'avance déclarés nuls.

Ces propositions, combattues par le ministère, furent cependant adoptées ; mais les députés voulurent donner une preuve encore plus flagrante de leur hostilité au cabinet. Dans la séance du 21 on présenta une motion signée par soixante-sept députés. On y proposait de déclarer que le ministère ne méritait pas la confiance de la chambre. Il fallait, ou que les conseillers de la couronne se retirassent, ou que la chambre fût dissoute. Ce fut ce dernier parti que la régente adopta. Dans l'exposé qui accompagna le décret royal, les ministres disaient :

Nous avons l'honneur d'exposer respectueusement à votre majesté qu'il serait avantageux de convoquer non des cortès semblables aux cortès précédentes, mais les cortès tant désirées, qui seront chargées de reviser nos lois politiques, et qui devront être élues d'après un mode qui leur donnera autant que possible le caractère de représentants des vrais intérêts et des opinions réelles du pays, et dans la forme que la dernière chambre des procuradores a jugée la meilleure. C'est ainsi qu'elles seront investies d'une plus grande autorité.

Cette proposition des ministres fut adoptée. Il fut décidé que les élections seraient faites en suivant la marche tracée par le projet que la chambre dissoute avait discuté, encore qu'il n'eût pas été voté par l'autre *Estamento*, et qu'il n'eût par conséquent aucune existence légale.

Le commandant en chef de l'armée du Nord fut appelé à Madrid pour conférer avec les ministres sur les moyens de terminer la guerre. La présence de Cordova dans la capitale servit cependant de texte à une foule de ces calomnies, de ces accusations absurdes dont les oppositions se montrent toujours prodigues. Les uns disaient qu'il était venu pour s'entendre avec les ministres sur les moyens à prendre afin de rétablir le système de *despotisme éclairé* de Zéa. D'autres prétendaient que le motif de son voyage était une transaction entre don Carlos et la reine. Ils ajoutaient que Villaréal, un des principaux chefs de l'armée carliste, était arrivé incognito pour stipuler au nom de son maître. Ces inventions mensongères étaient reçues avec empressement par le peuple, qui se plaisait à les commenter, comme si les conférences de Cordova et des nouveaux ministres n'étaient pas la chose la plus naturelle dans l'état où Mendizabal avait laissé la guerre civile. La Catalogne était sillonnée en tous les sens par les bandes de Tristani, de Ros d'Eroles, de Degallat, du Muchacho, de Brujo, de Torres, de Malloria, de Caballeria, de Boquica, et d'une foule de chefs qui ne laissaient pas un instant de repos aux colonnes chargées de les poursuivre. Sur les limites de l'Aragon et du royaume de Valence, Carnicer avait organisé une troupe nombreuse et redoutable. Déguisé en muletier, il traversait le pont de Miranda pour se rendre en Navarre, lorsqu'il fut arrêté et immédiatement fusillé ; mais il ne manqua pas de successeurs, et Cabrera, son émule, acquit bientôt une funeste célébrité.

On comprend que la plupart des guérilléros, hommes grossiers et sans éducation, fussent cruels et barbares ; mais Cabrera ne manquait pas d'une certaine instruction. Il avait quitté la soutane pour le métier de partisan, et cependant il les surpassait tous en férocité. Tout prisonnier qui tombait entre ses mains était impitoyablement sacrifié. On rapporte de ce chef un nombre infini d'actes sanguinaires. Peut-être l'esprit de parti a-t-il exagéré quelques-uns des faits qu'on lui reproche ; mais il en est beaucoup qui sont avérés, et les récits qu'on en a faits sont restés bien au-dessous de la vérité. Au reste, les adversaires qu'il combattait semblèrent vouloir lutter avec lui de férocité. La mère de Cabrera étant tombée entre les mains de don Agustin Nogueras, commandant général du bas Aragon, cet officier, sans respecter ni la vieillesse ni le sexe de cette infortunée, la fit traîner au supplice pour se venger sur elle de ce qu'il n'avait pas pu vaincre son fils. Ce crime atroce souleva dans tous les partis un cri général d'indignation. La honte tout entière en reste à celui qui l'a commis ; et le sang innocent de plus de trente femmes de militaires égorgées par Cabrera, à titre de représailles, retombera sur la tête de ceux qui ont donné l'exemple d'une si horrible barbarie.

Le plan de Cordova tendait à concentrer la guerre dans les provinces basques, à la resserrer autant qu'il le pourrait, et à laisser l'armée du prétendant se consumer d'elle-même dans un pays dévasté par la misère, par l'incendie, par la famine et par tous les maux que la guerre entraîne à sa suite ; mais pour que ce plan réussît, il eût fallu pouvoir fermer partout le passage, et déjà sous le ministère Mendizabal, l'armée de don Carlos avait prouvé que les lignes imaginées par Cordova étaient insuffisantes pour la retenir. Une expédition de deux cents fantassins et de soixante cavaliers commandée par le chanoine Batanero, qui servait dans l'armée carliste en qualité de colonel, avait franchi l'Èbre, s'était avancée jusqu'à quelques lieues de Madrid ; mais, poursuivie par le commandant général de Guadalaxara, elle avait été mise en déroute ; la plus grande partie de cette petite troupe avait été détruite, et Batanero avait été obligé de se jeter dans les montagnes avec ceux de ses soldats qui avaient échappé au désastre. Malgré le mauvais succès de cette première tentative, don Carlos ne tarda pas à en organiser une plus sérieuse. Resserré dans quatre provinces jalouses de maintenir leur gouvernement représentatif, il se trouvait sans cesse en lutte avec des principes qui contrariaient ses idées d'absolutisme ; d'ailleurs les ressources et le dévouement des Basques et des Navarrais ne pouvaient tarder à s'épuiser. Il fallait donc à tout prix étendre le théâtre de la guerre. Gomez fut chargé de conduire une petite armée dans les provinces qui étaient restées paisibles, afin d'y stimuler le zèle des partisans de don Carlos, et pour servir de point de ralliement. Il eût été impossible de confier cette mission à un officier plus capable de la mener à bien. Gomez réunissait toutes les qualités nécessaires pour la faire réussir. Né dans le royaume de Jaen, il s'était consacré d'abord à l'étude des lois. La guerre de l'indépendance le détermina à changer de carrière. Il fit partie des jeunes gens qui s'enrôlèrent pour s'opposer à l'invasion de l'Andalousie par le général Dupont. Il était monté de grade en grade jusqu'à celui de lieutenant-colonel. Ayant embrassé la cause de don Carlos, il fut choisi par Zumala-Carregui pour chef d'état-major, et élevé au grade de maréchal de camp. Il avait toujours montré beaucoup de sang-froid dans le danger et de modération dans la victoire. Il avait surtout le talent de se faire aimer du soldat. Il n'était pas considéré comme possédant une grande instruction militaire; mais l'événement a démontré que Gomez était bien au-dessus de la bonne opinion que l'on avait conçue de son mérite. Son expédition présente une grande analogie avec la course glorieuse entreprise, au douzième siècle, par Alphonse le Batailleur à travers l'Andalousie musulmane. Gomez s'est placé au premier rang parmi les généraux de notre époque. Sa gloire est pure de toute violence inutile; et il a prouvé qu'on peut unir la bravoure à la pitié.

Cordova, à son retour de Madrid, avait surtout concentré son attention sur la Navarre. Un mouvement que firent dix bataillons carlistes pour menacer la légion française, le détermina à se porter vers Pampelune à la tête d'une grande partie de ses forces: mais la démarche des carlistes n'était qu'une ruse; et pendant que Cordova marchait vers Pampelune, Gomez, à la tête de quatre bataillons et de deux escadrons, avec deux pièces de montagne, ce qui faisait en tout deux mille sept cents fantassins et cent quatre-vingts chevaux, partit, le 23 juin, de Salinas, traversa toute la Biscaye, arriva le 25 dans la ville d'Amurio, située sur le Nervion à quelques lieues au-dessous d'Orduña. Il en partit le 26, à deux heures du matin, et se mit en route pour les Asturies. Attaqué le 27 par le général Tello, commandant du corps de réserve qui s'était mis à sa poursuite, il commença par une victoire l'expédition qui lui était confiée, et après un engagement qui dura onze heures il força les christinos à se retirer et à lui laisser le chemin libre. Il continua sa route, traversa les Asturies en marchant par étapes régulières sans être inquiété, et entra, le 5 juin, à Oviédo. Cependant le général Espartero s'était mis avec treize bataillons à la poursuite de Gomez. C'était plus de force qu'il n'en fallait pour écraser la colonne carliste; mais la difficulté était de l'atteindre. Par les marches les plus rapides, par les manœuvres les plus hardies et les plus imprévues, Gomez déjoua constamment la poursuite de ses adversaires, et parcourut presque tout le royaume; néanmoins cette expédition n'eut pas le résultat que s'en promettaient les carlistes. Nulle part leur présence ne fit éclater l'insurrection; aucune province n'embrassa leur cause. Cette course à travers l'Espagne eut seulement pour effet de rendre entièrement vain le système de guerre adopté par Cordova, et d'augmenter le nombre et l'audace des bandes. Un parti de carlistes commandé par Basilio Garcia et Cuevillas s'avança, le 24 juillet, jusqu'à Sépulveda, à trente-huit kilomètres de Saint-Ildephonse, où la reine et la régente avaient été passer les chaleurs.

Ces événements contribuèrent beaucoup à exaspérer le parti exalté que la destitution de Mendizabal et la dissolution des cortès avaient vivement irrité. Malaga donna le signal de l'insurrection. Le capitaine général Saint-Just et le gouverneur civil, ayant voulu réprimer le désordre, furent assassinés, et le 26 juillet les révoltés nommèrent une junte de gouvernement qui proclama la constitution de 1812. Un semblable mouvement eut lieu à Cadix le 29, à Séville et Grenade le 30, à Cordoue le 31. Le 1er août, Saragosse et l'Aragon entier suivirent cet exemple. Badajoz en fit autant le 3, avec le reste de l'Estremadure; Valence, le 8; Alicante, Murcie, Castellon de la Plana et Carthagène, le 11 ; Barcelone et toute la Catalogne, le 13.

Madrid, malgré la vigilance et l'énergie de ses autorités, ne pouvait rester paisible au milieu de cette agitation générale.

Quand on sut les nouvelles de Malaga, le bruit se répandit qu'un mouvement allait éclater, et que la garde nationale y donnant les mains, la constitution serait proclamée [1]. Le 3 au soir la promenade du Prado était déserte, symptôme grave dans un pays où l'on ne se dérange pas

---

[1] *Lettres sur l'Espagne*, par M. Guéroult.

volontiers de ses habitudes. A la fin du jour les mécontents s'étant procuré des tambours, la générale battit par les rues. Les gardes nationaux, le fusil sur l'épaule, se rendirent précipitamment à leurs quartiers respectifs. Enfin vers les huit heures un rassemblement de quelques centaines de personnes, drapeau en tête, se présenta aux cris de : *Vive la constitution!* devant le poste de la plaza Mayor. Quesada se mit à la tête d'un bataillon du régiment de la reine régente, et sans tenir compte du nombre des révoltés il les fit prévenir qu'il allait immédiatement les attaquer s'ils ne se séparaient pas. Cette fermeté en imposa. On se retira; mais ce ne fut pas sans avoir tiré quelques coups de fusil et sans avoir poussé, suivant l'usage, des *vivat* et des cris de mort. Madrid fut aussitôt déclaré en état de siége. On défendit provisoirement la publication de quatre journaux de l'opposition les plus violents. Enfin on ordonna le désarmement de la garde nationale, dont tous les postes furent relevés par des régiments de ligne. Ces mesures rétablirent la tranquillité dans la capitale; et la reine ne jugeant pas que sa présence fût nécessaire à Madrid, continua à demeurer à la Granja.

Cependant le cabinet français, dont les sympathies pour la cause de la reine et de la liberté ne pouvaient être douteuses, alarmé des progrès de l'armée carliste et des secousses continuelles qui agitaient l'Espagne, avait pris la résolution de lui donner un appui efficace. Des forces qui devaient se joindre à la légion étrangère étaient déjà réunies sur la frontière, et même quelques centaines d'hommes étaient déjà entrés en Espagne, quand une nouvelle révolution vint effrayer les amis de l'ordre et arrêter l'envoi de ces secours.

Depuis [1] le commencement des chaleurs, la reine avait établi sa résidence à la Granja, à environ quatre-vingt-quinze kilomètres de Madrid. Vainement l'avait-on conjurée maintes fois de revenir à Madrid, où la présence du général Quesada la garantissait de toute insulte, rien n'avait pu la faire changer de résolution, ni l'alarme donnée le 24 par les carlistes, ni les troubles de Madrid. Cette circonstance, qui semble en elle-même de peu d'importance, a cependant eu sur les événements une influence décisive. L'état de siége et le désarmement de la garde nationale, ordonné par suite des événements du 3, n'avaient point découragé les exaltés; seulement, comprimés à Madrid par l'énergie du capitaine général, ils comprirent que c'était sur la Granja qu'il fallait porter tous leurs efforts. Le 10 un certain nombre d'entre eux partirent pour cette résidence, munis de sommes importantes, et les distribuèrent aux sous-officiers des bataillons qui formaient la garde de la reine. On répandit le bruit que toute l'armée d'Aragon et de Navarre avait proclamé la constitution de 1812; que l'obstination des ministres et de Quesada mettait seule obstacle à ce que la reine la jurât aussi et la fît adopter dans tout le royaume. Il n'en fallut pas davantage pour les déterminer à la révolte. Le vendredi 12 août, à huit heures du soir, le régiment des milices provinciales qui formait une partie de la garde de la reine à la Granja, se souleva aux cris de : *Vive la constitution! Vive Isabelle II!* et se dirigea en armes vers le palais, en chantant l'hymne de Riégo. Les soldats du 4e régiment d'infanterie de la garde se joignirent à lui.

A l'approche des insurgés, on avait fermé les portes du palais. Le commandant général comte de San-Roman et les officiers, dont aucun ne prit part à l'insurrection, firent de vains efforts pour calmer les soldats; ceux-ci, excités par des agitateurs et enivrés par le vin qu'on leur avait donné à profusion, ne voulurent rien entendre. Quelques cris de : *Meure San-Roman!* se mêlèrent même à ceux de : *Meure Quesada.* Déjà les révoltés étaient parvenus à enfoncer une petite porte, qui heureusement ne conduisait pas dans l'intérieur. On commençait à ébranler la porte principale; des coups de fusil se faisaient entendre; on parlait de faire venir du canon et de massacrer tout ce qui était dans le palais, si la reine n'acceptait pas la constitution.

La régente, conservant une admirable fermeté au milieu de la terreur générale, ordonna d'admettre dans ses appartements une députation des révoltés. On les introduisit au nombre de douze, ser-

---

[1] *Lettres sur l'Espagne*, par M. Guéroult.

gents, caporaux, soldats et musiciens. Les orateurs de la troupe furent les sergents Higinio Garcia et Alexandre Gomez. La régente leur demanda ce qu'ils voulaient. Ils répondirent que c'était la constitution de 1812 et la liberté. Une longue discussion s'engagea alors; la reine essaya de leur faire sentir qu'ils ne comprenaient pas même l'objet de leur demande, et les soldats avouèrent *qu'en effet ils ne connaissaient pas la constitution, mais qu'on leur avait dit qu'elle était excellente; qu'elle améliorerait leur position; qu'elle diminuerait le prix du sel.* A ces déclarations faites d'un ton assez arrogant se mêlaient d'ailleurs des protestations de dévouement pour les deux reines.

Un officier, feignant de se tromper sur les termes de la constitution de 1812, leur représenta que cette constitution appelait don Carlos au trône à l'exclusion de sa nièce. *Pour don Carlos,* répondirent-ils, *nous n'en voulons pas, c'est un despote. Quant aux deux reines, qu'importe que la constitution les repousse? la nation les veut et saura bien les soutenir.*

Cette discussion ne dura pas moins de cinq heures; et cette longue résistance prouve combien la reine Christine montra, en cette circonstance, de présence d'esprit et de fermeté. A deux heures du matin, cédant aux instances des personnes qui l'entouraient, elle consentit à ce que la constitution fût provisoirement proclamée, et elle signa le décret suivant:

Comme reine régente d'Espagne j'ordonne et commande de publier la constitution politique de l'année 1812, en attendant (*en el interim*) que la nation, réunie en cortès, ait clairement exprimé sa volonté, ou qu'elle ait donné une autre constitution appropriée aux besoins du pays.

A la première nouvelle de ce mouvement, quelques groupes assez inoffensifs d'ailleurs se formèrent dans Madrid; ce fut seulement le dimanche 14 que les cris de : *Vive la constitution!* se firent entendre d'une manière plus menaçante. Le capitaine général avait à sa disposition fort peu de troupes : il avait dirigé quelques bataillons sur la Granja; d'autres étaient occupés à garder le parc d'artillerie, le palais et d'autres points importants; de telle sorte qu'il n'y avait peut-être pas deux cents hommes disponibles. Toutefois cette poignée d'hommes suffit à Quesada pour maintenir Madrid; il allait, à la tête de quatre cuirassiers seulement, dissipant les groupes, essuyant les coups de fusil qu'on lui tirait des fenêtres et de derrière les bornes, sans jamais riposter. Quand on le serrait de trop près, il faisait front, et son seul aspect suffisait pour mettre en déroute la foule qui le poursuivait de ses cris. Quesada tint de la sorte jusqu'à six heures; alors ayant à sa disposition plus de monde, il fit braquer du canon à la *Puerta del Sol* et sur la *Plaza Mayor.* Les postes furent renforcés, et il devint évident que l'autorité n'avait rien à craindre des manifestations, assez molles d'ailleurs, de la foule. Cependant, le soir quelques gardes nationaux, s'étant hasardés à reparaître en uniforme, s'emparèrent du couvent de los Basilios. On crut qu'ils allaient s'y défendre; point du tout : à la première sommation ils se rendirent, et furent faits prisonniers sans coup férir. Vers les neuf heures, Quesada fit afficher une proclamation par laquelle il suppliait les habitants de Madrid de rester calmes, et les prévenait que le ministre de la guerre était allé à la Granja prendre les ordres de la reine.

La nuit fut tranquille; mais le 15 au matin, à huit heures, le ministre de la guerre revint apportant l'ordre de faire proclamer la constitution : l'état de siége fut levé. La reine avait nommé de nouveaux ministres, donné l'ordre de réorganiser la garde nationale, et nommé Antoine Seoane capitaine général, en remplacement de Quesada. Alors tout changea de face. La veille, l'insurrection se composait de quelques centaines de personnes, la plupart enfants de douze à quinze ans; la population n'y prenait aucune part, non plus que la garde nationale, qui avait pourtant une belle occasion pour se montrer; mais à peine la constitution fut-elle proclamée, que vous eussiez vu une foule nombreuse, saisie d'une tardive exaltation, proférer des cris de mort contre ce même Quesada dont le regard les épouvantait la veille. Ils se dirigèrent vers la fabrique de tapis, où on le disait réfugié. Par une inconcevable imprudence, le malheureux Quesada, qui connaissait bien pourtant le jeu qu'il jouait, et qui avait fait son testament l'avant-veille, Quesada fut aperçu fuyant à cheval dans la direction d'Hortaleza. Ici commence une de ces scènes effroyables que la plume ne devrait jamais retracer, s'il ne fallait l'imprimer comme une brulûre d'infamie au front des lâches qui assassinent et des lâches qui laissent assassiner. Quesada, voulant se réfugier en France, sortit à cheval de Madrid, accompagné d'un seul domestique. Mais à peine avait-il fait sept kilomètres, qu'il s'arrêta pour son malheur à Hortaleza. Il fut reconnu, et les gardes nationaux de ce village le retinrent prisonnier et envoyèrent immédiatement à Madrid un messager pour y faire savoir cette arrestation. Quand les assassins qui cherchaient Quesada surent qu'il était retenu à Hortaleza, ils sortirent en hâte de Madrid, et bientôt ils arrivèrent. « Y a-t-il des gardes nationaux avec eux? » demanda Quesada. « Oui, » lui répondit-on. « Alors je suis perdu. » On enfonce la porte; il est percé de deux coups de baïonnette, son compagnon de fuite est massacré; mais ce n'est pas assez : ces misérables, qui ne pouvaient lui pardonner la terreur qu'il leur avait causée, le coupèrent par morceaux, chacun en prit un lambeau, et le soir les oreilles de Quesada, étalées sur une table, furent montrées en grande pompe au café *Nuevo*, et d'infernales harpies criaient au Prado des lambeaux de sa chair.

MINISTÈRE CALATRAVA. — CONVOCATION DES CORTÈS. — VOTE D'UNE NOUVELLE CONSTITUTION.

L'assassinat de Quesada aurait été suivi ou accompagné de celui des ministres, si ceux-ci ne s'étaient cachés ou n'avaient pris la fuite pour se soustraire aux poignards de ceux qui les poursuivaient. Beaucoup de personnes qui passaient pour partisans du statut royal furent obligées d'en faire autant, et la chose en vint au point qu'il fut de mode de se cacher, ou du moins de dire avec un certain mystère à ses amis que l'on avait changé de demeure, tant on avait honte de paraître ami des gens qui avaient fait cette nouvelle révolution.

Le cabinet qui prit la direction des affaires se composait de : don José Maria Calatrava, ministre des affaires étrangères, président du conseil; don Mariano Ejea, aux finances; à l'intérieur, Gil de la Cuadra; à la guerre, le marquis de Rodil; au ministère de grâce et de justice, don José Landero y Corchado.

Quelques semaines plus tard le ministère se modifia : Gil de la Cuadra passa à la marine. Il fut remplacé à l'intérieur par don Joaquin Maria Lopez; don Mariano Ejea se retira des finances, dont la direction fut de nouveau confiée à Juan Alvarez Mendizabal.

Le premier sentiment des ministres, en arrivant au pouvoir, fut la crainte de se laisser entraîner aux excès qui avaient accompagné la révolution de 1820. Ils déclarèrent qu'en rétablissant provisoirement la constitution de 1812, on n'avait pas rétabli la foule de décrets émanés des cortès constitutionnelles [1]. La funeste expérience qu'on avait acquise en 1823 remplissait d'inquiétude tous les amis de l'ordre, et si don Carlos se fût présenté en ce moment, offrant au pays les garanties d'une administration ferme; s'il se fût montré animé d'idées tant soit peu raisonnables, s'il eût fait entendre les mots d'oubli et de tolérance, il eût rallié à son parti la majorité des gens paisibles. Ce moment fut le plus dangereux pour la couronne d'Isabelle; mais elle reçut bientôt un secours inattendu. Ce fut don Carlos lui-même qui ferma la porte à tout espoir de transaction entre son parti et les hommes de bon sens. Avec une stupidité qu'on ne peut comprendre à l'époque où nous vivons, et qui peint bien l'aveuglement et le fanatisme des hommes dont le prétendant était entouré, il avait déjà déclaré la Vierge des Douleurs généralissime de son armée. A la nouvelle des événements de la Granja, il lança un décret, ou plutôt une espèce de mandat pastoral, signé à Aspeitia le 26 août et contre-signé par son ministre universel don Juan Bautista Erro; dans cet acte, il ordonnait de faire des prières publiques et secrètes, en invoquant l'intercession de la Vierge des Douleurs pour obtenir l'extermination du parti libéral, qu'il signa-

[1] Décret royal du 20 août 1836.

lait comme composé uniquement d'hommes *impies, féroces et ennemis de Jésus-Christ.*

En recevant ce singulier document, le gouvernement comprit tout le parti qu'il pouvait en tirer. C'était un secours inespéré, et il s'empressa de le publier dans tous les journaux pour contre-balancer l'effet produit par la nouvelle de ses désastres militaires. A peu près à la même époque, les ministres, dans un rapport à la reine, exposèrent que la constitution ne doit pas être considérée comme une institution politique, mais bien plutôt comme un monument de gloire; qu'il n'est pas un Espagnol qui puisse méconnaître ses imperfections; ils rappelèrent que cette constitution n'avait été publiée que provisoirement et seulement jusqu'à ce que la nation réunie en cortès eût manifesté sa volonté. Enfin un décret royal convoqua la nation en cortès générales pour le 24 octobre, et ordonna que les élections fussent faites conformément aux dispositions de la constitution de 1812.

L'ouverture des cortès eut lieu au jour indiqué, et la régente rappela dans son discours que la principale mission de cette assemblée était de réformer la constitution et d'établir les bases de la nouvelle organisation sociale. La commission chargée par les cortès de préparer le projet de constitution présenta son rapport dans la séance du 24 février 1837. Miñano, adversaire déclaré de la révolution de 1836, a dit avec esprit qu'il y avait cependant un moyen de faire de la constitution de 1812 une constitution parfaite : qu'il suffisait pour cela d'en ôter ce qu'elle contenait de trop et d'y ajouter ce qui manquait. Ce fut le procédé adopté par les cortès. On réduisit les trois cent quatre-vingt-quatre articles de la constitution de Cadix à soixante-dix-neuf; on écarta du nouveau code les dispositions qui, dans la loi de 1812, énervaient la puissance royale : on y ajouta ce qui manquait, de manière à faire véritablement une loi nouvelle. Le 18 juin, jour choisi pour cette cérémonie, la reine régente prêta serment à la constitution nouvelle, qui fut dans la soirée proclamée solennellement par les autorités de Madrid.

Voici le texte littéral de cette loi, qui forme depuis dix ans le pacte fondamental de l'Espagne :

Constitution de la monarchie espagnole.

TITRE Ier. — *Des Espagnols.*

Art. 1er. Sont Espagnols : 1° tous les individus nés dans les domaines d'Espagne; 2° les enfants de père ou mère espagnols quoique nés en pays étrangers; 3° les étrangers qui auraient obtenu des lettres de naturalisation; 4° ceux qui, sans les avoir obtenues, auraient acquis domicile dans un endroit quelconque de la monarchie.

La qualité d'Espagnol se perd par la naturalisation acquise en pays étranger, et par l'acceptation d'emplois conférés par un autre gouvernement sans autorisation du roi.

Art. 2. Tous les Espagnols ont le droit de faire imprimer et publier librement leurs opinions, sans être soumis à la censure, en se conformant aux lois.

La qualification des délits de la presse appartient exclusivement au jury.

Art. 3. Tout Espagnol a le droit d'adresser, par écrit, des pétitions aux cortès et au roi de la manière qui sera déterminée par les lois.

Art. 4. Les mêmes codes régiront toute la monarchie; et il n'y aura qu'une seule juridiction pour les Espagnols dans les jugements ordinaires, tant au civil qu'au criminel.

Art. 5. Tous les Espagnols sont admissibles aux charges et emplois publics, d'après leur mérite et leur capacité.

Art. 6. Tout Espagnol est obligé de prendre les armes pour défendre la patrie lorsqu'il en sera requis par la loi, et de contribuer en proportion de sa fortune aux charges de l'État.

Art. 7. Nul Espagnol ne pourra être arrêté ni emprisonné, ni enlevé de son domicile; et nulle visite domiciliaire ne pourra être faite si ce n'est dans les cas prévus par la loi et dans les formes qu'elle prescrit.

Art. 8. Si la sûreté de l'État exigeait dans des circonstances extraordinaires la suspension temporaire, dans toute la monarchie, ou dans une partie seulement, des dispositions prescrites dans les articles précédents, ce cas serait déterminé par une loi.

Art. 9. Nul Espagnol ne peut être jugé ni condamné par le juge ou tribunal compétent, si ce n'est en vertu de lois antérieures au délit, et d'après la forme que celles-ci prescrivent.

Art. 10. La peine de confiscation ne sera

jamais imposée, et aucun Espagnol ne sera privé de sa propriété, si ce n'est pour cause d'utilité publique justifiée et moyennant une indemnité préalable.

Art. 11. La nation s'oblige à pourvoir à l'entretien du culte et des ministres de la religion catholique, que professent les Espagnols.

TITRE II. — *Des cortès.*

Art. 12. Le pouvoir de faire des lois réside dans les cortès avec le roi.

Art. 13. Les cortès se composent de deux corps co-législatifs, égaux en facultés : le sénat et le congrès des députés.

TITRE III. — *Du sénat.*

Art. 14. Le nombre des sénateurs sera égal aux trois cinquièmes de celui des députés.

Art. 15. Les sénateurs seront nommés par le roi sur une liste de trois candidats proposés par les électeurs, qui, dans chaque province, nomment les députés aux cortès.

Art. 16. Chaque province a le droit de proposer un nombre de sénateurs proportionné à sa population; mais toutes devront en avoir un pour le moins.

Art. 17. Pour être sénateur il faut être Espagnol et âgé de quarante ans accomplis, posséder les moyens de subsistance et remplir en outre les conditions déterminées par la loi électorale.

Art. 18. Tous les Espagnols qui réuniraient ces conditions peuvent être proposés pour sénateurs par une province quelconque de la monarchie.

Art. 19. Chaque fois qu'on procédera à l'élection générale des députés tant à cause de l'expiration du terme de leur charge que par suite de la dissolution de la chambre des députés, on renouvellera par ordre d'ancienneté le tiers des sénateurs, lesquels pourront être réélus.

Art. 20. Les fils du roi et ceux de l'héritier présomptif de la couronne sont sénateurs à l'âge de vingt-cinq ans.

TITRE IV. — *Du congrès des députés.*

Art. 21. Chaque province nommera un député au moins par 50,000 âmes de population.

Art. 22. Les députés seront élus suivant le mode direct, et pourront être réélus indéfiniment.

Art. 23. Pour être député, il faut être Espagnol de l'ordre séculier, âgé de vingt-cinq ans accomplis, et réunir les autres conditions déterminées par la loi électorale.

Art. 24. Tout Espagnol qui réunit toutes ces conditions peut être nommé député par une province quelconque.

Art. 25. Les députés seront élus pour trois ans.

TITRE V. — *De la réunion et des facultés des cortès.*

Art. 26. Les cortès se réunissent tous les ans. Le roi a le droit de les convoquer, de les suspendre et de former leurs sessions, et de dissoudre le congrès des députés; mais il est tenu, dans ce dernier cas, de convoquer de nouvelles cortès, et de les réunir dans le délai de trois mois.

Art. 27. Si le roi laissait passer une année sans réunir les cortès avant le 1er décembre, elles devront s'assembler ce jour-là; et dans le cas où le terme de la mission des députés expirerait dans l'année, on commencera les élections le premier dimanche d'octobre pour faire de nouvelles nominations.

Art. 28. Les cortès extraordinaires se réuniront immédiatement si le trône venait à vaquer, et lorsque par une circonstance quelconque le roi se trouverait dans l'impossibilité de gouverner.

Art. 29. Chacun des corps co-législatifs forme le règlement de son organisation intérieure et vérifie la légalité des élections, ainsi que les qualités des personnes qui les composent.

Art. 30. Le congrès des députés nomme ses président, vice-président, et secrétaires.

Art. 31. Le roi nomme pour chaque législature, parmi les sénateurs, les président, vice-président, et le président choisit les secrétaires.

Art. 32. Le roi ouvre et ferme les cortès en personne ou par ses ministres.

Art. 33. L'un des corps co-législatifs ne pourra être réuni sans que l'autre ne le soit également, sauf le cas où le sénat aurait à juger les ministres.

Art. 34. Les corps co-législatifs ne peuvent délibérer réunis ensemble, ni en présence du roi.

Art. 35. Les séances du sénat comme celles du congrès seront publiques, et ne pourront être secrètes que dans les circonstances qui exigent de la réserve.

Art. 36. Au roi et à chacun de ces corps appartient l'initiative des lois.

Art. 37. Les lois sur les contributions et le crédit public seront d'abord présentées au congrès des députés; et si le sénat y fait quelques changements que l'autre chambre n'approuve pas ensuite, la décision définitive des députés passera à la sanction royale.

Art. 38. Les résolutions se prendront à la pluralité absolue des voix dans chacun des corps co-législatifs; mais pour voter les lois, la présence de la moitié plus un de la totalité des députés est indispensable.

Art. 39. Si l'un des corps co-législatifs rejette un projet de loi, ou bien si le roi refuse de le sanctionner, aucun autre projet sur la même matière ne sera représenté dans la même session.

Art. 40. Outre la puissance législative exercée collectivement par les cortès et le roi, elles ont encore les facultés suivantes :

1° Recevoir du roi, de l'héritier présomptif de la couronne, de la régente ou régent du royaume le serment d'observer la constitution et les lois ; 2° aplanir tous les doutes qui s'élèveraient en fait ou en droit, sur l'ordre de la succession au trône ; 3° d'élire un régent ou la régence du royaume, et nommer un tuteur au roi mineur dans les cas prévus par la constitution ; 4° rendre effective la responsabilité des ministres qui seront accusés par le congrès et jugés par le sénat.

Art. 41. Les sénateurs et les députés sont inviolables pour les opinions et les votes qu'ils ont émis dans l'exercice de leurs fonctions.

Art. 42. Les sénateurs et les députés ne pourront être poursuivis ni arrêtés pendant la durée des sessions, sans la permission du corps co-législatif auquel ils appartiendront, à moins qu'ils ne soient pris en flagrant délit ; mais dans ce cas et dans celui où ils seraient poursuivis et arrêtés, et dans l'intervalle des sessions, on devra en rendre compte, le plus tôt possible, au corps co-législatif dont ils feraient partie, afin qu'il en ait connaissance et puisse prendre une résolution.

Art. 43. Les députés ou sénateurs qui accepteraient du gouvernement ou de la maison royale une pension, un emploi qui ne leur serait pas dû par droit d'ancienneté, une commission rétribuée, des honneurs ou des décorations, seront soumis à la réélection.

TITRE VI. — *Du roi.*

Art. 44. La personne du roi est sacrée et inviolable et n'est soumise à aucune responsabilité. Les ministres sont responsables.

Art. 45. La puissance exécutive appartient au roi, et son autorité s'étend à tout ce qui a pour but la conservation de l'ordre public dans l'intérieur, et la sûreté de l'État à l'extérieur, conformément à la constitution et aux lois.

Art. 46. Le roi sanctionne et promulgue les lois.

Art. 47. Indépendamment des prérogatives que la constitution accorde au roi, il peut encore : 1° rendre des décrets, faire des règlements et ordonnances pour l'exécution des lois ; 2° veiller à ce que prompte et bonne justice soit administrée dans toute l'étendue du royaume ; 3° faire grâce aux coupables conformément aux lois ; 4° déclarer la guerre ; faire et ratifier la paix, à condition d'en rendre ensuite aux cortès un compte justifié ; 5° disposer de la force armée en la distribuant de la manière la plus convenable ; 6° diriger les relations politiques et commerciales avec les autres puissances ; 7° faire fabriquer la monnaie, qui portera son effigie et son nom ; décréter l'emploi des fonds destinés à chacune des branches de l'administration publique ; nommer à tous emplois publics et accorder des honneurs et des distinctions de toute nature en se conformant aux lois ; 8° nommer et renvoyer librement les ministres.

Art. 48. Le roi a besoin d'être autorisé par une loi spéciale : 1° pour aliéner, céder ou échanger une portion quelconque du territoire espagnol ; 2° pour recevoir dans le royaume des troupes étrangères ; 3° pour ratifier les traités d'alliance offensive, ceux relatifs au commerce, et ceux qui stipuleraient des subsides en faveur d'une puissance étrangère ; 4° pour s'absenter du royaume ; 5° pour se marier et pour permettre le mariage des personnes qui sont ses sujets et que la constitution appelle à la succession du trône ; 6° pour abdiquer la couronne en faveur de son successeur immédiat.

Art. 49. La dotation du roi et de sa famille sera fixée par les cortès, au commencement de chaque règne.

TITRE VII. *De la succession au trône.*

Art. 50. La reine des Espagnols est Isabelle II de Bourbon.

Art. 51. La succession au trône des Espagnes sera d'après l'ordre ordinaire de primogéniture et de représentation, préférant toujours la ligne antérieure aux suivantes ; dans la même ligne le degré le plus proche au plus éloigné, dans le même degré le sexe masculin au sexe féminin ; et dans le même sexe la personne la plus âgée à la plus jeune.

Art. 52. Si les lignes des descendants légitimes d'Isabelle II de Bourbon venaient à s'éteindre, sa sœur et ses oncles, frères et sœurs de son père, ainsi que leurs descendants légitimes, s'ils n'étaient point exclus, lui succéderont.

Art. 53. Si toutes les lignes indiquées venaient à s'éteindre, d'autres personnes seront appelées par les cortès en consultant l'intérêt de la nation.

Art. 54. Les cortès devront exclure de la succession toutes les personnes qui seraient incapables de gouverner ou qui seraient coupables de quelque sete entraînant la perte du droit à la couronne.

Art. 55. Lorsqu'une femme régnera, son mari ne prendra aucune part au gouvernement du royaume.

TITRE VIII. *De la minorité du roi et de la régence.*

Art. 56. Le roi est mineur jusqu'à l'âge de quatorze ans accomplis.

Art. 57. Si le roi ne peut exercer son autorité, ou si le trône vient à vaquer pendant la minorité du successeur immédiat, les cortès nommeront, pour gouverner le royaume, une régence formée d'une, de trois ou de cinq personnes.

Art. 58. Jusqu'à ce que les cortès nomment la régence le royaume sera provisoirement gouverné par le père ou la mère du roi, et à défaut de ceux-ci par le conseil des ministres.

Art. 59. La régence exercera toute l'autorité du roi, au nom duquel tous les actes du gouvernement seront publiés.

Art. 60. Sera tuteur du roi mineur l'individu que le roi aura nommé dans son testament, pourvu qu'il soit Espagnol de naissance; s'il n'a nommé personne, la tutelle appartiendra au père ou à la mère, tant que durera leur veuvage. A défaut de ceux-ci, les cortès nommeront le tuteur; mais cette charge et celle du régent ne pourront jamais être réunies, si ce n'est dans la personne du père ou de la mère du roi.

TITRE IX. *Des ministres.*

Art. 61. Tout ce que le roi ordonne ou dispose, dans l'exercice de son autorité, sera contre-signé par le ministre compétent, et aucun fonctionnaire public ne mettra à exécution ce qui ne serait pas revêtu de cette formalité.

Art. 62. Les ministres peuvent être sénateurs ou députés et prendre part aux discussions des deux corps co-législatifs; mais ils ne pourront voter que dans celui auquel ils appartiendront.

TITRE X. *Du pouvoir judiciaire.*

Art. 63. Le pouvoir d'appliquer les lois tant au civil qu'au criminel appartient exclusivement aux tribunaux et aux juges, sans qu'ils puissent exercer d'autre emploi que celui de juger et de faire exécuter les jugements.

Art. 64. Les lois détermineront les tribunaux et les juges qui devront être établis; l'organisation et les attributions de chacun d'eux, la manière de les exercer, et les conditions requises dans les personnes qui les composent.

Art. 65. Les jugements en matière criminelle seront publics, d'après la forme déterminée par les lois.

Art. 66. Aucun magistrat ou juge ne sera privé de son emploi temporaire ou viager, si ce n'est en vertu d'une sentence exécutoire, ni suspendu de ses fonctions que par un acte judiciaire ou en vertu d'ordre du roi, quand celui-ci, par de justes motifs, le fera juger par un tribunal compétent.

Art. 67. Les juges sont personnellement responsables de toute infraction aux lois qu'ils commettraient.

Art. 68. La justice s'administre au nom du roi.

TITRE XI. *Des députations provinciales et des municipalités.*

Art. 69. Dans chaque province il y aura une députation provinciale composée d'un nombre de personnes déterminé par la loi, et ces personnes seront nommées par les mêmes électeurs que ceux des députés aux cortès.

Art. 70. Chaque ville ou village aura, pour son administration intérieure, une municipalité nommée par les habitants du lieu auxquels la loi accorde ce droit.

Art. 71. La loi déterminera l'organisation et les attributions des députations provinciales et des municipalités.

TITRE XII. *Des contributions.*

Art. 72. Tous les ans le gouvernement présentera aux cortès le budget général des dépenses de l'État pour l'année suivante, ainsi que celui des voies et moyens, de même que les comptes du recouvrement et de l'emploi des deniers publics, afin qu'ils soient examinés et approuvés.

Art. 73. On ne pourra imposer ni percevoir aucune contribution qui n'ait été autorisée par la loi du budget ou par toute autre loi spéciale.

Art. 74. Une semblable autorisation est nécessaire pour disposer des propriétés de l'État et faire des emprunts sur le crédit de la nation.

Art. 75. La dette publique est spécialement placée sous la sauve-garde de l'État.

TITRE XIII. *De la force militaire nationale.*

Art. 76. Les cortès fixeront tous les ans, sur la proposition du roi, la force militaire permanente de terre et de mer.

Art. 77. Il y aura dans chaque province des corps de milice nationale, dont l'organisation et le service seront réglés d'après une loi spéciale; et le roi pourra, en cas de nécessité, disposer de cette force dans l'intérieur de la province; mais hors de ces limites il ne pourra jamais l'employer sans l'autorisation des cortès.

Articles additionnels.

Art. 1er. Les lois détermineront à quelle époque et de quelle manière sera organisé le jugement par jury pour toutes espèces de délits.

Art. 2. Les provinces d'outre-mer seront gouvernées par des lois spéciales.

Palais des cortès, Madrid, le 8 juin 1837.

SUITE DE L'EXPÉDITION DE GOMEZ. — DÉMISSION DE CORDOVA. — IL EST REMPLACÉ PAR ESPARTERO. — SIÉGE DE BILBAO. — INCURSION DE ZARATIÉGUI DANS LA CASTILLE. — DON CARLOS AUX PORTES DE MADRID. — MAROTO. — ARRANGEMENT DE BERGARA. — LA REINE CHRISTINE EST FORCÉE D'ABANDONNER LA RÉGENCE. — ESPARTERO EST ÉLU RÉGENT. — CONCLUSION.

Il serait trop long et sans beaucoup d'intérêt d'entrer dans le détail de toutes les opérations militaires. Il suffit de signaler les principaux événements de la guerre. Ainsi nous ne suivrons pas dans toutes ses marches la colonne aventureuse de Gomez. Toujours poursuivie par des forces supérieures, elle leur échappait sans cesse. Au commencement de septembre, Gomez était passé dans la province de Cuenca, et de là dans la Manche pour se joindre à Cabrera et à d'autres bandes. Le plan de ces chefs était, dit-on, de concentrer toutes leurs forces, et de marcher ensuite sur Madrid. Mais si tel était leur dessein, on ne leur laissa pas le temps de l'effectuer. Le 19 au matin les troupes de la reine arrivèrent à l'improviste devant Villa-Robledo, et surprirent Gomez et ses auxiliaires, qui ne s'attendaient pas à être attaqués. Le colonel don Diego Léon, chargeant avec intrépidité à la tête de ses hussards, culbuta la cavalerie carliste, et décida promptement la victoire. Un grand nombre de prisonniers, des armes, des bagages, restèrent entre les mains des christinos, et les carlistes se réfugièrent en toute hâte dans la Sierra-Morena; mais on eût dit que la défaite qu'ils venaient d'éprouver devait seulement stimuler leur ardeur. Ils se dirigèrent par Infantes et Villa-Manrique, arrivèrent le 24 à Ubeda, le 26 à Baeza, et allèrent le 30 attaquer Cordoue, qui se rendit après une faible résistance. Ils emportèrent, dit-on, de cette ville d'immenses richesses enlevées aux églises et aux couvents. Ils allèrent ensuite attaquer Almaden, dont ils se rendirent maîtres malgré la résistance de George Plinter, commandant de la colonne d'Estremadure. Ils firent encore ensemble plusieurs expéditions, puis ils se séparèrent au commencement de novembre. Cabrera retourna en Aragon, et Gomez se dirigea vers les montagnes de Ronda. Mais il n'y trouva pas pour les prétentions de don Carlos les sympathies qu'il s'était promises. Il parcourut ensuite l'Andalousie, et s'avança jusqu'à Algéciras et jusqu'à San-Roque. Un détachement de son armée fut atteint et mis en déroute par le général Narvaez dans les environs d'Arcos; cette défaite et celle de Villa-Robledo furent les seules qu'il éprouva pendant sa longue excursion. Enfin, au moment où les généraux Alaix, Narvaez et Rivero croyaient l'avoir cerné au fond de l'Andalousie, il leur échappa tout à coup, et reprit le chemin de la Biscaye. Sa retraite fut aussi admirable que toute son expédition. Ni Narvaez, ni Alaix, ni personne ne réussit plus à l'atteindre, et il arriva sain et sauf à Orduña le 20 décembre, cinq mois et vingt-quatre jours après en être parti. Il ramena en Biscaye plus de monde qu'il n'en avait emmené, et quant au butin qu'il rapporta, sans doute il fut assez considérable, puisqu'il permit de payer à toute l'armée carliste la solde arriérée.

Nous nous sommes laissé entraîner à la suite de Gomez. Il faut maintenant nous reporter au moment où a éclaté la révolution de la Granja. Cordova s'était vu l'objet des attaques les plus passionnées de la part des exaltés, qui lui imputaient le mauvais succès de la guerre, comme s'il ne fallait pas faire entrer en ligne de compte le dénûment complet où l'armée était laissée. Ce général d'ailleurs n'était pas au nombre des partisans de la constitution de Cadix. Il présenta donc de nouveau sa démission, qu'il avait déjà offerte sous l'administration de Mendizabal. Cette fois elle fut acceptée, et il se retira en France.

Le décret du 20 août qui nommait

Rodil ministre de la guerre lui conférait également le commandement de l'armée du Nord; mais ce général ne pouvait rester à la tête de l'administration et diriger les opérations militaires. Le 16 septembre, le commandement de l'armée du Nord fut donc confié à don Baldomero Espartero, qui fut nommé en même temps vice-roi de Navarre et capitaine général des provinces Basques. Plus heureux que ses prédécesseurs, Espartero arriva quand l'ardeur des passions commençait à s'éteindre, quand les ressources des provinces insurgées commençaient à s'épuiser, quand leur dévouement commençait à tiédir. Cependant il y avait déjà trois mois qu'il avait pris le commandement, et nulle action d'éclat n'était encore venue justifier la confiance qu'on avait mise en lui. L'armée espagnole, éparpillée à la poursuite de Gomez, désorganisée, démoralisée, semblait condamnée à l'inaction, tandis que les carlistes attaquaient avec la plus grande partie de leurs forces la capitale de la Biscaye. Déjà, on se le rappelle, la fortune du prétendant était venue se briser contre les murs de Bilbao. La balle qui avait frappé Zumala-Carregui était partie de cette ville; et il semble qu'ils devaient craindre de s'en approcher. Cependant elle était si opulente, elle promettait tant de ressources, qu'ils se laissèrent encore tenter par cette riche proie. D'ailleurs, cette fois, ce ne fut plus, comme au temps de Zumala-Carregui, avec cinq pièces mal approvisionnées qu'ils entreprirent le siège. Leur artillerie était formidable, et tous ceux qui s'intéressaient au sort de l'Espagne craignaient à chaque instant d'apprendre que Bilbao avait succombé. On se demandait comment une ville défendue seulement par quelques ouvrages de campagne pouvait résister aussi longtemps. Cependant le siège durait depuis deux mois, lorsque dans la soirée du 22 au 23 décembre Espartero fit embarquer trente-deux compagnies d'élite sur des trincadoures manœuvrées par des soldats de la marine anglaise et conduites par des officiers anglais. Un brouillard épais qui couvrait la rivière empêcha les carlistes d'apercevoir ce mouvement, et la marine anglaise vint débarquer ces troupes d'élite au pont de Luchana, situé sur la rivière de Bilbao, à six kilomètres environ au-dessous de la ville. C'était le centre des positions carlistes. Mais comme ce point semblait moins exposé à une agression, et qu'il fallait pour l'attaquer le concours d'une force maritime, il était moins garni de troupes. Les carlistes, surpris au milieu de leurs positions, se défendirent avec acharnement. Le combat dura une grande partie de la nuit; enfin sur les deux heures du matin, les christinos se trouvant maîtres de tous les points les plus importants, les carlistes furent forcés de se retirer, abandonnant leur artillerie et toutes leurs munitions. Le succès de cette affaire était dû en grande partie à la marine anglaise; mais Espartero en recueillit l'honneur; et en souvenir de cette victoire il reçut le titre de comte de Luchana. La levée du siége de Bilbao aurait entraîné les conséquences les plus funestes pour le parti de don Carlos, si l'armée de la reine avait eu assez de force pour en profiter; mais des deux côtés on était également épuisé par les efforts qu'on avait faits; et, comme d'un commun accord, on resta deux mois dans l'inaction; ce fut seulement vers le milieu du mois de mars 1837 qu'Espartero reprit les opérations; mais alors l'influence morale de la victoire était à peu près dissipée. Les carlistes avaient réorganisé leur armée. Le théâtre de la guerre, loin de s'être restreint, s'agrandissait tous les jours : c'était un incendie qui gagnait de proche en proche, et qui menaçait de consumer toute la Péninsule. On se battait en Catalogne, en Aragon, dans le royaume de Valence. Don Carlos, avec une partie de son armée, franchit l'Èbre, traversa l'Aragon, et passa dans le royaume de Valence; tandis que, pour faire diversion, une dizaine de bataillons et trois cents chevaux, commandés par le général Zaratiégui, après avoir passé ce fleuve à gué, le 22 juillet 1837, pénétra dans la Vieille-Castille, mit à contribution quelques villes des rives du Duero, et vint tout à coup se présenter devant Ségovie, qui n'était pas en état de se défendre. Elle n'avait pour toute garnison que trois cents soldats, deux cents gardes nationaux et le collége militaire des cadets établi dans l'Alcazar. Néanmoins la ville ne se rendit qu'après une résistance honorable. Les élèves du collége s'étaient particulièrement signalés ; et non-seulement la capitulation leur accorda de sortir avec armes et tambours battants, d'emporter tous les effets du collége et les bagages des personnes qui y étaient attachées, mais encore les assiégeants les escortèrent, pour leur faire honneur, jusqu'à deux lieues de la ville. Quant à la milice et à la troupe, elles sortirent sans armes ; les officiers conservèrent seuls leur épée.

Ces mouvements des carlistes déterminèrent Espartero à revenir à Madrid avec onze bataillons et quelques escadrons. Après avoir rassuré la capitale par sa présence, il en sortit pour aller à la recherche de l'expédition de don Carlos. Mais celui-ci s'était jeté dans les montagnes de la province de Cuenca, vers le commencement de septembre. Il vint traverser le Tage à Fuentidueña, et arriva en vue de Madrid le 12 septembre 1837. Il établit même quelques-uns de ses bataillons à l'octroi de Ballecas [1]. Il espérait sans doute que sa présence provoquerait quelque mouvement dans la capitale ; mais personne ne bougea : ce dut être pour lui un triste désenchantement. Toutes ses espérances chimériques s'en allaient en fumée. Madrid restait tranquille ; d'un autre côté, Espartero revenait en toute hâte. Aussi don Carlos, craignant de se voir couper la retraite, jeta un dernier coup d'œil sur les clochers de la ville royale, et se remit en route le soir même de son arrivée. Il remonta vers le nord pour opérer sa jonction avec la colonne de Zaratiégui, et quand il l'eut atteinte, les deux colonnes réunies se hâtèrent de regagner leurs cantonnements des provinces Basques. Il était certain dès lors, pour les moins clairvoyants, qu'il n'y avait plus pour don Carlos de succès possible ; car il n'avait rencontré partout que la haine ou l'indifférence au lieu de l'enthousiasme qu'il s'était flatté d'exciter.

Au commencement de l'année suivante, don Carlos, fidèle à la tactique adoptée par ses conseillers, envoya une expédition dans les Asturies et la Castille. Il en donna le commandement au comte de Negri ; mais cette colonne, atteinte par les troupes de la reine dans les montagnes de Burgos, fut entièrement détruite, et Negri put à peine s'échapper avec quelques débris de sa division. Cependant l'année 1838 ne fut pas heureuse pour les armées de la reine. Le général Oraa, ayant été mettre le siége devant la ville de Morella, dont les carlistes étaient en possession, donna deux fois inutilement l'assaut à la ville, et fut obligé de se retirer, emmenant avec lui plus de huit cents blessés.

Ce revers fut bientôt suivi d'un autre malheur. Le 1er octobre, la division du général Pardinas sortit de Maella par la route d'Alcañiz. Elle était en marche depuis environ une heure, lorsqu'elle rencontra neuf bataillons et cinq escadrons carlistes commandés par Cabrera. Elle fut attaquée, culbutée, mise en déroute ; Pardinas, criblé de blessures, dont il mourut bientôt, fut fait prisonnier avec une partie des troupes qu'il commandait, et Cabrera, cédant à ses habitudes de férocité, fit passer par les armes quatre-vingt-seize sous-officiers qui lui étaient tombés entre les mains.

Quelque avantageux qu'aient été pour les carlistes le siége de Morella et la défaite de Pardinas, cependant ces événements ne purent rendre au prétendant le prestige qu'il avait perdu. Depuis la mort de Zumala-Carregui, le commandement était passé successivement entre les mains d'une foule de chefs : Eraso, Eguia, Villareal, d'autres encore, avaient eu la faveur de don Carlos, puis étaient tombés dans sa disgrâce ; car ce prince malheureux, dominé par une bande de moines intrigants et fanatiques, était incapable d'apprécier le mérite et les services de ses plus fidèles serviteurs. Gomez, au retour de sa périlleuse expédition, avait été arrêté, mis en jugement ; et bien qu'il ait été rendu à la liberté, nous n'avons plus trouvé son nom glorieux parmi ceux des défenseurs auxquels don Carlos donnait sa confiance. Cette ingratitude glaça nécessairement bien des dévouements ; et quand les provinces insurgées virent ce prince revenir de son expédition contre la capitale sans qu'un village se fût soulevé en sa faveur, elles ouvrirent les yeux, et comprirent le triste jeu auquel elles épuisaient leurs ressources et

---

[1] Ballecas est situé à six kilomètres environ au sud-est de Madrid, sur la route de Valence.

leur repos. Le cri : *Paz y fueros!* (la paix et nos libertés), qui s'était déjà fait entendre, éclata de nouveau. Tous ceux qui appréciaient sainement la position des choses firent des vœux pour la paix, puisque désormais la guerre était sans but, et de ce parti se trouvaient le célèbre père Cirile, les généraux Maroto, Villareal, Urbistondo, Gomez, Guibelalde, Eguia, Zaratiégui ; mais ils avaient pour adversaires les apostoliques ou absolutistes exaltés, comme le duc de Grenade, Arias Tejeiro, le père Larraga, confesseur de don Carlos, et les chefs Guergué, Iturreza, et quelques autres. Au retour de son expédition, don Carlos, voulant donner le commandement à un général qui eût toute sa confiance, fit choix de Guergué. Mais cette nomination mécontenta l'armée, et le nouveau commandant ayant essuyé quelques revers, don Carlos se vit contraint de lui substituer Maroto, qui était désigné par le vœu général.

Maroto se trouva bientôt dans la position la plus embarrassante. Il était en horreur aux hommes qui entouraient le prétendant, et se voyait dans l'alternative ou de les atterrer par un coup vigoureux, ou bien d'être écrasé par eux. Quelques mesures qu'il avait prises ayant vivement alarmé ses ennemis, ceux-ci renouvelèrent leurs plaintes. Ils peignirent à don Carlos les dangers où se trouvaient non-seulement ses prétentions, mais encore sa sûreté et même son existence, et le déterminèrent à prendre des précautions dont la première devait être la destitution de Maroto. Cependant le général ne marchait pas en aveugle ; et prévenu de ce qui se tramait, il jugea que le moment était venu d'agir avec énergie.

Il savait parfaitement quels étaient ses principaux ennemis, et ceux qui étaient nommés pour lui succéder. Il marcha donc en toute hâte sur Estella, remplaça la garnison par des troupes qui lui étaient dévouées, et faisant arrêter les généraux Guergué, Garcia, Sanz, le brigadier Carmona et l'intendant Urris, il ne leur laissa que le temps de se confesser, et les fit immédiatement passer par les armes. Ce coup d'une audace féroce jeta la confusion et l'effroi dans le parti apostolique. Don Carlos ne tarda pas à manifester son mécontentement par ce manifeste, signé le 21 février 1839 :

Le général don Raphaël Maroto, abusant de la manière la plus perfide et la plus indigne de la confiance et de la bonté avec lesquelles je l'avais distingué, malgré sa conduite antérieure, vient de tourner contre vous-mêmes les armes que je lui avais confiées pour combattre les ennemis du trône et de l'autel. Fascinant et trompant les populations par de grossières calomnies, il a fusillé, sans jugement, des généraux qui s'étaient couverts de gloire dans cette lutte et des serviteurs qui avaient bien mérité par leurs services et par leur fidélité sans reproche. Il a supposé qu'il agissait avec mon approbation royale, parce que c'était le seul moyen qu'il eût de se faire obéir.

Maroto a foulé aux pieds le respect dû à ma souveraineté et les devoirs les plus sacrés pour sacrifier avec perfidie ceux qui opposaient une digue insurmontable à la révolution et à l'usurpation, pour nous exposer à devenir les victimes de l'ennemi et de ses trames. Je le destitue du commandement de l'armée, je le déclare traître aussi bien que ceux qui lui prêteraient assistance ou bien lui obéiraient. Les chefs et autorités de toute classe et chacun de vous est autorisé à le traiter comme tel, s'il ne se présente pas immédiatement à répondre devant la loi.

La position de Maroto était épineuse ; mais il avait dû la prévoir ; il n'avait rien à ménager. Il rassembla donc neuf bataillons, et, à leur tête, se rendit au quartier royal, qui se tenait à Villa-Franca. Don Carlos n'attendait pas un hôte si importun : frappé de surprise et de terreur, il montra la faiblesse la plus indigne d'une personne de son rang. Il changea son ministère, et par un décret en date du 24 il déclara Maroto pur de tout reproche ; bien plus, convertissant en éloges les reproches qu'il lui avait adressés, il approuva toutes les mesures prises par le général, ordonna de recueillir et de brûler tous les exemplaires de son précédent décret, enfin ajouta qu'il comptait assez sur le patriotisme et sur la fidélité sans tache de Maroto pour croire que ce général ne conserverait aucun ressentiment de ce qu'il pouvait y avoir d'offensant dans la précédente déclaration, puisqu'il était rentré en grâce auprès de son roi, et que réparation avait été faite à son honneur outragé. Cette lâcheté acheva de déconsidérer le malheureux prince qui se prétendait appelé à porter la courónne des Espagnes.

Les dissensions qui déchiraient l'armée carliste offraient une occasion trop favorable pour qu'Espartero n'en profitât pas. Il attaqua les lignes qu'elle occupait à Ramales, pendant que d'un autre côté le général Léon emportait les positions de Belascoain. Le gouvernement, voulant récompenser ces deux victoires, ajouta un titre nouveau à celui que portait déjà le comte de Luchana. Il le nomma duc de *la Victoire*. Don Diégo Léon reçut le titre de comte de Belascoain.

Neanmoins les opérations militaires ne furent pas poussées avec une grande vigueur; mais des négociations très-actives s'établirent entre Maroto et le duc de la Victoire par l'intermédiaire de lord John Hay.

Maroto remit à M. John Hay une note par laquelle il demandait que don Carlos et la reine Christine sortissent également d'Espagne, que le fils de don Carlos épousât Isabelle II. Il offrait de reconnaître le gouvernement constitutionnel, avec les modifications qui pourraient être faites par les cortès réunies à cet effet. Il demandait en échange la reconnaissance des *fueros* et la confirmation des grades et emplois de l'armée carliste.

Le gouvernement britannique répondit que ces propositions ne paraissaient pas admissibles; et il proposa de prendre pour bases de l'arrangement l'éloignement de don Carlos du territoire espagnol. La concession d'une amnistie, la reconnaissance des grades et solde en faveur de l'armée carliste, le serment par les provinces basques et navarraises à la constitution de 1837, la royauté d'Isabelle II, la régence de la reine Christine et la conservation des fueros.

Il serait fort difficile de suivre toutes les phases de cette négociation, qui fut plusieurs fois rompue. Il est plus difficile encore de rapporter avec certitude les causes secrètes qui purent influer sur la détermination des parties. Ce qui est certain, c'est que don Carlos fut instruit de ce qui se passait. On lui communiqua les bases qui étaient proposées; mais il ne voulut prendre part à aucun arrangement, et n'eut pas assez de fermeté pour empêcher les conférences. Cependant le 26 août (1839), ayant appris que la veille une entrevue avait eu lieu entre les deux généraux, il réunit son conseil, et l'on y décida qu'avant de prendre aucune détermination il fallait s'assurer de l'esprit des troupes, et que le prince devait faire lui-même cette épreuve, tenter de ranimer leur enthousiasme. On fit réunir les bataillons, et don Carlos, s'étant placé devant la ligne, harangua d'abord les Castillans. Quand il eut fini son allocution, le cinquième bataillon fit seul entendre le cri de : *Vive le roi*. Les autres poussèrent celui de : *Vive le général en chef!* Peu satisfait de ce résultat, il passa où étaient les bataillons de la Guipuscoa; il leur parla de leurs gloires passées, de leur loyauté, de leurs serments; et quand il eut fini, voyant qu'il n'avait fait sur eux aucune impression, il demanda aux personnes qui l'entouraient : *Est-ce que personne ne m'entend?* — *Non, sire*, lui répondit-on, *ils parlent basque*. Alors il chargea Lardizabal de leur traduire ce qu'il avait dit. Celui-ci, prenant la parole en leur langue, leur cria : *Quironac* (jeunes gens), *cet homme demande si vous voulez la paix ou la guerre; répondez-lui.* — *La paix! La paix!* s'écrièrent-ils. A peine don Carlos eut-il entendu ces paroles, qu'il tourna bride, et mettant les éperons dans les flancs de son cheval, il reprit promptement la route de Villa-Franca.

Cette fuite laissait Maroto maître du terrain; mais elle ne tranchait pas encore toutes les difficultés. Le général, prêt à quitter le drapeau du prétendant, pouvait craindre que ses soldats ne voulussent pas le suivre. Une petite comédie fut préparée pour les entraîner. Une suspension d'armes avait été signée. Espartero en profita pour se transporter à l'endroit où les bataillons carlistes étaient réunis. Il les harangua avec énergie : « Voulez-vous vivre tous comme des Espagnols sous une même bannière, leur cria-t-il? Tenez, voilà vos frères qui vous regardent, courez les embrasser, comme j'embrasse votre général! » En disant, il serra Maroto dans ses bras. En voyant cette scène, les soldats poussèrent un cri d'enthousiasme. Ils mirent les armes en faisceaux, et oubliant leurs inimitiés passées ils coururent embrasser les christinos.

Le 31 août (1839) un arrangement fut signé à Bergara. Il se compose de dix articles. Dans le premier, Espartero prit l'engagement de proposer aux cortès la concession ou la modification des fueros. Dans le second, il promit de faire reconnaître les grades de tous les individus de l'armée, tout en leur laissant la faculté ou de servir Isabelle II, ou de se retirer dans leurs foyers.

Cet arrangement ne concernait qu'un nombre de bataillons assez restreint, et il restait encore des forces considérables à la disposition de don Carlos; mais ce prince manquait de l'énergie nécessaire pour soutenir la lutte, et le 14 septembre il se réfugia sur le territoire français.

Ces événements mirent un terme à la guerre qui désolait depuis si longtemps les provinces du nord. Ils eurent aussi la plus puissante influence sur la guerre de Catalogne. Ils permirent de concentrer sur un seul point toutes les forces de l'armée de la reine. Cabrera, resserré dans un cercle qui allait chaque jour se rétrécissant, manquant d'argent, de munitions, de vivres, devait nécessairement succomber. Il fut contraint à se jeter en France avec les restes de son armée.

Ces résultats heureux étaient dus aux circonstances bien plus qu'aux talents ou au courage d'Espartero. Néanmoins il en recueillit tout l'honneur, et acquit en Espagne une influence immense : on ne faisait rien sans le consulter. Il était, après la régente, la personne la plus puissante du royaume. Mais cette seconde place ne lui suffisait pas ; c'était la première qu'il ambitionnait.

Les modifications apportées à la constitution de 1812, ou plutôt la constitution toute nouvelle votée en 1837, avaient été un triomphe de l'esprit modéré sur l'exagération des passions anarchiques; mais comme si le pays se repentait de ce moment de sagesse, les révoltes, les mouvements populaires, s'étaient succédé sans relâche, et telle avait été la fréquence des agitations, que dans le court espace de trois années qui s'était écoulé depuis la promulgation du nouveau pacte fondamental six ministères différents avaient successivement occupé le pouvoir.

18 août 1837.

Guerre. Le comte de Luchana, président du conseil.
Intérieur. José Manuel Vadillo.
Finances. Pio Pita Pizarro.
Marine. Evariste San-Miguel.
Grâce et Justice. Ramon Salvato.

30 août 1837.

Extérieur. Don Eusebio Bardaji y Azara, président du conseil.
Guerre. Don Evariste San-Miguel, remplacé par don Ignacio Balanzat et ensuite par Don Francisco Ramonet.
Intérieur. Don Rafael Perez.
Finances. Don Maria Seijas.
Marine. Don Francisco Xavier Ulloa.
Grâce et Justice. Don Juan Antonio Castjeon, remplacé par don Pablo Matavijil.

16 décembre 1837.

Extérieur. Don Narciso Heredia, comte de Ofalia, président du conseil.
Guerre. Baldomero Espartero.
Finances. Don Alexandre Mon.
Intérieur. Le marquis de Someruelos.
Marine. Don Manuel de Canas.
Grâce et Justice. Don Francisco de Castro y Orozco.

6 septembre 1838.

Extérieur. Don Bernardino Fernandez Velasco, duc de Frias, président du conseil.
Guerre. Don Juan Aldama remplacé par Don Isidro Alaix.
Intérieur. Don Alberto Felipe Valdric Marquis de Valgornera.
Finances. Don José de Quinonez, marquis de Monte-Virgen.
Marine. Don José Antonio Ponzoa.
Grâce et Justice. Don Domingo Maria Ruiz de la Vega.

6 décembre 1838.

Extérieur. Don Evaristo Perez de Castro, président du conseil.
Guerre. Don Isidro Alaix.
Intérieur. Don Antonio Hompanera.
Finances. Don Pio Pita Pizarro.
Marine. Don José Maria Chacon.
Grâce et Justice. Don Lorenzo Arrazola.

25 juillet 1839.

Extérieur, Guerre et Justice. Comme au précédent.
Intérieur. Don Juan Martin Carramolino.
Finances. Don Domingo Ximenès.
Marine. Don José Primo de Rivera.

Quoique Espartero appartînt au parti exagéré, et qu'il n'eût pas toujours donné des preuves de son amour pour l'ordre et pour la discipline, la régente croyait pouvoir compter sur son dévouement. Les médecins ayant pensé que des bains de mer pourraient fortifier la santé d'Isabelle, dont l'enfance était maladive, désignèrent trois villes : Bilbao, Valence et Barcelone, comme étant celles où ces bains pouvaient être pris avec le plus d'avantage. Ils laissèrent à la tendre sollicitude de la reine mère le soin de choisir entre ces trois points. Consulté sur celui qui offrait le plus de sécurité, le duc de la Victoire désigna la capitale de la Catalogne. Son conseil fut suivi. La reine et la régente quittèrent Madrid le 11 juin; elles allèrent s'établir à Barcelone, sans songer aux dangers qui pouvaient accompagner leur absence de la capitale. Les premiers instants de leur séjour à Barcelone furent assez calmes. Espartero, qui venait d'achever la pacification de la Catalogne, s'était rendu auprès de la reine. On s'occupait en ce moment de régler l'organisation des municipalités. Aux termes de l'art. 71 de la constitution, une loi devait déterminer leurs pouvoirs et leurs attributions. Cependant le projet voté par les cortès semblait au plus grand nombre des communes une atteinte portée à leurs droits et à leurs priviléges. Les progressistes avaient pris sous leur protection les prétentions des communes, et le duc de la Victoire insista auprès de la régente pour qu'elle ne sanctionnât pas la loi, pour quelle changeât le ministère, et pour qu'elle prononçât la dissolution des cortes. Christine ne crut pas devoir se conformer à cet avis. La loi sur les municipalités lui semblait bonne, elle la sanctionna. Alors le duc de la Victoire, donnant le signal d'une résistance factieuse contre une loi votée par les représentants du pays, pria la reine de recevoir sa démission du commandement qu'il exerçait. A cette nouvelle la populace de Barcelone se souleva. Pour apaiser l'émeute, le duc se rendit au palais et obtint que la reine changeât son ministère. Il promit de ne pas quitter Barcelone; et moyennant ces concessions le calme se rétablit dans la ville. Mais l'élan était donné : le 1ᵉʳ septembre, lorsqu'on reçut à Madrid la nouvelle des événements de Barcelone, le peuple se souleva. La municipalité, d'accord avec la junte provinciale et avec les commandants de la milice, créa une junte provisoire de gouvernement.

Cependant le but du voyage de la reine était atteint; elle s'était embarquée pour se rendre à Valence et passer de cette ville à Madrid. Ce fut à Valence qu'elle apprit le soulèvement de la capitale. Alors elle commanda à Espartero de marcher sur Madrid pour y rétablir l'ordre. Espartero ne répondit pas par un refus formel d'obéir; mais il exposa à sa majesté les inconvénients d'une semblable résolution, la nouvelle complication de maux qui pouvait en résulter; et il concluait en priant l'illustre régente du royaume d'accéder au vœu de la nation si clairement exprimé.

Un grand nombre de villes suivirent l'exemple de Madrid, et nommèrent des juntes de gouvernement. La régente essaya vainement de former un nouveau ministère : les révoltés refusèrent de communiquer en aucune manière avec son gouvernement. Dans cette position critique, il ne restait à Marie-Christine qu'une ressource, c'était de charger Espartero de former un cabinet et d'accepter la présidence du conseil, en conservant la direction de l'armée. Espartero fit choix des nouveaux ministres, et quand ceux-ci eurent prêté le serment entre les mains de la régente, quand ils lui eurent exposé le programme qu'ils entendaient suivre, la régente, qu'on avait abreuvée d'insultes et de dégoûts, trouva qu'on lui avait rendu le pouvoir impossible; elle déclara donc se démettre de la régence, et quitta l'Espagne.

Les événements qui ont suivi le départ de la reine sont encore présents à notre mémoire. Ils sont tellement près de nous qu'il n'est pas besoin de les rappeler: tout le monde sait comment les cortès, chargées par la constitution de pourvoir à la régence, la déférèrent à Espartero.

Ce choix ne fut pas approuvé par tout le monde. Marie-Christine avait beaucoup de partisans. Le parti modéré, celui qui s'appuyait sur l'alliance de la France, regrettait le gouvernement conciliateur de cette princesse, et le considérait comme le plus favorable aux progrès d'une sage et prudente liberté. Cependant, la reine avait abdiqué le pouvoir ; et quoique sa renonciation n'eût peut-être pas été bien libre, elle existait, et tout le monde avait reconnu la nécessité de nommer un régent ; mais les cortès ne s'étaient pas bornées à remettre la régence entre les mains d'Espartero ; elles avaient aussi dépouillé Christine de la tutelle de ses enfants, et l'avaient confiée à D. Agustin Argüelles. Cette décision semblait au plus grand nombre un outrage sans utilité. Christine protesta contre cette résolution dans les termes les plus énergiques. Le testament de Ferdinand VII, dit-elle, m'a confié la tutelle et la curatelle de mes filles pendant leur minorité. Cette nomination, en ce qui concerne la reine doña Isabelle, ma fille, est conforme aux dispositions de la loi 3, au titre 15 de la seconde *Partida*, et à l'art. 60 de la Constitution de l'État ; en ce qui concerne ma bien-aimée fille l'infante Maria-Louisa-Fernanda, elle est d'accord avec la loi civile ; en sorte que si la tutelle et la curatelle de ces augustes orphelines ne m'eussent pas été conférées par le testament de mon mari, j'y aurais eu droit en ma qualité de mère veuve par le bénéfice et en vertu du texte précis de la loi... La décision des cortès est une violence et une usurpation de pouvoir. Je ne puis ni ne dois y prêter mon consentement... La seule consolation qui me reste est de rappeler que pendant mon administration beaucoup d'Espagnols ont vu se lever pour eux le jour de la clémence. Tous ont vu se lever le jour d'une justice impartiale ; personne n'a eu à redouter celui de la vengeance. A Saint-Ildephonse, j'ai été la dispensatrice de l'amnistie ; à Madrid, je me suis constamment efforcée de maintenir la paix ; à Valence, j'ai été la dernière à défendre les lois scandaleusement foulées aux pieds par ceux qui avant tout le monde auraient dû les protéger.

Une lettre adressée au duc de la Victoire était jointe à cette protestation, et reprochait à ce général, en termes fort sévères, d'avoir provoqué la décision relative à la tutelle et de s'être arrogé des pouvoirs qui ne lui appartenaient pas.

Les réclamations de Marie-Christine firent une vive impression sur l'esprit de ses partisans. Les plus impatients d'entre eux ne tardèrent pas à provoquer des troubles assez graves. Le 2 octobre ils se soulevèrent à Pampelune, et se renfermèrent avec quelques troupes dans la citadelle de cette ville. La garnison de Vitoria suivit le même exemple. Il en fut de même à Bilbao. Trois bataillons de la garde, en garnison à Saragosse, commandés par le général D. Cayétano Borso de Carminati, sortirent de la ville, et prirent la route de Pampelune pour se joindre aux insurgés de cette ville.

Le duc de la Victoire répondit par un manifeste aux attaques dont il était l'objet ; il menaça les insurgés d'un châtiment prompt et exemplaire. Néanmoins, il ne put empêcher une conspiration d'éclater à Madrid. Dans la soirée du 7 octobre, plusieurs officiers qui avaient pour chef ostensible le général Concha se dirigèrent vers le palais avec quelques compagnies de la princesse. Ils essayèrent de pénétrer dans la demeure royale et d'enlever la reine et sa sœur. Pour entrer dans les appartements, ils se dirigèrent par le grand escalier ; mais ils y rencontrèrent une résistance à laquelle ils étaient loin de s'attendre. Les dix-huit hallebardiers de garde postés en haut de l'escalier en défendirent l'accès avec une obstination dont on ne put triompher. Il y avait déjà deux heures que durait cette lutte, quand le général Léon vint se mettre à la tête des conjurés. Toute la bravoure de ce brillant officier ne peut contraindre les hallebardiers à reculer. Cependant la garnison et la milice nationale avaient reçu l'alarme. Elles cernaient l'enceinte du palais. Les conjurés ne pouvaient plus recevoir de secours du dehors ; personne ne s'unissait à eux. Le découragement se mit parmi les chefs de l'insurrection, qui au point du jour s'échappèrent chacun de leur côté. Quelques instants plus tard les soldats déposèrent les armes. Le général Concha parvint à se soustraire aux recherches de la police. Presque tous les autres officiers qui avaient figuré dans cette affaire tombèrent entre les mains des gens qui les poursuivaient. Le général Léon fut pris, auprès de Colmenar Viejo, par un détachement de hussards. Le comte de Requena et le brigadier Quiroga, qui fuyaient sur une charrette, cachés au milieu du charbon, furent découverts et arrêtés par la justice d'Aravaca. Un conseil de guerre fut chargé de juger les prisonniers; la sentence ne pouvait être douteuse : les faits étaient évidents; aussi les principaux chefs de l'insurrection furent-ils condamnés à mort. L'intérêt public s'attacha surtout à l'un des infortunés que la justice venait de frapper. Le général Léon était un des plus braves parmi ceux qui avaient défendu le trône d'Isabelle. La reine elle-même demanda qu'on épargnât la vie de cet infortuné; le chef des hallebardiers qui avaient défendu le palais et une foule de personnes de toutes les opinions sollicitèrent également sa grâce. Tout fut inutile : Espartero demeura impitoyable. Le jugement fut exécuté dans toute sa rigueur. Le général Léon fut passé par les armes.

L'insurrection de Madrid avait été trop facilement réprimée pour que celle de la province persistât longtemps. Plusieurs des chefs qui l'avaient provoquée furent fusillés comme le malheureux général Léon. Toutes ces tentatives, aussi maladroitement exécutées que follement conçues, furent unanimement blâmées par les hommes sensés. Elles n'étaient pas l'œuvre d'un parti, mais seulement l'ouvrage de quelques individus qui se figuraient que le sabre peut trancher toutes les questions. Aussi les exécutions sanglantes par lesquelles Espartero avait cimenté son autorité inspirèrent une pitié générale pour les victimes, sans intimider personne. Elles ne mirent pas le régent à l'abri des attaques les plus vives, et nous avons vu ce chef ambitieux forcé de rendre à son tour le pouvoir au parti de la modération. Les circonstances qui ont accompagné la majorité de la reine, son mariage et celui de sa sœur sont des événements si récents qu'ils sont dans la mémoire de tout le monde. Nous n'avons donc plus rien à dire pour le passé; ce qui nous reste à exprimer, ce sont nos souhaits, nos espérances pour l'avenir. Puisse la jeune princesse qui règne sur les Espagnes, instruite par le souvenir de tous les maux que son pays a soufferts, développer dans ses États les principes d'ordre, de modération et de sage liberté qui assurent en même temps la prospérité des peuples et la grandeur des rois; puisse-t-elle faire le bonheur de ses sujets! C'est un des vœux les plus ardents de mon cœur; car l'Espagne est, après ma patrie, le pays qui tient le plus de place dans mes affections [1].

[1] Tous ces événements sont tellement récents que je n'ai pas cru devoir entrer dans plus de détails. Les personnes qui voudront connaître d'une manière plus approfondie l'histoire contemporaine pourront consulter les ouvrages suivants :

MANUEL GODOY, *Mémoires de D. Manuel Godoy, prince de la Paix*; Paris, 1836, 4 vol. in-8.

LLORENTE (Nellerto), *Mémoires pour servir à l'histoire de la révolution d'Espagne*; Paris, 1814, 3 vol. in-8°.

DE PRADT, *Mémoires historiques sur la révolution d'Espagne*; Paris, 1816, 1 vol. in-8°.

CEVALLOS et ESCOÏQUIZ (*Mémoires de*); Paris, 1815, 1 vol. in-8°.

AZANZA Y O-FARRILL (*Mémoires de*); Paris, 1815, 1 vol. in-8°.

DE TORENO, *Histoire du soulèvement, de la guerre et de la révolution d'Espagne*; Paris, 1835, 5 vol. in-8°.

SARRAZIN, *Histoire de la guerre d'Espagne et de Portugal*, 1 vol. in-8°; Paris, 1814.

J'ai indiqué page 173 les auteurs qui ont rendu compte du siège de Saragosse.

Historia de la vida y reinado de Fernando VII° de España; Madrid, 1843, 3 vol. in-4°.

LE VICOMTE DE MARTIGNAC, *Essai historique sur la révolution d'Espagne et sur l'intervention de 1823*. Le 1er volume a seul été publié; Paris, 1832.

MIÑANO, *Examen critico de las revoluciones de España de 1820 à 1823, y de 1836*.

Les jugements portés par Miñano dans le premier volume de cet ouvrage sont empreints de sagesse et de modération. L'auteur y fait une appréciation équitable des actes et des individus.

Cette première partie a été traduite avec beaucoup de talent par M. de Blosseville.

La seconde partie de l'ouvrage, celle qui a trait à la révolution de 1836, a été écrite sous le coup d'événements qui paraissent avoir blessé vivement les sympathies de l'auteur. Ses jugements sont quelquefois passionnés; les faits ne sont pas toujours présentés avec autant d'impartialité.

CURTI, *La spagna d'all'ordinamento delle cortes nel 1812 fino all'anno 1835*; Lugano, 1836, 1 vol. in-12.

MARLIANI, *L'Espagne et ses révolutions*; Paris, 1833, 1 vol. in-8°.

Historia contemporanea de la revolucion de España para servir de continuacion a la Historia de Toreno, por una sociedad de literatos; Madrid, 1843, 2 vol. in-8° à deux colonnes.

ALCALA GALIANO, *Historia de España desde los tiempos primitivos hasta la mayoría de doña Isabel II;* 6 vol. in-8°; Madrid, 1845.

BENTHAM JÉRÉMIE, *Essais sur la situation politique de l'Espagne;* Paris, 1823, 1 vol. in-8°.
Ouvrage très-médiocre, malgré la célébrité de son auteur.

GALLI. *Mémoire sur la dernière guerre de Catalogne,* par Florent Galli, aide de camp du général Mina; Paris, 1828, 1 vol. in-8°.

PERALTA BENITO, *Détails des faits les plus mémorables de la dernière guerre civile d'Espagne, depuis 1833 jusqu'en 1840;* Arbois, 1842.
Cette brochure porte sur la couverture le titre de : *Don Carlos et ses héroïques défenseurs;* elle est écrite avec toute l'exagération de l'esprit de parti. Elle m'a paru contenir des accusations injustes et des faits dénaturés.

Galerie Espagnole, ou Notices biographiques sur les membres des cortès et du gouvernement ; Paris, 1823, 1 vol. in-8° de huit feuilles et demie.
Ce petit ouvrage est excessivement commode : il contient beaucoup de faits ; malheureusement il n'est pas écrit avec une parfaite impartialité, et n'est pas aussi complet qu'on pourrait le désirer.

ISIDORE MACUÈS, *Don Carlos et ses défenseurs,* collection de 20 portraits, avec une notice biographique sur chacun des personnages; Paris, 1837, in-4°.

CORDOVA. *Memoria justificativa del general Cordova;* Paris, 1837, 1 vol. in-8°.

MIRAFLORÈS, *Memorias para escribir la historia contemporanea de los siete primeros años del reinado de Isabel II;* Madrid, 1844, 2 vol. in-4°.

CHARLES DIDIER, *Une année en Espagne;* 2 vol. in-8°, Paris, 1837.

ADOLPHE GUÉROULT, *Lettres sur l'Espagne;* Paris, 1838, 1 vol. in-8°.

HENNINGSEN, *Mémoires sur Zumala-Carregui,* par Charles Frédéric Henningsen, capitaine de lanciers au service de D. Carlos, traduit de l'anglais; 2 vol. in-8°; Paris, 1836.

ZARATIÉGUI. *Vida y hechos de D. Tomas Zumala-Carregui,* por et général D. J. A. Zaratiégui; 1 vol. in-8°, Paris, 1845.
Cet ouvrage et celui d'Henningsen sont écrits sans passion, sans esprit d'exagération; ce sont deux livres remplis de détails curieux.

SEGUNDO FLOREZ. *Espartero, historia de su vida militar y politica y de los grandes sucesos contemporaneos,* escrita por J. Segundo Florez; Madrid, 1844-46, 3 vol. in-8°.

PELLIER, *Du mariage d'Isabelle II ;* in-8°, Paris, 1843.

POIDS, MESURES ET MONNAIES DE L'ESPAGNE.

Les mesures de longueur, de superficie ou de capacité varient de nom et de dimension suivant les différentes parties de la monarchie. Le séjour des Français en Espagne, s'il se fût prolongé, n'eût pas tardé à amener l'uniformité dans les poids et mesures; mais ils n'ont pas eu le temps d'opérer cette utile réforme, et les Espagnols l'attendent encore.

Voici celles des mesures espagnoles qui sont le plus en usage, avec leur réduction en mesures décimales de France.

MESURES ITINÉRAIRES.

La lieue de pays, en Espagne, représente une heure de marche. Un homme, sans accélérer le pas, doit parcourir un kilomètre en dix minutes. La lieue de pays est donc environ de 6 kilomètres; mais ce n'est là qu'une évaluation approximative, et la lieue varie en Espagne suivant les localités.

La lieue géographique d'Espagne, celle dont se servent les itinéraires et le *Guia de caminos,* est la plus usitée. Elle se compose de 7,572 varas de Castille; il en faut 17 $\frac{1}{2}$ pour faire le degré. Le degré étant de 111,111 mètres, on trouve pour valeur de la lieue géographique d'Espagne 6,349 m. 206349.

On compte aussi par lieues marines de 20 au degré. Cette lieue contient 6,626 *varas* de Castille. La lieue marine représente en mètres 5,555 m. 55.

La lieue légale, en Espagne, est de 5,000 *varas* de Castille. Il y en a 26 $\frac{1}{2}$ au degré : elle représente en mètres 4,192 m. 87.

En Aragon, on compte la lieue de 18 au degré. La lieue aragonaise représente donc en mètres 6,172 m. 83.

Dans le royaume de Valence, la lieue municipale se compose de 8,000 varas de Castille, c'est-à-dire $\frac{3}{5}$ en sus de la lieue légale espagnole. Ainsi, elle représente en mètres 6,708 m. 592.

MESURES DE LONGUEUR.

CASTILLE.

Il n'est pas aussi facile qu'on pourrait le penser de déterminer d'une manière bien précise le rapport de la *vara* de Castille avec le mètre. Autant vous consultez d'auteurs, autant vous trouvez de rapports différents. M. Delaborde, dans son Itinéraire, évalue la *vara* à 2 pieds 6 pouces 8 lignes de France,

ESPAGNE.

c'est-à-dire en mètres, 0,830147. M. Balbi, dans sa Géographie, l'évalue à o m. 847965. Le nouveau manuel du commerçant, *Novisimo Manual del comerciante*, Valence, 1839, l'évalue à o m. 835003. M. Haros, dans les tables qu'il a calculées pour la conversion des mesures anciennes en nouvelles, évalue la vara à o m. 8366. De ces quatre rapports quel est celui qui présente le plus d'exactitude? N'oublions pas que la lieue de 17 ½ au degré, c'est-à-dire de 6,349 m. 206349 se divise en 7,572 varas. En prenant donc pour point de départ la lieue dont nous avons la valeur d'une manière certaine, nous obtiendrons pour valeur de la vara, o m. 838507.

Pour contrôler ce résultat, si vous prenez la lieue de 20 au degré, vous savez qu'elle est de 5,555 m. 55, et qu'elle se compose de 6,626 varas. Vous trouvez encore que la vara doit être de o m. 838447.

Enfin, pour dernier contrôle, qu'on prenne la lieue légale de 26 ½ au degré, elle est de 4,192 m. 87, et se compose de 5,000 varas. Elle nous donne encore pour valeur de la vara o m. 838574. Ces trois rapports diffèrent d'une si petite quantité qu'on peut les regarder comme identiques; c'est donc ce chiffre que j'adopterai comme représentant la vara castillane.

Vara castillane, o m. 8385.
La vara se divise en trois pieds; le pied vaut o m. 2795.
Le pied se divise en 12 pouces (*pulgadas*); la pulgada vaut o m. 023291.
La pulgada se divise en 12 lignes (*lineas*); la ligne vaut o m. 001941.
Le palme (*palmo*) est le quart de la vara, ou 9 pulgadas; il vaut o m. 209625.
Le palme se divise en 12 doigts (*dedos*); le doigt vaut o m. 017468.
La moitié de la vara se nomme *codo*, et vaut o m. 41925.
Estado ou toise de 2 varas 1 m. 6770.
Estadal de 4 varas, 3 m. 3540.
Le pas (*paso*) de 5 pieds, 1 m. 3975.

ARAGON.

100 varas de Castille sont égales à 108,30 varas de Saragosse. La vara aragonaise représente, o m. 774238.

VALENCE.

100 varas de Castille sont égales à 92,06 varas de Valence; la vara de Valence vaut donc o m. 910819.

La vara de Valence se subdivise comme celle de Castille en 2 codos, en 3 pieds ou en 4 palmes. Le palme est de 0,227704; 9 palmes font une brasse royale, 2 m. 049336.

La corde pour mesurer les champs se compose de 20 brasses ou 45 *varas*, 40 m. 986855.

ALICANTE.

100 varas de Castille sont égales à 92.27 d'Alicante. La vara d'Alicante vaut donc o m. 908746.

GALICE.

100 varas de Castille sont égales à 76.92 de Galice. La vara de Galice vaut donc 1 m. 09009.

CATALOGNE.

100 varas de Castille sont égales à 53.80 canas de Barcelone. La cana vaut donc 1 m. 55855.
La cana se divise en 8 pams; le pam vaut o m. 194818.

MESURES DE SUPERFICIE.

CASTILLE.

Estadal carré, o are. 112493.
Dans la couronne de Castille la fanégada varie suivant les localités.
La fanégada marc de roi se compose de 600 estadals, 67 a. 495896.
La fanégada ordinaire est de 400 estadals, 44 a. 99726.
Dans les royaumes de Tolède, de Grenade, de Jaen et de Séville, la fanégada est de 50 estadales, 56 a. 24658.
La fanégada se divise en 12 célémines.
La yugada répond à ce que les cultivateurs français appellent une charrue; c'est ce qu'il faut de terre pour occuper un attelage. En France, dans les contrées où l'assolement triennal est en usage, on compte environ 30 hectares pour une charrue. Il en est à peu près de même en Espagne. La yugada se compose de 50 fanégadas.
Quand la fanégada est de 400 estadales, la yugada est de 22 hec. 49 a. 86320.
Quand la fanégada est de 500 estadales, la yugada est de 28 h. 12 a. 329.
Quand la fanégada est de 600 estadales, la yugada est de 33 h. 74 a. 7948.

VALENCE.

Le palme carré, o h. 00 a. 00051849.
La brasse a neuf palmes de longueur. La brasse carrée contient par conséquent 8 palmes carrés, o a. 041998.
La fanégada contient 200 brasses carrées, 8 a. 3996.
La caizada contient 6 fanégadas ou 1200 brasses carrées, 50 a. 3976.
La yugada contient 6 caizadas ou 7,200 brasses carrées, 3 h. 02 a. 3856.

POIDS.

CASTILLE.

La livre en Castille est de 16 onces, et vaut en grammes 460 gr. 870.

L'once se divise en 16 drachmes (*adarmes*), et vaut 28 g. 804.

Le drachme se divise en 30 grains, et vaut 1 g. 800.

Le grain vaut 0 g. 060.

L'arrelde se compose de quatre livres, 1,843 g. 480.

L'arroba de Castille pèse 25 livres, 11,521 g. 750.

Le quintal pèse 4 arrobas ou 100 livres, 46,087 g.

La charge pèse 3 quintaux ou 300 livres, 138,261.

CATALOGNE.

100 livres de Castille font 114 livres 84 de Barcelone. La livre catalane représente donc 401 g. 314.

La livre catalane se divise en 12 onces; l'once pèse 33 g. 442.

L'once se divise en 4 cuartos; le cuarto pèse 8 g. 360.

Le cuarto se divise en 4 drachmes; la drachme pèse 2 g. 090.

La drachme se divise en 36 grains; le grain pèse 0 g. 580.

La livre pour la viande et pour le poisson frais est de 36 onces, et pèse 1,203 g. 912.

L'arroba contient 26 livres, et pèse 10,434 g. 164.

Le quintal contient 4 arrobas, et pèse 41,736 g. 656.

La charge contient 3 quintaux, et pèse 165,209 g. 968.

ARAGON.

100 livres de Castille font 130 livres 57 de Saragosse; par conséquent la livre de Saragosse représente en grammes, 350 g. 285.

La livre se divise en 12 onces; l'once pèse 29 g. 190.

L'once se divise en 4 cuartos; le cuarto pèse 7 g. 297.

Le cuarto se divise en 4 drachmes; la drachme pèse 1 g. 824.

La drachme se divise en 32 grains; le grain pèse 0 g. 057.

L'arrobeta, dont on se sert seulement dans quelques parties de l'Aragon, pèse 24 livres, 8,406 g. 840.

L'arroba pèse 36 livres, 12,610 g. 260.

Le quintal pèse 4 arrobas ou 6 arrobetas, 50,442 g. 040.

La charge pèse 3 quintaux, 151,326 g. 120.

VALENCE.

100 livres de Castille représentent 129 livres 35 de Valence; par conséquent la livre de Valence pèse en grammes 356 g. 296.

La livre se divise en 12 onces; l'once pèse 29 g. 691.

L'once se divise en 4 cuartos; le cuarto pèse 7 g. 4227.

Le cuarto se divise en 4 drachmes; la drachme pèse 1 g. 8556.

La drachme se divise en 36 grains; le grain pèse 0 g. 05154.

La livre pour les fruits et pour le poisson frais au détail est de 16 onces valenciennes, et pèse 475 g. 061.

Elle est de 18 onces pour le poisson frais en gros, et pour le poisson salé, 534 g. 444.

Elle est de 32 onces pour la farine, 693 g. 209.

Elle est de 36 onces pour la viande, 1,068 g. 888.

L'arroba delgada pèse 30 livres de Valence, 10,688 g. 88.

L'arroba pour la farine pèse 32 livres, 11,401 g. 147.

L'arroba gorda pèse 36 livres, 12,826 g. 656.

Le quintal delgado pèse 4 arrobas delgadas ou 120 livres, 42,755 g. 52.

Le quintal gordo pèse 4 arrobas gordas ou 144 livres, 51,306 g. 624.

La charge pèse 2 quintaux gordos et demi ou trois quintaux delgados, c'est-à-dire 360 livres, 128,266 g. 56.

ALICANTE.

100 livres de Castille font 86 livres 24 d'Alicante; par conséquent la livre d'Alicante pèse en grammes 534 g. 403.

La livre d'Alicante se divise en 18 onces; par conséquent l'once pèse en grammes 29 g. 689.

L'arroba ordinaire contient 24 livres d'Alicante, 12,825 g. 672.

L'arroba pour le cacao contient 27 livres, 14,428 g. 881.

L'arroba pour les épiceries, le piment, le safran, contient 36 livres, 19,238 g. 508.

L'arroba pour les fruits, l'anis, le cumin, les amandes, la barille, contient 96 livres, 51,302 g. 688.

Le quintal contient 4 arrobas de 24 livres, 51,302 g. 688.

La charge contient 3 quintaux, 15,3908 g. 064.

GALICE.

100 livres de Castille font 80 livres de Galice, par conséquent la livre de Galice pèse en grammes 576 g. 0875.

ESPAGNE.

La livre de Galice se divise en 20 onces ; l'once pèse 28 g. 8043.

L'arroba se compose de 25 livres de Galice, 14 g.

Le quintal pèse 4 arrobas, 14,402 g. 1875.

La charge pèse 3 quintaux, 43,206 g. 5625.

ASTURIES.

100 livres de Castille valent 66 livres 66/100 des Asturies ; par conséquent la livre des Asturies pèse en grammes 691 g. 374.

La livre des Asturies se divise en 24 onces ; l'once est de 28 g. 807 ; elle a par conséquent le même poids qu'en Castille, 28 g. 807.

L'arroba des Asturies est de 25 livres, 1,728 g. 435.

Le quintal se compose de 4 arrobas ou 100 livres des Asturies, 69,137 g. 400.

La charge se compose de 3 quintaux, 207,412 g. 200.

BISCAYE.

Les poids ne sont pas les mêmes à Bilbao et à Sant-Ander.

Bilbao.

100 livres de Castille pèsent 92 livres 70 de Bilbao ; par conséquent la livre de Bilbao vaut en grammes 497 g. 162.

La livre contient 17 onces ; l'once pèse en grammes 29 g. 244.

Le quintal ordinaire contient 100 livres, 49,716 g. 200.

Le quintal *macho*, dont on se sert pour peser le fer, pèse 146 livres de Bilbao, 72,585 g. 652.

Sant-Ander.

L'once de Sant-Ander est la même que celle de Castille ; elle pèse 28 g. 804.

Mais la livre varie suivant les divers districts ; elle est tantôt de 16 onces, et vaut, comme en Castille, 460 g. 870.

Elle est tantôt de 20 onces, et vaut 576 g. 080.

Le quintal y varie selon les objets.

Pour le fer, il contient 155 livres de Castille, 71,434 g. 85.

Pour la morue, 112 livres, 51,611 g. 440.
Pour le cacao, 107 livres, 49,313 g. 090.

GUIPUSCOA.

100 livres de Castille valent 94 livres 34 de Saint-Sébastien, 488 g. 520.

La livre est de 17 onces ; l'once pèse 28 g. 736.

Le quintal ordinaire de Saint-Sébastien est de 101 livres, 49,340 g. 520.

Le quintal pour les épiceries est de 100 livres, 48,852 g.

Pour les ancres de 101 livres, 49,340 g. 520.

Pour la morue, de 105 livres, 51,294 g. 600.
Pour le fer, de 150 livres, 73,278 g.

MESURES DE CAPACITÉ.

CASTILLE.

Mesures pour les grains, les légumes et les fruits secs.

La fanéga est de 54 litres 800.

La fanéga se divise en 12 célemines ; le célemine vaut 4 lit. 566.

Le célemine se divise en 4 cuartillos ; le cuartillo vaut 1 lit. 141.

Le cahiz contient 12 fanégas 657 lit. 600.

Pour le vin. Le moyo, 258 lit. 240.

Le moyo se divise en 16 cantaros ou arrobas. Le cantaro ou arroba équivaut à 16 lit. 140.

Le cantaro se divise en 8 azumbres ; l'azumbre vaut 2 lit. 017.

L'azumbre se divise en 4 cuartillos, 0 lit. 504.

Pour l'huile. L'arroba d'huile se divise en 25 livres, et vaut 12 lit. 56.

CATALOGNE.

Mesures pour les grains.

100 fanégas de Castille sont égales à 77 cuarteras 183 de Barcelone. La cuartera contient 71 lit. 000.

La cuartera se divise en 12 cortans ; le cortan vaut 5 lit. 916.

Le cortan se divise en 4 picotis ; le picoti vaut 1 lit. 479.

La charge se compose de 2 cuarteras, 142 lit. 000.

Le salma se compose de deux charges, 284 lit. 000.

Pour les liquides.

Pour le vin. La charge vaut 120 lit. 481.

La charge contient 16 cortans ; le cortan vaut 7 lit. 530.

A Tortose, le cantaro est de 7 lit. 535.

Pour l'huile. Le cortan contient 16 cuartas, et vaut 4 lit. 120.

La cuarta vaut 0 lit. 257.

A Tortose, le cantaro pour l'huile est de 7 lit. 536.

ARAGON.

Mesures pour les grains.

La fanéga est de 22 lit. 539.

La fanéga se divise en 12 célemines ; le célemine vaut 1 lit. 878.

Le célemine se divise en 4 cuartillas ; le cuartilla vaut 0 lit. 469.

Le cahiz d'Aragon est d'environ 12 fanégas ½ et vaut 180 lit. 390.

Pour les liquides.

Pour le vin. Le cantaro ou arroba d'Aragon vaut 9 lit. 950.

Le cantaro ou arroba se divise en 4 cuartos; le cuarto vaut 2 lit. 487:

La charge ou niétro contient 16 cantaros, 159 lit. 203.

Pour l'huile. L'arroba d'huile d'Aragon contient 13 lit. 736.

VALENCE.

Pour les grains. La barchilla vaut en litres 1 lit. 691.

La barchilla se divise en 4 almudes; l'almude vaut 0 lit. 422.

Le cahiz de Valence contient 12 barchillas, 20 lit. 301.

Pour les liquides.

Pour le vin. Le cantaro ou arroba, 11 lit. 481.

Le cantaro contient 4 azumbres ou cuentas; l'azumbre vaut 2 lit. 870.

La charge se compose de 15 cantaros, 172 lit. 215.

La bota contient 4 charges, 688 lit. 860.

Pour l'huile. L'arroba de 30 livres, 11 lit. 641.

ALICANTE.
Pour les grains.

La barchilla vaut en litres 20 lit. 102.

La barchilla se divise en 4 almudes; l'almude vaut 5 lit. 025.

Le cahiz est de 12 barchillas, 241 lit. 224.

Pour les liquides.

Pour le vin. Les mesures sont les mêmes que dans le royaume de Valence.

L'arroba d'huile divisée en 36 livres vaut 13 lit. 966.

SÉVILLE.

Pour les grains. La fanéga est de 54 lit. 268.

CARTHAGÈNE.

Pour les grains. La fanéga est de 55 lit. 747.

CADIZ.

Pour les grains. La fanéga est de 55 lit. 334.

MALAGA.

Pour les grains. La fanéga est de 54 lit. 684.

GALICE.

Pour les grains. Le ferrado de la Corogne, 16 lit. 548.

Pour le vin. Le cantaro de Galice, 18 lit. 445.

ASTURIES.

Pour le vin. Le cantaro des Asturies contient 18 lit. 45.

MONNAIES.

L'Espagne fait usage de monnaies de convention, qui servent à faire les comptes, ou de monnaies réelles.

Monnaies de compte.
CASTILLE.

Le réal de Vellon vaut en argent de France 0 fr. 267.

Le réal de Vellon se divise en 34 maravédis de Vellon. Le maravédis de Vellon vaut 0 fr. 00785.

Le réal de Plata Antiqua, qui se divise en 34 maravédis de Plata, vaut en argent de France 0 fr. 5026.

Le *peso* corriente ou piastre, qui vaut 8 réaux de Plata Viega, ou 15 réaux 2 maravédis de Vellon, 4 fr. 0184.

Le *peso duro*, piastre forte de 5 fr. 43.

Le doublon d'or vaut 5 pesos corrientes, 20 fr. 0920.

Le doublon de change vaut 4 pesos ou 32 réaux d'argent 16 fr. 0736.

Le ducat d'argent de 11 réaux 1 maravédis d'argent, ou de 20 réaux 25 maravédis 15/17 de Vellon, 5 fr. 5433.

Le ducat de Vellon de 11 réaux 1 maravédis de Vellon, 2 fr. 9448.

Ces monnaies de compte sont surtout employées dans les royaumes de Castille, de Léon, d'Andalousie, de Grenade, de Galice, de Murcie, dans les Asturies, la Biscaye et dans l'Estrémadure.

ARAGON.

La livre *jaquesa* se divise en 20 sols; elle vaut 10 réaux de Plata, 5 fr. 026.

Le sol (*sueldo*) vaut 0 fr. 263.

Le sol se divise en 16 deniers; le denier vaut environ 2 marévadis de Vellon, 0 fr. 01643.

La livre de Valence est égale à la livre jaquesa, et se divise de la même manière.

NAVARRE.

La livre de Navarre est égal au peso corriente de Castille, 4 fr. 0184.

La livre se divise en 8 réaux de Plata; le réal vaut 0 fr. 5026.

Le réal d'argent navarrais se divise en 36 maravédis; le maravédis vaut 0 fr. 0139.

Le maravédis se divise en 2 cornados. Le cornado, qui est la plus petite monnaie de Navarre, vaut 0 fr. 0069.

ESPAGNE.

CATALOGNE.

La livre de Catalogne se divise en 10 réaux de arditès ou en 20 sols; elle vaut 3 fr. 21472.

Le réal de arditès est de o fr. 32147.
Le sol est de o f. 16073.
Le sol se divise en 12 deniers ou arditès; le denier vaut o fr. 1339.

Monnaies réelles.

Or.

Quadruple pistole ou doublon avant 1772, 85 fr. 42.
Double pistole, avant 1772, 42 fr. 71.
Simple pistole, id., 21 fr. 36.
Demi-pistole, id., 10 fr. 68.
Quart de pistole ou piastre d'or, id., 5 fr. 34.
Quadruple pistole ou doublon, de 1772 à 1785, 83 fr. 93.
Double pistole, id., 41 fr. 965.
Simple pistole, de 1772 à 1785, 20 fr. 9825°
Demi-pistole, id., 10 fr. 491.
Quart de pistole, id., 5 fr. 26.
Quadruple pistole, depuis 1786, 81 fr. 51.
Double pistole, id., 40 fr. 755.
Simple pistole, id., 20 fr. 3775.
Demi-pistole ou écu d'or, id., 10 fr. 1887.
Coronilla, piastre d'or, de 1801, 5 f. 0841.

Argent.

Piastre vieille appelée sévillan, 1731, 5 fr. 4085.
Piécette de 2 réaux de Plata, 1721, 1 fr. 0342.
Réal de Plata de 1721, o fr. 516.
Piastre depuis 1772, 5 fr. 43.
Demi-piastre, id., 2 fr. 715.
Réal de deux ou piécette de 1/5 de piastre, 1 fr. 086.
Réal de un ou piécette de 1/10 de piastre, o fr. 543.
Réallillo ou réal de Vellon, ou 1/20 de piastre, o fr. 2715.

FIN DE L'ESPAGNE.

TABLE ALPHABÉTIQUE

DES MATIÉRES CONTENUES

DANS LA SECONDE PARTIE DE L'ESPAGNE.

A

Abad-y-Gueipo (D. Manuel), évêque de Mechoacan, membre de la junte provisoire, 227.

Abarca (don Joaquin), évêque de Léon; met en insurrection les volontaires royalistes de son diocèse, 310.

Aben-Aboo, élu roi par les Maurisques des Alpuxarras; assommé par Seniz, 34.

Aben-Farax tente de surprendre l'Albaicin, 33.

Aben-Hamin, pseudonyme sous lequel ont été publiées les guerres civiles de Grenade, 74.

Abindarraez, Abencerrage prisonnier de Narvaez, 74.

Abrantès (le duc d') raille l'ambassadeur de l'empereur Léopold, 83.

Abril (Simon), auteur dramatique, 73.

Abuelo (Manuel Hernandez, surnommé El), guerrillero, 287.

Abuelo (El), le grand-père. Nom d'un des canons employés par Zumala-Carregui, 341.

Acadie (l'), cédée à l'Angleterre, 108.

Acedo (Anselmo) assiste Jaureguy dans l'organisation de sa guerrilla, 200.

A'Court (William), chargé d'affaires d'Angleterre à Madrid, 269.

Acuña (Hernando de), poète, 72.

Addington, ministre d'Angleterre, reconnaît la neutralité de l'Espagne, 132.

Adrien Boyens, précepteur de Charles V, et ensuite pape, est envoyé pour gouverner l'Espagne, 13; est élu pape, 20.

Afrancesados ou *Josephins*, 209, 210; exceptés de l'amnistie, 229; il leur est permis de rentrer en Espagne, 230.

Agar (D. Pedro), membre de la régence de 1814; choisi pour chef par les insurgés de la Galice, 223.

Aguila (le comte del), assassiné, 165.

Aguilar (D. Juan de) conduit des troupes espagnoles en Irlande, 42.

Aguirre, guerrillero de l'armée de la Foi, 250.

Aimerich (D. José), commandant des volontaires royalistes de Madrid; ministre de la guerre sous Ferdinand VII, 302.

Aimeries (d') conteste au prince de Chimay la possession de la ville d'Hierge, 21.

Aire. Louis XIV conserve la ville d'Aire aux termes du traité d'Aix-la-Chapelle, 62.

Aix-la-Chapelle. Traité d'Aix-la-Chapelle, 60; congrès et traité d'Aix-la-Chapelle 106.

Alacha défend Tortose contre les Français, 185.

Alaix (D. Isidro), ministre de la guerre des cabinets des 6 septembre et 6 décembre 1838, et 25 juillet 1839, 368.

Alava (D. Miguel Ricardo de), ministre de la marine sous l'administration du comte de Toréno, 343; refuse la présidence du conseil, 350.

Alava (le général) combat contre la garde royale insurgée, 255; apporte au duc d'Angoulême la demande d'une suspension d'hostilités, 286—289.

Alazon, commandant des gardes du corps, 214.

Albalat (le comte d'), massacré par la populace de Valence, 166—167.

Albarez (Juan), célèbre matador du temps de Philippe V, 165.

Albe (Ferdinand Alvarez de Tolède, duc d') fait la conquête de la Navarre pour Ferdinand le Catholique, 12; prend Ostie, 26; est envoyé dans les Pays-Bas, 27 et suivantes; envahit le Portugal, qui est réuni à la couronne d'Espagne, 36.

Albéroni négocie le mariage de Philippe V avec Isabelle Farnèse, 95; reçoit le chapeau de cardinal, 96; essaye de bouleverser l'Europe, et est exilé, 97, 123.

Albert (l'archiduc cardinal) épouse Isabelle-Claire-Eugénie, fille de Philippe II, et

TABLE ALPHABÉTIQUE DES MATIÈRES.

reçoit en dot la souveraineté de ce qui restait des Pays-Bas, 40 ; sa mort, 48.

Albret (Jean), comte de Périgord, épouse Catherine de Navarre ; est dépouillé de la Navarre par Ferdinand le Catholique, 12.

Albret (Henri d'), aidé par François Ier, tâche de reconquérir la Navarre, 20 ; pris à Pavie, 21.

Albon de Saint-André prend Salces en Roussillon, 6.

Albuera. Bataille de la Albuera, 185.

Albuféra (duc d'). Voy. *Suchet.*

Albuir (Saturnino), surnommé El-Manco, 198.

Alcala-de-Hénarez (université d'), fondée par Ximenez, 14.

Alcala-Galiano. Voy. *Galiano.*

Alcazar-Kebir. Bataille d'Alcazar-Kebir, 36.

Alcovendas. Proclamation du duc d'Angoulême, datée d'Alcovendas, 275.

Alcudia (le comte de la), ministre des affaires étrangères pendant l'administration de Calomarde, est destitué, 307.

Aldama (D. Juan), ministre de la guerre du cabinet du 6 septembre 1838, 368.

Alegria. Bataille d'Alegria, 340.

Alexandre, empereur de Russie, renvoie en Espagne un régiment composé de prisonniers espagnols, 225.

Alexandre (le régiment Impérial—), voy. *Impérial-Alexandre*, 225 ; prend le nom de régiment de la constitution, 273.

Algarves. Principauté des Algarves projetée par le traité de Fontainebleau, 136.

Alger. Tentative infructueuse de Charles V contre Alger, 23 ; Philippe II renouvelle inutilement les attaques contre Alger, 42 ; Charles III attaque inutilement Alger, 109 ; nouvelles tentatives, 112.

Almaden, occupé par les carlistes, 363.

Almanza. Bataille d'Almanza, 91.

Almenara. Bataille d'Alménara, 91.

Almenara (D. Diégo de Mendoça, marquis d') suborne des témoins pour perdre Antonio Perez ; est tué par le peuple de Saragosse, 38.

Almodovar (le comte de), capitaine général de Valence, 249 ; donne sa démission, 258 ; ministre de la guerre sous l'administration de Mendizabal, 351 ; ministre des affaires étrangères, 352.

Almonacid (bataille d'), 184.

Alphonse VI, roi de Portugal, fils de dom Juan IV et de Loisa de Guzman, 57.

Alonzo (don), fils de Philippe II et de Marguerite d'Autriche, mort en bas âge, 47.

Alonzo, infant de Portugal, épouse Isabelle, fille aînée de Ferdinand et d'Isabelle, 6.

Alost (comté d'). Les chambres de réunion décident que le comté d'Alost fait partie des États cédés à la France, 63.

Alphonse le Savant. Ses réformes littéraires, 68.

Alpuente (D. Juan Romero). Voy. *Romero.*

Alpuxarras. Révolte des Maurisques des Alpuxarras, 83.

Altamira (don José Maria de Moscoso de), ministre de l'intérieur du 3e ministère constitutionnel, 248 ; mis en arrestation, 258 ; ministre de l'intérieur sous l'administration de Martinez de la Rosa, 337 ; sort du ministère, 343.

Alvares (Mariano) défend Girone contre les Français. Sa mort, 184.

Alvarez (Mariano) rend le fort de Montjoui aux Français, 140.

Alvares (Martin), commandant du siége de Gibraltar, remplacé par le duc de Crillon, 111.

Alvaro de Luna, connétable, 123.

Alzazua. Affaire d'Alzazua dans la vallée de la Borunda, 336.

Amarante (Manuel Silveira Pinto, comte d') renverse la constitution portugaise, 273.

Amarillas (don Agustin Giron, marquis de las), ministre de la guerre du 1er cabinet constitutionnel, 228 ; quitte le ministère, 230 ; membre du conseil de gouvernement nommé par le testament de Ferdinand VII, 318 ; ministre de la guerre sous l'administration du comte de Toreno, 343.

Amiens. Paix d'Amiens, 128.

Amnistie générale prononcée après la proclamation de la constitution, 228 ; du 1er mai 1824, 294.

Amusquiver (J. Vincente), lieutenant-colonel carliste, conduit des secours à Zumala-Carregui, 334.

Andilla (le baron d'), nommé chef politique de Cadix, 246 ; ne veut pas juger Elio, 258.

Andujar. Ordonnance d'Andujar rendue par le duc d'Angoulême, 282 ; expliquée par le comte de Guilleminot, 283.

Anglona (le prince d') propose d'envoyer une députation au duc d'Angoulême, 277.

Angoulême (Louis-Antoine d'Artois, fils de France, duc d'), commandant en chef de l'armée des Pyrénées, 270, 271 ; entre à Burgos, rend l'ordonnance d'Andujar, 282 ; arrive devant Cadix, 284 ; refuse de recevoir le général Alava, 289 ; part sans vouloir entrer dans Cadix, 292 ; quitte précipitamment l'Espagne pour ne pas être témoin de la réaction, 294.

Aniello (Thomas), pêcheur d'Amalfi, se met à la tête des insurgés napolitains, 58.

Anilleros, membre de la société des Amis de la constitution, 244.

Anne d'Autriche, fille de Philippe III

et de Marguerite d'Autriche, mariée à Louis XIII, 43; sa naissance, 47.

Anne Stuart, reine d'Angleterre, déclare la guerre à la France, 84.

Anneau (société de l'), 244.

Antillon (D. Isidore), député aux cortès. Sa mort, 208.

Antoine de Lebrixa (Antonius Nebricensis), auteur de deux décades du règne de Ferdinand et d'Isabelle, 69.

Antonio (l'infant D.), frère de Charles IV, chargé par Ferdinand VII de présider la junte du gouvernement, 146; autorise la mise en liberté de Godoy, 148; quitte Madrid pour se rendre à Bayonne, 151.

Antonio de Fonseca. Voy. *Fonseca*.

Antonio Perez, ministre de Philippe II, fait assassiner Escovedo, 36; ses amours avec la princesse d'Eboli, 37; son procès, 38.

Anvers. Traité d'Anvers en 1609, 43.

Apostolique. Origine du parti apostolique, 298.

Appentel, révèle la conspiration de Lacy, 219.

Aranalde (D. José), ministre des finances sous l'administration de Martinez de la Rosa, 327.

Aranda (le comte d') succède, dans le ministère, à Florida Blanca, 114.

Aranjuès. Révolution d'Aranjuès, 141.

Arapiles. Bataille des Arapiles, 196.

Araquil, vallée de la Navarre, 340.

Arco-Agüero, un des conjurés de l'ile Léon, 221; nommé commandant de Malaga, 232.

Arcos (le duc d'), aidé par D. Juan d'Autriche, comprime la sédition de Naples, 58.

Arcos, ville de la Navarre, prise par Zumala-Carregui, 342.

Aremberg (le comte d'), battu par Louis de Nassau, 28.

Arfian, peintre, 71.

Argoult (le colonel d') met Riégo en déroute à Jodar, 281.

Argüelles (Agustin), chargé de négociations avec l'Angleterre, 135; rapporteur du projet de la constitution de Cadix, 187; condamné à dix années de présides, 209; ministre de l'intérieur, 228; franc-maçon, 241; nommé tuteur des enfants de Ferdinand VII, 370.

Argüelles (D. José Canga-). Voy. *Canga*.

Arias (Thomas), auditeur de la Rota, membre supplémentaire du conseil de gouvernement nommé par le testament de Ferdinand VII, 318.

Arija, chapelier de Burgos, se soulève contre le régime constitutionnel, 236.

Armagnac (le général d') occupe par surprise la citadelle de Pampelune, 139.

Armendarez, commentaire des fueros de Navarre, cité, 327.

Armentières. Louis XIV prend Armentières, 60.

Arostégui, gouverneur de Malaga, 210.

Arquillos, village de la Sierra-Morena, où Riégo est arrêté, 281.

Arras, pris par les Français, 50—61.

Arrazola (D. Lorenzo), ministre de grâce et de justice du cabinet du 6 décembre 1838, 368.

Arronchès. Bataille d'Arronchès, 128.

Arthur, prince de Galles, épouse Catherine, 4e fille de Ferdinand le Catholique, 7.

Artillerie de Zumala-Carregui, organisée par Vincente Reyna, 341.

Ascargorta, auteur d'une histoire d'Espagne, cité, 7—12.

Astorga (le marquis d'), grand écuyer de Ferdinand VII, 145.

Ath. Louis XIV prend Ath, 60; et rend cette ville aux termes du traité de Nimègue, 62.

Athanase (Le Clerc), guerrillero absolutiste, 253.

Audebard de Férussac (d'), auteur d'un journal historique du siége de Saragosse, 173.

Audouard, docteur-médecin, donne, à Barcelone, des soins aux malades atteints de la fièvre jaune, 245.

Augsbourg. Ligue d'Augsbourg, 63.

Auersted (bataille d'), 136.

Austerlitz. Bataille d'Austerlitz, 134.

Autichamp (le général d') commande une division du premier corps de l'armée d'invasion, 270.

Autran de la Torre, général d'artillerie, fait pointer la pièce qui a donné la mort au général Dugommier, 120.

Avein. Bataille d'Avein en 1635, 49.

Ayala (Pedro Lopez de), auteur de l'histoire de D. Enrique de Trastamare, 68.

Ayerbe (le marquis), compris dans le procès de l'Escurial, 139.

Ayetona (le marquis de), membre du conseil de régence institué par le testament de Philippe IV, 59.

Azanza, membre de la junte de gouvernement instituée par Ferdinand VII, 152; ses mémoires cités, 152, 371.

Aznarez (D. José), ministre de la marine de la régence établie à Madrid par le duc d'Angoulême, 276.

B

Badajoz. Paix de Badajoz, 128; Badajoz se soulève contre les Français, 166; siége de Badajoz par les Anglais, 196.

Baena. Alonzo de Baena présente le Cancionero qui porte son nom, à don Juan II de Castille, 68.

DES MATIÈRES. 381

Balanzat (D. Ignacio), ministre de la guerre du cabinet du 30 août 1837, 368.

Balanzat (D. Luiz), ministre de la guerre du 3e cabinet constitutionnel, 248.

Balda Pinto, guerrillero de l'armée de la Foi, 250.

Bâle (paix de), 121.

Ballecas, village près de Madrid, 365.

Ballesteros (le général), membre de la junte provisoire, 227; combat contre la garde insurgée, 255; chargé du commandement de l'armée de Navarre, d'Aragon et de Valence, 268; capitule avec les Français, 279.

Ballesteros (Lopès), ministre des finances sous Ferdinand VII, 300; est destitué en même temps que Calomarde, 307; est présent à l'acte du 31 décembre 1831, qui rétablit la pragmatique sanction, 309.

Bally, docteur médecin, donne, à Barcelone, des soins aux malades atteints de la fièvre jaune, 245.

Banderillo. Torero qui attache des banderillas (dards en hameçon) sur le garrot du taureau, 163.

Baños. Voy. *Lopès-Baños*.

Baranda (José Saez de). Voy. *Saez*.

Barata (Antonio), ministre des finances du 2e cabinet constitutionnel, 236.

Barberousse (Cheredin), chassé de Tunis par Charles V, 22; un de ses lieutenants repousse Charles V, qui attaquait Alger, 23.

Barcelo (Antoine), amiral espagnol, 110; chargé d'attaquer Alger, 112.

Barcelone. Bataille de Barcelone, 63; la ville de Barcelone prise par Louis XIV, 63; prise par l'archiduc Charles, 89; assiégée par Philippe V, 89; la citadelle de Barcelone surprise par les Français, 140; proclame la constitution de Cadix, 224; capitule avec les Français, 290; massacre des moines à Barcelone, 348; massacre des prisonniers carlistes à Barcelone, 352.

Bardaji y Azara (D. Eusebio), ministre des affaires étrangères du 1er cabinet constitutionnel, 235; donne sa démission, 247; ministre des affaires étrangères et président du conseil, 368.

Barrameda (San-Lucar de). Voy. *San-Lucar*.

Barrère. Rapport de Barrère à la Convention sur la guerre contre l'Espagne, 120.

Barrio Ayuso (don Manuel), ministre de grâce et de justice sous l'administration d'Isturiz, 353.

Barrutia, guerrillero de l'armée de la Foi, 250.

Basilio Garcia, guerrillero carliste, fait une incursion dans les environs de Saint-Ildephonse, 356.

Bassa (D. Pedro Nolasco), brigadier, forme le quartier des volontaires royalistes de Madrid, 325; massacré par le peuple de Barcelone, 349.

Basset fait soulever la populace de Denia en faveur de l'archiduc, 88.

Bassompierre, cité, 47; ambassadeur de France à Madrid, arrange l'affaire de la Valteline, 48.

Bastan. Vallée de la Navarre, 342.

Batailles de Fornoue, 5; de Villalar, 18; de Pavie, 21; de Cerisoles, 24; de Renty, 25; de Saint-Quentin, 26; de Gravelines, 26; de Lépante, 35; d'Alcazar-Kebir, 36; d'Avein, 49; de Rocroy, 56; de Villaviciosa, 58; de Seneff, de Cassel, 62; de Lipari, 62; de Fleurus, de Leuse, de Steinkerke, du Ter, de Barcelone, de Staffarda, de Marsailles, 63; de Chiari, 84; de Luzara, 84; bataille navale de Vigo, 86; d'Hochstet, 87; de Ramillies, 90; de Calcinato, 90; de Castillon, 90; d'Almanza, 91; d'Oudenarde, 91; d'Almenara, 91; de Villaviciosa, 93; de Bitonto, 100; de Trouillas, 120; de Hondschoote, 120; de Watignies, 120; du Boulou, 120; d'Arronchès, 128; de Flor-de-Roza, 128; de Trafalgar, 133; d'Austerlitz, 134; d'Iéna et d'Auersted, 136; de Rio-Seco, 175; de Baylen, 175; de Tudèle, 178, de Somo-Sierra, 178; de Talavera, 184; d'Almonacid, 184; de la Gebora, 185; de Chiclana, 185; des Arapiles, 196; de Cachiri, 216; d'Alegria, 340.

Bataillon sacré (le), 253—255.

Batanero (le chanoine), colonel de l'armée de don Carlos, battu dans les environs de Madrid, 354.

Battista (Giovanni), patron napolitain, condamné pour avoir noyé les Maurisques qu'il devait transporter en Afrique, 46.

Bayeu de Subias, peintre, 156.

Baylen. Bataille de Baylen, 175.

Bayonne. Les traités de Bayonne, 153; Napoléon réunit des cortès à Bayonne, 154; constitution de Bayonne, 172.

Bazan (sa conspiration et sa mort), 299.

Beauharnais, ambassadeur de France à Madrid, 136; ne reconnaît pas Ferdinand VII pour roi d'Espagne, 145.

Beaujolais. Mlle de Beaujolais fiancée à l'infant don Carlos, fils de Philippe V, 98; renvoyée en France, 98.

Beaumont. Faction navarraise des Beaumont, 12.

Becerra, peintre, architecte et sculpteur, 71.

Becerra (D. Alvaro Gomez), ministre de grâce et de justice sous l'administration de Mendizabal, 351.

Bedmar (le marquis de), ambassadeur d'Espagne à Venise, conjure contre la république, 44.

Belascoain. D. Diego Léon bat les carlistes à Belascoain, 367.
Belle-Garde prise par les Espagnols, et reprise par le général Dugommier, 121.
Bellido (le général) reprend Cervera, 251.
Bellune (le maréchal duc de) gagne la bataille de Chiclana, 185.
Beltran du Lys prend part à la conspiration de Vidal; sa mort, 219; Beltran du Lys père entretient une bande d'aventuriers, 253.
Belveder (le comte de), commandant de l'armée d'Estramadure, mis en déroute, 177.
Belver. La ville de Belver prise par Louis XIV, 63.
Bentham (Jérémie), auteur de l'ouvrage intitulé : *Essai sur la situation politique de l'Espagne*, cité, 372.
Beraton, peintre, 158.
Bergara. Arrangement de Bergara, 268.
Berghe (le marquis de), envoyé à Philippe II par les mécontents des Pays-Bas, 29.
Bergues Saint-Vinox, pris par les Français, 26; pris par Louis XIV, 60.
Bernaldez (André), auteur de l'histoire des rois catholiques, cité, 2.
Bernelle, général, commandant la légion auxiliaire française, 348.
Bernstorff, ministre prussien, adresse une note relative à la révolution d'Espagne, 262.
Berrit, guerrillero de l'armée de la Foi, 250.
Berroqueña, pierre grise dont est construit le couvent de l'Escurial, 78.
Berruguete, peintre, architecte et sculpteur, 71.
Bertiz. Forêt de Bertiz, où était enfouie l'artillerie de Zumala-Carregui, 342.
Berthier, envoyé à Madrid pour préparer le traité de Lunéville, 126.
Berwick (le maréchal de) amène des troupes au secours de Philippe V, 86; gagne la bataille d'Almanza, 90; assiège Barcelone, 95; prend Foutarabie et Saint-Sébastien, 97.
Besançon, pris par le prince de Condé, 60.
Bessière (le maréchal) gagne la bataille de Rio-Seco, 175; bat le comte de Belveder, 177.
Bessières (George), guerrillero de l'armée de la Foi 250; forcé de se retirer en France, 251; accusé d'avoir trahi, 261; rentre en Aragon et s'avance jusqu'aux portes de Madrid, 266; ses éclaireurs entrent dans les rues de Madrid, 274; chassé par le général Zayas, 275; compromis dans une échauffourée apostolique et fusillé, 298.
Beurnonville (le général), ambassadeur de France à Madrid, 130.
Bidassoa. L'armée française passe la Bidassoa, 272.

Bilbao, occupé par Quesada, 273; assiégé par Zumala-Carregui, 343.
Binch. Louis XIV rend aux Espagnols la ville de Binch, aux termes du traité de Nimègue, 62.
Bitonto (bataille de), 100.
Bitonto (Montemar, duc de), 102.
Blanco, général, fait prisonnier par Riégo, 222.
Blanco (Raymundo), membre de la junte de Tortose, 168.
Blancs, nom que se donnèrent les absolutistes, 276.
Blois. Traité de Blois, 22 septembre 1504, entre Louis XII et l'empereur, 8.
Bodeja (D. Manuel de la), ministre des affaires d'outre-mer du 3e ministère constitutionnel, 248.
Bolero (le), danse, 159.
Bolivar, chef des insurgés américains, 216.
Bologuiz, chirurgien de l'armée de Zumala-Carregui, 345.
Bonaparte (Joseph). *Voy. Joseph.*
Bonaparte (Lucien) concourt au traité de Badajoz, 128.
Bonavia, peintre espagnol, 155.
Bonnemains (le général) bat Riégo à Jaen, 280.
Boquica, guerrillero carliste, 354.
Bordesoulle (le général comte de) commande le cinquième corps de l'armée d'invasion, 271; le corps d'armée du général Bordesoulle arrive en vue de Cadix, 284; écrit au général Valdès, chef politique de Cadix, 287.
Borso de Carminati (le général) se met à la tête des troupes de Saragosse insurgées contre le régent, 370.
Borunda, vallée de la Navarre, 325—339.
Boscan (Juan Boscan Almogaver) importe en Espagne l'hendécasyllabe italien, 68—72.
Botta Adorno, général autrichien; chassé par les Génois insurgés, 106.
Boucaniers, 61.
Bouches-de-l'Èbre (département des), formé par Napoléon d'une partie de la Catalogne, 186.
Boulogne. Camp de Boulogne, 132.
Boulou (bataille de), 120.
Bourbon. Le duc de Bourbon, premier ministre de Louis XV, renvoie en Espagne Marie-Anne, qui avait été fiancée au roi de France, 98.
Bourbon (Louis de), cardinal d'Escala, archevêque de Tolède, président de la régence, 204; renvoyé dans son diocèse par Ferdinand VII, 208; président de la junte provisoire, 227.
Bourbon (le duc de) assiste au siège de Gibraltar, 111—112.
Bourbon (le connétable de) commande les

troupes impériales à la bataille de Pavie, et est tué à la prise de Rome, 21.

Bourdillon à la bataille de Saint-Quentin, 26.

Bourgoing, ambassadeur de France à Madrid. 119; auteur du Tableau de l'Espagne moderne, cité, 115, 286.

Bourmont (le général) commande une division du cinquième corps de l'armée d'invasion, 271.

Bourck (le général), commande une division du premier corps de l'armée d'invasion, 270; reçoit la capitulation de Morillo et pacifie la Galice, 279.

Bouterwek. Son ouvrage sur la littérature espagnole, cité, 68.

Bragance (le duc de) proclamé roi sous le nom de Jean IV, 56.

Bravo, comunero, commandant les troupes de Ségovie, 19; invention de ses reliques, 249.

Brederode (le seigneur de) proteste contre l'établissement de l'inquisition, 27.

Breton (le cap), cédé à l'Angleterre, 108.

Brissac (le maréchal) fait la guerre en Italie, 24.

Broglie (le duc de). Son opinion sur l'intervention en Espagne, 292.

Brown. Le général Brown surprend Velletri, 103.

Bruch. Les Somatènes repoussent le général Schwarz, dans les environs de Bruch, 172.

Brujo, guerrillero carliste, 354.

Bruno Villareal. Voy. *Villareal*.

Bucentaure (le), vaisseau monté par l'amiral Villeneuve à Trafalgar, 134.

Burgers, chirurgien anglais attaché à l'armée de don Carlos, 345.

Burgos, occupé de nouveau par les troupes françaises, 177.

Burgos (Francisco Xavier de), ministre de l'intérieur sous l'administration de Zea Bermudez, 325; sous l'administration de Martinez de la Rosa, 327; sort du ministère, 337.

Burriel, général chargé du commandement de l'île Léon pendant le siège de Cadix en 1823, 284; réprime la révolte du régiment de Saint-Martial, 288.

Bustamante (Juan Perrera), architecte, élève de Manegro, a travaillé à l'Escurial, 78.

Bussons, chef de révoltés apostoliques, 301.

Butron (le colonel), aide de camp de Palafox pendant l'insurrection de Saragosse, 171; concourt à organiser la défense de l'Aragon, 177; est un des chefs de réfugiés espagnols, qui tentèrent, en 1830, de révolutionner l'Espagne, 305.

C

Caballeria, guerrillero carliste, 354.

Caballero, ministre de la justice sous Charles IV, 144.

Cabezas-San-Juan. Révolution des Cabezas-San-Juan. N'est pas le motif de la condamnation de Riégo, 293.

Cabra, guerrillero de l'armée de la Foi, 250.

Cabrera, guerrillero carliste, 354; se joint à Gomez, 363; bat Pardinas à Maella, 365.

Cabrera (Luiz), histoire de Philippe II, citée, 31.

Cabreras (Thomas Enriquez de), amirante, prend parti contre Philippe V, 86; sa mort, 88.

Cachetero, torero qui achève d'un coup de poignard le taureau blessé par le matador, 163.

Cachiri. Morillo bat les insurgés américains à Cachiri, 216.

Cadahalso, auteur des Érudits à la violette, 156.

Cadix, attaqué par l'amiral Keith, 125; se soulève contre les Français, 165.

Caffarelli (le général) met Mina en déroute, 200.

Cafranga (José), ministre de grâce et justice du cabinet Zea Bermudez, 307.

Calais, enlevé aux Anglais, 26.

Calatayud, occupé par Trujillo, partisan absolutiste, 251.

Calatrava (D. José Maria), membre des cortès, propose de déclarer que le ministère destitué par Ferdinand a conservé la confiance de la nation, 235; propose aux cortès de déclarer que le 2ᵉ cabinet constitutionnel a perdu la force morale nécessaire pour gouverner, 246; ministre de grâce et de justice, 277; ministre des affaires étrangères, président du conseil, 358.

Calcinato. Bataille de Calcinato, 90.

Calderon, auteur dramatique, 80.

Calderon (Antonio Gomez), membre de la junte provisoire, 272; membre de la régence établie à Madrid par le duc d'Angoulême, 276.

Calderon (Rodrigo), favori du duc de Lerme, 42; marquis de Siete-Iglesias, comte de la Oliva; est mis en jugement, et condamné à mort, 47.

Calderon (le comte de), chargé de l'expédition préparée contre les colonies insurgées, 221; fait prisonnier par Riégo, 222.

Calomarde (Francisco Tadeo), ministre de Ferdinand VII, 299; supprime les universités, et institue une école de tauromachie, 300; concourt à faire supprimer la pragmatique sanction, et est destitué, 307.

Calleja, peintre espagnol, 155.
Calvo (Balthazar) se met à la tête de la populace de Valence, et fait égorger les Français ; il est jugé et étranglé, 167.
Calvo de Rozas, désigné, comme ministre des finances, pour succéder au cabinet des sept patriotes, 269.
Camarilla (la), 210.
Cambrai. Traité de Cambrai (1529), 22 ; Louis XIV s'empare de Cambrai, 61, et conserve cette ville aux termes du traité de Nimègue, 62 ; congrès de Cambrai, 98.
Camille (les sœurs de Sainte-) vont à Barcelone donner des soins aux malades atteints de la fièvre jaune, 245.
Campano, général, adresse, par un ordre du jour, des éloges à la garnison de Cadix, 225.
Campo-Santo (bataille de), 102.
Canada (le), cédé à l'Angleterre, 108.
Canaries (les), attaquées par Nelson, 125.
Canas (D. Manuel de), ministre de la marine du cabinet du 16 décembre 1837, 368.
Canga-Argüelles (D. José), ministre des finances du 1er ministère constitutionnel, 228.
Cano (don Vicente Cano Manuel), ministre de grâce et de justice du 2e ministère constitutionnel, 236.
Cano (Alonzo), peintre, 82.
Canuel (le général) commande une division du troisième corps de l'armée d'invasion, 270 ; entre à Guetaria, 273.
Capaz (Dionisio), ministre de la marine du cabinet des Sept patriotes, 257.
Capelle (la), prise par les Français, 50.
Caparros (Sébastien), membre de la junte de Tortose, 168.
Caparroso, ville sur la rivière d'Aragon, 178.
Capmany, député aux cortès de Cadix, 208.
Caracena (le marquis de), chargé de la guerre contre le Portugal, 58.
Cardinal-Infant (le) envahit la Picardie, 50.
Carlet (Domingo), membre de la junte de Tortose, 168.
Carlos. Voy. *Charles*.
Carlos. D. Maria-Isidro-Carlos de Bourbon, 2e fils de Charles IV, 113 ; entre à Madrid après la révolution d'Aranjuès, 145 ; sort de Madrid pour aller au-devant de Napoléon, 146 ; adresse une proclamation aux Espagnols, 154 ; président de la junte d'État, chargée de proposer des améliorations, 226 ; quitte Madrid avec le roi, 270 ; objet des éloges des apostoliques, 298 ; épouse Maria-Francisca d'Assis, 302 ; exilé en Portugal, 310 ; refuse de reconnaître Isabelle II. Sa correspondance avec son frère, 310 et suiv.; proclamé roi à Roncevaux, 321 ; forcé de quitter le Portugal, passe en Angleterre, et de là dans les provinces Basques, 334 ; décret qui le déclare déchu de tout droit à la couronne d'Espagne, 338 ; se voit sur le point d'être pris, 339 ; visite Zumala-Carregui blessé, 345 ; passe l'Èbre, 364 ; arrive en vue de Madrid, et est forcé de se retirer, 365 ; est contraint de se retirer en France, 368.
Carlos (Don), fils de Philippe II et de Maria de Portugal, 25 ; causes et récit de sa mort, 28.
Carlos (Don), fils de Philippe III et de Marguerite d'Autriche. Mort jeune, 47.
Carlos (le duc de San-), envoyé en exil à la suite du procès de l'Escurial, 139 ; accompagne Ferdinand VII dans son voyage au-devant de l'empereur, 146 ; chargé par Ferdinand de porter à la régence le traité de Valençay, 202 ; membre de la Camarilla, 210.
Carlota, fille aînée de Charles IV et de Marie-Louise, mariée à D. Juan de Portugal, 113.
Carminati. Voy. *Borso de Carminati*.
Carmona, brigadier carliste fusillé par ordre de Maroto, 366.
Carnicer, guerrillero carliste fusillé, 354.
Caro (le général) passe la Bidassoa, 120.
Carol. La vallée de Carol attribuée à la France par le traité des Pyrénées, 57.
Caroline, reine de Naples. Ses intrigues à la cour d'Espagne, 129.
Caron (le commandant), chef de la légion française en Espagne, 271.
Carramolino (D. Juan Martin), ministre de l'intérieur du cabinet du 25 juillet 1839, 368.
Carreño de Miranda, peintre de Charles II, 82.
Carrera (la). Le général la Carrera surpris par les Français, 185.
Cartel d'échange entre les carlistes et les christinos, 343.
Carthagène se soulève contre les Français, 166.
Caro (Francisco-Xavier), ministre du conseil des Indes, membre du conseil de gouvernement nommé par le testament de Ferdinand VII, 318.
Carvajal (José), général nommé par Ferdinand VII capitaine général de Madrid, en remplacement de Vigodet, 231.
Casa-Irujo (le marquis de), ministre des affaires étrangères sous Ferdinand VII, 300.
Casal. Louis XIII force les Espagnols à lever le siège de Casal, 49.
Cassel. Bataille de Cassel, 62.
Castaño (Frédéric) déploie une grande activité contre les carlistes, 323.

DES MATIÈRES.

Castaños (Francisco-Xavier), général, commandait en Andalousie, où fut donnée la bataille de Baylen, 175; fait perdre la bataille de Tudèle, et se fait battre à Cascante, 177-178; membre de la régence de Cadix, 185; capitaine général de la Catalogne, laisse proclamer la constitution à Barcelone, 224 : membre du conseil de gouvernement nommé par le testament de Ferdinand VII, 318.

Castejon (D. Juan Antonio), ministre de grâce et de justice du cabinet du 30 août 1837, 368.

Casteldorius succède au comte del Abisbal dans le commandement de l'armée de la Nouvelle-Castille et de l'Estramadure, 274.

Castellfollit (sac de), 260.

Castel-Rodrigo, gouverneur des Pays-Bas, refuse la trêve offerte par Louis XIV, 60.

Castelar (le marquis de), chargé de la garde de Godoy, 148.

Castex (le général vicomte de) commande une division du premier corps de l'armée d'invasion, 270.

Castillejo (Christoval de), poëte, chef des capleros, 72.

Castillon. Bataille de Castillon, 90.

Castro (Evaristo Perez de), messager envoyé à Ferdinand VII par la junte de gouvernement, 153.

Castro (D. Evaristo Perez de), ministre des affaires étrangères du 1er ministère constitutionnel, 228; ministre des affaires étrangères et président du cabinet du 6 décembre 1838, 368.

Castro-y-Orosco (D. Francisco), ministre de grâce et de justice du cabinet du 16 décembre 1837, 368.

Catalan (Juan Francisco Maren-y-Catalan), cardinal, membre du conseil de gouvernement nommé par le testament de Ferdinand VII, 318.

Catalogne. Révolte de la Catalogne contre Philippe IV, 50; les Français sont chassés de Catalogne par D. Juan d'Autriche, 56.

Cateau-Cambrésis (paix de), [1559], 27.

Catelet (le) tombe entre les mains des Espagnols, 26, 50.

Catherine, reine de Navarre, épouse Jean d'Albret; est dépouillée de la Navarre par Ferdinand le Catholique, 12.

Catherine, quatrième fille de Ferdinand le Catholique, mariée en premières noces à Arthur, prince de Galles, ensuite à Henri VIII, 7.

Catherine, fille de Jeanne la Folle, 10.

Catherine, fille de Philippe II et de sa troisième femme, 32.

Catinat (le maréchal de), chargé de la guerre contre le prince Eugène, 84.

Cavallero (D. Manuel), auteur d'une relation de la défense de Saragosse, 173, 180, 181, 182.

Caventou découvre le sulfate de quinine, 243.

Cebada. Place de la Cebada, où les condamnés sont suppliciés à Madrid, 294, 297.

Cegama, village où Zumala-Carregui se fit transporter après sa blessure, 344.

Cellamare (le prince de), ambassadeur d'Espagne, conjure contre le régent, 97.

Cerbellon (le comte de), vice-roi de Mayorque, forcé de se rendre aux Anglais, 90.

Cerdagne (la), aliénée par Juan II, et recouvrée par son fils, Ferdinand le Catholique, 4.

Cerisoles. Bataille de Cerisoles, 24.

Cerralbo (le marquis de), chef politique de Madrid, destitué, 238.

Cervellon (le comte de), nommé général en chef de l'armée valencienne, 166; courage de la fille du comte de Cervellon, 166.

Cervera, prise par le Trappiste, et reprise par le général Bellido, 251.

Cervantès, auteur du roman de Don Quichotte, 75.

Cespedès (D. Pablo), peintre et poëte, 78.

Ceuta, attaquée par les Anglais, 87.

Cevallos (D. Pedro), ministre espagnol. Sa pusillanimité, 133; premier secrétaire d'État de Ferdinand VII, 145; accompagne Ferdinand VII dans son voyage à la rencontre de Napoléon, 146; ses mémoires cités, 371.

Chabran (le général) un des commandants de la division des Pyrénées-Orientales, 139, 168; quitte Tarragone, 170.

Chacon (D. José Maria), ministre de la marine du cabinet du 6 décembre 1838, 368.

Chafandin, partisan absolutiste, 251.

Chambres de réunion, instituées par Louis XIV, 63.

Champagny, ministre des affaires étrangères. Son rapport à l'empereur, 139; chargé de conférer avec Labrador, relativement aux propositions faites à Ferdinand VII, 147.

Charleroi. Louis XIV prend Charleroi, 60; cette ville est rendue aux Espagnols par le traité de Nimègue, 62; reprise par Louis XIV, et rendue à Charles II par le traité de Ryswick, 63.

Charles. Voy. *Carlos*.

Charles V, empereur, et Charles Ier d'Espagne, fils de Philippe le Beau et de Juana la Folle. Sa naissance, 6; fiancé à la fille aînée de Louis XII, 9; hérite de la couronne d'Espagne, 13; est proclamé empereur et prend le titre de Majesté, 14; attaque Alger, 23; abdique en faveur de son fils Philippe II; ses enfants; sa mort, 25; son opinion sur D. Carlos, son petit-fils, 28.

Charles II, roi d'Espagne, fils de Philippe IV et de l'archiduchesse Marie-Anne, sa seconde femme, 58; ses mariages, 63; son testament et sa mort, 65.

Charles III, infant d'Espagne, fils de Philippe V et d'Isabelle Farnèse. Fiancé à mademoiselle de Beaujolais, quatrième fille du duc d'Orléans, 98; institué héritier par le prince Antoine Farnèse, 100; fait la conquête du royaume de Naples, et est reconnu roi de Naples, 100; succède sur le trône d'Espagne à son frère Ferdinand VI, 107; sa mort, 113.

Charles IV succède à son père; marié à Marie-Louise, fille du duc de Parme; rétablit l'ancien ordre de succession, 113; arrête son fils à l'Escurial, 130; prend la résolution de transporter sa cour à Séville, 140; forcé d'abdiquer à Aranjuès; sa protestation, 144; se rend à Bayonne, 148; cède la couronne à Napoléon, 153; sa résidence est fixée à Compiègne, 153; son goût pour la chasse et pour les exercices violents lui conserve longtemps la santé, 306.

Charles VIII, roi de France, rend le Roussillon et la Cerdagne à Ferdinand le Catholique, 4; fait la conquête de Naples, 5; meurt, 6.

Charles X, étant comte d'Artois, assiste au siége de Gibraltar, 111, 112; roi de France, monte sur le trône, 300; en est renversé, 305.

Charles XII, roi de Suède, tué à Frédérichshall, 97.

Charles, archiduc, dispute la couronne à Philippe V, 86; entre à Madrid, 92.

Château-Dauphin, pris par les Français, 104.

Château-Renaud, amiral, vaincu par les Anglais dans la baie de Vigo, 86.

Château-Thierry, surpris par Charles V, 24.

Chauvelin (M.), intendant des départements des Bouches-de-l'Èbre et du Mont-Serrat, 186.

Chavez, confesseur de Philippe II, 37.

Cheredin Barberousse, chassé de Tunis par Charles V, 22.

Chiari, bataille de Chiari, 84.

Chiclana (bataille de), 185.

Chièvres (M. de), envoyé comme ambassadeur à François Ier par Charles V, signe le traité de Noyon, 13; ses exactions en Espagne, 14.

Chimai (prince de). La propriété de la ville d'Hierge lui est contestée par le seigneur d'Aimeries, 21.

Chinchilla, village du royaume de Valence, lieu de l'exil de Florida-Blanca, 114.

Chinchon (Maria-Théréza de Vallabriga Bourbon, comtesse de) épouse Godoy, 123.

Choléra-morbus à Madrid, 337.

Christierne, duchesse douairière de Lorraine, 27.

Christine. Voy. *Marie-Christine*.

Christophe Colomb devine l'existence de l'autre continent, 2; offre ses services à Ferdinand; découvre le nouveau monde, 3.

Chulo, toréro qui détourne l'attention du taureau en lui présentant des voiles de couleur, 162.

Cirilo (le Père), 366.

Ciscar, membre de la régence instituée à Séville, 278.

Ciudad-Rodrigo. La forteresse de Ciudad-Rodrigo se rend au maréchal Ney, 185.

Claris (Pablo), chanoine député du clergé au tribunal souverain de Catalogne, arrêté par ordre du vice-roi, 52.

Claude, fille aînée de Louis XII, fiancée à Charles V, 9.

Clément XI reconnaît Philippe V pour roi d'Espagne, 83.

Clichiens. Leur extradition refusée par l'Espagne, 124.

Coello (Alonzo Sanchez), peintre, 70.

Cœuvres (le marquis de), envoyé dans la Valteline, 49.

Coligny défend Saint-Quentin, 26.

Collège des cadets de l'artillerie de Ségovie, supprimé par Calomarde, 300.

Coloma. Voy. *Santa-Coloma*.

Comines, ambassadeur de Charles VIII, apprend l'existence de la sainte ligue, 5.

Compiègne. La résidence de Charles IV est fixée à Compiègne, 153.

Comuneros. Soulèvement des comuneros, 16; société des comuneros, où fils de Padilla, 241.

Concha (le général) conspire contre le régent, 370.

Conchy (le général), commande une division du troisième corps de l'armée d'invasion, 270.

Conde (Joseph), auteur de l'Histoire de la domination des Arabes en Espagne, 74, 137.

Condé. Louis XIV s'empare de la ville de Condé, 61, et la conserve aux termes du traité de Nimègue, 62.

Condé (le prince de) fait le siége de Fontarabie, 50; gagne la bataille de Rocroy, 56; fait la conquête de la Franche-Comté, 60.

Coni, assiégé par les Français et les Espagnols. Bataille de Coni, 104.

Conquista (le comte de la), capitaine général du royaume de Valence, 166.

Constitution (société des Amis de la), 244.

Constitution de Bayonne, 172; de Cadix, ou de 1811, 189; de Cadix, adoptée par les Napolitains et par les Portugais, et à Turin, 233; de 1837, 359.

Conti (le prince de) force le pas de Villefranche, 104.

DES MATIÈRES.   387

Copons-y-Navia (D. Francisco), général, reçoit Ferdinand VII à la frontière, 206; chef politique de Madrid, 238; capitaine général de la province de Madrid, 257.

Corbie, prise par les Espagnols, et reprise par les Français, 50.

Cordoba (Cordova), auteur du mémoire justificatif qu'il adresse à ses concitoyens; cité, 343, 373; est nommé général de l'armée chargée de réduire les provinces insurgées, 346; Mendizabal veut le destituer, 353; donne sa démission, 363.

Cornejo, alcalde, conduit Bravo et Padilla au supplice, 19.

Cornwallis, amiral anglais, 133.

Cortès de 1517, 14; de Saint-Jacques de Compostelle, (1520), 15; transportées à la Corogne, 16; réunies par Charles IV, 113; extraordinaires, réunies par la régence de Cadix, 186; ordinaires, transportées à l'île Léon, et ensuite à Madrid, 203; convoquées par décret de Ferdinand VII, 226; cortès par *estamentos*, réunies par Ferdinand VII, en 1833, pour reconnaître Isabelle II comme princesse des Asturies, 310; réunies en vertu du *statuto real*, (24 juillet 1834), 337; (22 mars 1836), 352.

Coso, rue de Saragosse, 174, 175, 183.

Costumes espagnols, 159.

Coupigni (le général) concourt au gain de la bataille de Baylen, 175.

Courtisanes. Leur dévouement à la cause de Philippe V, 90.

Courtrai, pris par les Français, 50; par Louis XIV, 60; rendu aux Espagnols par le traité de Nimègue, 62; pris par Louis XIV, qui en fait raser les fortifications, 63.

Couvents. Réduction du nombre des couvents, 231.

Crato (le prieur Antoine de) dispute à Philippe II la couronne de Portugal, 36.

Crespy en Valois. Traité de Crespy, (1544), 24.

Créqui. Le maréchal de Créqui assiège inutilement la ville de Valence en Milanais, 50.

Crespo de Tejada (D. Francisco), membre de la junte provisoire, 227.

Creus (don Iago), évêque de Tarragone, membre de la régence d'Urgel, 259.

Crillon, reprend sur les Anglais l'île de Minorque, 110; chargé du siége de Gibraltar, 110.

Cruz (D. José de la), ministre de la guerre sous Ferdinand VII, 300; ministre de la guerre pendant l'administration de Zea Bermudez, 307; reçoit sous la même administration le ministère de la marine par intérim, 317; membre suppléant du conseil de gouvernement nommé par le testament de Ferdinand VII, 318; quitte le ministère de la guerre, 325.

Cruz (Santa-). Voy. *Santa-Cruz*.

Cuadra (Gil de la), ministre de l'intérieur, et ensuite de la marine, sous l'administration de Calatrava, 358.

Cuba, où reposent maintenant les cendres de Christophe Colomb, 4.

Cuesta, guerrillero absolutiste, 253.

Cuesta (le général), battu par le général Lasalle, 172.

Cuevillas, guerrillero carliste, fait une incursion dans les environs de Saint-Ildephonse, 355.

Cuevillas, guerrillero de l'armée de la Foi, 250; chef carliste, 323.

Cugnet de Montarlot veut établir la république en Espagne, 239.

Curial (le général comte) commande une division du quatrième corps de l'armée d'invasion, 270.

Curti, auteur de l'ouvrage intitulé : *La Spagna dal l'ordinamento delle cortes nel 1812 fin all' anno 1835*, cité 225, 371.

D

Dagobert (le général) perd la bataille de Trouillas, 120.

Damas (le baron de) commande une division du quatrième corps de l'armée d'invasion, 270.

Damvillers, pris par les Français, 50.

Danses espagnoles, 159 et suiv.

Darcon, ingénieur français, employé au siège de Gibraltar, 111.

Darmstadt (le prince de) prend parti contre Philippe V, 87; tué à l'attaque de Montjoui, 89.

Decaen (le général), 186.

Décret de Valence, 206.

Degallat, guerrillero carliste, 354.

Dehesa (D. Juan de la), ministre de grâce et de justice sous l'administration de Martinez de la Rosa, 343.

Denis (Ferdinand), conservateur de la bibliothèque Sainte-Geneviève, auteur du *Portugal*, cité, 36, 56, 300.

Depping (Romancero castellano), 74.

Diaz (D. Juan Martin). Voy. *Empecinado*.

Didier (Charles), auteur de l'ouvrage intitulé *Une année en Espagne*, cité, 302, 372.

Diego de Mendoza. Voy. *Mendoza*.

Dîme (suppression de la), 231.

Dixmude. Louis XIV fait raser les fortifications de Dixmude, 63.

Dizier (Saint-) résiste pendant sept semaines aux efforts de Charles V, 24.

Dôle, prise par le prince de Condé, 60.

Domingue (Saint-), île découverte par Christophe Colomb, 3.

25.

Domont (le général) commande une division du deuxième corps de l'armée d'invasion, 270.
Donegal, nom du bâtiment sur lequel D. Carlos a quitté le Portugal, 334.
Donnadieu (le général) commande une division du quatrième corps de l'armée d'invasion, 270; occupe Vich et bat les troupes constitutionnelles à Castel-Tersol, 273.
Doria (Filippini), amiral de la flotte française, bat la flotte espagnole, 22.
Doria (André) trahit le parti de la France, 22.
Doria. Le prince Doria se met à la tête des Génois insurgés contre les Autrichiens, 106.
Douai. Louis XIV prend Douai, 60.
Drake (l'amiral François) incendie une flotte dans la rade de Cadix, 36.
Dugommier. Le général Dugommier opposé aux Espagnols, 120; sa mort, 121.
Duguay-Trouin bâtit le Fort-Louis dans la baie de Cadix, 286.
Duhesme (le général), commandant de la division des Pyrénées-Orientales, 139; s'empare de la citadelle de Barcelone, 140.
Dumanoir (l'amiral) assiste à Trafalgar, mais sans combattre, 134.
Dunkerque est pris par les Français, 26, 50.
Dupont (le général) pénètre en Espagne, 139; entre en Andalousie et fait piller Cordoue, 172; capitule à Baylen, 175.
Duquesne, envoyé au secours des insurgés de Messine, 62.

E

Éboli (la princesse d'). Ses amours avec Philippe II et avec Antonio Perez, 37.
Echeveria (D. Martin Luiz de), membre de la junte carliste, 322.
Echeveria (D. Juan), membre de la junte carliste, 322.
Echo de Padilla, journal, 244.
Egmont (le comte d') gagne la bataille de Gravelines, 26; est arrêté, 27; et décapité, 28.
Eguia (D. Francisco Ramon), nommé par Ferdinand VII capitaine général de la Nouvelle-Castille, fait arrêter les membres de la régence, 208; ministre de la guerre surnommé *Coletilla*, 213; instrument aveugle de l'ambassadeur de Russie, 216; membre de la junte provisoire, 272; considère la continuation de la guerre civile en Biscaye comme inutile, 366.
Ejea (D. Mariano), ministre des finances du cabinet des Sept patriotes, 257; signe la destitution de ses collègues, 268; ministre des finances sous l'administration de Calatrava, 358.

Elchès, chrétiens devenus musulmans, 32.
Élections. Loi des élections sous le statuto real, 337.
Elio, capitaine général du royaume de Valence, découvre la conspiration Vidal, 219; sa mort, 252—258; les juges d'Elio sont exceptés de l'amnistie du 1er mai 1824, 295.
Elisabeth, fille de Henri II, roi de France, épouse Philippe II, 27; ses enfants et sa mort, 32.
Élisabeth de France, fille de Henri IV et de Marie de Médicis, épouse le prince des Asturies, 43.
Elisondo, ville du Bastan (Navarre), assiégée par Zumala-Carregui, 341; assiégée une seconde fois par Zumala-Carregui, 342.
Elliot (lord) porte au duc d'Angoulême les propositions du gouvernement constitutionnel, 286; détermine Zumala-Carregui et Valdez à conclure un cartel d'échange, 343.
Empecinado (D. Juan Martin Diaz, surnommé El), guerrillero, 197; adresse des représentations à Ferdinand VII, 217; fait un rapport sur l'invention des reliques de Padilla, 249; envoyé contre Bessières, 266; compromis dans une conspiration pour le rétablissement de la constitution, est supplicié, 299.
Encartaciones (las), vallée située à l'extrémité de la Biscaye, 347.
Encima y Piedra (D. Victoriano), ministre des finances pendant l'administration de Zea Bermudez, 307; sort du ministère, 317.
Encina (Juan de la), auteur dramatique, 72.
Enghien (le comte de) gagne la bataille de Cerisoles, 24.
Engracia (Santa-). Couvent de Santa-Engracia, point sur lequel fut forcée l'enceinte de Saragosse, 174; la défense en est confiée au colonel Fleury, après que l'enceinte eut été forcée, 179.
Enrique (D.). Maria Fernando, infant d'Espagne, fils de) prête serment à Isabelle II, comme princesse des Asturies, 317.
Enrique (le cardinal Dom) succède à son neveu Sébastien sur le trône de Portugal; sa mort, 36.
Enriquez (D. Fadrique), almirante de Castille, 18.
Épernay, surpris par Charles V, 24.
Épernon (le duc d'), dans les intérêts de l'Espagne, 43.
Eraso, colonel, proclame D. Carlos roi, à Roncevaux, 321.
Ercilla y Zuñiga, auteur du poëme de *la Araucania*, 77.
Ernest (l'archiduc) succède au duc de

DES MATIÈRES.   389

Parme dans le gouvernement des Pays-Bas ; il meurt, 40.

Éroles (le baron d'), un des chefs de l'armée de la Foi, 250; membre de la régence d'Urgel, 259; battu par Milans et par Rotten, 261; commande un corps d'Espagnols auxiliaire du quatrième corps de l'armée d'invasion, 270; membre de la junte provisoire, 272; membre de la régence établie à Madrid par le duc d'Angoulême, 276.

Errasa, guerrillero de l'armée de la Foi, 250.

Erro (D. Juan Bautista), membre de la junte provisoire, 272; ministre des finances de la régence établie à Madrid par le duc d'Angoulême, 276.

Esain (Juan Bautista), paysan navarrais, sauve D. Carlos, qui était sur le point de tomber entre les mains des christinos, 339.

Escaños (D. Antonio), général de marine, membre de la régence de Cadix, 185.

Escars (d'), général, attaque le Trocadero, 287.

Escoiquiz, précepteur de Ferdinand VII; ses intrigues, 129—136; mis en cause dans le procès de l'Escurial, 139; conseille à Ferdinand VII d'aller au-devant de Napoléon, 146; accompagne Ferdinand VII, 146—147; membre de la camarilla, 210; fait des représentations à Ferdinand VII, 217—218; mémoires d'Escoiquiz, cités, 143—371.

Escovedo, secrétaire de D. Juan, meurt assassiné, 36.

Escudero (D. Francisco de Paula), ministre de la marine du 2ᵉ cabinet constitutionnel, 236.

Escurial (Saint-Laurent de l'), monastère élevé par Philippe II, 26 ; construction et description du monastère Saint-Laurent de l'Escurial, 78; Ferdinand VII arrêté à l'Escurial, 136.

Eslaba, gouverneur de Carthagène des Indes, repousse les attaques des Anglais, 101.

Española est découverte par Christophe Colomb, 3.

Espartero (Baldomero), général, marche avec le général Latré au secours de Bilbao, 346 ; se met à la poursuite de Gomez, 535 ; chargé du commandement en chef de l'armée du Nord, et est nommé comte de Luchana, 364; est nommé duc de la Victoire, 367 ; président du conseil, 368 ; ministre de la guerre du cabinet du 16 décembre 1837, 368 ; nommé régent, 369.

Espinola. Le général Espinola pacifie les Pays-Bas, 48.

Espinosa (le général) bat Quesada, 261.

Estarico, officier, défend la prison Saint-Martin contre les émeutiers, 238.

Estrada (Alvaro Florès), nommé ministre des affaires étrangères pour succéder au ministère des Sept patriotes, 269.

Estremeña (la), frégate espagnole attaquée en pleine paix par les Anglais, 133.

Étrurie (royaume d'Étrurie), institué par les traités de Saint-Ildephonse, de Lunéville et de Madrid, du 21 mars 1801, 127.

Eugène. Le prince Eugène bat les Français à Oudenarde, 91.

Eyck (Van), peintre, 70.

Ezpeleta, vice-roi de Navarre, consent à ce que la constitution de Cadix soit publiée à Pampelune, 224.

F

Fadrique Enriquez. Voy. *Enriquez*.

Fagel, général des troupes opposées à Philippe V, 87.

Faisans. Ile des Faisans, célèbre par le traité des Pyrénées, 57.

Fandango (le), danse, 159.

Fargis, ambassadeur de France à Madrid, 48; désavoué, 49.

Farnèse (Octave), attaqué par les Impériaux, 24 ; épouse Marguerite, fille naturelle de Charles V, 25.

Farnèse (Alexandre), duc de Parme, succède à D. Juan d'Autriche dans le commandement des Pays-Bas, et marche au secours de la Ligue, 39.

Farnèse (Isabelle), fille du duc de Parme, épouse Philippe V, 95.

Farnèse (Antoine), dernier prince de cette maison, institue l'infant D. Carlos pour son héritier, 100.

Feliu (D. Ramon), ministre des affaires d'outre-mer du 2ᵉ cabinet constitutionnel, 236; donne sa démission, 247.

Ferdinand II d'Aragon et *V* de Castille, fils de Juan II d'Aragon et de Juana Enriquez, surnommé le *Catholique*; suite de son règne, 1 ; épouse Germaine de Foix, 9 ; sa mort, 12.

Ferdinand VI, roi d'Espagne, fils de Philippe V et de Marie-Louise-Gabrielle, monte sur le trône, 106; sa mort, 107.

Ferdinand VII, roi d'Espagne, fils de Charles IV et de Marie-Louise de Parme ; sa naissance, 113 ; épouse Marie-Antoinette de Naples, 129 ; proclamé roi à la suite de la révolution d'Aranjuès, 144 et suivantes ; se rend à Bayonne, 146 ; forcé de restituer la couronne à son père, 153 ; sa résidence est fixée à Valençay, 153 ; adresse une proclamation aux Espagnols, 154 ; rendu à la liberté par Napoléon, 204 ; dissout les cortès et abolit la constitution, 206 ; forcé de prêter serment à la constitution, 227 ; contraint de sanctionner le décret sur la réforme des ordres monastiques, 231 ; forcé de quitter Madrid, 270 ; refuse de quitter

Séville, 277; déclaré atteint d'incapacité morale, 278; ses différents mariages, 302; est né le 14 octobre 1784; ses infirmités; on le croit mort en 1832, 306; sa mort et son testament, 318.

Ferdinand, empereur et roi de Hongrie, fils de Philippe le Beau et de Juana la Folle; sa naissance, 6; est couronné roi des Romains, 22.

Ferdinand (don), fils de Charles V, mort en bas âge, 25.

Ferdinand (D.), cardinal infant, fils de Philippe III et de Marguerite d'Autriche, 47.

Ferdinand, troisième fils de Charles III, roi de Naples, 107.

Feria (duc de), chargé de la garde de D. Carlos, 31.

Fernand del Pulgar. Voy. *Pulgar*.

Fernandez (Alexis), peintre, 71.

Ferrol (le), attaqué par les Anglais, 125.

Fièvre jaune (la), à Cadix, 202—203; en Catalogne, 245.

Figueroa (don José Vasquez), ministre de la marine sous l'administration de Martinez de la Rosa, 327.

Figuières. La citadelle de Figuières, surprise par les Français, 140.

Fleurus. Bataille de Fleurus, 63.

Fleury (Esteban), commandant de la garnison de Tortose, 168, 169, 170; introduit dans Saragosse le convoi envoyé par la junte de Tortose, 175; chargé d'aller rassembler les troupes éparpillées le long de la rivière d'Aragon, 178; concourt à la défense de la ligne du Gallego, 178; chargé de la défense de l'attaque du centre de Saragosse, après que l'enceinte fut forcée, 179, 180, 181.

Fleury (le cardinal), premier ministre de Louis XV, conclut le traité de Séville, [1729], 99.

Flibustiers, 61.

Flor-de-Roza (bataille de), 128.

Florez (Segundo), *Historia de la vida de Espartero*, 372.

Florida-Blanca, ministre de Charles III et de Charles IV, 113; exilé à Chinchilla, 114.

Floride. La Floride cédée à l'Angleterre, 108; reconquise par les Espagnols, 112.

Foissac-Latour (le général) commande une division du cinquième corps de l'armée d'invasion, 271; entre à Madrid, 275.

Fomento. Le ministère de l'intérieur rétabli par Marie-Christine sous le nom de ministère del Fomento, 308.

Fonseca, auteur du livre intitulé : *Justa expulsion de los Moriscos*, cité, 46.

Fonseca (Antonio de) fait incendier Medina del Campo, 17.

Fontainebleau (traité de), 136.

Fontana de Oro (café de la), 226.

Fontarabie, assiégée par le prince de Condé, 50.

Fornoue. Bataille de Fornoue gagnée par Charles VIII, 5.

Fortan (le père) publie, à Paris, l'ouvrage de Ginèz de Hita.

Fournas (le général), fait prisonnier par Riego, 222.

Franche-Comté, conquise et restituée par Louis XIV, 60; conquise de nouveau et conservée par Louis XIV, 62.

Francisco de Paula (Antonio), infant d'Espagne, 3ᵉ fils de Charles IV; sa naissance, 113; quitte Madrid pour se rendre à Bayonne, 151, 152; prête serment à Isabelle II comme princesse des Asturies, 317; prête serment au statuto real, 337.

Francisco de Asis (Maria), infant d'Espagne, fils aîné de Francisco de Paula, prête serment à Isabelle II comme princesse des Asturies, 317.

François, docteur en médecine, donne, à Barcelone, des soins aux malades atteints de la fièvre jaune, 245.

François Iᵉʳ, roi de France, fait prisonnier à Pavie, 21.

Francisco Genaro de Naples, prince héréditaire des Deux-Siciles, épouse Marie-Isabelle, infante d'Espagne, 301.

Franc-Maçonnerie, poursuivie par l'inquisition, 212.

Francs-Maçons. Leur introduction et leur influence en Espagne, 240.

Frédéric IV, de Danemark, reconnaît Philippe V pour roi d'Espagne, 83.

François Phébus, roi de Navarre; sa mort, 12.

Frédéric-Auguste, roi de Pologne; sa mort, 100.

Frère (Otham), ambassadeur d'Angleterre à Madrid, 131.

Fréville (M. de) a une conférence avec l'infant D. Antonio le lendemain du 2 mai, 152.

Freyre, général chargé de réduire les insurgés de l'île Léon, 222; fait charger par la troupe le peuple de Cadix, 224; fait prêter par la troupe serment à la constitution, 225.

Frias (D. Bernardino Fernandez Velasco, duc de), ministre des affaires étrangères et président du cabinet du 6 septembre 1838, 368.

Frias (le duc de), comte d'Oropesa, portait l'épée royale lorsque le serment fut prêté par les cortès à Isabelle II comme princesse des Asturies, 317.

Frimont (le général) bat le général Pépé et abolit à Naples la constitution espagnole, 233.

Froylan Dias (fray), confesseur de Charles II, fait exorciser ce prince, 64.

DES MATIÈRES.   391

Fueros de la Navarre, 326.
Fueros de Biscaye. Le duc de Lerme s'efforce d'abolir les Fueros de Biscaye, 42.
Fueros de l'Aragon (les) sont abolis par Philippe II, 38 et 39.
Furnes. Louis XIV prend Furnes, 60.

G

Cages (le comte), général, livre la bataille de Campo-Santo, 102; assiste à l'affaire du Pas de Villefranche, 104.
Galerie espagnole, citée, 372.
Galiano (Antonio Alcala-), propose de déclarer le roi atteint d'incapacité morale, 277—278; refuse de s'adjoindre au ministère Menzizabal, 352; ministre de la marine sous l'administration d'Isturiz, 353; auteur d'une histoire d'Espagne, citée, 372.
Galice. La Galice se soulève contre les Français, 166; insurrection de la Galice en faveur de la constitution de Cadix, 217.
Galigaï (Léonore), dans les intérêts de l'Espagne, 43.
Gallego, rivière d'Aragon, 173.
Gallegos, peintre, 70.
Galli. Mémoire sur la dernière guerre de Catalogne, par Florent Galli, cité, 372.
Galloway, général des troupes anglaises opposées à Philippe V, 87.
Gand. Louis XIV s'empare de Gand, 61.
Garay, chargé de l'administration des finances sous Ferdinand VII, 211.
Garcia, général carliste, fusillé par ordre de Maroto, 366.
Garcia (Higinio), sergent, un des principaux acteurs de la révolution de la Granja, 357.
Garcilaso de la Vega, poëte. Voy. *Vega*.
Garcilaso de la Vega; sa mort, 23.
Garde royale (insurrection de la), 253.
Careli (Nicolas-Maria), ministre de grâce et de justice du troisième ministère constitutionnel, 248; mis en arrestation, 258; membre suppléant du conseil de gouvernement nommé par le testament de Ferdinand VII, 318; ministre de grâce et de justice sous l'administration de Martinez de la Rosa, 327; sort du ministère, 343.
Garrochon, lance du toreador, 162.
Gasco (José Fernandez), ministre de l'intérieur du cabinet des Sept patriotes, 257.
Gaston d'Orléans se réfugie dans les Pays-Bas, 48.
Gazan (le général) attaque le faubourg de Saragosse, 178.
Gazette de Madrid, ses violences, 293.
Gebora (bataille de la), 185.
Gelos (Teodoro), chirurgien du quartier royal de l'armée carliste, 345.
Gênes se soulève et chasse les Autrichiens, 106.

Germaine de Foix épouse Ferdinand le Catholique, 9.
Germanats, membres de la Germania, 15.
Germania, association de Valenciens sous Charles V, 15.—La Germania est détruite, 21.
Germond de la Vigne, traducteur de la *Célestine*, 69.
Gibraltar, pris par les Anglais, 86; cédé à l'Angleterre par le traité d'Utrecht, 94; bloqué et ensuite assiégé par Charles III, 110. Description de Gibraltar, 111.
Gil (Francisco), ministre de la marine de Ferdinand VII, 152.
Gil-Polo, auteur de la *Diane amoureuse*, 74.
Giron (D. Augustin). Voy. *Amarillas*.
Giron (D. Pedro), l'un des chefs des comuneros, 18.
Girone. La ville de Girone prise par Louis XIV, 63; siége de Girone, 184; occupée par les Français, 273.
Gironela (le marquis de), gouverneur de Ceuta, repousse les Anglais, 87.
Goa. D. Carlos est sur le point d'être pris par les troupes qui l'avaient cerné entre les montagnes de Saldias et de Goa, 339.
Godoy (Diego), frère du prince de la Paix, mis en jugement, 145.
Godoy (Manuel), duc de la Alcudia, premier ministre de Charles IV, 115; reçoit le titre de prince de la Paix, 122; épouse une infante du sang royal, 123; fait vendre les œuvres pies, 124; destitué, 125; reprend la direction des affaires, 127; nommé généralissime, 128; destitué et arrêté par le peuple lors de la révolution d'Aranjuès, 142; délivré par Murat, 148; ses mémoires, 371.
Goiffieux (Théodore), premier lieutenant des gardes espagnoles; sa mort, 257; ses juges sont exceptés de l'amnistie du 1er mai 1824, 295.
Golfin (Francisco-Fernandez), ministre de la guerre en 1823, 284.
Golille. La golille remplacée en Espagne par la cravate, 154.
Gomez (Alexandre), sergent, un des principaux acteurs de la révolution de la Granja, 357.
Gomez, général au service de D. Carlos, fait une course à travers les provinces occupées par les troupes de la reine Christine, 354; suite de la même excursion, 363; arrêté par ordre de D. Carlos, 365; regarde la continuation de la guerre comme inutile, 366.
Congorra, poëte, 75, 80.
Gonzalve de Cordoue, 66.
Gonzalez Velazquez (les trois frères), peintres, 155.
Gonzalve de Cordoue fait la guerre aux Français en Italie, 5, 6, 8.

Gonzague, duc de Nevers, héritier institué du duc de Mantoue, 49.
Gorostidi (surnommé le curé). guerrillero absolutiste, 250.
Gougeon, général, attaque le Trocadéro, 287.
Goulette. Le fort de la Goulette pris par Charles V, 22; pris par D. Juan d'Autriche et repris par les Musulmans, 35.
Gouvion-Saint-Cyr, ambassadeur extraordinaire de France à Madrid, 128.
Goya (Francisco), peintre, 158.
Graham Moore, amiral anglais, attaque en pleine paix quatre frégates espagnoles qui venaient de la Plata, 133.
Granja. Révolution de la Granja, 356.
Granvelle (le cardinal), ministre de la duchesse de Parme, 27.
Grasès, colonel commandant les miliciens qui défendaient le Trocadéro, 286.
Gravelines, bataille perdue par le maréchal de Thermes, 26. La ville de Gravelines prise par les Français, 50.
Gravina, amiral espagnol; sa belle conduite à Trafalgar, 134.
Crediaga (Gonzalez de), médecin de l'armée de Zumala-Carregui, 344.
Grenade se soulève contre les Français, 166.
Grenadines, nom donné aux sardines par les Provençaux lors de l'expulsion des Maurisques, 46.
Grenville (lord); son opinion relativement à l'attaque des quatre frégates espagnoles, 133.
Grimarest, capitaine général de l'Aragon, compromis dans une conspiration apostolique, 298.
Gualbert (Juan Gonzalez), ministre de grâce et de justice sous l'administration de Zea Bermudez, 317.
Guastalla. Prise de la ville de Guastalla par le duc de Vendôme, 84.
Guastalla (le duc de) dispute à Gonzague de Nevers l'héritage du duc de Mantoue, 49.
Gueldre. Louis XIV s'empare de la province de Gueldre, 61.
Guer (D. José), lieutenant-colonel, prend part à la conspiration de Lacy, 219.
Guergué, général carliste, parcourt la Catalogne, 348; nommé général en chef, est fusillé par ordre de Maroto, 366.
Guernica, bourg de Biscaye, auprès duquel les juntes générales se réunissaient sous l'arbre de Guernica, 42.
Guéroult (Adolphe), auteur des *Lettres sur l'Espagne*, cité, 66, 78, 79, 162, 355, 356, 372.
Guerra (D. Juan Álvarez), ministre de l'intérieur sous l'administration de M. de Toreno, 343.
Guerrillas et *Guerrilleros*, 197.

Gui (le général) bat l'Empecinado, 198.
Guibelalde, général carliste, considère la continuation de la guerre civile en Navarre comme inutile, 366.
Guicciardini, auteur cité, 5.
Guichen (l'amiral de), 110; commande les vaisseaux français employés au siège de Gibraltar, 111.
Guillaume, roi d'Angleterre, meurt d'une chute de cheval, 84.
Guillaume de Croy, chancelier de Castille, archevêque de Tolède, 14.
Guilleminot (le comte de), major-général de l'armée, explique l'ordonnance d'Andujar, 283.
Guillermi (George-Juan), capitaine général de l'Aragon, 170; déposé par la populace et incarcéré à l'Aljaferia, 171.
Guise (le duc de) défend Metz contre Charles V, 25; accepte la présidence de la république de Naples qui lui est offerte par les insurgés, 58.
Guines, enlevé aux Anglais, 26.
Guruceta, commandant du vaisseau sur lequel D. Carlos avait reçu l'ordre de s'embarquer pour passer en Italie, 314.
Guzman (Loisa de), veuve de D. Juan IV de Portugal, tutrice d'Alphonse VI, 57.

H

Ham, tombe entre les mains des Espagnols, 26.
Harcourt (le duc d'), ambassadeur auprès de Philippe V, 83.
Harispe, général délégué par Murat pour rétablir l'ordre à Madrid, lors des événements du 2 mai, 152; commandant des troupes établies sur la frontière des Pyrénées, 335.
Hay (lord John) sert d'intermédiaire entre Maroto et Espartero, 367.
Haye (La). Traité de La Haye, (1720), 98.
Heirro, partisan de l'armée de la Foi, enlève le fort de Mequinenza, 251.
Henningsen (Charles-Frédéric), auteur des *Mémoires sur Zumala-Carregui*, cité, 324, 334, 340, 372.
Henri II, roi de France, succède à François I*er*, son père. Il s'empare des quatre villes impériales: Cambrai, Toul, Metz et Verdun; ainsi que de la Lorraine, 24; sa mort, 27.
Henri IV, roi de France, donne asile à Antonio Perez, 39; meurt assassiné, 43.
Henri VIII, roi d'Angleterre, épouse Catherine, quatrième fille de Ferdinand le Catholique, 7.
Hera (la), général, commande momentanément l'armée chargée de réduire les provinces insurgées, 346.
Heredia (D. Narcis de Heredia, comte de),

ministre des affaires étrangères sous Ferdinand VII, 300; ministre del Fomento, 308; ministre des affaires étrangères et président du conseil, 368.

Heredia (Narcisso de), comte d'Ofalia, secrétaire du conseil de gouvernement nommé par le testament de Ferdinand VII, 318; cesse de faire partie du ministère, 325.

Herman, secrétaire d'ambassade de France à Madrid, 131.

Hernandez (Manuel). Voy. *Abuelo.*

Hernando de Acuña, poëte, 72.

Heros (D. Martin de los), ministre de l'intérieur, sous l'administration de Mendizabal, 351.

Herrera le Vieux, peintre, 82.

Herrera (Cristobal Lopez) lève une guerrilla constitutionnelle, 296.

Herreros (D. Manuel Garcia), ministre de grâce et de justice du premier ministère constitutionnel, 228; ministre de grâce et de justice sous l'administration de M. de Toreno, 343.

Hesdin, pris par les Français, 50.

Hesse (le landgrave de), retenu prisonnier par Charles V, 24.

Hevia-y-Noriega (José-Maria), membre du conseil de gouvernement nommé par le testament de Ferdinand VII, 318.

Hierge, ville des Ardennes, cause première de la guerre entre Charles V et François Ier, 21.

Hita (Ginez Perez de), auteur des *Guerres civiles de Grenade*, 74.

Hoche recouvre les lignes de Weissembourg, 120.

Hochstet. Bataille d'Hochstet, 87.

Hohenlinden (victoire d'), 126.

Hohenlohe (le général prince de) commande le troisième corps de l'armée d'invasion, 270.

Hollande (la), se soulève contre le duc d'Albe, 28.

Hompanera (D. Antonio), ministre de l'intérieur du cabinet du 6 décembre 1838, 368.

Hondschoote (bataille de), 120.

Honorine (île de Sainte-), sur la côte de Provence, prise par les Espagnols, et reprise l'année suivante par les Français, 50.

Horn (le comte de) est arrêté, 27, et décapité, 28.

Hostalrich. La ville d'Hostalrich (Catalogne), prise par Louis XIV, 63; se rend aux Français, 290.

Howe (l'amiral) ravitaille Gibraltar, 112.

Hubert (le général) entre au Ferrol, 279.

Huerba (la), rivière d'Aragon, 173.

Huerta (La), écrivain, partisan de l'ancien système de littérature espagnole, 155.

Humfort, gouverneur de Valence, 199.

Hurtado de Mendoza, écrivain, 72.

I

Ibar-Navarro (Justo-Maria de), envoyé par Ferdinand VII à la junte de gouvernement, 151.

Ibarra, membre de la municipalité de Madrid, 268.

Ibarra, représentant de Philippe II auprès des Ligueurs, 39.

Ibarrola-y-Goiri organise à Orduña un soulèvement carliste, 321.

Iena (bataille d'), 136.

Ignace de Loyola est blessé à la défense de Pampelune et fonde la société des Jésuites, 20.

Ildephonse. Traité de Saint-Ildephonse (1796), 122; autre traité de Saint-Ildephonse 1er octobre 1800), 126.

Imas (D. José), ministre des finances sous l'administration de Martinez de la Rosa, 327; sort du ministère, 337.

Impérial-Alexandre, (le régiment) proclame la constitution de Cadix, 225.

Imprimerie. L'imprimerie est introduite en Espagne, 68, 69.

Infantado (le duc de l'), nommé par Ferdinand capitaine général de la Nouvelle-Castille, 138; compris dans le procès de l'Escurial, 139; accompagne Ferdinand VII dans son voyage à la rencontre de l'empereur, 146; président de la régence instituée à Madrid par le duc d'Angoulême, 276; proteste contre l'ordonnance d'Andujar, 283; ministre des affaires étrangères sous Ferdinand VII, 300; est présent à l'acte qui rétablit la pragmatique sanction, 309; membre suppléant du conseil de gouvernement nommé par le testament de Ferdinand VII, 319.

Iñigo de Velasco. Voyez *Velasco*.

Inquisition. Philippe II veut établir l'inquisition dans les Pays-Bas, 27; l'inquisition n'est pour rien dans la mort de D. Carlos, fils de Philippe II, 31; D. Juan d'Autriche accusé devant l'inquisition, 60; l'inquisition supprimée par les cortès de Cadix, 198.

Invincible. La flotte Invincible détruite par les Anglais, 37.

Intervention française, demandée successivement par Martinez de la Rosa et par le comte de Toreno, 347.

Irasbiribil (Mariano), commandant de la frégate *la Estremaña*, 133.

Irribaren (Luis), lieutenant de volontaires royalistes, pris et fusillé avec Santos-Ladron, 321.

Isabelle Ire, surnommée *la Catholique*, fille de D. Juan II de Castille et d'Isabelle de Portugal; suite de son règne, 1; envoie Christophe Colomb à la découverte du nouveau monde, 2; sa mort, 9.

Isabelle II, reine d'Espagne, fille de Ferdinand VII et de Marie-Christine; sa naissance, 306; est reconnue comme princesse des Asturies, 317; monte sur le trône, 319.

Isabelle-Claire-Eugénie, fille de Philippe II et de la reine Élisabeth, 32; Philippe veut la faire monter sur le trône de France, 39; épouse l'archiduc-cardinal Albert, 40; sa mort, 47; régente des Pays-Bas, au nom de l'Espagne, après la mort de l'archiduc Albert.

Isabelle, fille aînée de Ferdinand et d'Isabelle, épouse Alonzo, infant de Portugal, et ensuite D. Mannel, 6.

Isabelle, fille de Juana la Folle, 6.

Isabelle Farnèse, fille du duc de Parme, épouse Philippe V, 95.

Isabelle, infante d'Espagne, fille de Charles IV et de Marie-Louise de Parme, épouse le prince héréditaire des Deux-Siciles, 129.

Isquierdo, signataire du traité de Fontainebleau, 140.

Isturiz (Don Francisco-Xavier) refuse de s'adjoindre au ministère Mendizabal, 352; ministre des affaires étrangères et président du conseil, 353.

Iturralde rallie la faction carliste après la défaite de Santos-Ladron, 322; contribue à la victoire d'Alegria, 340.

Iturreza, un des chefs du parti de D. Carlos, 366.

J

Jabat (D. Juan), ministre de la marine du premier cabinet constitutionnel, 229.

Jativa veut résister à Philippe V, 91.

Jaureguy-y-Jaureguy (D. Gaspar), guerrillero, surnommé El Pastor, 200; chef politique de Cadix destitué, 246; déploie une grande activité contre les carlistes, 323.

Jayme le Conquérant s'empare de Valence, 66.

Jeanne (la Folle), Voyez *Juana*.

Jenkins, marin anglais, mutilé par les Espagnols, 101.

Joanez (Vincent), peintre, 70.

Jodar, village d'Andalousie où Riégo a été mis en déroute, 281.

Joseph Bonaparte, proclamé roi d'Espagne et des Indes, 154; entre à Madrid, 175; quitte sa capitale à la nouvelle de la bataille de Baylen, 175; rentre à Madrid, 178; quitte de nouveau Madrid après la bataille des Arapiles, 196.

Joséphins, 205; proscrits, 211, 212.

Jouarry, élève en chirurgie, va à Barcelone donner des soins aux malades atteints de la fièvre jaune, 245.

Jourdan perd la bataille de Vitoria, 201.

Jovellanos (Gaspar Melchor), auteur de l'ouvrage intitulé: *Informe en el expediente de Ley agraria*; ministre de grâce et de justice, 124; éloigné du ministère cinq mois après la chute de Godoy, 125.

Juan, prince des Asturies, fils de Ferdinand le Catholique et d'Isabelle, épouse Marguerite, fille de l'empereur Maximilien, 6.

Juan (don), fils de Charles V, mort en bas âge, 25.

Juan d'Autriche (don), fils naturel de Charles V, 25; étudie à l'université d'Alcala, 29; chargé d'exterminer les Maurisques des Alpuxarras, 33; gagne la bataille de Lépante, 35; prend la Goulette et Tunis, 35; succède à Requesens dans le gouvernement des Pays-Bas; sa mort, 36.

Juan d'Autriche, fils naturel de Philippe IV, chasse les Français de Catalogne, 56; prend Evora et Estremoz, 57; comprime la sédition de Naples, 58; exclu du conseil de régence, 59; accusé devant l'inquisition, 60; vice-roi d'Aragon, 61; contraint Charles II à l'accepter pour premier ministre, 62; sa mort, 63; peignait sur porcelaine, 82.

Juan (don), de Portugal, marié à doña Carlota, fille de Charles IV d'Espagne et de Marie-Louise de Parme, 113.

Juan de la Encina, auteur dramatique, 72.

Juan de Padilla. Voyez *Padilla*.

Juan-Gil, chévrier, trahit Antonio Manzanarès, 305.

Juan Manuel, auteur du *Comte Lucanor*, 68.

Juan (le San-), une des prames employées au siége de Gibraltar.

Juana (la Folle), fille de Ferdinand et d'Isabelle, épouse l'archiduc Philippe le Beau, 6.

Juana, fille de Charles V, 25.

Juanito de la Rochapea, guerillero absolutiste, 276.

Junot passe la Bidassoa, 136; pénètre en Portugal, 139.

Junte apostolique, établie par le Trappiste à Cervera, 251.

Junte centrale de gouvernement, installée à Aranjuès, 177; se retire à Talavera la Reina, 178; à Séville, et de là à l'île Léon, 184.

Junte provisoire (la) remplace la junte d'État, 227.

Junte provisoire, 272; entre à Oyarzun, 273.

Jules II, pape, 11.

Jurumenha, prise par le prince de la Paix, 128.

Just (Saint-), capitaine général de Malaga, assassiné, 355.
Justicia. Le justicia d'Aragon refuse de remettre Antonio Perez aux agents de Philippe II, 38 ; supplicié par ordre de Philippe II, 39.
Juvara, architecte, 155.

K

Keith (l'amiral) attaque Cadix, 125.
Kolli (le baron) tâche de faire évader Ferdinand VII de Valençay, 185.

L

Labayen. (Vincente Reyna) officier de l'armée de Zumala-Carregui, établit une fonderie de canons auprès de Labayen, 341.
Laborde-y-Navarro (D. Angel), nommé ministre de la marine pendant l'administration de Zea Bermudez, 307.
Labrador (D. Pedro) accompagne Ferdinand VII dans son voyage au-devant de Napoléon, 146 ; chargé de conférer avec M. de Champagny sur les propositions de Napoléon, 147 ; au congrès de Vienne, 216.
Lacoste, général du génie, tué au siège de Saragosse, 180.
Lacy (D. Luis), général ; sa conspiration et sa mort, 218, 219.
Laforest (le comte) a une conférence avec l'infant D. Antonio, 152 ; envoyé à Ferdinand VII à Valençay, 201.
Lagarde (M. le comte de), chargé d'affaires de France à Madrid, demande ses passeports, 266.
Lagrange (Auguste), aide de camp de Murat, 151.
Lagrange (le général) bat le comte de Belveder, 177.
Landaburienne (société), 258.
Landaburu (Mamertin), officier de la garde royale, est assassiné, 252.
Landrecies, pris par les Français, 50.
Landero-y-Corchado (D. José), ministre de grâce et de justice sous l'administration de Calatrava, 358.
Langara, amiral espagnol, battu par l'amiral Rodney, 110.
Langeland (île de). Les Espagnols envoyés dans le nord de l'Europe se réunissent dans l'île de Langeland et s'embarquent pour repasser en Espagne, 177.
Langey, lieutenant général, commandant en Piémont, 23.
Lannes (le maréchal) prend le commandement du siège de Saragosse, 183.
Lanuza (D. Juan de), justicia d'Aragon, 16 ; décapité par ordre de Philippe II, 39.
Lardizabal (D. Manuel), membre de la junte provisoire, 227.

Lardizabal (D. Miguel), membre de la régence de Cadix, 185.
Lardizabal, officier de l'armée de D. Carlos, 367.
Lardizabal, chef des volontaires royalistes de la Guipuscoa, conduit des renforts à Zumala-Carregui, 334.
Larraga (le Père), confesseur de D. Carlos, 366.
Lasalle (le général) bat les Espagnols commandés par Cuesta, auprès de Valladolid, 172.
Laso, guerillero absolutiste. 253.
Laso de la Vega (Pedro), l'un des chefs comuneros, 17, 18.
Latré, général, marche avec Espartero au secours de Bilbao, 346 ; est envoyé pour repousser les troupes des juntes insurgées d'Andalousie, 350.
Latour-Foissac. Voyez *Foissac.*
Laybach (congrès de), 233-261.
Lazan (le marquis de), frère de José Palafox, 171.
Lebrixa (Antoine de). Voyez *Antoine.*
Lebrun. Son rapport sur la Convention sur les démarches de l'Espagne en faveur de Louis XVI, 115.
Lecchi (le général), un des commandants de la division des Pyrénées-Orientales, 139 ; s'empare de la citadelle de Barcelone, 140.
Leclerc, général de l'armée auxiliaire, envoyé contre le Portugal, 128.
Le Couteulx de Canteleu, indiqué par plusieurs auteurs, mais à tort, comme auteur de l'*Essai sur la littérature espagnole*, 75.
Leczinski (Stanislas), élu roi de Pologne, 100.
Lefebvre (Armand), auteur de l'*Histoire des cabinets de l'Europe*, cité, 130-131.
Lefebvre-Desnouettes (le général) passe l'Èbre, 172 ; attaque Saragosse, 173.
Légions auxiliaires, française et anglaise, 348.
Lejeune (le général baron), auteur d'une relation des sièges de Saragosse, 173-183.
Lemos (comte de), neveu du duc de Lerme, 46, 47 ; protecteur de Cervantès, 76.
Léon. Insurrection de l'île Léon, 220 et suiv.
Léon (Diego) bat les carlistes à Villa-Robledo, 363 ; créé comte de Belascoain, 367 ; conspire contre le régent, son jugement et sa mort, 370, 371.
Léonore, reine de Navarre, met ses États sous la protection de la France, 11.
Léonore, fille aînée de Juana la Folle, 6.
Léopold, empereur d'Allemagne, commence la guerre contre Philippe V, 83.
Lépante, bataille de Lépante, gagnée sur les Musulmans par D. Juan d'Autriche, 35.

Lerida, ville de Catalogne, prise par les Français, 185; se rend aux Français, 290.
Lerma (le comte de), chargé de la garde de D. Carlos, 31.
Lerme (D. Francisco de Roxas-y-Sandoval, duc de), favori de Philippe III, 42; ses exactions, 45; fait cardinal, 47, 123.
Leroi (M.), consul de France à Cadix; sa maison est rasée, 165.
Leti (Gregorio). *Vie de Philippe II*, citée, 28, 29, 41.
Leuse. Bataille de Leuse, 63.
Leyva (Antonio de) défend Pavie, 21.
Leucate, petite ville du Languedoc, assiégée par les Espagnols, 50.
Lhoste (Nicolas), employé principal de Villeroy en correspondance avec l'Espagne, 43.
Liége. Louis XIV s'empare de Liége, 61.
Ligue (Sainte). Voyez *Sainte-Ligue*.
Ligue de Cambrai 11; ligue d'Augsbourg, 63.
Ligue Clémentine, ou de la liberté italienne, 21.
Lille. Louis XIV prend Lille, 60.
Limburg. Louis XIV s'empare de Limburg, 61.
Lipari. Bataille de Lipari, 62.
Lippe (le comte de la) fait la guerre en Portugal, 108.
Littérature espagnole, 67.
Livri-Sanguin (l'abbé de), chargé de faire connaître à Philippe V le renvoi de sa fille en Espagne, 98.
Llauder (marquis del Valle de Rivas), général, chargé de repousser en 1830 l'invasion des réfugiés espagnols, 305; provoque la chute du ministère Zea-Bermudez, 326; ministre de la guerre, 339; sort du ministère, 343; est obligé de quitter Barcelone, 349.
Llave (la), président du conseil de guerre de la Corogne, 222.
Llorens-de-Morunis (San-), saccagé par Rotten, 260.
Llorente. *Histoire de l'inquisition*, citée, 31-60; *Histoire des provinces basques*, citée, 327; *Mémoires pour servir à l'histoire de la révolution d'Espagne*, 371.
Lloveras (le brigadier) bat Misas, 251.
Lobkowitz (le général) force le général Gages à se retirer dans le royaume de Naples, 103.
Longa (D. Francisco-Thomas), guerrillero, 200.
Lope de Rueda, auteur dramatique, 73.
Lope de Vega, auteur dramatique, 74.
Lopez (Luis), auteur de l'ouvrage intitulé: *Trofeos y antiguedades de la imperial ciudad de Çaragoza*, 175.
Lopez (D. Joaquin Maria), ministre de l'intérieur sous l'administration de Calatrava, 358.

Lopès-Baños, un des conjurés de l'île Léon, 221; capitaine général de la Navarre, 232; ministre de la guerre, 257; est un des chefs des réfugiés espagnols qui tentèrent en 1830 de révolutionner l'Espagne, 305.
Lord, médecin de D. Carlos, 316.
Lorencini (café), 229; le club du café Lorencini est fermé, 230.
Lorenzo (Manuel), brigadier et colonel du régiment de Cordoue, fait Santos-Ladron prisonnier, 321; reprend Logroño, soulevé par les carlistes, 321; poursuit D. Carlos, 339.
Losa, domestique de Padilla, 19.
Louis XII fait la paix avec Ferdinand le Catholique, 6; envahit le Milanais, 7.
Louis XIII, roi de France, épouse Anne d'Autriche, fille de Philippe III, 43; proclamé par les Catalans insurgés seigneur de Catalogne et comte de Barcelone, 55.
Louis XIV, épouse Marie-Thérèse, infante d'Espagne, fille de Philippe IV, 57; envahit les Pays-Bas, 59.
Louis XVI, roi de France, signe la constitution de 91, 114.
Louis XVIII, roi de France, annonce qu'une armée française va entrer en Espagne, 267; sa mort, 300.
Louis. Le fort Louis, un de ceux qui défendent l'entrée du canal du Trocadero, bâti par Duguay-Trouin, 286; pris par les Français en 1823, 287.
Louisiane, rendue à la France par le traité de Saint-Ildephonse, 126; vendue par le premier consul aux États-Unis, 130.
Loverdo (le général) commande une division du deuxième corps de l'armée d'invasion, 270.
Loyola, fondateur de la société des Jésuites, 20.
Luchana. Espartero est créé comte de Luchana, 364.
Luiz (D.), prince des Asturies, fils de Philippe V et de sa première femme, épouse Mlle de Montpensier, 98; monte sur le trône et meurt, 98.
Luiza-Carlota, fille de François, roi de Naples, et de Marie-Isabelle, infante d'Espagne, épouse l'infant D. Francisco de Paula, troisième fils de Charles IV, 302; concourt à la chute de Calomarde, 307.
Lunéville. Conférence et traité de Lunéville, 126, 127.
Lusitanie; royaume projeté de la Lusitanie, 136.
Luxan, peintre espagnol, 155.
Luxembourg, investi par Louis XIV, pris, 63.
Luyando (José), ministre d'État de la régence de Cadix, 204; envoyé à Carthagène par Ferdinand VII, 208; ministre des affaires étrangères en 1823, 284.

Luzan (Ignacio de), écrivain, fait prévaloir en Espagne le goût de la littérature française, 155.
Luzara (bataille de), 84.

M

Macanas (D. Pedro), ministre de grâce et de justice de Ferdinand VII, 210.
Madrid. Traité de Madrid, (1526), 21; traité de Madrid, relatif aux affaires de la Valteline, (1621), 48; traité de Madrid, relatif aux affaires de Portugal, (1801), 127—128; Madrid se rend aux Français, 178.
Maëstricht. Louis XIV s'empare de Maëstricht, 61.
Maguès (Isidore), auteur de l'ouvrage intitulé : *D. Carlos et ses défenseurs*, cité, 339, 372.
Mahon (Crillon, duc de) s'efforce de détourner Ferdinand VII du voyage de Bayonne, 147.
Maillebois (le maréchal de) bat le roi de Sardaigne sur les bords du Tauaro, 104.
Majesté, titre employé pour la première fois par Charles V, 15.
Majo ; son costume, 159.
Majorats. Chiffre des majorats restreint, 231.
Malborough bat les Français à Hochstet, 87.
Maldonado, comunero. Invention de ses reliques, 249.
Mallorio, guerrillero carliste, 354.
Malmontet. *Essai sur la littérature espagnole*, 74.
Manco (El). Voy. *Albuir*.
Manegro (Juan Bautista), premier architecte de l'Escurial, 78.
Manso (Josef), général, défend le faubourg de Saragosse, 178; commande une division de l'armée de Mina, 260.
Manuel, infant de Portugal, épouse Isabelle, fille aînée de Ferdinand et d'Isabelle, et, après la mort de celle-ci, doña Marie, 6.
Manuel Martinez (fray), rédacteur du journal le *Restaurador*, 293.
Manzanarez (Salvador), ministre de l'intérieur en 1823, 284.
Manzanarez (Antonio). Sa tentative révolutionnaire et sa mort, 305.
Marac (château de), où Ferdinand VII se rend au-devant de Napoléon, 147.
Marañon. Voy. *le Trappiste*.
Marco-y-Catalan. Voy. *Catalan*.
Margarita de la Cruz (sœur), fille de Philippe III et de Marguerite d'Autriche, 47.
Marguerite, fille de l'empereur Maximilien, épouse D. Juan, fils de Ferdinand le Catholique, 6.
Marguerite, fille naturelle de Charles V.

Mariée à Côme de Médicis, et ensuite à Octave Farnèse, 25; duchesse de Parme, est chargée de l'administration des Pays-Bas, 27.
Marguerite, sœur du roi de France Henri II, est fiancée au duc de Savoie, 27.
Marguerite (île de Sainte-), sur la côte de Provence, prise par les Espagnols, et reprise l'année suivante par les Français, 50.
Marguerye (le général) atteint, à Gallegos de Campo, les débris des constitutionnels, 279.
Maria, infante de Portugal, première femme de Philippe II. Sa mort, 25.
Maria, fille de Philippe III et de Marguerite d'Autriche, mariée à Ferdinand III, roi de Hongrie, 47.
Maria Barbara, infante de Portugal, épouse de Ferdinand VI, roi d'Espagne. Sa mort, 107.
Maria da Gloria, reine de Portugal, 300.
Maria Francisca d'Assis de Bragance, troisième fille du régent de Portugal, mariée à l'infant D. Carlos de Bourbon, 302.
Maria Pacheco. Voy. *Pacheco*.
Marianne, archiduchesse, épouse Philippe IV, 57 ; régente d'Espagne, 59.
Marianne de Neubourg, seconde femme de Charles II, roi d'Espagne, 63.
Marie, troisième fille de Ferdinand et d'Isabelle, épouse le roi de Portugal, D. Manuel, 6.
Marie, fille de Charles V, promise en mariage au second fils de François 1er, 24 ; sa naissance, 25.
Marie, reine d'Angleterre, épouse Philippe II, 25 ; sa mort, 27.
Marie-Amélie de Walburg, reine d'Espagne, femme de Charles III, 107.
Marie-Anne, fille de Philippe V, fiancée à Louis XV, 98 ; renvoyée en Espagne, 98.
Marie-Antoinette de Naples épouse Ferdinand VII, alors prince des Asturies, 130, 301; s'efforce d'amener une rupture entre l'Espagne et la France, 132.
Marie-Christine de Naples épouse Ferdinand VII, roi d'Espagne, 302; ne s'oppose pas à la révocation de la pragmatique sanction, 307 ; est placée par Ferdinand à la tête de l'administration, 307 ; accorde une amnistie générale pour tous les crimes d'État, 308; mène sa fille prendre des bains à Barcelone ; sanctionne la loi sur les municipalités ; abdique la régence, 369.
Marie de Médicis recherche l'alliance espagnole, 43 ; se réfugie dans les Pays-Bas, 47.
Marie-Isabelle, infante d'Espagne, fille de Charles IV, épouse Francisco Genaro de Naples, prince héréditaire des Deux-Siciles, 301.

Marie-Isabelle-Francisca de Brágance, seconde fille du régent de Portugal, mariée à Ferdinand VII, 302.

Marie-Isabelle-Louise, fille de Ferdinand VII et de sa seconde femme. Sa mort, 302.

Marie-Josèphe-Amélie de Saxe, mariée à Ferdinand VII, 302.

Marie-Louise de Bourbon, fille du duc d'Orléans, première femme de Charles II, roi d'Espagne, 63.

Marie-Louise-Fernanda, infante d'Espagne, seconde fille de Ferdinand VII et de la reine Christine, née le 30 janvier 1832, 306.

Marie-Louise-Gabrielle, fille du duc Amédée de Savoie, épouse Philippe V, 83 ; sa mort, 95.

Marie-Thérèse, infante d'Espagne, fille de Philippe IV, épouse Louis XIV, 57.

Marie-Thérèse succède à l'empereur Charles IV, son père, 102.

Marichalar (Joaquin de), membre de la junte carliste, 322.

Marliani, auteur de l'ouvrage intitulé : *L'Espagne et ses révolutions*, cité, 371.

Marmont, vaincu à la bataille des Arapiles, 196.

Maroto, général au service de D. Carlos ; fait fusiller plusieurs généraux carlistes, 366; signe l'arrangement de Bergara, 368.

Marsaille (bataille de), 63.

Marseille est assiégée par Charles V, 21 ; nouveau siège, 22.

Marsin (le maréchal de), battu à Hochstet, 87.

Marteau (ordre du), 238.

Martignac (M. le vicomte de), auteur de l'ouvrage intitulé : *Essai historique sur la révolution d'Espagne* (cité), 215, 219, 225, 251, 255, 371.

Martin (San-), gouverneur politique de Madrid, 239, 240; destitué, 257; mis en arrestation, 258.

Martinez de la Rosa (Francisco), membre des cortès ordinaires de 1813, 203 ; condamné aux présides, 209 ; attaqué par les anarchistes, 247-248; ministre des affaires étrangères et président du 3e ministère constitutionnel, 248; se retire, 256; succède à Zea Bermudez dans le ministère des affaires étrangères et dans la présidence du cabinet, 327; sort du ministère, 343 ; réclame l'intervention française, 347.

Martinez (Antonio), ministre des finances sous l'administration de Zea Bermudez, 317.

Masaniello. Voy. *Aniello*.

Matador, torero qui tue le taureau avec l'épée, 162, 163.

Mataflorida. Voy. *Rosalès*.

Matagorde, l'un des forts qui défendent l'entrée du canal du Trocadéro, 286 ; attaqué par les Anglais, 85 ; pris par les Français, 185.

Matavijil (D. Pablo), ministre de grâce et de justice du cabinet du 30 août 1837, 368.

Mathews, amiral anglais, 104.

Maubeuge, attribué à Louis XIV par le traité de Nimègue, 62.

Maur (Charles le), ingénieur, construit une route dans la Sierra-Morena, 108.

Maurisques, musulmans d'Espagne, convertis par force; sont persécutés, 32 ; vaincus par D. Juan d'Autriche, 33 ; leur expulsion du royaume, 44, 45, 46.

Maury (Juan Maria de), auteur de l'*Espagne poétique*, 75.

Mazet, docteur-médecin, donne, à Barcelone, des soins aux malades atteints de la fièvre jaune, et meurt, 245.

Medico (El). Voy. *Palarea*.

Médina-Céli (le duc de) refuse de succéder au duc d'Albe dans l'administration des Pays-Bas, 28.

Médina-Céli (le duc de), nommé pour recevoir le serment prêté à Isabelle II, comme princesse des Asturies, 317 ; membre du conseil de gouvernement nommé par le testament de Ferdinand VII, 318.

Médina del Campo, incendié par Fonseca, 17.

Medrano (D. Diégo), ministre de l'intérieur sous l'administration de Martinez de la Rosa, 343.

Melendez, poëte, fiscal des alcaldes de Casa y Corte, 124, 157.

Melgar (le marquis), favorable à la maison d'Autriche, 64.

Melilla, assiégé par l'empereur de Maroc, 109.

Mendigana, payeur de l'armée de Zumala-Carregui, 344.

Mendizabal (D. Juan Alvarez), ministre des finances sous l'administration du comte de Toreno, 343 ; nommé président du conseil, 351; obtient des cortès un vote de confiance, 352; sa démission est acceptée, 353 ; ministre des finances sous l'administration de Calatrava, 358.

Mendoça, marquis d'Alménara, mis à mort par le peuple de Saragosse, 38.

Mendoza (D. Diégo de), un des gouverneurs du royaume sous Charles V, 16.

Mendoza, représentant de Philippe II auprès des Ligueurs, 39.

Mendoza (D. Rodrigo), chargé de la garde de D. Carlos, 31.

Mendoza (Hurtado de), écrivain, 72.

Mendoza. Cap Mendoza, 114.

Mengs, peintre, 156.

Mercedès (la), une des quatre frégates espagnoles attaquées en pleine paix par les Anglais, 133.

DES MATIÈRES. 399

Merino (le curé Jeronimo), guerrillero, 200; prend les armes en faveur du roi absolu, 236 ; se laisse surprendre auprès de Lerma, 261 ; chef carliste, 323—324.

Merlo, garde qui prit à la révolution d'Aranjuès, 142.

Messine se soulève contre les Espagnols, 62.

Mesures d'Espagne : itinéraires, 372; de longueur, 372; de superficie, 373 : de pesanteur, 374; de capacité, 375.

Metternich (note de M. le prince de), 261.

Metz, assiégé par Charles V, 25.

Meyrargues (Louis) promet de livrer Marseille aux Espagnols, 43.

Michelena (l'alcalde) livre Saint-Sébastien aux Français ; châtiment de sa perfidie, 121.

Mignet (*Vie d'Antonio Perez*, par M.) citée, 37, 41; *Négociations relatives à la succession d'Espagne*, citées, 65.

Miguel (D.), infant de Portugal, se met à la tête des Portugais insurgés contre la constitution, 273.

Miguel (Évariste San-), un des conjurés de l'île Léon, 221 ; commandant du bataillon sacré, 253; ministre des affaires étrangères du cabinet des Sept patriotes, 257; rédige une note en réponse à celle des puissances étrangères , 264 ; ministre de la marine du cabinet du 18 août 1837, et de la guerre dans le cabinet du 30 août, 368.

Miguel, infant, fils d'Isabelle, infante de Castille, et de D. Manuel, infant de Portugal. Sa naissance et sa mort, 6.

Milans (le général) prend part à la conspiration de Lacy, 218 ; commande une division de l'armée de Mina, 260.

Mina (Marquis de la) se retire en Provence avec l'armée de l'infant D. Philippe, 106.

Mina (D. Francisco Espoz-y-Mina), guerrillero, attaque un couvent auprès de Palmas, 199 ; privé du commandement de la Navarre, tente de faire une révolution, 214 ; reçoit des insurgés le commandement de la Navarre, 224 ; chargé de combattre l'armée de la Foi, 259; reprend Urgel, 261; chargé du commandement de l'armée de Catalogne, 267 ; Mina capitule avec le général Moncey, 290; est un des chefs des réfugiés espagnols qui tentèrent, en 1830, de révolutionner l'Espagne, 305 ; nommé général de l'armée de Navarre, 339 ; incendie Lecaroz, 340 ; se démet du commandement, 341.

Mina (Xavier), guerrillero, 199.

Minas (le marquis das), général des troupes portugaises opposées à Philippe V, 87.

Minorque, cédée à l'Angleterre par le traité d'Utrecht, 94.

Miñano, auteur de l'ouvrage intitulé : *Examen critico de las revoluciones de España*, cité, 225, 291, 348, 359, 371.

Mir (le brigadier), chef royaliste, 236.

Miraflores (le marquis de) adresse à la reine un mémoire sur l'état de la nation, 326; auteur de l'ouvrage intitulé : *Memorias para escribir la historia contemporanea*, cité, 372.

Miralès, guerrillero absolutiste, 250 ; concourt à la prise d'Urgel, 259.

Miranda (le marquis de), majordome de Ferdinand VII, est éloigné de la cour, 232.

Misas (Thomas Costa, surnommé), guerrillero de l'armée de la Foi, 250 ; battu par le brigadier Lloveras, 251.

Miyard (Antonio), libraire de Madrid, condamné à mort, en 1831, pour avoir écrit, en 1830, quelques réflexions sur les derniers événements, 306.

Mohamed ben Ommyah, nom sous lequel Ferdinand de Valor est proclamé roi, 33 ; étranglé par ses sujets, 34.

Molitor (le général comte) commande le deuxième corps de l'armée d'invasion, 270 ; entre à Saragosse, 273.

Moluques (les), enlevées à l'Espagne par les flottes hollandaises, 43.

Mon (D. Alexandre), ministre des finances du cabinet du 16 décembre 1837, 368.

Moncey pénètre dans la Guipuscoa, 120; entre en Espagne à la tête du corps d'observation des côtes de l'Océan, 139; sort de Madrid pour se rendre à Valence, et est repoussé par les Valenciens, 172; chargé du commandement du quatrième corps de l'armée d'invasion, 270; entre en campagne, 273.

Moncon. Traité de Monçon, (1626), 49; occupé par le général Pamphile-Lacroix, 273.

Mondejar (le marquis de), gouverneur de Grenade, prend des mesures contre les attaques des Maurisques, 33.

Monet (Antonio), gouverneur du camp de Saint-Roch, ministre de la guerre pendant l'administration de Zea Bermudez, 307.

Monfis, Maurisques proscrits et réfugiés dans les montagnes, 32.

Monnaies espagnoles, 377.

Mons. Louis XIV prend la ville de Mons, 63.

Montargis (Carlos); conservateur de l'Armeria real, 145.

Montarlot. Voy. *Cugnet*.

Montemar, duc de Bitonto, 102.

Montemar, président du conseil des Indes, membre de la régence établie à Madrid par le duc d'Angoulême, 276.

Montemayor (George de), auteur du roman pastoral de la *Diana*, 73.

Monteros de Espinosa (les) assistent aux obsèques du roi, et constatent son décès, 319.

Montesquieu, cité, 67.

Monte-Torrero, position voisine de Saragosse, 174.

Monte-Virgen (D. José de Quinonez, marquis de), ministre des finances du 6 septembre 1838, 368.

Monthion (le général), envoyé par Murat à Charles IV, 144.

Montiano, auteur tragique, 155.

Montigny (Florent de Montmorency, seigneur de), envoyé à Philippe II par les mécontents des Pays-Bas, 29.

Montijo (le comte de) prend part à la révolution d'Aranjuès, 141.

Montjouy, fort voisin de Barcelone, remis aux Français, 140.

Montgomeri blesse mortellement Henri II, 27.

Montmorency (Florent de), seigneur de Montigny, envoyé à Philippe II par les mécontents des Pays-Bas, 29.

Montpensier. Mademoiselle de Montpensier, fille du duc d'Orléans, épouse D. Luiz, prince des Asturies, 98; renvoyée en France, 98.

Mont-Serrat (département du), formé par Napoléon d'une partie de la Catalogne, 186.

Moor d'Utrecht, peintre, 78.

Moore (John), général anglais, tué à l'affaire de la Corogne, 178.

Moore (Graham), amiral anglais, attaque, en pleine paix, quatre frégates espagnoles qui venaient de la Plata, 133.

Mora, ville sur l'Èbre, lieu où se rassemble le convoi envoyé au secours de Saragosse, 175.

Moral (Diaz del), désigné pour ministre de l'intérieur, pour succéder au cabinet des Sept patriotes, 269.

Moralès, peintre, surnommé le Divin, 78.

Moralès, chef d'une bande absolutiste, 233.

Moralès (José Manuel de) conspire contre Ferdinand VII, 299.

Moratin (Nicolas), poète, 157.

Moratin (D. Leandro Fernandez), poète dramatique, 158.

Moreda, chef politique de Saragosse, fait arrêter Riégo, 239.

Moreno-Daoiz (D. Thomas), ministre de la guerre du 2ᵉ ministère constitutionnel, 286.

Moreno (Florencio), gouverneur du Peñon de los Velez, défend cette place contre les Maures, 109.

Moreno (Ventura), chargé du commandement des prames au siège de Gibraltar, 111.

Moreno, surnommé le Bourreau, fait mettre à mort Torrijos et tous ses compagnons, 306.

Morgan, chef de flibustiers, 61.

Mori, lieutenant général, reçoit du peuple de Saragosse le commandement, et le remet à Palafox, 171.

Morillo (D. Pablo), guerrillero, 198; chargé de l'expédition contre les colonies américaines, nommé comte de Carthagène, 216; capitaine général de la province de Madrid, 238; réprime l'émeute à la journée des Platerias, 240; chasse les anarchistes qui s'étaient établis dans l'hôtel du comte de Toreno, 248; nommé colonel de la garde royale, 253; lors de l'insurrection de la garde, 255; destitué, 257; mis en arrestation, 258; chargé du commandement de la Vieille-Castille et des Asturies, 268; capitule avec les Français, 279.

Morisques. Voy. *Maurisques*.

Morla (Thomas) défend Cadix attaqué par l'amiral Keith, 125.

Mortara. Le marquis de Mortara reprend Barcelone, 56.

Moscoso. Voy. *Altamira*.

Mosquera-y-Figueroa (D. Joaquin), membre de la nouvelle régence de Cadix, 196.

Mota, évêque de Burgos, préside les cortès de 1517, 14.

Mony (le comte de), brigadier, se met à la tête des bataillons de la garde royale insurgés, 253.

Mozo-Rosalès. Voy. *Rosalès*.

Muchacho (El), guerrillero carliste, 354.

Mudejares, musulmans d'Espagne, convertis spontanément au christianisme, 32.

Muller (le général) pénètre dans la Guipuscoa, 120.

Muley-Hascen, dépouillé de la souveraineté de Tunis par Cherediu-Barberousse, et rétabli par Charles V, 22.

Münch, auteur, cité, 225.

Municipalités (ayuntamientos). Loi sur les municipalités, 369.

Munster. Paix de Munster, (1648), 48, 56.

Muñis (Antonio), commandant en second du bataillon de Séville, prend part à la révolution des Cabezas-de-San-Juan, 222.

Murat remet le royaume d'Étrurie à l'infant de Parme, 127; entre à Madrid, 144; ne reconnaît pas Ferdinand VII pour roi, 145; fait mettre Godoy en liberté, 148; nommé, par Charles IV, lieutenant général du royaume, 153; abandonne le commandement général de l'Espagne, 172.

Murcie se soulève contre les Français, 166; massacre des moines à Murcie, 349.

Murillo (Esteban), peintre, 82.

Murray, commandant du fort Saint-Philippe de Minorque; forcé de se rendre, 110.

Murray, général anglais, battu par Suchet, 201.

Musquiz (le marquis de) accompagne Ferdinand VII dans son voyage au-devant de Napoléon, 146.

DES MATIÈRES.

N

Naharro (Torrès), auteur dramatique, 72.
Namur. Louis XIV prend la ville de Namur, 63.
Nantin révèle la conspiration de Lacy, 219.
Napoléon demande la paix à l'Angleterre, gagne la victoire de Marengo, 126; à Bayonne, 147; entre en Espagne, 177; divise la Catalogne en départements français, 186.
Narcisse (Saint-), élu généralissime par les habitants de Girone, 184.
Narvaez (le général) bat les carlistes auprès d'Arcos, 363.
Narvaez (Rodrigo), alcayde d'Alora, 74.
Nassau (Guillaume de) provoque la formation de la ligue d'Augsbourg, 63.
Nassau. Voy. *Orange*.
Nassau (Louis de) proteste contre l'établissement de l'inquisition, 27; bat le comte d'Aremberg et est vaincu par le duc d'Albe, 28.
Nassau (le prince de) se sauve à la nage lors de l'incendie de la Talla-Piedra, 112.
Navarre. Réunion de la couronne de Navarre à celle de Castille et d'Aragon, 11.
Navarrète (Fernandez), surnommé *le Muet*, peintre, 78.
Navarro (D. Felipe Benicio), ministre de la justice du cabinet des Sept patriotes, 257.
Navas (le marquis de las) abolit les priviléges de Messine, 62.
Navia (D. Vitorio), capitaine général de Valence en 1793, 119.
Nebot, surnommé *El-Frayle*, guerrillero, 199.
Nebricensis. Voy. *Antoine de Lebrixa*.
Negrete, secrétaire de Ferdinand VII, 212.
Negri, général carliste, battu par les troupes de la reine Christine, 365.
Negros, *Negrerie*. Nom donné aux constitutionnels par les absolutistes, 276, 293.
Nelson, amiral anglais, blessé à l'attaque des Canaries, 125; tué à Trafalgar, 133.
Nevers (Gonzague, duc de), héritier institué du duc de Mantoue, 49.
Nevers (le duc de) rassemble les débris de l'armée après la bataille de Saint-Quentin, 26.
Ney. Le maréchal Ney prend la citadelle de Ciudad-Rodrigo, 183.
Nice. Traité de Nice (1538), 23.
Nicolas Antonio, auteur de la *Bibliothèque espagnole*, 75.
Nimègue. Paix de Nimègue, 62.
Nithard (Éverard), jésuite, confesseur de la reine Marianne, 59; fait accuser D. Juan d'Autriche devant l'inquisition, 60; est exilé, 61.

Noailles (le duc de), envoyé au secours de Philippe V, 92.
Nogueras (Miguel), chef d'une bande de révoltés apostoliques, 301.
Noriega. Voy. *Hevia-y-Noriega*.
Nootka. Difficultés entre l'Espagne et l'Angleterre, relativement à la possession de la baie de Nootka, 114.
Noyon. Traité de Noyon (13 août 1516), 13; la ville de Noyon est surprise par les Espagnols, 26, 50.
Nuza. Voy. *La Nuza*.

O

Obert, général, commande une division du 1er corps de l'armée d'invasion, 270; entre dans Logroño, 273; attaque le Trocadero, 287.
Ocariz (D. José), ambassadeur d'Espagne à Paris, essaye de sauver Louis XVI, 115.
O'Daly, un des conjurés de l'île Léon, 221; battu par Bessières aux portes de Brihuega, 266.
O'Donell (Alexandre), un des frères du comte del Abisbal, commandant du régiment Impérial-Alexandre, 225.
O'Donell (D. Henri), comte del Abisbal, membre de la régence nommé par les cortes de Cadix, 196; compromis dans la conspiration de l'île Léon, 220; fait proclamer la constitution par le régiment Impérial-Alexandre, 225; chargé de repousser George Bessières, 267; chargé du commandement de l'armée de la Nouvelle-Castille et de l'Estramadure, 268; destitué et décrété d'accusation, 274; excepté de l'amnistie du 1er mai 1824, 294.
O'Donell (D. José), frère du comte del Abisbal, battu à Castalla, 220; chargé de poursuivre la colonne de Riego, 223.
O'Donell (D. Juan), officier de l'armée carliste, massacré à Barcelone, 352.
O'Donell (Léopold), fils unique du comte del Abisbal, pris à l'affaire d'Alzazua et fusillé, 336.
O'Doyle, général, battu par Zumala-Carregui à Alegria, est fusillé par les carlistes, 340.
Ofalia. Voy. *Heredia*.
O'Farril (Gonzalo) conduit les troupes espagnoles en Italie, 134; ne détourne pas Ferdinand VII d'aller au-devant de Napoléon, 146; membre de la junte de gouvernement instituée par Ferdinand VII, 152; ministre de Joseph, 198; ses mémoires, cités, 152, 371.
Olavide (D. Pablo), fonde les colonies de la Sierra-Morena, et est persécuté par l'inquisition, 108.
Olhaberriague-y-Blanco (D. Félix), ministre des finances sous l'administration d'Isturiz, 353.

Oliva (Fernand Perez de), auteur dramatique, 73.

Olivarez, médecin, fait prendre un breuvage à D. Carlos, fils de Philippe II, 31.

Olivarez (Gaspard de Guzman, comte-duc de), favori de Philippe IV, 47; lettre écrite par lui relativement aux affaires de Catalogne, 50; apprend à Philippe IV la révolution de Portugal, 56, 123.

Olivenza, prise par le prince de la Paix, 128.

Oraa, général de l'armée de la reine Christine, 339; fait lever, par les carlistes, le siége d'Elisondo, 342.

Orange (Guillaume de Nassau, prince d') épouse la fille de l'électeur de Saxe, 27; traité entre le prince d'Orange et Louis XIII, 49.

Ordenès. Porlier est arrêté à Ordenès, 217.

Orense. L'évêque d'Orense, un des membres de la régence de Cadix, 185.

Orgaz. Le comte d'Orgaz, compris dans le procès de l'Escurial, 139.

Orléans (Gaston d') se réfugie dans les Pays-Bas, 43.

Oropeza (le comte d'), favorable aux prétentions de la maison d'Autriche, 64. Voy. *Frias*.

Orry, chargé de la direction des finances de Philippe V, 88.

Ortiz de Pinedo (Manuel), alcalde de Lucena, 164.

Orvilliers (l'amiral d'), 110.

Osma (l'évêque d'), membre de la régence établie à Madrid par le duc d'Angoulême, 276.

Osma (D. Joaquin de), maréchal de camp, reçoit le commandement de l'armée de Biscaye, 339; battu par Zumala-Carregui à Alegria, 340.

Ostie. Prise d'Ostie par le duc d'Albe, 26.

Ostolaza, ministre de Ferdinand VII, 212; rétablit l'inquisition, 213; est renfermé dans les prisons de l'inquisition de Séville, 213.

Osuna (le duc d'), vice-roi de Naples, 123.

Otham Frère, ambassadeur d'Angleterre à Madrid, 131.

Oudenarde. Bataille d'Oudenarde, 91; Louis XIV prend Oudenarde, 60, et rend cette ville par suite des stipulations du traité de Nimègue, 62.

Oudinot, duc de Reggio, commandant le premier corps de l'armée d'invasion, 270; entre à Pancorbo, 273; occupe Valladolid, 274.

Over-Issel. Louis XIV s'empare de la province d'Over-Issel, 61.

Oviedo. Soulèvement d'Oviedo, 165.

Oyarzun. La junte provisoire entre à Oyarzun, 273.

P

Pacheco, peintre, 82.

Pacheco, (Maria) femme de Juan de Padilla, 16; chasse les royalistes de Tolède; sa mort, 20.

Pacte de famille, 108.

Padilla (Juan), chef des comuneros de Tolède, 16, 17; s'empare de Tordesillas et de Jeanne la Folle, 18; sa mort, 19. — Invention de ses reliques, 249. — Société politique des comuneros ou fils de Padilla, 241.

Palafox-y-Melcy (D. José) se met à la tête des insurgés de Saragosse, 171; défend les approches de Saragosse, 172—173; refuse de capituler, 174; organise la défense de l'Aragon, 177; perd la bataille de Tudèle, 178; atteint par l'épidémie, dépose le pouvoir avant la capitulation, 183; chargé par Ferdinand VII de porter en Espagne le traité de Valençay, 202.

Palamos. La ville de Palamos est prise par Louis XIV, 63.

Palarea (Juan), guerrillero surnommé *el Medico*, 198; chef politique de Madrid, 257; préside la société Landaburienne, 258; pris par les Français à Gallegos de Campo, 279.

Palos de Moguer, port de l'Andalousie d'où est parti Christophe Colomb pour la découverte du nouveau monde, 3.

Pambley (D. Philippe Sierra-), ministre des finances du troisième cabinet constitutionnel, 248.

Pampelune. La citadelle de Pampelune surprise par les Français, 140; Pampelune proclame la constitution de Cadix, 224.

Pamphile-Lacroix, général, commande une division du deuxième corps de l'armée d'invasion, 270; occupe Monçon, 273.

Panaderia (la), 254.

Pancorbo, occupé par le duc de Reggio, 273.

Pando, ministre des affaires étrangères en 1823, 284.

Pannetier (le général) bat Mina à Robrès, 200.

Pantoja de la Cruz, peintre, 78.

Pardinas, général, battu par les carlistes auprès de Maella, 365.

Parédès, procureur fiscal, requiert la mise en accusation des ministres, 258.

Paris. Traité de Paris (1762) 108; traité de Paris (1803) 132.

Pariset, docteur-médecin, donne, à Barcelone, des soins aux malades atteints de la fièvre jaune, 243.

Parque (duc del), capitaine des gardes du corps, 145.

Parte-Arroyo, lieutenant de roi à Tortose,

DES MATIÈRES. 403

membre de la junte, 168; supplie la garnison de remettre les armes aux insurgés, 169.
Passau. Traité de Passau (1552) 24.
Pastor. Voy. *Jauréguy.*
Pastora (la), une des prames employées au siége de Gibraltar, 111.
Patriotes. Ministère des Sept patriotes, 257.
Pavie, assiégée par François Ier; bataille de Pavie, 21; épée rendue par François Ier à Pavie, restituée aux Français, 145.
Pedro. Nom sous lequel se cachait le comte Montijo, 141.
Pedro II (Don), de Portugal, reconnaît Philippe V pour roi d'Espagne, 83. — Abdique la couronne de Portugal en faveur de sa fille, 300.
Pedro Portello. Voy. *Portello.*
Pelegrin, ministre des affaires d'outre-mer du 2e cabinet constitutionnel, 236.
Pelletier envoie gratuitement du sulfate de quinine, pour les habitants de Barcelone atteints de la fièvre jaune, 245.
Pellier, auteur de la brochure intitulée : Du mariage d'Isabelle II, citée, 372.
Peñaranda (le comte), membre du conseil de régence institué par le testament de Philippe IV, 59.
Peñon de los Velez, assiégé par les Maures, 109.
Pep dels Estanis, chef des révoltés apostoliques, 301.
Peralta (Benito). *Détails des faits les plus mémorables de la dernière guerre civile d'Espagne,* cité, 372.
Perez (Agustin-Ruiz, l'un des assassins de Landaburu, supplicié, 257.
Perez (D. Rafael), ministre de l'intérieur du cabinet du 30 août 1837, 368.
Pérignon (le général) succède à Dugommier, et prend Figuières, 121.
Perpignan, assiégé par le dauphin (Henri II), 24.
Perrera Bustamante (Juan), architecte, élève de Manegro, a continué l'Escurial, 78.
Perses, signataires de la protestation du 12 avril 1814, 206; emprisonnés, malgré l'amnistie, 229; déclarés incapables d'exercer aucun droit civique, 230.
Pesino, colonel, fusillé à Saragosse, 174.
Pesquaire (le marquis de) commande les troupes impériales à la bataille de Pavie, 21.
Pestalozzi. La méthode d'éducation de Pestalozzi appliquée à Ferdinand VII, 129.
Peterborough (le comte de) désespère de la cause de l'archiduc, 90.
Petit (Louise), concubine de Macanaz, 212.
Petriquillo, guérisseur qui a donné des soins à Zumala-Carregui, 345.

Pezuela (D. Iuacio), membre de la junte provisoire, 227.
Philibert de Savoie gagne la bataille de Saint-Quentin, 26.
Philippe Ier (le Beau), archiduc, fils de l'empereur Maximilien, épouse D. Juana, fille de Ferdinand le Catholique et d'Isabelle, 6; hérite de la couronne de Castille; sa mort, 10.
Philippe II, roi d'Espagne, fils de Charles V et de l'impératrice Isabelle; sa naissance, 22; épouse Maria de Portugal, et ensuite Marie d'Angleterre, 25; épouse Élisabeth, fille de Henri II, 27; épouse Anne d'Autriche, 32; ses amours avec la princesse d'Éboli, 37; sa mort, 40.
Philippe III, roi d'Espagne, fils de Philippe II et d'Anne d'Autriche, marié à Marguerite d'Autriche, 40; succède à son père, 41; sa mort, 47; ses enfants, 47.
Philippe IV (D. Domingo Victor de la Cruz), fils de Philippe III et de Marguerite d'Autriche; sa naissance, 47; sa lettre relativement aux affaires de Catalogne, 51.
Philippe V, roi d'Espagne, nommé par le testament de Charles II, 65; proclamé roi d'Espagne, 83; épouse la fille du duc de Savoie, 83; épouse Isabelle Farnèse, 95; dispute la régence de France au duc d'Orléans, 96; abdique en faveur de l'infant D. Luiz; reprend la couronne, 98; sa mort, 105; écrit sur l'usage de la golille, 154.
Philippe (Prosper), infant d'Espagne, fils de Philippe IV et de l'archiduchesse Marianne, 57.
Philippe (D.), infant d'Espagne, second fils de Philippe V et d'Isabelle Farnèse, 102.
Philippe (Saint-). D. Bacollar-y-Sana, marquis de Saint-Philippe, auteur cité, 84.
Philippe (le fort Saint-) de Minorque, repris par les Espagnols, 110.
Picador ou *Toreador,* celui qui combat le taureau à cheval, 161.
Pie V reçoit la nouvelle de la bataille de Lépante, 35.
Pignatelli (Ramon), ingénieur, a construit le canal impérial d'Aragon, 173.
Pilar (Notre-Dame del), atteinte par les bombes françaises, 182—183.
Pinet (le conventionnel) séduit l'alcalde de Saint-Sébastien, 121.
Pineda (Mariana), condamnée à mort en 1831, parce qu'elle avait entrepris de broder une bannière pour les mécontents, 306.
Pino (Francisco-Fernandez del), ministre de grâce et de justice pendant l'administration de Zéa Bermudez, 307; sorte du ministère, 317.
Piñol (Joaquin), membre de la junte de Tortose, 168.
Piteus. Voy. *San-Llorens de Morunis.*

26.

TABLE ALPHABÉTIQUE

Pitt refuse à l'Espagne de faire aucune démarche pour sauver Louis XVI, 115; revient au pouvoir, 132.

Pizarro (Pio Pita), ministre des finances du cabinet du 18 août 1837 et de celui du 6 décembre 1838, 368.

Plaisance (Bataille de), 105.

Platerias (Bataille des), 240.

Plazaola, secrétaire de D. Carlos, 311.

Plinter (George), commandant de la colonne d'Estramadure, 363.

Pocock, amiral anglais, prend la Havane, 108.

Poids d'Espagne, 374.

Poignards (le ministère des sept), 257.

Ponzoa (D. José-Antonio), ministre de la marine du cabinet du 6 septembre 1838, 368.

Porcel (D. Antonio), ministre des affaires d'outre-mer du 1er cabinet constitutionnel, 229.

Porlier (D. Juan Diaz), guerrillero, surnommé *el Marquesito*, 199; emprisonné comme libéral, 210; choisi pour chef par les insurgés de la Galice, est pris, condamné et mis à mort, 217.

Portello (Pedro), député de Valladolid aux cortès de la Corogne, 17.

Porto-Bello, attaqué par les flibustiers, 61; pris par l'amiral Vernon, 101.

Porto-Carrero. Glorieuse défense de Porto-Carrero dans Tunis, 35.

Porto-Carrero (le cardinal) contribue à répandre le bruit que Charles II est ensorcelé, 64.

Porto-Carrero, un des membres de la conspiration de Cellamare, 97.

Port Sainte-Marie, pris par les Anglais, 85.

Portugal (le) est réuni à la couronne d'Espagne, 36; il est de nouveau séparé, 56.

Prado (Juan de) rend la Havane aux Anglais, 108.

Pradt (de), auteur des *Mémoires historiques sur la révolution d'Espagne*, cités, 120, 143, 371.

Pragmatique sanction de 1789, qui rétablit l'ancien ordre de succession pour la couronne d'Espagne, 303.

Presbourg (traité de), 134.

Proceres (Chambre des). Voyez *Statuto real*.

Processions, 159.

Procuradores (Chambre des). Voy. *Statuto real*.

Puente, ministre de la guerre, en 1823, 284.

Puerta del Sol, 226.

Puerto-Real, bourg situé au bord du canal du Trocadero, 286.

Puntales, forts qui défendent la baie de Cadix, 286.

Puibusque (Adolphe de), auteur de l'*Histoire comparée des littératures espagnole et française*, 68, 70, 73, 74, 80.

Puig (D. José-Maria), doyen du conseil de Castille, membre du conseil de gouvernement nommé par le testament de Ferdinand VII, 318.

Pulgar (Fernand del), auteur de l'*Histoire de Ferdinand et d'Isabelle*, 69.

Purifications. Purifiés, 292.

Puycerda. Les Français maîtres de Puycerda, 56.

Pyrénées. Traité des Pyrénées, 57.

Q

Quartiers (impôt des), contribution foncière en Navarre, 329.

Quentin (*Saint-*). Bataille de Saint-Quentin, et siége de la ville, 26.

Quesada (D. Vincente Jenaro Quesada, marquis de Moncayo), un des principaux chefs de l'armée de la Foi, 250; battu par Espinosa, 261; commande un des corps auxiliaires de l'armée d'invasion, 271; entre à Bilbao, 273; donne à Zumala-Carregui le commandement du 2e bataillon de volontaires de Navarre, 322; demande le renvoi de Zea Bermudez, 326; chargé du commandement de l'armée envoyée contre les insurgés des provinces basques, 335; est remplacé dans le commandement, 338; rétablit à Madrid l'ordre troublé par les émeutiers, 350; Mendizabal veut le destituer, 353; réprime la révolte à Madrid, 356; est assassiné, 358.

Quevedo, écrivain satirique, 80.

Quintana (D. José), emprisonné dans la citadelle de Pampelune, 209.

Quiroga (le brigadier), compromis dans une conspiration contre le régent, 371.

Quiroga, un des conjurés de l'île Léon, 221; délivré par Riégo, prend le commandement des insurgés, 222.

Quixada (D. Luiz de), chargé de l'éducation de D. Juan, 25; chargé de la garde de D. Carlos, 31.

R

Raczynski, auteur de l'ouvrage intitulé: *Les Arts en Portugal*, 71.

Ramillies (bataille de), 90.

Ramon-Labra, un des conjurés de l'île Léon, 221.

Ramonet (D. Francisco), ministre de la guerre du cabinet du 30 août 1837, 368.

Rebenac. Mémoires du comte de Rebenac, sur son ambassade du 20 mai 1669 (cités), 67, 106.

Rebollar de Sigüenza (l'Empecinado vaincu à), 198.

Reboull, mis à mort par les insurgés de Tortose, 170.

DES MATIÈRES. 405

Reding, général, gagne la bataille de Baylen, 175.
Redoutable (le), vaisseau français qui combattit à Trafalgar, 134.
Régence de Cadix, 185; réunit les cortès de Cadix, 186; nouvelle régence nommée par les cortès, 196; se transporte à l'île Léon, et ensuite à Madrid, 203; refuse de ratifier le traité de Valençay, 204.
Régence d'Urgel, 259; se retire à Puycerda, et de là en France, 261.
Régence de l'empire français, au nom de Napoléon II, 271.
Régence installée par le duc d'Angoulême à Madrid, 276; ses mesures réactionnaires, 281; proteste contre l'ordonnance d'Andujar, 283; soumet les employés à la purification, 293 ; fait fermer les écoles militaires, 300.
Régence provisoire instituée à Séville, se retire à Cadix, et déclare ses pouvoirs expirés, 278; proscrite par la régence de Madrid, 281.
Rego (D. Luiz do), général portugais, chargé de poursuivre les insurgés.
Reille (le général) met Mina en déroute, 200.
Reina (Juan Lopes), député de Séville aux cortès de 1813, proteste contre toute atteinte portée au pouvoir royal, 205.
Renty. Bataille de Renty, 25.
Requena (le comte de), compromis dans une conspiration contre le régent. Son arrestation, 371.
Requesens (D. Luiz de Zuniga-y-), grand commandeur de Castille, chargé de l'administration des Pays-Bas, 28 ; sa mort, 36.
Restaurador, journal exalté absolutiste, 293.
Retiro (le), palais situé sur une hauteur, à l'extrémité de Madrid, 155; occupé par les Français, 178.
Reus. Massacre des moines à Reus, 348.
Reyna (Vincente) organise l'artillerie de l'armée de Zumala-Carregui, 341.
Ribalta, peintre, 78.
Ribas (Juan Pablo), membre de la junte de Tortose, 168.
Ribera, dit l'Espagnolet, peintre espagnol, 82.
Ricardos (le général) envahit le Roussillon, 120.
Richard (D. Vincente) conspire contre Ferdinand VII, 218.
Richelieu (le cardinal de) combat la puissance de la maison d'Autriche, 48 ; arrive au ministère pendant les débats relatifs à la Valteline, 49.
Rico (Juan), choisi pour chef par les insurgés de Valence, 166.
Riégo (D. Rafael) proclame la constitution aux Cabezas de San-Juan, 221 ; sort de l'île Léon à la tête d'une colonne d'insurgés, et parcourt une partie de l'Andalousie, 223 ; se rend à Madrid, 229-230 ; nommé capitaine général d'Aragon, 232 ; destitué et exilé, 239; président des cortès, 249; combat contre la garde royale insurgée, 255 ; tente de s'emparer de la division de Ballesteros; battu à Jaen par le général Bonnemains, 280; battu à Jodar, et arrêté à Arquillos, 281; son procès et son supplice, 293-294.
Riera, patron catalan, condamné pour avoir noyé les Maurisques qu'il devait conduire en Afrique, 46.
Riesco, inquisiteur, 213.
Rio (D. Benito Dias del), membre de la junte carliste, 322.
Rio de Arenas, village de la Catalogne, incendié par les troupes de Philippe IV, 52.
Rio-Seco (bataille de), gagnée par le maréchal Bessières, 175.
Riperda (Guillaume) négocie un traité entre Philippe V et Charles VI. Honneurs dont il est comblé; sa chute, 99, 123.
Rivera (D. José Primo de), ministre de la marine du cabinet du 25 juillet 1839, 368.
Roccaberti, inquisiteur général, concourt à répandre la croyance que Charles II est ensorcelé par les partisans de l'Autriche, 64.
Rochapen. Voy. *Juanito*.
Rochelle (la), assiégée par Richelieu, 49.
Rocroy. Bataille de Rocroy, 56.
Rodil (D. José Ramon) commande l'armée d'observation laissée sur la frontière du Portugal, 323 ; reçoit l'ordre de passer la frontière, 333 ; chargé du commandement de l'armée du Nord, 338; est sur le point de prendre D. Carlos ; est remplacé dans le commandement de l'armée du Nord, 339 ; ministre de la guerre, 352 ; ministre de la guerre sous l'administration de Calatrava, 358.
Rodrigo de Tordesillas. Voy. *Tordesillas*.
Rodney (l'amiral anglais) introduit un convoi dans Gibraltar, 110.
Rogniat (le général baron), auteur d'un compte rendu des opérations du siége de Saragosse, 173;une erreur du général Rogniat, 179.
Rohan. Le duc de Rohan chasse les Impériaux de la Valteline, 50.
Rojas (le bachelier Fernando de), auteur de la *Célestine*, 69.
Romagosa, guerrillero de l'armée de la Foi, 250 ; concourt à la prise d'Urgel, 259.
Romai, désigné comme ministre de la marine pour succéder au cabinet des Sept patriotes, 269; fait prisonnier par les Français, 279.

Romain (San-), commandant général, 356.
Roman (San-), capitaine général de la Galice, se retire devant les insurgés constitutionnels, 224.
Romana (la), envoyé dans le nord de l'Europe, 136 ; s'échappe avec les troupes qu'il commande, et revient en Espagne, 177, 197.
Romanillos, guerrillero de l'armée de la Foi, concourt à la prise de la Seu d'Urgel, 259.
Romarate (D. Francisco), ministre de la marine du troisième cabinet constitutionnel, 248.
Romero Alpuente (D. Juan), député aux cortès, 244 ; préside la société Ladaburienne, 258.
Romuald, capucin allemand, persécute Olavide, 108.
Ronquillo assiège les comuneros de Ségovie. 17.
Rosales (D. Bernardo Mozo), depuis marquis de Mataflorida, signe la protestation des Perses, 206 ; signe le décret de convocation des cortès, 226 ; membre de la régence d'Urgel, 259.
Rosello, général pris par les Français, 279.
Roses. Les Français maîtres de la ville de Roses, 56 ; prise par Louis XIV, 63 ; défense de Roses en 1794, 121.
Rosily, amiral, se rend dans la baie de Cadix, 166.
Rota (la ville de), prise par les Anglais, 85.
Rotten (D. Antonio), un des conjurés de l'île Léon, 221 ; commande une division de l'armée de Mina, 260 ; saccage San-Llorens de Morunia, 260.
Roussel d'Hurbal (le général) commande une division du cinquième corps de l'armée d'invasion, 271.
Roussillon. Louis XIV s'empare de toutes les places du Roussillon, 55 ; attribué à la France par le traité des Pyrénées, 57.
Roussillon (le), aliéné par Juan II, et recouvré par Ferdinand le Catholique, 4.
Rubianès, chef politique de Madrid, 230.
Ruchena, major des gardes de Charles IV, 125.
Rueda (Lope de), auteur dramatique, 73.
Ruiz (Antoine), peintre, 71.
Ruyter. Sa mort, 62.
Ryswick. Paix de Ryswick, 63.

S

Saarsfield, général chargé du commandement de l'armée envoyée sur la frontière du Portugal, 300 ; est chargé de dissoudre l'insurrection carliste de la Navarre, 323, 324, 325.
Saavedra (don Angel de), duc de Rivas, ministre de l'intérieur sous l'administration d'Isturiz, 353.
Saavedra Francisco), ministre d'État sous l'administration de Godoy, 124 ; succède, par intérim, à Godoy, 125 ; membre de la régence de Cadix, 185.
Sabatini, architecte, 156.
Sacchetti, architecte, 155.
Saez de Baranda (José), chef politique de Madrid, 238.
Saez (D. Victor Damiano), confesseur du roi, est éloigné de la personne du roi, 232 ; ministre des affaires étrangères de la régence établie à Madrid par le duc d'Angoulême, 276 ; ministre des affaires étrangères sous Ferdinand VII, 300.
Saint-Angel (D. Luis) prête à Isabelle Iʳᵉ les fonds nécessaires pour l'expédition de Christophe Colomb, 3.
Saint-March (Felipe de) concourt à organiser la défense de l'Aragon, 177 ; perd le Monte-Torrero, 178.
Saint-Omer. Louis XIV s'empare de Saint-Omer, 61, et la conserve aux termes du traité de Nimègue, 62.
Sainte Ligue, formée par Ferdinand le Catholique, l'empereur, le pape, le duc de Milan et la république de Venise, contre Charles VIII, 5 ; formée par Jules II contre Louis XII, 11.
Salazar (D. Luis), ministre de la marine de la régence établie à Madrid par le duc d'Angoulême, 276.
Salazar (D. Luiz Maria de), ministre de la guerre sous Ferdinand VII, 300 ; est destitué en même temps que Calomarde, 307 ; est présent à l'acte qui rétablit la pragmatique sanction, 309.
Saldias. D. Carlos est sur le point d'être pris par les troupes qui le poursuivaient, entre les montagnes de Saldias et de Gou, 339.
Salinas. Convoi arrêté à la montée de Salinas, 199.
Salins, pris par le prince de Condé, 60.
Salique (loi), abolie en Espagne, 113.
Salmon (Manuel Gonzalez), ministre des affaires étrangères sous Ferdinand VII, 300.
Salses, place du Roussillon prise par Albon de Saint-André, 6 ; prise par le prince de Condé, 50 ; reprise par Santa-Coloma, 51.
Salva (D. Francisco), physicien, 157.
Salvador, général fait prisonnier par Riégo, 222.
Salvador (Stanislas Sanchez), ministre de la guerre, donne sa démission, 247 ; ministre de la guerre, 277 ; se donne la mort, 284.
Salvador. Voy. *Manzanarez*.
Salvador (San-), la première des Lucayes, est découverte par Christophe Colomb, 3.

DES MATIÈRES. 407

Salvato (Ramon), ministre des finances du cabinet du 18 août 1837, 363.
Sampayo (le colonel) se déclare contre la constitution, 273.
Sanchez (D. Julien), guerrillero, 199.
Sanchez (Juan) défend Logroño contre les Français, 273.
Sancho (D. Vincente), membre de la junte provisoire, 227.
Sandoval (D. Bernardo de), archevêque de Tolède, protecteur de Cervantès, 76.
Sane, traducteur de l'ouvrage de Ginez de Hita, 75.
San-Genis, retenu prisonnier par le peuple de Saragosse, 174; fortifie Saragosse. 177.
San-Juan (D. José), maréchal de camp, ministre de la guerre de la régence établie à Madrid par le duc d'Angoulême, 276.
San-Lucar de Barrameda. Le jardin de San-Lucar ravagé, 145.
Santa-Coloma, vice-roi de la Catalogne, assiège et reprend Salses, 50 et 51; sa mort, 54 et 55.
Santa-Cruz. Le marquis de Santa-Cruz s'empare des îles Sainte-Marguerite et Sainte-Honorine, sur la côte de Provence, 50.
Santa-Cruz, président de la junte insurrectionnelle des Asturies, 165.
Santa-Cruz (marquis de), membre du conseil de gouvernement, nommé par le testament de Ferdinand VII, 318.
Santa-Maria, nom de la caravelle qui portait Christophe Colomb lors de sa découverte du nouveau monde, 3.
Santander s'insurge contre les Français, 166.
Santiago (José), lieutenant d'artillerie, porte à Grenade la nouvelle du soulèvement de Cadix, 166.
Santi-Pétri, un des forts qui défendent la baie de Cadix, pris par les Français, 288.
Santos-Ladron, guerrillero absolutiste, 250; provoque, en Navarre, un soulèvement carliste; il est fusillé, 321.
Sanz, général carliste, fusillé par ordre de Maroto, 366.
Saquien (Mellini), chef des Maurisques du bord de la mer, 46.
Saragosse. Soulèvement de Saragosse, 170; premier siège, 172, et second siège, 178; capitule, 183; proclame la constitution de Cadix, 224.
Sarrazin (le général). Histoire de la guerre d'Espagne et de Portugal, 371.
Savary (le général), envoyé par Napoléon à Ferdinand VII, 146; porte à Napoléon une lettre de Ferdinand VII, 147; remplace Murat dans le commandement général de l'Espagne, 172.

Scio (le Père), premier précepteur de Ferdinand VII, 129.
Schwartz (le général), battu par les Somatènes auprès de Bruch, 172.
Schullembourg fait inutilement le siège de Gênes, 106.
Sckejeler, chargé d'affaires de Prusse à Madrid, 262.
Scurp (Leonardo), conseiller au tribunal souverain de Catalogne, arrêté par ordre du vice-roi, 52.
Sebastiani (le général) entre à Grenade, 184.
Sébastien (Saint-), livré aux Français par l'alcalde Michelena, 121; saccagé par les Anglais, 201.
Sébastien (Gabriel), infant d'Espagne, prête serment à Isabelle II, comme princesse des Asturies, 317.
Sébastien de Portugal (don) meurt à la bataille d'Alcazar-Kébir, 36.
Segorbe et Cardone (duc de), nommé vice-roi de Catalogne, en remplacement de Santa-Coloma, 55.
Ségovie, assiégée par Zaratiégui, 364.
Segre (le département de la), formé, par Napoléon, d'une partie de la Catalogne, 186.
Seijas (D. Maria), ministre des finances du cabinet du 30 août 1837, 368.
Selim II ravage les côtes d'Espagne, 34; perd la bataille de Lépante, 35.
Selles (José), l'un des chefs de la conspiration de Bazan, 299.
Senef. Bataille de Senef, 62.
Seniz assomme Aben-Aboo, roi des Maurisques des Alpuxarras, 34.
Seoane (Antoine), capitaine général de la province de Madrid, 357.
Serviles (les), 205.
Séville. Traité de Séville (1729), 99; Séville s'insurge contre les Français, 165; occupée par les Français, 185.
Société des Francs-Maçons. Voy. *Francs-Maçons.* — Des comuneros, ou enfants de Padilla. Voy. *Comuneros*. — De l'Anneau, ou des Amis de la Constitution. Voy. *Constitution.* — Landaburienne. Voy *Landaburienne.*
Socorro (Francisco Solano, marquis del) fait la guerre en Portugal, 139; massacré par la populace de Cadix, 165-166.
Sola (Antonio de), vice-roi de Navarre, laisse fusiller Santos-Ladron, 321.
Solano (Francisco), marquis del Socorro. Voy. *Socorro*.
Solis-y-Ribadeneira (Antonio), auteur de l'*Histoire de la conquête du Mexique*, 81.
Solsone. Les Français maîtres de Solsone, 56.
Someruielos (marquis de), ministre de l'intérieur du cabinet du 16 décembre 1837, 368.

Sommerset (lord) vient en Espagne, porteur d'un mémoire de Wellington, 270.

Somo-Sierra (bataille de), 178.

Soult (le maréchal) gagne la bataille de la Gebora, et prend Badajoz, 185; livre la bataille de la Albuera, 185; évacue les quatre royaumes d'Andalousie, 196.

Spectateur (le), journal, 244.

Staffarda (bataille de), 63.

Stanhope, général anglais au service de l'archiduc, pris dans Brihuega, 93.

Stanislas Leczinski, élu roi de Pologne, 100.

Staremberg, général de l'archiduc Charles, bat l'armée de Philippe V auprès d'Alménara, 91; battu à Villa-Viciosa, 93.

Statuto Real, 330, 331, 332, 333.

Steinkerque. Bataille de Steinkerque, 63.

Strogonof, envoyé de Russie à Madrid, 135.

Suchet. Le général Suchet s'empare de Tortose, 185; prend Tarragone, et est créé maréchal, 185; prend Valence, et reçoit le titre de duc d'Albuféra, 185; bat le général Murray, et évacue Valence, 201.

Suze. Le pas de Suze forcé par Louis XIII, 49.

Swinburne, auteur d'un *Voyage en Espagne*, cité, 79.

T

Taboada (le comte de), membre de la junte provisoire, 227.

Talavera la Reina. Bataille de Talavera la Reina, 184; le premier cri de révolte contre l'autorité d'Isabelle II est poussé à Talavera la Reina, 320.

Talla-Piedra, une des prames employées au siége de Gibraltar, 111.

Tallard (le maréchal de), battu à Hochstet, 87.

Tamajon (curé de). Voy. *Vinuesa*.

Tamarit, député de la noblesse au tribunal souverain de Catalogne, arrêté par ordre du vice-roi, 52.

Taranco (Francisco) fait la guerre en Portugal, 139.

Tarifa. La ville de Tarifa est surprise par Valdez, et reprise par le comte d'Astorg, 296.

Tarragone. Ville de Catalogne, prise par le général Suchet, 185; proclame la constitution de Cadix, 224; se rend aux Français, 290.

Tarrius (D. Bernardo), membre de la junte provisoire, 227.

Tartanedo. Prétendu miracle de Tartanedo, 92.

Tascher de Lapagerie (mademoiselle), demandée en mariage par Ferdinand VII, 136.

Tatischeff, ambassadeur de Russie à Madrid, 215, 216.

Taureaux (combats de), 160 et suiv.

Tauromachie. École de tauromachie instituée par Calomarde, 300.

Teba (le comte de) soulève le peuple de Cadix contre les Français, 165.

Tejeiro (Arias), un des chefs du parti de D. Carlos, 366.

Tello, brigadier, commande momentanément l'armée chargée de réduire les provinces insurgées, 346.

Tello, général christino, battu par Gomez, 355.

Ter (le), département formé par Napoléon d'une partie de la Catalogne, 186.

Ter. Bataille du Ter, 63.

Tercerola (la) (la Carabine), journal révolutionnaire publié à Madrid, 244, 293.

Ternaux-Compans (M.), auteur de l'*Histoire des Comuneros*, cité, 19; auteur de la brochure intitulée: *Un coup d'œil sur le Théâtre en Espagne*, cité, 77.

Tessé (le maréchal de) fait lever le siége de Badajoz, 88.

Thermes. Le maréchal de Thermes prend Dunkerque, Bergues-Saint-Vinoz, et est battu à Gravelines, 26.

Thionville. Pris par les Français, 26.

Tholuis. Louis XIV passe le Rhin à Tholuis, 61.

Tio-Marin, un des chefs de l'insurrection de Saragosse, 171.

Tio-Jorge, un des chefs de l'insurrection de Saragosse, 171.

Tordesillas (Rodrigo) de), député aux cortès de Saint-Jacques de Compostelle, pendu, 16.

Toreador, ou *Picador*, celui qui combat le taureau à cheval, 161.

Toreno (le comte de). Son *Histoire du soulèvement de la guerre et de la révolution d'Espagne*, citée, 141; une de ses erreurs, 176; autre erreur, 179; cité, 203, 371; prend part à la négociation d'un emprunt, 231; en butte aux attaques des anarchistes, 247; ministre des finances, 337; président des ministres, 343; réclame l'intervention française, 348; se démet du ministère, 350.

Torenos. Nom donné aux écus de trois livres tournois rognés, 231.

Torero, celui qui combat le taureau à pied, 161, 162.

Torquemada, inquisiteur, fait chasser les Juifs d'Espagne, 1.

Torre (D. José Garcia de la), ministre de grâce et de justice de la régence établie à Madrid par le duc d'Angoulême, 276.

Torre (Simon de la), chef carliste, 323.

Torre (Francisco de la), condamné aux

présides, pour avoir conservé le portrait de Riégo, 297.

Torre del Fresno, gouverneur de Badajoz, massacré par la populace, 166.

Torre, maison de campagne, 178.

Torrès Naharro, auteur dramatique, 72.

Torres, guerrillero carliste, 354.

Torrijos (D. José-Maria), désigné pour ministre de la guerre, pour succéder au cabinet des Sept' patriotes, 269; sa première tentative révolutionnaire, 305; sa deuxième tentative et son supplice, 306.

Tortose se soulève contre les Français, 167; envoie un convoi au secours de Saragosse, 175; prise par le général Suchet, 185.

Touche-Tréville (la), amiral, 110.

Tournay. Louis XIV prend Tournay, 60.

Trafalgar (bataille de), 133.

Traité de Blois, 1504, 8; de Noyon, 1516, 13; de Madrid, 1526, 21; de Cambrai, 1529, 22; de Nice, 1538, 23; de Crépy en Valois, 1544, 24; de Passau, 1552, 24; de Vauxelles près Cambrai, 1556, 26; de Cateau-Cambresis, 1559, 27; de Vervins, 1598, 40; d'Anvers, 1609, 43; de Munster, 1648, 48, 56; de Madrid, 1621, 48, de Monçon, 1626, 49; des Pyrénées, 1658, 57; d'Aix-la-Chapelle, 1668, 60; de Nimègue, 1678, 62; de Ryswick, 1697, 63; d'Utrecht, 1713, 94; de Londres, 1718, 96; de la Haye, 1720, 98; de Séville, 1729, 99; d'Aix-la-Chapelle, 1748, 106; de Madrid, dit le pacte de famille, 1761, 108; de Paris, 1762, 108; de Bâle, 1795, 121; de Saint-Ildephonse, 1796, 122; autre de Saint-Ildephonse, 1800, 126; de Lunéville, 1801, 127; de Madrid, 1801, 127; de Badajoz, 1801, 128; de Madrid 1801, 128, paix d'Amiens, 1801, 128; de Paris, 1803, 132; de Presbourg, 134; de Fontainebleau, 1807, 136; de Bayonne, 1808, 153; de Valençay, 1814, 202; de la quadruple alliance, 22 avril 1834, 333; d'Evora-Monté, 26 mai 1834, 334; portant cartel d'échange entre les carlistes et les christinos, 1835, 343.

Trappiste (Antonio Marañon, dit le), guerrillero absolutiste, 250; concourt à la prise de la Seu-d'Urgel, 259; forcé de se retirer en France, 261.

Treilhard (M.), préfet du Mont-Serrat, 186.

Trinité (la), prise par les Anglais, 125; cédée aux Anglais par le traité d'Amiens, 128.

Tristani, guerrillero carliste, 354.

Trocadero, point fortifié de la baie de Cadix, fait feu sur la flotte de l'amiral Rosily, 166, 286; pris par les Français, 287.

Trouillas. Bataille de Trouillas, 120.

Truguet, ambassadeur du Directoire à Madrid, demande l'extradition des Clichiens, 124.

Trujillo, partisan absolutiste, occupe Catalayud, 251.

Tudo (Josepha), 142.

Tunis est pris par D. Juan d'Autriche, et bientôt repris par les Musulmans, 35.

Turigi (Vincente), chef des Maurisques de Valence, 46.

Turreau (le général), battu à l'affaire du Boulou.

Tuyols, officier qui accompagnait Josepha Tudo, lors de la révolution d'Aranjuès.

U

Ubila, secrétaire des dépêches de Charles II, 65.

Uceda (le duc de), fils du duc de Lerme, placé auprès de Philippe III, 46, 47, 123.

Ugarte (Antonio), chargé de l'organisation des expéditions destinées à pacifier l'Amérique, 215.

Utloa (D. Francisco-Xavier), ministre de la marine du cabinet du 30 août 1837, 368.

Ulloa (Francisco-Xavier), ministre de la marine pendant l'administration de Zea Bermudez, 307; sort du ministère, 317.

Ulm (capitulation d'), 134.

Union (le comte de la) succède à Ricardos dans le commandement de l'armée, perd la bataille des Pyrénées, et meurt en combattant, 120, 121.

Université d'Alcala-de-Henarez, fondée par Ximenez, 14.

Uranga (D. José-Ignacio de), guerrillero de l'armée de la Foi, 250; chef carliste, 323, 325.

Urbino. Le duc d'Urbino pensionné de l'Espagne, 43.

Urbistondo, général carliste, regarde la continuation de la guerre comme inutile, 366.

Urdax. Ville de Navarre, prise par les réfugiés espagnols, conduits par Francisco Valdés (1830), 305.

Urgel. Pris par Louis XIV, 63.

Urquijo, premier ministre, succède à Godoy, 125.

Urquijo, guerrillero de l'armée de la Foi, 250.

Urris (l'intendant), un des chefs du parti de D. Carlos, fusillé par ordre de Maroto.

Ursins (Marie-Anne de la Trimouille, princesse des), 88; son influence sur Philippe V, 95.

Urtubize (M. d'), chargé d'affaires de France, provoque la chute de Florida Blanca, 114.

Utrecht. Louis XIV s'empare de la province d'Utrecht, 61; traité d'Utrecht, 94.

V

Vadillo (José-Manuel), ministre des affaires d'outre-mer du cabinet des Sept patriotes, 257; ministre de l'intérieur dans le cabinet du 18 août 1837, 368.

Valbelle. Le chevalier de Valbelle est envoyé au secours des insurgés de Messine, 62.

Valdemoros (D. Mateo), membre de la junte provisoire, 227; ministre de l'intérieur du deuxième cabinet constitutionnel, 236.

Valdès (Cayetano), ministre de la guerre du 1er cabinet constitutionnel, 230; franc-maçon, 241; engage Ferdinand VII à quitter Séville, 277; membre de la régence provisoire instituée à Séville, 278.

Valdès (Francisco), colonel, pénètre en Navarre, en 1830, à la tête des réfugiés espagnols, 305.

Valdès (Jeronimo), ministre de la guerre sous l'administration de M. Martinez de la Rosa, 343; chargé du commandement de l'armée du Nord, 343; donne sa démission, 346.

Valdez (Pedro Gonzalez); sa conspiration, sa mort, 296.

Valdès, gouverneur politique de Cadix pendant le siége de 1823, 284.

Valdespina (D. José-Maria de Orbe-y-Elio, marquis de), chef carliste, 323; président de la députation de Biscaye, 325.

Valençay. La résidence de Ferdinand VII, de D. Carlos et de D. Antonio est fixée à Valençay, 153; traité de Valençay, 202.

Valence. Soulèvement des habitants de Valence contre les Français en 1793, 119; Valence se soulève contre les Français, 166; repousse un corps d'armée commandé par Moncey, 172; décret de Valence, 206.

Valence, en Milanais, assiégée par le maréchal de Créqui, 50.

Valenciennes, Louis XIV s'empare de la ville de Valenciennes, 61, et la conserve en vertu du traité de Nimègue, 62.

Valenzuela (Fernand de), favori de la reine Marianne, 61; sa chute et son exil, 62.

Valgornera (D. Alberto Felipe Valdric, marquis de), ministre de l'intérieur du cabinet du 6 septembre 1838, 368.

Valin, général d'artillerie, fait tirer sur la légion de réfugiés français, 272.

Vallabriga Bourbon (comtesse de Chinchon), mariée à Godoy, 123.

Valladolid, occupé par le duc de Reggio, 274.

Valle. Voyez Zarco del Valle.

Vallejo (D. Angel) remplace au ministère des finances du 2e cabinet constitutionnel, 236; donne sa démission, 247.

Valle-Santoro (le marquis de), vice-roi de Navarre, 139.

Valor, village des Alpuxarras, non loin d'Ugijar, 33.

Valoris (les), famille mauresque originaire de Valor, fournit un roi aux Maurisques, 33.

Valor (Ferdinand de), élu roi, 33; étranglé par les Maurisques, 34.

Valteline; affaire de la Valteline, 48; le duc de Rohan chasse les Impériaux de la Valteline, 50.

Valterra, lieutenant-colonel, préside le conseil de guerre qui condamne Elio, 258.

Van-Eyck, peintre, 70.

Vargas-y-Laguna, ambassadeur d'Espagne auprès du Saint-Siége, 276.

Vargas (Luis de), peintre, 78.

Vargas (Alonzo de), commandant de l'armée royale chargée de soumettre les Aragonais, 39.

Vasto (marquis del), gouverneur du Milanais, 23.

Vaugham, auteur d'une relation du siége de Saragosse (cité), 173.

Vauxelles près Cambrai (paix de), 26.

Vedel (le général) force le défilé de Despeña-Perros, 172.

Vega (Lope Félix de Vega Carpio), poète, 77.

Vega (Lope de), auteur dramatique, 74.

Vega (D. Domingo-Maria Ruiz de la), ministre de grâce et de justice du cabinet du 6 septembre 1838, 368.

Vega (Garcilaso de la Vega-y-Gusman), poète; sa mort, 23, 72.

Vega (D. Pedro Lasso de la). Voyez *Lasso*.

Velasco, gouverneur de Barcelone, est forcé de rendre la ville à l'archiduc Charles, 89.

Velasco, un des conjurés de l'Ile Léon, 221.

Velasco (D. Iñigo de), connétable de Castille, 18.

Velazquez de Silva, peintre, 82.

Velez (marquis de los), vice-roi de Catalogne; sa cruauté à l'égard des insurgés, 55.

Velletri. Surprise de Velletri, 103.

Vendôme (le duc de), envoyé en Italie, 84; gagne la bataille de Calcinato, 90; prend le commandement de l'armée de Philippe V, 91; bat Staremberg à Villa-Viciosa, 93.

Venegas (le général), battu à Almonacid, 184.

Venise. Conjuration contre Venise, 44.

Ventura-Moreno, chargé du commandement des pramos au siége de Gibraltar, 111.

Veraguas (duc de), titre conféré à Christophe Colomb, 3.

Verasteguy, guerrillero de l'armée de la Foi, 250; colonel des volontaires royalistes, excite à Vitoria une insurrection carliste,

DES MATIÈRES.

321, 323; obligé d'abandonner Vitoria, 325.

Verdier (le général) prend le commandement du siége de Saragosse, 173; lève le siége 176.

Vergos (Francisco de), conseiller au tribunal souverain de Catalogne, arrêté par ordre du vice-roi, 52.

Verneuil (la marquise de), en correspondance avec Philippe III, 43.

Vernon (l'amiral) s'empare de Porto-Bello, 101.

Vérone (congrès de), 261.

Versage (le baron de) concourt à organiser la défense de l'Aragon. 177.

Vervins. Paix signée à Vervins entre Philippe II et Henri IV, 40.

Viardot, auteur de l'*Essai sur l'histoire des Arabes*, 74.

Vich. Les Français maîtres de Vich, 56.

Vich, occupé par le général Donnadieu, 273.

Victor (le général), entre à Séville, 185.

Victor-Amédée, duc de Savoie, fait alliance avec Philippe V, 83, et l'abandonne, 84, 86.

Victory (le), vaisseau monté par Nelson, à Trafalgar, 133.

Vidal, lieutenant-colonel, conspire contre Ferdinand VII, 219.

Viduondo-y-Mendesueta (D. Juan), membre de la junte carliste, 322.

Vigo. Bataille navale de Vigo, 86.

Vigo (Santiago Mendez), ministre de la guerre sous l'administration d'Isturiz, 353.

Vigodet, capitaine général de Madrid, 231; membre de la régence provisoire établie à Séville, 278.

Villacampa, nommé capitaine général de la Catalogne, en remplacement de Castaños, 224; chargé du commandement de l'armée d'Andalousie, 268.

Villadarias (marquis de), chargé de la défense de l'Andalousie, 85; entre en Portugal, 86; essaye de reprendre Gibraltar, 87.

Villalar. Les comuneros sont défaits à Villalar, 18.

Villalba, capitaine général de la province de Madrid, destitué, 238.

Villalobos, écrivain dramatique, 73.

Villanueva, guerrillero de l'armée de la Foi, 250.

Villefranche. Le pas de Villefranche enlevé par les Français, 104.

Villaréal (Bruno), général carliste, conduit des renforts à Zumala-Carregui, 334; croit la continuation de la guerre inutile, 366.

Villa-Robledo. Les carlistes sont défaits à Villa-Robledo, 363.

Villavicencio (D. Juan-Maria), membre de la nouvelle régence nommée par les cortés de Cadix, 196.

Villa-Viciosa. Bataille de Villa-Viciosa, qui affermit la maison de Bragance sur le trône de Portugal, 58.

Villa-Viciosa (bataille de), qui assure le trône à Philippe V, 93.

Villeneuve, amiral de la flotte combinée d'Espagne et de France, perd la bataille de Trafalgar, 133.

Villeroi. Battu à Chiari et pris à Crémone, 84.

Villeroy, ministre de Henri IV, 43.

Villoria (Santiago de Guzman-y-), capitaine général de Tortose, massacré par les insurgés, 167, 168, 169.

Vincent II, duc de Mantoue. Son testament, 49.

Vinuesa (D. Mathias), archidiacre, curé de Tamajon. Assassinat de Vinuesa, 237. Ses assassins sont exceptés de l'amnistie du 1er mai 1824, 295.

Vitoria (bataille de), 200, 201.

Vivas (D. Inacio Rodriguez de), membre de la nouvelle régence nommée par les cortès de Cadix, 196.

Vivonne (le maréchal de), envoyé au secours des insurgés de Messine, 62.

W

Walburg (Marie-Amélie de), femme de Charles III, 107.

Walter-Scott. Son opinion sur Perez de Hita, 75.

Watignies (bataille de), 120.

Weiss (Charles), auteur de l'ouvrage intitulé : *L'Espagne depuis Philippe II jusqu'à l'avènement des Bourbons*, cité, 65, 66.

Weissembourg. Les lignes de Weissembourg recouvrées par le général Hoche, 120.

Wellington entre en Estramadure, 196; adresse des avis aux constitutionnels, et les engage à réformer la constitution, 270.

Wellesley (Henri), ambassadeur anglais auprès de Ferdinand VII, 209.

Wellesley (Arthur), battu à Talavera la Reina, 184.

Westphalie. Congrès de Westphalie, 56.

Whittingham (Santiago), général, commande l'escorte de Ferdinand, à son entrée dans Madrid, lors de son retour de France, 209.

X

Xalon, rivière d'Aragon, 173.

Xebres. Voy. *Chièvres*.

Ximenez de Cisneros, archevêque de Tolède, cardinal, 10; nommé régent par le testament de Ferdinand le Catholique; sa mort, 13, 123.

Ximenez (D. Domingo), ministre des finances du cabinet du 25 juillet 1839, 368.

Y

Yandola, ministre des finances en 1823, 277, 284.
Yangas-y-Miranda (José), auteur d'une brochure sur les Fueros de Navarre, citée, 327.
Ypres. Louis XIV s'empare d'Ypres, 61, et conserve cette ville aux termes du traité de Nimègue, 62.
Yriarte, poëte espagnol, 157.
Yvoi, pris par les Français, 50.

Z

Zabala (Domingo-Antonio) est présent au moment où Zumala-Carregui est blessé, 344.
Zabala, guerrillero de l'armée de la Foi, 250; brigadier, provoque une révolte carliste à Bilbao, 321, 323, 325.
Zaldivar, chef absolutiste, 236.
Zambrano, ministre de la guerre sous Ferdinand VII, 300; est destitué en même temps que Calomarde, 307; est présent à l'acte qui rétablit la pragmatique sanction, 309.
Zaratiégui, général carliste, auteur de l'ouvrage intitulé : *Vida y hechos de Zumala-Carregui*, cité, 327, 341, 345, 372; envoie le payeur de l'armée à Zumala-Carregui blessé, 344; assiége Ségovie, 364; considère la continuation de la guerre comme inutile, 366.
Zaréo del Valle (Antonio Remon) succède au marquis de las Amarillas, ministre de la guerre du 1er ministère constitutionnel, 230; ministre de la guerre sous l'administration de Zea Bermudez, 325; sous l'administration de Martinez de la Rosa, 327; sort du ministère, 339.
Zayas (le général D. José) chasse George Bessières, qui s'était avancé jusqu'aux portes de Madrid, 274; remet Grenade aux Français, 280.
Zea Bermudez, ministre des affaires étrangères sous Ferdinand VII, 300; ambassadeur à Londres, ministre des affaires étrangères, et président du cabinet qui a succédé à l'administration de Calomarde, 307; son manifeste et son *despotisme éclairé*, 309; fait exiler D. Carlos, 310; secrétaire suppléant du conseil de gouvernement nommé par le testament de Ferdinand VII, 318; prive Thomas Zumala-Carregui de son emploi, 342; sort du ministère, 326.
Zélande (la) se soulève contre le duc d'Albe, 28.
Zorraquin (D. Mariano), chef d'état-major de Mina, 259; désigné comme ministre de grâce et de justice pour succéder au cabinet des Sept patriotes, 269; comme ministre de la guerre, 276.
Zulaica, guerrillero de l'armée de la Foi, 250.
Zumala-Carregui (Thomas), général de l'armée carliste, 322; bat les généraux O'Doyle et Osma près d'Alégria, 340; blessé à mort au siége de Bilbao, 344 et suiv.
Zumala-Carregui (D. Miguel-Antoine), député aux cortès de 1812, président de l'audience royale de Burgos, 322.
Zuniga. Voy. *Requesens*.
Zurbaran, peintre, 82.
Zurriago (*le Fouet*), journal révolutionnaire publié à Madrid, 244, 293.

ERRATA.

Pag. 16, col. 2, lig. 21 : justicier, *lisez* justicia.
25, 1, 27 : qui fait les barbes grises, *lisez* qui hait.
25, 2, 30 : Guixada, *lisez* Quixada.
75, 1, 57 : Juan Maria de Moury, *lisez* Juan Maria de Maury.
85, 2, 7 et 8 : Matagorda, *lisez* Matagordo.
113, 2, 9 : Dona, *lisez* Doña.
125, 1, 50 : *mais* elle fut, *lisez* elle fut.
155, 1, 23 : ii, *lisez* il.
158, 2, 26 : Zurbaron, *lisez* Zurbaran.
200, 2, 44 : Vittoria, *lisez* Vitoria.
235, 2, 50 : Bardax y Azara, *lisez* Bardaji-y-Azara.
246, 2, 13 : n'avaient pas dû lui concilier, *lisez* n'avaient pas dû leur concilier.

TABLE INDICATIVE

POUR LE PLACEMENT DES GRAVURES DE L'ESPAGNE.

Les gravures peuvent être placées à la suite du volume où elles sont expliquées. Il serait peut-être mieux de les réunir toutes et de les relier séparément pour en former un petit atlas; néanmoins, comme plusieurs personnes préfèrent les intercaler dans le texte, voici l'indication des pages où il en est parlé :

Planches.	Pages.	Planches.	Pages.
49. Ferdinand V, à cheval	82	66. Palais de Madrid	155
50. Tombeau de Ferdinand et d'Isabelle	71	68. Pont de Tolède à Madrid	156
51. Cathédrale de Burgos	70	69. Porte d'Alcala à Madrid	156
52. Vue intérieure de la cathédrale de Burgos	71	70. Fontaine à Madrid	156
53. Chapelle du connétable	70	71. Procession du Corpus Christi à Séville	160
55. Autel de la cathédrale de Séville	71	72. Muletiers	160
59. Charles V à cheval	82	73. Combat de taureaux	162
60. Armure de D. Juan d'Autriche	82	75. Moines	160
61. Ruines du couvent des carmélites à Burgos	70	76. Moines	160
62. Cathédrale de Malaga	71	77. Boléro	159
64. Couvent de la Vierge à Cadix	79	78. Manolas	159
65. Palais de l'Escurial	78	79. La Bidassoa	160

www.ingramcontent.com/pod-product-compliance
Lightning Source LLC
Chambersburg PA
CBHW072126220426
43664CB00013B/2139